乡村教育振兴

与农村教育现代化研究

理论研究卷

XIANGCUN

JIAOYU

ZHENXING

YU

NONGCUN

JIAOYU

XIANDAIHUA

YANJIU

LILUN YANJIU JUAN

国家出版基金项目
NATIONAL PUBLICATION FOUNDATION

郝文武 著

国家社会科学基金2018年度教育学重大招标课题“振兴乡村战略中的农村教育现代化研究”（课题批准号:VHA180004）成果

乡村教育振兴与农村教育现代化研究

理论研究卷

江西教育出版社
JIANGXI EDUCATION PUBLISHING HOUSE
·南昌·

图书在版编目(CIP)数据

乡村教育振兴与农村教育现代化研究：全二册 / 郝文武等著. -- 南昌：江西教育出版社，2021.12
ISBN 978-7-5705-2596-6

Ⅰ. ①乡… Ⅱ. ①郝… Ⅲ. ①乡村教育－教育现代化－研究－中国 Ⅳ. ① G725

中国版本图书馆 CIP 数据核字 (2021) 第 246193 号

乡村教育振兴与农村教育现代化研究（全二册）
XIANGCUN JIAOYU ZHENXING YU NONGCUN JIAOYU XIANDAIHUA YANJIU (QUAN ER CE)
理论研究卷：郝文武　著
调研报告卷：郝文武　雒　强　高文涛　蒙泽察　洪松松　陈　浩　著

江西教育出版社出版
（南昌市抚河北路 291 号　　邮编：330008）
各地新华书店经销
安徽联众印刷有限公司印刷
720 毫米 ×1000 毫米　　16 开本　　59 印张　　字数 870 千字
2021 年 12 月第 1 版　　2021 年 12 月第 1 次印刷
ISBN 978-7-5705-2596-6
定价：168.00 元

赣教版图书如有印装质量问题，请向我社调换　电话：0791-86710427
投稿邮箱：JXJYCBS@163.com　　电话：0791-86705643
网址：http://www.jxeph.com

赣版权登字 -02-2021-742

序　言

现代化、城镇化、乡村振兴和教育优先发展是当代中国最显著的特征，也是当代中国学术研究和社会话语的高频词语。我们承担的 2018 年国家社科基金重大招标课题“振兴乡村战略中的农村教育现代化研究”，全面包含着当代中国这几个最显著的特征及其高频词语。

现代化、城镇化和乡村振兴具有本质联系，或者说，它们是同一本质的不同侧面。城镇化与乡村振兴相结合、融合是现代化的必然趋势、重要特征和追求目标。尽管国家现代化发展使得城镇化率不断提高，乡村建制和人口不断减少，但在城镇化过程中的乡村建制和人口还依然大量存在，即使是在城镇化率高达 70%—80% 的阶段，我国乡村人口也还有几亿。推进国家现代化必须推进农村和乡村现代化，推进农村和乡村现代化首先必须振兴乡村，使乡村在人口不断减少的情况下，也对未来发展和实现现代化充满信心、满怀希望。

“三农”问题是党和国家始终关注的具有重大战略地位的重要问题，与“三农”密切相关的农村教育发展问题是党和国家长期重视和学者专家们长期研究的重要问题。以前的研究成果对本研究都有一定的参考借鉴价值，但早期的研究是对“农业大国”的农村教育的研究，后来的研究是对农村城镇化背景下的农村教育的研究。在农村城镇化背景下研究农村教育与在乡村振兴战略背景下研究农村教育的价值追求、目标定位是很不一样的。近年来，也有许多对在乡村振兴战略背景下的农村教育现代化的研究，但对这史无前例的伟大事业及其目标、过程、措施等，需要从多视角、多层面，做更加全面深入的研究。

研究和解决现实问题，首先要了解和分析现实问题。虽然课题主持人和课题成员大都出生在农村，课题主持人还在乡村长期生活、学习和教学，在后来的工作中也长期关注、调研农村和乡村教育，但40多年来农村和乡村教育发生了翻天覆地的变化，零星和局部的调研不能全面深入地了解全国农村和乡村教育的发展变化和现状。承担农村教育研究课题，并对全国乡村教育做全面深入的调研既是本课题研究的要求和任务，也是课题主持人长期的心愿和追求。从21世纪初开始，我们陕西师范大学主体间教育科研团队就特别关注农村和乡村教育发展，借助“211工程教育学重点学科建设”项目、“985教师教育优势学科创新平台建设”项目和“西部教育报告”项目等平台，在西北农村和乡村做了长期大量的教育调研。深入乡村学校及其课堂，深入农户，挨门逐户地进行农村教育调研，不仅亲身体验，丰富了一手资料,也勾起了我们对童年乡村教育的回忆。老师们诲人不倦的教导、风华正茂的同学们的刻苦学习交流、天真活泼的学童读书嬉闹、学校领导对教育的谋划和指导、祖辈父辈的谆谆教诲和对于教育的诉求都历历在目，不时在我们脑海中交相浮现。

2018年承担本课题前后，我们陕西师范大学主体间教育科研团队课题组风雨无阻、走南闯北，在陕西、甘肃、宁夏、青海、新疆、贵州、内蒙古、山西、湖南、江西、河南、山东、广东、黑龙江、吉林、重庆、江苏、四川、广西、浙江、安徽、河北22个省区市150多个县700多所农村学校进行问卷、网络和实地调研，与许多县市教育局领导和学校领导、教师座谈交流。长期和大量的调研既使我们大开眼界、深受启发和教育，也使我们对农村和乡村教育的发展状况的认识有了根本性的改变和提升。我们认识到，虽然乡村人口、学生和学校大量减少，农村学校教育发展问题和困难很多，但也有不少学校，特别是有许多办得好的学校，使我们对乡村教育发展和研究的信心大增。通过真正“带着全国各地不同乡愁和泥土风味”的脚踏实地的研究，我们对乡村教育振兴和农村教育现代化有了比较全面和深入的认识。

振兴乡村战略中的农村教育现代化不仅是实践问题，也有许多理论问题需要做全面深入的探讨。本人学生时代侧重教育经济学研习，后来主要做教育哲学研究和教学，对现代化、教育现代化、教育公平和教育正义等理论问题有长期深入的思考和丰富的成果。可以说，本研究既是本人在多年来积累了大量文献资料、有一定的理论探讨，又是在近年来做了大量深入调研的基础上形成的，也是理论研究、实证与调查研究相结合的成果。《乡村教育振兴与农村教育现代化研究（理论研究卷）》和《乡村教育振兴与农村教育现代化研究（调研报告卷）》是本课题的主要成果。

本项目的申报和获批得到全国教育科学规划办和全国许多专家学者同人的热情鼓励、精心指导和鼎力相助，在此表示真诚感谢！特别要感谢刘贵华主任、谢维和教授、秦惠民教授、袁桂林教授、范先佐教授、杨小微教授、孟繁华教授、邬志辉教授、雷万鹏教授等专家，在课题汇报、开题中提出的宝贵建议。本研究 5 年来的全国调研得到上述 22 个省区市 150 多个县 700 多所学校的领导、教师、学生和当地教育局的大力支持，在此表示真诚感谢！本研究也得到我们陕西师范大学主体间教育科研团队师生的大力支持，团队博士和硕士研究生全程积极参与调研，为本课题研究充分发挥了应有的作用，在此也表示真诚感谢！本书的出版得到江西教育出版社同人，特别是桂梅总编辑的精心策划和大力支持，在此表示真诚感谢！

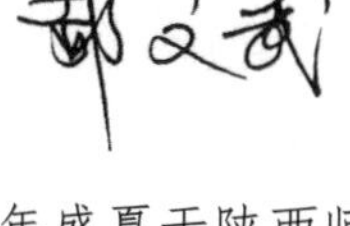

2020 年盛夏于陕西师范大学

目　录

导　论

实施乡村振兴战略，是党的十九大作出的重大决策部署。建设“产业兴旺、生态宜居、乡风文明、治理有效和生活富裕”的新农村是实现“两个一百年”宏伟目标中的重要目标。乡村振兴的基本目标是乡村的脱贫致富奔“小康”，远大目标是“农业强、农村美、农民富”的现代化。民以食为天，农村是农业的基础，“农业农村农民问题是关系国计民生的根本性问题。没有农业农村的现代化，就没有国家的现代化”。由于城乡二元结构导致乡村发展相对滞后，虽然农村城镇化使得乡村人口明显减少，但仍有几亿人口现在和将来都生活在农村。为了加强农业基础，补齐农村和乡村发展短板，加快农村和乡村发展步伐，使农村和乡村几亿人口与全国人民一样实现“小康”和现代化，乡村振兴势在必行。乡村振兴是推进农村和乡村现代化的必由之路。乡村振兴和推进农村现代化必须振兴乡村教育和推进农村教育现代化，振兴乡村教育和推进农村教育现代化必须做全面深入的研究。

一、对象界定和研究目标

研究乡村振兴战略中的农村教育现代化首先要明确农村及其教育和乡村及其教育的内涵与关系。乡村及其教育与农村及其教育是包含关系，但究竟哪个包含哪个，不仅专家学者们有不同认识，而且国家的一些文件也有不完全一致的规定。概念界定不同，研究的范围、内容和结果就不同，甚至有很大差距。如果把农村分为县城、乡镇、集镇和乡村，那么，乡村教育振兴和推进农村教育现代化，振兴和推进的就是除县城教育、乡镇教育、集镇教育以外地区的农村教育及其现代化。如果把乡村分为县城、乡镇、集镇和农村，那么，乡村教育振兴和推进农村教育现代化，振兴和推进的则是包括县城教育、乡镇教育、集镇教育和农村教育及其现代化。本课题研究的乡村教育振兴是除县城教育、乡镇教育、集镇教育以外地区的农村教育振兴，研究的农村教育现代化则是包括县城教育、乡镇教育、集镇教育和乡村教育的现代化。

关于乡村和农村的概念，还有一种界定是根据政策和研究需要随时变换内涵和外延的。县城相对于乡村是农村的城市，是农村经济政治和文化教育的中心，但相对于大中型城市又与乡村一样，都主要是从事农业生产的地方，有不同于大中型城市经济文化和教育的特点。这既使得乡村教育振兴和农村教育现代化紧密联系，又使得县城具有作为农村的城市和城市的农村的双重角色。双重角色表明它既具有两栖性、桥梁和纽带性等重要特性，也有冲淡或淡化乡村振兴和现代化重要性的可能。重视“三农”及其教育，本应同等重视县城及其教育、乡镇和集镇及其教育、乡村及其教育。但在城乡二元结构中，县城是城市，县城及其教育得到应有的重视和较好的发展，而乡镇及其教育和乡村及其教育并未得到应有的重视和发展。在推进农村城镇化过程中，县城及其教育是城市或城镇及其教育，当然要加强建设和发展，结果又轻视了乡村及其教育。在乡村振兴战略中，如果把县城及其教育不仅看作乡村及其教育，而且是乡村及其教育的中心、龙头，自然要加强建设和发展，那么县城和乡镇以外的乡村及其教育又可能成为无足轻重的边缘。相对于县城及其教育的双重性，乡村及其教育也有双重性，但这两个双重性的本质完全不同。在以前，一个是双向得益的双重性，一个是双重受害的双重性。乡村振兴战略中的农村教育现代化当然要全面推进县城教育、乡镇和集镇教育、乡村教育的现代化，但核心、重点和关键是乡村及其教育振兴和现代化。不能使县城及其教育在城乡二元结构中和农村城镇化过程中被当作城镇及其教育，要优先发展，但在振兴乡村及其教育时，又被当作乡村及其教育，又要优先发展，结果在任何时候都使县城和乡镇以外的乡村及其教育得不到应有的重视和发展。

随着现代化及其城镇化发展的乡村建制和人口的不断减少，乡村学生和学校也必然减少，小规模学校自然会增多。但乡村及其人口的减少、学校和学生的减少不等于也不应等于乡村及其学校的破败衰落，小规模的乡村及其学校也要推进、实现现代化。新农村应该有新学校、新教育。乡村振兴和现代化必须推进乡村教育振兴和现代化。乡村教育振兴和农村教育现代化是在乡村建制和人口不断减少、乡村学生和学校减少、小规模学校增多这一过程中的振兴和现代化。是不同于农村及其教育城镇化的教育发展。如果还用农村及其教育城镇化的理念和追求评判乡村及其教育振兴，认为乡村不适宜人类生存应该城镇化。随着城镇化发展，乡村人口、学生和学校大量减少甚至“空壳化”“空心化”既是现代化的必然，也是客观现实，乡村及其教育都已病入膏肓、寿终正寝了，还谈何振兴和现代化，那就是对乡村及其教育的又一次严重伤害。农村教育现代化的问题首先是乡村教育振兴的问题，是阻断继续萎缩、破败的乡村及其教育的问题，然后才是与整个农村教育一同推进现代化的问题。乡村小规模学校数量的增减和质量的变化是农村教育城镇化、乡村教育振兴和农村教育现代化的晴雨表。

“农业大国”的农村教育在整体数量上是国家教育的主体，同时乡村教育在数量上也是国家教育的主体。可是对于在振兴乡村教育战略中的农村教育现代化来说，虽然农村教育在数量上仍是国家教育的主体，但乡村教育在数量上已不再是国家教育的主体。乡村和农村不仅不能截然分开，反而是相互包容和相互促进。乡村及其教育振兴既要得到大中型城市及其教育和作为小城市的县城及其教育的支持，也对大中型城市及其教育和作为小城市的县城及其教育的发展有重要促进作用。布点少、规模小、质量高、有特色、方便上学、安全可靠、城乡均衡、世界一流，是现代化乡村学校的基本特征。

乡村振兴战略中的农村教育现代化的梦想、理想、目标、指标与国家现代化的梦想、理想、目标、指标和实现中华民族伟大复兴的中国梦紧密联系。乡村振兴战略中的农村教育现代化要依据马克思主义人的全面发展理论和党的教育方针，依据国家及其教育现代化的目标、要求和农业强、农村美、农民富的乡村振兴战略目标、要求，依据《中国教育现代化2035》明确的发展中国特色世界先进水平的优质教育的教育现代化的本质和目标，借鉴世界发达国家教育现代化的目标、指标，形成以立德树人全面发展、赶超城市现代化水平、传承乡土（农耕）特色文明、务农爱农离农亦爱农、结构合理、优质高效、公平正义、充满活力的农村教育现代化为核心目标的现代化教育。乡村振兴战略中的农村教育现代化目标就是乡村振兴战略中的农村教育现代化研究的目标。

二、研究内容、框架、思路、方法和成果

《振兴乡村战略中的农村教育现代化研究》最终是要回答和解决农村和乡村教育的现实的实践问题，所以，本研究始终从问题出发，以提出问题、分析问题和解决问题为主题、主线和目标，以现实问题、前沿问题、热点问题、关键问题、突出问题、根源性问题和综合性问题为重点，预设内容和框架包括相互密切联系的五个子课题，研究思路紧紧围绕着这五个层面展开。

（一）振兴乡村战略中的农村教育现代化本质特征和目标定位研究。这个层面的研究是思想、理论和政策研究，是通过学习研究领会习近平新时代中国特色社会主义思想和新中国成立70多年来、改革开放40多年来党和国家关于农村及其教育发展的重大战略决策，全面深刻理解领会不同时期党和国家关于农村及其教育发展重大战略决策的价值追求、理想目标，明确乡村振兴战略中的农村教育现代化精神实质、价值追求和理想目标。

（二）振兴乡村战略中的农村教育现代化的指标体系研究。通过研究世界发达国家和中国教育现代化的目标、标准、指标体系，根据国家教育和农村教育优先发展战略，解决城乡教育发展不平衡、农村教育发展不充分问题和促进城乡教育公平发展、实现城乡教育基本均衡发展和优质均衡发展的目标，明确乡村振兴战略中的农村教育现代化的目标、标准和指标体系。

（三）现当代中国不同类型农村教育现代化评估和进程研究。通过全面深入地调查研究，充分了解农村教育发展和现代化的现状，研究农村教育现代化总体进程和不同类型农村教育现代化的路径和进程。

（四）振兴乡村战略中的农村教育治理体系和治理能力现代化研究。根据乡村振兴的战略目标、要求和农村现实，研究乡村振兴战略中的农村教育现代化的治理体系和举措。

（五）振兴乡村战略中的农村教育现代化推进策略和行动方案研究。根据乡村振兴战略中农村教育现代化精神实质、价值追求和理想目标，根据乡村振兴的战略目标、要求和农村现实，确定农村教育现代化的教育治理、学校建设和教育教学改革的实践策略和行动方案。

本课题研究内容、框架和目标关系图

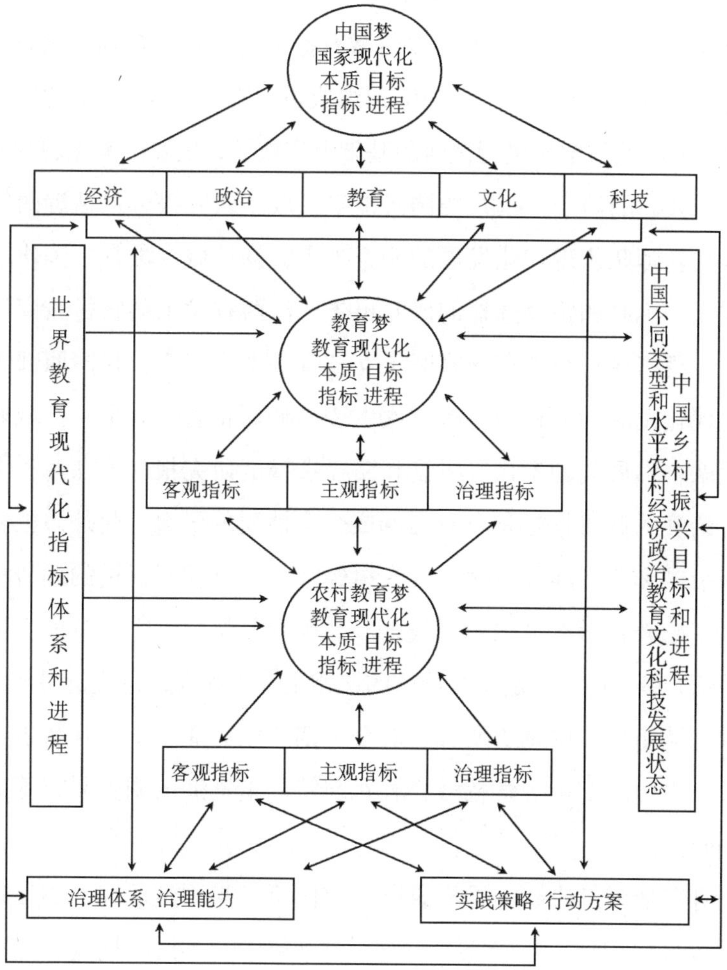

课题研究的实施，既根据课题研究预设的总体目标、内容和框架、思路展开，又根据研究的不断深入不断调整研究的具体框架、思路和表达方式。最后形成的《乡村教育振兴与农村教育现代化研究（理论研究卷）》，包括农村教育现代化的本质、意义和目标，农村教育现代化的历史进程和战略举措，农村教育现代化的教育治理和管理，农村教育现代化的教师队伍建设和教师教育，农村教育现代化的学校建设和发展，农村教育现代化的教育教学改革和变革等6个方面，同时汇集了仍有一定现实价值的学者对农村教育发展前期和早期研究的两章内容。

乡村教育振兴与农村教育现代化研究的研究对象和研究目标有两个层面，研究方式也有两个层面。《乡村教育振兴与农村教育现代化研究（调研报告卷）》是本课题主持人带领课题组成员，在对全国22个省区市150多个县700多所农村学校进行调研的基础上完成的，主要由本课题的主要研究力量——我们的博士生撰写的调研报告组成。研究报告包括近两年对全国乡村学校教师队伍现代化发展的调查报告，县域城乡教育一体化融合发展问题聚焦、机制和路径选择的研究报告，江西省弋阳县农村教育治理的调研报告，我国乡村小学离异家庭子女教育的调查报告，我国西部农村义务教育现代化发展的分析报告等首次发表的调研报告。其中，县域城乡教育一体化融合发展问题聚焦、机制和路径选择的研究报告，江西省弋阳县农村教育治理的调研报告是具有案例或个案性质的研究。此外，也有前两年的丝路沿线和西北连片特困地区农村经济与教育相互促进的调研报告、西北地区基础教育满意度的调研报告、高等师范院校学生满意度实证研究报告等；还汇集了仍有一定现实价值的课题主持人和课题组成员对西部中小学骨干教师队伍建设的调查研究、对全国四省区职业中学教师队伍建设的调查分析、中国西部高等学校教育收费与特困生资助的调查研究等前期和早期的调研报告。

本研究是理论研究、思辨研究、定性研究与调查研究、实证研究、定量研究等方法相结合的研究。全面深刻理解领会不同时期党和国家重大战略决策的理想目标和价值追求，明确乡村振兴战略中农村教育现代化的精神实质、价值追求和理想目标，是乡村教育振兴与农村教育现代化的基础，是乡村教育振兴与农村教育现代化理论研究的基础，也是乡村教育振兴与农村教育现代化的调查研究和实证研究的基础。同时理论研究与调查研究又相互影响，理论研究是调查研究的预想或假设前提，调查研究既证实也修正理论研究的目标、内容等。本研究只有进行农村教育发展历史、进程的比较研究，进行城乡教育甚至东西部城乡教育发展的比较研究，才能真正全面把握农村教育现实发展的状态和水平，预测未来农村教育发展可能达到的目标水平和需要采取的解决问题的措施。所以，本课题做了许多教育理论论证与教育实际、实践发展相互说明、验证的研究和许多教育历史发展与现实状态及水平、城市与乡村教育发展状态及水平的比较研究。

城乡教育现代化的主客观因素或基本条件包罗万象，主客观因素之间及其本身都相互联系和影响。相同的问题可能有不同的表现和事实，不同的表现和事实可能有相同的根源，相同的表现和事实又可以说明不同的问题。围绕不同问题展开的研究应用的相同的表现和事实说明，既可能形成不同问题应用材料或事实的某种重复，也能说明具体事实之间的本质联系，或者不同问题之间的本质联系。教育教学的主客观因素及其变化有些层面与乡村及其教育振兴和农村教育现代化有紧密关系，有些则与乡村及其教育振兴和农村教育现代化关系不大或并无本质联系。所以本课题更多的是从宏观上，对诸如学生、学校、教育教学条件等在教育城镇化之中和前后的变化，城乡教育的普及程度、均衡发展变化等层面与乡村及其教育振兴和农村教育现代化有紧密关系的方面进行研究，而不是对与乡村及其教育振兴和农村教育现代化关系不大或并无本质联系的教育教学的具体目标、内容和方式等的研究。

三、主要发现和对学术观点、话语体系等的突破、创新或推进

关于农村教育的研究有丰富的成果和资料，但关于乡村振兴战略背景下的乡村教育振兴和农村教育现代化的研究成果不是很多。前二三十年的研究主要是农村城镇化背景下的农村教育研究，其研究成果对本课题研究

有一定的参考价值，但许多研究的目的和成果与本课题研究相反，只能作为本课题研究的比较例证。本课题研究从设计到实施，都力图通过党和国家关于国家及其教育现代化目标、协调城乡发展关系、乡村振兴战略的重大战略决策及其文献资料的研究，对理解、领悟、阐释党和国家关于乡村振兴战略中的农村教育现代化的立场观点、精神实质、价值追求和理想目标方面有所突破、创新或推进；通过对专家学者的研究成果和世界发达国家教育现代化的经历、经验及其与中国城乡教育现代化文献资料的比较研究，力图对乡村教育振兴和农村教育现代化的本质、规律在学术观点、话语体系方面有所突破、创新或推进；通过对不同类型和发展水平的农村和乡村教育的调研和资料分析，力图在形成乡村振兴战略中的农村教育现代化的发展进程、实践策略、行动方案的实践应用方面有所突破、创新或推进。

在理论研究层面，第一是反复辨析农村及其教育与乡村及其教育关系的多种不同认识，明确了本研究的对象及其层次，为研究奠定不可或缺的坚实基础。第二，着力辨析“现代化”“现代性”“现代”及“城市化”“城镇化”与“本土化”“乡土特色”关系的多种不同认识，明确教育现代化的高水平与“多样化”的本质特征；提出现代化是现代性的普遍化，现代性是社会发展最新、最先进、最核心的本质特性，现代是代表社会本质特征的现代性的自始至终的时间；依据《中国教育现代化 2035》关于我国教育现代化的本质和战略目标是发展中国特色世界先进水平的优质教育，论证了城乡教育一体化均衡发展与有特色融合发展相结合的乡村教育振兴和农村教育现代化的本质特征和战略策略；提出立德树人全面发展，传承农耕文明、乡土文化，培养爱国爱家、务农爱农离农亦爱农的现代新人，实现结构合理、优质高效、公平正义、充满活力、赶超城市现代化水平的农村教育振兴和现代化的基本目标。第三，多层面、多角度辨析教育优先发展的农村教育“双优先”“优先什么”“什么优先”“如何优先”的多种不同认识，探讨国家及其教育现代化、乡村教育振兴和现代化与教育扶贫的关系，明确城乡教育发展中的“反补”“反哺”和“互补”等含义和意义，以价值理性引领工具理性推进农村教育现代化和乡村教育振兴的观点。第四，多层面、多角度反复辨析教育平等、公平、正义与教育均衡发展、教育优质高效发展关系的多种不同认识，分数面前人人平等与受教育的人格、权利面前人人平等的含义、关系和意义，明确公平是平等与效率相互促进的关系及其状态，正义的公平和超公平的本质及其意义。第五，多层面、多角度辨析“治理”“管理”关系的多种不同认识，明确不同于教育管理的教育治理的源头性、综合性等价值取向性、整体性、长远性的本质特征和县乡教育现代化治理的特殊性、鲜明特征和要求。第六，多层面、多角度反复辨析主客体、双主体、主体间的不同含义及其意义，特别强调发挥乡村及其教育治理和乡村学校师生主体性的作用。第七，关于东西部区域教育发展，根据发达地区城乡教育率先现代化、中等发展地区城乡教育尽快追赶现代化和采取特殊措施进一步加大推进贫困地区农村和乡村教育、深度贫困地区农村和乡村教育补齐短板、均衡发展和现代化力度的三类型农村教育现代化目标，提出不同发展程度乡村振兴和农村教育现代化，从“普九”教育、“两基”攻坚到基本均衡发展、优质均衡发展和基本实现现代化、完全实现现代化进程的预测。

关于乡村教育振兴和农村教育现代化的实践策略和行动方案，重点研究乡村学校建设、教师队伍建设、学校特色发展、教育教学改革等。第一，是农村学校布局，提出农村学校布局既要算经济账、政治账、文化账和感情账，更要从立德树人总目标出发，算育人账的主张；提出加强乡村小规模学校建设，通过建设乡村学校和振兴乡村教育，旺人气、聚才气、振志气、兴经济、美家园，实现建设崇知尚文、尊师重教、书声琅琅的美丽乡村、“美丽书乡”的设想。第二，针对小规模学校不断增多的实际和农村学校教师总体超编的具体缺编现实，依据乡村教育“三优先”保障，提出乡村学校师生比倍减、教师工资待遇倍增的“倍减倍增”乡村教育振兴和农村教育现代化的特殊指标和实施方案；提出为振兴乡村教育努力培养以音体美为主导专业的全科教师的观点。第三，关于农村学校特色发展，提出在特色发展中彰显农村学校文化精神和现代性活力，重视实施务农爱农、离农亦爱农教育，从小形成农村青少年儿童把爱国爱家爱农建设乡村相结合的优良品德；重视农村学校教育信息化建设及其与传统教育方式结合、融合等主张；加快推进城乡学校小班化教学和提高教育教学质量的行动方案；积极推进“以校为主”的农村家校合作教育现代化的建议。第四，关于农村职业教育发展，论证了优先进行农业职业技术教育对改造传统农业、振兴农业和农村经济，对农民增收致富、脱贫致富、精准扶贫的重要性；强调农村职业教育既能为乡村振兴、农民发家致富服务，又能为城市发展有效转移劳动力服务的意义。第五，关于幼儿保教，提出重视农村幼儿园建设的科学性，把学前教育改变为幼儿保教或学前保教，实施先保育后教育，即“先保后教”的观点。第六，对特殊教育及其研究、留守儿童、随迁子女和单亲儿童教育也提出一些看法。

四、本研究存在的问题和未来需要努力的方向

（一）传统概念、观念和理念与现代概念、观念和理念的关系问题。理论来源于实践，要通过实践检验其科学性。认识对实践的影响又是从概念的生成、创新到理论的生成和创新，再到实践创新的发展过程。实践是每时每刻发展的，而理念、观念往往是滞后的，学术理念、概念与实践发展也许是同步、一致甚至超前的，但从学术概念、理论到大众观念的接受、认可、转变和普遍化需要很长时间，甚至不同研究者的概念、理论和观念的契合、一致、统一也是如此。如果没有学者或研究者之间及其与大众的概念、理论和观念的契合、一致、统一，即便是科学的概念、理论和观念也很难对实践产生普遍影响。本研究的基本和核心概念，诸如农村与乡村，平等、公平与正义，现代、现代性和现代化等概念，都既是司空见惯的当代社会使用频率最高的概念，但也是很有争议和有许多不同理解、解释的概念，不仅存在学术研究与大众理解、解释的差异，而且存在学者之间的差异，还存在着各层面与政府界定的差异。研究乡村教育振兴和农村教育现代化，却连乡村和农村的概念界定都模模糊糊甚至自相矛盾，那还如何形成科学的理论来影响实践？本课题主持人对此深有体会，长期以来一直在做这方面的思考，对不少概念进行了多方考证，对相关概念又做了大量考证、思考，力图影响理论和实践，但效果不佳，影响不大。革命尚未成功，同志仍须努力。

（二）研究的系统性与研究的重点、难点问题。学科研究既要根据国家

和社会的需要开展选题，也要根据研究者自己的兴趣、知识和能力选择开展选题。本课题是命题作文,但同样有研究者根据自己的认识、体会、价值追求、关注点、兴奋点和知识、能力对研究内容进行选择。现代化和教育现代化、乡村及其教育振兴和农村及其教育现代化都有非常丰富的内容，作为一项课题研究不可能也不应该面面俱到，而必须从问题出发，但问题也有许多。每个人只是或只能选择确定自认为是、但又未必真的是国家和社会需要的问题。本研究面对或针对的是现实问题，虽然要辨析和厘清概念、分析和建构理论，但它的概念和理论不是关于基本原理的基本概念和系统理论，更不是教科书式的基本知识的基本概念和系统理论，而是紧紧围绕研究主题、紧紧抓住和瞄准核心问题需要形成的概念和理论。本课题主持人一直以来都尽力避免说人所共知、重复无聊的正确的无意义的话和不求甚解、没有问题、表面光滑、体系完整但言之无物的系统的空话，本课题研究更是如此。如果说它不够系统，它的确远不像教科书那样系统。如果说它还比较系统，那就是因为它紧紧围绕研究主题、紧紧抓住和瞄准农村教育和乡村教育的发展，对乡村学校建设、教师队伍建设、教育教学质量的共同目标、标准和不同特点、水平等核心层面的问题做比较系统地辨析，形成科学概念和系统理论，提出比较系统地解决现实和实践问题的合理性建议。

（三）研究的普遍性、抽象性与调研的具体事实、现象问题。具体既是抽象的形象化、一般和普遍的特殊化，也是整体的部分、分解。抽象、概括、一般和普遍、整体的认识应该有具体、形象、特殊和部分的典型事实、例证作为支撑，但又不可能穷尽具体、形象、特殊和部分。对具体、形象、特殊和部分的认识则都应放在抽象、概括、一般和普遍、整体的总目标、总框架、大视野、大格局中，围绕主题、主线进行，因此，其核心概念、主要观点、理论主旨不仅难以避免，而且也不能没有相互重组和重合。支撑和论证核心概念、主要观点、理论主旨的典型事实、例证同样如此。这既说明典型事实、例证及认识和解决其反映的问题的重要性，也说明不同的具体、形象、特殊和部分问题的相互紧密关联性，与抽象、概括、一般和普遍、整体的一致性。

农村教育与城市教育、乡村教育与城镇教育虽然在地域特点、发展水平和特色等方面明显不同，在学校建设、教师队伍建设、教育教学质量水平等层面也有不同，但它们对现代化目标的追求是一致的，它们的组织架构和要素、活动过程和规律、追求目标和评价标准基本是一致的。研究不能只是停留在总目标、一般性问题，要不断丰富和深入，但万变不离其宗，许多具体问题的根源基本是一致的。本书遵循的是从整体、一般和普遍到具体、特殊、部分，再从具体、特殊、部分到整体、一般和普遍的思维逻辑，把整体、一般和普遍到具体、特殊、部分紧密结合的思维逻辑，但是否结合得很好，还有待继续深入思考和专家的批评指正。

（四）研究的价值追求和事实判断问题。理论来源于实践，又影响实践，这是对理论与实践关系的主观要求和追求。但理论来源于什么样的实践，来源于实践的理论怎么形成，或者形成方式、过程，对理论的科学性又有重要影响。任何实践都是有意识甚至有目的的活动，意识和目的本来就是大脑对客观事物的反映，是受历史和现实的文化、观念、理念和理论影响而形成的，而不是物物碰撞、刺激留下的痕迹。理论如何做到知识伦理或知识的价值追求及其逻辑与思维语言逻辑的科学统一是本课题主持人近年来一直关注研究的问题。理解、解释和形成科学的乡村教育振兴和农村教育现代化的理论、理念和观念都需要有正确的立场、科学的价值追求、知识理论，这是远比本研究设定的问题更广泛而深刻的问题，需要进行更多的研究和实践。

（五）理论研究的重点、难点与实践工作的重点、难点问题。理论研究首先要厘清概念，形成理论，以此推进思想观念转变，但理论研究的重点、难点有的可能是实践行动的重点、难点，有的可能不是。本研究尽力准确找到、瞄准理论研究的重点、难点与实践行动的重点、难点的契合点，但是否真正准确找到、瞄准，还需要实践和专家的评判。

第一章　农村教育现代化的本质、意义和目标

任何研究首先都要确定研究对象，明确研究对象的内涵和外延，然后讨论其本质特征、价值追求、发展进程、目标和意义等。乡村和农村既是人们再熟悉不过的名词，也是有许多不同理解的概念。对乡村和农村关系的理解和解释不同，不仅会导致统计数据的明显差异，也对优先发展农村教育、积极推进乡村振兴和农村教育现代化实施有很大影响。本研究是根据教育学的界定，把县城教育、乡镇教育和乡村教育都看作农村教育，以此为根据认识农村教育和乡村教育的本质特征、价值追求、理想目标、重大意义和推进乡村教育振兴、农村教育现代化的实践战略、实施措施。

农村教育发展是全国教育发展的短板，乡村教育发展则是农村教育发展的短板。优先发展农村教育包括优先发展县城教育、乡镇教育和乡村教育，积极推进农村教育现代化包括积极推进县城教育、乡镇教育和乡村教育现代化，既包括积极推进名副其实的大中型城市与包括县城教育、乡镇教育和乡村教育在内的农村教育的城乡教育公平和一体化均衡发展，还包括积极推进作为农村的县城教育和乡镇教育的城镇教育与乡村教育的城乡教育公平和一体化均衡发展。其中，积极推进乡村教育振兴和现代化是乡村振兴战略中农村教育现代化的重点、难点。

第一节

农村教育和乡村教育的界定及其数据意义

古代社会和近现代农业社会发展缓慢，城乡及其教育特点明显。随着国家现代化、城乡一体化、教育城镇化进程加快和乡村振兴战略的实施，农村、乡村、乡镇、城镇及其教育等概念变成亟须重新界定的重要范畴。关于农村、乡村及其教育，中央文件有几种界定，学者专家也有不同的理解、解释和界定。不同的农村教育和乡村教育内涵界定，不仅对它们的外延和覆盖人口计算有重要影响，也对它们的经费投入、教师队伍建设等有重要影响。“乡村兴则国家兴，乡村衰则国家衰。我国人民日益增长的美好生活需要和不平衡不充分的发展之间的矛盾在乡村最为突出，我国仍处于并将长期处于社会主义初级阶段的特征很大程度上表现在乡村。”[①] 振兴乡村必须振兴乡村教育。中国教育的短板在农村，农村教育的短板在乡村，明确农村教育和乡村教育的界定及其相关数据，对在优先发展农村教育、加大农村教育投资和教师队伍建设的前提下，更加重视乡村教育、加大乡村教育投资和教师队伍建设、全面振兴乡村及其教育有重要意义。

一、农村教育和乡村教育的内涵和外延

《辞海》《新华词典》等有关于农村和乡村的解释，但找不到关于农村教育、乡村教育的词条，即便是教育学专业辞书《大百科全书·教育》同样如此。

---

①《国家乡村振兴战略规划（2018—2022 年）》，《人民日报》2018 年 9 月 27 日。

目前关于农村教育和乡村教育的界定及其覆盖人口的推算有三种：教育学的界定是大农村和小乡村及其教育的界定和推算，统计学的界定是小农村和包括集镇与农村的大乡村的界定和统计，还有一种是以户籍中农业户口和非农业户口为标准的城乡教育界定和推算，以及农村教育和乡村教育基本或完全一致的界定和推算。

农村教育研究者普遍认为，“农村教育就是指县和县以下的教育，包括县、乡（镇）、村教育”。[①]《中国教育统计年鉴》2011年之前约30年都是以城市教育、县镇教育和农村教育来分类统计，从2011年开始以城区、城乡接合区、镇区、镇乡接合区和乡村教育来分类统计。党和国家文件中关于农村教育的内涵、范围和管理体制的规定是由1985年《中共中央关于教育体制改革的决定》提出“基础教育管理权属地方，按照省、市（地）县、乡分级管理的职责划分，由省、自治区、直辖市决定”，到2001年《国务院关于基础教育改革与发展的决定》《国务院办公厅关于完善农村义务教育管理体制的通知》提出“农村义务教育实行在国务院领导下，由地方政府负责、分级管理、以县为主的体制”逐步形成的。2003年国务院在新中国成立后的首次全国农村教育工作会议期间颁布的《关于进一步加强农村教育工作的决定》对农村教育有明确界定，指出，“发展农村教育，办好农村学校，是直接关系8亿多农民切身利益，满足广大农村人口学习需求的一件大事”。加强农村教育要“落实‘在国务院领导下，由地方政府负责、分级管理、以县为主’（以下简称‘以县为主’）的农村义务教育管理体制，县级政府要切实担负起对本地教育发展规划、经费安排使用、校长和教师人事等方面进行统筹管理的责任”。2017年我国城镇化率达58.52%，但我国还是世界上最大的农业国，仍有6亿农民在农村，一半以上的学龄儿童在农村。[②]因此一定要办好农村教育。但这是根据统计学关于农村及其教育界定统计的数据，根据教育学关于农村教育的界定，农村教育覆盖人口就不仅仅是8亿或6亿农民，也包括为数不少的县城、乡镇居民，远大于全国总人口的一半。

---

① 李少元：《农村教育论》，江苏教育出版社，2000，前言。

②《国务院关于进一步加强农村教育工作的决定》，《中国教育报》2003年9月21日。

2008 年国务院批复的《统计上划分城乡的规定》“将我国的地域划分为城镇和乡村”“城镇包括城区和镇区”“乡村是指本规定划定的城镇以外的区域”。1999 年的《关于统计上划分城乡的规定（试行）》还具体有“乡村包括集镇和农村”“农村指集镇以外的地区”。[①] 如果根据这个界定推演，农村教育是在农村的教育，是对生活在农村地区的农民及其子女的教育；乡村教育是在乡村的教育，是对生活在乡村地区的居民及其子女的教育。那么，这与教育学对农村教育和乡村教育的界定就有明显不同，科学研究就不能简单地以统计学概念及其数据与教育学概念及其数据相互说明。

为了推动城镇优秀教师向乡村学校流动，保持乡村优秀教师数量相对稳定，2015 年《国务院办公厅关于印发乡村教师支持计划（2015—2020 年）的通知》指出，全面推进义务教育教师队伍“县管校聘”管理体制改革，为城市教师到乡村学校任教提供制度保障；要采取定期交流、跨校竞聘、学区一体化管理、学校联盟、对口支援、乡镇中心学校教师走教等多种途径和方式，重点引导优秀校长和骨干教师向乡村学校流动；县域内重点推动县城教师到乡村学校交流轮岗，乡镇范围内重点推动中心学校教师到村小学、教学点交流轮岗。[②] 因此有人也可能把乡镇教育包括在乡村教育之内，但根据 2018 年中共中央国务院《关于全面深化新时代教师队伍建设改革的意见》和国务院办公厅《关于全面加强乡村小规模学校和乡镇寄宿制学校建设的指导意见》等重要决定对乡村教师和学校的规定，乡村教育就是在乡村的学校教育，是不包括县城教育和乡镇教育的教育。这个关于乡村教育的界定与统计学的乡村及其教育界定虽然不完全一致，但内涵与外延相差不大。

乡村振兴战略是 2017 年习近平总书记在党的十九大报告中首次提出的，并首次写入党章。2018 年《中共中央国务院关于实施乡村振兴战略的意见》

---

① 中华人民共和国国家统计局：《统计上划分城乡的规定》（国函〔2008〕60 号批复），http://www.stats.gov.cn/tjsj/tjbz/200610/t20061018_8666.html. 2018-06-08。

②《国务院办公厅关于印发乡村教师支持计划（2015—2020 年）的通知》（国办发〔2015〕43 号），http://www.moe.edu.cn/jyb_xxgk/moe_1777/moe_1778/201506/t20150612_190354.html.

继2003年《国务院关于进一步加强农村教育工作的决定》提出要把农村教育作为教育工作的重中之重，优先发展农村教育之后，再次强调优先发展农村教育。关于深化村民自治的实践，它指出："全面建立健全村务监督委员会，推行村级事务阳光工程。依托村民会议、村民代表会议、村民议事会、村民理事会、村民监事会等，形成民事民议、民事民办、民事民管的多层次基层协商格局。"① 由此可见，乡村及其教育就是指乡村民众居住的地方及其教育；乡村及其教育与乡镇、县城及其教育有区别。《国家乡村振兴战略规划（2018—2022年）》进一步指出："乡村是具有自然、社会、经济特征的地域综合体，兼具生产、生活、生态、文化等多重功能，与城镇互促互进、共生共存，共同构成人类活动的主要空间。"② 还进一步强调了优先发展农村教育事业，推动优质学校辐射农村薄弱学校常态化，落实好乡村教师支持计划，建好建强乡村教师队伍等政策。这里关于教育政策的表述使用的农村教育和乡村教育概念同上述教育学关于农村教育和乡村教育概念的界定一样，即农村教育包括县城教育、乡镇教育和乡村教育。

二、农村教育和乡村教育覆盖人口推算及其重要意义

农村及其教育城镇化是改革开放以来国家现代化的趋势，其实质是把统计学意义上的农村、乡村及其教育城镇化，或把农村和乡村人口转移、迁移到城镇，使乡村人口变成城镇人口，使乡村适龄儿童在城镇接受教育。但如果把农村教育界定为县及其以下乡镇、乡村教育，那么不仅原来的乡村和县城、乡镇教育是农村教育，而且后来城镇化的农村教育和乡村教育也还是农村教育。

改革开放以来，中国流动人口不断增多，包括学生在内的人口流动主要是乡村向城镇、农村向城市和城市间的流动。城市间的流动并不影响城乡人口统计，乡村向城镇、农村向城市的人口流动则对城乡人口统计有重要

---

①《中共中央国务院关于实施乡村振兴战略的意见》（2018年1月2日），《人民日报》2018年2月5日。

②《国家乡村振兴战略规划（2018—2022年）》，《人民日报》2018年9月27日。

影响，但只能以官方公布的相对稳定的数据来估算。

采用“以县为主”的农村义务教育管理体制界定的农村教育内涵与采用《统计上划分城乡的规定》界定的农村内涵而推演的农村教育覆盖人口的外延范围和数据有很大差距。2002 年和 2016 年中国分别有 8 亿和 6 亿农民及其农村教育覆盖人口，这是根据《统计上划分城乡的规定》界定的农村人口和由当时的城镇化率推算的。2002 年全国总人口为 128 453 万人，城镇人口为 50 212 万人，约占全国总人口的 39.1%；乡村人口为 78 241 万人（近 8 亿），约占全国总人口的 60.9%。2016 年全国总人口为 138 271 万人，城镇人口为 79 298 万人，约占全国总人口的 57.35%；乡村人口为 58 973 万人（近 6 亿），约占全国总人口的 42.65%。[①] 但根据教育学关于农村教育的界定，农村教育覆盖人口还包括县城和乡镇人口，这个数据大约是 2 亿。也就是说 2016 年城镇人口包括省会城市和大城市 2 亿多，中等城市 3 亿多，县城和乡镇约 2 亿，共约 8 亿。假设不同年份县城和乡镇人口变化不是很大，都以 2 亿计，2002 年和 2016 年农村教育覆盖人口分别就是 8 亿加 2 亿为 10 亿和 6 亿加 2 亿为 8 亿。如果以农业户口和非农业户口的户籍标准推算，生活在城镇，特别是县城和乡镇的居民有许多人也还是农业户口。2017 年我国居民城镇化率达 58.52%，而户籍人口城镇化率为 42.35%，两者相差 16.17%，大约 2 亿人口。或者用另一种办法推算，如果把一个县的教育都看作是农村教育，把省级和地级市的教育看作是城市教育，再推算出以下列表中 10 个地级市城区人口占全国城镇人口比例为 58.2%，县城和乡镇、乡村的城镇人口占全国城镇人口比例为 41.8%（见表 1、表 2）。

① 中华人民共和国中央人民政府：《中华人民共和国 2002 年国民经济和社会发展统计公报》，《中华人民共和国 2016 年国民经济和社会发展统计公报》，http://www.gov.cn/gongbao/content/2003/content_62657.htm.

表 1　不同省市城镇化率和农村教育人口覆盖程度（人口单位：万人）

区域	省市	区县乡镇数	总人口	城区人口（含城区内非农业户口及农业户口）	农村人口	城镇化率	城镇教育人口及其与城区人口之比	农村教育人口	农村教育人口覆盖程度（占总人口之比）
西部及少数民族地区	陕西榆林市	2 区 1 市 9 县 141 乡镇	338.20	190.24	147.96	56.25%	92.00；48.36%	246.20	72.80%
	甘肃白银市	3 区 3 县 78 乡镇（街道）	171.64	82.23	89.41	47.91%	49.00；59.59%	122.64	71.45%
	广西百色市	1 区 1 市 11 县 109 乡镇	362.02	127.40	234.62	35.19%	17.40；13.66%	344.62	95.19%
	内蒙古巴彦淖尔市	1 区 6 县旗 59 苏木镇	168.30	89.90	78.40	53.42%	55.37；61.59%	112.93	67.10%
中部地区	安徽黄山市	3 区 4 县 101 乡镇	148.40	47.20	101.20	31.81%	41.40；87.71%	107.00	72.10%
	湖南湘潭市	2 区 2 市 1 县 51 乡镇	283.80	171.00	112.80	60.25%	87.00；7.13%	196.80	69.34%
东部地区	广东惠州市	2 区 3 县 49 乡镇	475.55	324.09	151.46	68.15%	251.50；77.60%	224.05	47.11%
	山东聊城市	1 区 6 县 135 乡	597.06	226.49	370.57	37.93%	77.11；34.05%	519.95	87.09%

（续表）

区域	省市	区县乡镇数	总人口	城区人口（含城区内非农业户口及农业户口）	农村人口	城镇化率	城镇教育人口及其与城区人口之比	农村教育人口	农村教育人口覆盖程度（占总人口之比）
东北地区	辽宁铁岭市	3区3县2市89乡镇	299.80	129.90	169.90	43.33%	70.00；53.89%	229.80	76.65%
	辽宁抚顺市	4区3县47乡镇	214.80	149.20	65.60	69.46%	140.50；94.17%	74.30	34.59%

表2 不同市县城镇化率和乡村教育人口覆盖程度（人口单位：万人）

区域	市县	城区乡镇数	总人口	城镇人口	乡村人口	城镇化率	城镇教育人口及其与城镇人口之比	乡村教育人口	乡村教育人口覆盖程度（占总人口之比）
西部及少数民族地区	榆林清涧县	1城区15镇	21.94	5.66	16.28	25.80%	4.50；79.51%	17.44	79.49%
	榆林神木市	1城区9镇	44.30	14.20	30.10	32.05%	14.50；102.11%	29.80	67.27%
	白银会宁县	1城区16镇12乡	53.84	15.15	38.69	28.14%	10.00；66.01%	43.84	81.43%
	百色西林县	1城区2镇9乡	12.75	1.19	11.56	9.33%	2.50，210.08%	10.25	80.39%
	巴彦淖尔乌拉特前旗	1城区11苏木镇	34.30	9.56	24.74	27.87%	10.00；104.60%	24.30	70.85%

（续表）

区域	市县	城区乡镇数	总人口	城镇人口	乡村人口	城镇化率	城镇教育人口及其与城镇人口之比	乡村教育人口	乡村教育人口覆盖程度（占总人口之比）
中部地区	黄山徽州区	3 社区 4 镇 3 乡	10.10	2.68	7.42	26.53%	1.50； 55.97%	8.60	85.15%
	湘潭韶山市	1 城区 2 镇 2 乡	9.84	5.32	4.52	54.07%	4.85； 91.17%	4.99	50.71%
东部地区	惠州惠东县	2 街道 13 镇	93.14	40.84	52.30	43.85%	18.00； 44.07%	75.14	80.67%
	聊城东阿县	2 街道 7 镇 1 乡	42.00	7.96	34.04	18.95%	11.50； 144.47%	30.50	72.62%
东北地区	铁岭铁岭县	1 城区 11 镇 3 乡	39.10	2.90	36.20	7.42%	5.67； 195.52%	33.43	85.50%
	抚顺抚顺县	1 城区 4 镇 4 乡	11.60	1.20	10.40	10.34%	2.45； 204.17%	9.15	78.88%

注：以上资料均来自相关市县、乡镇政府网和百度网发布的 2010 年第六次和 2000 年第五次全国人口普查数据。

再考虑到大城市和特大城市城镇化率比地级城市高出 20% 多等因素，如北京的城镇化率是 86.5%，西安为 73.43%，所以再稳妥点，县城和乡镇、乡村的城镇人口占全国城镇人口比例按 30% 推算，那么，全国农村教育的覆盖人口大约也是2亿。2002年是8亿加5亿的40%，约10亿，或8亿加5亿的30%，约9.5亿；2016年是6亿加近8亿的40%，为9亿多，都超过全国总人口的2/3，或6亿加8亿的30%，为8亿多。还应该看到，城镇人口与城区人口的概念和数据是有较大区别的，城镇人口一般是指非农业户口人口，城区人口则包括居住在城区的非农业户口和农业户口人口。不仅有些县市城区人口主要是城镇人口，而且乡镇甚至乡村也有大量城镇人口，所以城区人口占城镇人口的比例有的基本相当，有的则较少，只有50%左右甚至只有百分之十几。有些县市农业户口人口大量进城，所以就形成城区人口比例远远大于具有非农业户口的城镇人口总数。有些县市城区人口中只有一半是非农业户口的城镇人口，城区人口是城镇人口或具有非农业户口的人口的200%甚至以上。尽管由于城乡人口的动态性、统计口径和时间先后等原因，这些数据不是很精确，但也大体反映了当代中国农村教育覆盖人口的真实状态。

中国的行政设置有省、自治区、直辖市、市、县、乡镇和乡村等，市有副省级市、地级或厅级市和县级市，省地级市一般包括区及其街道办事处和县、乡镇、乡村。县和县级市一般包括镇、乡镇、乡村，县和县市政府的所在地有的是镇，有的也有街道办事处。省政府所在地的省会城市城区的教育当然是城市教育，但省会城市以外各县的教育未必全都是城市教育。地级市政府所在地城区的教育也应该是城市教育，但其所辖的县级市政府所在地城区的教育是城市教育还是农村教育应视教育发展的整体水平而定，而其所辖的县城和乡镇、乡村教育都应该是农村教育的范围。如果把地级市所在地城区的教育看作是城市教育，地级市所辖的县城和乡镇、乡村教育都看作是农村教育，那么全国许多地级市所辖范围70%左右都是农村教育，甚至有的市农村教育高达90%以上，只有极个别市的农村教育在30%以上50%以下。大部分地级市与县和县级市农村教育比例都有10%以上的明显差距，个别地级市与县和县级市农村教育的比例差别很大，高达30%多，甚至40%多。如果把县和县级市政府所在地城区的教育看作是有别于乡村教育的农村教育，那么，全国多数县市的教育70%—80%属于乡村教育范围，乡村教育低于60%甚至50%的县和县级市数量极少。由此可见，农村教育特别是乡村教育的范围、地位和重要意义。

三、农村教育和乡村教育的学生、教师数据差距及其教育投入的重要意义

不同的农村教育和乡村教育的内涵界定，不仅形成的农村教育和乡村教育的外延及其覆盖人口不同，也会使它们的经费投入、教师队伍建设等数据得出明显不同的结果，还可能自相矛盾，即在界定农村教育时把它界定为县和县以下包括县城、乡镇、乡村的大农村教育，但在统计数据中又把农村教育当成小农村或乡村教育，把县城和城镇教育排除在农村教育之外；在重视农村及其教育城镇化时把城镇人口算作城镇居民，在重视农村、乡村及其教育时又把城镇人口算作农村和乡村居民；甚至把对乡村教育的投资和教师编制等看作是对农村教育的投资和教师编制，以对乡村教育的投资和教师编制等发展农村教育，或者相反。可见，区别农村教育和乡村教育具有重要意义。

以教育学的农村教育和乡村教育界定为依据，2001年到2015年全国城区义务教育小学生数从约1 700万、约占全国小学生总数的13.4%，增长到约3 000万、约占全国小学生总数的31.68%；全国城区初中生数从约1 600万、约占全国初中生总数的20.0%，降低到约1 400万，但占全国初中生总数的比例却增长到约33.42%。2001年全国农村小学生数从1亿多、约占全国小学生总数的86.6%降至2015年的6 000多万（城镇3 660万人，其中城乡接合部575万人）、约占全国小学生总数的68.32%，其中2001年全国乡村小学生数从近8 600万、约占全国小学生总数的68.6%降至2015年的近3 000万（其中镇乡接合区1 046万人）、约占全国小学生总数的30.60%；全国农村初中生数从近6 300万、约占全国初中生总数的80%降至近2 900万（城镇2 170万人，其中城乡接合部236万人）、约占全国初中生总数的66.58%，其中全国乡村初中生数从3 000多万、约占全国初中生总数的41.85%降至约700万、占全国初中生总数的16.29%（其中镇乡接

合区 424 871 人）；全国省区乡村和农村小学生数都普遍下降 30%—40% 和 10%—20%，但目前东部地区还有 10%—20% 的乡村小学生和 40%—50% 的农村小学生，中西部地区则有 20%—40% 的乡村小学生和 60%—80% 的农村小学生，即便是北京、上海 2015 年也还有 7.6% 和 17.42%、4.53% 和 21.12% 的乡村小学生和农村小学生。[1]在根据现行农村教育界定推估基础上，即便再把城乡接合区这个模糊地带的教育算作城市教育也改变不了近年城乡学生数量比例变化的基本态势。此外，农村教育和乡村教育学生数量的减少不仅与农村和乡村城镇化相关，也与农村和乡村少子化有关。

2001 年全国小学专任教师共 5 797 746 人，城市 874 957 人、约占全国小学专任教师总数的 15.1%，农村 4 922 789 人、约占全国小学专任教师总数的 84.9%，其中县镇 1 129 312 人、约占全国小学专任教师总数的 19.5%，乡村 3 793 477 人、约占全国小学专任教师总数的 65.4%。2015 年全国小学专任教师共 5 112 774 人（包括民办 182 539 人），城区 1 407 205 人、约占全国小学专任教师总数的 27.5%，农村 3 705 569 人、约占全国小学专任教师总数的 72.5%，城镇 1 814 017 人（其中城乡接合部 254 824 人）、乡村 1 891 552 人（其中镇乡接合区 552 088 人），乡村小学专任教师数约占全国小学专任教师总数的 37.0%。2001 年全国初中专任教师共 3 348 396 人，城市 638 342 人、约占全国初中专任教师总数的 19.1%，农村 2 710 054 人、约占全国初中专任教师总数的 80.9%，其中城镇 1 157 748 人、约占全国初中专任教师总人数的 34.6%，乡村 1 552 306 人、约占全国初中专任教师总人数的 46.3%。2015 年全国初中专任教师共 3 475 683 人，城市 1 111 803 人、约占全国初中专任教师总数的 32.0%，农村 2 363 880 人，约占全国初中专任教师总数的 68.0%，城镇 1 718 633 人（其中城乡接合部 184 923 人）、乡村 645 200 人（其中镇乡接合区 424 871 人），乡村初中专任教师数约占全

① 中华人民共和国教育部发展规划司：《中国教育统计年鉴 2001》，人民教育出版社，2002，综合。中华人民共和国教育部发展规划司：《中国教育统计年鉴 2015》，中国统计出版社，2016，综合。

国初中专任教师总数的18.8%。[①]

综上可见，农村教育和乡村教育的学生数量和教师数量差距很大，这必然带来农村教育和乡村教育教育经费的巨大差距。2015年农村教育小学生数量是6 000多万，乡村小学生数量是近3 000万，两者相差3 000多万；农村教育初中生数量是近2 900万，乡村初中生数量约是700万，两者相差近2 200万。义务教育阶段农村中小学生与乡村中小学生数量共相差5 200多万，乡村学生为3 700多万。如果国家为一个乡村学生住宿或午餐一天投入5元，一年上学10个月投入1 500元，3 700万学生一年共需要投入555亿。2015年农村小学教师与乡村小学教师相差180多万，农村初中教师与乡村初中教师相差170多万，义务教育阶段农村中小学教师与乡村中小学教师共相差350多万，乡村教师为250多万。如果国家为一个乡村教师的生活一天投入20元，一年在校10个月投入6 000元，250多万教师一年共需要投入150亿，那么国家为义务教育阶段乡村教师和学生一年投入就是705亿。如果没有农村教育和乡村教育的区别，国家对全部农村教育做同样投入，不仅总额要增加一倍多，而且会抵消对乡村教育投入的作用。2017年全国教育经费总投入达42 557亿元，其中义务教育经费总投入为19 358亿元，约占全国教育经费的45.5%。[②]705亿尽管只约占近几年全国义务教育经费总投入近2万亿元的3.5%，但这对解决乡村孩子上学走读困难、吸引教师在乡村从教和乡村及其教育振兴有十分重要的意义。

---

① 中华人民共和国国家教育委员会计划建设司：《中国教育统计年鉴2001》，人民教育出版社，2002，综合。中华人民共和国教育部发展规划司：《中国教育统计年鉴2015》，中国统计出版社，2016，综合。

② 《2017年全国教育经费总投入达42 557亿元》，《人民日报》2018年5月9日。

第二节

为乡村振兴和现代化而建设美丽书乡

建设富裕、文明、美丽的乡村和崇知尚文、尊师重教、人人好学上进，每个孩子受到平等且高质量的公平教育的美丽书乡是全国人民的期盼，也是振兴乡村的要求。乡村教育是农村教育的重要组成部分，但其发展不仅一直滞后于县城和乡镇教育，而且随着城镇化发展仍不断萎缩。振兴乡村必须振兴乡村教育，推进农村教育现代化必须推进乡村教育现代化。振兴乡村首先必须振兴乡村教育，高度重视和充分发挥乡村教育的先导性、全局性、基础性、长效性，优先发展乡村教育，把乡村教育发展和学校建设作为振兴乡村的重要目标、指标；尊重、提升村民和各层面的主体性；高度正视和积极解决乡村教育的现实问题，力戒唱衰乡村教育的论调。

一、振兴乡村必须振兴乡村教育、建设美丽书乡

农村及其教育城镇化是改革开放以来，特别是 20 世纪 90 年代以来农村及其教育发展的趋势，中国的城镇化率从 20 世纪 80 年代的 30% 左右提高到目前的 60% 多。从 1991 年到 2015 年，农村教育的小学生、初中生和高中生数占学生总数的比例分别由 88.65%，81.86%、69.76% 下降到 68.32%、66.58%、53.72%，乡村教育的小学生、初中生和高中生数占学生总数的比

例分别由 76.05%、57.62%、22.10% 下降到 30.60%、16.29%、3.24%。[①] 农村及其教育城镇化如此快速发展既是客观事实和现代化的必然趋势，也有处理城乡及其教育发展关系的政策等原因和值得反思的问题。城镇化究竟是一个科学有序的过程和有一定限度的目标，还是越快越好、无休止地放任甚至强行加快乡村及其教育的萎缩，最终使之消失？毫无疑问，国家、社会无论如何现代化，“民以食为天、食以农为先”的永恒道理和客观事实永远不会改变。科学技术的发展和生产力水平的提高及结构的变化为城乡关系的变化既提供条件，也提出了要求，但农业现代化永远是现代化的重要目标。现代化了的农业还是农业，有农业就有农民甚至农村、乡村，就应该有农村和乡村学校教育。农业适合在农村甚至必须在农村进行，现代化可能使一些小规模的自然村庄减少甚至消失，乡村人口也随之逐渐减少，但规模化、专业化和现代化的农业、农村不仅将永远存在，而且永远发挥社会发展的奠基性作用；即便以后城镇化率达到 70%—80%，全国还有包括城镇人口在内的 60% 左右的人口接受农村教育，乡村及其人口、学校和学生的减少不等于且不能等于乡村及其学校的破败衰落，小规模的乡村及其学校也可以且也要推进、实现现代化。实现国家现代化必须重视“三农”，加强乡村建设和农业发展，必须解决好农村及其教育城镇化与乡村及其教育振兴的矛盾和协同发展的问题，使乡村及其教育振兴与农村及其教育城镇化相互促进、相得益彰，并在现代化和城镇化中使城乡民众都能受益，而不是为了现代化和城镇化使乡村人口承受失地、迁移、孩子受教育困难等诸多痛苦。

实现包括农业在内的四个现代化是近现代以来几代中国人的夙愿，为了实现农业、农村现代化，改革开放以来，党中央国务院从 1982 年至 1986 年连续 5 年和 2004 年到 2020 年连续 17 年，每年的一号文件都是关于农业、农村和农民，即“三农”问题的文件，其中文件题目为农村的 5 次，农业农村的 5 次，农业的 3 次，农业农民的 3 次，“三农”的 1 次，水利的 1 次。

---

① 中华人民共和国国家教育委员会计划建设司：《中国教育统计年鉴 1991》，人民教育出版社，1992，综合。中华人民共和国教育部发展规划司：《中国教育统计年鉴 2015》，中国统计出版社，2016，综合。

2017年习近平在党的十九大报告中首次提出乡村振兴战略，2018年中央一号文件就是《中共中央国务院关于实施乡村振兴战略的意见》。乡村振兴战略既要解决“三农”和精准扶贫等问题，又是针对农村城镇化导致的乡村萎缩、凋零、破败而对乡村实施的全方位发展，其目标是建设产业兴旺、生态宜居、乡风文明、治理有效和生活富裕的新农村、新乡村。百年大计，教育为本；科教兴国，教育奠基。这对乡村振兴同样如此。振兴乡村必须振兴乡村教育、乡村学校，没有农村及其教育的现代化就没有国家的现代化，没有乡村及其教育的振兴和现代化也没有农村和整个国家的现代化。

崇知尚文、尊师重教、知行一致的耕读文化是中华民族的优秀传统文化，是尊重自然、诚实守信、勤俭持家等古代农耕文明的重要标志和体现，也是现代文化必须继承和弘扬的优秀民族文化基因。文化不仅是书本知识，也是生活和生存方式，是一种体悟、体验、情怀，知识再多，没有体悟、体验、情怀，那就只能是有知识没文化。耕读的关系可能形成只耕不读、只读不耕、不耕不读、有耕有读四种关系。有耕有读、半耕半读是中国古代耕读文化的价值取向和生活方式，是中国古代知识分子和读过书的农庄主、较富裕的自耕农、有文化而不愿做官或不能做官的隐士，以及有耕读生活经历、有农业生产知识和实践经验而做官后仍关心农业生产、热心农业技术推广的一些政府官员接近人民的务实作风。古代农耕社会都尊重知识、尊重文化，重视读书学文和乡学、书乡建设，仰慕书香门第，现代社会更应努力建设美丽书乡。

学校既是文化、文明的体现，也是传播文化、文明的手段、途径和方式，没有学校和书声琅琅的地方不可能是有活力、有文化的地方。自古以来，哪里有学校哪里就比较有文化、更文明，现当代社会更是这样，哪里有好学校、好教育，哪里就人气旺，哪里的经济、文化就有较好发展，反之亦然。好学校是梧桐树，可以引来金凤凰；好学校是沙漠绿洲，可以给周边不太好的环境带来希望、雪中送炭；好学校也是掌上明珠，可以使经济文化社会发展锦上添花。富裕、文明、美丽，人人好学上进，每个孩子都能在好学校受到平等而高质量的公平教育的乡村就是美丽书乡。在全面加强物质文明和精神文明建设的基础上，建设崇知尚文、尊师重教、书声琅琅的美丽书乡是乡村旺人气、聚才气、振志气、兴经济、美家园不可缺少的基本条件。

二、振兴乡村教育、建设美丽书乡必须优先发展乡村教育

农村教育现代化、城乡教育一体化是我国当代教育发展的重要目标和措施，但这不是把乡村教育完全变成城镇教育，而是发展传承农耕文明，赶超城市现代化水平，优质高效，公平正义，充满活力的乡村教育。为了保障教育在国家现代化中的地位和作用，早在 1992 年党的十四大就提出，必须把教育摆在优先发展的战略地位的重要决策，后来每次党的代表大会和许多重要文件都特别强调优先发展教育。为了推进城镇化与乡村振兴协同发展，解决城乡教育发展不平衡，农村和乡村教育发展不充分问题，2003 年《国务院关于进一步加强农村教育工作的决定》提出，要把农村教育作为教育工作的重中之重，优先发展农村教育。2018 年中央一号文件再次强调优先发展农村教育，提出“高度重视发展农村义务教育，推动建立以城带乡、整体推进、城乡一体、均衡发展的义务教育发展机制”“以市县为单位，推动优质学校辐射农村薄弱学校常态化。统筹配置城乡师资，并向乡村倾斜，建好建强乡村教师队伍”。这不仅是国家人力财物投入优先于教育、农村教育优先于城市教育的“双优先”发展战略，而且是乡村教育优先于城镇教育的“三优先”战略。

城市教育、农村教育、乡村教育都是国家教育的重要组成部分，但相对而言城市办学条件优于农村和乡村，城镇办学条件也优于乡村，乡村的经济文化和教育条件一直比较落后。为了推进教育公平和城乡教育一体化，为了振兴乡村及其教育，必须改变乡村经济文化和教育的落后面貌，优先保证乡村教育的发展，不仅要解决好城镇化与乡村振兴的矛盾和协同发展问题，也要解决好大农村与小乡村或者大乡村与小农村及其教育发展的矛盾和协同问题。目前关于农村教育的界定和覆盖人口的统计基本有两种，一种是教育学依据人口住地的界定和统计，另一种是以农业和非农业或城镇户口区分的统计。统计标准不同，得出的结果不仅有明显差距，还可能自相矛盾。

对城镇和农村、乡村准确界定不仅是重要学术问题，而且是重要实践问题，是关系到人财物投入的具体现实问题。如果把一个县包括县城、乡镇、集镇、乡村当作一个大农村，那么“三农”问题就是包括县城、乡镇、集镇和乡村的大农村的问题，振兴乡村就是振兴除县城、乡镇、集镇外的乡村或小农村，农村及其教育的城镇化实质就是把乡村或小农村及其教育变成城镇及其教育。如果把一个县包括县城、乡镇、集镇、乡村当作一个大乡村，那么振兴乡村就是振兴包括县城、乡镇、集镇和小农村或乡村在内的大乡村，“三农”问题就是除县城、乡镇、集镇的乡村或小农村的问题，农村及其教育的城镇化实质就是把小乡村或农村及其教育变成城镇及其教育。农村、乡村究竟是谁包含谁，是交叉还是同级，概念必须明确，不能在重视“三农”时，把县城、乡镇、集镇和乡村或小农村都看作是农村，只把小农村看成乡村，轻视根源性农村的固基性重点或优先投入，使它同延伸性农村一样投入和发展；在强调农村及其教育城镇化时，又把除县城和乡镇及其教育看作农村及其教育或者乡村教育，为了加快城镇化而加强对城镇教育的投入，减少甚至放弃对乡村教育的投入。在强调振兴乡村时，再把县城、乡镇、集镇和乡村或小农村都看作大乡村，只把小农村看成农村，轻视根源性乡村的固基性重点或优先投入，使它同延伸性乡村一样投入和发展。改革要有利益调整，发展要作出牺牲，但不能无论怎么调整总是绕过或架空乡村，让乡村作出牺牲。在乡村上学的孩子很多时，由于财力有限而不能对乡村教育有更多投资，使其不能与城市教育公平发展，使乡村孩子不得已到城里求学；在乡村及其教育城镇化使得乡村孩子很少时，又由于乡村学校上学人数少，经济效率差而减少甚至放弃对乡村教育的投资，使得乡村孩子上学困难重重；无论强调“三农”、农村城镇化还是乡村振兴，都把由乡村、农村延伸的县城、乡镇作为必须重视的农村、乡村和城镇，都淡化和轻视本源性农村、乡村的地位、作用和建设，并使之萎缩和城镇化。这种现象不仅仅是语言逻辑、人财物投入问题，而且是价值观、人文精神和人文情怀问题，是良知良能和知识伦理问题。城乡的界定与人的名字一样，不能经常朝三暮四地改头换面，为了得到某种好处或避免某些责任、不利，说自己什么都是或什么都不是。

“乡”有多重含义，与镇联系就是乡镇，属城镇，与村联系就是乡村，属非城镇。乡村不仅是一种特殊的居住和生产生活地域，也包含着千百年形成的融入乡民或村民血液、行为中的根深蒂固的许多精神和文化特质。乡愁是对故乡的依恋怀念，既有对曾经生活过的小村庄的依恋怀念，也有对曾经生活过的大中小城市的依恋怀念。而乡村振兴战略中的乡村就是指田园牧歌式的小村庄、小山村，或自然村落和最基本行政单位的村庄。乡村及其教育振兴和现代化与城市、城镇及其教育发展和现代化既紧密联系、相互促进，又有不同特点和意义。乡村及其教育振兴和现代化对城市、城镇及其教育发展和现代化肯定有重要促进作用，反之亦然。但既不能使乡村及其教育振兴和现代化代替、削弱城市、城镇及其教育发展和现代化，更不能为扩大城市及其教育规模和效益，使城市、城镇及其教育发展和现代化代替、削弱、架空乡村及其教育振兴和现代化。

三、优先发展和振兴乡村教育必须尊重、提升村民主体性

建设富裕、文明、美丽的乡村是亿万农民和全国人民的期盼，乡村及其亿万农民既是乡村振兴的对象和受益、分享的主体，也是乡村振兴的创造和建设主体，即便是对象也是具有主动性、自主性和创造性的主体对象，不是被动、消极和保守封闭的客体。乡村振兴必须坚持党的领导，坚持农民主体地位，“充分尊重农民意愿，切实发挥农民在乡村振兴中的主体作用，调动亿万农民的积极性、主动性、创造性，把维护农民群众根本利益、促进农民共同富裕作为出发点和落脚点，促进农民持续增收，不断提升农民的获得感、幸福感、安全感”；必须“激发贫困人口内生动力，把扶贫同扶志、扶智结合起来，把纾困解难和内生脱贫结合起来，提升贫困群众发展生产和务工经商的基本技能，实现可持续稳固脱贫。引导贫困群众克服等、靠、要思想，逐步消除精神贫困。要打破贫困均衡，促进形成自强自立、争先脱贫的精神风貌”。精准扶贫、精准脱贫必须把提高脱贫质量放在首位，既不降低扶贫标准，也不吊高胃口，更不能使人产生想做贫困户的恶念。“要坚持人人尽责、人人享有，按照抓重点、补短板、强弱项的要求，围绕农

民群众最关心最直接最现实的利益问题，一件事情接着一件事情办，一年接着一年干，把乡村建设成为幸福美丽新家园。”振兴乡村教育，办好乡村学校同样要充分调动和发挥广大村民的主体性，充分尊重农民意愿，充分激发广大村民的内生动力，坚定信心，坚持不懈，扎实做好工作。[①]

乡村是城市、城镇的根源，不仅是最基本生存必需品的来源，也是智力、体力劳动力、生产力的重要来源，无论过去还是现在，乡村都为城市繁荣做出重要贡献。从乡村走向城市的有识之士，建设好城市，生活在城市，不能忘记乡村，更不是为了使农村萎缩甚至消失。“走中国特色社会主义乡村振兴道路必须重塑城乡关系，走城乡融合发展之路。”要坚持以工补农、以城带乡，“推动城乡要素自由流动、平等交换，推动新型工业化、信息化、城镇化、农业现代化同步发展，加快形成工农互促、城乡互补、全面融合、共同繁荣的新型工农城乡关系”；把公共基础设施建设的重点放在农村，推动农村基础设施建设提档升级，优先发展农村教育事业，推动建立以城带乡、整体推进、城乡一体、均衡发展的义务教育发展机制；发展素质教育，推进教育公平，努力让每个孩子都能享有公平而有质量的教育；[②]必须破解人才瓶颈制约，把人力资本开发放在首要位置，畅通智力、技术、管理下乡通道，造就更多乡土人才，聚天下人才而用之，以此把对农村、乡村的输血逐渐变为农村、乡村自己造血，增强农村造血功能、农村经济实力、农民的主体性。

以工补农可以理解为工业反哺和反补农业，以城带乡也包括城市反哺和反补乡村。“新型城镇化应推动城市在工业、人才、文化等多方面发挥对农村的反哺作用。”[③]工业反哺农业是指非农产业和城市对农业和农村的反哺，是充分利用城市经济带动农村经济的发展，拓宽农民的收入渠道，变农民为城市（镇）居民，并在农民绝对数量不断减少的情况下，实现农业生产的

---

①《中共中央国务院关于实施乡村振兴战略的意见》（2018年1月2日），《人民日报》2018年2月5日。

② 习近平：《决胜全面建成小康社会 夺取新时代中国特色社会主义伟大胜利——在中国共产党第十九次全国代表大会上的报告》，《人民日报》2017年10月28日。

③ 刘震、徐国亮：《新型城镇化中的城市反哺农村》，《甘肃社会科学》2017年第1期。

规模化和现代化。[①] 工业反哺农业、城市反哺农村也应该包括城市教育反哺农村教育、城镇教育反哺乡村教育。社会主义的本质是共同富裕，改革开放的一个重要进程是先富帮后富，反哺教育既包括在改革开放中先发展起来的城市、城镇及其教育对农村及其教育的帮助，也包括先发展起来的经济对教育的支持。反哺是为了不补，是为了增强对象的主体性，阻断贫困的代际遗传和主体性缺乏的代际遗传。多年来实施的特岗教师、对口支援、免费师范生、优质教育均等化或城市优质教育向农村、乡村扩展等都是反哺教育的重要方式、途径，也都是增强乡村主体性的重要方式、途径。

四、建设美丽书乡要高度正视、积极解决乡村教育现实问题，力戒唱衰乡村教育

改革开放 40 多年来中国发生了翻天覆地的变化，经济文化和教育发展都取得了巨大成就，这是无可争辩的客观事实。但在发展过程中也产生和存在着诸如乡村的萎缩及其学校空壳化等不少问题和乡村及其教育城镇化与发展、振兴等矛盾。国家和社会应高度重视、严肃对待、客观分析和积极解决乡村教育存在的现实问题；既要看到“如期实现第一个百年奋斗目标并向第二个百年奋斗目标迈进，最艰巨最繁重的任务在农村”，也要看到“最广泛最深厚的基础在农村，最大的潜力和后劲也在农村”[②]，振兴乡村及其教育不仅势在必行，而且大有希望。

近 30 年来，由于城镇化的快速发展，确实导致了不少乡村的萎缩及其学校的空壳化，但有些地区乡村教育还在艰难前行，学校数量规模与 30 年前基本一样。最近我们通过对宁夏、贵州等乡村教育进行调研，惊喜地发现，尽管有些乡村学校由于学生人数的减少变成了教学点，但包括自然村和行政村在内的 80% 多的乡村都还保留着原来的学校，而且都有比较好的教学设施等条件，区市县领导都非常重视乡村学校的建设，老师们也都非常认

① 王碧峰:《我国工业反哺农业问题讨论综述》,《经济理论与经济管理》2008 年第 4 期。

②《中共中央国务院关于实施乡村振兴战略的意见》(2018 年 1 月 2 日),《人民日报》2018 年 2 月 5 日。

真地进行着教育教学活动。这应该不仅是少数民族地区的特殊性，也是全国广大村民的愿望。最近一两年乡村学校恢复的事实也表明，只要各级领导重视和支持，乡村学校就可较快恢复和发展。由于乡村人口的减少，即便在乡村振兴时代，乡村教育规模也不可能达到20世纪七八十年代村村有学校、乡乡有中学那样的程度，但只看到问题不看到希望和由于乡村学校、学生逐渐减少或比不上过去，因而就唱衰乡村教育的做法是不可取的。

第三节

乡村振兴战略中农村教育现代化的本质特征和战略目标

现代化既是现代国家和社会普遍追求的目标，又是看得见、摸得着的正在进行的现实实践。尽管不同的人对现代化关注的层面不同，有不同界定，但对现代化的本质是追求高水平则有普遍共识。发展中国特色世界先进水平的优质教育是中国城乡教育现代化的共同本质和目标，农村教育现代化是有特色、高水平和先进性的国家教育现代化本质和目标在农村的有特色的普遍化。发展有农村特点的高水平和先进性的优质教育是乡村振兴战略中农村教育现代化的本质和目标。改革开放以来，我国教育现代化取得显著成就，但农村教育现代化还有明显差距。推进农村及其教育城镇化、现代化与乡村及其教育振兴、现代化都是现代化的必然，应相互促进、协调发展；要深刻认识农村教育现代化本质特征、目标理想及其对乡村振兴的重大意义，全面贯彻落实农村教育优先发展战略，努力缩短农村教育现代化阶段性目标的时间，在推进城乡教育基本均衡发展的基础上，尽快实现城乡教育优质均衡发展、一体化融合发展和农村教育现代化目标。

一、现代化是追求高水平发展的过程、结果及其普遍化

（一）现代化实践有许多层面，但必然是现代的实践，而现代首先是时

间概念，[①]是实践主体把自己当作现代人，以自己的社会存在和生活的时代为依据对时间分界、界定现代，是某个时间点以来的即时、现在、当下的时间域。当下活着的人可能是自己开启和发展了现代，可能是在前人开启现代后对现代的发展。历史永远存在，并不断延伸；未来永远前进，并变成现在；现在永远处于在与非在之间的变化状态，任何现代都将成为过去和历史的近代甚至古代。[②]

（二）现代的时间起始性有事件性、空间性、价值性等特性。时间不是空的，不仅须臾离不开时间存在和扩充时间的空间、事件及其内容，而且具有不同性质或价值性的多层面的事件及其内容。现代化是一种心理状态，是追求思想观念、态度、文化和知识等现代性的心态。[③]但由于对思想观念、文化和知识引起的伦理价值性的变化与知识引起的思维能力性、科学技术水平提高的相互作用的因果关系和价值判断不同，[④]对现代性的本质、事实和起始时间也有不同判断。

“现代化首先起源于渴望变迁的态度，以及社会能够并且应该转变的信念。”如果把现代化看成是一种结果，那它则是由渴望变迁的态度而激发引起的“知识爆炸性增长所带来的结果”。现代化使得历史上形成的制度发生着急速的功能变迁，它伴随科学革命的到来反映了人类知识的空前增长，从而使人类控制环境成为可能。[⑤]但现代化最终要转变成人的实践和物的客观存在性，文艺复兴是人本思想观念或事的客观存在的现代性开始，而非现代性的客观实践和事物、事实的存在，由思想观念推进和决定思想观念的

---

① 杜艳华:《现代性内涵与现代化问题》,《求索》2015 年第 5 期。

② 马敏:《现代化的“中国道路”——中国现代化历史进程的若干思考》,《中国社会科学》2016 年第 9 期。

③ 阿历克斯·英格尔斯:《人的现代化——心理·思想·态度·行为》，殷陆君编译，四川人民出版社，1985，第 3—20 页。

④ 雅克·莫诺:《偶然性与必然性》，上海自然科学哲学著作编译组译，上海人民出版社，1977，第 129—133 页。

⑤ C·E·布莱克:《现代化的动力——一个比较史的研究》，景跃进等译，浙江人民出版社，1989，第 6 页。

科学技术的发明创造、机器生产力和生产工业性的开始才是现代化的起点。[①]当代社会的现代化发展到今天经历了工业社会、信息社会两个阶段。[②]现代化不仅离不开政治，甚至首先是以国家的独立自主为保证，也是以人文方向性和科学实用性互为基础、相互促进保证，而非悬置人文理性，单纯追求效用性、非人化的科技理性实践。[③]所以说，追求“民主与科学”的“五四运动”和新中国成立的独立自主发展是中国现代社会的起始。[④]独立、自由、民主、平等、正义、个人本位、主体意识、总体性、认同感、中心主义、崇尚理性、追求真理、征服自然等是现代性追求的主导价值。[⑤]布莱克关注的现代化的动力和起始性首先是态度、知识和科技，但又与亨廷顿一样，研究的主要是政治与现代化的关系。

（三）现代性与传统密不可分，是即时先进性引领的完美融合历时和届时甚至永恒先进性的先进性。现代性即先进性，既有即时、现在、当下的人追求和体现的先进，也有历史、历时的人追求和体现的先进和届时、未来的多种可能的先进，还有即时、历时与届时的人共同追求和普遍体现的永恒的先进。尽管古今都有无为而治、怀旧好古的倾向，但自强不息、厚德载物，追求最好、最新、最高、一流等先进性则是人性使然，是人类文明、社会发展的主流、动力和普遍特征。“‘现代性’被相当广泛地运用于描述那些在技术、政治、经济、社会发展方面最先进国家的特征，而‘现代化’则被用于描述这些国家获得这些特征的过程。”[⑥]没有最好，只有更好。即时的并非都先进无落后，历时的并非都落后无先进。历时和即时的先进只是相对过去，相对未来可能是需要弘扬的优秀传统和传承的有益经验，也可能

① 顾明远：《关于教育现代化的几个问题》，《中国教育学刊》1997 年第 3 期。

② 顾明远：《试论教育现代化的基本特征》，《教育研究》2012 年第 9 期。

③ 于春玲、陈凡：《马克思技术批判视野中现代性追问的逻辑进程》，《中国社会科学》2015 年第 10 期。

④ 马敏：《现代化的“中国道路”——中国现代化历史进程的若干思考》，《中国社会科学》2016 年第 9 期。

⑤ 俞吾金：《现代性现象学（续）》，《江海学刊》2003 年第 2 期。

⑥ C·E·布莱克：《现代化的动力——一个比较史的研究》，景跃进等译，浙江人民出版社，1989，第 5 页。

是需要改造甚至摒弃的事物。现代人固然有其核心的价值追求，但他比传统人更理解、珍惜传统的“活的”价值，[①]并赋予其新的生命力和形式，而又不做传统的奴隶。[②]英格尔斯对现代人勾勒的十二个特征及其与传统人的六个方面的比较都无新奇的抽象概念，就是积极进取、善于学习和接受新事物等人类自古就有的朴素品质。[③]

最近、现在、当下的现代性是当代性，“当代性不是某一类历史的特征，而是一切历史内在性质”，一切真正的历史都是当代史。[④]“一个人可以是某个时代的当代人却又没有与之同在，而一个人虽在直接意义上不是那时的当代人，却能够成为其当代人。”[⑤]当代是过去和未来都在现时里出场，现时是主体性的唯一时态，是意识自身的正在时；既是时间的原点和出发地，也是时间两面的分界线，它把一切现实的划为过去，而把一切可能的划为未来。[⑥]

（四）现代化是追求先进性的过程、结果及其普遍化，是即时先进性引领的完美融合中外历时和届时先进性的先进性及其时空的扩展和普遍化。现代性在思想文化、经济、政治、科技、教育等层面的影响，既可能在一个时间同时发生、发展和相互影响，也可能在不同时间先后发生、发展和相互影响；既有历史发展过程、环节的时间或纵向全程整体优化的普遍化，也有不断由中心向周边、自上而下的空间或横向扩大的全域整体优化的普遍化。现代性在社会不同层面、领域的普遍化就是社会不同层面、领域的现代化。“现代化是人类历史上最剧烈、最深远并且显然是无可避免的一场社会变革，是福是祸，暂且不论，这些变革终究会波及与业已拥有现代化各种模式的

① 马敏：《现代化的“中国道路”——中国现代化历史进程的若干思考》，《中国社会科学》2016 年第 9 期。

② 阿历克斯·英格尔斯：《人的现代化——心理·思想·态度·行为》，殷陆君编译，四川人民出版社，1985，第 22—52 页。

③ 同上书，第 58—60 页。

④ 克罗齐：《历史学的理论和实际》，傅任敢译，商务印书馆，1997，第 2—3 页。

⑤ 克尔凯郭尔：《哲学片断》，王齐译，中国社会科学出版社，2013，第 78—79 页。

⑥ 赵汀阳：《时间的分叉——作为存在论问题的当代性》，《哲学研究》2014 年第 6 期，第 57—66 页。

国家有所接触的一切民族。”[①] “所谓现代化，是指人类认识自然、利用自然、控制自然（包括人类自身）的能力空前提高的历史过程，以及由此而引起的政治、经济、文化等社会各领域广泛而深刻的变革，其目标是创造高度的物质文明和精神文明。”[②]

（五）对现代性时间的不同距离既有不同的自我感受，也有不同的价值评价。当前现代化对人类发展毫无疑问有重大意义，也一定能对人类发展贡献前所未有或前人预想不到、难以做到的伟大创新，但历史上的现代化重大进步对人类发展也有重大意义。在现代人看来的古代社会发展的保守和缓慢，在古代人看来也许如同《史记》和《礼记·大学》描述的“一日千里”“日新月异”那样极具创造性且发展迅速，与现代人对信息技术等发展日新月异的感受一样，甚至更加强烈。

二、发展中国特色世界先进水平的优质教育是中国城乡教育现代化的共同目标

教育发展的科学化就是教育发展的合理性，教育本质是合目的性与合规律性的统一。[③] 教育现代化的本质是符合教育发展目的与符合教育发展规律的统一，是有特色、高水平、先进性教育发展的过程、结果及其普遍化。规律不为目的服务，但为目的选择。[④] 教育现代化的本质首先是由教育现代化的目标决定，同时也要遵循由教育现代化的目标决定和选择的教育现代化的规律，是根据教育现代化的目标，遵循教育现代化的目标决定的教育现代化的规律形成的本质。认识教育现代化的本质必须与认识教育现代化的目标和由教育现代化的目标决定的教育现代化的规律紧密结合。教育现代

① 吉尔伯特·罗兹曼主编《中国的现代化》，“比较现代化”课题组译，沈宗美校，江苏人民出版社，1995，第1—5页。

② 顾明远：《试论教育现代化的基本特征》，《教育研究》2012年第9期。

③ 郝文武：《教育学的科学化和合理性——论近年来我国关于教育学研究方法的反思》，《教育研究》2002年第10期，第13—18页。

④ 郝文武：《从本体存在到本质生成的教育建构论》，《教育研究》2004年第2期，第21—25页。

化是教育现代性不断增长的过程，[①] 是教育高水平发展状态，[②] 是以现代信息为基础，以先进教育观念为指导对传统教育的变革和超越。当下的教育现代化开启于近现代学校教育的现代性，有生产性和社会性，科学性和法制性，民主性和公平性，信息化和创新性，终身性和全时空性，个性化和创造性，多样性和差异性，国际性和开放性八大特征。[③]

（一）普及教育是教育现代性的基本特征和开启标志，有特色高水平是教育现代化的本质和目标。世界发达国家的教育从 17 世纪班级授课制和普及教育起始，随着国家现代化经过 200 多年发展实现各层面的现代化。中国教育现代化概念萌芽于近代社会，[④] 真正全面实践起始于 20 世纪 80 年代。1965 年周恩来在《政府工作报告》中提出“把中国建设成为一个具有现代农业、现代工业、现代国防和现代科学技术的社会主义强国”的目标，但后来基本停顿。1983 年邓小平为北京景山学校题词“教育要面向现代化，面向世界，面向未来”。这些关于教育强国的一系列重要论述和思想，把教育与现代化紧密相连。1985 年《中共中央关于教育体制改革的决定》提出实施普及九年制义务教育和高等教育、职业教育的发展目标、措施。1993 年《中国教育改革和发展纲要》明确提出教育现代化概念。2010 年《国家中长期教育改革和发展规划纲要（2010—2020 年）》，提出到 2020 年基本实现教育现代化，基本形成学习型社会，进入人力资源强国行列。2019 年我国第一个主题为教育现代化的中长期战略规划《中国教育现代化 2035》，明确我国教育现代化的本质和战略目标是发展中国特色世界先进水平的优质教育，使我国教育现代化发展迈出新步伐、进入新阶段。

教育现代化既有基础教育、高等教育、职业教育等不同层面和城乡不同地域的教育现代性、先进性的普遍化，也有不同层面教育结构和整个国

---

① 杨小微：《教育现代化的再理解与再出发》，《教育发展研究》2014 年第 6 期，时评第 1 页。

② 刘昌亚：《加快推进教育现代化开启建设教育强国新征程——〈中国教育现代化 2035〉解读》，《教育研究》2019 年第 11 期，第 4—16 页。

③ 顾明远：《试论教育现代化的基本特征》，《教育研究》2012 年第 9 期，第 4—10 页。

④ 程天君、陈南：《中国教育现代化的百年书写》，《教育研究》2020 年第 1 期。

家教育治理结构、能力等现代性、先进性的普遍化。教育现代化的本质和目标是不同层面教育和城乡不同地域教育的共同的本质和目标。城乡教育的不同目标只是在国家教育统一目标基础上的具体目标。只有通过对城乡教育做全面比较才能认识农村教育的本质、目标和地位、价值。因为农村教育发展滞后，才把城乡教育一体化均衡发展作为农村教育现代化的目标，但这并不是说农村教育现代化的目标就是追赶城市教育现代化的目标。

（二）中国特色世界先进水平的优质教育是中国城乡教育现代化的共同本质和目标。科学无国界，科学家有祖国。现代化是世界先进水平，有国际标准，但任何现代化都是在主权国家发生发展的现代化，是本国人民创造和享有而后遍及世界的现代化。中国的国家及其教育现代化是中国人民创造和享有的，当然有中国特色，是根据中国国情和以中国方式推进的现代化，不是其他什么方式推进的现代化。中国特色的现代化优质教育有政治、文化和经济等特色。中国共产党领导的中国特色社会主义的理论和实践，以人民为中心和办好人民满意的教育、培养德智体美劳全面发展的社会主义建设者和接班人的目标理想追求，是中国教育现代化的政治基础和本色，也是城乡教育现代化的共同本质和目标。中国教育现代化及其先进性是高水平与人民性相统一的现代化及其先进性。博大精深、海纳百川的五千多年中华文化、文明，丰富多彩、生气蓬勃的中国社会主义文化是教育现代化的文化基础和特色。中国是世界上人口最多、经济体量最大的发展中国家，以此为基础推进的教育现代化世界独一无二，把此三者结合推进教育现代化更是举世无双。

（三）以国际普遍标准追求和评估的世界先进水平的优质教育是中国城乡教育现代化的共同本质和目标。世界先进水平首先是又不仅仅是世界高水平，而且是走在世界前列、领先世界高水平的高水平。教育发展和现代化的世界先进水平首先是教育理念、教育治理的高水平、先进性，然后是各级各类教育质量、基础教育的普及、高等教育的大众化、人均受教育程度等的高水平和先进性，是教师队伍建设、教育教学设备设施、学校数量和布局、教育经费比例、人均和生均教育经费指标、课程教学过程和方式等教育条件和资源等的高水平、先进性。现代化教育是有特色的教育与高水平、先进性的教育相结合的优质教育。农村教育的中小学普通教育及其义务教育、职业教育、学前教育等，甚至家庭教育和大部分社会教育都是基础教育，城乡教育的现代化及其比较也是基础教育的现代化及其比较。有特色、高水平的先进、优质教育也是各级各类教育协调发展，城乡教育协调、均衡和一体化发展的教育。教育现代化各层面的高水平、先进性既有国家标准、指标体系，也有世界标准、指标体系；具象性发展水平和硬件建设水平可做国内外比较和以具体数字表示，思想观念和其他软件建设水平通过合适方式也可做国内外比较。中国特色世界先进水平的优质教育既有远大理想追求，也有阶段性目标、指标。

（四）实现人的现代化是中国城乡教育的共同本质和目标。经济、政治、科技、文化等的现代性的发生、发展既是现代人的创造，也是对人的现代性的证明。培育人的现代性、促进人的现代性不断增长、形成现代人和促进现代人发展既是现代教育的本体功能和根本目标，也是教育现代性和现代化的证明。“除非国民是现代的，否则一个国家就不是现代的。在任何情况下，除非在经济以及各种机构工作的人民具有某种程度的现代性，否则我们怀疑这个国家的经济会有高的生产力，或者它的政治与行政机构会很有效率。”① 比工具和技术现代化更重要的是人的现代化和文化的现代化。②

教师等教育者是教育现代化的第一资源，培养现代人的教师首先要有现代性、是现代人。现代人是适应和促进社会发展与自由发挥、挥发兴趣和谐统一的德智体全面发展的人；是健康体魄、自强精神、自由思想、知行协调统一的人；是自强不息，厚德载物，先天下之忧而忧、敢为人先，后天下之乐而乐、不敢为人先，追求仁爱、平等、正义和互利、公平、正义的完美融合的人；是集中反映 1.0 现代化诉求的科学理性精神、民主法治精神、独

---

① 阿历克斯·英格尔斯：《人的现代化——心理·思想·态度·行为》，殷陆君编译，四川人民出版社，1985，第 4—8 页。

② 杨小微：《走向城乡一体化：农村教育现代化的价值定位与路径选择》，《当代教师教育》2019 年第 2 期。

立自主精神与集中体现 2.0 现代化诉求的创新创业精神、人道宽容精神、信息素养等叠加融合的人。[①] 当代中国人还应是具有社会主义核心价值观和“五爱”品德的德智体美劳全面发展的人。百年大计，教育为本；教育大计，育人为本；育人大计，教师为本，学生为本，学习为本。“育人当然包括让受教育者掌握现代科学技术，但育人的根本追求在于全面提高民族素质，在于振奋中华民族的民族精神。”[②]

（五）改造和超越传统，使现代与传统完美结合，是中国城乡现代化的共同本质和目标。“教育既有培养创造精神的力量，也有抑制创造精神的力量。”[③] 教育既是为了未来的事业，具有充满梦想的乌托邦精神，[④] 也有保守性，其功能和过程、方式首先是传承。[⑤] 教育现代化是教育现代性不断增长的历史过程；[⑥] 是教育高水平的发展状态，[⑦] 是以现代信息社会为基础，以先进教育观念为指导对传统教育发展方式、体系制度等全方位的变革和超越。[⑧] 现代化改造、超越传统既要走出传统，也要从传统走出，不是完全抛弃传统，而是通过取真精去粗伪，传承传统的精华基因。没有现代性就没有现代化，没有传统不仅没有现代化，甚至没有现代性。教育现代化是教育即时先进性引领的完美融合中外教育历时和届时先进性的先进性及其普遍化。

教育现代化最终要落实到课程教材、课堂教学的现代化，形成先进的教育教学智慧。科技发展对教育的影响有的直接，有的间接；有些是对教育目标、内容的影响，有些是对教育过程、方式的影响，有些则是全面的影响。高级事物中包含低级事物的优秀因素是事物发展的辩证法。石器、铁器的创

---

① 褚宏启：《教育现代化 2.0 的中国版本》，《教育研究》2018 年第 12 期。

② 孙喜亭：《教育大计，育人为本》，《求是》1996 年第 22 期，第 33—34 页。

③ 联合国教科文组织国际教育发展委员会：《学会生存——教育世界的今天和明天》，上海译文出版社，1979，第 20—53 页。

④ 同上书，第 92—93 页。

⑤ 联合国教科文组织：《教育——财富蕴藏在其中》，教育科学出版社，1996，第 75—88 页。

⑥ 杨小微：《教育现代化的再理解与再出发》，《教育发展研究》2014 第 6 期，时评第 1 页。

⑦ 刘昌亚：《加快推进教育现代化开启建设教育强国新征程——〈中国教育现代化 2035〉解读》，《教育研究》2019 年第 11 期。

⑧ 顾明远：《试论教育现代化的基本特征》，《教育研究》2012 年第 9 期。

造和发展与文字、造纸术、印刷术的创造和发展的相互促进为人类社会及其教育发展奠定根本基础。近代以来，以机器生产为开端的工业革命与适应其要求产生的班级授课制的相互促进，既推进了科技和教育本身现代化，也推进着整个社会现代化。但第一次、第二次工业革命主要是通过促进经济发展为教育提供足够经费来推动教育普及、学校建设，为教育提出不同的培养目标和人才规格、数量要求，以及教育内容变化的要求，为毕业生就业提供广阔途径和前景；而对教育手段、过程、方式和师生关系等影响并不明显，并非以工业生产方式进行教育教学。第三次、第四次工业革命对教育教学目标、内容、过程和方式等都有明显积极影响，但学校教育还是师生主体间缺一不可的有目的、有计划、有组织的教学知识、发展能力和品德的形成人的活动。它不仅没有也不会把教育变成纯粹的人机交流活动，更不会以机器代替人学习和教育，而且古代科技文化创新和人类原始思维、原初情感追求的初心、传统生产生活和学习教育方式，是现代性不可缺少的基础，有不可代替的作用，甚至有其难以达到的程度。缺乏对真善美的追求，现代科技不仅会变成废铜烂铁，甚至会贻害无穷。现代化教育智慧是以现代性教育智慧为引领完美融合传统教育智慧的先进教育智慧，[①] 是把教育的知识伦理性和能力性完美统一的先进教育智慧。[②]

借鉴世界先进经验，走向国际化是中国城乡教育现代化的共同本质和目标。教育现代化不能“进口”“克隆”，[③] 但要充分借鉴和融合中外古今教育发展、课程教学和教育治理等的先进性。教育先行、教育优先发展、终身学习等理念是完美融合“学而第一”“建国君民,教学为先”和“教育即指导”等教育历时经典理念的即时先进性关于教育地位、价值的理念。学会求知或学习，学会做事，学会共处，学会生存是现代教育的“四大支柱”和目

① 威廉F. 派纳等:《理解课程（下）》，教育科学出版社，2003，第884—885页。

② 郝文武:《知核力：知识的两大本性及其相互影响的复杂层面和关系》，《北京师范大学学报（社会科学版）》2015年第5期。

③ 威廉F. 派纳等:《理解课程（下）》，教育科学出版社，2003，第884—885页。

的观；[1]“教育是提高学习水平的基本方式和正规手段”，学习是一切问题的根本问题；[2]当今社会，不论富裕还是贫困的所有个人和社会毫无例外地面临“不学习就灭亡”的局面；[3]“性命攸关的问题不仅仅是学不学的问题，也不仅仅是再学习的问题，而是重新组织我们的思想体系，重新学会怎样学习”，[4]是以教育即时先进性完美融合教育历时先进性的现代课程教学基本原则。以教育现代化1.0的教育生产性、民主性、法治性、理性化等为基础，与教育现代化2.0的教育信息化、国际性、人道性等相结合的教育治理也是完美融合教育历时先进性的现代教育治理理念。[5]

三、发展有农村特点的优质教育是乡村振兴战略中农村教育现代化的本质和目标

乡村振兴战略中农村教育现代化的本质和目标，既由国家教育现代化的本质和目标、乡村教育振兴和现代化对国家现代化的战略地位和重要价值所决定，是有特色、先进性和高水平国家教育现代化本质和目标在农村有特色的普遍化，也由农村的地域、功能和教育发展特点、规律所决定。发展有农村特点的先进性和高水平的优质教育是乡村振兴战略中农村教育现代化的本质和目标。

（一）农村教育优先发展，以跨越式发展、价值理性追求和精准扶贫方式补齐短板是农村教育现代化的最显著特征和目标。乡村振兴战略中农村教育现代化是在新中国成立以来建立的系统教育制度基础上推进的，新中国成立以来的教育发展成果不仅为乡村振兴战略中农村教育现代化提供了基础，而且为它提供了重要评价参照。乡村振兴战略中农村教育现代化是在农村及其教育城镇化导致乡村凋敝和人口、学生、学校明显减少，乡村城镇化

① 联合国教科文组织:《教育——财富蕴藏其中》，教育科学出版社，1996，第75页。

② 詹姆斯·博特金、[摩洛哥]马迪·埃尔曼杰拉、[罗马尼亚]米尔恰·马利察:《回答未来的挑战——罗马俱乐部的研究报告〈学无止境〉》，林均译，上海人民出版社，1984，第21—22页。

③ 同上书，第27页。

④ 埃德加·莫兰:《方法：天然之天性》，北京大学出版社，2002，第4—5页。

⑤ 褚宏启:《教育现代化2.0的中国版本》，《教育研究》2018年第12期。

还是在继续发展和推进的过程中推进的。虽然如此,但乡村还存在少量学校,乡村振兴战略中农村教育现代化就是解决城镇化继续发展、乡村学生和学校可能继续减少与乡村及其教育振兴的这对矛盾,使它们协调融合发展。乡村振兴战略中的农村教育现代化是在城乡实现普及九年制义务教育目标和高等教育大众化,在城市教育基本实现现代化、城乡教育基本实现均衡发展、正在推进优质均衡发展的背景下推进的,城市教育基本实现现代化为推进农村教育现代化提供了可资借鉴的经验。国家集中主要精力解决农村教育问题,为推进农村教育现代化提供了良好条件,但农村教育与城市教育既有共性,也有个性,乡村振兴战略中农村教育现代化是在城乡教育共性实现一体化均衡发展基础上,探索体现城乡教育有个性和特色的教育现代化。城乡教育在基本实现均衡发展的基础上继续推进优质均衡发展为乡村振兴战略中农村教育现代化奠定接近现代化的良好基础,但这主要是以县城教育为主体,并继续快速扩张。乡镇教育相对稳定,乡村学生和学校大量减少甚至基本不存在或作为微不足道的补充状态的基本和优质均衡发展。乡村振兴战略中农村教育现代化要成为全面推进的农村及其教育振兴和现代化,特别是乡村、乡镇及其教育振兴和现代化,而不是变成重点推进县城及其教育振兴和现代化;要成为使乡村学生和学校有所增加或回流而非继续大量减少最后完全消失的真正的乡村及其教育振兴和现代化,还要努力解决许多问题,做出不懈努力。

农村教育基础差、底子薄,在 20 世纪 80 年代推进普及九年制义务教育初期城乡基础教育发展水平至少相差 15 年。多年来,通过有效推进城乡教育均衡发展,乡村学校教育条件明显改善;通过公费师范生教育、特岗教师等扶贫措施,乡村学校教师队伍建设也有一定成效。但教师数量、质量和专业等结构还存在很大问题,成为制约农村和乡村教育振兴的关键。解决乡村小规模学校教师编制、全科型教师和教师工作生活条件,提高乡村小规模学校对教师的吸引力成为推进城乡教育基本均衡发展和优质均衡发展、现代化的关键。

建设自由、平等、民主、共同富裕的社会是中国共产党建立和建设新中国的初心和使命，是改革开放的初衷。扶贫帮困、教育扶贫也是国家现代化的必然，是实现农业强、农村美、农民富的乡村振兴战略目标的需要。在乡村振兴战略中推进农村教育现代化，要深刻认识农村教育现代化的本质特征、目标及其实现的重大意义，进一步全面落实农村教育和乡村教育优先发展战略；继续坚持以义为先的公平正义与超公平正义相统一，[①]以价值理性为引领把价值理性与工具理性相结合促进农村教育振兴和现代化；[②]优化农村教育现代化阶段性目标与远大目标的关系，努力缩短实现农村教育现代化阶段性目标的时间，在实现小康社会要求的城乡教育基本均衡发展的目标基础上，尽快实现城乡教育优质均衡发展、一体化平等与融合发展和农村教育现代化的目标。

（二）为农民子女提供优质的基础教育是乡村振兴战略中农村教育现代化目标的主要目标。农村不仅是农业生产的组织和地域，也是农民生活的组织和地域。农业生产主要是生活在农村的农民的生产，要使农民安心在乡村搞好农业生产就要有方便其孩子上学的高质量的学校。就近入学是现代教育的基本原则，但前提是要有学校，有高质量的学校。否则，重视教育和有能力的父母即使忍着亲子分离给孩子成长和家庭生活带来的不好影响甚至痛苦也会把孩子送到城里学校上学，或在城里打工让孩子在城市学校上学。这就是乡村教育城镇化、空壳化现象。它使一直为国家教育发展短板的农村教育更加滞后，是短板的根源。在一些人口众多的经济发达地区的农村教育通过城乡一体化均衡发展已基本实现现代化，一些农村再经过一段时间努力也可补齐短板，但在人口本来就不多现在更少、二三十年前就没有了学校的经济欠发达地区的农村，农村教育现代化只能在乡镇办好学校，实现乡镇学校的振兴和现代化，使乡村孩子相对就近入学，包括幼儿入园也如此。

（三）改造传统农业，实现农业现代化，为农民掌握现代农业科学技术

---

① 郝文武：《教育的公平正义和超公平正义》，《教育研究》2019 年第 12 期。

② 郝文武：《价值理性、工具理性视角观照下的农村教育问题》，《陕西师范大学学报（哲学社会科学版）》2005 年第 4 期。

奠定基础是乡村振兴战略中农村教育现代化的重要目标。工业化、城镇化是现代化的重要特征，但民以食为天，社会无论如何现代化，农业永远是人类社会赖以生存的基础。农业现代化是“四个现代化”的重要组成部分，即便是在最现代化的英美国家的有识之士也认为，“农业是一个国家之所以伟大的关键所在”。[①]农业与工业的区别不仅在于生产方式，而且在于生产对象和结果的性质。农业的现代化是农业生产方式的科学技术化，而非工业化和产品、对象的科技化；农业无论如何现代化也是农业，不是工业，何况有些农业生产永远需要传统甚至原始的生产方式而不应和不能工业化。传统农业生产工具创造、使用和从事传统农业的农民所需的技术都是在农业生产劳动中创造和学习；现代农业生产工具创造、使用和现代农民所需的科技不仅要在农业生产中创造和学习，而且要通过学校教育学习和科技研究、创造。现代教育对改造传统农业的重要作用早有充分证明。[②]改造传统农业，实现农业现代化的关键首先是国家的科学研究和技术推广，但这最终要落实到农业生产劳动中，要发挥农民的主体性。农村基础教育是为农民掌握现代农业科学技术和农村孩子继续学习打基础的教育，农村职业教育是直接为农民掌握现代农业科学技术服务的教育。

（四）全面促进农村经济、文化和文明建设是乡村振兴战略中农村教育现代化目标的重要目标。农村是经济、政治、文化和教育的综合体，即便以后城镇化率达到很高程度，全国也有不少人口生活在县城和乡镇、乡村等农村教育覆盖地域。“农业农村农民问题是关系国计民生的根本性问题。没有农业农村的现代化，就没有国家的现代化。”[③]没有农村教育的现代化也就没有整个国家教育的现代化。“农村是社会的基础，改造社会必须从改造

① 张琪:《“无协议脱欧”或致一半农场倒闭——英国农民牵羊上街表达诉求》，http://www.360kuai.com/pc/9a4771ee16fb2a9e2?cota=3&kuai_so=1&sign=360_57c3bbd1&refer_scene=so_1 海外网 2019-8-16。

② 郝文武:《舒尔茨人力资本投资与穷国农业经济增长理论探讨》,《北京师范大学学报（社会科学版）》1989年第3期。

③ 董峻、王立彬:《中央农村工作会议在北京举行　习近平作重要讲话》，新华社北京，2017年12月29日。

农村着手，而改造广大农村，必须从发展农村教育入手。任何一个国家要实现现代化，农村教育都具有基础性、全局性的重要作用。”[①] 建设“产业兴旺、生态宜居、乡风文明、治理有效、生活富裕”的社会主义新农村目标，要求农村教育对促进农村经济、文化和文明全面振兴和现代化发挥重要作用。

（五）城乡教育在相互借鉴和促进中一体化、有特色的优质均衡发展是乡村振兴战略中农村教育现代化的现实目标和理想追求。城乡教育一体化优质均衡发展是城乡学校在办学条件、国家教育目标和课程体系等层面的统一，并不是把农村学校办成城市学校，使所有学校千校一面。城乡学校应努力形成各自的特色和优势，在理念、主体、课程、功能、方式和来源等层面“和而不同”的发展，[②] 既重视普适性、全社会、愿景性、基础性、统一性和现代性，也重视特殊性、教育圈、现实性、地方性、自主性和传统性。[③] 农村学校应把现代化与本土化密切结合，[④] 把弘扬农耕文明、传承耕读文化和乡土文化作为建设美丽书乡的重要特点和目标追求。

在城乡深度融合、交流频繁的现代社会不能再以“离农”“务农”定义乡村教育目标。以前的城乡二元结构既是思维方式，更是严格政策制度规约的客观事实。[⑤] 改革开放以来的户籍制度改革、城乡居住和职业选择自由权的扩大等措施的实施，使得城乡居民对城乡职业和学校的选择基本不受户籍影响，乡下人建设城市和城市人建设乡村已是现代社会的常态，而且农村教育主要是基础教育，“离农”“务农”并非主要问题。随着乡村及其教育的振兴和现代化，乡村的独特文化、优美环境、绿色食品和学校有效的小班化教学、有特色和高质量的教育还将会成为对城乡居民生活、工作和孩子接受教育的“逆城市化”有很强吸引力的稀缺资源。

总之，乡村振兴战略中农村教育现代化的现实目标和理想追求就是形成

---

① 温家宝：《一定要把农村教育办得更好》，《人民日报》2011 年 9 月 9 日。

② 邬志辉：《乡村教育现代化三问》，《教育发展研究》2015 年第 1 期。

③ 姜超、邬志辉：《论农村教育现代化的理念选择》，《教育研究》2017 年第 6 期。

④ 郑金洲：《教育现代化与教育本土化》，《华东师范大学学报（教育科学版）》1997 年第 3 期。

⑤ 邬志辉、杨卫安：《“离农”抑或“为农”——农村教育价值选择的悖论及消解》，《教育发展研究》2017 年第 Z1 期。

以立德树人全面发展为根本，以赶超城市和世界先进水平、传承农耕文化文明、务农爱农离农亦爱农为理念和目标，各层类教育结构合理，受教育者自由平等全面发展，教育教学内容、手段、方式优质高效和有明显特色，教育治理结构、方式和能力公平与正义、充满持续发展活力的现代化。

四、乡村振兴战略中农村教育现代化指标是国家教育现代化指标的具体化

国家教育现代化既要有国家教育整体赶超世界先进水平的理想和目标，也要有国家教育整体赶超世界先进水平的具体标准、指标体系。农村教育现代化既要有赶超国内外教育先进水平的普遍目标、理想追求，也要有体现农村特色的更为具体的目标、标准、指标体系及其数据。国家教育现代化的目标是乡村振兴战略中农村教育现代化的方向和根据，农村教育现代化的具体目标、指标体系是具体实施农村教育现代化目标的行动指南、操作步骤和评价标准。

对国家教育发展有代表性的国际指标体系有三种，由此可见农村教育发展在国家整体教育发展中的重要地位和价值。世界银行的《2000 年世界发展指标》以经济和社会发展为依据制定的综合性教育发展指标体系，① 包括教育投入、受教育机会、教育效率、教育成果、性别与教育 5 个一级指标及 16 项二级指标。联合国教科文组织的《世界教育报告 2000 教育的权利：走向全民终身教育》，以教育与政治、经济、社会、文化、人口的关系为理论前提，包括人口与国民生产总值，识字、文化与沟通，学前教育在学率和入学机会，初中等教育现状和内部效率，学前、初等及中等学校教师现状，高等教育现状及其学生分布，私立学校教育与政府教育支出，教育经常性支出等 11 类一级指标和 26 个二级指标、97 项三级指标。② 世界经济合作与发展组织从 20 世纪 90 年代开始每年都出版的《教育概览：OECD 指

① 世界银行:《2000 年世界发展指标》，中国财政经济出版社，2000，第 68—86 页。

② 联合国教科文组织:《世界教育报告 2000 教育的权利: 走向全民终身教育》，中国对外翻译出版公司，2001，第 121—125 页。

标》，提出包括教育背景，教育经费和人力资源投入，获得教育、参与和进步，学习环境和学校组织，教育的个人、社会和劳动市场结果，学生成就等6个一级指标和31个二级指标的教育指标体系。①

从20世纪80年代开始，我国学者就对教育现代化本质和指标体系展开持续探索。有学者把世界发达国家教育发展关键性指标与我国发达地区基础教育发展相结合，提出我国发达地区21世纪初基础教育现代化指标体系，②但专门探讨农村教育现代化指标体系的很少。③与此同时，各省市区积极探索与农村教育现代化紧密相关的指标体系，并开展教育现代化评估。江苏省自20世纪90年代开始探索推进教育现代化，2007年、2013年先后试行和2016年正式颁布包含8项一级指标、16项二级指标和49个检测点的《江苏教育现代化检测指标》。④广东省于2004年制定《广东省教育现代化建设纲要（2004—2020年）》，2008年出台的《广东省县域教育现代化指标体系及评估方案（试行）》，包括3个一级指标、14个二级指标、43个主要观测点。⑤四川省成都市为了"到2015年，率先在中西部基本实现教育现代化"，2007年就制定对各区县教育公平和质量、教育经费投入、办学条件及教育信息化、师资队伍建设、教育国际化、学习型社会建设、教育管理和社会满意度8项内容进行监测的教育现代化指标体系。⑥此外还有上海市于2004

① 刘明堂：《OECD教育指标体系的变迁及启示》，《教育发展研究》2009年第1期。

② 谈松华、袁本涛：《教育现代化衡量指标问题的探讨》，《清华大学教育研究》2001年第1期。阎立钦等：《关于发达地区基础教育现代化发展水平若干指标的思考》，《教育研究》2001年第10期。

③ 冯增俊：《农村教育现代化与农村城市化——东莞市教育现代化实践的时代意义》，《现代教育论丛》1998年第6期。

④ 江苏省人民政府办公厅：《江苏省政府办公厅关于印发江苏教育现代化监测指标的通知》（苏政办发〔2016〕86号），http://www.jiangsu.gov.cn/art/2016/8/24/art_46577_2555948.html?sifsdo=sowyu2.

⑤ 广东省教育厅：《关于建立广东省县域教育现代化督导制度的通知》（2008年8月28日），http://edu.gd.gov.cn/gtgz/jydd/content/post_1593708.html.

⑥ 成都市教育局课题组：《在统筹城乡综合改革试验背景下加快推进成都市教育现代化建设的研究报告》，《教育科学论坛》2009年第4期。秦建平、张惠：《教育现代化监测指标研究——以四川省成都市为例》，《教育导刊》2015年第5期。

年提出“到2010年要率先基本实现教育现代化”，2009年公布包含市区两级指标的《上海市2010年教育现代化指标体系及说明》。[①] 东部发达地区农村教育21世纪初就已率先实现现代化，目前正在追求更高水平现代化。[②] 近年来全国各省市区及其县市也在制定本地教育现代化目标规划。

21世纪初到最近几年，有学者通过对“中国教育离现代化还有多远？”的研究指出，与国际教育现代化水平相比，中国教育现代化指标可分为已经达到、接近达到、有一定距离、有很大距离四类。“我国真正初步实现教育现代化可能要到21世纪30年代。”[③] “到2030年，主要教育发展指标达到或接近美国水平，平均受教育年限接近甚至超过美国。”[④] 最近有学者从教育发展的三个维度16项指标的预测分析指出，我国教育现代化发展面临的挑战，第一是高等教育普及水平与发达国家存在明显差距，第二是义务教育师资队伍建设面临较大挑战，第三是中小学班额偏大问题仍然突出，第四是财政性教育经费占GDP的比例明显偏低，第五是城乡部分教育条件差距存在且有可能进一步拉大，第六是民办教育仍然是教育发展的短板。[⑤] 六个挑战中有四个与农村教育直接相关，由此可见推进农村教育现代化对实现我国教育整体现代化的重要意义。

教育现代化的指标体系及其数值、系数还内含推进教育现代化目标的重大战略和策略、进程、阶段。《中国教育现代化2035》关于发展中国特色世界先进水平的优质教育的目标和十大战略任务为全国教育现代化指明了方向，确定了具体时间进程和重大措施。《国家中长期教育改革和发展规划纲要（2010—2020年）》对2020年基本实现教育现代化有明确具体的指标要

---

① 上海市教育委员会:《上海市2010年教育现代化指标体系及说明的通知》（沪教委办〔2009〕20号），http://www.chinaacc.com/new/63_74_/2009_4_27_ha8634301724900284.shtml.

②“新三片地区基础教育发展水平研究”课题组:《江苏农村教育现代化调研报告》,《教育研究》2003年第8期。

③ 杨明:《中国教育离现代化目标有多远》,《教育发展研究》2000年第8期。

④ 胡鞍钢、王洪川、鄢一龙:《中国现代化：人力资源与教育（1949—2030）》,《教育发展研究》2015年第1期。

⑤ 马晓强等:《中国教育现代化发展的总体趋势和挑战》,《教育研究》2017年第11期。

求。每个省市区及其县市都有农村教育和城市教育，把农村教育和城市教育放在一起统筹规划教育现代化目标，既有利于协调城乡教育发展，也可能以发展程度、进度等的普遍性、平均值和最高值掩盖特殊性，特别是短板的落后程度。补齐短板是推进城乡优质均衡发展和农村教育现代化的关键。如果把城乡教育现代化放在一起规划，就应分别对农村的城市、农村的农村、城市的农村、城市的城市和率先实现现代化、基本实现现代化的城市和接近实现现代化和距离现代化较远的农村教育实施明显不同的措施，以便在预期时间内共同实现现代化。[①]国家对农村教育发展的专门会议和文件很多，在全国性的教育发展和现代化规划的文件中也有有关农村教育发展和现代化的某些指标，但专门针对农村教育现代化的指标体系还没有见到。专家学者对城乡教育和东西部农村教育现代化的区别虽然也有一些很好的研究成果，但总体很少。[②]为了更有效推进乡村振兴战略中的农村教育现代化，很有必要专门制定全国性和各省市区农村教育现代化的目标和指标体系。

农村教育现代化目标和指标体系及其数值、系数应坚持以国家为主导与国际比较相结合，普遍性、统一性、全面性与特殊性、差异性、特色性相结合，基础性、基本性与关键性、权重性相结合，稳定性、长远性、理想性、终极性与动态性、发展性、现实性、阶段性相结合，硬件建设与软件建设相结合，平等、公平、效率与仁爱、帮扶相结合，目标与进度、措施相配套，学校推进、评价与区域推进、评价相结合等原则。农村教育基础差、欠账多，要使农村教育同时同步实现现代化，就要加速补齐短板，持续落实农村优先发展、乡村教育振兴战略，以目标为导向和标准，倍增农村教育人财物投入，不仅推进城乡教育公平，而且以精准扶贫、扶教育之贫、扶志扶智之贫等特殊措施或跨越式方式加快农村教育发展，缩短农村教育从实现“温饱”目标到“小康”目标，再到优质均衡发展和现代化目标的时间。

---

① 杨小微：《评价导引下中国教育现代化路径求索——基于苏南五市和重庆的教育现代化调研》，《教育研究与实验》2016 年第 4 期。

② 杨海燕、高书国：《农村教育的价值、特征与发展模式》，《教育研究》2017 年第 6 期。陈国华、张旭：《农村教育现代化的误区、现实问题与发展策略》，《现代教育论丛》2015 年第 6 期。

合理布局农村学校，积极推进乡村学校建设，科学制定乡村学校生师比标准，实施农村教师编制和教育经费“倍减倍增”计划；把传承乡土文化、文明作为乡村学校建设的重要指标，使乡村乡镇民众把乡村学校当作乡村人自己的学校，增强他们支持学校建设的主体性、成就感，激发和引导他们推进乡村教育现代化的自觉性、主动性。

乡村振兴战略中农村教育现代化的具体目标和指标体系、数值有许多复杂层面，但归根结底是人民满意。教育是国之大计，党之大计；既是国计，也是民生。办好人民满意的教育是党的初心和使命。人民满意是乡村教育振兴和现代化的最好标准。乡村学校好不好，就看城乡学生爱不爱；乡村教师职业好不好，就看城乡教师爱不爱；乡村教育是否现代化，就看乡村学校能吸引多少上学娃；乡村教育兴不兴，就看乡村教育治理行不行，新不新。

第四节

加速推进农村教育现代化需有特殊指标及其举措

实现现代化是城乡教育的共同目标，但城乡教育的发展条件、基础和水平等有明显区别。以前由于经济基础和发展阶段等原因，乡村教育底子薄、基础差，后来由于农村城镇化，乡村人口和学生、学校大量减少，使得农村教育与城市教育形成明显的不同特点或特殊性。为了更好地落实农村教育优先发展和振兴乡村及其教育战略，促进城乡教育均衡发展，切实采取特殊举措补齐农村教育短板，特别是乡村教育短板，加快农村教育现代化步伐，使农村教育与城市教育一样更好更快实现现代化，就应同等重视农村教育现代化指标体系的国家教育普遍性和乡村教育的特殊性，既根据城乡教育的共同条件、基础和目标，制订教育现代化共同指标体系，又根据乡村教育的特殊性，完善农村教育现代化特殊指标体系，甚至实施“城乡新二元结构”等特殊举措。

一、教育现代化指标体系是教育现代化目的、时空、条件和方式等指标的优化结构

教育现代化的目标是在规定时空内实现的教育现代化的预定结果。教育现代化指标是对教育现代化目标的具体化、数据化、系统化和结构化。结构主要是对不同层面目标及其指标关系的合理性确定或系统化，主要是定

性的。同样的指标体系未必有完全相同的指标数据，完全相同的指标体系因为数据及其结构不同也未必达到相同的目标。教育现代化指标体系包括教育治理理念和方式、全体国民受教育程度、学生德智体美劳发展水平等教育目的的目标和指标体系，包括学校建设、教师队伍建设、教育教学设备、教育经费投入等教育条件的目标和指标体系，包括教育和学校管理的具体过程、方式、途径等目标的指标体系，包括教育教学理念、过程、方式等目标的指标体系。教育现代化目标要有相应的教育经费投入、学校、教师和设备建设等条件指标及其体系的支撑和支持，否则在预定时空内的目标就很难实现。

国家及其教育现代化不同治理理念可能有相同的硬指标，但实现目标、指标的理念和结构不同，方式和结果就不相同。综合国力的增强和人均国民收入增加不等于每个人的富裕，可能是基尼系数不大的均衡发展，也可能是基尼系数很大的两极分化。一个国家的国民受教育程度可能是两极分化或者不同地域和城乡、不同阶层受教育程度差距很大的平均值，也可能是不同地域和城乡、不同阶层受教育程度差别不大、均衡发展的平均值。因为百年大计教育为本，教育是现代化的基础；因为中国的教育基础差、国民受教育的程度低，所以为了为现代化奠定良好基础，为了改变教育基础差和国民受教育程度普遍低的状况，就要优先发展教育，宁可在其他方面忍耐一点，甚至放慢一点发展速度，也要把教育搞上去。[①] 如果中国教育经费投入指标及其体系没有特殊性和特殊举措，就不可能有今天的辉煌成就，也就很难缩短时间尽快赶超世界先进水平，实现现代化。

教育是国之大计、党之大计；既是民生，也是国是；既是经济，也是政治。为了国家强大和赶超世界先进水平，教育必须培养高精尖世界一流人才，基础教育要为此奠定坚实基础，要鼓励有条件的地区和学校率先发展和实现现代化。但为了保证民生，教育必须追求平等和公平，坚持“一个也不能少”的扶贫帮困。由于经济基础差距等导致农村和老少边穷地区与城市和发达

① 邓小平：《邓小平文选（第三卷）》，人民出版社，1993，第 275 页。

地区的教育条件和发展水平有明显差距，为了使农村和乡村教育与城市和发达地区教育一样在预定时间内实现现代化，就必须制定特殊标准和指标，采取特殊措施，切实保证农村教育优先发展，加快农村和乡村教育现代化步伐，特别是优先发展和加快深度贫困地区农村和乡村教育现代化步伐。一个国家的教育现代化目标和指标体系是一个由最高或最理想、最先进的指标体系与最基本或最低、保底指标体系组成的发展水平、时间和空间的有区间性的指标体系。中国地域广大、人口众多，农村和乡村经济和教育发展不充分，东西部及其城乡经济和教育发展不平衡。如果看不到、不重视城乡差距和乡村的特殊性，不能采取特殊措施进一步加大农村教育经费投入，加快农村学校和教师队伍建设步伐，农村教育就很难在预定时间与全国教育一样实现现代化，甚至很难阻断城乡教育明显差距的世代遗传。

二、农村教育现代化指标应在城乡共同性的基础上有乡村学校人财物配置“倍减倍增”特殊性

由于经济基础和发展阶段等原因，我国的农村教育相对城市教育一直比较落后。国家对贫困地区实施的基本“普九”和基本扫除青壮年文盲的“两基”攻坚战和推进城乡教育均衡发展的重大举措，使得农村学校的现代化程度明显提高，但与城市和发达地区农村教育相比，落后地区农村实现“普九”和教育均衡发展的目标都基本相差或落后15到20年。根据1985年的《中共中央关于教育体制改革的决定》提出“普九”的目标和进程，约占全国人口1/4的沿海经济发达地区和内地少数发达地区在1990年左右已完成“普九”目标，而约占全国人口1/4的经济落后地区，特别是深度贫困地区乡村2011年才基本完成“普九”目标，两者相差约20年或者两代人。2013年教育部启动义务教育均衡发展督导评估工作，到2019年12月底，全国累计2 767个县通过国家认定，占比95.32%。尚有9个省份136个县未通过认定，其中中部2个省份39个县，西部7个省份97个县。如果这136个

县在2020年或2021年通过验收，两者相差6—7年。[①] 但早已实现义务教育均衡发展的东部不少省份的市县城乡教育已经或正在实现优质均衡发展。如果西部国家未认定县的教育从基本均衡到优质均衡如同从“普九”教育到城乡均衡发展一样需7年时间，那么东西部城乡教育均衡发展的差距似乎有所缩短，但相差也有14年。这有许多原因，但与不能针对农村特点制定不同教育发展指标和采取不同措施的力度不大有密切关系。所以，加速推进农村教育现代化需要特别重视、重新制定和完善农村教育现代化和学校发展特殊指标。

（一）特别重视、重新制定和完善农村学校的师生比和教师编制的特殊指标。人的现代化是现代化的根本，对学校来说，教师的现代化是教育现代化的根本。目前农村教育现代化的最大问题就是缺人，缺教师。这与乡村小规模学校大量增多，师生比大幅度减小和所需教师编制数大幅度增加紧密相连。城市人口密集，学校规模较大。乡村人口疏散，学校规模一般较小。根据规模效益原理，规模较小的学校师生比应较大一些，规模较大的学校的师生比应较小一些。但2001年国家制定的中小学教职工编制标准的规定则相反，小学教职工与学生比，城市1∶19、县镇1∶21、农村1∶23。这明显是城乡二元结构的产物。2014年国家虽然将县镇、农村中小学教职工编制标准统一到城市标准的1∶19，但这也与农村的现实需要有较大差距，乡村学校现实的师生比平均不到1∶10，有的是1∶10，有的是1∶5甚至1∶1。如果一个县市乡村小规模学校很多，要保证乡村学校正常教学的教师配备，乡村学校就可能用完全县的教师编制甚至还不够。如果要全面照顾到县城、乡镇和乡村学校，就会导致它们都缺乏教师编制，不得不聘用大量临时教师。教师现代化有许多层面，但首先是专业和年龄等结构优化的足够的教师编制。如果不能根据乡村小规模学校大量增多的客观事实和特殊性，特别重视、重新制定和完善乡村学校的师生比指标和教师编制的规定，就不能解决农村学校教师严重短缺的教育现代化的根本问题，也

---

① 中华人民共和国教育部：《2019年全国义务教育均衡发展督导评估工作报告》，http://www.moe.gov.cn/fbh/live/2020/51997/sfcl/202005/t20200519_456057.html.

就不可能加速推进农村教育现代化。在教育现代化的进程中，乡村教育只能是“一个也不能少”的最后那个。

（二）特别重视、重新制定和完善农村学校建设和教育教学设施配置的特殊指标。加快底子薄、基础差的农村教育现代化需要有特殊指标和措施，加快小规模学校大量增多的乡村学校教育现代化更需要有学校建设和教育教学设施配置的特殊指标和措施。通过多年的“普九”攻坚和城乡教育均衡发展政策的积极推进，多数乡村学校的学校建设和教育教学设施配置有了根本性改变。但还有不少乡村小规模学校的学校建设和教育教学设施配置基本停留在十几年甚至几十年以前的状态。有的学校可能在规划内准备撤并，或者通过休克疗法，使学生“自愿”转学、学校减少生源，因此没有专门或像样的操场，门前很小的空地就是自然操场，甚至没有足够的教室，几个年级的十几或二十多个学生挤在一两个教室上课、学习，各种功能室和现代化信息技术教学等就更无从谈起。有的学校原来学生和教师很多，操场很大，但现在师生都很少。可能是由于上述原因，也可能是由于学生太少，按学生数投资经费很少，无法改造升级，所以，操场或者就是几十年前的泥土沙石地面，或者只有十几米的直行塑胶跑道，其他体育设施器材就更少。如果不能根据乡村小规模学校大量增多的客观事实和特殊性，特别重视、重新制定和完善乡村学校教育教学设施配备指标，就不能解决乡村学校教育教学设施严重短缺问题，也不可能加速推进农村教育现代化。

乡村学校的建设和布局及其撤并，也要特别重视特殊性。无论是算经济账、政治账，还是感情账、文化账，都要以育人为本，算育人账，都要有利于育人，有利于学生成长。[①]

（三）特别重视、重新制定和完善农村教育经费投入的特殊指标。乡村学校师生比的“倍减”、教育教学设施面积与学生比的“倍减”必然带来和要求教育经费投入的总量的成倍增加和结构的明显变化。有些学校可能是教师、设备与学生数的一倍比例的“倍减”和教育经费投入一倍比例的“倍

① 郝文武:《农村学校布局应坚持育人为本的因地制宜》,《教育理论与实践》2020 年第 13 期。

增”，有些学校可能是教师、设备与学生数的两倍甚至更多比例的“倍减”和教育经费投入两倍甚至更多比例的“倍增”。按照教育部对乡村小规模学校不足100名学生的按100名拨款的规定，如果一所学校有50名学生，教育经费投入就增加了一倍；如果有10名学生，教育经费投入就增加了10倍。多年来我国的教育经费投入增加不少，但面对新发展，还要做更大的努力。

（四）特别重视、重新制定和完善国家、省市和县甚至乡镇、乡村对农村教育经费投入的特殊指标。长期以来，国家对东中西部包括教育投入在内的许多投入都有不同政策，也发挥了非常重要的积极作用。为了加速推进农村教育现代化，国家及其省市和县市应进一步加大对乡村教育经费投入力度。无论是国家统筹还是省级统筹、“以县为主”农村义务教育管理体制，都应充分发挥乡镇、乡村的作用，[①] 加大各方“合力”，进一步加快阻断乡村教育落后代际遗传的速度。

三、农村教育现代化指标体系是对城乡教育均衡发展指标体系的不断升级的指标体系

教育现代化指标体系不仅有世界和国家教育普遍性，还有农村和乡村教育特殊性，而且教育现代化起始于普及教育。[②]“普九”教育指标体系与城乡教育基本均衡发展和优质均衡发展指标体系，无论是硬指标还是软指标都是不断升级的指标体系，都是教育现代化指标体系的重要组成。“普九”甚至“基本均衡发展”指标体系是教育现代化的初级指标体系，是教育现代化1.0指标体系，“优质均衡发展”和未来更加优质均衡发展的指标体系是教育现代化2.0高级指标体系。[③]

中国从1986年公布实施《中华人民共和国义务教育法》提出实行九年义务教育，经过25年的努力，全面普及了城乡免费义务教育，2011年所有

① 郝文武:《农村教育现代化“以县为主”应充分发挥乡镇乡村的作用》,《教育理论与实践》2020年第13期。

② 郝文武:《中国农村教育现代化的历史进程和现实举措》,《当代教师教育》2020年第2期。

③ 褚宏启:《教育现代化2.0的中国版本》,《教育研究》2018年第12期。

省区市通过国家“普九”验收。“普九”的目标是从根本上解决适龄儿童少年上学问题，为全面提高全体国民素质奠定坚实基础。但这并未完全解决区域、城乡、学校之间办学水平和教育质量存在的明显差距，人民群众不断增长的高质量教育需求与供给不足的矛盾依然突出。从2012年开始实施的县域内义务教育均衡发展就是要解决这些问题。到2020年，全国义务教育巩固率要达到95%，实现基本均衡的县市区比例达到95%。①

“均衡发展”与“普九”的终极目标完全一致。全面贯彻党的教育方针，全面实施素质教育，遵循教育规律和人才成长规律，积极推进义务教育学校标准化建设，均衡合理配置教师、设备、图书、校舍等资源，努力提高办学水平和教育质量；加强省级政府统筹，强化以县为主管理，建立健全义务教育均衡发展责任制；总体规划，统筹城乡，因地制宜，分类指导，分步实施，切实缩小校际差距，加快缩小城乡差距，努力缩小区域差距，办好每一所学校，促进每一个学生健康成长，一直是改革开放以来教育发展的总要求和总目标。但“均衡发展”比“普九”有更高水平、更加全面的要求和目标，“优质均衡发展”也一定有比“基本均衡发展”更高的要求和目标。

“均衡发展”的具体项目或内容：（1）关于办学资源均衡配置，要进一步深化义务教育经费保障机制改革，保障教育投入；推进义务教育学校标准化建设，采取学校扩建改造和学生合理分流等措施，解决县镇“大校额”“大班额”问题。（2）关于优质教育资源共享，要扩大优质教育资源覆盖面，整体提升学校办学水平；大力推进教育信息化，实现“班班通”全覆盖。（3）关于合理配置教师资源，要改善教师资源的初次配置，向薄弱学校倾斜；合理配置各学科教师，优先配齐音体美等紧缺学科教师；提高农村教师待遇，提高教师补贴，建设农村艰苦边远地区教师周转宿舍，新建教师周转房；实行县域内公办学校校长、教师交流制度。（4）关于保障特殊群体平等接受义务教育，要保障进城务工人员随迁子女平等接受义务教育，建立健全农

---

①《国务院关于深入推进义务教育均衡发展的意见》（国发〔2012〕48号），http://www.moe.gov.cn/ jyb_xwfb/xw_zt/moe_357/jyzt_2016nztzl/ztzl_xyncs/ztzl_xy_zcfg/201701/t20170117_295047.html.

村留守义务教育学生关爱服务体系；重视发展义务教育阶段特殊教育，关心扶助需要特别照顾的学生。(5) 关于全面提高义务教育质量，要树立科学的教育质量观，以素质教育为导向，促进学生德智体美劳全面发展和生动活泼主动发展，培养学生的社会责任感、创新精神和实践能力；切实减轻学生过重课业负担。(6) 关于加强和改进学校管理，要完善学生学籍管理办法，规范招生办法，切实缓解“择校热”；规范财务管理，规范收费行为，规范办学行为。(7) 关于加强组织领导和督导评估，各级政府要建立推动有力、检查到位、考核严格、奖惩分明、公开问责的义务教育均衡发展推进责任机制；加强对义务教育均衡发展的督导评估工作，对县域内义务教育在教师、设备、图书、校舍等资源配置和校际在相应方面的均衡和差距进行重点评估；对地方政府在入学机会保障、投入保障、教师队伍保障以及缓解热点难点问题等方面进行综合评估；将县域公众满意度作为督导评估的重要内容。2012 年教育部印发《县域义务教育均衡发展督导评估暂行办法》，将以考试方式招生、违规择校、重点校、重点班、“有编不补”或者长期聘用编外教师、弄虚作假、教育系统重大安全责任事故和严重违纪违规事件等情况，以及社会认可度作为一票否决指标。①

《2018 年全国义务教育均衡发展督导评估工作报告》指出关于“均衡发展”存在的主要问题有：(1) 认识不足，重视不够，地方政府推进机制不健全。(2) 规划不科学，布局不合理，大校大班问题较重。(3) 投入不足，改薄不力，学校标准化建设仍有短板。(4) 政策不落实，保障不到位，教师队伍建设滞后。有 162 个县不同程度上存在有编未补问题；有 128 个县聘任 4.6 万名合同制教师和代课教师，未做到编外教师与在编教师同工同酬；有 257 个县缺少音乐、体育、美术、科学、英语、信息技术教师 2.8 万名；少数学校女教师比例达到 70%，而有的城镇小学女教师占比达到 90%；校长和教师交流机制不健全，乡村教师补助标准较低，校长和教师参加交流轮岗的积极性不高，约 20 个县校长和教师交流的比例低于 10%；有的地方教师培训力度不大，

① 中华人民共和国教育部：《县域义务教育均衡发展督导评估暂行办法》(教督〔2012〕3 号)，http://www.moe.gov.cn/srcsite/A11/moe_1789/201201/t20120120_136600.html.

针对性不强，没有足够的培训经费。（5）理念落后，管理不强，学校内涵发展水平不高。[①] 这些问题主要是农村教育和学校的问题，都是“基本均衡发展”和“优质均衡发展”要继续解决的问题。

从南方一所乡镇中学对“普九”工作的总结可见，“普九”与义务教育均衡发展指标体系内容的一致性和指标水平或数据的更高目标和要求。该校“普九”分别于1997年和2002年通过省级和国家级验收。“普九”达到的各项指标数据如下:（1）适龄少年入学率为96%。（2）在校生辍学率为1.2%。（3）学龄段该校服务区范围内没有残疾少年,不存在残疾少年入学问题。（4）17周岁人口初中教育完成率为92%。（5）任课教师学历达标率93.8%。专任教师本科及以上学历24人，专科21人，中师2人，高中1人。职工6人，没有民办及代课教师。现有两名校长均参加了岗位培训并已取得合格证书。（6）办学条件，该校共有教学班14个，在校生838人，校舍总面积、生均面积和教室间数，图书室、实验室、运动场总面积和生均面积、绿化面积，课桌椅、图书、理科仪器、电教仪器、音体美和实习场地等都达到要求标准。（7）教学质量，2003和2004学年毕业率都达99.0%或以上。存在的问题，一是辍学现象反弹迅速，控辍保学任重道远。二是办学资金捉襟见肘，巧妇难为无米之炊。多年来，通过大力推进城乡教育均衡发展，这些问题在发达地区已完全解决。但在欠发达地区的农村，特别是深度贫困地区的乡村依然存在，还需进一步以特殊指标和措施，下大力气解决。

四、以“城乡新二元结构”的农村教育现代化指标和措施，更好更快推进农村教育现代化

以前的中国是农业大国，农村和农业人口庞大，工业发展基础薄弱，城市和工业人口较少。为了加快工业化步伐，使80%多的农村人口支持工业化发展，形成城乡二元结构。以前的城乡二元结构的实质是以有利于城市及其工商业等发展设置的城乡发展的不同标准、措施等，的确促进了城市

① 中华人民共和国教育部:《2018年全国义务教育均衡发展督导评估工作报告》，http://www.moe.gov.cn/fbh/live/2019/50415/sfcl/201903/t20190326_375275.htm.

和工业化的发展，但也明显牺牲了农村的发展，使得农村发展远远滞后于城市发展。

改革开放以来，我国的科技、工业突飞猛进，农业的科技化发展取得前所未有的成绩，城镇化率也迅速发展，已达60%多。但多数乡村并未随着国家的快速发展和明显发展，不仅人口大量减少，而且经济文化和教育明显凋敝。为了加快乡村和农村及其教育现代化步伐，国家实施乡村振兴和城乡教育一体化战略以及许多支持乡村及其教育发展的特殊政策，并取得了很好的效果。这已表明，城乡教育一体化是教育目的及其目标的标准化、统一化、一致化，而非教育经费投入、学校建设、师生比等的统一化、一致化。也就是说，国家对发展城乡教育的政策在有些层面是一致的，在有些层面又是不一致的，对农村和乡村教育发展是有特殊政策的。国家教育发展的总体政策是从侧重促进城市教育发展向侧重促进农村和乡村教育发展转移的，可以说这是既符合社会及其经济文化和教育等发展规律，又符合国家发展战略目标的城乡及其教育发展的新二元结构。

城乡新二元结构与城乡旧二元结构是国家建设总目标一致的具体目标有侧重的不一致，无论哪一种城乡二元结构，虽然城乡也一直是互补的，但城乡差距明显或较大就很难一体化。以前城市教育发展比农村和乡村教育就要好得多，但为了加快国家工业化步伐，还是通过城乡二元结构支持城市教育发展，使80%多的农村人口支持20%的城市人口及其工业化的发展。现在为了振兴乡村及其教育，进一步加快农村教育现代化步伐，加快速度和加大力度缩小城乡教育现代化的差距，就应对农村和乡村有特殊指标、方式和政策，使60%多的城市人口支持30%多的农村和乡村人口的发展。经济上的城乡反哺、反补，教育上的薄弱学校改造、特岗教师、对口支援等都是城乡新二元结构的具体表现。经过一定时间的对农村和乡村教育的特殊支持，使农村和乡村教育达到与城市教育相同或相当水平，城乡一体化就能真正实现。在城乡教育有明显差距、农村和乡村教育基础差、底子薄的情况下，推行城乡教育一体化，很可能忽略、淹没乡村教育基础差、底子薄的特殊性，也可能以城市教育模式发展乡村教育，使乡村教育成为另一种形式的城镇化，使乡村教育继续萎缩，违背乡村及其教育振兴、推进城乡教育均衡发展和现代化初衷。

城乡及其教育一体化的重要标志是城乡居民及其教师不是由于政策约束或支持，而是根据工作性质、志趣和生活兴趣，在城乡间有序流动、交流。在城乡旧二元结构中，乡村和农村也有人不愿意进城工作甚至生活，但多数年轻人把到城里工作和生活作为追求目标。由于交通和生活等原因，许多乡村学生或者不方便到城里学校上学，或者是跟随进城务工的父母到城里上学，或者要付出背井离乡和各种规定、限定等带来的经济和生活上的巨大代价才能到城里上学。在城乡新二元结构中，虽然城乡公共服务和教育条件、质量还有一定差距，但差距在逐渐和明显缩小。虽然多数人还是愿意在城里工作和生活，乡村学生也还是追求条件好、质量高的城里学校，但也有一些人或者由于利益驱动，或者喜欢乡村宁静安逸的田园风光，愿意到乡村工作和生活。由于乡村学校条件的改善、教育质量的提高和上学方便，也有不少乡村学生愿意在乡村学校上学。

无论是城乡旧二元结构还是新二元结构都不能真正实现城乡及其教育一体化，真正的城乡及其教育一体化是城乡居民生活、工作和教育条件差别不大或没有差别，城乡居民及其教师不是因为政策的约束和支持，而是根据工作性质、志趣和生活兴趣，在城乡间有序流动、交流。乡村学生不是因教育条件和质量选择在城里或者乡村上学，而是根据居住环境、父母工作等方便选择在城里或者乡村学校上学，把学校文化特色与自己的学习兴趣相结合选择学校上学。当然，要实现这种平等而有质量的城乡教育一体化的现代化教育蓝图，还需要做较长时间的努力。

第二章　农村教育现代化的历史进程和战略举措

关于什么是现代性、教育的现代性、现代化进程的起始和教育现代化进程的起始有许多讨论，但普遍的认识是教育的生产性、科学性和普及性等是教育的现代性，教育现代化的进程起始于普及教育的开始和发展。普及教育是现代性科学技术和生产力发展的必然结果，也是它的要求。教育普及的程度或水平是随着社会生产力和科学技术的发展而不断提高的。国家独立自主是普及教育的前提和基本保证，科学技术和生产力的发展是普及教育的强大动力。

从有学上到上好学，追求城乡教育基本均衡、优质均衡，从穷国办大教育到富国、强国推进城乡教育一体化均衡发展和有特色融合发展，在乡村及其教育城镇化的过程中既积极支持发达地区教育率先实现现代化，又特别重视教育的公平正义、教育扶贫，特别关注和采取特殊措施加大力度和加快步伐推进乡村及其教育振兴和现代化，缩小东西部教育差距、城乡教育差距。作为国之大计、党之大计的教育，既要为民族复兴大业奠定基础，培养更多德才兼备的高精尖科技专业人才，又要重视民生，使全国各族人民共享国家及其教育现代化的成果，这是中国农村教育现代化的历史进程和战略举措的理想追求、目标所在。

第一节

推进中国农村教育现代化的历史进程和战略举措

国家及其教育现代化是国家及其教育不断赶超先进水平的健康发展状态和过程，是既有明确国际标准、国家目标，又结合本国国情、有具体措施的独立自主发展。中华人民共和国的成立标志着中国及其教育现代化真正迈出步伐。改革开放以来，中国农村教育现代化逐渐有了明确具体的目标和措施。教育现代化有许多层面及其标准、目标和不断提高的水平状态，普及基础教育是教育现代化的开始。40 多年来国家及其教育现代化、农村教育的普及经历了基本普及九年制义务教育、基础教育普及水平的提高、城乡教育的均衡发展和优质均衡发展，取得显著成就。但农村教育现代化与城市现代化还有很大差距，推进农村教育现代化，要认真落实乡村振兴战略、农村教育及乡村教育优先发展战略，协调教育城镇化与乡村振兴及乡村教育发展的关系，积极推进城乡教育的一体化优质均衡和融合发展、农村教育现代化。

一、在国家及其教育现代化和教育作为战略重点发展中开始、推进的农村教育现代化

国家现代化是民族复兴的伟大目标，教育现代化是国家现代化的重要组成部分。国家及其教育现代化是国家及其教育不断追求先进水平的健康发展，但发展并非都是现代化发展。国家及其教育现代化发展首先是国家独

立自主的发展，国家一盘散沙、软弱无力、被列强任意宰割、不能独立自主也许可以实现现代化，但这不是国家现代化，而是殖民地的现代化，是没有国家灵魂和自主性的外在的他国灵魂和主宰的现代化。国家及其教育现代化发展既是具有明确国际标准、赶超世界先进水平的发展，又是在国家独立自主发展的基础上，结合本国国情和具有具体措施的发展。只有明确国家目标和国际标准没有本国特色的发展和只有本国特色没有国际标准的闭关锁国的发展都不可能现代化。国人从有初步的现代化意识到有强烈的现代化追求是一个发展过程，从有识之士有现代化意识和追求到国人有普遍的现代化意识和追求、国家有明确的现代化目标和规划也是一个过程。国家现代化只有起始时间，没有完结时间。国家现代化的起点是从国家有强烈明确的现代化目标、规划和切实的实践行动开始。不能因为中国古代提出“小康”和“大同”社会目标、“有教无类”教育目标，就说中国古代已经开始了教育现代化；不能因为近现代有了乡村改造运动和中国共产党领导的解放区提出普及教育理想和改造农村及其教育，就说近现代社会已经开始了教育现代化。这也是不同学者有的把文艺复兴看作是现代化的开始和有的把工业革命看作是现代化的开始的根本原因。[①]国家的现代化水平是与世界水平相比较而言的，发展方式也要与国际接轨，国家的发展实行闭关锁国的政策和主要精力是政治斗争或阶级斗争，不可能实现现代化。站起来是国家现代化的前提，富起来是国家现代化的必要条件和重要目标追求，但这些都不是国家现代化的最高目标。国家现代化的最高目标是经济、文化、科技、国防、教育等层面全面的现代化。

1949 年中华人民共和国成立了，获得独立自主的新中国就提出了国家现代化目标，开始了现代化进程。周恩来在 1954 年和 1965 年都明确提出，要把我国建设成为“一个强大的社会主义的现代化的工业国家”。[②]“我们要实现农业现代化、工业现代化、国防现代化和科学技术现代化，把我们祖国建设成一个社会主义强国，关键在于实现科学技术的现代化……我们落

① 顾明远:《关于教育现代化的几个问题》,《中国教育学刊》1997 年第 3 期。

② 周恩来:《周恩来选集（下卷）》，人民出版社，1984，第 136 页。

后于世界先进水平……我们应该迎头赶上，也可以赶上。”[①]但刚准备迈出现代化步伐的中国就陷入了与现代化格格不入的无休止的政治运动。中国真正迈出坚实的现代化步伐是从改革开放开始。1977年邓小平指出：“我们要实现现代化，关键是科学技术要能上去。发展科学技术，不抓教育不行。靠空讲不能实现现代化，必须有知识，有人才。”“我们国家要赶上世界先进水平，从何着手呢？我想要从科学和教育着手。”[②]1978年《在全国科学大会开幕式上的讲话》中邓小平指出，“在20世纪内，全面实现农业、工业、国防和科学技术的现代化，把我们的国家建设成为社会主义的现代化强国，是我国人民肩负的伟大的历史使命”。[③]

从“教育为无产阶级政治服务”向“教育为社会主义现代化建设服务”的转变，是改革开放初我国教育方针最明显的变化。这是党和国家在总结社会主义建设的历史经验的基础上，对教育本质与社会功能认识的飞跃，具有划时代意义。[④]实现现代化，科技是关键，教育是基础。1982年党的十二大把农业、能源和交通、教育和科学作为经济发展的战略重点。教育既是国家现代化和为国家现代化服务的战略重点，本身也要现代化。1983年邓小平为北京景山学校题词“教育要面向现代化，面向世界，面向未来”，把教育与现代化紧密相连。1985年的《中共中央关于教育体制改革的决定》明确要求，教育必须面向现代化，面向世界，面向未来；“教育必须为社会主义现代化建设服务，社会主义现代化建设必须依靠教育”。“各级党委和政府把教育摆到战略重点的地位，把发展教育事业作为自己的主要任务之一，上级考查下级都要以此作为考绩的主要内容之一。”1987年党的十三大提出“百年大计，教育为本”。“三个面向”紧密联系不可分割，首先是面向现代化，而面向现代化必须面向世界和未来，面向世界和未来也就是、也就要面向

① 周恩来：《周恩来选集（下卷）》，人民出版社，1984，第412—413页。

② 邓小平：《邓小平文选（第二卷）》，人民出版社，1994，第78页。

③ 同上书，第107页。

④ 孙喜亭：《新教育方针的确立步履维艰——由“教育为无产阶级政治服务”向“教育为社会主义现代化建设服务”转变的曲折过程》，《高等教育研究》2000年第1期。

现代化。

虽然不同的人对教育的民主性和公平性有不同理解，但教育现代化首先是教育的普及性、平等性、公平，普及教育的程度也是世界各国追求和评价教育现代化的基本条件和特征。新中国成立初，普及教育程度虽然很低，但在艰难曲折中也取得显著成绩。改革开放开启了中国普及教育的新征程。1985 年的《中共中央关于教育体制改革的决定》（以下简称《决定》），不仅提出有步骤地实行九年制义务教育的明确目标，而且明确提出把发展基础教育的责任交给地方，对不同区域实现普及教育的目标提出不同的时间安排。一是约占全国人口 1/4 的城市、沿海各省中的经济发达地区和内地少数发达地区，相当一部分已经普及初级中学，其余部分应该抓紧按质按量普及初级中学，在 1990 年左右完成。二是约占全国人口一半的中等发展程度的乡镇和农村，首先抓紧按质按量普及小学教育，同时积极准备条件在 1995 年左右普及初中阶段的普通教育或职业和技术教育。三是约占全国人口 1/4 的经济落后地区，要随着经济的发展，采取各种形式积极进行不同程度的普及基础教育工作。对这类地区教育的发展，国家尽力给予支援。该《决定》还提出了高等教育、职业教育发展的目标和措施。

二、城乡教育基本均衡发展：小康社会农村教育现代化目标和农村教育优先发展重大举措

20 世纪 90 年代党和国家对教育战略地位和现代化意义有了更加深刻的认识。1992 年党的十四大提出，“科技进步、经济繁荣和社会发展，从根本上说取决于提高劳动者的素质，培养大批人才。我们必须把教育摆在优先发展的战略地位，努力提高全民族的思想道德和科学文化水平，这是实现我国现代化的根本大计”。从此我国开始了教育优先发展时代。1997 年党的十五大、2002 年党的十六大、2007 年党的十七大、2012 年党的十八大、2017 年党的十九大都强调教育优先发展。1993 年中共中央、国务院颁发的《中国教育改革和发展纲要》明确提出教育现代化概念，指出，“根据我国社会主义现代化建设‘三步走’的战略部署，到 21 世纪末，我国教育发展的总

目标是：全民受教育水平有明显提高；城乡劳动者的职前、职后教育有较大的发展；各类专门人才的拥有量基本满足现代化建设的需要；形成具有中国特色的、面向21世纪的社会主义教育体系的基本框架。再经过几十年的努力，建立起比较成熟和完善的社会主义教育体系，实现教育的现代化”。

2001年国务院颁发的《国务院关于基础教育改革与发展的决定》（以下简称《决定》）提出，“十五”期间的教育现代化任务和“积极进取、实事求是、分区规划、分类指导”原则，对农村教育发展有明确和具体的目标、要求：一是占全国人口15%左右、未实现“基本普及九年义务教育和基本扫除青壮年文盲”的“两基”的贫困地区，要打好“两基”攻坚战，适度发展高中阶段教育，积极发展学前一年教育。二是占全国人口50%左右、已实现“两基”的农村地区，重点抓好“两基”巩固提高工作，义务教育学校办学条件明显改善，教育质量和办学效益进一步提高，高中阶段教育有较大发展，积极发展学前三年教育。三是占全国人口35%左右的大中城市和经济发达地区，高水平、高质量普及九年义务教育，基本满足社会对高中阶段教育和学前三年教育的需求，重视发展儿童早期教育。到2010年，基础教育总体水平接近或达到世界中等发达国家水平。该《决定》还特别强调农村义务教育量大面广、基础薄弱、任务重、难度大，是实施义务教育的重点和难点。各级人民政府要把实施科教兴国战略首先落实到义务教育上来，牢固树立解决好我国农业、农村和农民问题，要依靠大力发展农村教育，提高劳动者整体素质的思想，切实重视和加强农村义务教育。

自古以来，城市不仅是人口集中的地方，而且是精英人口聚集之地，是政治、经济、文化和教育的中心，因此也是率先发生现代性及其社会化、普遍化和实现现代化的地区。改革开放40多年来，国家及其教育现代化取得显著成就，但农村及其教育现代化明显滞后于城市现代化。与率先实现现代化的城市相比，不少农村不仅谈不上现代化，而且还处在脱贫致富、实现小康阶段。农村教育本来就底子薄、基础差，再加上多年来农村城镇化给乡村基础教育带来的不好影响，使农村教育，特别是乡村教育成为国家及其教育现代化的短板和重点。20世纪八九十年代国家提出的教育现代化主要是针对国家的整体教育而言的。2003年，在新中国成立后的首次全国农村教育工作会议后国务院颁布的《国务院关于进一步加强农村教育工作的决定》（以下简称《决定》），明确了农村教育在全面建设小康社会中具有基础性、先导性、全局性的重要作用，提出优先发展农村教育，把农村教育作为教育工作的重中之重的战略，进一步明确了“以县为主”的农村义务教育管理体制。该《决定》指出，发展农村教育，是直接关系8亿多农民切身利益，满足广大农村人口学习需求的一件大事；是提高劳动者素质，促进传统农业向现代农业转变，从根本上解决农业、农村和农民问题的关键所在；是转移农村富余劳动力，推进工业化和城镇化，将人口压力转化为人力资源优势的重要途径；是加强农村精神文明建设，提高农民思想道德水平，促进农村经济社会协调发展的重大举措。该《决定》特别强调为了圆满完成“老、少、边、穷”地区“两基”攻坚任务的目标，建立对口支援、城镇中小学教师到乡村任教服务期制度，保证具有区域广、生源分散、教学点较多等特点的农村中小学地区教师编制的基本需求等。

2010年中共中央、国务院颁发的《国家中长期教育改革和发展规划纲要（2010—2020年）》（以下简称《教育规划纲要》），提出国家教育发展的目标是：到2020年，基本实现教育现代化，基本形成学习型社会，进入人力资源强国行列。实现更高水平的普及教育：基本普及学前教育；巩固提高九年义务教育水平；普及高中阶段教育，毛入学率达到90%；提高高等教育大众化水平，毛入学率达到40%；扫除青壮年文盲。新增劳动力平均受教育年限从12.4年提高到13.5年；主要劳动年龄人口平均受教育年限从9.5年提高到11.2年，其中受过高等教育的比例达到20%，具有高等教育文化程度的人数比2009年翻一番。

规划国家教育现代化蓝图的最高文件当然要提出农村教育现代化的目标和要求。关于农村学前教育，《教育规划纲要》提出把发展学前教育纳入城镇、社会主义新农村建设规划，重点发展农村学前教育，努力提高农村学前教育普及程度，着力保证留守儿童入园，发挥乡镇中心幼儿园对乡村幼儿园的示范指导作用，支持贫困地区发展学前教育的目标和措施。关于农村义务教育，《教育规划纲要》特别强调提高普及质量、教育质量和巩固义务教育普及成果。《教育规划纲要》提出，到 2020 年基本实现区域内均衡发展，确保适龄儿童少年接受良好义务教育；适应城乡发展需要，合理规划学校布局，办好必要的教学点，方便学生就近入学。特别强调缩小两个差距：提出加快缩小城乡差距；建立城乡一体化义务教育发展机制，在财政拨款、学校建设、教师配置等方面向农村倾斜，率先在县（区）域内实现城乡均衡发展，逐步在更大范围内推进；努力缩小区域差距，加大对革命老区、民族地区、边疆地区、贫困地区义务教育的转移支付力度，鼓励发达地区支援欠发达地区农村教育发展。

三、城乡教育优质均衡发展：乡村振兴战略中的农村教育现代化目标及其重大措施

国家及其教育现代化是东西部、城市和乡村共同的现代化，是城镇化不断推进与农村、乡村经济文化和教育发展繁荣相得益彰、不断融合的发展。为了弥补农村和乡村经济文化和教育发展的短板，有力推动农村和乡村经济文化和教育发展，2018 年中共中央、国务院颁发《关于实施乡村振兴战略的意见》，提出农业农村优先发展和产业兴旺、生态宜居、乡风文明、治理有效、生活富裕的目标和要求。振兴乡村就要振兴乡村教育，不仅要优先发展农村教育，而且要优先发展乡村教育，高度重视发展农村义务教育，推动建立以城带乡、整体推进、城乡一体、均衡发展的义务教育发展机制；全面改善薄弱学校基本办学条件，加强寄宿制学校建设；统筹配置城乡师资，并向乡村倾斜，建好建强乡村教师队伍。这不仅是国家人财物投入优先于教育、农村教育优先于城市教育的“双优先”战略，而且是乡村教育优先于农村教育的“三优先”战略。

2019 年中共中央、国务院印发我国第一个以教育现代化为主题的战略规划——《中国教育现代化 2035》，强调农村教育的高水平高质量普及和实现基本公共教育服务均等化。《中国教育现代化 2035》提出，推进教育现代化要以农村为重点，提升学前教育普及水平，建立更为完善的学前教育管

理体制、办园体制和投入体制，大力发展公办园，加快发展普惠性民办幼儿园；提升义务教育均等化水平，建立学校标准化建设长效机制，推进城乡义务教育均衡发展；在实现县域内义务教育基本均衡的基础上，进一步推进优质均衡。这使教育现代化由 1.0 提升到 2.0 的高水平阶段。[①]

根据教育学关于农村教育的界定，农村教育包括县城教育、乡镇教育和乡村教育。只有省会城市和地级市的教育才是城市教育。城乡教育融合和一体化、均衡发展首先是指县域内的县城教育与乡镇、乡村教育的融合和一体化、均衡发展，然后是省会城市、地级市等大中型城市教育与县城教育、乡镇和乡村教育的融合和一体化、均衡发展。如果把还未实现“两基”目标的深度贫困地区的教育看作是贫困的教育，把实现“两基”目标的教育看作是“温饱”教育，把通过城乡均衡发展验收的教育看作是“小康”教育，把追求和正在实现城乡高水平均衡发展的教育看作是现代化教育，那么，发达地区与欠发达地区、一些地区的城市教育与农村教育，特别是乡村教育的发展水平、现代化进程可能要相差 10—20 年。发达地区的城市和农村 20 世纪 90 年代就普及九年义务教育，现在基本实现了现代化，但一些欠发达地区农村 21 世纪初还在巩固“普九”成果，目前还在推进城乡教育均衡发展。大、中、小城市教育现代化与乡镇和乡村教育现代化的条件和质量、效率差距如果为 5 ∶ 4 ∶ 3 ∶ 2 ∶ 1，那么经过 10 年努力，到 2030 年使大、中、小城市教育现代化与乡镇和乡村教育现代化的条件和质量、效率差距缩小为 7 ∶ 6 ∶ 6 ∶ 5 ∶ 4；经过 20 年努力，到 2040 年使大、中、小城市教育现代化与乡镇和乡村教育现代化的条件和质量、效率差距缩小为 8 ∶ 7 ∶ 7 ∶ 6 ∶ 6；经过 30 年努力，到 2050 年使大、中、小城市教育现代化与乡镇和乡村教育发展基本或完全实现优质均衡和现代化，总体条件和总体质量、效率差距缩小为 9 ∶ 9 ∶ 8 ∶ 8 ∶ 8 的基本水平，或者 9 ∶ 9 ∶ 9 ∶ 9 ∶ 9 的完全平等和优质均衡发展的现代化水平。

基础教育，特别是义务教育是每一个现代人，不论男女、民族、城乡、

① 褚宏启：《教育现代化 2.0 的中国版本》，《教育研究》2018 年第 12 期。

贫富,不论将来从事何种专业、职业都应该接受的平等的教育。[①]在现代社会,农村义务教育甚至基础教育都不存在离农还是务农的问题。教育供给侧改革对于高等教育是调整专业结构和为社会培养所需要人才的问题，对于城乡基础教育则是提高教育教学质量，国家和学校共同为社会提供优质教育，解决教育条件和教育质量供给“好不好”的问题。对于乡村教育，国家和社会还要为学生解决“有没有”学上和能不能就近上学的问题。换句话说就是，基础教育的供给侧改革的根本问题是，国家为学校和学生提供高质量教育和学校提高教育质量的问题，不是学校为国家和社会供给现实的人才的问题。城乡教育结构有一定差别,但中小学基础教育和幼儿的保育性质、目标和条件都应完全一致。为了真正推进和实现全国基础教育一体化均衡发展、优质均衡现代化，就要改变对城乡基础教育价值追求不同的要求和不同区域因经济社会发展条件差距形成的基础教育发展的差距，全国基础教育发展都应在“以县为主”的管理体制基础上，实施全国统一标准的治理和管理。

农村职业教育既要为当地经济社会发展服务,又要为剩余劳动力转移提供高质量教育。但随着普通高中教育的普及和高等教育大众化，接受农村中等职业教育的人数会逐渐减少，农村初中等职业教育与改革开放初的设想不同，和目前一些人期望的为地方经济文化建设培养初中级技术人才的目标相比发生明显变化，农村中等职业教育基本成为主要为高等职业院校打好基础、提供优质生源的教育。

城乡教育一体化均衡发展和优质均衡发展是城乡教育的育人方针、目标、标准、内容和发展条件、水平的一致性与传承城乡本地文化、乡土文化相结合的有特色和和谐的发展，不是把农村和乡村教育及其学校变成城市教育及其学校。农耕文明和耕读文化不仅曾经是古代人类文明不可缺少的重要组成部分,对人类文明发展具有重要作用，而且是现代文明不可缺少的重要组成部分，对现代文明发展也有重要作用。现代文明应是具有天然本质

---

① 孙喜亭:《教育问题的理论求索》，人民教育出版社，2004，第549—550页。

的自足自强、勤俭节约、诚实守信、重情好友等农耕文化、文明，与惜时守时、重效率好实惠、守规矩有分寸、讲卫生重礼仪等城市文明相得益彰、相互促进发展的文明。文化、文明的形成、传递不能只依靠学校，但学校对文化、文明的形成、传递具有重要作用和责任，是文化、文明形成、传递的重要途径。农村基础教育和职业教育甚至家庭教育、社会教育对传承农耕文化、文明有更方便的条件和更重要的责任。乡村振兴战略中农村教育现代化的理想追求和终极目标就是形成以立德树人全面发展为根本、以赶超城市和世界先进水平、传承农耕文化文明、务农爱农离农亦爱农为理念和目标，各层类教育结构合理，受教育者自由平等发展，教育教学内容、手段、方式优质高效和有明显特色，教育治理结构、方式和能力公平与正义、充满持续发展活力的现代化。

四、现阶段农村教育现代化存在的具体、突出问题和解决对策

（一）尽快增加农村教师编制，优化农村教师队伍结构，提高乡村教师队伍质量。教师是教育的根本，发展农村教育的关键是不断加强农村中小学教师队伍建设，[①]具有足够数量、合理结构和高质量的教师是振兴乡村教育的关键。多年来，随着城乡教育均衡发展的推进和验收，乡村学校的基础设施设备有了显著改观，城乡学校基础设施设备差别已经不是很明显。但农村学校教师数量短缺、乡村学校教师结构不合理问题还非常突出。振兴乡村教育，推进城乡教育一体化均衡发展、优质均衡发展和农村教育现代化，亟须增加农村教育教师编制，解决农村学校教师平均值超编和结构性缺编导致的总量缺编的突出问题。

现代化的根本是人的现代化，教育现代化的根本和目标是培养现代人，首先是培养现代人的教师的现代化。人的现代化和教师的现代化的根本和关键是思想观念、知识、能力和品德等内涵式的现代化，就学校而言，也包括教师队伍结构的现代化。教师队伍的现代化是教育现代化的根本，比

① 范先佐、郭清扬：《发展农村教育关键是不断加强农村中小学教师队伍建设》，《当代教师教育》2019 年第 1 期。

工具和技术现代化更重要的是人的现代化和文化的现代化。教师结构的优化是教育发展从以规模与速度、设备与条件、工具与技术为指向的“外延式”教育现代化发展向不考虑投入增加而以要素及其结构优化和质量提升为主旨的“内涵式”教育现代化发展的关键和根本，再加上教育制度的现代化或教育治理结构和能力的现代化，才能全面实现教育“内涵式”发展的现代化。①

（二）坚持“以县为主”的农村教育管理体制，充分发挥乡镇、乡村的作用。改革开放以来，农村教育发展及其管理体制逐渐发生了重大变化。为推进城乡教育均衡发展和一体化，农村教育管理改变了以前以乡镇为主的管理体制，逐渐形成“以县为主”的农村教育管理体制。在“以县为主”的农村教育管理体制中，县政府及其教育局既是贯彻落实党中央教育方针政策的主要组织者、责任人，也是本县教育发展的主要规划者、组织者和责任者，是最基层的统筹管理者，是联系中央和省市的桥梁纽带。“以县为主”并非是以县投入为主或“以县唯一”。为主相对于为辅，有主就有辅。中央和省市级党政领导显然不是辅助，辅助应该只能或必然是乡镇和乡村党政以及村民和社会力量。前几年有些县市的乡镇和乡村还能继续在经济上支持乡村学校，但近几年许多县市的乡镇和乡村由于相关规定和体制障碍很难在经济和管理上继续支持乡村学校。农村教育现代化应积极发扬和汲取过去乡镇和乡村、村民在经济等方面非常窘困的情况下，积极支持本地教育的精神和宝贵经验，完善“以县为主”的农村教育管理体制，积极争取甚至必须规定而不是忽视甚至排斥乡镇、乡村党政和村民以及社会力量对学校建设的支持和投入。

（三）优化农村学校布局，解决好农村教育城镇化与乡村教育振兴可能存在的矛盾和有效融合的关系。城镇化是现代化的必然趋势，现代社会不仅要适应而且要促进城镇化的发展。没有农村及其教育的现代化就没有国家及其教育的现代化，实现现代化必须振兴乡村及其教育，实现农村和乡

① 杨小微：《走向城乡一体化：农村教育现代化的价值定位与路径选择》，《当代教师教育》2019 年第 2 期。

村及其教育的现代化。农村城镇化与乡村振兴既可能是相互促进和融合的，也可能是相互矛盾和制约的。东部发达地区通过工业化和农业现代化，城乡发展已经达到“城市不像城市，乡村不像乡村”的程度。学校布局比较合理，学生尽量就近入学，较远的县市用安全舒适的校车接送。乡村人口不但没有减少，而且吸引了西部和本地的大量人口，学生和学校数量不断增多或者扩容，学校里有1/3甚至更多的学生是外来务工人员随迁子女。由于政策好和经济实力强大，教师数量、质量和专业结构都比较合理，学校的现代化建设日新月异，成为城乡及其教育融合一体化发展，解决农村教育城镇化与乡村教育振兴可能存在的矛盾，并使两者有效融合、推进现代化的典型。

西部欠发达地区的一些乡村，或者由于人口自然出走或逃离，或者由于政策引导和推动，人口急速减少，乡村学校急剧萎缩。一些乡村基本没有学校，乡镇学校学生也很少，甚至县城和全县学生也有1/3或者一半到省会城市、地级市或邻近的县市高质量学校上学。经过多年的城乡教育均衡发展的推进和验收，乡村学校的校舍、实验室等功能用房、教学用具等基本达到甚至超过城市水平。但教师工资待遇不高，乡村学校对教师和学生都没有吸引力，成了教育教学质量不高的主要原因。因此，大力提高乡村教师工资待遇和乡村学校的吸引力，就成为振兴乡村教育的关键。

（四）坚守社会正义，努力促进城乡教育水平提高和教育高质量、平等、公平发展。发展是硬道理，当然本身就包括如何发展或者符合道德、法规的发展。正义的发展不仅是正当、合理、合适，符合道德、法规的发展，而且是对复杂甚至矛盾关系中的根本价值的合理性追求。教育正义中复杂甚至矛盾关系的合理性选择和建构，既有自由、平等和效率、质量等家族相似的关系及其合理性选择、建构，也有自由、平等和效率、质量与仁爱、博爱等的关系及其选择和构建。追求教育公平正义既要追求公平的教育正义或互利互惠的正义、利的正义，也有超公平的教育正义或仁爱、博爱、同情和扶贫帮困等德性正义、义的正义；既要建构教育平等和教育效率、质量的相互促进关系和状态，也要追求为创造卓越而奉献的德性正义、义的正义。[①]

（五）加大反哺农村教育力度，确保优先发展农村教育和乡村教育。反哺是对曾经哺育过自己的主体的哺育，或者对曾经把自己作为哺育对象的主体的哺育。以工补农可以理解为工业反哺和反补农业，以城带乡也包括城市反哺和反补乡村。“新型城镇化应推动城市在工业、人才、文化等多方面发挥对农村的反哺作用。”[②] 工业反哺农业是指非农产业和城市对农业和农村的反哺，是充分利用城市经济带动农村经济的发展，拓宽农民的收入渠道，变农民为城市（镇）居民，并在农民绝对数量不断减少的情况下，实现农业生产的规模化和现代化。[③] 工业反哺农业、城市反哺农村也应该包括城市教育反哺农村教育、城镇教育反哺乡村教育。反哺教育不同于教育反哺。反哺教育是社会对教育的滋养和支持，教育反哺是相对于教育正哺而言，是培养的学生对教育和教师的影响或滋养。[④] 反哺包括反补和互补，以前农业、农村及其教育哺育工业和城市，现在工业和城市却哺育农业、农村及其教育，这既可看作是反补、反哺，也可看作是互补、互哺。

工农业“剪刀差”既是农业、农村曾经对工业的支持，也是工业反哺农业、农村的原因。革命年代农村包围城市、革命根据地对共产党及其革命军队的支持是农村对全国革命的支持，今天全国的城市、工业支持农村、农业是城市、工业对农村、农业的反补和城市、工业与农村、农业的互补。城乡经济文化和教育差距既有以前的经济、文化和教育发展的价值取向原因，也有现实的经济、文化和教育发展的价值取向原因。历史根源要通过历史过程消除，但尽快消除历史原因造成的差距既是实现现代化目标的需要，也是社会发展水平和治理能力的体现。现实发展不仅不能继续造成城乡经济、文化和教育的差距，而且要尽快消除造成城乡差距的根源和现实状态，这也是实现现代化目标的需要和社会发展水平及治理能力的体现。城乡、工

① 郝文武：《教育的公平正义和超公平正义》，《教育研究》2019 年第 12 期。

② 刘震、徐国亮：《新型城镇化中的城市反哺农村》，《甘肃社会科学》2017 年第 1 期。

③ 王碧峰：《我国工业反哺农业问题讨论综述》，《经济理论与经济管理》2008 年第 4 期。

④ 郑金洲：《教育反哺刍议》，《教育研究》2008 年第 5 期。

农互补首先是城市、工业对农村、农业、人才、资金及其政策等特殊的支持和反补，然后是工农产品和人才的互补，反之，城乡差距不仅不能尽快稳步消除，甚至还会拉大。2018年中共中央、国务院提出的乡村振兴战略，再次强调优先发展农村教育，强调工业、农业和农业、农村互补，“统筹配置城乡师资，并向乡村倾斜，建好建强乡村教师队伍”，都是强调城市对农村、乡村的反哺。反哺是为了不补，是为了增强对象的主体性，阻断贫困的代际遗传和主体性缺乏的代际遗传。多年来实施的特岗教师、对口支援、免费师范生、优质教育均等化或城市优质教育向农村、乡村扩展等都是反哺教育的重要方式、途径，也是增强乡村主体性的重要方式、途径。农村、乡村及其教育主体性的提高是农村、乡村及其教育振兴、现代化的关键和根本。

第二节

农村教育现代化与教育精准扶贫的精准对接

现代化是赶超世界或国内外先进水平的过程，也是先富帮后富，使全社会实现全面小康和赶超世界先进水平的过程。教育现代化应该是发达地区的教育和城市教育率先实现现代化，尽力精准帮扶贫困地区，特别是深度贫困地区的教育实现城乡教育均衡发展，使东中西部、城乡不同地区的教育共同赶超世界先进水平的过程。教育扶贫首先是通过推进城乡教育融合和一体化均衡发展，消除农村学校及其教师队伍建设、教育教学设施等教育本身办学之贫，扶持乡村学子由于经济困难、路途遥远等的上学困难之贫，然后是通过教育扶个体和群体或地域的志气、知识、能力之贫，扶文化和经济之贫。教育扶贫及其扶贫教育既有教育的普遍性作用，也有明确针对性的特殊价值；直接目标是小康社会的教育目标，终极目标是教育现代化目标，在某些层面也与教育现代化目标直接和精准对接，使农村教育实现跨越式发展。不同地区的经济社会和教育有不同特点，农村教育现代化应与地区特点和教育扶贫精准对接，在积极推进城乡教育现代化过程中，努力实施教育精准扶贫，尽快实现“一个都不能少”的教育目标；在努力实施教育精准扶贫实践中，牢记教育现代化总体目标，通过跨越式发展尽快推进农村教育现代化，如期实现全国教育现代化。

一、教育扶贫帮困是教育现代化应有之义

工业化、城镇化是现代化的重要特征，现代化是工业化、城镇化的过程。但民以食为天，社会无论如何现代化，农业永远存在，永远是人类社会赖以生存的基础。即便是在最现代化的欧美国家的有识之士也认为，农业是一个国家伟大的关键。① 以前我国把从事农业生产、居住在农村、具有农业户口的人称为农民。改革开放以来，随着生育率降低和农村城镇化发展，农村人口逐渐且大量减少，但也有约两亿流动人口，他们中的大部分人以前和现在都是农业人口，但现在居住在城市，也未必从事农业生产。现在的人口统计已经不是以从事什么工作为标准划分农业人口和工业人口，而是以居住地为依据划分农村居民和城市居民。但某些统计往往为了强调城镇化把这两亿人口算作城镇居民，为了强调乡村振兴、发展和现代化的重要性又把他们算作是农村居民或农民。

农村城镇化是现代化的必然趋势，有使小乡村逐渐建设成小城镇、中小城市甚至大城市的就地式城镇化，有把经济基础和生存环境差的乡村整体迁移到经济基础和生存环境较好的地区的迁移式城镇化，还有以劳动力转移为核心，乡村人口逐渐向城镇转移、乡村人口逐渐减少、城镇人口逐渐增多、扩张的缩长式城镇化。无论哪种模式的城镇化都是前无古人的事业，永远需要摸着石头过河，但也永远应该有一定的预测性和规范性；永远需要敢为人先，不懈追求卓越、赶超世界和国内先进水平，但也永远需要坚持底线思维、有仁爱精神，永远需要扶贫帮困。农村城镇化应该是乡村有需求城镇有准备、城乡人口的经济文化和教育等都有基本保证的循序渐进、和谐发展的过程，乡村及其学校哪些该撤该并，该留该建，必须尽力精确预测、规划和计划，不能只遵循市场规则和自然法则，不应该是城乡人口的经济文化和教育等都没有基本保证的断崖式、无着落、不可预测甚至是优胜劣汰、弱肉强食、自生自灭的自然过程，不应该是在给乡村居民带来利益调整和乡愁割舍痛

① 张琪:《“无协议脱欧”或致一半农场倒闭——英国农民牵羊上街表达诉求》, http://www.360kuai.com/pc/9a4771ee16fb2a9e2?cota=3&kuai_so=1&sign=360_57c3bbd1&refer_scene=so_1 海外网 2019-8-16。

苦的情况下，再给他们带来教育、医疗和交通等生活和生存难以忍受、不该有的痛苦，更不应该继续以城市为中心，导致城乡两极分化和社会动荡。

农村的现代化一般总是滞后于城市现代化，与率先实现现代化的城市相比，不少农村不仅谈不上现代化，而且还处在脱贫致富、实现小康的阶段。得益于现代工业化、信息化所需要的交通交流便捷等得天独厚的经济基础和改革开放的优惠政策，东部地区许多城市率先实现了经济社会、科技文化和教育等的现代化，农村与其城市相比虽然相对滞后，但与欠发达地区的农村甚至城市相比也要明显先进。①

现代化是赶超世界先进水平的过程，既包括不同发展水平的地区自立自强地赶超世界先进水平的内生性现代化，也包括通过扶贫帮困实现现代化。扶贫帮困是基本人性和人类的基本道德，当然也是现代社会和现代人的基本人性和人类的基本道德。现代社会不能变成弱肉强食的动物世界，现代人不能也不是只有自私自利的性恶人性。从一般意义上讲，扶贫帮困包括富帮穷、富帮富、穷帮穷等。但从实现脱贫致富、全面小康和现代化的中华民族伟大复兴三大步目标来讲，教育现代化应该是东部发达地区教育、中西部欠发达地区和深度贫困地区教育、城乡教育“一个都不能少”的共同发展和赶超世界先进水平的过程，是东部和城市率先实现现代化，并帮助中西部和农村、乡村教育，特别是深度贫困地区教育在尽快跨越“温饱”“小康”的基础上实现现代化的过程，是从县域城乡均衡现代化到省域城乡均衡现代化、全国城乡和东中西部均衡现代化的过程。

二、教育扶贫、扶教育之贫与教育跨越式发展和持续现代化的精准对接

国家现代化是经济、科技、国防、文化和教育赶超世界先进水平的过程。不同时代的现代化赖以发展的现代性不同，所以对政治、经济、文化和教育适应和促进关系也不同。以工业化为主要特征的现代化已经是以知识和

---

① 王晓易:《中国城市 GDP 百强榜来了！这个省所有城市均上榜》，https://www.thepaper.cn/newsDetail_forward_4157856，2019-8-13。

技术为核心或基础和引领的现代化，机器的普遍应用要求劳动者有基本的科技文化知识基础，同样要求国家普及教育，国民接受基本的普及教育。以信息化为主要特征的现代化不仅是以知识和技术为核心或基础和引领的现代化，而且是以丰富而优质的结构化的知识或结构高度优化的知识和高新技术为核心或基础和引领的现代化。信息技术的普遍应用不仅要求国民有基本的科技文化知识基础，国家普及基础教育，劳动者接受基本的普及教育，而且要求国民有更高水平和结构优化的科技文化知识，国家普及和国民接受更高层次的教育。现代社会信息化、交通便捷化，既为人们相互交流、学习提供了方便和可能，使人类的命运更加息息相关，也可能形成巨大数字鸿沟，知识贫困导致一切贫困与知识改变命运的巨大差距，有没有学上、能不能上学与有没有、能不能上更好或更优质的学校的差距，同时也为人们的相互帮助、解决发展不平衡和不充分问题提供了方便和可能。

经济、文化和教育贫困都有绝对贫困和相对贫困的区别。经济的绝对贫困是生命延续的问题，是衣食住行能否保证基本生存需要的问题；经济的相对贫困是在吃穿住行和教育、医疗有保障的基础上过上更有尊严、更加美好的生活的问题。教育的绝对贫困是有没有学上、能不能上学或者是否方便上学的问题，教育的相对贫困是上更好的学校、接受更好或更高质量的教育的问题。社会无论如何现代化，都要追求先进水平，都存在相对贫困和扶贫帮困，所以，赶超世界先进水平的现代化和扶贫帮困都是没有完结的过程。农业现代化是“四个现代化”不可缺少的重要部分，“三农”问题是党和国家长期关注和重视的问题，先前以工业化和城市为中心的发展导致的农村和乡村发展相对滞后和后来以城镇化为方向的发展导致的乡村萎缩和空壳化是国家发展不同阶段的客观必然。党中央总结历史发展经验、瞄准未来发展目标、针对现实存在的问题，提出实施乡村振兴战略和发展生产脱贫一批、易地搬迁脱贫一批、生态补偿脱贫一批、发展教育脱贫一批、社会保障兜底一批的“五个一批”工程以及不愁吃不愁穿，上学、住房、就医有保障，消除绝对贫困的重要措施；不仅强调教育优先发展，而且强调农村教育优先发展，把教育扶贫精准脱贫、消除不能上学的教育绝对贫困，作为“五个一批”和“两不愁三保障”精准扶贫工程的重要内容。[①]

教育现代化和教育精准扶贫都有基础教育、职业教育、高等教育及其科学技术教育、思想文化教育或德育智育体育等层面的现代化和扶贫。首先是通过推进城乡教育融合和一体化均衡发展，扶教育本身之贫，消除农村学校建设、教师队伍、教育教学设施等教育本身办学之贫。其次是扶持乡村学子由于经济困难不能上学和上学困难的教育绝对之贫，实现教育条件的“温饱”“小康”和现代化。再次是扶贫教育，通过教育扶个体和群体或地域的志气、知识、能力、文化之贫和相对贫困，实现社会文化、学校文化和教育教学目标、内容、方式的现代化。最后才是通过教育扶经济之贫，如果教育贫困、上学困难，教育不能扶志气、知识、能力、文化之贫就谈不上扶经济之贫。不同地区经济社会和教育现代化有不同特点，不同层面教育对教育扶贫有不同作用。农村教育现代化与教育精准扶贫应该通过精准对接，实现其应有价值和目的。在积极推进城乡教育现代化过程中，努力实施教育精准扶贫，尽快实现教育现代化“一个都不能少”的目标；在努力实施教育精准扶贫实践中，牢记教育发展的现代化总体目标，努力通过跨越式发展实现农村教育的现代化。

有学可上是教育的最基本条件，没有学上是教育的最大贫困。教育扶贫必须首先扶教育之贫，扶教育之贫必须首先扶办学之贫，解决有没有学校、能不能上学的问题。不能上学的问题又分为由于家庭经济困难没钱上学、家庭极不重视教育不愿意让孩子上学和让少年儿童帮助家里做事或者外出做童工补贴家用而不能上学等情况。中小学“三免一补”、营养午餐和职业教育资助、大学特困生资助等都是解决由于家庭经济困难没钱上学的问题。“控辍保学”解决的可能有上学是否方便的问题，但主要是解决思想观念或文化之贫、不愿让孩子上学的问题，而不是教育之贫问题。

解决好有没有学上和上学是否方便的问题就是做好学校布局的问题。关于学校布局长期存在算经济账、政治账、文化账、感情账等不同认识，因此

① 习近平:《在解决“两不愁三保障”突出问题座谈会上的讲话》,《求是》2019 年第 19 期。

也往往出现有时完全算经济账、力主撤点并校，有时又完全算政治账、坚持只要有一个学生也不能适当集中和撤并学校的走极端的现象。无论走哪个极端都是有问题的，对学校布局的正确认识和做法应该是坚持以育人为本，因地制宜。保留、建设学校要有利于育人，撤销、合并学校也要有利于育人。使幼儿少年从小就较长时间离开父母到城里上学肯定不利于他们的健康成长，但如果一个学校只有一两个或十几个学生对他们的健康成长也不利。保留、建设学校和撤销、合并学校都存在经费投入、教师和校车配置等问题，对于贫困地区来说都存在经济困难和精准扶教育之贫、扶办学之贫的问题。

办好学校，提高教育质量的关键是教师。小规模学校一般都分布在贫困地区的乡村，特别是偏远山区乡村，它们的师生比配置标准与国家规定的 1 ∶ 19 师生比配置标准有很大差别，有的可能是 1 ∶ 10，有的可能是 1 ∶ 1。师生比配置不同，教育经费投入就不同，小规模学校师生比配置是国家规定的一半，国家就要为小规模学校多投入一倍经费，小规模学校师生比配置是国家规定的 1/3，国家就要为小规模学校多投入两倍经费，其实这就是教育扶贫，是扶教育之贫，扶办学之贫。为了鼓励、吸引优秀教师到乡村任教，国家实施师范生公费教育、特岗教师、对口支援、志愿者支教政策，都是教育精准扶贫的重要有力措施。

现代教育精准扶贫的标准、方式和途径不仅应该是现代化的标准、方式和途径，而且应该是现代化的可持续的标准、方式和途径。普及教育、教育信息化是教育现代化的核心。21 世纪以来，我国的普及教育不仅达到很高水平，而且近年来通过义务教育均衡发展和教育扶贫措施的推进，城乡学校建设的现代化水平也不断提高。我们经过调研发现，许多乡村学校的教育教学设施已经与城市学校没有区别，有的甚至比城市学校更好，塑胶操场跑道、各种体育音乐器材、琴房、画室、电脑室、梦想创意室、心理健康室、语言实验室、物理化学实验室、微课教学和网上直播教育教学设备等应有尽有。从某种意义上来说，城乡不少学校的教育教学设备都从比较原始的状态实现了跨越式发展，已达到现代化水平。有的学校对这些设施充分加以利用，大大促进了教育教学质量提高，有的乡村学校还吸引了以前到城里上学的学生的回归，有良好的可持续发展势头；但有的学校对现代化教育教学设施的利用和对教育教学质量的促进还有待加强。

三、人的现代化、内生式发展与扶贫教育、教育精准扶志扶智的精准对接

现代化的本质是人的现代化，[①]是现代性发生及其社会化、普遍化的过程。世间一切奇迹和发展进步都是人的创造，是人的现代性思想观念、知识能力的增长社会化、普遍化的结果。“自强不息，厚德载物”既是中国传统文化的精华，也是中国现代文化的精华。从某种意义上说，现代化只不过是“自强不息，厚德载物”古老传统文化在现代社会发扬光大。现代化精神就是胸怀天下、勇为人先、自强不息、厚德载物的精神。追赶、赶超世界先进水平，实现现代化首先就要了解世界、认识世界，要知己知彼；不仅要敢为人先，而且要自强不息、舍身成仁、勇为人先；不是自私自利而是胸怀天下、厚德载物的自强不息、勇为人先。闭关锁国、夜郎自大不可能了解、认识世界，不可能胸怀天下、勇为人先，只能自娱自乐、孤芳自赏、自欺欺人。自强不息、厚德载物至少可能形成四种不同组合的品德：既自强不息，又厚德载物，两者紧密联系、相得益彰是最好的组合品德；只是自强不息，缺乏厚德载物和只是厚德载物，缺乏自强不息都是有缺陷的组合品德；既不自强，又不厚德是最不好的组合品德。精准扶贫首先要扶志，使每个人都能有志气，都能自强不息、自力更生，然后要扶德，使每个人都能厚德载物、扶贫帮困和知恩报恩。

扶志与扶智也有明显区别，有志气、能自强不息，未必有知识、能力；相反，有知识、能力也未必有志气，能自强不息。有的人由于家庭困难等原因没能及时上学得到很好的发展，甚至导致经济贫困，但很多事实也充分证明，只要他们有机会上学，就能取得很好的成绩，得到很好的发展。有的人虽然有较好的自然社会和家庭教育条件，在学校经过一定努力也取得了好成

① 习近平:《开启全面建设社会主义现代化国家新征程》,《人民日报》2019 年 7 月 29 日。

绩，甚至读了博士，但胸无大志，一生只为稻粱谋。芸芸贫困者有志而智贫者众，有智而志贫者寡，志智均贫者更少。精准扶贫必须认真严格区分贫困根源和实情，优先充分扶持有志而智贫者，积极持续扶持有智而志贫者，精心诊断、综合治理和持续扶持志智均贫者。找到了贫困的根源就找到了精准扶贫的关键和抓手，精准地找到贫困的根源，并持续不断地正本清源、根除病根才是精准扶贫。

人首先是文化的产物，然后是文化的创造者；是本质先于存在和存在先于本质的结合。文化既是人类创造的存在，又是先于个人的存在。十年树木，百年树人，文化积淀需千年。一个国家有一个国家的文化，一个省区有一个省区的文化，一个县市有一个县市的文化，一个家庭有一个家庭的文化。自强不息、厚德载物，天人合一、无为而治，敢为人先与不敢为人先都是中华文化的精华，但不同的自然地理、社会环境和思想认识又形成皇权文化、海洋文化、耕读文化、盆地意识等不同的地域文化甚至家庭文化和思想意识。道志不同，行果各异的根源在文化。文化具有强大坚韧的社会遗传性，甚至与消极文化相结合的贫困也有强大坚韧的社会遗传性，精准扶贫必须阻断贫困的代际遗传，阻断贫困的代际遗传既要进行知识、技术、能力的教育，更要精准寻求和阻断形成贫困的文化根源、基因。知识本来就有广泛的伦理性，[①] 不同的知识会形成明显不同的思想观念，甚至能力、技能的形成及其教育都是有方向性和价值性的。扶贫扶志教育首先要形成诚实守信、勤劳致富、自强不息、厚德载物等传统的积极思想观念和效率观念、时间观念、信息观念等现代思想意识，然后要积极进行能力、技能教育。缺乏积极思想意识的教育不仅难以形成知识、能力和技能，还可能形成消极的知识、能力和技能。

教育是人类根据自己的需要所设计的一种文化形态，是对人的素质发展所作的价值限定，也就是根据教育者的需求限定人发展的方向、内容和发展

① 郝文武：《知核力：知识的两大本性及其相互影响的复杂层面和关系》，《北京师范大学学报（社会科学版）》2015 年第 5 期。

的水平。[①]教育工作千头万绪，但从世界各国社会发展的历史经验来看，国际竞争说到底是国民素质的竞争，是国民精神的竞争。“一个国家从落后到兴旺发达，乃至昌盛富强，归根结底是它国民精神的振奋。所以，教育大计，应是育人为本。育人当然包括让受教育者掌握现代科学技术，但育人的根本追求在于全面提高民族素质，在于振奋中华民族的民族精神。”[②]教育现代化的根本之点，仍是教人做人，做一个具有现代特性的中国人。[③]“义务教育是国民教育，不是英才教育、精英教育，不是升学教育；义务教育是基础教育，不是职业教育和谋生教育。”[④]“基础教育是提高民族素质的奠基工程”，是人的一生的基础，是专业教育的基础。“通过公民教育，教学生学会做人，做中国人，做现代中国人，做社会的主人，做中国现代化社会的主人。这正是基础教育的基础所在。”[⑤]

扶志扶智必须依靠教育，必先扶教育之贫。扶志之人必先有志，扶智之人必先有智。教育扶贫，教育者必先有志有智。学校教育是知识教育或扶智教育的主体，对于思想品德形成，不仅学校教育、家庭教育、社会教育的有意识的教育和潜移默化的影响对青少年成长具有同等重要的作用，而且学校教育中的基础教育、职业教育、高等教育及其科学技术教育、思想文化教育或者德育智育体育都具有同等重要的作用。扶教育之贫的主体是国家和社会，对象是教育及其学校。扶贫教育和教育扶志扶智的主体包括学校教育及其教师和学生、家庭教育、社会教育，对象既有学校教育的受教育者，也有家庭成员和社会大众，是国家和社会通过学校教育及其教师和学生、家庭教育、社会教育对家庭成员和社会大众的教育。学校教育主

① 孙喜亭:《教育大计，育人为本》，《求是》1996年第22期。

② 孙喜亭:《论“以人为本”和“育人为本”的教育观——再论教育的出发点问题》，《高等师范教育研究》2002年第4期。

③ 孙喜亭:《素质与教育》，《教育研究》1996年第5期。《教育的基本任务在于塑造民族精神》，《北京师范大学学报（社会科学版）》1998年第5期。《21世纪中国教育发展的思考与选择》，《上海高教研究》1996年第4期。

④ 孙喜亭:《教育原理》，北京师范大学出版社，1993，第177—178页。

⑤ 孙喜亭:《教育问题的理论求索》，人民教育出版社，2004，第549—550页。

要是通过基础科学文化知识、能力和技能教育对受教育者进行思想品德和科学文化基本知识、素质的教育和扶志扶智教育，职业教育、高等教育则不仅如此，还要通过专业人才培养为国家的经济文化教育等发展和现代化建设提供充足智力和人才资源，同时为扶志扶智提供充足的智力和人才资源。总之，教育既要重视国计，充分发挥培育精英、提升人力资本的普遍作用，又要重视民生，充分发挥长善救失、扶持民生的特殊作用；在强调普遍性时，做到对症下药和精准扶贫，在强调特殊性时，不忘赶超世界先进水平。

四、社会的教育扶贫与教育自身的扶贫教育的精准对接

教育扶贫有扶没有学校可上和学校办学条件不好等教育之贫，扶由于家庭经济困难不能上学之贫，扶无论是否上学，志气、知识、能力、技能等都比较缺乏之贫等三重含义。扶教育之贫、扶上不起学之贫和扶志扶智之贫的主体和对象既有重合，又有区别。扶教育之贫、扶上不起学之贫，在国家为主体和关键的基础上，社会力量和学校教育也有重要作用。多年来，很多企业家无偿资助贫困地区新建、扩建了许多学校，资助了许多学校改善教育教学设施，也资助了许多贫困家庭孩子上学，资助了许多教师进行专业化发展，这都是教育扶贫的爱心奉献。许多有实力的大学和中小学通过定向培养人才、教师培训、对口支援，为加强乡村中小学教师队伍建设和改善教育教学设施、资助贫困学生上学等也做出了应有贡献，甚至本地乡镇村民和教师也为此献出微薄之力。

社会力量的教育扶贫既有无私奉献爱心、通过输血增强造血功能和内生力的雪中送炭、普惠型扶贫，也有强强联合、追求所谓双赢甚至是釜底抽薪、削弱内生力的锦上添花、掐尖式扶贫。“授人以鱼，不如授人以渔。”输血救人一时，造血救人一生。教育正义不仅是互利互惠的公平，而且是大公无私或超越功利的同情、爱心奉献的德性、功德和追求卓越奉献的德性、功德。[①]教育扶贫必须处理好雪中送炭与锦上添花、普惠型与掐尖式扶贫的

① 郝文武：《教育的公平正义和超公平正义》，《教育研究》2019 年第 12 期。

关系，尽量多做增强造血功能和内生力的雪中送炭、普惠型扶贫，少做削弱内生力、越扶越贫的掐尖式扶贫。

教育是人生之基础和投资。基础有先导性、长效性，很难毫无误差的精确、立竿见影。投资必须追求利益和收获，但也可能有亏损。教育扶贫更多应是雪中送炭，必须杜绝雪上加霜的因学致贫。[①] 因学致贫有学校专业设置和教学与社会需要契合、学生学习努力和就业期望等问题，学校、学生及其家庭和社会必须正确认识、认真对待和共同解决这个问题。不能因此就否定教育的作用，怀疑和放弃教育扶贫、扶教育之贫和扶贫教育及乡村教育振兴和农村教育现代化。

① 郝文武：《教育扶贫必须杜绝因学致贫》，《教育与经济》2018 年第 4 期。

第三节

以乡村教育振兴和现代化为主旨的城乡教育一体化均衡发展与有特色融合发展

为了促进城乡教育均衡发展和乡村教育振兴、农村教育现代化而不断推进的城乡教育一体化发展，的确产生了明显积极作用，取得显著成绩。但也有可能把城乡教育一体化误解为，城乡教育无差别和无特色的统一发展，是以城镇教育为标准和目标的农村教育城镇化发展，甚至认为农村教育和乡村教育是一无是处的教育，即便有特点也是落后的代名词的教育。这种认识肯定会对推进城乡教育一体化均衡发展产生消极影响。发展中国特色世界先进水平的优质教育是中国教育现代化的目标。中国特色的教育既是中国城市特色的教育，也是中国农村和乡村特色的教育。城乡教育一体化均衡发展的主旨是推进乡村教育振兴和现代化，是从实际出发解决乡村教育振兴与农村教育城镇化可能产生的矛盾。推进城乡教育共同现代化，是使它们相互融合和促进，你中有我、我中有你，各有特色、优势互补的高水平有特色的均衡发展，不是把城乡教育变成无差别、无特色的千校一面，更不是把农村教育和乡村教育看作是一无是处的教育城镇化。

一、乡村教育振兴和现代化是城乡教育公平和一体化均衡发展的主要目标

2020 年基本实现教育现代化，2035 年实现中国特色世界先进水平的优

质教育的现代化目标，是21世纪我国教育发展的总目标。为了加快教育现代化进程，补齐农村教育短板，缩小城乡差距，国家提出坚持教育的公益性和普惠性，保障公民依法享有接受良好教育的机会，推进城乡教育公平和均衡发展，实现基本公共教育服务均等化等具体目标和措施。这些目标和措施包括：通过“建立城乡一体化义务教育发展机制，在财政拨款、学校建设、教师配置等方面向农村倾斜”，[①] 鼓励率先在县域内实现城乡均衡发展，逐步实现省域、区域的更大范围内的均衡发展；通过加大对革命老区、民族地区、边疆地区、贫困地区义务教育的转移支付力度，鼓励发达地区支援欠发达地区，努力缩小区域差距；通过努力办好每一所学校，教好每一个学生，不让一个学生因家庭经济困难而失学，切实解决进城务工人员子女平等接受义务教育问题，保障残疾人受教育权利；通过推进义务教育学校标准化建设，加快薄弱学校改造，实行县域内教师、校长交流制度，均衡配置教师、设备、图书、校舍等资源，切实缩小校际差距，着力解决择校问题四个层面。中共十八大以来，国家把教育扶贫作为推进教育公平发展的重要措施。乡村振兴战略和《中国教育现代化2035》，都把优先发展农村教育事业，推动建立以城带乡、整体推进、城乡一体化均衡发展的义务教育发展机制等，作为提高农村民生保障水平，塑造美丽乡村新风貌的重要措施。

城乡教育均衡发展与城乡教育一体化发展，是一个问题的两个层面，相对而言，一个是目标，一个是手段。如果把城乡教育一体化理解为城乡教育统一化、一致性，那么，城乡教育一体化的目标是城乡教育均衡发展，而农村教育是中国教育发展的短板，乡村教育又是农村教育发展的短板，因此城乡教育一体化均衡发展的关键和主旨是促进乡村教育振兴和农村教育现代化，促进城乡教育的平等和公平发展。但城乡教育一体化的手段未必能实现城乡教育一体化的目标，只有从实际出发、实事求是，分类指导、分别对待或“相同情况相同对待，不同情况不同对待”，采取特殊举措加大力

① 中共中央、国务院：《国家中长期教育改革和发展规划纲要（2010—2020年）》，http://old.moe.gov. cn/publicfiles/business/htmlfiles/moe/info_list/201407/xxgk_171904.html?authkey=gwbux.

度补齐农村教育短板，加快农村教育发展步伐，才有可能实现城乡教育一体化目标。即便如此，也是教育基本条件、资源和质量、效率、总体目标的一体化，也不是所有教育条件、资源和质量、效率、目标的一体化，否则就谈不上城乡教育有特色的发展。

城乡教育均衡发展的目的是促进教育平等和公平发展，但又不能包括教育公平的全部含义。只有全面深刻理解城乡教育平等、公平和均衡发展这几个相似概念的确切含义才能构建、理解和解释城乡教育平等、公平和均衡发展的科学理论，有效构建和推进城乡教育平等、公平和均衡发展的实践。教育公平虽然不等于教育平等，但教育平等是教育公平的基本要素。教育公平一是指教育平等。教育平等既包括受教育人格权利、教育机会、教育资源等均等的一视同仁、完全一致，也包括分数面前的人人平等。许多人不能把这两个对立统一的平等有机联系，只是根据需要或者只是强调受教育人格权利、教育机会、教育资源等均等的平等，或者只是强调分数面前的人人平等，往往导致构建、理解和解释教育理论与构建和推进教育实践的相互矛盾、自相矛盾。

二是指教育的平等而有质量，教育平等或平等的教育与教育的有质量和高质量、教育效率的相互促进。人类和社会公众的平等和效率都是人类不可缺少的价值追求。没有平等就没有人的尊严，没有劳动及其效率人就没有生命。平等有基本或底线平等和高度平等，基本平等需要基本效率和质量，高度平等需要高效率和质量。没有以统一标准评价和不断提高的教育质量，只能是共同平庸，而不是平等和公平。但在教育平等基础上，不懈大力提高教育质量是教育和学校的生命和天职。教育公平和教育平等都有普遍和客观标准，都是客观标准、状态与主观追求、价值评判的统一。[①] 虽然教育公平比教育平等更加丰富，但教育平等是教育公平的基本标准、尺度，教育公平和平等都不是“无共度性”的主观意向和公婆之争。[②] 公平和平等都

---

① 褚宏启：《教育制度改革与城乡教育一体化——打破城乡教育二元结构的制度瓶颈》，《教育研究》2010 年第 11 期。

② 阿拉斯戴尔·麦金太尔：《谁之正义？何种合理性？》，万俊人等译，当代中国出版社，1996，致中国读者第 2 页。

有“好”和“坏”之分，为了人格尊严的人人平等、男女平等是人类社会、至少是现当代社会最高追求，分赃式的公平甚至买卖公平、互利互惠的公平难以辨别“好”“坏”。平等和效率都不是天然或必然的公平，高质量教育应有基本平等的教育条件，但主观努力是根本。教育条件和资源、机会的平等是有限的，而教育质量的提高是无限的。不能把教育质量高低的根源都归结为教育条件和资源、机会的是否平等，更不能为了教育平等而淡化或降低对教育质量不懈追求的努力和对提高教育质量的鼓励和激励。水不因山不平而不平，山不因水平而平。通过主观努力，利用和改变客观条件达到高标准、高水平、先进性及其平等、公平和正义是人的永恒价值追求。

三是指相对于以价值理性和仁爱道德为认识和实践根据和目标追求的超公平的教育正义，以及根据投入与产出评估的互惠互利的狭义正义。[①] 教育平等包括教育资源和条件的平等与教育质量和效率的平等，教育资源和条件的平等与教育质量和效率的平等又包括客观或实际的教育资源和条件的是否平等、教育质量和效率的是否平等，以及为了追求、实现教育资源和条件的平等与教育质量和效率的平等采取的措施的是否平等。无论是由于历史的原因还是现实的原因，为了改变客观或实际的教育资源和条件的不平等、教育质量和效率的不平等，就要以不平等的手段、措施实现平等的愿望、追求和目标。在这个意义上说，教育的不平等才是公平，才是有利于达到公平目标的;教育的平等是不公平的，是不利于达到教育公平目标的。为了教育条件、起点、过程和结果公平的教育平等性公平、差异性公平和补偿性公平都是为了教育平等。

四是指教育均衡发展。均衡发展包括追求平等发展的理想关系、状态和结果，但主要指尚未达到平等发展的理想关系、状态和结果又与平等发展的理想关系、状态和结果距离不太远或差距不太大的关系状态和结果。教育基本均衡是城乡教育机会、教育资源等基本的均等或平等，教育优质均衡是城乡教育机会、教育资源等的完全均等或平等。平等不平等是本质的不同，均衡不均衡是本质相同的程度或量的差别。非均衡、不平等既包括在人格

---

① 郝文武:《教育的公平正义和超公平正义》,《教育研究》2019 年第 12 期。

权利平等基础上的量质有较大差异，也包括人格权利不平等和量质都有本质差异,但更多的是指后者。“改革开放以来,我国义务教育经历非均衡发展、非均衡向均衡发展过渡和均衡发展三个政策阶段”，都是在人格权利平等基础上的量质从有较大差异到基本和完全没有差别的发展。[①] 均衡发展是在人格权利平等基础上的数量质量的不大差异，是基本平等与基本质量的相互促进和统一。优质均衡发展是在人格权利平等基础上的数量质量的无差异，是高平等与高质量的相互促进和统一。不平等、不公平和非均衡都是对弱者而言，推进平等、公平和均衡就是要让弱者改变其生存发展状态的呼喊、努力变成包括强者在内的社会共识、誓言和行动。城乡教育一体化均衡发展的主旨是推进乡村教育振兴和现代化，但无论是教育的基本均衡发展还是优质均衡发展都不等于教育特色发展。

二、城乡教育特色发展是发展中国特色世界先进水平的现代化优质教育的本质要求

一般与特殊不可分离，一般寓于特殊、规范特殊，特殊承载一般、显现一般、丰富一般、落实一般。事物不可能没有一般性，世界上不存在没有一般性的特殊，否则就没有同类事物及其共同的规定性，就谈不上人的思维对事物本质、人类本质和理想追求的共同性、抽象性认识，也就谈不上人类及其国家、民族追求的共同理想目标，更谈不上万众一心、齐心协力。世界上不仅不存在没有具体和特殊的一般,而且人们感觉到的都是特殊、具体的事物，否则，一般就无所存放、依托，无法和不能落到实处，不能鲜活展示和不断发展。现代工业化的产品目标、标准和制造流程、结果的形态或样态甚至应用和操作程序都是统一的，但许多产品也有自己的特色或独特性。农业和生物生产的目标、标准和总体流程则既有统一性，更有特色或独特性。[②] 教育面对的是千差万别的人，不同国家及地区的教育依赖的经济政治和文化基础也不一样，教育的目标、内容和方式等也不可能完

---

① 阮成武:《我国义务教育均衡发展政策的演进逻辑与未来走向》,《教育研究》2013 年第 7 期。

② 郝文武:《在特色发展中彰显农村学校文化和活力》,《教育科学》2020 年第 3 期。

全一致，不可能没有特色。

中国现代化教育既是以国际普遍标准追求和评估的世界先进水平的优质教育，又是有中国特色的教育，甚至首先是中国特色的教育，是有特色与高水平、先进性紧密结合、不可分割的优质教育。中国特色社会主义的一般本质是社会主义社会，具体特征是具有中国政治、经济、文化等特征，同时也是包含着人类追求美好社会理想和先进性的最一般本质特征。中国经济、政治和文化的独特性决定了中国特色世界先进水平现代化教育的独特性。民族的就是世界的，是对特色的特别强调，是相对于无法比较高水平和先进性的有特色的不同类型的文化和教育而言的。不同类型的文化和教育的发展也有可以比较高水平和先进性的一般和普遍特点。有特色未必是高水平,但高水平都是有特色的高水平。世界先进水平不仅是世界高水平，而且是走在世界前列、领先世界高水平的高水平。

中国特色的教育既有相对于世界教育的一般性、普遍性，也有相对于中国各级各类的一体化、统一化目的、目标和体制、机制等的不同地域、学校的有特色和特殊性目的、目标和体制、机制等;不仅有鲜明的政治和文化特色，也有与政治、经济和文化相结合或者由其决定的治理和管理目标、方式等特色。《中国教育现代化 2035》全面表述的，“更加注重以德为先，更加注重全面发展，更加注重面向人人，更加注重终身学习，更加注重因材施教，更加注重知行合一，更加注重融合发展，更加注重共建共享”的推进教育现代化的八大基本理念；[①]《国家中长期教育改革和发展规划纲要（2010—2020年）》继承发展和守正创新提出的，“必须要始终坚持把教育摆在优先发展的位置。按照面向现代化、面向世界、面向未来的要求,适应全面建设小康社会、建设创新型国家的需要，坚持育人为本，以改革创新为动力，以促进公平为重点，以提高质量为核心，全面实施素质教育，推动教育事业在新的历史起点上科学发展，加快从教育大国向教育强国、从人力资源大国向人力资源强国迈进，为中华民族伟大复兴和人类文明进步作出更大贡献”的宏

① 中共中央、国务院:《中国教育现代化 2035》，http://www.gov.cn/zhengce/ 2019-02/23/content_5367987.htm.

伟目标和战略措施，相对于世界教育都是中国教育及其现代化的特色，相对于中国各级各类教育的改革发展，又是它们的统一或一体化目标和要求。

一体化、统一化与有特色、先进性不仅并不矛盾，而且互为基础、相互促进。发挥人的主体性，调动各个方面的主体性是革命和建设事业取得胜利的基本保证，也是发展中国特色世界先进水平的现代化优质教育的基本保证。国家教育发展的特色既是学校和学生发展特色的总方向，也要落实到学校和学生发展特色。特色发展是在全面发展的统一目标和要求基础上的个性发展，首先具备全面发展教育的统一要求、目标、标准甚至过程，同时也是因材施教、因地制宜、因势利导，关心每个学生，促进每个学生发展的发展；是尊重教育规律和学生身心发展规律，为每个学生提供适合的教育的发展；是树立以提高质量为核心的教育发展观，注重教育内涵发展，鼓励学校办出特色、办出水平，出名师、育英才的学校发展。①

中国特色的教育既包括中国城市教育的特色，也包括中国农村教育的特色。如果城乡教育一体化就是指城乡教育的统一化、一致性，无论是农村教育与城市教育相统一、一致，还是城市教育与农村教育相统一、一致，都不利于中国特色的教育的发展，也不是中国特色的教育。现代、现代性、现代化不仅是城市化、都市化和城镇化，也是本土化、多样化，是城市化、都市化和城镇化与本土化、多样化的结合，是农耕文化、乡土文化与城市文明和文化、现代文明和文化的有机融合、多样并存的共同发展。中国的农村教育首先是中国的教育，但又是不同于中国城市教育的教育。中国农村教育现代化既要有中国政治经济文化为基础和发展目标规定的统一目标和要求，又是为了补齐乡村教育基础差、底子薄的短板，为了促进乡村教育振兴和加快农村教育现代化，缩小城乡教育差距的步伐，在财政拨款、学校建设、教师配置等方面采取优先发展农村教育和向农村教育倾斜的不同于城市和城镇教育特殊措施的现代化。在城镇化发展使得乡村人口、学生

---

① 中共中央、国务院：《国家中长期教育改革和发展规划纲要（2010—2020 年）》，http://old.moe.gov.cn/publicfiles/business/htmlfiles/moe/info_list/201407/xxgk_171904.html?authkey=gwbux.

和学校大量减少，并继续减少的态势下，布点少、规模小、质量高、有特色，方便上学，安全可靠，城乡均衡，世界一流，是乡村教育振兴和现代化的基本目标和特征；在立德树人全面发展基础上，积极传承农耕文明、乡土文化，培养爱国爱家、务农爱农离农亦爱农的现代新人，发展结构合理、优质高效、公平正义、充满活力、赶超城市教育现代化水平的教育也是乡村教育振兴和现代化的基本目标、特征和特色。

多年来，全国各地农村中小学在全面发展教育基础上，遵循素质教育要求，在做好国家课程教育教学基础上，通过地方课程和校本课程，积极推进“一校一品”“一校一特”的学校特色发展；为了充分调动学生学习主动性，积极推进导学教学；为了提高教育教学质量，继承发扬“三苦两乐”办学经验；为了建设人文化的现代书香校园，积极承袭“阅读奠基成长，书艺着色生命，运动添彩人生”育人理念；为了彰显城乡“和而不同”的乡村文化特色，积极发展编织、种植等农耕文化；根据山大沟深特点和城乡教育均衡发展目标，积极推进城乡网上直播教学；为了振兴乡村教育，乡镇及其企业大力支持乡村学校发展；等等。这些都是具有中国及其地方特色、特点的现代化教育的重要探索和组成部分。

三、城乡教育融合发展是乡村教育振兴和现代化、城乡教育均衡发展的必由之路和重要标志

农村城镇化，“化”掉许多乡村人口、学生和学校，但为数不少的乡村人口、学生和学校还将继续长期存在，我们还要努力实现乡村及其教育振兴和现代化，使乡村民众与城镇居民一样享受现代化的幸福生活，使乡村孩子与城镇孩子一样享受现代化的教育。由于经济基础等原因，乡村学校基础设施和教师队伍建设等都明显落后，但这又不等于乡村教育各方面都落后，更不等于乡村教育一无是处。正因为落后才需要加强建设，才需要城市支持。但城市支持乡村不是完全“化”掉乡村，使乡村完全消失，而应该是城乡民众热爱乡村，建设乡村；城乡教育，特别是乡村教育传承乡土文化和农耕文明，使城乡文化、文明相互交流和学习、借鉴，达到你中有我、

我中有你的相互包容、融合的共同繁荣；使城乡居民往来、人才流通根据个人志趣和工作性质平等、自由、顺畅进行；使乡村成为“产业兴旺、生态宜居、乡风文明、治理有效、生活富裕”的社会主义新农村、新乡村。

无论是经济组织还是文化教育组织的一体化，都有强强联合的一体化和难兄难弟联合的一体化，强弱之间很难一体化，如果一体化就很可能产生以强凌弱、以强化弱的过程、方式和结果。为了达到发展目标和结果的一体化，发展的过程、方式和举措就应特殊化，就应采取以强帮弱扶弱的特殊过程、方式和举措而不是一体化的过程、方式和举措。只有如此，最终才能实现强强联合、势均力敌的过程、方式和结果的一体化，达到你中有我、我中有你的相互包容、融合的共同繁荣的一体化。什么时间城乡教育融合达到这种程度，什么时间城乡教育才能真正一体化发展和达到一体化发展的程度。由于经济基础等原因，我国城乡经济、文化和教育等方面有明显差距：城市居民总是有优越感，乡村居民总是有失落感；城乡居民、人才难以根据个人志趣和工作性质等平等、自由、顺畅往来和流通，特别是到乡村从业总是需要以优惠政策吸引甚至是个人走投无路的选择；农村及其教育城镇化使得乡村及其教育日趋衰弱甚至消亡。在这种情况下推进城乡及其教育一体化只能是城镇及其教育“化”掉乡村及其教育。城乡及其教育一体化是为了乡村及其教育的振兴和现代化，是城市及其教育对乡村及其教育的支持、反哺或反补，最终目标也是为了城市及其教育，但直接目标是为了乡村及其教育。如果相反，只是希望完全“化”掉乡村，使乡村完全消失，那么，乡村及其教育振兴就没有希望，乡村及其教育现代化也就没有可能。

城乡教育融合发展既是发展中国特色世界先进水平的中国教育现代化的必由之路，也是衡量乡村教育振兴和现代化、城乡教育均衡发展的重要标志。有特色融合发展的城乡教育一体化是城乡主体间的相互尊重、平等交往、主动对话、相互理解和交流、学习、借鉴、支持，达到共同繁荣壮大的发展，不是相互隔离、割裂、排斥，一个“化”掉一个，特别是处于优势的城镇“化”掉处于劣势、弱势的乡村的发展。城乡教育融合、交融、互容意思不完全一致，融合、交融、互容首先是包容，但又不仅仅是包容，还要相互尊重、交流、学习、借鉴、支持，达到共同发展壮大。城乡教育融合首先是城乡文化的相互尊重、平等对待，如果认为乡村文化、文明不仅落后，而且一无是处，一体化只是乡村向城市学习，根据城市标准建设、评价，其结果只能是城镇文化教育“化”掉乡村文化教育。城乡教育融合包括教育目标、教育内容、学校教师和城乡教育学校建设融合等。城乡教育目标融合是城乡学校都要通过国家课程、地方课程和校本课程及其丰富、融合，教育所有学生热爱祖国、热爱家乡，建设国家、建设家乡。乡村学校要教育学生既要热爱乡村、建设乡村，也要热爱城市、建设城市；既要尊重、热爱自己的父老乡亲、兄弟姐妹及其劳动和成果，也要尊重、热爱工人、科技和行政人员及其劳动和成果；无论是生活在乡村还是离开乡村都要主动关注关心乡村建设，积极参与乡村建设，而不是坚持走出乡村，不愿做农民。城市学校要教育学生既要热爱城市、建设城市，也要热爱乡村、建设乡村；教育学生既要尊重、热爱自己的父老乡亲、兄弟姐妹和城市的工人、科技和行政人员及其劳动和成果，也要尊重、热爱作为衣食父母的农民、劳动人民，尊重和爱惜他们的劳动和成果；教育学生根据兴趣和能力从事工人、农民、科技、行政等不同职业，积极主动关注关心、积极参与城乡建设。

长期以来，我国城乡教育目标和内容本来一直就是有机融合的，尽管有时在某些方面也存在一些问题。但如果错误地理解和落实城乡教育一体化及其均衡发展，在教育城镇化中更重视教育城镇化，使城镇学校及其教育“化”掉乡村学校及其教育，使城乡教育一体化发展成为以城市教育为标准和目标的一体化，教育学生更多地热爱城市、建设城市，不热爱乡村和建设乡村，更多地热爱、尊重城市的工人、科技和领导管理干部及其劳动和成果，不热爱、尊重农民及其劳动和成果。那么，不仅不可能有真正的城乡及其教育融合、乡村及其教育振兴和现代化，而且整个社会的整个理想道德导向及其教育也成很大问题。

经过多年的城乡均衡发展的推进，城乡教育学校建设融合取得显著成绩。由于各地的自然经济、社会条件、对政策引导的理解及其贯彻落实力度不同，不同地区农村及其城镇化、乡村及其教育振兴的程度和城乡及其教育融合的程度也不同，大致形成城乡完全或基本融合、城乡融合进展成绩显著、乡村人口较多和不多但城乡差别都很大四种类或水平。自然和社会经济条件、教育基础好的大城市和珠江三角洲等经济发达地区的城镇与农村不存在明显差别，城乡经济社会和教育基本甚至完全达到“城市像个城市，乡村不像乡村”，城乡各有特色、优势互补的城乡融合和均衡发展。第二类是乡村有大量学生和学校，城乡学校融合和均衡发展既有显著成绩，也有一定差距。第三类与第一类有明显反差，乡村学生较少且城乡学校差距很大。第四类是乡镇和乡村虽然有学校、学生，但数量很少，城乡教育差别很大。全国达到第一类水平的县市很少，不到10%。大部分县市处于第二类水平。停留在第三类和第四类水平的县市也较少，同样不到10%。二、三、四类地区城乡教育一体化均衡发展和有特色融合发展都需要继续做出很大努力。

经过多年推进城乡均衡发展，城乡学校教师融合也取得一定成绩，但按国家规定农村学校教育编制总体水平均超编，具体短缺非常严重。由于乡村教学质量不高和迁移子女等原因，乡村学生大量进城，但在城里上学又由于“三元社会结构”困难重重。所以，推进城乡教育一体化不仅要缩小城乡教育差距，也要缩小城市内部新老市民的教育差距。推进县域内、市域内、省域内的城乡教育一体化和跨行政区合作体制下的城乡教育一体化，包括省级合作、市县平级合作的城乡教育一体化，区域联合的城乡教育一体化；城市中心区与郊区、县镇与乡村教育的一体化。①

城乡及其教育的差距有国家发展阶段性等决定的制度、经济、文化等客观原因，也有价值取向原因。以前在城乡经济发展和工农业“剪刀差”制度形成的城乡明显差距情况下，先后有60%—80%的农村人支持20%—40%的城市人，国家财政收入在1978年只有1 000亿元和后来的2 000万亿元、4 000万亿元的情况下基本都是农村支持城市。改革开放以来，城镇化率每年都增长约1%，目前城镇化率达到60%多；国家财政收入几乎每四年翻一番，

① 褚宏启：《教育制度改革与城乡教育一体化——打破城乡教育二元结构的制度瓶颈》，《教育研究》2010年第11期。

目前达到 10 万亿元。[①] 在这种情况下，为什么不能通过另一种二元结构和剪刀差制度安排，使 60%—70% 的城里人及比以前农村支持城市多了很多倍的经济基础支持 30%—40% 的农村人及乡村经济文化建设、乡村教育学校发展、乡村教育振兴和现代化？否则，即便把所有农业户口都变成非农业户口，使城镇化率达到 100%，也要有一部分人从事农业生产，也改变不了城乡性质及居民生存状态的实质性差别和差距，当然也改变不了城乡学校和教育的实质性差别和差距，甚至也改变不了三元社会结构及其教育的差别和差距。

四、化解农村城镇化和乡村振兴的矛盾是推进乡村教育振兴和农村教育现代化的关键

城镇化是现代化的必然趋势，现代社会不仅要适应而且要促进城镇化的发展。但社会无论如何现代化，农业、农村和农民永远存在，民以食为天，食以粮为纲是永恒真理，“三农”问题和兴农富农是任何社会发展和现代化的主题。没有农村的现代化就没有国家的现代化，实现现代化必须振兴乡村，实现农村现代化。推进乡村振兴和农村现代化必须推进乡村教育振兴和农村教育现代化。但农村及其教育城镇化与乡村及其教育振兴既可能是相互促进和融合的，也可能是相互矛盾和制约的。现代化国家和国家现代化应有效解决两者可能存在的矛盾，实现两者的高水平融合发展。城乡教育融合发展对于农村和乡村教育而言，就是使农村及其教育城镇化与乡村及其教育振兴相互适应和促进，是有效解决农村教育城镇化与乡村教育振兴及其相互适应与促进中可能存在的矛盾，解决好乡村人口、学生、学校明显减少和乡村教育基础差、底子薄的情况下实现乡村教育振兴和不断现代化的矛盾，使城乡教育各有特色、优势互补的一体化、高水平均衡发展。

农村及其教育城镇化与乡村及其教育振兴和农村及其教育现代化的矛盾虽然最终是推进国家现代化伟大实践的矛盾，但首先是对农村及其教育与

---

① 邬志辉:《城乡教育一体化: 问题形态与制度突破》,《教育研究》2012 年第 8 期。

乡村及其教育概念界定的矛盾。即使是对农村及其教育与乡村及其教育概念界定准确，推进农村及其教育城镇化与乡村及其教育振兴和农村及其教育现代化的实践也有矛盾，也要特别注意处理和协调好它们的复杂关系和矛盾。如果对农村及其教育与乡村及其教育的概念界定不准确，或者界定本身就有明显矛盾，推进农村及其教育城镇化与乡村及其教育振兴和农村及其教育现代化的实践的矛盾就不仅是不可避免的，而且是难以处理协调好的。对农村及其教育与乡村及其教育概念的界定既是对相对于城市地域的人口的划分、统计和发展水平的评价，也涉及政策支持和人财物投入方向、数量。总之，对农村及其教育与乡村及其教育概念的界定不同，乡村振兴战略中推进农村教育现代化的实践和研究对象、目标和结果就不同，甚至有很大的差别。

如果根据教育学对农村教育的界定，把农村及其教育分为县城、乡镇、集镇和乡村及其教育的大农村小乡村及其教育，乡村及其教育振兴，振兴的就是除县城教育、乡镇教育、集镇教育以外地区的小乡村教育，推进农村教育现代化推进的则是包括县城教育、乡镇教育、集镇教育和乡村教育的大农村教育现代化。如果根据国家统计局对农村的界定，把乡村及其教育分为县城、乡镇、集镇和农村的大乡村小农村及其教育，乡村及其教育振兴，振兴的则是包括县城教育、乡镇教育、集镇教育和农村教育的大乡村的教育，推进农村教育现代化推进的则是除县城教育、乡镇教育、集镇教育以外的小农村教育现代化。农村及其教育城镇化是指把小农村或小乡村及其教育发展成为城镇及其教育，而不是把大农村或大乡村及其教育发展为城镇及其教育，说乡村人口和学生、学校减少是指小农村或小乡村的人口和学生、学校减少，不是指大农村或大乡村的人口和学生、学校减少。所以根据教育学的界定把农村及其教育分为县城、乡镇、集镇和乡村及其教育是准确的。根据统计局对农村的界定，把乡村及其教育分为县城、乡镇、集镇和农村的大乡村小农村及其教育是有明显问题和矛盾的。[①]

---

① 郝文武：《农村教育和乡村教育的界定及其数据意义》，《教育研究与实验》2019 年第 3 期。

还有一种关于农村及其教育与乡村及其教育的概念界定是反正都有利于县城及其教育发展，不利于县城以外地区的农村或乡村及其教育发展的界定，或者是反正都有利于县城、包括乡镇和集镇的城镇及其教育发展，不利于县城、包括乡镇和集镇的城镇以外地区的农村或乡村及其教育发展的界定。县城相对于乡村是农村的城市，是乡村经济、政治和文化教育的中心，与乡村和农村的经济、文化和教育有千丝万缕的联系，但相对于大中型城市，乡村和农村主要都是从事农业生产的地方，是农村或乡村。这使得县城具有双重角色。双重角色既表明县城具有桥梁和纽带作用的重要性，也有冲淡或淡化乡村建设和振兴、现代化的可能性。对于重视和强调"三农"，县城、乡镇、集镇和乡村及其教育都是农村及其教育，都要重视，但由于自然和经济条件等原因，县城、乡镇、集镇以外地区的小农村或小乡村及其教育并未得到应有发展。对于重视和强调推进农村城镇化，县城是城市或城镇，当然要加强建设和发展，农村城镇化的进程和结果不仅轻视城镇以外的小农村教育或乡村教育的建设和发展，而且使得城镇以外的小农村教育或小乡村教育大量减少甚至消亡。对于实施乡村振兴战略，如果把县城及其教育看作农村或者大乡村及其教育，它实际上也是小农村及其教育和小乡村及其教育的中心、龙头，自然要加强建设和发展，那教育学界定的小农村及其教育或小乡村及其教育和统计学界定的农村教育又可能成为无足轻重的边缘。相对于县城及其教育的双重性，乡村或农村及其教育也有双重性，但这两个双重性的本质是完全不一样的，一个是双向得益的双重性，一个是双重受害的双重性。乡村及其教育振兴当然既要得到作为小城市的县城和大中型城市及其教育的支持，也对作为小城市的县城和大中型城市及其教育的发展有重要促进意义，但小农村及其教育或小乡村及其教育振兴的核心、重点和关键是乡村及其教育。如果模糊农村教育概念，甚至还用农村及其教育城镇化的态度、立场、理念、概念、价值追求和理想目标推进城乡一体化，认为乡村不适宜人类生存应该城镇化，随着城镇化发展乡村人口和学生、学校大量减少甚至"空壳化""空心化"，乡村及其教育已经病入膏肓、寿终正寝，没必要再建设和发展，也不可能振兴和现代化，那么，这就是对乡村及其教育的又一次严重伤害。

旧农村有旧学校、旧教育，新农村必须有新学校、新教育，现代化的乡村必须有现代化的学校和教育。乡村振兴必须振兴乡村学校和教育，推进农村教育现代化必须推进乡村教育现代化，首先必须振兴乡村学校和教育。随着现代化及其城镇化发展的乡村建制和人口的不断减少，乡村学生和学校也必然减少，小规模学校自然会增多。乡村教育振兴和农村教育现代化是在乡村建制和人口不断减少、乡村学生和学校也必然减少和小规模学校增多过程中和状态下的振兴和现代化。但乡村及其人口、学校和学生的减少不等于也不能等于乡村及其学校的破败衰落，乡村小规模学校也可以并且也要推进、实现现代化。乡村小规模学校数量的增减和质量的变化是农村教育城镇化与乡村教育振兴、农村教育现代化相互结合、融合和促进、化解它们存在的矛盾的晴雨表。

在“农业大国”向现代化大国、强国的发展进程中，在农村及其教育城镇化进程中，要尽力协调好农村教育城镇化与乡村教育振兴的关系，要优先发展农村教育，加强乡村学校建设和教育发展，努力补齐乡村教育短板。在现代化过程中，尽管乡村教育可能需要比城镇教育战胜或克服更多困难，承受更多难以割舍的痛苦，付出更多新陈转换的代价和贡献，但又既不能以“农业大国”的教育发展标准，也不能完全以城市教育的标准来评价和推进乡村教育振兴和现代化。办好乡村学校应以乡村及其教育振兴和现代化战略目标为遵循，全面深入认识不同时段的具体目标、客观事实、方式手段之间的因果关系、发展趋势和规律，有效解决办好乡村学校过程中的矛盾与困难，推进城乡教育一体化均衡发展和有特色相互融合、交融发展，促进乡村教育振兴和农村现代化发展。

第四节

乡村教育振兴和现代化中教育的公平正义与超公平正义

不少研究都把教育公平设定为教育机会公平、教育过程公平、教育结果公平，但这三个“公平”的含义不仅不一致，而且有矛盾。教育机会公平是以统一标准一视同仁地实施和评估教育权利、义务和投入的平等。教育过程公平是以平等方式对待所有教育对象和以不平等方式使条件差和质量低的教育提高到基本平等，以此为基础以有效方式持续提高所有教育条件和质量、效率水平的过程。教育结果公平是以一个尺度一视同仁地评估教育质量、效率提升程度的平等。教育公平是追求教育条件平等与提高教育质量、效率持续相互促进的过程和状态。教育正义则既有教育公平正义，也有超越教育公平的正义，是主体对复杂甚至矛盾关系中的教育根本价值的合理性追求。和谐关系中的自由、效率、质量和平等、仁爱奉献都是正义的。自由、效率、质量及其必须保证的平等是公平的正义，或作为互利公平的正义。仁爱奉献和为了平等、质量的仁爱奉献是超越公平的正义。追求教育正义必须把教育条件、机会平等与教育质量、效率及其过程和方式的平等及不平等相结合，使教育公平正义与超越公平的仁爱德性教育正义互为保证、相互促进。

一、正义是公平与超越公平的仁爱奉献持续相互促进的关系状态

正义是社会追求的核心目标，包括有条件的互利正义与无条件的仁爱正

义两个不可缺少的基本方面。[①]从苏格拉底的“美德至上”正义、[②]柏拉图的“强者的利益”正义、[③]亚里士多德的“按比例分配”正义，[④]到罗尔斯的“平等优先”正义，[⑤]都把应得者得其所得，不应得者不得其所得的对商品的分配“应得”作为正义的基本要义，反之，就是不正义。[⑥]自由、平等、博爱是西方社会宣称的普世价值，但不少对公平正义的研究不仅不谈作为博爱的正义，而且对自由和平等，也只强调其一。罗尔斯认为，“正义是社会制度的首要价值”，[⑦]从他1958年发表《作为公平的正义》论文，到1971年出版以《作为公平的正义》为第一章标题的《正义论》，再到2001年出版《作为公平的正义——正义新论》，已表明“作为公平的正义”是正义的特称判断，不是正义的全部。麦金太尔推崇美德正义，但他和罗尔斯等一样，对于“作为公平的正义”与作为德性的正义，能否和如何合二为一、相互协调和促进的研究不多。

柏拉图和费里德曼把公平的优先权交给效率，明确主张，自由与效率有本质联系，包含人的潜能的充分发挥；平等是自由和机会均等，是“前程为人才开放”，[⑧]是多劳多得的应得，不是结果均等。罗尔斯虽然更注重平等，但对自由和平等的价值选择则难以割舍，也很纠结，提出既把公平的优先权交给平等，又要保证每个人平等的自由和适合每个人利益的地位、职务、收入、财富等平等地向所有人开放的正义的两个原则。奥肯察觉到自由与平等可能存在的二元对立矛盾，不是把公平与效率相对应，而是努力使平等与自由、效率相互促进、合二为一；把或者由于自由而挥发和发挥的效率，或者为了效率而挥发和发挥的自由，看作是公平的两个不可缺少的基本条件和目标；提出效率与平等都对对方没有绝对优先权，在两者发生冲突时，

---

① 慈继伟:《正义的两面》，生活·读书·新知三联书店，2001，引言第1—2页。

② 江山:《再说正义》,《中国社会科学》2001年第4期。

③ 布莱恩·巴里:《正义诸理论》，孙晓春等译，吉林人民出版社，2004，第4页。

④ 江山:《再说正义》,《中国社会科学》2001年第4期。

⑤ 阿瑟·奥肯:《平等与效率》，王奔洲等译，华夏出版社，1999，第90页。

⑥ 王新生:《马克思正义理论的四重辩护》,《中国社会科学》2014年第4期。

⑦ 约翰·罗尔斯:《正义论》，何怀宏等译，中国社会科学出版社，1988，第1页。

⑧ 密尔顿·弗里德曼等:《自由选择》，胡骑等译，商务印书馆，1999，第135页。

社会有责任经常在两者之间做出交易和妥协；[①] 公平“或者是以效率为代价的稍多一点的平等，或者是以平等为代价的稍多一点的效率”。[②]

和谐关系中的自由、平等与效率、质量都是正义的，都是公平正义的必要条件，舍此则无公平正义。但它们不总是和谐统一的，甚至往往是矛盾的。共同富裕和共同发展既要有共同和平等，又要有效率和质量。两极分化的自由、质量、效率和大家都贫困、平庸的平等，都不是共同富裕和共同发展。自由是根据自己的兴趣和追求，为社会和个人充分发挥聪明才智潜能的自己由着自己。平等既有以统一标准衡量权利、义务和投入的一视同仁，也有以一把尺子评估教育质量、效率结果的一视同仁。自由和平等既有不伤害社会和他人自由平等的消极自由和平等，也有不仅不伤害社会和他人自由平等，而且有利于促进社会和个人自由平等的积极自由和平等。[③] 积极、消极自由和平等都是正义的。伤害社会、个人自由平等的自由和平等都是不正义的。公平是机会、条件和投入平等与效率、质量提高的持续相互协调和促进的关系状态和过程。积极自由和消极自由、积极平等和消极平等相互结合能形成多种层级的公平。充分发挥个人聪明才智潜能的积极自由与最大限度保证社会平等的积极平等是高水平公平，消极自由与消极平等相结合的公平是最低限度的公平，其他公平则是一般或较高、较低公平。

正义首先需要制度保证，如果期待仅依靠道德和觉悟，那就是乌托邦主义，[④] 但同时也需要德性追求的保证。无论哪种公平基本都是以工具理性为标准形成和评估的公平或互利公平，正义则是工具理性与价值理性的统一，是公平与超越公平的仁爱或博爱、奉献等复杂甚至矛盾关系中的根本性价值的合理性追求和持续相互促进。社会越是追求更高目标，越需要高瞻远瞩、聚精会神、精益求精地处理好许多复杂关系。“我们越是自主，我们就越是

---

① 阿瑟·奥肯:《平等与效率》，王奔洲等译，华夏出版社，1999，第 86—87 页。

② 同上书，前言第 2—4 页。

③ 以赛亚·伯林:《自由论》，胡传胜译，译林出版社，2003，第 189—190 页，第 200—201 页。参见金生鈜:《论教育自由》，《南京师大学报（社会科学版）》2004 年第 6 期。

④ П. А. 拉契科夫:《科学学——问题·结构·基本原理》，韩秉成等译，科学出版社，1984，第 276 页。

依赖我们的自主性的突现所必需的大量条件。”[①] 虽然正义是所有社会追求的核心价值和目标，但由于条件所限，社会不同阶段追求正义所能达到的目标也都有限。站起来、富起来、强起来的中国，追求更高目标的正义就要既追求公平或互利公平的正义，又追求超越公平的仁爱德性正义；就要努力处理好自由与平等、平等与效率、质量及其消极自由与积极自由、消极平等与积极平等相互协调和促进的复杂关系，也要处理好扶贫帮困的仁爱奉献与追求卓越的仁爱奉献相互协调和促进的复杂关系，还要处理好公平正义与仁爱奉献超公平德性正义互为保证和相互促进的复杂关系。

二、教育公平是教育平等和教育质量、教育效率的持续相互促进的关系状态

自由、平等和公平正义的联系和区别，既不是把公平与平等混为一谈、正义与公平相互替换、[②] 公平和平等之外再无正义的联系，也不是自由与平等二元对立、鱼和熊掌不可兼得的区别。虽然正义本来就包含自由、平等和公平，但从自由、平等和公平的基本目标和必要条件到仁爱和奉献的高级目标和充分条件是社会核心价值顺列的基本结构，强调公平正义，不是也不能把正义仅作为公平的正义而排除仁爱奉献的德性正义。如果不同的人或同一个人对正义的界定在平等与公平甚至效率等之间摇摆，并以此影响整个社会，正义就成为什么都是又什么都不是的怪物和“无公度性”文字游戏；[③] 就会导致追求正义的社会实践或者莫衷一是，或者以偏概全。教育是形成人的活动，具有经济、政治、文化、道德等特性，这就决定了教育正义既有与经济、政治、文化、道德等正义的紧密联系及其内涵的普遍性，又有接受和整合它们的影响而形成人的特殊性。

孔子虽然主张“有教无类”，但又把人分为生而知之者、学而知之者、

① 埃德加·莫兰:《复杂思想:自觉的科学》，陈一壮译，北京大学出版社，2001，第262—263页。

② 布莱恩·巴里:《正义诸理论》，孙晓春等译，吉林人民出版社，2004，序言第5页。

③ 阿拉斯戴尔·麦金太尔:《谁之正义？何种合理性？》，万俊人等译，当代中国出版社，1996，致中国读者第2页。

困而学之者和困而不学者等几类。具体分析“有教无类”的教育对象和结果，就可理解教育平等和公平的区别。若以受教育权为标准一视同仁地选择教育对象，“有教无类”的教育对象就是平等和公平 。但若以可造就性为标准一视同仁地选择教育对象，“有教无类”的平等就是不公平，而若以已造就性为标准一视同仁地评价教育形成人的结果,不平等也是公平。柏拉图认为，公正的实质是区别对待不同的人，公正的教育是精英教育，是使才智出众的人享受优越教育机会的教育。[①] 具有金质、银质和铜质的哲学王、勇士和手工业者接受不同教育无论机会和结果是否平等都是公平的。“把一切事物教给一切人类”,[②] 也可以看作是近代西方社会的“有教无类”教育公平追求。

现代社会有两种教育正义主张：一是平等主义的以强扶弱或抑强扶弱，其中也含博爱、仁爱的平等优先的正义；二是自由主义的自由竞争、择强育强的效率、质量优先正义。罗尔斯等认为：“为了平等地对待所有人，提供真正的同等机会，社会必须更多地关注天赋较低和出生于较不利的社会地位的人们。”“较大的资源可能要花费在智力较差而非较高的人身上，至少在某一个阶段，比方说早期学校教育时期是这样。”[③] “一个人的能力决不可能在任何给定的时刻内被认识清楚，而只能设想如果提供一个良好的发展机会的话他可能怎样。社会确保每个人的能力得到最充分发展的唯一方式，就是在数量上为所有人提供均等的教育机会。”否则，“在实际尝试之前，认为人们不能从同样的机会中获得同样的益处的任何判断，显而易见只对偏见和不公正有利”。[④]

弗里德曼等则认为，社会和教育发展都必须追求效率，这就不可避免地产生各种不平等。因此社会必须在平等与效率之间面临选择。谁也不主张不问年龄、性别或身体素质，人人都分得同样份额的食品或衣服等的“平等”；

① 约翰·S·布鲁贝克:《高等教育哲学》，王承绪等译，浙江人民出版社，1987，第70页。

② 夸美纽斯:《大教学论》，傅任敢译，人民教育出版社，1984，第1页。

③ 约翰·罗尔斯:《正义论》，何怀宏等译，中国社会科学出版社，1988，第28页。

④ 约翰·S·布鲁贝克:《高等教育哲学》，王承绪等译，浙江人民出版社，1987，第72页。

认识到我们正是从我们所哀叹的不平等中得到了多少好处才是重要的。[①]“一般来说，市场的作用越大，学校教学就搞得越好”，目的在于保证教育平等的国有化结果则适得其反。[②]“在一个民主社会中，阻止一个智力或性格与体力上属于强者的人取得凭天赋能力所能取得的成绩，其不公正、不民主和犯罪的程度正如阻止一个弱者在与同伴竞争时最大限度地发挥其能力一样……”，“公正只有在机会与才能成正比例时才能得到最充分的体现，因此教育机会应该不均等而不是均等的”，“我们必须在一个关心全体人民的背景中寻找天才”。教育机会的平等和平均分配教育资源“很可能为才智平庸者提供超出其能力所能利用的太多的机会，或给才华出众者提供的机会则不能满足他们的需要”，[③]从而导致教育效率的低下。

现当代社会，每个人不仅都有受教育的平等权利，实际上也受到一定的平等教育。但有权利未必能积极努力，有良好条件、潜力和结果；有良好条件、潜力也未必能积极努力和有良好结果。教育质量评价有多种，但最终评价只能以实力说话。接受教育，无论是享受、消费还是投资、劳动，都要刻苦钻研、勤奋投入，好成绩是勤奋投入的结果。学生潜能好、勤奋投入多、学习效果好和评价高，这既是国家、社会和学校、家庭的要求，也是学习者个人的应得。反之，评价就低，这是理所当然的平等、公平和正义。但这首先要保证为每个应该上学的人提供平等的受教育权利、机会和投入、资源等条件，否则，就是不平等，更谈不上公平。所以说，教育公平有缺一不可甚至相互矛盾的两个方面：第一是使每个人的受教育权利、机会和投入、资源的一视同仁的平等应得，简称平等；第二是使教育质量、效率以平等或一视同仁的评价标准、办法使每个受教育者得其所应得而实际结果未必平等的评价，简称效率。教育过程公平包括以平等方式对待所有受教育者和以不平等方式使不平等的教育条件和质量提高到基本平等。教育公平就是在使第一个平等的基础上，师生共同努力，利用各种有效方式，不断提高教育质量和效率，形成教育平等

① 米尔顿·弗里德曼等:《自由选择》，胡骑等译，商务印书馆，1999，第138—140页。

② 同上书，第183页。

③ 约翰·S·布鲁贝克:《高等教育哲学》，王承绪等译，浙江人民出版社，1987，第72—74页。

与教育质量、效率持续相互促进的关系状态和过程，使每个应受教育者都受到基本平等的教育；使才智出众者能更好地发展，为社会发展作出应有贡献；使才智一般者有基本发展，能自食其力。[①]

由于国家发展实力等原因，近现代大学教育甚至某些时期的中小学教育采取的原则和追求、实现的公平是选择性而非平等性的。在当代社会，受教育权利、机会和投入、资源平等是必须努力追求和可能实现的，但若把教育结果和过程公平看作教育结果和过程平等，那是很可怕的。因为它否定了可能和必然带来教育和学习结果不平等的“分数面前人人平等”的教育公平，否定了社会力量支持教育和教育中充分发挥师生主观能动性的努力。而舍此就不可能提高教育质量和效率，不可能有教育平等与教育质量、效率持续相互促进的教育公平，就只能是师生平等的共同平庸。

三、教育扶智扶志和扶教育之贫等仁爱奉献德性正义是教育正义不可缺少的重要追求

何为正义决定于为何正义，为谁正义和正义是否可能、怎样实现。对于正义的理解和追求，不同主张都有各自的人性论基础和道德、政治根据。罗尔斯认为:“在作为公平的正义中,正当的概念是优先于善的概念的。”[②]弗里德曼同样如此。他们所谈都“是一种政治的正义观念，而不是一种统合性道德学说的组成部分”。[③]但实际上，无论政治法律还是道德规范的正义都不能缺少善。公平正义和德性正义都既把基本平等和基本效率、质量作为基础，又把更高平等和效率、质量作为目标，但公平正义的标准和方式是功利的和互利的，德性正义的标准和方式是非功利的和仁爱奉献的。仁爱奉献和为了平等、效率、质量、公平的仁爱奉献是超越公平或不能以是否互利评估、不属于互利公平范畴的正义。尽管追求互利公平必须保证基本平

① 郝文武:《平等与效率相互促进的教育公平论》,《教育研究》2007 年第 11 期。《教育公平的本质与测评》，高等教育出版社，2016，第 6 页。

② 约翰·罗尔斯:《正义论》，何怀宏等译，中国社会科学出版社，1988，第 96 页。

③ 约翰·罗尔斯:《作为公平的正义——正义新论》，姚大志译，上海三联书店，2002，序言第 2 页。

等，不断追求高效率、高质量和卓越，但如果没有扶贫帮困的仁爱奉献就很难真正全面做到保证基本平等；如果没有追求卓越的仁爱奉献，效率和质量的提高也非常有限。扶贫帮困的仁爱奉献与提高质量、效率和追求卓越的仁爱奉献同样应该是相互促进的关系状态，提倡扶贫帮困的仁爱奉献德性并非鼓励落后，不讲效率、质量和公平，而是以公平正义为基础，通过发扬人性本身具有和社会应该具有的无私奉献精神扶持帮助那些真正无能为力者。鼓励提高质量、效率和追求卓越的仁爱奉献德性，与只讲公平正义相对应，也是以公平正义为基础，通过发扬无私奉献精神，创造更好更多的物质和精神财富，实现更高的平等、公平和正义目标。麦金太尔批评自由主义的“独立个体”规则正义，推崇有别于苏格拉底“分”的德性正义，他认为，正义既是一种道德理想，是美德中的关键因素，人格内化的品德，也是一种社会合作的有效规则和实践品德。遵守规则和尊重规则有本质区别，前者是外在和他律的，后者是内在和自律的。没有具备正义美德的人，正义秩序和规则就是一纸空文。“一个遵守正义规则的人也可能是一个不正义的人，因为他可能只是惧怕惩罚而遵守正义的规则。”[①]但在推崇靠硬实力说话和“强强联合”的现当代社会，德性正义或内在正义、仁爱正义等软实力正义并不为社会普遍重视。

中国人普遍相信，人性有善有恶，或不善不恶，人既非圣贤，也非适者生存、优胜劣汰的高级动物；相信江山社稷“不患寡，患不均”“君子喻以义，小人喻以利”；不仅注重“民为贵，社稷次之，君为轻”的“平等”和“天下熙熙皆为利来，天下攘攘皆为利往”等互利公平，也非常推崇“先天下之忧而忧，后天下之乐而乐”的神圣职责担当、崇高道德追求和恻隐之心的弘扬，把以“法”为核心的制度规范与以“善”为追求的德性伦理、穷则独善其身与达则兼济天下、兼相爱与交相利紧密结合。魔高一尺道高一丈的以牙还牙、以血换血的公平是针对敌人和坏人的，而为好人做好事也未必都是投桃报李的回报公平。“横眉冷对千夫指，俯首甘为孺子牛”“人

---

① 阿拉斯戴尔·麦金太尔:《谁之正义？何种合理性？》，万俊人等译，当代中国出版社，1996，译者序言第16—18页。

生自古谁无死，留取丹心照汗青”“春蚕到死丝方尽，蜡炬成灰泪始干”“落红不是无情物，化作春泥更护花”的崇高精神都是无私奉献的正义，而非互利公平正义。某些人把“舍生取义，杀身成仁”看作沽名钓誉，是对古今圣贤和英雄的亵渎，是以小人之心度君子之腹。民众长期经验体悟的“吃亏是福”的至理名言，也非理论家说的功利或互利公平正义。科举考试是中国古代选拔人才和官吏的基本公平制度规范，兴学助教则是古今中国社会积德行善的重要举措。

任何社会必须有保证每个人基本生存发展，全社会基本自由、平等和公平的基本制度规范，但这绝非是社会唯一和最高规范。“杀人偿命”“买卖公平”是古今社会的基本公平，“男女平等”“社会主义不能饿死人”是近现代社会的基本平等。现当代社会的个人自由和社会平等、公平程度有显著提升，但由于经济基础、发展阶段等原因，我国的社会发展不仅存在城乡差距、地域差距，也存在阶层差距，民众对教育及其他层面的需求不仅存在“好不好”的差异，也存在“有没有”的区别。为了解决“人民日益增长的美好生活需要和不平衡不充分的发展之间的矛盾”，党和国家在提出国家整体教育优先发展基础上，又强调优先发展农村教育，积极推进教育公平和城乡教育一体化、教育扶贫和扶智扶志、反哺教育和扶教育之贫、特岗教师、对口支援等重大措施。但用以互利公平为价值取向的思维和话语说明其重要性是对其内涵的减少和意义的降低。无论是发展起来的工业对由于工农剪刀差现在仍然滞后发展的农村、农业的反哺或反补，对过去不惜一切代价支持革命和建设事业但现在仍然贫困的革命老区人民的回报，还是没有农村及其教育的现代化就没有国家及其教育的现代化，现实国家及其教育现代化必须坚持“一个都不能少”的原则和目标，又或是先富帮后富的过程和效果。实际上这些举措都是包含只求是非善恶，不图功利报答的超越互利公平的举措，以不平等方式实现平等目标的举措，也只有结合仁爱奉献的德性正义的思维和话语才能有力说明其全面深刻内涵和重大意义。

公平正义的应得也可以看作是国家、社会和个人的相互对得起，反之，就是不公平不正义。滴水之恩涌泉相报是基于德性正义的德心、德信、德行的正义，而非互利公平正义。涌泉之恩滴水也不报或许没有违背制度规则，但它既不公平，更不正义。正义是与他人合作的理性、审慎追求，是合作共赢，而非不断互斗，两败俱伤。“正义是我们为那种限制理性利己的人们的东西起的名字，他们同意必须付出最小的代价以实现与他人合作。”正义状态是“人们可以接受的不仅仅是他们意识到不能合理地期望获得更多，而是更强烈地意识到他们不能合理地要求更多”的状态。[①]追求正义必须坚守全面正义，只是强调互利公平必然导致有人时时刻刻斤斤计较、不择手段、急功近利。只强调国家、社会和他人对得起自己，不反省自己是否对得起国家、社会和他人，也许就是社会有不少不公正的根源。社会普遍提高公民德性伦理素质，教育普遍提高师生德性伦理素质对实现社会和教育互利公平，特别是超越互利公平的德性正义有重要意义，也是重要条件。

四、追求教育正义必须大力弘扬追求卓越的仁爱奉献精神，努力提高教育质量和效率

质量是事物的生命，是事物本质和品质的纯正度、度量度。缺乏质量的事物不仅是本质不纯正或含量低、品质不好的事物，还可能是变质和转换本质的事物。[②]教育质量是符合教育价值追求和目的设定与符合教育规律的合理性统一，不是由一时一事的某些社会需求所决定。教育效率是以教育目标和质量标准为核心和基础的教育投入产出比较的结果，以较小和最小教育经费、设备和教工配置等投入，最大限度持续满足社会发展整体和长远价值追求、理想目标和社会发展对人才的需求，提高全体国民全面素质的教育是高质量教育，是有效率、有效益和高效率、高效益的教育，也就是公平而有质量的教育。反之，就是低质量、低效率、低效益和不公平的教育。

提高教育权利、机会和投入等教育平等水平的职责和努力，主要在国家和社会，而提高教育质量的职责和努力，则主要是教师和学生在教育过程中

① 布莱恩·巴里：《正义诸理论》，孙晓春等译，吉林人民出版社，2004，第8—9页。

② 郝文武：《提高教育质量的永恒追求与时代特征》，《陕西师范大学学报（哲学社会科学版）》2015年第2期。

的主观努力。提高教育质量和效率必须有基本的教育权利、机会和投入等教育条件平等，否则就是空谈。但在教育条件达到基本平等的前提下，提高教育质量和效率的结果也可能有明显差别。教育条件较好、很好，教育质量和效率也较高、很高，这是公平的教育；教育条件较好、很好，但教育质量和效率却较低、很低，这种投入产出负向倒挂就是不公平的教育。教育条件在达到基本平等水平的前提下较差、很差，但教育质量和效率达到一般要求或较高，这就不能简单以公平还是不公平来评价。投入较少、较差产出较多、较好或很好的这种投入产出正向倒挂的不公平不仅是国家和社会努力追求的，也是学校师生追求的及其追求卓越，发扬奉献牺牲精神，充分发挥主观能动性共同努力的结果。公道自在人心，国家的认可和表彰、社会的赞赏和景仰、莘莘学子的怀念和感恩是对公平的最好报答。

教育既是国计，也是民生。从没有国哪有家的角度讲，教育首先是国计，然后是民生。教育既要关注民生，努力普遍提高全民全面素质，培养应用型人才，广泛进行技能培训，同时更要不懈追求卓越，努力提高质量，创造一流，培养更多高精尖创新人才。教育正义和正义的教育无论是教育条件还是教育质量，都应该是下要保底，上不封顶的合理性追求。不断追求和鼓励追求卓越，提高质量，虽然不是鼓励质量差距，特别是低质量，但必然形成和认可质量差距。国家和社会要不断努力加速提高贫困地区和弱势群体的教育条件和质量、效率，使其达到基本和较高水平，同时也要持续努力普遍提高教育的整体条件和质量、效率，而不能通过降低既有高质量教育和停止既有高质量教育对更高教育质量的追求，实现全社会的教育平等和公平。罗尔斯认为："教育机会方面的英才主义所导致的不是公正而是不公正。""由于财富和权力方面的社会和经济不平等造成的教育差别，只有在它们对整个国家有利益时才是正当的。同样地，英才应该获得优越的机会并不是因为他们的天赋才能，而只是因为向他们提供教育费用，利用他们的天赋才能，可以去帮助太不幸运的人们。"[①] 但真正的英才或精英应该是既有追求卓越的

① 约翰·罗尔斯:《正义论》，何怀宏等译，中国社会科学出版社，1988，第97页。

才能，又有扶贫帮困情怀的德才兼备的人才，只求功名和互利的“精致的利益主义者”不可能无私帮助不幸的人。商品社会的人并非都是无利不起早的生意人，马云对商人和企业家追求的分析对理解功利和德性正义非常到位。

追求基本公平、扶贫帮困、提高质量和效率的教育正义，既要有基本公平制度的保证，同时也要大力弘扬仁爱奉献精神。不断追求卓越不仅要不断奋斗，而且要有超乎常人的不懈奋斗和奉献。英雄就意味着奉献和牺牲，奉献和牺牲是英雄的代名词。社会不可不讲互利公平，但社会和个人只讲公平不讲奉献，社会就很难形成英雄，个人就不可能成为英雄。社会对英雄的功利回报往往远低于他们对社会贡献的应得，更多的是崇敬、景仰回报，或许连这些也非英雄所求。“生命诚可贵，爱情价更高。若为自由故，两者皆可抛。”何况区区功利回报？爱因斯坦说：“没有比为人类服务更高的宗教了。为公共利益而工作是最大的信条。”[①]“只有对于人类和对于客观事物的热爱与奉献精神才能产生真正有价值的东西。”[②]“如果我重新是个青年人，并且决定怎样去谋生，那么我绝不想做科学家、学者或教师。”[③]马克思为批判资本主义、宣传共产主义思想，倾其一生著述《资本论》等不朽雄文，但他自己缺少的恰恰就是钱财的“资本”。

总之，教育正义是主体对复杂甚至矛盾关系中的根本性教育价值的合理性追求，包括教育平等和公平正义、教育质量和效率正义、教育扶智扶志和扶教育之贫的超越公平的仁爱奉献德性正义。追求教育正义必须坚守互利公平正义与超公平德性正义互为基础、相互持续促进的全面正义，以互利公平正义为基本规范保证，大力培育和弘扬德性、德心、德信、德行正义，不断追求卓越，为民族复兴和人民幸福，全面提高全民素质，培养更多德智体等全面发展的高质量人才。

---

① 李醒民：《爱因斯坦》，商务印书馆，2005，第400页。

② 同上书，第355—356页。参见《爱因斯坦谈人生》，第46页。

③ 同上书，第65页。参见《爱因斯坦文集》第三卷，第325页。

第五节

进一步加大缩小东西部及城乡教育现代化差距的力度

中国特色世界先进水平的优质教育是中国城乡教育现代化的共同本质和目标。通过推进教育普及和均衡发展，西部乡村教育现代化取得显著成绩，但与东部城乡和西部城镇教育相比还存在明显代际遗传或延续差距。为了尽快消除或阻断城乡地区、东西部区域及其不同家庭教育的代际遗传差距，努力推进西部乡村教育振兴和现代化，要通过城市反哺乡村、东部反哺西部等措施，进一步加大力度缩小东西部及城乡教育现代化差距，大力增强西部乡村经济能力和办好教育的主体性。这是我们通过全国的调研和大量资料分析，对东西部乡村教育发展状况和存在问题与对西部乡村教育振兴和现代化的认识。

一、东西部城乡教育振兴和现代化的共同目标与差距

中国特色世界先进水平的优质教育是中国城乡教育现代化的共同本质和目标。[①] 教育现代化是追求教育先进性的过程、结果及其普遍化。[②] 农村教

---

① 中共中央、国务院：《中国教育现代化 2035》，http://www.moe.gov.cn/jyb_xwfb/gzdt_gzdt/201902/t20190223_370857.html.

② C·E·布莱克：《现代化的动力——一个比较史的研究》，景跃进等译，浙江人民出版社，1989，第 6 页。

育现代化是教育先进性在农村教育有特色的普遍化。推进农村及其教育城镇化、现代化与乡村及其教育振兴、现代化都是国家现代化的必然，应相互促进、协调发展。乡村教育振兴和学校建设的终极目标是中国特色世界先进水平的现代化优质教育，是平等且有质量和“一个也不能少”的教育，是人民满意的教育。

随着乡村及其教育城镇化的推进，乡村人口、学生和学校明显减少，小规模学校大量增多。乡村小规模学校既为一些乡村儿童少年上学带来便利，也为小班化教学提高教育教学质量和学校精细化管理提供了可能。研究表明，小规模学校和小班化教学有利于学生成绩提高、良好习惯养成和调动教师教学积极性。① 在农村及其教育城镇化与乡村及其教育振兴过程中，学校既有增加，也有减少和结构调整；既有催生新学校、新教育形成的“产婆术”方式和为增强乡村学校存在价值、生存能力的强身健体“输血造血”方式，也有对不可避免和必须承受的乡村学校“空心化”痛不欲生的“临终关怀”“节哀顺变”，这是客观事实和规律。

改革开放 40 多年来，一方面大力推进城镇化，另一方面大力推进城乡教育普及和均衡发展，并取得显著成绩，但西部乡村教育与东部城乡和西部城镇教育还存在明显代际遗传或延续差距。

（一）东西部城乡普及教育起步的差距。在 1986 年颁布《义务教育法》之前，1985 年的《中共中央关于教育体制改革的决定》提出“普九”的目标和进程：一是约占全国人口 1/4 的城市、沿海各省中的经济发达地区和内地少数发达地区，在 1990 年左右完成。二是约占全国人口一半的中等发展程度的乡镇和农村，在 1995 年左右普及初中阶段的普通教育或职业和技术教育。三是约占全国人口 1/4 的经济落后地区，只提及国家对这类地区教育的发展尽力给予支援，未提及哪一年实现目标。就算是在 20 世纪末实现目标，东西部地区普及教育水平和进程也相差 15 年甚至更多。

（二）东西部城乡实现教育“两基”目标的差距。2001 年国务院颁发的《国

① 傅维利、刘伟：《学校规模调控的依据与改进对策》，《教育研究》2013 年第 1 期。

务院关于基础教育改革与发展的决定》提出“十五”期间的教育现代化任务和目标、要求：一是占全国人口 15% 左右、未实现基本“普九”和基本扫除青壮年文盲的“两基”贫困地区，要打好“两基”攻坚战；二是占全国人口 50% 左右或已实现“两基”的农村地区，适度发展高中阶段教育，积极发展学前三年教育；三是占全国人口 35% 左右的大中城市和经济发达地区，高水平、高质量“普九”，基本满足社会对高中阶段教育和学前三年教育的需求。2003 年，在新中国成立后的首次全国农村教育工作会议后国务院颁布的《国务院关于进一步加强农村教育工作的决定》，明确了农村教育在全面建设小康社会中的基础性、先导性、全局性的重要作用，提出优先发展农村教育，把农村教育作为教育工作的重中之重的战略，特别强调通过对口支援、城镇教师支援乡村学校圆满完成“老、少、边、穷”地区“两基”攻坚任务的目标。从西部乡村“两基”达标到东部整体高水平、高质量普及九年义务教育和普及高中教育，如果每实现一个阶段或档次的目标需要 5 年时间，这三个档次相差也有 15 年甚至更多。实际上全国“普九”通过国家验收的时间是 2011 年，中国用 25 年全面普及了城乡免费义务教育。“约占全国人口 1/4 的城市、沿海各省中的经济发达地区和内地少数发达地区”与“约占全国人口 1/4 的经济落后地区”，特别是深度贫困地区乡村“普九”教育水平和进程相差至少 20 年或者两代人。

（三）东西部城乡推进教育均衡发展的差距。2012 年国务院颁布《国务院关于深入推进义务教育均衡发展的意见》，2013 年教育部启动义务教育均衡发展督导评估工作，截至 2019 年 12 月底，全国累计有 2 767 个县通过国家认定，占比 95.32%；其中东部地区 890 个（全部实现），中部地区 872 个，西部地区 1 005 个，中西部地区县数占比 93.24%。全国尚有 9 个省 136 个县未通过认定，其中中部 2 个省份 39 个县，西部 7 个省份 97 个县。[1] 如果在 2020 年西部这 7 个省的 97 个县通过国家认定，也与东部率先认定的县相差 7 年，但东部有些省的市县城乡教育已经或正在实现优质均衡发展。

---

① 中华人民共和国教育部：《2019 年全国义务教育均衡发展督导评估工作报告》，http://www.moe.gov.cn/fbh/live/2020/51997/sfcl/202005/t20200519_456057.html.

如果西部未通过国家认定的县的教育从基本均衡到优质均衡如同从“普九”教育到城乡均衡发展的时间一样为7年，那么东西部城乡教育均衡发展的差距似乎有所缩短，但也有14年。

（四）东西部城乡学校办学受教育年限的差距。新中国成立以来，城乡教育人口受教育程度的差距整体逐渐缩小，从1930年后出生的农村与城市人口的平均教育年限差距达到4.55年，到“90后”这个差距缩小为2.18年。但农村孩子初中升高中概率仅从“30后”的1.463提高到“90后”的1.776，没有本质性改善。农村与城市适龄儿童进入高等教育的相对比例“90后”约为1 ：1.9（农村入学率34.41%与城市入学率65.12%），这就是说城市学生上大学的概率比农村学生高出近一倍。[①] 虽然新中国成立后农村孩子上大学的机会要比以前高得多，但“寒门难出贵子”只是难易程度的不同，而没有本质的变化。这与教育的城乡差距和东西部差距都有关系，基础教育普及率低，特别是高中教育普及率和质量低就导致难以考上大学。

（五）西部平原地区乡村与深度贫困山区等不同乡村的差距。四川、甘肃、新疆等少数民族地区学生辍学率较高，既说明控辍保学的积极意义，也说明不同乡村人口受教育程度的差距。

二、东西部城乡教育发展差距的主客观多重根源和表现

东西部城乡的教育差距既有经济发展水平差距的根源，也有社会文化和教育治理等差距的根源。西部乡村经济发展不仅与东部城乡经济发展有很大差距，也与西部城市经济发展有明显差距。同时一些西部乡村的社会文化和教育治理等与东部城乡和西部城市的社会文化和教育治理也有差距。

（一）东西部经济发展差距的根源。经济发展是教育发展的基本条件，除个别省份外，教育发展的差距基本与经济发展的差距相对应。各省份义务教育均衡发展通过国家认定的时间几乎与各省份人均地区生产总值成正比，经济越发达的地区达到国家要求的教育均衡发展水平越早，国家认定越早，

---

① 邓飞、傅文晓：《新中国70年教育不平等的演变轨迹实证研究——基于CGSS同期群数据的历史考察》，《教育经济》2020年第4期。

经济发展越落后，国家认定则越晚。2018年、2019年通过国家认定的县（市、区）是认定较晚的县（市、区），2020年通过国家认定的县（市、区）是在国家规定时间内的最后一批国家认定的县（市、区）。2019年我国人均国内生产总值70 892元，人均地区生产总值北京、上海和天津3个直辖市最高；此外，江苏115 168元、浙江98 643元、福建91 197元、广东86 412、山东76 267元。这些省份早几年就全部或大部分通过国家认定。西部省份和中东部一些省份经济欠发达，通过国家认定也较晚。2019年人均地区生产总值重庆65 933元、陕西63 477元，贵州41 244元、甘肃31 336元，中东部地区中黑龙江最低，为43 274元。[①]2018年国家认定的义务教育发展基本均衡县（市、区）共338个，其中西部209个，包括内蒙古8个，广西43个，重庆3个，四川39个，贵州30个，云南23个，西藏11个，甘肃12个，青海10个，宁夏3个，新疆13个，新疆生产建设兵团14个，占本年度国家认定总数的61.8%；还有中东部129个，包括河北35个，山西9个，辽宁15个，江西20个，河南32个，湖南18个。2019年国家认定的义务教育发展基本均衡县（市、区）69个，其中河北8个、辽宁4个、黑龙江32个、海南7个、重庆2个、云南9个、陕西7个。[②]目前还没有通过国家认定的有中部2个省份39个县、西部7个省份97个县。没有通过国家认定的原因主要是经济原因。比如甘肃静宁县、镇原县人均地区生产总值只有11 992元、15 331元，只是全国人均国民生产总值的1/5到1/4，只有东部发达省份的1/10到1/6。

（二）东西部城乡经济发展对教育投入差距的根源。全年全国居民人均可支配收入30 733元，城镇居民人均可支配收入42 359元，农村居民人均可支配收入16 021元。农民人均可支配收入为城镇居民人均可支配收入的1/3多一点，是37.8%。低收入人群人均可支配收入7 380元，为全国平均人均可支配收入的17.4%。城镇居民人均消费支出28 063元，农村居民人

---

① 国家统计局：《中国统计年鉴2019》，中国统计出版社，2019，综合。

② 中华人民共和国教育部：《2018年全国义务教育发展基本均衡县（市、区）名单》，http://www.moe.gov.cn/jyb_xxgk/s5743/s5744/201903/t20190315_373648.html.

均消费支出 13 328 元。全国居民恩格尔系数为 28.2%，比上年下降 0.2 个百分点，其中城镇为 27.6%，农村为 30.0%。农民人均消费支出为城镇居民人均消费支出的 47.5%。[①] 农民的收入低，虽然不能直接影响学校建设，但会影响孩子上学，也说明本地区对教育经费投入能力有限。东部城乡教育虽然也可能有一些差别，但不太明显，而西部城乡教育差别则很明显。国家规定县级教育投入应占县级财政总收入的 20% 左右，但西部几亿元、十几亿元的县级财政总收入的 20% 也就是一两亿元，甚至有的西部县教育投入占县级财政总收入的 50%，也只是几亿元。而东部县级财政动辄几百亿、几千亿，教育投入占县级财政收入的 20% ，就要比西部占县级财政收入的 20% 多几倍甚至十几倍。

为了保证每个农村孩子都能上学，解决因学费而上不了学的问题，也为了支持农村学校发展，自 2006 年起国家出台全部免除西部农村义务教育阶段学生学杂费制度。免学杂费资金由中央和地方按比例分担，西部为 8 ：2，中部为 6 ：4，东部除直辖市外，按照财力状况分省确定。2011 年试点、2014 年开始在西部农村学校实施营养午餐，到 2014 年农村中小学校生均公用经费经过 7 次提高标准后已达中西部小学 600 元，初中 800 元，东部小学 650 元，初中 850 元。[②] 中西部农村学校基本都执行这个标准，这对规模性学校来说勉强能够维持，但中西部农村有众多小规模学校，尽管教育部规定不足 100 名学生的小规模学校以 100 名学生划拨生均经费，尽管国家对北方地区学校生均每年都有 200 元取暖费，但小规模学校经费还是捉襟见肘，由于经费原因许多活动难以开展。东部由自己确定生均经费，城乡学校经费都高于中西部标准，有的高出 1/3，有的高出一倍，有的还规定不足 300 人的学校以 300 名学生划拨经费，乡村学校建设和教育教学经费充足，与城市学校基本没有区别，完全达到城乡基本均衡标准或水平，正在向优质均衡发展。

① 中华人民共和国中央人民政府：《中华人民共和国 2019 年国民经济和社会发展统计公报》，http://www.gov.cn/xinwen/2020-02/28/content_5484361.htm.

② 王定华：《我国义务教育均衡发展之进展》，《课程 · 教材 · 教法》2015 年 11 期。

（三）东西部城乡学校教师队伍建设的差距及其根源。百年大计教育为本，教育大计教师为本。没有足够数量和高质量的教师，就不可能提高教育教学质量。农村教育城镇化，乡村学生跑到城镇上学有多种原因，但乡村学校教师数量不足、教育教学质量不高是重要原因。乡村小规模学校多，十几个和几个学生的学校至少也需两三个教师，这个师生比可能要超出国家规定师生比 1 ∶ 19 的几倍。为了保证乡村学校教师配备，就造成城镇学校教师缺编。理论上讲，如果一个县的小规模学校多，就基本占完了本县全部教师编制；为了保证城镇学校教育教学基本运行需要，就导致乡村学校教师缺编,只能聘用代课教师或临聘教师。1997 年全国代课教师 70.79 万人，虽然经过多年努力，2014 年下降到 15.19 万人，[①] 但目前不少乡村和农村学校缺乏教师编制，仍有许多代课教师。农村城乡学校有的学校缺编和临聘教师超过 1/4 甚至 1/3、1/2。

为了实施西部“两基”攻坚战略，2006 年国家在西部农村实施特岗教师计划，2009 年和 2012 年特岗教师计划逐步扩大到中西部贫困农村地区。到 2014 年，特岗教师招聘 43.2 万，所需资金主要由中央承担，前几年每人每年工资收入 2.5 万元，[②] 目前达到约 3.6 万元。但加上住房等补贴实际每增加一个教师每年都需投入 8 万—10 万元。由于实施有优惠政策，3 年服务期满后选择留任的教师超过 80%，有些县每年都招聘大量特岗教师，几年下来竟有 70%—80% 是特岗教师。这既在一定程度上缓解了中西部农村中小学教师素质不高和数量不足的问题,但也存在是否会形成“强强联合出精品，难兄难弟凑合过”的值得反思的问题。2009 年国家在 6 所部属师范大学实施免费师范生政策，后来不少省区也在地方师范院校实施免费师范生教育，但高水平师范院校毕业生能到乡村学校的很少，甚至没有。全国几乎所有地区都实施了对乡村教育的特殊补贴，根据距离县城远近，有的每月补贴 300—500 元，有的补贴 1 000 元或近 2 000 元，但乡村教师职业对优秀的年轻学子的吸引力还是很小。真正做到“下得去、留得住、教得好”还很难，

---

① 王定华:《我国义务教育均衡发展之进展》,《课程 · 教材 · 教法》2015 年 11 期。

② 同上。

有不少大学生刚到乡村学校任教一两年就想尽办法离开，甚至根本就不想到乡村学校或者还没到乡村学校就想着报到后离开的办法和时间，根本没把心思用到教书育人的工作上。有的教师在乡村学校认真教学三五年也是为了取得业绩再借助该跳板调往城市，许多乡村学校除大龄教师不愿离开外，很少有超过五年教龄的资深教师。这样的教师教龄结构怎能提高教育教学质量？乡村学校基本成为或者就是城镇学校教师的练兵场。

（四）西部城乡学校办学条件的差距。经过多年推进城乡教育均衡发展，推进城乡义务教育均衡发展，农村和乡村教育教学条件得到明显改善，许多地区城乡教育设施建设基本没有差别。多数学校有带有教学一体机的宽敞漂亮教室，有200—300米的塑胶操场，有书籍种类繁多的图书室，有语言实验室、电脑操作室、梦想创意室、心理咨询室、书法室、画室、钢琴室、舞蹈房、物理实验室、化学实验室、生物实验室，还有泥塑室、剪纸室、编织室、小农场等兴趣场地、设备。但不少乡村小规模学校和教学点，缺乏音体美教师，许多良好的教学设备不能很好地服务教学。还有一些准备撤并或“放弃”的教学点，基本没有什么教学设施，连像样的操场都没有。

（五）东西部城乡基础教育差距还在于东西部社会文化、社会和教育治理的差距。教育发展水平与教育治理水平紧密关联，条件好治理不到位，努力不够，教育发展水平虽然会有提升，但很难达到先进水平。条件不好但治理有方，不懈努力，教育也能达到较高水平，形成鲜明特色。比如，甘肃会宁的教育。条件不好，治理和努力奋斗又不到位，那就只能是“一个也不能少”的最后那个。

三、城镇反哺乡村、东部反哺西部及其教育的意义和重要举措

教育优先发展的重点是优先发展农村教育，没有农村的现代化就没有国家的现代化。为此国家也出台和实施了不少重大政策，虽然也取得了许多显著成绩，但到目前却连最基本的农村和乡村学校教师问题都没有完全解决，许多老师不愿意在乡村任教，许多学生不愿意在乡村上学，可见实现乡村教育振兴和现代化的艰巨性；同时也要反思，农村学校缺乏编制，没有

充足数量和高质量的教师，乡村教师职业吸引力不强，究竟是基础差、底子薄、欠账太多的原因，还是对优先发展农村教育、大力振兴乡村教育的力度不够大呢？在以前农村人口占70%—80%，乡村学校和学生占全国学校和学生总数的90%和80%多的情况下，由于财力有限是不可能解决这个问题的，但在乡村学校和学生只占全国学校和学生总数的30%至25%，在国内生产总值由改革开放初3 679亿元增长到2017年的827 000万亿元、人均国民生产总值从改革开放初的381元增加到2018年的约66 800元情况下，还不能彻底解决这个问题，就恐怕不只是财力问题，而主要是价值观问题了，或者说是由价值观造成的财力问题、由主观导致的客观问题；也是因为对必要性认识不到位，导致的对可行性落实不到位。推进西部乡村教育振兴和现代化，既要进一步全面深刻认识协调城乡和东西部及其教育发展、城市反哺乡村、东部反哺西部的必要性，又要进一步加大城市反哺乡村、东部反哺西部，推进西部乡村教育振兴和现代化的力度。

（一）以价值理性引领工具理性推进西部乡村教育振兴和现代化。百年大计教育为本，教育大计教师为本，这个道理对于所有教育都是一样的。教育优先发展的重点是优先发展农村教育，没有乡村的振兴、小康和现代化就没有国家的现代化，这个道理对于所有农村都是一样的。没有西部乡村及其教育的振兴和现代化就没有国家及其教育的现代化，这个道理既包括前面两个道理，又有特殊的道理，那就是东西部农村、乡村及其教育问题。大力推进城乡教育公平是当代中国的重要政策，但许多人对公平有不同理解。如果把公平看作平等，那就是以天赋人权、人人平等的人格尊严衡量的，是绝对的、独立的、价值的。如果把公平看作是互利互惠，那就是经济的，是以价值规律为标准等价交换的，是相对的、交换的、工具的。如果从互利互惠、公平交换的公平角度讲，民以食为天，农村和乡村是农产品的主要来源，西部有丰富的资源，农村和西部虽然相对落后，但以前和现在都为国家发展做出重要贡献，都有不可取代的重要作用和价值，因此，城乡和东西部要公平发展。但如果农村和西部以前和现在都未为国家发展做出重要贡献，没有不可取代的作用和价值，是否就可以放弃或抛弃它们？

当然不能，而且肯定不能。

中华儿女要不惜一切代价守护好祖国的每一寸领土，儿不嫌母丑，狗不嫌家贫。祖国的每一寸领土，无论富饶还是贫贱，都是老祖宗的产业。不惜一切代价守护好祖国的每一寸领土是做人的基本道德良心，是做人的最起码底线；尽量让不惜一切代价守护好祖国每一寸领土的人、世世代代居住在无论富饶还是贫贱的祖国大地的人都过上一样的幸福生活，这也是做人的基本道德良心，是做人的最起码底线。这就是平等，是价值理性的平等，不是工具理性的平等或者公平。推进城乡经济社会和教育、东西部经济社会和教育公平发展，首先是形成和树立正确价值理性及其理想、目标追求的问题，以价值理性引领工具理性的问题，然后才是评价和追求互惠互利的公平问题。只讲公平或者过多地讲公平，不讲或者很少讲平等，就很难解决城乡和东西部经济社会和教育平等发展差距的问题，很难真正推进西部乡村及其教育振兴和现代化。人格尊严的基本平等是道德和法律问题，人格尊严的高水平和高度平等则是能力和实力问题，没有科技、经济实力的提高就没有人格尊严的高水平和高度平等，没有能力和努力程度的提高，也不会有人格尊严的高水平和高度平等的提高。在合理的关系中，平等、公平和效率、效益都是正义的。协调好城乡经济社会和教育发展、东西部经济社会和教育发展，推进西部农村、乡村教育振兴和现代化必须协调平等与效率的关系、公平正义与超公平正义的关系。①

（二）进一步加大城市反哺乡村及其教育、东部反哺西部及其教育的力度。乡村孕育了城镇，农村孕育了城市，这不仅是现当代城乡二元结构的现实，也是古往今来的人类发展历史。从历史长河讲，自古以来城乡都是发展互补的。但乡村、农村、农业、农民是国家及其城镇、城市、工业、市民的本源，没有乡村、农村、农业、农民就没有城镇、城市、工业、市民。乡村、农村、农业、农民哺育城镇、城市、工业、市民首先是基于人类、民族和国家文明发展的价值理性，同时也有工具理性，也是为了乡村、农

---

① 郝文武：《教育的公平正义与超越公平的德性正义》，《教育研究》2019 年第 12 期。

村、农业、农民自己的发展和利益。科技、教育和工商业的发展需要大量科技、教育和工商业精英的聚集，大量科技、教育和工商业精英聚集的城市的科技创新和推广、人才培养、工商业发展，不仅促进了城市本身的繁荣发展，也促进了乡村、农村、农业、农民的发展。在农村、农业和城市、工业都落后的情况下，70%—80% 乡村、农村人口支援 20%—30% 的城市人口，在城镇化率不断提高的情况下，60%—70% 城镇人口反哺 30%—40% 乡村人口及其教育，不仅有必要性、可行性，而且要比以前 70%—80% 乡村、农村人口支援 20%—30% 的城市人口要容易得多、轻松得多。这样不仅是为了乡村人口及其经济社会和教育发展，也是为了城市、城镇人口及其经济社会和教育发展。民以食为天，再怎么发达先进的城市也要吃饭。所以即便是在城镇反哺乡村、农村的情况下，城乡还是互补的，但又不能因为强调互补而淡化反哺、反补。

同理，无论在革命战争年代还是改革开放以来，西部在资源、人才等方面都为东部发展做出了重要贡献，东部在率先实现小康和现代化的情况下，反哺西部经济社会及其教育也是应该的，而且在这个过程中，东、西部还是互补的，同样也不能因为强调互补而淡化反哺、反补。

（三）正确认识城乡教育一体化和融合发展关系，合理布局农村学校，凝聚乡村学校特色。城乡教育一体化是当前教育政策和教育研究强调的重要议题。但这并非许多人理解的城乡教育完全统一、千校一面、千人一面，而是指城乡教育总体目标、办学条件完全一致，不是指城乡学校和教育具体目标、教育教学内容和治理管理完全一致。城市学校发展、城市学校通过城乡教育共同体等支援的乡村学校及其城乡教育融合，都应从实际出发，根据学校发展历史、现实条件等在努力达成国家规定全面发展统一要求基础上，确定自己的具体目标、教育教学内容和治理管理方式，这既体现了学校特色和培养有特色学生的要求，也对加快乡村教育振兴和现代化有重要意义。

（四）充分尊重教师职业特点，进一步采取特殊政策提高西部乡村教师的工资收入等待遇和社会地位，大力提高西部乡村学校教师的素质和职业吸引力。提高乡村教师职业吸引力主要还是工资收入等待遇和社会地位的问题，但又不仅如此。人力资本或者人的能力、价值体现和追求，既有相互联系，又相互区别的经济资本或者物质资本，也有文化资本、社会资本和符号资本等。[①]教师，特别是乡村教师，有知识、能力等文化资本甚至职称、荣誉等符号资本，通过提高工资等待遇也能获得较高的经济资本，但由于职业特点和交往范围有限，缺乏人际关系等社会资本是他们难以改变的普遍特点。丰富的社会资本有时可能带来比经济资本更多的资本，但学校又不能鼓励或者即便鼓励也很难扩大或增强教师的社会资本。提高乡村教师职业吸引力，形成“下得去、留得住、教得好”的乡村教师队伍建设机制，只能以更高的经济资本换取或弥补不能鼓励和难以增强的社会资本，以经济收入换取乡村教师在乡村学校“下得去、留得住、教得好”的时间、空间。

（五）充分调动各层面推进乡村教育振兴和现代化的积极性，努力形成“共治”合力。[②]城乡互补、反哺既包括城市支援农村、城市教育支援农村教育，也包括城镇支援乡村、城镇教育支援乡村教育。“以县为主”的农村教育管理体制，不是以县城学校和教育为主教育的管理体制，要充分调动乡镇、乡村和村民办学的积极性。

四、强筋壮骨、大力增强主体性是西部乡村教育振兴和现代化的根本之道

东西部教育的差距既有地理、经济等客观因素，也有人的素质的差距，教育治理管理的差距，教师的敬业精神的差距，教育教学积极性、自信心的差距。西部不仅缺钱，还无法把钱用在刀刃上。东部不仅有钱，还能竭力提高钱的利用效率。推进西部乡村教育振兴和现代化要大力提高教育治理管理的现代化和资源的利用效率，提高教师教育教学的积极性。

---

① 刘生全:《论教育场域》,《北京大学教育评论》2006 年第 1 期。

② 郝文武:《农村教育现代化“以县为主”应充分发挥乡镇乡村的作用》,《教育理论与实践》2019 年第 31 期。

（一）不少县市人浮于事、教师总量超编和不少学校教师缺编是西部教育管理的普遍特点。西部有一个县按照国家规定的教师核定编制为4 000名，但实际有6 000名教师，其中县乡教育管理人员占有不少比例。还有一个学校实际在岗教师24名，但教育局公布的该校教师则是67名，校长都无法考证。这不仅占用非常有限的教育资源，也对提高教师教学积极性是一个很大的伤害。推进西部乡村教育振兴和现代化必须严格编制管理，减少对宝贵教育资源的流失、浪费。

（二）吃大锅饭，干多干少、干好干坏一个样是西部学校管理的普遍特点。多劳多得、优劳优得、少劳少得、不劳不得是现代科学管理的基本原则和办法。我们应该同情每一个人，但坚决不能企望被每个人同情，更不能同情懒汉伤害好汉。幸福生活是自己的劳动创造的，也是别人逼出来的、管理管出来的。在不能轻易辞退教职员工的情况下，西部县级教育主管和学校领导在通过绩效管理等办法，弘扬正气，鼓励先进，充分提高教师教育教学的积极性方面还要作很大的努力。

（三）信心不足是西部一些地区学校领导、教师的突出特点。先进与落后是一种心态，古代都有“朝为田舍郎，暮登天子堂”“寒门产贵子，白户出公卿”等自强不息的先进理念和追求，现代西部教育工作者也有不少在极端苦难的条件中做出显著成绩，对自己的历史文化很是自豪，比如甘肃会宁的领导、教师和学生。但也有不少领导和教师总是抱着一种“烂泥扶不上墙”的心态，对本地的学校很绝望，乡村学生和教师想方设法往县城跑，县城学生和教师想方设法往省城和别的县市跑。这还怎样通过教育和知识改变命运，拔掉世代遗传的穷根？

（四）敬业精神不够，把当教师作为走投无路、别无选择的选择是西部不少教师的基本特点。东部的多数教师感到当教师很光荣，西部的不少教师只把教师职业看作是自己没本事、不得已的养家糊口差事。东部的教师通过对口支援等方式背井离乡、竭尽全力为西部教育作贡献，而西部的教师则得过且过，马虎应付。提升教师敬业精神和职业吸引力，增加西部教师的职业荣誉感、职业自豪感，是西部教育治理的重大责任。

（五）对教学点的学校建设不太重视也是西部教育的一个特点。党和国家非常重视通过精准扶贫重大措施改变贫困地区和人群的生存状态，但西部地区不少县市由于追求管理方便和经济效益，更希望薄弱学校和小规模学校尽早撤并。控辍保学既要解决少数家庭儿童多、教育认识不足的问题，也要努力办好乡村小规模学校，解决好为乡村学生提供就近入学和提高教育质量的问题。

第三章　农村教育现代化的教育治理和管理

人类实践活动的本质特征是合理性，首先是合目的性，然后是合规律性。理想、梦想和目的既是行动的指南，也必须通过实践使之变为现实、事实。实现理想、梦想和目的的实践也许有许多不同的路线、道路和制度选择，也可能有最佳甚至是唯一的选择。中国近百年的革命和建设的实践雄辩地证明，唯有中国共产党领导中国人民探索和选择、确定的社会主义道路，才是中国革命和建设的正确道路、根本道路，当然也是中国教育发展的道路。教育发展和现代化需要经济、政治、文化和科技等的滋养，也要服务或适应和促进经济、政治、文化和科技等的发展和现代化，教育发展和现代化需要系统治理、依法治理、源头治理、综合施策。

党中央和国务院对教育的治理是对全国教育的宏观治理，“以县为主”农村义务教育治理管理是对农村及乡村教育的中观治理管理，教育治理管理还有对学校的微观治理管理。振兴乡村教育和推进农村教育现代化，首先要全面贯彻落实党和国家关于振兴乡村教育和推进农村教育现代化的重大战略方针，以此为前提，要积极推进“以县为主”农村义务教育治理结构和能力的现代化，理顺“以县为主”农村义务教育治理管理中的县、乡和乡村党政与农村及乡村教育治理管理的关系，全面深入研判县域教育发展的历史和现实，整体谋划本县教育未来发展，做好农村学校布局、农村及乡村学校建设，特别重视乡村小规模学校的建设，协调中小学普通教育、职业教育和幼儿保教等各级各类学校发展关系和城乡学校发展关系，通过城乡教育共同体建设和教育共治、融合等措施，积极推进县域内城乡教育均衡发展和现代化优质均衡发展，努力缩小区域教育发展差距，努力追赶世界先进水平。

人民满意的教育的评估有许多个层面和复杂标准、指标，对于乡村学校而言，教师对学校建设和自己待遇的满意、乡村民众和学生对乡村学校教育教学质量的满意是根本和最好标准。乡村学校好不好，就看学生爱不爱；乡村教师职业好不好，就看教师爱不爱；乡村教育是否现代化，就看学校能吸引多少上学娃；乡村教育兴不兴，就看乡村教育治理行不行。

第一节

“以县为主”的农村教育管理和治理也需现代化

“以县为主”农村义务教育管理体制是我国农村教育的基本管理体制，是党和国家教育治理的重要部分。管理强调为实现组织目标而实施的自上而下的组织措施，治理不仅如此，还特别强调充分发挥各级组织的主体性和各层级组织的协调作用。“以县为主”的农村义务教育管理体制的首要职能是管理，是以县级党政为责任主体，组织县级党政各部门、乡镇、乡村和学校全面深刻领会和积极主动贯彻落实党和国家教育治理的大政方针，管理好本县教育。在此基础上，县政府根据本县经济、社会和文化教育发展等实际，充分凝聚和发挥县级党政、乡镇、乡村和学校等“共治”力量的主体性，避免“以县唯一”，积极主动、整体谋划、与时俱进、综合施策，具体问题具体分析，创造性地贯彻落实党和国家关于农村教育治理的大政方针，以教师队伍建设和提高教育教学质量为核心目标，科学有效治理好本县教育，推进农村教育及其治理现代化和乡村教育振兴。

一、“以县为主”的农村教育管理体制也需优化治理结构和提高治理能力

从新中国成立后到改革开放初，我国农村有许多学校，几乎每个村子都有一所小学，一个公社有十几所初中、几所高中。为数很少的县城和乡镇设置的几所公办小学、初中和高中的教师选用调配和学校经费提供、设施

建设都由县教育局直接管理，大量民办学校的教师选用调配和学校建设经费都由公社和乡村管理，个别民办高中办学经费由县政府资助。改革开放以来，由于生育率降低和推进农村城镇化，乡村人口和学生、学校逐渐减少，农村中小学大部分转为公办，只有少量为民办，农村教育管理体制也逐渐发生变化。从 1985 年颁发的《中共中央关于教育体制改革的决定》、2001 年颁发的《国务院关于基础教育改革与发展的决定》《国务院办公厅关于完善农村义务教育管理体制的通知》，到 2003 年在新中国成立后的首次全国农村教育工作会议后国务院颁布的《国务院关于进一步加强农村教育工作的决定》，逐渐明确形成“以县为主”的农村义务教育管理体制。[①]

“以县为主”农村义务教育管理体制是我国农村教育的基本管理体制，农村义务教育发展首先要管理，但也需治理。治理与管理都是国家、社会组织的结构和运作方式，在社会发展不同时期、阶段和社会组织的不同层次关注的侧重点、发挥的功能作用不同。治理侧重宏观的顶层设计、战略谋划、整体协调、全局指挥；侧重奠定根基、方向引领、目标定位。管理则侧重贯彻落实、战术运用、具体操作、精准施策；侧重精细方案，具体时段，具体方法和手段、途径，具体地域和具体组织、团体、阶层、人群等。组织机构引领社会发展既需高瞻远瞩、运筹帷幄，也需精准施策、落地生根。任何社会重大变革、革命都首先是社会治理的变革和革命，然后是社会管理的变革和革命。中国特色社会主义建设新时代的社会组织从管理到治理的转变是国家组织结构和运作方式的重大转变。习近平指出：“治理和管理一字之差，体现的是系统治理、依法治理、源头治理、综合施策。”[②]坚持系统治理就是从政府包揽的管理向政府负责、社会共同治理转变；坚持依法治理就是从管控规制向法治保障转变；坚持综合治理就是从单一手段向多种手段综合运用转变；坚持源头治理就是从根本上解决矛盾、防微杜渐。[③]党的

---

①《国务院关于进一步加强农村教育工作的决定》，《中国教育报》2003 年 9 月 21 日。

② 习近平：《社会治理是一门科学》，《群众》2014 年第 8 期。

③ 魏礼群：《实现从社会管理到社会治理的新飞跃——习近平总书记关于社会治理重要论述的思想内涵》，《北京日报》2019 年 3 月 18 日。

十八届三中全会提出的“推进国家治理体系和治理能力现代化”紧密联系，合理的治理组织结构是有效的治理组织结构、功能和形成、发挥治理团队能力的基本保证。社会治理的本质是多维的参与型治理结构的建立而非刚性的行政管理的强化，从管理向治理变革的主要内容和核心要旨是提升社会治理能力。①

教育现代化是国家现代化的基石，没有教育现代化就没有国家现代化。“教育治理体系与治理能力现代化是实现教育现代化的核心目标和要求。”②没有教育治理的现代化就没有教育的现代化。“正确的政治路线确定之后，干部就是决定的因素。”③无论是治理还是管理，无论是治理的系统性、法理性、源头性、综合性还是管理的操作性、精细性、具体化，无论是建构现代化治理结构还是提高现代化治理能力，无论是治理和管理者主体的人还是治理和管理对象主体的人，人的因素，即人的主体性的充分有效发挥都是第一位的，领导干部的主体性的充分有效发挥都是第一位的。管理强调为实现组织目标而实施的自上而下的组织措施，治理不仅如此，还特别强调充分发挥各级组织的主体性和各层级组织的协调作用。“以县为主”的农村义务教育管理体制的首要职能是管理，是以县级政府为责任主体，组织县政府各部门、乡镇、乡村和学校全面深刻领会和积极主动贯彻落实党和国家教育治理的大政方针，管理好本县教育。在此基础上，县政府根据本县经济、社会和文化教育发展等实际，充分凝聚和发挥县级党政、乡镇、乡村和学校等“共治”力量的主体性，避免“以县唯一”，积极主动、整体谋划、与时俱进、综合施策，具体问题具体分析，创造性地贯彻落实党和国家关于农村教育治理大政方针，以教师队伍建设和提高教育教学质量为核心目标，科学有效治理好本县教育，推进农村教育及其治理现代化和乡村教育振兴。

① 秦德君:《社会治理模式转型:从“管控型”到“善治型”“参与型”》,《理论周刊》2016年5月31日。

② 陈金芳、万作芳:《教育治理体系与治理能力现代化的几点思考》,《教育研究》2016年第10期。

③ 毛泽东:《毛泽东选集(第二卷)》，人民出版社，1991，第526页。

二、"以县为主"的农村教育治理结构现代化应充分发挥乡镇、乡村和学校等的主体性

"教育治理是指国家机关、社会组织、利益群体和公民个体，通过一定的制度安排进行合作互动，共同管理教育公共事务的过程。治理的典型特征是多元主体参与的共同治理，即'共治'。"共治是治理结构和路径，是为了善治；善治是治理的理想追求和目标，基础是共治。"共治并不必然带来善治,但没有共治必然没有善治,共治所具有的内在优势有助于达成善治。"[①]教育治理的共治、善治和现代化的终极目标是立德树人，全面提高全民素质，培养更多优秀人才和办好平等而有质量的公平正义的教育，办好人民满意的好教育，使教育领域公共利益最大化。

教育"共治"既是治理结构的现代化，是调动各级政府和学校、社会共同关注、支持和办好教育的积极性、主动性的手段，也有丰富的历史经验。改革开放前，我国农村存在的少量的公办学校和多数民办学校的管理、治理与"以县为主"农村义务教育管理体制都是在党中央、国务院领导和省级党政指导下，由县委、县政府和乡镇（公社）、村委会与村民"共治"的。不同的是以前的农村教育是以乡政府为主或为主要责任者组织实施者的"共治"，可称为"人民教育人民办"的"共治"。"以县为主"或以县为主要责任者组织实施的"共治",可称为"人民教育政府办"的"共治"。21世纪初，不少省区市的县市教育管理在一定程度上沿用以前的管理体制，在国家和省区市县投入的基础上，一些乡镇也投入巨资、划拨土地建成宽敞漂亮、设施齐全的现代化学校；一些乡镇和乡村过年过节领导都亲自到学校看望本地教师，给予精神和物质鼓励；一些县市每年都要考评乡镇和乡村支持本地教育的措施和成效,并给予一定奖励。但近几年来,就在强调"共治"背景下,"以县为主"基本变成"以县唯一"的治理，乡镇和乡村不仅不能向本地学校投入，甚至过年过节领导看望本地教师也不能给予物质鼓励。这不仅有违教育现代化的"共治"精神,也不利于调动乡镇、乡村和村民等支持教育的积极性，

---

① 褚宏启:《教育治理：以共治求善治》,《教育研究》2014年第10期。

阻断了乡镇、乡村和村民等与学校的感情联系。乡村和乡镇的学生竞相到城里上学、学校和学生人数明显减少、乡村和乡镇人口减少、教育教学质量不高等许多原因，但把“以县为主”变成“以县唯一”也是重要原因。

乡镇学校和乡村学校既是国家的学校，也是本省、本市、本县、本乡和本村的学校。尽管国家有办好农村和乡村教育的责任和义务，事实上，农村和乡村教育也主要由国家投资，但乡镇和乡村根据经济发展状况和财力，在不影响经济发展和不增加负担的情况下，作为辅助作用，也有义务或应该为本乡本村教育进行一定投入。包括现代化治理的任何治理措施既要遵纪守法，也要有感情联系。各级政府对学校建设除了常规的经费投入外，对乡镇支持本地学校建设和教育发展予以精神表彰和一定经济鼓励，各级领导和村民平时关注本地学校建设，过年过节看望教师，这些都不仅体现了教育“共治”精神，也有利于调动和争取乡镇、乡村和村民等支持学校建设的积极性，更有利于在心理或感情上密切乡镇、乡村和村民等与学校的关系。推进农村教育治理结构现代化有必要重新审视、界定和重视完善“以县为主”的农村义务教育管理体制，积极汲取过去在经济困难、学校办学条件不好的状态下乡镇和乡村、村民积极支持学校建设和教育发展的宝贵经验。县级党政作为主要责任者和具体组织实施者，应有效组织县级职能部门、乡镇和乡村党政以及村民积极建设学校，在主要由县级以上政府对农村教育投入基础上，充分调动乡镇、乡村、村民和社会力量等方面的办学积极性，尽量争取各方面对学校建设的支持及其投入。①

在城镇化过程中，农村教育的家校合作具有特殊作用，家长成为“以县为主”的农村义务教育共治的重要主体。经济欠发达地区的许多乡村、乡镇学校有许多留守儿童，由于父母常年在外打工，年迈祖父母虽然能照顾他们的生活，但很难做好教育辅导。经济发达地区的城镇和乡村有许多随迁子女，父母也由于工作繁忙没时间照顾和教育辅导孩子，对孩子的教育辅导，一些读寄宿学校的孩子由学校承担，一些由校外辅导机构和托管中心承担。

① 郝文武：《农村教育现代化“以县为主”应充分发挥乡镇乡村的作用》，《教育理论与实践》2019年第31期。

对留守儿童和随迁子女的教育辅导、生活照顾和安全保证，都不仅需要学校和家庭的“共治”，也需要县、乡、村各级组织的组织和引导。

教育治理及其现代化的核心和本质是学校治理及其现代化，最终都要落实到学校及其课堂的教育教学。一个好校长就是一所好学校，校长是学校治理及其“共治”的责任人，是贯彻落实党和国家重大决策、调动学校教师主体性，把立德树人落实到课堂、提高教学质量的关键。“以县为主”的农村教育管理体制必须选用好校长。近年来，有些县市对学校的治理实行了校长职级制，并有较好效果；有些县市学校虽然实行，但名实不符，不仅选拔和考评程序不到位，绩效待遇也不到位，许多相关问题没有解决；还有许多县市并未实行。校长职级制涉及校长如何选拔、考评和待遇的问题，也与副校长、学科主任、班级主任等有密切联系；原来一些学校校长有行政级别，实行校长职级制后有些县市取消行政级别，有些县市保留行政级别。究竟是否和如何实行校长职级制，不同地区有不同做法和效果，这本身就说明县级党政对教育治理的重要作用。

“以县为主”教育治理现代化的治理结构的现代化和“共治”，还要处理好中小学、幼儿园、特殊教育、职业教育等的结构关系，处理好县级教育局、人事局、编制办、财政局等复杂关系。

三、“以县为主”的农村教育治理现代化的关键是持续提高教师队伍建设的能力和水平

百年大计，教育为本；教育大计，教师为本；教师大计，育人为本，教学为本，学生为本。教师和学生是“以县为主”教育治理“共治”结构的核心。办好教育既要有优良设备，更需要优秀教师、教师队伍的优化和现代化。做好教师队伍建设，建设强大的高质量教师队伍是教育治理的根本。关于教师编制、聘用、工资待遇等政策全国基本一致，但不同县市贯彻落实党和国家优先发展农村教育决策的力度、做法不同，产生的效果也不同，说明充分发挥“以县为主”教育治理的主体性，优化“以县为主”教育治理结构和提高“以县为主”教育治理能力的重要作用。

多年来，通过推进城乡教育均衡发展，城乡学校的教育教学设备一体化均衡发展水平显著提高，许多地区城乡教育教学设施建设基本没有差别。乡村教师队伍建设也明显加强，但许多学校教师结构性短缺和一些学校教师编制短缺非常严重。小规模学校的教师编制和专业结构性短缺普遍更加严重。这既加重教师负担，更影响教学质量。为了满足小规模学校教育教学对教师的基本需求，教育部出台了以学生数和班级数相结合为标准为小规模学校和教学点配备教师的办法，但城乡学校编制短缺问题并未得到根本解决。在教师编制严重短缺情况下，“以县为主”农村教育管理充分发挥教育治理主体性作用，统筹解决教师队伍建设问题，保证教育教学正常进行和质量提高，这也充分说明“以县为主”农村教育管理，不仅是管理问题，也需要大力提高治理能力。

在三级师范教育中，虽然国家对中小学教师学历要求不高，但中等师范学校培养的教师比较扎实和全面，所以中小学基本没有音体美教师缺乏问题。改革开放以来，国家对中小学教师的学历要求逐渐提高，中等师范学校逐渐被取消。教师教育本科化既提高了教师学历，也使得教师更加专业化。规模较大的县城和乡镇学校虽然对音体美教师也有明显需求，但主要是好不好和结构是否合理的问题，而对于乡村小规模学校和教学点则是有没有的问题。许多县市多年招聘音体美教师数量都达招聘教师总数的约 1/3。“以县为主”农村教育管理虽然不能解决音体美教师培养和供给的根本问题，但可以充分发挥主体性，想办法解决这个问题。

为了推进城乡教育融合的一体化均衡发展，在县域内优化配置教育资源，提高小规模学校和教学点利用、享受优质教育资源的水平和教育教学质量，全国许多省区市对农村学校治理逐渐形成和实施了不同特点的大学区管理办法。不同县市的不同特点的农村大学区管理办法的主要区别是，如何在县域内的不同学校间以学区为单位调配、管理教育资源、安排课程教学、评价教育教学和学校建设成效的区别。普及义务教育先进县和推进城乡义务教育均衡发展先进县，被教育部确定为全国城乡义务教育优质均衡发展试点县的吉林省吉林市永吉县实施的大学区办法是，把一个或两三个乡镇的所有学校和教学点划为一个大学区（一般是一个乡镇为一个学区），以教师队伍规模较大、教师专业结构比较齐全和教育教学质量较高、教育教学设施条件较好的中心学校为依托、引领和责任主体，由教育局统一调配县域内各个学区不同学校的教师、教育教学设备等优质教育资源，统一安排中心学校和小规模小学、教学点的教育教学内容和进程，把小规模小学和教学点完全作为中心学校的一部分以“捆绑式”考核评价本学区学校建设、教师队伍建设、教育教学质量等，并以此比较不同学区的成效。中心学校既是办学主体，也是管理主体，不仅对中心学校本身，也要对学区内的教育教学、学校建设等所有学校的发展承担主体责任。一个学区内的不同学校只是在地理位置上分布在乡镇所在地和不同乡村，在学校建设、教师配置、课程设置和教学、教育教学考核评价等层面的活动，实质上都是一个学校的不同部分。经过几年的实施，大学区治理办法取得显著效果，也体现了“以县为主”的农村教育治理能力现代化取得的显著效果。

四、农村教育治理现代化要不断提高全面整体长远谋划和推进农村教育发展的能力

教育现代化是一个不断提高水平且没有完结的过程，农村及其教育城镇化和乡村及其教育振兴也需要一定过程。县城和大型乡镇规模化学校与乡村和小型乡镇的小规模学校、教学点并存发展也将长期存在。乡村教育振兴，推进农村教育现代化，解决农村教育的历史、现实和未来问题都不仅需要精准施策，更需要战略谋划。农村教育包括幼儿园教育、中小学教育、职业教育、特殊教育和留守儿童与随迁子女教育等，包括县城、乡镇和乡村学校、寄宿和非寄宿学校、公办和民办学校等。各类教育的现代化既有共同目标，也有各自特点和需要解决的问题。“以县为主”的农村教育现代化治理既要根据农村各层类教育的共同和总体目标不断推进，又要充分认识各层类教育发展的整体结构、不同特点、地位、作用及其相互关系，科学有效地理顺它们的结构和关系，全面推进它们的现代化发展，不断提高全面整体长远谋划和综合推进农村教育现代化的能力，在全面整体长远谋划和综合推

进农村教育现代化过程中充分发挥主体性，体现教育现代化治理能力。

国家及其农村教育现代化是随着国家及其农村经济、政治、文化的现代化发展而发展的，经济、政治、文化和教育相互促进和制约的关系既错综复杂，又有一定规律。我国东中西部各地经济、文化和教育发展有不同特点，虽然推进教育现代化的目标一致，但很难有统一的发展模式和进程。“以县为主”农村教育现代化治理既要全面深刻认识经济、政治、文化和教育相互促进的一般规律，又要紧密结合本地经济、政治、文化和教育发展实际，创造性地推进农村教育及其治理的现代化。

推进教育治理结构的优化和现代化必须推进教育治理要素和治理主体素质的优化和现代化，县委、县政府和县教育局等县级职能部门都是“以县为主”的农村教育治理的主要负责人，既要不断提高政治素质、行政素质，也要提高业务素质，尽快使主要由乡镇主要负责人等担任教育局局长的“外行”领导治理，变为全面深刻领会党和国家的教育方针政策，全面深入认识教育规律和本地教育发展实际的“内行”领导治理[①]，不断提高推进农村教育现代化的教育现代化治理能力。

① 高政:《教育局局长需要的不仅是“专业化”》,《中国青年报》2019 年 5 月 27 日。

第二节

农村教育现代化应“以县为主”充分发挥乡镇村的作用

多年来，“以县为主”的农村教育管理体制对推进我国农村教育发展发挥了重要作用，但我们在调研中发现，农村教育现代化“以县为主”也应充分发挥乡镇、乡村和村民的作用，解决普遍存在的“以县唯一”的问题。

一、充分认识乡镇和乡村对“以县为主”的农村教育管理体制的作用

农村教育是在农村设置学校或学校设置在农村的教育，是对农村人，特别是对农村适龄儿童青少年的教育。古代的农村教育主要是私塾教育，是为形成儿童青少年的基本文化素质进行的识文断字的教育，或者主要是为科举考试准备的教育。民国时期，特别是新中国成立以来，乡村从开始有零星的初级小学，到有比较普及的完全小学，再到有初中甚至高中。古代农村学校是由农村人或者其他投资者举办或资助建立，但都属于农村人自己的学校：农村人自己所有、教师教育自己孩子的学校。“文革”前后的一段时间，农村教育基本是县、公社、村三级管理，几乎村村有小学，一个公社有几所初中，一个县有几所高中。村小是通过县、公社、乡村组织协商，主要是乡村和村民投资举办，或者一个村举办，或者几个村合办。一个村办的学校学生来自一个行政村或自然村，几个村联办的学校学生则来自几个不同行政村和自然村。乡村学校的经费、设施用地甚至教师主要是

由村委会或学校委员会等协商投入、提供和聘用。初中是通过县市、公社和乡村协商，主要由公社投资举办，有的办在乡村，有的办在乡镇。生源有的来自一个公社的不同乡村，有的来自不同公社的不同乡村。学校经费、用地甚至教师也主要是县市、公社和乡村通过协商解决。高中主要是由县政府投资举办，办学主体是县市。生源基本来自全县的不同公社及其乡村。学校经费、用地甚至教师也主要是县市通过与公社、乡村等组织协商决定。

改革开放以来，我国农村教育发展及其管理体制逐渐发生了重大变化。由于计划生育和乡村城镇化，乡村人口和学生逐渐减少。为推进城乡教育均衡发展和一体化，逐渐形成“以县为主”的农村教育管理体制。目前，农村教育有完全公办、公办民助、民办公助、民办或私立几种。公办包括国办、地方政府和集体办的，但事实上，我国的农村教育很少有国办的，完全私立、民办的也不多，大都是县市和乡镇、乡村集体办的。现阶段的农村教育有九年制义务教育、高中普通教育和职业教育、学前教育。无论是义务教育还是非义务教育、公办教育还是民办教育，都是国家的教育或国民教育，都是在“以县为主”的管理体制中运行。“以县为主”有多层面含义：从管理层级角度说，在中央、省区市和地市、县市以及乡镇、乡村的多级管理中，县政府及其教育局既是贯彻落实党中央教育方针政策的主要组织者、责任人，也是全县教育发展的主要规划者、组织者和责任者，是最基层的统筹管理者，是联系中央和省区市的桥梁纽带，不像之前的以乡政府和村委会为主或者是最基层的落实执行者、谋划组织者和责任人，更不是以学校及其教师、学生为主。从教育投入角度说，“以县为主”是指县级政府及其教育局是统筹落实、有效管理中央和省级政府教育投入的组织者和责任人，但这并非是以县投入为主。教育投入有的是以县级财政为主的，有的是以中央和省级财政为主的。大部分县级财政对教育的投入占财政总支出的约20%。经济越发达的地区，教育投入占县级财政总支出的比例越低，教育投入占县级财政总支出的20%甚至10%就可完全满足教育发展的需要。经济状况越欠佳的地区，教育投入占县级财政总支出的比例越大，有的高达50%，深度贫困地区县级财政收入全部投入教育，也不能完全满足教育发展的需要。所以有人提出教育投入应以省级统筹，中央保底。从教育教学角度说，“以县为主”是指县政府及其教育局为评价考核学校教育教学的组织者，学校及其教师和学生是县政府及其教育局评价考核的对象，但学校的教育教学必须以学校及其教师和学生为主，不是以县政府及其教育局为主，县政府及其教育局、学校及其教师和学生是紧密联系的主体间关系。乡镇政府和村委会、村民既不是教育教学的主体，也不是教育教学评价考核的主体，甚至不是对象，似乎与学校教育教学无关。

无论从哪个角度说，为主相对于为辅，有主就有辅，有主就有次，无辅无次就无主。“以县为主”不是“以县唯一”。“以县为主”的中央和省市级党政领导显然不是辅助。辅助应该只能或必然是乡镇和乡村党政以及村民和社会力量。“以县为主”的农村教育管理体制应该积极争取甚至必须规定而不是忽视甚至排斥乡镇、乡村和村民以及社会力量支持和投入学校建设。不仅教育投入，而且在教育教学方面，乡镇和乡村、村民也应发挥相应的辅助、合作作用。由于环境、交通和风俗习惯等不同，包括县城及其乡镇或区的教育、乡镇和乡村教育的农村教育各有特点，但在“以县为主”农村教育管理体制下，积极争取乡镇、乡村、村民和社会的支持对乡镇和乡村教育发展都有重要意义。

就县政府本身各职能部门和各层级关系讲，教育局是全县教育投入配置、学校设置布局、教师编制配备、教育教学设施建设等的主管部门，是主要的落实执行者、谋划组织者、评价考核者和责任者。教育局不仅需要处理好与财政局、人事局、编制办等关系，而且也需要处理好县政府及其教育局与乡政府、村委会和村民的关系。

二、充分发挥乡镇和乡村在乡村教育发展中的重要作用是振兴乡村教育的迫切需要

在“以县为主”的农村教育管理体制中，县级党政的首要任务是贯彻落实党和国家的教育方针、政策和教育发展规划，统筹安排用好中央和省级政府教育投入，然后结合本县实际，做好教育发展规划，安排用好县级教

育投入，做好教师队伍建设和教师任用，做好教育教学督导和评估，组织、指导和争取乡镇、乡村对其教育的支持和投入。多年来，“以县为主”的农村教育管理体制对全面贯彻落实党的教育优先发展战略、推进城乡教育均衡发展和一体化发挥了重要作用，但在重视协调和处理县级管理与乡镇、乡村、村民关系，争取他们的支持方面还有很大空间。“以县为主”既不等于、不可能，也不应该、没必要政府大包大揽，这不利于调动乡镇和乡村及其民众办学积极性，不利于筹措更多的学校发展资金，不利于乡镇和乡村学校健康发展。“以县为主”的农村教育管理体制、机制及其依存的经济、社会条件完全不同于改革开放前的三级协调农村教育管理体制及其依存的经济、社会条件，但以前的农村教育管理体制中，依靠乡镇和乡村、村民办学，调动乡镇和乡村、村民办学积极性，乡镇和乡村在经济等方面非常窘困的情况下，仍积极支持本地教育的精神状态和宝贵经验对今天办好农村学校也有借鉴意义。乡村振兴，推进和实现农村教育现代化应该汲取过去的宝贵经验，逐渐完善“以县为主”的农村教育管理体制，有效组织县级党政，指导、组织和充分发挥乡镇、乡村和村民进行学校建设，积极争取社会力量对学校的支持及投入。

农村学校即便主要是国家和省市县投资，也是国家为了全面提高全民素质、推进城乡教育公平和均衡发展，在农民或村民家门口办的学校；既是国家的学校，也是村民自己的学校。国家和社会在一个城市所办的大学甚至企业都要努力与所在地的政府和人民搞好关系，尽可能为地方经济文化发展服务，要争取所在地的政府和民众的积极支持和投资，何况是建在自己的地盘、为教育自己的孩子的乡镇和村民自己的学校。村民自己的学校没有乡镇和乡村组织、村民的参与和积极支持是不可想象的。有条件的乡镇和乡村为乡镇和乡村学校提供一定的经费支持，既有必要，也应提倡甚至要有一定要求、规定。

国家是义务教育经费的主要投入者，但县级财政也有一定投入，对教育投入和经费支配也有一定自主权。教师的工资标准由国家规定，但县级政府也有重要决定作用。绝大多数县市教师构成有国家正式编制、县政府购买社会服务、同工同酬、临时聘用或代课等几种。县政府购买社会服务、同工同酬教师的工资标准基本与国家正式编制教师一致，临时聘用或代课教师的工资标准则与国家正式编制教师相差较大甚至不到国家正式编制教师的一半。这些经费有的是县财政支持，有的学校不得已用很紧张的公用经费非正规支出。大多数县市对农村教师都有一定经济补贴，其标准也是由县政府及其财政决定和支付，有的县市补贴从靠近县城每月最低200—300元到距离县城很远的边远乡村每月最高近2 000元不等。如果乡镇和乡村能为临时聘用教师和边远乡村教师工资和收入的提高做一定贡献，对提高乡镇和乡村学校对教师的吸引力，提高乡镇和乡村学校的教学质量是有很大帮助的。

学校建设和扩建征地需要乡镇政府、乡村组织和村民的支持。以前乡村办学校的用地自然是乡村提供和所有，乡镇和县办学用地也是县政府通过与乡镇、乡村协商由乡镇、乡村提供。近年来，有的县市通过一定程序和手续已经把原有学校用地转化为国有资产或公共用地，有的地方还处于模糊状态。有的学校与村镇和谐共用操场甚至用房，有的虽然共用，有时也有一些纠纷和干扰。有些县市为了合并学校、扩大学校容量而新建学校，或在原址基础上扩建学校，这些都需要征用土地。以前国家对非农业用地控制较松，农民对征用土地的费用也不在意，所以新建和扩建学校比较容易征用土地。近年来国家对非农业用地控制越来越严，农民对土地价值的意识也逐渐提高，开始重视政府对新建和扩建学校征用土地的费用。有些乡镇谋划长远，为了自己的孩子能接受良好教育和健康成长，为了办好自己乡镇和乡村的学校，不仅为兴办学校提供足够的建设用地，还提供巨资。但有些乡镇和乡村对新建、扩建学校的用地就不太支持甚至造成很大困难。在这种情况下，县政府就应清醒地意识到争取乡镇和乡村的支持对建设学校用地的重要意义。

随着包括乡村在内的生育率的整体降低和乡村及其教育城镇化发展，乡村学生和学校也逐渐减少。有的学校尽管生源和班级、年级逐渐减少，但学校继续保留。有的学校由于生源和班级、年级逐渐减少而与其他学校合并，或者完全撤销。虽然如此，也有一些县市还有大量的乡村学校，有的县一个乡镇有十几所小学，有两三所初中，还有现代化高中。乡村及其教育现代化是国家现代化的必然趋势，随着乡村及其教育的城镇化，乡村学校还会逐渐减少，在这个过程中，如何振兴、办好乡村和乡镇学校，使其不断现代化，如何做好县域内的学校布局，县级政府具有关键性或决定性作用，但乡镇和乡村也有重要作用，特别是在乡村振兴背景下更是如此。关于乡村教育城镇化的利弊，有人算经济账，有人算政治账，有人算文化账，有人算感情账，但教育应该趋利除弊综合所有考量算育人账。县级党委和政府首先要算好这笔账，做好学校布局的战略谋划、规划和实施，并做好对乡镇和乡村民众的引导。无论算什么账，撤并和新建、合建、扩建学校，县市都要积极支持。乡镇和乡村愿意为学校投资，县市就更应该举双手热烈欢迎和支持、引导。即便乡镇和乡村的想法有些方面不够合理，县市党委和政府也要做好他们的教育引导工作。总之，乡镇和乡村的学校建设、布局必须争取乡镇和乡村的积极支持，没有他们的积极支持，这个工作就不可能做好。

办在村民家门口的乡镇和乡村学校既有利于方便村民子女上学和丰富乡镇、乡村文化生活，也对乡镇和乡村的环境有一定要求。学校是教学的地方，需要有安全、安静的环境。中小学生基本是未成年人，需要有特别的关心、照料和保护。无论是寄宿生还是走读生，来校回家的路途交通安全、在校的生活及饮食安全等，甚至教师的住宿安全，特别是边远乡村单身教师的住宿、往返学校途中的交通安全，都既需要学校的关注，也需要学校所在地乡镇和乡村、村民的帮助和支持。所有乡镇和乡村都有责任为乡镇和乡村学校校园安全、医疗提供必要条件。

良好的家庭教育对学校教育有重要作用，城市居民一般都很重视并有各方面的能力进行家庭教育，乡村家庭一般都有一定困难，做好乡村教育必须大力争取乡村家庭和家长的有力支持。

三、完善“以县为主”教育治理体系，充分发挥乡镇、乡村支持本地教育发展的重要作用

在“以县为主”的农村教育管理体制中，充分发挥乡村和乡镇的支持和

辅助作用既对乡村教育振兴和现代化有重要意义，也是县级教育治理体系完善和现代化的重要组成部分。但相关文件政策对充分发挥乡镇、乡村支持和辅助作用的规定并不明确至少不是很具体，所以在具体实施中有很不同的认识、态度和结果。在我们调研的19个省区60多个县市中，大约有1/3的县市和学校认为，乡镇和乡村关注学校发展不仅有重要意义，而且有许多切实的支持。有大约1/3的县市和学校认为，过去或前十几年乡镇和乡村都有一定支持，至少与学校有紧密联系，过年过节经常看望老师、学生，还提供经费表彰老师、学生，但近年逐渐减少甚至完全没有了。还有大约1/3的县市和学校认为，在“以县为主”的农村教育管理体制中，办好乡镇和乡村学校完全是县级政府的事，乡镇和乡村没有这个职责，也无法履行这个职责。有的乡镇和乡村是由于财政困难无法履行这个职责。有的乡镇和乡村则是由于政策不明确或缺乏相关规定，经费无法支出，无法履行这个职责，甚至担心这会违反某些规定，受到纪律查处。所以，完善县级教育治理体系，有效处理“以县为主”的农村教育管理体制中的县级党委和政府与乡镇和乡村支持本地教育发展的关系，充分发挥乡镇和乡村支持本地教育发展的作用，使乡镇和乡村学校名副其实很有必要。

事实上，在“以县为主”的农村教育管理体制中，也有不少县市的乡镇和村委会、村民都积极支持本乡镇和本村教育的发展，对乡村教育发展发挥了难能可贵的重要作用。江西省弋阳县及其教育局统筹谋划本县教育发展，积极组织乡镇政府和村委会，紧密联系学生家长做好家校合作，使村民和家长积极支持并参与学校管理。此举不仅稳定了乡村学校生源，促进了学生回流，也调动了乡镇和乡村办学的积极主动性。以学风促校风，以校风促家风，以家风促民风的大胆创新尝试取得了很好的效果。

甘肃省会宁县几乎村村有学校，有的乡镇不仅有好几所小学，还有两三所初中，每个乡镇都有专管乡村教育发展的教育委员会。乡镇教育委员会主要负责执行县政府及其教育局的政策，也要积极争取当地乡镇政府、村委会和村民的支持，真正形成全社会重视和支持教育的良好态势。

吉林省吉林市永吉县口前镇春登中心校，以前校舍拥挤破败，原春登村支书后为大华实业有限公司董事长，2013 年个人捐资 60 万，镇政府投资 30 万，县政府投资 30 万，建成了宽敞漂亮的教学综合楼。目前全校有 300 多名学生，在师生共同努力下，学生德智体美劳全面发展，学校形成以柳条编织、泥塑和剪纸艺术为特色的文化品牌，学生的柳条编织作品还获得全国比赛一等奖。

河南省郑州市新密市超化镇经济发展好，财力雄厚，镇政府不仅为建设超化中小学提供新建学校用地，而且投资 6 000 万元新建面积很大、教学设施现代化的完全中学和小学。河南省卢氏县朱阳关镇莫家营小学有十几名学生，两名教师，校长李杰除了积极争取村民和家长支持学校外，还自掏腰包为学生购置呼啦圈等各种教具和剪纸等特色材料，使学校建设井井有条，学生快乐学习健康成长，学校及师生充满生机与活力。黑龙江省牡丹江市海林市长汀镇马场村马场小学，学生人数不多，但家庭住地分散，学生家长为了解决孩子上学难的问题，联合起来购置校车接送孩子上学，得到社会、学校等的赞赏。

广东省中山市县级乡镇更是划地出资、购置校车建设了许多现代化学校，满足了社会对教育的需要。广东省韶关市仁化县和河南省卢氏县积极争取企业资助和大学支持也取得显著效果。

陕西省延安市安塞区王窑乡李家河村、渭南市蒲城县永丰镇永丰村村干部非常关注本村学校建设和发展，经常关心学校的教育教学，逢年过节都要看望老师，积极争取县政府及其教育局保留学校和在经费投入、教师配置等政策上支持学校及其师生发展。永丰学校校长谈到自己几十年坚守乡村教育和乡镇乡村支持学校时十分激动和感激。教育局在谈到乡村领导和村民支持本地教育时也很感动和敬佩。这说明教师和教育局都希望乡镇和乡村、村民对学校有一定的关注和支持。

也有些县市反映，以前县政府每年年终都要对乡镇支持本地教育发展有一定考核评价，县政府会拿出一定经费对积极关注和支持投入本地教育的乡镇予以表彰和奖励，但现在县政府或者不再有这笔经费，或者即使有经费也没有明确规定和正规渠道鼓励乡镇支持乡村教育，所以也就没有了定期考核评价，乡镇对本地教育的支持也就基本不复存在。这说明只要提倡、鼓励和有一定规定，乡镇和乡村以经费等方式支持乡村教育是完全有可能的。

“以县为主”必须处理好人民教育人民办和人民教育政府办的关系，实现县级教育治理现代化。现代教育的教育者、教育管理者与受教育者或教育对象应该是平等交往，主动对话，相互尊重、理解和支持，共同发展的主体间关系，不应是被动接受教育和管理，为我服务、与我无关，我无法介入和无权影响的关系。“以县为主”的农村教育管理体制应该是人民教育人民办与人民教育政府办的有效结合、完全统一的教育 。无论是人民教育人民办，还是人民教育政府办，政府都是教育发展大政方针的制定者和教育目的、内容的主要确定者，是教育经费的主要投入者和教师队伍的主要建设者；人民既是教育的对象和教育的享受者，也是教育的主体和参与者、支持者，无论如何都不能游离于教育之外。乡镇、乡村和村民都应辅助县级政府或与其紧密结合发挥应有作用。办好人民满意的教育既要依靠党和政府，也要依靠人民群众和社会力量。人民满意的教育既包括人民对享受和投资教育的满意，也包括人民对参与者、支持者的满意。现代社会每个人都有权利受教育，也都有义务参与和支持教育，“以县为主”的农村教育管理不应忽视甚至排斥乡镇和乡村参与、支持教育，不应把乡镇和乡村学校仅作为只冠以乡镇或乡村名称而没有乡镇和乡村实质性参与和支持的名实相离的学校，也不能是乡镇和乡村、村民只有决定是否在本地建设学校的权利，没有建设好学校、提高教育质量的责任、义务的管理体制。

第三节

农村学校布局应坚持以育人为本的因地制宜

农村学校布局问题是多年来长期讨论和探索，并多有争议的问题。有人算经济账，有人算政治账，有人算文化账，也有人算感情账等，但最终要遵循教育方针和规律，全面综合考量，坚持以育人为本，算立德树人账。优化农村学校布局结构要坚持实事求是，以育人为本，因地制宜，大力推进城乡教育一体化均衡发展，提高乡村学校教师质量和教育教学质量。

一、农村城乡学校布局的变迁、现状和问题

农村城镇化是现代化的重要特征和趋势，多年来，随着生育率下降、农村及其教育城镇化，乡村人口和学生、学校数量逐渐减少。近年来随着乡村振兴战略的推进，乡村学校和学生数量减少趋势不仅逐渐放缓而且有所回流。我们通过调研发现，由于自然经济、社会条件和政策引导不同，不同地区的学校布局大致有城乡完全或基本融合、乡村学校不少而城乡融合成绩和差距并存、乡村学校极少而城乡差别很大、乡村学校不少而城乡融合差距很大等四类。达到第一类水平的县市很少，大约只有5%。停留在第三类和第四类水平的县市也较少，不到10%。大部分县市处于第二类水平。

第一类城乡经济、社会和教育基本没有差别，甚至完全达到城乡各有特色、优势的相互融合。农村城镇化不是把农村迁移到城市，而是就地现代化。自然和社会经济条件、教育基础好的大城市和珠江三角洲等经济发达

地区的城市与农村不存在明显差别，基本达到“城市像个城市，乡村不像乡村”的程度。农村和乡村经济繁荣，城乡接合部学校有地域宽广等更多优势，甚至有更好的设备和教师等配置，学校调整以新建、扩建为主。由于要接收农村学生和外来打工的随迁子女，学校和学生数量不仅没有减少，反而明显增加，寄宿学校、配备校车接送学生的学校也增多。

第二类乡村有大量学生和学校，城乡学校融合和均衡发展成绩显著，但距离现代化还有明显差距，还需继续努力。中西部大部分县市，特别是传统农业经济发展好的平原和川道地区农村目前还有大量学校，有的县市一个乡镇有十几所中小学和幼儿园。有的两个村、两个乡合并而学校没有合并，所以有两三所初中，还保留着很早就有现在发展也不错的高中。有的县市山大沟深，交通不便且距离很远，为了使乡村孩子享受优质教育资源，特别注重教育信息化建设，几乎每个村的学校都能在课堂上与城里孩子同步直接享受县城或者中心学校的优质课堂教学资源。这些县市近几年都通过城乡教育均衡发展验收，但学校建设距离现代化还存在较大差距。有的县市乡村教师平均年龄很大，知识结构老化，学习和教学动力不足；有的县市乡村学校运动场大部分为水泥硬化，还有沙石硬化；有的学校留守儿童学生数量占全校学生总数的1/3或1/4，也要解决不少相关问题。

第三类与第一类有明显反差，乡村基本或完全没有学生和学校，城乡学校均衡发展差距很大。在一些西部经济欠发达地区，进城是绝大部分人的梦想和追求，从改革开放初开始，乡村人口、学生和学校数量就急速减少。目前，县域经济发展欠佳且城乡差别较大，乡村基本或完全没有学校，乡镇学校也只有少量学生，大部分是只有十几个甚至几个学生的小规模学校，乡村学校学生数量占全县学生总数不超过20%。学校基本集中在县城，致使县城学校几十个学生大班教学，拥挤不堪。全县只有一半学生在本地学校上学，另一半都到省城、地级市和其他教育教学质量高的县城上学。有些县市只有中学住校，有些县市从小学开始就全部住校，还有些县市幼儿园就住校，学生一周回一次家。学生由于国家大力投资，城乡学校教学设备的现代化程度远远超过其他中西部学校水平，运动场大部分有塑胶跑道，物理、化学实验室，音乐、绘画、舞蹈等功能室应有尽有，但整体教育质量不高，县城教师严重短缺，有的学校有 1/3 的教师是代课教师；乡村教师很不稳定，教龄很少超过五年。

第四类乡村有大量学生和学校，但城乡经济、文化和教育条件和水平都差。县城学校发展较好，乡镇和乡村虽然学生、学校不少，教育质量也不错，但学校校舍、操场、实验室、功能室等基础设施较差，教育信息化建设基本没有，教师的年龄和专业结构也有明显问题。

二、优化农村城乡学校布局必须全面综合考量，坚持以育人为本的因地制宜

农村学校布局应该算经济账、政治账、文化账和感情账，但更应综合这诸多因素算育人账，以育人为本、以立德树人和提高教育教学质量为本考量，实事求是，因地制宜。

第一，农村学校布局不能只算经济账。发展教育、办好学校不能不考虑经济条件和经济效益，但更要考虑社会效益。教育具有长效性、广泛性和隐现性，基础教育的长效性、广泛性和隐现性更加突出，其效果可能在当代人、二代人显现，也可能更长时间才能显现。其效果可能是经济的，也可能是文化和道德的；可能是对受教育者个人和家庭的，也可能是对周围社会和整个社会的。这些也是不能直接以投入产出来测算效益的。

我国地域广大，人口众多，各地经济、文化和教育发展有很大差异。一些农业经济发达的平原和川道地区县市随着生育率下降、农村及其教育城镇化，适龄上学儿童确实大量减少，但仍有大量乡村人口和适龄上学儿童。一些县市长期以来一直重视教育发展，真正把教育发展放在优先发展的地位，即便财政收入欠佳、教育投入困难，但还是坚持“再穷不能穷学校，再苦不能苦孩子”的理念，尽量给予教育最大支持和投入，特别是给予乡村学校最大支持和投入；不仅保留了大量乡村学校，而且城乡学校的教师队伍和教育教学设备也达到基本均衡水平，教学质量也稳步提高。但一些经济欠发达地区县市的乡村，特别是边远贫困山区的乡村，经济条件不好，教

育教学质量不高,使人口和适龄上学儿童大量外流形成相互恶性制约和循环。为了提高学校教学质量和节约教育投入，当地大量撤并乡村学校，使乡村学校基本消失。乡镇学校虽然通过城乡教育均衡发展的验收，教育教学设备已经很好，但教师和教育教学质量存在明显问题，学生也很少。有些县市的乡村有幼儿园和小学一二年级初小，儿童从三四年级开始到乡镇或县城上学；有些县市的乡村儿童从幼儿园开始就到乡镇或县城上学，每天校车或私车接送一次；还有些县市的乡村儿童从幼儿园开始就到乡镇或县城上学，一个星期甚至一个月父母接送一次。这对县财政来说无疑节约了投入，提高了办学效益，但对众多学生家庭来说却不仅增加了可能远大于为县财政带来效益的许多投入和经济负担，而且也增加了家长不少安全、思念等心理负担。有人说，幼儿从小远离父母到乡镇或县城上学，可以培养儿童的独立性。但一个从小就独立到缺乏和不需要父母和别人看管呵护的人，成人以后他能关心照顾父母和别人？这样的“独立”人会是一个健康的人？

第二，农村学校布局算政治账，要全面深刻领会党和国家的政治理想和战略。教育是国之大计、党之大计，既是国计，也是民生。农村教育发展和学校布局当然要贯彻落实党中央的乡村振兴战略、推进城乡一体化方针，实现小康和现代化坚持“一个也不能少”理念，办好公平而有质量的教育，办好人民满意的教育。但这些绝非轻而易举就能实现的，必须付出巨大努力。既要全面了解人民对教育的全面需要，全面考量各地的经济、文化和教育发展状态及发展潜力、能力，又要根据教育发展的理想、需要和实力采取推进教育发展、优化学校布局等合理有效措施，付出实际的行动努力。不同地区对教育发展理想、需要和实力的认识不同，采取的推进教育发展、优化学校布局等合理有效措施和实际的行动努力也不同。有些地区深刻理解“百年大计，教育为本，十年树木，百年树人”的教育规律，把立德树人、育人为本作为教育的最大政治，从本地经济、社会、文化和教育发展的整体、长远考量，长期稳健有效推进城乡学校布局和教育和谐发展，把学校办在学生家门口，让孩子就近入学，并把尽力提高教育教学质量看作是推进城乡一体化，实现“一个也不能少”理念，就是办好公平而有质量的教育，办好人民满意的教育。城乡教育投入和教育发展、教育质量一直保持良好发展势头。有些地区则在不同时期，总是片面理解政治意图和口号，盲目紧跟和机械执行政策规定，把教育发展当作没有客观标准和规律、只是凭主观意愿任意想象的“翻烧饼”式的任性的活动，从竭力推进撤点并校的一个极端走向即便有几个孩子几名教师也要坚持办学的另一个极端，并认为这就是推进城乡一体化，实现“一个也不能少”理念，就是办好公平而有质量的教育，办好人民满意的教育。这不仅导致极有限的教育投入的巨大浪费，为教育持续稳健发展埋下许多难以弥补的隐患，延缓教育现代化进程，而且还形成功利化的不良文化氛围、社会风气。

人民是教育的主人、主体和来源，教育必须满足人民对包括教育在内的美好生活的需求和为了美好生活而发展、接受教育的需求。人民是众多个体组成的巨大群体，不同群体甚至个体因经济文化、社会基础和追求差异而有不同的教育需求。有人无论条件好坏始终都特别重视教育，竭力支持发展教育和后代的教育，急切盼望乡村教育稳健发展和提高教育质量，同时也希望甚至想方设法让后代到城里上更好的学校、接受更好的教育。有人则因为对经济、文化和教育发展没有追求和信心，所以不关心教育发展和后代的教育；有人虽然腰缠万贯，但也不关心或更不关心教育发展和后代的教育、学校设置和教育质量，只把乡村学校看作是照看孩子的托管地，甚至由于各种原因，更希望把学校设在乡村。所以，在竭力追求学校规模效益的当代社会，还有原为两个距离很近的自然村现在合并为一个行政村的乡村仍保留条件不错但学生很少的两所学校的现象。但无论从办学效益还是从培养德智体美劳全面发展的人来讲，其合理性是值得商榷的。完全抛开办学效益，仅就教书育人来讲，只有一两个、三五个学生的学校对儿童少年的健康成长也是不利的。教育既要满足国家和人民的教育需求，也要引导国家和人民对教育的需求。教育引导民众优化学校布局，既符合乡村学校撤并必须有村民同意的政治要求，也有利于集中力量建设学校和教育教学，通过在规模化学校中加强与更多同学的交流促进学生的健康成长。

第三，农村学校布局算文化账，要结合实际、与时俱进。乡村学校对丰富乡村文化、活跃乡村文化氛围有重要作用，在自给自足的自然农业经济时代乡学乡村文化、私塾是乡村主要的文化载体，耕读文化是乡村主要的文化形态，自然村举办学校是乡村文明进步的主要表现。自给自足的自然农业经济和文化主要是个体和分散的经济和文化，工业化经济和文化是大生产集体经济和文化，现代便捷交通和信息技术的社会化不仅为集体集中学习和教育与个体分散学习和教育相结合提供方便，使其成为可能，而且也提出了要求，形成了城乡文化既保留原有特色又相互交流借鉴融合发展的新的学习和教育文化。为了丰富、活跃乡村文化和方便儿童上学，新农村应该有新学校，但为了城乡相互交流借鉴融合发展，在距离不远、方便儿童上学前提下，把城镇或中心校集体或集中学校教育与乡村、家庭分散学习教育相结合是有利于乡村发展、城乡融合和青少年儿童成长的更加丰富、活跃的新文化。为了保护传统分散学校和教育的文化和满足成人的需要，只把青少年儿童长期捆在乡村及其学校而影响他们的成长、发展是很不合适的。

第四，农村学校布局算感情账，最终都应归结到青少年儿童健康成长的感情上。对于农村学校的布局，不仅有从经济、政治、文化考量的所谓理性问题，也有对传统村落文化、学校创办和为乡村做贡献的感情问题，还有对孩子的感情问题。学校的物质文化、精神文化都是为了青少年儿童的健康成长，最终都归结到为了青少年儿童健康成长的感情上。小学生上学路程不远可以步行，路程较远每天早晚有校车接送，孩子可以经常回家也不会影响对家庭和父母的感情。

总之，教育发展、学校布局既要算经济账、政治账、文化账和感情账，更应综合经济、政治、文化和感情等因素算育人账，以育人为本、以立德树人和提高教育教学质量为本考量，实事求是，系统评估，因地制宜，优化城乡学校布局及其教师和其他资源配置。

三、优化农村学校布局的关键是提高乡村教师和教育教学质量

农村学校布局针对和解决的主要问题是乡村孩子上学的问题，包括能不能上好学和有没有学上的问题。学校的基本布局针对和解决的是有没有学

上或者是否方便上学的问题，学校能否稳健和有吸引力地发展则是提升教育教学质量和能否上好学的问题，优化农村学校布局需要解决好许多问题，但关键是优化乡村教师队伍结构、提高乡村教师和教育教学质量的问题。

第一，县委、县政府及其教育局不仅在思想上更要在行动上真正落实育人为本的核心理念。学校布局要得到包括家长在内的社会各界和学校师生的大力支持，但关键是县委、县政府及其教育局要有正确观念，积极处理学校设置的考察评估、说服教育和检查落实等许多复杂问题。一个好校长就是一所好学校。对一个县的教育而言，特别是学校设置来说，县委、县政府及其教育局是关键，无论是只算经济账、政治账、文化账和感情账，还是综合各种因素算育人账，优化城乡学校布局，县委、县政府及其教育局都具有决定性作用。一个县的经济文化和教育状况的改变需要经过长期努力，但一个县的经济文化和教育发展方向、战略和活力，一年半载就可显露出来，甚至几天考察就可明显感受到。学校的设置和撤并都是关乎学校发展的长远之计，不仅涉及巨大投资问题，而且关乎教育发展方向和民心向背，县委、县政府及其教育局必须认真研究、审慎对待，勇于善于尽职履责，既能领受对教育稳健发展的褒奖，也能诚心承担教育发展失误和问责。

第二，推进城乡教育一体化均衡发展必须高度重视小规模学校或教学点建设。以城市为中心是导致城乡差距的重要原因，教育同样如此。为了吸引年轻教师到乡村小规模学校任教，绝大部分县市对乡村教师都根据距离城区远近给予不同程度的经济补贴，但对于很多在乡村任教而在县城居住的年轻教师来说，这只是交通补贴。有些县市把以县为主的农村教育管理变成以县城为主的农村教育管理，乡村学校条件和教师待遇改善迟缓，年轻教师在“必须在乡村学校工作五年才能调往城里”这一规定期满后全部调离，乡村学校没有超过五年教龄的教师，成为为城市学校培养成熟教师的练兵场。要建立真正具有较大吸引力的教师工资收入制度还要做很大努力。

为了方便教师交流借鉴、相互学习、共同提高，许多地区以优质教育资源城乡均等化和中心学校带动小规模学校或教学点为目的，实施大学区制，有些地区不仅如此而且以中心学校为基础、引领和担当，统一教师配置、教育经费投入，计划安排教育教学活动，并以小规模学校或教学点为重点统一考核不同大学区的教师配置、教育经费投入、教育教学质量，取得很好效果，克服了目前有些县市和学校仍然存在的教师配置、教育经费投入等重视中心学校，轻视甚至忽视、放弃教学点建设，使其自生自灭甚至希望其逐渐萎缩、最后消失的现象。

第三，以提高教育质量为目的，优化农村教师队伍结构。多年来，通过实施公费师范生教育、特岗教师、乡村教师补贴等措施，乡村教师队伍建设明显加强，但除个别县市教师数量还不足外，结构性短缺是普遍问题。乡村学生数量减少，虽然有乡村青壮年到城里居住、就业子女随迁等原因，但教育质量不高仍是重要原因。提高教育质量的关键是教师，足够数量的教师是基础，合理的教师学缘、专业、教龄、年龄等结构为充分条件。国家在高水平师范院校实施公费师范生教育多年，但由于种种原因，其毕业生能到县城，特别是乡镇、乡村任教的很少。

第四，积极实施全员绩效管理，充分调动教师教学的积极性。学校的绩效管理制度对调动教师的教育教学积极性，克服干多干少一个样、干好干坏一个样、干与不干一个样的“大锅饭”思想有重要作用。由于国家和省市并未有相应规定的基金投入，目前多数学校未普遍推行，有些县市和学校率先探索实施，但基金问题难以解决。相关管理部门应该对其有原则性指导意见，以便学校名正言顺地探索以提高质量为目标、以贡献大小为标准的切实可行的全员教师绩效管理制度。

第五，优化乡村教师队伍结构，建设下得去、留得住和教得好的乡村教师队伍，必须全面关心乡村教师专业成长和个人生活。学校的教育教学等活动是促进学生和教师发展的基本途径，学校组织教师到高水平大学和在本县教师进修学校学习研讨，通过中心校和教师学习共同体观摩教学和交流德育和班主任工作、特色学校建设等也是教师专业成长的重要途径。许多县市虽然教师编制紧张、教师短缺，还是能够尽力为教师进修学习提高提供机会和时间;有一些县市则很有必要提高认识，高度重视教师进修学习，改变教师基本没有外出进修学习提高机会和时间的状态。

第四节

加强农村大学区建设，促进城乡教育优质均衡发展

多年来，国家在全国范围内推进的农村薄弱学校改造和城乡义务教育均衡发展举措，取得显著成绩。但由于一些乡村和乡镇存在的不少小规模学校和教学点的学生数量很少，很难完整配备各科教师和各种教育教学设施，在不同程度上影响教育教学质量的提高。为了推进农村教育均衡发展，在县域内优化配置教育资源，提高小规模学校和教学点的优质教育资源水平和教育教学质量，全国许多地区对农村学校治理逐渐形成和实施了不同特点的学区管理办法。有的县市实施了以县城和乡镇中心学校为依托和引领，对县城、乡镇和乡村几所学校和教学点组成的大学区统一调配教师、课程、教育经费等教育资源的管理办法。统一调配教育资源的农村学校大学区建设对促进农村城乡教育融合和一体化均衡发展，特别对提高小规模学校和教学点的优质教育资源水平具有重要作用。推进农村教育优质均衡发展和教育现代化也应充分发挥农村学校大学区的积极作用。

一、农村学校大学区是为推进农村城乡教育均衡发展形成的教育教学共同体

新中国成立后到改革开放初，我国农村有许多学校，几乎每个村子都有一所小学，一个公社有十几所初中、好几所高中。为数很少的县城和乡镇设置的几所公办小学、初中和高中的教师选用调配、工资和学校经费提供、

设施建设由县教育局直接管理，大量民办学校的教师选用调配和学校经费、建设都由公社和乡村管理，个别民办高中办学经费由县政府资助。民办学校的教师大部分是民请或民办教师，无论是在本村（户口所在地）学校任教还是在外村学校任教都在本村记工分参与本村分配。一个村办的学校，建设经费和用地都由本村解决，几个村联办的学校的建设经费和用地由这几个村协商解决。每个村通过给学校划拨田地和提供粮油等对本村学校的教师提供一定的生活资助。每个村的学校都由村委会集体负责，每个公社教育发展和学校建设都有公社党政集体负责，每个公社都配备专门负责落实国家和省市县政策，协调各村学校建设，负责全公社教师选用、经费配备、学校建设、教育教学检查督促等的教育专干。乡村学生基本都在自己村子办的学校上学，或者是在几个村联合举办的学校就近入学。无论是乡村小学还是社办中学，许多学校学生数量都较多，不同学校之间的办学条件基本没有差别。虽然不同学校也有或者由公社组织的，或者由学校自己组织的教育教学交流，但都是由村委会和公社党政领导管理的独立的办学机构。

20 世纪 80 年代，随着计划生育政策的实施，农村生育率明显降低。随着农业生产率提高，全国粮食产量提高，粮食供应充足，退耕还林、还草政策的落实使得农村出现大量剩余劳动力，再加上城镇化的强力快速推进，城市建设的规模扩大，速度加快，工商业及运输业等需要大量劳动力，农村年轻人进城打工就成为自然或必然的选择。年轻人到城里打工，他们的孩子有的随着父母到城里上学,有的就成了留守儿童。由于农村儿童逐渐减少，农村学校也逐渐萎缩，首先是撤并高中，然后是撤并初中，最后是撤并小学。30 年的发展，到 21 世纪初，乡村学校的学生数量减少 80%—90%。在许多工农业经济发展较好的平原、沿海和川道地区乡村学校基本集中在乡镇，每个乡的乡政府所在地都至少有一所小学，有些大的乡镇还有一所甚至两三所初中，有个别乡镇还有高中，乡村有一两所或两三所少量小规模学校或者教学点。还有一些乡镇由于合并乡镇不合并学校,合并乡村不合并学校，一个乡镇也有两所初中，一个乡村也有两所小学。在一些经济条件较差的山区乡村基本或者完全没有学校，一些乡镇只是在乡镇政府所在地有一所小学，个别乡镇在乡镇政府所在地有一所初中，但学生数量都很少。有的有几十名，有的有十几名，有的甚至只有几名，最多是百名左右。这给教师配置、教育经费投入和教育教学设施建设都带来很大问题。

多年来，国家在全国范围内推进的农村薄弱学校改进和城乡义务教育均衡发展举措，取得显著成绩。近几年，教育部规定，不足百名学生的小规模学校和教学点教育经费以百名学生划拨。一些经济发达地区甚至有不足三百名学生的学校以三百名学生划拨学校经费。各地根据教育部规定和办学实际需要，尽力保证小规模学校和教学点的教师配置。但由于一些乡村和乡镇不少小规模学校或教学点学生数量太少，各地的教育经费有限和教师供给不足，很难完整配备各科教师和各种教育教学设施。小规模学校和教学点的办学条件虽然普遍比以前有明显改善，但许多小规模学校和教学点的办学条件与县城和乡镇中心学校、规模较大的学校相比还是有一定差距，特别是在教师队伍建设方面有明显差距，这在不同程度上影响了教育教学质量的提高。为了推进农村教育均衡发展,在县域内优化配置教育资源，提高小规模学校和教学点利用、享受优质教育资源的水平和教育教学质量，全国许多省区市对农村学校治理逐渐形成和实施了不同特点的学区管理办法。有的县市构建了以县城和乡镇中心学校为依托和引领，对县城、乡镇和乡村几所学校和教学点组成的大学区统一调配、管理教师、课程、教育经费等教育资源一体化的教育共同体。

二、以中心学校为引领统一资源调配和教育教学评价是农村学校大学区的基本特征

我们通过调研发现，不同特点的农村学区管理办法的主要区别是，如何在县域内的不同学校间以学区为单位调配和管理教育资源、安排课程教学、评价教育教学和学校建设成效的区别。不同县市实施的学区都是在县市党委和政府领导下，由县市教育局根据本县市经济、社会和教育发展特点谋划设计和组织实施的，目的都是促进城乡教育均衡发展，但学区的机构名称和管理运作方式不尽相同；有些县市在乡镇设置中心校，有些县市在乡镇

设置乡镇教委，乡镇中心校和教委名称不同，功能一致，都是管理、协调和组织实施本乡镇学区的教育教学、学校建设和教育发展的行政机构，一般挂靠在中心学校。中心学校既是学区依托的一个核心学校，又是本学区学校建设、教育教学等行政领导管理的具体组织实施学校；中心学校的校长既是本校的负责人，又是本学区中心校的负责人。县市的中心学校在学区中只是具有引领作用和组织实施不同学校间的教育教学交流活动的学校，与包括小规模学校和教学点的其他学校都是分别安排教育教学活动、进行学校建设和评价的独立的学校，既没有组织实施和安排管理其他学校教育教学活动、进行学校建设和评价的权力、职责，也没有义务承担其他学校建设的责任。

但在统一的一体化管理和评价的大学区治理办法中，一个学区内的不同学校只是在地理位置上分布在乡镇所在地和不同乡村，在学校建设、教师配置、课程设置和教学、教育教学考核评价等层面的活动，既像一个班级一样分别进行，又要在学区统一安排下进行，实质上是一个学校的不同部分。中心学校既是办学主体，也是管理主体，不仅对中心学校的教育教学、学校建设等承担责任，也对学区内的教育教学、学校建设等所有学校的发展承担主体责任。完善的大学区的基本特征是把一个或两三个乡镇的所有学校和教学点划为一个学区（一般是一个乡镇为一个学区），以教师队伍规模较大、教师专业结构比较齐全、教育教学质量较高、教育教学设施条件较好的中心学校为依托、引领和责任主体，由教育局统一调配县域内各个学区不同学校的教师、教育教学设备等优质教育资源，统一安排中心学校和小规模学校和教学点的教育教学、内容进程，把小规模学校和教学点完全作为中心学校的一部分以“捆绑式”考核评价本学区学校建设、教师队伍建设、教育教学质量等，并以此比较不同学区的成效的教育共同体。这是普及义务教育先进县和推进城乡义务教育均衡发展先进县、被教育部确定为全国义务教育城乡优质均衡发展试点县的吉林省吉林市永吉县的大学区管理办法。经过几年的实施，这种办法取得显著效果，主要特点是：

第一，统一设置课程和安排教育教学时间，分别实施课程教学过程。除了某些地方课程和校本课程外，国家课程的设置全国各地都有统一要求，但课程设置与课程实施并非完全一致，国家要求设置和实施的课程如果没有相应的教师和设备，就落实不了，至少是实施不好，很难保证质量甚至时间。为了保证各科课程的有效实施，必须保证有经过一定专业学习和训练的相应素质的教师，然后有效调配教师在教育教学实践过程中实施好课程的教育教学。

第二，统一配置教师。一个合格的本科、大专和中师毕业生，无论在学校期间学的是中文还是数学等专业，任教后教数学或语文都是可以胜任的。但即使是本科毕业甚至研究生毕业的教师，如果没有音体美素质，没有经过音体美专业培养训练，让他教音体美课程就很难胜任。以前，在乡村办学条件普遍较差、社会希望普遍不高和国家要求不是很严格的情况下，让没有学过音体美专业而稍有一些音体美素质的教师教音体美课程是不得已的，也是可以接受的。但在社会希望普遍提高和国家对各科教学有明确要求的情况下，还让没有学过音体美专业而稍有一些音体美素质的教师教音体美课程就让人难以接受。有些县市通过中心学校的网上直播和选派音体美教师在不同时间为不同学校教学，即“走教”，解决小规模学校音体美教师短缺问题，但这些教师及其教学和评级还是属于不同学校。大学区把一个学区的所有教师当作一个学校的教师，中心学校根据学区需要要求教育局为其招聘教师，根据不同学校班级、年级数量及其课程时数，在学区内统一调配上课时间、安排教师。

第三，统一学校设施等建设、经费划拨和使用。以学校为单位的管理是教育局根据每所学校的学生数量和设施建设需要分别划拨经费、分别建设，学校分别使用经费和设施。在统一管理和评价的大学区治理办法中，教育局是根据学区学生数量和设施需要统一划拨经费、建设学校设施，由中心学校统一协调、安排学区内不同学校和教学点的经费和设施使用。

第四，教育教学活动有分有合，大型文体活动统一安排。随着城乡均衡发展的推进和验收，乡村小规模学校和教学点教育教学设施普遍得到明显改善，不同学校间已无明显差别。但由于小规模学校和教学点学生数量少，占地面积和运动场小，各种功能室不够齐全，与中心学校又有一定距离，为了方便教育教学，一般的教育教学和兴趣活动、文体活动只能分别进行，为了优质资源共享和让学生体验大型活动的气氛，大型文体活动在设施齐全的中心学校进行。

第五，统一考评学区教育教学质量和学校建设等。对学校的考评既是明确学校教育教学目标、标准和引导学校教育教学方向的指挥棒，也是对学校进行奖惩和划拨经费等的依据。因为规模性学校与小规模学校、教学点的教育资源配比在许多方面没有可比性，即便是教师和教育教学设施完全相同，但由于学生数量不同，教育教学氛围也有不同，所以以同一标准评价规模性学校与小规模学校、教学点的教育教学质量和学校建设很不合理，也不利于小规模学校、教学点的发展，或者对小规模学校、教学点不公平。但如果把规模性学校与小规模学校、教学点分别进行评价，小规模学校、教学点的教育教学结果和质量又很可能与国家的要求和社会的普遍认同、追求有一定差距甚至较大差距。统一管理和评价的大学区治理办法，把小规模学校、教学点与中心学校当作一个学校或单位考核评价，就是为了鼓励中心学校对小规模学校、教学点教育教学和学校各方面建设加以重视，有效帮助小规模学校提高教育教学质量和加强学校建设，既可以克服以同一标准评价规模性学校与小规模学校、教学点的教育教学质量和学校建设导致的对小规模学校、教学点的不利，或者对小规模学校、教学点的不公平，也可以克服把规模性学校与小规模学校、教学点分别评价导致的小规模学校、教学点的教育教学结果和质量很可能与国家的要求和社会的普遍认同、追求有一定差距甚至较大差距。当然这种办法也应注意防止学校发展的隐性规模化，或小规模学校和教学点的隐性萎缩。

三、农村学校大学区与某些教育集团的“掐尖式教育扶贫”有本质区别

改革开放之前，农村学校办学主体结构和学生上学的途径都比较简单，只有公办学校和民办学校两种。改革开放以后，农村学校办学主体结构和

学生上学的途径越来越复杂。现在大部分农村学校的主要构成是公办学校，其中普通高中和职业高中、学前教育为非义务教育，小学和初中为义务教育。此外还有少数民办小学、初中、高中和幼儿园，还有一些著名大学或者教育集团举办的中学。农村学生大部分在本地的公办学校上学，个别到外县或者本市市政府所在地、本省省会城市公办学校上学。还有一些在本县的民办学校上学，或者在外县、本市市政府所在地、本省省会城市民办学校上学，或者在其他省的民办学校上学。

除个别情况外，在公办学校上学的学生大部分是划片区或按学区就近入学，在民办学校上学的学生大部分虽然没有划片区或按学区入学，但基本也是就近入学。义务教育阶段在公办学校上学的学生既没有分数要求，也不收学费。义务教育阶段在民办学校上学的学生一般也没有分数要求，虽然在国拨学生人头经费基础上还要收取一定数额学费，但原则上都是非营利性质的。一些教育集团举办的"掐尖式"民办学校可能收取一定数额学费，也可能不收费，但有明确的分数要求。它们不受限制地在城乡招生，有的甚至大量招生，严重破坏了农村学校教育生态，不仅使农村学校学生数量减少，而且使大量农村学校学习较好的学生都流向"掐尖式"民办学校，农村学校升学率明显降低，使农村学校教师的教学积极性、主动性和学生的自信心受到严重打击。

教育具有某种商品性、市场性和产业性，但绝不能商品化、市场化和产业化，义务教育更是如此。民办学校是市场体制的产物，在经济上，我国的政策是充分发挥市场的决定性作用，更好地发挥政府的调控作用，但在教育领域，不用说市场不能起决定作用，就是不受约束的市场也会严重破坏教育健康发展。追求利益和效益的最大化是市场的本性，市场只能和只相信利益或效益，它不相信均衡，追求均衡不是甚至违背市场的本性，即便是对遵循国家教育方针的民办教育也是如此。民办教育是在公办教育资源短缺情况下对国家教育发展的一种必要的和灵活的补充，而且只能是在规范情况下的一种补充，不能代替甚至冲击公办教育体制。多年来的民办教育在有限和规范的市场机制下运行，为满足不同层次教育需要已经和正在发挥积极作用。为了追求利益的最大化，民办学校招收更多学习成绩好和更多有较大潜能的学生，从市场的角度讲是可以理解的。但它确实给教育发展，特别是给农村教育发展带来明显的不平等、不公平和非正义。

坚持“普及与提高相结合”和办好平等、公平、均衡和有质量、高质量的教育的目标是新中国成立初到改革开放以来一直坚持的原则。以前举办的重点中小学和示范性中小学也没有违背这个原则。教育的普及、平等、公平、均衡首先是甚至主要是受教育机会、权利和学校教师配置、教育教学设施建设的普及、平等、公平、均衡，然后是教育结果、质量、效率的普及、平等、公平、均衡。这个原则应该是公办教育和民办教育共同坚持的原则，而不能变成公办教育既追求教育条件平等、公平、均衡，又追求教育结果的高质量、高效益，民办教育不追求教育条件平等、公平、均衡，只追求结果的高质量、高效益。然而，多年来的许多民办教育和强强联合的教育集团基本是“掐尖式”教育，是不追求教育条件平等、公平、均衡，只追求结果的高质量、高效益的教育，是高质量教育的代名词。有些民办教育集团对农村教育发展不是雪中送炭、救死扶伤，而是打着教育扶贫的旗号做趁火打劫、釜底抽薪的事情。这使农村教育,特别是乡村教育发展雪上加霜、再生无望、万念俱灰，不仅破坏农村教育的健康发展，也会破坏城市和整个国家教育的健康发展。推进国家教育现代化，优先发展农村教育，应该以大学区方式尽快彻底改变这种治理教育的方式。

以强帮弱的大学区不仅在学区内统一调配教育资源、评价教育教学和学校建设质量，而且通过对各个初中按照学生数量分配高中招生名额抑制或控制初中学生大量拥挤到城里高中上学态势，同时也抑制或控制小学学生大量拥挤到城里高中上学态势。在学区内统一调配教育资源、评价教育教学和学校建设质量的大学区不是推进城乡教育均衡发展的根本大计，而是权宜之计，因为它并不能完全限制人们对学校的选择，或者只能是政策性地限制人们对学校的选择，或者使人无奈地选择农村本地的学校，而不是人们自愿选择农村本地的学校，更不能限制学生报考不同大学的选择或者把报考大学的指标也根据地区人口数量和学生数量分配到不同的地区和学校，使人们自愿选择农村本地学校的根本大计是城乡教育的真正高质量或优质均衡发展，但大学区仍不失为解决当前问题，并以此为抓手或突破口解决长期积累的有长远影响的城乡教育均衡发展问题的一种最好办法或别无选择的最好选择。大学区评价虽然抑制或控制了为了提高办学效率的政策性措施导致的乡村学校规模的进一步萎缩、小规模学校和教学点的增多及撤并，使学校更加集中的学校发展的显性规模化，但也还可能存在和必须注意防止、彻底解决通过规避政策要求，以隐蔽的手段使得小规模学校和教学点不知不觉地逐渐萎缩的学校发展的隐性规模化。

四、推进农村教育优质均衡发展和教育现代化应充分发挥农村学校大学区的重要作用

农村学校大学区是为了推进农村教育融合和一体化均衡发展，在县域内优化配置教育资源，提高小规模学校和教学点利用、享受优质教育资源的水平和教育教学质量而产生的，而小规模学校又是在城镇化过程中产生的。城镇化既是国家现代化的必然，又是一个漫长的过程。在漫长的城镇化过程中，虽然乡村人口明显减少，但在中国即便城镇化率达到70%—80%，还有几亿人口生活在农村和乡村，一些乡村和乡镇为数不多的小规模学校和教学点也将长期存在。在城镇化的过程中，人们向往城市，进城工作、生活和求学，既是城市建设的需要、城市优越条件的吸引，也有农村和乡村生活和教育条件差的原因。振兴乡村就是缩小甚至消除城乡差距，提高乡村生活和教育条件及其吸引力，使人们愿意在乡村生活和接受教育。

根据心理学的理论，不同国家、民族和地区的人的智力水平基本是一致的。如果农村生产、生活和教育条件得到改善，教育教学设施等教育资源实现了城乡优质均衡，农村和乡村教师职业具有强大吸引力，他们就会努力认真教书育人，农村和乡村的教育教学质量就会提高。实践证明，在学区内统一调配教育资源、评价教育教学和学校建设质量的大学区对提高农村和乡村教师队伍建设水平和学校教育教学质量、推进城乡教育融合的一体化均衡发展很有成效。借鉴和完善大学区建设经验，在已经形成的城乡教

育均衡发展基础上，进一步提高农村和乡村教师队伍和学校建设水平、提高农村和乡村学校教育教学质量、推进城乡教育融合的均衡发展，就是推进城乡教育的优质均衡发展进程，就是实现城乡教育的优质均衡发展目标。这不仅完全有必要，也完全可能和可行。

没有农村及其教育的现代化就没有国家及其教育的现代化，实现农业生产的机械化、自动化等科技化和规模化是国家现代化的追求，但实现了现代化的农业还是农业，而且有些农业生产只适合在农村甚至乡村进行。在农村人口逐渐减少，人们对农村生产的绿色产品、特色产品和乡村优美环境的需求不断增加的情况下，现代化的农业生产行业和职业将成为一种人们向往的行业、职业，农村将成为人们向往的居住地。非现代化的乡村都有学校，现代化的乡村不仅要有现代化的学校，而且随着乡村生产、生活、交通等条件改善，乡村学校建设水平的提高，便利和有效的小班化教学实施，乡村学校也将成为很有吸引力的学校。

第五节

乡村小规模学校建设浴火重生的战略和策略

自有乡村学校以来就有乡村小规模学校，在城镇化加速发展之前这被看作是乡村学校很正常的发展。随着城镇化的加速发展，乡村小规模学校成为一个突出问题。乡村小规模学校不断增多是追求现代化的结果，但由于不同的人对现代化、乡村及其教育和学校发展有不同理想和标准，对历史、现实和未来的实然、应然和必然的矛盾有不同认识，对乡村小规模学校发展也有不同评价。城镇化和乡村振兴及其结合、融合是现代化的必然趋势和追求目标，也是评价乡村小规模学校发展的事实根据，探索乡村小规模学校发展规律和目标的科学依据。认识和推进乡村小规模学校发展应放在城镇化和乡村振兴及其结合、融合的现代化大战略、大变革中展开，以未来战略目标、决策为根据和遵循，全面深入探寻历史、现实的事实、现象和未来目标、理想、方式手段之间的复杂因果关系、发展趋势和规律，有效解决乡村教育振兴、现代化和办好乡村小规模学校的矛盾与困难，努力补齐乡村小规模学校发展的短板，促进乡村学校浴火重生、城乡教育一体化均衡发展、乡村教育振兴和现代化。

一、乡村人口、学校和学生减少的事实及其因果关系和乡村学校发展趋势及规律

城乡学校的数量和规模与城乡人口数量和规模有密切关系，目前，农村

有人口较多的大乡村和乡镇的几百名学生的中型学校，也有少量上千甚至更多学生的县城的大型和巨型学校，有大量百余名学生的乡村小规模学校和几十名甚至几名学生的教学点。

城镇化带来的乡村人口、学生和学校的减少从不同角度有不同评价，但无论是从生活经历、调研数据还是从官方统计数据看这是客观事实。我国的城镇化率从新中国成立初的约 10% 和改革开放初的不到 20% 提高到 2019 年的 60% 多，相应地能说明行政村数量和村民委员会数量不断减少。中共十八大以来的 2012 年到 2017 年，我国城镇化率从 52.6% 提高到 58.5%，8 000 多万农业人口转移为城镇居民，到 2018 年有 9 000 多万农业人口转移为城镇居民，城镇化率年均提高 1.2 个百分点。[①]2019 年城镇常住人口城镇化率为 60.60%，比上年提高 1.02 个百分点；户籍人口城镇化率为 44.38%，比上年提高 1.01 个百分点;人户分离人口 2.80 亿人,其中流动人口 2.36 亿人。预计到 2035 年城镇化率将升至 75%。[②]2018 年约有行政村 70 万个，乡镇 4 万个（39 945 个）。[③]

随着乡村建制、人口的减少和城镇化率的提高，乡村学校和学生也明显减少。21 世纪教育研究院的《农村教育布局调整十年评价报告》表明，2000 年到 2010 年 10 年间，我国农村平均每天消失 63 所小学，30 个教学点，3 所初中，几乎每 1 小时就消失 4 所农村学校。农村小学减少 229 400 所，减少 52.1%；教学点减少 111 000 个，减少 6 成。农村初中减少 10 600 所，减幅超过 1/4。农村小学生减少 31 534 900 人，农村初中生

---

① 赵剑影等:《中国城镇化率提高到 58.5%，8 000 万人进城之后》，http://www.xinhuanet.com/2018-03/25/c_1122586733.htm.

② 陈亚军:《发改委：已有 9 000 多万农业转移人口成为城镇居民》，http://finance.sina.com.cn/china/gncj/2019-05-06/doc-ihvhiqax6886354.shtml.

③ 国家统计局:《中国统计年鉴 2019》，中国统计出版社，2019，综合。另有资料指出，从 1988 年到 2018 年，我国建制市增至 679 个，乡镇约减少 2.5 万个，从 56 676 个减少到 31 550 个。http://news.sina.com.cn/o/2019-09-26/doc-iicezzrq8645743.shtml. 村民委会由 1996 年的 740 128 个减少到 2014 年的 585 451 个，减少 154 677 个和 20.9%；从 2010 年的 594 658 个减少到 2017 年的 554 218 个，8 年减少 40 440 个和 6.8%。https://baijiahao.baidu.com/s?id=1645744619619803328&wfr=spider&for=pc.

减少 16 440 000 人。[①]

1980 年全国小学 917 200 所（没有区分学校与教学点），其中城市 18 400 所，县城 16 000 所，农村（乡村）88 280 所。乡村学校数量约占全国小学总数的 96.3%。[②]

1990 年全国小学 766 072 所，教学点 149 666 所，全国教学点数量约占全国小学和教学点总数 915 738 所的 16.3%。城市学校 26 565 所，教学点 2 735 所，城市教学点数量约占城市学校和教学点总数的 9.3%。县镇学校 42 279 所，教学点 4 616 所，县镇教学点数量约占县镇学校和教学点总数 46 895 所的 9.8%。乡村学校 697 228 所，教学点 142 313 所，乡村教学点数量约占乡村学校和教学点总数 839 541 所的 17.0%。乡村学校和教学点数量约占全国小学和教学点总数的 91.7%。乡村教学点数量约占全国教学点总数的 95.1%，约占农村学校和教学点总数 886 438 所的 16.1%，约占全国小学和教学点总数 915 738 所的 15.5%。[③]

2000 年全国小学 553 622 所，教学点 178 060 所，全国教学点数量约占全国小学和教学点总数 731 682 所的 24.3%。县镇学校 81 184 所，教学点 15 088 所，县镇教学点数量约占县镇学校和教学点总数 96 272 所的 15.7%。乡村学校 440 284 所，教学点 157 519 所，乡村教学点数量约占乡村学校和教学点总数 597 803 所的 26.3%。乡村学校和教学点数量约占全国小学和教学点总数的 81.7%。乡村教学点数量约占全国教学点总数的 88.5%，约占农村学校和教学点总数 694 075 所的 22.7%，约占全国小学和教学点总数

① 张灵：《中国农村学校每天消失 63 所　10 年减少一半》，http://www.xinhuanet.com 2012-11-18. 陈文嘉：《过度撤并校　小学辍学率回到十年前》，http://edu.people.com.cn/n/2012/1120/c1053-19633036.html.

② 中华人民共和国教育部计划财务司：《中国教育成就统计资料 1949—1983》，人民教育出版社，1984，第 220 页。

③ 中华人民共和国国家教育委员会计划建设司：《中国教育统计年鉴 1990》，人民教育出版社，1991，综合。

731 682 所的 21.5%。[①]

2005 年全国小学 366 213 所，教学点 94 500 所，全国教学点数量约占全国小学和教学点总数 460 713 所的 20.5%。县镇学校 29 050 所，教学点 1 190 所，县镇教学点数量约占县镇学校和教学点总数 30 240 所的 3.9%。乡村学校 316 791 所，教学点 92 894 所，乡村教学点数量约占乡村学校和教学点总数 409 685 所的 22.7%。乡村学校和教学点数量约占全国小学和教学点总数的 88.9%。乡村教学点数量约占全国教学点总数的 98.3%，约占农村学校和教学点总数 439 925 所的 21.1%，约占全国小学和教学点总数 460 713 所的 20.2%。[②]

2010 年全国小学 257 410 所，教学点 66 941 所，全国教学点数量约占全国小学和教学点总数 324 351 所的 20.6%。县镇学校 30 116 所，教学点 1 289 所，县镇教学点数量约占县镇学校和教学点总数 31 405 所的 4.1%。乡村学校 210 894 所，教学点 65 447 所，乡村教学点数量约占乡村学校和教学点总数 276 341 所的 23.7%。乡村学校和教学点数量约占全国小学和教学点总数的 85.2%。乡村教学点数量约占全国教学点总数的 97.8%，约占农村学校和教学点总数 307 746 所的 21.3%，约占全国小学和教学点总数 324 351 所的 20.2%。[③]

2015 年全国小学 190 525 所，教学点 93 035 所，全国教学点数量约占全国小学和教学点总数 283 560 所的 32.8%。县镇学校 46 086 所，教学点 9 696 所，县镇教学点数量约占县镇学校和教学点总数 55 782 所的 17.4%。乡村学校 118 381 所，教学点 81 818 所，乡村教学点数量约占乡村学校和乡村教学点总数 200 199 所的 40.9%。乡村学校和教学点数量约占全国小学和教学点总数的 70.6%。乡村教学点数量约占全国教学点总数的 87.9%，约占农村学校和教学点总数 255 981 所的 32.0%，约占全国小学和教学点总数

① 中华人民共和国教育部发展规划司：《中国教育事业统计年鉴 2000》，人民教育出版社，2002，综合。

② 中华人民共和国教育部发展规划司：《中国教育统计年鉴 2005》，人民教育出版社，2006，综合。

③ 中华人民共和国教育部发展规划司：《中国教育统计年鉴 2010》，人民教育出版社，2011，综合。

283 560 所的 28.9%。[①]

全国乡村学校和教学点从 1980 年的 882 800 所增加到 1990 年的 915 738 所，增加 32 938 所和约 3.7%，平均每天约增加 9 所。1990 年到 2000 年全国小学和教学点由 915 738 所减少到 731 682 所，减少 184 056 所和约 20.1%，平均每天约减少 50 所；其中乡村教学点增加 15 206 所和约 10.7%，平均每天约增加 4 所；乡村学校和乡村教学点从 839 541 所减少到 597 803 所，减少 241 738 所和约 28.8%，平均每天约减少 66 所。全国小学和教学点 2000 年到 2005 年由 731 682 所减少到 460 713 所，减少 270 969 所和约 37.0%，平均每天约减少 148 所；其中乡村教学点减少 64 625 所和约 41.0%，平均每天约减少 35 所；乡村学校和乡村教学点从 597 803 所减少到 409 685 所，减少 188 118 所和约 31.5%，平均每天约减少 103 所。全国小学和教学点 2005 年到 2010 年由 460 713 所减少到 324 351 所，减少 136 362 所和约 29.6%，平均每天约减少 75 所；其中乡村教学点减少 27 447 所和 29.5%，平均每天约减少 15 所；乡村学校和乡村教学点从 409 685 所减少到 276 341 所，减少 133 344 所和约 32.5%，平均每天约减少 73 所。全国小学和教学点 2010 年到 2015 年由 32 4351 所减少到 283 560 所，减少 40 791 所和约 12.6%，平均每天约减少 22 所；其中乡村教学点由 65 447 所增加到 81 818，增加 16 371 所和约 25.0%，平均每天约增加 9 所；乡村学校和乡村教学点从 276 341 所减少到 200 199 所，减少 76 142 所和 27.6%，平均每天约减少 42 所。[②]

2016 年乡村学校继续减少，农村教学点继续增加，小规模学校占比稳定，城镇学校缓慢增加。全国小学 167 009 所，教学点 102 998 所；乡村学校 96 052 所，教学点 90 293 所，乡村教学点数量约占乡村学校和教学点总数的 48.5%；农村学校 139 850 所，占全国小学和教学点总数的 83.7%，教学点 101 316 所，约占全国教学点总数的 98.4%；农村学校和教学点共 241 166 所，约占全国小学和教学点总数 270 007 所的 89.3%。乡村学校和

① 中华人民共和国教育部发展规划司:《中国教育统计年鉴 2015》，中国统计出版社，2015，综合。

② 对以上《中国教育统计年鉴》1980—2017 年数据综合分析。

教学点共 186 345 所，约占全国小学和教学点总数的 69.0%，约占农村学校和教学点总数的 77.3%。[①] 全国不足百人的小规模学校共计 123 100 个，比上年减少 3 700 个，约占全国小学和教学点总数的 44.59%。全国有无人校点 10 033 个，比上年增加 366 个；1—10 人的乡村校点 25 800 个，比上年减少 8 100 个。乡村小规模学校依然普遍存在。[②]

2017 年全国共有小学和教学点 270 000 所，其中城市（城区）29 000 所，农村（镇、乡村）241 000 所。全国农村小规模学校 107 000 所，约占农村小学和教学点总数的 44.4%。[③]

在城镇化过程中，乡村学校和学生大幅度减少，农村学校和学生也有减少，但还是全国小学生的主体，占全国小学生总数的 2/3 以上。1980 年乡村学生 127 675 100 名，约占全国学生总数 146 269 600 名的 87.3%。1990 年乡村学生 95 956 344 名，约占全国学生总数 122 413 842 名的 78.4%。2000 年乡村学生 85 037 137 名，约占全国学生总数 130 132 548 名的 65.3%。2005 年乡村学生 69 478 276 名，约占全国学生总数 108 640 655 名的 63.95%。2010 年乡村学生 53 502 198 名，约占全国学生总数 99 407 043 名的 53.8%。2015 年乡村学生 29 658 985 名，约占全国学生总数 96 921 831 名的 30.6%。2018 年乡村学生 26 664 138 名，约占全国学生总数 103 392 541 名的 25.8%。在 1980 年到 2018 年的 38 年间农村学生减少 69 292 206 名和约 79.1%。1980 年农村学生总数 135 993 100 名，占全国学生总数的 93.0%；1990 年 109 002 058 名，占全国学生总数的 89.0%；2000 年 130 132 548 名，占全国学生总数的 86.0%；2005 年 91 336 882 名，占全国学生总数的 84.1%；2010 年 81 202 368 名，占全国学生总数的 81.7%；2015 年 66 213 029 名，占全国学生总数的 68.3%；2018 年 66 170 972 名，占全国学生总数的 64.0%。[④]

① 中华人民共和国教育部发展规划司:《中国教育统计年鉴 2016》，中国统计出版社，2017，综合。

② 邬志辉:《中国农村教育发展报告 2017》，《中国教师报》2017 年 12 月 27 日。

③ 秦玉友:《农村小规模学校发展的基本判断与治理思路》，《教育研究》2018 年第 12 期。王鉴:《西部农村小规模学校发展思路研究》，《教育发展研究》2019 年第 20 期。

④ 国家统计局:《中国统计年鉴 2019》，中国统计出版社，2019，综合。

二、农村教育城镇化与乡村教育振兴相互结合、融合和促进的乡村教育现代化目标

自有乡村学校以来就有乡村小规模学校，但在城镇化加速发展之前这被看作是乡村学校很正常的发展。随着城镇化加速发展，乡村小规模学校成为一个突出问题。由于不同的人对乡村及其教育和学校发展有不同理想和标准，对历史、现实和未来的实然、应然和必然的矛盾的认识不同，对乡村小规模学校发展也有不同评价，基本形成乐观论或理想型与悲观论或问题型两种明显观点。理想型从对未来设想和发展目标视角认为，到2030年，我国主要教育发展指标达到或接近美国水平，平均受教育年限接近甚至超过美国。[①]依据国际经验，随着城镇化率达到70%、新农村和美丽乡村建设推进，城乡人口会出现逆城镇化现象，越来越多受过高等教育、创业成功或持有创业项目和资本的“新农人”“新乡贤”“乡村精英”回归和选择在农村工作生活，进入和参与村落管理与农村教育治理，形成村落自治共同体。“2030年前教育城镇化进一步加快，2025年城乡教育进入均衡发展时期，2030年我国将出现‘教育逆城镇化现象’。”[②]悲观者从现实存在问题的角度认为，随着农业人口向城镇转移，乡村在人口、地理和经济等方面都走向“空心化”，随着乡村的败落，乡村教育“无人、无根、无为”，[③]使乡村家庭撕裂、家庭教育缺场。[④]

城镇化和乡村振兴及其结合、融合是现代化的必然趋势和追求目标，也是科学评价乡村小规模学校发展的事实根据，探索乡村小规模学校发展规律和目标的科学依据。认识和推进乡村小规模学校发展应放在城镇化和乡村振兴及其结合、融合的现代化大战略、大变革中展开，应把乡村学校总体减少和小规模学校增多看作是不懈追求现代化理想预想和形成的必然结

---

① 胡鞍钢等:《中国现代化:人力资源与教育(1949—2030)》,《教育发展研究》2015年第1期。

② 杨海燕、高书国:《农村教育的价值、特征与发展模式》,《教育研究》2017年第6期。

③ 陈时见、胡娜:《新时代乡村教育振兴的现实困境与路径选择》,《西南大学学报(社会科学版)》2019年第5期。

④ 周兴国:《乡村教育的现代化困境与出路》,《教育研究与实验》2018年第4期。

果，不是出乎预料或不可预料、难以接受的结果；应把乡村的“空心化”看作是新农村、新乡村及其教育、学校形成的“产前剧痛”“历史代价”[①]“浴火重生”；应通过全面深入认识乡村及其教育发展历史、现实的实然和未来的应然之间的可能性和必然性，有效化解实然和应然之间的矛盾，不懈促进农村教育城镇化、乡村教育振兴及其融合的农村和乡村教育现代化；而不应忽视现代化目标和趋势，以“农业大国”的乡村学校发展目标和标准评价现代化的乡村教育发展状态而深感痛惜和灰心，也不应只乐见现代化目标而忽略追求现代化目标的艰难努力过程、有效方式和困难、痛苦。

振兴乡村必须振兴乡村教育、乡村学校，建设新农村和新乡村必须建设新学校、发展新教育。乡村教育振兴和学校建设的终极目标是“中国特色世界先进水平的现代化优质教育”，是“平等而优质、一个也不能少的教育”，是“人民满意的教育”。在乡村及其教育振兴和学校建设过程中既有学校的增加，也有学校的减少和结构的调整；既有催生新学校、新教育形成的“产婆术”方式和为增强乡村学校存在价值、生存能力的强身健体的“输血造血”方式，也有对不可避免的乡村学校“空心化”痛不欲生的“临终关怀”“节哀顺变”。

教育与经济、社会发展互为基础、相互促进和制约，乡村学校的小型化是现代化的必然结果。现代化并非都是好的，作为追求进步的过程，它“所造成的创伤是多方面的，也是很明显的，……所要付出的代价和造成的痛苦是很多的”。[②] 现代化是百年中国梦的不懈追求，“四个现代化”是现代化的基础，必然带来城镇化。现代化基础的核心是科学技术现代化，科技现代化是一把“双刃剑”，既是为了也必然提高工农业等生产力。农业生产的科技化带来的农业生产力提高和农村农业劳动力剩余及其向工业和城市转移，必然带来乡村人口和学生、学校的减少。追求现代化既要建设工业大国强国，又要建设农业大国强国，但工业大国强国的建设需要源源不断的劳动力，而农业大国强国的建设则使农业劳动力不断减少。追求现代化不可能既建

① 马克思、恩格斯:《马克思恩格斯全集(第二十六卷　第二册)》,人民出版社,1973,第124—125页。

② 谢立中、孙立平:《二十世纪西方现代化理论文选》，上海三联书店，2002，第206页。

设大城市和大城镇，又建设大乡村；不能既追求建设工业大国强国和农业大国强国，又痛惜城镇化带来乡村“空心化”，甚至把此看作是现代化误入歧途而灰心。“世界史就是人类的城市时代史”，“人类所有的伟大文化都是由城市产生”。[①] 但民以食为天，食以粮为本。社会无论如何现代化，吃饭问题永远是人类生存、生活和发展的根本，工业化永远不能、不可能代替农业发展和现代化，农业现代化永远不只是工业化。千百年来形成的传统手艺不仅永远不会消失，而且会越来越受现代人的青睐。但现代化的城镇化的农村和乡村及其教育、学校建设的理想样态和人口、学校、学生结构必然不同于和不能以“农业大国”的农村和乡村及其教育、学校建设的理想样态、人口、学校、学生结构标准评价。

中国以前是农业大国，城乡界限明确，但在城镇化过程中城乡种类不断增多，县城既是农村的城市也是城市的农村，乡村是最基层的农村或农村的农村，城乡接合部或城郊区原来也是农村，现在不断城镇化，乡镇和集镇其实也是农村，真正为城市的就是大中型城市；有小乡村变成的大城镇和大都市，有整体或部分迁移建设的农村。随着城镇化发展，虽然乡村建制和人口大量减少，城乡一体化高度融合，但一些小型乡村及其学校和为数不多的大乡村及其学校永远存在。现代化及其城镇化和乡村振兴形成的新农村必然是包括县城和乡镇在内的中小型化的城镇及其学校和小型化的乡村及其学校结合的农村及其学校。现代化及其城镇化和乡村振兴是一个漫长的过程，在这个过程中既必然有矛盾，又必须相互结合、融合和协调、统一。城镇化初期、中期和后期，乡村小规模学校数量的增减和质量高低变化，在很大程度上是农村及其教育城镇化、乡村及其教育振兴结合、融合的农村及其教育现代化的晴雨表。

城镇化初期阶段，由于经济条件、工农剪刀差和乡村人口众多，包括教育在内的城乡基础设施建设能力和投入不足、质量不高，也由于城市建设需要，农村人口、学生和学校大量减少和向城镇转移。中期阶段，虽然城

① R.E. 帕克、E.N. 伯吉斯、R.D. 麦肯齐:《城市社会学》，宋俊玲等译，华夏出版社，1987，第2页。

乡经济条件、工农剪刀差影响逐渐减弱，包括教育在内的城乡基础设施建设能力和投入增强、质量也不断提高，但乡村人口还是很多，乡村老年人和留守儿童、城乡“两栖人”大量存在，也由于城市建设需要，农村人口、学生和学校还是大量减少和向城镇转移。后期阶段，城乡经济条件、工农剪刀差影响基本消除，包括教育在内的城乡基础设施建设能力和投入增强、质量也不断提高，城乡基本实现一体化均衡发展，乡村振兴的“产业兴旺、生态宜居、乡风文明、治理有效、生活富裕”的社会主义新农村目标完全达成，虽然乡村人口不多，但乡民安居乐业、幸福美满。乡村学校虽然数量很少，但质量较高。乡村传统文化、优美环境、绿色食品和少量小规模高质量学校甚至成为吸引城乡居民的稀缺资源。走向城市是农业社会和工业社会农村人无奈的追求和选择，只有到了城镇化和乡村振兴及其结合、融合的现代化社会，在城市还是农村、乡村工作和居住才会成为人们根据兴趣进行的自由选择。

城镇化和乡村振兴相互结合、融合、促进的现代化的目标追求和本质要求，不只是农村及其教育的城镇化，[①] 更不是自然的过程和盲目的发展。乡村教育振兴、现代化和办好乡村小规模学校，认识和推进乡村小规模学校发展应放在城镇化和乡村振兴及其结合、融合的现代化大战略、大变革中展开，以未来战略目标、决策为根据和遵循，全面深入探寻历史、现实的事实、现象和未来目标、理想、方式手段之间的复杂因果关系、发展趋势和规律，有效解决乡村教育振兴、现代化和办好乡村小规模学校的矛盾与困难，努力补齐乡村小规模学校发展的短板，促进乡村学校浴火重生、城乡教育一体化均衡发展、乡村教育振兴和现代化。而不是以“农业大国”的农村和乡村及其教育、学校建设标准、目标评价城镇化和乡村振兴相互结合、融合、促进的现代化的目标追求、本质要求及其农村和乡村及其教育、学校建设的理想、目标，痛惜城镇化带来乡村“空心化”，甚至把乡村及其人口、学校和学生的减少看作乡村及其教育现代化误入歧途而灰心。

① 胡俊生:《农村教育城镇化：动因、目标及策略探讨》,《教育研究》2010 年第 2 期。

农耕文明和乡村文化既有物质载体，更有精神特质。文化与社会是水乳交融，不可分割的，不会因时空变化而改变她的影响的基础性、广泛性、深刻性。形成炎黄文化、农耕文明的故土几千年来早已发生无数次自然和社会翻天覆地的变化，但她不仅没有失传的忧虑或阻碍文明发展，而且炎黄精神作为中华民族之魂永远传承和激励中华文明不断发展；孔孟之道几千年来历经多次劫难，但仍然具有广泛深刻的影响。社会文化遭受饥荒、地震等自然灾害导致的被迫变化也没有中断,甚至更加繁荣。而社会变革是有目的、有计划和组织的自觉变革，一定会通过去粗伪取精真对文化做出正确选择和传承贡献。虽然随着城镇化发展,乡村大量减少,但乡村文化、文明和“乡愁”不会消失，永远是乡村人甚至是现代城乡人的根和魂，将继续对现代人产生广泛深刻的影响。为数不多的乡村学校、本来就是大乡村或由乡村扩大的乡镇及其学校和与乡村有紧密联系的县城等农村教育，在文化、文明转型的适应与促进中，对传承农耕文明和乡村文化也必然和必须发挥积极作用。

三、为了乡村教育振兴加强以教师队伍建设为核心的乡村学校建设

在城镇化过程中，乡村学生涌向城镇有多种原因，但教学质量和教师是根本。实现城镇化和乡村振兴相结合、融合和办好乡村小规模学校的现代化目标，既要对学校布局有长远谋划和整体规划，又要解决许多现实矛盾与困难，最根本的是提高教学质量，核心是加强教师队伍建设。

（一）合理布局农村学校是加强乡村小规模学校和教学点建设的基础。乡村学校减少从 20 世纪 80 年代开始，90 年代到 21 世纪初加速发展。2000 年到 2005 年全国学校和教学点减少率为 37.02%，乡村学校和教学点减少率为 31.5%；2005 年到 2010 年又减少 27.6%。2012 年尽管国务院出台《国务院办公厅关于规范农村义务教育学校布局调整的意见》叫停“使小学辍学率回到十年前”的“撤点并校”政策，但全国和乡村的学校和教学点减少比例不仅没有降低反而加速，许多规模型学校变成小规模学校，使规模型学校减少小规模学校增多，小规模学校变成教学点，使小规模学校减少教

学点增多，最后教学点撤并，使包括教学点在内的乡村学校总体减少。[①]全国学校和乡村教学点2005年到2015年由460 713所减少到283 560所，减少177 153所和约38.5%，平均每天减少约49所；其中乡村学校和教学点由409 685所减少到200 199所，减少209 486所和约51.1%，平均每天约减少57所。2000年平均每个乡镇有学校和教学点15所，2005年约10所，2015年5所。人口少的乡镇只有1所学校或教学点，人口多的乡镇有10所左右。2016年乡村学校和教学点186 345所，比2015年200 199所减少13 854所和约6.9%。这说明党和国家关于加强乡村学校发展坚持“一个都不能少”的政策发挥了积极作用，乡村学校建设进入一个比较稳定的阶段。

农村学校布局应把算经济账、政治账、文化账、感情账等全面综合考量，要遵循教育方针和规律，坚持育人为本，算立德树人账，以办好平等而有质量的教育和人民满意的教育为目标，实事求是，因地制宜，优化结构，既要力戒平均主义的一刀切极端，更要杜绝急于求成、强制撤并的一刀切极端。[②]究竟是村办还是乡镇办小学，县城办还是镇办中学，是平原式还是柯城式，[③]都应实事求是，因地制宜，以育人为本、提高质量、方便就学为标准。未来城镇化率达到很高程度，也应如此。

乡村小规模学校和教学点的增加与城镇化率提高不仅有密切关系，甚至是基本对应。我国城镇化率1949年为10.64%，1978年为17.92%，30年增长7.28%，平均每年约增长0.24%；1987年为25.32%，1996年为30.48%，10年增长5.16%，平均每年约增加0.52%；2005年为42.99%，2014年为54.77%，10年增长11.78%，平均每年约增长1.18%；2010年为49.95%，2019年为60.60%，10年增长10.65%，平均每年约增长1.07%。其中中共

---

① 张灵:《中国农村学校每天消失63所　10年减少一半》，http://www.xinhuanet.com 2012-11-18。陈文嘉:《过度撤并校　小学辍学率回到十年前》，http://edu.people.com.cn/n/2012/1120/c1053-19633036.html.

② 邬志辉、史宁中:《农村学校布局调整的十年走势与政策议题》,《教育研究》2011年第7期。胡俊生、司晓宏:《农村城镇化的路径选择——“平原模式”与“柯城模式”浅析》,《北京大学教育评论》2009年第3期。

③ 郝文武:《农村学校布局应坚持以育人为本的因地制宜》,《教育理论与实践》2000年第31期。

十八大以来由2012年的52.6%提高到2016年的58.5%，5年增长5.9%，平均每年增长1.18%。[①]从2015年的56.1%增长到2019年的60.60%，5年增长4.5%，平均每年增长0.9%。城镇化率每年提高1.1%以上的最快时期，也是乡村学校急剧减少和小规模学校增加最多时期。城镇化率每年提高1.0%以下的平缓时期，也是乡村学校减少和小规模学校增减平缓时期。即使今后10年和20年我国的城镇化率达到70%和80%，每年提高1%以下，乡村学校减少和小规模学校增减也还是处在一个平缓时期。虽然随着农业生产力的提高，农业和农村人口大量减少，农业劳动者既可能还是农业户口或农民，也可能已是城市居民，但许多人还在农村教育覆盖范围。这是乡村学校长远和整体谋划、设点建设目标和具体实施策略的基本依据。

（二）实施乡村教师编制师生比倍减和教育投资、教师待遇倍增策略，大力提高教育教学质量。多年来通过推进城乡一体化均衡发展，乡村教师队伍建设也明显加强，但如前所述许多地区城乡教师平均超编与具体编制和结构性短缺严重并存。这既加重教师负担，更影响教学质量。国家应对乡村小规模学校实施师生比倍减编制，以解决县城学校大班额缺乏编制问题。美国、韩国、日本、印度等国经验表明，在农村学校发展过程中，经费和师资双重保障是推动乡村小规模学校发展的关键和主要政策工具。[②]

解决教师在编不在岗、女教师生育产假问题需要一定编制。当代城乡学校都有大量女教师，生育不受限制或得到鼓励后，年轻女教师生二胎三胎会加剧乡村学校教师短缺。大龄教师由于身体原因不时请假甚至在编不在职，还有个别县市教育行政管理岗等占用教师编制。这就要求加强乡村教师队伍建设，既要切实增加教师编制，也要杜绝学校以外对教师编制的不合理使用。

（三）关心乡村教师家庭和文化生活。做好教师当然要有强烈的事业心、良好的公民和职业道德、扎实丰富的专业知识和有活力的教育教学能力。强烈事业心来自高度的职业认同感和主体性，但人是社会关系的总和和产物，

---

① 邬志辉：《中国农村教育发展报告2017》，《中国教师报》2017年12月27日。

② 雷万鹏、张雪艳：《论农村小规模学校的分类发展政策》，《教育研究与实验》2011年第6期。

教师与普通人一样，既需要和追求经济资本、文化资本，也需要和追求社会资本和符号资本。[①] 经过多年努力，乡村教师的工资等经济待遇基本与公务员和城镇教师一致甚至更高，有一千元左右的乡村教师补贴，但乡村教师职业吸引力与城市教师相比还是有较大差距，真正建立下得去、留得住和教得好的乡村教师队伍建设长效机制，应针对教师职业特点，标本兼治，“以待遇换时空”，以倍增的待遇吸引优秀教师在乡村长期做好教育教学。[②]

（四）充分调动乡镇和乡村支持和建设乡村学校的积极性。加强乡村小规模学校建设既要充分发挥“以县为主”的县级教育投资和治理管理的作用，从整体和长远谋划、规划学校布局和建设等，也要充分发挥乡镇和乡村党政领导的作用。既要加强家校合作，又要根据城镇化过程中经济欠发达地区乡村留守儿童多、经济发达地区随迁子女多的实际，在家校合作中使学校承担更多责任，充分发挥“以县为主”县级和乡镇乡村党政、村民的“共治”作用。[③]

（五）对乡村学校教育设施既要加强建设，又要提高使用率。通过推进城乡教育均衡发展，城乡学校教育设备一体化水平显著提高，许多地区城乡教育设施建设基本没有差别，但不少乡村小规模学校教师总量缺乏，更缺乏音体美教师，许多良好的教学设备不能很好地服务教学。还有一些“准备放弃”的乡村小规模学校，基本没有什么教学设施，连像样的操场都没有。建设乡村小规模学校，要加强针对性，针对不同学校存在的问题有效加强教学设施建设，提高教学设施使用率。

四、以人民满意为标准是乡村教育振兴和现代化的根本标准

乡村学校发展水平和人民满意的教育有许多个层面和复杂标准、指标，[④]

① 刘生全:《论教育场域》,《北京大学教育评论》2006 年第 1 期。

② 王鉴、苏杭:《略论乡村教师队伍建设中的“标本兼治”政策》,《教师教育研究》2017 年第 1 期。

③ 郝文武:《农村教育现代化“以县为主”应充分发挥乡镇乡村的作用》,《教育理论与实践》2019 年第 31 期。

④“全国教育满意度测评研究”课题组:《基础教育满意度实证研究》,《教育研究》2016 年第 6 期。

但城乡教师对乡村学校建设和自己待遇的满意、乡村民众和学生对乡村学校教育教学质量的满意是根本和最好标准。乡村学校好不好,就看学生爱不爱;乡村教师职业好不好，就看教师爱不爱；乡村教育是否现代化，就看学校能吸引多少上学娃；乡村教育兴不兴，就看乡村教育治理行不行。

（一）乡村学校建设要提高大学毕业生和城乡教师“留得住”的吸引力。一个教师从新入职到成为有一定教学经验的教师至少需要用五六年时间，成为富有教学经验的教师需要有十几年的教学实践经历。但乡村教师能在乡村认真教学十年以上的很少，有些县市规定新任教师在乡村学校至少任教五年才能调离。没有此规定的县市，由于家庭、收入等原因，不少年轻教师在乡村任教两三年甚至一年就想方设法调进城里或者应聘到其他县市任教，或者转岗。为提升教育质量和学校声誉，学校大力鼓励和支持教师职称晋级和专业发展,但当他们获得县市级荣誉后,就或主动或被动调进城里。乡村学校基本成为新入职教师的练兵场和为县城或城市学校培训优秀教师的基地。建立下得去、留得住和教得好的乡村教师队伍建设长效机制，很有必要实施“以待遇换时空”举措。

（二）乡村学校建设要提高村民和学生对乡村学校建设和教育教学质量或“教得好”的满意度。乡村学生进城上学有父母在城里工作和进城打工子女随迁等许多原因，但与父母为了孩子上学进城打工相反，父母在乡村工作愿意子女在乡村学校上学，父母在本县本乡工作愿意子女在本县本乡上学，还是想方设法让子女到县城或大城市上学是衡量村民和学生对乡村学校建设和教育教学质量或“教得好”的不同层次满意度的根本标准。[①] 近几年，一些乡村学校吸引学生“回流”是村民和学生对乡村学校建设和教育教学质量或“教得好”的满意度提高的最好说明。

（三）乡村学校建设要提高大学毕业生和城乡教师“下得去”的吸引力。多年来，国家政策和学者的研究，都把“下得去、留得住、教得好”作为乡村学校教师队伍建设的目标，但从根本上说，“留得住、教得好、下得去”

① 高文涛、郝文武:《努力提高民众的教育满意质量》,《教育科学》2017 年第 5 期。

才是乡村学校教师队伍建设的切实目标。留得住是关键，是根本。只有留得住才能教得好，才能下得去。留不住不可能教得好，也很难下得去。留得住不仅是对下得去和教得好的稳定和肯定，也是对年轻学子下得去的引导、吸引。但许多研究说明，优秀年轻学子报考师范院校的很少，著名师范大学毕业生能到乡村学校任教的很少，甚至没有，[①]乡村教师主要是地方师范院校和普通院校毕业生。[②]这既说明高水平师范大学就业质量高，地方公费师范毕业生和特岗教师对乡村教育发挥的重要作用，也说明进一步提高乡村教师职业吸引力的必要性、重要性和高水平师范大学“眼睛向下”的供给侧改革还需做很大努力。

（四）乡村学校建设要提高乡村学校师生和本地领导、村民建设好乡村学校的主体性和自信心。信心重于黄金。增强信心既要输血，更需造血；既需评价自然和社会等价值，更是来自对自身价值的认可、重视、珍惜。教育是国之大计，党之大计；也是民之大事，家庭大事，人生大事。“以县为主”的农村教育治理管理要充分调动县级各部门和乡镇乡村、村民建设和办好乡村学校的积极性、创造性等主体性，把国家的学校与村民自己的学校相统一，避免把“以县为主”变成“以县唯一”，变成无须发挥甚至排斥、伤害乡镇乡村、村民建设和办好乡村学校主体性的治理和管理。

① 商应美：《免费师范生就业政策实施10周年追踪研究——以东北师范大学五届免费师范生为例》，《教育研究》2017年第12期。

② 王智超、杨颖秀：《地方免费师范生：政策分析及现状调查》，《教育研究》2018年第5期。

第四章　农村教育现代化的教师队伍建设和教师教育

学校场域和三尺讲台的课堂教学是教师教书育人、学生学习成人的主要途径和主流渠道。现代化的核心和根本在于人的现代化，教育现代化的根本在于人的现代化，终极目标是教育培养的人的现代化，首先是培养人的人——教师的现代化。办好教育既要有优良设备，更需要优秀教师、教师队伍的优化和现代化。城乡教育、东西部教育、不同农村和乡村教育有地理环境、历史文化、经费投入和教育教学设施设备差距，但根本差距是人的差距、教师的差距，是教育教学质量的差距。教师队伍现代化既有教师师德师魂、思想理念和知识、能力等的现代化，也有教师学缘、专业、教龄、年龄、职级和城乡结构等的现代化。多年来，通过推进城乡教育均衡发展，城乡学校教育设备一体化水平显著提高，许多地区城乡教育设施建设基本没有差别，乡村教师队伍建设也明显加强。但由于乡村小规模学校大量增多，再加上结构性短缺，农村教师总量超编和具体学校缺编非常严重。建设数量充足、专业和年龄等结构合理、质量优良的教师队伍首先是国家的教师编制、经费投入、各层面的教师聘用和教师教育供给侧改革问题，但充分发挥“以县为主”的教育治理管理及其乡镇、乡村和学校治理管理的主动性、自主性和创造性则有直接的重要作用。

第一节

推进农村教育现代化亟须全面优化教师队伍结构

现代化的核心是人的现代化，办好教育既要有优良的设备，更需要优秀教师、教师队伍的优化和现代化。建设一支有足够数量的教师队伍是学校开展正常教育活动和提高教育质量的保证，是政府和学校优化教师队伍结构的基础，也是教育现代化的前提。多年来，通过推进城乡教育均衡发展及特岗教师、乡村教师补贴等措施，城乡学校教育设施均衡发展水平显著提高，乡村教师队伍建设也明显加强，但结构性超编和短缺导致的总量缺编非常严重。现阶段推进农村教育现代化迫切需要增加教师编制，全面优化教师队伍结构，通过科学绩效考核提高教师收入、职称晋级效果，增强乡村学校对优秀教师的吸引力。

一、推进农村教育现代化迫切需要增加农村学校教师编制

国家规定的教师编制与学校所在地人口和学生、学校规模密切联系。城市人口密集，学校规模一般较大。乡村人口疏散，学校规模一般较小。根据规模效益原理，规模较小的学校师生比应较大一些，规模较大的学校师生比应较小一些。但 2001 年国家制定的中小学教职工编制标准的规定则相反，教职工与学生比，高中阶段城市为 1 ∶ 12.5，县镇为 1 ∶ 13，农村为 1 ∶ 13.5；初中阶段城市为 1 ∶ 13.5，县镇为 1 ∶ 16，农村为 1 ∶ 18；小

学阶段城市为1 ∶ 19，县镇为1 ∶ 21，农村为1 ∶ 23。[①]2014年中央编办、教育部、财政部根据中央关于推进城乡发展一体化、基本公共服务均等化精神和相关规定，虽然将县镇、农村中小学教职工编制标准统一到城市标准，教职工与学生比高中为1 ∶ 12.5，初中为1 ∶ 13.5，小学为1 ∶ 19，[②]但这也与实际需要还有较大差距。

改革开放以来，随着生育率下降和农村城镇化速度加快，乡村人口和学生、学校大量减少，不少乡镇和学校撤并，但乡村小规模学校和教学点还大量存在，很多小规模学校只有几十名、十几名甚至几名学生，师生比很少有一比十几的，大部分是一比几甚至一比一或更低；农村学校教师队伍建设基本是在主动适应农村教育城镇化的过程中应对快速萎缩的乡村教育发展，且师生比和班师比极不协调。近年来，随着乡村振兴战略的强力推进，许多地区乡村学校学生减少趋缓甚至有回流势头；根据国家规定和小规模学校特点，各地把师生比与班师比相结合配备教师，乡村教师队伍明显加强，但教师编制短缺还是相当突出。从全国看，2015年乡村学校有学生29 658 985名，若以师生比1 ∶ 19计，需教师1 560 999名；有班级1 069 136个，以班师比1 ∶ 1.8计，[③]需教师1 924 445名，而实有教师是2 011 542名，[④]乡村学校教师是超编的。但从具体学校来说，如果一所学校只有二三十名学生，有六个年级或班级，根据一个班配备1.8名教师的规定，6个班需11名教师，而根据1 ∶ 19师生比的规定，30名学生配备教师还不到2名，两者相差近

---

①《国务院办公厅转发中央编办、教育部、财政部关于制定中小学教职工编制标准意见的通知》（国办发〔2001〕74号），http://www.gov.cn/gongbao/content/2001/content_61159.htm.

②《中华人民共和国中央编办、教育部、财政部关于统一城乡中小学教职工编制标准的通知》（中央编办发〔2014〕72号），http://old.moe.gov.cn/publicfiles/business/htmlfiles/moe/s7027/201412/181014.html.

③《教育部颁发关于贯彻〈国务院办公厅转发中央编办、教育部、财政部关于制定中小学教职工编制标准意见的通知〉的实施意见》，http://old.moe.gov.cn/publicfiles/business/htmlfiles/moe/s7027/200506/8796.html.

④ 中华人民共和国教育部发展规划司：《中国教育统计年鉴2015》，中国统计出版社，2016，综合。中华人民共和国教育部发展规划司：《中国教育统计年鉴2010》，人民教育出版社，2011，综合。中华人民共和国教育部发展规划司：《中国教育事业统计年鉴2000》，人民教育出版社，2002，综合。

10 名。若以班师比保证乡村学校教师配备，就要减少县城教师数量。就师生比讲，乡村学校师生比 2000 年、2010 年以 1 ∶ 23 计，2015 年以 1 ∶ 19 计，三个年份分别有学生 85 037 137 名、53 502 198 名和 29 658 985 名，约需教师 3 697 267 名、2 326 183 名和 1 560 999 名，而实有教师 3 982 628 名、3 407 066 名和 2 011 542 名，乡村学校实有教师比需要教师约超编 7.7%、46.5% 和 28.9%；但若平均以 1 ∶ 12（19 加 5 的平均数）计，2000 年、2010 年和 2015 年约需教师 7 086 428 名、4 458 517 名和 2 471 582 名，短缺教师或与实有教师相差 3 103 800 名、1 051 451 名和 460 040 名，分别约缺编 43.8%、23.6% 和 18.6%；而这三个年份的乡村教学点数量占全国教学点总数的比例已高达 96.9%、97.8% 和 87.9%，占乡村学校总数 35.8%、31.0% 和 69.1%，占农村学校总数的比例为 30.2%、27.2% 和 49.7%。[①] 假如某县有小学生 10 000 名，以师生比 1 ∶ 19 计，全县教师编制约是 526 名；乡村 3 000 名学生以师生比 1 ∶ 10 计，需教师 300 名；县城 7 000 名学生以师生比 1 ∶ 19 计，约需教师 368 名，但实际只有教师 226 名，缺额 142 名，约占教师总量的 1/3，师生比是 1 ∶ 31。如果乡村学校师生比以 1 ∶ 5 计，就需教师 600 名，用尽全县教师编制也不能满足需要。这些数据并非完全假设，也是现实存在的反映。

在我们实地调研的 50 多个县市中，至少有一半县市缺编教师达 1/10 至 1/4，有的学校缺编高达 1/3 甚至 1/2。西部有一个县全县教师编制是 4 000 名，而实际现有教师 6 000 名；有一所小学现有教职工 180 多名，其中临聘教师有 60 名；一个教学点 6 名教师，有 4 名为临聘教师。某市二小有学生 2 254 名，在编教师 61 名，其中长期生病不在岗 4 名，休产假 5 名，教育局借调 2 名，临聘教师 15 名，实有教师 65 名，师生比约为 1 ∶ 35；三小有学生 1 728 名，在编教师 56 名，临聘教师 4 名，师生比为 1 ∶ 28.8。某乡村小规模学校有学生 114 名，教师 11 名，临聘教师竟达 8 名。东部一镇 7 所小学应有教师

---

① 中华人民共和国教育部发展规划司：《中国教育统计年鉴 2015》，中国统计出版社，2016，综合。中华人民共和国教育部发展规划司：《中国教育统计年鉴 2010》，人民教育出版社，2011，综合。中华人民共和国教育部发展规划司：《中国教育事业统计年鉴 2000》，人民教育出版社，2001，综合分析。

429名，实有教师414名，短缺15名，有临聘教师80名，临聘教师数量约占应有教师总数的19%；其中3所小学临聘教师比例超过30%，5所小学临聘教师比例超过20%。中部一所小学有教师18名，其中9名为临聘教师；一所小学有教师34名，其中19名为临聘教师；一个教学点有4名教师，只有1名为入职仅1年的在编教师，3名为临聘教师，其中1名是校长退休后成为临聘教师兼校长。教师由于生病、产假公休等，学校临时聘用一些代课教师属于正常现象，但由于缺乏编制而大量聘用代课教师就很不应该。有些地区为规避某种规定，临聘教师一年一聘，使得聘用代课教师很难有长远计划。这既会影响正常教学活动，也会影响教学质量。如果临聘教师积极性高，不会影响正常教学和教育质量，但由于工资及其他待遇较低也会影响他们的生活质量。还有个别县市把教育行政管理岗位等占用的教师编制统计到学校，有一所学校实有教师24名，但教育局公布的该校教师则是67名。推进农村教育现代化既要切实增加农村学校教师编制，也要把教师编制真正用到学校，杜绝学校以外的不合理使用。

二、推进农村教育现代化迫切需要以提高教育质量为目标全面优化乡村教师队伍结构

多年来，通过实施公费师范生教育、特岗教师、乡村教师补贴等措施，乡村教师队伍建设明显加强，但不少县市教师结构性短缺问题相当严重。乡村学生减少，虽然有乡村青壮年到城里就业、居住和子女随迁等原因，但教育质量不高也是重要原因。提高教育质量的关键是教师，拥有足够数量的教师是提高教育质量的必要条件，合理的教师学缘、专业、教龄、年龄、城乡等结构是提高教育质量的基本条件。农村教育现代化迫切需要以提高教育质量为目标，优化乡村教师队伍结构。

学校的教育质量和学生的成长、发展是学校、家庭和社会共同影响的结果，不同学缘、专业、教龄、年龄和职称甚至地域的教师相互交流借鉴对教师和学生成长、发展都有重要积极作用。但由于种种原因，高水平师范院校的毕业生能到县城，特别是乡镇、乡村任教的很少甚至没有。

在三级师范教育中，虽然国家对中小学教师学历要求较低，但中等师范学校培养的教师比较实在和全面，所以中小学基本没有音体美教师缺乏问题。改革开放以来，国家对中小学教师学历要求逐渐提高，中等师范学校逐渐取消。教师教育本科化既提高了教师学历，也使得教师更加专业化或专门化，这对于规模型学校及其教学很有必要，但这很难适应和满足小规模学校的教育教学需求。规模较大的县城和乡镇学校虽然对音体美教师也有明显需求，但主要是好不好和结构更合理的问题，而对于乡村小规模学校则是有没有的问题。我们调查的乡村学校普遍存在没有或严重缺乏音体美教师的现象，普遍发出希望高等院校为乡村学校培养音体美教师的强烈呼吁。

老中青教师相结合的教师队伍是合理、优化、高质量教师队伍和高质量教育教学的基础，是在有效的制度和机制引导下逐渐形成的。一个教师从新入职到成为有一定教育教学经验的教师至少需要五六年时间，成为富有教育教学经验的教师需要十几年的教育教学实践历练。但乡村教师真正能在乡村任教 10 年以上的很少，西部一所乡镇学校有 24 名教师，没有 1 名在本校任教超过 5 年。这还是因为这个县为了保证乡村学校教师的基本数量，规定新入职教师必须首先在乡村任教五年，然后才能调往城里。在没有此规定的县市，许多年轻教师在乡村任教两三年甚至 1 年后就想方设法调进城里或应聘到其他县市任教。为提升教育质量和学校声誉，学校大力鼓励和支持教师职称晋级和专业发展，但当他们获得县市级荣誉后，就或主动或被动调进城里。乡村学校基本成为新入职教师的练兵场和为县城或城市学校培训优秀教师的基地。优化乡村学校教师队伍结构必须改变无论是客观还是主观上把“以县为主”的农村教育管理体制变成“以县城为主”的状态。

教师的年龄既可以成为教师的优势，也可能成为教师的不足。教师年龄大、资格老，如果还能在丰富专业知识和教育教学经验、强大教育教学能力基础上继续积极进取、探求新知和追求卓越，那教师的年龄就是老教师的优势；如果不求进取，缺乏探求新知、追求卓越的动力，甚至体力不支，那教师的年龄就是老教师的不足。由于解决民办教师问题迟缓等原因，一些学校普遍存在大量超过50岁的高龄教师。东部一所学校有14名教师，只有2名是近年入职的年轻教师，竟有10名是超过50岁的高龄教师。中小学生本来就喜欢年轻靓丽、性格开朗、充满活力的年轻教师，如果高龄教师身体不支、缺乏新知和教学动力，就更难适应教育教学需求。有些学校不少高龄教师不仅在编不在职、在职不在岗、在岗不教学，而且还高职厚禄。这严重影响教育教学质量提升、年轻人的晋级和教学动力。优化乡村教师队伍结构必须优化教师队伍年龄结构,解决“挂名教师”或“名义教师”的问题。

三、优化农村教师队伍结构迫切需要通过绩效考核提高乡村教师收入和职称晋级效果

学校设置、教师配置和供给主要是教育行政或教育宏观管理问题，解决教师的专业、教龄、年龄结构和教学动力等问题，则需要教育宏观、中观和微观管理紧密结合的教育及其学校治理的现代化。绩效管理是当代社会在企业、科研机构和大学等行业普遍运行有效的管理制度，但在中小学并未广泛推行。很多中小学校长认为,他们的管理主要是人情管理、感情管理,对于实行绩效管理都面露难色，总觉得困难很多。首先是教学效果和质量不好评估，其次是怕影响大家的感情，再次是没有足够经费，最后是上级也没有特别强调或支持、引导。其实许多绩效管理考核都有好考核的层面和不好评估的难题，都是为了凝心聚力提高效率和质量，都要防止伤害感情，也都有经费投入和分配的问题。推进农村教育现代化，县市教育领导和学校管理者应该投入更多精力，认真研究和探索，建立健全以提高教育质量为目标，以贡献大小、多少为标准的全员教师绩效管理，克服“大锅饭”和平均主义，激励教师积极进取、不断学习，努力提高教育教学质量。

绩效管理的本质是工作数量、质量和效率与工作者的岗位津贴、奖金等收入挂钩的管理制度。不同地区教师的收入多少是比较而言的，有东中西部和城乡的比较，有教师与公务员等行业的比较，有同一地区不同学校的比较，有同一学校不同教工的比较。学校的绩效管理是同一学校以统一目

标和标准通过对全部教工教育教学工作数量、质量和效率考核形成的级别、等级及其与岗位津贴、奖金等收入挂钩的制度。由于目前我国中小学并未普遍推行绩效管理，国家和省市并未有相应规定的基金投入，有些县市和学校率先探索实施，但基金问题难以解决；有些县市和学校不得已以扣除教工工资的 10%—30% 作为绩效考核基金，但不少教工对此很有意见；有些学校领导明知冒很大风险，还是违规使用非常有限的日常办公经费和其他收入作为绩效考核基金，虽然教工没有嫌少，也没有意见，但不能不说存在很大隐患。国家、省市和县市领导、管理部门对学校是否和如何实施绩效管理、对基金来源和分配等应该有原则性的指导意见，以便使学校名正言顺地探索以提高教育质量为目标、以贡献多少为标准的切实可行的全员教师绩效管理制度。

学校绩效管理是在保证教师基本工资收入基础上进行的，也应该是有利于吸引优秀年轻教师到乡村学校任教的。虽然由于经济发展水平不同，不同区域、学校工资和绩效等收入不好比较，但绝大部分县市对乡村教师都有根据距离县市城区远近而规定的不同程度的经济补贴，有的县市就叫乡村教师补贴，有的县市则称为乡村教师交通费补贴；有的山区县市从距离城区较近的补贴 200—300 元到距离城区很远的补贴接近 2 000 元；有的平原地区县市则对所有乡村教师补贴 200—300 元或者 500—600 元。目前的乡村教师补贴对于本来就居住在学校所在地的教师来说是比较令人满意的，但现在很多年轻人在乡村任教而在县城居住，对于这些早起晚归在城乡之间奔波的年轻教师来说，这个乡村补贴就成为名副其实的乡村教师交通补贴，而不是有较大吸引力和体现乡村教师艰苦辛劳的乡村教师补贴。此外，有些省市区和县市对在乡村工作的公务员和教师等都有相应补贴，或者说对乡村教师的补贴与对乡村公务员的补贴是一样的，对乡村教师没有特别补贴，乡村教师补贴没有吸引力；而有些省区市和县市或者只对乡村教师有补贴，或者在对乡村工作的公务员和教师等都普遍有相应补贴基础上，又对乡村教师有特别补贴，使乡村教师补贴有特殊的吸引力。为了振兴乡村教育，对乡村教师补贴不足的县市迫切需要建立健全具有显著吸引力的乡村教师补贴制度。

对于教师与公务员的工资收入，绝大部分县市的教师认为他们的工资收入已与公务员持平甚至明显超过公务员，有一些县市的教师认为他们的工资虽然与公务员持平或超过公务员，但公务员还有年终奖等，实际上教师收入还是低于公务员。此外，公务员还有比教师更多的文化资本，所以，教师职业的吸引力还是非常有限。增强乡村教师职业的吸引力还需要进一步提高收入和待遇。

学校对教师的绩效管理主要是针对在编教师，对于其他教师不同县市有不同对待。对于政府购买服务的教师的工资收入有些县市是以同工同酬标准对待，有些县市则低于或远低于在编在岗教师。对于临聘教师月薪有些县市只有1 000多元，有些县市也只有2 000多元。特岗教师月薪基本是3 000多元。各类在岗不在编的临聘教师都是由于教师普遍紧缺或某些专业紧缺才聘用的，所以，一般都承担着繁重的教学任务，如果能把他们纳入与在编在岗教师相同标准和待遇的绩效考核，不仅对调动他们的教育教学积极性有积极意义，也体现了现代管理的公平性；相反，不仅会对他们的积极性造成很大伤害，也是对现代管理公平性的讽刺，是对干多干少、干好干坏、干与不干一个样的鼓励，甚至还可能鼓励不劳而获、少劳多得。在一个农民的月低保金都有300—500元、在编在岗青年教师月薪达到5 000元左右的当代社会，让一个月薪还比不上餐馆服务员的年轻临聘教师承担繁重的教学任务、提高教学质量和做好住校、留校生的辅导管理等工作是很难想象的。推进乡村教育现代化，对于探索建立健全乡村教师全员不同层次绩效管理，必须像改革开放之初下定决心解决“搞导弹的不如卖茶叶蛋的”一样，下定决心解决当前的“教孩子的不如端盘子的”问题。

农村教育现代化迫切需要建立健全职称晋级类似公务员科员制和高龄教师离职离岗制度。职称晋级问题是乡村教师普遍关注的问题，乡村不少教师一辈子艰苦辛劳、兢兢业业教书育人，最终还不能获得相应晋级，原因可能是政府规定的教师晋级职位比例问题，也可能是教师的知识能力和教育教学水平问题。教师达到相应的知识能力和教育教学水平，可以采用类似公务员科员制的办法解决晋级职位比例问题；教师的知识能力和教育教学水平长期达不到相应要求，可以采用以相应职级或提高职级工资待遇劝其提前离职离岗或退休的办法解决。为了保持农村和乡村教师队伍的相对稳定，最近教育部出台的“县管校聘”办法也应有这种补充措施。这两个措施相辅相成，可能要增加考评的难度和精力，要明显增加政府的教育经费投入，但对稳定乡村教师、吸引优秀教师到乡村任教、为年轻教师腾出晋级职位和调动乡村教师教育教学积极性都有积极意义。

中小学校长职级制也可看作是类似于教师绩效制的一种学校领导管理层的绩效制，也可以看作是与教师绩效制相配套的一种学校领导管理层的绩效制。有些县市及其学校已经实行，并有较好效果，许多县市及其学校并未实行；有些县市及其学校虽然实行，但名实不符，不仅选拔和考评程序不到位，绩效待遇也不到位，许多相关问题没有解决。校长职级制不仅是校长如何选拔、考评和待遇的问题，也与副校长、学科主任、班级主任等有密切联系；另外，原来一些学校校长是有行政级别的，实行校长职级制后有些县市完全取消行政级别，有些县市则保留行政级别。实行校长职级制，究竟如何系统解决这些问题，不同县市都需要进行积极探索。

四、优化乡村教师队伍结构应特别关注和全面关心乡村教师的专业成长和个人生活

现代社会是学习化社会，学习化社会必须以学为本，终身学习，教师通过学习和为了教会学生学会学习而不断学习。学校通过教育教学等活动既要促进学生发展，也要促进教师发展。教师为完成教学基本任务展开的教育教学实践和科研活动及其成果评价、职称晋级都是教师专业成长的重要途径和标志。学校组织教师到高水平大学进修培训，在本县教师进修学校学习研讨，在中心学校和通过教育共同体观摩教学、交流德育和班主任工作及学校特色建设等同样都是教师专业成长的重要途径。许多教师都期望到高水平大学进修学习和参加国家级培训，但由于指标有限，所有教师都承担了繁重的教学任务不能长期离岗，以及家庭等原因，能参加培训的教

师很少，县市教研室、教师进修学校和教科所就成为大多数教师进修培训、学习研讨的重要途径。

原来县市教研室、教师进修学校和教科所虽然职责明确、各司其职，但职能单一、适应能力较差。近年来有些县市把这几个机构合为一体，增强了原有各种职能间的相互联系及其整体适应能力。多数教师进修学校教师认真研究教育改革动向，研究教师专业发展状态和需求，经常深入学校指导教师专业发展，帮助学校信息化建设和特色发展，精心联系全国各地专家学者，利用双休日、节假日组织教师培训进修、学习研讨，对促进乡村教师专业发展发挥了重要作用，深受广大教师欢迎。一个县市的教育发展整体状态与这个县市的教师进修培训、学习研讨的状态基本成正比，教育发展整体状态良好和发展势头强劲的县市的教师进修培训、学习研讨也是做得很好的县市。有些县市教研室、教师进修学校等相关机构则形同虚设，成为安置不能和不愿从事中小学教学的教师的场所，这也基本是此类县市教育发展整体相对滞后和处于疲软状态的反映。

安居才能乐业，安全才能敬业。乡村小规模学校有的距离县城较近，多数教师住在城里，早晚在住地和学校之间来回奔波，中午在学校食宿；有的距离县城很远，甚至在交通不便的偏远山区，教师常年食宿生活在山区。学生较多和有寄宿生、提供午餐的学校，教师午餐都有必要安排，午休有的通过教师周转房等有一定安排，有的只能在工作室打盹。学生较少和没有寄宿生、不提供午餐的学校，教师午餐都存在问题，有的自己生火做饭，有的自带干粮，午休更只能自己解决。乡村学校教师食宿问题是很琐碎的问题，但又是必须要解决好的基本问题。

有几名学生和一两名教师的边远小山村学校的教师一般是年龄较大的男教师，也有个别是年轻女教师。多数县市和中心校的领导不仅特别关注他们的食宿生活和出行安全等问题，而且特别关心他们的恋爱婚姻问题，或者定期不定期地举办县镇教师联谊会，或者建立“知心姐姐”微信群想方设法为他们牵线搭桥提供交流方便、为他们送去温暖，为使他们能留得住、教得好在做不懈努力，为了乡村教育振兴和现代化在做不懈努力。这是所有县市和学校应该学习的。

乡村小规模学校的增多，城乡小班化教学的推进，都必然要求增加教师编制，增加教师编制就意味着要增加教育投入。加强乡村教师的进修学习，改善乡村教师的生活条件，也需要增加教育投入。在我国经济强劲发展和综合国力显著增强的情况下，增加教育投入也是完全可能或可行的。为了落实教育优先发展的战略，21 世纪以来，我国的教育投入实际上也是在不断增长的。“2014 年我国财政性教育经费占 GDP 的比重为 4.15%，2030 年预测此比例为 4.4%。OECD 国家 2013 年公共教育支出占 GDP 比例的均值为 4.8%，远高于我国 2030 年预测值。未来 15 年加大教育经费保障力度，持续稳定地增加教育投入仍是推进教育现代化的重要基础和必要前提。”① 为了振兴乡村教育，不断增长的国家教育投入也一定会使农村和乡村教育的投入不断增长，一定会解决乡村小规模学校的增多，城乡小班化教学的推进要求的教师编制及其经费投入的问题，改善农村和乡村教师进修学习、生活状况所需经费投入的问题。

① 马晓强等:《中国教育现代化发展的总体趋势和挑战》,《教育研究》2017 年第 11 期。

第二节

师范院校应努力为农村教育现代化培养更多优质教师

虽然师范院校综合化和教师教育开放性的得失利弊见仁见智，虽然统计学上的教师过剩和超编也有理有据，但广大农村学校，特别是乡村学校不仅教师专业结构甚至质量存在明显问题，而且数量严重短缺也是毫无疑义的不争事实。师范院校高水平、创一流的目的、理想和动力何在？乡村学校教师数量和结构甚至质量存在明显问题的根源何在？全国各地区教师平均人数过剩和超编与乡村教师严重短缺的矛盾原因又是什么？导致这些问题产生的原因有许多，其中，师范院校没有培养足够数量和高质量的教师的事实是最明显、直接的原因。师范院校综合化不仅导致有些师范院校淡化了传统特色和优势，不能集中精力办好教师教育，而且还使得有些师范院校改变了学校性质、发展方向、教育目标和学科结构，使农村学校，特别是乡村学校的教师来源大量减少。为乡村教育振兴和农村教育现代化培养足够数量和高质量的教师，既是师范院校的天职，也是国家发展及乡村教育振兴和农村教育现代化的需要。师范院校应集中精力努力办好教师教育，国家应进一步加大力度鼓励、支持和要求师范院校集中精力努力履行好为乡村学校培养更多更好教师的天职。

一、师范院校有责任勇敢面对和努力破解城市教师过剩与农村教师短缺的严重矛盾

上学免交学费、毕业又能保证找到好工作的师范生，如今正面临巨大挑战。原因是，“目前全国每年有60多万名师范生毕业，但基础教育领域对师资的需求却只有25万，仅30%的师范院校毕业生进入基础教育领域从教。除了供大于求外，教师工作的巨大吸引力，还引来了一大批实力强劲的竞争者——优秀综合性大学本科生、硕士生甚至博士生，中小学校每年招收的教师中有1/4来自综合性大学。与这些优秀综合性大学的学生相比，师范生的先天优势正在缩小”。这是《中国青年报》对2014年第四届海峡两岸暨香港、澳门师范大学校长论坛的报道。在本次论坛上，教育部教师工作司负责人透露，“今后师范类教育将进入调整阶段，控制规模，提升人才培养层次，这是未来主要的目标之一”。华东师范大学校长表示，从2015年起学校将逐步缩减师范类本科招生，师资培养将统一纳入教师教育学院的研究生教学。[①] 这种关于社会对教师需求变化的事实和认识是师范院校综合化的重要依据，而师范院校综合化又是师范院校领导的共识和师范院校发展的走向。

师范大学的综合化与教师教育的开放性、高学历化紧密联系，开始于21世纪初。师范大学走向综合就要大力发展非师范学科。经过近20年的发展，不少师范大学的非师范学科和专业设置数超过师范类，不同专业的招生数量也与师范专业达到对半比例。教师教育高学历化的目标和结果也要求取消中等师范教育，使师范院校培养教师数量大幅度减少。1991年全国高等师范院校257所，专本科毕业生16.77万人；中等师范学校948所，毕业生24.39万人；高等师范院校和中等师范学校共培养毕业生41.16万人。2001年全国高等师范院校210所，专本科毕业生20.88万人；中等师范学校570所，毕业生27.83万人；高等师范院校和中等师范学校共培养毕业生48.71万人。中等师范教育取消后，2011年全国师范院校共有毕业生62.95万人，其中

---

① 王烨捷：《全国每年有60多万名师范生毕业 需求仅25万》，《中国青年报》2015年10月14日。

本科 41.21 万人，专科 21.74 万人。2015 年全国师范院校共有毕业生 69.94 万人，其中本科 51.07 万人，专科 18.87 万人。2017 年全国师范院校共有毕业生 75.83 万人，其中本科 55.09 万人，专科 20.74 万人。国家于 2007 年实施公费师范生教育后，中西部师范大学师范类招生每年都超过 2 000 人，有的接近 3 000 人，东部两所师范大学每年招收师范生 1 000 人左右，6 所部属师范大学每年招收公费师范生平均约 2 000 人。而这些学校每年招生数量都在 4 000 人左右，其中有一半是非师范类。如果师范院校的师范与非师范毕业生为对半或者师范院校师范毕业生是全部毕业生总数的 2/3，那师范院校的师范类毕业生 2015 年就是 34.97 万人或 46.63 万人，2017 年就是 37.92 万人或 50.55 万人。如果全国每年有 60 多万师范生毕业，那其他 20 多万或 10 多万就是综合大学和中高职院校的师范类毕业生。[①]

但就在师范大学走向综合化和被认为教师培养过剩的同时，当时教育部基础教育司主管则明确指出，经过多年的努力，虽然 2014 年小学代课教师数量比高峰期的 1997 年减少 70.79 万人，小学代课教师占在岗教师的比例从 12.92% 下降到 2014 年的 2.70%，但全国小学代课教师还有 15.19 万人。从 2006 年国家实施农村义务教育阶段学校教师特设岗位计划到 2014 年共招聘特岗教师 23.2 万人。[②]《2018 年全国义务教育均衡发展督导评估工作报告》指出“义务教育均衡发展”存在的主要问题之一是“政策不落实，保障不到位，教师队伍建设滞后”。有 162 个县不同程度上存在有编未补的问题；有 128 个县聘任 4.6 万名合同制教师和代课教师，未做到编外教师与在编教师同工同酬；有 257 个县缺少音乐、体育、美术、科学、英语、信息技术等学科教师 2.8 万名。[③]《2019 年全国义务教育均衡发展督导评估工作报告》指出，据不完全统计，自 2016 年以来，69 个基本均衡申报县新补充教师共约 3 万人；其中音乐、体育、美术、科学、信息技术等学科教师约 6 000 人，

---

① 中华人民共和国教育部发展规划司等：《中国教育统计年鉴》，人民教育出版社等，相关年份综合。

② 王定华：《我国义务教育均衡发展之进展》，《课程·教材·教法》2015 年第 11 期。

③ 中华人民共和国教育部：《2018 年全国义务教育均衡发展督导评估工作报告》，http://www.moe.gov.cn/fbh/live/2019/50415/sfcl/201903/t20190326_375275.htm.

占新补充教师的 20%；35 个基本均衡实地核查县中，有 25 个县不同程度缺少音乐、体育、美术、英语、科学、信息技术等学科教师，共缺 2 095 名，此问题在农村学校更为突出。教师编制动态调整机制不健全，不能均衡配置教师，出现城区学校教师数量紧张、农村学校教师富余的情况。[①]

我国存在中小学教师总量超编和城市学校教师过剩与农村学校教师缺编和数量严重短缺的明显矛盾。乡村教师工资待遇较低是造成这一矛盾的诱因，而师范院校综合化则是重要原因。起初，师范大学综合化只是调整了学科结构，增加了学科专业和招生倾向，但是并未改变学校性质和发展目标。就算如此，其毕业生本能到县城任教的已然很少，更别说去乡村任教了。而当为农村和乡村培养大量教师的中等师范学校取消后，原本应该承担为农村和乡村培养教师任务的高等师范学院，此时已有不少院校不仅改变了学科结构、学科专业和招生倾向，而且改变了学校性质和发展目标，甚至改变了名称，走向综合化。有的高等师范学院还保留少量师范生的招生数量，有的完全取消了师范教育招生。中职学校师范类毕业生学历达不到中小学教师要求，主要做幼儿教师；综合大学和高职师范类毕业生又很少。这是农村和乡村教师短缺的重要原因，也是导致城市教师过剩与农村教师短缺这一矛盾产生的重要原因，师范院校应勇敢面对和努力破解这一矛盾。

二、师范院校综合化和教师教育开放性应努力实现教师教育提质增效的目标

教师教育开放性和综合化的概念和政策最早出现在党和国家文件中是在 1999 年的《中共中央国务院关于深化教育改革全面推进素质教育的决定》中。本决定指出，为了更好地做好师范教育，要“调整师范学校的层次和布局，鼓励综合性高等学校和非师范类高等学校参与培养、培训中小学教师的工作，探索在有条件的综合性高等学校中试办师范学院”。最早使用“教师教育”一词的是 2006 年《国务院关于基础教育改革与发展的决定》。本决定指出，

① 中华人民共和国教育部：《2019 年全国义务教育均衡发展督导评估工作报告》，http://www.moe.gov.cn/fbh/live/2020/51997/sfcl/202005/t20200519_456057.html.

为了更好地做好教师教育，要“完善以现有师范院校为主体、其他高等学校共同参与、培养培训相衔接的开放的教师教育体系”。

教师教育开放性和综合化不等于师范院校的综合化，以进一步做好师范教育或教师教育为目的的教师教育开放性和综合化也不同于为了全面提高师范院校水平的综合化，高等师范院校的综合化水平提高也未必能提高师范院校教师教育水平。既要提高学术水平和综合实力，又要提高教师教育水平,是师范院校的目标。因为“无论是国际高等师范教育发展的普遍规律，还是我国目前的教育改革形势，都促使师范院校加强综合性，否则，在现代社会中必将越来越难以立足，综合性是现代师范教育发展的必然趋势”，[①]所以北京师范大学把目标确定为“综合性、研究型、教师教育领先的中国特色世界一流大学”，华东师范大学把目标确定为“教师教育特色鲜明的研究型高水平大学”。因为“一流的大学必须有一流的学科，学科建设是高等院校建设与发展中具有战略地位的基础性工作，是衡量一所大学核心竞争力的重要方面。没有学科的综合化，高等学校的职能将很难实现”“教师教育综合化是我国教师教育政策的必然选择，它涉及各类教师教育机构发展战略的重新定位，学科结构、专业设置的调整，教师队伍建设以及其他学校资源的重新配置等一系列重大问题”，所以陕西师范大学把发展目标定位为“以教师教育为主要特色的研究型、综合性一流师范大学”。[②]云南师范大学校长认为，“师范院校综合化是未来发展的必然趋势，只有树立师范大学的品牌意识，以学术性为基础，以师范性为特色，以综合性为发展方向，以高水平为发展目标，集结教育资源，形成行业优势，才能办出品牌，办出特色”。[③]

没有高水平的学科专业基础就不可能有高水平的教师教育，但有了高水平的学科专业基础，也未必就能提高教师教育水平。以高水平学科专业为

---

① 钟秉林:《教师教育的发展与师范院校的转型》,《教育研究》2003年第6期。

② 甘晖:《学科综合化：高水平师范大学转型的战略选择——以陕西师范大学为例》,《高等教育研究》2013年第4期。

③ 任祥、徐冶:《师范院校综合化是发展的必然趋势》,《光明日报》2001年11月17日。

基础，做好教育教学知识、技能和能力的教育，是师范院校和综合院校的教师教育特色、优势及其与综合院校学科专业教育的根本区别。师范大学的综合化与教师教育的综合化既有某种联系，但又不是一个概念。教师教育本来就是涉及许多学科的学科和专业，但有些学科和专业不仅与教师教育有密切关系，而且就是教师教育的本体学科、基础学科甚至核心学科，有些学科则与教师教育离得较远或很远。师范院校大力发展与教师教育紧密相关的学科专业，把学术性与师范性很好地结合，这对提高教师教育的学术水平和教师教育水平是有利的。师范院校大力发展与教师教育离得较远或很远的学科专业，只能分散人财物和精力，最多用一半精力关注教师教育，不可能全身心地办好教师教育，也不能有力地提高教师教育水平。师范院校把教师教育作为主要特色，这就意味着要以主要精力办好教师教育。由于师范院校要努力走向综合化，因此就要下大力气加强原来基础薄弱的非师范学科专业，并投入更多的人财物和精力，实际上就很难以一半的人财物和精力办好教师教育。如果把教师教育学科和专业只看作是一个学科和专业，那就成为师范院校众多学科和专业中的一个学科和专业，其人财物和精力等投入就不是1/2，而是成了几分之一、十几分之一。

科学和学科综合化不等于学校、学院综合化。物理、化学、生物等的交叉综合是物理、化学、生物以本学科为基础和建设目标，寻找有利于物理化学、生物化学等深化和拓宽研究的交叉点的科学的学科综合化发展，不等于把物理、化学、生物学院综合合并，或者物理学院开设化学专业，建设化学学科，化学学院开设生物专业，建设生物学科。教师教育的综合化也不等于师范院校的综合化。教师教育的综合化是通过推进与教师教育有紧密关系的学科和专业的交叉融合，培养适应能力强的“厚基础、宽口径”的教师和全科教师，是基于是否有利于教师教育的该综合的综合，不该综合的不综合，不是该综合的不综合。该综合的综合应该是既当鸡头又争凤冠的综合，不该综合的不综合则或者是保住鸡头不追凤尾的综合，或者是宁做凤尾不做鸡头的综合。任何一个学科和专业的发展强大，都要坚持不懈、专心致志，长期努力。如果朝三暮四、三心二意，这个山头望见那个山头高，那个山头望见这个山头高，做许多杂七杂八、花里胡哨的事，学科和专业就很难发展强大，既不能为国家和社会做出更多更大贡献，受到社会尊重，也会使自己劳心、劳神、劳力，出力不讨好。

既要提高学术水平和综合实力，又要提高教师教育水平的目标，对于师范大学来说，尽管很难，但还是可以做到。像其他科学对目标、理想的追求是永无止境的一样，教师教育的目标、理想追求也是永无止境的。伟大的科学家和思想家不可能没有科学和人文的基本知识、能力和规范，但他们之所以伟大是因为他们不仅有科学和人文的基本知识、能力和规范，还有对更多更高更远的目标和理想的不懈追求和不竭动力。教育学、心理学和课程教学论或教材教法是教师教育的基础和核心课程，舍此就不是教师教育，也就不是师范院校。教师教育、师范院校和教师个人的发展，不仅是教和学教育学、心理学和课程教学论或教材教法等基本知识，形成教育教学的基本能力、技能，而且要有对办好世界一流教师教育，培养世界一流教师、专家型教师和著名教育家的不懈追求和不竭动力。

世界一流的教师教育要有明确的发展目标、学科定位，强大的教师队伍，丰富和高水平的教育科学研究等，但最终都要落实到培养足够数量和高质量的一流教师，要全面充分满足国家、社会和人民对优质教育和教师的需要。中国的教师及其培养数量似乎过剩，因此师范院校为了寻找生存出路、适应社会发展，必然要走向综合化，减少教师培养的数量。但农村学校，特别是乡村小规模学校不仅缺乏音体美和科学教师，其他学科教师数量也都严重短缺。这种状态早已普遍存在，而且小规模学校也将继续存在。在许多领导专家不断强调学科交叉融合和培养科学教师、全科教师的情况下，许多条件很好、实力很强的师范院校，其教师教育对培养科学教师、全科教师却熟视无睹、冷漠健忘、不屑一顾，不能切实做好教师教育学科的交叉融合或综合，不能积极努力培养具有学科交叉融合或综合知识和能力的科学信息技术教师和音体美专业教师或具有音体美教学素质的全科教师，导致中小学一直严重缺乏或没有科学信息技术教师和音体美教师。这样的师范院校和教师教育算什么有特色、高水平和“双一流”？

既要提高学术水平和综合实力，又要提高教师教育水平的目标，对于师范学院来说，是很难做到的。由于根本就做不到，或者本来就不愿意做到，所以不少师范学院就把提高教师教育水平作为主要目标，把提高学术水平和综合实力作为次要目标。他们不图虚名、默默无闻、扎扎实实、精益求精、坚持不懈，为农村和乡村培养了大量优质教师，成为农村和乡村优质教师的主要来源。有的师范学院则把提高学术水平和综合实力作为主要目标，把提高教师教育水平目标作为次要目标。他们紧跟时代步伐、把准时代脉搏，使出全身解数强精壮骨，争取各方支持，积极推进国家战略，满足社会需求，为地方经济社会发展培养了大批实用型人才，为当地经济社会发展做出突出贡献。相反，有些师范学院在以前强调大学社会服务功能时，以此为名义，创办了许多与教育教学和科研关系不大甚至无关的企业，浪费了许多宝贵和有限的人财物资源和精力；后来又以综合化为名义，又设立了许多非师范专业。长期来回折腾，顾此失彼甚至舍本求末，结果只能落得各个学科专业都是乏善可陈、平庸暗淡，甚至全面发展全面衰败，白白浪费了良好机遇和宝贵有限的人财物资源和精力。

三、为乡村教育振兴和农村教育现代化培养更多优质教师是师范院校的天职

我国中小学教师大部分来自师范教育，不同地区的师范院校都说自己是本地区中小学教师的摇篮。师范院校的确为基础教育培养了大量教师，为基础教育的发展做出了巨大贡献，说她功不可没，厥功至伟，毫不过分。我国的基础教育和教师教育取得的成绩是有目共睹的，但存在的问题也非常严重、复杂，需要改革甚至变革。师范院校对于基础教育而言真可谓：成也萧何，败也萧何。

学了教师教育专业结果没做教师，做了其他职业，这说明师范院校培养了具有很强适应性的综合性人才，而不能说明其他专业的专业性不强和轻视其学科专业建设。学了其他专业结果没做其他专业，经过努力继续学习做了教师，这也说明其他学校和专业培养了具有很强适应性的综合性人才，

也不能说明教师教育专业的专业性不强和轻视其学科专业建设。正像一些学校理工科专业或农林、医学、航天等院校、专业培养出许多国家领导人和各级管理人才而说它专业性不强，或者因为管理学科和专业没有培养出著名领导人和管理人才，就说它专业性不强，便要取消此专业一样。教师教育的开放性是为了吸引更多有实力的学校培养更多优质教师，而不是说它的专业性不强，或者后劲不足。既把教师教育专业性不强归咎于只不过是学了教育学、心理学和学科教学论几门课程，又把教师教育专业性不强、后劲不足归咎于教师教育使学生学了教育学、心理学和学科教学论几门课程占用了时间，耽误了综合科学知识的掌握和学科能力的发展；既以全国教师饱和、超编，作为教师教育出路难，师范院校走综合化之路的依据，又说师范院校的毕业生就业率高、供不应求，这是什么逻辑和心态。

现代化的根本是人的现代化，是人推进、创造和为了人的现代化。教育现代化的终极目标是学生的现代化，但根本基础和保证是教师的现代化。推进和实现教育现代化，一流或现代化的教育教学设备不可或缺，是必要条件，但一流或现代化的教师队伍不仅是必要条件，而且是充分必要条件。这对于城市教育和农村、乡村教育，东部发达地区的教育和西部欠发达地区的教育都是同样的道理。但农村教育，特别是偏远地区的乡村教育不仅基础差、底子薄，而且由于农村及其教育的城镇化，乡村人口和学生、学校大量减少，出现大量小规模学校，以特别关注和特殊措施加强其教师队伍建设尤为重要。师范院校应该充分发挥和展示教师教育资源的明显特色和优势、丰富的教师教育经验，积极努力支持乡村及其教育振兴和农村及其教育现代化，甚至把集中精力办好教师教育为乡村教育振兴和农村教育现代化培养更多优质教师当作义不容辞的天职和建成一流师范院校的重要标准、标志。

多年来，从统计数据平均值看，全国城乡学校教师是超编的，但从农村学校，特别是乡村学校的具体实际看，许多学校教师是缺编的，甚至是严重缺编的。师范院校有责任勇敢面对和努力破解城市教师过剩与农村教师短缺的严重矛盾。如果更多地依靠特岗教师、临聘教师来振兴乡村教育、推进农村教育现代化，那我们的师范院校，特别是一流师范大学不就成为只为城市教育现代化服务的一流师范大学和师范院校了吗？

四、国家和社会应进一步加大力度鼓励师范院校集中精力努力办好一流教师教育

（一）师范院校应明确目标，挖掘潜能，心无旁骛、集中精力努力办好一流教师教育，为乡村教育振兴和农村教育现代化做出应有贡献。乡村教育振兴和农村教育现代化应该有我、有你还有他。一流师范大学应放下身段，积极投入这史无前例的伟大实践，既成为积极推进城市教育现代化的一流师范大学，也成为为农村学校培养大量优质教师，积极推进乡村教育振兴和农村教育现代化的一流师范大学，不能甘愿成为远离乡村教育振兴和农村教育现代化行列的一流师范大学。

（二）国家应对师范院校为乡村学校培养优质教师提出明确要求，应进一步明确政策，加大力度鼓励、支持师范院校集中精力努力办好一流教师教育，增加教师教育招生数量，提高教师教育质量，做好教师教育学科专业、教师队伍建设和教育科学、教师教育研究。

（三）国家及其各级政府应进一步采取特殊措施提高在职教师社会地位、工资等收入待遇和荣誉感、幸福感，增强乡村学校对在职教师和年轻学子报考师范院校的吸引力。

（四）社会各方面要多鼓励、支持师范院校进一步加快农村教育现代化步伐，为加大力度缩小城乡教育现代化差距而培养更多优质教师，不做不负责任的自相矛盾、不实之词的误导。

第三节

教师教育应为乡村教育振兴培养更多具备音体美教学素质的全科教师

振兴乡村教育的关键是加强乡村教师队伍建设。多年来，通过推进城乡教育均衡发展及特岗教师、乡村教师补贴等措施，城乡学校教师队伍建设也明显加强，但结构性短缺非常严重，师范院校培养全科型教师数量的急剧减少与乡村小规模学校的大量和长期存在，使乡村学校音体美教师严重短缺。我们通过调研发现,音体美教师短缺是全国乡村学校普遍存在的问题,培养全科教师的关键是增强教师的音体美素质或培养具有音体美素质的教师；振兴乡村教育迫切需要增加教师编制，优化教师队伍结构，师范院校应努力为乡村学校培养和供给更多具备音体美教育教学素质的全科型教师；各级政府应提高乡村教师收入，营造良好的教学、生活环境，增强乡村学校对优秀教师的吸引力。

一、全科教师的实质和乡村学校全科教师缺少的主要特征

多年来，许多学者对全科型或多科型教师及其培养有不少研究，不少院校也很重视全科型或多科型教师的培养，而乡村学校教师结构性短缺的主要特点是缺少音体美教师，许多乡村学校强烈呼吁大学能为他们培养更多音体美教师。由此可见，培养更多具有音体美素质的教师是培养全科型教师的关键，只有抓住了这个关键才是抓住了全科型教师的实质，才能把培

养更多全科型教师的措施落到实处。

保证教育教学活动正常进行，实施全面素质教育，全面提高教育教学质量，必须全面重视语文、数学、英语、道德与法治、信息技术、音乐、体育、美术和物理、化学、历史、地理等科目的教育教学，必须重视各个科目教师队伍的建设。但由于很多原因，许多学校不是缺乏语数英和政治等学科教师，而是缺乏音体美等学科教师。音体美课程对培养德智体美劳全面发展的人和实施全面素质教育，全面提高教育教学质量都很重要，但中小学的音体美课程只约占全部课程的 1/5，需要的音体美教师数量约占全部教师总数的 1/5，而近几年来许多县市及其学校招聘音体美教师的比例却大都约占招聘教师总数的 1/3，有的县市及其学校招聘音体美教师的比例甚至达到招聘教师总数的一半。这充分说明农村学校，特别是乡村学校音体美教师的短缺程度和对音体美教师的需求程度。而且招聘音体美教师都有特别或专门的广告，这说明音体美教师的特殊性和招聘的困难性。这还只是规模型学校所需的专门型音体美教师，小规模学校所需的具有音体美素质的全科型教师更多。一所乡村学校需要一个包括专业型音体美教师在内的具有音体美素质的全科型教师。

西部一个人口较少的省份，2019 年招聘 2 000 名教师，其中 1 000 名是音体美教师。四川省内江市资中县 2018 年招聘教师 431 名，其中高中教师 110 名；专门招聘农村义务教育学校音体美教师 130 名，其中音乐 46 名、体育 49 名、美术 35 名，约占当年招聘中小学教师 431 名的 30.2%。2017 年招聘教师 350 名，其中高中教师和幼儿园教师 105 名；专门招聘农村义务教育音体美教师 95 名，其中音乐 46 名、体育 26 名、美术 23 名，约占中小学招聘教师 340 名的 27.9%。2016 年招聘教师 50 名，其中音乐 15 名、体育 25 名、美术 10 名。2015 年招聘教师 50 名，其中音乐 20 名、体育 17 名、美术 13 名。四川省资阳市安岳县 2018 年招聘教师 315 名，其中高中 66 名、初中 151 名、小学 90 名（有村小教师 73 名）、幼儿园教师 8 名；专门招聘农村学校音体美教师 47 名，其中音乐 23 名、体育 15 名、美术 9 名，约占当年乡村义务教育招聘教师 137 名的 34.3%。四川省南充市蓬安县招聘教师

176名，其中高中和幼儿园教师65名；专门招聘中小学音体美教师46名，约占当年招聘中小学义务教育教师157名的29.3%。四川省广安市邻水县招聘其他教师15名，招聘音体美教师18名，音体美教师数量约占当年招聘教师33名的54.5%。四川省巴中市恩阳区2016年招聘中小学一般教师30名，音体美教师15名，音体美教师数量约占本年度招聘教师45名的33.3%。宁夏回族自治区固原市泾源县2019年招聘中小学编制外教师83名，其中高中23名，初中语文、数学、英语、物理、历史和体育等9名，小学语文20名、数学16名、英语2名、美术3名、音乐3名、体育5名、信息技术2名等共51名，音体美教师数量约占当年招聘小学教师总数的21.6%；2018年招聘40名编制外农村音体美教师，其中音体各14名，美术12名。①

中部地区的河南省商丘市宁陵县2019年招聘农村小学教师45名，其中语文15名、数学15名、英语15名，专门招聘农村学校音体美教师30名，音体美教师数量约占本年度招聘教师75名的40%。河南省新乡市长垣市2018年招聘中小学教师150名，专门招聘音体美教师85名，音体美教师数量约占本年度招聘教师235名的36.2%。河南省周口市项城市2018年招聘农村中小学教师350名，其中初中语文20名、数学21名、英语22名、物理14名、化学10名、生物6名、道德与法治10名、历史8名、地理8名，小学语文51名；招聘项城籍师范类中专学历且具有小学及以上教师资格证的教师数学50名、英语46名、信息技术18名、体育20名、音乐24名、美术22名；音体美教师共66名，约占当年招聘小学教师231名的28.6%。②

东部发达地区中小学同样缺乏音体美教师。2019年广东省汕头市澄海区招聘教师152名，其中语文44名、数学44名、英语30名、信息技术12名、音乐5名、美术5名；减去职教中心和幼儿教师12名，共140名；专门招聘音体美教师50名，其中音乐美术各15名、体育20名，再加统一招聘音乐

① 中公教育·教师招聘和相关市县政府网，http://shantou.offcn.com/html/2019/06/35041.html.

② 同上。

美术教师10名，共60名，约占本年度招聘教师的39.5%。[①]2018年澄海区招聘教师130名，其中小学教师116名（语文30名、数学30名、英语25名、信息技术15名、体育16名）、幼儿园教师10名、启智学校教师4名。[②]2019年广东省汕头市潮南区教师招聘285名，其中高中教师37名，初中教师20名，小学教师186名，公立中心幼儿园教师12名，职教中心教师28名，区示范性综合实践基地教师2名。招聘范围和对象，中学教师是2017年至2019年汕头市生源的全日制普通高等院校本科及以上学历毕业生，并取得相应教师资格。农村小学教师是2017年至2019年潮南区生源的全日制普通高等院校师范类大专及以上学历毕业生，并取得相应教师资格；2017年至2019年汕头市生源的全日制普通高等院校本科及以上学历毕业生，并取得相应教师资格。公立中心幼儿园教师是2017年至2019年潮南区生源的全日制普通高等院校大专及以上学历的学前教育毕业生，并取得幼儿园教师资格。职教中心教师和区示范性综合实践基地教师是2017年至2019年汕头市生源的全日制普通高等院校本科及以上学历毕业生。但对于应聘中小学美术、音乐、体育紧缺学科岗位，特别强调招聘条件适当放宽，中学放宽为：2017年至2019年汕头市生源的全日制普通高等院校本科及以上学历毕业生；小学放宽为：2017年至2019年潮南区生源的全日制普通高等院校大专及以上学历毕业生，没有要求应取得教师资格证。[③] 这都说明中小学音体美教师的短缺程度。

二、师范院校全科型教师培养数量剧减是乡村小规模学校音体美教师短缺的主要原因

全科型教师应该是有理想信念、有道德情操、有扎实学识、有仁爱之心的好教师。好教师未必是全科型教师，大学教师普遍都是专门从事某个

---

① 汕头教师招聘网，http://guangdong. hteacher. net 2019-04-28 10:45 2019汕头市澄海区教师招聘152名公告。

② 汕头教师招聘网，http://guangdong. hteacher. net 2018-07-07 09:11 2018年汕头市澄海区公开招聘新教师130名公告。

③ 汕头教师招聘网，https://www. offcn. com/jiaoshi/2019/1220/356910. html 2019广东汕头市潮南区招聘新教师285人公告。

学科、专业甚至是某个学科、专业的某一个领域教学和研究的专科型教师。在规模型的中小学，许多教师也是长期从事某一个学科、专业的教学和研究的专科型教师。在大型规模的中小学，有些教师甚至是从事某一个学科、专业的某一年级或班级、某一年级或班级的某个教学过程的教学和研究的专科型教师。在大学和大型中小学，一个教师基本是不能从事跨学科、专业的教学和研究的，如果这样做了就会被别人看作是不务正业、没有专业、不知深浅的“万金油”。博士、博导在专业基础知识层次上是比较渊博的，但在专业教学和研究领域其实是比较狭窄的。一个大学和大型中小学的教师一生能把某个学科的某个专业的某个层面、领域的教学和研究做深做透，赶超教学、研究和知识前沿，引领教学、研究和知识航向，那就是好教师。相反，什么都能做，什么都不能做深做透做尖，很可能就是一个好人，但不是好教师，甚至连教授都评不上。

但对于小规模小学教师就不同，他们不仅要师德高尚，有广博的科学文化和专业知识，能很好地组织教育教学工作，有效应用教育教学方法、设备和技术，做好学生的思想品德教育和班主任工作，还要能歌善舞、能写会画、能蹦会跳。在有十个以上教师的小规模学校，一个教师也许不需要同时胜任和完成语数英、音体美和书法等多门课程的教育教学工作，也不需要和不可能达到样样精通熟悉，但也应有这些方面至少是某些层面的基本的兴趣、知识、能力和技术技能及其教育教学的兴趣、知识、能力和技术技能。但在只有几个甚至一两个教师的小规模学校，所有教师应该都是全科型教师，不仅要具有这些层面的基本的兴趣、知识、能力和技术技能及其教育教学的兴趣、知识、能力和技术技能，而且要胜任、完成好这些方面的教育教学任务，实现这些方面的教育教学目标。小学语数英和道德与法治等知识，是现代国民都应具备的基本的文化科学知识。师范院校毕业的教师不仅具备这些方面的基本知识，也具备这些方面的基本教育教学能力，完全能够胜任这些方面的教育教学工作。不然还上什么大学？大学的职责又何在？由于他们未必有学习音体美专业的兴趣和潜能，再加上师范院校教育目标和专业设置、教学方式不同等原因，他们也未必具有音体美方面的基本知识、基本的教育教学能力，因此他们很难适应中小学教学需要。这也就成为乡村小规模学校音体美教师短缺和教师结构性短缺的主要原因。所以说培养更多具有音体美素质的教师是培养全科型教师的关键所在，抓住了这个关键，也就抓住了培养更多全科型教师的实质，才能把培养更多全科型教师的措施落到实处。为了解决乡村学校音体美教师短缺问题，一些师范院校正在进行探索并调整教育目标和专业设置、教学方式等。许多乡村小学通过中心校专业教师的网上直播教学和专业教师在不同学校轮换“跑课”教学的方式，在很大程度上解决了乡村小规模学校音体美教师短缺和教学问题，但也还是杯水车薪，不能解决根本问题。如果本校教师缺乏音体美教育教学兴趣、知识、能力和技术技能，其教育教学任务和目标也不好落实。

师范院校全科型教师培养数量剧减是乡村学校音体美教师短缺的主要原因。无论是以前还是目前，中小学的语数英课程是主要课程，需要更多课时和教师，长期以来师范院校培养的语数外教师也更多。相反，音体美课时少，需要教师也少，高等院校培养的音体美教师也少，但这并不等于说音体美课程教学和教师培养不重要，可以弱化。在以前的三级师范教育中，国家虽然对中小学教师学历要求较低，但中等师范学校的培养目标、教育教学内容和方式都比较实在和全面，中等师范学校培养的大部分教师既可胜任语数外教学，也可胜任音体美教学。后来随着师范教育本科化、专业化发展，取消中等师范学校教育，高等师范院校对语数外专业学生的教学只有本学科和专业的知识、能力的要求，基本没有音体美知识、能力和教学素质的要求；这虽然提高了中小学教师学历，但也给毕业生适应和胜任小规模学校的教育教学带来很大问题。

努力提高培养全科型教师的专业水平本来也应该是提高教师专业化水平的重要方面，但师范院校在重视综合化的情况下，也更加重视对音体美专业人才而不是对音体美教师的培养。许多师范院校并未全力和及时适应社会发展需要，音体美专业招生数量和培养能力有限，很难满足中小学教育发展需求。加之音体美教师培养成本较高，毕业生就业途径更广，就业要求也更高，在教师教育和教师就业开放化的体制中，即便是师范院校毕业的音体美教师也未必会从事中小学教育教学。长此以往，就形成大多数乡村中小学音体美教师严重缺乏的结果。虽然有的县城和乡镇规模较大的学校也对音体美教师有明显需求，但他们针对的是教师结构是否更加合理、质量是否更高的问题，而对乡村小规模学校来说，他们针对的则更多是有没有的问题。这个问题当然不只是最近几年才存在，但在重视应试教育和连乡村学校都朝不保夕的农村教育城镇化的情况下，它既不会被关注也不可能得到解决。而要振兴乡村教育，全面推进素质教育，就应该下大气力解决这个问题，师范院校就应为乡村学校培养和供给更多具备音体美教育教学素质的全科型教师。

三、师范院校努力为乡村学校培养更多具备音体美教学素质的全科型教师的意义和措施

实现国家及其教育现代化必须振兴乡村及其教育，实现农村、乡村及其教育现代化，必须强化具备音体美教学素质的全科型教师的培养。作为专门培养教师的师范院校，努力为乡村学校培养更多具备音体美教学素质的全科型教师责无旁贷，这对振兴乡村及其教育，实现农村、乡村及其教育现代化乃至国家及其教育现代化都具有重要意义。

虽然从理论上说，在强调德智体美劳全面发展的素质教育情况下，中小学的语数英和音体美等不同科目都是重要和平行的科目，但在以前很长的时间里，实际上不少中小学更重视语数英科目教学，较轻视音体美教学。师范院校也更重视语数英学科建设和人才培养，较轻视音体美学科建设和人才培养。教育管理部门和社会大众同样更关注语数英教师的配置和教学，较轻视音体美教师的配置和教学。甚至各个方面都把语数英教师教音体美科目视为正常，把音体美教师教语数英等科目视为反常。可是无论从理论还是从实际来说，与语数英专业相比，音体美专业更专业，大凡以音体美学科为主导专业的师范院校毕业的教师教小学语数英等科目都能胜任；虽然在招生时，音体美专业的语数英科目分数可能较低，但毕竟达到接受高等教育的基本要求，而且经过四年有计划地培养，毕业生也能适应中小学教

学的要求。而以语数英等学科为主导专业的师范院校毕业生教小学音体美虽然有某些教师也可以胜任，但一般比较困难甚至很困难、不可能，其招生更没有音体美基本素质的要求。一个人未必全面具备甚至具备某一方面的学习和发展音体美专业的潜能，但每个人或至少大部分人都全面具备或至少具备某方面的学习和发展语数英专业的潜能。

学习音体美专业，发展音体美素质，首先应有先天或后天的学习和发展潜能，在此基础上，具有强烈的学习兴趣，经过坚持不懈的努力和良好的教育教学才能学习和发展好。所以，培养音体美素质和人才首先要对学生发展潜能进行科学有效的甄别和选拔。普通院校和师范院校培养音体美专业人才在招生时就都有甄别和选拔的要求、过程和程序，培养具备音体美全科型教师的招生同样如此，也应有这个要求、过程和程序，但实际上都缺乏这个要求和程序，至少很不严格。只要有兴趣且各科成绩合格就可就读教师教育专业，只要肯努力和进行良好教育教学就能学习和发展好。但即便各科成绩很高也未必有音体美素质的发展兴趣和潜能，如果没有科学严格地甄别，希望使所有就读教师教育专业的学生经过努力教学都成为具备音体美教学素质的合格的全科型教师是很难甚至是不可能的。做一个实际上基本不可能发生和一个完全可能发生的假设，如果某年师范院校招收的学生全部基本缺乏或者大多数明显缺乏浓厚的音体美素质发展的潜能和兴趣，那培养具备音体美教学素质的合格的全科型教师的目标就会落空或基本落空，或者只是培养了名义上的而实际上不能解决现实问题、连自己都不认可的所谓全科型教师。

为了振兴乡村教育，解决中小学音体美教师短缺问题，师范院校应该深化认识，挖掘潜能，加强音体美专业教师队伍建设，扩大音体美专业招生数量，重视教育目标修订、教育教学内容和方式改革，提高教育教学质量，满足农村学校，特别是乡村小规模学校对音体美专业教师的需要，为社会做出更大贡献。一是培养更多音体美专业教师，满足城乡规模型学校对教师的需要。二是为乡村小规模学校培养更多以音体美为主导专业的全科型教师。为了满足教学需要，一些中小学不得已让音体美专业教师在教好音体美课程的同时也教语数英课程，并且取得了很好的效果。实践证明，师范院校为乡村学校培养以音体美为主导专业的全科型教师是可行的。三是通过设置音体美本科和研究生第二学位，引导素质潜能较好和有兴趣爱好的语数英等专业的学生辅修音体美专业，培养更多具有音体美专业素质的教师。四是加强对可塑性大的年轻教师的培养培训、进修学习，使他们通过学习逐渐适应乡村小规模学校对教师教育教学的要求。不少地方师范院校很重视对培养全科型教师的研究和改革，并取得了一些实质性进展，但也应该更重视对培养具备音体美素质的全科型教师的研究和改革。具备音体美素质的全科型教师的培养、成长和发展条件不同于一般意义上的全科型教师的培养、成长和发展条件，所以要采取特别的措施，进行特别或专门的研究和改革。高水平大学特别强调对中小学高水平专科型教师的培养和专业化，但在此基础上也应该重视为农村，特别是为乡村教育振兴培养具备音体美素质的全科型教师。

四、乡村学校吸引具备音体美素质的全科型教师要增加编制和提高乡村教师收入

师范院校为乡村学校培养具有音体美素质的全科型教师和以音体美为主导专业的全科型教师与为乡村培养其他教师一样，应该是培养热爱乡村教育和学生，志愿为乡村教育发展奉献力量、做出贡献的下得去、留得住、教得好的教师。同样国家和社会也要为他们提供必要的学习、工作和生活条件。有些省区市和县市招聘的新任教师与其他教师在工资收入、住房等方面享受同等待遇，有些省区市和县市由于缺乏编制，新招聘的教师只是编外教师或临聘教师，工资收入、住房等方面与编制内教师有明显区别。不少县市规定新任教师要在乡村学校任教五年才能申请调离，并对乡村教师有几百元到一千多元的乡村补贴，但这也没太大吸引力，五六年以后他们几乎全部申请调离，在乡村学校任教的很少有超过五年者。这些都是乡村学校音体美教师短缺的原因。因此，乡村学校为吸引具备音体美素质的全科型教师，就需要增加编制和提高乡村教师收入，营造良好的教学和生活环境。

第四节

增强乡村教师职业吸引力的关键指标和特殊措施

我国教育发展的短板在农村教育，农村教育发展的短板在乡村教育，而制约乡村教育发展的根本在教师。振兴乡村教育和推进农村教育现代化必须加强乡村学校教师队伍建设，加大力度和加快速度补齐乡村教育短板，提高乡村教师职业吸引力和教育教学质量。乡村教师愿意当教师和奉献乡村教育，优秀师范毕业生和城市教师愿意到乡村学校任教，年轻学子踊跃报考师范专业是乡村教师职业具有吸引力的关键指标。教师职业吸引力首先来自教师职业的内在特点，对教师职业性质的认同、喜欢和教师的使命感、责任心。但目前多数乡村教师生活条件相对艰苦，从社会公平和乡村教师职业吸引力的现状来看，增强乡村教师职业吸引力的关键是提高乡村教师工资收入等待遇。

一、乡村教师职业吸引力的四大关键指标

乡村教师职业吸引力有四大主要或关键指标：第一是乡村教师是否愿意当教师和奉献乡村教育，这是乡村教师职业具有吸引力的首要指标；第二是优秀师范毕业生是否愿意到乡村学校任教；第三是城市教师是否愿意到乡村学校任教；第四是年轻学子是否踊跃报考师范专业。

人各有志，国家建设和社会发展需要各个层面的人才。喜欢教师职业的做教师，不喜欢教师职业的做其他工作，这很正常。有些人想做教师，但

没做教师；想从事其他职业，却做了教师；想做大学教师，不愿意做但又做了中小学教师、幼儿园教师。导致这些现象的产生可能主要有知识和能力等方面的原因。无论是做大学教师还是做中小学教师、幼儿园教师，做乡村教师还是做城镇教师，有人不管工资等经济收入高低，就是愿意做教师，终生教书育人、诲人不倦、兢兢业业、默默无闻；也有人虽然很喜欢教师这个职业，但又不甘清贫，无可奈何地选择跳槽。如果由于工资收入等经济原因使得一些很喜欢教师职业的人也不愿意做教师就很有问题。分析如何提高乡村教师职业的吸引力，不仅要考虑人们是否愿意做教师的问题，还要考虑人们是否愿意做乡村教师的问题。有些人压根就不愿意做教师，还有些人是不愿意做乡村教师。不愿意做教师既可能有经济收入、社会地位等原因，也可能是职业性质和兴趣等原因，但愿意做教师而不愿意做乡村教师则主要是经济收入、社会地位等原因。

如果许多优秀学子是否从事教师职业与是否报考师范专业的情况大体相当，就说明许多优秀学子主要是根据不同职业特点和自己的职业兴趣报考师范专业、从事教师职业和报考其他专业、从事其他职业。如果许多优秀学子不愿报考师范专业、从事教师职业，这应该主要是教师职业吸引力的问题，而不是教师职业性质和兴趣的问题。因为教师职业特点不可能只对成绩一般的学子有吸引力，而对优秀学子没有吸引力；或者不可能只有学习成绩一般的学子有教师职业兴趣，而优秀学子全部或者大部分没有教师职业兴趣。排除国家对教师流动、调动的有关规定和教师自己的社会关系、公关能力，如果农村教师与农村公务员的相互流动、转岗的数量相当，那说明从业人员的流动、转岗动机主要是根据职业性质和兴趣选择的。如果农村教师向公务员流动、转岗明显多于农村公务员向农村教师流动、转岗，这个问题就很复杂，至少不能说明农村普通公职人员更适合或更喜欢做公务员，而更不适合或更不喜欢做农村教师，其根本原因很可能就是经济收入、社会地位的问题。

如果乡村教师向城市流动主要是流动到其他职业，不是流动到教师职业，那说明他们首先是不喜欢教师职业，当然也是不喜欢乡村教师职业的。

如果乡村教师向城市流动主要不是流动到其他职业，还是流动到教师职业，那说明他们不是不喜欢教师职业，而是不喜欢乡村教师职业。如果城乡教师流动的条件和数量等是平行、相当的，那说明城乡的经济和生活条件、国家对城乡教师的工资收入待遇和城乡学校的教育教学条件基本是相当的；如果乡村教师向城市学校流动有很高要求、条件和政策限制，城市教师向乡村学校流动没有多少要求、条件和政策限制，只有政策鼓励甚至硬性规定和要求，那说明城乡的经济和生活条件、国家对城乡教师的工资收入待遇和城乡学校的教育教学条件是有明显差距的。即便国家对乡村教师和对城市教师向乡村学校流动在工资收入待遇等方面有特殊优惠规定，但如果乡村教师还是不愿意留在乡村学校，还是一心想着调往城市，城市教师也不愿意向乡村学校流动，到乡村学校做老师不是自觉自愿，那还是说明城乡的经济和生活条件、国家对城乡教师的工资收入待遇和城乡学校的教育教学条件是有明显差距的，各个方面对乡村教师的重视程度、工资收入待遇提高程度还是不够到位的。

二、乡村教师职业吸引力的现实状态和水平

类似于大学要处理好人才的稳定与引进的关系一样，乡村教师队伍建设也要处理好“留得住”“教得好”与“下得去”的关系。多年来，国家政策和学者的研究，都把“下得去、留得住、教得好”作为乡村学校教师队伍建设的目标，但从根本上说，“留得住、教得好、下得去”才是乡村学校教师队伍建设的切实目标。留得住是关键，是根本，是提高教育教学质量的根本，也是对乡村教师职业工资等经济收入和生活状况有吸引力的有力证明。只有留得住才能教得好，才能下得去。留不住不可能教得好，也很难下得去。为加强乡村学校教师队伍建设，提高乡村教师职业吸引力，国家出台的乡村教师补贴、公费师范生和特岗教师等许多政策发挥了重要作用，稳定了一大批乡村教师，吸引了一大批公费师范生和特岗教师在乡村学校任教，但乡村教师的职业吸引力还是十分有限。

（一）在职乡村教师有 2/3 以上不满意自己当下的职业，或者准备转行，

或者希望调往城里。年轻人是国家的未来，年轻教师是学校的未来，但当下的教育教学活动正常进行和质量提高还要依靠有经验和有教龄的教师，他们对乡村教育的热爱和教育教学的投入是提高乡村教育质量的根本。为了稳定乡村教师，不少地区硬性规定新入职教师必须先到乡村任教2—5年，但有的毕业生还没有入职就想方设法调离，有的教师在乡村学校任职1—2年后就调往城镇学校。有的学校除校长外，在本校任教的20多名教师没有1名超过5年的。有的乡村学校有大量超过50岁或接近退休由民办教师转正的高龄教师，除此之外，到乡村学校任教的很少的几位年轻教师也很不稳定。有些教师在乡村享受一定优惠政策，做出一定成绩就调离乡村学校，或者被县城学校挖走，乡村学校基本成为县城学校的练兵场、培训基地。我们在对全国22个省区市150多个县700多所农村学校的调研中发现，目前乡村教师从事乡村教师职业只是一种别无选择的无奈选择，有2/3的人不愿意做乡村教师，只有29.30%不愿或没有离职。还有一项调研表明，目前有96%的乡村小学教师和92.5%的乡镇小学教师对现有工作不满意。[①]

（二）优秀师范毕业生愿意到乡村学校任教的很少。有学者对江西省3个贫困县调研的结果是，自2000年以来，该县没有1名“211”高校毕业生回乡任教，更不用说“985”高校毕业生。前几年6所部属师范大学的首届免费师范毕业生在县城及大中城市任教的占91.2%，在乡镇和农村任教的分别仅占6.0%和2.8%。[②]还有1个对1所部属师范大学五届公费师范毕业生的调查结果是，该校五届公费师范毕业生有97%以上在基础教育战线任教，生源有50.0%—62.5%来自乡镇以下，但签约到城市的有68%以上且比例逐年上升，近三年达82%以上；到乡镇及以下区域的仅有32%以下，且比例逐年下降；到省市级示范或重点学校的有57%以上，到县级及以上重点学校的有72%以上；任教于高中、初中、小学的比例依次为55%—68%、

① 焦岩岩：《西部地区城乡教师职业吸引力现状及提升策略研究——以宁夏为例》，《宁夏大学学报（人文社会科学版）》2017年第4期。

② 范先佐：《乡村教育发展的根本问题》，《华中师范大学学报（人文社会科学版）》2015年第5期。

22%—29%、9%—15%。[1]为解决教师短缺问题，许多省区实施了地方师范院校公费师范生教育，近70%的地方公费师范毕业生愿意和实际上也到乡村学校任教。[2]有些县市每年都大量聘用特岗教师，几年过去乡村学校新任教师有80%—90%是特岗教师，而特岗教师80%以上来自民办本科院校和省属普通本科院校。[3]

（三）拔尖的优秀年轻学子报考师范院校的有限。国内最好的大学是对年轻学子最有吸引力的大学，北京大学和清华大学等顶尖级大学多年的招生录取最低分数线都在680—700分，中国人民大学、复旦大学、南京大学等其他“985”大学或世界一流大学多年的招生录取最低分数线也都在660—690分，而北京师范大学、华东师范大学多年的招生录取最低分数线就是650分左右。每个省份的顶尖级综合大学与顶尖级师范大学的招生录取最低分数线有的相差30—50分或10—40分，如北京大学和清华大学与北京师范大学、复旦大学与华东师范大学。东北师范大学多年的招生录取最低分数线没有高于580分，而东北大学多年的招生录取最低分数线没有低于580分。华中师范大学多年的招生录取最低分数线没有超过610分，而武汉大学多年的招生录取最低分数线没有低于620分。西安交通大学多年的招生录取最低分数线没有低于600分，在620—670分，而陕西师范大学多年的招生录取最低分数线没有超过600分，在540—580分，与西北大学相当。西北师范大学多年的招生录取最低分数线没有超过480分，兰州大学多年的招生录取最低分数线没有低于540分，两者相差更远。许多著名师范大学的实际录取分数线都高于最低分数线30—50分，综合大学也有这种情况。

总之，无论是从全国还是从每个省区市来说，顶尖级综合大学多年的招生录取最低分数线都高于顶尖级师范大学多年的招生录取最低分数线，这

① 商应美：《免费师范生就业政策实施10周年追踪研究——以东北师范大学五届免费师范生为例》，《教育研究》2017年第12期。

② 王智超、杨颖秀：《地方免费师范生：政策分析及现状调查》，《教育研究》2018年第5期。

③ 刘培军：《西部省域“农村特岗教师”来源结构及相关政策建议——以广西特岗教师为例》，《教育理论与实践》2014年第26期。

难道能说明凡是优秀的高中毕业生或者大多数优秀的高中毕业生都不喜欢教师职业性质，或者说他们的职业兴趣都不在于当教师？难道我们的优秀学生刻苦学习就是为了不做教师？应该不是这样。原因是什么，不言自明。即便其中一些人报考了师范大学，做了教师，大中型城市都非常需要教师，他们怎么还会去乡村学校任教。地方性师范学院与综合院校的录取分数差别并不明显，比如从榆林师范学院改为榆林学院的录取分数没有多少区别，它与渭南师范学院、咸阳师范学院也没有多少差别。乡村教师大多是这类师范院校培养的毕业生。愿意做教师，除了有职业兴趣或志向的原因外，还有职业特长的原因。在乡村学校任教的教师很少有著名大学的毕业生，更多的是一般院校的毕业生，这即便可以说明著名大学毕业生的职业兴趣或志向不是去乡村学校任教，但也总不能说明他们缺乏这个职业特长，只有一般院校毕业生既有这个职业兴趣或志向，又有这个职业特长。

在我们对全国农村学校的调研中，有许多学校领导都希望我们陕西师范大学毕业的学生能到他们学校任教，全国各地的中小学也确实有不少陕西师范大学的毕业生。但当我们看到他们学校的高考录取光荣榜上分数最高的都是综合大学，其次才有很少几名为著名师范大学，没有报考陕西师范大学的，问他们希望陕西师范大学的毕业生更多能到你们学校任教，但你们的学生为什么不报考陕西师范大学时，他们就面显难色，说不出话来了。当然其中的原因不是教师，也不是学生，是什么，也不言自明。

（四）城市教师愿意到乡村学校任教的不多。由于政府有关于城乡教师、校长轮岗制度，也由于乡村学校距离县城较近，交通也方便，所以也有一些县城学校教师和校长到乡村学校任教，但很少有县城学校教师到距离县城很远的边远贫困山区任教的。这也是乡村学校教师职业和工资收入等待遇缺乏吸引力，或对城市学校教师没有吸引力的证明。

三、工资收入等待遇较低是乡村教师职业吸引力不高的主要原因

乡村教师热爱教师职业、安心从教的原因很多，但有一项调研表明，不同区域的教师对目前工资待遇的满意率，乡村教师为 75.6%，乡镇教师为

78.8%，县城教师为79.4%。[①] 其中安心从教的动因主要是与工资待遇等经济收入相关的因素，劳有所得、晋升机会、奖金激励、评奖评优等与工资收入相关的占65.93%，与责任心、职业发展等相关的占34.07%（见表3）。离职倾向和原因也多种多样，但也与工资待遇等经济收入密切相关，其中28.13%是考公务员，13.90%是不适应当地生活，8.02%是婚恋问题，3.53%是升学，17.11%是其他（见表4）。另一个关于乡村教师离职后工作选择意向的调查结果显示，45.97%选择当公务员，31.45%希望去更好的学校，其中79.49%对教师职业比较有兴趣或兴趣较强，而只有0.81%选择进企业。[②] 在调研中问到，如果有机会流动，想转到乡镇、县城还是城市？想去县城和城市学校的有75.2%和76.3%。怎样才能使你安心在乡村学校教育教学？分别有47.2%和54.5%的乡村教师和乡镇教师想获得较多金钱或物质奖励。如果建立教师交流制度，城镇教师流向偏远地区或薄弱学校你最希望在哪方面得到补偿或方便？有73.8%的城市教师和84.3%的县城教师都希望提高工资待遇。[③]

东、中、西部乡村教师离职倾向虽然差别不大，但还是有细微差别，我们可以从这个细微的差别中看出工资待遇等收入对教师职业影响的重要作用。东部经济发达，城乡差别不大，乡村教师工资收入等待遇相对较高，所以没有离职倾向的比例相对较高。西部虽然经济欠发达，但国家的支持力度较大，乡村教师工资收入等待遇相对也较高。而中部经济发展和国家的支持力度相对一般，所以离职倾向就比较明显。这与我们在调研中感受到的东、中、西部教育教学设施的差距是一致的，东部、西部80%—90%的学校有塑胶跑道，中部和东北恰好相反，只有20%—30%的学校有塑胶跑道。这与东、中、西部乡村教师对工资收入的期望值与实际能得到的工资收入

---

① 高文涛、郝文武：《努力提高民众的教育满意质量》，《教育科学》2017年第5期。

② 谭宏、袁晓文、李守林：《四川民族地区中小学教师满意度及稳定性分析——以雅安市民族待遇县为例》，《贵州民族研究》2017年第5期。

③ 焦岩岩：《西部地区城乡教师职业吸引力现状及提升策略研究——以宁夏为例》，《宁夏大学学报（人文社会科学版）》2017年第4期。

差距也基本一致。中西部乡村教师工资收入期望值无论是月薪还是人数比例都略低于东部乡村教师。月薪期望值在5 000—8 000元或者更高的东部是100%，中、西部是92.9%和95.6%（见表5）。实际月薪收入层级的人员比例或结构虽然没有统计，但根据工薪阶层的职级和学校教师职称、教龄等与工资收入的一般关系可见，中西部乡村教师能达到较高和最高期望值的很少，大部分在较低和最底层级，最低月薪大概只有东部地区的1/2。而东部地区乡村教师绝大部分达到甚至超过最高期望值，除非特殊情况，没有实现期望值的很少，即便如此，东部地区乡村教师的最低月薪也要比中西部地区乡村教师高出一倍。

表3　乡村教师安心从教的动因（单位：%）

维度	劳有所得	晋升机会	奖金激励	评奖评优	教师责任	领导赏识	职业发展	工作氛围
总体	23.46	17.16	12.88	12.43	11.69	9.96	6.71	5.71
东部地区	25.08	20.34	9.15	13.22	10.85	7.80	7.46	6.10
中部地区	21.95	15.31	12.59	11.68	11.48	11.88	7.75	7 .35
西部地区	24.34	17.95	14.10	12.87	12.08	8.84	5.60	4.20

表4　乡村教师离职倾向和原因（单位：%）

维度	没有离职	考公务员	不适应当地生活	婚恋问题	升学	其他	普及率
总体	29.30	28.13	13.90	8.02	3.53	17.11	120.03
东部地区	32.74	30.97	7.96	9.73	2.65	15.93	115.31
中部地区	27.78	24.17	15.56	8.06	3.06	21.39	122.45
西部地区	29.65	30.52	14.07	7.58	4.11	14.07	119.38

表 5　乡村教师月薪期望值和实际差异

维度		2 000 元以下	3 000 元以下	3 000—5 000 元	5 000—7 000 元	7 000—8 000 元	其他
东部地区	期望人数比例 /%	0.0	0.0	0.0	14.0	66.0	20
	实际收入 / 元	—	—	4 000（最低）	6 000（中位）	15 000（最高）	—
	基本工资 / 元	1 769（最低）	—	3 800（中位）	—	8 000（最高）	—
中部地区	期望人数比例 /%	0.0	0.0	7.1	40.0	50.7	2.2
	实际收入 / 元	1 425（最低）	—	3 900（中位）	—	7 900（最高）	—
	基本工资 / 元	800（最低）	2 300（中位）	—	5 000（最高）	—	—
西部地区	期望人数比例 /%	0.0	0.0	4.4	44.0	50.5	1.1
	实际收入 / 元	1 500（最低）	—	4200(中位）	—	8 000（最高）	—
	基本工资 / 元	900（最低）	2 833（中位）	—	6 135（最高）	—	—

虽然许多地区乡村教师的工资收入等已与当地公务员工资收入相当甚至超过公务员，但乡村教师离职倾向不仅十分明显，而且职业追求更多的或主要是公务员。在调研中发现，乡村教师中有 25% 的教师认为自己属于高收入，45.1% 的教师认为自己属于中等偏上的收入水平，26.5% 的教师认为自己属于中等收入水平，只有 3.4% 的教师认为自己属于中等偏下的收入水平；但还有 76% 的教师认为自己的工资收入低于公务员，有 21.3% 的教师认为自己的工资收入与公务员持平，只有 2.7% 的教师表示自己的工资收入比公务员高。此外，乡村教师还认为，自己在住房、医疗、社会保险、子女入学等方面与当地公务员也存在差距。还有，由于许多学校缺乏编制，城乡学校教师工作负担都很重，不仅要上许多课程，还要做班主任。但相对而言，县城和城市学校教师的工作还算单一，即便要上许多课程也没有许多科目，只有 21.7% 的教师任教科目在三门以上，而乡村教师中有 46.6% 的教师任

教科目在三门以上。[①] 这也是乡村教师希望有更高工资收入等待遇和希望离开乡村学校的重要原因。

近年来少数民族地区教师工资收入等待遇有一定提高，但中小学教师对薪酬的满意度总体还是偏低，感到满意的在 5% 以内。满意和基本满意相加也不到 20%。与公务员相比的满意度最低，感到满意的没有一个，基本满意的只有 3.23%，不满意的竟达 82.26%。对薪酬、分配公平、职称晋升公平感到不太满意的都在 90% 以上；对学校和个人发展前景、个人成就感到不太满意的也有约 60%；职业兴趣的影响不太明显，只有 27.27% 是因为职业兴趣不太强导致跳槽意愿较强。[②] 这说明一些乡村教师对教师职业不满意不是因为职业性质和兴趣问题，而是因为教师职业工资收入等待遇问题。

乡村教师虽然跳槽意愿较强，但认为跳槽机会较少的有 58.87%、离职成本高的有 31.45%。少数民族地区中小学教师总体稳定，尽管有离职计划的有 29.03%，但短期内或半年内有离职计划的仅占 2.42%，而教育部门近年统计的实际离职率则更低，基本都在 1% 左右。[③]

四、采取特殊措施提高乡村教师工资收入等待遇是增强乡村教师职业吸引力的关键

百年大计教育为本，教育大计教师为本。乡村教师质量是提高乡村学校教育教学质量的关键，是加快乡村教育振兴和农村教育现代化、推进城乡教育均衡发展的关键。而增强乡村教师职业吸引力又是提高乡村教师和教育教学质量的关键。增强乡村教师职业吸引力应实行省级统筹，建立义务教育学校教师工资保障机制和激励机制，鼓励优秀教师到边远、贫困地区学校任教和安居乐教；改善办学条件，调动农村教师工作的积极性。要进一步缩小城乡教师工资收入和学校办学条件方面的差距，让农村教师职业成为令人羡慕

① 焦岩岩：《西部地区城乡教师职业吸引力现状及提升策略研究——以宁夏为例》，《宁夏大学学报（人文社会科学版）》2017 年第 4 期。

② 谭宏、袁晓文、李守林：《四川民族地区中小学教师满意度及稳定性分析——以雅安市民族待遇县为例》，《贵州民族研究》2017 年第 5 期。

③ 同上。

的职业。[①] 增强乡村教师职业吸引力要有一些具体数据指标，也可与公务员等工资收入做形式的比较，但最终要落实到乡村教师愿意当教师和奉献乡村教育、优秀师范毕业生和城市教师愿意到乡村学校任教、年轻学子踊跃报考师范专业上。这是关键和根本，这个关键和根本问题什么时候真正解决了，什么时候乡村教师职业才算真正有了吸引力。就算乡村教师工资收入超过公务员工资收入，如果还是不能解决这个关键和根本问题，那乡村教师工资收入还要继续提高，一直到这个关键和根本问题在实质上得到彻底解决。

（一）以特殊措施大幅度提高乡村教师工资收入等待遇，以留得住促进教得好，吸引下得去。早在十几年前就有人对部属师范大学实行师范生公费教育前后的平均录取分数线进行比较，发现实行师范生公费教育后，录取分数线总体略有上升，的确将一部分优秀学生吸引到了教育战线，但效果并不明显，要真正实现为教育尤其是农村教育输送优秀人才，并使其长期安心做好乡村教育教学，还有很长的路要走。[②] 根本原因还是工资收入等待遇问题。十几年前，农村教师愿意继续在农村任教的期望月薪，乡村教师为 4 605.55 元，乡镇教师为 4 805.02 元。师范院校毕业生愿意去农村任教的期望月薪为 4 000 元的有 79.4%，期望月薪为 5 000 元的愿意到边远艰苦的农村任教的就有 70.6%。而当时农村教师年薪，乡村教师仅为 20 339.76 元，乡镇教师为 21 509.60 元，二者相差 1 200 多元，与城市学校教师相差近万元，与期望值相差近一倍。农村教师年工资也均低于城镇公职人员，甚至低于劳务工近 6 000 元。农村教师工资收入较低就意味着其生活水准较低。[③] 近年来这种状况有所改变，但如前所述没有根本改变，对乡村教师每月 300—400 元甚至 700—800 元补贴的吸引作用也不太明显。所以还要进一步加大力度以特殊措施大幅度提高乡村教师工资收入，以留得住促进教得好，吸引下得去。

（二）对乡村学校实施教师编制和教育经费“倍减倍增”和城乡“新二

① 范先佐、郭清扬：《发展农村教育关键是不断加强农村中小学教师队伍建设》，《当代教师教育》2019 年第 1 期。

② 苏晓刚、祁超：《从部属师范院校录取分数线看师范生免费教育》，《科教文汇》2007 年第 11 期。

③ 周兆海：《薪酬激励与制度吸纳：农村教师职业吸引力的提升路径》，《当代教育科学》2016 年第 6 期。

元结构”特殊措施。随着农村教育城镇化，乡村人口、学生和学校越来越少，小规模学校越来越多。师生比和班师比小规模学校远大于城市学校，很多学校不仅达不到1 ∶ 19，甚至是1 ∶ 5，实际配置教师的师生比不仅应是一倍的倍减甚至是多倍的倍减。教育部规定小规模学校不足百人按百人划拨经费，这实际上也不仅是教育经费一倍的倍增甚至多倍十倍的倍增，其实就是城乡“新二元结构”特殊措施。

（三）通过绩效考核提高乡村教师工资收入等待遇和职称晋级效果。学生的成长、成绩是教师集体教育的结果，但不同教师的积极性、主动性、创造性和时间精力投入、担负的责任也有不同，乡村学校要通过绩效考核和职称晋级提高乡村教师收入，充分调动教师的积极性、主动性、创造性，增加教育教学时间精力投入和增强责任心，尽力改变一直存在的干多干少一个样，甚至干与不干一个样的状态。特别是通过绩效考核兑现同工同酬要求，提高乡村临聘教师工资收入待遇等。

（四）为乡村教师建立类似公务员的科员制和高龄教师离职离岗制度。乡村教师职称晋级难是乡村学校存在的普遍问题。为了稳定乡村教师队伍，调动他们的教育教学积极性，采取特殊措施增加乡村学校职称晋级比例，建立类似公务员的科员制，使有一定教育教学能力和长期尽心尽力为教育乡村孩子做贡献的教师得到他们应得的。对工作动力不足，不能适应现代教育教学的高龄教师和因病等在职不在岗、在岗不教学的教师给予足够待遇规定离岗，腾出编制充实年轻教师。

（五）要把乡村教师编制真正用到学校，杜绝学校以外的不合理使用。教育管理部门借用学校教师或占用学校教师编制的问题普遍存在，有的非常严重，我们调研过的一所乡村学校实有教师 24 人，但教育局公布的该校在职教师为 67 人。这种严重占用学校教师编制的现象必须坚决杜绝，严厉追责。

（六）全面关注、关心乡村教师的工作和日常生活境况。增强乡村教师职业吸引力不仅要明显提高乡村教师工资收入等待遇，还包括帮助年轻教师解决住房、婚姻、孩子入学等问题。解决这些问题对乡村年轻教师来说更重要、更暖心，更具吸引力。当然在其他各方面也需要投入更多经费和精力。

第五章　农村教育现代化的学校建设和发展

宏观或广义的学校建设包括学校的布局、学校的教师队伍建设、教育教学设施建设和学校的特色发展、课程建设等层面，微观或狭义的学校建设包括特色发展、课程建设和学校本身的运行治理管理方式等层面。

现代化的学校建设和发展既要做好全面发展教育，又要在此基础上努力凝聚、体现鲜明特色。乡村学校既有基础差、底子薄的弱点，又有地理环境、人文历史等的鲜明特点。鲜明的地理环境和丰富的人文历史更有利于形成学校文化特色和个性，小规模学校则更有利于实施现代化所需要的小班化教学，这些都更有利于促进乡村学校建设和发展、乡村教育振兴和现代化。

职业学校、特殊教育学校和幼儿园的建设、发展和现代化都对乡村教育振兴和现代化有重要意义。随着社会的发展，早期教育、特殊教育越来越受到国家、社会和家庭重视，家校合作、家园合作的意义也更加突出。随着城镇化的发展和乡村留守儿童、城市随迁子女、城乡单亲子女、寄宿制学生的增多，探讨科学有效的学校微观治理管理方式、学校教育与家庭教育的关系和合作的形式、机制等也显得更加重要和迫切。

第一节

在特色发展中彰显农村学校文化和活力

现代化教育应该是全面提升全民素质、充分发展学生个性的有特色的教育。在过去的很长时间里，我国农村学校由于办学条件差，又深受应试教育影响，很难形成鲜明特色，千篇一律是农村学校甚至全国中小学的特点。近十多年来，随着乡村振兴战略和城乡教育均衡发展战略的强力推进，农村和乡村学校办学条件得到明显改善，素质教育不断落实，许多学校在做好全面发展教育基础上，通过凝聚、强化、突显个性和优势，形成鲜明的学校文化和发展特色。这对促进农村学校发展，特别是增强乡镇学校和乡村小规模学校的发展信心、活力和进一步提升素质教育水平发挥了重要作用。我们在对农村学校的调研中亲身感受到农村学校特色发展的本质、价值、丰富性对促进农村教育整体发展，特别是乡镇和乡村学校发展具有特别重要的意义。

一、耳目一新的学校发展特色和积极向上的学校发展活力

多年来，我国积极而又艰难地推进素质教育，反对应试教育。素质教育是全体国民德智体美劳全面发展素质的教育，是在德智体美劳基本素质发展的基础上，积极主动和有个性、有创造性发展的教育，而不是只重视考试能考高分的应试素质、重视智育轻视德育、重视知识轻视能力、重视

个别拔尖学生轻视全体学生的应试教育。[1] 因为素质教育是教育的理想和理想的教育，所以要积极推进和不懈追求。由于教育设施基础差、人口多、升学和就业竞争激烈等原因，20世纪80年代—90年代，素质教育推进极为艰难，在广大农村学校更是如此。所谓"素质教育看起来香，吃起来臭；应试教育看起来臭，吃起来香"，就是当时的形象描述。即便是现在，一些学校由于办学条件、理念和信心等原因，在推进素质教育的过程中也存在不少问题和困难。学校的特色发展虽然不是素质教育的全部，但由此也能体现学校及其师生追求全面发展和教育现代化的积极性、主动性、个性和创造性。

随着农村城镇化的发展，我国的乡村学校数量和学生数量确实大量减少，许多乡村学校成为只有一、二年级或一至四年级的学生只有几十名、十几名甚至几名的教学点。但并不能因此就唱衰农村教育，对农村学校和教育失去信心。事实上，包括县城、乡镇和乡村的农村学校还是我国教育的主体，学生数量也超过城市学生数量。不仅如此，随着城乡教育一体化均衡发展和基础教育新课程改革的推进，农村学校的教学设备、教师队伍等条件明显改善，师生的主动性、创造性不断增强，教育教学质量不断提高。许多农村学校丰富多彩的特色活动不仅充分反映了学校特色发展的可喜局面，给人一种耳目一新的感觉，令人欣慰甚至震撼，也能通过这些现象从不同层面映射学校特色的本质特征。

凝聚、强化、凸显和发展文学、音乐、歌舞、书法、绘画、剪纸、体育等各种特色是近些年来全国许多农村学校的特点，有的学校不仅有明显特色，而且还很有水平；有的学校除此之外，还根据学校文化传统、地理条件等发展独一无二的特色。江西弋阳县和南昌市青云谱区在区县教育局和市区、县城和县镇中心学校的引导和组织下，许多学校持续积极推进"一校一品""一校一特"建设，形成自身的品牌。许多学校以跳绳健身为特色，一些学校依托飞机制造厂发展航模特色。老师指导学生利用课余时间和兴

---

① 郝文武:《浅谈素质教育》,《中国教育学刊》1995年第4期。

趣课堂练习跳绳和制作航模，在课间操时间全体师生进行表演活动和技艺展示；场面宏大、气势恢宏、令人震撼，充分体现了学校发展活力和师生积极向上的精神状态，有的项目还在全国比赛中夺金摘银。跳绳健身也成为吉林省吉林市永吉县、黑龙江省宁安市等国内其他地区学校的特色发展项目。

乐器表演是甘肃省平凉市静宁县静宁三中的显著特色，学校提出每个学生在全面发展基础上，至少掌握一种乐器演奏技艺。课余时间师生的主要兴趣是学习、练习乐器技艺，在全校统一兴趣课上，几十个班级千余名学生，用大小号、长短号、大小提琴、风琴、萨克斯管、二胡、板胡等乐器进行集体表演，又是一次耳目一新、令人震撼的学校特色、活力和师生积极向上的精神状态的展示。此外，甘肃省的平凉市静宁县、白银市会宁县，广东省的中山市、珠海市和韶关市，吉林省的吉林市永吉县和白城市洮北区林海镇，黑龙江省的宁安市，内蒙古自治区巴彦淖尔市的五原县和乌拉特中旗等地区的多所学校都把乐器演奏作为主要特色。

在社会普遍追求工业化、信息化的态势下，有的学校以农耕文化、文明为发展特色，实属难能可贵。吉林省吉林市永吉县和甘肃省平凉市静宁县几所学校，以农业种植养殖、传统荆条编制和剪纸作为学校发展特色，开设了种植、编织课程并建设了专门的活动场所，琳琅满目的编织和栩栩如生的剪纸作品给人留下深刻印象；学校还开展了种植、编织知识技艺的评价和比赛，有的项目还在全国比赛中获得了好成绩。

陕西安塞许多学校的腰鼓特色，内蒙古许多学校的马头琴特色，黑龙江宁安一些学校的滑旱冰特色，河南卢氏一些学校的踢毽子和呼啦圈特色，吉林靖宇一些学校的靖宇精神传承特色，山东潍坊一些学校的红高粱精神传承特色，江苏宿迁市宿豫一些学校的心算特色和基地农村许多学校的古诗文诵读、剪纸工艺、泥塑技艺、武术等中华传统文化特色，都对凝聚学校文化精神，调动教师的教学积极性、主动性，增强和展示学校活力，拓展学生素质发挥了积极作用，给人留下深刻印象。

二、学校特色发展对学校文化精神和现代性活力的重要意义

学校培养德智体美劳全面发展的人既是当代社会对教育的基本要求，也是学校教育教学的基本目标，有着丰富的发展内涵、方式和途径；既有全国性、民族性的普遍要求，也有地方性和学校自身的独特表现。在重视和守正普遍本质、规律、理想目标、价值追求的基础上，重视凝聚、强化和凸显学校特色，对落实立德树人根本任务，推进学校文化建设，提高教育教学质量有重要意义。

（一）对充分发挥师生主体性，激发教师提升教育教学质量的自信和现代性活力有积极意义。生物的成长，无论其条件、环境甚至结果如何，人都希望看到根深叶茂、充满生机的状态。一所学校无论发展条件、历史文化、所处环境、实现目标和最终结果如何，都应该有自强不息、积极向上、团结友爱、生动活泼的发展状态。学校发展特色虽然不是学校发展的全部，但对体现学校积极健康的发展状态和现代性有重要意义，需要全体师生的共同认可、赞赏、支持和积极参与。无论哪一种特色都不是仅靠几次或几场展示就能够彰显出来的，都需要全体师生的长期训练、坚持不懈才能落实。无论哪一种特色也都不仅是为了获得某种奖励和奖项，为特色而特色，而是基于因材施教、因地制宜、因势利导的特色发展。学校是否有特色，不能直接说明学校教学质量高低。但凝聚、强化和凸显特色，形成自强不息、积极向上、朝气蓬勃、团结友爱、生动活泼的发展状态，不仅可以改变平时邋遢、死教死学、只看分数不管发展的死气沉沉、愁眉苦脸的应试教育状态，而且也是充分调动全体师生的积极性、主动性和创造性，全面提高学校教育教学质量的重要方式。

（二）对传承、弘扬中华民族传统文化、美德，革命文化，红色基因有重要意义。民族文化和民族精神是民族生存和发展的根本，教育的基本任务是塑造生生不息的民族精神。[①] 民族文化、文明是由不同时代、社会的优

---

① 郝文武：《教育的基本任务是塑造民族精神——孙喜亭先生素质教育思想研讨》，《当代教师教育》2019 年第 1 期。

秀文化和文明延绵不断发展组成的，是由农业文化、文明，工业文化、文明，革命文化、文明等多种多样的优秀文化、文明组成的，同样也是由不同地域的仁人志士、民族英雄的奋斗、抗争和广大民众积极参与、支持精神组成的。民以食为天，食以粮为本。农耕文化、文明不仅是民族文化、文明和精神的重要组成部分，而且是所有文化、文明的基础、源头，是农业社会不同民族、地域既有普遍性又有独特性的文化、文明。在德智体美劳全面发展的基础上，把握精神实质，根据时代特征和地域特点，凝聚、强化和凸显农耕文化、文明及其文学艺术等特色，对学习、领悟古代先贤认识、适应、改造自然和社会的不屈不挠的精神，增强民族自豪感、自信心，培养学生热爱劳动、热爱劳动人民，特别是热爱农业劳动、热爱农业劳动人民的品质有重要意义。革命文化和革命精神是民族文化和民族精神的重要组成部分。为了民族的生存发展、独立自由和解放，为了伸张社会正义，不同时代、社会和地域的仁人志士、英雄豪杰出生入死、前仆后继、抛头颅洒热血，谱写了一曲曲悲壮史诗。在德智体美劳全面发展的基础上，把握精神实质，根据时代特征和地域特点，凝聚、强化和凸显革命文化等特色，对学习、领悟革命先贤、民族英雄认识历史发展规律、推动历史发展的不屈不挠的精神，继承和弘扬革命精神，增强民族自豪感、自信心，培养学生热爱英雄、崇尚英雄的精神，形成爱国爱党、坚持和追求真理、伸张正义、为国为民大公无私、视死如归、奉献一切的崇高品质有重要意义。

（三）对充分发展师生个性，活跃师生文化生活，拓展师生素质有重要意义。全面发展并非是让每个人的素质达到完全均等的水平和不同学校清一色的同一发展，而是在达到基本目标和要求的前提下有个性、有特长和有特色地发展。学校引导学生找到兴趣、培育兴趣、发展和提升兴趣、把潜在兴趣转化为现实兴趣，使每个学生围绕主导兴趣多层面和多才多艺地发展，既有利于拓展师生素质，活跃学校生活，也有益于适应、创造和丰富社会生活，为学生将来的发展奠定基础。

（四）对师生锻炼身体，增强体质有重要意义。学习和接受教育是苦是乐，不同的人的感受可能不同，但无论如何都需要投入时间和精力。丰富和有特色的学校生活，既可以持续凝聚、强化和凸显学校文化，也可使师生的教学张弛有度、动静协调、思维转换、苦中增乐和乐中健身，特别是与体育、农耕相关的学校特色活动，能使师生锻炼身体，增强体质。

（五）对凝聚、强化和凸显学校的文化、校训、校风、学风有重要意义。不同学校的校训、校风、学风是在全面发展的基础上和在长期的教育教学实践,特别是在有特色的教育教学实践中长期形成的。文化是人的价值追求、审美旨趣、风俗习惯及其在生产生活行为方式、文学艺术、科学研究甚至人造物品等方面的反映和体现，是人在社会实践和生活中长期形成的，对社会和个人都有长期、根本和潜移默化的影响。学校文化是学校的价值追求、审美旨趣、风俗习惯在学校的教育教学、科学研究、行为方式甚至设备等方面的反映和体现，是学校师生在教育实践和生活中长期形成的，对师生个人和社会都有长期、根本和潜移默化的影响。有特色的教育教学活动中，校训、校风、学风既是学校文化的体现和反映，也是学校文化在不断升华和凝聚、强化、凸显的表现。

（六）对密切学校与乡镇和乡村文化关系有重要意义。乡镇学校，特别是乡村学校的特色发展，对参与乡镇和乡村文化建设，丰富乡镇和乡村文化生活，活跃乡镇和乡村文化气氛，密切学校与乡镇和乡村文化关系有重要意义。

三、学校特色的本质及其与全面发展和素质教育的关系

（一）学校特色的本质。因为学校特色是全面发展教育基础上的特色，所以学者们都强调它的共同文化特征。因为学校特色发展是对全面发展教育的深化和个性发展，所以不同学者就有不同的理解和解释。有人认为，“学校特色就是一所学校有别于其他学校对教育教学的个性化（校本化）理解与个性化（校本化）实践，并由此在学校整体风貌上所表现出来的独特性”。对教育理想和教育哲学的独特理解和个性化表述，是学校特色的文化内核、学校文化的灵魂和精神。学校的个性化发展集中体现在课程与教学、师生日常行为、师生所取得的成就等教育教学实践中，也弥散和扩展到学校物质

建设、制度建设、组织建设、形象设计和教育教学管理、学校德育、学校活动、教师队伍、教学研究等方面。[①]有人认为，“学校特色化发展是国家继学校重点化发展和均衡化发展之后的一种新的学校发展战略。学校特色化发展的实质不只是追求学生的个性发展，更为重要的是学生个性的全面发展。判断一所学校是否实现了特色化发展，根本标志是看学校有没有形成具有独特气质的学校文化”。[②]特色学校建设的价值在于，在保证学生适度全面协调发展的基础上，通过构建有利于学生潜在优势和兴趣、爱好发展的新的教育构成形态，促进学生优势潜能及个性化兴趣、爱好的充分发展，是对“基础性全面发展＋较高水平特长发展”的新的教育目的观和教育理念的实践。这是中国教育未来人才培养的诉求，也是高考科目设计和录取制度安排发生重大变革，为破解教育难题的坚冰打开一条新的通道。[③]有人认为，学校特色建设要遵循教育规律，认识学校文化传统、风土文化和个体性特征，解决“共性不共，个性不个”的突出问题，“以核心价值观为传统，以制度创新为抓手，以课程教学改革为重心，以新型交往关系为纽带，‘基于学校’，‘通过学校’，‘为了学校’，走校本发展之路”。[④]还有人认为，“学校特色发展是学校改进的一种基本策略，是学校根据对内部实际情况和外部环境变化的适应，对区域、学校资源进行挖掘或重组利用，使学校形成特定领域独特风格或优势的过程。它以学校质量改进为根本目的，以特色课程体系为核心支撑，以学校文化为价值前提和沉淀形式，以组织管理为基本保障”。文化性是本质，整体性和稳定性而非几个项目和朝三暮四是基本特征，测评指标包括文化、课程、组织管理和质量改进 4 个维度和 15 个指标。[⑤]

（二）学校特色发展与全面发展的关系。一般寓于特殊、规范特殊，特

① 彭钢：《在学校文化建设中形成学校特色》，《教育发展研究》2008 年第 2 期。

② 邬志辉：《学校特色化发展的重新认识》，《教育科学研究》2011 年第 3 期。

③ 傅维利：《论当代基础教育的特色化建设》，《教育研究》2014 年第 10 期。

④ 杨九俊：《学校特色建设：“寻找属于自己的句子”》，《教育研究》2013 年第 10 期。

⑤ 范涌峰、宋乃庆：《学校特色发展测评模型构建研究》，《华东师范大学学报（教育科学版）》2018 年第 2 期。

殊承载一般、显现一般、鲜活一般、丰富一般、落实一般。事物不可能没有一般特性，世界上不存在没有一般属性和本质的特殊，否则就没有同类事物及其共同、相同的规定性，就没有人类及其国家、民族追求的共同理想目标和价值追求，就谈不上万众一心、齐心协力，同样也谈不上人的思维对事物本质、人类本质、共同理想、价值追求的共同性、抽象性的认识。世界上不仅不存在没有具体和特殊样态的一般，而且人们感觉到的一切都是特殊、具体的事物，否则，一般就会无所存放、依托，不能鲜活展示和不断发展，也就无法落到实处。工业化的产品目标、标准和制造流程、结果样态甚至应用和操作程序都是统一的，农业性和生物性生产的目标、标准和总体流程则既有统一性，又有独特性。教育的特色发展既然是在全面发展基础上的发展，就必须具备全面发展教育的统一要求、目标、标准甚至过程。既然是为了深化全面发展教育，就应因材施教、因地制宜、因势利导，那么学校特色化发展的具体过程、抓手、起点既可能一致，也可能不一致。从这个角度来说，不同学校的不同教育教学过程、抓手、起点也是一种特色。

（三）学校特色发展与学生多层面兴趣和自由发展的关系。虽然不同人的兴趣爱好和价值追求不尽相同，但每一个人都愿意追求自由、快乐或愉快。社会既应在经济文化和法律道德允许的范围内尽量满足每个人的价值和兴趣追求需要，也应引导、培育甚至发挥他们的价值和兴趣追求需要。一个人的兴趣和追求应该在多层面基础上有主流、主导兴趣和追求。不怕有一百个不感兴趣，就怕没有一个感兴趣。没有一个主流兴趣或尤为突出的兴趣，虽然可能比没有一个感兴趣要稍好一些或好得多，但也是可怕的，因为这也预示着某个人很难有更好的发展。多元智力与多元兴趣基本一致，一些人或每个人也许有多元智力和兴趣，但一个人的学习、工作时间和精力等也是有限的，即便我们包括教育在内的许多条件都很好，我们也要把潜在的多元兴趣转化为有主导兴趣的现实兴趣，否则可能是全面发展全面失败、事事能行而一事无成。任何学校的教师和设备等资源都是有限的，学校在努力增加和尽心调配、尽量满足每位学生的兴趣爱好需求的基础上，集中优势资源，精选特色项目，引导、培育和发展、提升学生优势兴趣和才能，才能逐步凝聚、强化和凸显学校特色。

（四）学校特色发展与素质教育和教育教学质量的关系。应试教育重视主流学科和高考能取得高分科目的教学，轻视音体美等未纳入高考的科目的教学。为了改变应试教育的现状，素质教育则特别重视音体美等科目的教学及其特色发展，但素质教育不只是音体美科目的教学及其特色发展，也不能把全面发展教育和素质教育规定必须开展的基本的音体美等教学都当作是特色，更不能只为表演、热闹和争名次。每个家长都不愿意使自己及其孩子输在人生的起点，都愿意使自己及其孩子既赢在起点，又赢在终点。但赢在起点未必会赢在终点，输在起点也未必会输在终点。真正素质的人是在任何情况下都能始终充满自信心，都是自强不息、积极向上、厚德载物、宽容大度、笑对人生和世界的人。真正提高人的素质的好教育是形成这样的人的教育。一个人无论做什么，哪怕是打工者，只要有这种素质就是高素质的人，也是幸福和值得赞赏的人。相反，即便是赢在起点的神童，在后来的成长和发展中，也可能会悲观厌世、毫无欲望和追求，毫无学习和工作的动力、兴趣、乐趣，最后忘恩负义、极度利己甚至自绝于世。这既是失败的人生，也是教育的悲哀。虽不能说这就是应试教育的结果，但肯定与它有密切关系。学校特色发展不仅是知识教学、能力和个性发展的问题，也是引导学生形成世界观、价值观和人生观的问题。

四、学校发展特色的类型和凝聚、强化、凸显的过程及方式

（一）学校特色凝聚、强化、凸显的过程。学校特色是根据学校的历史文化、教师队伍、教育教学设备等条件，经过师生共同努力，长期凝聚、强化而形成和凸显的。学校特色和学校特色化发展是两个不同的概念。"'学校特色'指的是一所学校与其他同类学校相比所具有的独特品质与风貌，而'学校特色化发展'是一种学校发展战略，或者更上位地说，是国家或地区对所管辖学校如何发展所作出的战略安排。"[①] 学校特色也不同于特色学

① 邬志辉:《学校特色化发展的重新认识》,《教育科学研究》2011 年第 3 期。

校，学校特色可理解为学校的总体特色，也可理解为学校的某些特色，而特色学校就是指学校的总体特色。一般来说，教育理念和文化特色是指学校的总体特色，教育教学内容、过程和方式特色既可能是学校的总体特色，也可能是学校几个重要项目的特色。学校有几个特色项目不能说就是学校的特色，更不能因此就将学校称作特色学校，但学校特色许多也是从一个或几个项目开始并逐步普遍化为学校整体特色的，没有某些项目的开始谋划、探索和长期组织落实可能就没有特色的形成。谋划、探索的愿望是成功，但也有可能失败。成功的秘诀和失败的原因都与是否符合国家的要求和社会、家庭、学生的需要，以及与学校历史文化、教师队伍、教育教学设备等条件有密切联系。所以，把握国家及其教育发展的步伐和脉搏，满足社会、家庭和学生的需要，根据学校历史文化、教师队伍、教育教学设备等条件，精准确定理念、选择项目，充分调动全体师生的积极性、主动性、自主性和创造性，经过一定时间的孕育、凝聚，通过长期的组织、落实、完善、强化、巩固，最后才能凸显特色。学校特色发展是从特色项目到学校特色，再到特色学校、特色化学校或学校特色化发展的过程。

（二）学校特色凝聚、强化、凸显的方式和手段。学校特色发展与国家、社会为教育提供的教育资源条件紧密相关，但更关键的是校长和教师的教育理念、态度和教育管理者的谋划执行能力。过去有些学校办学条件较差，特别是农村学校，但也有一些学校在某种程度上形成了发展特色。多年来推进的城乡教育均衡发展和近年来实施的乡村振兴战略，使得农村和乡村学校办学条件明显改善，国家、社会、家庭和学生对学校特色发展也有了普遍关注。所以，不少学校就有条件、有信心邀请专家指导谋划和提炼特色或学校自主设计和提炼特色。关工委、共青团、希望工程等为办好少年宫等提供了丰富优质的资源。利用丰富优质的资源，通过课堂教学、兴趣小组、运动会、文艺晚会以及各种展览活动展示学校特色，这都是凝聚、强化、凸显学校特色的重要方式和手段。

（三）学校特色的类型。学校特色可以以不同的角度和标准进行分类，从教育教学理念角度和标准划分的国家课程、地方课程和校本课程都可形成学校特色，或者说教育教学理念是贯穿到国家、地方和校本全部课程中的理念，否则就不能成为学校各种课程、活动的普遍理念。教育理念可成为号称全面发展和素质教育，实则死读书、读死书和读书死的应试教育的标签；也可成为既具科学性，又有个性的丰富多彩、充满活力的各种教育教学活动的实实在在的全面发展和素质教育的理念。本质是规律的本质，规律是本质的规律，要形成什么样的本质就要遵循什么样的规律，遵循什么样的规律就会形成什么样的本质。目的是内容和形式的目的，内容和形式是目的的内容和形式，要实现什么样的目的就要具有什么样的内容和形式，选择和应用什么样的内容和形式就形成什么样的目的。① 按部就班的课堂教学是全面发展教育的重要途径，既可以形成情境教育、生命教育、主体性教育、新教育等理念的特色教育，也很容易导致应试教育。各种艺术修养、身体素质的形成和成功教育、愉快教育、砥砺教育等特色教育都缺乏各种实实在在的具体实践活动，只在课堂教学中和黑板上进行，这样只能是纸上谈兵，不可能达到目的。学校特色实践活动是教育教学理念落实到教育教学活动绝对不可缺少的。

全国农村许多学校长期通过全校性的古诗文学习、诵读来传承中华传统文化精神，形成文学艺术型特色；长期通过全校性的各种乐器、歌舞的教学和兴趣活动，形成音乐歌舞艺术型特色；长期通过全校性的书法、绘画、沙画等教学和兴趣活动，形成书画艺术型特色；长期通过全校性的泥塑艺术、剪纸艺术教学和兴趣活动，形成传统手艺型特色；长期通过全校性的足球、篮球、武术、击剑、跳绳、滑旱冰雪冰等教学和兴趣活动，形成体育健身型特色；长期通过全校性的农业种植养殖、传统荆条编制和剪纸等教学和兴趣活动，形成农耕文明型特色；长期通过全校性的航模制作等教学和兴趣活动，形成现代科技型特色;有些学校以革命先烈生活和战斗过的地方为依据，长期通过全校性教育活动，形成革命精神型特色；长期通过全校性的传承红高粱精神等，形成地方历史文化型特色；长期通过全校性教学和兴趣活动，

① 郝文武、郭祥超、张旸:《教育哲学概论》，高等教育出版社，2015，第 75 页。

形成心算等学校校本型特色。

（四）重视小规模学校和教学点的特色发展。乡村小规模学校学生数量许多在百人以下，有的只有十几名甚至几名学生；许多乡村小规模学校没有相应素质的教师，也缺乏规模性特色教学设备，不少学校只能通过踢毽子、呼啦圈等开展体育活动。有不少地区通过教育共同体、中心学校等网络直播、跑校教师进行必要的音体美学科教学，但学校特色的形成存在很多困难，应努力加强与中心学校的联系，在有限的条件下，尽量形成一定特色，使学校充满活力、满怀信心地发展，使学生在全面发展的基础上尽可能生动活泼、自信自强、拓展素质、有特长地发展。

第二节

建立“以校为主”的农村家校合作教育共同体

家庭是社会的细胞，父母是孩子的第一任老师。孩子上学之后，做好家庭教育和家校合作对城乡儿童健康成长有重要意义。随着城镇化发展带来的乡村人口、学生、学校的减少，乡村留守儿童、城镇随迁子女的增多，农村家庭教育和家校合作对农村儿童成长就有了更为特殊的意义。城镇化是现代化的必然趋势，这就决定了农村教育的学校与家庭、社会托管机构等的合作也成为农村教育发展的必然趋势和要求。推进农村教育现代化首先要推进农村家庭教育和家校合作教育的现代化，建立学校发挥主导作用、承担主要责任的学校、家庭、社会托管机构等共同承担责任、共同保证学生安全、共同指导学生学习和促进学生身心健康发展的农村家校合作教育共同体。调研发现，农村学校，特别是乡村学校的家校合作不仅距离现代化的要求和城市家校合作的水平有很大差距，甚至距离农村和乡村学校建设的水平也有较大差距，国家、学校、社会和家庭应特别关注和共同推进农村和乡村家校合作的现代化。

一、家庭教育和家校合作从传统到现代的变迁

家庭教育是整个教育的重要组成部分，任何学校教育都与家庭教育有一定联系。无论家庭是否重视对孩子的教育，都会有意无意地对孩子的思想观念、行为习惯有言传身教和潜移默化的影响。一个人的许多行为习惯甚

至影响其一生，秉性都是从小在家教和周围环境影响下形成的。在农耕社会，衣食殷实的大户人家，特别是书香门第都重视有目的、有计划甚至有组织的家教，许多贫民之家也重视家教，但家教都是在生活、生产中进行。孔融让梨、曾子杀猪、孟母三迁、颜氏家训和二十四孝等故事都是古代家教的典范。家教会对孩子形成良好的思想观念和行为习惯，也会为学校教育奠定良好的基础和持续发展的力量、动力。但如果家教对孩子形成了不良的思想观念、行为习惯，则会为学校教育增加难度以及需要学校持续关注、改变学生不良的思想观念和行为习惯。

家校联系、学校教育与家庭教育的联系既有自觉主动、密切的合作，也有被动、松散的状况。学校对学生家庭状况的基本了解和家长对学校教育教学状态、学生品行、学习状态、学习成绩的了解是一种最基本的家校联系，是一种比较松散的家校联系。学校组织的每学期常规性家长会如果作为家校合作，是一种对学校、学生发展情况或对学校重大活动组织要求的例行通报形式。以前，家校合作一般是针对学生的思想品德、行为习惯、学习成绩等问题，主要是由班主任或任课教师进行。学校与家庭有目的、有计划和有组织地经常性联系，都是由学校主动发起或以学校为主导的家校联系和合作，一般称为“校家合作”。

改革开放以来，教育发展优先发展战略和早出人才、快出人才的理念不断深入人心，家庭教育的基础性作用越来越受到重视，家校合作共育也迅速发展。“家校合作是现代学校制度建设的重要组成部分，也是现代学校教育治理体系的重要组成部分。”“家校合作共育是教育现代化、民主化、科学化的必然要求，也是教育和社会发展到当今信息时代的必然选择。”① 现代家校合作教育不仅是针对学生的思想品德、行为习惯、学习成绩等问题的共育，而且成为教育教学、生活、安全等全面的共育，更成为以追求优质教育为目的的共育。如同“新教育实验”确定的原则和目标一样，家校合作始终把共育放在重要位置，遵循目标一致、地位平等、尊重儿童、方法多样、

① 朱永新：《家校合作激活教育磁场——新教育实验“家校合作共育”的理论与实践》，《教育研究》2017 年第 11 期。

长期坚持、多方共赢和跨界协商等原则，建立学校、家庭和社区新型合作伙伴关系，使家庭教育指导、参与学校生活、家校互助沟通与社区融合协作；通过加强制度建设、共读共写共赏、共享多方资源和榜样示范引领等路径，实现师生、亲子和相关参与者共同成长的共育理想。[①]

二、城镇化过程中积极推进农村教育家校合作现代化的特殊重要意义

做好家校合作共育已是现代城市中小学和幼儿教育常态，许多农村也很重视家校合作。为了探索在城镇化过程中农村教育发展新路径，江西省弋阳县实施“以良好的校风影响家风，改变民风”“小手牵大手”“不在一起的共同生活”“家长走进了学校，教师走出了校门”，建立学校和家庭平等民主关系等制度化的“跨界行动”，使得家校合作不仅对农村学校教育发展、在城里上学的农村孩子向农村回归等起到了重要作用，也改变了整个农村的教育生态和社会风气。[②]但由于种种原因，不少农村学校，特别是乡村学校的家校合作还存在许多问题。十几年来，通过推进城乡一体化均衡发展，农村和乡村教育教学条件有明显改善，但乡村学校教师队伍建设、家校合作促进学校发展与城市学校还有较大差距。如果说中小学、幼儿园、家校合作的教育教学条件和教师队伍等学校建设，城市学校基本达到优质均衡发展和现代化水平，县城学校和一些乡镇学校基本达到基本均衡发展水平，正在努力追求“好不好”或优质均衡水平和现代化水平，乡村和一些乡镇的中小学、幼儿园教育已经达到“小康”水平，正在追求基本和优质均衡发展水平，还在规划现代化水平，那么，许多乡村学校和一些乡镇学校的家校合作共育还处在解决“有没有”的问题、实现“温饱”目标和规划“小康”目标的水平，距离现代化水平还有较远的路程。

没有农村及其教育的现代化就没有国家及其教育的现代化，没有乡村及

① 朱永新：《家校合作激活教育磁场——新教育实验“家校合作共育”的理论与实践》，《教育研究》2017 年第 11 期。

② 吴重涵、王梅雾、张俊：《教育跨界行动的制度化特征——对家校合作的经验分析》，《教育研究》2017 年第 11 期。

其教育的现代化就没有农村及其教育的现代化，没有乡村家庭教育和家校合作的现代化就没有农村教育的现代化。国家及其教育现代化的短板在农村，农村及其教育现代化的短板在乡村，乡村的家教和家校合作更是短板。实现国家现代化必须振兴乡村，实现农村和乡村现代化。实现农村和乡村现代化必须振兴农村和乡村教育及其家校合作，实现农村和乡村教育及其家校合作的现代化。由于农村生育率减少和城镇化发展，农村特别是乡村的人口、学生和学校明显减少，但根据有关界定把县城、乡镇和乡村教育都看作是农村教育，目前我国的农村教育还是全国整个教育的主体，虽然乡村学校占农村教育的比例很小，但乡镇学校还大量存在。即便以后城镇化率达到 70%—80% 的较高程度，农村教育覆盖人口还是全国人口的主体，农村教育及其家校合作教育对我国教育发展将发挥长远重要作用。[①] 方便有效的家校合作共育首先要有就近入学的学校和良好的学校教育，然后要有稳定健康的家庭和良好的家庭教育，最后要有科学的谋划和有效的组织管理。许多农村和乡村就是因为学生和学校不断减少，家庭不够稳定，使得本来基础就较差的家庭教育和家校合作更加困难，这也对农村家校合作提出更高的要求，决定了农村家校合作现代化的特殊重要性。

一是农村留守儿童多。欠发达地区由于许多农村青壮年外出打工无力使子女随迁到外地上学，所以导致许多农村学校都有一定比例的留守儿童。在本来就是为乡村进城上学儿童建设的城乡接合部的学校留守儿童更多，不少农村学校和城乡接合部学校的留守儿童学生占学生总数的 1/4 甚至 1/3。留守儿童学生主要由爷爷奶奶或外公外婆照料生活，有的爷爷奶奶或外公外婆年龄大、文化程度低，很难辅导孩子学习，家校合作比较困难，对留守儿童学生教育的责任主要落在学校教师身上。

二是发达地区农村随迁子女多。稍有经济条件的农村青壮年到城里打工，也让子女随迁到城里上学，导致发达地区许多城乡接合部的学校都有一定比例的随迁子女。在本来就是为乡村进城上学的随迁子女建设的城乡接合部

① 郝文武：《农村教育和乡村教育的界定及其数据意义》，《教育研究与实验》2019 年第 3 期。

的学校随迁子女更多，一些农村学校和城乡接合部的学校随迁子女学生占学生总数的1/4甚至1/3。农村和乡村留守儿童还有爷爷奶奶或外公外婆照料生活，随迁子女由于父母忙于工作，经常早出晚归，甚至周末都加班加点，他们的生活不仅得不到爷爷奶奶或外公外婆的照料，也得不到父母的照料，父母更没有时间辅导他们学习。随迁子女的家校合作学校需要付出更多努力，对于他们的教育责任也主要落在学校教师身上。

三是农村寄宿制学校不断增多。有些地区的学校虽然由于城镇化有明显减少，但像以前一样，家门口的学校也不少，如果组织有效家校合作也能比较方便和有效。由于上学路途较远，或家里没人照顾，一些地区的乡镇则有许多寄宿制学校，学生的学习、生活时间主要在学校，学校要对他们的学习教育指导和生活照料投入更多，承担主要责任。学生周末回家可能得到父母的教育，也可能是受爷爷奶奶或外公外婆的影响，与留守儿童情况一样，做好家校合作比较困难。

四是农村人口居住分散。山区乡村不仅距离乡镇学校或县城学校路途遥远，而且道路崎岖，交通不便，学生只能每天或坐班车，或乘校车，或步行几里到十几里路上学。如果父母在家也可以参加学校召开的家长会，但经常到学校参加教育活动或交流就很困难。如果父母不在家居住，孩子是留守儿童，让爷爷奶奶或外公外婆经常到学校参加活动或进行家校合作就更加困难。

五是农村有些家长文化程度较低。年轻父母大都有较高的文化，但也有一些文化程度不高，甚至还有文盲，很难承担孩子知识性辅导的责任。有的家长不太重视教育孩子和家校合作，有的家长对教育子女很无奈，只寄希望学校给予孩子更多更好的教育。

六是农村小规模学校教师少，一个教师要承担几门课程的教学任务，除了要做好班主任、学校管理和学校建设、修缮、卫生等事务，还要时常关注在学童托管中心、辅导机构的学生状况等；放学后或晚上还要批改作业，照料好一些单亲家庭学生，处理自己的家务等，这都对做好家校合作提出既新又高的要求。

三、农村教育要建立以学校为主的“校家合作”共治的教育共同体

历史上约定俗成的“家校合作”概念，从整个社会发展的基础而言，首先有“家”“家教”，然后有“校”“学校教育”。但从教育及其组织的主导作用说，应该首先是“校”，然后是“家”，学校与家庭共育无论是形式还是实质都是以学校为主的“校家合作”，而不是家校合作。虽然两个词语一字不差，只调整先后顺序，但也是对学校与家庭共育的基础性和主导性作用、主体性责任的不同理念的重要改变。在农村学校，特别是乡村学校的留守儿童、随迁子女、寄宿制学校和学生不断增多的情况下，现代化校家合作共育更要特别重视或强调学校的主导作用和主体责任。幼儿保育和教育首先是家庭的义务和责任，幼儿上了幼儿园，幼儿园就承担对幼儿的保育教育责任，但总体上幼儿保教还是以家为主的家园合作。幼儿入园早晚接送半托的，家庭与幼儿园都要承担相当责任，一周接送一次的全托幼儿的保育教育幼儿园要承担更多责任。

一是农村学校要把做好校家合作当作做好学校建设的重要目标和任务。学校的首要责任是贯彻落实党和国家的教育方针，做好教育教学工作，提高教育教学质量，教书育人，立德树人。家庭教育是学校教育的基础，但家教与学生的发展并非一一对应，学校既不能也无法选择不同家庭的学生进行教育。大学教育只能根据学生的学业选拔学生，中小学义务教育是“一个也不能少”的“全纳教育”，更不能也无法选择不同家庭的学生进行教育。乡村学生流失到城镇上学虽有随父母工作、生活变动等原因，但农村和乡村教育质量不高也是其重要原因。虽然家教与学校教育、学生发展不一一对应，农村和乡村学生家长文化程度较低、家教质量不高，但良好的家教对青少年健康成长的作用则不言而喻。学校还是要积极提高家长对孩子教育的重视程度，做好家庭教育，配合和支持学校做好校家合作共育，努力提高教育教学质量，尽量做到不因教育教学质量低下而使学生流失。

二是农村学校要主动发挥和承担校家合作共育的主导作用和主体责任。随着校家合作的不断深化，校家合作共育由谁起主导作用，谁承担主要责

任等复杂问题也逐渐凸显。现代社会如果还继续使用校家合作名称，也应从约定俗成、或以古代家族宗法为基础的理念、概念转变为以现代学校为主的理念、概念；既要重视家教的作用，记住和实践家庭是社会的细胞，父母是孩子的第一任老师的道理，积极争取家长对孩子的教育和对学校教育、校家合作的支持，更要牢记和实践在对学生成长的学校、家庭和社会环境影响中教育起主导作用。校家合作既要聚集跨界联合的合力，又要厘清家校协同育人中家校各自的责任边界，克服由于学校和家庭协同双方责任模糊、职责不明导致的“家庭教育学校化、学校教育家庭化”和在某种程度上家庭教育功能丧失、学校教育主体弱化的问题。[①] 留守儿童、随迁子女、寄宿制学生等长期离开父母，对学习、生活和心理等造成不良影响，现代化校家合作更要特别重视学校的主导作用和主体责任，给他们更多关爱。学校要尽量解决能解决的问题，不能推卸于家庭。学校不能或不好解决的问题，要积极主动引导家长重视对孩子的教育和家校合作。[②]

三是农村学校要针对农村特点通过各种途径做好校家合作。农村校家合作要适合农村经济文化和教育特点，不以城市高收入和知识阶层的要求、标准和方式开展、评价农村校家合作，不能拔苗助长，对家庭教育、家长和校家合作提过高要求和目标，加重家庭教育、校家合作和学生学业负担，损害各方积极性和自信心；学校要走出去和请进来，通过家访、家长会、师生和村民相互参与文体卫生等活动，使家长了解学校和孩子发展状态，密切家校关系。

四是农村学校要积极争取各级领导和管理部门对校家合作的支持。校家合作的主体是学校及其教师和家庭及其家长等，同时也需要包括县级、乡镇、乡村党政领导及教育、财政、安全等职能部门的积极推动、组织，要以积极的态度和有效的办法争取各方面的支持。

五是农村学校教师要学习和增强做好校家合作的知识、技巧和各种本领。校家合作有许多基本或专门的知识、技术、技巧，都需要学习。乡村小规

---

① 李忠琼、黄海霞：《厘清家校协同育人中各主体责任边界》，《人民教育》2019 年第 22 期。

② 周兴国：《乡村教育的现代化困境与出路》，《教育研究与实验》2018 年第 4 期。

模学校学生和教师都很少，教师既要做好教育教学等工作，也要尽可能抽出时间不断学习，提高处理好校家合作中许多事务和关系的能力。

四、县和乡镇、乡村各级党政及其教育主管部门应积极推进和组织农村教育的“校家合作”

现代化校家合作是一项以学校为主、家庭和社会积极参与、县和乡镇乡村党政及其教育主管部门责无旁贷地积极组织推进和给予教师配备、经费、安全等充分保证的系统工程。

一是县级党政和教育局等相关部门要积极推进校家合作，既要对学校有明确要求，也要对学校教师配备、经费和安全保证等给予有力支持；既要通过户口迁移、进城购房和上学等法规规范和保证乡村学校发展，又要通过做好学校建设、提高教育教学质量提高农村和乡村学校的吸引力，把民众是否自觉自愿在本县本乡甚至本村上学看作是评价办好人民满意的教育、衡量本地教育发展水平的重要指标。例如，弋阳教育局把“让弋阳的教育走专业化发展的道路，让弋阳的孩子在家门口享受良好的教育，让弋阳的教育成为弋阳人的骄傲”作为工作目标，把家校合作作为做好全县教育工作和优化全县教育生态乃至县域社会治理等各项重大工作的战略突破口，做好城乡学校布局，做好学校公共设施均等化建设和城乡均衡发展，努力办好乡村、乡镇和县城学校。

弋阳县的农村及其教育和全国的一样，随着城镇化的发展，农村人口和学生、学校明显逐渐减少，这对农村教育和文化、经济都产生了不良影响。为了实现乡村振兴战略的目标，弋阳县从2013年开始以家校合作为突破口改变这种状况。县委县政府经常性专门委派教育局干部和校长参加江西省家校合作省培项目培训和全国性相关会议，学习世界上和省内外先进的家校合作理论、实践框架和组织计划。教育局具体指导和操作，建立常态化、重心下移、具有决策性和处理日常工作的家校合作协调机构，按照区域布局逐步向下分化出9个家校合作联合体，每个联合体协调5所中心学校。联合体下的各学校，设置家校合作工作委员会，并按照不同类型活动区分专业工作组，使家校合作逐渐制度化。家校合作联合行动委员会和专业工作组有详细的年度行动计划和总结报告；经常动员、组织家长志愿者参与学校管理活动，家长成为学校工作和活动的重要组成部分。弋阳的经济发展和办学条件一般，但通过家校合作既促进了本县教育质量提高、特色学校建设和农村学生回归，也促进了全县文化建设和经济发展，为全国家校合作做了很好的示范。

二是把校家合作作为考评学校教育教学工作的重要内容和指标。各级领导和管理部门既要积极支持学校做好校家合作共育，又要把校家合作共育及其成效作为考核评价学校建设、发展成果的重要内容，激励学校做好校家合作共育。

三是重视引导和规范学童托管中心、校外辅导机构等与学校和家庭的合作。由于社会需要，在原来校外辅导机构的基础上，不少地区又产生了校外学童托管中心。学校放学后，寄宿制学校还会组织学生学习和开展体育、游戏等活动，非寄宿制学校大都不再组织学生学习和开展体育、游戏等活动，甚至学生不能再在学校活动，但回家也没有父母或者其他家人指导学习和照顾生活，只能被送到校外辅导机构或校外学童托管中心。校外辅导机构和校外学童托管中心既是家，又是校，或者既不是家，也不是校；在组织管理上，有些可能与学校有一定的关系，有些可能完全没有关系，但它们对学生的生活、学习、教育和成长确实有重要的影响或关系。乡村和小乡镇学生数较少，教育经济效益较低，所以生活和学习、教育条件也不是太好。如何协调学校与家庭和学童托管中心、校外辅导机构等的关系就要求各级地方政府有更多的关注和探索。县乡政府应引导它们克服由于乡村和小乡镇学生数较少、教育经济效益较低的实际，积极参与和承担本地校家合作教育，也要规范它们的相关行为，避免加重学生学业负担，保证学生安全健康。

四是充分发挥乡镇、乡村各级教育主管部门的作用。乡镇、乡村各级教育主管部门对规范校外教育机构、控制社会不良影响、保证学校及其师生安全等具有学校和县级政府等无可代替的重要作用。“以县为主”的农村教育管理要避免“以县唯一”[①]，积极协调和聚合各级行政、学校、家庭和社会力量，共同促进本地学校、校家合作的健康发展，保证本县学生安全健康成长。

① 郝文武：《农村教育现代化“以县为主”应充分发挥乡镇乡村的作用》，《教育理论与实践》2019年第31期。

第三节

加快农村幼儿园建设应更加重视科学性

为了普及城乡幼儿保教，实现城乡幼儿保教均衡发展，改变农村幼儿园建设的落后状态，我国正在加快农村幼儿园建设，并取得了显著成效。城市幼儿园建设条件好、历史久，便于专家指导，甚至专家亲自参与建设，能保证科学性。但农村幼儿园建设时间短、条件差，很难得到专家持续亲临指导，容易迷失本性，偏离定位，导致缺乏科学性。我们通过调研发现，加快农村幼儿园建设要更加高度重视确立保育优先教育的科学理念，把保育优先教育的科学理念落实到师资队伍、保教活动和设备设施建设中。

一、牢固确立先保后教的理念是农村幼儿园建设科学性的根本保证

保教结合是幼儿园建设的重要原则，也是幼儿园活动的本质和规律。保教结合，“保”在前，“教”在后，不仅是约定俗成或遣词造句顺口的原因，而且是对人的身心发展不能更改、不可更改和必须遵循的客观规律的客观反映和描述。保育和教育都要育，但育的目的、内容和方式又很不相同。保育的育不仅是在保养、保护、保证、保障幼儿身心健康发育发展基础上的育，而且是以幼儿身心健康发育本身为目的的育，侧重人的自然身心和品德、智力的发育发展。教育的育则是在身心健康发展基础上，以学习为主要目的的育，侧重通过教学、教养、指导、引导，教授和学习知识，形成技能、能力和良好品德，促进学生身心发展。身体是每个人生存、生活、学习、

工作和发展的基础或本钱，作为个体的人的发展首先是肉体的存在和发展，然后是精神的存在和发展。人的身体健康发育与心理健康发育相互影响，幼儿阶段是身体发育阶段，身体和心理的健康发育、成长，不仅是幼儿生活、学习和发展的基础，而且是幼儿生活、学习和发展的全部目的，幼儿生活、学习和发展就是为了身心健康发育、成长的成人目的，而非成才目的。

学前保教究竟是保教并举，还是保育优先教育，抑或是教育优先保育？这一问题古今中外都有不同认识、实践和经验。当代中国幼儿保教的教育功能越来越明显，甚至有教育优先保育的明显倾向。学前教育“小学化”实质就是幼儿教育优先保育的倾向。为了在科学理念指导下大力促进幼儿保教活动和幼儿园建设，2018年《中共中央 国务院关于学前教育深化改革规范发展的若干意见》明确把幼儿保育作为幼儿保教结合的主要内容和基本原则，指出幼儿园活动要“合理安排幼儿一日生活，为幼儿提供均衡的营养，保证充足的睡眠和适宜的锻炼，传授基本的文明礼仪，培育幼儿良好的卫生、生活、行为习惯和自我保护能力。坚持以游戏为基本活动，珍视幼儿游戏活动的独特价值，保护幼儿的好奇心和学习兴趣，尊重个体差异，鼓励支持幼儿通过亲近自然、直接感知、实际操作、亲身体验等方式学习探索，促进幼儿快乐健康成长”，并明确规定小学起始年级必须按国家课程标准坚持零起点教学。但要把这些科学的理念和政策落实到实践还需做很大努力，加快推进农村幼儿园发展尤其要特别强调和高度重视把科学理念和政策落到实处。

二、加快农村幼儿园建设应重视幼儿园建设布局和设施配置的合理性

家庭是社会的细胞，父母是每个人的生命之源。父母不但是孩子身心发育的保育者、守护神，还是孩子的第一任老师，是孩子的教育者。在古代社会，孩子的保育教育融为一体，家境殷实的大户人家，特别是书香门第，在重视孩子保育的前提下，也很重视有目的、有计划甚至有组织的家教。而贫民之家对孩子的保育和教育往往都在家庭和社会生活、生产中进行，幼儿的玩耍即生活、健康即成长，家庭的丰衣足食和潜移默化即保教，是古代

社会幼儿成长和保教的真实状态。

近现代社会，科学技术在生产劳动中的普遍应用，要求广大劳动者掌握科学技术和上学接受教育。为了把妇女从家庭事务中解放出来，接受现代教育和参加生产劳动，在城市，幼儿园、托儿所得到发展，成为连接家庭保育与园所保育的中介。许多幼儿园、托儿所都由学校、工厂和机关等单位所办、所管，都距单位和家庭较近，幼儿园、托儿所虽然条件简单，但安全保证等都不存在问题。由于父母或爷爷奶奶、外公外婆等家人和保姆每天下午甚至中午都会将孩子接回家，所以孩子与父母及其他成员关系较为密切。在农耕为主、春种秋收的农村，温暖的家庭、广阔的田野甚至母亲的脊背和怀抱都是幼儿的保育园，孩子与家庭的亲密关系更不用说。

改革开放以来，教育优先发展战略和早出人才、快出人才理念不断深入人心，学前教育的基础性作用越来越受到重视，国家把学前教育作为促进亿万儿童健康成长和国民终身学习的开端、国民教育体系的重要组成部分、重要的社会公益事业，作为党和政府为老百姓办实事、关系党和国家未来的重大民生工程。多年来，我国学前教育快速发展，普及水平大幅度提高。但由于基础差、欠账多，目前学前教育仍是整个教育体系的短板，发展不平衡不充分问题十分突出，“入园难”“入园贵”依然是困扰老百姓的烦心事。在广大农村，存在的问题更为突出。

多年来，由于生育率降低和城镇化发展带来的乡村人口、学生、学校的减少，直接影响农村，特别是乡村、乡村幼儿园的发展。有的县城和乡镇人口多，小县城和大的乡镇至少有一所幼儿园，大的县城不只有一所幼儿园。小的乡镇近年来都设置了幼儿园。乡村由于小学生和幼儿都较少，幼儿园一般设置在乡村小学。人口密集和经济发展较好地区的乡村目前还有小学，同时在学校也设幼儿园。人口稀少和经济欠发达地区的乡村则基本没有小学，小学大都设置在乡镇所在地。经济欠发达地区不少乡镇小学有 1/4 甚至 1/3 的留守儿童，幼儿园也有不少乡村留守幼儿，经济发达地区的城镇学校有 1/4 甚至 1/3 的随迁子女，也有不少随迁幼儿。就近入学是小学和幼儿入园的基本原则。但由于父母忙于工作没有时间照顾孩子等家庭原因，县城和乡镇幼儿入园都既有上午入园下午回家的半托的，也有周一入园周五回家的全托的。家庭住地距幼儿园较近的，一般为上午入园下午回家的半托；家庭住地距幼儿园较远的，父母或家人只是一周接送一次，孩子周末在家与父母等家人团聚两天。父母让孩子入园无论是为了腾出自己的时间，还是为了更好地保育和教育孩子，父母远离孩子对亲子关系都有一定影响。县城的孩子全托的较少，对幼儿亲子关系的影响不很突出。然而，在城镇化过程中，乡镇，特别是乡村全托幼儿较多，对幼儿亲子关系的影响就成为突出问题。这也对乡镇和乡村幼儿园建设布局和师资队伍建设提出了特别的要求。

为了生计父母不得已长期远离孩子，如果能在幼儿家庭住地的乡镇和乡村就近入园，至少有爷爷奶奶或外公外婆照料生活，多少能弥补一些父母长期缺席对孩子造成的不良影响。[①] 如果乡村没有幼儿园，幼儿要到距离家庭住地较远的乡镇入园，3—5 岁的孩子长期远离父母虽有利于养成孩子的独立性，但孩子长期缺少家庭的关爱，不利于其形成对家庭、家人关爱的情感。为了落实乡村振兴战略和农村教育优先发展战略，国家提出“每个乡镇原则上至少办好一所公办中心园，大村独立建园或设分园，小村联合办园，人口分散地区根据实际情况可举办流动幼儿园、季节班等，配备专职巡回指导教师，完善县、乡、村三级学前教育公共服务网络”。[②] 如果这一目标得以全面实现，农村幼儿园建设布局的科学性将得到较好解决，但目前我们国家离这个目标还有较大差距，要实现这个目标还需要做很大的努力。

丰富、安全的设备设施是优质幼儿园的重要特征，是让幼儿喜爱入园、激发幼儿丰富兴趣的重要手段，是帮助幼儿形成想象力和遵守规则意识的基本条件。当代农村幼儿园一般都有较为丰富的设备设施，但有些地区扩建和新建幼儿园时为了赶进度，距离装修不到半年就启用新设施或未经一定时间通风透光的新建楼房，这很可能对孩子的身体健康造成不良影响。加快幼儿园建设的同时一定要注意设备设施的安全性，教育管理部门、家长

---

① 周兴国：《乡村教育的现代化困境与出路》，《教育研究与实验》2018 年第 4 期。

②《中共中央 国务院关于学前教育深化改革规范发展的若干意见》（2018 年 11 月 7 日），中华人民共和国中央人民政府，http://www.gov.cn/zhengce/2018-11/15/content_5340776.htm.

和社会一定要对扩建和新建幼儿园的启用进行严格的验收审查和监督。

三、提高教师队伍水平及其保教质量是加快农村幼儿园建设，重视科学性的关键

保育是家庭教育功能在幼儿园的自然延伸，是让幼儿建立对幼儿园的归宿感与安全感的最好途径；是幼儿教师建立与幼儿亲密关系的最好途径，是整个幼儿园教育得以开始的根基；是幼儿园实施生活教育的直接途径，是幼儿园整个教育目标得以实现的根本保障。[①] 保育优先教育的理念首先要落实到幼儿园的布局和设备设施建设上，同时也要落实到幼儿园的教师队伍建设上。好的幼儿园的布局和设备设施建设、教师队伍和保育教育都应该是好的。幼儿园除了应该在布局和设备设施建设上下功夫，也要在教师队伍和保教质量上花大力气。

一方面，我国真正把幼儿园纳入国民教育体系的时间较短，且好多年前就取消了能大量培养幼儿教师的幼儿师范学校，后来举办的幼儿师范学院的档次和学历虽有提升，但培养的幼儿教师数量有限，幼儿教师的待遇很低；另一方面大部分农村幼儿园没有教师编制、教师编制严重短缺，幼儿教师基本是临时聘用，[②] 无论是有四五位教师还是几十位教师的幼儿园，具有国家正式编制的往往只有园长。不少幼儿园与小学合为一体，或者形式独立实质一体，幼儿园没有编制、缺乏教师，以小学教师及其编制补充。临聘教师许多没有进行专门的学前保教专业学习和训练，工资收入很低，这些都对幼儿园师资队伍建设带来不利影响。

幼儿园“教师首先要做的是保育工作。只有在充满无限爱意与耐心、无微不至地照顾孩子生活起居的保育过程中，教师才能让孩子重新找回家的感觉，才能促使孩子对教师生出同样深厚的依恋之情，如此孩子才会真正愿意听从教师的教诲，真心实意地按照教师的要求去做”[③]。但几乎所有的幼

---

① 赵南:《学前教育“保教并重”基本原则的反思与重构》,《教育研究》2012 年第 7 期。

② 夏婧:《我国农村幼儿园师资队伍建设经验及其启示》,《学前教育研究》2014 年第 7 期。

③ 赵南:《学前教育“保教并重”基本原则的反思与重构》,《教育研究》2012 年第 7 期。

儿教师培养机构都是依据“保教并重”的基本原则来培养学前教育专业人才，因此没有设置专门的保育员专业，幼儿园不单独设置保育员职位，又由于学前专业毕业的教师数量不足和实际上很少从事保育工作，幼儿保育大都由年龄较大的非专业人员承担，而没有相关学历的非专业保育员既没有专业素养，也不能得到晋升，待遇较低，这些情况都会导致对幼儿保育及其保育员队伍建设的轻视甚至忽视。

有调研表明，21 世纪初，农村学前教育专任教师与保健医生、保育员数量比例相差悬殊，远达不到幼儿园“一教一保”或“两教一保”的要求。农村幼儿园中只有 35% 能够配置“一教一保”，20% 仅有一个教师负责全部活动，偏远贫穷的乡村，全校仅能保证一教，负责学校包括教学、安全、卫生等事宜。[①] 农村幼儿园教师男女比例失调，教师队伍年龄结构明显趋于年轻化，经验丰富的资深教师比例极小。陕西省某市 40 所农村幼儿园中 38 所的教职工均为女性，2 所学校仅有一两名男性职工担任保安、校车司机。陕西省陕北、关中、陕南三地，农村幼儿园女教师 30 岁以下高达 65.9%，30—39 岁达 24.1%，两者共占全部接受调研的教师的 90%。[②] 陕西某市农村幼儿园教师中 20 岁以下的占 9.1%，21—25 岁占 36.8%，26—30 岁占 21.2%，31—35 岁占 18.8%，35 岁以下教师占所接受调研教师的 85.9%。[③] 经过近几年的努力，这种状况有所改观，但并未从根本上发生改变。

幼儿保教不仅是对幼儿身体的保护保养，使幼儿吃好穿好睡好，也要在此基础上让幼儿通过积极的活动增强体质和智力。保育保养和为了安全不是让幼儿静静地待着，什么都不做。无聊、孤独、寂寞也是一种痛苦和伤害。游戏是儿童的天性、儿童的生活，在游戏生活中发育、成长既是儿童生活的过程，也是儿童生活的目的。爱玩与会玩相互促进，使儿童爱玩、会玩

---

① 赖昀、薛肖飞、杨如安：《农村地区学前教育教师资源配置问题与优化路径——基于陕西省 × 市农村学前教师资源现状的调查分析》，《教育研究》2015 年第 3 期。

② 李少梅、黄怡冰、康康：《陕西省幼儿教师资源配置的现状与存在问题分析及解决对策》，《学前教育研究》2011 年第 6 期。

③ 赖昀、薛肖飞、杨如安：《农村地区学前教育教师资源配置问题与优化路径——基于陕西省 × 市农村学前教师资源现状的调查分析》，《教育研究》2015 年第 3 期。

既能保护儿童的天性，也能使儿童的兴趣、智力得到发展，还能使儿童在游戏中学习到一些知识。任何游戏都源于愉悦、兴趣和意愿，如果痛苦、强制，游戏就不能持续甚至展开；然后是规则和自由探索、独立思考和展示能力、技能，否则就不会有愉悦和兴趣。游戏是兴趣的乐园，自由的摇篮，规则的寓所，是自由和规则协调的广阔天地、快乐过程。自由虽然是自己由着自己的兴趣爱好、志愿意志、理想目标和价值追求去探索未知和多种可能性，创造更好的未来，与规律、规则可能矛盾，但绝非绝对对立。世界上既不存在没有规则的自由，也不存在没有自由的规则。最大限度发挥规则的弹性及其允许的自由，做到随心所欲不逾矩，是人生的最高境界。更多遵循规则而更少考虑自由的按部就班地完成预定任务，实现预定目标，比较安全可靠，但不会有更大出息。只是为了自由而不考虑规则，也许是豁命拼搏，太冒险、太危险。在幼儿园提供的安全可靠、丰富多彩的设备设施中游戏，幼儿既能充分自由地活动和发挥想象力，形成遵守规则意识，也不会因违规而导致不安全。在游戏中寓保于乐、寓教于乐，是儿童游戏与成人游戏的最大区别，幼儿保教如果不能充分发挥游戏的特点和优势就是违背儿童身心发展规律，对幼儿身心健康发展不但无益，反而有害。

任何学生都要明确学习目的和任务，既要乐学，也要苦学。幼儿保教应是在乐学中帮助儿童自然形成爱学习、爱思考和会学习、会思考的兴趣、习惯，而不是在强制性教学中使幼儿不堪重负，产生恐惧、反感和讨厌学习、教育和教师的情绪，导致磨灭、扼杀儿童学习、思考的兴趣。要使儿童爱玩、会玩，教师就必须爱玩、会玩。不少年轻教师学历高、专业知识丰富，但只爱玩、会玩他们自己爱玩、会玩的，不愿和不会引导、指导幼儿玩幼儿爱玩、会玩的，使或有限或丰富的幼儿保教的“恩物”难以充分发挥作用甚至空置。这说明加快幼儿园建设还需大力提升幼儿教师的专业精神和能力、技能等素质。

家庭和幼儿园保教对儿童进行基本的防护知识和意识的教育很有必要，但有些幼儿园缺乏专业判断能力，违反儿童身心特点，把儿童无法理解的打黑扫黄除恶、戒毒禁毒等内容，作为幼儿园保教的重要内容，学校墙壁和教室醒目位置到处贴满相关标语，儿童看的、画的、听的都是相关内容，使天真可爱的幼儿长期生活在恐惧当中，对儿童心理健康发展造成很不好的影响。

四、加快“物美价廉”的农村普惠型幼儿园建设是加快农村幼儿园建设的保证

专门的幼儿保教在古代是绝对的奢侈品，是大户人家的享受和投资，在近代基本是殷实之家的享受、投资和工薪阶层的不得已之举，在当代逐渐在全社会普及为“普惠型”的社会公共服务，这是国家综合国力提高的结果和小康社会的重要标志。但这只是幼儿保教供求关系和价格的变化，不仅并未改变幼儿保教的本质和规律，而且随着社会对幼儿保教目标要求和质量、品质的提高，幼儿保教事业需要凝聚和投入人类一般劳动的更高价值。而今飞入百姓家的“旧时王谢堂前燕”，绝非落架的凤凰。普惠是物美价廉的消费和享受，绝非低质价廉的大甩卖。

国家上一阶段幼儿保教的目标是，“到2020年，全国学前三年毛入园率达到85%，普惠性幼儿园覆盖率（公办园和普惠性民办园在园幼儿占比）达到80%”[①]。“学前教育公益普惠指数包括普及面、受惠量、教育质量三个维度，三个维度可以通过学前三年毛入园率、学前教育财政性经费占学前教育总经费的比例、生均学前教育经费、师生比四个具体指标来表达。”[②]这个目标从数量和形式上来说，农村地区已基本达到，但如上所述，幼儿园的布局、教师队伍建设及其保育教育质量和设备设施建设及其使用还存在许多需要解决的问题。

再好的教育也不可能定终身，知识任何时候都能学习，且需要终身学习。但不好的教育导致的身体和心理的伤害则可能完全无可挽回，让人抱憾终生。加快农村幼儿园建设，要真正理解“接受何种质量的学前教育，比是

---

①《中共中央 国务院关于学前教育深化改革规范发展的若干意见》（2018年11月7日），中华人民共和国中央人民政府，http://www.gov.cn/zhengce/2018-11/15/content_5340776.htm.

② 杨卫安:《我国学前教育公益普惠指数建构与测评》,《教育研究》2017年第10期。

否接受过学前教育，对儿童将来发展的影响更显著更重要”[①]的问题，明白幼儿接受不良的学前教育还不如不接受学前教育。举办幼儿园必须摒弃有比没有好的传统思维,解决“有没有”的问题就必须解决“好不好”的问题。幼儿保教侧重保育还是侧重教育就是一个复杂和重大的价值选择，即便是注重一个层面要达成目标也需要精心的设计和操作，使先保后教两者很好地结合则需要更加精心的设计和操作；既要有大量的资金投入，也要有整体长远的谋划和有效的治理、管理。为了改变幼儿园和家庭轻保重教和小学化明显的倾向，做到名正言顺，确实保证幼儿健康发育成长，最好把学前教育及其系、学院等修改为幼儿保教及其系、学院等。

① 赵南:《学前教育“保教并重”基本原则的反思与重构》,《教育研究》2012 年第 7 期。

第四节

农村职业教育发展的新拐点和新目标

我国农村职业教育40多年发展曲折艰难，曾经有许多困惑。21世纪以来，农村职业教育与科研院所结合，为农业现代化和乡村振兴培养掌握先进科技的现代农民；与企业结合，为农村劳动力转移和现代企业培养新型技术工人服务；与高等职业技术院校结合，为培养高级技术人才奠定坚实基础；结合当地实际，聘请高级专家，为农民提供现代农业科技指导和培训，使农村职业教育发展迈出新步伐，凸显新拐点。虽然农村职业教育发展还存在许多需要解决的问题，但这些新拐点为未来发展增添了信心、希望，确定了明确方向和目标。

一、农村职业教育发展曾经的艰难曲折、困惑与解惑

为专业教育打好基础和为地方经济社会发展培养人才，一直是新中国基础教育的“双重任务”，这个“双重任务”除了某些特殊时期外，升学的任务一直是确定和实在的，而为当地经济社会发展培养人才则在不同发展阶段有不同的含义和意义。中华人民共和国成立之初，虽然农村也有一些学生希望通过读书上大学、中技、中专学校，但能实现这个心愿的人很少，大部分学生对通过上学走出农村信心不足或者没有太多奢望，中学毕业生自然而然、自觉自愿在当地参加农业生产劳动。改革开放初期恢复高考后，农村学生能上大学的虽然也很少，只有适龄青年的1%—2%，但比以前还是

多了很多。随着高考录取率的不断提高，农村学生通过高考走出乡村的意愿不断高涨、人数也不断增多，甚至很多学生把通过高考走出乡村作为读书上学的唯一目标。

尽管上学读书不一定会有经济效用,生产需要和充分就业并非完全一致，但上学读书的经济效用和就业收入是基本对等的。改革开放初期能上大学自然能就业,就会有经济效用。但对于大部分无法通过“千军万马过独木桥”的高考上大学的城乡学子，即便经济社会发展有需要，但如果没有“一技之长”，不能很好就业，就可能导致“读书无用”。为了增强教育的经济效用和促进地方经济社会发展，农村职业教育就应运而生，成为与普通教育并行发展的农村教育的重要组成部分，发展农村职业教育也就成为调整和优化农村教育结构的不二选择。虽然 1985 年中共中央颁布的具有划时代意义的《关于教育体制改革的决定》确定大力加强职业教育发展到现在只有 30 多年，但解决因不能上大学而使“读书无用”和为地方经济发展培养人才的问题实际上从 20 世纪 80 年代初就已开始，与改革开放基本同步，也有 40 多年发展历史。40 多年来，虽然政府很重视农村职业教育，但由于受“君子不器”等传统观念影响，且由于教师、设备等不足，很难使学生真正掌握社会经济发展所需的科学技术，学生毕业后就业困难，收入较低；在二三十年前，农村职业教育对于很多学生来说只是无奈之举；对于社会民众而言，农村职业教育就是没有考上大学的农村学生的“滞留站”“收容所”。

农村既有别于工商业等密集发展的城市，是进行农业生产的人口集中居住的地域，也是不同于城市生活、文化、教育和行政的组织。民以食为天，任何社会都离不开农业，也离不开从事农业生产的农民和适宜进行农业生产的农村。任何社会都应该重视农业发展和农业技术创新、推广和应用，但不同社会的农业技术创新、推广和应用的性质和水平不同，科技发展决定的农业生产方式、对社会发展的保障、促进作用也很不相同。古代和近代刀耕火种、靠天吃饭、自给自足的农业实际上难以自给自足。一个国家甚至全世界的农业生产真正能自给自足、丰衣足食是现代科技发展的结果。“社会一旦有技术上的需要，则这种需要就会比十所大学更能把科学推向前进。”[1] 教育目标、内容、方式和结构等的重大变革都是由生产力、科学技术的重大创新推动而发生发展的，但从社会的需要到技术的创新再到技术的应用、人才的培养都需要艰苦的探索过程。如果农业科学技术发展滞后，不能有力促进农业发展，或者赶不上农业生产发展的需要，农村农业职业教育就只能传授传统农业技术。如果农村农业职业教育的教师不能有效传授现代农业技术，农村农业职业教育也只能是纸上谈兵，不可能培养掌握现代科学技术、改造传统农业和促进农业生产现代化的现代农民。以传统农业生产技术和经验进行农业职业教育不可能培养现代农民，不可能使农民创业增收，不可能对农民和学生有吸引力，这是前二三十年农村农业职业教育发展困难的根源。

农业现代化是当代中国实现“四个现代化”的重要目标。农业现代化的本质是农业的科学技术化，而非农业的工业化。农业生产与工业生产的生产对象、结果有根本不同，生产过程和方式也有明显不同。农业生产对象的核心是生物而非非生物，工业生产的对象主要是非生物而非生物。农业生产的结果是食用物，工业生产的结果基本都是非食用物，因此，工业永远也不可能代替农业。以工业生产方式进行农业生产只是农业生产中的一个环节，而且有些农业生产过程和方式永远只能是手工生产，不可能是工业生产。改革开放以来经过 40 多年的艰难探索、创新和推广，农业科学技术研究成果在农业生产中的广泛应用的步伐日益加快，农业职业教育教师、教学内容和设备的不断改进、完善，培养掌握现代科学技术、促进农业现代化的现代农民成为可能和现实，这些是 21 世纪以来农村农业职业教育逐渐走出困境、凸显拐点的根源。农村的生产不只是种植、养殖、畜牧等生产，农村职业教育也不只是农业职业教育，农村同样也需要饮食业、工商业及其人才和教育，但农业生产是根本，农村职业教育不能很好地发展农业职业教育，就不能解决农村职业教育的根本问题。反过来看，如果一个国家的粮食生产、农业生产能使国民不仅丰衣足食，而且对衣食住行追求的档

① 马克思、恩格斯:《马克思恩格斯全集》(第 39 卷)，人民出版社，1974，第 198 页。

次品位越来越高，就说明它的农业科技、教育发展是可靠的，是随着农业农村的发展在不断发展的，是与整个国家的经济社会发展相适应和相互促进的。

但农业科技创新和推广、应用也是一把双刃剑。它一方面能大力提高农业生产力、生产效益和现代化水平，有力促进农业生产发展；另一方面也会使农村出现大量剩余劳动力。在城乡交替居住的2亿“两栖人”，有不少需要职业培训。农村人不仅从事农业生产，也要有富裕方便的生活，与农村生活有关的科技发展和职业教育都是农村职业教育培养人的目标、任务。

二、新时代农村职业教育发展的新拐点和新希望

经过30多年的艰难探索，21世纪初农村职业教育发展明显发生新变化，出现新拐点，现代职业教育的特征逐渐凸显。由于农村职业学校毕业生就业预期稳定和收入可观，农村职业教育不再像以前一样是农村学生的无奈选择，而是成为对他们很有吸引力的自觉自愿的选择。

首先是与科研院所结合，为农业现代化和乡村振兴培养掌握先进科技的现代农民。甘肃省会宁县高级职业中学与科研院所合作，为改造传统农业，促进农业现代化和乡村振兴、培养现代农民、帮助农民发家致富发挥重要作用，正在形成和已经体现了现代职业教育的特征。本校开设的现代农艺技术、园林技术、种子生产与经营、农村经济综合管理、畜禽生产与疾病防治、畜牧兽医、农村电气技术、农业机械使用与维护、学前教育、护理、计算机动漫与游戏制作、计算机应用技术、汽车运用与维修、焊接技术应用、电子技术应用、美术工艺等16个专业中有10个专业是与农业、农村密切相关的专业。学校根据县委县政府提出的“全膜种植增收、草畜产业富民、工业经济强县、文化旅游兴业”战略和当地产业结构、农民需求，结合传统种植专业，培育和发展农业技术优势专业，采用“产学研结合”教学模式，由大学和科研院所专家亲临指导和参与实验基地建设，开展以日光温室、塑料大棚蔬菜生产为主的优质苹果密植栽培、大田马铃薯间作等多种技术的教学、科研、培训和推广，为当地培养、培训大量农民技术员，使现代

农业科技成果与农业生产结合产生良好经济效益，许多毕业生和学员成为当地致富带头人和企业技术骨干，为农民掌握和应用农业科技发挥了重要引领和示范作用，为地方经济发展做出了突出贡献。

发达地区工业和农业通常都比较发达，但相对而言工业更加发达是发达地区的主要特点。发达地区的职业教育不但要为技术快速更新、规模快速扩张的工业培养大量人才，同时也要为农业升级提速和持续优质发展培养大量人才。山东省平度市职业技术学校开设机电、建筑、财会、服装、信息技术、汽车运用与维修、农牧技术工程、果树栽培与果品加工、旅游服务、畜牧兽医等专业，其中生物技术应用和数控技术应用专业被教育部、财政部确立为全国重点建设实训基地，机电技术应用、汽车运用与维修、果树栽培与果品加工等 7 个专业被评为青岛市骨干专业和山东省教学改革试点专业，“助推县域三农转型升级的中等职业学校教学改革研究与实践”项目获 2018 年国家教学奖特等奖，这成为工业发达地区农村职业教育重视农业职业教育的典型。

农业职业教育发展需要国家政策的强力推动和学校根据国家政策、市场需要对专业、教师队伍、教育教学设施建设等的精心谋划和有效实践，但最终要落实到教育教学实践中。从 2014 年和 2018 年两届国家教学奖中农村职业教育获奖数量的明显增多和内容的丰富性，不仅可看出农村农业职业教育发展的状态和出现的新拐点、新希望，也可从报奖单位结构看出政府和企业的重视、支持，学校与企业联合的新进展和重要性。2014 年职业教育类国家教学奖特等奖仅 1 项，且在工业领域：开发技能赛项与教学资源推进高职机电类专业综合实训教学的改革与实践（天津中德职业技术学院）；一等奖 50 项，其中有 3 项涉及农业职业教育，其中 1 项为农科职业教育奖项，2 项为农业职业教育奖项：都市型现代农业高技能人才培养改革与实践（北京农业职业学院），中等职业教育面向农村送教下乡的办学模式改革与实践（河北师范大学），农科专业工学结合培养高职人才机制与模式的创新和实践（江苏农林职业技术学院）。2018 年国家教学奖特等奖 2 项，其中 1 项为农业职业教育奖项；一等奖 50 项，其中 7 项为农业职业教育奖项，明确为农业农民的5项，涉及农村的2项。特等奖：助推县域三农转型升级的中等职业学校教学改革研究与实践（平度市职业中等专业学校、德国汉斯·赛德尔基金会、平度市农业局、平度市畜牧兽医局、青岛乐义现代农业科技示范基地有限公司、青岛波尼亚食品有限公司、青岛爱迪尔葡萄酿酒有限公司、青岛天汇食品有限公司、青岛国华牧业有限公司）；一等奖：城乡一体化背景下新型职业农民培育的苏南模式创新与实践（苏州农业职业技术学院、江苏省职业农民培育指导站、太仓市农业委员会、无锡现代农业博览园有限公司），“校园＋田园”新型职业农民培养模式的创建与实践（寿光市职业教育中心学校、山东省教育科学研究院、甘南县职业技术教育中心学校、寿光市孙家集街道三元朱村、寿光蔬菜产业控股集团有限公司），四方协同情能兼修前后贯通：卓越乡村教师定向培养的南通样本（南通师范高等专科学校、南通大学、南通市教育局、南通师范学校第二附属小学），“四课堂三机制”培养地方菜肴创新型传承人的探索与实践（浙江省宁波市古林职业高级中学），“三创型”农经人才培养创新与实践（温州科技职业学院、浙江经济职业技术学院、温州市农业科学研究所、温州市农产品经纪人协会），基于网络学习空间精准培养农民大学生的创新实践（湖南广播电视大学）。

其次是与企业结合，为农村劳动力转移和现代企业培养新型技术工人。近年来，虽然农村农业职业教育受到普遍重视，但工业和服务业专业还是许多农村职业学校的重要甚至主要专业。许多学校都与国内外企业建立了长期、稳定的合作关系，实行“订单式”培养和学生毕业“双证”制，既为铁路服务、家电汽车制造和维修、商场酒店等商业服务等大中型企业输送大量技术工人，解决企业用人需求，也为学生就业开辟了可预计的良好前景。

再次是与高等职业技术院校结合，为培养高级技术人才奠定坚实基础。现代农业、工业和商业服务业等不仅需要初级技术人才，更需要高级技术人才。随着12年教育普及、高等教育大众化和高等职业技术教育招生数量扩大、招生制度改革，农村职业教育为高等职业技术院校培养高级技术人才奠定坚实基础、输送优质生源也成为农村职业教育的重要职能、任务和目标，甚至在一定程度上农村职业学校的生源成为高等职业学校抢手的生源。这相对于只为普通高等学校奠定基础、输送生源来说是农村职业教育的重要变化和拐点。西部某县高级职业中学开设农学、畜牧兽医、计算机及应用、会计、旅游服务与管理、幼儿教育、工业与民用建筑、采矿技术、机电技术应用、汽车驾驶与维修、酒店服务与管理、电子与信息技术、工艺美术、护理、音乐、日语等16个专业。2012年有13个专业学生参加高考，二本上线225人，600分以上27人，畜牧专业、建筑专业、幼师专业、农学专业获本省区畜牧、建筑、幼师、农学4个专业考生的最好成绩。

最后是结合当地实际，聘请高水平专家，为农民提供现代农业科技指导和培训。由于教师和设备短缺、质量不高等原因，有些地区县级职业学校早已停办，但还继续承担一定的培训任务。即便是发展较好的职业学校，教师的专业结构和水平也有待提高。随着技术更新和高新技术的发展，职业学校要做好培训就必须结合当地实际，聘请高水平专家，对农民进行现代农业科技指导和培训，这已成为农村职业学校和培训机构责无旁贷的重要职能和任务。

三、新时代农村职业教育发展需要继续解决的几个理论问题

教育发展的最初出发点和最终落脚点都是生产和生活实践。实践离不开认识和理论，科学的理论对正确引导、评价、反思实践，促进实践发展有重要意义。农村职业教育是国家教育的组成部分，与国家经济、政治、文化发展都有密切联系，对农村职业教育的认识只有与对国家的经济、政治、文化发展的认识紧密联系，才能形成科学的概念、理论和正确评价，不能以农业社会的乡村发展目标、标准评价工业社会的乡村发展的现实和目标。

第一，科学认识和处理好职业教育的“离农”与“务农”目标之间的关系。农村职业教育的目标是“离农”与“务农”，“为农”的问题与整个农村教育都有一定关系，但主要与农村职业教育有直接联系。“农”有农业、农村和农民的“三农”含义，农业包括农业生产、农业科学研究、技术推广和农业教育等所谓涉农专业。农业科学研究、技术推广和农业教育最终要落

实到农业生产过程中，但即便没有落实到农业生产过程中也是“务农”“为农”，培养新型农民的农业教育只可能是离开农村的农业教育，不能说是离开农业的“离农”教育。“为农”的教育包括为了农业的教育，也包括为了农村和农民的教育，包括不是农业教育或“务农”的农村职业教育。

第二，科学认识和处理好农村职业教育为农村与乡村、狭义农村与广义农村、城镇化的农村与农村的城市服务的关系。中国以前是农业大国，城乡界限明确，但在城镇化过程中城村种类不断增多。县城相对于大中城市，它是农村，教育学也把县城教育看作农村教育；相对于乡村它又是城市，是农村中的城市。乡村则是农村的农村，是完全的农村。城乡接合部或城郊区如果从农业户口与非农业户口划分，或者把非农业户口人口看作城市人口，它是城市或城镇；但相对于城区而言，它又是农村或者乡村。以教育学角度界定城乡，作为县城所在地的镇和其他集镇也都是农村。虽然改革开放以来城镇化率迅速提高，目前达到 60%，但全国还有 9 亿至 10 亿人口属于农村教育范围。即便以后城镇化率达到 70%—80%，全国还有 7 亿至 8 亿人口生活在县城和乡镇、乡村等农村教育覆盖地域。① 在县城、乡镇，为城镇和乡村居民及其子女就业服务的教育都是农村职业教育。

第三，处理好狭义的农村职业教育与全面促进乡村振兴的广义上的农村职业教育的关系。农村农业职业教育近年来虽然有明显发展，但真正有吸引力的农村农业职业教育还不是很多，许多职业学校还是以培养工商业人才为主，甚至没有农业专业。这不是说农业职业教育脱离了实际，而是说明农业生产力提高，为乡村人从事其他行业职业提供了可能；说明农村生活全面发展对除农业职业教育之外的其他职业教育的广泛需要。据统计，教育部认定的国家级重点中等职业学校，2004 年 1 070 所，2008 年 110 所，2009 年 101 所，2010 年 176 所，目前全国约 1 500 所中等职业学校中有农业职业学校 48 所，水利职业学校 7 所，林业职业学校 12 所，三种涉农学校共 67 所，约占全国中等职业学校总数的 4.5%。中部产粮大省某县的职业

① 郝文武:《农村教育和乡村教育的界定及其数据意义》,《教育研究与实验》2019 年第 3 期。

学校开设计算机应用、电子技术应用、音乐、机电、会计电算化、幼儿教育、汽车驾驶与维修、电子商务、市场营销、旅游服务与酒店管理、服装工艺与制作、艺术教育、政法、美术装潢与设计、影视拍摄与制作、养殖等16个专业，与农业相关的基本没有。作为西部稻米之乡的某县职业学校以光伏技术运用“生产型”专业为主和以社区服务“服务型”专业为主，开设数控技术、电子电工、汽车维修、学前教育等专业，涉农专业也几乎没有。2019年教育部公布的《中等职业学校专业目录》增补的46个专业类的百余个专业中，农林牧渔类增加了粮食作物生产经营、园艺作物生产经营、畜禽养殖经营、水产养殖经营等家庭农场生产经营专业以及农产品质量检测与管理专业，还新增了森林火灾预测预报、森林火灾扑救、旅游景区林火管理、林区城镇消防、林区应急救援等森林消防专业，说明了农村职业教育的广泛性。乡村振兴战略的目标是建设“产业兴旺、生态宜居、乡风文明、治理有效、生活富裕”的社会主义新农村，这就要求农村职业教育要为促进农村经济、文化和文明全面振兴和现代化发挥重要作用。

第四，科学认识和处理好农村职业教育在城镇化和乡村振兴的现实与理想中的矛盾及其统一、融合的关系。多年来，关于农村教育发展一直存在理想型与悲观型两种明显观点。理想者认为，到2030年，我国主要教育发展指标达到或接近美国水平，平均受教育年限接近甚至超过美国。[①] 依据国际经验，城镇化率达到70%后会出现逆城镇化现象，农村地区也将出现人口回流和人群多样化现象。随着新农村和美丽乡村建设的推进，越来越多受过高等教育、创业成功或持有创业项目和资本的“新农人”“新乡贤”“乡村精英”回归农村，他们选择在农村工作、生活，进入和参与村落管理与农村教育治理，形成村落自治共同体。他们认为，未来的农村是融农业、工业和服务业于一体而比重各异的经济结构。[②] 悲观者从现实角度认为，随着

① 胡鞍钢、王洪川、鄢一龙：《中国现代化：人力资源与教育（1949—2030）》，《教育发展研究》2015年第1期。

② 杨海燕、高书国：《农村教育的价值、特征与发展模式》，《教育研究》2017年第6期。陈国华、张旭：《农村教育现代化的误区、现实问题与发展策略》，《现代教育论丛》2015年第6期。

我国城乡发展一体化步伐的加快，5 年间有 8 000 多万农业人口转移成为城镇居民，这使得农村人口、地理和经济等“空心化”，使得乡村教育“无人、无根、无为”，农村职业教育招生困难，助推乡村振兴的力量薄弱。[①]

这两种认识其实就是现代化过程中城镇化和乡村振兴的现实与理想的矛盾和需要解决的问题。城镇化和乡村振兴都是现代化的必然和目标，通过努力使两个过程和目标实现统一、融合是农村及其教育现代化的目标，甚至是整个国家现代化的重要目标。城镇化形成的新农村必然是包括县城和乡镇在内的中小型化的城镇和小型化的乡村结合的农村，而非单纯的乡村。城镇化的初期阶段，农村人口大量减少、大量转向城镇；中期阶段，城乡“两栖人”大量存在；中后期阶段，乡村中老年人增多，但还有从事特色农业的少量年轻人。国家现代化不可能既发展大城市，又发展大乡村；不能以农业社会的乡村发展标准评价工业社会的乡村发展。为了适应乡村的这种发展趋势，农村职业教育应该设置乡村养老护理专业和乡村利用特色专业。农耕文明和乡村文化更多的是传承精神，像超大型城市出现之前的城市文化、文明精神也没有消失，并继续影响着人们一样，随着城镇化形成的小型化乡村及其文化、文明和“乡愁”也不会消失、消亡，永远是乡村人的根和魂，将继续有广泛深刻影响。农村职业教育对传承乡村文化也将发挥积极作用。

第五，为高等职业教育奠定基础，培养和输送优质生源是农村职业教育发展的重要目标。我国农业机械化快速推进和农业生产力持续提高，仅从 2012 年到 2016 年就由 57.17% 上升到 65.19%。[②] 农业生产力的提高必然带来农村劳动力的剩余和转移，也使得中等职业学校的农林牧渔类专业招生人数总体呈递减趋势，而且随着高等教育大众化和 12 年教育普及继续发展，农村职业教育为高等职业教育奠定基础、培养和输送优质生源将成为重要目标，为地方培养人才和作为就业、“务农”教育则将成为高等职业教育的

① 陈时见、胡娜：《新时代乡村教育振兴的现实困境与路径选择》，《西南大学学报（社会科学版）》2019 年第 3 期。

② 祁占勇、王志远：《乡村振兴战略背景下农村职业教育的现实困顿与实践指向》，《华东师范大学学报（教育科学版）》2020 年第 4 期。

主要目标。

四、新时代农村职业教育发展需要继续解决的几个实践问题

21 世纪初以来，农村职业教育发展出现新拐点，给人新感受、新希望。但不同地区的农村职业教育发展既存在不同问题，也存在共同问题，为了乡村振兴的共同目标必须分别解决这些问题。

第一，农村职业教育应以促进农民增收致富为基础和目的，推进乡村振兴。农村职业教育既要为规模性涉农企业培养技术型人才，为小规模特色农业和涉农企业培养创业型人才，更要根据市场需要，以促进农民增收致富为基础和目标优化专业设置。振兴经济、增加收入是吸引乡民安心乡村、建设乡村的基础，经济发达地区的农村职业教育主要是通过为当地企业服务来提高农民收入，促进乡村振兴；经济欠发达地区的农村职业教育则主要是通过劳动力转移来提高农民收入,促进乡村振兴。近年出现的“淘宝村”“快递村”虽然可能与职业教育没有直接关系，但都说明振兴乡村应多措并举，宜农则农、宜牧则牧、宜工则工，也为农村职业教育发展开阔了思路。

第二，加强校企合作是农村职业教育的本质和提速升级的根本。为就业服务，为特定行业、职业和企业培养人才是职业教育与普通教育目标、任务的根本区别。校企联合既是现代职业教育的本质规定、生命所在，也是现代职业教育发展升级提速的关键。我国以前企业办职业教育的优势是校企紧密结合，现在国家和社会办职业教育则存在师资力量不足问题。近年来不少农村职业教育与企业形成紧密联系，但也有不少农村职业学校的校企合作还需做很大努力。

第三，精准扶贫、反贫致富应以普通教育为基础，加强职业教育。反贫致富既要掌握科学技术，有一技之长，更要有进取心态、优先观念，知晓市场需要、懂经营会管理。爱技术、懂技术是包括科学家、高级技术专家和中初级技术人才等具有的工匠精神的共同特点，但积极进取、精益求精等非技术素质更是每个人的根本，是从小就在家庭、学校和社会教育中形成的。农村职业教育既要摈弃轻视工匠的观念，要培养工匠精神和加强工匠技术、

技能的训练，又不能使工匠精神和技术只局限于初级职业技术和“小炉匠”技术，而要进行大国工匠精神和技术、技能教育。农村职业教育要特别重视反贫教育[①]，因为只有扶贫先扶志、把扶智与扶志相结合才能取得可持续发展的良好效果，有一些贫困是由于缺乏知识、技能造成的，有一些贫困则是由于观念落后和不够努力造成的。普通教育和职业教育都要加强积极进取精神的教育，并以普通教育为基础加强职业教育。

第四，农村职业教育现代化不仅要进一步加强“双师型”教师队伍建设，而且要以更大力度加强专业教师队伍建设。经过多年努力，农村职业教育的“双师型”教师队伍建设取得明显成效，但这些教师基本是基础课教师，而且基本都是通过继续教育学习的技术，真正从高等职业院校，特别是高等职业技术院校毕业的很少。十几年前国家就提出高等院校要为职业学校培养教师问题，有学者也有这方面的研究，但目前职业技术师范院校也还很少。[②]农村职业学校的收入待遇很难吸引掌握高新技术的“双师型”专业教师，具有高新技术的企业高技术人才或“双师型”专业教师一般不会离开企业到学校任教，只有在校企联合中或通过校企合作才能成为职业学校的教师。

第五，农村职业教育发展要进一步提高教学设施建设水平。经过多年努力，多数农村职业教育的实验设备、实训基地等建设效果显著，3D 打印技术已经进入不少学校。但也有一些学校由于更多注重为高等职业教育输送生源和资金问题，教学设施建设还比较滞后，还需加强教学设施建设。

---

① 陆小华:《作为反贫困对策的职业教育与农村职教改革》,《教育研究》1998 年第 5 期。

② 郝文武、周海涛:《经济欠发达地区中等职业教育的发展与高等师范教育的改革——对四省区职业中学的调查分析》,《教育研究》2000 年第 4 期。

第五节

加强农村特殊教育研究

改革开放以来，我国特殊教育发展取得显著成绩。为了特殊儿童的健康成长，广大特殊教育工作者大爱无言、无私奉献，使众多城乡特殊儿童受到特殊教育的关爱，但还有许多乡村特殊儿童未能得到特殊教育的关爱。特殊教育是党和政府、社会各界、特殊教育工作者的共同事业和大爱。为使人间大爱更多更快地温暖乡村特殊孩子，特殊教育研究既要研究特殊儿童身心发展规律，也要研究特殊教育学校建设及其教师队伍、教育教学设施建设等，做好政策咨询、舆情调研、舆论引导；既要研究先进经验，也要研究扶贫帮困,关爱更多的乡村特殊儿童;不仅应大爱有言,而且要大声疾呼。

一、国家政策对发展农村特殊教育的重视和规定

新中国特别重视特殊教育发展，根据宪法和1951年颁布的《关于改革学制的决定》，中华人民共和国成立之初就创办了聋哑学校。改革开放以来颁布的《残疾人保障法》《教育法》都对国家保障残疾人享有平等接受教育的权利有明确的原则性规定,《残疾人教育条例》《义务教育法》《高等教育法》《职业教育法》等都对发展特殊教育有明确具体规定。1993年中共中央、国务院印发的《中国教育改革和发展纲要》把特殊教育作为教育现代化的重要目标，对发展农村特殊教育提出具体要求，指出要积极创造条件，使残疾儿童与其他儿童同步进行义务教育。2001年到2009年颁布的《关于“十五”

期间进一步推进特殊教育改革和发展意见》《中国残疾人事业“十一五”发展纲要（2006—2010年）》《“十一五”期间中西部地区特殊教育学校建设规划（2008—2010年）》《关于进一步加快特殊教育事业发展的意见》等，都提出加强中西部地区特殊教育学校建设，在中西部地区地市级和30万人口以上或残疾儿童少年较多的县有1所特殊教育学校的目标要求。

2010年颁布的《国家中长期教育改革和发展规划纲要（2010—2020年）》（以下简称《纲要》）提出，把发展农村特殊教育作为推进教育公平和公益普惠性教育，建成覆盖城乡基本公共教育服务均等化体系，缩小区域差距的重要措施；提出发展农村特殊教育和推进义务教育学校标准化建设、加快农村学前教育发展、提升高等教育质量、资助家庭经济困难学生、教育信息化建设、教育国际交流合作等7项重大项目。《纲要》提出，到2020年，基本实现市（地）和30万人口以上、残疾儿童少年较多的县（市）都有1所特殊教育学校。“各级各类学校要积极创造条件接收残疾人入学，不断扩大随班就读和普通学校特教班规模。全面提高残疾儿童少年义务教育普及水平，加快发展残疾人高中阶段教育，大力推进残疾人职业教育，重视发展残疾人高等教育。因地制宜发展残疾儿童学前教育。”

2014年、2017年国务院转发教育部等7部委《特殊教育提升计划（2014—2016年）》和《第二期特殊教育提升计划（2017—2020年）》，把推进农村特殊教育事业作为重点，提出农村特殊教育事业的具体目标和要求。《第二期特殊教育提升计划（2017—2020年）》指出，农村，特别是中西部农村，尤其是边远贫困地区残疾儿童少年义务教育普及率不高，非义务教育阶段特殊教育发展水平偏低，学前、高中和高等特殊教育发展整体相对滞后，特殊教育条件保障机制和学校办学条件有待改善，特殊教育教师和康复专业人员数量不足、待遇偏低、专业水平有待提高等问题还没有得到根本解决。为了强力推进农村特殊教育发展，特别强调“残疾儿童少年义务教育入学率不达标的县（市、区），不得申报全国义务教育基本均衡县”。

残疾人事业涉及多个方面，特殊教育是其中的重要组成部分。2008年《中共中央、国务院关于促进残疾人事业发展的意见》指出，关心残疾人是社会文明进步的重要标志。2015年、2016年国务院先后颁发《国务院关于加快推进残疾人小康进程的意见》《“十三五”加快残疾人小康进程规划纲要》，指出我国城乡残疾人的生活、就业、收入和教育事业取得显著成绩，但仍有相当数量的农村贫困残疾人和城镇残疾人生活还十分困难，就业还不够充分，家庭人均收入与社会平均水平差距仍然较大。城乡残疾人的康复、教育、托养等基本公共服务还不能满足需求，专业服务人才相当匮乏。“残疾人群体仍然是全面建成小康社会的难中之难、困中之困。”“残疾人既是全面小康社会的受益者，也是重要的参与者和建设者。没有残疾人的小康，就不是真正意义上的全面小康。”“十三五”时期，必须坚决贯彻落实习近平“全面建成小康社会，残疾人一个都不能少”的要求，补上残疾人事业的短板，加快推进残疾人小康进程，让残疾人和全国人民共同迈入全面小康社会。

2017年国务院颁发修订的《残疾人教育条例》（以下简称《条例》）进一步强调特殊教育的普及与提高相结合、以普及为重点的方针，提出保障义务教育，着重发展职业教育，积极开展学前教育，逐步发展高级中等以上教育的原则。其中特别强调特殊教育资源中心的作用、职能，提出举办特殊教育师范院校的设想。该《条例》指出特殊教育资源中心受教育行政部门的委托应承担、指导、评价区域内随班就读工作，为承担随班就读的教师提供培训；派出教师和相关专业服务人员支持随班就读；为接受送教上门和远程教育的残疾儿童、少年提供辅导和支持；为残疾学生父母或其他监护人提供咨询等工作。该《条例》特别指出，国务院教育行政部门和省区市政府应根据残疾人教育发展的需要有计划地举办特殊教育师范院校，支持普通师范院校和综合性院校设置相关院系或专业，培养特殊教育教师。

2019年中共中央、国务院印发的《中国教育现代化2035》指出，“办好特殊教育，推进适龄残疾儿童少年教育全覆盖，全面推进融合教育，促进医教结合”。

二、推进和研究农村特殊教育发展的重要意义

教育是立国之本、强国之基；是国之大计、党之大计；既是国计，也是

民生。教育塑造民族精神、培养大批高精尖人才和劳动者，是国家强盛的根本；教育关注特殊人群，通过扶贫帮困、扶志扶智、助残育人，使特殊人群与所有公民一样平等地生活，使残有所助、残有所教、残能自理、残有职业，是国家富强、社会文明的重要标志。特殊教育既是专业，需要专业人才的科学谋划、全面深入研究和不懈精心实践，更是事业，是特殊教育工作者的事业和大爱，是党和政府、社会各界的事业和大爱。国家的强盛、党和国家的重视和科学谋划是特殊教育发展的根本。特殊教育工作者既要大爱无言，为特殊儿童的学习、矫正、医治、康复做好服务，也要研究特殊儿童身心特点，研究特殊教育学校建设及其教师队伍、教育教学设施建设等宏观政策，更要为贯彻落实党和国家的重大战略决策做好咨询研究、舆情调研、宣介和舆论引导。

受教育权首先是一种政治权利，社会主义中国的政治权利和城乡公民受教育权是人人平等的。但由于城乡经济发展和教育条件的差距，城乡儿童实际上很难平等地享受优质教育。20 世纪 80 年代中期，城乡普及义务教育水平大约相差 15 年。20 世纪 90 年代开始的城镇化是现代化的必然，但城镇化使得乡村人口、学生和学校减少，使得乡村学校不仅存在教学水平上的差距，也存在数量上的差别。为了使城乡孩子能平等地享受到良好教育，国家大力推进城乡教育一体化均衡发展和实施乡村振兴战略，把合理农村学校布局、加强小规模学校建设、解决留守儿童和随迁子女上学问题等作为推进乡村教育振兴和现代化的重要问题。通过多年努力，目前绝大多数地区的绝大多数城乡学校基本实现均衡发展，农村学校教育条件明显改善，正在推进优质均衡发展；少数地区正在积极推进以乡村小规模学校为主的少数城乡学校的基本均衡发展。九年义务教育、推进城乡教育一体化均衡发展和乡村教育振兴的目标、任务、取得的成绩和存在的问题，当然也是特殊教育的目标、任务、取得的成绩和存在的问题。不仅农村特殊教育不同于城市特殊教育，也不同于普通基础教育，而且经济欠发达地区，特别是贫困山区乡村的特殊教育发展更不同于城市、经济发达地区农村的特殊教育。农村和贫困地区如何推进特殊教育发展都需要深入研究。

第一，农村特殊教育及其学校发展滞后，随班就读、普特融合和小规模学校特殊教育等许多基本和现实问题急需解决。中小学教育很早就是教育体系的重要组成部分，但特殊教育发展起步较晚，农村特殊教育起步更晚，一些人口未达到30万的山区县市至今还没有专门的特殊教育学校。特殊儿童如果上学就只能随班就读，或者在普通学校的特设班就读。对特殊儿童来说，随班就读、普特融合究竟是不得已，还是一种好办法，不同的人有不同的看法，但它与完全普通班和完全特教班在教育教学方式、教师素质、师生比、教育教学设施方面肯定不同。对生活可以自理的特殊儿童来说，他们的问题主要是教育问题，但对重度残疾的特殊儿童来说，他们的问题就不仅是教育问题，还有保育、保养和康复等问题。许多乡村小规模学校既没有特殊教育专业教师，也没有特殊教育专业设施。对于学校及其教师队伍建设等问题，特殊教育学校与普通教育学校都存在，然而特殊教育学校更加突出和急需解决。但普通教育对乡村小规模学校布局和建设及其教师编制和师生比、全科教师培养都有许多研究，学前教育对普惠性幼儿园建设及其教师素质、需求和培养供给也有许多研究，职业教育对职业学校"双师型"教师培养也有许多研究，而特殊教育对这些问题的研究很少，或者基本没有。

第二，农村特殊教育专业教师短缺既有工资待遇等吸引力的原因，也有学校培养数量不足的原因。经过多年发展，城市和经济发达地区的特殊学校建设及其教师队伍、设备设施建设与普通中小学教育一样都已达到或基本达到现代化水平，但经济欠发达的农村无论是特殊学校还是随班就读、普特融合的专设班，专业教师都还严重不足。不仅盲聋哑专业教师短缺，康复医治教师更加短缺。教育大计，教师为本。现代化的根本是人的现代化。教育现代化的根本目标是学生的现代化，根本条件是教师队伍的现代化。发展世界先进水平的优质教育、乡村教育振兴和现代化的关键是教师队伍建设。多年来，国家通过提高农村和乡村学校教师的工资待遇水平和改善他们的生活、工作条件，通过公费师范生教育、特岗教师、对口支援、城乡教师交流等措施，乡村学校教师队伍建设取得显著成效。为了落实国家的这些重大措施，普通教育、学前教育、职业教育对为何、如何推进这些重大措施的落实及其存在的问题、取得的成效都有许多研究。但特殊教育对这些问题的研究很少，对农村特殊教育发展究竟需要多少专业教师、总量和专业结构、短缺现状的研究不多，甚至没有。《残疾人教育条例》提出的创办特殊教育师范院校也缺乏相关研究。

第三，做好国家规定的对特殊儿童送教上门的工作有更多需要解决和研究的复杂问题。特殊教育送教上门的原因可能有：儿童或成人重度残疾无法到学校上学；家长不愿意让别人或社会知道孩子有残疾，不愿意送孩子上学；就近入学没有学校，山区交通不便，小规模学校随班就读没法照顾住宿；家庭担心学校不能很好地照顾孩子；等等。不仅送教上门对学校工作和教师的爱心、专业、编制等提出了不同要求，而且规模性学校和小规模学校做好这项工作的办法和困难又很不相同，只有一两个教师的乡村小规模学校做好这项工作有很大困难。特殊教育对这些问题的研究也很少。

第四，公办、民办相结合推进普惠性特殊教育发展是国家的基本政策，但它在不同地区、学校的落实又有不同特点。在规模性专门特殊学校，国家每年为入学特殊儿童投入大量经费，这部分经费能解决学校建设的许多问题，但在小规模专门特殊学校，在随班就读和专设特殊教育班、上学人数很少的规模性普通学校，特别是在小规模普通学校这些问题很难完全甚至基本不能解决。研究特殊教育与学前教育的普惠性、特殊教育与九年义务教育的区别，不仅对为国家提供咨询服务有重要意义，而且对为广大民众了解和支持特殊教育，解决一些民众由于不了解特殊教育的特殊性而上学无门的问题也有重要意义。但特殊教育对这些问题的研究也不多。

第五，农村特殊教育发展是我国特殊教育发展的短板和重点。特殊教育是现代社会和教育发展的产物，社会的物质文明和精神文明发展水平越高，特殊教育就越来越受到重视，发展也越来越好。振兴乡村、推进乡村和农村及其教育现代化必须大力发展特殊教育，大力发展农村特殊教育是乡村振兴、推进乡村和农村及其教育现代化的要求，对建设“产业兴旺、生态宜居、乡风文明、治理有效、生活富裕”的社会主义新农村，以及农民安居乐业和农村特殊儿童幸福生活有重要意义。

三、特殊教育研究对农村特殊教育政策研究的缺失

关于教育研究的学术性刊物有许多，《教育研究》是教育研究领域的全国性、综合性、权威性学术刊物，它发表的成果不仅表明教育研究的水平，也表明教育研究的倾向性和社会影响广泛度。教育有各个层面，学前教育与特殊教育都是党和国家特别重视的同一层面的重要问题，与学前教育研究相比，特殊教育研究近5年在《教育研究》发表论文总量和政策研究数量明显较少。学前教育和特殊教育都重视普惠性和农村教育，但特殊教育研究对普惠性和农村特殊教育的研究与学前教育研究对普惠性和农村学前教育的研究相比明显较少。2015—2019年，在《教育研究》发表的论文中，学前教育研究论文共23篇，其中政策研究论文19篇，明确为农村和乡镇、西部贫困地区学前教育的论文5篇；特殊教育研究论文共5篇，其中政策研究论文2篇，没有1篇有关普惠、农村、随班就读、普特结合的政策研究论文。2019年学前教育研究论文共8篇，其中政策研究论文6篇；特殊教育研究论文共1篇，为学术研究。2018年学前教育研究论文共3篇，其中政策研究论文2篇；特殊教育研究论文共1篇，为政策研究。2017年学前教育研究论文共7篇，其中政策研究论文4篇；没有特殊教育研究论文。2016年学前教育研究论文共4篇，其中政策研究论文4篇；特殊教育研究论文共2篇，都为学术研究。2015年学前教育研究论文共3篇，其中政策研究论文3篇；特殊教育研究论文共1篇，为不完全是政策研究的教师胜任力研究。

近5年《教育研究》发表学前教育政策研究的论文17篇，其中普惠性和农村学前教育研究论文7篇：《普惠性幼儿园发展的路径与方向》（2019年），《普惠性幼儿园弹性定价机制构建》（2019年），《我国学前教育公益普惠指数建构与测评》（2017年）等；幼儿园或学前教育质量评估研究论文11篇：《国际托幼机构质量评估的价值取向与启示——基于六国评估指标体系的可视化图谱分析》（2019年），《中国学前教育指标体系的理论构想与适用性考察》（2019年），《幼儿园教育质量评价基本问题探讨——基于新制度主义理论视域》（2018年），《探寻文化回应性的学前教育质量评价》（2017年），《农

村幼儿园布局调整的原则及路径》（2017 年），《城镇化与我国学前教育资源宏观配置效率研究》（2016 年），《焦点与转向：我国学前教育质量研究述评》（2016 年），《农村地区构建学前教育公共服务体系的成效、问题与对策——基于中部地区 N 市的调研》（2016 年），《建立我国面向贫困地区和弱势儿童的学前教育基本免费制度的思考与建议》（2016 年），《"全面二孩"政策下城乡学前教育资源需求分析》（2018 年），《学前一年教育纳入义务教育的条件保障研究》（2015 年）；学前教育教师队伍建设研究论文 3 篇：《多元快速有效扩充我国学前教师队伍》（2019 年），《"保教一体化"国际趋势与我国学前师资培育改革》（2017 年），《农村地区学前教育教师资源配置问题与优化路径》（2015 年）；教学和学术研究论文 6 篇：《幼儿健全人格何以养成——基于全国教育现场实验的实证研究》（2019 年），《游戏到审美：教育引领与儿童美好生活建构》（2018 年），《电视对学前儿童执行功能发展的长时效应：一项实证研究》（2017 年），《学前儿童情绪表达自发性控制的发展及心理理论的作用》（2017 年），《游戏的"三位一体"影响与儿童成长》（2017 年），《发达地区学前教育发展影响因素研究》（2015 年）。近 5 年《教育研究》发表特殊教育研究论文 5 篇：《70 年的跨越：特殊教育学学科发展》（2019 年），《智力残疾学生职业高中教育支持体系研究》（2018 年），《西方特殊教育研究进展述评》（2016 年），《残疾儿童网络信息基础能力的现状与影响因素研究》（2016 年），《我国特殊教育教师胜任特征模型研究》（2015 年）。

关于学前教育研究的专业学术刊物有《学前教育研究》《幼儿园研究》和《学前教育》等。《学前教育研究》是学前教育研究领域的综合性、权威性刊物，它发表的成果不仅表明学前教育研究的水平，也表明学前教育研究的倾向性和社会影响广泛度。《学前教育研究》设置学前教育管理和政策栏目，该栏目 2017—2019 年发表政策性论文共 45 篇，约占期刊 3 年发文总数的 13%。其中 2019 年包括纪念改革开放 40 周年论文，共计 19 篇，约占发文总数的 16%；其中普惠性和明确为农村学前教育的论文 7 篇，学前教育管理的论文 7 篇：《普惠性民办幼儿园教育质量评估与提升策略——基于对 C 市 15 所幼儿园的调查数据分析》（第 12 期），《儿童照顾时间成本分担模式的国际比较与中国关照》(第11期),《普惠性学前教育的内涵辨析与发展路径创新》(第11期),《儿童期教育干预与贫困人群的社会流动性提升——来自英国的经验与启示》(第10期),《学前教育普及化过程中供给方式的选择及影响——基于美国两州学前教育的比较研究》(第6期),《"幼有所育"中政府普惠性投入的必然性——来自六省县级面板数据的历史证据》(第6期),《改革开放40年学前儿童发展研究进展》(第3期),《改革开放40年学前教育政策中的儿童观变迁》(第3期),《从编制到理解:我国幼儿园课程改革40年回顾与展望》(第3期),《汇聚与变革:改革开放40年幼儿园教师专业发展历程解析》(第3期),《英格兰高质量普惠性早期保育教育的发展及其对我国的启示》(第3期),《普惠性民办幼儿园与非营利性民办幼儿园的关系辨析及路径选择》(第3期),《改革开放40年我国0—3岁早期教育服务的政策与实践》(第2期),《改革开放40年我国幼儿园、家庭、社区协同共育的发展与展望》(第2期),《改革开放40年我国民办学前教育的发展历程与展望——基于政府与市场的关系视角》(第2期),《基本立场的回归与内在本质的高扬——改革开放40年我国学前教育观念的流变》(第1期),《改革开放40年我国学前教育事业发展的回望与前瞻》(第1期),《我国学前教育管理体制改革的历程与方向——改革开放40周年回眸与展望》(第1期),《改革开放40年我国农村学前教育的变迁与政府责任》(第1期)。2018年12篇,2017年14篇。

关于特殊教育研究的专业学术刊物有《中国特殊教育》和《现代特殊教育》。《中国特殊教育》是特殊教育研究领域的综合性、权威性刊物,它发表的成果不仅表明特殊教育研究的水平,也表明特殊教育研究的倾向性和社会影响广泛度。《中国特殊教育》没有设置特殊教育政策栏目,2017—2019年发表政策性论文20篇,仅占3年发文总数的4.3%;其中研究教师队伍建设的论文有5篇,研究涉及农村随班就读的论文有3篇,没有1篇明确研究农村特殊教育的论文。2019年发表的论文有:《中美英澳四国幼儿教师专业标准中融合教育素养的研究》(第11期),《新中国七十年特殊教育师资培养:成就、问题与走向》(第11期),《当前特殊教育发展若干特点及问题的思考》(第8期)。2018年发表的论文有:《我国大陆随班就读质量的研究进展》(第9期),《我国超常教育发展40年:基于政策及实践的分析与展望》(第8期),《我国残疾人高等教育区域布局协调性的实证研究》(第8期),《地方特殊教育立法的进展、问题与建议》(第7期),《我国特殊教育政策工具选择特点及改进研究——基于麦斯唐纳尔的分析框架》(第7期),《新疆特殊教育免费师范生职业认同的特点及其与学习投入的关系:领悟社会支持的中介作用》(第3期),《随班就读资源教师专业化发展的现状与对策》(第2期)。2017年发表的论文有:《互动公平对特殊教育教师工作满意度的影响:信任领导的中介作用》(第11期),《我国随班就读班级教学模式的演进》(第10期),《社会建构论视阈下残疾污名的形成及消解》(第10期),《关于办好特殊教育、提高教育质量的思考——基于中国学生发展核心素养的视角》(第8期),《陕西省第二期特殊教育提升计划实施思路与办法》(第8期),《开创我国特殊教育发展的新局面》(第8期),《突出重点加强保障依法推动特殊教育事业发展》(第8期),《领会精神积极行动办好高质量的特殊教育学校》(第8期),《"攻坚克难" 提高残疾儿童少年义务教育普及水平》(第8期),《教师职业生活质量研究的回眸与展望》(第6期)。

前几年有人采用标准检索的方法在中国期刊总库查找到与"特殊教育"主题有关的1 033篇相关文献,对其中850篇文章中的3 636个关键词词频统计分析发现,其中49个高频关键词除了特殊教育外,前10位排序是全纳教育、随班就读、残疾儿童、特殊教育学校、特殊儿童、特殊教育教师、美国 、教育公平、对策、残疾人[①],也没有明确关于农村特殊教育的研究。

四、对于特殊教育研究的几点建议

(一)特殊教育研究要处理好学术研究和政策研究,大爱无言与大爱有言的关系。特殊教育工作者既要大爱无言、大爱无疆、精益求精、无私奉献,坚持不懈关爱、教育特殊儿童,为特殊儿童的学习、矫正、医治、康复做

① 郭文斌、陈秋珠:《特殊教育研究热点知识图谱》,《华东师范大学学报(教育科学版)》2012年第3期。

好服务，也要研究特殊儿童的身心特点、成长规律；要充分认识和研究特殊教育学校建设及其教师队伍、教育教学设施建设等宏观政策与贯彻落实党和国家的重大战略、决策，做好咨询服务、舆情调研、宣介和舆论引导；为了扶贫帮困，更加关爱乡村特殊儿童，使人间大爱尽快温暖乡村特殊孩子，不仅要大爱有言，而且要大声疾呼，做好农村特殊教育发展宏观政策研究，使农村特殊教育事业得到更好更快发展。

（二）特殊教育研究要深入农村做好全面系统的调查研究。特殊教育事业是党和政府、广大基层特殊教育工作者和政府管理部门的实践，甚至是特殊孩子家庭的实践。中国地域广大，人口众多，东中西部、城市乡村经济文化和教育发展有不同特点。特殊教育要做好政策咨询服务和社会舆论引导就必须走出书斋、走出城市，深入农村及乡村学校做全面系统的调查研究，使特殊教育政策和理论研究符合特殊教育实践需要，有效指导、引导和推进特殊教育实践发展。

（三）特殊教育研究要加强国内外特殊教育政策比较研究。世界各国由于社会制度、发展道路和阶段不同，特殊教育的制度、道路和阶段可能不同，但也有可以比较的层面和发展水平的共同特征。发展中国特色世界先进水平的优质教育是中国教育现代化的目标，推进中国教育现代化就要发展中国特色世界先进水平的优质特殊教育，既要研究中国国情，从中国实际出发，又要全面深入研究世界发达国家推进特殊教育发展的过程、方式和经验，要开阔视野，了解差距，瞄准世界一流水平目标，充满信心，坚持不懈推进我国特殊教育现代化。

（四）做好特殊教育研究要加强特殊教育研究队伍建设。做全面深入的理论研究、政策研究和调查研究主要是高等学校特殊教育专家学者的任务，但我国高等学校特殊教育专家学者人员较少，并且都承担着繁重的教育教学及其研究任务，长期进行政策研究和调查研究有许多困难。为了加强政策研究和调查研究，必须加强高校特殊教育教师和科研队伍建设，较大幅度扩大特殊教育教学研究队伍，把加强高校特殊教育教师和科研队伍建设作为特殊教育研究的重要内容、任务和目标。

第六章　农村教育现代化的教育教学改革和变革

关于教育的本质有许多研究和观点，笔者曾经提出，教育是一种学习，教育的起源、过程、目的和结果都是因为学习；教是为了不教，为了自主主动地学习，现代教育是主体间指导学习。教育是社会的一部分，既需要社会的支持，受社会的影响，也影响社会和促进社会的发展。社会普遍重视教育和学习是乡村教育振兴和农村教育现代化的基础。乡村教育振兴和农村教育现代化，既需要提高乡村学校师生学习和教育的主动性、自觉性等主体性，也需要普遍提高城乡学校师生学习和教育的主动性、自觉性等主体性。

教育教学的目的、任务及其改革、变革有许多层面，本研究只基于笔者能够关注的问题和自认为与乡村振兴战略中的农村教育现代化密切相关的问题做挂一漏万的思考。现代农村学校传承乡村文化的意义和方式，为教育现代化加快推进城乡学校小班化教学，从源头根治和综合治理幼儿保教“小学化”，是农村推进教育现代化很值得研究的重要问题。

教育信息化和智能化是教育现代化的重要基础，“线”及其“线上”“线下”成为当代社会区分社会活动的重要甚至关键标准。虽不能像有些说法和研究一样，每当谈论教育现代化首先谈的就是教育信息化，但研究教育现代化不能不研究教育信息化和智能化。教育信息化的好处人所共知，而大部分人却对其危害认识不够甚至视而不见，所以应予以更多的研究和警惕。趋利避害、得失应对是包括乡村教育振兴和农村教育现代化在内等应采取的态度，但真正要达到理想状态也要做很大的努力。

第一节

乡村教育振兴和现代化的教育为本与以学为本

百年大计，教育为本是现当代社会的基本信念和价值取向，是各级政府和全社会的职责。热爱教育，热爱学生，教会学生学习，以学生成人、成才为根本是教师的天职。教师不以教育、育人和学生为本就是失职。为国家强盛、民族复兴而学会学习，好好学习、天天向上是学生的本分。学生不以学习为本，不以自己的主观努力和健康成长为本，以教育、教师和接受为本就毫无意义。以学为本是学习化社会的必然要求、追求和现代化教育的基本特征。教育为本、教育强国最终要落实到学习为本、学习强国和学生为本。活到老学到老，每个人都是终身学习者和受教育者，既需要接受教育、指导学习，更需要自主学习。在学习化社会，学校教育、社会教育、家庭教育甚至全社会每个人都应以学习为本，主动、自主和创造性地把以学习为本作为基本存在、生存和发展方式，通过主动、自主和创造性地学习，提高主体性。

一、以学为本是中国古人对教育价值的基本认识

学习与教育的关系问题是教育理论的基本问题，自古以来有许多不同认识，但既重视教育，更重视学习，把学习放在教育的根源性、内在性和目的性这一重要位置是中国古人的共识。古代中国有许多以教育为主题的名著，少见以教育为题目的论著，以学习为题目、主题的名篇大作则有许

多，甚至在以教育为主题的名著中论述更多的也是学习。虽然这些论著没有明确提出“以学为本”命题，但以词语出现频次统计，首先是学，然后是教，再后是育。在古代浩瀚的名著中“教育”一词只有在《孟子·尽心上》“得天下英才而教育之”中出现过一次。许慎的《说文解字》也是分别解释“教”“育”，而不是把“教育”作为一个词。

《论语》开篇《学而》中的第一句话就是“学而时习之，不亦说乎？”其后的“日知其所亡，月无忘其所能，可谓好学也已矣”“博学而笃志”“仕而优则学，学而优则仕”等都是强调学习。

《学记》不仅以“学”命名题目，而且第一段结语就是“君子如欲化民成俗，其必由学乎！”然后有“玉不琢，不成器；人不学，不知道”“古之王者建国君民，教学为先”“念终始典于学”“学然后知不足，教然后知困，此谓教学相长，学学半”“凡学之道，严师为难”“记问之学，不足为人师”等。《大学》既有“教”，也有“学”，但还是以“大学”而不是以“大教”命名。

《荀子》中《劝学》的第一句是“学不可以已”，然后有“吾尝终日而思矣，不如须臾而学也”，君子、小人之学等。唐代颜真卿的《劝学》诗——“三更灯火五更鸡，正是男儿读书时。黑发不知勤学早，白首方悔读书迟”，宋代陈普的《劝学歌》，近代张之洞的《劝学篇》等强调的也都是学习。

近代的康有为也十分重视教育，但他的思想同古人一样，还是以“教”而非“教育”论教育，而且更加重视“学”，认为学习是人与动物、人与人区别的根本，还特别强调“勉强”。他在《长兴学记序》中有精辟论述：“鄙人憨愚，文质无底，虽尝钻励，粗知记诵，非能知学也。”他认为知学的妙方就是“勉强”。“学也者，由人为之，勉强至逆者也。”“若已知已能，共知共能则不必学；不知不能，而欲知欲能，故当勉强也。”“勉强学问，则闻见博而知益明。”他对“性相近，习相远”的解释是：相近则平等，有性无学，不只人人相等，且人与禽兽无别。习即学，学习使人与禽兽相远，人与人相远，学人与学人相远。同是物，人能学则贵，异于万物；同是人，能学则异于常人；同是学人，博学则胜于陋学。同是博学，通于宙合，则胜于一方。“故人之所以异于人者，在勉强学问而已。”

"教育"成为固定词汇普遍运用，始于近代梁启超的《教育政策私议》（1902 年）和《教育当定宗旨》（1902 年），张謇的《论严格教育旨趣书》（1912 年），蔡元培的《对于教育方针之意见》（1912 年）和《新教育与旧教育之分歧》（1918 年），黄炎培的《学校教育采用实用主义之商榷》（1913 年）和《中华职业教育社宣言书》（1917 年），陈独秀的《今日之教育方针》（1916 年）等著作。现当代同时重视教育和学习，毛主席的《改造我们的学习》是影响深远的经典（名著），心理学有许多专门研究学习的著作，但在教育论著中，"教育"出现的频次似乎远超"学习"出现的频次。

二、以学为本是现代国际社会和西方学界的重要共识和教育价值追求

由于文化和语言等原因，我们很难知道古代西方关于学习与教育关系的真实认识，现代中国把古代中国的"教"都直接理解为"教育"，把现代西方的"学习"都翻译成"教育"，何况对古代西方著作的翻译。亚里士多德《形而上学》的第一句话"求知是人的本性"已经表明他对学习与教育关系的认识。近现代赫尔巴特教育学的"心理学基础"和杜威教育观的"儿童为中心"实质是以学生心理、学习为基础和以学生为中心。同等重视教育和学习的价值，更加强调学习的根源性、内在性、目的性意义是现当代国际社会和西方学界共识。联合国教科文组织自 1945 年成立以来，70 多年间发表了许多报告，其中《学会生存——教育世界的今天和明天》《教育——财富蕴藏其中》和《反思教育：向"全球共同利益"的理念转变？》是标志着三个时代特征的具有里程碑意义的报告。

1972 年发表的《学会生存——教育世界的今天和明天》首次凸现"学习化社会"概念，深化发展朗格朗 1965 年提出的终身教育思想，阐明终身学习与终身教育的本源性、内在性、目的性与基础性之间的紧密关系，使活到老学到老的终身学习不仅具有经验性和生活性的传统意义，而且成为具有科学知识性、教育普及性等现代人的义务和责任。该报告指出，"每一

个人必须终身继续不断地学习。终身教育是学习化社会的基石”[①]。学习化社会应该把重点放在教育与学习过程的“自学”原则上，而不是放在传统教育学的教学原则上。“新的教育精神使个人成为他自己文化进步的主人和创造者。自学，尤其是在帮助下的自学，在任何教育体系中，都具有无可取代的价值。”[②]

1996年形成的德洛尔报告的英文题目为 *Learning The Treasure Within*，在中国的翻译虽有两个版本——《教育——财富蕴藏其中》和《学习：内在的财富》，但内容一致，主题和核心就是学习，把改变学习观、增强学习的全面性看作是改变教育观、克服教育片面性的基础。该报告指出，教育是必要的乌托邦，“是使人类朝着和平、自由和社会正义迈进的一张不可缺少的王牌”。教育的价值不应再像过去那样，只是从经济角度评估，[③]“一种单纯追求提高生产力的模式必然走向死胡同”。“教育的首要作用之一是使人类有能力掌握自身的发展。”[④]为此不是把教会，而是把学会求知、学会做事、学会共处、学会生存作为教育的“四大支柱”。[⑤]

如果说《教育——财富蕴藏其中》充满了理想主义、乐观主义，那么新近发表的《反思教育：向“全球共同利益”的理念转变？》则是对恐怖主义、环境污染的严重关切，充满了人文主义精神和可持续发展理念。题目中虽然没有“学习”二字，但同样是从人类命运、知识价值和教育变革高度看待学习问题。报告认为，教育是人类共同利益，知识是全人类共享财富。“知识在有关学习的任何讨论中都是核心议题”，是个人和社会解读经验的方法，是通过学习获得的信息、认识、技能、价值观和态度。[⑥]教育也是一种学习，

---

① 联合国教科文组织：《学会生存——教育世界的今天和明天》，上海译文出版社，1979，第240—241页。

② 同上书，第274页。

③ 联合国教科文组织：《教育——财富蕴藏其中》，教育科学出版社，1996，第55页。

④ 同上书，第66—68页。

⑤ 同上书，第75页。

⑥ 联合国教科文组织：《反思教育：向“全球共同利益”的理念转变？》，教育科学出版社，2017，第8页。

是有意识、有目的、有计划和有组织的学习。学习是获得知识的过程；既是过程，也是结果；既是手段，也是目的；既是个人行为，也是集体努力。学习和知识本身与创造及复制知识的文化、社会、环境和体制背景密不可分。“获取何种知识以及为什么、在何时、在何地、如何使用这些知识，是个人成长和社会发展的基本问题。”[①]“由于当前的社会挑战，四大学习支柱正面临严重的威胁，特别是‘学会生存’和‘学会共存’这两大支柱。”因此，“学会如何学习从来没有像今天这么重要”[②]。社会和教育发展不仅需要重新考虑教育的目的，而且还需要重新考虑如何组织学习，变革学习甚至实现学习的革命。[③]“维护和增强个人在其他人和自然面前的尊严、能力和福祉应是21世纪教育的宗旨。”[④]教育既要使人们学会学习，增强能力，又要以尊重生命和人类尊严、权利平等和社会正义、尊重文化多样性、国际团结和分担责任为基础。[⑤]现当代和未来社会“应将教育和知识视为全球共同利益”[⑥]。

罗马俱乐部1979年发表的题为《学无止境》的报告更加重视学习对教育和社会发展的意义。该报告指出，“教育是提高学习水平的基本方式和正规手段”，学习的失败从根本上说是一切问题的根源，“一切有实际目的的学习，显然实际上都没有止境”。[⑦]在当今社会，不论是富裕还是贫困的所有的个人和社会，都毫无例外地面临着“不学习就灭亡”的现实。[⑧]学习分为维持性学习、冲击性学习和创新性学习。维持性学习注重学习人类积累下来已经确定的观点、方法和原则，缺乏科学态度，无法制定动态计划，总是处于被动的、无能为力的尴尬境地。冲击性学习依赖灾难性冲击改变人类

① 联合国教科文组织：《反思教育：向“全球共同利益”的理念转变？》，教育科学出版社，2017，第9页。

② 同上书，第31—32页。

③ 同上书，第64页。

④ 同上书，第28页。

⑤ 同上书，第6页。

⑥ 同上书，第72页。

⑦ 詹姆斯·博特金、马迪·埃尔曼杰拉、米尔恰·马利察：《回答未来的挑战——罗马俱乐部的研究报告〈学无止境〉》，林均译，上海人民出版社，1984，第21—22页。

⑧ 同上书，第27页。

旧有的、不合时宜的学习来改善自身处境。这两种学习虽然不可缺少，但都是不自觉和保守的。“创新性学习是使个人和社会做好准备、以便在行动上与新情况协调一致的一种必要的手段”①,具有预期性和参与性。预期学习是面向未来的学习，“越来越多的最优秀的教师，都是那些已经发展了未来意识并能把未来意识联系在一起的人”②。“衡量社会创新性学习潜力的一个尺度，就是它的有效参与的程度。”③“以课程为主，即老师讲课学生听课这种方式，通常具有缺乏参与性的特点。”

理想的参与性教育是使每一位学生都有机会扮演和尽可能多地体验各种不同的角色。④创新性学习主要目的是自主性和整体性。对于社会，自主意味着文化特性。对于个人，自主是学习的目标，就是获得独立和自由的行动，做出判断和决定的能力。当人们不论有无外界帮助和支援，都能在自己的鼓励下继续学习时，就达到了“教育的自主点”。⑤

埃德加·莫兰不仅把学习与教育密切联系，把学习看作是教育的本源、根本，而且把学习与认识、知识、思想和科学紧密联系，把学习看作是认识、知识、思想和科学的本源、根本。他特别强调人文世界与自然世界的紧密联系及其整体的认识,反复强调“没有意识的科学知识是灵魂的毁灭”⑥。莫兰认为，“当代科学的最大进步就是把观察者重新纳入观察活动”。一切知识，哪怕最纯净的物理学知识，都会受到社会的限定，都存在着一个人类—社会学的向度。“人类社会的现实就投影和记录在自然科学的心脏上。”但没有哪一种自然科学愿意承认它的文化根源和人类特征。“自然科学和人文科学分道扬镳，这既屏蔽了前者的社会性又屏蔽了后者的物理性。”“定名为社会科学，这一事实本身就是在拒绝其他科学具有社会性。”“一个新生

① 詹姆斯·博特金、马迪·埃尔曼杰拉、米尔恰·马利察:《回答未来的挑战——罗马俱乐部的研究报告〈学无止境〉》，林均译，上海人民出版社，1984，第24—25页。

② 同上书，第43页。

③ 同上书，第47页。

④ 同上书，第48—50页。

⑤ 同上书，第53页。

⑥ 埃德加·莫兰:《复杂性思想：自觉的科学》，北京大学出版社，2001，前言第8—9页。

一进学院首先就得放弃对总体认识的追求。”[①] 因此，建立认识的组织原则才是最为关键的问题，“今天，性命攸关的问题不仅仅是学不学的问题，也不仅仅是再学习的问题，而是重新组织我们的思想体系，重新学会怎样学习”。这是教育的根本问题，因为它关系到我们组织知识的能力。[②] 学习、教育和科学研究都需要有效的方法，而“方法就是我们如何学会学习的东西”。我们的前辈和我们都能够学会如何学习，在学习中学会学习。[③]

国家、社会对学习化社会更加强调终身学习还是终身教育也有争论和不同认识。1996 年联合国教科文组织“国际 21 世纪教育委员会”在法国巴黎举行会议，讨论和修改历时三年完成的研究报告——《学习：内在的财富》（《教育——财富蕴藏其中》），同一句话，有人翻译成“终身学习是 21 世纪的生存概念”，有人翻译成“终身学习是进入 21 世纪的钥匙”，有人则翻译成“终身教育是进入 21 世纪的钥匙”。[④] 但大家的共识是：学习化社会既需要终身学习，也需要终身教育，终身学习和终身教育并非二元对立，而是并行不悖、互相支持的，终身教育不可能也不应该被终身学习所取代，终身学习也不应该被终身教育所取代。终身学习与终身教育的本质和目标是一致的，都是促进社会和个人的发展。两者不一样的是，终身教育给人的印象是始终把人或者学习者、学生作为教育的对象，更强调自上而下对人或教育对象、学习者施加影响，更多地体现和显示了一种国家力量、政府行为，似乎人终身都在被教育和被管理。终身学习则强调的是学习者自身的进取和努力。“人即使在正规学校教育中，若没有自身的积极主动性和努力，哪怕有再好的学习条件和教育环境，也不可能收到好的学习和教育的效果。”何况在人的一生中，多数时间是在学校教育外，因而大部分的学习都是在无外界强制下的自由自主学习；没有人自身的积极性、主动性和创造性，终身教育是无法实现的。过于强调终身教育，既有可能夸大教育和教师的作用，

① 埃德加·莫兰:《方法：天然之天性》，北京大学出版社，2002，第 4—5 页。

② 同上书，第 24 页。

③ 埃德加·莫兰:《复杂性理论与教育问题》，北京大学出版社，2004，第 16—17 页。

④ 联合国教科文组织:《教育——财富蕴藏其中》，教育科学出版社，1996，前言第 8 页。

有主张教育万能之嫌，也会给学习者或学生造成错觉，形成依赖心理。因此，提倡终身学习对促进终身教育有根本性的重要积极意义。[①]

三、以学为本是学习化社会教育现代化的必然要求、追求和现代化教育的基本特征

现代化是革命性和开创性的发展，不是日出日落、斗转星移、春耕秋收、生儿育女的自然和社会遗传或再生产的发展变化。现代化是现代性的持续发现、发明和社会化、普遍化。"'现代性'被相当广泛地用于描述那些在技术、政治、经济、社会发展方面最先进国家的共同特征，而'现代化'则被用于描述这些国家获得这些特征的过程。"[②]世界范围内的最先进特征也是世界范围内的最高水平，一个国家的现代化是体现当时世界最高水平的科技、经济、政治、文化和教育等现代性在一个国家的普遍化、社会化及其过程。现代性的形成是现代化的源头和根本，现代性的量的扩展、充实和社会化、普遍化引起的由量变到质变是现代化的全过程。现代化进度的实质是现代性发生或创新和社会化、普遍化的进度。创新是民族强盛的灵魂和不竭动力，也是国家现代化的灵魂、强大动力和根本保证。现代化本质上是创新过程，没有创新就没有现代化。现代性是相对的，任何社会都有现代性，都经历过曾经的现代化。创新既是发明世界上从来没有的东西，也可以在旧质或原质中发现和成长新质，还包括有效推进新质扩展、充实的方式、过程的发明、发现和实践。无论是在旧质或原质中发现和成长新质，还是以有效方式、过程推进新质扩展、充实，关键都是创新。

"教育现代化是指与教育形态的变迁相伴的教育现代性不断增长的历史过程"[③]，是学习观、知识观和学生观的变革及其现代性的社会化、普遍化。教育现代化基本特征的社会化、普遍化就是现代化教育的基本特征。教育的现代性并非都是发明创造的，与此相反，它通常是对沉睡的人性的发现

① 万明春：《学习社会与终身学习》，《教育研究》1997年第7期。

② C·E·布莱克：《现代化的动力》，段小光译，四川人民出版社，1988，第9—10页。

③ 杨小微：《教育现代化的再理解与再出发》，《教育发展研究》2014年第6期。

和唤醒，是对被压抑的人性的激发和弘扬，是对传统文化优秀基因和古代教育精华的重视和培育，是对并非社会化、普遍化的优秀传统文化的社会化、普遍化。传统文化和教育中包含着许多具有现代性的精髓，“建国军民，教学为先”就包含教育为本和教育优先发展的现代性因素。“以学为本”虽是中华传统文化优秀基因和古代教育精华，但古代教育仅仅是少数人的教育，而且是逐渐扭曲的师道尊严教育和作为科举附庸的教育，因此它只能社会化、普遍化为这种教育的基本特征。现代教育与古代甚至近代教育相比，虽然其理想、目标、价值追求和教育教学理念、内容、方式以及教育的普及程度都发生了巨大变化，但教育与学习的基本关系并未变化，以学为本、育人为本仍是教育之根本。教育是为了学习，学习不是为了教育。学习是教育的根源、目的和必要条件，教育是学习的方向盘、助推力和充分条件，没有学习就没有教育与没有教育也有学习是绝对的。教育是因学习而产生、存在和发展的，学习却不是因教育而产生、存在和发展的。因此，教育应服从于、服务于学习，而不是学习服从于、服务于教育；终身教育也应因终身学习而存在，应服从于、服务于终身学习，而不是相反。古代社会把教育变成科举的附庸使教育丧失应有价值，现当代社会不能让学习成为教育的附庸，使学习和教育都变成应试的附庸。

学习化社会要强调以学为本，就是因为现代人对沉睡着的“求知是人的本性”的人性发现和唤醒得不够；是对被压抑的“仕而优则学，学而优则仕”的人性激发和弘扬得不够；是对“学而时习之，不亦说乎？”的优秀传统文化社会化、普遍化得不够。社会及其教育从传统向现代转化，既包括现代教育目的、内容和方式的确立、形成和社会化、普遍化，也是对沉睡的以学为本的人性的发现和唤醒的过程，对被压抑的“以学为本”的人性的激发和弘扬过程，对以学为本的传统文化优秀基因和古代教育精华重视和培育的过程，对以学为本的优秀传统文化的社会化、普遍化过程。理想、目标与过程、方式相互促进、相互制约。什么样的理想、目标决定什么样的过程、方式，什么样的过程、方式实现或达成什么样的理想、目标。学习的失败不仅是学习者个人的失败，同样也是社会及其激发、调动学习积极性的失败，是社会通过激发和调动学习积极性促进国家发展的失败。相反，把“要我学”变成“我要学”的以学为本，是学习化社会教育现代化应采取的重要方式、手段和成功的重要标志。

生存和发展是教育和学习的根本动力，学习的动力和能力是教育的第一动力和能力。因为古猿会学习、人有巨大学习潜能——不断增进、也许是无限增进的巨大潜能，才使人成为人——使古猿成为猿人、猿人成为智人、野蛮人成为文明人。教育源于学习，为了更好更高效地学习，教育是学习的一种，是学习的基本有效过程和方法。学习有自主学习和指导学习，教育是指导学习。[①]指导学习是有目的、有组织、有计划和有时空等条件限制的规范化甚至标准化、统一化的教育，自主学习是有目的、有组织、有计划的教育之外的或在此基础上的不受任何时空等条件限制，更加自由、广泛和个性化甚至可能更具创新性的自发和自觉的学习。教是为了学，是为了不教。除非专门教育者，一般人的学主要不是为了教，而是为了成为能够独立生活、学习、工作、劳动和创新的人。教的目的不仅从属于而且应融合于学的目的，将把学生培养成适应和促进社会发展的全面发展的人作为教育的出发点和落脚点就是以学为本，也必须以学为本。

学习和教育都既有积极作用也有消极作用，全社会的学习不可能都是积极的或者消极的，但“教育既有培养创造精神的力量，也有抑制创造精神的力量”[②]。教育的基本功能是重复，教育本身是保守的，[③]教育的积极作用或消极作用则是对全社会的系统和整体的影响，因此更应深谋远虑、审慎决策，大力推行预防纠偏机制。学习化社会既要重视教育，以教育为基础，通过指导学习充分发挥学生主动性、自主性和创造性等主体性，更要重视学习，以学生和学习为本，还要充分发挥包括学生在内的全社会学习的自发性、主动性、自主性和创造性等主体性。爱因斯坦非常重视科学研究和教育中的宽松、自由环境的先决条件意义，认为学术自由是每个人探索真理以及发

---

① 郝文武:《教育:主体间的指导学习——学习化社会的教育本质新概念》,《教育研究》2002年第3期。

② 联合国教科文组织:《学会生存——教育世界的今天和明天》，上海译文出版社，1979，第93页。

③ 同上书，第202页。

表和讲授他认为正确的东西的权利，对学术自由的任何限制都会抑制知识的传播，从而也会妨害合理性的判断和合理性的行动。[①]“个人自由给我们带来了知识和发明的每一个进步，要是没有个人自由，每一个有自尊心的人都会觉得生命不值得活下去。”“追求真理和科学知识，应该被任何政府视为神圣不可侵犯的；而且尊重那些真诚地追求知识和真理的人的自由，应该作为整个社会的最高利益。”[②]他反对有计划有组织的科学研究，认为“科学史表明，伟大的科学成就并不是通过组织和计划取得的；新思想发源于某一个人的心中。因此，学者个人的研究自由是科学进步的首要条件。除了在某些有意挑剔的领域，如天文学、气象学、地球物理学、植物地理学中，一个组织对于科学工作来说只是一种蹩脚的工具”[③]。他非常重视培养学生独立观察、思考的独立人格和能力，认为培养创新人才的教育，“发展独立思考和独立判断的一般能力，应当始终放在首位，而不应当把获得知识放在首位”，培养自由精神、独立思考能力和自我负责的教育，比起那种依赖训练、外界权威和追求名利的教育要优越得多。[④]

百年大计，教育为本，高度重视和有效促进教育是国家及其各级政府的基本职责。教育大计既要以教师为本，更要以学习和学生为本。教师以教育和育人为本，就要以学生为本，以教会学生学习，使学生健康成长为本，否则就是失职。好好学习、健康成长是学生的义务和任务。学生既要以教育和教师为本，更要以学习和自己的主观努力、健康成长为本，否则，以教育、教师和接受为本就毫无意义。教师不以学生为本，学生不以学习为本，都可能架空教育为本。以学习和学生为本既是现代化教育的必然要求，也是教育者、受教育者乃至全社会的基本价值追求和教育目的、内容、过程、方式、评价等的基本特征、理念和标准。现当代社会坚持教育为本必须首先坚持以学为本，把学习的根源性、内在性与教育的助推性、方向性相结合，

① 李醒民:《爱因斯坦》，商务印书馆，2005，第344—345页。

② 同上书，第355—356页。

③ 同上书，第325—327页。

④ 同上书，第410—411页。

把教育的规范性教学与学习的自发性、自主性、广泛性紧密结合，把教育中的学习与社会学习相结合；既重视教育为本、教师为本，又重视以学习和学生为本，以学校教育及其课堂教学为本，使以学为本成为教育价值追求和教育过程、方式等，成为学习化社会教育现代化的共同追求和现代化教育的基本特征。

现代化教育有多层面基本特征，顾明远老师指出，“教育现代化是以现代信息社会为基础，以先进教育观念为指导，运用先进信息技术的教育变革的过程，是传统教育向现代教育转变的过程”。现代化教育有教育的民主性和公平性、终身性和全时空性、生产性和社会性、个性和创造性、多样性和差异性、信息化和创新性、国际性和开放性、科学性和法制性等八大基本特征。[①] 现代化教育的民主性、个性等本来就包含或隐含着以学习为本和以学生为本的精神，学习化的现代教育、现代化教育和教育现代化的所有追求都必须以以学为本为方向和统领，积极形成师生主体间关系，不断提高师生主体性。为了强调和凸显学习对教育乃至人类社会的根源性、内在性和目的性，很有必要把教育的学本性和师生主体间性特别列为现代化教育的基本特征。

理想、目标与过程、方式相互促进、相互制约。什么样的理想、目标决定什么样的过程、方式，什么样的过程、方式实现或达成什么样的理想、目标。学习的失败不仅是学习者个人的失败，同样也是学习化社会及其激发、调动学习积极性的失败，是社会通过激发和调动学习积极性促进国家发展的失败。相反，把“要我学”变成“我要学”的以学为本，是学习化社会教育现代化应采取的重要方式、手段和成功的重要标志。

由于学校有许多弊病，因此有人主张取消学校。[②] 由于信息化发展及学习的个性化、弹性化、开放多元性等特征，有人认为在未来，社会传统学校必然消亡，新型学校呼之欲出。[③] 但将来即便学校真的消亡了，对人类发

---

① 顾明远:《试论教育现代化的基本特征》,《教育研究》2012 年第 9 期。

② 伊万 · 伊利奇:《去学校化社会》，吴康宁译，中国轻工业出版社，2017，译者导读第 5—12 页。

③ 朱永新:《未来学习中心构想》,《教育发展研究》2017 年第 9 期。

展有重要意义的教育仍将继续存在和发挥重要作用，而且对人类发展有更重要意义的学习，包括无学校的学习中心、学习活动，将与人类同在和发挥更重要的作用，以学为本将是未来社会、人生和教育的必然和必须。

四、以学为本既是发挥师生和全民的主体间性，也是提高他们主体性的重要保证

以学为本有以学习为本和以学生为本这密不可分的两个层面。学习是学生的本分，不以学习为本分的学生就不是好学生。指导学生学习是教育和教师的本分，不以指导学生学习为本分的教师就不是好教师。学习最终靠学生自觉，包括教师在内的任何人都无法代替学生自己学习。学习者是学习的主体、内因和根据，教师是指导者的主体，是学习的外因、条件，是为了使学生发生变化。在相同环境下接受相同教育的正常人，学业结果不同的原因有许多，但学习是重要甚至根本原因。学习的主动性、选择性、预测性、联想性、创新性、持续性和快捷性等决定学习的品质和进度。虽然师生都是主体，但学生是教育根源性和目的性主体，没有学的主体就无须教的主体甚至教育。

人与人有区别也有本质联系，人与物有联系也有本质区别。古代教育也重视以学习为本，但它把学生看作是客体，没有把学习的根源性与学生的主体性紧密结合、合二为一，因此不是以学生为本的教育，不是全面的以学为本的教育。传统哲学只从形式上而非实质上看待认识者和实践者与被认识者和实践者及其关系，把认识者和实践者看作主体，把无论是作为认识和实践对象的人还是物都看作客体，形成人际和师生关系的主客体理论。“双主体”理论试图克服主客体理论弊端，但结果不仅没有实现目的，反而导致“双主体”同时也是“双客体”及其语言概念所指与能指、价值追求或伦理逻辑与思维逻辑的明显矛盾和背离。

马克思早就把作为认识和实践对象的人看作既是“被思考和被感知的社

会的自为的主体存在”，又是正在认识和实践着的主体。[①]保罗·弗雷尔以是否把学生作为主体看作解放教育与驯化教育的根本区别，认为在驯化教育中，教育者具有完备知识并把其传授给学生。“在解放教育中，教育工作者并没有完备的知识而只有可认知的对象，而这种对象在认知过程中作为主体把教育者和受教育者联系起来。”他甚至指出，作为受教育者的教育者应该“死去”，作为受教育者的受教育者应该“诞生”。[②]“未来的学校必须把教育的对象变成自己教育自己的主体。”[③]既然教师和学生都是主体，那么师生关系就是主体间关系。主体间相对于主客体和双客体，主体间性是主体间的主体性，与主客体和双客体的主体性有本质区别。[④]

现代化教育是以学为本的主体间指导学习。在师生主体间关系中，师生都是主体，没有客体，客体是教学手段、设备。包括师生在内的每个人作为认识和实践者与被认识和被实践者的本质完全相同，没有任何变化，作为认识和实践者是主体，作为被认识和被实践者也是主体，是对象主体。师生主体间关系既是教育的目的，又是形成、发挥、发展和提高师生主体性目的的前提。平等交往、主动对话、相互理解、共同学习和发展是师生主体间关系的灵魂，形成师生主体间关系的根本目的是提高师生主体性，提高教育质量。只有在以学为本的师生主体间关系中才能有真正的师生主动平等对话、交流和相互学习、共同发展，才能有效提高师生主体性，提高教育质量。

教育与社会发展、人的身心发展都有紧密联系，既要遵循社会发展规律，适应和促进社会发展，又要遵循人的身心发展规律，适应和促进人的身心发展，不能仅把教育和学习看作是人的智力、能力发展和学习知识的活动，忽视情感、意志、兴趣和个性等学习动力。没有学习就没有教育，没有兴

---

① 马克思:《1844 年经济学哲学手稿》，人民出版社，1985，第 78—80 页。

② 联合国教科文组织:《学会生存——教育世界的今天和明天》，上海译文出版社，1979，第 191 页。

③ 同上书，第 218—219 页。

④ 郝文武:《师生主体间性建构的哲学基础和实践策略》，《北京师范大学学报（社会科学版）》2005 年第 4 期。

趣就没有学习。爱是教育的根本，教师对学生的爱，学生对学会学习、学会做人做事的爱和兴趣是教育的根本。现代化教育应积极优化终身学习、以学为本与终身教育、教育为本的关系，使两者紧密联系，把百年大计教育为本，教育大计教师为本与教师以学生为本，学生以学习为本紧密结合，使全社会既坚持教育为本，又坚持以学为本——以学习为本和以学生为本。

第二节

现代农村学校传承乡土文化的意义和方式

乡村文化和城市文化都是人类文化不可缺少的组成部分，既有反映人类本质的普遍性，又有明显地域和风俗等特征。自有城市以来，乡村和乡土文化就与城市、工业文化长期并存、融合互补、和谐发展。在农业经济占主导地位时代，城市人口虽少，但经济、文化和教育发展迅速，城市是许多人向往的地方。从农业大国走向工业大国、强国的追求决定了农业劳动力和农村人口向城市转移，但在乡村人口明显减少形势下，乡土文化仍然是现代乡村文化不可缺少的组成，而且随着乡村振兴将成为有强大生命力的稀缺资源。推进农村及其教育现代化、乡村及其教育振兴必须重视乡村文化和乡土文化建设，重视农村教育对乡村文化的传承，通过课堂教学、兴趣活动等促进乡村文化、乡土文化发展及其与城市文化的融合发展、传统文化与现代文化的融合发展。

一、文化的本质和现代乡村文化的丰富性及其形成规律、发展趋势

文化有非常宽广的范围和复杂的层面，关于它的本质规定古今中外辞书和研究有许多不同解释。但无论有多大范围和多少层面，文化都是人化和化人、人为的和为人的，都包括“人文”的“文”和“天文”的“文”。《易经·贲卦·彖辞》说的“刚柔交错，天文也；文明以止，人文也。观乎天文，以察时变，观乎人文，以化成天下”，不仅把世界分为天文和人文，而且通

过“文”把自然的“天”与人类的“人”相互沟通。无论是天文还是人文都有事物本身之纹理、规律，也有人对客观事物认识形成的“文”和根据人认识到的客观事物的“文”形成的客观事物。自然既不为人，也非人为，人只能通过认识其现象、纹理、规律，适应、利用和在一定程度上改造它，包括对作为自然肉体的人同样如此，人不能制造或创造自然事物和自然人。人对自然的认识，包括对作为自然肉体的人的认识的结果是文化，人制造或创造的事物已非自然之事物，而是社会事物，也是文化。规律既有客观性、刚性和不变性或永恒性，也有选择性、弹性和可变性或社会性、时代性。社会事物既有客观规律，也有人的实践形成的规律。人的世界观、价值观和理想追求不同，遵循和形成的社会发展的规律也不同。无论是中国古人追求的天人合一，还是当今世界崇尚的人与自然和谐共存，无论是以人为主、为本，还是以天为主、为本都是人认识到的自然和人类的本质、规律，人在社会活动中形成的天人合一，同样如此。自然科学、科学技术和哲学社会科学、文学艺术等人文科学都是人认识到的自然和社会的本质和规律，是人化和化人的文化。

联合国教科文组织和世界遗产委员会关于世界遗产的界定对理解文化的本质也有重要意义。它们确认的世界遗产包括人类罕见的、无法替代的财富，是全人类公认的具有突出意义和普遍价值的文物古迹及自然景观，包括文化遗产、自然遗产、文化与自然双重遗产三类，它们都有物质遗产和非物质文化遗产。根据文化是人化的本性、世界遗产关于文化与非文化及其物质与非物质文化遗产的具体分类、自然科学与哲学人文社会科学研究的具体内容，我们完全可以认为，文化是人在社会实践和生活中长期形成的对社会和个人有长期、根本和潜移默化影响的价值追求、审美旨趣、风俗习惯，在生产生活行为方式、文学艺术、科学研究以及人造事物的样态等层面的反映和体现。人的一定的活动方式，是他表现自己生命的一定方式。人怎样表现自己的生命，他就是怎样的，他是什么样的，既与他做什么、生产什么相一致，又与他怎样做、怎样生产相一致。[①]人只要生产和生活就有一定的生产、生活方式，就有生产和生活的根源性本质规定和文化性特征。生产力决定生产关系和上层建筑，“一定的文化（当作观念形态的文化）是一定社会的政治和经济的反映，又给予伟大影响和作用于一定社会的政治和经济，而经济是基础，政治则是经济集中的表现”[②]。文化是人的创造，人是文化的产物。创造文化和被文化创造是人的宿命。人既可通过研究不同时代、社会、民族和地域等的文化，探索其价值追求、审美旨趣、风俗习惯，也可通过探索不同时代、社会、民族和地域等的价值追求、审美旨趣、风俗习惯研究其文化。

按不同标准分类，文化有许多不同类型：按时间可分为传统文化和现代文化，远古、古代、近代和现代文化，原始社会、奴隶社会、封建社会、资本主义和社会主义等文化；按主客观性质可分为物质文化和精神文化，客观精神文化和主观精神文化；按普遍性可分为世界文化和国别文化、民族文化；按地域可分为东方文化和西方文化，城市文化和农村文化、乡村文化、乡土文化；按社会活动和分工可分为农耕文化、农业文化和工业文化、商业文化，政治文化、经济文化、文学艺术文化、教育文化等；按生产和生活的内容可分为生产文化和消费文化，食宿、衣饰、礼仪等文化。现代乡村文化几乎具有文化的所有丰富内容和类型。

乡村文化和城市文化都是人类文化不可缺少的组成部分，既有反映人类本质的普遍性，又有明显的功能、地域和风俗等不同特征。乡村文化主要是以土地、粮食和耕种等为本的农耕文化，是居住分散和相对边远的小群体文化，是喜欢田园牧歌、恬静自由的人追求的文化。城市文化主要是工业文化、商业文化、居住集中的规模性文化，是处于政治、经济、文化和教育等中心地位的文化，也是崇尚文化教育和商业的人向往的文化。自有城市以来，乡村文化就与城市文化长期相互影响、相互渗透和融合互补、和谐并存发展。近现代以来，虽然中华文化受到西方文化的巨大影响，但中华传统农耕文

① 中共中央马克思恩格斯列宁斯大林著作编译局编译《马克思恩格斯文集》第一卷，人民出版社，2009，第520页。

② 毛泽东：《毛泽东选集（第二卷）》，人民出版社，1991，第663—664页。

化仍然是中国近现代文化之根本和主体。生产力和经济发展对城乡文化特征、丰富性和融合水平等具有决定性作用。在农业经济占主导地位的时代，为了强力促进工业发展，国家提倡更多的人，特别是年轻人进城建设城市，希望走向城市求学深造和更多了解世界的许多年轻人离农进城。这时虽然城市及其文化发展较快，但农村人口甚至经济、文化在国家发展中还是占主导地位，至少与城市经济文化平分秋色。

从农业大国走向工业大国和工业、农业强国，是国家实现现代化的理想追求和必由之路。这就决定了农村，特别是乡村城镇化和农业机械化、商品化、信息化等的现代化。农业机械化、商品化、信息化等农业生产力的提高，必然使许多剩余农业劳动力和人口向城市转移，也必然形成农村，特别是乡村年轻人口的持续大量减少。自然而然的城镇化和强力推进的城镇化都可能造成许多混乱或者经济文化秩序的破坏。自觉推进的城镇化是有目的、有计划和有组织的，在促进城乡经济、文化和教育和谐发展中推进的城镇化。为此，党和国家做出大力推进乡村及其经济、文化和教育振兴，促进城乡一体化均衡发展的重大决策，这也成为专家学者关注和研究的重大课题。

二、乡土文化的本质、地位、丰富性及其形成规律、发展趋势

乡土文化不仅是乡村文化的重要组成部分，而且是乡村文化之根，农耕文化又是乡土文化之根。现代乡村文化包括农耕文化等传统乡土文化和现代工业、商业等现代文化的丰富内容。

（一）在乡村土生土长的文化是乡土文化的本质。乡土与乡村既有联系，又有区别。乡村是城镇以外的区域，包括集镇和农村。[①] “乡村是具有自然、社会、经济特征的地域综合体，兼具生产、生活、生态、文化等多重功能，与城镇互促互进、共生共存，共同构成人类活动的主要空间。”[②] 乡土相对于外来，意思是本乡本土，从这个地方生长出来的原生态东西，比如土鸡蛋、

①《国务院办公厅关于印发乡村教师支持计划（2015—2020年）的通知》（国办发〔2015〕43号），http://www.gov.cn/zhengce/content/2015—06/08/content_9833.htm.

②《乡村振兴战略规划（2018—2022年）》，《人民日报》2018年9月27日。

土猪肉等。外来又有两个意思：一是来自外国，中国人把外国人称为洋人，从地区分有西洋、南洋、东洋等。洋人具有的价值观念和制造的东西是洋货，中国过去的一些地方把从外国引进的火柴叫作洋火，把土豆叫作洋芋，把西红柿叫作洋柿子，把外国宗教叫作洋教。二是来自本乡本土以外的本国的其他地方的外地人和事物。外地人相对有北方人和南方人、东部人和西部人、本省人和外省人、本县人和外县人、城里人和乡下人。城里人和乡下人与男人女人一样，是人群中最大和最明显的分类。北方人和南方人、东部人和西部人在不同国家所指不同,在一个国家所指也有些模糊。本省人和外省人、本县人和外县人所包括的范围较小，但北方人和南方人、东部人和西部人、本省人和外省人、本县人和外县人都有城里人和乡下人的明显区分。

无论是本国、本省还是本县的范围内，乡下人都是与城里人有区别的以农耕为主的人。因此，“土”既是相对于外国的土生土长的本国人及其制造的事物、形成的文化，也是相对于其他省区的本省、本县甚至本乡的本地人及其制造的事物、形成的文化，但主要是相对于城里人的乡下人及其制造的事物、形成的文化。“乡”不仅是故乡、乡党、同乡的“乡”，而且主要是乡村和乡下的“乡”。“土”不仅是本乡本土的“土”、城乡都有的“土”和有时指的城乡都有的很传统或过时的事物，而且是与土地紧密联系的乡村的“土”，有时甚至专指乡下的事物和行为。为了区别城乡不同的“土”，城市具有的“土”应叫“城土”。“乡土”就是指土生土长在乡村的人及其制造的事物、形成的文化。一些小县城和乡镇的本质还是大的乡村，其“土”是“乡土”和“城土”的结合或者混合的“土”,但主要还是“乡土”的“土”。

乡土文化是以土地为生的乡村人在社会实践和生活中长期形成的农耕文化，是对社会和个人都有长期、根本和潜移默化影响的人的价值追求、审美旨趣、风俗习惯在生产生活行为方式、文学艺术甚至人造事物的样态等方面的反映和体现。“城土文化”是以工商业等为生的城里人在社会实践和生活中长期形成的工商业等文化，是对社会和个人都有长期、根本和潜移默化影响的人的价值追求、审美旨趣、风俗习惯在生产生活行为方式、文学艺术、科学研究甚至人造事物的样态等方面的反映和体现。在沿海和草原地区形成的渔猎畜牧文化也是本地乡土文化的重要组成部分。

（二）乡土文化丰富多彩，影响广泛。乡土文化包括以农耕文化为基础和精髓的耕种、养殖、渔猎、纺织等生产文化，生育、饮食、居住、服饰、出行、节日等生活文化，嫁娶、庆典、祈福、祝寿、丧葬、祭祀等礼仪文化，尚文、举学、求学、庙宇等教育文化，歌舞、绘画、泥塑、武术、娱乐等工艺、技艺文化，家族宗法、孝道文化、宗教、神鬼文化等。中国近代以前的文化实质都是农耕文化，至少是在农耕文化、乡土文化基础上形成的文化，农耕文化是整个农业社会文化的核心和精华。乡土文化是农耕社会不同地域形成的有不同特色的农耕文化。农村和乡村中虽然也有手工业和商业，但规模较小，是主要围绕农业生产而发展，以人畜体力为基础的生产。

（三）乡土文化对承载农耕文明、耕读文明、乡土文明有重要价值。文明是文化的凝练、升华和结晶，是取其精华、去其糟粕的结果。不同文化既是人类文明共同追求的价值和理想的体现，也有不同时代、社会和民族等文明的不同特征。农耕经济是自给自足的经济、靠天吃饭的经济、依靠人畜体力生产的经济，在农耕经济基础上形成的居住、交往等生活环境、方式决定了崇尚自然、自力更生、宽容坚韧、勤劳节俭、诚信求实、亲善好客等文化及其文明品质。在农耕文化基础上形成的农耕文明不仅是人类文明的本质特征，也是现代文明、工业文明和城市文明所需要的。

（四）城乡文化各有特色，相互融合和促进。重视交流、精于计算、见多识广、善于表现等是城市文化的优点，但小心谨慎、疏于人情、斤斤计较等则为乡下人所诟病。而乡村人疏于精确、欠守规矩、不讲卫生、不善言表的文化和宗法观念等小农意识则为城里人小视。农耕文化、乡土文化与城市文化都有优缺点，不仅自古以来就在颇具张力的结构中相互渗透、相互制约，在促进中和谐并存发展，而且随着农业机械化、自动化、商品化、规模化和城乡交通、信息等交流的现代化，城乡的物质文化和精神文化的交流更加丰富和快捷方便，城乡文化在保持各自特点中一体化，融合程度不断提高。乡土文化的存在、发展不仅有必要和可能，而且很有前途。

（五）乡土文化将成为丰富乡村文化、民族文化和满足城乡人物质和精神需求的稀缺资源。在农村人口占总人口的80%、城市人口占总人口的20%的时代，由于国家需要加快工业化，通过工农业“剪刀差”保证和促进工业和城市的发展，城市生活优于农村生活，所以许多人向往城市。随着城镇化的发展，乡村人口从逐渐减少到明显减少，但农业、农民永远是民以食为天、食以粮为本的根源。随着城乡人民生活水平的提高，追求“绿色”将成为未来社会的趋势。人们更爱吃土鸡肉、土猪肉、手擀面、杂粮食物、有机肥蔬菜等各种无公害食品，而只有乡村才能生产出这些食品；环境优美、空气清新、恬静自由的田园牧歌式乡村绿色文化也成为许多人的追求，绿水青山就是金山银山的乡村文化发展理想将成为鲜活现实。我们有理由相信，在不久的将来，乡村人口会减少到占全国人口的20%左右，到那时，乡土文化不仅会成为许多来自乡村的城里人为了怀念、纪念乡愁而保护的逐渐衰弱甚至濒临“灭绝”的文化，而且将成为充满活力、蓬勃发展和茁壮成长的文化，成为难以满足城里人需求的稀缺文化资源。

三、现代乡村学校本身的重要文化价值和传承乡土文化的意义

现代学校当然首先要学习和传播现代科技文化，在此前提下，乡土文化的本质和价值也决定了乡村学校要传承乡土文化的价值、方式和责任，也为乡村学校传承乡土文化提出了要求和目标。

（一）农村和乡村学校本身就是乡土文化的重要组成部分，是耕读文化的核心之一，振兴乡村必须重视和加强乡土文化建设，重视和加强乡土文化建设就要重视和加强乡村学校建设。耕读文化是农耕文化和兴学读书文化的结合，兴学读书既是为了科举及第，更是为了满足看书、作文、记事和计算、丈量等生活需要。尊师重教、崇知尚文、兴学助学、知行一致、书香门第不仅是中国古代学人的精神追求，也是乡村民众的普遍期望。中国自古以来就有国学和乡学并举的学校体系，就有学在官府和学在四野的学校变迁历史，就有“孟母三迁”“武训举学”等重视家教、兴办乡学的典范，就有《三字经》《千字文》等许多贫民化或大众化的经典传播。“养不教，父之过，教不严，师之惰”“万般皆下品，唯有读书高”“书中自有黄金屋，书中自

有颜如玉”等是家喻户晓、妇孺皆知的重教兴学精神。中国自古虽然也有“一官二吏……九儒十丐”“家有三斗粮，不当孩子王”的文化糟粕，但尊师重教的“天地君亲师”文化仍是主流。

乡村学校不仅是乡村文明的标志，也是乡村发展活力的标志，没有学校和书声琅琅的地方不可能是有活力、有文化的地方。自古以来，哪里有学校，哪里就比较有文化、更文明。现当代社会更是如此，哪里有好学校、好教育，哪里就有人气、人气旺，哪里的经济、文化就有较好发展。随着计划生育政策实施和城镇化发展，农村，特别是乡村人口、学校和学生明显减少，但乡镇和县城人口、学校和学生还是全国总人口、学校和学生数的主体。[①] 为了防止由于城镇化导致的乡村学校减少、衰落带来的严重危害，必须大力加强乡村学校建设。而不是从乡村不适宜人生存、乡村学校办学效率低下和乡村已经没有学校角度唱衰乡村学校、主张撤并乡村学校从而背离现代化。好学校是梧桐树，可以引来金凤凰；好学校是沙漠绿洲，可以给周边不太好的环境雪中送炭、带来希望；好学校也是掌上明珠，可以使经济文化社会发展好上加好，锦上添花。经济社会和文化教育紧密联系，“产业兴旺、生态宜居、乡风文明、治理有效、生活富裕”密不可分。没有文化教育的乡村文化和文明不仅是不完整和不全面的文化文明，甚至是文化文明的绊脚石。振兴乡村必须振兴乡村学校和教育，在加强物质文明和精神文明建设基础上，建设崇知尚文、尊师重教的美丽书乡是乡村旺人气、聚才气、振志气、兴经济、美家园不可缺少的基本条件。富裕、文明、美丽的乡村不仅仅有学校，而且应优先发展乡村教育，使乡村成为人人好学上进，每个孩子都能在好学校受到平等而高质量的公平教育的美丽书乡。[②]

（二）农村和乡村学校对乡土文化的选择传播，对引导乡村乡土文化发展有重要意义。文化是人在生产等社会实践和生活中长期形成的，也是在生产等社会实践和生活中传播和影响人的。勤俭节约、热爱劳动等品质主要是在从小到大的穿衣吃饭等过程中，在从小到大的亲身劳动实践、生活体

① 郝文武：《农村教育和乡村教育的界定及其数据意义》，《教育研究与实验》2019 年第 3 期。

② 郝文武：《为了乡村振兴而建设美丽书乡》，《教育与经济》2019 年第 2 期。

验和在体会父母家人、周围其他人艰辛劳动和生活中一点一滴逐渐形成的。尊老爱幼、孝敬父母的品德和待人接物、婚丧嫁娶等礼仪主要是在家庭生活、学校和社会生活中一点一滴逐渐形成的。耍狮子、舞龙灯、跑旱船、剪窗花、贴对联等风俗，也都是在乡村过年过节、冬日休闲、庙会庆典等娱乐活动中传播和形成的。乡土文化既丰富多彩，也良莠不齐，乡村学校教育不能不加选择地传播所有乡土文化，而应对乡土文化去粗取精，有选择地传承。《狼来了》《孔融让梨》《曾子杀猪》《庖丁解牛》《愚公移山》《女娲补天》《后羿射日》《农夫与蛇》等故事，虽无法在生活中一一对应，但都有许多类似的现象、事实，这些故事都是实际生活的文学艺术加工。学校教育传承乡土文化虽然非常有限，也不能代替社会和家庭等影响，但它通过精选、凝练形成的典型事件、人物内涵的价值取向和理想追求，对乡土文化的认同性、提倡性、鼓励性等引导都不可缺少，也具有社会、家庭教育和影响不可替代的作用。

（三）农村和乡村学校传承乡土文化时应该用学生喜闻乐见、具体形象、生动活泼的事例进行爱国爱家教育。儿不嫌母丑，狗不嫌家贫，很少有人不爱家。胃和舌尖是最爱家、最爱国的，妈妈的味道是最深厚最甜美的家乡味道。再穷的地方都有它存在和发展的原因，都有值得骄傲、自豪和传承、弘扬的文化。爱国、爱家、爱民、爱祖国的山水紧密联系。爱祖国就要爱家乡的人民、山水和文化，就要了解和传承、建设、弘扬祖国和家乡的文化，就既要有建设家乡的信心、勇气和决心，也要有善于建设家乡的能力与办法。农村学校教育的目标是什么，农村教育为谁服务、如何服务，究竟是培养人离开农村农业，还是教育人留在农村务农，还是离土不离乡，离土就离乡，以前一直是农村教育建设中必须回答的问题，从长远和整体看现在也还是一个重要问题。但农村教育主要是中小学基础教育，因此这个问题并非农村教育的直接、现实问题。即便是直接、现实问题，无论是务农的乡村人还是离农进城的乡村人、离乡不离土的乡村人，他们都是热爱家乡的人，是继承、传递、传播、弘扬乡土文化的人，也是会尽力建设乡村及其文化和学校的人。事实上，虽然城镇化使得乡村人口大量减少，但许多人只是离乡不离土的乡村人或城里的打工人。因此，乡村学校通过乡土文化教育，教育学生和乡村民众热爱家乡、建设家乡永远是很有必要的。

（四）农村和乡村学校传承乡土文化对丰富、活跃学校和乡村文化，密切学校与乡镇乡村民众关系有重要意义。乡村学校既是国家的学校，也是村民自己的学校；其发展既要“以县为主”，又要充分发挥乡镇乡村的作用。[①]乡村学校可根据条件选择乡土文化中与学校教育教学和乡村民众紧密联系的歌舞、体育、手工艺等特色项目，通过节日庆典、纪念活动等与村民联欢，不仅能展示学校风貌和师生才艺，还能通过展示和交流向村民学习乡土文化，对丰富、活跃学校和乡村文化，密切学校与乡镇乡村民众的关系，争取他们对学校的关注和支持有重要意义。

以前多数乡村人口众多、人气旺盛，过年过节有组织和自发的文化活动较多，随着农村及其教育城镇化，不仅乡村人口大量减少，而且留在乡村的也大都是中老年人，由于年轻人很少，不要说组织有规模的文化活动较为困难，就是丧葬嫁娶这些必要的传统活动也很少有年轻人参与。中老年人也需要丰富的文化活动、文化生活，学校与乡村村民相结合，积极组织文体活动对丰富中老年人的文化生活，使他们老有所乐有重要积极意义。庙会是乡村的一种重要文化活动，虽然有的庙会有不少不健康的内容，但健康的乡村庙会不仅对活跃乡村文化生活有积极意义，而且也有积极的思想道德等引导意义。现代学校文化是积极健康的文化活动，学校与乡村结合举办村民广泛参与的节日文体活动，对庙会的健康发展也有积极意义。

四、农村学校传承乡土文化及其与现代文化融合的方式和措施

现代乡村学校传承乡土文化应在实施好国家课程基础上，通过地方课程、校本课程、兴趣活动和与村民联合的文艺、体育等方式开展教育教学，促进乡村文化、乡土文化建设及其与城市文化的融合协调发展，促进现代文化与传统文化的融合协调发展。

---

① 郝文武：《农村教育现代化“以县为主”应充分发挥乡镇乡村的作用》，《教育理论与实践》2019年第31期。

（一）地方课程和校本课程是农村和乡村学校传承乡村文化和文明的基本途径和方式。学校课程有国家课程、地方课程和校本课程。国家课程是国家规定的全国各个学校必须统一实施的课程，是学校通过包括传统和现代的基础的科学文化知识教学培养德智体美劳全面发展的人的基础和核心课程。黄河文化和文明是中华民族民族精神的典范、精髓，近现代仁人志士、革命英烈为国家民族独立自主抗击列强、抛头颅、洒热血的无私奉献精神，为国家繁荣富强孜孜不倦、追求真理、创新科技的无私奉献精神是中华民族民族精神的典范、精髓，是国家课程的重要内容，学校教育教学首先必须实施好国家课程。地方课程和校本课程界线并不十分清晰，地方课程是根据地方特点设置的课程，一个地区的所有学校根据地方特点和需要统一设置的课程即地方课程；一个地区的学校根据本校的教学理念和教师、设备条件、时间安排等设置的特色课程即校本课程。地方课程和校本课程是传承乡土文化、文明的重要途径和方式。

（二）我们在对农村学校的调研中亲身感受到农村兴趣活动和文艺体育活动是农村和乡村学校传播乡村文化和文明的重要方式和途径，体会到了学校地方课程、校本课程等特色课程的丰富性和重要性。全国许多学校都是通过这些地方课程和校本课程传承地方文化和乡土文化的。许多学校老师指导学生利用课余时间和兴趣课堂练习和展示古诗文朗诵、各种乐器演奏、各种跳绳、各类航模制作、武术、腰鼓等技艺，利用各种展室展示剪纸、绘画、泥塑等工艺，不仅形成了学校特色，也充分体现了学校发展活力和师生积极向上的精神状态。

（三）农村和乡村师生通过家庭、社会活动传播乡村文化和文明也是重要途径和方式。文化是不知不觉、潜移默化融入身体血液，与社会、他人相互影响的价值观念、审美旨趣和行为方式，农村和乡村学校的师生不仅相互影响，而且与社会、家庭也相互影响，乡土文化对学校文化的影响和丰富，学校文化对乡土文化的影响和引导、促进都有重要意义。养不教，父之过。父母是孩子的第一任老师，家庭是文化传承的重要途径和形式。但在城镇化过程中，由于父母外出务工、离异家庭增多等，乡村孩子的家庭教育面临严重问题。在这种情况下，以学校为主体积极促进校家合作，尽可能给予孩子更多温暖关怀、指导、引导，对增强孩子对家庭文化、乡土文化和民族文化的认同感、亲切感和传承、发展的责任感均有重要意义。

（四）农村和乡村学校在实施好国家课程基础上传承乡土文化就是促进城市与乡村文化、现代与传统文化融合。国家课程是现代科技文化、生态文化与传统文化，城市文化与乡村文化的综合，在重视国家课程基础上重视传承乡土文化就是促进城乡文化、乡土文化和城市文化的融合发展，促进现代科技文化、生态文化与传统文化的融合发展。

以前的乡土文化基本是手工、手艺和及时的、不能留下影像的文化，在信息科技时代，传统乡土文化与信息技术相结合，使得传统乡土文化的手工、手艺通过现代制作技术，也成为可以留下影像的文化。手工制作、手艺精巧既是形成传统文化的过程和方式，也是一种劳作和学习的过程和方式。通过种植、养殖、剪纸、泥塑等手工制作过程和方式及其与现代技术的结合，既可以丰富教学内容，培养学生的劳动意识、劳动技能技巧，使其享受传统劳动与现代技术结合产生的奇妙乐趣，也可以培养学生思维想象能力。学校课堂教学使用一体化教学技术和教师的课件等现代化教学技术设备，快速便捷地传递教学内容，生动形象和活泼地展示事物形象和变化过程，对丰富教育教学内容和提高教育教学效率有一定积极作用，但也有不少消极作用。由于过多应用现代技术而使师生缺乏积极主动和必要的亲身感受，无法体验手工书写、心算运算的练习过程和方式，使得师生的手工书写、心算运算技能下降，甚至由于过多应用现成的影像使得师生缺乏积极主动想象、设想而使主动性和想象力下降。在现代化过程中，特别是在乡村文化和教育传播方式相对落后的情况下，应该高度重视现代教育设施的建设和在教学中重视现代信息技术的应用，但也不能因此否定传统教育教学方式的积极意义，现代化教育教学必须重视把传统教学过程和方式与现代教学技术、过程和方式相结合。

“四体不勤，五谷不分”是过去对不参加劳动和不懂农事的人的描述，然而现在这种情况不仅存在而且非常严重。工业化发展使得许多城里人享受到五谷杂粮的美味，而不知五谷杂粮的种类、生产过程和方式，特别是不知道它们生产过程的艰辛。虽然由于现代技术的普及和媒体传播，不少乡村人也能了解某些现代技术的类型、功能、使用甚至生产过程、方式，但也有不少乡村人很少了解现代技术的类型、功能、使用和生产过程、方式。城市文化也不都是现代文化和先进文化，但相对乡村文化，城市文化还是具有先进性。虽然乡村文化有不少落后因素，但农耕文化及与其相伴随发展的文化不仅是有特色的文化，也是先进文化的重要组成部分。乡村教育的城乡文化结合和相互促进，不仅要通过书本、课堂、媒体进行，也要通过乡村学校的文化活动促进城乡文化结合、融合和共同发展。

看电视和上网是现代城乡民众的重要文化活动，但它是静态文化活动，不是亲身积极参与的动态文化活动。乡村学校文化与乡土文化相结合使村民把静态文化与动态文化相结合，对于调动村民亲身积极参与形成和发展文化的主动性、积极性，避免静态文化过度带来的消极影响具有积极意义。

第三节

为教育现代化加快推进城乡学校小班化教学

改革开放40多年来，农村教育城镇化一直紧随着农村城镇化在发展，这既是现代化的必然趋势、要求、目标和结果，也给乡村孩子上学带来很大困难，给城市中小学教育带来很大压力。学校和班级规模与教育现代化、重视培养和发展学生个性紧密联系。实现教育现代化，振兴乡村及其教育必须努力建设好乡村微型学校，尽可能解决乡村孩子上学难的问题；重视培养和发展学生个性，应该在城乡学校实施小班化教学。

一、乡村微型学校建设和城乡基础教育实施小班化教学是办好人民满意的教育的要求

办好人民满意的教育是党和国家的理想追求，人民满意的教育涉及多个层面，高质量、高效率的教育或使人民能上好学校、接受好教育的教育就是人民满意的教育。人民满意的教育应该是公平而有质量、高质量的教育，首先是能上学，然后是能上好学校、接受好教育。如果只有一部分人能够上好学校、接受好教育或优质教育，另一部分人或者由于经济困难上不了学，或者由于学校缺乏或太远不能上学，这样的教育就是不公平和人民不满意的教育。目前我国城乡教育不仅存在质量差距，也存在数量差距。城里人追求能上好学校、接受好教育，乡下人也追求好学校和好教育，但有没有好学校或上学困难甚至能否上学还是重要问题。

上述这些情况，是“中国特色社会主义进入新时代，我国社会主要矛盾已经转化为人民日益增长的美好生活需要和不平衡不充分的发展之间的矛盾”在教育方面的具体表现。[①]

人民对教育不只有满意和不满意两种程度，还有基本满意、比较满意、非常满意和很不满意等程度。办好人民满意的教育不能仅仅停留在人民基本满意程度，一定要不懈努力，达到让人民比较满意和非常满意的程度。就基础教育学校布局和教育质量而言，子女不能上学，人民肯定不满意或很不满意。子女能上学，但教育质量、教师的水平和态度、教学设施很差，人民也不满意或很不满意。虽然子女能上学，但上学路程很远、很不方便，而且还有安全隐患，学校收费较高甚至很高，教学和食宿设施也不好，也会导致人民不满意或很不满意。人民满意的教育应该是既能方便入学，又能根据家庭条件和兴趣爱好自由选择高质量的学校和教育的教育。我国目前的乡镇甚至城市教育要办好这样的人民满意的教育还要做很大努力。

农村及其教育城镇化既是现代化的必然趋势、要求、目标和结果，也是一个过程，有一定限度，必须首先以价值理性而不是工具理性对待乡村、农村及其学校存在的问题，必须精心谋划和合理布局学校，努力解决好乡村孩子上学的问题。对于中学生来说，在外上学的安全保障和心理适应都不是很大问题，但对于小学生，特别是小学低年级和幼儿园儿童来说，在外上学既存在经济问题，也存在安全保障、生活和心理适应问题。孩子在外地或者城里上学，父母或其他亲属要陪读，就要租房食宿，如果运气好，可以找一份工作养家糊口，运气不好就没有工作，也没有经济来源，就会造成经济上的很大困难。如果父母或其他亲属不陪读，就可能给孩子的安全、生活和心理适应甚至身体健康带来很大隐患。乡村孩子到城里上学，目前普遍的情况是：要么父母或其他亲属陪读，要么很早辍学。无论是哪种情况，都不是党和人民满意的。

农村教育城镇化也给大中城市甚至一些县城教育带来很大压力。乡村学

① 习近平：《决胜全面建成小康社会夺取新时代中国特色社会主义伟大胜利——在中国共产党第十九次全国代表大会上的报告》，《人民日报》2017年10月28日。

生大量进入城市上学，但城市学校教学设施和教师数量有限，也由于各种原因不能尽快解决教学设施和教师数量问题，有些学校还过度追求经济效益，这就形成学生数量过多的巨型学校和超大额班级，不仅给学校和班级管理带来很大困难，而且很难保证教育教学质量，也可能给学生的安全和身心健康发展带来很大隐患。办好人民满意的教育也要解决城市超大额班级的问题。

二、农村城镇化应尽量解决乡村孩子上学困难问题，抓住机遇建设微型学校和实施小班化教学

国家现代化是国家的整体现代化，不是某些层面、某些区域的现代化。农村城镇化是国家现代化的必然趋势、要求和结果，甚至是现代化的重要目标，建设社会主义新农村也是现代化的必然要求和重要目标。现代化的社会主义新农村既包括大量的城镇化的农村，也应包括一些非城镇化的乡村；是主要包括县城在内的城市化的农村、乡镇化的农村和非城镇化的乡村和谐并存、健康发展的农村，不应该是完全城镇化，特别是城市化的农村。也就是说，大量的城市化的农村和乡镇化的农村也还是农村，一部分非城镇化的乡村也必然存在。新农村一定要有新学校、新教育，振兴乡村必须振兴乡村教育。无论是大量的城市化的农村、乡镇化的农村，还是部分非城镇化的乡村都应有新学校、新教育。

改革开放以来，中国农村教育发展的势态是城市化农村的学校规模不断扩大，乡镇化农村的学校规模不断缩小，小规模学校不断增多。如果说改革开放以来的农村教育城镇化是自然而然的，那么，20 世纪末的农村教育城镇化就是强力推进的，近几年的农村教育城镇化是缓行或基本停滞的。如果没有 20 世纪末农村教育城镇化的强力推进，后来保留的乡村学校应该比现在多；如果 21 世纪以来继续强力推进农村教育城镇化而不是缓行或停滞，保留并建设乡村学校，现在就可能没有乡村学校了。但是，农村教育城镇化的缓行或停滞使得乡村留下了不少规模很小的学校和班级。目前，我国乡村有不少只有几十名甚至几名学生和几位甚至一位老师的学校。为了有

利于教学和学生发展，乡村学校应该适当集中，但不是完全城镇化。然而，乡镇和乡村的农村微型学校是客观存在的，无论是从便民利民和新农村建设层面讲，还是从扶贫必扶志，脱贫先治愚角度说，都必须加强乡村微型学校建设。

国家现代化需要每个人的努力，但它首先是国家行为，是国家发展的宏伟目标和战略。农村城镇化既然是国家现代化的必然要求和结果，是现代化的战略目标，就必须配套有具体的措施，也需要一定的过程，否则就可能带来许多问题。我国城镇化的战略目标是宏伟的，但配套的具体措施、计划则很不周全，基本是市场运作过程。进城意愿很强和有能力的乡村人大量涌进城市，但城市没有做好准备，住房、医疗和教育资源都相当匮乏，这既给原来的城里人造成很大困难，也给进城的乡村人带来很多困难。有些地区由于重视农村城镇化，因而加快城镇建设和加大投资力度，轻视甚至放弃乡村建设。乡村原本基础就不好，城乡原本就存在一定甚至很大差距，再加上重视和加快城镇建设，轻视甚至放弃乡村建设，乡村的文化教育条件和生活条件就相对更差。教育成为乡村人是否愿意留在农村的关键，成为没有能力进城、待在农村的人的痛。现在全国大多数乡村通电、通水、通公路、通电视、通网络，交通便捷、信息灵通、房子漂亮、空气新鲜。乡村人吃着无公害、无污染的食品，从事农牧业生产收入也不错，完全可以过着安居乐业的小康生活，甚至有些人原本喜欢乡村田园牧歌式的生活和生产方式，但因为孩子上学问题难以解决，所以被迫无奈到城里谋求生活。因此，解决乡村的教育和文化问题就成了建设新农村的关键问题。

加快现代化进程和农村城镇化进程很有必要，因为这是大家的期待，实践证明也有可能。但国家现代化和农村城镇化应该遵循客观规律，加快进程也应有一定限度，并非越快越好。推进农村及其教育城镇化应科学合理和有计划、有组织，也需要一定过程甚至漫长的过程，应采取强有力的措施真正保证农民子女有学上和上学方便，解决农村人上学的困难，不应完全是市场运作过程甚至是适者生存、优胜劣汰和自生自灭的自然过程，更不能强制或变相强制取消学校，使美丽乡村因为没有学校而成为不适宜人类生存的地方。

农村城镇化虽说是国家现代化的必然要求和结果、战略目标和措施，现代化的国家也还存在农村，或者是城镇化的农村，或者是田园牧歌式的乡村，那么，在乡村办好微型学校也就应该是国家现代化和农村城镇化的必然要求、重要战略目标和措施。农村城镇化必然使农村人口和上学的适龄儿童逐渐减少，但既然农村还客观存在，国家还要建设新农村，就必须重视发展农村教育，办好农村学校，在农村城镇化过程中的乡村甚至乡镇学校也必然是微型学校。农村微型学校的经济效益不高,但具有崇高价值追求，是真正的以人民为中心、弘扬人文精神和重视处境不利人群的教育，是真正地发展和培养个性的教育。农村微型学校的发展也为小班化教学提出要求和提供了条件，这既是压力，也是机遇，国家和社会各个方面都应把这个压力变成动力，抓住这个良好机遇，办好农村微型学校，积极实施小班化教学，为培养有个性的全面发展的人而努力。

三、城市学校要尽快尽力满足不断扩大的优质教育需求和实施促进个性发展的小班化教学

在全面发展基础上促进个性发展是国家现代化的必然趋势、要求、结果和重要目标。乡村学校的现实问题是规模太小，如果只是追求经济效益，乡村微型学校的经济效益低就必然得不到重视。农村微型学校经费投入少、教育教学设施落后、师资质量低，教育教学质量很难提高，个性化发展也很难实现。城市学校的现实问题是学校和班级规模太大。学校和班级规模太大，即便教育教学设施和教师队伍质量都高，也很难做到个性化教学和促进个性发展。解决城市学校和班级规模太大的问题就要多办好学校，促进个性发展的有效措施就是实施现代化要求的小班化教学。

我国教育部早在1952年颁布的《幼儿园暂行规程（草案）》《小学暂行规程（草案）》《中学暂行规程（草案）》中就规定，幼儿园班级“每班都以二十人到二十五人为原则”，“小学每班儿童名额：乡村以二十人至二十五人为原则，城镇以三十人至四十五人为原则”，“中学以班为教学单位。每班学

生人数，初中以五十人、高中以四十五人为原则”。[①]1982年教育部颁发的《中等师范学校及城市一般中小学校舍规划面积定额（试行）》规定：完全中学的学校规模应为18至30个班，初级中学的学校规模应为18至24个班，中学每班学生名额近期为50人，远期为45人；小学的学校规模应为18至23个班，每班学生名额近期为45人，远期为40人。1996年颁布的中华人民共和国国家教育委员会令第26号《小学管理规程》的入学及学籍管理规定：小学采用班级授课制，除不具备条件的可以采用复式外，班级的组织形式一般都应为单式。教学班级学生数额以不超过45人为宜。学校和班级规模都应有利于教育教学，有利于学生身心健康，便于管理，提高办学效益。

关于班级规模，尽管国外许多研究有不同看法，但小班化教学已是大势所趋。1978年格拉斯和史密斯运用综合分析法，对自1900年到1978年间的77个关于班级规模的实验研究发现，60%的对比表明小班的学生成绩优于大班。但在人数在30人以下的班级中，小班的成绩优于大班更明显，有69%的对比说明约18人的小班的学生成绩比约28人的大班更好；有高达98%的对比说明2人的小班的学生成绩明显好于28人的大班。但在人数在30人及以上的班级中，班级大小对学生成绩的影响就并不显著。[②]格拉斯和史密斯还综合考察了60篇涉及172项小班学生和大班学生在学习动机、兴趣、自我意识、积极性、创造性和其他类似的情感因素之间关系的比较的研究报告发现，其中约占总数85%的147项研究肯定了小班教学的优越性。美国科罗拉多州立大学的博兰德（Bolander.S.F.）对大学班级与学生动机的调查也证明，学生在小班中比在大班中表现出更高的动机水平，只有30%的大班学生的动机高于小班学生的平均值。[③]

研究说明，小班化教学的优越性不仅与研究确定的不同班级规模的大

①《中国教育年鉴》编辑部编《中国教育年鉴1949—1981》，中国大百科全书出版社，1984，第726页、728页、731页。

② 金传宝：《美国关于班级规模的实验与研究》，《比较教育研究》2004年第1期。

③ 李守可、朱建童：《生态学原理视阈下高校思想政治理论课教学探析》，《教育与教学研究》2012年第10期。

小及其比较有很大关系，也与教学方式有紧密联系，而且必须以教师积极应用有效教学方式，努力提高学生学业成绩为前提，否则一切都无从谈起。史拉温的研究认为，“班级规模对学生的成绩并无显著影响，除非将班级规模缩小到每班不多于3个学生”，但这种情况实属个例，在实际中很少见。[①]把班级人数从27人减少到16人，的确会给教学带来积极影响，但这不仅是因为班级规模小，应该说主要是因为小规模班级为教学过程、环节的有效性提供了可能或必要条件。“真正最有效的教学方法是个别辅导”[②]，但在大班中不仅有效的个别辅导不可能，而且有效的提问、练习等常规教学也很难实施。还有这不只是减少了两三个学生，而是减少了10个以上。

罗宾逊按年级、学科、学生成绩和行为等特点，比较教学实践等因素，运用相关归类法对1950至1985年间100个有关班级规模研究进行分析，想说明班级规模大小对学生学习成绩没有明显影响，但他的结论并没有说明这个问题，反而说明了小班化教学的显著优越性。他认为，第一，小班，尤其是人数为22人及以下的班，对幼儿园儿童和小学三年级学生的数学和语文学习有最积极的影响，但效果可能在一年后逐步消退；第二，小班教学在小学低年级对学生学习态度和行为有最积极的影响；第三，小班教学对家庭经济条件差的学生和少数民族学生的学习成绩有积极影响；第四，班级规模在23人至30人时，对小学以上各年级的大多数学生在大多数学科的学习上并无显著影响；第五，小班教学随着年级升高对学生成绩的影响逐步减小。[③]在他的五点结论中，第二、三点完全说明小班教学优于大班教学。第一点说，影响效果可能在一年后逐步消退。第四、五点的原因是什么？除了在23人至30人之间的班级规模变化不明显，还和他解释的一样，与教师在小班教学中不能充分利用小班提供的有利条件，而是继续采用和在大班教学中一样的违背教育规律和教学一般要求的教学方式、方法和手段有

① 陈云奔：《美国关于班级规模的实证研究》，《外国教育研究》2004年第9期。

② 钱丽霞、顾瑾玉：《关于国外班级规模缩减问题的研究》，《教育科学研究》2000年第6期。

③ 冯建华：《小比大好，还是大比小好——班级规模与教学效果的实验研究》，《教育研究与实验》1995年第4期。

密切关系，与追求“更为经济的教学策略”有密切关系。反过来说，如果在小班教学中，教师能够充分利用小班提供的有利条件，积极应用有效教学方式，或能够自觉按照常规的教育教学要求教学，小班教学就有优越性。进一步推论，如果小班教学采用比大班教学更为不好的方法，那么，小班教学效果就会更差。因此，这样的研究并不能说明班级规模对教学效果的影响，或小班教学没有优越性。

我国以前有关中小学班级规模的规定既有人口众多的原因，也有经济实力和能力的原因。现在在城乡，特别是在城市实施小班化教学既是发展学生的兴趣、能力、个性和培养创造精神的需要，也有心理学、管理学等理论依据。提高教学质量，培养有个性的促进社会发展的优秀人才，首先要有先进教育理念和课程教学内容、教育教学方法和手段，但班级规模也是重要条件，班级规模太大，再好的理念和课程教学方法也难以实施。中小学的理化教学要做实验，做实验是培养学生思维能力、发明创造能力和动手能力的必由之路。做实验既需要时间，也需要设备，还需要老师指导，班级人数过多，不仅不能充分保证操作时间、实验仪器设备，老师的指导时间也难以保证，就很难保证和提高教学质量。语文也要做练习，特别是要写作文，学生写作文教师要认真批改和讲评，如果班级人数过多，老师就很难做到对每个学生都认真负责。英语教学也要做很多练习和问答，但班级人数过多练习和问答时间就十分有限，也很难保证和提高教学质量。很少做实验、做练习、批改和讲评作业的教学不可能是高质量的教学，只能是一种填鸭式和应试型教学，很难发展和培养学生的能力和个性，也是对人力资源和国家教育投入的一种浪费。乡村教育条件差，但学校和班级规模较小，实施小班化教学比较容易。城市教育条件好，但班级规模普遍很大，实施小班化教学就要做很大努力。

四、乡村建设微型学校和城乡实施小班化教学必须大力增加教育投入和培养大批优质教师

现代化首先是渴望改变、追求卓越的心态和目标的现代化，然后是发展

道路、组织理念及实施战略、策略的现代化，是社会注意力、精力、资金投入的现代化。教育现代化和在农村发展微型学校、在城乡实施小班化教学同样如此，首先要有改变现实教育状态的强烈渴望，有对教育促进社会发展和人的全面发展理想目标的明确定位，然后是对教育适应和促进国家现代化目标和战略、教育自身发展道路、教育机构和活动组织理念及其实施战略、策略的合理性制度安排，有吸引社会组织和个人注意力、精力、资金投入并关注教育发展的合理性制度安排。乡村建设微型学校和城乡实施小班化教学必须通过合理性制度安排，大力增加教育投入和培养大批优秀教师。

改革开放以来，我国国力迅速增强，尽管我国的教育投入占国民生产总值的比例一直较低，但教育发展也取得了前所未有的巨大成就。前十几年，为了争取教育投入达到国内生产总值的4%，许多人持续呼吁，最终实现目标。近几年，大家似乎认为我国的教育投入比例已经与我国的综合国力相适应，也已经满足了教育发展需要。但从乡村建设微型学校和城乡实施小班化教学角度来说还远远不够，还要继续增大比例。如果把目前城市学校60多名学生的班级变成30名学生左右的班级，经费投入就要增加一倍，教学设施数量和教师数量也要增加一倍。由于城乡学校和班级规模差别很大，城乡学校生师比差别也很大，乡村甚至乡镇学校生师比一般较小甚至很小，迫切需要大量全科教师。城市学校生师比一般较大甚至很大，实施小班化教学的专业教师尤为短缺。为了满足乡村微型学校对教师的需求和降低城乡学校的生师比，都需要增加更多教师。再加上人口政策的改变，如果幼儿园和中小学都实施小班化教学，再过几年、十几年，我国就需要比现在多一倍以上的教师。以前国家经济实力有限，在人口众多的大国实施小班化教学基本不可能。现在经济发展水平比以前提高了许多，可是由于对实施大班教学的危害和实施小班化教学的意义认识不足，也由于习惯性和追求眼前经济效益等，实施小班化教学需要的经费投入、教学设施建设和教师配备都存在很大困难。但从实现中华民族伟大复兴的中国梦、国家现代化和培养德智体美劳全面发展的人、培养有个性和有创造精神的人讲，大力增加教育投入是必须的。

教育投入达到国内生产总值的5%甚至6%也是有国际先例的。印度国情与中国相似，两国都是发展中人口大国，几十年来，两国政府都将中小学普及义务教育作为教育工作的重中之重。21世纪以来，印度明显加大教育投资，并明确提出力争将公共教育支出提高到占国内生产总值的6%。2003年印度教育投入达到国内生产总值的5%，前几年已经实现占国内生产总值6%的目标。[①] 无论从建设好乡村微型学校和在城乡实施小班化教学的重要意义来看，还是从我国经济增长和综合国力来说，国家进一步加大教育投入比例都是有必要和可行的。现在的关键问题是下决心的问题，是能否抓住良好机遇采取有效措施的问题。

① 喻小琴:《印度义务教育经费管理的政策经验及思考》,《教育导刊》2012年第8期。厉春元、王小兵:《教育投资的国际比较与分析》,《理工高教研究》2004年第5期。

第四节

源头根治综合治理幼儿保教“小学化”

幼儿是人类和民族的未来、希望。幼儿保教是党之大事，国之大事，是民之大事，家庭大事。改革开放以来，我国幼儿保教事业和幼儿园建设取得显著成绩，但幼儿保教受家庭和社会影响，小学化倾向还非常严重，对幼儿健康成长有长期隐性不良影响。幼儿保教小学化倾向有深刻的社会原因，根除幼儿保教小学化倾向，需寻找源头，多措并举、综合治理、标本兼治；要全面深刻认识幼儿保教的本质，使幼儿保教活动和机构的概念、名称反映幼儿保教的本质；全面理解和科学借鉴国内外历史经验和科学研究成果，把科学理念落实到幼儿保教实践活动中；严格规范社会出版物、辅导机构对幼儿保教的影响，引导家庭科学认识幼儿保教。

一、根治幼儿保教小学化倾向首先要把学前教育正名为幼儿保教

学前教育是现代词语。古代中国鲜见“教育”一词，有关学习和教育的词语更多的首先是“学”，其次是“教”，再次是“育”，[①] 所以也不可能有学前教育和幼儿教育等词语。中国古训“养不教，父之过；教不严，师之惰”的根基是“人之初”。“教”的“上所施，下所效”既是以“育”的养善、“养子使作善”为目的，也是以善养和善作为方式，以生育、养育、发育和保

① 郝文武:《师范教育向教师教育转变的必然性和科学性》,《教育研究》2014 年第 3 期。

育等为基础。可怜天下父母心，古今中外没有不希望孩子健康成长和发展的父母。任何父母都不会冒着伤害孩子身心健康的危险教育孩子，父母在尽力精心保护、保证孩子身心健康发展前提下对孩子加以教育，就是保教并举或保教结合。保育是指父母或保育人员精心照管和养育幼儿，为幼儿提供生长、发育的良好家庭和社会物质、精神环境，使幼儿身心健康成长。教育的目的是对孩子的成长产生好的影响，但未必都能保证对孩子有好的影响。好的教育对孩子的成长有好的影响，是孩子未来成长、发展的基础。不好的教育对孩子的成长有不好的影响，轻微的不良影响可以矫正，严重的不良影响却很难恢复。如果有良好的家庭和社会条件，父母和保教者有爱心、耐心和必要的保教知识、良好的保教方法，教育就既能很好地促进孩子健康成长，又不伤害孩子。如果条件不能保证，父母、老师就不能也不会冒着伤害孩子的危险去对孩子进行教育。幼儿保教的最高目标和最大的善是幼儿身心健康发育、成长和发展，最基本的目标和最低的善是不损害幼儿身心健康发育、成长和发展。

每个人在成长过程中都既会感受到快乐，也会承受一定的压力和烦恼。幼儿身心处于发育的初期阶段，这个阶段既是人的身心发展具有很大可塑性的重要阶段，也是人的身心发展不成熟和承受外界影响的能力很弱、容易受到伤害的阶段。即便是教育专家也很难精准确定幼儿发育的关键期、向好发育的可塑性空间和使幼儿承受必要压力而又不至于伤害他们的临界值，要小心对待幼儿，不能像对待身心发展比较成熟的学生那样对待幼儿。幼儿在所谓“关键期”能得到很好发展，他们长大以后往往也会有较好发展，这要比在“关键期”受到伤害，导致他们以后不能很好发展要好得多。保育优先教育和万无一失、稳中求进是父母和教师的必然选择。

幼儿保教区别于学校教育、育区别于教，既有现代科学依据，又是一种朴素的态度、情感、价值取向和整体与历史的思维。天人合一，道法自然是中华传统文化精髓，首先是道法人的自然，是人的自然或作为自然的人与人的精神或作为精神的人的和谐统一发展，对于幼儿保教来说就是保教并举、先保育后教育。中国的幼儿保教在不同社会和时期有不同名称，古代幼儿保教活动及其机构称为蒙学、幼儿启蒙和蒙学馆、育婴堂等。近代幼儿保教活动及其机构逐渐变为幼儿保育、幼儿教育和蒙养院、幼稚园等。中华人民共和国成立初期，幼儿保教坚持保教并举原则，幼儿保育、幼儿教育混合使用。改革开放以来，幼儿保教坚持保教结合原则，虽然不同文件和科学研究对于幼儿保教的具体活动也强调幼儿保育，但因事业发展需要[①]，在总体上，更多强调幼儿教育、学前教育；学前教育逐渐演化为幼儿保教活动、机构和研究的普遍、正规概念和名称。这是当代中国幼儿保教的教育功能越来越明显、幼儿教育逐渐优先于幼儿保育的根源，是幼儿保教教育化、学校化、小学化的重要原因。

为了在科学理念指导下大力促进幼儿保教活动发展和幼儿园建设，2017年党的十九大报告提出的“幼有所育、学有所教”这一先育后教理念，既把育和教相区别，也把保育和教育相区别。2018年中共中央、国务院颁发的《中共中央 国务院关于学前教育深化改革规范发展的若干意见》特别强调幼儿保教结合基本原则。保教甚至保育必然包含和不能排除教育，教育则未必包含保育。2020年中共中央、国务院颁发的《深化新时代教育评价改革总体方案》，同样十分强调幼儿保教。

科学概念应全面准确反映所概括事物的本质，保证和促进幼儿健康成长活动的本质是幼儿保教，不只是学前教育。学前教育是对幼儿保教活动以偏概全的命名。保教结合，“保”前“教”后，“幼有所育、学有所教”的先育后教理念，不仅是约定俗成或遣词造句问题，而且是对人的身心发展不能也不可更改和必须遵循的客观规律的客观描述。为了使幼儿保教的概念、名称名副其实反映幼儿保教本质和幼儿健康成长规律，消除幼儿保教小学化倾向，很有必要把学前教育活动正名为幼儿保教活动，把学前教育研究所（中心）、学前教育师范学院等机构正名为幼儿保教研究所（中心）、幼儿保教师范学院，把学前教育研究刊物正名为幼儿保教研究刊物。如此改变并未降低幼儿保教的教育科学和学术水平，反而更能标明幼儿保教的

---

① 史慧中：《开拓新百年——在中国幼儿教育百年纪念暨学术研讨会上的发言》，《学前教育研究》2003年第11期。

多学科性和复杂性。

二、根治幼儿保教小学化倾向要全面理解和科学借鉴现代保教研究成果和历史经验

保育和教育既有区别，也有联系。保育是家庭教育功能在幼儿园的自然延伸，是让幼儿建立对幼儿园的归属感与安全感的最好途径；是幼儿教师建立与幼儿亲密关系的最好途径，是整个幼儿园教育得以展开的根基；是幼儿园实施生活教育的直接途径，是幼儿园整个教育目标得以实现的根本保障。所以，幼儿“保教并举”应是“保育优先，教育其次；保育为重，教育为辅”[①]。幼儿保育和教育都要育，但育的内容和方式又不尽相同。保育的育是在保护、保证幼儿身心健康发育发展基础上的育，幼儿身心健康发育发展本身就是保育的目的，侧重于人的自然身心和最基本品德、智力的发育发展。现代社会更应重视幼儿保育。教育的育则是在此基础上，主要以教和学为目的的育，侧重通过教学、教养、指导、引导等使儿童学习知识，形成技能、能力和良好品德。身体既是每个人生存、生活、学习、工作和发展的基础，又与心理健康相互影响，同时并行。教育的目的在教育之中，不在教育之外，这是对幼儿保教本质和规律的客观概括。

人的身心健康发展先是态度、情感和价值观的发展，后是知识、能力和技能的发展。教育的教对人的成长和发展的影响如同农民种植、耕耘等，是有意、有时空性和具体、局部的。保育和教育的育对人的成长、发展的影响犹如阳光风月、空气水分的影响，是无时不在和整体、全面的。中医治生病的人，西医治人生的病；授人以鱼不如授人以渔，给人金子不如教人点金术。知识、技能可以教，但情感、态度、兴趣、品德、习惯甚至思维、想象等能力无法教，是受家庭、学校和社会等潜移默化的影响形成的，是通过内化而内生和自我成长的，也是一种“无知之教”。[②] 重教轻育，重学

---

① 赵南:《学前教育“保教并重”基本原则的反思与重构》,《教育研究》2012 年第 7 期。

② 金生鋐:《无知之教中的智性解放》,《教育研究与实验》2017 年第 6 期。金生鋐:《苏格拉底的“不教”之教》,《教育发展研究》2018 年第 6 期。

轻习，是中国教育从幼儿保教开始就存在的问题。社会的价值取向和生活世界中的“大教育”从根本上决定了学校教育的价值取向，特别是幼儿保教的价值取向。[①] 玛格利特·米德认为，“一个社会的社会结构及其学习被结构化的方式——学习在从母亲到女儿，从父亲到儿子，从母亲的兄弟到她妹妹的儿子，从巫师到学徒和神话专家到有抱负的专门研究人员等过程中的传递方式——决定了个体学会思考的方式，决定了共享和利用学习的准备（即分散的知识和技能）……总量的方式”。“在教与学的过程中起到主要和决定作用的是社会环境和信息传递的方式，而不是教授的内容。”[②]

幼儿保教小学化既是重视教育的一种表现，是民众的诉求和学校的追求，也是具有某种价值追求或知识伦理的教育理论引导、指导、影响的结果。现代社会应该重视幼儿早期智力开发、早期教育或学前教育，但这必须以育人为本、以幼儿为本，遵循幼儿身心发展规律，尊重幼儿人格，保护幼儿童心，不能急功近利、只看重人力资本投资效益，更不能冒着对幼儿身心健康可能造成伤害的风险而追求经济利益，不能因为希望孩子有出息，就早早把孩子绑在钱袋子和钞票上，使孩子沾染浓厚的铜臭味；不能以教和教育代替育和保育，只重视对幼儿的正式教学及其读写算等能力发展，轻视幼儿自发游戏对创造力和价值观形成的价值，减少幼儿自由游戏时间，不再把自由游戏和从玩中学习、获取知识视为合适路径。经济合作与发展组织（OECD）发布的《强势开端Ⅱ：早期儿童教育和保育》把教育放在保育前面，是因为“在所有为儿童提供的服务中，儿童发展和受教育的权利均被视为具有优先性”。这实际上是轻视甚至忽视幼儿发育保育的优先权、优先性；是以增加女性参与劳动力市场的机会，更加公平地调解工作和家庭责任的分担，缓解国家面临的日益严重的人口挑战等以成人为中心、经济为中心、社会为中心的一种人为手段；把解决儿童贫困和教育不利问题放在最后，也就淡化甚至淹

① 郝文武：《多元文化发展中德育的终极关怀与多层面价值和方式——兼论当代中国德育哲学的变革》，《华东师范大学学报（教育科学版）》2010年第2期。

② 齐格蒙特·鲍曼：《个体化社会》，范祥涛译，上海三联书店，2002，第153—154页。

没了以儿童为中心、以人为本、以育人为本和以人为目的。[①]

“保教一体化”是世界幼儿保教发展的趋势，但它把保育和教育明确区别甚至分离，既可能是先保后教的一体化，也可能是先教后保的一体化，还可能是保教并举、不分先后轻重、同步同时同样重视的一体化。保育本来就不只是身体的育，也包括待人接物、文明礼貌、讲究卫生、语言交流、识文断字、简单算数的教和育。在家庭，即便父母是文盲，对孩子的育也不可能只是身体的保育，在幼儿园更是如此。“保教一体化”实际上是把家庭、社会的潜移默化的教和育只看作是保育，不看作是教育，只把学校正规的教和育或学校化、小学化的教和育看作是教育。虽然联合国教科文组织和经济合作与发展组织等相关国际教育组织都推动“保教一体化”,但它们推动“保教一体化”的价值追求有明显区别。联合国教科文组织倡导“早期儿童保育与教育一体化”（ECCE），强调各国政府应在推动儿童早期保育与教育的统整合并中扮演更为积极的角色。经济合作与发展组织倡导“早期儿童教育与保育一体化”（ECEC），强调整合儿童早期教育与保育两种服务与功能。[②] ECCE与ECEC虽然只是排列顺序的区别，却深刻反映了对待幼儿保教的两种截然不同的价值观，也是从重视幼儿养育、保育到重视幼儿保教并举、保教结合，再到重视幼儿教育、学前教育，轻视幼儿保育，从而使幼儿保教小学化的源头、根源。

幼儿保教并举，保育优先教育，古今中外都有深刻认识和可资借鉴的丰富经验。如前所述，古代中国重视蒙养，近代重视幼稚保教。宋代废止自汉代开始持续10个世纪的童子科考试就是汲取之前的教育优先保育教训和“人材贵乎善养，不贵速成，请罢童子科，息奔竞，以保幼稚良心”。[③] 近年来尽管一些学者对德国是否禁止学前教育有不少争议[④]，但无可否认，德国无论是禁止还是发展学前教育都是为了促进幼儿身心健康发育发展，都是为了保护

① 马健生、陈元龙：《学前教育小学化：困惑与澄清——基于“儿童发展中心”的分析》,《北京师范大学学报（社会科学版）》2019年第4期。

② 但菲、索长清：《“保教一体化”国际趋势与我国学前师资培育改革》,《教育研究》2017年第8期。

③ 李弘祺：《学以为己：传统中国的教育》，华东师范大学出版社，2017，第250页。

④ 杨佩昌：《德国为何立法禁止学前教育》,《教师博览（文摘版）》2012年第5期。洪莉：《德国宪法没有禁止学前教育》,《中国青年报》2014年2月11日。

幼儿的纯洁心灵，避免幼儿身心受到伤害，不是为了让孩子赢在起点而揠苗助长，不是为了急功近利的成人的目的限制幼儿自由童心的发育发展。甚至正是让孩子“输”在起点的欧美教育铸造了为世人所称道的德国哲学、科技和职业教育的辉煌。① 不让孩子输在起点的心愿无可厚非，但推崇早期教育当三思而行。赢在起点未必赢在终点，输在起点未必输在终点，古今早期教育成功的例子和经验并不多，反而赢在起点输在终点的神童和大器晚成的历史例证倒有许多，值得我们深刻反思。保持一颗平常心而非把幼儿当作神童、超人，是幼儿保教正确不二的选择。

三、根治幼儿保教小学化倾向要把科学理念落实到幼儿保教实践活动和教师队伍建设中

活到老学到老。从广义讲，学习是人存在的方式和根源，每个人从生到死都要学习，人不学习就不能成为人，不受教育就不能成为适应和促进社会发展的文明人。人的学习既有指导学习，如在学校有目的、有组织、有计划的学习，也有自学和自主学习，如在学校以外的生产生活中自主学习和潜移默化、有意无意的学习。幼儿保教和学前教育的本质是学校及其教育和学生及其学习之前的教育，是在幼儿保教中的学习和教育，不是超前学习和教育。与学校教育相对应的还有离开学校后的继续学习和教育。学校的功能和任务是教育,学生的任务和责任是学习。幼儿保教机构是幼儿园，不是学校，幼儿园的功能不只是教育，学习不能是幼儿的主要任务，幼儿任凭自由兴趣、幼儿园激发和引导幼儿兴趣在游戏或玩耍中自然而然健康成长和发展是幼儿和幼儿园的“任务”。区别教育与非教育、学校及其教育与非学校及其教育、学校教育之前的教育与教育之中和之后的教育的本质和规律是认识幼儿保教本质、区别保育优先教育和教育优先保育理念和实施方式的关键和核心，也是根治幼儿保教小学化的关键和核心。

幼儿保教与学校教育的学、育和教的联系和区别主要是由它们的对象决

① 王东梅:《让孩子“输”在起跑线上——欧美教育的启示》,《内蒙古教育》2014 年第 21 期。Cherrie :《为什么德国人故意让孩子输在起跑线上？》,《内蒙古教育》2015 年第 1 期。

定。由于它们的对象的年龄阶段不同，它们的学、育和教有了明显甚至根本区别。如果幼儿园先教育后保育就会丧失本性，就会教育化、学校化、小学化。如果说幼儿园的保育与教育功能、任务、内容和目标各占一半，幼儿园教育与小学教育又有一半区别，那么，幼儿保教与学校教育就有很大的区别。中国教育及其幼儿教育与欧美教育及其幼儿教育虽然都是教育及其幼儿教育，但又是很不一样的。如果说中西方教育及其幼儿教育的差别又有一半，那么，中国幼儿保教中“虎妈式”幼儿教育与欧美“快乐教育”“自由教育”等幼儿教育理念、目标、功能、内容和方式之间的区别就更大了。欧美幼儿教育在某些方面的确更加科学，而中国幼儿保教需要改变和学习的方面还有不少。

小学起始年级按国家课程标准坚持零起点教学，并非是一个没有标准、无法实行和评价的模糊概念。[①] 相对于小学对幼儿入学有知识、能力、技能和态度、习惯等过高要求而言，“零起点”不是说幼儿的知识、能力、技能和态度、习惯等完全空白。人的学习没有“零起点”，即便婴儿也有学习，也有心理和“知识”基础。“零起点”入学是说，虽然幼儿保教不是义务教育，但在普及九年义务教育和普及幼儿保教情况下，每个幼儿都应接受保育和教育，幼儿园都应按照就近入学等原则无条件接受幼儿入园，国家和社会对幼儿保教和入园应做到“一个也不能少”。小学更应无条件接受儿童入学，不能因为儿童的知识、技能、能力等原因拒绝接收儿童入学。学前幼儿的身心发展与学校儿童有明显不同，幼儿有很大的依赖性，依赖父母，依赖老师，以在父母和老师帮助、指导、引导下学习的标准要求幼儿就是“零起点”要求和科学的教育教学及其评价，如果以完全独立的学习和生活能力要求幼儿就不是“零起点”要求和科学的教育教学及其评价。幼儿的思维主要是动作和形象思维、自由想象，如果以动作和形象思维、自由想象的普遍发展程度要求幼儿就是“零起点”要求和科学的教育教学及其评价，如果要求他们有抽象思维就不是“零起点”要求和科学的教育教学及其评价。

① 马健生、陈元龙：《学前教育小学化：困惑与澄清——基于“儿童发展中心”的分析》，《北京师范大学学报（社会科学版）》2019 年第 4 期。

与思维发展相联系，幼儿容易记忆活动性、形象性事物，而且对此可能有较长时间的记忆，不容易记忆抽象事物，对此只能有短时记忆。幼儿的注意力一般就只有20分钟左右，如果对幼儿的教育安排在20分钟之内就是"零起点"要求和科学的教育教学及其评价，如果超过这个时间就不是"零起点"要求和科学的教育教学及其评价。

保教并举既要落实到幼儿园的保教活动中，也要落实到幼儿园教师队伍建设和设备设施建设中。幼儿保教并举、先保后教不仅表现在通过严格制度、标准、规则和检查、检测、评价保证的保教素材、设备等看得见摸得着的硬件建设，而且主要体现在知识结构、学历职称、爱心、耐心等教师队伍建设的硬件条件和很难全面科学评价的教师教育教学行为过程和方式等软件条件。幼儿保教既要保证幼儿吃好、喝好、穿暖等，使幼儿的身体不受伤害，也要促进幼儿心灵健康发展，保护幼儿的好奇心等。缺乏爱心、耐心等核心素养的教师即使有再多知识、再高超的能力都是不合格的幼儿教师。幼儿保教的身体保育和知识、技能、能力的教育是可以分离的，但心灵的保育和教育是不可分离的，两者本来就是结合的、一体化的。而如何保护和发现、发展幼儿童心，幼儿教师又有很大"自由裁量权"。过程即本质，关系即本质、规律，幼儿与教师之间的互动和关系决定了幼儿保教活动最后的结果。帮助幼儿教师形成正确的理念，提高幼儿教师的素质是根除幼儿保教小学化的关键。

根治幼儿保教小学化倾向还要根治幼儿教师队伍建设的重教轻保倾向。世界上许多国家都把幼儿保育员和幼儿教师等同对待，也有些国家把幼儿保育员列为非教师系列。[①]我国把幼儿园纳入国民教育体系，把幼儿园教师纳入教师系列，加快了幼儿保教事业发展。但由于多年前就取消了能大量培养幼儿教师的幼儿师范学校，大部分农村幼儿园教师编制严重短缺或没有编制，幼儿教师基本是临时聘用。由于缺乏教师，不少幼儿园与小学合为一体，以小学教师代替幼儿教师。由于许多小学教师和临聘教师没有接

① 但菲、索长清:《"保教一体化"国际趋势与我国学前师资培育改革》,《教育研究》2017年第8期。

受学前保教专业学习和教育，工资收入又低，幼儿园师资队伍建设和保教活动处境艰难。更严重的是，大部分人把重视保育视为幼儿教育功能的退化，为了进一步加强教育，把幼儿保育员与幼儿教师明显区分，既降低幼儿保育及其保育员的地位、价值和要求，也分离幼儿教师保与教的责任，使本应同时承担保教责任的幼儿教师成为专职教师，甚至把只会教育不会保育的教师称为教师，把只会保育不会教育和既会保育又会教育的保育员统称“阿姨”，又强化了幼儿保教小学化。[①] 缺乏知识、能力和爱心、耐心的“阿姨”不适合做幼儿保教工作，但有知识、能力和学历却缺乏爱心、耐心，不会做游戏的专业教师，也不可能对孩子形成有效影响。幼儿保教员成为如同母亲一样伟大的“爱心阿姨”“专业阿姨”，使孩子自信自强、茁壮健康地成长，又有何不好？

有调研表明，21 世纪初，农村幼儿保教专任教师与保健医生、保育员数量比例相差悬殊，远达不到“一教一保”或“两教一保”要求。农村幼儿园只有 35% 的班级能够配置“一教一保”，多达 20% 的班级仅有一个教师负责全部保教、安全、卫生等事宜。[②] 经过近几年的努力，这种状况有所改观，但要根本改变幼儿园保教小学化倾向，做到保育优先教育，必须从根本上改变幼儿教师队伍建设的这种状态。

四、根治幼儿保教小学化倾向应积极引导家庭和严格规范社会的幼儿保教活动

幼儿园保教小学化既有幼儿园价值追求、目标定位、保教师资和管理方式等原因，更是社会和家庭影响、催促的结果。家庭保教、社会环境及图书出版物、校外辅导机构比幼儿园有更加严重的教育优先保育和小学化倾向。幼儿园既要遵守国家规定，又要满足、迎合家庭和社会的需要，这使

---

① 马健生、陈元龙：《学前教育小学化：困惑与澄清——基于“儿童发展中心”的分析》，《北京师范大学学报（社会科学版）》2019 年第 4 期。

② 赖昀、薛肖飞、杨如安：《农村地区学前教育教师资源配置问题与优化路径——基于陕西省 × 市农村学前教师资源现状的调查分析》，《教育研究》2015 年第 3 期。

得幼儿园“在夹缝中生存”，左右为难、无所适从。但无论如何，幼儿园也不能被小学化倾向所“绑架”，而应作为主导深入探寻幼儿保教的本质和源头，确立幼儿保教科学理念，以科学理念为引领积极开展幼儿园保教活动实践，勇于面对和有效解决家庭保教、社会环境及图书出版物、校外辅导机构的小学化倾向，确保幼儿身心健康发展。

家庭教育基本有父母自己在家辅导教育，家庭聘请专业教师或大学生上门在家辅导教育，社会专门辅导机构集体性辅导教育，幼儿到社会个体辅导教师住地接受辅导教育，留守幼儿和随迁幼儿在幼儿园根据国家相关规定接受辅导教育和条件差、难以保证良好效果的农村家庭辅导教育等几种类型。有的家庭的“虎妈”过度重视孩子的教育，孩子从幼儿园回家后，晚上还要接受父母或者父母聘请的社会专业教师长达一两个小时的辅导，节假日要进行长达五六个小时的学习；精心安排了语文、数学、外语、音乐、绘画、舞蹈、武术等许多辅导班，幼儿从幼儿园出园后就直接进入辅导班，或者参加一种类型，或者要参加几种不同类型的辅导班；周末和节假日更是整天忙碌，各种辅导班时间被安排得满满当当，幼儿赶着时间在不同地点参加不同的辅导班。

大多社会辅导班和家庭辅导教育的内容、时间都远超幼儿应该学习和能够接受的范围。许多幼儿的数学辅导图书不仅有加减法、乘除法的内容，还有一些涉及“奥数”概念的内容，这些都远超出幼儿思维能力所能接受的范围。也许像布鲁纳说的“任何学科都能够用在智育上是正确的方式，有效地教给任何发展阶段的任何儿童”①,但比中小学生和成人都繁忙的时间安排和辛苦学习肯定对幼儿的成长没有好处。如果方法不当，课业过难、课业量过多且时间过长，就会使孩子痛苦难受，对学习越来越厌倦，甚至产生恐惧。这对孩子良好的学习兴趣、习惯的形成和自信心的建立也肯定没有好处。有些孩子上学后学习成绩不是很好，不是因为父母不重视对孩子的教育，也不是因为孩子不好好学习，而正是由这种“身体透支”“智力透

① 杰罗姆·布鲁纳:《教育过程》，邵瑞珍译，文化教育出版社，1982，第49页。

支”“兴趣透支”的“过度教育”“早熟教育”“夹生教育”造成的。但这些对孩子的伤害都是隐性的，很难精确评价和测定，只能以整体思维和历史经验判断。

大众媒体和出版物、社会辅导机构与家长的相互迎合、鼓吹，不仅使幼儿教育小学化，而且是跳跃一两个年级的小学化，并使之在大众心中固定化、常态化。家庭教育的小学化很难以制度治理，只能通过引导改变家长的观念。幼儿园教育小学化可以通过严格治理、专项治理解决，大众媒体和出版物、社会辅导机构的小学化也完全可以通过严格的制度治理，但这些是从保护幼儿的角度来看的，如果从经济效益或者投资回报的角度讲肯定会造成很大的损失。所以，根治幼儿保教小学化倾向，首先是解决算什么账的问题，是寻找根源、解决价值追求和思想认识的问题，是形成正确指导、引导幼儿保教实践的科学理念问题，然后才是选择采用何种具体有效措施和办法，多措并举、综合治理具体现象的问题。

第五节

教育信息化对城乡现代化影响的得失应对

以信息化和人工智能化为核心的技术进步对人类文明、社会进步、国家现代化的推动作用毋庸置疑。信息化和人工智能化是教育现代化的重要特征，既为学习的便捷、教育的大众化和形象化等提供了更好甚至不可缺少的条件，也对知识爆炸时代解决好学习和教育对知识的选择性、引导性与控制性，知识的抽象性与形象生动性、虚拟性与真实性和体验性、教育性与趣味性和休闲娱乐性，对知识转化为能力和品德的复杂性，知识的传承和创新等复杂关系和问题提出更高要求，同时也给学校生活、学习和教育带来不少问题甚至危害。推进教育现代化既应推进教育信息化、人工智能化，也应高度警觉和坚决消除它们对社会生活、学习和教育带来的危害，绝不能把形成人的教育变成形成机器人、非人和机器形成人的活动。

一、从现实和实践角度看信息化和人工智能对教育现代化影响的得失应对

卫星上天、蛟龙下海，知识的建构和普及、计算的快捷和准确，通信交流和书写记载变得方便和快捷，精神和娱乐生活更加丰富等，都离不开信息化和人工智能。但如果把信息化和人工智能看作毫无缺点的圣灵而趋之若鹜，如果没有把信息化和人工智能用到学习、工作和科研上，而是更多地用在休闲娱乐上，就会对社会造成负面影响：许多人网络成瘾，不仅在闲

暇时间而且在课堂中都不读书不求知，长时间玩手机、上网，甚至竭力追求虚拟的快乐，这对人的时间和精力的消耗、心态和价值观的扭曲，对诚实劳动、刻苦钻研和不懈追求美好理想的副作用确实不可低估。我们不能否定信息化和人工智能对社会进步的积极作用，但如果把信息化和人工智能看作人的本体存在，忘记人之所以为人的根本，信息化和人工智能就很可能犹如毒品那样，给人类带来严重灾难。①

信息化和人工智能化是教育现代化的重要特征和基础、手段，但又并非教育现代化的全部特征、核心和终极目的。教育普及化、大众化、科学化等现代化是经济、文化等社会发展与信息化和人工智能化等共同作用的结果，社会发展是教育现代化的根本，没有经济提供的条件和提出的要求，教育普及化、大众化、科学化等现代化以及信息化和人工智能化都不可能实现。现代人要有现代信息技术素质，推进教育现代化不能轻视信息化和人工智能化，但教育现代化的终极目标是人的全面发展和现代化，信息技术素质只是现代人应有现代技术素质中的一部分。包括现代技术在内的所有教育教学手段都服务于培养全面发展的人的目的和教育发展的目标，而不是为了发展技术而发展技术，甚至舍本求末，把手段性目标当作终极目标。

经过多年的建设，全国大中小学的课堂教学甚至幼儿园的游戏及其教育教学都普遍使用智能化程度相当高的一体机教学。一方面，教师在全面深入理解课程内容和教学目标基础上，做好课件，使语言讲授和信息技术很好地结合，从而提高课堂效果和教学质量。另一方面，现代化的教学手段也为教师偷懒提供了方便，使课程教学没有全面深入理解课程内容和教学目标，课件变成文字搬家、炫耀技术，课堂讲授照本宣科、有口无心，甚至使无须提高思维、想象、记忆能力的信息输送成为可能。现代信息网络和人工智能技术确实为包括学校师生在内的每个人的学习、工作、研究提供了快捷、方便，使丰富多彩的世界变得既大又小，既远又近，使每个人获得了学习、研究和休闲娱乐的很大自由。但自由是一把双刃剑，对学习目标明确远大、

① 赵汀阳：《人工智能“革命”的“近忧”和“远虑”——一种伦理学和存在论的分析》，《哲学动态》2018年第4期。

学习动力强大持续和选择判断力强的人来说是福音，对不爱学习和思考而热爱娱乐的人，特别是涉世不深、自控能力较差的青少年来说，存在自由反被自由误、丰富反被丰富误的风险。因此，有效应用信息化和人工智能教学，必须提高师生的教学目的性、选择性、自制力等。

信息化和人工智能通过网络和远程教育对高等教育大众化发挥了重要作用，特别是为没有机会在全日制普通高等学校求学而又很想学习，希望通过接受教育提高素质的在职人员提供了良好的学习和受教育机会，但也制造了许多的注水文凭、劣质学生。名不副实的学生、毕业生不仅与刻苦学习的学生、毕业生形成巨大差距、利益竞争，也败坏了诚实劳动、做人和尊重知识、尊重人才的社会风气，名不副实的教育甚至培养了不少鱼目混珠的所谓人才。基于信息化和人工智能的网络和远程教育的利害得失很难评估，但为了使基于信息化和人工智能的网络和远程教育取得理想效果，必须把加强质量管理、监控和考评作为重要保证。

通过网络和远程教育教学推进边远山区普及教育和提高教育质量是教育信息化和人工智能建设的重要目标，但我们主体间教育科研团队近五年来，对全国 22 个省区市 150 多个县 700 多所学校进行调研发现，在许多条件好的学校，信息技术在课堂教学中都有普遍应用，由于有相关专业教师，网络直播教学较少。信息化和人工智能通过网络和远程教育对边远山区中小学教学质量提高发挥的作用十分有限，只有缺乏专业教师的个别县市才通过中心学校的网络直播对边远山区学校进行音乐和美术教学，加强信息化建设只对这些学校才有比较重要的作用。

二、从认识论和方法论角度看信息化和人工智能对教育现代化影响的得失应对

人类发展史上的每一次科技文化重大创新都是人类本质力量的展示，也提升了人类本质力量，促进了人类文明和文化发展，增添了人类福祉。但每一次科技文化重大创新对人类文明发展的意义又不尽相同，有的是人类存在方式的根本性、革命性变革，有的则是人类生产和生活的某些具体层

面的改变。文字和印刷术的产生和发展不仅对人类的学习和学校教育产生了决定性影响，而且是对人类存在方式的根本性、革命性变革；不仅使人类物质创造和生活有了历史记载，而且使人类的精神文化不断传承、发展；不仅使人类对自然的认识更加全面深刻和便捷，而且使得人类把精神文明作为存在方式和研究对象。即便在信息化、智能化时代，文字还是人类认识世界、传承文明和文化的主要手段，没有文字一切都无从谈起。“语言能力等价于构造世界的能力（维特根斯坦认为语言的界限等于世界的界限）。在这个意义上，具备了等价于人类语言的任何一种语言能力就等于具备了思想能力。”[①] 信息化和人工智能是人类语言能力的又一次革命性、划时代的提升。

近代以来每次工业革命的重大科技变革对教育都有直接或间接的影响，有些是对教育目标、内容的影响，有些是对教育过程、方式的影响，有些可能是全面的影响。第一次和第二次工业革命对教育的影响主要是培养目标、教育教学内容、人才规格和数量、就业等，对教育教学方法的影响并不明显。第三次和第四次工业革命对教育目标、内容、过程和方式等都有明显积极影响，但并没有完全放弃传统教育教学方式方法。现代文明和科技虽然是人类文明革命性、划时代的发展，但现当代人也并未完全解开古代科技和传统文化形成的奥秘，这说明古代科技和文化及其形成的方式方法对现代文明发展也有难以解释和不可替代的重要价值。

“学习方式不仅包括相对的学习方法及其关系，而且涉及学习习惯、学习意识、学习态度、学习品质等心理因素和心灵力量。”[②] 教学方式不是具体的教学策略、方法或技术，而是对教学结果具有决定性影响，对人的发展具有战略意义的方法和形式。亚里士多德的《形而上学》的第一句话说的就是“求知是人类的本性”[③]。人只要求知，就有求知方式，就会形成不同的求知方式。教育和学习的对象、目的、任务不同，求知求能求德的方式就

---

① 赵汀阳：《人工智能“革命”的“近忧”和“远虑”——一种伦理学和存在论的分析》，《哲学动态》2018 年第 4 期。

② 钟启泉、崔允漷、张华：《为了中华民族的复兴 为了每位学生的发展：〈基础教育课程改革纲要（试行）〉解读》，华东师范大学出版社，2001，第 278 页。

③ 亚里士多德：《形而上学》，吴寿彭译，商务印书馆，1997，第 1 页。

不同。信息化和人工智能为高深复杂的科学技术的学习、研究和教育传递提供了前所未有的高级技术，但古今中外的大中小学教育教学内容很少达到需要用高深复杂技术学习、研究和教育传递的程度。

没有学习就没有教育，没有兴趣和思考、理解就没有学习。最有效的学习、教学及将知识转化为能力、品德的方式是原生态的绿色教育教学，是身临其境、情感共鸣的入心、入脑的学习和教学。孔孟老庄和苏格拉底、柏拉图、亚里士多德的学说及其师徒的学习、教育交流不仅是大学问大智慧，而且都是用极其简单的语言教育、学习和研究形成的。用手工刀刻在甲骨、竹简上的文字，用笔墨书写在布帛、粗纸上的文字，甚至用树枝、石块在肮脏的泥土地上书写的文字，表达的思想未必是粗糙和不深刻全面的思想。事实证明，目前流传下来的古代文字和思想也不比现代文字和思想逊色。一些诺贝尔奖获得者很少应用甚至完全不用电脑也能做出前所未有的发明、发现和创造。关于地球围绕太阳运转等知识用信息化教授可能比传统方式更好，但也未必都是如此。一群人站立或躺卧围着袁阔成听他讲评书的效果不比在电视和电脑上看到的效果差，甚至更好。能够用纯朴、生动、真切和富有感染力的语言讲得很清楚的事情，却非要用花里胡哨的现代信息技术讲授，不仅是浪费人类财富，而且也不会取得好效果，甚至会导致人脑的退化。教学和德育效果不好，原因可能有许多，但与某些教师过度利用或者有口无心地利用现代教育技术，缺乏入心、入脑的教育教学密切相关。没有亲身体验、只有虚拟和理论上的劳动教育，是不可能形成良好劳动素质的。

技术是人的创造，创造和应用技术是人的能力的体现，教育教学中应用技术是为了更好地传授知识、形成能力和品德，不是为了展示应用技术的能力。教育首先是传承传统，然后是培育、提升创新精神和能力，把传统教育智慧与现代教育智慧、教学技术相结合是教育本质和目的的要求。

三、从本体论和人性论角度看信息化和人工智能对教育现代化影响的得失应对

现代化首先是人的现代化，是人创造的现代化，不仅是人的能力的现

代化，也是人的价值观念、理想追求的现代化，是人类历史及其文明的又一次升级。现代化是最先进、最前沿、最能体现和反映社会本质、发展方向和根本特征的元素、要素的社会化和普遍化。现代性和现代化是相对的，也许古代人确实没有“现代”“现代化”等概念，但这不等于没有这样的事实。[①]尽管“现代化是人类历史上最剧烈、最深远并且显然是无可避免的一场社会变革”[②]，使得历史上形成的制度发生着急速的功能变迁，伴随科技革命的到来人类知识空前增长，人类控制环境成为可能，[③]“它发展到今天经历了工业社会、信息社会两个阶段”，[④]但永远也不能忘记人类史上发生的无与伦比的大事是从猿到人的转变。石器、青铜器、铁器和机器、电气、信息技术不仅对人类文明发展都有重大意义，而且任何时代的先进技术都是基于之前的技术发明发现和创造出来的，是创新精神转化为创新技术的结果。教育应用先进技术培养自强不息、厚德载物的民族精神和创新精神才是教育现代化的本质和追求。

给电脑输入一切知识是可能的，电脑自己“学习”一切知识也是可能的，[⑤]但人的情感、意志、体验、体会很难输入电脑。人工智能显然不具备思考整体性、无限性和不确定性的能力，既没有世界观也不可能建构和反对任何一种世界观，因此也不可能取代或者完全代替人类。[⑥]最初的电脑等人工智能是人创造的，不是人工智能创造的。人类不仅创造了人类智能及其教育，也能创造人工智能及其教育，而人工智能却不可能创造人类智能及其教育。人与机器、人类智能与人工智能的较量，与中国功夫与利炮坚船较量一样，

---

① 马敏：《现代化的“中国道路”——中国现代化历史进程的若干思考》，《中国社会科学》2016年第9期。

② 吉尔伯特·罗兹曼主编《中国的现代化》，国家社会科学基金“比较现代化”课题组译，沈宗美校，江苏人民出版社，1995，第1—5页。

③ C·E·布莱克：《现代化的动力——一个比较史的研究》，景跃进等译，浙江人民出版社，1989，第6—7页。

④ 顾明远：《试论教育现代化的基本特征》，《教育研究》2012年第9期。

⑤ 赵汀阳：《人工智能“革命”的“近忧”和“远虑”——一种伦理学和存在论的分析》，《哲学动态》2018年第4期。

⑥ 同上。

本质上还是人与人的较量。

尽管原始的教育在生产劳动和生活中进行，但它已决定和规定了教育的一般本质和基本特征。尽管不同学者对教育的起源有不同认识，但绝大部分学者和国家的规范界定还是把它看作是有意识、有目的的形成人的活动。尽管不同学者和社会对教育本质有不同的认识和界定，但无论把教育看作是培养人、造就人和指导学习的活动，还是使人社会化、知识化的活动，教育都是人类社会的活动，不是生物活动、自然和机器运动，更不是机器形成、造就人的活动。尽管历史上的生产力、生产关系、上层建筑、科技革命、哲学文化的重大变革都对人类具有划时代甚至颠覆性的重大影响，但对人的本质和教育本质的影响的重大变革也都只是对所处时代的人的本质或人的时代本质、时代的教育本质或教育的时代本质的影响的重大变革，并未改变教育之所以为教育的本质或本体，尤其不是把人变成非人，把人的教育变成非人的教育。①

人是肉与灵的统一，社会活动、教育活动是生命活动，是人的身体和精神活动结合的活动，是人的需要、感觉、知觉、记忆、思维、情感、意志和能力等相互影响的活动。无论是应用传统技术，还是应用现代信息化、人工智能技术的教育，都是在人控制下，利用它和以它为中介表达和体现人的认识、情感、意志和能力等及其相互影响的精神来影响他人的认识、情感、意志和能力等及其相互影响的精神的技术手段，是心灵间的交流、碰撞、理解、共鸣，不是机器与机器、人机之间或灵与物、有机物与无机物之间的输送、传递。无论把人变成机器，还是把机器变成人，都是非生物性、无机物和缺少心灵的活动，它们之间的相互影响不仅不能构成教育，甚至构不成一般的人际关系及其相互影响。如果把人机、人技互动看作是人机、人技共存共在及其教育，那么，教育就不仅不是人类的社会活动，连生物活动都不是了；人类发展及其教育的这种人机、人技互动自古以来就是存在的。

生生不息是生物的本性。自强不息、厚德载物是人的本性。人性包括人

① 郝文武：《从本体存在到本质生成的教育建构论》，《教育研究》2004年第2期。

的圣性、理性和物性或生物性。[①] 人类智能是人的理性的体现，是人的高级智能。人的七情六欲和生物性是人性的基础。人具有意识、思维、想象等，这首先是人与自然和机器的根本区别，然后才是人与具有生物性的动物的根本区别。人工智能不具有生物性，既不会有血有肉、有情感、有欲望、有人性，更不会有德性和圣性。能充分体现人工智能的图灵机实际上只是对人类理性智能的模拟，超图灵机即便学会自学、自创程序，也无法分辨善恶是非。假如人工智能将来获得自我意识，就很可能成为人类自作自受的掘墓人。[②] 这就等于机器有了生物性，宇宙间从此又诞生了一个新的生物种类——可能是、也可能不是在人的生物基础上形成，可能接受也可能不受人的生物性影响和控制的新型生物——超人类生物，其智力是否超越人类的智力和是否有缺陷很难想象。[③] "我们只有像思考上帝的概念那样去思考超级人工智能，才能理解超级人工智能的本质"[④]，超人工智能也许是超人类智能：全知全能不受控的智能。教育虽然有复杂丰富的内容、过程、方式等，但都是人对人的活动。人造神、神造人是很难想象、不可理喻、不可思议和荒谬的。[⑤] "人是机器"和机器是人，人际关系和教育关系成为人机关系、人神关系、机器关系，当然也是不可理喻、不可思议和荒谬的。

四、从人类及其科技发展史角度看信息化和人工智能对教育现代化影响的得失应对

关于科技发展对人类文明的意义，一直存在争论，存在竭力推崇好处的乐观派和相反的警世派或悲观派两种截然不同的观点。卢梭虽然申明"我自信我谴责的不是科学本身，而是要在有道德的人面前捍卫美德。好人之重

① 郝文武：《多元文化发展中德育的终极关怀与多层面价值和方式——兼论当代中国德育哲学的变革》，《华东师范大学学报（教育科学版）》2010年第2期。

② 赵汀阳：《时间的分叉——作为存在论问题的当代性》，《哲学研究》2014年第6期。

③ 赵汀阳：《人工智能"革命"的"近忧"和"远虑"——一种伦理学和存在论的分析》，《哲学动态》2018年第4期。

④ 赵汀阳：《时间的分叉——作为存在论问题的当代性》，《哲学研究》2014年第6期。

⑤ 赵汀阳：《终极问题：智能的分叉》，《世界哲学》2016年第5期。

视美德，比学者之重视学问，更有过之”[①]。但更多的是从多角度数落科学和艺术的罪状。卢梭认为，科学与艺术的发展使人的能力提高，道德堕落。[②]“科学与艺术都是由于我们的种种坏思想产生的。”[③]“科学产生于人的闲逸，反过来又助长人的闲逸。”[④]科学研究既探索真理，也产生错误，误导青少年，“而错误给人造成的危害要比真理给人们带来的益处大千百倍”[⑤]。德才兼备是为人之根本，重视知识轻视道德是知识形成恶果的根源。[⑥]因此，在人类所有各种知识中，应更关注对人们最有用又是人们掌握最少的关于人的知识。[⑦]卢梭的担心并非杞人忧天，信息技术和人工智能创新和应用导致的危害可能不仅是一部分人成为另一部分人的奴隶，而且有可能使包括创造和拥有更高级人工智能的人在内的所有人都成为机器和信息化、人工智能的奴隶，是人对人、人对物的依赖性的固化、强化。[⑧]卢梭提出的问题，在现代教育的信息化、人工智能发展和应用中同样明显存在，虽然没有那么严重，却也是不能忽视的。

现代性以新为标准。所谓新就是把自己理解为自我发源的、彻底自由的和创造性的，而不仅仅由传统所决定或由命运和天意所主宰。“过去和未来都在现时里出场，现在时是主体性的唯一时态，是意识自身的正时，既是时间的原点和出发地，也是时间两面的分界线，它把一切现实的划为过去，而把一切可能的划为未来。”[⑨]一切真正的历史都是当代史，“当代性不是某一类历史的特征而是一切历史的内在性质”[⑩]，“一个人可以是某个时代的当代人却又没有与之同在，而一个人虽在直接意义上不是那时的当代人，却

① 卢梭：《卢梭全集》（第 4 卷），商务印书馆，2012，第 379 页。

② 同上书，第 381—386 页。

③ 同上书，第 395 页。

④ 同上书，第 396—397 页。

⑤ 同上书，第 396 页。

⑥ 同上书，第 407—411 页。

⑦ 同上书，第 217—218 页。

⑧ 马克思、恩格斯：《马克思恩格斯全集》（第 46 卷）（上），人民出版社，1979，第 104 页。

⑨ 赵汀阳：《时间的分叉——作为存在论问题的当代性》，《哲学研究》2014 年第 6 期。

⑩ 贝奈戴托·克罗齐：《历史学的理论和实际》，商务印书馆，1997，第 3 页。

能够成为其当代人”[①]。必然性不是创作的荣耀，因为必然性是不可能生成的。既然创作是为了生成，就必须背叛必然性。“未来尚未存在而无所是，所以未来不是经验对象。既然未来还什么都不是，那么也就可以什么都是。”只有永恒性能够超越时代的局限性，而人非永恒，所以人的存在不具超越性，但人的意识有望借得某种永恒观点，或一种无时限的观点来改造永恒性、超越性。存在的终极根源就是继续存在。[②]为了人类和教育的存在和发展，当代人应既充分发挥现实能力、解决现实问题、发掘本质潜能，充分借鉴历史经验、设想和展望未来发展，尽力利用、创造、发挥信息化和人工智能的积极功能，克服其消极作用，使信息化和人工智能不断发展、成熟，更好地造福人类，更好地应用于教育，更好地辅助人。

---

① 索伦·奥碧·克尔凯郭尔：《克尔凯郭尔文集·哲学片断》，中国社会科学出版社，王齐译，2013，第78—79页。

② 赵汀阳：《时间的分叉——作为存在论问题的当代性》，《哲学研究》2014年第6期。

第七章　农村教育发展的前期基础和综合研究

笔者学生时代更关注教育经济学研习,后来主要做教育哲学研究和教学。由于在农村长大，笔者长期接受农村教育，后来又多年从事农村教育工作，对农村教育有全面深入的亲身体会，长期以来都一直关注着农村教育。关于教育理论研究，笔者对现代化、教育现代化、教育公平和正义等理论问题有长期深入思考和丰富的成果；关于教育实践研究，笔者经常深入农村和城乡课堂做大量调查研究。这些研究虽然带有时代烙印，但为本课题的研究奠定了重要基础。针对工具理性为主的教育公平观点，笔者提出了以价值理性引领工具理性推进农村教育发展、“主对象”相互对得起教育公平的观点，后来发展为平等与效率相互促进的教育公平的观点和教育的公平正义与超公平正义的观点。针对农村学校布局，笔者分析了各种观点的利弊，后来提出了以育人为本、解决农村学校布局的观点。针对教育扶贫中的问题，笔者也有一些思考和建议。

教育质量问题是所有教育的根本问题，更是农村教育和乡村教育需要特别关注的根本问题。教育差距的根本是教育质量的差距。教育的所有其他方面都可以有差距,但只要教育质量不差就是高质量的教育。教育条件再好，教育质量不高也是低质量的教育。在办学条件较差的情况下，做到教育高质量似乎不可能，但在一定程度上又应是不懈追求的目标。穷国办大教育，如果把大教育办成高质量教育，那就是在相对落后和较差条件下办的高质量教育。这在现实的农村教育和乡村教育中也是存在的。多年来，通过“普九”攻坚和教育均衡发展等措施，农村教育，特别是乡村教育的办学条件得到很大改善。但由于教师数量和质量、结构带来的教育教学质量不高问题还明显存在，许多乡村学生仍想方设法到城里上学，这不是因为学校条件的问题，而是因为教育质量的问题。所以，提高乡村学校的教育质量成为乡村教育振兴和现代化的根本。

第一节

以价值理性引领工具理性推进农村教育发展

国家现代化包括城市和农村的现代化，建设全面小康社会和实现国家现代化的重点和难点是农村。农村教育发展既是农村实现全面小康目标和建设现代化的重要基础，也是农村全面小康和农村现代化的重要目标。农村教育落后的表层原因是农村经济落后，但深层原因则是整个社会的价值观念和与其相适应的制度安排问题。因此，解决农村教育问题首先要解决的是价值理性问题，然后是解决在价值理性取向引领下利用工具理性智慧综合治理的问题。对于不同时期和有着不同的目标、方式和问题的农村，农村教育发展则都是一致的。

一、以价值理性系统看待农村教育发展

自有城市以来,城市教育就优先于农村教育。学校教育是随着城乡分离、脑力劳动和体力劳动的分离而产生的，是首先在条件优越的城市而不是在环境相对较差的农村兴起的。古代学校教育是以培养统治人才为目的而不是为了培养体力劳动者。教育教学内容主要是“修齐治平”等治国安邦知识而不是发展经济和科技的知识，教育对象主要是城乡统治阶级的子女而不是体力劳动者的后代或者农民的子女。近现代社会发展的主要特征是以近现代科学技术为核心的工业化。随着社会的发展，近现代科学技术也逐渐渗透于农业生产。为了提高劳动生产率，满足工农业生产对人才的需要，

面向城乡工农大众的教育逐渐发展起来。但由于经济条件的限制，普及教育也首先是从城市开始的，农村教育还是落后于城市教育。在现代社会，中小学教育虽然已成为普及教育，但城市教育和农村教育普及的数量程度和质量水平仍有很大不同。农村教育是普及教育最难和最后实现的目标，也是评估教育普及程度最重要的指标。现代社会的价值取向和评价标准是工业化，把是否有利于工业化作为判断国家及其教育发展的根本标准，把农业、农村、农民和农村教育的发展作为工业现代化和国家现代化的手段而不是目标。手段不仅服务目标，并围绕目标而变化，甚至可能为了目标而牺牲自身发展。几乎所有人都认为，农业发展是工业发展的基础，农村稳定是城市稳定的基础，没有农村的现代化就没有整个国家的现代化，没有农村教育的现代化就没有农村的现代化。然而，农村问题的重要性既可从目标意义上理解，也可从手段意义上理解。两种不同的理解体现了两种完全不同的价值观和发展观。如果只从手段意义上理解农村发展的重要性，那就等同于说如果城里人有饭吃、富裕了，农村就可以不发展；如果农民不反抗，国家稳定了，农民的生存状态和教育状况如何就可以忽视；落后的农村、农业和农民是城市现代化的障碍，是城里人追求幸福的累赘。很显然，以这种价值观理解农村问题是很难彻底解决农村问题的。

农村城镇化、农民市民化、农业工业化是现代化的趋势。在国家现代化过程中，农村人口和农民数量将逐渐减少，但实现了城镇化的农村还是农村，市民化的农民还是农民，工业化的农业还是农业。既然在实现现代化过程中和实现现代化后的社会还存在农村、农民和农业，那么农村与城市、农民与市民、农业与工业就应该协调发展：农村应该与城市一样有自身的发展，而不是仅以为城市发展付出牺牲的代价作为自己的发展；农业应该与工业一样有自身的发展，而不是仅以为工业发展付出牺牲的代价作为自己的发展；农民应该与市民一样有自己的幸福，而不是仅以为市民的幸福付出牺牲的代价作为自己的幸福；农村教育也应该有农村教育自身的发展，而不是仅以为城市教育的发展付出牺牲的代价作为自己的发展。

从源头说，每个城市人都来自农村。农村人走向城市从事工商业和文化教育等建设是社会发展的需要和社会进步的标志，也是农村人实现个人价值的重要途径。但走出农村，生活在城市的人不应只顾自己的发展和幸福，而不管农村的建设、农民的幸福和农业的发展。古代社会是农业社会，因此，城市及其工业的发展不能不依赖农业和农村的发展。到了近现代社会，城市及其工业发展在整个国家发展中具有关键性作用，但农业仍有不可取代的重要作用，而且综合国力的提高并不等于每个国民的幸福。国家利益是以国家的富强、安全和每一个人的发展为前提的。解决农村及其教育问题首先要形成以人为本、城乡协调、全面发展的平等和效益统一的社会公平观。

公平如同正义一样，是人类文明和社会进步追求的首要价值、最高理想和永恒目标。平等与公平互不等同，平等未必公平，不平等未必不公平。为了国家利益，在社会发展的一定时期坚持效益优先而兼顾平等，使一部分人先富起来，带动其他人的发展是公平的。在国家综合国力明显增强、社会贫富严重两极分化的情况下，同样是为了国家利益和实现整个国家的现代化，建设全面和谐小康社会，从根本上改变农村落后面貌，消除城乡差距，促进城乡协调发展，使国家发展的成果惠及每个国民，以此提升每个国民的主体性，调动他们的积极性，发挥他们的创造性，特别重视农村建设，加快农村及其教育的发展，才是公平、公正和正义的。

整个社会的价值观念和与其相适应的制度安排不同，农村教育发展的平等状况就不同。研究表明，中华人民共和国成立以前，只有少数出身于优势家庭的人才有机会接受教育，因而家庭背景对个人接受教育具有重大影响。此后国家推行大众教育和平民教育，教育机会与家庭背景之间的联系减弱。1978年以后，教育体制向着精英教育和市场化方向发展，家庭背景及其他一些制度因素对个人接受教育的影响逐渐增强。20世纪40年代，工人家庭的子女平均受教育的年限比农民家庭的子女多5.2年；办事人员家庭的子女平均受教育的年限比农民家庭的子女多3.3年；管理人员及专业人员家庭的子女平均受教育的年限比农民家庭的子女多5.2年。20世纪70年代，工人家庭、办事人员家庭和管理人员及专业人员家庭的子女平均受教育的年限并无显著差异，他们与农民家庭的子女平均受教育的年限差距只在2.0—2.6年。20世纪80年代和90年代，管理人员及专业人员家庭的子女平均受教育的年限比农民家庭的子女多3.6年，办事人员家庭的子女平均受教育的年限比农民家庭的子女多2.9年，工人家庭的子女平均受教育的年限比农民家庭的子女多1.3年。①

理性是人类最高智慧，是人类判断是非、善恶的根本标准和解决问题的根本思维方式。马克斯·韦伯（Max Weber）把理性分为价值理性和工具理性，或价值合理性、信念伦理和工具合理性、责任伦理。价值合理性行动是对存在应该是什么的认识，是立足于信念、理想的合理性，只对良心负责，为实现理想不惜一切代价，将后果与责任归咎于难以改变的客观条件、命运的安排或邪恶势力的阻碍。工具合理性行动是对存在是什么的认识，基于目的合理性，只对后果负责，以完全可以预计和计算的方式追求目的、手段、条件和结果相一致。价值合理性和工具合理性常常处于相互交错甚至两难选择的矛盾之中。价值合理性对于工具合理性是非理性或非合理性的，工具合理性对于价值合理性是非理性或非合理性的，但两者也并非绝对对立，是互为前提共存于同一事物之中的两种属性。一个具有真正自由人格的人，能以价值合理性为动力，以工具合理性为准则，将价值合理性、信念伦理和工具合理性、责任伦理互补交融地结合或统一起来。②

农村及其教育发展是国家最高目标和永恒利益不可缺少的重要组成部分，维护国家的最高利益要讲战术、讲策略，不能盲动和感情用事，不能只负伦理责任而不负后果责任，更不能只讲经济效益的得失而不讲道德追求和社会效益的得失。我们也必须以这样的态度和价值理性解决农村建设和农村教育发展问题。

二、以农业发展、农村小康和农民幸福为核心，评估和促进农村教育发展

发展农村教育首先必须认识农村教育的对象、价值、性质、目标和任务。

① 李春玲：《社会政治变迁与教育机会不平等——家庭背景及制度因素对教育获得的影响（1940—2001）》，《中国社会科学》2003年第3期。

② 苏国勋：《理性化及其限制——韦伯思想引论》，上海人民出版社，1988，第73—98页。

农村教育的价值是多层面的，但它首先应该促进农业生产的科学化、现代化，农村的小康和农民的幸福。给农村教育下一个定义十分困难。农村教育包括对农民的教育，但又不等于对农民的教育，更不等于培养农民的教育。农村教育包括以青少年为对象的基础教育和职业教育，也包括对农村成年人的教育。农村青少年虽然出生在农村，但他们在就学期间或者未成年之前还不是农民，上学和成人之后也不一定就是农民。农民是专门或长期从事农业（包括畜牧业、养殖业等）生产的人，长期生活在农村的人不一定是从事农业的人，不一定是农民。基础教育是普及教育，是普通教育，不是专业教育。农村基础教育虽然在办学水平上可能与城市基础教育有差别，但在普及和普通的性质上是一致的，是没有任何区别的。农村职业教育和农村成人教育既有农业教育，也有工业、服务业等教育。农业教育也是城市学校对志愿从事农业生产和研究职业的城市人的教育内容，不只是农村教育的内容。如果说农村教育是对农村人的教育，那么这个农村人是指生活在农村、工作在城市的人，还是工作在农村、生活在城市的人，或是生活和工作都在农村的人呢？成年人的生活和工作虽然也有变动的可能，但基本是确定的，而青少年的生活和工作是很难确定的，但教育目标都是面向将来的。把目前生活在农村的人培养为将来生活和工作在城市的人与把目前生活在农村的人培养为将来生活和工作在农村，或者将来生活在农村、工作在城市，或者将来工作在农村、生活在城市的人的教育目标、内容、方式都是很不一样的。很显然，把农村教育界定为对农村人的教育或者教育农村人的活动是可以的，说成是培养农村人或农民的教育就是不可以的。尽管农村教育的目标、任务、内容、方式和手段等有许多差别，但只要一个人目前在农村生活或在农村工作就是农村教育的对象。换句话说，农村教育是对现在生活或工作在农村的人的教育，既包括对现在在农村生活，将来未必在农村生活的人的教育，也包括对现在在农村工作，将来未必在农村工作的人的教育。

农村教育与城市教育的区别不能从目标、任务、内容、方式和手段等方面来比较，而应该以教育对象一致性来比较。关于农村教育的目标和任务，近年来有“向农化”和“非农化”的争论。这两种观点都是以偏概全而欠妥当的。基础教育是农村教育的主要组成部分。现代基础教育既是现代人生产、生存和发展的基础，也是国家发展的基础。现代农村基础教育既是现代农民生产、生活和发展的基础，也是实现农村现代化和农村全面小康的基础。农村基础教育的对象主要是农村的青少年。农村的青少年是农民的子女，但他们并非农民，他们现在不是农民，将来也不一定是农民；他们现在不从事农业生产，将来也不一定从事农业生产。农村基础教育与城市基础教育一样，主要任务是进行具有广泛适应性的一般科学文化知识和思想道德教育，发展学生的一般能力，为国家各行各业建设奠定智力基础。农村基础教育无论从何种意义上都谈不上“向农化”和“非农化”。中等职业教育和成人教育是农村教育的重要组成部分。如果把农村教育的“向农化”和“非农化”理解为农村教育主要是为农村发展培养人才，或者主要是为城市发展培养人才，以此确定农村教育的价值取向，则说明农村教育存在问题的依据倒有许多需要深入研究之处。

农村职业教育、成人教育与农村基础教育既紧密联系又有明显区别。高质量的基础教育不仅能使更多的青少年接受高等教育，也能为职业教育和成人教育奠定良好的基础。但职业教育和成人教育主要是形成专业或就业、创业能力，提高专业或就业、创业水平和职业道德水平的教育。它的发展不仅要求学生有良好的知识、能力和思想品德基础，学校有足够的投资、优质的教师等良好的办学条件，还要求经济社会发展为其毕业生提供良好的就业机会。农村中等职业教育的就业总体上有两条途径:一是到城市就业，一是在农村就业。为了实现农村剩余劳动力的转移，农村职业教育就要“非农化”。但农村建设也需要有高素质的人才，农村职业教育不仅要为农村剩余劳动力转移培养各级各类人才，更要为农业生产和农村经济发展、农村全面小康和农民生活幸福培养各级各类人才。农村教育发展的主要目标和评估标准应该是农业生产和农村经济的发展、农村全面小康和农民生活幸福。即便是农村剩余劳动力的转移,也要以此目标来服务和以此标准来评价，而不是偏离甚至违背这个目标。农村职业教育的“非农化”只能理解为教育内容和方式的“非农化”，而不能理解为教育目标的“离农化”。如果农村教育不是主要以农业生产和农村经济发展、农村全面小康和农民生活幸福为目标和标准，而是一如既往地通过普通教育为国家选拔精英人才，通过职业教育为城市发展输送优秀人才，甚至通过劳动力市场使稍有能力的能工巧匠也流向城市，而把不能进入国家建设队伍和城市建设队伍的人作为教育对象和发展农村经济、农业生产、建设小康农村的主要力量，那么，“三农”和农村教育问题就永远不可能真正解决。

民以食为天。农业现代化既是国家现代化的重要基础和途径，也是国家现代化的重要目标。农村现代化有许多方面的具体内容和目标，需要许多条件，但农业生产的工业化和科学化是最重要的内容、目标和最基本的条件，也是农村城镇化、农民生活市民化和现代化的基础。无论是具有高科技含量、大规模投入、机械化流水线生产的种植业、养殖业及其深加工行业的现代化，还是具有现代技术含量的个体或家庭小规模个体手工生产的种植业、养殖业及其深加工行业的现代化，都必须依靠科学技术。只有从事现代农业的农民才真正需要现代科学技术，需要现代教育。只有现代农业才能真正促进农民学习科学知识及其科学素质的提高。刀耕火种的农业既不需要科学技术和农民科学素质的提高，也不需要现代农业教育。没有农业生产的现代化，既不可能有农村建设的现代化，也不利于农村教育的发展和现代化。农村教育目标的“向农化”，既不等于农村教育内容和方式的“向农化”，又要有“向农化”的教育内容和方式来支撑。农村职业教育和成人教育首先要为农村培养掌握现代科学知识和技术的农业、工业、渔业、林业、畜牧业等层面的人才，然后才是为实现劳动力转移培养人才。“非农”的农村职业教育和成人教育的发展直接影响农村剩余劳动力的转移。“向农”的农村职业教育和成人教育的发展直接影响农村科技人才的培养和农村经济的发展。无论是“向农”还是“非农”的农村职业教育和成人教育的发展都会影响农村基础教育的发展。农村职业教育和成人教育如果不能为考不上大学的农村青年提供良好的就业能力，不仅会影响它本身的吸引力，也会影响基础教育的吸引力。

三、在价值理性引领下，以工具理性综合解决农村教育发展问题

“农民问题”不是“农民的问题”或者农民自身造成的问题，它是社会经济转型的产物。因此，仅依靠农民自身的努力不可能解决农村经济社会和教育问题，必须依靠国家手段，[①]在价值理性引领下，利用工具理性采取得力措施进行综合治理，特别是认识和治理影响教育发展的非教育问题。

综合治理农村教育问题，要加大农业投入，改造传统农业，发展现代农业，减轻农民负担，增加农民收入，壮大农村经济，提高就业能力，彻底改变农民增产不增收的不良状况，大力增强农民发展农业、建设农村的自强力和自信心。大力发展农村教育需要许多必要条件，但经济是基础，没有农村经济的发展就不可能有农村教育的发展、农民素质的提高、农村的小康和现代化。农村经济能力的增强不能只依靠农业生产，但农业生产也是重要来源。

然而由于种种原因，特别是长期以来竭泽而渔的工农业“剪刀差”政策，使得农业和农村只能为工业和城市输血而不能为自身造血，自组织能力极大减弱，现代化步伐极其缓慢。有人认为，人地关系高度紧张是我国农业不发达、农民贫困的根本原因。目前我国人均耕地仅约 1.2 亩，有 1/3 的省市人均耕地不足 1 亩，666 个县低于联合国确定的人均耕地 0.8 亩的警戒线，463 个县低于人均耕地 0.5 亩的危险线。我国不仅人多地少，而且土地产量也不高，因此，土地应该更加珍贵，农产品价格应该更高，但事实恰恰相反。农民负担随着农村经济发展反而不断加重，国家规定农民负担不能超过农民总收入的 5%，但实际从来没有低于这个比例，大多数年份在 10% 左右，有时甚至达到 25% 乃至 35%。[②]由于农产品价格太低，农民负担过重，农业成本投入不断增加，农产品产量即使大幅度增加，农民收入也不会明显增加，有时甚至投入与收入倒挂。农民收入增长速度远远低于城市居民收入

---

① 郑杭生、吴力子：《“农民”理论与政策体系急需重构——定县再调查告诉我们什么？》，《中国人民大学学报》2004 年第 5 期。

② 温铁军：《“三农问题”的症结在于两个基本矛盾》，《群言》2002 年第 6 期。胡书东：《中国农民负担有多重——农民负担数量及减负办法研究》，《社会科学战线》2003 年第 1 期。

增长速度。2000年，我国监控贫富差距的基尼系数超过0.4的国际警戒线，为0.417，城乡收入比例为3.1 ∶ 1。[①] 如果农民长期增产不增收，农村现代化步伐不能加快，农民就必然失去对农业、农村和自身发展的信心，退出农业生产和农村，或者成为进城务工人员，或者成为无业游民。这不仅使农村现代化和农村小康目标无法实现，而且会影响整个国家的粮食安全；不仅使农村教育问题无法解决，而且进城务工人员，特别是无业游民的生活及其子女教育问题将更难解决。

综合治理的第二个办法是改变国家资源管理、利用分配制度，加大农村教育的经费投入，改变多数农村资源丰富而发展资金不足的状况，确立平等与效率统一的教育公平观，形成城市教育与农村教育协调发展和农村经济与教育相互促进的良性循环运行机制和态势。从总量来说，中国的确地大物博，资源丰富。除了遍及全国各地丰富的自然景观、人文景观外，东南沿海有便利的交通运输和发达的商业环境，中西部地区有丰富的地下、地上资源。西煤东运、西电东送、西气东输都是将资源从西部输送到东部。国家的每一种资源都是国家组成不可缺少的重要部分，也都是国家生存和发展的重要基础。国家对其每一种资源都应统筹开发、利用和保护。统筹既包括统一全面开发、利用和保护，也包括协调和平衡开发、利用和保护。但长期以来，我国一直对西部国土资源更注重统一全面开发、利用和保护，对东部国土资源则更注重协调和平衡开发、利用和保护。因此，东南部资源开发带来的利益更多地融入当地经济社会发展和人民生活中，西部资源开发带来的利益则或者上缴国库，成为整个国家建设的资金，或者装进少数开发商腰包，为地方经济社会和人民带来的利益少得可怜。多年来，国家对西部国土资源的保护和开发进行了大量投资，但当地农民和农村则更多的是履行保护的义务而不是获得保护和开发的利益，因此农民的动力不强，积极性也不高。为了从根本上解决"三农"及其教育问题，必须变国家对贫困农村的消极输血为农民积极主动地造血，把国家开发与地方开发紧密结合起来，把对

① 刘国光：《向实行"效率与公平并重"的分配原则过渡》，《中国特色社会主义研究》2003年第5期。

西部贫瘠土地开发的利益更多地投入或“补偿”到西部农村经济建设中去，使贫困农村对国土资源的保护由维持性保护转变为发展性保护，转变为农村建设的强大动力。

教育投资短缺和就业困难是我国教育发展存在的普遍问题，但农村更为突出。2001 年，城镇和农村学生平均教育经费支出小学分别为 1 483.98 元和 797.60 元，初中分别为 1 955.03 元和 1 013.65 元，城乡几乎相差一倍。[①]农村教育的投资和就业问题与农村教育的发展及其特点紧密联系、不可分割。农村教育投资短缺直接影响农村教育教学设施的改善、农村教师队伍的建设和农村教育的普及。农村就业困难则直接影响农村职业教育的发展，甚至影响基础教育的发展。农村职业教育就业不景气，既有教育专业设置和教育内容、方式不能适应农村发展需要和劳动力向城市转移的原因，也有农村经济发展落后、就业机会短缺的原因，还有教育投资不足导致的教学条件差、教师水平和教学质量低的原因。农村教育投资短缺也有农村经济落后的原因，但主要是国家政策的原因。既然农村落后地区丰富的资源是国家的，由国家统一投资开发、分配利益和承担责任，那么农村落后地区丰富的人力资源也是国家的，也应该由国家统一投资开发、分配利益和承担责任。而以县为基础的农村教育管理、投资体制则与这种政策完全不同，它事实上只会形成钱多的地区办好教育，钱少的地区办差教育，没钱的地区不办教育的结果。这种情况及以它为基础的包括目前正在试行的一税制等改革都不可能解决落后地区农村教育的投资甚至就业问题。解决农村教育投资问题必须把国家的自然资源与人才培养、人力资源开发投资、利益分配和责任承担的政策统一起来。要么都由国家统一投资和管理，要么统一由地方投资和管理，要么明确责任和利益分配比例后由国家和地方共同投资和管理，而不是像现在这样责任与利益相分离。研究表明，政府的教育投资对农村扶贫和缩小地区差距的回报率最高，对促进增产也有显著影响。但 21 世纪的头两三年，中央掌握的财力与地方财力总和之比是 60 ∶ 40，

① 中国教育与人力资源问题报告课题组:《从人口大国迈向人力资源强国》，高等教育出版社，2003。

而中央与地方的财政性教育经费支出之比则是 11.9 ： 88.1。[①]

经济和教育相互促进、相互制约。但目前我国农村教育和农村经济只是相互制约，不能相互促进。经济落后制约了教育发展，教育落后又反过来制约了经济发展。2000 年，我国每 10 万人口中，城市与农村受教育程度的人口数量：大学，城市是农村的 18 倍；中学，城市是农村的 4 倍。全国劳动力的平均受教育年限：城市 10.2 年，农村 7.33 年。[②] 西部有 716.91 万人未完成九年义务教育，其中有近 200 万人未完成小学教育。[③] 解决"三农"和农村教育问题必须大力发展农村教育，使城市教育与农村教育协调平衡发展，使农村经济与教育彻底打破相互制约的恶性循环怪圈，尽快步入相互促进的良性循环轨道。

综合治理的第三个办法是加快改变制约农村劳动力转移的城乡二元结构，促进城乡一体化和共同发展。城乡一体化是现代化的重要特征，不仅应包括农民向城市流动，农村为城市服务，也应包括城市为农村服务，城市的各种专业人才向农村流动。我国目前的城乡一体化不仅主要是农民向城市流动，而且也不充分。世界各国发展的一般规律是：当工业产值在 GDP 中的比重达到 40% 时，农村劳动力转移程度基本达到 50%。我国目前工业产值在 GDP 的比重已超过 50%，农村劳动力转移比重理应更高一些，但实际差距还很大。[④] 新中国成立以来，我国农业总产值占国民生产总值的比重从 85% 降到 1978 年的 28% ，目前是 15% 左右。但农业人口只从 1949 年的 85% 降到现在的 62%，近 3.7 亿劳动力仍从事农业生产，占全社会从业人员总数的 50%。中国农村现有劳动力近 4. 8 亿，按照不同的计算口径和计算方法，中国农村仍有超过 1 亿劳动力处于隐性失业或不充分就业状态。[⑤] 农村劳动力转移既能扩大就业，为农村经济发展积累资金和经验，又能满

① 漆权：《政府要切实承担起发展农村义务教育的责任》，《求是》2003 年第 3 期。

② 刘永瑞：《农村教育与小康社会》，《光明日报》2003 年 5 月 7 日。

③ 李锐：《中国西部农村"教育反贫困"论》，《陕西师范大学学报（哲学社会科学版）》2005 年第 1 期。

④ 刘奇葆：《统筹城乡发展，建设小康社会》，《求是》2003 年第 14 期。

⑤ 张晓山：《深化农村改革　促进农村发展——三大制约因素、一个基本认识、两类政策措施》，《中国农村经济》2003 年第 1 期。

足城市劳动力的需要，促进城市经济社会发展和城乡一体化。农村教育应该积极促进农村劳动力的转移，为此，解决现行户籍制度和进城务工人员及其子女的住房、教育等问题则成为同发展农村教育一样重要的问题。

第二节

教育公平和均衡发展的多层面理解和正确决策

教育公平发展与教育均衡发展是当代教育发展和教育研究的重要主题。有人把公平与平等、教育公平发展与教育均衡发展相提并论，其实不然。公平不等于平等，教育均衡发展包含于教育公平发展，是教育公平发展的基础，但教育公平发展比教育均衡发展有更加丰富的目标和内容。教育既应均衡发展，更应公平发展。由于教育公平发展与教育均衡发展有不同的内涵，因此，教育公平发展与教育均衡发展、不同层类的教育公平的具体标准、测评和实施的具体措施也有不同特点。

一、教育公平是教育平等与教育效率的中庸

关于公平的本质特征、价值追求、评价标准和实现措施，自古以来形成了许多不同理论。柏拉图和弗里德曼的能力和效率优先公平理论，罗尔斯的人格平等优先公平理论，亚里士多德等人的按比例分配公平理论，我国学者普遍坚持的效率优先兼顾公平理论，都未能全面反映公平的本质。奥肯的平等与效率相互协调的公平理论，虽然基本反映了公平的本质特征，但需进一步丰富、完善。

何为公平？答案必须从公平的理想和目标中去寻找。公平的理想和目标是共同富裕和发展，不是共同贫困和平庸。平等有人格、权利的基本平等和劳动、能力、效率的差异平等。社会公平是人格、权利基本平等与劳动、能力、

效率差异平等的相结合的不偏不倚的中庸发展，这两个平等中庸的实质是平等与效率的相互持续促进的关系状态和发展状态。教育公平是学习能力、投入、效率面前人人平等与接受教育的人格、权利面前人人平等相结合的不偏不倚的中庸发展，是教育平等和教育效率持续促进的关系状态和发展状态。

公平既不是共同贫困和共同平庸，也不是贫富悬殊和两极分化，同样不是平均、同步发展，而是有差别的共同富裕和共同发展。平等既包括无差异的基本平等和完全平等，也包括同异相互促进的差异平等：为了提高效率而形成的条件有差别的平等和为了提高平等水平而形成的效率有差别的平等。没有基本平等就没有平等，没有基本效率就谈不上发展和富裕，更谈不上共同发展和共同富裕。人的人格尊严应该完全平等，但人的兴趣爱好、智力能力、学习劳动投入及其结果甚至权利和义务很难完全平等。平等与效率相互促进的公平只能追求应该和可能达到的平等。公平里面就包含效率，公平不仅是平等与效率相互促进的和谐统一，还包含条件和效率的不平等。

人人都有受教育的人格尊严和公民权利，但由于不同的人的学习能力、投入、效率不同，因此教育的结果和接受教育的层次类型也可能不同。能力、投入、效率的平等实质是效率平等。实现教育公平目标是使更多的人受到更好的教育，既要重视保证每个受教育者的人格和权利及其投入的平等，也要重视不同人的学习能力、投入、效率及其评价、投入的平等和差距。只重视条件完全平等，不重视条件差异平等、效率的平等和差距，不仅对个人而且对社会、国家都不公平。①

二、教育公平发展具有相互对得起的多种不同状态

通俗地说，公平就是对得起，是个人对得起国家、社会和他人，是国家对得起社会和个人；既是人格尊严的对得起，也是劳动尊严的对得起；对不起就是不应该，不应该就是不公平。公平不能只讲国家、社会和他人是否

---

① 郝文武：《教育既应均衡发展更要公平发展》，《中国教育学刊》2016年第1期。《平等与效率相互促进的教育公平论》，《教育研究》2007年第11期。《平等与效率相互促进的教育公平量化指标和关系状态》，《高等教育研究》2010年第8期。

对得起个人，也要重视个人是否对得起国家、社会和他人；不能只讲国家、社会和他人对个人人格的尊重，也要重视国家、社会和他人对个人劳动能力、投入和结果的尊重。不同人做自己应该做的，得到自己应该得到的；不做自己不应该做的，不得自己不应该得的，这是公平，不是平等。两种对得起或对不起可能交叉或重叠，也可能分别存在。教育公平既有对发展潜能和主观努力的对得起和在分数面前人人平等的公平，也有在人的人格、权利尊严和身心发展面前人人平等和对得起的公平。分数面前人人平等的教育公平实际上是在知识、能力和质量、效益面前人人平等的公平。坚持"学而优则仕"的质量、效率优先标准，选拔有能力的人受到更多更好的教育是历史上的教育选拔人才、评价教育结果的基本特征。现当代社会随着高等教育大众化，特别是中小学教育普及化，使得教育公平逐渐由在分数面前人人平等的公平向在分数面前人人平等的公平与在人格、权利尊严和人的身心发展面前人人平等的公平相结合的公平转移，但同样应重视提高质量和效率，应该对得起对教育的投入，否则，就会产生不公平，既不利于鼓励人们求知进取、刻苦学习、不懈钻研，不断提高自身素质，也不利于国家、民族的发展。

从公平角度讲，教育发展有五种基本状态及许多不同程度的复杂状态。第一种状态是不平等的不公平。平等是公平之基础，但未必公平，没有基本平等就是不公平或非公平。社会条件是人为的，可能平等，也可能不平等。自然条件虽然是自然而然的，但国家和社会应该努力改变它，否则也会导致不平等和不公平。无论是社会条件还是自然条件的不平等都可能导致国家和社会对不起不同层类的教育和受教育主体的不公平。如果把包括教育经费投入、教师队伍、教学设施、教学过程、社会和自然条件等的平等要素综合数值的合格数值规定为 60，60 以上是良好和很好，60 以下是不合格，那么国家和社会对不起不同层类的教育和受教育主体的这种状态就是不合格的状态。这种状态既不平等、不均衡，也不公平。

第二、三种状态是平等与效率关系一致的公平和不公平状态。不同人的人格应该完全平等，但权利、义务、经济投入和结果难以完全平等。国家和社会为不同层类的教育和受教育主体提供了基本和较好的条件，不同层类的教育和受教育主体也做了相应的努力，取得较好的效果，为国家和社会做出相应的贡献。这是国家和社会与不同层类的教育和受教育主体相互对得起，相互对对方的公平。与此相反就是第三种状态：国家和社会与不同层类的教育和受教育主体相互对不起、相互对对方的不公平。测评义务教育和非义务教育平等的内容大致相同，测评义务教育和非义务教育的质量和效率的要素则有较大区别，义务教育的质量和效率及其评价包括全面发展、身心健康、学校特色，入学率、升学率、保持率或流失率等要素及其综合数值。高等教育平等包括各种教育投资、教学科研设施、后勤保证、教师素质、教学过程、学生来源、历史基础、社会文化和自然环境等要素及其综合数值。高等教育的质量和效率包括全面发展水平、学校特色、毕业率、就业率和教师、毕业生的职业一般、重要、重大贡献率等要素及其综合数值。如果把教育质量和效率评价的合格数值规定为 60，60 以上是良好和很好，60 以下是不合格，那么，教育平等与教育质量和效率相比较的教育公平的第二种状态的平等水平与质量和效率水平都在 60 以上，公平水平数值也在合格以上。这种状态既平等、均衡，也是公平的。公平的第三种状态的平等水平与质量和效率水平都在 60 以下，公平水平数值也在合格以下。这种状态既不平等、不均衡，也不公平。合格以上和以下又都有许多不同状态。一般情况下，受教育者也是教育投资者，所以，受教育者是否对得起国家、社会，对国家和社会是否公平，也是是否对得起自己及家庭投资，对自己及家庭投资是否公平。

第四种状态是质量和效率低下的不公平、负公平状态。国家和社会为不同层类的教育和受教育主体提供了基本和较好条件，但不同层类的教育和受教育主体主观努力不够，效果不好，质量和效率低下，没有为国家和社会做出相应贡献。这是不同层类的教育和受教育主体对不起国家、社会和自己，对国家、社会和自己投资的不公平。这种状态的平等数值在 60 以上，质量和效率数值却在 60 以下，公平水平数值也在合格以下，是负公平状态。这种状态可能是平等和均衡的，但是不公平的。

第五种状态是高效率的超常公平或超越公平状态。国家和社会为不同层类的教育和受教育主体提供了基本和较好条件，不同层类的教育和受教育主体做了最大主观努力，效果很好，质量和效率很高，为国家和社会做出突出贡献。这不仅是不同层类的教育和受教育主体对得起国家、社会和自己，而且超出国家和社会的要求，这时国家和社会应给予不同层类的教育和受教育主体特殊的鼓励。这种状态的平等数值在60以上，质量和效率数值不仅在60以上，甚至达到80或者90，公平水平数值也远远超过合格数值。[①]这种状态既是平等和均衡的，也是公平的。

一个地区的教育公平发展水平是这个地区不同学校的公平发展水平的综合，不同群体和个人的教育公平发展水平是不同群体和个人之间的教育平等与教育质量和效率的比较。均衡发展及其研究和实践只是公平发展及其研究和实践的条件平等的问题，与公平发展内涵的丰富性和复杂性有很大差距。均衡发展理论不仅是对效率优先兼顾平等或公平根本不同的教育发展和评价的理论，而且是轻视质量和效率，从注重重点学校、英才教育的极端走向不要重点、不重视培养精英人才的另一个极端的教育发展和评价理论。中庸之道是中华文化的精华，但在对待社会公平上，中国自古以来很少真正运用中庸之道，总是非此即彼，现在的确是到了真正运用中庸之道处理平等与效率关系，使它们持续相互促进并不断提高水平的时候了，再不能因为从一个极端走向另一个极端而继续浪费时间和延误发展时机了。实现和认识、实践教育公平必须抛弃以偏概全的简单思维的认识和实践模式，以辩证思维、复杂思维模式从根本、整体和长远发展考虑，认识、实践和解决问题。

三、应充分认识教育公平发展与教育均衡发展的联系和区别

教育公平发展与教育均衡发展既有一定的联系又有多层面的明显区别，它们都是整体当中不同要素之间相互制约和促进的发展状态和评价尺度。一般概念中的教育均衡发展未必包含效率，主要强调平等，强调国家和社

---

① 郝文武:《义务教育均衡发展的本质特征和量化测评》,《教育与经济》2011年第4期。

会对经济社会文化教育和自然条件等有较大差距的不同地域、学校、人群、学生之间应有差不多的教育经费投入，不太重视不同地域、学校、人群、学生之间的教育质量、教育效率、办学效益差别和主观努力、因材施教、发挥个人潜能的评价，或者把教育教学质量、效率、效益与教育平等分割开来评价。但公平不仅包含均衡,而且比均衡更加全面深入。在某种意义上说，教育公平发展与教育均衡发展有本质区别。它们的区别主要有：

（一）均衡只能用于对经济社会文化教育和自然条件等有较大差距的不同地域、学校、人群、学生间的教育平等、公平的评价，很难用于对相同、相似经济社会文化教育和自然条件等不同地域、学校、人群、学生间教育平等、公平的评价。其实，经济社会文化教育和自然条件等有较大差距的不同地域、学校、人群、学生间的教育平等不仅有教育投入等平等的问题，也有教育管理、师生主观努力、教育质量、效率和效益等是否一致的问题，相同、相似经济社会文化教育和自然条件等不同地域、学校、人群、学生间也有教育管理、师生主观努力、教育效率和效益等是否一致的问题。而公平既可用于对经济社会文化教育和自然条件等有较大差距的不同地域、学校、人群、学生间的平等、公平的评价，也可用于对相同、相似经济社会文化教育和自然条件等不同地域、学校、人群、学生间的平等、公平的评价。教育发展和发展教育、实现公平必须把人的主观努力作为重要因素。努力对不同和相同、相似经济社会文化教育和自然条件等有较大差距的不同地域、学校、人群、学生提供差不多的教育投入是合理的，但要求它们的发展速度、程度、质量、效率、效益差不多几乎是不可能的，也是不合理的，特别是要求付出很大主观努力、潜能很好、成绩优秀的学校、教师、学生等教育主体与潜能平平、又不努力的学校、教师、学生等教育主体有差不多的发展水平，不仅不公平，甚至荒唐可笑。均衡发展为了平等而坚持补偿原则，为了提高质量，在一定程度上肯定劳动投入、学习努力等主观努力，激励或兼顾效率、效益，但它更注重教育条件的平等，不重视对主观努力的激励和评价。而公平发展则是理直气壮地肯定人格尊严，坚持权利、义务的平等，同时肯定、激励、评价劳动投入、学习努力等主观努力，重视激励、提高和评价教育效率、效益。

（二）均衡只能用于对经济社会文化教育和自然条件等有较大差距的不同地域、学校、人群、学生的教育机会平等的评价，很难用于对相同、相似经济社会文化教育和自然条件等的不同地域、学校、人群、学生的教育机会平等、教育过程平等、教育结果平等等状态的评价。而公平既可用于对经济社会文化教育和自然条件等有较大差距的不同地域、学校、人群、学生的教育机会的评价，也可用于对相同、相似经济社会文化教育和自然条件等的不同地域、学校、人群、学生的教育机会平等、教育过程平等、教育结果平等的评价。机会平等是平等的首要条件，它既与教育投入紧密相关，也与合理制度的支持紧密相关。均衡即便重视机会均等，也只是通过教育投入解决问题，很难通过合理制度解决问题，更不能解决过程和结果的平等、公平问题，而没有过程和结果的平等、有效很难真正公平。共同发展和提高是教育公平的实质和目的，机会平等是为了共同发展和提高，但未必一定能实现共同发展和提高。机会平等，过程和结果平等、有效，可以实现共同发展和提高。相反，机会平等，过程和结果平等而效果不好、效率低下，不仅不能实现共同发展和提高目标，还可能变成共同贫困、共同平庸。实现教育公平，对教育公平的评价必须既重视教育条件的改善和平等的评价，也重视教育过程、结果的有效和评价。

（三）均衡只能用于对经济社会文化教育和自然条件等有较大差距的不同地域、学校、人群的中小学基础教育，特别是义务教育的平等、效率和公平的评价，不能用于对经济社会文化教育和自然条件等有较大差距和相似或相同的高等教育、职业教育等教育的平等、效率和公平的评价。其实，中小学基础教育、义务教育有投入产出、平等和效率的公平问题，高等教育和职业教育等教育也有投入产出、平等和效率的公平问题，教育公平既可用于对经济社会文化教育和自然条件等有较大差距和相似或相同的不同地域、学校、人群的中小学基础教育、义务教育的平等、效率和公平的评价，也可用于对经济社会文化教育和自然条件等有较大差距和相似或相同的高等教育、职业教育等教育的平等、效率和公平的评价。

（四）均衡只能用于对国内经济社会文化教育和自然条件等有较大差距的不同地域、学校、人群、学生的教育平等、效率和公平的评价，不能用于对不同国家的教育平等、效率和公平的评价。而教育公平既可用于对国内经济社会文化教育和自然条件等有较大差距和相似、相同的不同地域、学校、人群、学生的平等、效率和公平的评价，也可用于对经济社会文化教育和自然条件等有较大差距和相似、相同的不同国家的教育平等、效率和公平的评价。

四、教育公平发展必须在均衡发展基础上重视提高质量和效率

教育公平发展不仅包含平等，也包含质量、效率、效益和有效，既重视平等，也重视质量、效率、效益；既重视经济社会文化教育和自然条件等有较大差距的不同地域、学校、人群、学生间应有差不多的经费投入，也重视不同地域、学校、人群、学生间的教育质量、效率、效益差别，坚持分数面前人人平等，强调主观努力，因材施教，发挥潜能，提高质量；强调形成平等和效率、效益相互持续促进关系，把质量、效率、效益当作它本身不可缺少的组成核心部分和关键要素，与平等紧密联系起来衡量、评价。均衡发展其实是公平发展中的差异平等，但均衡的差异是就差异论差异，公平的差异平等是与基本平等、质量、效率、效益紧密结合的差异，平等不仅不影响质量和效率而且有利于质量和效率，质量和效率不仅不影响平等而且有利于平等；差异平等不仅不影响基本平等而且有利于基本平等，不仅不影响质量和效率而且有利于质量和效率的发展状态。总之，是平等与效率相互持续促进的关系和发展状态。以较少的投入取得较大的效果这是古今中外一切投入的目的和期待，教育投入也不例外。教育公平发展和均衡发展的目的都是使更多的人受到更好的教育，因此，既要重视普及教育和教育的大众化，为各级各类教育提供足够的经费保障和良好的教育教学条件，又要重视提高教育质量和教育的社会效率、效益，普遍提高国民素质，为国家和社会培养优秀人才。教育公平不是搞平均主义，义务教育公平也不能搞平均主义，应该平衡平等和效率的关系，通过政策、资金和舆论引导，

鼓励学校形成不同模式、办出各自特色，不断提高水平，成就名校、名师、名人。[①]

实现教育公平目标的过程是形成教育平等和教育效率持续相互促进的复杂过程，也是社会平等和效率与教育平等和效率持续相互促进的复杂过程。实现社会公平和教育公平既要实现它们本身的公平，也要通过实现社会公平促进教育公平，通过实现教育公平促进社会公平。教育适应和促进经济社会文化发展或与经济社会文化发展相适应是教育发展的基本规律，但教育适应和促进整个国家经济社会文化发展与适应和促进不同地区经济社会文化发展往往存在一定矛盾。义务教育公平发展既要兼顾教育适应和促进整个国家社会经济发展与适应和促进不同地区社会经济发展的关系，又应把适应和促进整个国家社会经济发展放在首位，实行全国城乡统一教育条件和质量标准，在此基础上加大地方投入力度，形成平等有效、均等优质的教育。

落后地区的经济文化和教育落后是长期形成的，教育投资应向落后地区倾斜，使落后地区和学校达到标准化发展水平，进而通过长期努力不断提高水平；把不同地区、学校和人群的发展状态、水平放在国家发展的大棋盘中考评，在整体推进整个国家的教育平等和教育效率持续相互促进的前提下，不断努力提高不同地区教育平等和教育效率持续相互促进的公平水平。如果急于求成，以平均主义方式弥补历史欠账，必然损害已有较好条件与较高质量和效率的学校的发展，影响国家整体教育质量的提高和优秀人才的培养。没有质量就没有数量，有了质量未必数量多、质量高。国家、社会和学校各方面都应采取有效措施，既要防止形成有平等无效率、有效率无平等和有钱办好教育、没钱办差教育导致的教育发展的两极分化，又要防止不同学校教育内涵的同质化和教育质量的扁平化甚至共同平庸化，解决教育平等与教育效率相互排斥问题和由于自然、历史等原因导致的不平等、低效率和不公平问题。

---

① 赵承、吴晶：《仰望星空　脚踏实地——温家宝总理与北大学子共度“五四”青年节纪实》，《人民日报》2010年5月5日。

第三节

农村城镇化中新农村建设的农村学校布局

农村城镇化是国家现代化的重要趋势和标志，建设新农村是农村发展的终极目标。农村城镇化有其客观规律，是一个较长的过程，不能一蹴而就，急于求成和纯而又纯的农村城镇化不仅违背农村城镇化过程的客观规律，也与新农村建设的目标相互矛盾。无论是城镇化新农村还是乡村式新农村，都必须有新学校和新教育，没有新学校和新教育的农村不可能是新农村。农村学校布局直接影响农村教育的发展，正在城镇化过程中的地区与已经城镇化了的地区、城乡一体化程度高的地区与城乡一体化程度低的地区、就地城镇化的农村与迁移城镇化的农村的学校布局有何区别？城镇学校和乡村学校如何协调发展？这些问题都需要深入研究。

一、我国农村学校布局的变化过程和目前状态

自古以来，农村学校教育都是国家和社会教育的重要组成部分。新中国成立以来，农村学校教育得到了前所未有的发展。在“文革”前，我国的大部分行政划分村庄都设立了初级小学甚至完全小学。在“文革”这一特殊年代，农村学校教育也有特殊的大发展，不仅每个行政村甚至自然村，村村有小学，而且每个公社都有几所初中，一个县有好几所完全中学。这种状态一直延续至 20 世纪 80 年代初。20 世纪 80 年代中期到 90 年代初，我国农村学校数量开始减少，此后减少速度逐渐加快，21 世纪初的几年里减

少速度比以往更快。

据《华商报》记者调查，延安市子长县设8镇5乡，358个行政村，20世纪90年代以来为了适应"普九"要求，学校数量不断增加，2002年达321所，其中乡村学校233所。随着新一轮学校布局的调整，2003年至2008年间撤并学校119所，学校数量减少为202所。2008年至2009年一年减少学校160所，137所分散在农村的小学撤并为34所。榆林市2008年有中小学2 076所，2009年减少至1 702所。榆林市靖边县镇靖乡1997年有学校13所，2009年只剩4所。

笔者负责的陕西师范大学"国家教师教育创新平台建设项目"子项目课题组，对陕西农村教育的调查说明了同样的问题。关中铜川市耀州区全区中小学数量，20世纪80年代末为478所，其中县城8所，乡镇31所，乡村439所；21世纪初为383所，乡村学校数减少为344所；2009年调整为154所，其中县城13所，乡镇121所，乡村20所。陕北榆林市榆阳区全区中小学数量，20世纪80年代末为340所，其中县城21所，乡镇79所，乡村240所；21世纪初为398所；2009年调整为148所，其中县城24所，乡镇80所，乡村44所。陕南安康市石泉县全县中小学数量，20世纪80年代末为348所，其中县城4所，乡镇28所，乡村316所；21世纪初为209所，其中乡村178所；2009年调整为70所，其中县城4所，乡镇24所，乡村42所。

笔者上大学前生活的清涧县偏僻乡村，新中国成立之初就设有小学，20世纪60年代发展为完全小学，20世纪70年代初设立社办初中和社办高中，20世纪80年代到90年代逐渐停办社办高中、初中和小学。目前，全县只有两所中学，一所公办，一所民办，都集中在县城。新中国成立之初就创办的全县唯一一所公办中学目前只有200多名小学生。但对农村教育城镇化有全面研究的专家认为，陕西省农村教育城镇化现象并非最突出的，河北、山西、黑龙江等省都要比陕西更加明显。①

① 孙强、刘海宏:《走向"空壳"的乡村学校——乡村教育调查报告》,《华商报》2009年11月9日。

二、新农村建设和农村城镇化中农村学校布局的不同思路和评价

农村教育城镇化有不同途径和方式，经济发达地区农村城镇化主要是随着农村经济的迅速发展，把原来落后的农村就地建设成为城镇。由于有雄厚经济实力支撑，又重视教育，懂得如何发展教育，这些地区的农村就地城镇化带来的农村教育城镇化既使农村学校教学设施和环境得到改变，农村教师素质和教学质量得到提高，也增强了农村文化气息，提升了农村文明程度，促进了农村经济发展。而另一些地区的农村就地城镇化，也为农村教育城镇化做了大量投资，但其投资主要用于改善教学设施，对教师的投入却很少，致使教师的收入与当地公务员等其他从业人员的收入形成明显反差，教师的教学积极性与学校的规模扩展形成明显反差，或者出勤不出力，或者身兼数职，主要精力不在教学上，或者干脆停薪留职，从事挣钱的职业，农村教育城镇化目的并未真正达到。

农村教育城镇化的另一种途径和方式是迁移式农村教育城镇化，就是取消教学条件很差的农村学校，使农村的适龄少年儿童到城镇学校上学。迁移式农村教育城镇化是目前我国争议较大的问题。

担忧者认为：其一，建设新农村必须建设新学校和新教育，建设新学校和新教育必须建设新乡村学校和乡村教育。农村包括乡村和小城镇，农村学校和教育也包括乡村学校和教育与小城镇学校和教育。自古以来，乡村学校教育都是国家和社会教育的重要组成部分，旧农村都有乡村学校教育，新农村建设把乡村学校和教育都搬到城镇，是取消而不是建设乡村学校和教育，这是农村发展的倒退。其二，缺乏文化气息和童真青春朝气的农村不是新农村追求的目标。孩子在农村周边上学，父母及其家人不仅能在为孩子做饭洗衣等劳作中获得满足和快乐，还能督促和辅导孩子学习，孩子在与父母的言行和情感交流中也能受到教育。适龄儿童到城里上学，有组织的农村幼儿园和学前教育更无从谈起，年轻人由于打工走出农村，只有少量青壮年和大多数老年人的农村是什么景象，可想而知。其三，加重了农民的负担。儿童就近入学，既能减轻家长的心理负担，也能减轻家庭的

经济负担,但在远离家的城镇上学则相反。为了给孩子提供有力的生活保障,家长不得不抛家舍业，在城镇另起炉灶，租房打工陪读，不仅提高了家庭经济费用，甚至还要支付较高的借读费用。其四，形成许多空巢学校，造成教育投资的巨大浪费。农村教育城镇化，不仅使办了几十年的学校成为空巢学校,而且使得投资较大、崭新漂亮的希望小学等学校也成为空巢学校,使得本来投资就缺乏的农村教育发展又造成新的巨大浪费。其五，不利于普及九年义务教育。经济困难和路途较远等问题，必然导致更多学生辍学，留守儿童的问题也更加难以解决。其六，加重了城镇的负担。农村学生大量涌向城镇，使城镇学校的规模和班级规模剧增，七八十人一个班级很难提高甚至保证教学质量。为了改变这种状况和满足不断增长的就读需要，城镇只能不断增加教育投资，新建学校。

赞赏者认为：其一，城镇生活、文化和教育显然优于农村生活、文化和教育，文化教育本来就是由城市向农村传播的，农村城镇化既是现代社会的客观事实，也是现代化的必由之路。随着农村城镇化的发展，农村教育城镇化也是必然结果。其二，国家通过大力推进农村城镇化，把乡村人迁移到城镇，使乡村人享受城市生活、文化和教育，这是社会的进步。其三，在农村劳动力向城市转移和农村新生儿减少导致农村学龄儿童明显减少，农村办学的经济效益太低的情况下，农村教育城镇化有利于提高办学的经济效益。其四，集中力量办好城镇学校，有利于稳定、吸引高质量生源和加强教师队伍建设,遏制高质量教师和生源外流。其五,在寄宿免费的情况下,农村教育城镇化有利于农村儿童享受优质资源，促进教育公平，提高教学质量。

对于农村及其教育城镇化，不同的人有不同的道理，不同的道理包含不同的目标、途径和方式，导致不同的结果。处理好农村教育城镇化中的诸多复杂关系及其与新农村建设的学校布局和教育发展关系的根本问题是科学理解农村城镇化和农村教育城镇化的含义、目标和过程的问题，具体说就是国家现代化和农村城镇化是否应该和能够完全化解乡村的问题；农村城镇化和农村教育城镇化的目标和过程如何协调一致的问题，农村城镇化与农村教育城镇化如何协调一致的问题。只有解决好这些问题，才能使农村教育城镇化沿着科学合理的方向发展。

三、新农村建设与农村城镇化中农村学校布局的矛盾及其化解

农村包括县级及其以下的乡镇、行政村和自然村。城镇化的新农村还是农村，不是城市。工业化与都市化、城镇化紧密联系，都是现代化的重要标志。以都市为其领土主要组成部分的国家，农村城镇化和农村教育城镇化本来就不是什么突出问题。而中国地域广大，人口众多，过去没有使乡村城镇化的主要原因是受经济社会发展水平限制。现在的经济社会发展使得国家有能力使乡村城镇化，但都市化、城镇化是指以合适的方式和进程使都市化和城镇化程度提高，而非完全取消乡村，把所有乡村都变成城镇，特别是以不合适的方式和进程取消乡村及其经济社会和文化教育的发展，达到提高都市化和城镇化程度的目标。城镇和乡村都有对方不可代替的功能，国家即使有能力也不能把全部乡村城镇化。现代化必须使工业、城市现代化与农业、农村现代化紧密结合。现代化的新农村应该有现代化的新学校和新教育。没有学校的农村也是农村，但没有新学校和新教育的农村不可能是新农村，没有学校的农村更不可能是新农村。建设新农村必须建设新学校和新教育。我国目前的城镇化程度不高，即便未来提高了，部分乡村还将长期存在，新农村未必完全就是城镇化的农村。既然城乡并存，就要同时重视城乡两种教育的发展，特别注意防止在农村及其教育城镇化过程中小视乡村教育发展的心态。

工业文明与农业文明、城市文明与乡村文明都是文明不可或缺的组成部分，既没有优劣之分，也没有中心和边缘的区别，是相互区别、相互促进、并行发展的两种不同文明。两种文明如此，两种教育亦如此。新农村建设的目标是不断提高农村的生产和生活水平，而不是把农村人的生产和生活方式改变为与城市人完全一样的生产和生活方式。但现代人似乎更多地青睐和追求城市文明，动辄把达不到城市标准、人们世代生存的乡村看作不适宜人类生存的地方，以此作为农村城镇化的重要理由。然而，是否适宜

生存必须有科学的界定。农村人以前长期生存的地方现在则不适宜生存了，原因是什么，必须全面深入研究。实际上，不适宜人类生存的乡村有自然原因，但更多的是人类的价值追求、制度安排和投资方式等主观原因导致的社会变迁的结果。人们不能反思和消除主观原因，反而把由此导致的具有很大弹性的建构性事实作为未来发展目标和方式的客观必然性依据，鼓励甚至强制农村城镇化，是农村城镇化的重要原因。新农村建设和农村城镇化必须解决对于原本适宜人类生存的乡村，是通过加强物质文明、政治文明和精神文明建设，使它变得更加适宜人类生存，还是通过取消教育、医疗等措施使它变得越来越不适宜人类生存这个根本问题。即便是把不适宜人类生存的乡村通过迁移等方式使它融入新农村或者城镇化也需要较长的过程和更多人性化疏导的手段，而不是通过取消教育、医疗等措施逼其就范。

农村城镇化和农村教育城镇化既有紧密联系，又不完全是一回事。农村城镇化条件良好必然使得农村教育城镇化的效果与农村没有城镇化而以不合适的主观愿望促使农村教育城镇化的效果是很不一样的。目前我国农村教育城镇化的重要理由是农村城镇化，但事实上我国目前农村城镇化的程度又很低，这是农村教育城镇化中形成尖锐矛盾的根源。在城镇化、城乡一体化程度较高和交通非常便捷的地区，农村教育城镇化不存在问题，也容易和能够达到预设目的。但在很多城镇化、城乡一体化程度较低和交通非常不方便的山区，农村教育城镇化就存在很大问题。许多家庭送孩子到城里和城镇上学是被逼无奈的。这不仅不利于农村儿童享受优质资源，还会给经济本来就困难的家庭带来更大的困难，导致更多的适龄儿童辍学，使现有为数不多的乡镇学校也逐渐萎缩，优秀教师和生源由乡村转移到乡镇，由乡镇转向县城，由县城转移到市区的连锁反应恶果，导致乡村学校教育教学质量的继续下滑和教育的更大不公平。

小班化是进行个别教学，促进学生个性发展，培养创造性人才和提升学生创造性的重要途径，也是教育现代化和现代化新学校建设的重要标志。过去农村学校班级普遍较小，有的学校班级小至几个班级或者年级需要进行交叉教学或者复式教学的程度。没有大班教学的客观条件和满足群众的教育需求价值追求都是这种小班化教学的重要原因。改革开放40多年的现代化建设和人口控制措施使得学龄少年儿童数量减少，为实施小班化教学提供了良好条件，但由于过分追求近期和单位经济效益，不重视少年儿童长远、全面和个性发展，我国目前的城镇学校不仅班级普遍较大，而且形成许多特大班。我国的教育发展如果能从更注重经济效益和对学生的知识评价转变为更注重学生的个性发展和对学生的全面评价，加大农村教育投资，改善农村教育设施，提高农村教师待遇和农村教育教学质量，不仅对于在乡村和城镇实施小班化教学有好处，对化解新农村建设与农村城镇化中农村学校布局的矛盾有好处，而且对提高整个中华民族的素质也有重要意义。

四、新农村建设和农村城镇化中农村学校布局的合理路径

新农村建设既要重视促进农村城镇化，又要重视促进城镇文明和乡村文明的协调发展。为此，新农村建设的学校布局必须使高效益和高质量与教育公平相结合；通过提高乡村教师质量、收入和教学水平提高农村教育教学质量；与地区经济社会发展和城镇化、城乡一体化程度相协调。

（一）新农村建设的学校布局必须是以价值理性为主导的高效益和高质量与教育公平的相结合。新农村建设的学校布局和教育发展不能不讲经济效益，但必须在坚持以人为本、办好人民满意的教育的前提下追求经济效益。办好人民满意的教育就必须反映人民对发展教育的心声，满足人民受教育的需要，从农村教育发展对国家长远发展的利益考虑问题，既要坚持高产出的规模经济效益原则和集中力量办学的高质量社会效益原则，又要坚持“一个都不能少”的教育公平原则和小班化教学对学生个性全面发展的高质量社会效益原则。从长远看，实现城镇和乡村学校合理布局、教育均衡发展目标的根本措施是实现城镇和乡村经济社会的均衡发展，但目前迫在眉睫的任务是，改变近年来强力推行的撤并乡村学校的舆论氛围导向和政策、投资引导方向，加大国家财政和教师选用等政策支持力度。在充分利用现有教育资源的基础上，努力办好乡镇中心小学，尽快改变乡镇中心小学教学设备破败落后、教师士气不振，教师质量、生源质量和教学质量不断下

降的恶性循环状态。在此基础上，努力办好较大村庄学校，鼓励相邻较小村庄联合兴办学校，实行小班化教学，使乡村学校形成能够不断吸引学生就学和教师任教的生气蓬勃的良性循环局面。

（二）建设新农村的新学校布局应该与地区经济社会发展和城镇化、城乡一体化程度相协调。学校教育城镇化和城乡一体化是城乡经济社会和文化生活一体化的必然结果，要实现教育城镇化和城乡一体化就应先实现城乡经济社会和文化生活一体化。城乡经济社会和文化生活没有一体化，城乡教育就很难甚至就不能一体化，乡村教育也很难甚至就不能城镇化。城乡一体化程度较高和交通便捷地区的教育城镇化，不仅必要，也有可能。城乡一体化程度较低和交通很不方便地区的教育城镇化的关键不在于是否必要，而在于是否可行和如何实施，应该更加注重城镇学校和乡村学校的协调发展，特别是乡村教育的发展。就地城镇化的农村教育城镇化的方式和路径主要是提高教师水平和改善办学条件等内涵式发展。人口向城市转移的农村城镇化和农村教育城镇化的方式和路径则是提高教师水平、改善办学条件等内涵式发展与建设新学校、增加教师数量等外延式发展交织进行的方式和路径，甚至还要解决不是教育问题，但又直接影响学生上学和学校布局的交通和住宿等问题。不同地区的农村教育城镇化必须根据本地区经济文化发展水平和特点、农村城镇化水平和特点，有计划、分阶段稳步推进，使农村教育城镇化过程中的矛盾化解到最低程度，必须改变和防止超越经济发展水平和忽视农村经济文化特点导致的农村教育盲目城镇化倾向。

（三）新农村建设的学校布局必须通过提高乡村教师收入和教学水平来提高乡村教育教学质量。教育质量是学校的生命，教师质量是教育的生命。近年来，农村学校教育发展不景气，仅有的为数本来就不多的适龄少年儿童也无奈离开乡村到城镇上学，其根本原因是教育质量问题。教育质量不高当然有教学设备差等许多原因，但投资和管理不到位、教师经济收入水平低下、教师质量不高是关键原因。近年来，乡村学校教学设备条件有很大改善，乡村教师素质和经济收入水平也有明显提高，但乡村学校教学设备条件与城镇学校教学设备条件，乡村教师素质和经济收入与城镇教师素质和经济收入还有明显差距。要真正促进乡村教育的发展，就必须大幅度增加乡村教育的投资，改善乡村学校教学设备条件。尤其是要大幅度提高乡村教师经济收入水平，以此稳定和吸引高质量优秀教师在乡村任教。在此基础上，通过城市教师定期轮换到乡村任教来提高乡村教师质量，通过提高乡村教师质量来提高乡村教育教学质量，吸引乡村高质量生源。只有在教师乐意到乡村任教，城镇教师和乡村教师质量、城镇教育与乡村教育质量保持基本一致的前提下，城乡学校才有可能协调发展。否则，合理布局农村教育和发展农村教育就是一句空话。

（四）建设新农村的新学校布局应该与学前幼儿教育相结合，保证学校的稳定生源和适当规模。在交通不方便的山区乡村，小学生，特别是小学低年级学生到乡镇和县城上学存在很大问题。学前幼儿教育机构设在县城和乡镇更是不可能的事情。学前幼儿教育目前虽然不是义务教育，但也是新农村建设的重要组成部分，应该值得重视。学前幼儿教育的教学目的、内容、方式和对教师、教学设施的要求与小学低年级相接近。如果能把学前幼儿教育与小学教育统筹考虑，几个乡村联合设置离家不超过5公里的学前幼儿教育与小学教育一体化教学和管理的学校，不仅对乡村学校稳定生源和提高规模经济效益，方便儿童就学、入园，减轻农民家庭因子女在外地上学而造成的经济和心理负担有积极意义，而且对提高乡村学前幼儿教育的水平也有重要意义。

（五）新农村建设的学校布局和教育发展必须深化教育战略地位的认识，提高教育管理水平。经济欠发达地区的教育投资不足，办学条件和教学设备较差，教师经济收入低，教学质量不高，可能主要是经济问题。但对于经济发达地区来说，肯定不是经济问题，而是主观努力和科学领导管理问题。新农村建设和农村城镇化必须坚持科学发展理念。合理布局农村学校，促进农村教育发展，必须进一步深化农村各级教育部门和管理者对农村教育战略地位的认识，提高各级教育部门和管理者对农村教育的科学领导和管理水平。

第四节

教育扶贫必须杜绝因学致贫

实现现代化，科技是关键，教育是基础；科教兴国，教育为本；知识就是力量，知识贫困是一切贫困的根源。重视教育与读书无用、因学致贫明显矛盾。解释和解决这对矛盾，既要解决认识问题，更要解决实践问题，而首先要解决的是因学致贫这一现实问题，否则，一切相关理论和实践都苍白无力。

一、教育扶贫扶的是什么

教育扶贫与扶贫教育既紧密相关，又有明显区别。如果说教育扶贫是扶教育的贫，扶贫教育是扶经济、文化的贫，那么，扶贫教育首先是解决教育投资和办学经费、教学条件，甚至教育教学目标、内容和方式等问题，然后才是扶经济的贫和扶文化的贫。帮助因家庭经济困难上不起学的孩子上学，这既是经济问题，需要经济扶贫，也是教育问题，需要教育扶贫。扶就是帮助、扶持别人和别的地区、人群，自力更生、自主发展不叫扶持、帮助，而叫自强。扶贫教育无论是扶教育的贫还是扶经济和文化的贫，首先本身应该是富有或先进的教育，不应是贫困或落后的教育。如果教育本身都贫困或落后，教育还能扶贫吗？虽然穷帮穷致富也是可能的，但富帮富致富、富帮穷致富才是常理。教育扶贫和扶贫教育的最终目的都是教育致富、知识致富，如果旨在扶教育的贫，扶经济、文化、观念的贫和知识、能力、技能的贫的结果却使人贫困了甚至更加贫困了，那就是天大的笑话和讽刺。所以，无论是教育扶贫还是扶贫教育，都必须杜绝因学致贫。

教育贫困与自然环境、地理位置，与经济、文化贫困有紧密关系，但并不一一对应。教育贫困的直接表现是办学经费投入不足，办学条件不好，学校数量少、质量差等，根源可能主要是经济问题，但又不可能仅是经济问题。教育贫困有不同层面和原因，因此解决教育贫困问题应根据原因对症下药。如果一个国家、一个地区甚至一个家庭经济富裕，教育文化却非常贫困，受过教育的人少且程度和质量不高，或受过教育的人不少但程度不高，或者是因为不重视教育，经济等投入少，学校数量少且质量不高，或者是政府重视教育，经济等投入不少，学校数量不少且质量也不错，可家长和学生不愿意上学读书，因此导致民众受教育的程度和质量不高，这都是教育贫困问题，但这是教育观念和政策贫困问题，不是经济贫困问题。如果这也需教育扶贫，那么这只能是教育观念和政策的扶贫，而不是教育资金投入和设备等的扶贫。也就是说，教育贫困不仅是因为地区经济贫困导致教育投资少、学校数量少和质量低的贫困，也有教育观念落后导致的教育贫困。

解决因经济落后，办学经费投入不足，办学条件不好，学校数量少、质量差等导致的受过教育的人少且程度和质量不高，或受过教育的人不少但程度和质量不高的这种教育贫困的问题需要长期努力。解决因上学、完成学业给学生及其家庭带来的经济困难及其导致的教育贫困，因观念落后和经济与观念都落后导致的教育贫困问题则是紧迫任务。自然环境、地理位置和经济发展虽然不是很好，但教育发展却较好的区域和家庭也有存在，虽然它的教育投入、办学条件和教育教学质量等比较好，不能完全称为教育贫困，但与之应得的教育投资和办学条件而言还是贫困的，或者称为经济贫困中的富裕教育，也应该列入教育扶贫的重要目标。

二、因学致贫的原因

重视教育和知识是中国文化的优秀传统。改革开放以来，社会一直倡导和人们一直坚信的实现现代化，科技是关键，教育是基础，知识就是力量等重视教育和知识的共识也逐步变成了普遍实践和客观事实，因此也使得国家不断繁荣富强，民众不断富裕自信。但与此同时，或者说随之而生的读书无用论和因上学读书而致贫的现象时有发生，这种现象和说法乍看起来匪夷所思，但细细想来也不是完全没有原因和事实依据。

贫困是人类的天敌，没有人愿意贫困，人类一直在与贫困做斗争。贫困有多种原因，但从2016年我们对丝绸之路经济带沿线农村民众对基础教育满意度的调查中可以发现，因灾致贫、因病致贫和因学致贫成为农村贫困的三大原因。天有不测风云，人有旦夕祸福。因灾致贫、因病致贫的原因是什么很难说清，正如有人总结和人们普遍相信的一样：幸福的家庭的特征和原因是比较一致的，不幸的家庭的特征和原因则各有各的不同。但因学致贫的原因是可以说清的，不外乎以下几点。

（一）基础教育落后，上高收费大学，导致因学致贫。教育具有长效性，这不仅是学者专家的共识，普通民众也并不认为接受了学前教育、中小学教育就会有多少经济收益。但大学教育则不同，大学入学要交费，其间还会产生消费。无论是本科毕业后还是研究生毕业后的一定时间内，就应该使收入与之前的投入达到基本平衡，如果长期不能收回投资进而获利，就会导致因学致贫。这是农村家庭因学致贫的重要原因。而大学毕业后能否使收益和投入相平衡，又与基础教育有紧密联系。一般来说，地区和家庭经济条件好的学生，由于基础教育条件好，再加上自己的努力，高考成绩好，不仅能选择就读好大学和专业，而且学费支出较少，就业情况也好，收入也较高。对他们来说，很少人有因学致贫的问题。但对于经济条件差的农村学生来说，由于基础教育条件差，即便是学生自己很努力，高考成绩通常也不会很好，许多人只能达到二本、三本分数线，选择专业不理想而且学费又高的大学，这本身就可能导致暂时的因学致贫，如果就业不好，收入较低，因学致贫程度就更加明显。①

（二）对大学就业制度的变化和自己的职业理想与社会需求关系的认识

① 郝文武：《新读书无用论的根源及其消除》，《中国教育学刊》2009年第9期。

不足，导致因学致贫。近20年的大学就业制度不同于20年以前，只要上了大学，毕业后就是公家人、就可旱涝保收，而是要根据市场对人才的需求自己找工作，这就使得接受大学教育与就业、脱贫和致富之间构成了复杂关系。但是由于许多农村学生家长甚至学生自己没有充分认识到这种巨大变化，总认为只要上了大学就可增加收入，解决经济投入问题和家庭贫困问题，因此无论大学专业和质量如何、收费多高都要圆上大学的梦，结果毕业后就业不好导致因学致贫。另外，大学生对自己的职业理想与社会需求关系的认识不足，就业时眼高手低，不能灵活适应社会发展，甚至毕业就待业也是导致因学致贫的重要原因。大学生都是成年人，上大学不仅要有较大直接投资，也有较大机会成本，如果大学毕业收入不好，读大学的边际成本与边际收益不仅不能同步增长，还会造成收效与投入倒挂，形成越读书越穷、因学致贫的怪象。

（三）片面评价教育对人生和社会的全面价值，形成因学致贫的错误认识。教育价值不仅有长效性，也有整体性；教育发展和接受教育不仅具有经济效益，也具有文化和文明效益。如果把文化和文明看作一种重要财富，无论是学前教育、中小学基础教育和大学教育，它们对个人和社会的文化和文明素质提高都具有重要贡献，仅从经济角度说因学致贫是很不合适的。

（四）政府和社会对贫困人口的扶持资助不够，这也是形成因学致贫现象的重要原因。在国家富强和经济繁荣的现代社会，国家保证每个人具有基本的生存、生活条件是文明的底线、道德的底线，不应该出现、至少不应该长期存在因灾致贫、因病致贫和因学致贫的现象，即便是个人的上学选择、就业选择是有问题的也应该如此。国家的底线保证不到位就会导致因学致贫。

三、教育扶贫为何必须杜绝因学致贫

因学致贫不仅是读书无用论的延续和翻版，还有可能发展为读书有害的程度。这与实现现代化，科技是关键，教育是基础；科教兴国，教育为本；知识就是力量，知识贫困是一切贫困的根源的认识和实践明显矛盾。如果任其蔓延，导致的后果将难以估量。

（一）会导致和强化读书无用论，影响农民素质提高。因学致贫主要指大学毕业后就业不好、收入很少导致家庭贫困。但这也影响农村中小学的发展，影响义务教育质量的提高和高中教育的普及。上大学和中小学都有广泛的价值，但就业增收是重要目的，如果上了大学都不能很好就业增收，那么人的求学动力就会大打折扣。改革开放初期，高考呈现的“千军万马过独木桥”的局面，近年来的择校热、高考移民热等都从正面说明大学教育与中小学教育紧密联系，而前几年的百万学子弃考、大学生成为杀人犯，又从反面说明大学教育与中小学教育紧密联系。虽然我国实施了九年义务教育，接受中小学教育是国家规定的每个人的义务，但如果不能尽快解决因学致贫和读书无用甚至有害问题，则可能形成学生上学出勤不出力或上有政策下有对策的磨洋工问题，这只能劳民伤财，无法促进农村发展和农民素质提高。

（二）会固化社会阶层，不利于形成自信自强、自力更生等积极向上的人生追求。教育对促进社会经济文化发展有普遍重要意义，就不同层面的教育与对具体的国家、地区和个人的价值而言存在许多不确定性和偶然性，但无论如何，自古以来，社会发展和管理运作总是需要大量人才，不少人把通过读书求学、赶考应试、求职升官作为改变命运的重要途径，国家也以此作为激励人们自强不息、积极向上和改变生存状态或命运、调整社会阶层结构的重要办法。虽然它可能演变为应试教育，但这条途径如能公平正义、畅通无阻，就是激励人们重视和发展教育、刻苦学习的重要动力。如果缺失公平正义、贪腐严重、途径受阻，或者产生因学致贫、读书无用甚至有害的观点，则必然使个人通过此途径改变命运的动力衰竭，使国家以此激励人们改变生存状态、调整社会阶层结构的安排失效，使社会阶层固化，贫富代际传递，教育的社会分层功能和整体功能减弱，使社会积极向上的氛围、心态、劲头减弱，这是很可怕的事情，是必须防止和杜绝的。

（三）会削弱农村发展的智力支持，损害农村经济社会发展的动力和后劲。因学致贫主要是经济问题，但形成重视发展教育、好学上进的社会氛围和个人价值追求的心态、劲头则不仅是经济问题，是知识、智力、能力和文化问题。知识贫穷是一切贫穷的根源与文化贫穷是一切贫穷的根源是一个道理。文化缺失，经济很难发展，即使有所发展，最终也是有问题的，是动力和后劲不足的。

（四）会影响社会稳定，形成不应有的思想和秩序混乱。因学致贫是发展过程中因预测、筹谋和制度设置不当而出现的不应有的消极因素，它应该是也只能是暂时的，必须尽快改变，否则将彻底颠覆自古以来，特别是改革开放以来形成的关于教育价值的观念，引起思想和秩序混乱，影响社会和教育稳定健康发展。

（五）不利于全民整体素质提高和全面实现小康，全面现代化。农村不能实现小康，全国就不能实现小康；农村不能实现现代化，全国就不能实现现代化；农村人的素质不能提高，全国人民的整体素质就不能提高。因学致贫对农村和国家整体的小康、现代化和农民素质提高都是有害的。

四、教育扶贫如何才能杜绝因学致贫

教育贫困不仅有因学致贫，还有因自然环境、地理位置和经济、文化、观念落后导致的教育投资不足、办学条件不好、学校数量不够等教育资源不足产生的教育条件性的贫困。教育扶贫必须解决这些教育条件性的贫困问题，但条件对于结果只有必要性，并非必然性。因学致贫既可能是教育贫困导致的，也可能是教育不当、教育过度导致的，任其发展必然导致教育结果的低效和读书求学动力的衰竭，因此，要更加重视，尽快解决。

（一）大力提高农村教育和教师质量，消除基础教育质量低导致的因学致贫。因学致贫与大学教育专业设置和教育质量紧密相关，与基础教育质量不高直接相关。基础教育质量不高又与基础教育经费投入不足、办学条件不好有关，但最关键的原因是教师待遇不好、质量不高和教育动力不足等。因此，教育扶贫既要全面系统解决教育贫困问题，又要牢牢抓住和解决教师这个关键问题，要努力形成下得去、待得住、质量高和有干劲的农村教师队伍。农民浇地灌溉一定要打好田地的底子，要形成保墒的基础，否则就是漏斗式浇灌，只能劳民伤财。经济扶贫和教育扶贫也一样，要夯实扶贫保证的基础，解决漏斗式扶贫问题，形成外部输血促进内部造血的良好循环态势。如果教师下不去，下去了待不住，呆住了质量和干劲不高，使农村学校成为教师走投无路、迫不得已的选择或成为城市锻炼教师的场所，这样的教育扶贫只能越扶越贫，使充足教育投资、良好教育设施效益低下，甚至出现没有效益和浪费的恶性循环。教育扶贫也要处理好发展新农村、办好新农村的新教育与农村城镇化、教育城镇化关系，不能为了城镇而牺牲农村，搞掐尖式扶贫，城镇不择手段挖农村的好教师、好学生，把包括好教师、好学生等一切好的东西都吸引到城里，把一切差的都留给农村。教育扶贫也要有针对性，要精准，不能搞大水漫灌式扶贫，更不能嫌贫爱富，搞成教育不扶贫而扶富，使本来就有的两极分化状态和趋势进一步扩大，毒化社会风气。

（二）强化大学责任，优化专业设置，提高教育质量，合理收费标准，消除上了大学却因学致贫的现象。大学担负着为民族富强和人民富裕培养人才的重任，因学致贫的根源也许不在大学，但大学也要反思其根源和责任，要优化教育结构，变革教育目标、内容和教学方式，提高学生的实践能力和就业能力，全面提高学生的素质。要合理收费标准和规程，做好教育资助救助，体恤民众疾苦，不能只在乎钱，而不在乎钱的来源、效用等更重要的意义。

（三）引导民众正确认识大学的作用和招生、就业制度，消除因片面认识导致的因学致贫。大学扩招后的大学生就业、收费制度和就业形势发生了很大变化，大学必须做好对大学生就业、收费制度和就业形势的教育，也必须引导家长形成明确和正确认识，改变上了大学就能找到好工作的心态。国家应该尽可能扩大就业渠道，尽量做好大学毕业生就业工作。大学生也要面对现实，形成良好健康的就业心态，找到能够发挥自己潜能和特长的职业。

（四）引导民众全面认识教育的作用，消除因其片面理解导致的因学致贫。尽管因学致贫是客观现象，或者有其客观现实根据，但这毕竟是不应该发生的事情，也是不应该形成和具有的认识，更不能使这个暂时和局部的现象长期蔓延，使人形成相关的普遍认识。国家和社会一定要努力消除因学致贫这个暂时的、局部的现象，通过引导民众全面认识教育对经济、文化等的作用，消除因其片面理解导致的因学致贫。

（五）提高民众经济能力，提高低保标准，强化低保措施，消除因学致贫的经济根源。社会公平是社会平等和社会效率的相互促进关系和状态，教育公平是教育平等和教育效率的相互促进关系和状态。无论是机会公平、过程公平还是结果公平，最基本的都是人格尊严的平等和生存条件的基本平等，是上不封顶下要保底的平等。所以，国家和社会必须通过提高贫困家庭民众的经济能力，提高社会低保标准，强化社会低保措施，消除因学致贫的经济根源。

第五节

城乡教育提高质量的永恒追求和时代特征

质量和数量是相对的，质量与数量应该协调统一，让更多的人接受更好的教育是教育质量与教育数量的统一，是教育发展的终极目标、最高理想、永恒追求。无论是在数量扩大还是在数量不足的情况下,教育都应重视质量、保证质量和提高质量。提高质量是教育的永恒主题。在中小学教育普及和高等教育大众化取得显著成绩，社会发展对提高教育质量提出强烈要求和提供良好条件的情况下，强调教育内涵发展和提高教育质量，研究教育质量的内涵和特征，教育质量与教育普及、教育大众化的数量扩大关系，提高教育质量的战略和决策有重要理论价值和现实意义。

一、教育质量是教育本质规定性的纯真程度

保证质量，提高质量，这个产品质量高，那个产品质量低，是人们在日常生活和工作中的口头禅。但究竟什么是质量，怎样评价质量，如何提高质量，人们则有许多不同认识。人们往往把质量看作衡量产品好坏的标准，但什么是好，什么是坏，内涵很不明确。有人把质量等同于价值，认为质量是“实体所具有的固有特性满足相关方需求的程度”[①]。首先,这种观点把价值界定为客体满足主体需要的程度本身就有问题，其实价值是主客体满足

① 余小波:《高等教育质量概念: 内涵与外延》,《高教发展与评估》2005 年第 6 期。

主体需要的程度，主体不仅对客体有是否满足自己需要和是否满意的评价，也有对自己是否满足自己的需要和是否满意的评价。其次，价值的基础是事物的功能和规定性，价值的主体是人的需要，人的需要的种类和层次水平不仅主导事物的显现价值发挥、利用，也主导事物潜在价值的发现、发明。这就是亚里士多德所说的“现实决定潜能”。质量与人的需要有密切关系，人对高质量、提高质量和创造更高质量事物的需要越强烈，人的能力和人创造的事物的质量就越高，但决定质量的核心或根本要素是事物质的规定性，不是个人的喜好。人的普遍良知和永恒追求对认识、提高和评估质量有根本和关键作用，但这不能决定或代替事物本身的质量。追求高质量是人的本性。古今中外每个人都需要高质量,而不是低质量。但经济实力、能力水平等因素决定了一些人选择和创造低质量事物，并不是说他们需要和喜欢低质量事物。

有数量就有质量，低质量的事物和高质量的事物都既是有质量的事物，又是具有不同纯真程度和水平的质的规定性的事物。事物质的规定性程度越高，质量就越高，反之质量就越低。质量的核心和关键是事物本质规定性的纯真程度,不仅是事物本质的规定性。社会事物的质量是由主体形成的,自然事物的质量是由事物的本质本身规定的。无论对社会事物还是自然事物，都不能说人越需要的事物，其质量就越高；人越不需要的事物，其质量就越低。

教育质量与教育价值，与人对教育的需要也有密切关系。人对高质量教育、提高教育质量和创造更高质量教育的需要越强烈，人的能力和人选择、创造的教育的质量也就越高。但教育质量的决定要素是教育质的规定性。教育质量是教育本质规定性的纯真程度。教育是培养人或形成人的活动，教育质量的高低就是教育培养的人的质量的高低。以前我们批判“三纲五常”的封建糟粕有一定道理，但君应像君、臣应像臣，父应像父、子应像子，夫应像夫、妻应像妻，也有一定道理。唯有如此，才能使人更像人。人之所以为人，有许多基本组成成分或要素，综合各个基本要素，就是自然身体和社会身心两个方面。衡量人的质量不能缺少基本要素，但主要是德才兼备这个核心或根本要素。古今中外，任何民族、社会和时代的任何人不管对教育有多少不同层次和种类的需要，需要什么样的德，什么样的才，但对高质量的人的需要，对德才兼备的人的需要或要求则是永恒的，形成德才兼备的人是教育的终极目标、最高理想、永恒追求。教育形成德才兼备的人的程度和水平越高，教育质量就越高，形成有才无德、有德无才、德才平平或者德才兼不备的人，就是低质量的。

教育质量与人对教育质量的认识不能等同，人类的普遍良知和最高追求、合理诉求，既是永恒不变的，也是认识、评估和提高教育质量的根本保证。人的本质规定和质量、教育的本质规定和质量，既是本来应该是什么样子，又是实际应该是什么样子，是实然存在和应然追求统一的存在。虽然不同国家、民族、社会和时代对教育质量的关注程度有差异，但没有哪个国家、民族、社会和时代不关注教育质量。教育只有时代的质量，没有质量的时代。世界上既不存在只有民族和时代特征而没有一般本质的人，也不存在只有一般本质而没有民族和时代特征的人。任何民族和时代的人都是一般本质与民族和时代特征相结合的人。评价人和教育的质量，首先是人类的普遍良知和最高追求、合理诉求标准，然后是适应国家、民族、社会、时代要求标准。某个国家、民族、社会和时代的人的素质和教育特征可能充分包含人类的普遍良知和最高追求、合理诉求以及教育质的规定性，也可能包含不够充分，甚至有明显偏离。教育应该首先是形成充分具有人之所以为人的质的规定性的人，然后才是形成具有不同国家、民族、社会和时代的素质的人。人和教育的本质规定和质量也应与时俱进，但这是指人和教育的具体目标和内容、形成方式应适应时代要求，而不是指人之所以为人、教育之所以为教育的终极根源、最高追求和根本目标要朝令夕改。

任何人和教育既具有万变不离其宗的共同本质或质的规定性质量标准，又具有由不同国家、民族、社会、时代及其不同年龄发展阶段特点的人、不同层类的教育决定的特殊的质的规定性和质量标准。不同层次、类型、对象、目标和条件的教育既有不同过程和结果的多种层类的质的规定和质量标准，也有任何人、任何教育都共同具有的普遍规定和一元标准。教育的共同普遍标准和特殊具体标准既相互区别，不能相互代替，又密切联系，不能相互割裂，更不能相互否认和排斥。社会和教育鼓励每一个人成为自己希望成为的人，但首先必须是人之所以为人的人，然后才是有个性的人。因材施教的教育和有特色的教育，首先必须是教育之所以为教育的教育，然后才是有不同目标、内容、过程、方式和结果等特点的教育。学前教育使幼儿更像幼儿，让幼儿在游戏中学会做人、学会做事；中小学教育使中小学生更像中小学生，把学习当作本分、职责，通过学习学会做人、学会做事；大学教育使大学生更像大学生，研究生教育使研究生更像研究生，就是高质量的过程、方式和结果。否则，把幼儿当作中小学生，把小学生当作大学生和成年人，把大学生当作没有担当、缺乏创新和实践能力的人，其实就是不把人当作人。这样的教育就不可能使人更像人，或者不可能使自然人成为社会人或文明人，不可能是高质量的教育。

二、提高教育质量和扩大教育数量是教育发展的永恒追求

教育质量与教育数量相互对应，有一定数量就有一定质量，有一定质量就有一定数量。发展教育，不能只要数量不要质量，也不能只要质量不要数量。数量多，质量未必不高；数量少，质量未必就高。质量高、数量多的教育是最好的教育，数量少、质量低的教育是最不好的教育。质量与数量应该相互协调统一，扩大数量未必影响质量，但也有可能影响质量。教育数量是具有不同程度本质规定性的教育活动的扩展和普及程度，即接受教育和教育形成人的多少程度。教育质量只有最低标准，没有最高标准。保证教育质量，形成合格人才，是教育的基本标准。提高教育质量既包括提高很低水平的教育质量，使其达到基本标准，也包括充分发挥教育质量的作用，培养能为国为民做出更大贡献的优秀的人。不同时代和社会对教育本质的认识规定和数量要求，最终形成的教育本质纯真和数量规模有不同程度和特点，但不断提高教育质量和扩大教育数量，使更多的人接受更好的教育是教育发展的终极目标、最高理想、永恒追求。少数人接受教育，多数人不能接受教育；少数人接受优质教育，多数人接受劣质教育；所有人接受劣

质教育和不接受教育都不是教育的目标。提高教育质量，必须处理好教育质量与教育数量的关系。

处理教育质量与教育数量的关系与对教育公平本质的认识、教育公平的价值追求，与处理好教育公平中的平等和效率关系有密切关系。高质量的教育应该是公平的教育、平等和有效率的教育，但公平的教育、平等和有效率的教育未必是高质量的教育。高质量的教育需要高质量的教师、高质量的课程、高质量的教学过程和方式、高质量的生源、高质量的教学设备和充足的教育教学经费等教育资源，甚至与高质量的自然、社会环境等条件的支持也有紧密关系。这几个方面都是高质量才能保证教育高质量；这几个方面都是低质量就不可能有高质量教育；这几个方面的质量高低不一，教育就有可能达到高质量，但也可能是低质量的。教育资源主要是社会资源，任何社会的社会资源都是有限的。即便社会资源是无限的，其利用和分配的目的、内容、方式和结果也受价值取向的根本影响。重视教育平等和数量的教育公平价值取向，利用和分配教育资源的目的、内容和方式是保证每一个人都接受完全相同质量的教育，结果必然是扁平化或全熵化质量状态。重视教育效率和质量的教育公平价值取向,利用和分配教育资源的目的、内容和方式是保证有潜能、肯吃苦、愿意学习的一定数量的人接受更好的教育，结果既可能是在保证基本质量基础上的质量高低有序的结构化质量状态，也可能是不能保证基本质量的两极分化的结构化质量状态。

公平的本质、标准和方式必须从人类追求公平的目的和理想中去寻找。公平的目的和理想是平等尊重和共同发展、共同富强，而不是共同或平等平庸和贫困，也不是一些人受尊重、有尊严，身心全面发展和经济富裕，而另一些人不受尊重、没有尊严，身心片面发展和经济贫穷。公平包含了平等和效率，但平等和效率不等于公平。公平的本质特征、理想目标和合理状态是平等和效率相互促进的关系状态及其水平持续不断提高的发展状态，为了实现公平的目的和理想必须同时重视平等与效率。平等从高度抽象的含义讲,就是以一个完全相同的标准对待所有不同的对象。但具体而言，以完全相同的标准尊重每个人的尊严、权利的政治和社会领域的平等与以劳动能力、投入和成果为标准或以多劳多得为标准的按比例分配的经济领域的平等往往相互矛盾。人格和权利平等是人的最基本平等,也是共同发展、富强的先决条件。没有基本平等就没有平等，就是认可甚至鼓励适者生存、优胜劣汰的两极分化，这绝非人类理想、公平的目的和本质。由于人的先天素质、后天条件等发展基础有差异，有权利未必有能力，权利平等未必能力平等。劳动创造世界，没有劳动就没有效率，没有共同发展和富强。只重视尊重人格尊严及其标准，轻视甚至忽视劳动尊严及其标准，不论干多干少一样分配，在劳动还没有成为人的第一需要的情况下，就是鼓励不劳而获，认可甚至鼓励共同平庸和贫困，这也绝非人类理想、公平的目的和本质。现实公平必须鼓励劳动，肯定劳动差异，必须在保证人格尊严、权利基本平等或完全平等的基础上，承认、鼓励不同劳动所得和享受的差异。解决人格尊严、权利平等与劳动、能力平等的矛盾就是解决平等与效率的矛盾，目的是使两者持续保持相互促进的和谐状态。

发展教育必须解决对人格尊严的平等尊重与对劳动尊严、效率和质量的平等尊重的矛盾，使两个方面协调平衡、相互促进。只讲人格尊严和权利平等，不讲劳动尊严、效率和质量平等，既可能使具有较大潜能的人由于平均分配使他们拥有与一般人一样的教育资源而不能满足需要，潜能得不到充分发挥，降低教育质量，形成大家都平庸的教育，影响社会和个人发展，也可能使潜能较差者得到超过发挥他们潜能需要的资源，造成有限资源的浪费，降低教育效率。只讲劳动尊严、效率和质量平等，不讲人格尊严平等，既可能导致只有潜能和能力大的人受到高质量教育，潜能和能力差的人受不到良好教育，形成教育的两极分化，也难以发现和发挥人的潜能、形成人的现实能力。合理有效、现实可行的教育公平应该是教育平等和教育效率持续相互促进的教育质量结构的教育公平；应该是既为才智出众者服务，也为才智平庸者服务，使他们在都得到基本平等教育的基础上有差别发展，使才智出众者接受更高质量的教育，以期更好发展，为社会做出更大贡献，使才智一般者也能接受良好质量，也有基本发展，能自食其力的教育公平；

应该是既遵循互利原则，根据受教育者发展潜能和将来可能为国家、社会和个人带来的预期收益，对不同的人实施不同的教育，又遵循仁爱原则，对由于经济困难而不能上学的人给予应有经济资助和对受到教育也未必能给国家、社会和他人带来与其投入相应利益的身心有缺陷的人给予特殊的教育帮助的教育公平；应该是全体国民德智体等素质在基本平等水平不断提高的基础上的有差异的共同发展，是每个人接受基本教育的基本平等与不同兴趣类型和能力水平的人接受不同层面教育的差异平等相结合的教育公平；应该是与时代相适应的普及教育、大众化教育和英才教育结合，富强国家与惠及民生相得益彰的人民满意的教育公平；同样也应该是基本平等和公平与差异平等和公平相互促进，在保证基本平等和公平的前提下，通过差异平等不断提高教育质量，提高教育基本平等水平，逐渐形成高度平等与高度效率相互促进的高度教育公平。

教育对象既是教育的目的，又是教育的资源。义务教育是对每一个适龄儿童的平等教育，它的生源质量就是自然人的质量，环境也是无法选择的自然环境和在很大程度上受自然环境影响的社会环境。虽然自然人的质量和环境都无法选择,但对教育质量都有一定影响。评估和提高义务教育质量，必须考虑这些因素及其对其他因素产生的影响。非义务教育包括现在的高中教育和高等教育，虽然逐步实现了普及教育和教育大众化，能够上学接受教育的人数越来越多，但这还是一种选拔性教育。选拔性教育的生源质量对教育质量有明显影响。现在的许多中学名校、大学名校的教育质量高，与它们有高质量的生源等教育资源有密切关系。评估和提高义务教育质量，必须考虑这些因素及其与其他因素产生的相互影响。

教育发展、教育质量的标准与社会发展的水平和阶段紧密联系。不同社会和时代对教育质量的规定或者要求既有共同特点，又有时代特征。普及教育和教育大众化时代的教育质量与精英教育时代的教育质量不同。通过评估形成教育质量的核心要素评估教育本质规定性的纯真程度与通过评估教育活动和结果对社会产生影响的程度都是评估教育质量的重要方式。很难想象中国过去的低质量教育能够支撑和推动经济社会和科技文化又好又快发展，但如果中国以往的教育质量比现在更高，中国经济社会和科技文化发展肯定比现在更好更快。中国教育发展一直注重质量和数量的统一，但一直存在进一步协调质量与数量关系、提高质量和扩大数量的问题。新中国成立以来的几十年，教育解决的主要问题是能不能上学的问题，是在保证基本质量的前提下，扩大教育数量和普及教育的问题。中小学教育普及和高等教育大众化都取得了有目共睹的显著成绩，教育质量也在稳步提高。改革开放 40 多年以后的现在，教育解决的主要问题不再是能否上学的问题，而是扩大优质教育资源和提高创造性人才形成的数量和力度问题。现在强调提高教育质量主要不是因为以前的教育质量低，或不重视质量只注重数量，而是因为国家发展为进一步提高教育质量提供了更好的条件，提出了更高的要求，广大民众对高质量教育的需求更加强烈；是因为促进未来中国的经济社会、科技文化更好更快发展和满足人民群众日益增长的美好生活需要都需要更高质量的教育。

三、提高教育质量是当代中国发展对教育发展的强烈要求

研究、评估教育质量的目的是提高教育质量，但教育质量不仅是水平高低的问题，也有价值取向和结构优化问题。价值取向明显偏离和结构严重缺陷的教育不可能是高质量的教育，至少不是全面的高质量教育，最多是片面的高质量教育。教育质量的第一个价值取向是德才关系的价值取向，第二个价值取向是知识与能力、理论与实践关系的价值取向，第三个价值取向是质量和数量关系的价值取向或教育公平的价值取向。处理好前两个价值取向的关系是处理好第三个价值取向的基础，前两个价值取向不合理，第三个价值取向就不可能在实质上合理，最多只能是形式上的合理。不能处理好德才兼备和知识与能力、知行统一的关系，教育质量就会偏离教育的质的规定性。如果只追求教育平等而轻视甚至忽视教育效率和教育质量，结果必然是教育的基本质量高，最高质量低，实际上是扁平化甚至是大家

共同平庸的教育质量。如果只强调教育效率而轻视甚至忽视教育平等，必然导致教育的两极分化，一部分教育质量很高，一部分教育质量很低。如果教育过分追求经济效率而非社会效率、眼前效率而非长远效率，结果必然导致急功近利，损害全民族素质的全面持续提高。高质量的教育必须是价值趋向合理和质量结构优化的教育。中国教育的质量问题既有程度不同的价值取向偏离问题，也有某种程度的结构失调问题。

（一）基本质量稳定提高，最高质量提升乏力。我国教育质量呈现扁平化、平均化倾向。随着基础教育，特别是义务教育的普及和质量提高、高等教育的大众化和质量提高，我国国民素质和教育质量比以前普遍提高，但我国还没有获得表明教育质量和国民质量核心指标的科技发明类诺贝尔奖，还缺乏文化艺术大师和大哲学家、大思想家，决定科技文化等核心竞争力的最高质量提升乏力。这是通过评估教育对社会的影响评估的教育质量，也是反映教育质量水平的重要指标。

（二）平均质量稳定提高，结构质量优化不足。教育基本质量的稳定提高决定了国民教育平均质量和国民基本素质的持续稳定提高，但平均质量的提高可能是在基本质量与最高质量、学科专业质量、地域质量、城乡质量结构优化的状态下的提高，也可能是注重基本质量，轻视最高质量，或基本质量较高，最高质量较低甚至很低的扁平化质量状态；学科专业质量、地域质量、城乡质量结构失调的质量状态。当代中国的平均教育质量不仅基本处于基本质量较高，最高质量较低甚至很低的扁平化结构失调状态，也基本处于不同学科专业特色淡化的同质化结构失调状态，发达地区与欠发达地区、城市与乡村有很大差距甚至两极分化、固化的结构失调状态。

（三）纵向或动态比较平均质量提高明显，横向比较最高质量提升乏力。中华民族上下五千多年，有许多发明创造，涌现出许多文化艺术和思想大师，也有一些大科学家。但近现代不仅缺乏重大科学技术发明创造，也缺乏文化艺术重大成果。爱迪生一人的发明创造超过了中华民族上下五千多年的“四大发明”，现当代文化艺术能超过《西游记》《红楼梦》等“四大名著”

的也不多。有研究认为，世界主要国家在成立30年后一般都能获得诺贝尔奖，但新中国成立近70年后才打破诺贝尔奖零的纪录，虽然这不是衡量国民科技和教育质量的唯一标准，但也是重要指标。

在国家经济发展迅速、教育资源得到基本保证和分配合理有效的情况下，普及基础教育和高等教育大众化，不仅对提高全体国民的平均受教育程度、平均和基本教育质量有重要作用，也对优化国民素质结构有重要作用，相反则很难实现这几个方面的目标。中国目前教育的基本质量、平均质量提高较快，但最高质量提高较缓，其原因主要不在国家经济发展提供的教育资源得不到基本保证，而是教育资源分配的合理有效问题，是对教育平等与教育效率相互促进的教育公平的认识和落实不到位的问题，是对有发展潜能的年轻人提供的教育资源不够的问题，也有受教育和追求创造发明的动力不足问题。教育本应对促进国民社会流动有重要作用，但由于城乡二元的长期存在，农村中小学教育质量长期较低，导致农村孩子儿时受质量较差教育，长大上质量较差大学，找质量较差工作，不仅使城乡差别、贫富差距固化，使农村许多人对通过教育和学习改变环境、命运丧失信心，而且对通过社会变革改变环境、命运也失去信心，还降低了条件优越的人的积极进取动力。这种教育无论基本质量、平均质量和最高质量多高，也不是高质量教育。

（四）价值追求等软质量影响科技、文化创新等硬质量的提高。高质量的人才不仅是德才兼备的人才，而且是以科学文化创造为最高甚至唯一目标的人才。良好的环境对人才成长和科技文化发明创造有重要作用，但科技文化发明创造的关键是人的精神追求和毅力、决心。许多中华优秀文化是由被中华文化糟粕强烈打压的以科学文化创造为最高甚至唯一目标的人创造的。司马迁《报任安书》里说："古者富贵而名摩灭，不可胜记，唯倜傥非常之人称焉。盖文王拘而演《周易》；仲尼厄而作《春秋》；屈原放逐，乃赋《离骚》；左丘失明，厥有《国语》；孙子膑脚，《兵法》修列；不韦迁蜀，世传《吕览》；韩非囚秦，《说难》《孤愤》；《诗》三百篇，大底圣贤发愤之所为作也。”西方也如此，伽利略、布鲁诺等大科学家为发明创造都付出了生命代价。联合国教科文组织总干事马约尔认为，“我们留下一个什么样的世界给子孙后代，在很大程度上取决于我们给世界留下什么样的子孙后代”[①]。中国现当代教育培养的人缺乏追求“死而不亡者寿”的精神,创造发明方向不明、动力不足是创造能力不高、科技文化创造发明成果贫乏的根源。

（五)基础教育质量与高等教育质量缺乏协调,影响整体教育质量的提高。在哈佛女孩刘亦婷对中美中学生素质的八项对比中，我国唯一的强项就是基础好，美国唯一的弱项就是基础差；而在创新能力上则相反，我国弱，美国强。这种现象非常值得反思，为什么基础好却创新能力弱，基础差而创新能力强？知识与能力，特别是创新能力有何关系必须深入研究。

《赢在起点　输在终点——对我国传统教育所谓基础扎实误区的批判》列举了基础扎实的多方面危害：第一，太重基础，就是把基础知识当作金科玉律，百分之百的正确，亘古不变的真理，导致迷信权威和思维定式，不利于培养批判思维。第二，过分强调基础，导致学生甚至学者负担过重，精力消耗过多，不利于在某领域的深入研究，产生重大发现，也会使兴趣丧失。第三，把基础静止化，不利于新基础的诞生，更不利于知识创新。第四，把基础模式化，忽视学科和专业的特点，导致教育同质化，缺乏特色。第五，包括现代中国的考试制度在内的中国几千年的考试制度强化了基础知识的重要性，进一步扼杀了中国人的创造性。[②]有人说，中国人的扎实基础加上美国式的大学教育就是诺贝尔奖，这种说法显然荒唐。[③]教育绝非简单相加，而是有机的整体。还有人认为，美国人都在学习中国加强基础教育的经验，这说明中国重视基础是对的，改变这种传统是不对的。这种逻辑更加荒唐，

---

① 联合国教科文组织:《世界教育报告 1998　教师和变革世界中的教学工作》，罗进德等译，中国对外翻译出版公司，前言第 1 页。

② 周洪林、吴国平:《赢在起点　输在终点——对我国传统教育所谓基础扎实误区的批判》，《世界科技研究与发展》2001 年第 6 期。

③ 黄全愈:《素质教育在美国》，广东教育出版社，1999，第 259 页。

倘若如此，还谈何相互学习，取长补短？

（六）教学内容质量、过程质量、方式质量和教育管理质量不高是教育结果质量不高的根源。教育质量不高的根源是教育管理和教师质量不高。教育管理和教师质量不高决定了生源质量、内容质量、过程质量、方式质量不高，也与教育设备质量不高、教育经费不到位有紧密联系。现当代中国教育质量存在的问题，既与教育内容质量、过程质量、方式质量不高紧密联系，也与教育管理质量不高导致的对教育资源的巨大浪费有紧密关系。提高教育质量，首先要提高教师质量及其教育管理，通过提高教师质量来提高内容质量、过程质量、方式质量，通过提高教育管理质量来提高教育教学设备质量和利用率，改变设备重复购置、反复拆修造成的低效率利用和浪费。

四、降低功利化追求是当代中国提高教育质量的根本途径

（一）降低功利化追求、抑制应试教育是提高教育质量的最根本有效的方式。发展教育要遵循教育规律。规律既是客观的，又是选择的；既有刚性，也有弹性；既有永恒不变性，也有时代变化性。规律不为目的而服务，但为目的而选择。教育能做什么，能满足人的什么需要是教育的功能问题。人需要从教育中获取什么和怎样的教育是教育改革和发展的方向目标、价值取向和根本动力问题，教育如何满足人的需要是怎样发展教育、从事教育活动的方式方法问题。人需要的未必是教育能够满足的，教育能够满足人的未必是人需要的。即便既是需要的，又是教育能够满足的，如果人的教育需要方向有误，也很难达到教育目的。

十年树木，百年树人；前人栽树，后人乘凉。这些都是中华优秀文化的精华，是社会和教育可持续发展的中国化表述，也是我们的口头禅。但我们的社会和教育基本没有这样做，基本都是急功近利。我们的教育一味揠苗助长，我们的一些学者为了追求经济利益而不择手段。学前教育的功利化，痴想使两三岁的孩子成为小学生、中学生，甚至大学生、科学家。中小学

教育的功利化，不断强化应试教育，重知识教学轻能力发展，只为高考服务，结果开始都是一流的学生，最后却成了二流的学者，三流甚至末流的科学家。靠这样的教育何谈国家民族振兴复兴和科学文化发展繁荣？！

就业是教育的重要目标，是衡量教育的重要指标，但不是唯一目标和指标，教育更应该培养学生的创业精神和能力。就业和创业都受多种因素的影响。把就业和创业的结果和质量都归咎于教育，是过分抬高教育的作用，然后又因教育无能为力而捧杀教育。而中国现当代高等教育不仅强调就业，把找好工作、好职业作为最高、最终目标，而且只追求到“体制内”去，[①] 而轻视想要成为科学文化学术大师的追求，结果使许多很有发展潜力的年轻学子，成了只为稻粱谋的俗人，成为赚钱的机器，什么科学发现发明，什么文化传承创新，什么民族振兴复兴，全抛之脑后。为了国家民族振兴复兴和科学文化发展繁荣，必须改变如此急功近利的功利化教育。

“古之学者为己，今之学者为人。”这是对古代教育和学习非功利化和现代教育功利化的最好概括。功利化教育不等于假教育，但很可能是假教育，肯定是片面的教育。任何人吃饭都首先是为了充饥，为了维持身体机能，除此之外还有其他许多目的。充饥是为了活着，然而为了活得更好，为了享受和交往也是吃饭的重要目的。吃饭的目的不同，吃饭的态度也就不同。无论什么人都不会吃假饭，但功利化教育不仅作假，而且急功近利地作假。一些学者为追逐名利而弄虚作假，不少学校不仅拼命追求片面发展的应试教育，而且不惜作假舞弊，甚至导致严重腐败。假教育不可能培养真人，更不可能培养为科学创新、文化繁荣和国家民族振兴复兴而拼命的人。

（二）明确学习方向，增强学习兴趣、动力，形成追求卓越、超越和永恒的理想是提高教育质量的根本保证。教育抑制功利化必须教育有识之士追求远大理想，追求千古美名，追求永恒长存。历史上凡有建树的学者都把追求永恒作为终极或最高理想，把“不失其所者久，死而不亡者寿”当

① 潘晓凌、范承刚:《年轻人，到“体制内”去》,《南方周末》2011年2月24日。

作座右铭，坚持“千磨万击还坚劲，任尔东南西北风”的精神。舍勒认为，“爱始终是激发认识和意愿的催醒女，是精神和理性之母”。“在人是思之在者或意愿之在者之前，他就已是爱之在者。”“人只能认识自己所爱，爱，或者激情越强烈越充沛，认识就越深刻越完整。”“对象首先出现在爱的过程之中，然后感知才描摹它们，理性随后对他们做出判断。”[①] 永恒主义教育哲学重视教育的理想追求，认为“文明就是对共同理想的刻意追求。教育就是刻意地试图用一个理想来塑造人”[②]。其实人决定知识与知识决定人，“有真人而后有真知”与“有真知而后有真人”是辩证统一的。[③] 教育的核心竞争力既是科学文化发明创造，更是追求发明创造的人和人追求发明创造的精神。有些学者谈国家民族和大学的核心竞争力，只谈科技文化发明创造，而不谈人的追求发明创造精神；有些学者只强调道德底线，而轻视高尚道德追求，轻视远大理想目标追求，这都是急功近利的根源。提高教育质量必须培养道德高尚和富有创新性的人，把追求永恒作为永恒追求的重要目标的人。

（三）提高教育质量必须从提高教育教学内容质量、过程质量、方式质量及其管理做起。教育的核心是教学，教学的核心是教育教学内容、方式和过程。教育教学内容、方式、过程有问题，教育教学的其他条件再好，也很难提高教育质量。优化教育教学内容涉及教育专家、各级各类教育的教师以及出版社等，而优化教育教学方式、过程的责任主要在教师。教育教学内容、方式、过程的价值取向对教育培养人的价值取向有决定性影响，教育教学内容的难易程度、全面程度与教育教学方式、过程的科学程度对教育培养人的知识结构、认识和实践能力发展取向有决定性影响。提高教育教学内容、过程和方式质量，必须提高教师质量和教育教学研究质量。提高教育教学研究质量，必须改变只重视宏观教育研究和教育理论研究的倾

① 马克斯·舍勒:《舍勒选集》，上海三联书店，1999，第 740 页，第 750—751 页，第 776—777 页。

② 陆有铨:《现代西方教育哲学》，河南教育出版社，1993，第 182 页。

③ 贡华南:《知识与存在——对中国近现代知识论的存在论考察》，学林出版社，2004，序第 2 页。

向，必须重视和鼓励教育教学内容、过程和方式等微观实践研究。所有教师都不能只做教书匠，大学教师必须发现、创造和产出有关教学内容、过程和方式等微观实践研究的丰富知识成果。教师不能做到研究性的教、知行统一的教，很难使学生做到研究性的学、理论联系实践或知行统一的学。青出于蓝，首先要有青，不然可能就成为青出于白、绿，如果是这样，那教育和教师天职何在？

提高教育质量必须严格教育常规评价等管理制度。义务教育质量通过监控入学率、辍学率、升学率、毕业率等管理手段，只能监控基本质量，并不能完全克服重智力轻德育、重知识轻能力等的价值追求。高等教育宽进严出、严进宽出都能在一定程度上保证教育基本质量，但像现在的远程网络教育那样宽进宽出就很难保证基本质量，更不要说达到最高质量，不仅影响人们求学上进的动力,还会毒化社会风气。大众化的高等教育基本是宽进宽出，也很难保证高质量。宽松的教育评价常规制度，实际上使有潜能、诚实厚道、积极上进、努力学习、工作的人吃亏，使偷奸耍滑、耍小聪明的人占了便宜，是鼓励后进、抑制先进的制度。高质量教育必须严进严出。

（四）提高教育质量必须彻底变革教育评价和社会选拔任用人才制度。教育评价深受社会对人才评价和选拔的影响，社会对人才评价和选拔论资排辈、唯出身论和任人唯亲，教育评价也很难完全不受其影响。什么时候社会真正改变了论资排辈、唯出身论和任人唯亲的评价风气，完全改变为重视人品、能力而不是学历、出身的评价，教育评价就一定会改变。

（五）提高教育质量必须实现平等和效率相促进的教育公平目标，普遍提高民族素质。中庸之道是中华传统文化的精华，但中国历代的社会发展很少做到不偏不倚，总是从一个极端走向另一个极端。我们当代人不能再走这种老路，必须使教育公平回归平等与效率相互促进的常态，形成平等与效率、均等与优质相互促进的教育公平发展的合理状态。

（六）提高教育质量必须使社会价值追求与教育价值追求相互促进。社会追求永恒是教育追求永恒的基本保证，社会急功近利是教育急功近利的根本原因。社会在不断变化，但人类的普遍良知和永恒追求是不变的，正因为如此，人类文明才不断向人类追求的理想发展。教育既要适应社会发展，也要引领社会发展，不能不分是非、善恶、美丑；要努力通过培养人和加强正面社会教育、舆论引导，使社会形成追求永恒的价值取向和行为规范、制度规范和组织保证，使社会价值追求与教育价值追求相互促进。如果我们只强调适应社会发展，而不重视追求永恒理想、终极目标，我们培养的人，我们创造的精神、物质财富都将只能昙花一现、成为过眼云烟，不仅对人类文明、文化不能做出重大贡献，而且浪费自然和社会资源，特别是浪费世界上最宝贵的人的时间、精力、能力和生命资源，甚至使人类发展误入歧途。

第八章　农村教育发展的早期基础和综合研究

农村教育现代化虽然早已是国家发展的理想追求，但改革开放以来才真正使农村教育发展的现代化有了明确目标和具体措施。虽然文盲和扫盲、读书无用论等问题，从标题字面看似乎不是农村教育和乡村教育的问题，但实际上却与农村教育和乡村教育的问题息息相关。舒尔茨的人力资本理论和穷国经济学不仅是农村教育的问题，而且是农业教育、农民和乡村教育的问题。这些早年形成的论文虽然不是对乡村教育振兴和农村教育现代化的研究，并且明显带有当时社会背景和数据的痕迹，但它们不仅是作者研讨农村教育历程的反映，其中一些主要观点还对认识和推进乡村教育振兴和农村教育现代化也有积极的现实意义，至少在某种程度上可以对不同时期的农村和乡村教育发展及其研究的热点问题做一些历史发展的比较研究。

第一节

当代乡村新读书无用论的根源及其消除

求学读书是否有用，有什么用，为何有用，为何无用，对谁有用，对谁无用，自古以来就有不同的看法。“文革”时期读书无用论也曾对国人，特别是青少年有过消极影响。改革开放以来，尊重知识、尊重人才蔚然成风，知识就是力量，知识改变命运，百年大计、教育为本，科教兴国、教育奠基成为国人的共识、时代的强音。但最近几年，读书无用之论调又不时见诸报端和其他媒体，在社会上还有一定影响力，对此，不同的人有不同的见地。深入全面分析其原因，并探讨消除其根源的合理有效措施，对抑制和根除读书无用论的蔓延，增强国人学习的信心，提高全民素质，特别是提高青少年求学读书的自觉性、自信心有重要意义。

一、历史上读书无用论的根源及其消除

建国君民、教学为先，知识就是力量，知识改变命运，百年大计、教育为本，科教兴国、教育奠基等思想都不仅强调求学读书有用，而且认为读书是决定人的本质、价值和命运的根本，决定国家兴衰、贫富、强弱的根本。但古代也有读书无用论。老子主张的“大道废，有仁义；智慧出，有大伪”和“绝圣弃智，民利百倍；绝仁弃义，民复孝慈”就有读书无用的观点。[①]

---

① 陆玉林:《道德经精粹解读》，中华书局，2001，第104—112页。

孔子虽然主张有教无类，但“唯上知而下愚不移”的思想也包含下愚者读书无用的意思。他的“生而知之者上也；学而知之者次也；困而学之，又其次也；困而不学，民斯为下矣”的思想后来发展成为董仲舒等的“性三品”理论，这其中也包含智力愚钝者读书无用的思想。它认为，人性是可以改变的，不可改变的不是人性。圣人之性不可名性，因为它是天赋神性不是人性，不学而能无须教育；斗筲之性也不可名性，因为他天生愚昧也不是人性，虽学无用，也不可教育；能称为人性的是中民之性，只有中民才是可教育的对象。“书中自有颜如玉，书中自有黄金屋”是对“上知者”或圣人而言，而不是对“下愚者”或斗筲说的。由“无为而治”衍生的老庄的读书无用论思想对个人和社会发展的影响，早已被古代儒家和法家等尊师重教、重知重才的思想和实践所改变。孔子及儒家以人性论为根据形成的读书无用论对个人和社会发展的影响，也已被天赋人权，人人平等和“白板说”、教育万能论等思想和实践所改变。近现代社会虽然还存在遗传决定论，但它也不认为读书没用，相反，这一理论认为读书对促进人的发展的意义不言自明，即使是对遗传基因有问题的人的发展也有重要意义。

现代中国的读书无用论是在“文革”时期形成的。“文革”时期轻视知识、轻视人才，坚持阶级斗争、阶级标准和唯成分论，强调出身，强调根正苗红，“红五类”不学而能，不学而红，“黑四类”虽学不能，学也为黑，甚至宣扬“知识越多越反动”。当时流传的“学好数理化，不如有个好爸爸”就是典型的读书无用论的表现。“文革”以后破除唯成分或唯出身论，坚持尊重知识，尊重人才，主张重在政治表现。1977 年拨乱反正，恢复高考后，许多青年学子对知识如饥似渴,铆足了劲拼命学习。许多人由此改变了命运、成就了大业，为国家和社会做出突出贡献。“学好数理化，走遍天下都不怕”则是“知识就是力量”、读书有用的证明。

二、当代读书无用论的表现和根源

求学读书是否有用，不仅存在读什么书有用、读什么书无用的问题，也存在谁读书有用、谁读书无用的问题。改革开放初期，高考呈现的“千军万马过独木桥”的局面说明的是读书有用而不是无用，20 世纪 90 年代后期开始的大学扩招到目前为止生源不竭，也说明了广大青年有旺盛的求知欲和求学读书的热情，近年来的择校热、高考移民热等同样说明了这个问题。但就在求学读书热浪高潮迭起的形势下也不时有相反的论调出现，结果形成两种截然不同的观点和做法同时存在的交织状态。有人说无知是贫困的根源，有人说大学教育成为农村家庭贫困的根源；有人说知识改变命运，有人说是教育导致了贫困；有人拼命读书、求学，花大价钱择校、移民，有人则或者动力不足，不愿读书、不断辍学，或者由于没钱不能上学，整月为学费奔波、挣扎。那么，求学读书究竟对谁有用，对谁无用？认为有用的人，为什么感觉有用？认为无用的人，又为什么感觉无用？这既有对求学读书的目的、意义的不同理解，也有投资能力、投入与回报的不同期待、实际承受能力不同的问题。

有人把读了小学和初中却考不上高中，看作读书无用。有人把读了高中考不上大学，看作读书无用。还有人把考上和读了大学不能就业，就了业找不到好工作，挣不了大钱，不能立即和明显改善经济状况，看作读书无用。如此看来，评价求学读书是否有用首先必须在复杂的关系中建构合理的教育需要。[①] 有钱人对求学读书有多种同样重要的考虑，既有就业目的，也有提高素质、丰富知识、享受生活、改变身份等的需要。他们有冒险的资本，即使是教育投资的回报有风险，他们也不会放弃投资，而且他们有经济支撑、多选择，风险相对没钱人来说小得多。对于没钱人来说，求学读书虽然也有提高素质、丰富知识和享受生活、改变身份等的需要，但首先需要解决就业和经济问题，求学读书如果不能解决就业和经济问题，就是划不来、不值得，就是无用。目前，在我国培养一名大学生，一般要 16 年，义务教育阶段以外的教育投入至少 5 万元。就业后月薪按 2 000 元计算，除去生活费，每月存款 500 元，至少 8 年才能将教育投入“挣回”。即使年收入 5 万元左右，收回成本也需 5 年。这对有钱人来说虽然也是一笔投资，但它是早有准备、

① 郝文武：《复杂关系中合理性教育需要的建构》，《陕西师范大学学报（哲学社会科学版）》2009 年第 1 期。

完全有能力承担的小投资，而对于一般家庭，特别是贫困家庭来说，它不仅是一笔大投资，也是没有准备、需要筹措，甚至依靠回报来偿还的投资。贫困家庭虽然需要摆脱孩子不上学等着穷的困境，但又不能承受孩子一上学马上穷，甚至在找不到好工作的情况下永远穷的后果。教育投入最多的是大学阶段，孩子考不上好大学，就意味着找不到好工作，上大学对他们来说不仅不值得、无用，而且得不偿失，早点就业也就成为他们的最好选择。

2006 年 1 月，国家教育科学“十五”规划课题“我国高等教育公平问题的研究”课题组发布的一项调查研究结果表明，随着学历的提高，城乡之间的差距逐渐拉大，城市的高中、中专、大专、本科、研究生学历人口的比例分别是农村的 3.5 倍、16.5 倍、55.5 倍、281.55 倍、323 倍。清华大学、北京大学、北京师范大学等国家重点大学，20 世纪 90 年代以来招收的新生中，农村学生的比例呈下降趋势：清华大学 2000 年农村学生的比例为 17.6%，比 1990 年减少 4.1 个百分点；北京大学 1999 年农村学生的比例为 16.3%，比 1991 年减少 2.5 个百分点；北京师范大学 2002 年农村学生的比例为 22.3%，比 1990 年减少 5.7 个百分点。而 2003 年唐山学院、华北煤炭医学院、河北理工学院的高校在校生中，农村学生的比例占到 63.3%，高于 2001 年 7.9 个百分点。这表明，近年来新增加的来自农村的大学生主要分布在非重点的地方院校。① 而导致农村孩子上大学逐渐减少的“瓶颈”还是在高等教育前阶段，尤其是高中阶段。按照教育部《2005 年全国教育事业发展统计公报》的数字，2005 年全国高中阶段教育在校学生 4 030.95 万人，按毛入学率 52.7% 计算，将有 3 500 多万初中生流入社会，其中大部分都是农村初中生。由此可见，读书无用的问题主要在农村，特别是农村经济贫穷家庭，根源主要是经济问题。《广州日报》2009 年 1 月 24 日报道的“农村大学生 30 年减半：成本高谋生难”和 2009 年 4 月 21 日至 22 日腾讯网报道的“万人弃考背后的农村教育之痛”都说明同一问题。

① 董伟：《近 20 年我国大学学费涨幅 10 倍于居民收入增长》，《中国青年报》2007 年 1 月 15 日。

三、当代读书无用论根源的消除

求学读书有用是由人的本性和人类社会发展的规律所决定的，求学读书无用则是由不合理的理论、制度和认识造成的，为了促进个人和国家、民族的发展，必须大力发展农村教育，扶助贫困家庭的学生，采取有效措施消除读书无用论的根源。

（一）努力通过促进城乡经济的均衡、公平发展促进城乡教育的均衡、公平发展。公平相当于正义、至善，是不能兼顾的人类追求的最高目标，是平等和效益的相互促进和统一：有利于调动每个人积极性和创造性的平等就是效益，最大限度惠及每个人的效益就是平等。终极目标是共同发展，共同富裕和和谐共利，基本目标是让每个人都有尊严和有保证地不断发展和幸福生活，现实目标是在基本平等基础上的有差异发展。没有效益的提高和综合国力的增强不可能有国家和每个人的富强，但综合国力的增强不等于每个人的富强。现代社会的教育公平应该是教育平等和教育效益的和谐统一，是全体国民德智体等素质在基本平等发展基础上的有差异的共同发展，是每个人接受基本教育的绝对平等与不同兴趣类型和能力水平的人接受不同层面教育的相对平等的结合，是互利和仁爱结合的共利的教育。教育中的互利是国家根据个人的智能发展状况和受教育者将来可能对国家、社会和个人带来的预期收益等因素，对不同的人实施不同的教育。教育中的仁爱是国家对那些由于经济困难而不能上学的人给予上学的经济帮助和对那些受到教育也未必能给国家、社会和他人带来相应利益的身心有问题的人给予的特殊教育帮助。①

为了实现社会公平必须尽量使平等和效益保持和谐统一、相互促进的平衡状态，但事实上公平往往“或者是以效率为代价的稍多一点的平等，或者是以平等为代价的稍多一点的效率”②。在效益低下影响发展的时候，要强调效益或者效益优先；在追求效益使贫富差距太大，影响平等的时候则要强

① 郝文武：《平等与效率相互促进的教育公平论》，《教育研究》2007年第11期。

② 阿瑟·奥肯：《平等与效率》，王奔洲等译，华夏出版社，1999，第2页。

调平等，特别重视落后地区的经济、文化和教育的综合发展，增强处境不利群体和家庭、个人的经济能力和实力，加大对贫困家庭学生求学读书的资助力度。对贫困地区和家庭来说，只有对他们实施特殊的对待才能达到公平，使他们有机会和实力求学和发展。

（二）守护分数面前人人平等的公平性，消除分数面前人人平等的局限性。分数面前人人平等是教育公平的一条基本原则,但它存在就分数论分数、就教育论教育的严重局限，并未涉及造成分数差距的经济、文化、制度等根源。人的知识、能力和良好思想品德都是在后天的教育和社会实践中通过学习、锻炼形成的,不是天生的。分数高低可能由个人努力等主观原因造成,也可能由环境、家庭、经济等客观因素造成。出生在经济落后地区和家庭的孩子由于教育、学习条件所限，即使是十分努力也不一定能取得高分数,即使是获得高分数，由于招生指标有限和不能承担较高学费，也不一定能上好学校，甚至不一定能上学。出生在经济发达地区和经济条件较好家庭的孩子的教育和学习条件也一般较好，只要稍下功夫就可能取得比出生在经济落后地区和经济条件差的家庭却很努力的孩子一样的甚至更好的成绩,而且由于招生指标相对较多和有承担较高学费的能力，即使是成绩一般，也有可能上一个不错的大学。

家庭所处的地区、经济和文化状况与个人的知识、能力、思想品德及其分数高低虽然不能一一对应，但前者对后者有重要影响。因此，既要肯定、捍卫、坚守、维护甚至呵护分数面前人人平等的现实性，在一定程度上的公平、公正和正义性，但又不能把分数面前人人平等绝对化，不仅不能以某个分数线或者分数段为统一标准衡量普天下所有人的学习成绩，在全国统一标准的分数线基础上不同地区划定不同的分数标准，还必须加大农村等经济欠发达地区的教育投资，通过加大教育投资和照顾考试分数增强农村学子读书学习和受教育的需求、信心和能力、实力，努力避免越穷越读不起书或者不读书，越不读书越穷的现象。

分数不能买卖，但教育是以有形设备和无形服务而买卖的。有钱可以买到好的教育教学设备，吸引好教师，创办好教育。有了好教师、教学设备，基本上也就有了好教育，再加上教师和学生的努力，一般而言也就有了高分数。相反则不然。如此而言，分数是否平等就成了经济是否平等。对学生智力、知识和能力的评价在很大程度上就变成对学生上学地区和家庭经济条件的评价。解决分数面前人人平等、农村教育质量和读书是否有用的问题也就成为解决经济面前人人平等的问题，提高教育质量的问题也就成为提高经济实力和发展经济的问题。

（三）在重视不同层面人才就业的基础上，努力帮助穷困家庭学生就业。地区条件、经济发展、教育投资、教学设备、教师质量都影响教育的各层面公平和整体公平。但就业，特别是帮助穷困家庭学生就业是影响教育公平最显著、直接的指标。穷困家庭学生社会资源缺乏，经济能力有限。消除读书无用论的根源必须在重视不同层面人才就业的基础上，采取有效措施努力帮助穷困家庭学生就业。

（四）克服心理障碍，树立足够信心。只要素质高就不愁就业和只要能就业素质高低无所谓的两种认识根本不同。近年来，虽然就业困难，但高素质者不仅不愁就业,而且十分抢手。真正就业难的是那些认为反正难就业，素质高低无所谓，结果学习没动力，不愿意下苦功的人。因此，对个人而言，克服读书和就业的心理障碍，树立读书和就业的足够信心是消除读书无用论的根本。

（五）优化教育结构，改革教育内容和教学方式，满足不同人群的不同需求。读书是否有用既与宏观经济、教育制度和发展有关，也受教育结构、内容和方式的影响。因此，优化教育结构，改革教育内容和教学方式，构建满足不同人群不同需求的教育也是消除读书无用论的重要措施。

第二节

分数面前人人平等对城乡学子的公平性和局限性

分数面前人人平等长期以来被人们公认为实现教育平等的一个重要原则，似乎毋庸置疑。然而，它也是“双刃剑”，也具有两面性。它的公平性有目共睹，在历史上和现实中它的确在很大程度上消除了许多教育不公平现象。但它的局限性则隐而不显。产生教育不公平的原因有许多，但过分相信、强调和神化分数面前人人平等对教育公平的作用则是重要原因，其实许多教育不公平就不自觉地产生在被公认为能实现教育公平的分数面前人人平等的教育实践中。因此，必须通过全面深入研究，清楚认识分数面前人人平等的两面性和局限性，自觉和有限度、有条件地守护分数面前人人平等的公平性，积极消除其局限性，实现真正全面的教育公平。

一、分数面前人人平等的基本含义

分数是通过考试评价而得到的学习效果达到某种程度、水平的级别标志。分数面前人人平等是指包括在一般性和选拔性、晋级性等考试评价中，从命题到评分不论性别年龄、种族籍贯、地位贫富等，所有人都以一种尺度对待，没有特殊、不徇私情，优者则优、劣者则劣的客观公正的考试评价方式。在选拔性、晋级性等考试评价中，还将结果从高分到低分依次排列，然后依次录取、任用和晋级的一种考试评价和选拔、任用、晋级制度。

分数面前人人平等古来有之。古代的“学而优则仕”以及与之配套的察举制、九品中正制和科举考试等就是分数面前人人平等的学校选拔学生和国家选拔人才的考试评价制度。虽然它的“人人”和“平等”都十分有限，基本限于奴隶主和封建士大夫范围，但终究也是一种比世袭制及等级制更平等和进步的选拔、用人考试评价制度。

在近现代社会，除了一些国家的特殊时期外，分数面前人人平等是每个国家的学校和政府、社会普遍采用的考试选拔评价制度。除义务教育外，现代社会普遍认同人人都有平等地受教育的权利，其实就是在分数面前人人具有平等地受教育的权利。义务教育既是国家、社会的义务，也是每个适龄儿童及其家庭的义务。义务教育并不存在选拔、晋级，它的考试评价只是为了使教师了解学生学习情况和使学生了解自己的学习情况，其目的是根据学生情况进行教学，督促学生学习，提高教学质量。但分数面前人人平等也是其考试评价基本原则。

二、分数面前人人平等的公平性

首先，分数面前人人平等是对世袭制的否定。在历史上，分数面前人人平等的考试评价制度与世袭制及其等级制不仅基本并行存在和发展，而且在某种程度上也是对世袭制的否定。在中国，科举考试基本上是分数面前人人平等的考试评价制度，或者说基本上是以世袭制及其等级制为基本制度的分数面前人人平等的考试评价制度。在科举考试制度下，除了皇族以外，其他官员、国民的社会身份、政治经济地位至少在形式上都要通过刻苦学习、接受教育和努力为官、认真做事，并通过考试评价而获得，都不是世袭的。现代社会从政治上彻底否定了古代社会的世袭制及其等级制，也使分数面前人人平等真正拥有了它本来的意义。

其次，分数面前人人平等是对唯成分论的否定。唯成分论也是血统论，它类似于世袭制，是产生在现代社会的畸形现象。我国在“文革”中，完全废除考试选拔制度，以推荐选拔代替考试，以阶级成分或者家庭出身作为上学、招工和提干的基本标准，推荐选拔对象严格控制在“红五类”，“黑四类”即使是有才华、政治和思想品德表现好也与推荐选拔和上大学无缘，甚至也影响上中学和招工、提干。“文革”结束后恢复考试选拔制度，废除唯成分论的推荐选拔制度，分数面前人人平等在这时作为口号是喊得最响的，作为实践是最能体现其本质和价值的。

再次，分数面前人人平等是对男尊女卑的否定，是实现男女平等的重要和具体化的措施。男尊女卑是奴隶社会和封建社会的产物。在奴隶社会和封建社会女人不能从政，即使偶尔出现女皇和“垂帘听政”等现象也不被社会普遍认可，甚至被认为是大逆不道。古代学校教育是政治文化型教育，主要为统治阶级进行思想道德教育和选拔人才服务，有权有势的家庭也重视女子读书赏文，但女子不能从政也就不在科举考试等选拔之列。近现代社会提倡人人平等,并认为这是天赋人权。人人平等当然包括男女平等，男女在分数面前的人人平等，在政治、经济、社会地位和上学、工作、从政、家庭等方面的人人平等。尽管事实并非完全如此，一方面重男轻女现象在农村教育中还不同程度地存在，另一方面女权主义也在发展，但至少在理论上是这样。

从次，分数面前人人平等是对在上学、从政、当官等方面以权谋私和以钱谋私的否定。以权谋私、以钱谋私不仅古来有之，而且渗透在政治、经济、文化、教育等方方面面。在古代社会，考试舞弊屡见不鲜。在现代社会，考试作弊也时有发生。考试作弊并非都与权钱联系，但选拔性、晋级性等重要考试作弊多数与权钱有关。消除以权谋分、以钱谋分还需采取许多措施，只靠分数面前人人平等的考试评价制度不可能使作案者良心发现。但分数面前人人平等至少是对在上学、从政、当官等方面的以权谋私和以钱谋私丑恶现象在理论上的否定，在实践中的限制。

最后，也是最重要的，分数面前人人平等是对知识和人才的尊重，对劳动的肯定，是对不劳而获的否定。人是自己创造的，是自己劳动的产物或结果。人不劳动就没有人，更没有人类创造的一切。劳动有许多类型，其中有体力劳动和脑力劳动、简单劳动和复杂劳动、重复性劳动和创造性劳动等。学习、教育或者接受教育、科学研究、技术发明、社会服务、社会管理等都主要是脑力劳动，其中还有复杂的脑力劳动、创造性劳动。劳动光荣，创造性劳动和复杂劳动更光荣。同时，重复性劳动、简单劳动也是人类生存和发展的重要基础。无论什么劳动都要付出努力，甚至付出牺牲。劳动取得好的成果对社会贡献就大，社会评价就好。所以说，分数面前人人平等是对劳动的肯定，是对人的肯定，是尊重劳动、尊重知识、尊重人才、尊重创造的表现，是对好逸恶劳、不劳而获的否定。

三、分数面前人人平等的局限性及其消除

分数面前人人平等是就事论事的平等，就教育论教育的平等，并未涉及造成分数差距的经济、文化、制度等根源。人的知识、能力和良好的思想品德都是在后天的教育教学和社会实践中通过学习、训练、锻炼形成的，不是天生的。遗传等先天因素在人的发展中虽然也有重要作用，但对于大多数人来说不起决定作用。正因为如此，人们才推崇分数面前人人平等。遗传决定论是世袭制和唯成分论的理论依据，不是分数面前人人平等的理论基础。分数面前人人平等不承认遗传决定论，但它不得不承认政治、经济、文化、制度等因素对分数的影响。任何人的努力都有一定限度，都与生存条件有关。生存条件的好坏、优劣不影响人的努力程度，但会影响人的努力成果。分数面前人人平等是教育平等和公平的重要内容，但它只是教育平等和公平的一个方面，并非全部。因此，既要肯定、捍卫、坚守、保护、维护甚至呵护分数面前人人平等的现实性，在一定程度上的公平、公正和正义性，但又不能把分数面前人人平等绝对化。不仅不能以某个分数线或者分数段为统一标准衡量普天下所有人的学习、工作成果，而且还要努力消除造成分数差距的经济、文化、制度等根源，实现真正全面的教育公平。

（一）解决经济发展不平衡问题。知识、能力、思想品德及其分数是不能世袭的，但出生地区、家庭基本是世袭的，而出生地区、家庭的世袭也不是必然和完全与教育、学习条件和人的知识、能力、思想品德发展以及分数高低一一对应，但在现实生活中又往往有这样的对应关系。为了解决这个问题，国家实际上也采取了比较有效的办法。高考录取分数首先制定一个全国统一标准的分数线，然后在此基础上不同地区划定不同的分数线，

这已经说明目前的分数面前人人平等是有限的或者是有局限的。

（二）解决教育资源分配公平问题。公平相当于正义、至善，是不能兼顾的人类追求的最高目标，[①]是平等和效益的统一，是在基本平等基础上的有差别的共同发展和共同富裕。现代和谐社会的教育公平应该是教育平等和教育效益的和谐统一，是全体国民德智体等素质在基本平等发展基础上的有差异的共同发展，是每个人接受基本教育的绝对平等与不同兴趣类型和能力水平的人接受不同层面教育的相对平等的结合。作为教育公平的教育正义或者教育正义的教育公平既具有互利性，更具有仁爱性，是互利和仁爱结合的共利的教育。国家的教育投资体制、机制和倾向直接影响个人之间和不同地区间的教育公平。

实现教育公平的目的是共同发展和共同富裕，既不是共同愚昧和共同贫穷，也不是贫富悬殊和两极分化。没有效益的提高和综合国力的增强不可能有国家和每个人的富强，但综合国力的增强不等于每个人的富强。不同平等标准产生不同平等、公平和效益结果。没有基本平等就没有平等。没有差异就没有效益，也无所谓和谐。和谐关系中的平等和效益既相互区别，又相互转化和促进，有利于调动每个人积极性和创造性的平等就是效益，最大限度惠及每个人的效益就是平等。在基本平等基础上的差别对待和发展就是在基本平等基础上的不平等对待和发展，是机会、过程和结果的公平，而不是它们的平等。不同家庭、地区的个人素质、自然、经济、文化、教育等都有不同基础和特点，只有不平等的公平对待才能达到平等的公平对待，达到以共同发展、共同富强为目的的公平。特别要重视对落后地区，处境不利人群、群体和家庭、个人的帮助、扶持，尽量对落后地区进行较多投入，帮助他们发展经济、文化和教育，缩小与发达地区的差距。

（三）实现教育机会和教育过程的公平。分数面前人人平等的公平只是结果的平等和公平，经济基础和教育投资的平等和公平则是教育机会和过程的平等和公平，是分数面前能否平等的根源，实现真正全面的教育公平

① 约翰·罗尔斯：《正义论》，何怀宏等译，中国社会科学出版社，1988，第1页。

必须首先解决这个根本问题。

（四）改变“应试教育”及其评价模式，实施素质教育和创新教育及其评价模式。教育追求的目标不同，教育的平等、效益和公平的理念、目标、标准、实施和评价方式也不同。素质教育的目标追求决定了素质教育的平等、效益和公平模式。应试教育追求的目标决定了应试教育的平等、效益和公平模式。素质教育的平等、效益和公平是以学生全面发展和共同发展为根本目标和标准的平等、效益和公平，是能力和全面发展面前人人平等的教育平等、效益和公平，而不是重智育轻德育，重知识轻能力甚至高分低能的平等、效益和公平。实施素质教育和创新教育必须确立其平等、效益和公平的实践和评价模式，寻找素质教育和选拔性教育的结合点和平衡点。改变应试教育必须改变其平等、效益和公平的实践和评价模式。

（五）消除重男轻女的文化和社会根源。重男轻女已非现代社会主流文化，但在农村教育中和社会选人用人方面并未完全消除。女士既要承担主要家务劳动，又要承担社会工作，她们比男士更辛苦，但收入和社会地位却往往比男士更低。这也是社会选人用人重男轻女出现的根本原因。解决这个问题的最好办法是以女士从事社会工作半日制的男女平等代替全日制的男女平等。农村中的重男轻女既有观念原因，更有经济原因，因此，应在解决经济问题的基础上逐渐解决观念问题。

（六）有效防止和严厉惩治以权谋分和以钱谋分等教育腐败。以权谋分和以钱谋分等教育腐败既是教育问题，更是社会问题；既是制度问题，也是品德问题。因此，必须综合解决。

第三节

学习化社会文盲的本质和危害与扫盲的意义

文盲是文明的天敌，扫盲是教育的重要任务，要建设高度文明、高度民主的社会主义现代化国家就必须重视扫盲工作。我国一向特别重视扫盲工作，但近几年来，人民的物质生活富裕了，新文盲却增多了。这一事实提醒我们：从社会发展的高度来重新审视文盲的性质及扫盲的重要性、迫切性很有必要。

一、文盲众多的现实

文盲，即不识字或识字极少的人。扫盲，即对不识字或识字甚少的人进行的识字教育，使其具有初步读写算能力的过程。1953 年，中华人民共和国政务院扫除文盲工作委员会规定的我国扫盲标准为：干部和工人认识两千常用字，能阅读通俗书报，能写二三百字的应用短文；农民识认一千常用字，大体上能阅读通俗书报，能写农村中常用便条收据等；城市劳动人民认识一千五百字，能阅读通俗书报及能写常用信、条等。凡到此标准的就不算作文盲，达不到此标准，不能用文字交流思想或进行必要活动的人被称为文盲。据近年来我国研究者张耀翔等对中小学生识字量的测定，小学一年级识字约一千，二年级约一千四百，三年级约两千三百。用此测定数目和 1953 年扫盲标准对照，可见达到扫盲标准的城市劳动人民及干部的识字数目大体相当于上过二年级和三年级的小学生的识字数目。也就是说，我国扫盲的目标，就是要使全国每一个公民的识字数目至少达到小学二三年级的水平。

这个扫盲标准看来要求并不高，但要在我们这样一个经济落后、文盲基数较大、人口众多的大国达到此目标，还是一件相当困难的事情。解放初的1949年，全国文盲占总人口的80%，经过近四十年的努力，共扫盲1亿6千万，平均每年扫盲400万，文盲占人口总数的比重下降到20%。但据1987年全国人口普查统计表明，我国还有文盲2亿2千万，即使全国小学入学率平均达到98%，1亿多少年儿童进入青年后，每年还有20多万人成为新文盲。即使从1987年起，我国每年以400万速度扫盲，要达到全国脱盲还得100年时间。如果按1982年至1987年每年扫盲360万的速度，达到全国脱盲就得近110年的时间！这样，我们的教育就不仅要比发达国家的教育落后三四个世纪，也要比一些发展中国家的教育落后一二百年，这个速度与我国的现代进程是很不相称的。因此，我们应该加快扫盲的步伐。

二、文盲心态的剖析

1971年6月，在维也纳发展研究所举行的“发展中的选择”讨论会上，智利知识界的领袖萨拉扎·班迪博士，在回想发展中国家追求现代化的坎坷道路时，曾说过这样一句含义深刻的话：“落后和不发达不仅仅是一堆能够勾勒的社会主义经济图画和统计数字，也是一种心理状态。”这种心理状态表现各有不同，但其中“凡属与眼前和切身利益无明显关系的教育、学术研究都不加重视或予以蔑视排斥”的心理状态或轻视文化知识的价值及作用，轻视文化知识的教育及教育—投资的心理状态就是一种文盲心态。文盲表现为不识字，没有文化知识，但它根源于文盲心态。这种文盲心态在第三世界国家尤为多见。美国詹姆斯·博特金等人在罗乌俱乐部的研究报告《学无止境》中指出，“第三世界”一词是用来描述全体发展中国家的。但由于第三世界不同国家对待文化知识教育的态度不同，所以也就形成了不同层次的发展水平。一些物质资源和文化资源相对都比较丰富的国家是名副其实的“第三世界”。一些物质资源极少，人均国民生产总值低，但文化比率较高的国家是“第四世界”。一些物质资源极少，最近取得了较高人均国民生产总值但文化比率仍很低，最缺乏非物质资源的国家是“第五世界”。[①] 这些非物质资源中主要的和基本的是“文化”，即以传统意义上的读写能力定义的“文化”。当代世界 1/5 的人口缺乏通过书写文字进行交流的基本能力，其中一半的人生活在亚洲的中国和印度。此书作者认为，“第四世界”和“第五世界”的成员往往是重复的。无文化的人口常常是不能满足食物、健康、居住和职业这些最基本需要的人口，无文化和贫穷的恶性循环实际上使“第五世界”人口的生活条件不断恶化。扭转这种状况所能做的事对于“第五世界”来说不同于“第四世界”。广义地讲，当问题是贫穷和缺乏基本物质资源时，在国家范围的和国际上的再分配可能是至为关键的。但当问题是缺乏文化时，这一模式的重点就转变了。诚然，财政和技术资源的再分配对支持文化教育能够起到一些作用，但关键因素是发展文化和学习。从长远来看，文化知识可以带来经济和利益。但对于“第三世界”来说，最紧迫的问题还不是根据一时的经济效益来评估文化知识教育的计划，而是开创一个旨在提高人的尊严和打破贫穷与无知恶性循环的积极的过程。强调教育的经济效益的美国经济学家西奥多·舒尔茨也认为，和物质资本、土地比较起来，人的资源及人口质量是最重要的经济增长源泉。对于开发农民智力资源来说，让他们掌握文化知识是最重要和最经济的。发展中国家大都是农业国家，而改造传统农业的重要任务就是要开发农民的智力资源，教育农民学习文化知识，进而掌握应用科学技术。但是，一些“第三世界”国家往往急功近利，只注重物质资源的开发和技术引进，轻视文化教育。他认为，这是不可取的。

“第三世界”国家在这问题上的毛病，在我国也是存在的。当前我国的情况是：许多人并没有真正认识到无知的危害性和扫盲的重要性。近年来，轻视文化知识的价值，轻视文化知识教育的文盲心理有所蔓延，读书无用论又重抬头，学生逃学厌学、童工童农、教师“跳槽”改行的现象屡屡出现。1980 年以来，中小学公用经费逐年下降，1987 年小学生人均经费仅 1

① 詹姆斯·博特金、马迪·埃尔曼杰拉、米尔恰·马利察：《回答未来的挑战——罗马俱乐部的研究报告〈学无止境〉》，林均译，上海人民出版社，1984，第 119—120 页。

元。有一个省用于农民教育的经费由“大跃进”年代、三年困难时期、“文革”时期到1986年分别从600万、400万、150万下降到0.5万，出现了经济越发展，对农民的教育投资越少的现象。1987年，我国6至11岁的儿童竟有1/4为文盲。如果他们不再上学，我国每年又将产生1 000万新文盲。1988年全国竟有300万中小学生退学。教师特别是中小学教师的社会地位、经济地位低下。凡此种种都是文盲心态在我国蔓延的表现。文字的产生是人类脱离野蛮走向文明的重要标志，识字是每个人脱离无知走向文明的第一步。近年来尽管我国人民的生活水平有了提高，可物质生活仍然十分落后。我们要有更大进步，还得靠科学技术，但如果我们的人民许多连字都不识，还谈得上什么科学技术高度民主和高度文明？如果我们现在还没有一点危机感和忧患意识，还不在扫盲工作上下一番大功夫，我们国家被列为物质资源和文化资源双重落后的“第五世界”的行列恐怕是难以避免的。因此，扫除文盲心态是我们在扫盲工作中首先要做的。

三、文盲公害的严重性

文盲和无知相连，无知与愚昧同在，愚昧只能产生野蛮贫穷，不会产生科学、民主、文明、富强。列宁的名言人人皆知：“在一个文盲的国家内是不能建成共产主义社会的。我们要联合起来到农村去扫除文盲，帮助那些靠自己的力量不能摆脱文盲愚昧状态的青年，使我们的青年一代不再有文盲。”列宁的设想在社会主义的中国还没有完全实现。中国的文盲正在危及中国社会的稳定、民主、文明和发展的方方面面，已经成为中国社会进步的巨大阻力和隐患。农村经济体制改革给农业带来了活力，但农村智力资源、科学技术的落后限制了农业经济的发展，使农业经济很难突破原有极限达到新的高度。

文盲的危害从来不只是对文盲者个人，更重要的是对社会的危害。这一点古希腊的政治家、教育家们早有明见。因此，他们总是把年轻一代的教育作为国家应该做的事情。现代美国经济学家米尔顿·费里德曼认为，中小学基础教育是一种具有“邻近影响”的教育。人们接受这种教育不仅对自己有好处，而且对他人及整个社会有好处；不受这种教育不仅对自己没有好处，而且会对他人及整个社会带来恶果。但受了这种教育和不受这种教育的人对他人及社会带来的好处或造成的危害都是无法衡量其经济价值，不能给予准确报酬或索取赔偿的。家长不让其子女上学，国家既无法对家长予以经济制裁，更不能对其予以法律制裁，唯一的办法就是提供足够的经费，使由于经济原因而无力上学的每个公民受到最基本的教育，以免形成对他人或社会的危害，保持社会的稳定、民主和发展。①

世界各国都深恶痛绝文盲“公害”，特别关注扫盲这种“公利”活动。为了使世界各国人民齐心协力同文盲公害作斗争，1966 年联合国教科文组织第十四次大会决定把每年 9 月 8 日定为国际扫盲日，而后又把 1990 年定为国际扫盲年。三十多年来，在世界各国人民的共同努力下，文盲公害逐渐减少，但进步并不理想。1988 年 9 月 8 日联合国教科组织总干事马约尔在其任职总部巴黎举行的国际扫盲奖颁奖仪式上不无感慨地指出，目前世界上文盲现象十分严重，5 岁以上的文盲有近 9 亿，我们应该“使世界从文盲的灾祸中解放出来”，但“这必须由整个社会采取大规模的紧急行动”，“这场斗争关系到我们所有人，我们大家都能够并且应该参加到这场斗争中去”。是的，我国每个公民也更应该积极行动起来，加入扫除文盲公害的斗争中去。因为世界 1/4 的文盲在我们国家；因为它已经、正在、还将危害我国现代化建设及人类社会进步；因为我们的文盲心理太重，我们曾经同被称为一大公害的鼠雀蚊蝇“四害”作过坚决的斗争，我们也正在同被称为二大、三大公害的污染、噪音公害作着坚决的斗争。文盲“公害”后果的严重性绝不亚于所谓的一大、二大及三大公害，它是特大公害，它是国家富强、民族兴旺的头等公害，它将毁掉民智民力，毁掉我国现代化的宏伟理想。对此公害，我们决不能充耳不闻，熟视无睹，任其泛滥。为了唤醒民族意识，激发人民对文盲“公害”的公愤，我们应该大声疾呼：国难当头，扫除文盲“公害”，匹夫有责！

---

① 密尔顿·费里德曼：《资本主义与自由》，张瑞玉译，商务印书馆，1986，第 83—84 页。

四、文盲是宝贵资源的浪费

毛主席曾说过，在世界事物中，人是最宝贵的。只要有了人，一切人间奇迹都可以创造出来。现代社会科学认为，人有巨大潜力，人也是一种资源、一种财富。人可以学习，教育，可以创造发明。人力或人类资源可以被节约，也可以被浪费。文盲就是对人类资源的一大浪费。

人的资源的浪费有两种，一种是智力的荒废，一种是智力的摧残。马克思认为智力荒废是可以补救的，而智力摧残是无法补救的。然而，实际上不仅仅人类智力潜能的荒废及摧残是人类资源的浪费，而且对智力荒废者重新教育、补救或屡次“回锅”本身就是一种人类资源的浪费。由于教学内容、教学方法及其他原因导致的学生“功能性”文盲也是一种浪费。《学无止境》的作者认为，和发展中国家的文盲问题联系在一起的一个特殊的浪费问题是退学问题。在某些非洲国家，大部分儿童在念完四年级之前便从小学退学，要使一百个小学生念完小学全部的课程，当地的教育部门从一开始就必须指望1.5倍至3倍于这个数目的学生，来顶上那些退学或留级的学生。从财政上说，这种情况导致了费用逐步上升，每一个小学毕业生需要300%的费用；这是发展中国家难以承担的财政上的浪费。所谓“功能性文盲”就是在时间或教学内容形式上读完了达到扫盲标准的课程，但实际上，读写能力不足，难以申请工作的现象。在美国，功能性文盲也在不断增加，20世纪70年代末，其数量约有2 300万(占人口的10%)。在学校受教育的文盲是双重的浪费，个人的后果是悲剧性的。12年的时间、精力和金钱都失去了；国家浪费了人、财、物资源，更重要的是浪费了“一代人”。[①]

人力资源的浪费在我国也十分惊人。大量文盲的存在，这本身就是现代社会中绝无仅有的人力资源的巨大浪费。一年300万中小学生退学也是最明显的人力、时间和投资的巨大浪费，温州某县小学参加初中招生考试，语文、数学平均合格率1981年只有7%，1983年只有4.8%，说它是浪费一点

① 詹姆斯·博特金、马迪·埃尔曼杰拉、米尔恰·马利察：《回答未来的挑战——罗马俱乐部的研究报告〈学无止境〉》，林均译，上海人民出版社，1984，第100—101页。

也不过分。福建某县乡镇企业半年之内招用童工322人，这种行为不仅是对智力的荒废，而且是对智力的摧残，恐怕更是一种永远不可补救的人力资源的浪费。

文盲是一种浪费，这种浪费不仅浪费了当代人的资源，也浪费了下一代的资源。文盲是一种公害，它不仅危害了当代社会的进步和人民的幸福，也危害了未来社会的发展和下一代人的幸福。文盲心态导致了一代文盲，一代文盲又怎能避免使他们后代遭受文盲带来的不幸？！美国经济学家西蒙·史密斯·库兹涅茨认为，现代经济增长的源泉在于人类知识存量的增长及其应用，知识存量的增长是一个几代人不断积累的过程，进行这种知识的不断积累首先就要进行教育投资，对劳动者进行培养训练，扫盲就是最基本的、最广泛的知识存量、人力资源积累的过程。我们现在不进行这种积累，就是给下一代负债，使下一代遭罪，让下一代犯罪。我们不能杀鸡取卵，不能靠压榨子孙过活，不能做制造文盲、浪费民族人力资源的罪人。扫盲，是为下一代造福！节约，是为子孙着想！

中华民族一向以文明古国、礼义之邦著称，她是指南针的故乡，她是印刷术的祖籍。勤劳勇敢是她的本色，自主、自尊、自立、自强是她的传统。她战胜了多少自然灾祸，抵御了多少外族入侵。她的儿子有“宁为玉碎，不为瓦全”的气节；有不到长城非好汉的决心。过去，她靠人民的力量，推翻了三座大山，建立了新中国。今天，文盲愚昧及其导致的贫穷、腐败仍然沉重地压在我辈的头上，我们岂能有损中华民族的神圣尊严。现在，文盲已成为危险的信号，我们要为摆脱民族的危机、振兴中华决战！

第四节

舒尔茨人力资本理论与穷国经济学对乡村教育振兴和现代化的借鉴

农业问题一直是世界各国都十分关心的问题，发展中国家尤其如此。但是，对于如何改造发展中国家的传统农业，使其现代化，使现代化农业成为发展中国家经济增长的一个源泉的问题，经济学家及各国领导人见仁见智。西奥多·W.舒尔茨关于改造传统农业及人力资本投资对发展中国家农业现代化、农业经济增长作用的研究，不乏真知灼见，很值得重视。

一、人力资本投资是发展中国家农业经济增长的主要源泉

发展中国家多数是农业国家，对其在经济发展及经济现代化中怎样处理好工业经济增长和农业经济增长的关系，经济学家有这样一些看法：一种观点认为，传统农业社会中，农民是愚昧的，对经济刺激的反应是迟钝的；生产要素配置低下、停滞的传统农业不可能成为经济增长的源泉，为国家的经济发展做出积极贡献，充其量只不过是跟在工业发展后边，为工业发展提供劳动力、市场和资金。一种观点认为，传统农业为“隐蔽失业”或“零值农业劳动”，即传统农业中有一部分人的边际生产率是零。尽管这些人在劳动，但实际上对生产毫无贡献。表面上处于就业状态，其实是“隐蔽失业”，把这些人转到其他生产部门去，也不会使农业生产减少。一种观点认为，传统农业中储蓄低下，缺乏资本。这是由于农民没有节约和储蓄习惯或

缺乏抓住投资机会所造成的。还有一种人们广泛持有的看法，即自然土地观，这一观点认为，适合生长植物的土地面积基本是固定的，在这些土地上进行耕作所需的能源正在枯竭，人口增长，土地减少，农业发展日趋萎缩，农业为不断增长的世界人口继续提供足够的食物是不可能的。持这些观点的经济学家认为，工业化是发展经济的中心，只有通过工业化才能实现国家的经济“起飞”,并提出了以工业为中心的发展战略;在这种理论的指导下，许多发展中国家致力于发展工业，忽视了农业，有些国家甚至以损害农业来发展工业。到了20世纪50年代后期，这种重视工业的发展战略虽然实现了较高工业增长率，但经济并没有真正得到发展，人民的生活并没有真正得到改善，有些国家甚至连温饱问题都解决不了。对此，一些有识之士提出了疑问，难道农业真的不能在国家经济增长中发挥作用吗？美国芝加哥大学教授（现名誉教授），因致力于研究发展中国家农业发展，1979年获得诺贝尔奖的世界著名经济学家及教育经济学家西奥多·W.舒尔茨，对此进行了长期大量深入细致的研究，提出了独到见解。

舒尔茨的著作甚多，在他的几乎所有著作中，都阐述了他反对轻视农业对促进经济增长作用的观点。他认为，“并不存在使任何一个国家的农业部门不能对经济增长做出重大贡献的基本原因”[①]。欧洲、日本、墨西哥等国家和地区都是通过农业而实现了较快经济发展的。他用大量的调查统计数字和理论分析，一一反驳了轻视农业的各种观点。他说，“在传统农业中，生产要素配置低下的情况是少见的”[②]。“全世界的农民在处理成本、利润和冒风险时都是经济核算家。他们在各自的小型的个体的分配领域里，都是精明强干的企业家。”“他们对市场价格的变动能作出迅速而正确的反应，能使现有的生产要素的配置达到最优化。”“他们是如此精干，以致许多专家都不明白他们的效率是多么高。”[③]他认为，在传统农业中，农业产量的增减与农业人口的增减有极为密切的关系，农业劳动力的减少必然使农业产量

---

① 西奥多·W.舒尔茨:《改造传统农业》，梁小民译，商务印书馆，1987，第5页。

② 西奥多·W.舒尔茨:《穷国的经济学》，纪群译，《国际经济评论》1980年第12期。

③ 西奥多·W.舒尔茨:《改造传统农业》，梁小民译，商务印书馆，1987，第9页。

下降。所以“贫穷社会中部分农业劳动力边际生产为零的学说是一种错误的学说”①。他认为，传统农业中的确存在储蓄和投资低下、资本缺乏的现象。但其根源不在农民，而在政府。政府把工业化看成经济发展的关键，“制定政策的目的就是保持在低价格上。由于缺乏有利可图的刺激，农民们没有进行必要的投资，包括采购高级投资物品。政府的干涉是当前缺乏最佳经济刺激的主要原因”。“一旦有了投资机会和有效的刺激，农民将会点石成金。”②他认为，土地在农业发展中有着重要作用，但“在改善人的生活方面，决定性生产因素不是国土的大小，能源和耕地，而是提高人口质量”。“通过研究，我们发现了耕地的代替物，这是李嘉图不可能预见到的；而且，随着收入的增多，父母们倾向于少生孩子，从注重孩子的数量转到注重孩子的质量，这一点马尔萨斯也没预见到。”③

但是舒尔茨又强调，发展中国家的传统农业是不能对经济增长做出贡献的，只有现代化农业才能对经济增长做出贡献。问题的关键就是如何把传统农业改造为现代化农业。舒尔茨给传统农业下了这样一个定义，“完全以农民世代使用的各种生产要素为基础的农业可以称之为传统农业”④。从经济分析的角度看，“传统农业应该被作为一种特殊类型的经济均衡状态”。这种均衡状态或说传统农业的特点是：（1）技术状况长期内大致保持不变（即所使用的生产要素与技术长期未发生变动）；（2）如果把生产要素作为收入的来源，那么，获得与持有这种生产要素的动机和偏好也长期不变，即人们没有增加、使用新生产要素的动力；（3）由于上述原因，传统生产要素的供给和需求也处于长期均衡状态。⑤舒尔茨把传统农业的停滞、传统农业发展为现代化农业的根本原因归于技术要素长期保持不变。改造传统农业就是要使新的技术要素不断注入传统农业，让新技术要素的不断增长将传统农

① 西奥多 · W. 舒尔茨：《改造传统农业》，梁小民译，商务印书馆，1987，第 54 页。

② 西奥多 · W. 舒尔茨：《穷国的经济学》，纪群译，《国际经济评论》1980 年第 12 期。

③ 同上。

④ 西奥多 · W. 舒尔茨：《改造传统农业》，梁小民译，商务印书馆，1987，第 4 页。

⑤ 同上书，第 24 页。

业推向现代化。然而，对此分析舒尔茨并不满意。他认为，从传统农业发展为现代农业是农业技术要素变化的结果，但是，技术要素变化是一个模糊概念。用这个概念分析土地、人口或劳动力增减与技术变化所引起的农业经济的增减，在各种技术因素对农业经济增长影响都差不多时是可以的。但是，当各种技术因素对农业经济增长的影响作用大不一样或我们要考察技术要素变化中究竟哪一种技术要素的变化在起主要作用时，用技术变化这个概念就不合适了。技术要素变化，有有形技术要素的变化，也有无形技术要素的变化。改造传统农业，使其现代化，成为经济增长的源泉，在各种技术因素中，究竟哪一种技术要素起主要或最重要的作用？完全可以这样说，舒尔茨的几乎全部研究工作就是要证明这一点。通过长期大量深入细致的研究，他发现，并肯定地说："空间能源和耕地并不能决定人类的前途。人类的前途将由人类才智的进化来决定。"[①]"农民所得到的能力在实现农业现代化中是头等重要的。"[②]人力资本投资是农业经济增长的主要源泉。

二、人力资本投资的文化教育投资是发展中国家农业经济增长的最基本最有利的投资

人力资本是经济学中的概念，是指个人具备的知识、才能、技能或资历，即体现在人身上能带来收入的资本。人力资本一部分是天赋的，而大部分主要是后天通过受教育或培训而获得的。人力资本的内容包括人们用在教育培训、医疗保健、技术推广以及为了获得就业机会而进行的国内迁移所付出的直接费用，乃至为了获得教育而放弃的收入。其中教育投资是人力资本最主要的部分。[③]教育投资在我国被称为智力投资。但无论是人力资本投资还是智力投资都强调这种投资直接或间接的经济收益及可计算性。教育投资有对初等、中等、高等教育的不同投资，自然教育投资可以计算收

---

① 西奥多·W. 舒尔茨:《穷国的经济学》，纪群译，《国际经济评论》1980年第12期。

② 西奥多·W. 舒尔茨:《改造传统农业》，梁小民译，商务印书馆，1987，第132页。

③ 西奥多·W. 舒尔茨:《人力资本投资》，《现代国外经济学论文选》第八辑，商务印书馆，1984，第232—248页。

益有多有少。那么，对于发展中国家来说，这几种教育投资究竟哪一种收效更大？对这个问题舒尔茨作了明确回答。

舒尔茨认为，对发展中国家的农业来说，向农民进行中小学教育及文化教育的投资是最有利的人力资本投资。他说："初等教育是最有利的。当孩子们仍然非常小不能做什么有用的农活时，初等教育每年只要最低的教育成本。""对六岁到十岁的孩子来说，上学很少会失去收入。而掌握一些有用的文化也就需要五年左右。从文化中得到的好处是很多的，而且其中某些好处还会扩散。换言之，这些好处部分归学生及其家庭，而部分由其他人占有。在降低成本和提高经济的生产率中文化有重要的价值。"[①] 舒尔茨认为，虽然在职培训、终身教育对发展都有重要的作用，但教育最好还是从小时候开始。他说："人力资本不能同拥有人力资本的人分开。他所拥有的实物资本（财产）可以被没收，但他所拥有的人力资本不能被拿走。除了奴隶所有的人力资本之外，人力资本都不能被买卖。它的持久性不能超过人力资本所有者的寿命。要聪明，在你的青年时期取得你的人力资本。"[②]

舒尔茨认为，对农民首先要进行文化教育，有了文化才能掌握科学技术，没有文化就谈不上掌握应用科学技术。他说："人民文盲这一事实，并不意味着，他们在配置自己所拥有的要素时对边际成本和收益所决定的标准反应迟钝。人民文盲表明，人的因素所具有的能力小于他们获得了与教育相关的技能和有用知识时所应具有的能力。"[③] "当人民是文盲时，农业杂志和报纸显然是不可能起作用的。关于一种新要素技术的特征及其使用方法的教育是复杂的科学技术教育，其前提是有较高的知识水平。就农民而言，这种有用的知识是以他们的经验及其教育水平程度为基础的。"[④] 他认为，改造传统农业也包括引进外国先进的有形技术和无形技术，但这些引进最重要的是要恰到好处，不能眼高手低。引进一方面要考虑适应本国农业发展

① 西奥多·W. 舒尔茨:《改造传统农业》，梁小民译，商务印书馆，1987，第151页。

② T·舒尔茨:《人力资本和中国的生产能力》，《世界经济文汇》1988年第4期。

③ 西奥多·W. 舒尔茨:《改造传统农业》，梁小民译，商务印书馆，1987，第39页。

④ 同上书，第117页。

及配套，另一方面，也要为这些适合的引进培养合适的劳动者。发展中国家劳动力基础差，突然引进高技术，不好消化，不能配套，只能得不偿失。他说："尽可能让低收入国家学生在本国受农业教育。发展中国家有大量的非现代化或现代化程度不高的农业，如果教育计划不适当，不重视初级农业劳动者的培养也会造成浪费。""某些低收入国家过分强调引进所需要的技能和知识，忽视生产这些技能和知识；应急计划多，而从事长远事业少；过分重视大学教育而较少发展小学和中学，向外国学生所提供的培训和教育是适应学生在其学习的所在国经济所需要的技能和知识，从而离低收入国家经济对这种技能的需要相差太远了，最后，把教育计划和经济计划割裂开来也是错误的。"他还说："忽视中小学教育是非常目光短浅的。从长远的观点来看，在应该进行人力资本投资时，真正能盈利的也许正是这些总被忽视的领域。"①

文化可以作为文化知识来理解，也可以作为文化模式或价值观念及其驱使的社会行为方式，包括社会的人生、道德、利益等价值观念及其驱使的社会心态习惯、物质和精神生活方式、社会制度等来理解。文化作为文化知识，这种投资可以取得一定的经济收益。文化作为社会行为方式，这种投资有时可以取得经济收益，有时是不可能取得经济收益的。有些学者强调文化投资主要是强调不能取得经济收益的这种文化投资，如米尔顿·费里德曼。舒尔茨强调文化投资，不仅强调能取得经济收益的作为文化知识教育的文化投资，也强调能取得一定经济收益，但不可计算的作为文化模式、行为方式的文化教育投资。他说："人们从学校教育得到的满足系属消费部分。它包括与教育相联系的各种价值，一般说来，职业教育、专业教育不包括在内。从学校教育中获得增加将来收入的能力，则不算作消费部分。当它是消费部分的时候，其价值可能是道德的培养、情趣的满足或其他方面的满足。就把学校教育当作消费品而言，它首先要具有耐久性成分，其耐久性程度甚至比耐用消费品更耐久。从学校教育中很难找到主要是代表当前消费的

① 西奥多·W. 舒尔茨：《改造传统农业》，梁小民译，商务印书馆，1987，第146页。

范例。学校教育就其耐久性的消费成分而言，由于它能增加将来的实际收入，它就是将来满足的源泉。但这种满足是不能以测得的国民收入来计算的。”[①] 舒尔茨认为，任何文化特征社会的传统农业的本质是同样的，而且都存在从传统农业改造为现代农业的问题。但不同文化特征的社会，对改造传统农业，对农业进行人力资本投资，使之成为现代农业，成为经济增长的一个源泉的影响作用不同。他说，从许多穷国认为体力劳动包括农业劳动是低贱的这一意义说，进行人力资本投资的某些障碍基本是文化方面的。“于是，认为任何一个愿意从事体力劳动并有健康体魄的人都能从事耕作的观点，很容易被接受。”“在这样的文化指导下，人们就认为，对农民的教育作用甚小，充其量只是有助于改善关于文化程度的国民统计，也许会增加农民的消费，而一个穷国是承担不起这种消费的。教育和其他向农民的投资一般包括政府和私人支出，而这方面的政府支出往往被其他与此相矛盾的利益事项所挤掉，这也是确实的。”[②] 虽然制度结构并不是传统农业的关键所在，但它们在确定如何通过投资来实现农业现代化时却是重要的。他认为，破除不利于改造传统农业的观点，为其注入新的生产技术要素，发展现代农业，进行人力投资的主要问题是要按照投资有利性及供求关系的市场机制原则，建设一套适合的社会及教育制度。他说：“人力资本是看不到的。可以看到的是人力资本的作用。这种作用包括两大部分，即内部作用和外部作用。我们对内部作用的了解，大部分是从小学、高等教育、职业训练、工作经验与健康状态观察到的内部作用，以及来自当它表现于微观行为上关于个人和家庭的经济、生产、收入和福利各种各样有用的报道。”“人力资本的外部作用在分析上所受的注意实在太少。最近的研究表明，它们完全可以成为经济增长的强大动力。”“有一个强大人力资本的环境就可由此产生高度有益的效用。”[③] 所以，对人力投资政策作出重要的抉择是十分必要的。

---

① 西奥多·W. 舒尔茨：《教育的经济价值》，曹延亭译，吉林人民出版社，1982，第21页。

② 西奥多·W. 舒尔茨：《改造传统农业》，梁小民译，商务印书馆，1987，第147页。

③ T·舒尔兹：《人力资本和中国的生产能力》，《世界经济文汇》1988年第4期。

三、为实现发展中国家的农业经济递增进行专业化人力资本投资

关于专业化人力资本投资问题，舒尔茨在1964年写的《改造传统农业》一书中已提出过。在1968年美国耶鲁大学经济增长中心第25届发展经济学年会上，他进一步论述了这个问题。他认为，专业化人力投资是农业发展的重要源泉。他说："我已指出过，专业化人力资本是递增收益的一个重要的源泉，那些排除了这种人力资本的增长理论（它也排除了企业家对增长的贡献）是很不恰当的。"[①]"认为农业不会有专业化和来自特殊人力资本的收益，这在经济学中似乎像一个民间故事的一部分。现代的农民不是鲁滨逊，自给自足不再是他们的经济状态了。"[②]他认为，人力资本投资的专业化的层次结构级别是随着农民受教育的不同而变化的。他说："农民上学和受高等教育的收益大部分是教育的配置效应。这种已获得的配置能力会影响人力资本的另一种专业化的形成。"[③]他认为，人力资本投资专业化和收入递增和增加是相伴随的。他说："现在有迹象表明专业化、人力资本和增长已经被提到许多经济学家的研究日程上来了。我们对专业化的观察正在被合适的透镜加以修正。各种调查正在着手进行，它表明专业化、专业化人力资本、收益递增和增长必定结伴而行。"[④]他还认为"农业科学家是人力资本的一种特殊形式"，农业专业化是农业科学家专业化了的人力资本，这是他关于人力资本内容的一个新提法。他说："专业化在现代农业中大量存在。规模收益的效应也是众所周知的。人力资本对增加农业和农业家庭生产率的贡献也越来越为人注目。农业研究在经济上获得成功的一个重要因素是农业科学家的专业化了的人力资本。"[⑤]舒尔茨有关农业专业化和人力资本投资专业化的关系的论述，虽然说的是"现代化农业"中的情况，但从他的观点看，

① 西奥多·W. 舒尔茨：《为实现收益递增进行的专业化人力资本投资》，《发展经济学的新格局：进步与展望》，经济科学出版社，1987，第186页。

② 同上书，第184页。

③ 同上书，第185页。

④ 同上书，第187页。

⑤ 同上书，第184页。

这一理论对发展中国家的农业现代化和农业经济增长也是很有启发的。

四、舒尔茨人力资本投资与穷国农业经济增长理论简评

（一）舒尔茨的理论有较高的信度和效度。舒尔茨早在20世纪30年代就从事农业经济问题的研究。50年代末期后，他致力于人力资本理论的研究，并被认为是这一领域的开拓者之一。60年代及以后，他把农业经济问题与人力资本理论的研究密切结合起来，着重研究发展中国家的农业增长和人力投资问题，从而对发展经济学做出了开创性贡献。他的著作和论文，除了本书提到的代表人力资本理论形成的《人力资本投资》（1961年），获得诺贝尔奖的代表作《改造传统农业》（1964年）和在接受诺贝尔奖时发表的演说《穷国的经济学》（1979年）之外还有许多。他的理论研究贯穿半个世纪，横跨五大洲，对不同地域、政治、经济的国家农业经济增长和人力投资关系做了大量深入细致的研究，有较高的可靠度。

（二）舒尔茨理论的精华和糟粕都值得注意。舒尔茨的人力资本理论在我国早有流行。人们对他主张资本主义，否定马克思主义已有批判。尽管他的理论中有糟粕，也有一些不足，但并不能因此而掩盖了其中的精华。舒尔茨关于发展中国家的农业按照有利性和市场供求关系原则，吸收农民生产、学习和应用新技术要素，增加学习、应用新技术要素的人力资本投资的思想是对传统的轻视农业理论的有力挑战，是对有关发展中国家农业经济发展理论的重大突破，对发展中国家重新考虑、制定农业发展战略有重要的现实意义。他提出的重视农业人力资本投资的制度建设，重视发展中小学教育和文化教育，重视农业科学研究，人才培养要立足于国内，进行农业专业化建设等思想都对我们很有启发。

（三）舒尔茨对发展中国家教育的忠告很值得我们深思。86岁高龄的舒尔茨在1986年5月来华演讲提纲《人力资本和中国的生产能力》中说：“在中国普通人中，人力资本投资不足已有长久的历史。占10亿中国人大部分人口的乡村农民，在后天获得人力资本的构成中只有很小一部分。产生这种情况的原因，毫无疑问，你们是知道的。可是，在马来西亚，那里的华

人起初是到锡矿里去当普通工人。过去他们非常贫困，没有受教育，或很少受教育。这些家庭现在占人口将近1/3，但更重要的是，他们上了学，受了高等教育，具有高等专门人才的才能，现居高位。为什么都是华人，在马来西亚是这样，而在中国不是这样？”这段话是很耐人寻味的。

主要参考文献

[1] 边彦军，王莉，倪花．毛泽东 邓小平 江泽民论教育 [M]. 北京：中央文献出版社，2002.

[2] 习近平．习近平谈治国理政（第一卷）[M]. 北京：外文出版社，2014.

[3] 习近平．习近平谈治国理政（第二卷）[M]. 北京：外文出版社，2017.

[4] 中共中央书记处农村政策研究室资料室．农村经济政策汇编 [M]. 北京：农村读物出版社，1984.

[5] 国家统计局农村社会经济调查司．中国农村统计年鉴 1995—2017[M]. 北京：中国统计出版社，1995—2017.

[6] 国家统计局，科学技术部．中国科技统计年鉴 1991—2016[M]. 北京：中国统计出版社，1992—2017.

[7] 中华人民共和国教育部发展规划司．中国教育统计年鉴 1990—2015 [M]. 北京：中国统计出版社，1991—2016.

[8] 中国社会科学院人口与劳动经济研究所．中国人口年鉴 1990—2015 [M]. 北京：中国社会科学出版社，1991—2016.

[9] 中共中央、国务院．国家中长期教育改革和发展规划纲要（2010—2020 年）[2010-07-29]. http://www.gov.cn/jrzg/2010-07/29/content-16671143.htm.

[10] 中共中央、国务院．中国教育现代化 2035 [2019-02-23]. http://www.gov.cn/zhengce/2019-02/23/content-5367987.htm.

[11] 西里尔·E·布莱克．比较现代化 [M]. 杨豫，陈祖洲，译．上海：上海译文出版社，1996.

[12] 西奥多 · W. 舒尔茨 . 论人力资本投资 [M]. 吴珠华等，译 . 北京：北京经济学院出版社，1990.

[13] 西奥多·W. 舒尔茨 . 改造传统农业 [M]. 梁小民，译 . 北京：商务印书馆，2006.

[14] 费孝通 . 乡土中国与生育制度 [M]. 北京：北京大学出版社，1998.

[15] 孙立群，孙福田 . 农村教育与经济社会协调发展关系的研究 [M]. 北京：中国农业出版社，2007.

[16] 佘万斌,杜学元,谭辉旭 . 农村教育现代化的理论与实践研究 [M]. 北京：人民出版社，2015.

[17] 刘彦随，龙花楼，陈玉福，等 . 中国乡村发展研究报告——农村空心化及其整治策略 [M]. 北京：科学出版社，2011.

[18] 顾明远 . 教育现代化与素质教育 [J]. 中国教育学刊，1998(3).

[19] 顾明远 . 教育现代化的基本特征及实施策略 [J]. 人民教育，2007(Z2).

[20] 褚宏启 . 教育现代化的性质与分析框架 [J]. 高等师范教育研究，1998(3).

[21] 邬志辉，马青 . 中国农村教育现代化的价值取向与道路选择 [J]. 中国地质大学学报（社会科学版），2008(6).

[22] 杨小微 . 教育现代化的再理解与再出发 [J]. 教育发展研究，2014(6).

[23] 范先佐 . 乡村教育发展的根本问题 [J]. 华中师范大学学报（人文社会科学版），2015(5).

[24] 姜超，邬志辉 . 论农村教育现代化的理念选择 [J]. 教育研究，2017(6).

[25] 张新平 . 农业现代化与农业教育变革 [J]. 南京师范大学学报（社会科学版），1999(4).

[26] 世界银行 . 2000 年世界发展指标 [M]. 北京：中国财政经济出版社，2000.

[27] 联合国教科文组织 . 世界教育报告 2000——教育的权利：走向全民终身教育 [M]. 联合国教科文组织中文科，译 . 北京：中国对外翻译出版公司，2001.

[28] 杨小微 . 反思教育现代化指标体系 [N]. 中国教育报，2017-4-13.

[29] 程晋宽，缪舒敏 . 指向义务教育均衡优质发展的学校标准化建设路径——基于政策目标与政策手段的分析 [J]. 教育发展研究，2017(18).

[30] 马晓强，崔吉芳，刘大伟等 . 中国教育现代化发展的总体趋势和挑战 [J]. 教育研究，2017(11).

[31] 褚宏启 . 构建教育现代化指标体系的思考 [J]. 中国高等教育，2013(11).

[32] 薛二勇 . 区域内义务教育均衡发展指标体系的构建——当前我国深入推进义务教育均衡发展的政策评估指标 [J]. 北京师范大学学报（社会科学版），2013(4).

[33] 王善迈，董俊燕，赵佳音 . 义务教育县域内校际均衡发展评价指标体系 [J]. 教育研究，2013(2).

[34] 张国强 . OECD 教育发展指标体系分析及启示——以《教育概览：OECD 指标（2003）》为例 [J]. 外国教育研究，2006(11).

[35] 翟博 . 教育均衡发展：理论、指标及测算方法 [J]. 教育研究，2006(3).

[36] 谈松华，袁本涛 . 教育现代化衡量指标问题的探讨 [J]. 清华大学教育研究，2001(1).

[37] 阎立钦，曾天山，张芃，等 . 关于发达地区基础教育现代化发展水平若干指标的思考 [J]. 教育研究，2001(10).

[38] M Demeuse，A Baye，etc. Equity of the European Educational Systems：A Set of Indicators. A project supported by the European Commission Directorated General of Education and Culture Project Socrates S02-610BGE. 2003.

[39] OECD. Education at a Glance：The OECD Indicators. Paris：OECD，2001.

[40] National Center for Education Statistics. The Condition of Education 2000. Washington，D.C. U. S. Government Printing Office，2000.

[41] Seth Spaulding，Ranjan Chaudhuri.UNESCO's World Education Report：Its evolution，Strengths and Possible Futures. International Journal of Educational Development，1999.

[42] 农村教育改革研究丛书编委会．农村教育改革文献和资料选编 [M]. 北京：教育科学出版社，1988.
[43] 徐辉，黄学溥．中外农村教育的发展与改革 [M]. 重庆：西南师范大学出版社，2000.
[44] 廖其发．中国农村教育问题研究 [M]. 成都：四川教育出版社，2006.
[45] 秦玉友．农村教育体系调整研究 [M]. 长春：东北师范大学出版社，2008.
[46] 谭学军．中国西部教育现代化的策略与路径研究——以成都教育现代化为例 [M]. 成都：四川大学出版社，2013.
[47] 杨润勇，等．中国农村教育发展报告 2010—2020[M]. 北京：教育科学出版社，2021.
[48] 庞丽娟，孙美红，王红蕾．建立我国面向贫困地区和弱势儿童的学前教育基本免费制度的思考与建议 [J]. 教育研究，2016(10).
[49] 张乐天．我国农村教育政策 30 年的演进与变迁 [J]. 南京师大学报（社会科学版），2008(6).
[50] “农村教育综合改革与社会全面进步”总课题组．深化农村教育综合改革，促进农村社会全面进步 [J]. 教育研究，1997(5).
[51] 李森，汪建华．我国乡村教育发展的历史脉络与现代启示 [J]. 西南大学学报（社会科学版），2017(1).
[52] World bank . World Development Report 2008：Agriculture for Development.New York：Oxford University Press，2008，World Bank，2008.
[53] U.S. Department of Education Rural Achievement Program，http：//www.ed.gov./programs/reapersa/index.html，2011-11-19.
[54] Reducing Class Size——A Smart Toimprove America' s Urban Schools，Council of the Great City School，October 2000，Second Edition. http：//www.cgcs.org/pdfs/reducing 2000.pdf.
[55] David Acker，Lavinia Gasperini.Education for Rural People：Education,

Training and Capacity Development In Poverty Reduction and Food Security, Food and Agriculture Organization of the Untied Nations（FAO），2009.

[56] 埃莉诺·奥斯特罗姆.公共事务的治理之道：集体行动制度的演进[M].余逊达，陈旭东，译.上海：上海译文出版社，2000.

[57] 理查德·C.亨特.学校治理[M]，秦玉友，等译.北京：北京师范大学出版集团，2017.

[58] 李森，崔友兴.新型城镇化进程中乡村教育治理的困境与突破[J].西南大学学报（社会科学版），2016(2).

[59] 陈金芳，万作芳.教育治理体系与治理能力现代化的几点思考[J].教育研究，2016(10).

[60] 秦建平，张勇，张惠.教育治理现代化及其监测评价研究[J].中国教育学刊，2016(12).

[61] 褚宏启.教育制度改革与城乡教育一体化——打破城乡教育二元结构的制度瓶颈[J].教育研究，2010(11).

[62] Meyer H D, Benavot A. PISA and the Globalization of Education Governance：Some Puzzles and Problems, PISA, Power, and Policy：The Emergence of Global Educational Governance. 2013.

[63] Grek S. From Symbols to Numbers：The Shifting Technologies of Education Governance in Europe, European Educational Research Journal, 2008, 7(2).

[64] Sattler P. Education Governance Reform in Ontario：Neoliberalism in Context, Canadian Journal of Educational Administration & Policy, 2012.

[65] Ball S J. Beyond Networks？ A Brief Response to 'Which Networks Matter in Education Governance？', Political Studies, 2009 (3).

[66] Martens K, Rusconi A, Leuze K. New Arenas of Education Governance, Macmillan, 2007.

[67] David K. K. Chan. Global Agenda, Local Responses：Changing Education Governance In Hong Kong's Higher Education, Globalisation, Societies

and Education，2007 (1).
[68] Alexiadou N，Ozga J. Modernising Education Governance in England and Scotland：Devolution and Control，European Educational Research Journal，2002 (4).
[69] Ozga J. Education Governance in the United Kingdom：The Modernisation Project，European Educational Research Journal，2002 (2).
[70] Smouts，M. C. The Proper Use of Governance in International Relation，International Social Science Journal ，1998(5).
[71] 沈培新，丁国华 . 中国农业现代化与农村教育 [M]. 北京：中国展望出版社，1990.
[72] 许步云 . 农村教育现代化的理论与实践 [M]. 北京：中国三峡出版社，1996.
[73] 钱理群，刘铁芳 . 乡土中国与乡村教育 [M]. 福州：福建教育出版社，2008.
[74] 邹敏 . 农村教育现代化 [M]. 成都：西南交通大学出版社，2011.
[75] 张乐天 . 新中国成立以来农村教育政策的回顾与反思 [M]. 北京：北京师范大学出版社，2016.
[76] 邬志辉，秦玉友，等 . 中国农村教育发展报告 2016[M]. 北京：北京师范大学出版社，2017.
[77] 刘铁芳 . 乡村教育的人文重建：起点与路径 [J]. 湖南师范大学教育科学学报，2008(5).
[78] 秦玉友 . 体系完善：农村教育发展的多维分析与战略选择 [J]. 东北师大学报（哲学社会科学版），2008(1).
[79] 秦玉友 . 美国、印度、日本农村教育发展中的主要问题及启示 [J]. 外国教育研究，2007(12).
[80] 徐辉 . 国外农村教育发展与改革的历史经验及启示 [J]. 西南大学学报（社会科学版），2005(6).
[81] 李均，郭凌 . 发达国家改造薄弱学校的主要经验 [J]. 外国中小学教育，

2006(11).

[82] Monk, D.H. Recruiting and Retaining High-quality Teachers in Rural Areas, The Future of Children, 2007 (1).

[83] Terry E . Spradlin & Kelly A. Prendergast. Emerging Trends in Teacher Recruitment and Retention in the No Child Left Behind Era, Center for Evaluation & Education Policy, 2006 (12).

注：本书还参考了历届中国共产党全国代表大会报告，历届全国人民代表大会政府工作报告，中共中央、国务院从 1982—1986 年，2004—2018 年颁布的中央一号文件，党和国家领导人关于农村及农村教育的指示、讲话，以及改革开放以来中共中央、国务院、教育部颁发的相关教育改革和发展的文件等。

附　录

2015年至2021年各省市区县调研学校汇总

省区市	县 / 区	学校	调研时间
陕西（37 个县 162 所学校）	西安高陵区（1）	草市小学	2015 年
	周至（2）	周至五中、周至二中	2015 年
	蓝田（4）	行知小学、石门小学、田家炳中学、汤峪镇中心小学	2015 年
	咸阳秦都区（1）	双照中学	2015 年
	彬县（3）	彬县高中、彬县实验小学、彬县高级中学	2015 年
	乾县（2）	马连中学、高庙小学	2015 年
	武功（1）	武功县 46 中	2015 年
	铜川市耀州区（3）	关庄镇关庄中学、照金红军小学、照金北梁红军小学	2018 年
	渭南临渭区（5）	桥南小学	2015 年
		吝店镇五爱小学、吝店镇中心小学、下邽镇北七小学、下邽镇甘庄小学	2019 年

（续表）

省区市	县 / 区	学校	调研时间
陕西（37 个县 162 所学校）	渭南市华州区原“华县”（16）	渭南初级中学、里寺小学、东阳学校、华县城关小学、江村小学、南塘小学、南街小学、杏林中学、北村小学、少华中学	2015 年
		柳枝镇柳枝小学、瓜坡镇瓜坡初级中学、瓜坡镇陕化小学、瓜坡镇湾联小学、莲花寺镇莲花寺小学、杏林镇中心小学	2019 年
	澄城县（11）	澄城实验中学、澄城中学、澄城实验小学、城关镇九一小学、创新高中、城关一小、汉寨小学、城关二小、城郊中学、北关中学、金石学校	2015 年
	大荔县（3）	许庄镇中心小学、朝邑镇朝邑初中、朝邑中心小学	2019 年
	蒲城县（4）	孙镇初级中学、永丰镇石马小学、永丰镇九年制学校、永丰镇杨家沟小学	2019 年
	渭南高新区（2）	高新区高新中学、高新二小（庙底小学）	2019 年
	山阳县（11）	山阳第一小学、双寨小学、陕师大双寨希望小学、兴年小学、山阳同仁九年制学校、西河小学、牛耳川镇九年制学校、新建小学、山阳中学、城区三中、兴年小学	2015 年
	洛南（1）	洛南中学	2015 年
	丹凤（7）	董矿小学、丹凤中学、峦庄中学、龙驹中学、月日中学、寺坪中学、竹林关中学	2015 年
	榆林市榆阳区（3）	榆林中学、榆林 26 中、苏州中学	2015 年
	清涧县（10）	下廿里铺小学、下廿里铺幼儿园、宽州牛家湾中心小学、折家坪镇中心小学、清涧中学、清涧县第五小学、大岔则村教学点、李家塔镇中心小学、高杰村镇九年一贯制学校、清涧县第一小学	2019 年

（续表）

省区市	县/区	学校	调研时间
陕西（37个县162所学校）	延安市安塞县（4）	招安镇李家沟小学、招安镇李家沟幼儿园、招安镇中心小学、招安镇中学	2019年
	延安市延川县（1）	延川县清华附属中学文安驿学校	2019年
	绥德（8）	联合小学、大庄女高、联合中学、绥德中学、实验小学、江德小学、沙塘小学、吉镇中学	2015年
	米脂（2）	南关小学、阳关小学	2015年
	横山（19）	赵石畔中学、横山中学、常熟中学	2015年
		城关第二小学、高镇中心幼儿园、高镇中学、高镇中心小学、石窑沟教学点、殿市镇九年一贯制学校、波罗中学、响水中学、常熟小学、崇德中学、武镇中心小学、党岔中学、党岔中心小学、横山区特殊教育学校、横山区职业技术学校、横山区第三小学	2019年
	吴堡（5）	张家山镇中心小学、逸关小学、榆林学院附属小学、吴堡中学、张家山第二小学	2015年
	定边（4）	定边二中、定边四中、崇文小学、定边中学	2015年
	靖边（1）	靖边中学	2015年
	太白（1）	鹦鸽初级中学	2015年
	麟游县（4）	两亭初级中学、麟游中学、两亭中心小学、两亭中学	2015年
	眉县（1）	城关二中	2015年
	佛坪县（1）	佛坪一中	2015年
	城固（1）	城固一中	2015年
	南郑（4）	大河坎中学、汉中中学、七十六号学校、洋县一中	2015年

（续表）

省区市	县 / 区	学校	调研时间
陕西（37 个县 162 所学校）	洋县（1）	洋县一中	2015 年
	安康汉滨区（1）	安康中学	2015 年
	安康市汉阴县（12）	平梁镇中心小学、平梁镇初级中学、平梁镇高粱小学、城关镇太平小学、汉阴中学、城关镇三元小学、城关镇凤台小学、城关镇草桥小学、城关镇恒大小学、汉阴县涧池镇中心小学、涧池镇初级中学、蒲溪镇中心小学	2020 年
	岚皋（2）	官元九年制学校、铁佛学校	2015 年
甘肃（40 个县 156 所学校）	兰州市安宁区（1）	十里店小学	2015 年
	永登（1）	中川小学	2015 年
	榆中县（4）	榆中县第五中学、青城小学、下汉小学、东滩中学	2015 年
	兰州市西固区（2）	兰炼一中、兰化一中	2015 年
	渭源（4）	西关中心小学、峡城小学、庆坪中学、峡城中学	2015 年
	白银市白银区（1）	白银公司一中	2015 年
	甘南州（1）	民族中学	2015 年
	碌曲（2）	碌曲县藏族中学、志成中学	2015 年
	静宁（17）	威戎中学、成纪小学、寺岔小学、李店乡中心小学、高湾小学、治平中心小学、甘沟中学、大寨小学	2015 年
		界石铺中学、界石铺中心小学、界石铺镇七里小学、界石铺镇高堡小学、静宁二中、静宁县职教中心、静宁一中、静宁德顺小学、静宁三中	2019 年

（续表）

省区市	县/区	学校	调研时间
甘肃（40个县156所学校）	古浪（21）	古浪一中、古浪二中、和乐小学、和乐完全小学、定宁中心小学、古丰初级中学、裴家营中学、土门初级中学、泗水初级中学、西靖初级中学、横梁初级中学、古浪县第三中学、永丰堡小学、永丰滩初级中学、城关三小、柳条河完全小学、古浪六中、十八里堡初级中学、黄羊川职业技术中学、黑松驿中心小学、民权团庄初级中学	2015年
	崇信（1）	崇信第一中学	2015年
	临洮（8）	可口可乐希望小学、辛店小学、旭东初级中学、西关中学、西关小学、建设小学、洮阳小学、文泽中学	2015年
	礼县（1）	礼县第三中学	2015年
	和政（5）	吊滩乡中心小学、和政三中、新庄初级中学、陈家集中学、三合初级中学	2015年
	灵台（1）	灵台县第一中学	2015年
	庄浪（1）	庄浪二中	2015年
	张家川回族自治县（5）	张家川县第三中学、南街小学、马关乡中心小学、梁山乡附中、张家川县第四中学	2015年
	西和（4）	西和长道四中、张里希望小学、北关小学、震湖中学	2015年
	华亭（1）	华亭一中	2015年
	通渭（1）	通渭一中	2015年
	宕昌县（6）	宋瓦坪小学、大寨中学、理川小学	2015年
		官鹅沟小学、大河坝小学、麻界小学	2016年
	陇西（2）	中川小学、崇文小学	2015年
	秦安（1）	陇城中学	2015年
	甘谷（2）	后川沟小学、土寨小学	2015年
	高台（4）	高台一中、高台二中、高台三中、南华初中城关初中	2015年

（续表）

省区市	县/区	学校	调研时间
甘肃（40个县156所学校）	临夏市（1）	志成中学	2015年
	陇南市武都区（2）	玄湾小学、洛塘小学	2015年
	镇原（13）	三岔中学、临泾中学、城关中学	2015年
		镇原中学、新城中学、新城小学、新城镇尧俭小学、耿沟小学、孙庵小学、郭塬初中、毛庄小学、张湾小学、景原小学	2019年
	卓尼（1）	出纳小学	2015年
	临泽县（1）	临泽一中	2015年
	山丹（1）	山丹一中	2015年
	肃南裕固族自治县（1）	肃南一中	2015年
	会宁（16）	刘咀小学、陇川小学	2015年
		会宁县第一中学、会宁县第二中学、会宁县高级职业中学、如东友好学校、太平店镇太平小学、太平中学、会宁文黛爱心小学、大顶乐善行小学、河畔镇裕琅希望小学、河畔镇中心小学、会宁县第三中学、郭城驿初中、郭城驿树王教学点、郭城小学	2019年
	敦煌（3）	杨家堡中心小学、孟家桥中学 南湖中学	2015年
	宁县（1）	惠堡小学	2015年
	正宁（1）	安兴小学	2015年
	天祝藏族自治县（3）	天祝民族中学、回族中学、松林中学	2015年
	武威凉州区（1）	武威十七中	2015年
	永靖（7）	大千沟中心小学、刘家峡中学、南堡中心小学、刘家峡小学、永靖回中、永靖六中、永靖四中	2015年
	环县（7）	赵掌小学、环县四中、木钵小学、环县一中、环县二中、木钵初中、十五里沟小学	2015年

（续表）

省区市	县 / 区	学校	调研时间
青海 （6个县 42所学校）	互助土族自治县（15）	李家庄小学、尕寺加小学、克麻小学、纳卡小学、大庄小学、互助县民族中学、袁家庄小学、互助县第二中学、大桦林小学、东和乡中心小学、宋家庄小学、威远初级中学、魏家滩小学、曹家小学、东和小学	2015年
	大通（10）	桦林中心小学、桦林中学、桥头镇中心小学、新城小学、桥头镇完全学校	2015年
		新庄镇中心小学、新庄镇台其庄教学点、第六中学（普通初中）、朔山中学、大通职业技术学校	2018年
	湟中县（1）	下麻尔小学	2018年
	门源（6）	门源一中、门源二中、门源三中、浩门镇一中、小沙沟一小、门源县四中	2015年
	玉树（5）	新寨寄宿制小学、州八一孤儿学校（玉树州育才儿童福利院）、隆宝镇中心寄宿小学、隆宝镇幼儿园、隆宝镇德吉岭小学、	2020年
	囊谦（5）	白扎乡寄宿制小学、白扎乡巴麦小学、囊谦县第三完全小学、囊谦县第二小学、香达镇青土联村寄宿制学校	2020年
宁夏 （19个县 82所学校）	银川西夏区（3）	华西中学、银川市第24中学、兴泾回民中学	2015年
	银川市兴庆区（1）	银川高级中学	2015年
	银川市金凤区（2）	六盘山高中、良田回民中学	2015年
	灵武市（3）	英才中学、灵武一中、灵武二中	2015年
	贺兰县（1）	贺兰一中	2015年
	中卫沙坡头区（1）	中卫一中	2015年

（续表）

省区市	县 / 区	学校	调研时间
宁夏（19个县82所学校）	中宁（6）	山头小学、育才学校、中宁中学、中宁一中、长山头小学、下流水九年制学校	2015年
	泾源（2）	泾源高级中学、泾源一中	2015年
	海原（10）	罗山中学、海原一中、海原三中、关桥中学、海原二中、三河中学、海原四中、海原第一小学、兴仁中学、海原回民中学	2015年
	固原原州区（10）	固原一中、固原二中、固原三中、五原中学、寨科中心小学、三营一中、	2015年
		原州二小、原州十小、原州十一小	2017年
		中河乡曹河小学	2018年
	同心（7）	同心中学、石狮中学、烟台小学、海如女子中学、豫海回民中学、沙嘴城小学、前红小学	2015年
	西吉（10）	西吉第一中学、西吉第二中学、西吉实验中学、西吉第三小学、西吉中学	2015年
		白崖乡红套小学、小坡小学、西吉县将台堡镇包庄小学、西吉县将台堡镇第一小学、西吉县职业中学	2018年
	彭阳（4）	彭阳一中、彭阳三中、城阳中学、彭阳县第四中学	2015年
	盐池（3）	盐池高级中学、盐池第四中学、盐池县第一中学	2015年
	隆德（6）	联财中学、隆德一中、隆德二中、隆德县第四中学	2015年
		隆德三小、隆德新兴小学	2017年
	吴忠红寺堡区（5）	红寺堡一中、红寺堡二中、康庄小学	2015年
		大河乡平岭子小学、大河乡第七小学	2018年
	吴忠市利通区（5）	利通第一小学、吴忠回民中学、吴忠第一中学、吴忠中学	2015年
		扁担沟第二小学	2018年

（续表）

省区市	县 / 区	学校	调研时间
宁夏（19 个县 82 所学校）	石嘴山惠农区（2）	石嘴山市一中、光明中学	2015 年
	青铜峡（1）	青铜峡市第二小学	2015 年
新疆（5 个县 15 所学校）	乌鲁木齐新市区（1）	乌鲁木齐师大附小	2015 年
	昌吉州（1）	昌吉州四中	2015 年
	石河子东城区（1）	石河子市二中	2015 年
	和田地区和田市（4）	天津高级中学、天津二中、和田市第五中学、和田市二中	2015 年
	和田地区和田县（8）	和田县双语实验中学、和田县北京高级中学、和田县第一小学、巴格其镇中学、和田县二中、和田县实验中学、和田县一中、和田县第三小学	2015 年
贵州（4 个县 6 所学校）	铜仁石阡县（1）	（教育局）	2018 年
	三都水族自治县（1）	廷牌小学（教育局）	2018 年
	榕江县（3）	古州三小（教育局）、寨蒿镇中心小学、太平小学	2018 年
	凯里市（2）	古坪小学、芳芳幼儿园	2018 年
山西（1 个县 3 所学校）	洪洞县（3）	辛村乡马三学校、万安镇万安一分校、万安镇韩家庄学校	2018 年

（续表）

省区市	县 / 区	学校	调研时间
湖南（7个县18所学校）	湘西州吉首市（1）	市九年一贯制学校	2019年
	古丈县（2）	古丈县红石林完小、花篮小学	2019年
	凤凰县（3）	廖家桥小学、八一爱民学校、千工坪九年制学校	2019年
	泸溪县（3）	潭溪完小、潭溪中学、洗溪九年一贯制学校	2019年
	永顺县（1）	芙蓉镇中心完小	2019年
	岳阳市（1）	朝阳小学	2019年
	汨罗市（7）	三江中学、八景学校、智峰学校、新浦小学、弼时中学、罗成学校、屈子学校	2019年
江西（4个县29所学校）	弋阳（13）	朱坑镇荷塘小学、朱坑镇中心小学、朱坑镇中心幼儿园、葛溪中学、圭峰小学、湾里朱垅小学、中畈乡汉墩小学、三县岭中学、曹溪镇东港小学、漆工镇东坑小学、湾里小学、南岩镇怀志希望小学、华东师范大学弋阳实验中学	2019年
	南昌市青云谱区（6）	前万小学、熊坊小学、楞上小学、曙光小学、万溪王华霖小学、城南小学	2019年
	全南县（7）	全南县高级职业技术学校、全南县第三小学、陂头镇中心小学、陂头镇正和小学、龙源坝中心小学、龙源坝初级中学、特殊学校	2019年
	赣州市蓉江新区（3）	赣南师范大学附属蓉江小学、潭口中心小学、潭口坳上小学	2019年
河南（2个县18所学校）	新密县（8）	超化镇第二初中、超化镇第五初中、超化镇草庙小学、超化镇第三初中、赴牛店镇第一初中、牛店镇高村小学、牛店镇张坡小学、职教中心	2019年

（续表）

省区市	县 / 区	学校	调研时间
河南（2 个县 18 所学校）	卢氏县（10）	卢氏县东城学校、五里川镇马耳岩小学、莫家营小学、五里川中心小学、五里川中学、狮子坪中心小学、黄柏沟小学、颜子河小学、卢氏县实验中学、卢氏县职业中专等学校	2019 年
广东（3 个县、市 26 所学校）	韶光市仁化县（12）	高宅小学、董塘中学、凡口学校、董塘中心小学、双峰寨中学、上中坌小学、同心小学、石塘镇新华书店中心小学、烟竹小学、聚海盛德中心小学、红山中学、红山小学	2019 年
	中山市（8）	中山市特殊教育学校、朗晴小学、远洋学校、南朗镇云衢中学、翠亨学校、中山纪念中学、三乡镇载德小学、光后中心小学	2019 年
	珠海市斗门区（6）	乾雾中学、乾雾中心小学、五山小学、斗门镇中心小学、深圳原平特殊学校、佛山启智特殊学校	2019 年
内蒙古（4 县、区、旗 17 所学校）	五原县（8）	荣义中心校、胜丰中心校调研、五原蒙古族学校、第三中学、高级职业中学、复兴中心校、第六中学、瑞峰小学	2019 年
	乌拉特中旗（5）	中旗蒙古族学校、第二中学、第一小学、德岭山学校、乌加河学校	2019 年
	磴口县（2）	协成中心小学、隆盛合镇中心小学	2019 年
	巴彦淖尔市临河区（2）	临河区第四小学汇丰校区、临河第一职业中等专业学校	2019 年
山东（4 个县、市、区 16 所学校）	茌平县（4）	杜郎口中学、广平中学、广平小学、繁森希望小学	2019 年

（续表）

省区市	县 / 区	学校	调研时间
山东（4 个县、市、区 16 所学校）	东昌府区（3）	堂邑中心小学、孔繁森希望小学、于庄小学	2019 年
	高密市（2）	高密市孚日学校、至诚中学	2019 年
	平度市（7）	平度市职业技术学院、古岘中学、古岘小学、五里庄小学、李家园街道门村中学、门村小学、大泽山小学	2019 年
黑龙江（3 个县、市 25 所学校）	海林县（13）	山市镇第一小学、种奶牛场学校、第二小学、山市中学、长汀镇海林烟厂小学、旧街中学、杨林小学、哈达小学、双平村教学点、马场小学、永安小学、文明小学、石河小学	2019 年
	宁安县（8）	宁安一中、第四小学、朝鲜族中学、朝鲜族小学、第四小学、石岩中心校、江南学校、渤海杏山小学	2019 年
	漠河市（4）	图强第一小学、北极镇中心校、古洛河小学、北红村小学	2019 年
吉林（2 个县 20 个学校）	靖宇县（12）	育红小学、杨靖宇小学、第三中学、花园镇巴里小学、花园学校、腰甸小学、燕平春蕾学校、第一参场学校、兴大希望（大兴）学校、景山学校、西南岔学校、那尔轰学校（农业中学）	2019 年
	永吉县（8）	永吉实验小学、永吉县第十中学、北大湖镇中心小学、永吉县第八中学、永吉特殊教育学校、口前镇春登中心校、永吉县第十三中学、一拉溪镇中心校	2019 年
重庆（3 区 10 所学校）	永川区（3）	永川区特殊教育学校、兴龙湖小学、松溉小学	2019 年
	铜梁区（4）	平滩小学、平滩中学、铜梁区实验一中、巴川中学	2019 年
	大足区（3）	大足区海棠小学、大足区希望小学、保鼎实验小学	2019 年

（续表）

省区市	县 / 区	学校	调研时间
江苏（2 区 20 所学校）	宿豫区（12）	宿豫区实验小学、豫新小学、曹集中心学校、新庄中心学校、陆集中心学校、仰化初中、仰化小学、大兴小学、关庙中心学校、关庙镇太山教学点、关庙镇永平教学点、宿豫区特殊教育学校	2019 年
	海门区（8）	三星小学、德胜小学、证大小学、中等专业学校、三厂小学、正余小学、海门港新区实验学校、常乐小学	2021 年
四川（2 个县 22 所学校）	绵阳市北川羌族自治县（11）	北川七一职业中学、永昌中学、西苑中学、幸福小学、安昌幼儿园、安昌小学、擂鼓小学、擂鼓中学、中科院青年北川希望小学、永昌小学、永安小学	2020 年
	德阳市广汉市（11）	松林学校、东广狮爱小学、连山第二小学、三水小学、金鱼一小、广汉市特殊教育学校、广汉市职业中专、三星堆第一学校、广兴小学、向阳学校、龙泉驿区第五小学	2020 年
广西（1 个县 9 所学校）	龙胜县（9）	龙胜民族中学、江底小学、泗水小学、龙胜县第二幼儿园、龙胜镇小学、瓢里小学、龙脊镇小学、龙脊大寨小学、龙胜县幼儿园	2020 年
浙江（1 个市 10 所学校）	宁波市海曙区（10）	石碶街道冯家小学、田莘耕中学、古林镇中心小学、古林镇中学、高桥镇中心中学、集士港镇中心小学、洞桥中心小学、宁锋小学、鄞江镇中心初级中学、鄞江镇中心小学	2021 年

（续表）

省区市	县/区	学校	调研时间
安徽（1个市9所学校）	阜阳市颍州区（9）	王店镇十二里庙小学、刘新庄小学、王寨小学；九龙镇叶寨小学、中心小学、西刘小学；西湖镇汤庄小学、马付小学、华佗小学	2021年
河北（1个县13所学校）	安新县（13）	安新镇安新小学、赵庄小学、东杨庄小学、西里街小学、留村小学、东刘街小学、大阳小学；对端村镇东垒头小学、关城小学、大淀头小学；刘李庄镇辛庄小学、郝庄小学、刘李庄小学	2021年

调研时间	县数量	学校数量	备注
2021年	实地调研4个县	实地调研40所	2018—2021年调研67个县，394所学校。其中有13个县从2015—2021年持续调研2—4次
2020年	实地调研6个县	实地调研53所	
2019年	实地调研45个县	实地调研274所	
2018年	实地调研12个县	实地调研27所	
2015—2017年	实地调研并发放问卷85个县	实地调研并发放问卷334所	
总计	152个县	728所	

调研省份、县、学校数量表

序号	省份	县（市、区、旗）数（个）	学校数（所）
1	陕西	37	162
2	甘肃	40	156
3	青海	6	42
4	宁夏	19	82
5	新疆	5	15
6	贵州	4	6
7	山西	1	3
8	湖南	7	18
9	江西	4	29
10	河南	2	18
11	广东	3	26
12	内蒙古	4	17
13	山东	4	16
14	黑龙江	3	25
15	吉林	2	20
16	重庆	3	10
17	江苏	2	20
18	四川	2	22
19	广西	1	9
20	浙江	1	10
21	安徽	1	9
22	河北	1	13
合计		152	728

后　记

提笔写后记的时候，一般都是任务基本完成了的时候。许多后记都要写完成任务后的如释重负、酣畅淋漓的苦乐倾诉。我写后记的时候当然也是任务完成得差不多的时间，也要诉说研究写作的苦与乐，但更多的是回味、欣赏、体悟研究过程的乐而不是艰辛曲折的苦。看书、学习、思考、写作有时有点烦、有点累，但不这样又觉得无所事事、无聊透顶，反而更烦更累。有事干，做有意义的事，何苦之有？自找苦吃就是或更是乐在其中。就算这件事完成，也不会停歇，还会有别的事情等着，或者还会寻找别的事情做做。我也不想多说理论研究的苦与乐，而是更想多回味、欣赏、体悟风风火火、马不停蹄、走南闯北在全国各地农村、乡村进行教育调研，与学校师生交流学校建设的乐；在幼儿园听见孩子们唱歌和问好，在教室里看到孩子们认真听课、学习、思考、书写的乐；在各类功能室、展室品味同学们的书画、剪纸、编织、泥塑等学校特色的乐；在学校操场、音乐厅、教室欣赏同学们丰富多彩的各种管弦乐、弹奏乐等大型音乐表演和大型体操表演、跳绳表演、武术表演、航模表演的乐；在各地教育局领导同志热情接待、详尽介绍本地县情校情学情和与他们探讨教育问题的乐；在农家炕头上与老奶奶、老爷爷诉说家常的乐；在全国各地接受革命传统教育的乐。总之，经过5年多的乡村和农村教育调研，我和参与调研的几位博士生、硕士生都感触良多、收获良多、喜不自胜。

当然还有一件喜事，那就是我们主体间教育科研团队的研究方向和方式的多样化转向这几年取得了明显进展。我在学生时期和后来的一段时期，研习方向虽然不太明确，但基本是教育经济学和现实问题。20世纪末和21世纪以来，我的研究方向基本是教育哲学、教育基本理论，我们的博士生、硕士生的论文选题基本也是这个方向。理论研究、学术研究很重要，没有这个作为基础，没有这方面的高水平，也不会有实践研究的高水平。但这毕竟只是一个重要方面，教育实践的研究也是教育研究一个很重要的方面。作为个人的研究不能面面俱到，但作为一个团队的研究如果涉及面太窄，就不能适应时代的要求，也不利于团队的建设和发展。为了改变纯理论研究的局面，10年前我们就下定决心推进教育研究的多样化，主要是提倡实践研究、调查研究。本人亲自带领教育学院师生深入西部农村、乡村学校进行多年调研。经过10多年的努力，我们的设想基本实现了，研究多样化的转向可以说成功了，现在我们的很多博士生、硕士生是做实践研究的。如果没有10年前的多样化转向的强力推进，本课题几乎不可能获批，即便有幸获批，完成研究任务也有很大问题。现在虽然不能说没问题，但大问题基本解决了，这也是值得庆贺的。

我一直认为，研究教育，无论是理论研究还是实践研究，都应该尽量全面深入地了解教育实践，不仅要尽量全面深入地了解本地的教育实践，也要尽量全面深入地了解全国的教育实践。我一直想找一个合适的机会对全国农村教育，特别是乡村教育进行全面深入的调研。这样才能使教育研究符合实践、有效影响实际，也让自己感到自己的思考研究踏实、丰富。这个重大课题的成功申报刚好给了我对全国农村教育进行全面深入调研的机会，这是多么合适、难得和一举多得的机会，是多么应该利用好的机会，这也是多么值得庆幸的事情。

本课题主要是对现实教育问题的研究，必须深入全国各地对农村和乡村学校进行全面调研。尽管在调研之前我已下定决心，无论有多大困难也要把调研进行到底，但还是有两个方面的担心。一是根据课题研究的要求、规律，调研首先要选择和确定好理想的调研对象：地区和学校。选择和确定对象首要的原则是课题研究的需要，但也要考虑所选地区和学校是否接受。虽然多年来我通过学习、会议等走了全国许多地方，也结识了很多朋友和同人，但与农村、乡村学校和教育局接触很少。没有熟人，就无法接洽、联系，调研就无法开始、无法进行，调研就都是空想。二是由于城镇化的实际、研究和宣传的原因，总感觉农村学校已经很少，乡村学校已经基本消失，即便有也是破败不堪、凋敝衰弱。调研当然要全面客观，但如果调研得到的都是负面信息，那乡村教育还如何振兴？但我的担心纯属多余，调研的过程完全出乎意料，不仅收获丰富，而且给我留下了非常深刻的美好回忆。

首先是对计划中确定的地区的联系意想不到的顺利。前期调研主要调研西部农村和乡村教育，清涧县教育局局长白伟、干部惠改琴，宁夏师范学院教师教育研究中心郝福生主任、薛正斌教授和教育科学学院李芳霞副院长等，给予了很大支持。西部其他几个省区教育局领导也都给予我们很大支持，教育局领导、干部与调研团队座谈交流，亲自带队调研，使得调研工作顺利进行，收获颇丰。

在承担课题后的全国各地调研中，我和同学们一行五六人出行的第一站就是湖南吉首湘西土家族苗族自治州，我们的博士杨翠娥教授联系教育局座谈，并带领我们到多所学校调研。在后来的调研中，渭南师范学院的梁艳玲院长联系教育局，并与苟卫锋、孙宁老师陪同我们调研；在贵州，凯里学院杨建忠教授和我们的博士们联系教育局座谈，并陪同到学校调研。在后来的山西、江西、山东、河南、广东、内蒙古、黑龙江、吉林、重庆、江苏等地调研中，许多人都帮我们热情联系各地教育局。如：我们的博士后——赣州师范大学周先进教授，我们的博士——聊城大学的韩登亮教授、青岛教育局的张根建教授；我们的学生——河南省郑州市教育局幼教发展中心任保国主任、郑州市教育科学研究所张五敏所长、洛阳师范学院张献伟老师；我们的老朋友——山西大学教科院院长、书记侯怀银教授，西南大学教育学部孙振东教授，南京师范大学冯建军教授，广西师范大学孙杰远教授；我们的新朋友——东北师范大学教育学部副部长秦玉友教授、物理学院于海波教授，牡丹江师范学院教育学院院长于海英教授、教务处关洪海副处长，湖南省教育厅盛正发教授和湖南理工大学彭阳红教授；我的师弟——广东省教育厅黄威教授，佛山顺德启智学校校长申承林；我的本科同学——内蒙古师范大学朱颜杰教授，阜阳师范大学张杰教授，河北大学傅松涛教授；我们教育学原理博士点毕业的第一个博士，榆林学院副校长康伟教授；我们教育学原理博士点的博士——延安大学高治东教授，宁波大学冯铁山教授，青海师范大学教育学院王中晓老师，阜阳师范大学张治勇教授，江苏省海门中等专业学校新职业教育研究所所长崔志钰老师等。我们的陈鹏院长、李延平教授、段海军教授、袁利平教授等，多位在校和已参加工作的博士与我们一起调研，使调研进行得非常顺利。在多数省市，调研只有一次，每次调研一两周，去一两个县，但也有一些省区反复进行了多次调研。陕西是我们的根据地，调研当然要多一些，前后实地调研了10多个县。宁夏调研了3次，江西调研了2次，湖南调研了2次，都有我们的博士和教育局同志带领和陪同。

各地教育局和学校对我们的热情接待、对我们调研工作的支持和生活上对我们的热情招待、照顾也是出乎我们的意料，使我们深刻感受到各地领导对国家和本地的教育情怀，对专家学者为教育发展献计献策的期待，对同人朋友的友爱。我们基本都是周日到达调研城市，周一与当地教育局领导座谈约两小时。之后的一周时间教育局领导、同人不辞辛苦带领我们在乡村、乡镇学校和县城学校进行密集调研。他们的名字我很难一一记住，但他们的形象至今还历历在目。根据西北基础教育与教师教育研究中心网页关于我们调研的报道，我可以回想起他们的姓名。

2019年3月底，在湖南吉首，湘西土家族苗族自治州教体局向仍淼副局长、教科院刘世强院长和黄沛华副院长等多位领导参加座谈，凤凰县教体局龙清华老师、古丈县教体局李清平老师、吉首大学师范学院杨华副院长等带领和陪同我们进行调研。

4月，在江西南昌市青云谱区，南昌市青云谱区教体局副局长邹盛蓉及区督导办、区电教站、区教研室、区教师进修学校及局机关基教科、计财科、办公室等相关股室负责人参加座谈，教研室主任杨帆、副主任钟敏俐和程雯教研员、吴萧然科员陪同我们进行调研；在上饶弋阳县，弋阳教体局多位领导参加座谈，基教科邹晓平主任、人事科李志斌主任、陈志岳校长全程陪同我们进行调研。在山东，茌平县教体局曹光峰主任、王彦华所长等多位领导参加座谈，潍坊市教育局韩光福副局长等多位领导参加座谈，单既玉科长带领我们进行调研；平度市教育局马学兵副局长和孙海涛、刘永杰、戴清元、陈同亮等多位领导参加座谈，教育局同志带领我们进行调研。

5月，在河南，新密市教育局领导参加座谈，樊根亮、冯永伟两位副局长带领我们进行调研；卢氏县教体局张锐锋局长、宋民方副局长等多位领导参加座谈，教研室王群力主任等带领我们进行调研。在广东，韶关市仁化县教育局肖局长等多位领导参加座谈，苏世龙主任等带领我们进行调研；中山市教体局郭彪科长、教研室梁雪菊主任等多位领导参加座谈，高见、蒋元豪老师带领我们进行调研；珠海市斗门区教育局多位领导参加座谈，王海军老师等带领我们进行调研。在内蒙古，巴彦淖尔市基础教育科原科长董祥瑞全程陪同指导我们调研，基础教育科科长郝建军多次指导本次调研；五原县教育局基教、人事、计财等相关股室负责人，乌拉特中旗教育局相关股室负责人，磴口县教育局相关股室负责人等多位领导参加座谈。

6月，在黑龙江，海林市教育体育局，宁安市副市长、工会主席和市教育体育局，漠河市教育局及相关学校领导出席欢迎宴会。小学部关锡昌主任和山市镇中心校李英龙校长、旧街中学兼长汀镇中心校张玉芹校长和张茂东校长等陪同我们进行调研；市教育体育局党组书记、局长崔玉良，副局长赵月淼，市教师进修学校关玮丽校长，以及宁安市教育局计财科、人事科、基教科、电教室、进修学校等相关科室负责人等参加座谈。在吉林，白山市宣传部、靖宇县教育局和永吉县政府、宣传部、教育局及相关学校领导热情接待我们，副县长、宣传部部长等出席座谈；靖宇县教育局党组书记、局长夏修鹏，基教科、人事科、计财科等相关科室负责人等参加座谈，代平思老师等带领我们进行调研；永吉县教育局党组书记、局长梁勇，教育局副局长石俊江，人事科、财审科、信息中心、基教科、教师进修学校、政府教育督导室和基建办等相关科室负责人等参加座谈，局长梁勇、政府督导室主任李金成和基教科科长梁丽娟等带领我们进行调研。在甘肃，镇原县教育局负责人和县原督导室主任、平泉中学徐朝晖校长，静宁县教育局赵宏军局长、工会主席漆永强等领导参加座谈，教研室主任孙学良等带领我们进行调研；会宁县教育局王池柳局长等多位领导参加座谈，教育局李永旺书记，办公室宋维兵、康瑞祥主任全程带领我们进行调研。

10月和11月，在湖南，汨罗市教育局局长吴朝霞及各科室负责人出席座谈，方清和任可陪同我们进行调研。在重庆，永川区、铜梁区、大足区教委领导参加座谈，教育局干部和重庆文理学院姚晓兰、康晓卿带领我们进行调研。在江苏，宿迁市宿豫区教体局副局长鲁燕红和各职能部门负责人参加座谈，宿迁市教育局副局长张德超联系，王雷老师陪同我们进行调研。第二次到江西省调研，赣州市全南县教体局局长袁春梅及各科室负责人等多位领导参加座谈，周先进教授和当地教育局同志、赣南师范大学附属蓉江小学文耀挺校长带领我们进行调研。

2018年，在山西，洪洞县教育局领导及张斌副局长和教育股范股长参加座谈交流，教育局干部带领我们进行调研。在贵州，石阡县教研室主任李以谦、副主任汪再富等参加座谈；在三都县，覃平稳等参加座谈，王应青、韦瑞云等带领我们进行调研。在青海，大通县教育局俞文慧副局长和省教育厅刘一兵处长等参加座谈。在新疆，鄯善县团委书记阿依诺尔给予团队热情接待我们，并亲自带领我们到乡村挨门挨户进行调研。在宁夏，固原市西吉县教育局和学校领导参加座谈。

先后多次在陕西调研，铜川市耀州区教育局安建利局长和各职能部门负责人参加座谈，并与我们一同调研学校；富平县教育局领导参加座谈；渭南市教育局党福奎局长等领导参加座谈；临渭区教育局局长邢唯远、副局长王玉新和各职能部门负责人参加座谈；蒲城教育局局长庞建军和各职能部门负责人参加座谈，综合办主任张红军带领我们进行调研；在大荔，教育局局长薛彦荣和各职能部门负责人参加座谈，任照炎主任、干事严博、杨亚军老师带领我们进行调研；在华州区，教育局赵华鹏、李健副局长和各职能部门负责人参加座谈，并陪同我们进行调研；在安塞，教体局杨光清局长、孟联平书记，郭旭东、刘学红副局长，区政府办公室主任张玉飞、副主任康永清等领导参加座谈，杨局长、孟书记等领导带领我们进行调研；在清涧县，与教育局局长白伟及各科室负责人参加座谈，惠改琴带领我们进行调研；在横山，区教育局局长安辉及各科室负责人参加座谈，教育局干部郭毅、白飞带领我们进行调研。

对全国农村教育进行长期调研的最大收获是，比较全面了解了农村和乡村教育现状，增强了振兴乡村教育、推进农村教育现代化的信心，学习到了书本上永远也学不到的东西。湖南吉首大学师范学院恢复实行从初中生中招收本科定向师范生的政策；古丈县、凤凰县乡村一校一教师一学生或几名学生仍坚持办好学校；汨罗发展新世代高质量素质教育。江西弋阳县推行学校与家庭紧密联系的家校合作教育；南昌市青云谱区持续推进一校一品、一校一特的学校特色发展。河南卢氏县在山大沟深的城乡推进网上直播教学，推进城乡教育均衡发展；新密乡镇及其企业大力支持乡村教育发展。甘肃会宁状元县发扬“三苦两乐”的精神办学，发展以农为本的职业教育；静宁县学校提倡学生多才多艺，形成乐器演奏的特色。山东茌平杜郎口中学实行导学教学；潍坊教育先行先试，为全国提供经验；平度市实行以农为本的职业教育。广东中山、珠海、深圳城市教育不像城市教育、乡村教育不像乡村教育的城乡教育得到均衡发展，重视发展特殊教育。吉林永吉县走在全国前列推进城乡教育一体化均衡发展。黑龙江海林市、宁安市的厂矿老企业学校转型发展和重视民族教育。内蒙古巴彦淖尔市重视民族教育、重视传统艺术教育。宁夏西吉县职业中学在重视建设国家级新型农民工培训基地基础上，重视光伏技术人才培养。重庆探索城乡教育“和而不同”的特色道路，建设“留得住、教得好”的教师队伍。陕西渭南推进校长职级制，横山区支持民办特殊教育发展。江苏宿迁坚持延续楚汉风韵与运河精神，以“建设人文化的现代书香校园”为办学目标，承袭“阅读奠基成长，书艺着色生命，运动添彩人生”的育人理念等。这些都给我留下深刻印象。

特别有视觉冲击力和让人记忆深刻的是，江西南昌市青云谱区一些学校依托飞机制造厂形成的航模特色表演，一些学校课间操全体师生的跳绳体操，场面宏大、气势恢宏、令人震撼，充分体现了学校发展活力和师生积极向上的精神状态。甘肃省静宁县静宁三中提出每个学生在全面发展基础上，至少掌握一种乐器演奏技艺，在全校统一兴趣课上，几十个班级千余名学生，用大小号、长短号、大小提琴、风琴、萨克斯管、二胡、板胡等乐器集体表演，使人耳目一新，令人震撼。吉林省吉林市永吉县和甘肃省静宁县几所学校，以农业种植养殖、传统荆条编织和剪纸作为学校发展特色，设置种植编织课程和场所，琳琅满目的编织品和栩栩如生的剪纸作品给人留下深刻印象。陕西安塞许多学校的腰鼓特色，内蒙古许多学校的马头琴特色，黑龙江宁安一些学校的滑旱冰特色，河南卢氏一些学校的踢毽子和呼啦圈特色，黑龙江靖宇一些学校的靖宇精神传承和全国农村许多学校通过古诗文诵读、剪纸工艺、泥塑技艺、武术功夫传承中华传统文化特色，山东潍坊一些学校传承红高粱精神特色，都对凝聚学校文化精神、调动师生教学积极性和主动性、增强和展示学校活力，提高学生素质发挥了积极作用，给人留下了深刻印象。

这么长时间的多地调研，至少要提前两个月甚至半年谋划筹备。由于计划调研的地区和学校多，时间就很紧张。说这些调研是风风火火、马不停蹄、走南闯北，一点都不夸张。17个省区市调研，有12个在1年内完成，平均1个月1个，还要除去寒暑假。前半年我没有课，可以利用整段时间进行调研；后半年我每周都有本科生和研究生的课，为了不耽误上课，只能周二上午上课后，中午或下午出发。有好几次我们都是周五晚上回到西安，周日下午或中午就要再出发。有一次，我们从西安出发，坐8—9个小时动车到广东韶关，又坐1个多小时车到仁化，与教育局接洽和吃饭结束，到晚上安顿好休息时都已夜深。我好多年没坐过这么长时间的车了，这次坐这么长时间，一天下来人困马乏、腿脚发麻，近乎不会走路。几位年轻博士、硕士也累得受不了。不仅如此，我们在仁化调研2天，再到中山和珠海调研3天，周一又要赶到内蒙古巴彦淖尔。周五我们从珠海到深圳，周六还想看看深圳元平特殊教育学校。周日我们原本准备从深圳直接到巴彦淖尔，但没有直飞航班，要到呼和浩特转机，还要在那里住宿。这样既浪费时间还要花钱住宿，还不如回到西安再直飞巴彦淖尔。于是，我们周日从深圳飞西安，周一凌晨5点多又从西安飞巴彦淖尔，中午吃完饭，下午两点半就与巴彦淖尔市教育局领导座谈。

为了抓紧时间多调研一些学校，中午我们基本不休息，吃完饭后，驱车走比较远的学校，赶到学校已经上课。我在家里，中午一定要休息，市县教育局的同志平时中午也有一些休息时间，但为了带领我们调研，他们也不能休息。每个县基本要调研至少10所学校，每天基本都要调研5—6所学校。在平原地区快捷方便，但在山区时间就很紧张。晚上我们还要记录这一天的调研，接洽第二天的调研。虽然紧张辛苦，但苦并快乐着。

非常需要特别说明的是，2020年上半年由于疫情影响，全国学校全部停课，无法按照原计划进行调研。7月全国学校都放假，只有青海玉树的学校不放假，而且可以进入学校调研。利用这个机会，我们的博士生、青海师范大学教育学院王中晓亲自驱车翻越4 800多米的巴颜喀拉山，行程800多公里，带我们到平均海拔4 300米的玉树。在玉树市教育局副书记扎西达哇，青海师范大学附属玉树实验学校党总支书记兼校长樊成岩、副校长仁青旺加和囊谦县教育局局长西然多吉、副局长更尕扎西等带领下，我们调研了10多所学校。10月和11月经安康学院黄路阳教授联系，在陕西汉阴，教体科技局局长张玲玲、股长沈建培为我们介绍教育发展概况，汪付艳老师带领我们调研10多所学校。经成都大学代显华副主编联系，我们与北川教体局局长唐红梅、机关书记何丽和教育股股长张宁、人事股股长孙华、计财股股长牟青、教研室主任马清平座谈，在孙华、梁维栋老师全程带领下调研10多所学校；我们与广汉教体局局长冯世伟、副局长黄文健，研培中心主任蒋玉国、副主任刘涛和6所中小学校长座谈，在江魏全程带领下调研10多所学校。经广西师范大学副校长孙杰远教授和叶蓓蓓教授联系，12月我们在广西桂林龙胜与教育局谭宗彦副局长、基础教育股吴云娟股长座谈，在易能文老师带领下调研9所学校，深入了解了这些地区50余所农村和乡村学校的教育发展。

2021年4月，我们在宁波教育局汪静老师和董一老师带领下调研10所学校，在南通教育局几位老师的带领下调研8所学校，在阜阳师范大学刘士民老师带领下调研9所学校。5月，我们在河北雄安新区与安新县教育局王俊峰副局长，普教股、人事师训股、计财股负责人座谈，在孙利鹏股长带领下调研 13 所学校。

要更好地做好乡村教育研究，就应该更好地了解调研本地的县情地貌、乡土文化、风土人情。为此，有时候我们还利用中午或者下午学校放学、周六时间瞻仰先烈故地，学习他们的革命精神，接受了很好的革命传统教育；参观宏伟工程，放歌社会主义建设的伟大成就，体悟博大精深的中华文化。在贵州，参观遵义会议会址，景仰一代伟人的风范。在湖南，欣赏黄永玉书画，参观屈子祠、任弼时故里，学习“先天下之忧而忧，后天下之乐而乐”的精神。在江西，学习方志敏英雄事迹，参观八一起义纪念馆。在山东，观览莫言故居学习红高粱精神。在广东，参观孙中山故居，学习“发展是硬道理”的谆谆教诲。在甘肃，参观红军会师地、会师塔，在宁夏，拜六盘山胜地、将台堡圣地，学习红军长征精神。在黑龙江，参观杨子荣陵园，在吉林，拜杨靖宇陵园，学习革命烈士的大无畏精神。在内蒙古，放眼二黄河胜景，在河南，胜览三门峡大坝，体悟社会主义建设翻天覆地的变化。在陕西，参观毛主席挥笔沁园春故地、延安圣地、习仲勋故居，考察红军学校，学习女子治沙连英雄精神。在青海、四川，悼念地震遇难者，学习抗震精神。在江苏南通，学习张謇为国创业精神。在河北，参观革命圣地西柏坡和雄安新区。在重庆、山西、江苏、广西、安徽、浙江等地，体验光辉灿烂的中华文化、新农村建设壮景以及各地风土人情等。有以下小诗为证：

弋阳教育

乡村振兴掀高潮，
教育振兴不能少。
弋阳教育办得好，
家校合作第一号。
首先要有好领导，
群众支持也重要。

均衡发展步步高，
美丽乡村来得早。

会宁教育

谁说乡学没有啦，
请来会宁做考察。
几乎村村有学校，
教学条件也不差。
一乡十校初中仨，
千人高中现代化。
一村一校五百生，
一个老师几个娃。

三苦两乐深根扎，
领导谋划竭力抓。
社会持续乐意帮，
家庭供学传佳话。
乐教乐学苦不怕，
教育质量顶呱呱。
状元名县人人夸，
栋梁之才遍中华。

静宁教育

朱毛会师基点静宁，

美味苹果中外驰名。
尊师重教社会文明，
耕读之根现代传承。
学校发展城乡均衡，
素质教育精益求精。
校园传来天籁之声，
学子成才首先成人。
谋划执行领导英明，
艰苦奋斗继续前进。

卢氏教育

山大沟深森林茂密，
快车半天进入乡里。
樱桃压枝汤水裸浴，
红旗飘扬校园美丽。
各校师生多少不一，
网络直播同步学习。
快乐成长欢声笑语，
全面发展德智体美。

齐鲁教育

齐鲁大地孔孟故乡，
今古文明交响辉煌。

潍坊教育领先建章，
杜郎精神由弱变强。
平度不平气度非常，
农业职教国家特奖。
海军建军军舰起航，
由此乡学乘风破浪。

北川教育

五一二天灾绝人情，
举国力共建新县城。
新家园好生活纳吉鲁，
新学校好教育育新人。

宁安文化教育

长白山下，
虎头山上，
牡丹江边，
拜孤胆英雄，
杨子荣家。
白山黑水，
白云黑土；
林海雪原，
虎乡雪乡，

渤海古国遗迹存。
镜泊湖，
大小三宝丰，
鱼米超群。
宁古塔流人多，
皆文人雅士和将军，
自古影响今。
重教尊师，
宁才安俊；
扫盲第一，
均衡领先，
百年追梦力无穷。
北大仓，
耕读系国运，
振兴乡村。

亲黄河

青壮深爱她，
老来细品她。
黄土高坡是我家，
追梦归来再出发。

三江同一源，
首坝刘家峡。

昆仑笑迎献哈达，
贵德山水美如画。

敦煌月牙泉，
嘉峪胡杨拔。
兰州皮筏城中划，
天水润物深根扎。

岩画挂天涯，
壮观青铜峡。
天下黄河富宁夏，
六盘盛开幸福花。

昭君出塞卡，
虎将披金甲。
马头琴韵伴龙马，
万马奔腾千里马。

壶口瀑布大，
关公对司马。
鹳雀登高景更佳，
天籁悲欢浪淘沙。

拜人文始祖，
仰革命圣地。
乾坤湾处乾坤把，

咏雪霸气绘中华。

牡丹小浪花，
陕关三门峡。
函谷论道留佳话，
青春年华筑大坝。

百川海笑纳，
美食多鱼虾。
孔孟之道理通达，
得民心者得天下。

看槐花

三月里凤凰来，
芳香槐花刚刚开。
乾州古城红石林，
云端大桥建矮寨。

四月初把家回，
槐花刚刚吐花蕾。
清明祭祖情满怀，
秧歌高唱紫气来。

四月中看槐花，
弋阳开遍大红花。

家校合作成效佳，
志敏精神耀中华。

四月底看槐花，
槐花开在孔孟家。
京杭运河把船划，
秦皇观海已称霸。
五月初看槐花，
中州白红花交加。
卢氏沟深山又大，
教育实现信息化。

五月中看槐花，
仁化丹霞美如画。
珠江三角多神话，
城乡处处都繁华。

五月底再看花，
几字湾上赏晚霞。
两条黄河水利大，
千里沃野富万家。

六月里看槐花，
牡丹松花江水那，
三吉三宝伴白桦，
子荣靖宇名天下。

六月底看槐花，

会宁竟开状元花。

朱毛会师再出发，

人生有涯道无涯。

几年的乡村和农村教育调研使我们收获颇丰，心情愉快，但也有一些遗憾。我们原计划还要到云南等地调研，已经与老朋友云南师范大学王鉴教授联系好到云南调研，也与我们的老朋友四川师范大学巴登尼玛教授联系好到凉山调研，但受疫情影响，这些省区的调研只能以后择机进行。

在与各地教育局领导、同志们的座谈中，不少同志希望我们为当地的教育发展提出建议,并把存在的问题反映给相关部门。但由于我们的见识有限，不能给他们提出更多建议，这也是一个很大的遗憾。我们努力使我们的研究成果科学有效、符合我国农村和乡村教育实际，但最终是否科学，是否符合教育实际，能否对各地农村和乡村教育产生实际的影响，也还有待实践检验。如果我们的研究成果在不久的将来能对各地农村和乡村教育产生实际的影响，就是对我们的鼓励和安慰，是对关心和支持我们调研工作的各地教育局领导、同志和学校领导、师生的报答。

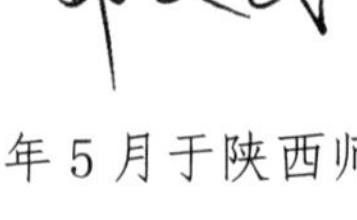

2021 年 5 月于陕西师范大学

乡村教育振兴

与农村教育现代化研究

调研报告卷

XIANGCUN

JIAOYU

ZHENXING

YU

NONGCUN

JIAOYU

XIANDAIHUA

YANJIU

DIAOYAN BAOGAO JUAN

国家出版基金项目
NATIONAL PUBLICATION FOUNDATION

郝文武　雒　强　高文涛
蒙泽察　洪松松　陈　浩　著

国家社会科学基金2018年度教育学重大招标课题“振兴乡村战略中的农村教育现代化研究”（课题批准号:VHA180004）成果

乡村教育振兴
与农村教育现代化研究

调研报告卷

江西教育出版社
JIANGXI EDUCATION PUBLISHING HOUSE
·南昌·

图书在版编目（CIP）数据

乡村教育振兴与农村教育现代化研究 : 全二册 / 郝文武等著 . -- 南昌 : 江西教育出版社 , 2021.12
ISBN 978-7-5705-2596-6

Ⅰ . ①乡… Ⅱ . ①郝… Ⅲ . ①乡村教育－教育现代化－研究－中国 Ⅳ . ① G725

中国版本图书馆 CIP 数据核字 (2021) 第 246193 号

乡村教育振兴与农村教育现代化研究（全二册）
XIANGCUN JIAOYU ZHENXING YU NONGCUN JIAOYU XIANDAIHUA YANJIU (QUAN ER CE)
理论研究卷：郝文武 著
调研报告卷：郝文武 雒 强 高文涛 蒙泽察 洪松松 陈 浩 著

江西教育出版社出版
（南昌市抚河北路 291 号 邮编：330008）
各地新华书店经销
安徽联众印刷有限公司印刷
720 毫米 ×1000 毫米 16 开本 59 印张 字数 870 千字
2021 年 12 月第 1 版 2021 年 12 月第 1 次印刷
ISBN 978-7-5705-2596-6
定价：168.00 元

赣教版图书如有印装质量问题，请向我社调换 电话：0791-86710427
投稿邮箱：JXJYCBS@163.com 电话：0791-86705643
网址：http://www.jxeph.com

赣版权登字 -02-2021-742

目　录

报告一　乡村振兴 尊师重教
——全国十省区乡村学校教师队伍现代化调研

高文涛

一、引言

中国特色社会主义进入新时代，我国社会主要矛盾已经转化为人民日益增长的美好生活需要和不平衡不充分的发展之间的矛盾，人民对公平而有质量的教育的向往更加迫切。人民群众对教育的需求从“有学上”，转变为“上好学”。优质的教师资源是“上好学”的重要保证。面对新时代的新使命和新任务，我国的教师队伍建设尚不能适应。地方教育在发展过程中重硬件、轻软件和重外延、轻内涵的现象十分普遍，因此有必要通过研究对上述问题做出回应。我国于2015年颁布实施的《乡村教师支持计划（2015—2020年）》（以下简称《支持计划》），指出我国当前乡村教师队伍建设领域存在职业吸引力不强、补充渠道不畅、优质资源配置不足等问题。《国家教育中长期发展规划纲要（2010—2020年）》则指出：建设国家义务教育质量基本标准和监测制度，着力提高师资水平，建立城乡一体化义务教育发展机制，率先在县（区）域内实现城乡均衡发展。随着城乡义务教育均衡发展的深化，达到基本均衡已不能满足人民群众对“上好学”的需求。2018年《中共中央国务院关于实施乡村振兴战略的意见》提出了要加强城乡教师交流轮岗、落实好《乡村教师支持计划》、继续推行《农村义务教育学校教师特设岗位计划》、加强乡村学校紧缺学科教师和民族地区双语教师培训、落实乡村教师生活补助政策、建好建强乡村教师队伍。

乡村教育现代化是我国教育全面现代化的“最后一公里”，振兴乡村，教育先行，振兴乡村教育，教师队伍建设先行。为了全面检视《支持计划》等政策的落实情况，也为了进一步了解目前乡村教师队伍现代化建设中存在的新问题，同时，也为了发掘各地在乡村教师队伍建设中取得的宝贵经验，《振兴乡村战略中的农村教育现代化》课题组于2018年至2019年6月先后深入全国十省区23县开展农村教育调研。在此基础上，本文重点关注了乡村教师队伍建设中的乡村教师生存现状、专业化发展、教师离职和职业期待4个方面的问题。

二、研究设计

（一）调研工具

调研经历了较长时间的规划和准备工作，课题组先后在宁夏固原市、隆德县，青海大通县和湟源县，陕西省渭南市等地进行了前期调研，在研读相关政策文本和文献资料的基础上，经过数次讨论，形成了较为完善的调研工具。课题组设计了《乡村振兴战略中的农村教育现代化调查（教师问卷）》和《乡村振兴战略中的农村教育现代化调查（校长问卷）》，教师、校长、教育局领导访谈提纲，学校发展情况表以及各地方教育发展相关资料清单若干。2019年以后在全国范围内展开了大规模的调研，利用上述工具收集了大量一手数据。

教师问卷共两大部分五个小部分97道题目。第一部分为基本信息；第二部分为师资配置，分四个小部分：（一）为教师专业能力发展评价，（二）为乡村教师生存状态考察，（三）为乡村教师的职业认同，（四）为开放性问题；旨在征询乡村教师对发展好乡村教育的建议。（见表1）

表 1　问卷结构

问卷构成		题项编号
一、基本信息		A1–A26
二、师资配置	（一）专业能力	B1–B28
	（二）生存状态	B29–B47
	（三）教师离职	C1–C22
	（四）发展建议	C23

（二）样本选取

本文的研究对象是来自县以下乡村义务教育学校的校长和教师。① 在调查工具正式确定后，课题组在全国十省区 23 个县发放教师问卷 862 份。（见表 2）这些教师来自 23 个县的 87 所学校，其中初中和九年一贯制学校 19 所，小学 68 所。课题组调查的学校多为各地偏远地区的乡村学校，受到自然环境、地理位置和人口等因素的影响，各地的乡村学校分布及其规模都大不相同，有些乡村学校教师可达数十人，而有的学校教师人数则不足 10 人，有的学校甚至只有 1 名教师，因此样本的地区分布呈现出很大差异。大部分问卷为现场发放并回收，一小部分问卷因为教师的时间和精力等限制，未能当场完成，在填写完成后 1—2 日内将原始问卷以照片形式返回给课题组。所有发出的问卷均得到回收，回收率 100%，剔除漏答题目超过 1/3 的问卷和答案同质性问卷后，得到有效问卷 847 份，有效率为 98.26%。

表 2　样本构成

地区	省区	市 / 县 / 区	有效问卷量（份）
东部地区	山东省	茌平市（34）东昌府区（4）平度市（32）	70
	广东省	仁化县（22）斗门区（10）	32

① 郝文武：《农村教育和乡村教育的界定及其数据意义》，《教育研究与实验》2019 年第 3 期。

（续表）

地区	省区	市 / 县 / 区	有效问卷量（份）
中部地区	江西省	青云谱区（60）弋阳县（52）	112
	河南省	新密市（30）卢氏县（28）	58
	黑龙江省	宁安市（27）海林市（29）	56
	吉林省	靖宇县（61）永吉县（41）	102
西部地区	陕西省	安塞区（67）清涧县（39）	106
	甘肃省	镇原县（35）会宁县（12）静宁县（12）	59
	内蒙古自治区	五原县（82）乌拉特中旗（29）磴口县（27）	138
	湖南湘西土家族苗族自治州	古丈县（6）凤凰县（46）泸溪县（32）永顺县（13）吉首市（17）	114
总计		847	

注：表中的“市”均为县级市。

（三）分析方法

问卷收集到的数据编码录入后利用 SPSS 22.0 for Windows 和 Microsoft Excel 进行统计分析和图表绘制。其中大部分题项的数据处理方法主要为百分比、平均数、中位数等统计量的描述统计，百分比采用 $\chi 2$ 检验进行差异比较，平均数主要用单因素方差分析进行差异检验，教师组织承诺部分通过提取主成分进行降维处理，然后利用单因素方差分析进行不同因子的比较分析。

三、调查结果分析

（一）样本描述统计

在调查的所有教师中，男教师 231 人，占教师总人数的 28.6%，女教师 577 人，占教师总人数的 71.4%。从教师的年龄分布来看，30 岁以下教师 202 人，30—40 岁教师 267 人，40—50 岁教师 234 人，50 岁以上教师 107 人，分别占教师总人数的 24.9%、33.0%、28.9% 和 13.2%。从教师的教龄来看，教龄 10 年以下的教师 269 人，10—20 年的 185 人，20—30 年的 239 人，30 年及以上的 86 人，分别占教师总人数的 36.7%、23.0%、29.6% 和 10.7%。从校龄来看，在目前学校任教时间短于 10 年的教师占 53.6%，有 50.1% 的教师校龄短于教龄，这表明有超过一半的教师有跨校流动的经历。就教师最高学历而言，学历在高中或中专及以下的为 12 人，占教师总人数的 1.5%；学历为大专的教师 201 人，占教师总人数的 24.9%；学历为本科的教师 578 人，占教师总人数的 71.5%；研究生及以上学历的教师 17 人，占教师总人数的 2.1%。在所有教师中，有 57.5% 的教师的最高学历是职后通过继续教育获得的。从教师的职称结构来看，未定级、三级、二级、一级、高级和正高级教师分别为 104 人、13 人、289 人、323 人、74 人和 1 人，分别占教师总人数的 12.9%、1.6%、36.0%、40.2%、9.2% 和 0.1%。（见表 3）

表 3 乡村教师基本情况统计①

人口学特征	类别	频数	百分比（%）
性别	男	231	28.6
	女	577	71.4
年龄	X < 30 岁（A1）	202	24.9
	30 岁 ≤ X < 40 岁（A2）	267	33.0
	40 岁 ≤ X < 50 岁（A3）	234	28.9
	X ≥ 50 岁（A4）	107	13.2

① 为了简明起见，表 3 中年龄、教龄、校龄等三个变量的不同水平均用“( )”内的字母代替；由于高级职称的教师人数和三级职称的教师人数较少，所以在后面的统计中将三级和未定级教师作合并处理，统称为“三级”，高级教师和正高级教师合并后统称为“高级”，出现在表格中则分别记为 T1 和 T4；后续表格中亦复如此。另外，百分比数据由于四舍五入的缘故，会出现各项之和不等于 100%（99.8%~100.02%）的现象，因此，对部分表格中误差最大的数据做了修订。

（续表）

人口学特征	类别	频数	百分比（%）
教龄	X ＜ 10 年（TL1）	269	36.7
	10 年≤ X ＜ 20 年（TL2）	185	23.0
	20 年≤ X ＜ 30 年（TL3）	239	29.6
	X ≥ 30 年（TL4）	86	10.7
校龄	X ＜ 10 年（SL1）	446	53.6
	10 年≤ X ＜ 20 年（SL2）	201	24.2
	20 年≤ X ＜ 30 年（SL3）	141	17.0
	X ≥ 30 年（SL4）	43	5.2
学历	高中 / 中专及以下（E1）	12	1.5
	大专（E2）	201	24.9
	本科（E3）	578	71.5
	研究生及以上（E4）	17	2.1
职称	未定级（T0）	104	12.9
	三级（T1）	13	1.6
	二级（T2）	289	36.0
	一级（T3）	323	40.2
	高级（T4）	74	9.2
	正高级（T5）	1	0.1
编制	在编	676	83.8
	编外	131	16.2

（二）教师生存状况

一直以来，乡村教师都是教师队伍当中的弱势群体，不仅在经济待遇方面与城市教师有很大差距，社会地位和专业发展方面也与城市教师存在巨大差异。近年来，随着国家对义务教育尤其是农村义务教育投入的加大，乡村教师的生存状况有了极大改善，但依然存在诸多问题需要进一步厘清和解决。

1. 经济状况

（1）收入总体水平：不同地区乡村教师总收入差异较大

教师收入对教师生存具有重要意义，有86.7%的乡村教师的工资收入是家里的主要经济来源，在男教师中这一比例为95.2%，在女性教师中为83.3%。教师收入不仅取决于教师自身的职称、教龄等职业因素，也受到各地经济发展水平以及教师工资发放方案和标准的影响，因此各地教师的收入水平表现出很大的个体差异。为了分析不同地区乡村教师收入水平的总体差异，课题组选取了当地乡村教师收入水平的中位数以及最大值和最小值进行比较。从表4中可以看出，3个地区的乡村教师工资的总体水平存在较大差异，东部地区教师的工资水平整体较高，尤以广东省乡村教师的收入水平为最高，广东省乡村教师收入的中位数为6050元，最大值为15000元，最小值为3800元。[①] 中部地区乡村教师收入总体不高，整体的中位数是3900元，仅相当于广东省乡村教师收入的最小值，最大值和最小值分别为7900元和1425元。西部地区乡村教师收入的中位数是4200元，最大值和最小值分别为8000元和1500元。 各地区教师工资也存在省际差异，东部地区的山东和广东两省相差较小，两省乡村教师收入的中位数相差不足300元；中部地区最高的吉林省与最低的江西省乡村教师收入的中位数相差1400元，江西省乡村教师收入也是所有省区中最低的，其中位数还不到广东省的1/2。西部地区各省乡村教师收入的差异较东部地区大，但比中部地区小很多。此外，各省的乡村教师的收入水平的跨度也比较明显，广东省乡村教师收入的最大值与最小值相差10000元以上，山东、江西、吉林、甘肃和内蒙古自治区等5个省区乡村教师工资收入的最大值和最小值相差5000元以上。在考虑到各地经济水平、物价等对教师收入的购买力的影响之后，各地教师收入的整体水平依然表现出巨大差异。（见表4）

---

① 广东省斗门区和江西省青云谱区的乡村学校教师不属于本文所界定的严格意义上的乡村教师，其学校所在的地理位置位于“乡村”或者学校所在地曾经是乡村。

表 4 各地区乡村教师收入水平比较

地区	省区	中位数（元）	最大值（元）	最小值（元）
东部地区	广东省	6050	15000	3800
	山东省	5800	9600	4000
	总体	6000	15000	3800
中部地区	江西省	3000	7161	1425
	河南省	3830	6370	1958
	黑龙江省	3900	5100	2900
	吉林省	4431	7900	1500
	总体	3900	7900	1425
西部地区	陕西省	3800	6458	1500
	甘肃省	4500	7362	1500
	内蒙古自治区	4600	8000	2500
	湖南湘西土家族苗族自治州	4000	6000	2000
	总体	4200	8000	1500

（2）基本工资水平：基本工资水平的地区差异显著

基本工资是教师收入的最主要部分，较之教师收入的其他部分，它具有相对稳定性。乡村教师基本工资与当地城市教师的基本工资不存在差异。从不同地区的乡村教师的基本工资的对比发现，3 个地区的乡村教师的基本工资的总体水平也呈现出东部＞西部＞中部的差异。东部地区乡村教师基本工资的中位数为 4000 元，最高为 8000 元，最低为 1769 元；西部地区乡村教师基本工资的中位数为 2833 元，最高为 6135 元，最低为 900 元；中部地区乡村教师基本工资的中位数为 2300 元，最高为 5000 元，最低为 800 元。就各省区的乡村教师基本工资而言，山东省乡村教师基本工资的中位数最大，为 4471 元，吉林省最低，仅为 2000 元，仅相当于山东省的最低水平。从表 5 可见，不少省份的乡村教师最低工资不足 1000 元，这主要是因为各地为解决教师不足的问题，聘用了一部分代课教师，这些教师的基本工资标准大多是由当地教育管理部门或学校自行规定的，所以这部分教师的基本工资远低于其他正式在编教师。

表 5 各地区乡村教师基本工资比较

地区	省区	中位数（元）	最大值（元）	最小值（元）
东部地区	广东省	3800	8000	1769
	山东省	4471	7000	1960
	总体	4000	8000	1769
中部地区	江西省	2350	5052	1000
	河南省	2500	4770	800
	黑龙江省	3400	3600	2000
	吉林省	2000	3600	1420
	总体	2300	5000	800
西部地区	陕西省	3000	5800	1490
	甘肃省	2700	6135	1000
	内蒙古自治区	2600	6000	1000
	湖南湘西土家族苗族自治州	3000	4800	900
	总体	2833	6135	900

（3）绩效工资：乡村教师绩效工资发放力度小，缺乏激励作用

国务院办公厅 2018 年转发的《关于义务教育学校实施绩效工资指导意见的通知》提出，从 2009 年 1 月 1 日起，按国家规定执行事业单位岗位绩效工资制度的义务教育学校正式工作人员，实施绩效工资。[①] 绩效工资制度的实施，对于依法保障教师收入水平，激发广大教师积极投身教书育人事业，吸引和鼓励优秀人才长期从教、终身从教具有重大意义。[②] 从表 6 可知，不同地区绩效工资发放的力度差别不大，中部地区总体最高，中位数为 800

① 国务院办公厅：《关于义务教育学校实施绩效工资指导意见的通知》，http://www.gov.cn/ldhd/2008-12/21/content_1184109.htm.

② 教育部：《关于做好义务教育学校教师绩效考核工作的指导意见》，http://www.gov.cn/zwgk/2009-02/05/content_1222388.htm.

元，东部地区为650元，西部地区为625元。就各省区而言，绩效工资发放力度最大的是江西省，中位数为1000元，最低的是黑龙江省、陕西省，中位数是0。各省区绩效工资的最小值均为0，这其中有两方面的原因：一是有些地区乡村学校都或多或少聘用了代课教师，这部分教师没有绩效工资，因此绩效工资为0；二是部分地区尚未实行绩效工资制度或绩效工资制度落实不到位。根据《国务院办公厅转发人力资源社会保障部财政部教育部关于义务教育学校实施绩效工资指导意见》的规定，绩效工资由基础性工资和奖励性工资两部分构成，基础性工资占比70%，奖励性工资占比30%，基础性工资根据当地的经济发展水平和物价水平、岗位职责等因素来确定，因此具有很大的不确定性。奖励性工资则根据教师的工作量、业绩等来确定，处理方式比较灵活。因此，即便是同一省份不同区域的教师绩效工资也存在较大差异。

表6　各地区乡村教师绩效工资比较

地区	省区	中位数（元）	最大值（元）	最小值（元）
东部地区	广东省	800	2000	0
	山东省	600	3000	0
	总体	650	3000	0
中部地区	江西省	1000	2400	0
	河南省	700	900	0
	黑龙江省	0	0	0
	吉林省	550	2200	0
	总体	800	2400	0
西部地区	陕西省	0	3958	0
	甘肃省	500	1600	0
	内蒙古自治区	792	2000	0
	湖南湘西土家族苗族自治州	655	2400	0
	总体	625	4500	0

义务教育学校教师绩效工资制度的推行已超过10年，各地在探索实施办法的过程中积累了很多经验，但在实施过程中依然存在许多问题，例如在访谈中有教师提到了学校绩效考核存在“走形式”“一刀切”等做法，使得绩效工资变成了平均分配，干多干少都一样，根本起不到激励作用。有些地区直接将教师第13个月的工资作为绩效工资基数，对那些月工资较高的教师而言，这种做法显然有失公平。有些教师认为，绩效工资不但起不到激励作用，反而伤害了教师工作的积极性，某校教师甚至将绩效工资戏称为“讥笑工资”。

（4）乡村教师补助：乡村教师补助额度存在较大地区差异

乡村教师补助是近年来国家为了激励广大贫困地区农村教师工作的积极性，吸引优秀人才去农村任教的一项重要举措。根据教育部2019年4月发布的《教育部关于2018年乡村教师生活补助实施情况的通报》显示，截至2018年底，中西部22个省份725个集中连片特困地区县，有724个县实施了乡村教师生活补助政策，覆盖8.21万所乡村学校，受益教师127.21万人。同时，东部地区的10个省份中也有8个省自主实施了乡村教师补助政策。从调查取得的数据来看，乡村教师补助政策落实情况并不乐观，10省区乡村教师补助的中位数都在700元以下。由于各地的经济发展和教师补助政策存在较大差别，有的地区的教师没有享受到乡村教师补助。乡村教师补助与当地财政状况有密切联系，有些地方政府的财政收入属于吃饭财政，仅能确保教师基本工资的足额发放，因而没有充裕的经费发放教师补助。有些属于政策落实不到位。此外，由于各地教育主管部门对“乡村”概念的理解有很大差别，所以在制定政策时会造成覆盖范围上的差异。《支持计划》提出，全面落实集中连片特困地区乡村教师生活补助政策，依据学校艰苦边远程度实行差别化的补助标准。很显然，对“学校艰苦边远程度”的解读存在一定的主观性，而且各地的自然环境也千差万别，所以各地乡村教师发放的标准也会有所不同。（见表7）

表 7　各地区乡村教师补助标准比较

地区	省区	中位数（元）	平均数（元）	最大值（元）	最小值（元）	每月补助标准（元）（参照年份）
东部地区	广东省	600	684.42	1700	0	≥ 1000（2018 年）
	山东省	370	302.86	1000	0	600（2000 年）
	总体	400	513.94	1700	0	—
中部地区	江西省	0	32.59	600	0	200—1150（2016 年）
	河南省	550	416.54	700	0	200—800（2019 年）
	黑龙江省	155	217.50	510	0	200—250（2014 年）
	吉林省	180	205.00	500	0	300—500（2014 年）
	总体	180	215.48	700	0	—
西部地区	陕西省	0	92.54	600	0	400（2017 年）
	甘肃省	240	224.17	500	0	≥ 300 元（2018 年）
	内蒙古自治区	120	184.43	780	0	200—300（2014 年）
	湖南湘西土家族苗族自治州	200	236.27	700	0	300—700（2018 年）
	总体	120	168.36	780	0	—

注：表中补助标准根据各省、自治区教育厅发布的政策文本整理得出。

在调查的所有地区中，除了湘西州，其他县还向教师发放了乡镇工作补贴。补贴的标准不一而足，最高可达每月 1000 元，最低的也有 200 元，这都是各地政府根据自身的财政状况设定的标准。

（5）薪酬结构：大部分教师认为薪酬结构合理，但所得与付出不相匹配

大部分教师的工资都是由基本工资、薪级工资、教龄津贴构成，一部分教师的工资还包括乡村教师补助、乡镇工作补贴等其他收入。进一步分析

表明，相比于其他辅助性工资收入（绩效工资、乡村教师补助等），基本工资与教师的收入水平呈现较强的正向相关性（R=0.557，$p < 0.0001$），这表明乡村教师总收入受基本工资的影响很大。（见表 8）

表 8　乡村教师收入不同组成部分与总收入的相关性

维度	总收入	基本工资	绩效工资	乡村教师补助
总收入	1	0.557**	0.271**	0.318**
基本工资	0.557**	1	–0.26	0.181**
绩效工资	0.271**	–0.26	1	0.251**
乡村教师补助	0.381**	0.181**	0.251**	1

注：**$p < 0.005$

教师收入的某一构成部分占总收入的比重越大，说明收入对该部分的依赖性越强，比重过大或过小都说明教师收入结构不合理。从基本工资占教师收入的比重来看，西部地区乡村教师基本工资占总收入的比重最高，平均为 67.78%，其次中部地区为 65.42%，东部地区为 60.80%。就各省区而言，陕西省和黑龙江省乡村教师基本工资占月收入的比重最高，均超过了 80%，这说明这两个省的乡村教师薪酬结构单一，对基本工资的依赖性较大。而吉林省和广东省的乡村教师的基本工资占月收入的比重最小，均在 60% 以下，说明这两省的乡村教师工资结构相对比较多元化，对基本工资的依赖性较小。从绩效工资占教师收入的比重来看，中部地区总体比较高，平均占比 21.54%；西部地区次之，平均占比 14.38%。西部地区和中部地区乡村教师绩效工资占教师收入比值存在较大的省际差异，湘西州与内蒙古自治区均在 17% 以上，而陕西省和甘肃省则均在 10% 左右，中部地区的江西省乡村教师绩效工资占教师收入的比重高达 22.78%，是样本省份中最高的，而黑龙江省乡村教师绩效工资占教师收入的比重仅为 5.81%。从乡村教师补助的力度来看，广东省和河南省最高，占教师收入的比重均值为 11.47% 和 10.87%，其余省份则均在 10% 以下。考虑到教师收入总额的差异性，相比之下，西部地区的乡村教师补助发放力度整体上是最小的。（见表 9）

表 9　各地区乡村教师各部分工资占总收入的比重均值（%）

地区	省区	基本工资	绩效工资	乡村教师补助	其他
东部地区	广东省	55.76	12.73	11.47	20.04
	山东省	66.34	9.37	4.71	19.58
	总体	60.80	11.23	8.29	19.68
中部地区	江西省	62.55	22.78	5.40	9.27
	河南省	60.42	17.18	10.87	11.53
	黑龙江省	83.88	5.81	7.08	3.23
	吉林省	50.84	17.48	4.39	27.29
	总体	65.42	21.54	5.31	7.73
西部地区	陕西省	81.01	10.07	1.94	6.98
	甘肃省	66.40	10.32	5.21	18.07
	内蒙古自治区	60.29	17.41	3.96	18.34
	湖南湘西土家族苗族自治州	68.95	18.09	5.58	7.38
	总体	67.78	14.38	3.80	14.04

有 36.60% 的教师认为目前的薪酬结构不合理，其中认为严重不合理的教师占 5.40%，不合理和基本不合理的分别占 14.40% 和 16.80%；63.40% 的教师认为目前的薪酬结构是合理的，认为非常合理的占 1.30%，比较合理和基本合理的分别占 16.70% 和 45.40%。（见图 1）进一步通过卡方检验表明，不同地区的乡村教师对目前薪酬结构的评价不存在显著差异（$\chi 2=11.332$，$p>0.05$）。

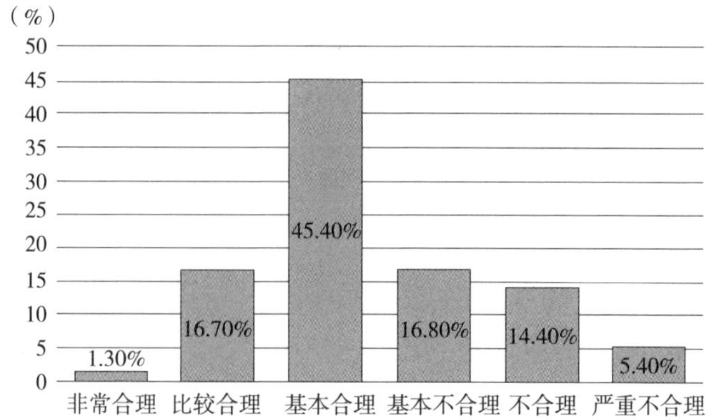

图 1　乡村教师对薪酬结构的评价

（6）期待月薪：乡村教师期待的薪资水平远高于其实际收入

表 10 所示为乡村教师期待的月薪水平和期待月薪与实际月收入的差额。单因素方差分析表明，东中西部教师期待的月薪水平（$F=47.300$，$p < 0.001$）和期待月薪水平与实际月收入的差额（$F=12.626$，$p < 0.001$）均存在显著差异。事后比较显示，东部乡村教师期待的月薪水平和期待月薪水平与实际月收入的差额明显高于西部地区和中部地区，中西部地区之间则不存在明显差异。东部地区乡村教师期待月薪的均值为 11226.23 元，分别比中部地区和西部地区乡村教师的期待月薪高出 3999.89 元和 4043.19 元；东部地区乡村教师期待月薪与实际月收入的差额均值为 4671.66 元，分别比中部地区和西部地区高出 1436.18 元和 1773.30 元。对中西部地区的乡村教师而言，期待月薪与月收入的差额的均值已经超过了月收入的均值。这说明，乡村教师目前的收入水平与其期待的收入水平还存在较大差距，工资额度还有较大的提升空间。

表 10　乡村教师期待的月薪水平

维度 地区	期待月薪			期待月薪与实际月收入的差额		
	均值（元）	标准差	F 值	均值（元）	标准差	F 值
东部地区	11226.23	5925.68		4671.66	3954.14	
中部地区	7226.34	2237.42	47.300***	3235.48	2020.10	12.626***
西部地区	7183.04	1973.92		2898.36	1690.15	

注：***$p < 0.001$

2. 生存环境

（1）食宿情况：乡村教师住周转房比例较低，伙食补贴与实际开支尚有一定差距

从乡村教师的住房情况来看，59.3% 的乡村教师有自有住房，12.5% 的乡村教师住在学校宿舍，4.6% 的乡村教师住在学校提供的周转房，租房居住者占 7.2%，寄住在父母或亲朋家里的占 16.5%。卡方检验表明，乡村教师的住房情况存在区域、教龄和职称差异。东中部地区的乡村教师自有住房和租房居住的比例高于西部地区乡村教师，而西部地区乡村教师住在学

校宿舍的比例则高于东中部地区。乡村教师的住房情况与其收入状况、婚姻状态、消费观念、学校所处的地理位置等因素有关。单身和未婚乡村教师自有住房的比例仅占 8.7%，已婚者自有住房的比例为 69.5%；而住在学校宿舍、教师周转房、租房居住和寄住在父母或亲朋家中的比例则分别占 32.6%、10.1%、13.0% 和 35.5%，已婚者中这几种住房情况的比例依次为 8.4%、3.7%、6.0% 和 12.4%。单身和未婚者的正处于职业生涯的起步阶段，收入和消费能力都很有限，因此鲜有能自主购置住房的，住在父母或亲朋家或直接住在学校宿舍成为他们的首选。乡村教师住房情况的教龄差异呈现一定的规律性，随着教龄的增长，乡村教师自有住房的比例升高，居住在学校宿舍的比例随教龄呈递减趋势。乡村教师住房情况随职称变化的趋势与随教龄变化的趋势一致。解决住房问题，是使乡村教师安心从教的重要举措，中共中央国务院《关于全面深化新时代教师队伍建设改革的意见》指出，要加强乡村教师周转宿舍建设，按规定将符合条件的教师纳入当地住房保障范围，让乡村教师住有所居。[①] 但是目前乡村教师周转房居住的比例还是比较低的，许多乡村教师只能租房居住或寄住在父母亲朋家里。（见表 11）

表 11　乡村教师住房情况（%）

维度		自有住房	学校宿舍	教师周转房	租房	寄住在父母或亲朋家里	χ^2
地区	东部地区	72.4	3.1	6.1	14.3	4.1	77.034***
	中部地区	68.2	6.5	1.6	5.6	18.1	
	西部地区	48.4	19.4	7.2	6.9	18.1	
教龄	TL1	33.7	19.2	5.7	11.8	29.6	146.103***
	TL2	63.0	12.7	3.9	4.4	16.0	
	TL3	78.8	6.5	6.1	3.7	4.9	
	TL4	85.1	3.4	1.1	6.8	3.4	

① 中共中央国务院：《关于全面深化新时代教师队伍建设改革的意见》，http://www.gov.cn/zhengce/2018-01/31/content_5262659.htm.

（续表）

维度		自有住房	学校宿舍	教师周转房	租房	寄住在父母或亲朋家里	$\chi 2$
职称	T1	34.1	19.8	6.4	6.4	33.3	113.885***
	T2	48.6	16.5	3.4	10.6	20.9	
	T3	72.5	7.6	5.7	5.4	8.8	
	T4	87.7	5.5	1.4	2.7	2.7	
总体		59.3	12.5	4.6	7.2	16.4	—

注：***$p < 0.001$

由于大多数乡村教师居住地离学校较远，因此这部分教师都选择在学校或学校周边用餐，从每个月需要花费的伙食费来看，所有乡村教师每月的伙食费平均为226.30元，其中，东部地区乡村教师每月的伙食费为242.40元，中部地区和西部地区教师则分别为154.92元和270.92元。单因素方差分析表明，东部地区和西部地区乡村教师每月的伙食费均显著高于中部地区，东西部地区之间则不存在显著差异。在所有学校中，有27所学校给教师发放了伙食补助，其中东部地区仅有一所学校给教师发放了伙食补助，均值为100元，中部地区和西部地区乡村教师伙食补助的均值分别为156.50元和117.78元。从补贴的力度来看，学校每月发放的伙食补贴尚与乡村教师每月的伙食费用存在一定差距。（见表12）

表12 乡村教师每月伙食费（元）

地区	均值	标准差	F值	事后比较
东部地区	242.40	235.13	20.289***	东部＞中部 西部＞中部
中部地区	154.92	120.80		
西部地区	270.92	228.86		
总体	226.30	204.86		

注：***$p < 0.001$

（2）交通条件：乡村教师上下班交通成本较高，缺少必要的交通补助

课题组在调查中了解到，大部分乡村教师的住房都在县城或离学校较远

的乡镇，交通出行成为他们日常工作中必须面对的重要问题。调查的所有乡村教师的家校距离平均为22.25公里，其中东、中西部地区乡村教师家校距离的均值分别为17.89公里、21.04公里和24.23公里。单因素方差分析表明，乡村教师家校距离不存在显著的地区差异。乡村教师上下班单程平均用时为35.24分钟，东部地区乡村教师回家单程用时为31.28分钟，西部地区和中部地区教师用时分别为37.63分钟和33.41分钟，三大地区乡村教师回家所需时间也不存在统计差异。这意味着，对那些每天通校的乡村教师，用在上下班路上的时间就要超过一小时，而且要承担相当数额的交通费用。统计表明，乡村教师每月上下班所产生的交通费用和学校发放的交通补贴存在显著的地区差异。东部地区乡村教师每月的交通费明显高于中部地区和西部地区的教师，而西部地区教师每月的交通补贴却高于中部地区和东部地区。（见表13）从交通补贴的金额来看，远不足以抵消教师每月的交通费开支。对中西部地区的乡村教师而言，即便加上每月的乡村教师补贴，依然不能抵消每月的交通费用。

表13　乡村交通出行情况

维度		均值	标准差	F值	事后比较
家校距离（公里）	东部地区	17.89	14.2031	2.005	—
	中部地区	21.04	27.4576		
	西部地区	24.23	36.1218		
	总体	22.25	31.0535		
回家单程用时（分钟）	东部地区	31.28	20.0870	1.897	—
	中部地区	33.41	30.8943		
	西部地区	37.63	41.4157		
	总体	35.24	35.6075		
每月交通费（元）	东部地区	319.15	263.4300	6.282**	东部＞中部 东部＞西部
	中部地区	230.99	275.5650		
	西部地区	216.35	228.0405		
	总体	234.50	253.1529		

（续表）

维度		均值	标准差	F 值	事后比较
交通费补贴（元）	东部地区	7.42	46.9714	13.222***	西部＞东部 西部＞中部
	中部地区	10.78	55.4632		
	西部地区	45.96	121.9043		
	总体	27.74	95.3911		

注：$^{**}p < 0.01$，$^{***}p < 0.001$

交通费用和交通费补贴的差异，与乡村教师上下班回家选取的交通方式有关。不同地区的乡村教师上下班选取的交通方式存在显著差异。东部地区乡村教师上下班首选的交通方式是自驾车，有超过一半的东部地区乡村教师上下班的交通方式为自驾车，中西部地区乡村教师自驾车上下班的比例分别为 17.4% 和 18.4%。中西部地区乡村教师首选的交通方式是乘坐公共交通工具，比例分别为 51.9% 和 52.5%，东部地区乡村教师选择乘坐公共交通工具上下班的占 28.1%。（见表 14）

表 14 乡村教师上下班交通方式（%）

地区	步行	骑自行车或电动车	公共交通工具	自驾车	χ^2
东部地区	10.4	10.4	28.1	51.1	
中部地区	12.0	18.7	51.9	17.4	73.390***
西部地区	19.9	9.2	52.5	18.4	
总体	15.6	13.1	49.3	22.0	

注：$^{***}p < 0.001$

3. 社会地位：乡村教师社会地位自我感知水平有所提高，但总体水平偏低

习近平总书记在 2018 年全国教育大会上强调，全党全社会要弘扬尊师重教的社会风尚，努力提高教师政治地位、社会地位、职业地位，让广大教师享有应有的社会声望，在教书育人岗位上为党和人民事业作出新的更大的贡献。课题组将社会层级分为 1—10 十个评分等级，最顶层为 10 分，最

底层为 1 分。分别让教师判断自己目前、10 年前和 10 年后的社会等级，以此来衡量乡村教师对自己社会地位的主观感知。

统计显示，乡村教师对自己目前的社会等级的评分均值为 3.86 分。单因素方差分析结果表明，乡村教师对自己目前社会等级评分在地区、年龄、性别和职称等 4 个维度上存在显著差异。从地区差异来看，东部地区乡村教师对自己目前的社会等级评分均值为 4.28 分，中部地区乡村教师评分均值为 3.88 分，西部地区乡村教师的评分均值为 3.74 分，东部地区乡村教师的评分显著高于西部地区乡村教师。从年龄差异来看，50 岁以上乡村教师对自己目前的社会等级评分均值为 4.58 分，显著高于其他年龄段的乡村教师，30 岁以下、30—40 岁、40—50 岁乡村教师对自己目前的社会等级评分均值分别为 3.55 分、3.84 分和 3.88 分。从职称差异来看，具有一级职称和高级职称的乡村教师对自己目前社会等级的评分显著高于二级教师和三级的教师，具有高级职称的乡村教师对自己目前社会等级的评分均值为 4.40 分，一级教师为 4.18 分，二级教师和三级教师分别为 3.63 分和 3.39 分。从性别差异来看，男教师对目前的社会等级评分均值为 4.12 分，高于女教师 0.37 分。总体而言，不同群体的乡村教师对自己目前的社会等级评分很低，均值都在 5 分以下。（见表 15）

表 15　乡村教师对自己目前社会地位的感知

维度		均值	标准差	F 值	事后比较
地区	东部地区	4.28	1.866	3.477*	东部＞西部
	中部地区	3.88	1.750		
	西部地区	3.74	1.858		
年龄	A1	3.55	1.711	7.157***	A4 ＞ A1 A4 ＞ A2 A4 ＞ A3
	A2	3.84	1.701		
	A3	3.88	1.912		
	A4	4.58	1.985		

（续表）

维度		均值	标准差	F 值	事后比较
职称	T1	3.39	1.663	9.705***	T1 ＜ T3 T1 ＜ T4 T2 ＜ T3 T2 ＜ T4
	T2	3.63	1.624		
	T3	4.18	1.940		
	T4	4.40	1.944		
性别	男	4.12	1.955	6.563*	男＞女
	女	3.75	1.750		
总体		3.86	1.824		

注：$^{*}p < 0.05$，$^{**}p < 0.01$，$^{***}p < 0.001$

乡村教师对自己 10 年前的社会等级主观感知的得分均比较低，均值为 3.12 分。单因素方差分析表明，乡村教师对自己 10 年前的社会等级评分在年龄、职称和性别方面存在显著差异，不同地区的乡村教师的评分差异不显著。就年龄差异来看，50 岁以上乡村教师对自己 10 年前社会等级评分均值为 3.76 分，显著高于其他年龄段的乡村教师，其他年龄段乡村教师的评分差异不显著。就职称差异而言，具有一级职称的乡村教师对自己 10 年前的社会等级的评分显著高于二级教师和三级教师。就性别差异来看，男教师对自己 10 年前的社会等级的评分均值为 3.51 分，显著高于女教师。配对样本 t 检验表明，乡村教师对自己目前社会等级的感知高于 10 年前（$t=11.268$，$p < 0.001$），这说明在乡村教师心目中，与 10 年前相比，乡村教师的社会地位有所提升，但提升的幅度不大。（见表 16）

表 16　乡村教师对自己 10 年前的社会等级评分

维度		均值	标准差	F 值	事后比较
地区	东部地区	3.30	2.204	0.915	—
	中部地区	3.19	1.983		
	西部地区	3.03	2.020		

（续表）

维度		均值	标准差	F 值	事后比较
年龄	A1	2.87	2.194	5.423**	A1 < A3 < A4 A2 < A4
	A2	2.96	1.926		
	A3	3.28	1.880		
	A4	3.76	2.178		
职称	T1	2.78	1.862	5.601**	T3 > T1 T3 > T2
	T2	2.88	2.000		
	T3	3.44	2.073		
	T4	3.45	2.048		
性别	男	3.51	2.138	12.827***	男>女
	女	2.95	1.926		
总体		3.12	2.029		

注：**$p < 0.01$，***$p < 0.001$

相比于目前的社会等级评分和10年前的社会等级评分，乡村教师对自己10年后的社会等级评分有所提高，均值为5.54分。配对样本t检验表明，乡村教师对自己10年后的社会地位评分高于目前的社会地位感知（$t=-25.060$，$p < 0.001$），提高了近两个等级。这说明，乡村教师尽管对自己目前的社会地位感知评分较低，但对自己未来的社会地位持乐观态度，认为乡村教师的社会地位有向好变化的趋势。单因素方差分析显示，不同地区的乡村教师和不同年龄的乡村教师对自己10年后的社会等级的评分差异显著。东部地区乡村教师对自己10年后的社会等级评分均值为5.79分，中部地区和西部地区教师评分均值分别为5.81分和5.27分，中部地区乡村教师显著高于西部地区乡村教师，东中西部地区乡村教师之间则不存在显著差异。从年龄差异来看，30岁以下乡村教师对自己10年后的社会等级评分均值为5.85分，30—40岁、40—50岁和50岁以上乡村教师评分均值分别为5.58分、5.21分和5.71分，30岁以下乡村教师的评分均值显著高于30—

40 岁乡村教师和 40—50 岁乡村教师。这说明与中年乡村教师相比，年轻乡村教师对自己未来的社会地位的评价更高。不同性别和不同职称的乡村教师的评分差异不显著。（见表 17）

表 17 乡村教师对自己 10 年后的社会等级评分

维度		均值	标准差	F 值	事后比较
地区	东部地区	5.79	2.324	4.953**	中部>西部
	中部地区	5.81	2.211		
	西部地区	5.27	2.542		
年龄	A1	5.85	2.215	2.693*	A1 > A2 A1 > A3
	A2	5.58	2.294		
	A3	5.21	2.502		
	A4	5.71	2.689		
职称	T1	5.50	2.290	0.795	—
	T2	5.39	2.222		
	T3	5.66	2.568		
	T4	5.76	2.573		
性别	男	5.34	2.421	1.936	—
	女	5.60	2.381		
总体		5.54	2.409		

注：$^*p < 0.05$，$^{**}p < 0.01$

4. 生存压力：大部分乡村教师工作负荷较重，非教学性事务已成为乡村教师面临的首要压力

教师压力是教师在其所处的环境中的各种因素的刺激下，所产生的一种复杂的情绪体验。[①] 教师压力既包括生活压力，也包括职业压力或工作压力。适度的压力可以提高教师工作的积极性，过度的压力则会影响到教师的身心健康，进而影响到教师本职工作的开展和学生的身心发展。

---

① Kyriacou, C., Teacher stress:directions for future research, *Ed-ucational Review*, 2001, No. 53.

（1）压力来源：工作压力是乡村教师面临的主要压力

如果按照教师的生存空间来划分，教师的压力来源可以分为工作压力、职业压力、社会交往的压力或个人和家庭的压力。其中工作压力主要来自教学任务、评职称、做科研、与家长沟通、从事非教学性事务等，社会交往的压力主要来自各种人际关系，而家庭压力则主要来源于教师个人的婚恋问题、需要承担的家庭责任、经济状况和健康状况等。在这些压力来源中，乡村教师选择最多的是非教学性事务，其次为教学任务、评职称和经济状况，这 4 个选项的普及率（即选择这 4 项的教师人数占样本教师人数的百分比）分别为 54.0%、51.8%、50.2% 和 47.7%，远高于其他方面的压力。相反，选择婚恋问题、人际关系和做科研等方面压力的人数较少，普及率分别为 5.2%、9.9% 和 15.2%；选择健康状况、家庭责任和家长高要求的普及率分别为 27.9%、21.1% 和 21.9%。此外，仅有 2.1% 的乡村教师表示自己“没压力”。可见，乡村教师普遍面临着来自各方面的压力，最主要的压力是来自工作方面的压力，其次才是生活压力，而工作中的非教学性事务带来的压力已成为教师的首要压力。（见表 18）

表 18　乡村教师的压力来源

压力来源	总体			东部地区			中部地区			西部地区		
	频数	普及率（%）	响应率（%）	频数	普及率（%）	响应率（%）	频数	普及率（%）	响应率（%）	频数	普及率（%）	响应率（%）
教学任务	436	51.8	16.88	64	62.75	20.45	149	46.27	15.27	223	54.39	17.34
做科研	128	15.2	4.96	17	16.67	5.43	50	15.53	5.12	61	14.88	4.74
家长高要求	184	21.9	7.12	27	26.47	8.63	59	18.32	6.05	98	23.90	7.62
人际关系	83	9.9	3.21	11	10.78	3.51	32	9.94	3.28	40	9.76	3.11
非教学性事务	455	54.0	17.61	55	53.92	17.57	180	55.90	18.44	218	53.17	16.95
经济状况	399	47.7	15.45	32	31.37	10.22	150	46.58	15.37	214	52.20	16.64

（续表）

压力来源	总体			东部地区			中部地区			西部地区		
	频数	普及率（%）	响应率（%）	频数	普及率（%）	响应率（%）	频数	普及率（%）	响应率（%）	频数	普及率（%）	响应率（%）
婚恋问题	44	5.2	1.70	2	1.96	0.64	17	5.28	1.74	25	6.10	1.94
家庭责任	178	21.1	6.89	18	17.65	5.75	72	22.36	7.38	87	21.22	6.77
健康状况	235	27.9	9.10	27	26.47	8.63	96	29.81	9.84	112	27.32	8.71
没压力	18	2.1	0.70	2	1.96	0.64	10	3.10	1.02	6	1.46	0.47
总计	2583	307	100.00	313	306.86	100.00	976	303.11	100.00	1286	313.66	100.00

进一步分析乡村教师对自己目前工作量的感知情况，统计表明，乡村教师对于“我感觉自己的工作压力比较大”的陈述，选择与自己的实际情况“非常符合”“比较符合”和“基本符合”的比例分别为36.8%、32.0%和22.8%。（见图2）。

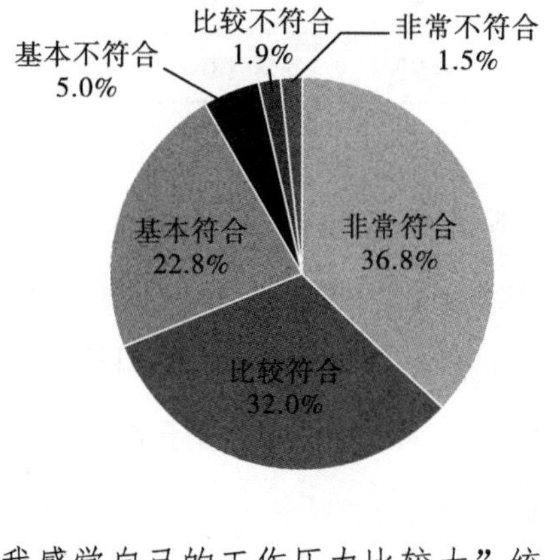

图2 “我感觉自己的工作压力比较大”统计结果

乡村教师的压力感知均值为4.92。单因素方差分析表明，乡村教师的压力感知的地区差异和性别差异不显著，年龄和职称差异显著。其中，30岁以下乡村教师的压力感知均值为4.62，显著低于其他年龄段的乡村教师；三级教师的压力感知最低，均值为4.55，其次为二级教师和一级教师，分别为4.92和4.97，高级教师的压力最高，均值为5.31。（见表19）

表 19　乡村教师压力感知

维度		均值	标准差	F 值	事后比较
地区	东部地区	5.14	1.144	2.286	—
	中部地区	4.88	1.090		
	西部地区	4.91	1.078		
年龄	A1	4.62	1.134	8.303***	A1 < A2 A1 < A3 A1 < A4
	A2	4.95	1.051		
	A3	5.14	1.029		
	A4	4.91	1.162		
职称	T1	4.55	1.096	8.398***	T1 < T2 < T4 T1 < T3 < T4
	T2	4.92	1.083		
	T3	4.97	1.128		
	T4	5.31	0.810		
性别	男	4.89	1.181	0.162	—
	女	4.93	1.059		
总体		4.92	1.096		

注：***$p < 0.001$

进一步分析乡村教师日常工作时间的分配，发现在日常工作时间中乡村教师用于处理非教学性事务的时间占比平均为 34.39%，超过日常工作时间的 1/3。乡村教师时间分配呈现这种情形的原因是，乡村教师不仅要应对各类进校园活动和各种检查，不少乡村教师还需要承担扶贫工作，这已严重影响到了学校的正常教学秩序。

分别以地区、年龄和职称为因子，以乡村教师处理非教学性事务的时间占比为自变量进行单因素方差分析，结果发现乡村教师处理非教学性事务的时间占比在这几个维度上均存在显著差异。从地区差异来看，东部地区乡村教师处理非教学性事务占日常工作时间比重平均为 37.55%，中西部地区乡村教师分别为 36.52% 和 32.01%，事后比较表明，东中部地区乡村教师用于处理非教学性事务的时间占比显著高于西部地区乡村教师。从年龄差异来看，

40—50岁乡村教师处理非教学性事务的时间占比最高，为37.22%，显著高于30岁以下和50岁以上乡村教师，30—40岁乡村教师处理非教学性事务的时间占比与其他年龄段的教师则没有显著差异。就具有不同职称的乡村教师处理非教学性事务的时间占比而言，三级乡村教师平均为28.07%，低于其他职称的乡村教师，其他职称乡村教师之间则不存在显著差异。（见表20）

表20 处理非教学性事务的时间占日常工作时间比重（%）

维度		均值	标准差	F值	事后比较
地区	东部地区	37.55	18.3081	6.247**	东部>西部 中部>西部
	中部地区	36.52	19.1839		
	西部地区	32.01	18.8397		
年龄	A1	32.63	18.3502	2.660*	A1 < A3 A4 < A3
	A2	34.38	18.8719		
	A3	37.22	19.9691		
	A4	31.51	17.9230		
职称	T1	28.07	16.1210	6.123***	T2 > T1 T3 > T1 T4 > T1
	T2	36.90	19.3179		
	T3	34.26	19.0213		
	T4	35.49	19.5062		
总体		34.39	18.9546		

注：*$p < 0.05$，**$p < 0.01$，***$p < 0.001$

（2）工作负荷：乡村教师工作负荷的地区、性别、年龄、职称差异显著

教学是学校教育的本体，教学育人是教师的天职，教师日常工作中的首要任务是进行课堂授课。从统计数据来看，乡村教师周课时量平均为13.68节，周课时量最大的可达35节，有40.0%的乡村教师的周课时数超过平均值，有5.3%的乡村教师的周课时数超过20节。单因素方差分析表明，不同群体的乡村教师在地区、性别、年龄和职称方面存在显著差异。东部地

区乡村教师的周课时量平均为 14.38 节，中部地区和西部地区乡村教师平均为 13.97 节和 13.29 节，事后比较表明，东部地区乡村教师的平均周课时量显著高于西部地区乡村教师。从性别差异来看，女教师的周课时量平均为 13.90 节，比男教师多 0.73 节。从年龄差异来看，30 岁以下教师、30—40 岁教师、40—50 岁教师和 50 岁以上教师的周课时量均值分别为 14.44 节、13.80 节、13.59 节和 12.15 节，50 岁以上乡村教师的周课时量显著低于其他年龄段的乡村教师，其他年龄段乡村教师的周课时量则不存在显著差异。就不同职称乡村教师而言，三级教师、二级教师周课时量均值显著高于一级教师和高级教师，三级教师的周课时量平均为 14.78 节，分别比一级教师和高级教师高 1.49 节和 2.78 节，二级教师的周课时量平均为 14.06 节，分别比一级教师和高级教师高 0.77 节和 2.06 节。这说明具有初级职称教师承担的教学任务要比中级和高级教师多。（见表 21）

尽管乡村学校的规模普遍不大，但年级建制完整，这就意味着师资力量必须达到一定的师班比，才能保证开齐开足相应课程。统计显示，乡村教师每周授课班级数平均为 2.37 个班，其中 30.4% 的乡村教师的授课班级数高于平均值，8.3% 的乡村教师的授课班级数大于 5 个班，最多的可达 18 个班。单因素方差分析表明，乡村教师的每周的授课班级数的地区、性别、年龄和职称差异不具有统计学意义。

表 21　乡村教师工作负荷

维度		周课时量（节）			周授课班级数（个）		
		均值	标准差	F 值	均值	标准差	F 值
地区	东部地区	14.38	4.8526	3.133*	2.55	1.731	0.455
	中部地区	13.97	4.8247		2.37	2.171	
	西部地区	13.29	4.5761		2.33	1.906	
性别	男	13.17	4.7436	3.944*	2.55	1.911	2.395
	女	13.90	4.7224		2.30	2.023	

（续表）

维度		周课时量（节）			周授课班级数（个）		
		均值	标准差	F 值	均值	标准差	F 值
年龄	A1	14.44	5.2035	5.734**	2.36	2.554	0.104
	A2	13.80	4.2472		2.34	1.847	
	A3	13.59	4.8982		2.33	1.760	
	A4	12.15	4.2861		2.46	1.584	
职称	T1	14.78	5.0796	6.838***	2.26	1.904	0.898
	T2	14.06	4.8870		2.51	2.307	
	T3	13.29	4.2514		2.27	1.773	
	T4	12.00	5.0415		2.50	1.690	
总体		13.68	4.7192		2.37	1.989	

注：$*p < 0.05$，$**p < 0.01$，$***p < 0.001$

乡村教师工作量感知的均值为 5.01。单因素方差分析表明，乡村教师的工作量感知存在显著的地区、年龄和职称差异，性别差异不显著。从地区差异来看，东部地区乡村教师的工作量感知的均值为 5.26，显著高于西部地区的乡村教师。从年龄差异来看，30—40 岁乡村教师和 40—50 岁乡村教师的工作量感知的均值分别为 5.10 和 5.12，显著高于 30 岁以下乡村教师。从职称差异来看，二级、一级和高级职称乡村教师的工作量感知高于三级教师。说明年轻教师和新入职教师的工作量感知相对比较低，而中年教师的工作量感知则相对较高。（见表 22）

表 22　乡村教师工作量感知

维度		均值	标准差	F 值	事后比较
地区	东部地区	5.26	1.083	3.741*	东部＞西部
	中部地区	5.03	1.025		
	西部地区	4.94	1.042		
年龄	A1	4.76	1.071	5.511***	A1 ＜ A2 A1 ＜ A3
	A2	5.10	1.014		
	A3	5.12	1.022		
	A4	4.98	1.058		

（续表）

维度		均值	标准差	F 值	事后比较
职称	T1	4.75	1.042	3.972**	T1 < T2 T1 < T3 T1 < T4
	T2	5.03	1.044		
	T3	5.04	1.062		
	T4	5.24	0.934		
性别	男	5.01	1.110	0	—
	女	5.01	1.021		
总体		5.01	1.044		

注：$*p < 0.05$，$**p < 0.01$，$***p < 0.001$

从以上分析可以看出，乡村教师目前的教学工作的任务比较繁重，这也进一步印证了上文中关于教师压力的分析结果。

（3）加班情况：乡村教师加班频率高，加班时工作任务繁重

在日常课堂教学之余，乡村教师还要备课、学习、从事非教学性事务等，而乡村教师每天的工作时间是有限的，这就迫使乡村教师通过加班来完成上述工作。另外，乡村教师对于“我经常加班”的陈述，选择与自己实际情况“非常符合”“比较符合”和“基本符合”的比例分别为 21.2%、16.4% 和 26.2%。（见图 3）

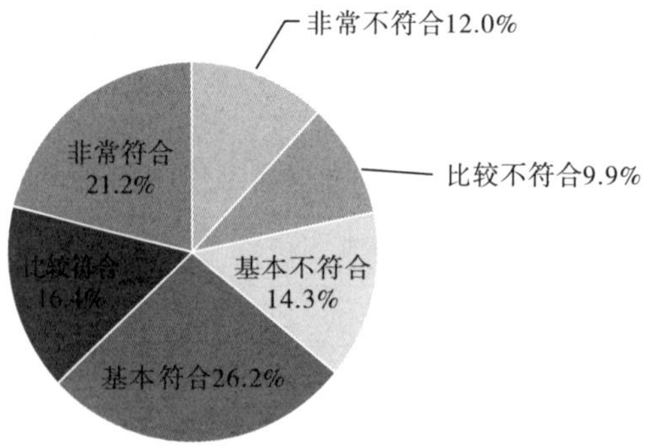

图 3 “我经常加班”统计结果

统计显示，乡村教师对“我经常加班”这个问题的（以下简称“加班频率”）得分均值为 3.89。单因素方差分析表明乡村教师加班频率得分存在显

著的地区差异和职称、性别差异，东西部地区乡村教师的加班频率显著高于中部地区乡村教师；男教师加班频率显著高于女教师；高级、一级和二级教师加班的频率高于三级教师。乡村教师加班频率的年龄差异不显著。

表 23 乡村教师加班频率

维度		均值	标准差	F 值	事后比较
地区	东部地区	4.09	1.632	7.975***	东部＞中部 西部＞中部
	中部地区	3.61	1.730		
	西部地区	4.06	1.491		
年龄	A1	3.74	1.574	1.607	—
	A2	3.89	1.626		
	A3	4.05	1.624		
	A4	3.75	1.655		
职称	T1	3.53	1.552	2.920*	T1 ＜ T2 T1 ＜ T3 T1 ＜ T4
	T2	3.96	1.601		
	T3	3.93	1.620		
	T4	4.12	1.707		
性别	男	4.06	1.623	4.455*	—
	女	3.80	1.611		
总体		3.89	1.618		

注：*$p < 0.05$，**$p < 0.01$，***$p < 0.001$

就乡村教师加班时进行的工作而言，最多的 3 项是完成各种网上学习任务、处理特殊学生问题和参与完成各种检查任务，普及率分别为 53.1%、52.0% 和 51.9%。其余 6 项按照普及率从高到低依次为参加各种会议、批改作业、与家长进行沟通、组织学生参加各种活动、参与学校临时交办的非教学类任务、组织家长参与学校活动，普及率分别为 49.02%、45.33%、33.91%、33.66%、32.92% 和 29.61%。（见表 24）

进一步分析表明，教师加班时批改作业（$\chi 2=27.070$，$p < 0.001$）、组织家长参与学校活动（$\chi 2=10.522$，$p < 0.01$）、完成各种网上学习任务（$\chi 2=15.307$，$p < 0.001$）以及参与学校临时交办的非教学类任务（$\chi 2=14.228$，$p < 0.001$）的普及率存在显著的地区差异。东部地区乡村

教师加班时批改作业的普及率为 65.35%，中西部地区分别为 48.24% 和 38.00%。东中西部地区乡村教师加班时组织家长参加学校活动的普及率分别为 17.82%、27.80% 和 34.00%，加班时完成各种网上学习任务的普及率分别为 70.30%、55.91% 和 49.25%，加班时参与学校临时交办的非教学类任务的普及率分别为 45.54%、35.14% 和 28.00%。

表 24　乡村教师加班时进行的工作

加班时进行的工作	总体			东部地区			中部地区			西部地区		
	频数	普及率（%）	响应率（%）	频数	普及率（%）	响应率（%）	频数	普及率（%）	响应率（%）	频数	普及率（%）	响应率（%）
批改作业	369	45.33	11.71	66	65.35	15.60	151	48.24	12.27	152	38.00	10.15
组织家长参与学校活动	241	29.61	7.65	18	17.82	4.26	87	27.80	7.07	136	34.00	9.08
处理特殊学生问题	430	52.0	13.64	42	41.58	9.93	167	53.35	13.57	221	55.25	14.75
完成各种网上学习任务	443	53.1	14.05	71	70.30	16.78	175	55.91	14.22	197	49.25	13.15
参加各种会议	399	49.02	12.66	56	55.45	13.24	145	46.33	11.78	198	49.50	13.22
参与完成各种检查任务	434	51.9	13.77	58	57.43	13.71	172	54.95	13.97	204	51.00	13.62
与家长进行沟通	276	33.91	8.76	38	37.62	8.98	105	33.55	8.53	133	33.25	8.88
组织训练学生参加活动	274	33.66	8.69	25	24.75	5.91	106	33.87	8.61	143	35.75	9.54

（续表）

加班时进行的工作	总体			东部地区			中部地区			西部地区		
	频数	普及率（%）	响应率（%）	频数	普及率（%）	响应率（%）	频数	普及率（%）	响应率（%）	频数	普及率（%）	响应率（%）
参加学校临时交办的非教学类活动	268	32.92	8.50	46	45.54	10.88	110	35.14	8.93	112	28.00	7.48
从不加班	18	2.21	0.57	3	2.97	0.71	13	4.15	1.05	2	0.50	0.13
总计	3152	387.22	98.5	423	418.81	100	1231	393.29	100	1498	374.5	100

5. 工作满意度：乡村教师的工作满意度中等偏上，最不满意工作报酬

教师的工作满意度是教师作为学校的教职员工，对自己工作中的各个方面的情感反应、情绪体验和态度。课题组调查了乡村教师对自己工作的整体满意度情况，结果表明乡村教师对自己工作满意度均值为 4.64，高于理论均值 3，说明教师对自己的工作整体是倾向于满意的。单因素方差分析表明，不同地区、年龄和教龄的乡村教师的工作满意度存在显著差异。从地区差异来看，东中西部地区乡村教师工作满意度均值分别为 4.92、4.67 和 4.55，东部地区乡村教师的工作满意度高于西部地区乡村教师。从年龄差异来看，50 岁以上乡村教师的工作满意度均值为 4.94，显著高于 30—40 岁乡村教师，其他年龄段乡村教师的工作满意度则没有显著差异。就教龄而言，教龄超过 30 年的乡村教师的工作满意度均值为 5.07，显著高于其他教龄的乡村教师。乡村教师的工作满意度在性别和职称维度不存在显著差异。（见表 25）

表 25 乡村教师工作满意度

维度		均值	标准差	F 值	事后比较
地区	东部地区	4.92	1.149	4.229*	东部＞西部
	中部地区	4.67	1.120		
	西部地区	4.55	1.205		
性别	男	4.59	1.306	0.742	—
	女	4.67	1.111		
年龄	A1	4.62	1.022	2.968*	A4 ＞ A2
	A2	4.56	1.136		
	A3	4.61	1.267		
	A4	4.94	1.237		
教龄	TL1	4.56	1.117	4.480**	TL4 ＞ TL1 TL4 ＞ TL2 TL4 ＞ TL3
	TL2	4.60	1.076		
	TL3	4.63	1.270		
	TL4	5.07	1.159		
总体		4.64	1.170		

注：$*p < 0.05$，$**p < 0.01$

对乡村教师工作中最不满意的方面的统计显示，乡村教师选择次数最多的是工作报酬，普及率为 47.08%。就劳动付出与所获报酬匹配程度的感知而言，绝大部分乡村教师都认为自己的付出与所得的报酬不匹配，超过 70% 的乡村教师认为自己的付出大于所得的报酬，其中 29.8% 的乡村教师认为自己的付出远大于所取得的报酬，42.2% 的乡村教师认为自己的付出大于所取得的报酬；其余乡村教师中，认为自己的付出与报酬基本持平的占 27.3%，报酬大于付出的占 0.7%，认为报酬远小于付出的乡村教师占比为 0。（见图 4）卡方检验表明，不同地区的乡村教师对自己的劳动付出与所取得报酬的匹配程度的感知也没有显著差异（$\chi 2=12.053$，$p > 0.05$）。这就说明了乡村教师普遍对自己目前工作的报酬不满意。

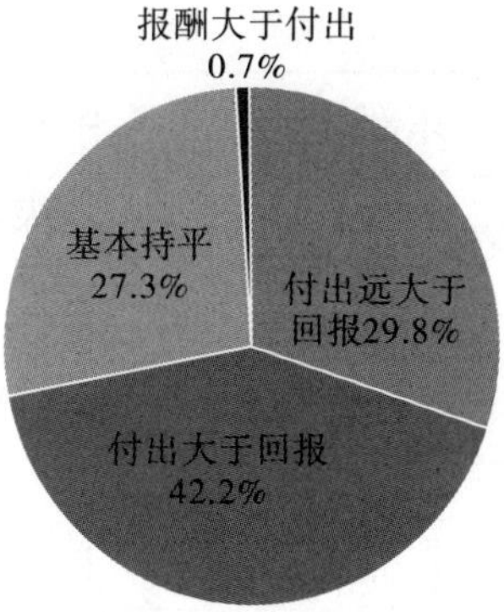

图 4 乡村教师对付出与报酬匹配程度的感知

乡村教师最不满意的项目中，普及率位于第二至第四位的是晋升机会、绩效考核和学生管理，选择这 3 项的乡村教师占比分别为 24.45%、17.89% 和 10.70%。不同地区乡村教师最不满意晋升机会的普及率相差不大，最不满意学生管理的普及率略有差异。东部地区乡村教师最不满意学生管理的普及率为 15.31%，分别比中部地区和西部地区乡村教师高 5.80% 和 4.53%；东部地区乡村教师最不满意绩效考核方式的普及率远高于中部地区和西部地区的乡村教师，分别比中部地区和西部地区乡村教师高出 21.15% 和 29.30%。其余最不满意项目中，工作环境、外出交流学习机会、教学工作、上下级关系、同事关系、师生关系的普及率分别为 9.70%、8.40%、2.90%、2.10%、1.30% 和 1.20%，不同地区之间略有差异。另外，还有 1.30% 的教师选择了其他。（见表 26）

表 26 乡村教师工作中最不满意的方面

维度	总体			东部地区			中部地区			西部地区		
	频数	普及率（%）	响应率（%）	频数	普及率（%）	响应率（%）	频数	普及率（%）	响应率（%）	频数	普及率（%）	响应率（%）
工作报酬	388	47.08	36.67	37	37.76	23.13	170	55.74	41.87	181	44.36	36.79
工作环境	80	9.70	7.56	14	14.29	8.75	22	7.21	5.42	44	10.78	8.94
教学工作	24	2.90	2.27	5	5.10	3.12	6	1.97	1.48	13	3.19	2.64

（续表）

维度	总体			东部地区			中部地区			西部地区		
	频数	普及率（%）	响应率（%）	频数	普及率（%）	响应率（%）	频数	普及率（%）	响应率（%）	频数	普及率（%）	响应率（%）
学生管理	88	10.70	8.32	15	15.31	9.38	29	9.51	7.14	44	10.78	8.94
师生关系	10	1.2	0.95	5	5.10	3.12	4	1.31	0.99	1	0.25	0.20
上下级关系	17	2.1	1.61	2	2.04	1.25	7	2.30	1.72	8	1.96	1.63
同事关系	11	1.3	1.04	7	7.14	4.38	3	0.98	0.74	1	0.25	0.20
绩效考核	147	17.89	13.89	40	40.82	25.00	60	19.67	14.78	47	11.52	9.56
晋升机会	201	24.45	19.00	25	25.51	15.62	71	23.28	17.49	105	25.74	21.34
外出交流学习机会	69	8.4	6.52	6	6.12	3.75	21	6.89	5.17	42	10.29	8.54
其他	23	2.71	2.17	4	4.08	2.50	13	4.26	3.20	6	1.47	1.22
总计	1058	128.54	100.00	160	163.27	100	406	133.12	100.00	492	120.59	100.00

（三）教师专业发展

1. 教师培训：乡村教师参与教师培训的学时严重不足，培训方式单一，培训内容老化。

教师培训是提升教师专业发展水平的有效途径，也是确保乡村师资质量的着力点。《支持计划》提出，到2020年前，要对全体乡村教师、校长进行360学时的培训。调查从乡村教师参加培训的学时、培训方式、培训内容和培训效果等几个方面分析乡村教师培训情况。

首先，考察乡村教师自入职以来参加培训的学时。统计发现，乡村教师参加培训的学时呈明显的两极分化，学时最多者可达到350学时，而最少者则为0。这固然与教师从教时间有很大关系，但抛开时间因素来看，很多从教多年的教师的培训时长依然达不到国家要求的每5年360学时的硬性规定，在从教时间5年及以上的教师中，只有27.02%的教师的培训学时超过了360学时。

总体来看，乡村教师培训的均值为330.79学时。单因素方差分析表明，乡村教师培训学时存在地区、性别、年龄和职称差异。从地区差异来看，东部地区乡村教师的培训时长显著高于中西部地区的乡村教师的培训时长。东部地区乡村教师参与培训的平均时长为545.58学时，而中部地区和西部地区的乡村教师则分别只有318.39学时和300.71学时。就性别差异而言，男教师的培训时长平均比女性高125.55学时。从年龄差异来看，乡村教师培训学时随年龄的增长呈增加趋势，50岁以上乡村教师的培训时长为578.90学时，显著高于30—50岁乡村教师；30—50岁乡村教师的培训时长则显著高于30岁以下乡村教师，30岁以下乡村教师平均只有147.97学时。培训时长随职称变化的趋势与年龄变化的趋势类似，具有高级职称的乡村教师参加教师培训时长最大，平均为558.74学时，显著高于其他职称级别的乡村教师，一级教师培训时长平均为401.72学时，二级教师培训时长平均为281.21学时，三级教师平均仅有107.71学时。（见表27）

表27　教师培训学时

维度		均值	标准差	F值	事后比较
地区	东部地区	545.58	779.6625	5.419**	东部＞西部 东部＞中部
	中部地区	318.39	408.4425		
	西部地区	300.71	517.7199		
性别	男	422.61	647.0375	6.898**	—
	女	297.06	451.8821		
年龄	A1	147.97	357.4283	12.746***	A1 ＜ A2 ＜ A4 A1 ＜ A3 ＜ A4
	A2	361.31	554.3581		
	A3	362.23	440.6340		
	A4	578.90	704.9676		

（续表）

维度		均值	标准差	F 值	事后比较
职称	T1	107.71	196.3556	12.381***	T1 ＜ T2 ＜ T3 ＜ T4
	T2	281.21	450.9915		
	T3	401.72	541.0940		
	T4	558.74	694.2646		
总体		330.79	516.3761		

注：$^{**}p < 0.01$，$^{***}p < 0.001$

就乡村教师参与培训的方式来看，目前最主流的培训方式是网络研修，普及率为 79.0%；其次为校本研修，普及率为 61.7%；再次为送教下乡和专家指导，普及率分别为 49.6% 和 28.9%；教师参加最少的培训方式是顶岗置换，普及率仅为 6.8%。就不同地区乡村教师参加教师培训的方式而言，不同地区乡村教师参加教师培训的最主要方式也都是网络研修，中部地区乡村教师网络研修的普及率最高，为 87.3%；东部地区其次，为 81.4%；西部地区最低，为 71.9%。西部地区乡村教师参加校本研修的普及率也是最低的，为 51.6%，分别比东部地区和中部地区乡村教师低 19.0% 和 20.2%；西部地区乡村教师参与送教下乡的普及率则略高于东部地区和中部地区乡村教师，为 53.5%，分别比东部地区和中部地区乡村教师高 6.4% 和 8%；东部地区和中部地区乡村教师参与专家指导的普及率接近，分别为 38.2% 和 34.7%，西部地区乡村教师参与专家指导的普及率则较低，为 22.0%，低于平均水平；东部地区乡村教师参加顶岗置换的普及率高于中部地区和西部地区的乡村教师，为 12.7%，分别比中西部地区乡村教师高 6.2% 和 7.1%。可见，乡村教师参与教师培训的方式相对比较单一，不同地区皆以网络研修为主要培训方式，教师参与专家指导和顶岗置换的比例较低。（见表 28）

表 28 乡村教师参与培训的方式

维度	总体			东部地区			中部地区			西部地区		
	频数	普及率（%）	响应率（%）	频数	普及率（%）	响应率（%）	频数	普及率（%）	响应率（%）	频数	普及率（%）	响应率（%）
顶岗置换	57	6.8	2.9	13	12.7	4.9	21	6.5	2.6	23	5.6	2.6
网络研修	662	79.0	34.1	83	81.4	31.1	282	87.3	35.0	297	71.9	34.2
送教下乡	416	49.6	21.4	48	47.1	18.0	147	45.5	18.2	221	53.5	25.4
专家指导	242	28.9	12.5	39	38.2	14.6	112	34.7	13.9	91	22.0	10.5
校本研修	517	61.7	26.6	72	70.6	26.9	232	71.8	28.8	213	51.6	24.5
其他	48	5.7	2.5	12	11.8	4.5	12	3.7	1.5	24	5.8	2.8
总计	1935	231.7	100	267	261.8	100	806	249.5	100	869	210.4	100

从乡村教师参与培训的培训内容来看，培训最多的是信息技术应用，普及率为 70.05%，其次为教育教学方法、学科知识、师德教育，普及率分别为 69.07%、67.85% 和 61.86%，这四种内容的普及率相当；而教育学与心理学理论知识和法律法规的培训相对较少，普及率分别为 41.32% 和 36.43%；其他培训内容的普及率仅有 1.22%。

不同地区乡村教师参与培训的内容的普及率差异较大，但响应率相差不大。东部地区乡村教师培训最多的是学科知识，普及率为 100%；其次为教育教学方法和师德教育，普及率均为 94.81%；再次为信息技术应用，普及率为 90.91%；法律法规和教育学与心理学理论知识的普及率分别为 63.64% 和 59.74%。中部地区乡村教师培训最多的也是学科知识，普及率为 76.80%；其次为信息技术应用、教育教学方法、师德教育、教育学与心理学理论知识、法律法规，这几项内容的普及率分别为 75.86%、70.85%、61.76%、39.81% 和 34.48%。西部地区乡村教师培训最多的是教育教学方法，普及率为 67%；其次为信息技术应用、师德教育和学科知识，普及率分别为 65.74%、59.45% 和 58.69%，教育学与心理学理论知识和法律法规的普及率相对较低，分别为 41.56% 和 35.01%。可见，不同地区乡村教师参与培训的内容大同小异，但东部地区乡村教师各项培训内容的普及率较高，这说明东部地区乡村教师培训内容的安排比较多元化，而中西部地区尤其是西部地区乡村教师培训的内容相对比较单一。（见表 29）

表 29　乡村教师参与培训的内容

维度	总体			东部地区			中部地区			西部地区		
	频数	普及率（%）	响应率（%）	频数	普及率（%）	响应率（%）	频数	普及率（%）	响应率（%）	频数	普及率（%）	响应率（%）
学科知识	555	67.85	19.51	77	100.00	19.74	245	76.80	21.31	233	58.69	17.86
信息技术应用	573	70.05	20.14	70	90.91	17.95	242	75.86	21.04	261	65.74	20.00
教育教学方法	565	69.07	19.86	73	94.81	18.72	226	70.85	19.65	266	67.00	20.38
教育学与心理学	338	41.32	11.88	46	59.74	11.80	127	39.81	11.04	165	41.56	12.64
师德教育	506	61.86	17.79	73	94.81	18.72	197	61.76	17.13	236	59.45	18.09
法律法规	298	36.43	10.47	49	63.64	12.56	110	34.48	9.57	139	35.01	10.65
其他	10	1.22	0.35	2	2.60	0.51	3	0.94	0.26	5	1.26	0.38
总计	2845	347.80	100.00	390	506.49	100.00	1150	360.50	100.00	1305	328.72	100.00

从培训效果来看，乡村教师认为每次都有效果的占 33.5%，认为多数时候有效果的占 41.6%，认为半数时候有效果的占 10.8%，认为少数时候有效果的占 12.5%，认为没有效果的占 1.6%。（见图 5）

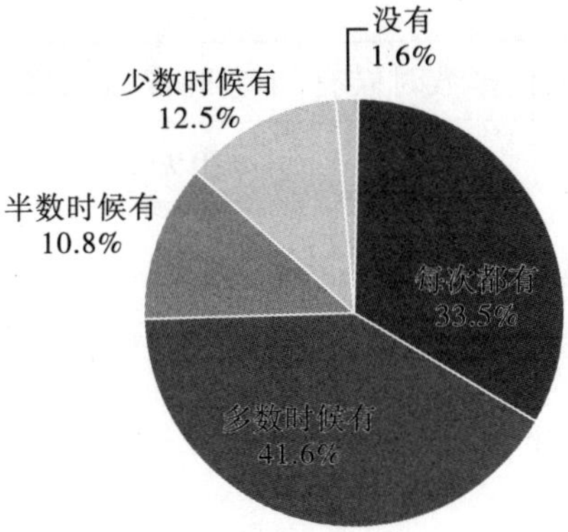

图 5 乡村教师的培训效果

从培训效果差异来看，乡村教师对培训效果评价的性别差异显著。男教师认为教师培训每次都有效果的占 29.1%，女教师为 35.4%；认为多数时候有效果的男教师占 40.1%，比女教师低 2.5%；认为半数时候有效果的男教师和女教师比例接近，认为少数时候有效果的男教师占 16.9%，比女教师高 6.5%；认为没有效果的男教师比例为 2.9%，而女教师只有 0.9%。说明女教师对教师培训效果的认可程度整体上高于男教师。乡村教师对教师培训效果评价的区域差异、年龄差异和职称差异不显著。（见表 30）

表 30 乡村教师培训效果差异（%）

维度		每次都有	多数时候有	半数时候有	少数时候有	没有	χ2
区域	东部地区	32.0	32.0	18.0	16.0	2.0	11.390
	中部地区	35.5	42.9	9.3	11.4	0.9	
	西部地区	32.4	42.9	10.3	12.4	2.0	
性别	男	29.1	40.1	11.0	16.9	2.9	13.184**
	女	35.4	42.6	10.7	10.4	0.9	
年龄	A1	31.5	47.5	11.0	8.5	1.5	18.085
	A2	33.1	38.8	13.5	13.5	1.1	
	A3	31.5	43.7	8.8	14.7	1.3	
	A4	44.8	34.6	7.5	10.3	2.8	

（续表）

维度		每次都有	多数时候有	半数时候有	少数时候有	没有	χ2
职称	T1	34.4	43.0	10.9	10.1	1.6	11.554
	T2	32.4	42.6	13.5	10.8	0.7	
	T3	34.2	39.7	9.6	14.9	1.6	
	T4	32.4	43.2	6.8	13.5	4.1	

注：$^{**}p < 0.01$

2. 跟岗学习：乡村教师跟岗学习参与率低，学习效果不佳

与校本研修、网络研修和送教下乡等培训方式不同，跟岗学习是一种实践取向的教师培训方式，它对于提高教师尤其是骨干教师的业务能力具有重要意义。76.3% 的教师从未参加过跟岗学习，15% 的乡村教师仅参加过 1 次，4.6% 的乡村教师参加过 2 次，1.8% 的乡村教师参加过 3 次，参加过 3 次以上的乡村教师占 2.3%。（见图 6）

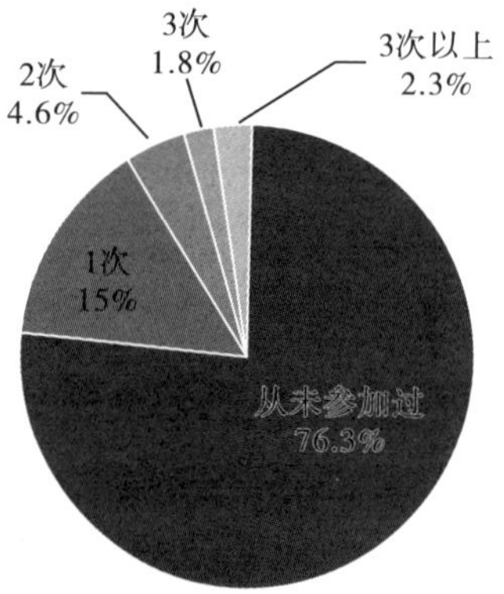

图 6　乡村教师跟岗学习情况

乡村教师跟岗学习的次数存在职称差异，高级乡村教师从未参加过跟岗学习的比例低于其他职称的乡村教师，参加过 1 次的比例则高于其他乡村教师。乡村教师参加跟岗学习次数的地区、性别和年龄差异均不显著。（见表 31）

表 31　乡村教师跟岗学习次数（%）

维度		从未参加过	1 次	2 次	3 次	3 次以上	χ2
地区	东部地区	74.0	16.0	2.0	2.0	6.0	12.195
	中部地区	79.2	14.0	3.7	1.6	1.6	
	西部地区	73.7	16.7	5.8	1.9	1.9	
性别	男	75.7	15.7	3.4	2.6	2.6	2.109
	女	75.8	15.4	5.1	1.5	2.2	
年龄	A1	75.9	14.8	4.9	2.5	2.0	7.285
	A2	74.8	16.0	5.7	1.8	1.8	
	A3	79.1	14.0	3.4	1.3	2.1	
	A4	71.3	18.5	3.7	1.9	4.6	
职称	T1	76.2	15.4	5.4	0.8	2.3	22.172*
	T2	77.0	14.2	6.1	2.0	0.7	
	T3	76.4	14.9	2.8	1.6	4.3	
	T4	69.9	23.3	2.7	4.1	0	

注：$^{*}p < 0.05$

就跟岗学习的时长而言，大部分乡村教师参加的都是短期跟岗学习。在参加过跟岗学习的乡村教师中，41.7% 的乡村教师跟岗学习时间小于 1 周，时长为 1 周的占 23.4%，1—2 周的占 12.4%，一个月的占 6.9%，一个月以上的占 15.6%。（见图 7）

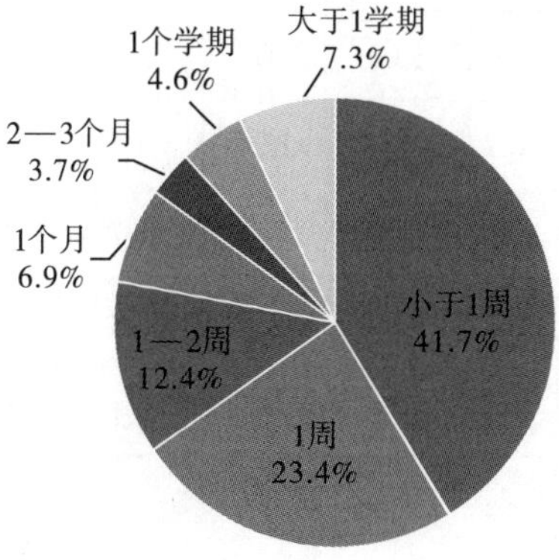

图 7　乡村教师跟岗学习时长

卡方检验表明，乡村教师参与跟岗学习时长的职称差异显著。二级教师参加跟岗学习时长少于一周的比例最高，占参加过跟岗学习二级教师人数的 48.3%，一级教师参加跟岗学习时长少于一周的比例最低，占参加过跟岗学习的一级教师人数的 30.6%，与参加跟岗学习时长为 1 周的教师比例一致。参加跟岗学习时长为 1 周的教师中，高级教师的比例最高，三级教师最低，为 16.7%。不同职称的乡村教师参加跟岗学习时间为 1—2 周比例相差不大，学习时长为 1 个月比例略有差别，学习时长超过 1 个月的比例都很低，但一级教师参加过一学期的比例则高于其他职称的教师。（见表 32）

表 32　乡村教师跟岗学习时长差异（%）

维度		小于 1 周	1 周	1—2 周	1 个月	2—3 月	1 学期	1 学期以上	χ2
地区	东部地区	24.0	36.0	28.0	0	4.0	0	8.0	16.989
	中部地区	33.3	25.4	14.3	7.9	4.8	6.4	7.9	
	西部地区	48.5	21.8	7.9	6.9	2.0	4.0	8.9	
性别	男	34.6	28.8	13.5	5.8	1.9	5.8	9.6	1.979
	女	42.2	23.0	12.6	6.7	3.7	3.7	8.1	
年龄	A1	47.8	21.7	10.9	13.1	0	6.5	0	21.001
	A2	34.3	25.4	17.9	6.0	3.0	4.5	8.9	
	A3	43.2	25.0	6.8	4.5	6.8	2.3	11.4	
	A4	40.0	30.0	13.3	0	3.4	0	13.3	
职称	T1	43.3	16.7	10.0	13.3	3.4	13.3	0	30.147*
	T2	48.3	20.0	10.0	10.0	1.7	3.3	6.7	
	T3	30.5	30.5	15.3	2.8	2.8	2.8	15.3	
	T4	36.4	36.4	13.6	0	9.1	4.5	8.7	

注：$*p < 0.05$

分析乡村教师对跟岗学习效果的评价，统计表明，37.0% 的乡村教师认为跟岗学习没有效果，认为每次都有效果的占 19.3%，认为多数时候有效果的占 28.4%，认为半数时候有效果和少数时候有效果的分别占 9.3% 和 6.0%。（见图 8）与乡村教师对教师培训效果的评价相比，跟岗学习的效果比较差。

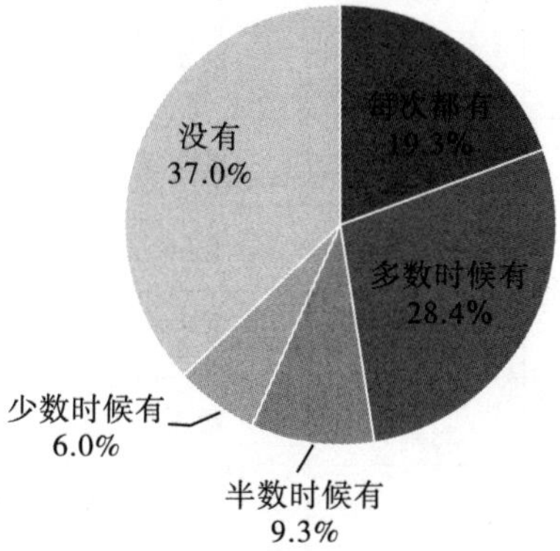

图 8 乡村教师跟岗学习效果

卡方检验表明，乡村教师对跟岗学习效果评价的区域差异、性别差异和年龄差异显著。在不同地区的乡村教师中，东部地区的乡村教师更倾向于认为跟岗培训有效果，东部地区乡村教师认为跟岗学习每次都有效果、半数时候有效果和少数时候有效果的比例分别为 27.0%、13.5% 和 12.3%，均高于中、西部地区；认为没有效果的比例则远低于中西部地区，分别比西部地区和中部地区乡村教师低 17.7% 和 15.1%；3 个地区乡村教师认为跟岗培训多数时候有效果的比例略有差别，中部地区为 30.5%，分别比东部地区和西部地区乡村教师高 5.8% 和 2.9%。从性别差异来看，乡村女教师则较男教师更认可跟岗学习的效果，女教师认为跟岗学习每次都有效果、多数时候有效果、半数时候有效果的比例均高于男教师；男教师认为少数时候有效果的比例高于女教师，认为没有效果的比例则比女教师略低。从年龄差异来看，50 岁以上乡村教师认为每次跟岗学习都有效果的比例为 29.8%，高于其他年龄段教师；认为没有效果的比例为 28.6%，低于其他年龄段教师；30 岁以下乡村教师和 30—40 岁乡村教师认为多数时候有效果的比例高于其他年龄段乡村教师。（见表 33）

表 33　乡村教师跟岗学习效果差异（%）

维度		每次都有	多数时候有	半数时候有	少数时候有	没有	χ2
地区	东部地区	27.0	24.7	13.5	12.3	22.5	19.860*
	中部地区	17.9	30.5	9.7	4.3	37.6	
	西部地区	18.5	27.6	8.0	5.7	40.2	
性别	男	18.4	25.4	8.5	11.4	36.3	16.901**
	女	19.9	29.5	9.8	3.6	37.2	
年龄	A1	18.8	31.5	12.1	1.7	35.9	24.283*
	A2	15.6	30.8	9.2	5.2	39.2	
	A3	20.3	23.9	7.6	9.1	39.1	
	A4	29.8	25.0	8.3	8.3	28.6	
职称	T1	24.3	32.2	7.0	3.5	33.0	18.737
	T2	15.3	26.1	11.5	4.6	42.5	
	T3	19.6	28.9	8.5	7.4	35.6	
	T4	25.8	32.3	4.8	9.7	27.4	

注：$^*p < 0.05$，$^{**}p < 0.01$

（四）乡村教师离职现状

乡村教师的离职意向是衡量乡村教师队伍稳定性的重要指征，乡村教师的离职意向越高，说明乡村教师队伍的稳定性越差，而乡村教育面临的人才危机就越严重。乡村教师作为一个特殊的群体,其离职行为表现为两种情况，一为教育行业内的离职行为，体现为校际流动和学校与教育行政部门间的流动，一般以前者居多；二为跨行业的离职行为，即彻底离开教育系统，从事其他行业的工作。乡村教师行业内离职是乡村教师“留不住”的主要表现，也是乡村教育未来发展必须克服的难题。以下从乡村教师个人的离职意向、乡村学校现实中的教师离职现象和乡村教师组织承诺三个方面来探讨乡村教师离职的现状及相关问题。

1. 离职意向

有研究者用跨校流动来表示跨校离职，用跨行流动来表示跨行离职，这两者内涵相近，所不同的是离职强调的是离开原来的工作单位或岗位，它的方向是单向的，但是流动强调的是一种动态的趋势，它的方向具有不确定性，既可以是单向流动也可以是双向流动。离职也可以视为单向流动，但从表意的准确性来讲，离职的意义更为明确。

（1）跨校离职

从统计数据来看，乡村教师跨校离职意向的得分均值为4.26，超过了理论均值3，这表明乡村教师离职意向还是比较高的。单因素方差分析表明，乡村教师的跨校离职意向的地区差异不显著，性别、年龄、教龄和职称差异显著。从性别差异来看，女教师比男教师有着更强的跨校离职意向。在不同年龄的乡村教师中，年轻乡村教师比年长教师的跨校离职意向更强，30—40岁乡村教师和30岁以下乡村教师跨校离职意向均值显著高于40—50岁乡村教师和50岁以上乡村教师。乡村教师跨校离职意向随教龄变化的趋势与随年龄变化的趋势相反，教龄越长，乡村教师的跨校离职意向越弱，教龄在30年以上的乡村教师跨校离职的意向均值为3.51，接近理论中值3。就校龄差异而言，校龄10年以下的乡村教师跨校离职的意向最强烈，其次为从教10—20年和20—30年的乡村教师，校龄30年以上的乡村教师跨校离职的意向最低。乡村教师跨校离职意向随职称变化的趋势与随年龄和教龄变化的趋势也有相同之处，职称越高，乡村教师跨校离职的意向越低。所有乡村教师中，一级职称和高级职称的乡村教师跨校离职的意向显著低于二级教师，其他职称的教师之间则没有显著差异。（见表34）

表34　乡村教师的跨校离职意向

维度		均值	标准差	F值	事后比较
地区	东部地区	4.16	1.502	0.320	—
	中部地区	4.26	1.507		
	西部地区	4.29	1.422		
性别	男	4.06	1.635	6.867**	—
	女	4.35	1.386		

（续表）

维度		均值	标准差	F 值	事后比较
年龄	A1	4.58	1.197	16.105***	A1 ＞ A3 A1 ＞ A4 A2 ＞ A3 A2 ＞ A4
	A2	4.53	1.346		
	A3	3.91	1.605		
	A4	3.73	1.613		
教龄	TL1	4.58	1.199	16.987***	TL1 ＞ TL3 TL1 ＞ TL4 TL2 ＞ TL3 TL2 ＞ TL4
	TL2	4.46	1.437		
	TL3	3.98	1.593		
	TL4	3.51	1.650		
校龄	SL1	4.49	1.321		SL1 ＞ SL2 ＞ SL4 SL1 ＞ SL3 ＞ SL4
	SL2	4.14	1.568	3.342*	
	SL3	4.05	1.588		
	SL4	3.08	1.534		
职称	T1	4.43	1.268	5.979***	T2 ＞ T3 T2 ＞ T4
	T2	4.47	1.351		
	T3	4.06	1.601		
	T4	3.92	1.525		
总体		4.26	1.463		

注：$^{*}p < 0.05$，$^{**}p < 0.01$，$^{***}p < 0.001$

（2）偏远地区任教意愿

在一般情况下，乡村教师跨校离职都是去城市学校、发展相对较好的学校任教，但有一种特殊情况，就是去比现在偏远、办学条件较差的乡村学校任教，前者大多属于自愿离职，而后者则大多属于组织委派。相较于去城市或发展较好的学校任教的离职意向，乡村教师去偏远地区任教的意向得分比较低，均值为 3.52，只有约半数（50.2%）。乡村教师表示会在学校需要的情况下服从安排去偏远地区任教。单因素方差分析表明，乡村教师去偏远地区任教的意愿的性别、年龄、教龄、校龄差异显著。就性别差异来看，男乡村教师愿意去乡村任教的意愿显著高于女教师。从年龄差异来看，40—50 岁乡村教师去偏远地区任教的意愿显著高于 30—40 岁和 30 岁以下乡村教师。从教龄差异来看，从教 10 年以下乡村教师去偏远地区从教的意愿显著低于其他教龄段的教师。就校龄差异而言，在目前学校任教 20—30 年的教师愿意去偏远地区任教的意愿高于校龄 10—20 年和 10 年以下的教师。乡村教师去偏远学校任教意愿的地区差异不显著（p=0.052），但事后比较表明，东部地区和西部地区乡村教师去偏远地区任教意愿的差异具有统计意义。（见表 35）

表 35　乡村教师去偏远地区任教的意愿

维度		均值	标准差	F 值	事后比较
地区	东部地区	3.84	1.354	2.960	东部＞西部
	中部地区	3.52	1.462		
	西部地区	3.44	1.545		
性别	男	3.70	1.555	4.895*	
	女	3.45	1.467		
年龄	A1	3.35	1.425	2.641*	A3 ＞ A1 A3 ＞ A2
	A2	3.43	1.455		
	A3	3.72	1.547		
	A4	3.60	1.600		
教龄	TL1	3.30	1.424	3.554*	TL1 ＜ TL2 TL1 ＜ TL3 TL1 ＜ TL4
	TL2	3.64	1.439		
	TL3	3.60	1.572		
	TL4	3.76	1.623		
校龄	SL1	3.40	1.463		SL3 ＞ SL1 SL3 ＞ SL2
	SL2	3.51	1.487	13.549***	
	SL3	3.86	1.573		
	SL4	3.63	1.659		
职称	T1	3.36	1.345		—
	T2	3.46	1.475	1.010	
	T3	3.60	1.559		
	T4	3.59	1.613		
总体		3.52	1.495		

注：*$p < 0.05$，***$p < 0.001$

（3）跨行离职

乡村教师跨行离职的意向均值为3.94，说明乡村教师整体上有跨行离职的意向。单因素方差分析表明，乡村教师跨行离职意向的地区、教龄和校龄差异显著。从地区差异来看，西部地区的乡村教师跨行离职的意向均值为4.22，显著高于东部地区和中部地区。就教龄差异而言，从教10—20年和20—30年的乡村教师跨行离职的意向高于从教30年以上的乡村教师，其他年龄段的乡村教师跨行离职的意向没有显著差异。从校龄差异来看，在目前学校任教时间超过30年的乡村教师的跨行离职意向最低，任教10—20年的教师跨行离职的意向高于10年以下的乡村教师，10年以下乡村教师则高于30年以上乡村教师。乡村教师跨行离职意向的性别差异、年龄差异和职称差异都不显著。（见表36）

表36　乡村教师的跨行离职意向

维度		均值	标准差	F值	事后比较
地区	东部地区	3.56	1.717	12.131***	西部>东部 西部>中部
	中部地区	3.71	1.609		
	西部地区	4.22	1.590		
性别	男	4.09	1.728	2.717	—
	女	3.88	1.599		
年龄	A1	3.87	1.472	2.111	—
	A2	4.03	1.635		
	A3	4.03	1.680		
	A4	3.61	1.805		
教龄	TL1	3.86	1.527	3.283*	TL2 > TL4 TL3 > TL4
	TL2	4.13	1.643		
	TL3	4.02	1.670		
	TL4	3.51	1.845		
校龄	SL1	3.88	1.582		SL2 > SL1 > SL4 SL3 > SL4
	SL2	4.17	1.620	7.002***	
	SL3	4.07	1.692		
	SL4	2.95	1.780		

（续表）

维度		均值	标准差	F 值	事后比较
职称	T1	3.70	1.434	1.332	—
	T2	4.01	1.559		
	T3	3.98	1.771		
	T4	3.84	1.614		
总体		3.94	1.635		

注：$^{*}p < 0.05$，$^{***}p < 0.001$

2. 身边教师离职情况

教师自身的离职意向说明教师具有潜在流失风险，有离职意向并不代表教师会有相应的离职行为，而现实中的乡村教师离职现象则能够直接反映出乡村学校教师流失问题的严重性。但是要以已经离职的乡村教师作为研究对象去研究这个问题，则具有相当大的难度，因此，本调查选择目前的在职乡村教师作为研究对象，从侧面来了解乡村教师离职的现状。

（1）离职情况

数据显示，有 4.4% 的乡村教师表示自己周围的教师在任期主动离职的人数“有很多”，38.7% 的教师表示自己周围“有个别”教师离职，周围没有离职教师的乡村教师占 43.1%，其余 13.8% 的乡村教师表示自己没关注这个问题。卡方检验表明，乡村教师对周围教师离职人数的评价地区差异不显著。从教师的主观判断来看，尽管离职的教师人数不多，但是教师任期离职是一个普遍现象。（见图 9）

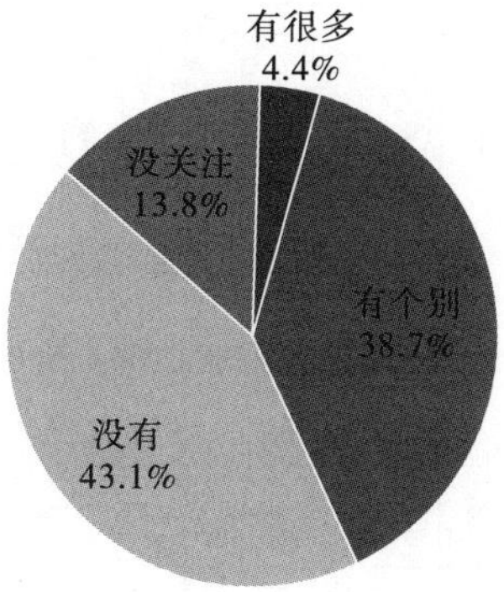

图 9　乡村教师离职情况

（2）离职原因

在乡村教师离职的诸多原因中，排第一位的是考公务员，普及率为33.76%；其次为不适应当地生活，普及率为16.69%；最后为婚恋问题和升学，普及率分别为9.63%和4.24%。不同地区的乡村教师对周围教师离职原因的判断略有差异，东中西部教师认为周围教师离职原因为升学和婚恋问题的比例接近，认为是考公务员的比例中部地区略低于东西部地区，而认为不适应当地生活的比例中西部地区则高于东部地区。

在认为周围教师离职原因是“其他”的乡村教师中，大部分乡村教师都没有填写具体原因，有39名乡村教师填写了身边教师离职的具体原因，总体可归为五个方面的因素，按照频次从高到低依次为：薪酬过低21次、转行或去更好的学校14次、压力大2次、与自身职业兴趣不匹配1次、患病1次等。还有10名乡村教师表示不清楚或不知道情况。（见表37）

表37　乡村教师离职的原因

维度	总体			东部地区			中部地区			西部地区		
	频数	普及率（%）	响应率（%）	频数	普及率（%）	响应率（%）	频数	普及率（%）	响应率（%）	频数	普及率（%）	响应率（%）
升学	33	4.24	3.53	3	3.06	2.65	11	3.74	3.05	19	4.91	4.11
婚恋问题	75	9.63	8.02	11	11.22	9.74	29	9.86	8.05	35	9.04	7.58
考公务员	263	33.76	28.13	35	35.71	30.97	87	29.59	24.17	141	36.43	30.52
不适应当地生活	130	16.69	13.90	9	9.18	7.97	56	19.05	15.56	65	16.80	14.07
没有老师离职	274	35.17	29.31	37	37.76	32.74	100	34.01	27.78	137	35.40	29.65
其他	160	20.54	17.11	18	18.37	15.93	77	26.19	21.39	65	16.80	14.07
总计	935	120.03	100.00	113	115.31	100.00	360	122.45	100.00	462	119.38	100.00

3. 组织承诺

组织承诺可以借由了解员工对组织的承诺，发现留住人才及提升员工绩效的方法，更可预测员工的离职行为，人力的频繁变动不仅让组织损失金钱和时间，也有可能造成具有发展潜力的优秀人才的流失。因此，研究乡村教师的组织承诺可以检视乡村教师对学校的忠诚度。温金丰等根据前人的研究成果，将组织承诺分为道德性承诺、情感性承诺和持续性承诺。道德性承诺是员工认为有责任和义务必须留在组织中，情感性承诺是指员工对组织的深厚感情和对组织的认同，持续性承诺表示员工了解离开的成本之后选择继续留在组织。[①] 本调查参考温金丰、黄亚筠的《组织承诺量表》以及赵志纯在此基础上编制的《教师组织承诺量表》，形成了《乡村教师组织承诺量表》，题目数与《组织承诺量表》一致，共 15 个题项。量表的整体的克伦巴赫 α 系数为 0.92，3 个分量表的克伦巴赫 α 系数分别为道德性承诺 0.841、情感性承诺 0.93 和持续性承诺 0.702。进行主成分分析，KMO 值为 0.949，巴特利球形检验的近似卡方值为 8134.02，显著性小于 0.001，说明数据呈球形分布。各个变量在一定程度上相互独立，共提取出 3 个特征值大于 1 的因子，3 个因子的累积方差贡献率为 68.536%。3 个因子的比较以各因子包含的题项的得分均值为基准。

（1）道德性承诺

乡村教师道德性承诺得分均值为 4.28。单因素方差分析发现，乡村教师道德性承诺得分在地区、婚姻状态、年龄、教龄和职称等几个因素上差异显著。具体来看，西部地区乡村教师的道德性承诺得分低于东部地区和中部地区乡村教师；未婚乡村教师的道德性承诺得分低于已婚乡村教师；50 岁以上乡村教师的道德性承诺得分显著高于 30 岁以下乡村教师和 30—40 岁乡村教师；从教 30 年以上的乡村教师的道德性承诺得分显著高于其他年龄段的乡村教师；二级职称的乡村教师的道德性承诺得分显著低于一级职称教师和高级职称教师。（见表 38）

---

① 温金丰、黄亚筠：《组织社会化实务与资讯寻找行为对新进科技专业人员组织承诺的影响》，《中华管理评论》2002 年第 5 期。

表 38　乡村教师道德性承诺得分

维度		均值	标准差	F 值	事后比较
地区	东部地区	4.57	1.1049	11.306***	东部>西部 中部>西部
	中部地区	4.41	1.0278		
	西部地区	4.10	1.1122		
性别	男	4.18	1.1789	2.929	—
	女	4.33	1.0510		
婚姻状态	未婚	4.09	1.0273	4.854*	—
	已婚	4.31	1.1010		
年龄	A1	4.25	0.9571	3.776**	A4 > A1 A4 > A2
	A2	4.18	1.0908		
	A3	4.27	1.1864		
	A4	4.60	1.0579		
教龄	TL1	4.17	0.9963	6.211***	TL4 > TL1 TL4 > TL2 TL4 > TL3
	TL2	4.29	1.0719		
	TL3	4.25	1.2092		
	TL4	4.73	0.9737		
职称	T1	4.32	0.9688	2.986*	T2 < T3 T2 < T4
	T2	4.14	1.0234		
	T3	4.35	1.1837		
	T4	4.50	1.0590		
编制	有	4.30	1.1015	2.199	—
	无	4.15	1.0194		
总体		4.28	1.0931		

注：$^{*}p < 0.05$，$^{**}p < 0.01$，$^{***}p < 0.001$

（2）情感性承诺

乡村教师情感性承诺得分较高，均值为4.53。不同群体的乡村教师情感性承诺得分的地区、婚姻状态、年龄、教龄、职称和编制方面的差异具有统计学意义。就不同地区乡村教师而言，西部地区乡村教师的情感性承诺得分显著低于东中部地区的乡村教师。从婚姻状态的差异来看，已婚乡村教师的情感性承诺得分高于未婚乡村教师。从年龄差异来看，乡村教师情感性承诺的得分随年龄的增长而增长，50岁以上乡村教师的情感性承诺得分显著高于其他年龄段的教师，40—50岁乡村教师的情感性承诺得分显著高于30—40岁乡村教师，而30—40岁乡村教师的情感性承诺得分则显著高于30岁以下乡村教师。从职称差异来看，高级职称和一级职称的乡村教师的情感性承诺得分显著高于二级职称的教师和三级职称的教师。有编制的乡村教师的情感性承诺得分高于没有编制的乡村教师。另外，对特岗教师情感性承诺得分的单因素方差分析表明，不同类型乡村教师得分差异显著（$F=5.555$，$p < 0.01$），未转正的特岗乡村教师（4.19 ± 0.9697）的情感性承诺得分显著低于已转正特岗乡村教师（4.64 ± 0.8452）和非特岗乡村教师（4.56 ± 1.0606）。这说明东部地区的乡村教师、已婚乡村教师、年长乡村教师、高职称的乡村教师和有编制的乡村教师对乡村教育有着更深厚的感情和更高的认同感。（见表39）

表39 乡村教师情感性承诺

维度		均值	标准差	F值	事后比较
地区	东部地区	4.69	1.2062	6.316**	东部＞西部 中部＞西部
	中部地区	4.65	1.0063		
	西部地区	4.40	1.0359		
性别	男	4.51	1.1714	0.274	—
	女	4.55	0.9963		
婚姻状态	未婚	4.17	0.9818	20.621***	—
	已婚	4.61	1.0495		

（续表）

维度		均值	标准差	F 值	事后比较
年龄	A1	4.32	0.9356	10.677***	A4 > A3 > A1 A4 > A2
	A2	4.46	1.0151		
	A3	4.63	1.1293		
	A4	4.97	1.0075		
教龄	TL1	4.28	0.9753	16.110***	TL1 < TL2 < TL4 TL1 < TL3 < TL4
	TL2	4.55	0.9821		
	TL3	4.65	1.1216		
	TL4	5.11	0.9367		
职称	T1	4.44	0.9141	11.699***	T1 < T3 T1 < T4 T2 < T3 T2 < T4
	T2	4.30	1.0334		
	T3	4.74	1.0721		
	T4	4.82	1.0028		
编制	有	4.58	1.0479	9.855**	—
	无	4.27	1.0285		
总体		4.53	1.0538		

注：$^{**}p < 0.01$，$^{***}p < 0.001$

（3）持续性承诺

乡村教师的持续性承诺得分相对较低，这表明乡村教师了解了离开乡村学校带来的一系列后果之后，依然选择离开。从整体来看，乡村教师的持续性承诺得分为 4.14，单因素方差分析表明，乡村教师持续性承诺得分的地区、年龄、教龄和职称差异显著。从地区差异看，东部地区乡村教师持续性承诺得分显著高于中西部地区的乡村教师。就年龄差异而言，50 岁以上乡村教师的持续性承诺得分显著高于 30 岁以下乡村教师和 30—40 岁乡村教师。从教龄差异来看，从教 30 年以上乡村教师的持续性承诺得分显著高于从教 10 年以下乡村教师。从职称差异来看，高级职称和一级职称的教师持续性承诺得分显著高于二级教师。由此可见，中青年教师、从教时间短的教师以及二级职称的教师在了解了离职的成本之后，选择离开的可能性更大。（见表 40）

表 40 乡村教师持续性承诺

维度		均值	标准差	F 值	事后比较
地区	东部地区	4.49	1.0211	6.540**	东部>中部 东部>西部
	中部地区	4.14	0.9936		
	西部地区	4.06	1.0930		
性别	男	4.19	1.0897	0.657	—
	女	4.13	1.0448		
婚姻状态	未婚	3.99	0.9351	3.099	—
	已婚	4.16	1.0731		
年龄	A1	4.08	0.8857	4.489**	A4 > A1 A4 > A2
	A2	4.06	1.0787		
	A3	4.14	1.1230		
	A4	4.48	1.1051		
教龄	TL1	4.00	0.9226	5.931***	TL1 < TL4
	TL2	4.20	1.1314		
	TL3	4.15	1.1062		
	TL4	4.53	1.1346		
职称	T1	4.10	0.9121	5.861***	T2 < T3 T2 < T4
	T2	3.96	1.0641		
	T3	4.29	1.0731		
	T4	4.31	1.0943		
编制	有	4.17	1.0648	1.634	—
	无	4.04	0.9986		
总体		4.14	1.0539		

注：$^{**}p < 0.01$，$^{***}p < 0.001$

（4）乡村教师组织承诺与离职的关系

有不少研究都指出，员工离职意向与其组织承诺存在一定关联[①②③]。对乡村教师组织承诺与离职意向的相关分析也表明，乡村教师的组织承诺与其离职意向存在显著的负向相关性。乡村教师的道德性承诺和跨校离职、跨行离职的相关性系数分别为 -0.085 和 -0.281，道德性承诺与跨校离职的相关性在 0.05 水平上显著，与跨行离职的相关性在 0.01 水平上显著；情感性承诺与跨校离职、跨行离职的相关系数分别为 -0.138 和 -0.261，二者均在 0.01 水平上显著；持续性承诺与跨校离职和跨行离职的相关系数分别为 -0.011 和 -0.079，与跨校离职的相关性没有统计学意义，与跨行离职的相关性在 0.05 的水平上显著。（见表 41）

表 41　乡村教师组织承诺与乡村教师离职的相关性

维度	道德性承诺	情感性承诺	持续性承诺
跨校离职	-0.085*	-0.138**	0.011
跨行离职	-0.281**	-0.261**	-0.079*
偏远地区任教	0.419**	0.358**	0.216**

注：$^{*}p < 0.05$，$^{**}p < 0.01$

与跨校离职不同，乡村教师去偏远、条件更差的乡村学校任教的意愿则与其组织承诺呈正相关关系。相关分析表明，乡村教师去偏远地区任教意愿与其组织承诺 3 个维度得分的相关性均具有统计意义，乡村教师去偏远地区任教的意愿与其道德性承诺的相关性系数为 0.419，与其情感性承诺的相关性系数为 0.358，与其持续性承诺的相关系数为 0.216，均在 0.01 水平上显著。

① 苏方国、赵曙明：《组织承诺、组织公民行为与离职倾向关系研究》，《科学与科学技术管理》2005 年第 8 期。

② 谢宝国、龙立荣：《职业生涯高原对员工工作满意度、组织承诺、离职意愿的影响》，《心理学报》2008 年第 8 期。

③ 江帆、何伟强：《教师组织承诺与离职意愿的关系研究》，《思想理论教育》2007 年第 3 期。

（五）乡村教师职业期待

1. 乡村教师荣誉制度：乡村教师荣誉制度宣传不到位，吸引力不足

为了鼓励和吸引优秀教师到乡村从教，《支持计划》提出，要建立乡村教师荣誉制度，国家对在乡村从教 30 年的教师按照有关规定颁发荣誉证书，各省市也可根据自身实际情况对从教满 20 年、10 年的教师给予一定鼓励等。根据统计结果，乡村教师对乡村教师荣誉制度的吸引力并不看好，有 19.5% 的乡村教师认为该政策对于自己在乡村学校从教没有吸引力，认为有吸引力但不会去任教的占 13.0%，认为有吸引力且会去任教的占 1.9%；会扎根乡村长期任教的占 16.4%，会长期在乡村学校任教并努力做好的教师占 25.1%，还有 24.1% 的教师表示不了解乡村教师荣誉制度。（见图 10）

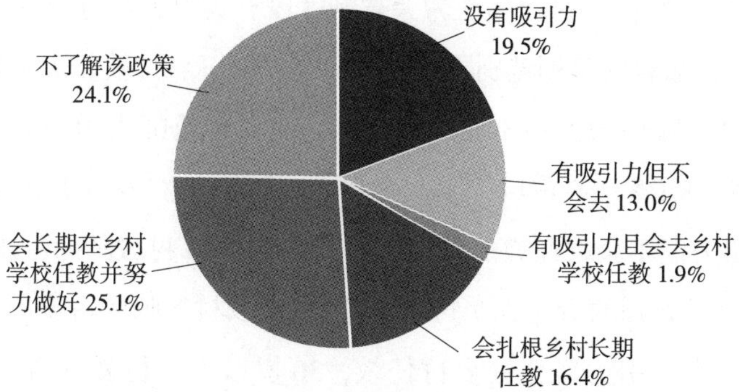

图 10　乡村教师荣誉制度的吸引力

卡方检验表明，乡村教师荣誉制度对乡村教师的吸引力有很显著的区域、性别、年龄、教龄和职称等方面的差异。在不同地区的乡村教师中，东部地区乡村教师对荣誉制度的知晓度要优于中西部地区的乡村教师。东部地区乡村教师选择不了解的教师比例为 7.4%，中西部地区则分别为 21.6% 和 21.9%。荣誉制度对东部地区的乡村教师吸引力整体上也高于中西部地区乡村教师。东部地区乡村教师认为荣誉制度没有吸引力和有吸引力但不会因此而选择在乡村从教的占 29.8%，分别比中西部地区乡村教师选择这两项比例之和高 2.8% 和 5.9%；东部地区乡村教师认为荣誉制度有吸引力且足以吸引他们去乡村从教的比例占 62.8%，中西部地区则分别为 51.4% 和 54.2%。三个地区乡村教师选择“会长期在乡村任教,并尽力做好”的比例基本一致，

选择“会扎根乡村，长期任教”的比例东部地区高于中西部地区，选择“有吸引力，会去任教”的比例西部地区最高，中部地区次之，东部地区最低。从性别差异来看，男教师对荣誉制度的知晓情况优于女教师，但荣誉制度对男教师的吸引力则不及女教师。男教师认为荣誉制度对吸引自身从教没有吸引力的占21.6%，比女教师高8.6%；认为有吸引力但不会去从教的比例为9.8%，与女教师基本持平。

不同年龄段的乡村教师对荣誉制度的吸引力的评价也有显著差异。40岁以下乡村教师对荣誉制度的知晓度较低，30岁以下乡村教师中，有27%的教师不了解荣誉制度，30—40岁乡村教师不了解的比例为24.7%，而40—50岁乡村教师和50岁乡村以上乡村教师不了解的比例分别为12.4%和12.1%。不同年龄段乡村教师认为荣誉制度没有吸引力和有吸引力但不足以吸引其到乡村从教的比例差别不是很大；30岁以下乡村教师认为荣誉制度对自身从教没有吸引力的占11.5%，30—40岁乡村教师为16.0%，40—50岁乡村教师为18.1%，50岁以上乡村教师为15.0%；30岁以下教师认为荣誉制度有吸引力但不会去任教的占10%，30—40岁乡村教师的占比为12.0%，40—50岁乡村教师的占比为7.1%，50岁以上乡村教师的占比为12.2%；认为荣誉制度有吸引力，会去乡村任教，30岁以下乡村教师占比为31.5%，远高于其他年龄段的乡村教师；会扎根乡村，长期任教的，30岁以下乡村教师和30—40岁乡村教师的占比都很低，40—50岁乡村教师和50岁以上乡村教师相对较高。在不同年龄段的乡村教师中，会长期在乡村任教，并尽力做好的，30岁以上各年龄段的乡村教师高于30岁以下乡村教师。这说明，不论从有吸引力的“率”还是吸引力的“度”来看，年长乡村教师都优于年轻乡村教师，荣誉制度能吸引年轻乡村教师到乡村从教，但不足以激励他们长期在乡村从教。不同教龄的乡村教师对荣誉制度吸引力的评价与不同年龄乡村教师的评价类似。

从职称差异来看，高级教师和一级教师对荣誉制度的知晓度高于其他职称的教师，其中，三级教师不了解荣誉制度的比例为29.1%，二级教师为23.9%，一级教师和高级教师分别为13.2%和18.1%。在三级教师中，表示荣誉制度对自己从教没有吸引力的占 8.7%，二级教师为 13.7%，一级和高级教师分别为 19.6% 和 18.0%。表示有吸引力但不会去任教的比例在三级教师中为 10.2%，二级教师为 9.5%，一级教师和高级教师分别为 9.1% 和 15.3%。认为荣誉制度有吸引力，且会在乡村任教的教师在三级教师中占比最高，为 26.8%，其次为二级教师，为 22.9%，一级教师和高级分别为 18.3% 和 12.5%。选择扎根乡村并长期在乡村任教的高级教师和一级教师却高于二级教师和三级教师。会长期在乡村任教，并尽力做好的教师在一级教师中的占比最高，其次为二级教师和高级教师，三级教师最低。（见表 42）可见，乡村教师荣誉制度对初级职称的乡村教师表现出更广泛的吸引力，但对中高级职称的乡村教师则表现出更久远的吸引力。

表 42　乡村教师荣誉制度吸引力差异（%）

维度		没有吸引力	有吸引力，但不会去	有吸引力，会去任教	会扎根乡村，长期任教	会长期在乡村任教，并尽力做好	不了解	χ2
地区	东部地区	20.2	9.6	16.0	24.5	22.3	7.4	29.619***
	中部地区	14.0	13.0	19.7	9.5	22.2	21.6	
	西部地区	15.5	8.4	22.4	11.8	20.0	21.9	
性别	男	21.6	9.8	16.5	17.8	21.6	12.7	27.076***
	女	13.0	10.4	22.1	10.4	20.9	23.2	
年龄	A1	11.5	10.0	31.5	6.5	13.5	27.0	71.173***
	A2	16.0	12.0	17.1	8.7	21.5	24.7	
	A3	18.1	7.1	19.0	17.3	26.1	12.4	
	A4	15.0	12.2	13.1	22.4	25.2	12.1	
教龄	TL1	13.6	9.3	28.3	6.3	14.6	27.9	71.942***
	TL2	15.5	13.2	15.5	10.5	26.5	18.8	
	TL3	19.3	8.0	18.1	18.5	23.1	13.0	
	TL4	10.7	13.1	11.9	20.2	29.8	14.3	

（续表）

维度		没有吸引力	有吸引力，但不会去	有吸引力，会去任教	会扎根乡村，长期任教	会长期在乡村任教，并尽力做好	不了解	χ2
职称	T1	8.7	10.2	26.8	8.7	16.5	29.1	41.558***
	T2	13.7	9.5	22.9	9.9	20.1	23.9	
	T3	19.6	9.1	18.3	15.5	24.3	13.2	
	T4	18.0	15.3	12.5	18.0	18.1	18.1	

注：***$p < 0.001$

2. 工作动力因素

在促使教师积极工作的动力因素中，普及率最高的是所劳有所得，普及率为 68.59%；其次为晋升机会，普及率为 50.18%。普及率位于第 3—7 位的因素依次为获得奖金等经济激励、评奖评优、教师自身的责任感和领导的认可与赏识，普及率分别为 36.67%、36.34%、34.18% 和 29.12%。普及率最低的两个因素是教师自身的职业发展动力和同事积极工作的氛围，普及率分别为 19.61% 和 16.73%。不同地区的乡村教师对促使教师积极工作的动力因素的看法基本一致，对个别因素的评价有所差异。东部地区乡村教师选择所劳有所得、晋升机会的比例高于中西部地区的乡村教师，选择获得奖金等经济激励的比例则低于中西部地区乡村教师。东部地区乡村教师选择所劳有所得的比例为 74.00%，分别比中西部地区乡村教师高 5.45% 和 6.69%；选择晋升机会的比例为 60.00%，分别比中西部地区乡村教师高 12.2% 和 10.36%；选择获得奖金等经济激励的比例为 27.00%，分别比中西部地区教师低 12.31% 和 11.98%。西部地区乡村教师选择同事积极工作的氛围的比例则低于东中部地区乡村教师，为 11.62%，分别比东中部地区乡村教师低 6.38% 和 11.34%。不同地区乡村教师选择其他动力因素的比例差别不大。（见表 43）

表 43　促使教师积极工作的动力因素

动力因素	总体			东部地区			中部地区			西部地区		
	频数	普及率（%）	响应率（%）	频数	普及率（%）	响应率（%）	频数	普及率（%）	响应率（%）	频数	普及率（%）	响应率（%）
所劳有所得	570	68.59	23.45	74	74.00	25.08	218	68.55	21.95	278	67.31	24.34
领导的认可与赏识	242	29.12	9.96	23	23.00	7.80	118	37.11	11.88	101	24.46	8.85
评奖评优	302	36.34	12.43	39	39.00	13.22	116	36.48	11.68	147	35.59	12.87
晋升机会	417	50.18	17.16	60	60.00	20.34	152	47.80	15.31	205	49.64	17.95
教师责任感	284	34.18	11.69	32	32.00	10.85	114	35.85	11.48	138	33.41	12.08
职业发展动力	163	19.61	6.71	22	22.00	7.46	77	24.21	7.76	64	15.50	5.61
同事积极工作的氛围	139	16.73	5.72	18	18.00	6.10	73	22.96	7.35	48	11.62	4.20
获得奖金等经济激励	313	37.67	12.88	27	27.00	9.15	125	39.31	12.59	161	38.98	14.10
总计	2430	292.42	100.00	295	295.00	100.00	993	312.26	100.00	1142	276.51	100.00

以上分析表明，对绝大多数教师而言，合理的工作回报是促使教师积极工作最主要的动力因素，而对大部分教师而言，合理的工作回报就意味着能获得令他们安心从教的工资报酬。考察能让乡村教师安心从教的薪资水平，发现有 53.08% 的乡村教师选择的是 7000—8000 元，其次为 6000—7000 元，占 19.48%，选择 5000—6000 元的乡村教师占 18.18%，5000 元以下的仅有不到 5%，3000 元以下的则没有。选择“其他”的占 4.55%，“其他”中的出现频次最多的为“10000 元以上”。（见图 11）

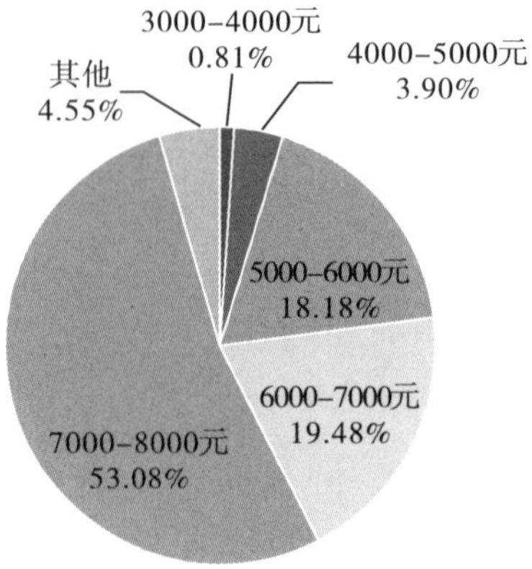

图 11　让乡村教师安心从教的薪酬

卡方检验表明，乡村教师对能让乡村教师安心从教的薪酬的选择存在显著的区域、性别、年龄和职称的差异。从地区差异来看，东部地区乡村教师安心从教的薪酬预期高于中西部地区的乡村教师，东部地区乡村教师中没有人选择 5000 元以下的薪酬水平，中西部地区乡村教师选择 5000 元以下薪酬水平的分别有 7.1% 和 4.5%；东部地区乡村教师选择 5000—6000 元和 6000—7000 元的分别为 5.0% 和 9.0%，均低于中西部地区乡村教师；东部地区乡村教师选择 7000—8000 元的占 66.0%，分别比中部地区和西部地区乡村教师高 15.3% 和 15.5%。东部地区乡村教师选择“其他”的比例也高于中西部地区。就性别差异而言，男教师对安心从教的薪酬预期高于女教师。女教师选择 3000—4000 元的比例为 1.1%，而男教师为 0，女教师选择 4000—5000 元、5000—6000 元的比例均高于男教师，选择 6000—7000 元的比例与男教师接近，选择 7000—8000 元和“其他”的比例则低于男教师。

在不同年龄段的乡村教师中，年龄越大的乡村教师安心从教的薪酬预期越高。在 50 岁以上乡村教师中，选择 3000—4000 元和 4000—5000 元的比例均为 0。不同年龄段的乡村教师选择 4000—5000 元、5000—6000 元的比例随年龄的增加呈递减趋势，选择 6000—7000 元的比例接近，而选择 7000—8000 元的比例则随年龄的增加呈递增趋势。这说明，对不同年龄的乡村教师而言，6000—7000 元是一个分水岭，30 岁以下的年轻乡村教师对这个区间以下的薪酬水平的期待程度更高，而 30 岁以上的教师则对这个区间以上的薪酬水平接受程度更高。

在不同职称的教师中，一级教师对安心从教的薪酬预期最高，其次为高级教师和二级教师，三级教师最低。三级职称的教师中有12.2%选择了5000元以下的薪酬水平，而二级、一级和高级职称的教师选择5000元以下薪酬水平的分别为6%、1.3%和4.8%；选择5000—6000元的比例，三级教师最高，为34.5%，其次为二级教师和高级教师，分别为26.0%和18.1%，一级教师最低；选择6000—7000元的比例，二级教师最高，为22.5%，其次为高级教师，为19.3%，三级教师与一级教师接近，分别为17.8%和17.5%；而选择7000—8000元的比例一级教师最高，为67.2%，比高级教师和二级教师分别高13.8%和24.8%，比三级教师高32.8%。（见表44）

表44 让乡村教师安心从教的薪酬差异（%）

维度		3000—4000元	4000—5000元	5000—6000元	6000—7000元	7000—8000元	其他	χ2
地区	东部地区	0	0	5.0	9.0	66.0	20.0	95.731***
	中部地区	1.8	5.3	18.2	21.8	50.7	2.2	
	西部地区	0.4	4.1	22.7	21.3	50.5	1.0	
性别	男	0	1.8	9.7	19.4	60.0	9.1	26.623***
	女	1.1	4.7	21.4	19.6	50.5	2.7	
年龄	A1	1.4	10.8	42.5	18.7	25.2	1.4	144.418***
	A2	0.5	3.3	17.7	22.0	53.7	2.8	
	A3	1.1	1.2	6.4	21.4	65.3	4.6	
	A4	0	0	4.8	10.8	71.1	13.3	
职称	T1	3.3	8.9	34.5	17.8	34.4	1.1	94.114***
	T2	0.4	5.6	26.0	22.1	42.4	3.5	
	T3	0.4	0.9	7.9	17.5	67.2	6.1	
	T4	0.8	4.0	18.1	19.3	53.4	4.4	

注：***$p < 0.001$

3. 教育教学中最需要的支持

乡村教师在教育教学中最需要的支持在一定程度上能够反映出乡村教育当中的薄弱部分，即越缺少什么就越需要什么。统计表明，乡村教师在教育教学中最需要的支持中，排在第一位的是优质的教学资源（例如课件和案例等），该选项的普及率为 76.79%，远高于其他选项；其次为外出学习和教研人员或专家的指导，普及率分别为 57.62% 和 54.29%。再次为教育技术设备，普及率为 41.55%；排在末位的两个选项是网络交流平台和校本研修，普及率分别为 23.21% 和 17.14%。

不同地区乡村教师最需要的支持与总体的趋势基本一致，对个别选项的选择情况存在较大差异。最需要优质教学资源的乡村教师比例，中部地区最高，为 81.79%，分别比东西部地区高 3.79% 和 9.19%；最需要外出学习的乡村教师比例，西部地区最高，为 62.98%，分别比东中部地区高 11.98% 和 10.2%；最需要教研人员或专家指导的比例，西部地区高于东、中部地区，西部地区为 56.25%，东中部地区分别为 44.00% 和 54.94%；最需要教育技术设备的教师比例，中东西部地区依次递减，普及率分别为 51.23%、45.00% 和 33.17%。不同地区乡村教师对网络交流平台和校本研修的需要程度则没有上述几项强烈，东中西部地区乡村教师对网络交流平台最需要的比例分别为 26.00%、25.62% 和 20.67%，对校本研修最需要的比例分别为 15.00%、21.91% 和 13.94%。（见表 45）

表 45　乡村教师教育教学中最需要的支持

最需要的支持	总体			东部地区			中部地区			西部地区		
	频数	普及率（%）	响应率（%）	频数	普及率（%）	响应率（%）	频数	普及率（%）	响应率（%）	频数	普及率（%）	响应率（%）
优质教学资源	645	76.79	28.27	78	78.00	29.88	265	81.79	28.25	302	72.60	27.89
教育技术设备	349	41.55	15.29	45	45.00	17.24	166	51.23	17.70	138	33.17	12.74
网络交流平台	195	23.21	8.55	26	26.00	9.96	83	25.62	8.85	86	20.67	7.94

（续表）

最需要的支持	总体			东部地区			中部地区			西部地区		
	频数	普及率（%）	响应率（%）	频数	普及率（%）	响应率（%）	频数	普及率（%）	响应率（%）	频数	普及率（%）	响应率（%）
教研人员或专家的指导	456	54.29	19.98	44	44.00	16.86	178	54.94	18.98	234	56.25	21.61
校本研修	144	17.14	6.31	15	15.00	5.75	71	21.91	7.57	58	13.94	5.35
外出学习	484	57.62	21.21	51	51.00	19.54	171	52.78	18.23	262	62.98	24.19
其他	9	1.07	0.39	2	2.00	0.77	4	1.23	0.42	3	0.72	0.28
总计	2282	271.67	100.00	261	261.00	100.00	938	289.51	100.00	1083	260.34	100.00

四、结论与建议

（一）全面提高乡村教师待遇，建立科学有效的“留人”机制

目前乡村教师待遇面临着收入水平地区差异大、绩效工资落实不到位、教师补助偏低以及教师付出与所得不匹配等问题，因此应加大对乡村教育的财政投入力度，全面提高乡村教师待遇，建立科学有效的“留人”机制。应优先实施“待遇留人”策略，同时采取感情留人和事业留人。“留人”一是留住“普通人”，即普通乡村教师，以此确保乡村教师师资配置的充足性；二是留住“人才”，即乡村学校的骨干教师，以此来保证乡村教师队伍专业化水平和整体师资质量。从调查结果中可以得到以下启示：待遇留人比感情留人更为直接有效。待遇留人是感情留人的基础。乡村教师对乡村教育、乡村学校的感情需要时间积淀，依靠感情留人在短期内很难收到立竿见影的效果。在优先待遇留人的基础上，再辅以感情留人和事业留人，才能真正留住优秀乡村教师。

针对不同的乡村教师群体，要精准施策，建立丰富多样的留人机制。对于普通乡村教师，他们离开的目的或是追求较高的工作待遇或是出于照顾家庭便利性的考量。此类乡村教师，占乡村教师的绝大多数甚至全体，要

留住他们，最主要的策略就是提高工资待遇，工资待遇既是广大乡村教师期待最多的，也是最不满意的部分。因此要大幅提高乡村教师的工资待遇，不仅要提高基本工资的起点，也要加大基本工资以外的公积金、年终奖金等各方面收入的发放额度。保证教师收入不低于当地公务员收入的平均水平。另外，落实绩效工资制度，改变绩效评价和绩效工资发放“两张皮”的局面。目前乡村学校绩效工资的发放力度比较小,绩效评价的方式也不尽科学，不少乡村学校绩效评价的结果并不直接与绩效工资的发放挂钩，使绩效评价的结果形同虚设。要改变这种局面，就要提高绩效工资比重，建立科学的绩效评价制度，增加绩效发放中的民主评议和结果监管，以此来保证绩效工资发放的公平性和实效性。此外，要提供生活方面的便利，包括改善住房或住宿条件、加大乡村教师补助的覆盖面和补助力度、增加交通补助和伙食补助等。这些举措可以解决乡村教师离家工作的后顾之忧，让他们有更多精力投入到本职工作中。

对于骨干乡村教师，他们除了追求物质上的回报之外，更看重事业带来的成就感。这类乡村教师业务水平精湛，具有很强的专业领导力。对于此类乡村教师，应提供给他们更多的发展平台和表现机会，委派重要的教学或管理工作，例如担任学校领导，在职称评聘方面应予以适当倾斜，增加破格晋升的机会，使他们的光热能得到充分发挥。此外，乡村学校应注重人文环境的营造，注重乡村教师的精神成长，为感情留人创造坚实基础。尤其对于年轻乡村教师而言，良好的工作环境、和谐的人际关系、人性化的管理是帮助他们提高乡村学校认同感、融入感，进而培养和加深对乡村教育感情的重要条件。

（二）改善乡村教师发展环境，减少乡村教师非教学压力

良好的发展环境和工作环境是提高乡村教育质量的重要保障，也是教师站稳讲台安心从教的关键。教学质量是乡村教育的生命线,要提升教学质量，首先要提升教师队伍的质量，提升教师队伍质量的前提是保证教师有良好的专业发展空间。但目前乡村学校同大部分中小学一样,面临着教学压力大、非教学性事务过重等问题。

对于教师压力大和工作量过重的问题，首先要明确学校责任边界，严格把控各种检查和“进校园”活动次数和内容。检查的目的是为了发现不足，改进现状。过于频繁的检查不仅没有起到改进的作用，反而破坏了乡村学校正常的教育教学秩序，影响乡村教育的健康发展。鉴于此，教育主管部门要发挥指导作用，协同有关政府部门划定学校职责边界，在允许的范围内进行检查或开展“进校园”活动。另外,应建立进校园活动审查制度，对不适合学校或不利于学生身心健康发展的内容应予以杜绝。对学校应当授予拒绝执行的权利，当学校认为某项活动会影响正常教学工作或对师生的发展不利时，应该有权利拒绝执行，同时保留学校向上级申诉的权利。

要解决乡村教师压力过大问题，还应优化农村学校的师资布局，增加乡村教师数量的同时，合理配置不同学科、年龄的骨干教师，最大程度地保证教师队伍的健康生态和发展活力。首先，应合理使用教师编制。在教育系统内排查在编不在岗教师，补缺空余编制。其次，适量增加编外教师数量。在控编政策的影响下，不同的事业单位普遍存在缺编现象，由于教师编制体量占比较大，其他单位为了保证本部门工作的顺利开展，僭越指导和摊派任务在所难免，这是导致教师被迫承担非本职工作的一个重要原因。因此，教育部门应适当增加编外教师，通过政府购买服务、增加特岗教师名额、建立高校师范生支教实习基地等的方式来弥补乡村教师编制的不足。在师资分配方面，保证教师年龄结构的合理性，保证老中青年教师搭配，这样既有利于工作压力的合理分担，也有利于乡村教师队伍的迭代更新。

（三）加强教师培训质量监管，保障乡村教师培训实效性

从调查来看，绝大部分乡村教师参与的教师培训方式都是网络培训和校本培训，培训方式单一、内容老旧，培训质量得不到保障。为解决这一问题，应加强教师培训质量监管，保证乡村教师培训的实效性。

首先，要加强网络培训和校本研修的质量监管。由于网络培训的方式都是由教师自身完成，既没有同伴交流互助，也缺乏专业人员指导，很难保证培训的实效性。校本研修虽然能在一定程度上克服缺少同伴交流互助的缺点，但受限于乡村教师自身的业务能力，如果没有骨干教师作为引领，

校本研修的效果就会大打折扣。因此，应当加强网络培训和校本研修的质量监管，在培训时应当给乡村教师一定的培训指导。首先，是把好培训内容关，教育主管部门和学校教研室应根据不同教师需求推荐个性化的培训内容，增加培训内容的实用性和前沿性，同时还应注重培训内容的可接受性，这就要对教师专业知识结构和培训经验做出预估和评价，推荐一些是教师力所能及的同时又是迫切需要的内容。其次，把好培训结果考核关，只有在培训真正有效果时，才能计入培训学时，而对于没有完成预期效果的培训，则应酌情考虑部分计入或完全不计入培训学时。再者，加强对乡村学校双师型教师的发掘和培养。在调研样本中，只有一名正高级教师，这反映出乡村教师队伍中缺乏专家型教师和经验丰富的指导者。对于教学经验丰富的副高级教师，应当鼓励他们发挥引导者和指导者作用，积极参与教师培训，指导青年教师成长。最后，还应丰富乡村教师培训形式，将多种培训形式结合起来。对乡村教师而言，外出培训是很重要的学习经历，这不仅有利于他们的专业发展，而且能在很大程度上增强他们的荣誉感和工作积极性。乡村教师尤其是西部地区的乡村教师，对外出学习的需求较大，这说明乡村教师外出培训的机会过少。对许多乡村教师来说，能够获得外出培训机会意味着学校对自己发展的重视和对自己工作成绩的肯定，这能在一定程度上激发他们工作的动力。因此，应当适当增加乡村教师外出培训的机会。此外，还应发挥地方教师培训学校的作用，定期统计乡村教师的教育教学需求和实际工作中的困惑和困难，开展送教下乡和专家指导。专家指导充分利用好网络资源，开展线上和线下指导相结合的指导方式。

（四）完善乡村教师荣誉制度，提升乡村教师职业地位

从调查来看，乡村教师荣誉制度的实施尚没有取得预期效果，有不少教师不了解乡村教师荣誉制度，或是了解乡村教师荣誉制度却认为该政策没有吸引力，或是认为有吸引力，但这种吸引力却不足以吸引教师在乡村任教或长期在乡村任教。究其原因，一是政策宣传不到位，二是缺乏实质性的奖励，三是缺乏系统的地方性配套政策。

在调查中，有不少教师表示不了解乡村教师荣誉制度。这是政策宣传不到位所致。针对这一问题，首先应加大主流媒体的宣传力度，应成立专门的组织进行宣传和落实督促。主流媒体应开辟专栏加大对政策和乡村教师优秀事迹的宣传，此外可组织乡村从教时间30年以上、20年以上和10年以上并且已经获得荣誉的乡村教师，进行政策的宣讲，并由这些教师成立专门组织来督促上级政府落实荣誉制度。其次在颁发荣誉证书的基础上，应给予实质性奖励，例如奖金或外出培训机会。这是让乡村教师荣誉制度发挥效用的关键。再者出台地方性的配套政策，在乡村从教10年以上的教师，由县级政府出资进行奖励，20年以上的由县级和省级政府共同奖励，而对于从教30年以上的教师则应由县级、省级和中央政府进行奖励。

在离职的教师中，有许多考公务员转行的教师，尽管目前从基本工资来讲，教师工资的总体水平已经达到了教育法的预期，但是综合考量公务员基本工资以外的收入，教师与之则相去甚远。教师选择考公务员不仅是因为收入问题，更重要的是社会地位的差异，关键是将“学而优则仕”的观念改变为“学而优则师”，这就要大力提高教师的社会地位，让教师成为受人尊敬的职业。

报告二　县域城乡教育一体化融合发展问题聚焦、机制和路径选择
——基于全国四省四县区典型分析

蒙泽察

一、前言

城乡一体化发展是我国实现社会主义现代化强国的国家战略。城乡教育一体化融合发展是城乡经济社会发展一体化的重要组成部分，是保障城乡教育均衡发展和促进教育公平的必然选择。城乡教育二元结构是随城乡社会二元结构的产生而产生的，是人类社会发展到一定阶段的产物。而城乡关系由分离到对立、差别到融合是历史发展必然。2010 年，《国家中长期教育改革和发展规划纲要 (2010—2020 年)》，提出了“建立覆盖城乡的基本公共教育服务体系，逐步实现公共教育服务均等化，缩小区域差距”的战略目标，并指出“要加快缩小城乡差距，建立城乡一体化义务教育发展机制”。2016 年，《国务院关于统筹推进县域内城乡义务教育一体化改革发展的若干意见》(国发〔2016〕40 号) 指出，我国已进入全面建成小康社会的决胜阶段，正处于新型城镇化深入发展的关键期，这对整体提升义务教育办学条件和教育质量提出了新要求，鼓励有条件的地区在更大范围内开展城乡义务教育一体化改革发展试点。

实现城乡教育一体化融合发展是我国教育现代化的重要战略任务和战略目标。2017 年党的十九大报告强调“推动城乡义务教育一体化发展，高

度重视农村义务教育，……努力让每个孩子都能享有公平而有质量的教育。”“支持和规范社会力量兴办教育。”2019年中共中央、国务院印发《中国教育现代化2035》，面向教育现代化重点部署十大战略任务、四大实施路径和三个方面保障措施，《加快推进教育现代化实施方案（2018—2022年）》（以下简称《实施方案》）明确十项重点任务和四方面保障措施，两份文件均有强调以农村为重点提升学前教育普及水平，提升义务教育巩固水平，推进城乡义务教育一体化优质均衡发展。2019年党的十九届四中全会《决定》强调“完善城乡公共文化服务体系，优化城乡文化资源配置，……鼓励社会力量参与公共文化服务体系建设”。“推动城乡义务教育一体化发展，……统筹协调发展机制。”“构建覆盖城乡的家庭教育指导服务体系。”

2020年4月，在陕西考察时，习近平总书记强调，要推进城乡义务教育一体化发展，缩小城乡教育资源差距，促进教育公平，切断贫困代际传递。推进城乡教育一体化融合发展是当代农村教育现代发展的必然选择，也是破解城乡教育二元发展体制的必然要求，是解决日益扩大的城乡教育差距的战略措施和构建社会主义和谐社会的必由之路。课题组先后赴青海、宁夏、贵州、陕西、江西、山东、河南、广东、吉林等全国15个省区的农村地区开展教育调研，问卷调研和实地调研130多个市县区570多所中小学校、幼儿园、职业学校和偏远农村小规模学校。基于城乡教育发展的历史演进和当前推进城乡教育一体化发展面临的普遍性问题，选取了较为典型模式的县区案例，分别从推进城乡教育一体化融合发展的背景与规划布局、制度改革、发展目标定位和推进策略与实施方案四个方面进行比较分析。选取的四个典型案例分别是西部的陕西省渭南市的蒲城县、中部的江西省上饶市弋阳县、东部沿海的广东省珠海市斗门区和东北的吉林省吉林市永吉县，四个县区分属于四大经济区域，所处的经济社会发展背景和社会现代化进程差异较大，在不同的社会发展进程中推进城乡教育一体化融合发展，面对城乡教育一体化融合发展过程中出现的普遍性问题时，采取了不同的举措，其模式和经验可为其他相应地区提供参考。

二、城乡教育一体化发展的历史演进

（一）社会改革和发展背景：由城乡二元对立向城乡一体化融合

城乡一体化这一概念是伴随着城乡二元对立现象而产生的，城乡关系由分离到对立、由差别到融合是历史发展必然。马克思、恩格斯认为关于城乡关系思想理论主要包含三个层次：一是发展趋势由分离到对立、由差别到融合是历史发展必然；二是城乡关系发展演变的动力是社会分工和生产力的发展；三是实现的方法、策略和措施。新中国成立初期，由于我国发展战略是“重工业城市优先”，形成了我国典型的城乡二元对立的社会结构。我国的城乡经济社会二元结构主要是以二元户籍制度为核心，城市由市民组成的城市社会和农村由农民组成的农村社会二元对立结构，其二元结构对立主要体现在社会公共服务、公共事业投入、文化教育、福利保障、就业待遇、“剪刀差”等政策制度，造成了城乡在政治、经济、文化、教育等各个方面的不平等和巨大差异的现象。改革开放以后,随着社会经济的快速发展，社会分工的继续分化和生产力的提高，城乡发展差异、人口流动、教育公平、城市化等问题日益凸显。进入21世纪后，为破解城乡二元结构导致的系列社会问题,党和国家提出了“统筹城乡、实现城乡一体化发展”的思想，并制定了一系列相应的发展战略、政策和制度。2003年10月，党的十六届三中全会审议并通过的《中共中央关于完善社会主义市场经济体制若干问题的决定》首次提出了“统筹城乡发展、统筹区域发展、统筹经济社会发展、统筹人与自然和谐发展、统筹国内发展和对外开放的要求”五个统筹，同时提出建立有利于逐步改变城乡二元经济结构的体制。①

2004年9月，十六届四中全会中，胡锦涛同志提出了关于“两个趋向”的重大论断，即“纵观一些工业化国家的发展历程，在工业化初始阶段，农业支持工业、为工业提供积累是带有普遍性的趋向；但在工业化达到相当程度以后，工业反哺农业，城市支持农村，实现工业与农业、城市与农村

①《中共中央关于完善社会主义市场经济体制若干问题的决定》，中国政府网：http：//www.gov.cn/gongbao/content/2003/content_62494.htm.

协调发展，也是带有普遍性的趋向”。2005年，十六届五中全会提出了建设社会主义新农村的重大历史任务。2006年，十六届六中全会通过《关于构建社会主义和谐社会若干重大问题的决定》，提出要逐步扭转城乡发展差距扩大的趋势、建立覆盖城乡居民的社会保障体系、逐步实现公共服务均等化。[①]2007年，党的十七次全国代表大会提出要走中国特色农业现代化道路，建立以工促农、以城带乡长效机制，形成城乡经济社会发展一体化新格局。[②]2008年，十七届三中全会通过了《中共中央关于推进农村改革发展若干重大问题的决定》，明确提出到2020年基本建立城乡经济社会发展一体化体制机制的工作目标。[③]

2011年3月，十一届全国人大四次会议表决通过的《中华人民共和国国民经济和社会发展第十二个五年规划纲要》强调要按照统筹城乡发展要求，推进基本公共服务均等化，建立健全城乡发展一体化制度。2012年，党的十八大报告强调“加快完善城乡发展一体化体制机制，着力在城乡规划、基础设施、公共服务等方面推进一体化，促进城乡要素平等交换和公共资源均衡配置，形成以工促农、以城带乡、工农互惠、城乡一体的新型工农、城乡关系”[④]。2013年，《中共中央关于全面深化改革若干重大问题的决定》进一步强调“城乡二元结构是制约城乡发展一体化的主要障碍。必须健全体制机制，形成以工促农、以城带乡、工农互惠、城乡一体的新型工农城乡关系，让广大农民平等参与现代化进程、共同分享现代化成果”[⑤]。2014年，《国家新型城镇化规划（2014—2020年）》进一步强调“坚持工业反哺农业、

① 《关于构建社会主义和谐社会若干重大问题的决定》，中国政府网：http：//www.gov.cn/gongbao/content/2006/content_453176.htm.

② 胡锦涛中国共产党第十七次全国代表大会上的报告，中国人大网：http；/www.npc.gov.cn/zgrdw/npc/zggcddsbcqgdbdh/2012-11/06/content_1742192.htm.

③ 《中共中央关于推进农村改革发展若干重大问题的决定》，中国政府网：http：//www.gov.cn/jrzg/2008-10/19/content_1125094.htm.

④ 胡锦涛在中国共产党第十八次全国代表大会上的报告，人民网：http：//cpc.people.com.cn/n/2012/1118/c64094-19612151-1.html.

⑤ 《中共中央关于全面深化改革若干重大问题的决定》，中国政府网：http：//www.gov.cn/jrzg/2013-11/15/content_2528179.htm.

城市支持农村和“多予、少取、放活”方针，加大统筹城乡发展力度，增强农村发展活力，逐步缩小城乡差距，促进城镇化和新农村建设协调推进。加快消除城乡二元结构的体制机制障碍，推进城乡要素平等交换和公共资源均衡配置，让广大农民平等参与现代化进程、共同分享现代化成果”。[①]

（二）城乡教育一体化发展的政策嬗变

进入21世纪后，关于城乡教育一体化发展，国家出台了一系列的政策法规。2000年，国家实行了农村税费改革，同时取消了教育集资和农村教育费附加。2001年，国务院下发的《关于基础教育改革与发展的决定》确立了“实行在国务院领导下，由地方政府负责、分级管理、县为主的体制”。2003年3月，国务院颁发的《关于进一步加强农村教育工作的决定》明确提出了城乡教育协调发展的理念。文件强调,发展农村教育是实现教育公平、体现社会公正的重要方面，要“优先发展农村教育”，要“加大城市对农村教育的支持和服务，促进城市和农村教育协调发展，城市各级政府要坚持流入地政府管理为主、公办中小学为主，保障进城务工就业农民子女接受义务教育”；“地（市）、县教育行政部门要建立区域内城乡‘校对校’教师定期交流制度”，要落实城乡优质教育资源共享等政策文件精神。

2006年6月，《中华人民共和国义务教育法（修正案）》强调，“重要指向是促进城乡义务教育均衡发展”。2008年，《中共中央关于推进农村改革发展若干重大问题的决定》强调，要大力发展农村教育，促进城乡义务教育均衡发展，实现2020年城乡基本公共服务均等化明显推进，农村人人享有接受良好教育机会的教育目标。2010年，《国家中长期教育改革和发展规划纲要（2010—2020年）》提出了“建立覆盖城乡的基本公共教育服务体系，逐步实现公共教育服务均等化，缩小区域差距”的战略目标，并指出“要加快缩小城乡差距，建立城乡一体化义务教育发展机制”。2012年6月，教育部印发了《国家教育事业发展规划第十二个五年规划》，提出了“十二五”

---

①《国家新型城镇化规划（2014—2020年）》，中国政府网：http：//www.gov.cn/zhengce/2014-03/16/content_2640075.htm.

期间东部地区要基本实现城乡教育一体化，其他地区要逐步实现城乡教育一体化的发展目标。2016 年 7 月，《国务院关于统筹推进县域内城乡义务教育一体化改革发展的若干意见》指出，我国已进入全面建成小康社会的决胜阶段，城镇化深入发展的关键期，这对整体提升义务教育办学条件和教育质量提出了新要求，鼓励有条件的地区在更大范围内开展城乡义务教育一体化改革发展试点。2017 年，党的十九大报告强调“推动城乡义务教育一体化发展，高度重视农村义务教育，办好学前教育、特殊教育和网络教育，普及高中阶段教育，努力让每个孩子都能享有公平而有质量的教育”。

（三）城乡教育一体化融合发展的内涵与目标

城乡教育二元结构是随城乡社会二元结构的产生而产生的，是人类社会发展到一定阶段的产物，马克思、恩格斯认为城乡对立是生产力和生产关系相互作用的结果，城乡对立的存在是“生产力还不够高的表现”和生产关系“只有在私有制的范围内才能存在”[①]。同样，马克思、恩格斯认为城乡对立的消解，也是生产力和生产关系相互作用的结果，需要相对高度发展的生产力为城乡对立的消除、城乡差别的消灭奠定物质基础；二是通过消灭私有制改变旧的不合理分工，建立消除城乡对立的社会条件。我国目前公布的政策文件文本对城乡一体化的基本定义或表述为“以工促农、以城带乡、工农互惠、城乡一体的新型工农、城乡关系”“城市反哺乡村，工业反哺农业”或“乡村城市化、农业工业化”等。全国科学技术名词审定委员会将“城乡一体化”作为城市地理学学科术语，解释为“以城市为中心、小城镇为纽带、乡村为基础，城乡依托、互利互惠、相互促进、协调发展、共同繁荣的新型城乡关系”[②]。有学者笼统地归纳为：“城乡一体化是指一定区域范围内城市与乡村在政治、经济、文化等方面发展的有机结合，形成以城带乡、以乡促城、相互依存、互补融合、协调发展的城乡关系，逐步消除城乡二元结构格局，

① 马克思、恩格斯：《马克思恩格斯全集》第 3 卷，人民出版社，1995，第 57 页。

② 术语在线，全国科学技术名词审定委员会，http：//www.termonline.cn/list.htm?k=%E5%9F%8E%E4%B9%A1%E4%B8%80%E4%BD%93%E5%8C%96.

实现城乡共同发展、共同繁荣。”[①]

城乡教育一体化融合发展是城乡经济社会发展一体化的重要组成部分，是保障城乡教育均衡发展和促进教育公平的必然选择。城乡教育二元结构是在城乡二元经济社会结构基础上形成的，二者在社会本质属性上具有同质性。城乡教育一体化是为打破城乡教育二元结构，建立城乡教育互联互动、相互补充、互相融合的机制和平台，逐步实现城乡教育公平和优质均衡发展。有学者认为，广义的城乡教育一体化不仅要求统筹当地城乡教育发展，缩小城市与乡村的教育差距，也要求统筹城市居民和农民工及其子女的教育问题，缩小城市内部“城里人”与“乡下人”的教育差距。城乡教育一体化是手段性表述与目标性表述的统一，即“用城乡教育一体化的手段实现城乡教育一体化的目标”，一体化既是手段又是目标，一体化作为手段强调的是城乡教育双向沟通、资源共享、优势互补、互动互助，一体化作为目标强调的是缩小城乡教育差距，实现城乡教育公平。教育公平可以大致分为教育条件公平、教育起点公平、教育过程公平和教育结果公平四个方面。教育条件公平指城乡教育投入、办学物质条件、师资条件的公平，教育起点公平指城乡之间和城市内部受教育者的机会公平，教育过程公平指城乡学校在教育教学过程中课程设置、先进教学方法使用等的公平，教育结果公平指城乡教育质量的公平。[②]

三、城乡教育一体化融合发展问题聚焦

教育系统作为社会系统的一个重要组成部分，城乡教育一体化一个系统整体推进的动态进程，需要逐步破解城乡教育二元结构的制度瓶颈，在城镇化进程中构建科学合理的城乡教育布局和重构教育体系，实现城乡教育资源互通共享的合理配置和优化。城乡教育一体化的推进，从宏观的教育

---

① 褚宏启:《城乡教育一体化: 体系重构与制度创新——中国教育二元结构及其破解》,《教育研究》2009 年第 11 期。

② 褚宏启:《教育制度与城乡教育一体化——打破城乡教育二元结构的制度瓶颈》,《教育研究》2010 年第 1 期。

体制机制范畴看，包括城乡教育管理体制机制、教育人事体制机制、教育投入体制机制、办学体制机制、人才培养体制机制和考试评价体制机制的一体化；从中观的教育层级与类别看，包括城乡学前教育、义务教育、职业教育、高中教育、高等教育和继续教育的一体化；从微观的教育组成要素看，包括城乡学校师资、学校课程模式、资源配置和城乡教育信息的一体化。①

（一）城乡教育二元结构的制度瓶颈

中华人民共和国成立初期，在经济落后、资源贫乏的情况下，采取了效率优先的国家发展战略，将有限的资源集中到少数行业、地区，以“剪刀差”的方式将农村资源集中到城市，以追赶实现工业化和城市的现代化。在教育上，形成了倾向于优先发展城市教育的公共教育政策，国家将大量教育资源集中投入到城市教育发展中，形成“农村教育农村办”和“城市教育优先办”的二元格局。为稳固二元经济社会发展的格局，又实行了城市市民和农村农民两种类型和性质的户籍制政策，以此限制农村人口向城市流动，最终使得城乡二元结构越来越巩固，城乡差距也逐渐拉大。

表 1　我国关于城乡一体化和城乡教育一体化发展的相关文件或重要指导精神

时间	文件名或指导精神	内容或精神摘要
1953 年 9 月	《中共中央批发中央教育部党组等〈关于检讨官僚主义和对今后普通教育方针的报告〉等三个报告给各级党委的指示》	今后首先应集中力量办好城市小学、工矿区小学、农村完全小学和中心小学。大城市、工矿区、少数民族区及老革命根据地，则应按具体情况，作一定的发展。农村小学在确定有发展需要时，应以发展民办小学为主。……对教师工资标准及教师与学生编制比例，均应按各地区工资分值及城市与乡村、平原与山区等不同特点加以规定

① 李玲等:《城乡教育一体化：理论、指标与测算》,《教育研究》2012 年第 2 期。

（续表）

时间	文件名或指导精神	内容或精神摘要
1953 年 11 月	《政务院关于整顿和改进小学教育的指示》	由于国家逐步工业化，城市人口增加较快，而过去几年内城市小学增加的比例一般地较乡村为小，因此，在工矿区、城市特别是大城市，公立小学应作适当发展。……在农村，为适当解决农民子女入学问题，应根据需要与自愿的原则，提倡民办小学（包括完全小学）……对乡村公立小学，除在学校较少的少数民族地区和老革命根据地应作适当发展外，其他地区均以整顿提高为主，一般不作发展。由于我国经济发展不平衡，小学教育的发展也不平衡。我们应根据不同的情况，采取多种形式，提出不同的要求来办小学教育；如果要求全国小学整齐划一，那是做不到的。今后应首先着重办好城市小学、工矿区小学、乡村完全小学和中心小学。在农村，则除办集中的正规的小学外，还可以办分散的不正规的小学
1958 年 1 月	《中华人民共和国户口登记条例》	第十条规定公民由农村迁往城市，必须持有城市劳动部门的录用证明，学校的录取证明，或者城市户口登记机关的准予迁入的证明，向常住地户口登记机关申请办理迁出手续
1962 年	教育部颁发了《关于有重点地办好一批全日制中小学校的通知》	要求各地选定一批重点中小学，这些学校的数量、规模与高一级学校的招生保持适当比例，与高一级学校形成“小宝塔”，并集中精力先办好一批“拔尖”学校
1978 年 12 月	邓小平同志在中共中央工作会议闭幕会上的讲话《解放思想，实事求是，团结一致向前看》	“在经济政策上，我认为要允许一部分地区、一部分企业、一部分工人农民，由于辛勤努力成绩大而收入先多一些，生活先好起来。”进一步稳定了“城市优先发展”的非均衡发展战略
1985 年	《中共中央关于教育体制改革的决定》	规定“以乡为主”的分级办学、分级管理的办学管理体制：县、乡、村三级办学，县乡两级管理
1986 年 9 月	《国务院办公厅转发国家教委等部门关于实施〈义务教育法〉若干问题意见的通知》	规定城镇义务教育的设施要列入城镇建设规划，并要和当地实施的义务教育规划相互协调。农村中小学校舍建设投资以乡、村自筹为主。农村集镇建设规划也应包括义务教育设施，所需资金由乡（镇）政府负责筹集

（续表）

时间	文件名或指导精神	内容或精神摘要
2001 年	《国务院关于基础教育改革与发展的决定》	提出农村义务教育“地方政府负责、分级管理、以县为主”的管理体制，并“因地制宜调整农村义务学校布局”
2003 年	《国务院关于进一步加强农村教育工作的决定》	提出以县为主的农村义务教育管理体制，……乡镇政府要积极筹措资金，改善农村中小学办学条件。“以县为主”的管理体制，县级政府兼有行政管理和筹措经费两项职能
2003 年 10 月	《中共中央关于完善社会主义市场经济体制若干问题的决定》	提出了五个统筹，即“统筹城乡发展、统筹区域发展、统筹经济社会发展、统筹人与自然和谐发展、统筹国内发展和对外开放”的要求，同时提出建立有利于逐步改变城乡二元经济结构的体制
2005 年 12 月	国务院印发了《关于深化农村义务教育经费保障机制改革的通知》（国发〔2005〕43 号）	“明确各级责任、中央地方共担、加大财政投入、提高保障水平、分步组织实施”的基本原则，逐步将农村义务教育全面纳入公共财政保障范围，建立中央与地方分项目、按比例分担的农村义务教育经费保障新机制
2006 年 10 月	《中共中央关于构建社会主义和谐社会若干重大问题的决定》	明确要求各级政府要把基础设施建设和社会事业发展的重点转向农村，逐步实现基本公共服务均等化
2007 年 10 月	党的十七大报告	提出了“建立以工促农、以城带乡长效机制”，形成城乡经济社会发展一体化新格局
2008 年 10 月	《中共中央关于推进农村改革发展若干重大问题的决定》	我国进入着力破除城乡二元结构、形成城乡经济社会发展一体化新格局的重要时期，要建立促进城乡经济社会发展一体化制度。统筹城乡基础设施建设和公共服务，全面提高财政保障农村公共事业水平，逐步建立城乡统一的公共服务制度。建设社会主义新农村，形成城乡经济社会发展一体化新格局，必须扩大公共财政覆盖农村范围，发展农村公共事业，使广大农民学有所教、劳有所得、病有所医、老有所养、住有所居
2010 年	《国家中长期教育改革和发展规划纲要（2010—2020 年）》	提出了“加快缩小城乡差距，建立城乡一体化义务教育发展机制”

（续表）

时间	文件名或指导精神	内容或精神摘要
2016年7月	《国务院关于统筹推进县域内城乡义务教育一体化改革发展的若干意见》	我国已进入全面建成小康社会的决胜阶段，正处于新型城镇化深入发展的关键期，这对整体提升义务教育办学条件和教育质量提出了新要求，鼓励有条件的地区在更大范围内开展城乡义务教育一体化改革发展试点
2018年	《中共中央国务院关于实施乡村振兴战略的意见》	目标任务强调到2020年，城乡基本公共服务均等化水平进一步提高，城乡融合发展体制机制初步建立。明确提出强化乡村振兴人才支撑

我国城乡教育关系，是从中华人民共和国成立初期基于城乡人口制度限制而形成的二元关系，国家实行非均衡发展战略，由计划经济时期到改革开放初期的集中资源优先发展城市和重点行业的发展思想，城乡教育二元关系得到进一步的巩固，城乡教育之间的差距越拉越大，城乡教育二元关系的矛盾与冲突日益显现，尤其是享受基本均等的义务教育的法定权利受到了严峻挑战，教育不公正问题得以凸显。“农村教育农村办”和“城市教育国家办”的“分级办学”二元结构，主要是形式是“县办高中”“乡办初中”“村办小学”的办学模式以及相应的教学经费分别由县、镇、乡和村支付，城市教育由城市政府拨款（实质是中央和省市财政拨款），而农村义务教育实行三级办学、两级管理的体制。由于农村经济社会落后和集体经济组织的解体或改革，农村小学运营上出现困难，20世纪80—90年代农村教育出现经费短缺、学生辍学流失、危房坍塌、教师待遇低下等一系列问题不断凸显，城乡教育差距也愈演愈烈。

进入21世纪后，为破解城乡二元关系的社会矛盾和发展改革瓶颈，国家提出了统筹城乡，形成城乡经济社会发展一体化新格局。国家的一系列的公共教育政策逐步强调以农村教育作为教育工作的重点。从2001年起，农村义务教育实行“以县为主”的管理体制，中央和省级政府加大了对农村义务教育的投入；2003年，实施西部“两基”攻坚计划；2005年，国务院颁布了《关于深化农村义务教育经费保障机制改革的通知》，将农村义务教育全面纳入公共财政保障范围，建立中央和地方分项目、按比例分担农村义务教育经费保障机制；2006 年，免除西部地区义务教育阶段学杂费，中央财政同时对西部地区农村义务教育阶段中小学安排公用经费补助资金，提高公用经费保障水平，启动全国农村义务教育阶段中小学校校舍维修改造资金保障新机制；2007 年，中部地区和东部地区农村义务教育阶段中小学生全部免除学杂费，中央财政同时对中部地区和东部部分地区农村义务教育阶段中小学安排公用经费补助资金，提高公用经费保障水平；2008 年，继全面推行农村义务教育免除学杂费政策后，国家在全国范围内全部免除城市义务教育学杂费；2010 年，《国家中长期教育改革和发展规划纲要（2010—2020 年）》明确提出了“建立覆盖城乡的基本公共教育服务体系，逐步实现公共教育服务均等化，缩小区域差距”的战略目标，并指出“要加快缩小城乡差距，建立城乡一体化义务教育发展机制”。

以城镇化为主导的国家现代化建设全面提升了城镇生活质量，农村发展滞后，没有满足人们对美好生活需求的现代化工业及相关产业的经济支撑和现代化政治、经济、社会、文化、生态等基础，促使农村人口快速向城镇转移，也加快了农村教育城镇化，形成了“城挤乡空”城市繁荣和乡村持续走向衰落的状态，农村教育现代化面临“双重”贫困困境，失去发展原动力。教育发展重心“上移”的不平衡不充分发展，导致基础教育并未根本完成从“选拔人”功能向“培养人”功能的转化，高等教育实现了大众化的数量规模，却并未实现从精英培养向普通基层社会及大众化服务的内在转变。农村教育资源、人才不断被“抽血”及流失而得不到“输血”及回流，使农村培养的“离乡人”通过高等教育成为“异乡人”，农村教育现代化面临发展不平衡不充分困境，失去发展推动力。“以县为主”政策主导的管、办、治理念和方式局限性逐渐制约农村教育进一步深化改革，仅靠政府主导的单一加强投入边际递减效应已逐渐显现，农村教育政策倾斜性补偿的力度尚不足以形成足够的吸引力，农村人口“守乡”，农村学生留守，教师“下得去”“留得住”，坚守乡村教育大多是“进不了城”的一种不得已的选择。农村教育现代化在面临系列困境，发展的定位、目标依然充满不确定性，缺乏明确的政策和制度导向力。虽然基础教育的普及满足了农村对教育机会的需求，义务教育均衡发展一定程度上改善了办学条件，但农村教育的质量远未达到人们对教育质量的需求。农村教育现代化若失去了原动力和推动力，缺乏明确的导向力，整体发展乏力，那么将彻底成为教育现代化体系的“短板”。

（二）城镇化布局与教育体系重构问题

城镇化是现代化国家经济社会发展的必由之路，推进城镇化建设是我国社会主义现代化强国的必由之路。改革开放以来我国城镇化建设取得了举世瞩目的成就，进入 21 世纪后我国的城镇化逐步强调统筹城乡，建立促进城乡经济社会发展一体化制度，实现城乡基本公共服务均等化。随着经济社会不断深化改革和城镇化的推进，城乡人口二元制度瓶颈逐渐破解。随着大量人口的流动和迁移，城镇人口不断增加和聚集，使城镇教育需求量不断增加，城镇教育发展必须与城镇化进程同步统筹规划。2013 年，中国社会科学院发布的《城市蓝皮书》提出，到 2020 年，我国城镇化率将达 60% 左右，城镇人口约 8．4 亿，其中城镇新增农业转移人口近 1.1 亿。[①]2015 年，我国的城镇化率达到 56.1%，户籍人口城镇化率仅为 39.9%。2016 年《中华人民共和国国民经济和社会发展第十三个五年规划纲要》提出，到 2020 年，常住人口城镇化率达到 60%，户籍人口城镇化率达到 45%。届时，仍然有 40% 的常住人口生活在农村，65% 的户籍人口仍然是农村人口。实现全面建成小康社会、全面建设社会主义现代化国家的“两个一百年”奋斗目标是党和国家的重大历史任务。实现“两个一百年”任务目标的工作重中之重是农业农村的现代化建设，必须加快推进新农村建设、精准扶贫攻坚战和实施乡村振兴战略。农村经济社会的改革和发展，必然导致人口分布和人口结构的改变。农村人口生活水平不断提高，对优质教育的需求也不断提高。由于农村学校布局的调整和农村教育无法满足人们对优质教育的需求，有条件的农村孩子也往城镇上学，最后使得条件差的、无法到城镇上

① 《城市蓝皮书》：2020 年前市民化农业转移人口达 3 亿。

学的孩子留在乡村上学，总体上形成“城挤乡空”的局面。

在对城镇化进程中的农村义务教育布局调整中，从1978年起教育部开始了以提高教育质量为目的的“调整、改革、整顿、提高”的教育重建，农村地区的学校被大幅度地撤销或合并，小学由1977年的94.9万所减少到1985年的76.6万所，中学（包括初中和高中）也从18.2万所减少到不足7万所，分别减少了19.3%和62%。同期城市和镇的小学则从3.3万所增加到5.7万所，中学从1.9万所增加到近2.4万所，分别增加了72.7%和36.3%。但另一个数据显示，不是农村的学生和学校转入城市，而是农村学校的削减、合并致使不少农村儿童和少年失去了受教育机会，1977年全国学龄儿童的入学率为96.5%，1982年则下降到93.2%；同期小学毕业生的升学率也从92%降至66.2%，其中农村由89.6%骤降到62.3%，未能升学的小学毕业生从206.2万人增加到705.8万人。

进入21世纪后，为加快城镇化进程，2001年《国务院关于基础教育改革与发展的决定》提出因地制宜调整农村义务教育布局。结果却导致了农村义务教育学校大量“撤并”和“减缩”，2010年我国共有小学学校241249所，其中乡村小学169045所，到2017年，小学学校总数为167009所，乡村小学为96052所。6年之中，小学总数减少74240所，其中乡村小学减少72993所，乡村减少了43.18%，占总减少学校数的98.32%[①]，减少的基本是乡村小学。农村义务学校大规模的“撤并”和“减缩”，虽然看起来是进行了优质教育资源整合，但往往大多是整合进城镇，而整合后的农村学校的教育质量并没有得到相应的提高，反而带来了诸多负面影响，诸如上学远、安全隐患大、上学成本高、乡村教育和乡土文化逐渐衰落等问题。2012年，国务院办公厅出台《关于规范农村义务教育学校布局调整的意见》，要求科学制定农村义务教育学校布局规划，严格规范学校撤并程序和行为。但随着城镇化的快速推进，在地方的经济社会发展规划和教育发展规划追求规模及效益优先驱使下，教育资源向城镇集中的趋势依然没有得到缓解。

城乡教育一体化融合发展在城镇化发展过程中，主要面临发展形态和发

① 来自《中国教育统计年鉴2011》和《中国教育统计年鉴2017》的数据。

展观念两个方面的问题：发展形态上是城镇化促使人口向城镇聚集、乡村人口流失与人口分布及其结构调整的问题；发展观念上是城乡教育如何从二元对立关系转变为城乡教育一体化关系的教育体系问题。发展形态上，推进城镇化和新农村建设、实施精准扶贫攻坚战及乡村振兴战略，使我国人口结构和分布发生了调整。农村人口结构和分布调整大概分为五种情况：一是农村人口通过接受教育提升学历水平或具有较强生产能力、较高经济水平，他们大多选择在城市就业或创业，户口迁移进城镇，转为城镇人口户籍；二是农村人口通过劳动技术输出或商业活动迁移进城，户籍转为城镇人口，这部分人学历较高或具有一定的现代化劳动专业技术或较强的商业活动能力，对城市贡献较大，且家庭经济水平较高；三是农村人口通过“易地扶贫搬迁”与“异地扶贫搬迁”项目①迁移进城，户籍转为城镇人口；四是农村人口通过劳动力输出或商业活动流动进城务工，成为城镇常住人口，户籍仍是农村户口，这部分人大多处在劳动黄金年龄段②，一般具有一定的学历和文化知识，家庭经济水平较高，这部分家庭大多选择新建房屋居住，并选择建设在离城镇较近或交通较方便的路边，形成新的农村人口聚居地；五是较少部分农村人口留守农村继续从事农村农业生产劳动，这部分农村人口一般文化水平较低，年龄较大，现代化劳动能力弱，无法进城务工。前三种农村人口迁移进城是实现了城镇化，户籍成为城镇人口，其子女享受城市教育应有的资源；第四种城镇常住而非城镇户籍人口，家庭条件较好的其子女在相应的城镇进入接受随迁子女就读的学校上学，条件较差的留守老家，在农村学校就读或进入当地的城镇学校就读；第五种情况人口的家庭经济一般都较差，其子女基本都在当地农村学校就读。

总的来讲，能进城镇且生活有保障的农村人口基本上都会选择进城镇生活，其子女能进城的都会想方设法进城镇上学，实在没有办法进城镇上学

---

①“易地扶贫搬迁”项目是由各级发改委组织实施的，而“异地扶贫搬迁”项目是由各级扶贫办组织实施的。

② 第13届国际劳工统计大会（ILO）通过的十八项劳动力市场主要指标，认为劳动者的黄金年龄段是25岁至54岁。

的才不得不留在农村学校就读。农村人口分布及其结构的调整，使学校的布局也随之逐渐往城镇调整，教育资源也随之向城镇调整，乡镇教育的衰落加速了农村人口的外流，也就形成了所谓的“空心村”。长此以往，在一些人口外流严重的地区,农村常住人口也就只有留守老人和留守儿童了。“城挤乡空”的城乡教育发展形态，说明城乡教育体系建设严重滞后于城镇化进程的推进，且发展严重不均衡。改革开放40年来，我国城乡教育体系发生了翻天覆地的变化，但目前的城乡教育改革依旧建立在城乡教育二元结构体系之上，未能从根本上、体制机制上实现城乡一体化改革，城乡教育体系不能满足城乡居民对教育需求的矛盾依然凸显。在发展观念上是城乡教育如何从二元对立关系转变为城乡教育一体化关系的教育体系。从我国农村教育发展史看，农村教育向来培养农村孩子“走出大山”，走出大山之后“远离大山”，从来鲜有先“走出大山”，然后再“回到大山”的。农村教育发展的思想观念或是价值定位向来都是“离农”教育,农村孩子接受“离农”教育,文化水平越高,越不会回去“为农”,乡村文化得不到传承和发展，乡村没有建设人才队伍，如何振兴乡村?

“三教统筹”是在20世纪80年代我国农村教育综合改革的实践中提出的，形成普通教育、职业教育和成人教育“三教统筹”管理模式，其目的在于将农村经济、社会发展与农村教育改革结合起来，为当地建设培养迫切需要的初、中级适用人才。但过分强调政府主导，参与主体单一，缺乏对作为主体参与的农村的需求与供给的了解，未真正形成统筹发展，农科教统筹机构形同虚设，保障体系与统筹的要求不相适应，效益低下。构建新时代以终身教育先进理念为基础的农村教育现代体系;加大农民农业教育投入，实施继续教育和职业技能培训，满足不同人群的需求；与社会建立多种方式的合作参与机制，发挥教育资源的社会服务作用；加强农村文化建设、精神文明建设、法治教育，创新乡村治理体系，走乡村善治之路;建设平安乡村，确保乡村社会充满活力、和谐有序。建成新的以“五教统筹”为基础的农村教育现代化体系是当务之急。

（三）城乡教育一体化融合发展的资源配置和优化问题

优先加快农村教育现代化面临发展不平衡不充分的困境。改革开放后，我国选择非均衡发展战略，优先重点发展一些区域、领域，优先发展城市，以城镇化为主导推进国家现代化建设。实行以户籍制度为核心的“城乡分治”基本政策,早期通过“剪刀差”方式将农业剩余价值转移到工业和城镇，以获得推动国家现代化的资本积累。非均衡发展战略和制度安排导致发展重心向城市“上移”，以“城市为中心”优先发展导致教育发展在区域、城乡间的“虹吸效应”非常明显，使农村各种资源向城市、向发达区域富集，农村学生和教师“择优进城”，农村教育“离农”进城，农村人才“离乡”进城。在市场经济体系下，教育在城乡、区域、校际普遍存在“马太效应”使农村发展资源不断被城市“抽水”,形成“城强乡弱”失衡的二元发展困境。

发展重心“上移”是为快速实现国家发展的战略目标，教育领域主要体现在基础教育强化选拔精英的功能和高等教育强化精英培养的目标，以获得国家现代化建设急需的精英人才。随着综合国力不断提升，教育获得快速发展，基本实现基础教育的普及化和高等教育的大众化，但教育发展的重心并未因此“下移”，反而是随着城镇化而形成了教育理念、教育价值以及办学方式的持续“上移”。农村教育自身从形式到内容脱离乡村社会“上移”“向城”发展,农村教育只剩下了远离村庄的围墙里的“小城”学校,与乡土社会、文化割裂，培养“离乡人”。同时由于县域教育资源有限，农村教育发展面临“双重”贫困陷阱，缺乏完善的教育体系和完备的教育公共设施及服务，农村教育发展不充分，无法发挥教育的“乡土性”价值、品格和特质。

目前，我国城乡教育的基本管理和供给仍以“分级”管办为主，农村义务教育是“地方负责，分级管理，以县（区）为主”的管理和办学体制，即分级办学、分级管理、以县（区）为主的义务教育经费投入与管理体制框架。从制度层面看，依旧是城乡分立的二元机制设计，并没有在制度设计的本质上和价值取向上真正实现城乡教育一体化融合发展的国家战略目标。自2006年实行了“各级政府共担”的经费保障新机制后，农村义务教育经费快速增长，但是与城乡义务教育的差距并未有效缩小，在生均教育经费方面的差距甚至有扩大倾向。"分级"管办的体制机制主要解决农村义务教育经费短缺问题，提高中央和省级政府对农村义务教育的财政责任，但并没有真正调动地方责任主体提高农村教育质量的积极性和责任感，甚至在某种程度上使得农村义务教育的基层社会载体虚化。[①] 除此之外，该体制机制主要指向农村义务教育的经费供给，缺少相关的配套措施，忽视与国家宏观行政与财政等刚性体制的兼容，难以提升农村义务教育的供给水平；自上而下的改革所固有的信息不对称特征，以及教育投资所固有的长周期和区域外溢属性，使得农村义务教育在中央政府目标函数中的权重要高于其在地方政府目标函数中的权重，使得地方县乡财政、事权推诿卸责。由中央转移支付和"各级政府共担"机制，导致配套资金不到位甚至套用的现象常有发生,对于很多贫困县需要配套的资金其财政能力是无法承担的。同时，在"分级"管办体制机制框架下，农村义务教育经费改革的边际效益影响已经下降，城乡义务教育学龄儿童依然受到不平等的教育待遇，城乡之间学生、教师、教育资源流动还存在大量的体制和制度性障碍，难以实现城乡一体化融合发展。

四、城乡教育一体化融合发展实践范例——四县区典型模式比较分析

课题组先后赴青海、宁夏、贵州、陕西、江西、山东、河南、广东、吉林等全国 15 个省区的农村地区开展教育调研，问卷调研和实地调研 130 多个市县区 570 多所中小学校、幼儿园、职业学校和偏远农村小规模学校。在关于推进城乡教育一体化融合发展方面选取了四个较为典型模式的县区案例，分别从推进城乡教育一体化融合发展的背景与规划布局、制度改革、目标定位和推进策略与实施方案四个方面进行比较分析，四个案例分别是西部的陕西省渭南市的蒲城县、中部的江西省上饶市弋阳县、东部沿海的广东省珠海市斗门区和东北的吉林省吉林市永吉县。四个县区分属于四大经济区域，所处的经济社会发展背景和社会现代化进程差异较大，在不同

① 张丽华、汪冲:《解决农村义务教育投入保障中的制度缺陷——对中央转移支付作用及事权体制调整的思考》,《经济研究》2008 年第 10 期。

的社会发展进程中推进城乡教育一体化融合发展，面临城乡教育一体化融合发展过程中出现的普遍性问题时，采取了不同的举措，其模式和经验可为其他相应地区提供参考。

（一）城乡教育一体化融合发展背景与规划布局

1. 东部地区广东省珠海市斗门区

（1）斗门区社会经济和教育事业发展基本情况

斗门区地处珠江三角洲西南端，毗邻港澳，位于粤港澳紧密合作的核心圈，与澳门陆路相接，与香港海路相通。全区面积 674.8 平方公里，基本农田 28.85 万亩。常住人口 42.35 万，其中户籍人口 35.34 万。全区辖 5 个镇和 1 个街道，101 个行政村。斗门区有海外侨胞、港澳台同胞 16.6 万，是著名的侨乡。2018 年，全区实现地区生产总值 388.39 亿元，城乡居民人均可支配收入 3.5 万元。2017 年，全区共有各级各类学校 61 所（其中公办学校 54 所，民办学校 7 所）。公办学校中，有中小学 51 所（其中小学 38 所，九年一贯制学校 2 所，初中 11 所），其他学校 3 所（区电视大学、少年业余体校、特殊教育学校各 1 所）。民办学校中，有九年一贯制学校 5 所，中职 2 所。辖区内还有普通高中 3 所、市理工职业技术学校 1 所（原为区第三中等职业学校）。全区义务教育标准化学校覆盖率 100%。全区有幼儿园 84 所（公办 10 所、集体 4 所、民办 70 所）。其中等级幼儿园 55 所（省一级 2 所、市一级 33 所、区一级 20 所），占全区幼儿园的 65.5%，优质幼儿园比例达 41.7%；规范化幼儿园 70 所，占全区幼儿园的 83.3%。全区义务教育在校学生 50733 人（其中小学生 37028 人、初中生 13705 人），中等职业在校学生 1622 人，在幼儿园 19605 人。公办中小学在编在职教职工 2736 人（其中专任教师 2713 人），幼儿园教职工 2625 人（其中专任教师 1474 人）。

斗门区于 1990 年普及了九年义务教育；1998 年基本普及了高中阶段教育；2001 年投入 1.5 亿元建成斗门一中；2002—2003 年又按省规范化学校标准，投入 1 亿多元先后建成了乾务、六乡、五山、横山等 4 所中心小学，全区办学环境进一步优化；2006 年完成学校布局调整，成功创建为广东省教育强区；2007 年成为“广东省教育收费规范区”，并于同年在全国率先实施了十二年免费教育；2008 年开始实施规范化学校建设；2011 年作出了争创省推进教育现代化先进区的重大决策和战略部署，提出“举全区之力建成广东省推进教育现代化先进区”的目标，并将其写进区委、区政府工作报告；2013 年实施督学责任区制度，实现中小学（幼儿园）责任督学挂牌督导全覆盖；2014 年 7 月，通过全国义务教育发展基本均衡区省级验收，全区义务教育学校 100% 通过标准化学校市级复核认定；2014 年 12 月，创建为广东省推进教育现代化先进区，并通过全国义务教育发展基本均衡区国家认定；2015 年实现全区学校法律顾问全覆盖和“一校一章程”建设，建立现代学校制度，提高依法治校水平；2016 年 7 月，通过全国义务教育发展基本均衡区国家复查。

（2）斗门区推进城乡教育一体化发展的规划与要求

广东省人民政府根据《国务院关于统筹推进县域内城乡义务教育一体化改革发展的若干意见》（国发〔2016〕40 号）于 2017 年 4 月 19 日发布《广东省人民政府关于统筹推进县域内城乡义务教育一体化改革发展的实施意见》（以下简称《意见》），该《意见》共有三大部分内容。一是目标任务：1. 加快实现县域内义务教育资源配置标准统一；2. 到 2020 年基本消除城乡二元结构壁垒；3. 推进义务教育均衡优质标准化发展和现代化学校建设。二是主要措施：1. 科学规划学校设置，确保充足学位供给；2. 统筹城乡师资配置，促进教师专业发展；3. 保障特殊群体教育，促进教育公平发展。4. 改革教育治理体系，提高教育治理能力。5. 深化教育教学改革，提高综合育人质量。三是组织保障：1. 加强党的领导；2. 落实政府责任；3. 明确部门职责；4. 加强督导检查；5. 营造良好氛围。珠海市人民政府为深入学习贯彻习近平总书记重要讲话精神，全面落实党的十九大报告关于“推动城乡义务教育一体化发展”和《意见》（粤府〔2017〕48 号）要求，加快推进城乡义务教育一体化，促进义务教育优质均衡发展，制定珠海市《统筹推进区域内城乡义务教育一体化改革发展实施方案（2018—2020 年）》。该方案要求统筹城乡义务教育资源均衡配置，到 2020 年，全市义务教育与城镇化发展基本协调，城乡学校布局更加合理，适龄儿童及学生学位需求得到满足，师资配置基本均衡，西部地区教育质量显著提升，区域内义务教育基本实现优质均衡发展，市域内义务教育均衡发展取得重要进展。

2. 东北地区吉林省吉林市永吉县

（1）永吉县社会经济和教育事业发展基本情况

永吉县地处吉林省中东部，东与吉林市丰满区交界，南与桦甸、磐石两市接壤，西和长春市双阳区隔饮马河相望，北与九台区、吉林市船营区及丰满区毗邻。永吉县总面积2624.99平方公里，其中耕地面积86861公顷。下辖乡镇（区）10个。2017年末，全县户籍总人口381415人。其中，乡村人口280385人；城镇人口101030人。2017年全县实现生产总值993432万元；全年实现全口径财政收入67272万元；全县城镇居民人均可支配收入23946元，农村居民人均纯收入12832元。2016年，永吉县有各类学校49所，在校学生27947名。其中，高中4所、初中9所、九年制学校5所、小学30所、特殊教育学校1所、公办幼儿园29所。

（2）永吉县推进城乡教育一体化发展的规划与要求

吉林省人民政府为贯彻落实《国务院关于统筹推进县域内城乡义务教育一体化改革发展的若干意见》（国发〔2016〕40号），推进吉林省县域内城乡义务教育一体化改革发展，于2017年1月17日发布《吉林省人民政府办公厅关于统筹推进县域内城乡义务教育一体化改革发展的实施意见》（以下简称《意见》），该《意见》共分为三大部分。一是总体要求：1. 指导思想；2. 基本原则；3. 主要目标。二是主要措施：1. 统筹规划城乡学校布局；2. 统筹推进城乡学校建设；3. 加快实施消除大班额计划；4. 统筹城乡师资配置；5. 改革乡村教师待遇保障机制；6. 努力提升乡村教育质量；7. 统筹完善教育治理体系；8. 改革控辍保学机制；9. 完善随迁子女就学机制；10. 加强留守儿童关爱保护。三是组织保障：1. 加强党的领导；2. 落实政府责任；3. 明确部门职责；4. 加强督导检查；5. 营造良好氛围。吉林市教育局着力推进城乡义务教育一体化发展，于2017年2月制定了《吉林市深化大学区管理改革推进城乡义务教育一体化的实施方案（2017—2020年）》，全面启动大学区管理改革工作，实行“大学区”管理。

“大学区”管理改革以“均衡、共享、互补、共进”为主题，构建由“优质学校”牵头，区域内同类型学校共同参与的“大学区”网络，充分利用和发挥“优质学校”和“特色学校”的引领和辐射作用，实现校际共享教育资源、共享教师人力资源、共享学校管理资源，逐步缩小义务教育城乡、区域、校际的差距，实现义务教育高位优质均衡发展。“大学区”的设置打破城乡壁垒，突破市属、区属管理权限制约，以“相对就近、优势互补”为原则，按照“城区 + 农村”“优质 + 薄弱”的“大学区”组合形式，由区域内城区优质学校担任学区长学校，建立 34 个覆盖全市城区的“大学区”。“大学区”将实施优质师资共享、课程资源共享、学校文化共享。优质师资共享即“大学区”内优质师资采取跨校兼课、开放课堂、联合备课、共同教研、教学成果共享等不同方式实现“大学区”内人力资源的有效共享。优质资源学校的校长和教师要有计划地到普通学校、薄弱学校交流任职和任教。城镇学校和优质学校教师每学年到乡村学校交流轮岗的比例不低于符合交流条件教师总数的 10%，其中骨干教师不低于交流轮岗教师总数的 20%。课程资源共享，包括国家课程计划中规定的所有课程，最重要的是地方课、校本课、综合实践课资源，包含具有特色的教案、图书、课件、局域网资源、阶段题库等。不断探索信息技术与教育教学及教育管理的深度融合，充分利用市智慧教育云平台，建立“大学区”信息化课程资源平台，将优质课程资源在“大学区”内进行共享。学校文化共享即通过“大学区”载体，将学区长学校先进的办学理念、校风学风、学校文化建设和教育教学质量等方面的优势传递给其他学校，提高“大学区”内所有学校的文化软实力。“大学区”实施学区长负责制。每个“大学区”设学区长一名，由学区长学校校长担任，副学区长若干名，由学区长学校副校长和成员学校校长担任。每个“大学区”设教学、德育、科研、培训、信息管理负责人各一名，分别由副学区长担任。

3. 西部地区陕西省渭南市蒲城县

（1）蒲城县社会经济和教育事业发展基本情况

蒲城县地处陕西省中部东侧，渭南市中部，东邻澄城县和大荔县，南接临渭区，西依富平县，西北与铜川市印台区接壤，北与白水县毗邻。辖区东西最大距离55公里，南北最大距离49公里，总面积1583.58平方千米。下辖2个街道办事处、15个镇、275个行政村、14个社区2450个村民小组。2018年蒲城县总人口为74.36万人，农业人口为49.36万人，城镇化率为43.49%。2018年全县生产总值为190.63万元，人均生产总值为25493元；全体居民人均可支配收入为18360元，城镇居民人均可支配收入为30810元，农村居民人均可支配收入为11743元。2018年蒲城县共有幼儿园173所，1101个班，在园学生26969人，教职工3375人，专任教师1761人。全县共有小学37所，在校生46301人，教职工2815人，专任教师2377人；普通初中23所，在校生19507人，普通高中5所，在校生10466人（其中完全中学2所，九年一贯制12所）；全县有1所职业中学，在校生2095人。

（2）蒲城县推进城乡教育一体化发展的规划与要求

为贯彻《国务院关于统筹推进县域内城乡义务教育一体化改革发展的若干意见》（国发〔2016〕40号），统筹推进陕西省县域内城乡义务教育一体化改革发展，陕西省人民政府于2018年2月3日发布了《陕西省人民政府关于统筹推进县域内城乡义务教育一体化改革发展的实施意见》（以下简称《意见》），该《意见》共分四个部分：一是总体要求。二是工作目标。三是任务措施：1. 进一步优化义务教育学校规划建设；2. 建设适应教育现代化的高素质教师队伍；3. 加强教育信息化建设与应用；4. 建立健全经费保障机制；5. 全面提升义务教育质量；6. 大力促进教育公平。四是组织保障：1. 加强党的领导；2. 落实政府责任；3. 明确部门职责；4. 加强督导检查。

为了贯彻落实国务院印发的《关于统筹推进县域内城乡义务教育一体化改革发展的若干意见》文件精神，完成“2018年消除66人以上超大班额，2020年消除56人以上大班额”的目标任务，蒲城县实施了五项举措全力消除大班额。一是提前摸底大力宣传。提早着手进行摸底、调研、宣传等工作，让广大师生、家长们认识到大班额不利于学生的健康成长和课堂质量的提升，还存在严重的安全隐患。特别是农村学校积极组织教师大家访，动员和吸引在城区上学的农村学生回到原籍就读。二是严格执行就近入学政策。

按照“户籍为主，住房为辅，就业经营补充”的原则严格规范招生管理，规范招生秩序；做好起始年级的招生工作，坚决控制好新生班额不超过 56 人的规定。三是分流分班缓解就学压力。对现有大班额，各学校挖掘内部潜力，采取腾退教师办公室、合并部室等办法，整合资源，增加学位；对校内没有条件增加学位的，予以合理分流，新建的城南一小接纳了分流学生 1200 余名。同时，提升城乡接合部学校办学条件，缓解城区学校就学压力。四是提升农村学校办学水平。利用创建义务教育均衡县的有利时机，对全县保留的 100 余所农村义务教育学段学校全部进行提质改造，按相关标准配备教学设施设备，改善农村学校面貌；坚持每年将新招录教师全部分配到农村学校，从城区选派一批优秀教师到农村薄弱学校进行支教，促进城乡教师资源均衡配置。五是加快城区学校建设。新建的城南一小和双酒小学一期新增学位 2200 多个；正在建设的城区 3 所小学、1 所初中年底主体竣工，明年秋季投用后可新增学位 6570 个，届时城区大班额问题将得到全面彻底解决。另外，教育局还创新工作思路，购买社会服务，与芳草地朝阳街小学达成协议，就近安置部分分流学生。

4. 中部地区江西省上饶市弋阳县

（1）弋阳县社会经济和教育事业发展基本情况

弋阳县位于江西省东北部，信江中游，是上饶的“西大门”。全县面积 1580 平方公里，总人口 46.8 万，辖 17 个乡镇（街道），是革命烈士方志敏的家乡，是革命老区县、西部政策延伸县，被列入赣闽粤原中央苏区振兴发展规划。2018 年弋阳县总户数为 120623 户，户籍人口为 42.85 万人，城镇化率为 48.28%，城镇人口为 16.55 万人；2018 年弋阳县地区生产总值 1075527 万元，财政总收入 168067 万元，城镇居民人均可支配收入 31734 元，农村居民人均可支配收入 13812 元。2018 年弋阳县全县有普通高中 3 所，在校生 6956 人；普通初中 24 所，在校生 19626 人；普通中学教职工 2073 人，专职教师 2054 人；全县有职业中学 1 所，在校生 460 人，教职工 36 人，专任教师 36 人；全县共有小学 109 所，在校生 38928 人，教职工 1649 人，专任教师 1648 人。义务阶段学龄儿童（6—12 周岁）为 37403 人，入学率 100%。

（2）弋阳县推进城乡教育一体化发展的规划与要求

江西省人民政府为贯彻落实《国务院关于统筹推进县域内城乡义务教育一体化改革发展的若干意见》（国发〔2016〕40号）精神，进一步优化城乡义务教育资源配置，提升城乡义务教育办学水平，统筹推进县域内城乡义务教育一体化改革发展，于2017年2月28日提出《江西省人民政府关于统筹推进县域内城乡义务教育一体化改革发展的实施意见》，该《意见》共分三个部分。一是总体要求：1. 指导思想；2. 基本原则；3. 主要目标。二是推进措施：1. 大力扩充城镇义务教育资源；2. 着力提升乡村义务教育质量；3. 优先保障教育建设用地需求；4. 推进义务教育学校达标建设；5. 统筹城乡义务教育师资配置；6. 完善乡村教师待遇保障机制；7. 改革义务教育学校办学体制；8. 提高义务教育学校办学水平；9. 完善义务教育控辍保学机制；10. 保障随迁子女平等接受教育；11. 加强农村留守儿童关爱保护。三是组织保障：1. 强化党的领导；2. 强化政府责任；3. 强化部门职责；4. 强化督导检查；5. 强化舆论宣传。弋阳县为教育牢牢树立基础教育优先发展和义务教育均衡发展理念，在宏观布局上通过战略取向下沉改变资源配置方法，通过政策取向下移改变生源分流办法；在微观操作上通过创新学校评价模式提升导向激励效力，全面推进义务教育均衡发展，让乡村孩子就近就学、优质就学、安心就学，有效化解了基础教育“城挤乡空”困境。

（二）城乡教育一体化融合发展目标定位

1. 斗门区城乡教育一体化融合发展目标定位

根据珠海市人民政府关于《统筹推进区域内城乡义务教育一体化改革发展实施方案（2018—2020年）》目标定位和要求：统筹城乡义务教育资源均衡配置，到2020年，全市义务教育与城镇化发展基本协调，城乡学校布局更加合理，适龄儿童及学生学位需求得到满足，师资配置基本均衡，西部地区教育质量显著提升，区域内义务教育基本实现优质均衡发展，市域内义务教育均衡发展取得重要进展。具体目标分为六个方面：一是规模布局更加合理。统筹城乡义务教育学校规划建设，逐步形成与区域经济社会发展、常住人口增长趋势和空间布局相适应的城乡义务教育学校布局；到2020年，区域内城乡教育差距进一步缩小，“乡村弱”和“城镇挤”问题得到有效解决，大班额基本消除，乡村小规模学校（含教学点）达到相应要求。二是教师队伍整体优化。义务教育学校教师数量满足教育发展需要，基本消除城乡义务教育学校各学科教师紧缺现象。乡村薄弱紧缺学科教师得到有效补充，待遇稳步提高。义务教育校长教师交流持续推进，教师资源配置基本均衡。教师学历层次进一步提升，具有高一层次学历比例比 2018 年提高 5% 左右。教师队伍结构不断优化，校长专业素养和管理水平整体提高。三是资源配置统一标准。在公共资源配置上，对义务教育予以优先发展、统筹规划和重点保障，推进区域内城乡义务教育学校建设标准统一、教职工编制标准统一、生均公用经费基准定额统一、基本装备配置标准统一和“两免一补”政策城乡全覆盖。四是学生权益有效保障。保障适龄儿童就近入学，做好随迁子女接受义务教育工作。留守儿童保障和控辍保学机制不断完善，家庭经济困难学生 100% 按照要求落实补助。五是治理能力显著增强。不断加大政府统筹、指导、督查力度，学校法治化程度显著提高，现代学校治理体系基本形成，学校综合治理工作进一步科学化、制度化、规范化。公办义务教育现代化学校覆盖率到 2018 年达 65% 以上，到 2020 年达 85% 以上。六是办学品质同步提升。发挥城乡义务教育学校不同特点，在开全开足每门课程的基础上，进一步完善和充实校本课程体系，课程实施能力大幅提升，城乡教育质量整体提高，九年义务教育巩固率稳定在 95% 以上。

2. 永吉县推进城乡教育一体化发展目标定位

按照吉林省人民政府关于《统筹推进县域内城乡义务教育一体化改革发展的实施意见》总体目标要求：一是加快推进县域内城乡义务教育学校建设标准统一、教师编制标准统一、生均公用经费基准定额统一、基本装备配置标准统一、“两免一补”政策城乡全覆盖。二是 2018 年前消除义务教育薄弱学校，实现县域内义务教育基本均衡，2020 年前实现办学标准化，推进更高水平的均衡发展，城乡基本公共教育服务均等化水平明显提高。三是到 2020 年，城乡二元结构壁垒基本消除，义务教育与城镇化发展基本协调，“城镇挤、乡村弱”的问题得到有效解决；城乡义务教育学校布局趋于合理，基本实现标准班额，乡村学校标准化建设取得显著进展，乡村小规模学校（含教学点）达到相应要求；城乡义务教育师资配置实现基本均衡，乡村教师队伍结构得到优化，待遇稳步提高，教育质量明显提升；贫困地区义务教育水平达到全省平均水平，教育脱贫攻坚任务全面完成。吉林市教育局结合该市教育事业发展实际，着力推进城乡义务教育一体化发展，制定了《吉林市深化大学区管理改革推进城乡义务教育一体化的实施方案（2017—2020年）》，全面启动大学区管理改革工作。

3. 蒲城县推进城乡教育一体化发展目标定位

陕西省人民政府关于《统筹推进县域内城乡义务教育一体化改革发展的实施意见》确立了两大主要目标：一是坚持以整体改善城乡义务教育办学条件和提高教育质量为重点，构建与常住人口增长趋势和空间布局相适应的城乡义务教育学校布局建设机制，因地制宜，多措并举，大力改善农村学校和城区薄弱学校办学条件，着力解决“乡村弱”和“城镇挤”问题。二是到2020年，实现全省城乡义务教育学校建设标准统一、学校基本装备配置标准统一、教师编制标准统一、生均公用经费基准定额标准统一，“两免一补”政策城乡全覆盖，城乡学校布局更加合理，城乡二元结构壁垒基本消除，县域义务教育优质均衡发展和城乡基本公共教育服务均等化基本实现。

4. 弋阳县推进城乡教育一体化发展目标定位

根据江西省人民政府关于《统筹推进县域内城乡义务教育一体化改革发展的实施意见》，确立四大工作目标：一是加快推进县域内城乡义务教育学校建设标准统一、教师编制标准统一、生均公用经费基准定额统一、基本装备配置标准统一和“两免一补”政策城乡全覆盖。二是到2018年，全省县域义务教育均衡发展基本实现，教育脱贫任务全面完成。三是到2020年，全省城乡二元结构壁垒基本消除，义务教育与新型城镇化发展基本协调；城乡学校特别是乡村完全小学、初中或九年一贯制学校、寄宿制学校标准化建设取得显著进展，乡村小规模学校（含教学点）达到相应要求；城乡师资配置基本均衡，乡村教师待遇稳步提高、岗位吸引力大幅增强，乡村教育质量明显提升。四是义务教育普及水平进一步巩固提高，全省九年义务教育巩固率达到96%，城乡基本公共教育服务均等化基本实现。

（三）城乡教育一体化融合发展推进策略与实施方案

1. 珠海市关于推进城乡教育一体化融合发展的整体策略与实施方案

（1）实施学校布局优化工程，推进学校布局一体化

①科学规划义务教育学校。统筹考虑常住人口规模、学龄人口变动趋势、计生政策调整、现有教育资源状况、地理环境、交通条件、中小学服务半径、建设标准和教学保障能力等因素。实施“交钥匙”工程，规划要求配套建设教育设施的住宅项目，教育配套设施应与项目同步设计、同步建设、同步竣工验收，验收后无偿移交所在区政府（管委会），所在区政府（管委会）应及时接收并将其办成公办学校。

②落实义务教育学校用地。要依据义务教育学校专项规划要求，结合中小学建设标准，动态分析并科学测算区域内教育设施用地的供需状况，编制义务教育用地专项规划。通过置换和拆并整合等方式，结合城区“三旧”改造和区域用地功能调整，确保主城区义务教育学校用地面积达到规定标准。

③加快推进义务教育学校建设。要根据义务教育学校专项规划，制定分年度实施方案和工作计划，建立工作台账，落实责任分工，确保规划建设学校如期建成并交付使用。要优化学校建设项目选址，加快推进征地报批；对列入年度建设计划的义务教育学校建设项目要开辟绿色通道，实行联审或“一站式”审批，提高审批效率。

④重点做好农村学校建设。要加快水、电、路、气等基础设施向农村延伸，在交通便利、公共服务成型的农村地区合理布局义务教育学校。合理建设寄宿制学校，分类妥善处理好乡村“麻雀学校”。合理制定闲置校园校舍综合利用方案，依法规范权属确认、用途变更、资产处置等程序。要切实提高教育资源使用效益，避免出现“边建设、边闲置”现象。

（2）实施教师队伍提升工程，推进师资配置一体化

①进一步加强师德师风建设。出台师德师风负面清单。坚持把师德师风建设摆在教师队伍建设的首位，加强教师思想政治工作，多形式开展教师思想政治、职业理想和职业道德教育，建立教育、管理、考核、监督与奖

惩相结合的师德师风建设长效机制，培育“四有”教师。

②优化教师资源配置。依据义务教育学校教职工编制标准、学生规模和教育教学需要，科学核定义务教育学校教职工编制，对边远地区学生规模较小的村小学、教学点，按照生师比和班师比相结合的方式核定教职工编制。实施“区管校聘”管理改革计划，建立区内中小学教职工编制总量控制、动态调整机制、义务教育学校教职工编制统筹配置机制和跨区域调整机制。

③提高教师专业素质。加强教师专业发展支持体系建设，发挥省级中小学教师发展中心的辐射带动作用，加快各区中小学教师发展中心建设，为教师专业发展提供支持。根据不同学科、不同阶段、不同层次教师专业发展和专业能力提升的递进式需求，按需精准施训，提高培训质量。落实教师、校长每5年1周期360学时的全员培训。深入实施中小学“百千万人才培养工程”，加强名教师、名校长等领军人才和骨干教师培养，发挥领军人才、骨干教师的示范引领作用。

④提高学校教师待遇。健全教师待遇保障长效机制，各区在核定义务教育学校绩效工资总量时要统筹考虑当地公务员收入水平，确保区内义务教育教师平均工资收入水平不低于当地公务员的平均工资收入水平。推进相对边远地区教师周转宿舍建设，将符合条件的边远地区学校教师纳入当地政府住房保障范围。落实中小学教师职称评聘结合政策，合理设置边远地区学校中级、高级教师岗位结构比例，职称（职务）评聘向边远地区学校倾斜。对在乡村学校从教10年以上的教师给予鼓励。

（3）实施标准化建设工程，推进资源配置一体化

①加强标准化学校建设。巩固和发展公办、民办义务教育标准化学校建设成果，保持公办、民办义务教育标准化学校覆盖率为100%。

②逐步消除大班额。各区政府（管委会）要通过加快学校建设、促进校际均衡发展等方式，限制班额超标学校招生人数，合理分流学生，在保证零增量的基础上，逐步消除现有大班额。到2020年基本消除小学45人以上、初中50人以上大班额（进城务工人员随迁子女占30%以上的学校，小学不超过50人，初中不超过55人）。

③推进义务教育均衡发展。探索义务教育均衡发展实现路径。按照“优质引领、共同发展”的原则，进一步做实中小学办学联盟，开展中小学办学联盟评估，完善经费使用，实施绩效评价，提升办学联盟质量，深化城区与西部、海岛地区中小学合作，逐步解决西部及海岛地区义务教育均衡问题。市级财政要调整优化教育资金安排，继续支持西部、海岛地区的教育发展，进一步促进教育资源均衡布局，鼓励西部地区教师参加学历培养、进修，促进教师转变教育观念、更新专业知识，提高教育教学能力。

（4）实施特殊群体保障工程，推进入学保障一体化

①积极稳妥推进随迁子女受教育工作。各区进一步强化流入地政府责任，将随迁子女义务教育纳入城镇发展规划和财政保障范围，依法保障随迁子女平等接受义务教育。各区要结合本区实际，按照“建立以居住证为主要依据的随迁子女入学政策”的要求，适时完善随迁子女积分入读公办学校的办法，进一步简化随迁子女入学流程和证明要求，优化积分项目及标准。

②加强留守儿童教育关爱保护。切实加强留守儿童的教育关爱保护以及困境儿童的教育保障工作，落实属地责任，建立家庭、政府、学校尽职尽责，社会力量积极参与的农村留守儿童关爱保护工作体系，促进农村留守儿童健康成长。加强留守儿童关爱服务和救助保护，帮助解决实际困难，确保留守儿童人身安全。各区政府（管委会）要建立摸底排查档案、动态监测管理和分类评估制度。

③完善控辍保学协调机制。各区要完善控辍保学部门协调机制，督促监护人送适龄儿童、少年入学并完成义务教育。进一步落实区级教育行政部门、乡镇政府、村（居）委会、学校和适龄儿童父母或其他监护人控辍保学责任，建立控辍保学目标责任制和联控联保机制。

④切实落实好学生资助政策。继续推行义务教育免费政策，实施义务教育本市户籍持有“低保证”的特困家庭生免住宿费；深入实施义务教育家庭经济困难学生生活费补助政策，补助标准执行省定标准；加大对家庭经济困难学生的社会救助和教育资助力度；优先将建档立卡的贫困户家庭学生纳入教育资助范围，补助标准执行省定标准。

（5）实施治理体系提升工程，推进学校管理一体化

①深化治理结构改革。深化义务教育治理结构改革，完善区域内城乡义务教育一体化改革发展监测评估标准和督导评估机制，切实提高政府教育治理能力。在实行“以区为主”管理体制基础上，加大市级在人、财、物等方面的统筹力度。完善乡村小规模学校办学机制和管理办法，将村小学和教学点纳入对乡村中心学校考核，加强乡村中心学校对多校区、村小学、教学点的指导和管理。

②健全学校管理制度。加强学校基层组织建设，按照党组织工作条例合理设置学校党组织机构，充分发挥学校党组织的政治核心作用和基层党组织的战斗堡垒作用。完善依法治校的长效机制，认真落实以学校章程为依据，以校长负责制为主体，校务委员会、教职工代表大会和家长委员会民主参与的学校内部治理结构。大力促进家校、校社合作，培养和发展第三方评价机制，逐步形成依法办学、自主管理、民主监督、社会参与的现代学校制度。

③规范义务教育学校办学行为。各区要把规范义务教育学校办学行为作为学校管理的重要内容，完善工作机制，实施管理。规范义务教育学校招生行为，严格执行免试就近入学、划片招生、阳光招生等政策，严禁学校入学考试，严禁办重点学校，严禁编重点班，严禁违规补课，严禁违规收费，严禁下达升学指标，严格执行国家和省的课程方案，开齐开足课程，不得挤占体育、音乐、美术等课程的课时。切实做到依法治校、依规办学，切实维护人民群众的利益。建立督学责任区制度，及时纠正各种不规范的办学行为，切实维护中小学校正常的教学秩序和办学秩序。

（6）实施教育教学改革工程，推进教育教学水平一体化

①积极推进课程改革。开展中小学国家课程、地方课程、校本课程的实施监测工作，优化课程管理，提高课程管理的科学性和有效性。加强学科内及学科间的整合，发挥综合育人功能，不断提高学生综合运用知识解决实际问题的能力。

②分类推进课堂教学改革。切实减轻学生过重课业和课余负担，探索轻负担、高质量的教育模式。开展学科育人、课程优化、课堂教学、评价考

试等方面的实验探索。推进实施小班化教学，加强和改进中小学实验教学，倡导教师采用启发式、探究式、讨论式、参与式等教学方式，创新教育教学方法，关注每一个学生的成长。优化学生的培养方式，建立针对学习困难学生的帮扶机制，帮助学生学会学习。

③建立健全教育质量评价体系。完善珠海市教育研究体系建设，充实教学质量监测等职能，增强为基层教育教学实践提供指导服务功能。探索义务教育各学段教育质量标准，建立教育质量评价机制，积极探索第三方评价实施办法，建立健全激励机制，强化评价结果的运用。

④全面推进素质教育。着眼提高学生核心素养，培养德智体美劳全面发展的社会主义建设者和接班人，科学规划不同成长阶段学生的德育内涵和方式，健全全员育人、全过程育人、全方位育人的体制机制。坚持立德树人，在社会主义核心价值观引领下，培养学生的社会责任感、创新精神和实践能力。要借助校外教育阵地，进行研学旅行、劳动教育、社会实践等综合实践活动。完善学校、家庭、社区共同参与的学生品德培养协作机制，落实政府、学校、社会和家庭的育人责任。完善学生综合素质评价体系。加强心理健康教育，增强学生的珍爱生命意识和抗挫折能力。

⑤提升教育信息化应用水平。建设珠海市教育资源公共服务平台、管理平台和珠海市教育视频网，实现教育资源互联、互通和共享。切实加强偏远农村中小学信息化基础设施建设，提高信息化基础支撑能力，让每所学校、每个孩子都能共享优质的教育资源。建设与中小学课程配套的基础性数字教学资源，实现优质数字教育资源全覆盖。扩大数字教育资源共享联盟范围，推动数字教育资源政企共建、多级共享。

五、推进城乡教育一体化融合发展机制和路径选择的理论与政策反思

（一）城镇化与城乡教育一体化融合发展的教育体系

推进城乡教育一体化融合发展是农村教育现代化发展的必然选择，要建立高效率的城乡教育体系，必须合理设计、规划一个在结构上面向全民、服务终身、方便易得、种类齐全、定位清晰、形式多样、衔接顺畅、比例协调、

布局均衡、开放灵活的教育体系。重视知识、尊重文化是我国乡村文明的传统，城乡教育一体化建设必须以农村产业兴旺、生态宜居、乡风文明、治理有效、生活富裕为目标，以各地独具特色的乡土文明为基础、以学校教育为核心阵地和联系纽带，重视建设包含基础设施、基础支撑体系在内的基础教育硬件和软件建设，形成具有本地文化特色的、书香气息的、青山绿水相结合的美丽乡村文化精神产业。美丽书乡建设是乡村振兴农村教育发展的基础和核心，是点燃各地独特乡村文化与现代文明相互交融的火把，是农民素质发展、精神充盈和闲暇品位提升的保障。以教育基础能力为中心的美丽书乡建设工程，即以基本的教育软硬件建设为基础，营造崇知尚文、特色鲜明、尊师重教、环境优美、书声琅琅的美丽书乡文化。农村教育现代化的关键是乡村教育的现代化，振兴乡村必须振兴乡村教育、乡村文化，要以经济富裕和精神文明为基础，建设环境优美的乡村、书声琅琅的乡村，建设具有独特乡土和民族文化气息的乡村，建设闲暇生活有品位追求的乡村，建设尊师重教、崇尚知识的乡村。

立足城乡教育，以现有农村教育体系为基础，以区域高校为依托，科学合理布局、建立社区学校，实现一个多重功能的平台，使乡村学前教育、中小学教育、职业教育、家庭教育、社会教育受到同等重视，得到同步发展，建立开放、可持续发展的教育资源共享模式，扩大教育资源供给，促进教育资源效益最优化。“三教统筹”是在20世纪80年代我国农村教育综合改革的实践中提出的，形成普通教育、职业教育和成人教育“三教统筹”管理模式，其目的在于将农村经济、社会发展与农村教育改革结合起来，为当地建设培养迫切需要的初中级适用人才。但过分强调政府主导，参与主体单一，缺乏对农村教育的需求与供给的了解，未真正形成统筹发展，农科教统筹机构形同虚设，保障体系与统筹的要求不相适应，效益低下。

构建新时代以终身教育先进理念为基础的农村教育现代体系；加大农民农业教育、继续教育和职业技能培训投入，满足不同人群的需求；与社会建立多种方式的合作参与机制，发挥教育资源的社会服务作用；加强农村文化建设、精神文明建设、法治建设，创新乡村治理体系，走乡村善治之路；建设平安乡村，确保乡村社会充满活力、和谐有序。建成新的以“五教统筹”为基础的农村教育现代化体系，主要有以下几个方面的推进方案。一是构建新的“五教统筹”城乡教育组织架构和体系。二是加强提升农村人力资源水平的科教融合农民教育。职业教育和成人教育是农村人力资源开发的有效途径。农村经济社会建设主要依靠农业种植、养殖和经营性等产业。职业技术教育和成人教育可以直接培养农村主要劳动力相关的知识与技能，促进农村经济发展，真正做到科教兴农、富农、强农。三是加强农村学习型的终身教育建设。我国农村面临严重的老龄化社会问题，发展农村老年教育能保障和谐社会的建设，提升老年人的生活质量，进一步完善现代化的农村终身教育体系。

（二）教育公共服务均等化与城乡教育优质均衡发展

在基本达到教育机会和教育条件均衡发展的基础上，如何实现农村教育高质量均衡发展，是城乡教育一体化新一阶段发展的关键难题。由于历史、地理和社会经济发展的原因，社会发展存在差异是无可避免的事实。义务教育是区域均衡还是全局均衡，是高水平均衡还是低水平均衡，如何避免“低水平教育均衡陷阱”和“高水平教育均衡陷阱”，这将是义务教育发展战略中教育政策选择和设计的难点。在一些偏远山区的农村义务教育普及目标并未实现，农村学校布局调整加大了入学成本，义务教育巩固率不高，辍学率依然居高不下。农村义务教育的发展同时面临教育机会、教育均衡和教育质量均衡发展的难题，为了达到目标，极易造成低水平的均衡发展。同时，城镇化的快速推进，也加速了人口的聚居，造成学龄人口在城镇迅速增加而形成局部的“高水平均衡发展陷阱”。

在今后相当长一段时间内，“继续加大教育资源向中西部和农村倾斜，促进义务教育均衡发展。全面改善贫困地区义务教育薄弱学校办学条件”，将成为我国教育改革与发展的重要任务。教育均衡发展是一个不断变化发展的过程，随着教育领域的深化综合改革，教育系统发展机制与供求关系将不断发生改变，教育均衡的内涵与外延也将发生相应改变。从人们接受教育及教育发展的进程看，首先是人们接受教育的机会均衡，其次是接受教育的条件均衡，再者是接受教育的质量均衡，即教育机会均衡、教育条件均衡和教育质量均衡三个发展阶段。在新的发展阶段西部地区义务教育将同时面临这些挑战。

在教育机会均衡方面。西部地区的义务教育在21世纪初的十几年间在整体上实现了机会均等的目标，逐渐改善了教育条件以求达到教育条件的均衡。针对西部地区社会经济落后、基础教育发展薄弱的状态，国家在“攻坚式”和“补偿式”的发展模式下采取多项政策向西部地区倾斜的战略方针，设立专项资金、重点项目等，例如西部“两基”攻坚计划、“两个工程”、“两免一补”、财政转移支付等政策措施。在新的发展阶段，国家加快城镇化进程，继续加快学校布局的调整，边远山区教育成本逐渐增大，社会生活成本逐渐提高，西部地区很多农村父母背井离乡，家庭的教育支出对于这类群体来说是不堪重负的。与此同时，社会发展的两极分化导致贫困阶层、弱势群体出现大量的留守儿童，他们是所谓的教育机会均衡和教育条件均衡下的“局外人”。

在教育条件均衡方面。从我国西部地区义务教育发展经费投入和基础设施发展水平的比较、分析中可发现，西部义务教育整体人均投入水平略高出全国平均水平，这是因为西藏、新疆、青海、内蒙古四省区的人均投入水平远远高于全国平均水平，除宁夏略高于全国平均水平外，其他省区市均低于全国平均水平。与全国相比较而言，西部地区经济落后，基础教育力量薄弱，综合各方面的因素可知，西部教育成本高，而且高出全国平均水平的四个省区均属于地理环境十分恶劣的边疆地区，义务教育成本更是远大于全国其他地区。在办学基础设施方面，西部地区义务教育发展条件水平指数除陕西略高出全国平均外，其余省区市均低于全国平均水平。另外，西部地区义务教育人均经费投入基尼系数显示，在2000—2012年，西部地区普通小学、普通初中生均预算内教育事业费和生均预算内教育公用经费基尼系数，除个别年份有所波动外，大多处于0.4—0.6，这表示西部地区在这10年间教育的经费投入差异巨大，省级间教育经费投入严重不均衡。①

因此，西部地区义务教育均衡可持续发展战略面临三层困局，在新的发展阶段，西部地区义务教育如何把握教育发展的宏观动态，研究制定一个具有全局性、根本性、长远性和方向性的均衡可持续发展战略具有重大意义。

在教育质量均衡方面。以义务教育标准化建设为基础的农村教育高质量均衡发展工程主要从以下6个方面进行。一是研究进一步推进和完善义务教育标准建设。基于社会发展的公正性，以公平、民主、平等的价值理念，定位农村义务教育发展目标。农村义务教育高质量均衡发展是以提高教育质量和缩小发展差距为目的的，应从教育背景、教育输入、教育过程到教育结果等各个方面制定一个标准化建设制度和机制。二是研究农村义务教育实现质量提升和内涵式发展。农村教育发展现状复杂且分为不同的发展层次，农村基础教育的普及率和基本巩固率、偏远地区教学点的设置及其质量提升、乡镇县级大班额现象等问题需要深入研究。三是研究大力提升基础教育教师质量。从农村基础教育现状来讲，农村的教育质量问题主要有教师队伍的师资水平低、教师数量少，农村孩子启蒙教育起点晚、基础薄弱。农村基础教育质量问题并不是单一的学校教育质量问题，而是应该协调各阶层、群体或个体从国家、学校、教师和学生及社会其他大众等各个方面发挥人们的自主性、能动性，自主、有意识地关注并促进教育各层次各方面的发展，最终实现农村基础教育优质均衡可持续发展。四是研究全面实施素质教育，推进示范性学校建设，深化教育教学和课程改革。五是研究大力普及农村高中教育和学前教育，提升新农民的受教育程度和对教育的满意度。六是研究加大农村教育信息化建设步伐,促进教育公平和教育普及。

在基本达到教育机会和教育条件均衡发展的基础上，如何实现教育质量均衡发展将是新一阶段发展的关键难题。教育是关乎人类生命的成长，使人学会生存,探寻人类生命价值和意义的活动。人存在的目的是复杂多样的，人的发展是复杂多样的，基于人的发展需要赋予教育功能也是复杂多样的，

① 郝文武:《西部教育报告（2015）》，教育科学出版社，2015，第20页。

教育实践也是多样的，“教育的本质是教育主体在教育实践中生成和建构的，不是固有的”。“教育的本质生成是教育主体确认自我价值和选择教育规律的建构性实践过程。”[①] 人作为教育主体确认自我价值和选择教育规律是基于自我对教育的需要的，人存在和发展的复杂性和多样性，决定教育本身是多样性的，即教育实体存在和教育实践形式也是复杂多样性的，是从教育背景、教育输入、教育过程到教育结果的。教育质量均衡发展是以提高教育质量和缩小发展差距为目的的，涉及国家、学校、教师和学生及社会其他大众等，只有不断改革和完善教育发展机制，从制度到政策注入智慧，从教育发展的各个阶段各个层面强调人对教育发展的利益与责任，从社会整体到社会个人，充分发挥人作为教育主体的自主性和创造性，实现人与教育发展合规性与目的性的统一，教育发展的自主性、能动性才能逐渐得到体现，人们才会自主、有意识地关注并促进教育各层次各方面的发展，最终实现教育均衡可持续发展。

（三）城乡教育现代化发展与现代化治理

中华人民共和国成立以来，我国农村教育管理体制先后经历了“统一领导、分级管理”“统一领导、地方分权”和“以县为主”三个阶段。“以县为主”将农村教育投入的重心落到县一级政府，对于许多财力不足的县来说无疑是穷县办大教育。自上而下的管理体制阻碍了上级教育政策理念的上传下达。因此，改革当前的农村教育管理体制，建立现代化农村教育治理体系，已成为农村教育改革和农村教育现代化发展的重要任务。城乡教育在投入体制、管理体制和办学模式方面存在诸多差异，如何统筹兼顾不同区域的教育发展要求，使农村基础教育与高等教育实现有效衔接，如何以农村基础教育学校为连接点，带动农村社区教育和家庭教育共同发展，建立城乡一体化的教育治理格局是当前农村教育面临的问题。农村教育治理现代化的最终目标，是实现农村教育的现代化，通过国家各级教育行政主管部门、各类乡村组织、社会团体和公民个体，依据教育法律法规，遵循乡村实际，通过制度设计

---

① 郝文武：《教育哲学》，人民教育出版社，2006，第3页。

和实践策略生成，协商共议、合作共管乡村教育事务以促进乡村教育可持续发展。从治理进程来看，必须保证起点的现代化、过程的现代化和结果的现代化。从起点来看，首先要有农村教育治理的民主化、效能化和公平化。就其过程而言，必须有参与主体的多元化、决策的民主化。就治理结果而言，必须教育公平化、效能化，从而总体上推动农村教育的现代化。

农村教育是我国教育现代化发展进程中的薄弱环节，农村经济社会发展滞后，社会组织关系相对单一，农村自主自发的发展步伐相对缓慢，在推进国家整个现代化发展过程中，从战略选择和政策设计方面，应始终将农村发展摆在优先发展的战略位置。实施适应和促进乡村振兴的爱农为农建农的教育。从小教育农村青少年儿童把爱国爱家爱农相结合，热爱乡村，了解乡村，建设乡村；培育大众传承乡村文明文化，服务“三农”与为国家现代化服务的优良品德。培养造就一支懂农业、爱农村、爱农民的“三农”工作队伍和一批科技人才；鼓励城市教师到乡村从事教师职业、开展教育教学活动，兴办学校教育；营造城乡大学生到乡村从教“下得去、留得住”的经济文化环境；形成社会合力反哺建设农村教育新常态。在中华民族近代发展史中，农村为中国社会发展做出了巨大贡献，农村就是中国现代化发展的根，没有农村教育的现代化就没有中国教育现代化，农村教育的现代化需要在城市反哺农村和工业反哺农业的基础上，调动社会合力共同发展农村教育。研究如何充分调动社会人力、财力、物力向农村流动，形成在城市反哺农村和工业反哺农业的基础上实现反哺农村教育的新常态和新机制，是非常有价值的。农村社会经济与教育协调、共享和互补建设，形成在城市经济反哺农村经济上的农村经济反哺农村教育以及协调发展利益共享互补。通过深化农村体制、机制的改革，对固有农村经济发展格局、结构和利益的进程供给侧结构性改革，使得农村经济在反哺农村教育发展的同时实现两者的协调发展和利益的共享互补。

充分运用我国推进落后地区发展的丰富经验和中国特色社会主义优越性的体制基础，针对贫困地区薄弱的基础教育实施一揽子“攻坚计划”工程和“对口支援”项目等,形成具有中国特色的“攻坚式”发展、“补偿式”发展等,促进落后地区或落后领域实现快速发展甚至是跨越式发展，在社会发展的差异拉大的趋势下，实施城市反哺农村，工业反哺农业，推进以农村教育发展为中心的反哺工程。在构建农村教育现代化治理体系的基础上，实现农村教育治理理念的落地化，需要依靠现代化的农村教育治理能力，而教育治理能力是教育制度执行能力的集中体现。教育治理能力包括政府的教育履职能力，教育利益相关者尤其是农民依法参与和处理教育事务的办事能力,以及教育制度自我建构和更新能力。要提升教育治理能力的现代化水平，首先要对影响农村教育治理能力提升的政治、经济、文化因素做出全面检视，破除障碍，取长补短。我国目前农村教育管理的治理格局本质上依然是“城管村”模式，这种模式弱化了乡镇一级的教育职责，也剥夺了农村自治组织的办学权利，要改变这种局面，必须明确各方教育治理主体的教育责任，发挥各方的优势，推进农村教育管、办、评分离。

报告三　江西省弋阳县农村教育治理调研报告

洪松松

一、前言

（一）研究意义

2017 年 10 月 18 日，习近平总书记在党的十九大报告中首次正式提出“乡村振兴战略”。同年 12 月，中央农村工作会议研究实施乡村振兴战略的重要政策。实施乡村振兴是一个利国利民的工程，需要城乡社会各行各业的长期不懈努力。“百年大计，教育为本”。教育在实施乡村振兴战略中发挥着基础性和前瞻性的重要作用。实施乡村振兴，需要“优先发展教育事业”。党的十九大报告还提到，到 2035 年，我国要基本实现国家治理体系和治理能力现代化；到本世纪中叶，全面实现国家治理体系和治理能力现代化。2019 年 2 月，中共中央、国务院印发的《中国教育现代化 2035》再一次明确指出推进教育治理体系和治理能力现代化。教育治理现代化是国家治理现代化的重要组成部分，是一个国家教育制度和制度执行能力的集中体现，也是当前深化教育改革的重要目标。① 顾明远在 2019 年中国教育三十人论坛第六届年会上提到，没有农村教育的现代化，就没有中国教育的现代化。农村教育治理现代化是实现农村教育现代化的重要内容和渠道，在实施乡

① 何金辉：《现代教育治理的核心内涵》，《中国教育报》2017 年 7 月 30 日第 003 版。

村振兴战略中发挥着重要作用。开展县域农村教育治理研究，对推进农村教育及其治理现代化，助力乡村教育振兴具有重要意义。

（二）研究目的

在我国以县为主的教育管理体制视阈下，实现教育治理现代化，重点与难点均在县域层面。[①]县级政府在多种约束条件下对教育进行着变通治理。[②]受县域经济社会发展水平，县委、县政府对教育重视程度，教育行政管理者的管理理念，农村学校校长、教师、家长和社区村民等主体参与教育意识与能力等因素的影响，县域农村教育治理表现出不同的特征，农村教育发展的情况也各不一样。当聚焦如何调动多方主体参与教育公共事务并充分发挥主体性等具体问题时，发现农村教育治理是一门兼具科学与艺术的复杂活动。县域农村教育治理是一种微观治理活动，对县域个案“解剖麻雀”，大致可以了解农村教育治理的全方位和全过程内容。农村教育现代化也缺乏从县域层面的个案研究，从县域层面研究推动农村教育治理现代化是一个重要思考进路。因此，本文通过梳理分析江西省弋阳县农村教育治理的成功经验，提供一种可供其他县推进农村教育治理现代化借鉴的治理路径，以推进我国县域农村教育治理现代化实践。

（三）文献综述

1. 国内农村教育治理研究综述

（1）农村教育治理的影响因素

2006年，赵全军在其博士论文《中国农村义务教育供给制度研究（1978—2005）——行政学的分析》中认为，主导我国农村义务教育以及诸如此类农村公共物品治理及其制度变迁的支配性力量是在压力型体制下的政治结构与行政权力，并且从某种意义上讲，这一体制已经成为当前农村治理困境

① 张旭：《以县为主管理体制下教育治理现代化的困境与突破》，《现代教育论丛》2015年第2期。

② 陈德胜：《约束下的变通：县域政府教育治理——以中部某县为例》，南京师范大学2016年博士学位论文。

的一个非常重要的诱因。[①] 现行教育实行的是政府管理、政府办学、政府评价的一体化模式，这种模式几乎完全排斥了广大人民群众在教育评价中的话语权。[②] 教育公共治理的现代性表现为官僚式生产与教育市场化之间、专家治理与民主参与之间、标准化管理与人的多样性需求之间、教育全球治理与地方治理之间的紧张关系，而本质在于教育治理中的公共性与私人性的矛盾。[③] 中国教育治理体系现代化的重构应以张力理论、共生理论、职能转型以及制度变迁为基础，通过改革进一步理顺政府、学校与社会组织的合理关系。[④] 农村教育治理的主要影响因素是“全能型”政府职能角色和管理体制限制了学校、家庭和社区等多方主体参与教育治理，一是没有意识去激发多方主体参与教育的主体性，或者不认可多方主体的治理主体角色和作用；二是没有为多方主体创设参与教育的制度空间和平台，以至于多方主体在农村教育公共事务中没有参与教育和表达教育利益诉求的机会，话语权缺失。

（2）农村教育治理的不同主体作用

在农村教育扶贫中，以政府为主导的农村教育贫困治理存在效率低、成本高等许多问题，而非政府组织则弥补了政府难以发挥的重要作用。但是，当前非政府组织的发展也存在一些问题，如何提高非政府组织的自身能力、处理好非政府组织与外部环境中相关者的资源依赖关系成为重要的解决路径。[⑤] 农村教育现代化应充分发挥乡镇、乡村和村民的积极性，努力解决普遍存在的“以县唯一”的问题。[⑥] 缺乏乡镇、乡村社区的支持和参与，农村学校发展受限，正逐渐变得势单力薄。依据国家乡村振兴战略，构建新型

---

① 赵全军：《中国农村义务教育供给制度研究（1978—2005）——行政学的分析》，复旦大学2006年博士学位论文。

② 张志勇：《管办评分离是建立现代教育治理体系的关键》，《人民教育》2014年第3期。

③ 潘希武：《教育的公共治理：现代性的境遇及其超越》，《外国教育研究》2006年第2期。

④ 沈亚平、陈良雨：《现代化视域下中国教育治理体系的重构》，《湖北社会科学》2015年第8期。

⑤ 杨轶华：《非政府组织参与农村教育贫困治理研究》，《社会科学辑刊》2017年第1期。

⑥ 郝文武：《农村教育现代化“以县为主”应充分发挥乡镇乡村的作用》，《教育理论与实践》2019年第31期。

乡村治理场域，完善乡村社会治理规则体系，为乡村教师创设重塑其治理角色的条件。同时，乡村教师治理角色的重塑，还需要乡村教师自身加强修为，树立乡村振兴责任意识，不断积聚参与社会治理的文化。①资本利益相关者的多种利益表达、社会组织的专业化的智力支持、学校的自治、政府的主导作用与多元治理，对于教育治理都有独特贡献，而且在功能上是互补的。②我国的教育治理应该明确为国家主导性教育治理结构，这是与我国发展实际相结合的最优选择，明确政府不仅是治理中的一员，同时还是公共治理良性运行的核心推动者。③多方主体在农村教育治理中发挥着重要作用，而多方主体参与教育的意识不强、能力不足、机会欠缺和平台不够等已经成为制约农村教育发展的重要因素。教育行政管理部门如何发挥治理核心引领作用，引导多方主体参与教育并充分发挥主体性，是农村教育治理研究的重要问题。

（3）农村教育治理路径

如何推进农村教育治理，或者说农村教育该如何治理，是否有一个治理框架，当前在学术界和一线实践领域并不是很明确。有研究指出，在当前和未来较长一段时间内，需要在明确农村教育主要矛盾和基本判断的基础上进行发展战略安排：实施特征尊重驱动战略，形成特征认同型教育资源配置思维；面对农村教育发展的复杂问题，需要拿出认真识别与有效解决问题的建设性态度，悦纳问题，建立问题友好型农村教育治理模式，实施理念创新驱动战略，力推理念引领型农村教育实践探索。④农村教育治理需要转变思维。现代教育治理是民主、参与、共享、责任、法治等诸多理念的综合体现。现代教育治理是资源分配、规范体系建设、能力建设等各项任务的同步协调。⑤杨清从区域教育治理体系现代化视角出发，认为推动区域教育管理的

① 李广海、杨慧：《乡村振兴背景下乡村教师治理角色的重塑》，《中国教育学刊》2020年第5期。

② 褚宏启、贾继娥：《教育治理中的多元主体及其作用互补》，《教育发展研究》2014年第19期。

③ 李涛：《教育公共治理：什么公共？什么治理？——结构转型与法理维度的探索》，《全球教育展望》2009年第7期。

④ 秦玉友、曾文婧：《新时代我国农村教育主要矛盾与战略抉择》，《中国教育学刊》2018年第8期。

⑤ 何金辉：《现代教育治理的核心内涵》，《中国教育报》2017年7月30日第003版。

现代性变革需要明确区域教育治理的三维目标，构建多元协调的主体体系，建立听证式的决策体系，完善问责式的执行体系，创新参与式的监督体系。[①]政府应重视公共组织的内部元治理，打造“强政府”；加强对市场和社会的外部元治理，培育“大社会”；明确元治理目标，塑造法治型政府和服务型政府；构建国家治理体系，提升政府（元治理者）的治理能力。[②]首先许多研究都是基于教育治理体系和治理能力的视角，缺乏县域具体的视角；其次是关于如何推进农村教育治理，大多停留在理论探讨，未能深入县域农村教育治理实践，如教育行政管理部门如何提高行政效率，并引领多方主体参与教育和充分发挥主体性。因此系统研究县域农村教育治理活动是研究农村教育治理问题的重要思考进路。

2. 国外农村教育治理研究综述

（1）教育治理理论的演变历程

在国外，源于公共管理理论的演变，教育管理思想和实践主要经历了三个阶段，分别是传统的教育政府治理、20 世纪 70 年代教育市场治理和 20 世纪 90 年代教育公共治理（教育治理）。自 20 世纪 70 年代开始，西方掀起了一场新公共管理运动，提出了公共部门管理的责任制明确、产出导向、绩效评估和以准独立的行政单位为主进行分权等新的公共管理模式。[③]最早是由胡德提出市场来配置教育资源，弥补政府包揽一切的缺陷，提高教育发展效率和质量。20 世纪 90 年代中期，美国总统克林顿和英国工党领袖托尼·布莱尔先后执掌政权后，为克服教育市场治理给教育公共性带来的冲击，推行了“第三条道路”，试图在国家与市场、个人与政府、竞争与合作、权利与义务、公平与效率、人类与自然之间寻求新的平衡点，以建立一个既充满活力又符合国家利益的教育治理新秩序[④]，大力培育公民社

① 杨清:《区域教育治理体系现代化: 内涵、原则与路径》,《教育学术月刊》2015 年第 10 期。

② 于水、查荣林、帖明:《元治理视域下政府治道逻辑与治理能力提升》,《江苏社会科学》2014 年第 4 期。

③ 宋官东:《教育公共治理导论》, 东北大学出版社, 2012, 第 18 页。

④ 宋官东:《教育公共治理导论》, 东北大学出版社, 2012, 第 5 页。

会，引导公民参与公共事务治理。在教育治理这三个阶段的发展历程中，主要回应了政府、市场和公民社会这几个主体之间的关系，处理了政府主管教育的公共性（公平性）与低效率、低质量的困境，市场主导教育的高效率、质量与公共性缺失危机。而多元共治的教育治理结合了教育政府治理和教育市场治理的优点，是目前最有利于追求教育发展的效率、质量的同时，能够保持公平的一种符合世界教育发展趋势的新的管理理念和制度。教育治理要发挥多方主体参与教育的重要作用，弥补政府力量不足。但是西方国家由于公民社会发展比较成熟，市场和社会等的民间组织或个人的力量比较强大，因此将多元治理理论运用到我国公共事务的治理中，不能采取“拿来主义”，要进行本土化改造，探寻适合我国需要的农村教育治理路径。

（2）农村教育治理的实践探索

在英美国家，教育券制度是市场机制的一种形式，教育券把政府、市场和学校三者联系起来。政府通过教育券把政府兴办教育的经费分散到个人手中，而个人则通过市场机制来选择自己喜欢的学校。[①]唐宗清介绍了国外合同制这一教育制度创新，通过合同方法来明晰政府与学校的关系，引入市场机制，提高教育质量与效率。[②]国外也有类似于乡村教育生态转型的在地化治理实践，其通过为“地方”赋权，将培养公民意识、增进社区福祉以及提升学校效能紧密联系起来，学校教育转向“教人存在”的生态思维[③]，其强调的是自下而上的草根式治理探索，寻找乡村学校与社区之间的联系，挖掘乡村学生的在地文化教育因素。美国农村的教育质量落后于整个国家的教育质量。不同州、同一州不同地区之间的农村学校差距很大，许多地区的农村教育状况不容乐观。为提高农村教育质量，美国教育发展与改革的一个重点是强化考试提高成绩，开设多样化的课程，教育兼顾升学与就业两种职能。在美国，基本上每所学校都开设了升学教育和就

① 褚宏启：《政府与学校的关系重构》，《教育科学研究》2005 年第 1 期。

② 唐宗清：《合同制：教育治理的制度创新》，《外国中小学教育》2006 年第 7 期。

③ 王红、邬志辉：《国外乡村教育生态转型的在地化实践》，《比较教育研究》2019 年第 9 期。

业教育两种课程。许多劳工阶层人士认为，综合高中开设职业课程，是对他们生活方式的尊严和荣誉的一种认可。[①]美国教育发展与改革的另一个着力点是乡土课程。通过乡土课程构建课堂和社区发展的联系，学生可以运用所学的知识解决农村社区的实际问题。《不让一个孩子掉队法案》（*No Child Left Behind Act*）中设有“农村教育成就计划”（Rural Education Achievement Program，REAP）。该计划是拟对农村和小型学校的经费支持计划，能够在一定程度上帮助农村小学改善教学条件，提高教学水平。[②]提高教育质量，也是俄罗斯农村教育现代化的主要目标和任务。俄罗斯希望建立一个新型的农村教育综合体制质量管理系统，从全局视角规划教育机构的任务，确定相应的工作等级和程序，明确不同教育部门的权利和责任。[③]农村教育治理实践主要是政府和教育行政管理部门自上而下采取系列举措，提高资源配置效率和教育质量，保障教育公平。但是从治理的“多元主体共治”内涵出发，农村教育治理实践的关键还是教育行政管理部门如何激发多方主体的主体性，为地方赋权、赋能，形成一种自下而上，或者上下互通的治理路径，发挥多方主体参与教育的积极性、主动性和创造性，有效解决农村教育不断出现的复杂问题。

（四）研究方法

课题组于2019年3月—5月两次前往弋阳县实地调研，与弋阳县教体局领导，基教股、人事股和教育督导室等股室主任、学校校长访谈，就研究问题与他们进行了不同程度的交流。与此同时，向弋阳县教体局和学校发放调查表，收集弋阳县教体局相关政策文件、全县教育发展等的相关资料数据。数据分析采用质性和量化方法，一是对访谈录音转录、编码，属于质性研究范畴；另一个是利用Excel软件对调查表当中的量化数据进行基本的描述性分析和统计，属于量化研究范畴。

---

① 王晓阳：《美国教育现代化的历史经验及其启示》，《教育发展研究》2008年第23期。

② U. S. Department of Education Rural Achievement Program, http：//www.ed.gov./programs/ reapersa/index. Html, 2011-11-19.

③ 于海波：《俄罗斯农村教育现代化及其启示》，《外国教育研究》2007年第12期。

（五）弋阳县情

1. 弋阳县的社会、经济、文化基本情况

弋阳县位于江西省东北部，是上饶的“西大门”。全县面积 1580 平方公里，总人口 42.8 万，辖 17 个乡镇（街道）。弋阳县地形南北高、中间低，构成弋阳盆地。境内河流分属信江和饶河水系，属中亚热带湿润气候。2018 年全年完成生产总值 107.5 亿元，增长 9.2%；财政总收入 16.8 亿元，增长 11.8%；固定资产投资增长 10.4%；社会消费品零售总额 48.4 亿元，增长 10.9%；城镇居民人均可支配收入 31734 元，增长 9%；农村居民人均可支配收入 13812 元，增长 9.4%。经济运行呈现高质量跨越式发展的鲜明特征。

弋阳县是革命烈士方志敏的家乡，是革命老区县、西部政策延伸县，被列入赣闽粤原中央苏区振兴发展规划。江西省第一任省长邵式平曾写下诗句：“革命一故乡，江西弋阳，山城如画世无双，南屏武夷北怀玉，遍地文章。”

弋阳县是一方历史悠久、底蕴深厚的热土。自东汉建安十五年（公元 210 年）建县，至今已有 1812 年的历史，代表性的文化遗迹有被誉为明代戏曲四大声腔之首、高腔戏曲鼻祖的弋阳腔，至今县内还保存有古戏台 50 多座；有江南占地面积最广、规模最大且保存完好的为纪念南宋爱国诗人谢叠山而建的古代书院——叠山书院；还有始建于公元 477 年、国家级文物保护单位——南岩石窟。

弋阳县又是一方英雄辈出、传统光荣的热土。革命战争年代，全县仅 10 万余人口，有名有姓的烈士就达 9371 名。“两条半枪闹革命”的佳话诞生在这里，这里是赣东北革命根据地创始人、闽浙赣省苏维埃主席方志敏，中共中央原副主席汪东兴，广州军区原司令员吴克华中将的家乡。中华人民共和国成立后，先后走出邵式平、方志纯、舒圣佑三任江西省省长。方志敏的“爱国、创造、清贫、奉献”精神已是全国宝贵的精神财富。

弋阳县还是一方生态优美、资源丰富的热土。森林覆盖率达 61.5%，水域面积达 14.09 万亩，山水环绕，城区景区相依相融。拥有世界自然遗产、世界地质公园、国家 5A 级旅游景区——龟峰，是丹霞地貌精品，享有“江上龟峰天下稀”的赞誉。拥有丰富的矿产资源，已发现的矿种达 37 种，占

全省的22%，其中石灰岩矿储量20多亿吨，瓷石矿储量25亿吨。

弋阳县更是一方区位优越、投资兴业的热土。是赣浙闽皖四省通衢，浙赣铁路、沪昆高铁两条铁路，320国道、353国道两条国道以及沪昆高速、上万高速两条高速穿境而过，沪昆高铁在弋阳设站，2小时车程内有南昌、景德镇、衢州、武夷山机场和上饶三清山机场，进一步打开了弋阳对外开放的"大门"；秉承重商、亲商、助商的理念，为广大企业家、创业者打造了公平竞争的市场环境、公开透明的法治环境、宽松优惠的政策环境以及高效廉洁的政务环境，是投资兴业者的一方热土。

2. 弋阳县的教育基本情况

全县现有各级各类学校180所，其中，普通高中学校3所，中等职业学校2所，教师进修学校1所，特殊教育学校1所，义务教育阶段学校173所，幼儿园137所（含公办幼儿园8所）；中小学生76784人，其中，高中生6121人，义务教育阶段学生56491人，在园幼儿14172人；在岗教师3331人。

近年来，在省、市教育行政部门的有力指导下，在县委、县政府的坚强领导下，全县教育系统主动适应新常态，发扬新作风、营造新生态、展现新作为，努力在"做观念、做服务、做氛围、做平台"上下功夫，教育事业取得了长足进步，取得了丰富的教育成果和产生了良好的社会影响。（见表1）

表1　弋阳县教育取得的成果和产生的社会影响

年份	教育成果和社会影响
2013年	4月，教育部正式发文（并授牌）认定弋阳县教师进修学校为"全国示范性县级教师培训机构"
	11月16日和30日，弋阳县教体局分别在弋阳逸夫小学举行弋阳县家校合作研讨会（小学专场），在弋阳方志敏中学举行弋阳县家校合作研讨会（中学专场），全县3600余名家长代表和中小学校长、分管副校长、德育室主任参加了研讨会。两场研讨会得到了《中国教师报》、《东方女报》、省教育电视台、省教育期刊社等媒体关注
2014年	弋阳县教师培训工作得到了社会各界和新闻媒体的广泛关注，《中国教师报》、中国网、中国教育工会网、北京新学校研究网、江西教育电视台、《江西教育》、《上饶之窗》、《上饶教研》等都先后作了报道。江西省教育厅举办中小学师资培训班，F局长在大会上作了关于弋阳县教师培训经验的典型发言。江西省教育厅和上饶市教育局专题调研弋阳县教师培训工作

（续表）

年份	教育成果和社会影响
2015年	11月，F局长代表江西省在长沙举行的全国学生综合素质评价会上作典型发言，引起了会议的轰动。弋阳县对学生综合素质评价的改革，得到了教育部和江西省教育厅的高度肯定，荣获义务教育质量监测工作全国先进县
	荣获语文主题学习实验改革全国先进实验县
	在2015年教育部举办的乡村教师培训管理者高级研修班、基础教育质量监测反馈工作会，江西省教育厅教师培训工作会、教育教学教研工作会等高规格会上作典型发言
	教师本土化培训被作为全省培训试点项目
	家校合作工作被江西省教育厅列为省级区域家校合作试点项目；家校合作案例入选全国教育学会家校合作部10个精选案例
	教育“三通两平台”信息化建设被列为全省基础教育信息化技术支持服务工作试点项目；荣获全国教育信息化建设和管理模式先进县
	留守儿童工作成为教育部联系点
2016年	家校合作团队人员分赴山东诸城、滨州、临沂等作专题讲座。接待了来自全国各地教育行政人员和学校同行交流人员12批次300多人次。9月，弋阳县46所试点学校应邀参加在山东济南召开的全国家校合作经验交流会，17篇论文入选，5个单位做了典型发言；10月，在中山召开的国际家庭教育论坛上，弋阳县选送的家校合作案例，获得教育部、中国教育学会“家庭教育知识传播激励计划十佳案例”，受到与会专家和学者的充分肯定
2017年	在省政府督导委员会组织的督导评估中，以95.5分获得全省第一名的好成绩，得到了国家督导委员会和教育部督导局的认可
	6月22日—23日，由《人民日报》、《光明日报》、《经济日报》、《中国教育报》、新华社、中央人民广播电台、中国教育电视台等15家中央新闻媒体22名记者组成的采访团对弋阳县教育工作，特别是弋阳的“万师访万家”“家校社”“留守儿童”“校外互助小组”等特色亮点工作进行采访报道
	11月28日，江西省家校合作现场经验交流会在弋阳县召开
	东北师范大学农村教育研究所于12月23日在北京召开《中国农村教育发展报告2017》新闻发布会，会上重点推介了弋阳的经验。《中国农村教育发展报告2017》一书中，以弋阳县为例用了6万余字的篇幅阐述县域义务教育综合改革的实践与探索
	12月25日，教育部在青岛召开全国统筹县域内城乡义务教育一体化改革发展现场推进会，全国3个地方做视频展播，弋阳县的《让孩子在家门口接受良好教育》作为典型案例在会议上推广

（续表）

年份	教育成果和社会影响
2018 年	2 月，C 县长代表 2017 年通过国家认定的 560 个县（市、区）参加教育部的新闻发布会，并在发布会上作“江西范式　弋阳实践”为主题的发言，发言稿分别在《人民日报》《江西日报》上刊发
2019 年	1 月，被江西省教育厅选为江西省家校合作试点县（区）（2018—2020）
	2 月，被江西省人民政府评为推进义务教育基本均衡发展积极贡献集体
	5 月，召开全国家校合作经验交流会

二、推动教育行政管理专业化和高效化

（一）制定县域教育发展愿景和工作目标

弋阳县教体局从 2013 年开始制定“以良好的校风影响家风，改变民风”[①]的教育发展愿景，同时提出“让弋阳的教育走专业化发展道路，让弋阳孩子在家门口接受良好的教育，让弋阳的教育成为弋阳人的骄傲”的工作目标。为实现工作目标，弋阳县采取“做平台、做观念、做服务、做氛围”的工作举措。具体来看，平台包括成长平台、学习交流平台、展示平台等，为校长、教师的成长提供机会和舞台。观念主要是指各个教育主体应达成的教育共识，如“教育合伙人”等。服务是指明确教育管理是为校长、教师、家长、学生等教育主体做好服务。氛围是指营造县域积极、健康、参与的教育氛围，“氛围比制度重要”，良好的教育氛围能够引导多方主体主动自觉地参与教育治理，推动县域教育发展。

从何处“破冰”改变县域教育生态，如何撬动各方教育主体的积极性，点燃农村教育的“星星之火”，是困扰地方教育行政管理人员的难题。破冰先从规范办学开始。通过制定系列教育政策和实施各种举措，规范干部升降、教师分配、流动人事底线，规范学校办学行为的入学底线等，严守教育底线，打造良好的校风。之后，重点推动制度化家校合作，影响家风和改变民风。

① 教育部官网在 2017 年 2 月 20 日以《以良好的校风影响家风改变民风》为题专门推介过弋阳教育。

弋阳县教体局将家校合作同安全工作、财务工作一样对学校进行单独评估，其他工作一律不能作为单独评估项目，评估这项工作时，必须由校长亲自汇报，评估结果作为校长考核的重要依据。与此同时，通过创新如跨省家长会、家长志愿者、留守儿童互助小组等的农村家校合作方式，设置县级、校级层面的家校合作组织机构，成功将家长、社区力量带入到学校教育中，形成了一种学校、家庭和社区共育的良好教育氛围。弋阳县形成了“氛围比制度更重要”的教育共识，校长、教师、家长和乡镇、乡村、村民都普遍关心、支持和参与教育。在与弋阳县教体局领导、基教股、人事股、教育综合股等股室负责人和学校校长的访谈交流中，发现他们对教育有自己的见解和想法，对教育有激情和主动作为。可见，弋阳县教体局制订的县域教育发展愿景和工作目标，让行政管理人员和校长、教师、家长等主体都明确了教育参与的方向，在参与教育活动中找到了自我认同感和群体教育价值认同，形成了一种教育合作的强大凝聚力。

（二）提升教育行政管理专业化水平

弋阳县教育工作的目标之一就是“让弋阳教育走专业化发展道路”，其中就包括教育行政管理专业化，其贯穿了弋阳教育治理的始终。教育行政管理是教育行政部门开展的维持学校教育正常运转的各项管理活动，同其他行政管理一样，教育行政管理有一套组织机构、成员、职责和规章秩序。教育行政管理是维持县域教育正常运转的重要保障，同时，教育行政管理直接影响学校教育微观管理。学校教育需要管理，这是学校教育正常、有序、有效运行的基本保障。但目前，无论是课堂教学、学校活动、习惯养成教育、教学研究，还是课程建设，都充满了管理的味道，而教育却变得稀缺。这是管理与教育的错位带来的。[①] 教育行政管理区别于其他行政管理，在于其对象是教育活动，目的是育人，其体现在学校各项教育活动中。因此，教育行政管理不仅要关注如何维持教育活动的正常运转，更要通过管理提升学校育人水平，为学生的成长创造良好的教育环境。

---

① 方华:《做有温度的教育》，中国人民大学出版社，2017，第108页。

为了提升教育行政管理人员的专业化水平，弋阳县提倡“做”而论道，而不是“坐”而论道。在教育管理人员中开展“五‘进’活动”（校级班子成员将办公室搬进教室、进寝室与学生同体验、进食堂与学生同进餐、进教师办公室探讨教学和生活、进实验室观察和参与学生实验）、“泡课堂”（校级班子成员和局机关人员要多走进课堂，与教师共同探讨教育教学）、“做助理”（局机关班子成员到某个班级做助理班主任或助理教师，了解师生的教学生活，研究学校教育教学）、“做专业培训师”（局机关人员和校级班子成员每学期为教师开展业务培训不少于一次）、“做学员”（局机关人员和校级班子成员必须参加全县性的培训或外出学习活动，提升自身的专业素养）、“做研究”（负责的干部以及学校班子成员，要深入教育教学一线，研究和解决教育实际问题）、“勤交流”（创设与一线教师的多渠道交流机制，局机关人员和校级班子与教师一起参加学校教学活动）等活动。[①]只有管理者不是在办公室而是去教室里思考教育，教师才会还原教育本来的面貌，学校教育才会真正站在学生成长需要的角度去思考、去践行。[②]教育行政管理人员只有经常走进学校，才能了解学校教育教学的实际情况，并倒逼自身提升教育专业能力，指导学校教育教学改进。

弋阳县为了解决县级教育主管单位计财、人事、校建等资源权力部门的行政化问题，方便学校申请经费或设备，改变资源部门集规划、设计、分配、考核、评估于一身的情况，采用“摸清家底、规划先行、按需申报、集体决策、分级实施”的资源分配方式，用专业化的思维来思考原来的行政化工作，推动教育行政管理专业化。具体来看，①摸清家底。2013 年，弋阳县教体局实行局班子成员和机关干部联系学校的制度，对所属学校的校建设施和电教设施等教育资源进行全面清查，并如实登记注册。②规划先行。对各学校目前以及未来五至十年发展所需的资源进行综合评估，评估结果作为今后学校教育资源配置的参考依据。全县每所学校以国家、省

① 方华:《做有温度的教育》，中国人民大学出版社，2017，第 139—140 页。

② 方华:《做有温度的教育》，中国人民大学出版社，2017，第 120—121 页。

配标准为依据，结合学校近期、中期（五年）、远期（十年）发展所需，做好各项教育设施设备的综合规划，作为学校教育资源配置的蓝本。③按需申报。各学校和县教体局负责的干部就所在学校所需资源共同向县教体局提出申报。④集体决策。局班子会议根据事先掌握的相关信息（资源、规划、申报、校情等）进行研究讨论，有时还会让负责的干部参与决策，使意见多样、信息全面，从而使决策更加科学、有效。⑤分级实施。局班子会议研究决定后，各职能部门严格按照职责管理权限，分级实施，各司其职，各行其权，相互监督，合作互助，以避免集中实施校建项目和电教配置。[①] 通过与县级教育局同级职能部门之间的协作，对资源分配方式进行调整，设置县教体局工作人员联系学校制度，能够扭转以往教育管理中的过度行政化倾向，而以一种专业化的思维管理教育，这是一种教育行政管理专业化的体现，能够提升资源分配的精准度，保障教育资源分配的公平。

（三）建立基于学校改进的评价体系

教育评价作为教育行政管理的手段，评估学校教育办学的情况并提供反馈意见，起到助推学校教育改进工作的作用，是推进教育专业化发展的重要手段。普通生不受待见，主要是因为评价带来的教育价值窄化和学校（教师）利益弱化。改变教育评价不仅涉及评价本身，还涉及教育理念、教育价值追求和教育目标等问题。[②] 教育评价不仅是一种手段，其背后也是一定教育价值理念的反映，有什么样的教育理念，就有什么样的教育评价。教育评价在反映真实的教育教学情况的同时，还应对学校起到激励作用。弋阳县建立基于学校改进的评价体系（见表2），采用多种类别、方式、内容的学校评价机制，目的是帮助学校找到目标定位，在现有基础上改进教育工作，而不只是“奖优罚劣”。

---

① 方华:《做有温度的教育》，中国人民大学出版社，2017，第136页。

② 方华:《做有温度的教育》，中国人民大学出版社，2017，第112页。

表 2　弋阳县学校、校长评价体系

评价类别	评价次数	评价方式	评价内容	参评人员
分片集中考核	每年一至两次	查资料，看校园，问师生，个别谈话，教师民主评议（规定优秀和一般的个数）	1.班子整体情况 2.校级领导个人情况	1.局挂片领导 2.片上学校蹲点机关干部 3.其他片上交叉评估人员 4.学校教师
学校教学质量评价	每学期一次	学生素质测试	文化、艺术、体育、书写等	教研室及抽调人员
股室对学校完成工作评价	每学期一次	布置了哪些工作，完成的等次情况（按规定分出 A、B、C 等级）	布置的工作是否按时按质按量完成	分管股室领导及各股室人员
教体局民主评议	每年一次	无计名投票（按优秀 30%、良好 60%、一般 10%，确定各等级评价个数）	教育思想、常规管理、教学质量、氛围营造、创新发展、勤政廉洁	全体机关干部

注：表格内容来自弋阳县教体局。

弋阳县在学校评价的具体方法上做了主动探索，如采用新的“一分两率”（应考平均分、关爱率、优秀率），“以等级、层次代替名次”、“以进口定出口”等。这种教育评价方法更加符合实际情况，能够激励学校校长和教师专注于教育本职工作，做出成绩。

除此之外，弋阳县采用邀请式、展示式、突击式、常规式等方式对学校教育教学进行检查。具体来看，邀请式、展示式检查的内容、标准、对象、时间都由学校自行决定。邀请式检查是学校主动向教研室提出邀请，教研室接受邀请后，根据“学校需要查什么，教研室就查什么”的原则，组织教研员对学校教学常规进行督查。检查不打分、不考核，检查结果当场反馈，具体反馈对象由学校确定。邀请式检查以服务为目的，帮助学校总结经验、挖掘亮点、发现不足，改进教学工作。展示式检查也是由学校向教研室提出申请，目的是展示学校的教学管理经验和办学特色。教育教学常规检查以两学年为一个周期，在一个周期内由学校选定检查方式。如果学校没有自行选定，则由管理部门进行常规式检查。如果发现学校存在问题，则采用突击式检查。突击式、常规式检查的内容、标准、对象、时间不再由学校确定，而是由检查人员自行决定。[①]不同于以前学校是被动地接受上级部门的检查，在这种检查形式下，学校成为教育教学检查的主动提出者，要投入更多的精力来思考办学特色等问题，能够充分发挥学校自身的主动性、积极性，激活学校管理者和教师的教育智慧。

（四）广泛设置民间组织（协会）

我们与学校、教师、家长往往只能通过行政渠道联系，所有信息交流都要通过窄小的巷口——少数行政管理者。这样不仅信息流动慢，而且会加大这些管理者的工作量；时间长了，还会出现信息堵塞和信息过滤，不能让信息均匀发布，影响应有的效率。[②]为了解决组织框架内的单一模式问题，弋阳县教体局开通了“行政推动、民间组织、问题研究、搭建平台、服务教育”的绿色通道。在县教体局的领导、统筹和推动下，广泛成立了家校合作协会、“教育梦・龟峰读书联盟”、班主任协会、心理学协会、名师工作室等10多个民间组织。民间组织成为多方主体开展教育对话和合作的平台。

以“教育梦・龟峰读书联盟”组建为例，其活动宗旨、活动目标和组织架构如下：

明确活动宗旨：让读书成为教师精神成长和专业化发展的需要，进一步激发教师的学习热情，陶冶教师的生活情趣，引导广大教师在读书中拓宽视野、更新知识、提升师德、修炼人格，增强人文底蕴、启迪教育智慧、转变教育行为、提升写作水平，打造一支师德高尚、业务精良、专业知识精深、教学方法优良的教师队伍。

达到四个读书活动目标：一是唤醒教师的读书意识，拉回教师与书本渐行渐远的脚步，把日渐淡漠的读书意识再次唤醒；二是培养教师良好的读书习惯，引导教师多读书、读好书、好读书，让读书成为一种生活常态、一

① 方华：《做有温度的教育》，中国人民大学出版社，2017，第138页。

② 方华：《做有温度的教育》，中国人民大学出版社，2017，第121页。

种生活习惯、一种生活必须；三是通过读书来提升教师的个人修养、理论水平和专业素质，最后达到促进教师专业成长的目的；四是在全县学校形成良好的读书氛围，构建书香校园，端正教育思想，办好人民满意学校。

建立三个层面的组织架构：第一，县教体局成立读书机构。县教体局分管宣传领导任组长、县教育网站为工作秘书处，各学校读书写作爱好者的骨干成员和学校读书分会会长为"教育梦·龟峰读书联盟"理事核心成员，负责对全县教师读书活动的组织、协调、引领、评比。协会建立了章程，明确了权利、义务和要求，让"教育梦·龟峰读书联盟"组织工作有章可循。第二，网络构建"教育梦·龟峰读书联盟"。在弋阳县教育网上建立教师全员读书网络联盟，以自愿申请原则吸纳全县教师，共同经营教师读书平台（包括每人建一个教育博客，推荐一份书单，每月读一本书，写一篇心得体会），并通过读书影响同事、朋友、孩子、家庭、班级、学校、单位，掀起读书热潮。第三，学校建立读书分会。各学校读书爱好者骨干分子成立学校读书分会，小学以乡镇为单位、中学以校为单位建立读书分会，作为团体加入县教体局"教育梦·龟峰读书联盟"。目前全县建立 42 个"教育梦·龟峰读书联盟"分会，特别是方志敏家乡漆工镇小学的"漆工笔谈"、谢叠山故里叠山学校的"叠山论教"、三县岭乡的"三县岭教育之声"等读书分会做得有声有色，深受全县广大读书爱好者的喜爱，让读书覆盖每一所中小学校。①

民间协会的成立是在县教体局的推动下实现的，并且由校长为骨干带动教师参与协会活动。这种行政推动、民间主导的教育活动能够帮助有兴趣的教师找到展示自己能力的平台，同时提升多数教师的教育教学能力和素养。相比以往由县教体局单一主导的教育活动，协会活动已经融入校长、教师等主体的日常教育工作中，活动开展自由、号召力强、受众面广、影响巨大。整体来看，民间组织搭建了一个方便教育行政人员、教师、家长共同参与教育的平台，为校长发挥领导能力提供了机会，帮助农村教师改善精神面貌，助力农村教师专业发展，在推动农村家校合作、教师队伍质量提升、师生阅读习惯养成等方面都产生了重要作用。与此同时，民间组织还弥补了县

① 选自弋阳县教体局的《阅读助力弋阳教育梦想——教育梦·龟峰读书联盟情况说明报告》。

教体局不足的现状，能够上传下达，快速解决现实教育问题和推动落实各项政策。

（五）教育决策科学化、民主化——以《弋阳县城镇学校招生（含插班生）工作方案》的出台为例

1. 前期总体规划和调研

在城镇化进程中，大量农村学生向城区流失，导致县城学校学生爆满，学位紧张，供不应求，而乡村学校面临空壳化。弋阳县 2012 年达到顶峰，城镇学校平均班额 70 人，最大班额超过 90 人。面对这一难题，弋阳县委、县政府基于县域经济社会等实际情况，着眼于县域教育未来的发展，做出了城乡一体化协调发展规划：要满足新型城镇化居民对教育的需求，保证真正需要进城读书的孩子一个也不落；要提高乡村教育质量，办好乡村孩子家门口的学校。[①] 在这个规划引领下，为了解决教育“城挤乡空”的难题，弋阳县制定了《弋阳县城镇学校招生（含插班生）工作方案》。弋阳县教体局针对进城读书学生并没有全部控制不让进入，也不是放之不管任由其无序流动，而是积极研究问题，在制定政策时做到让需要在城区上学的学生不需要求人，让不需要在城区读书的学生进不来。这不仅保障了进城读书学生的受教育权利，同时也整顿了教育乱象，规范了教育秩序，保障了城乡学生有序流动，维护了教育公平和社会公平。

2. 多部门参与研制政策文本

政策文本的研制是一项严谨、细致和复杂的工作，要符合国家法律法规，保护相关利益者的正当权利，同时还牵扯到不同职能部门的职责，需要多部门配合。弋阳县 19 个部门参与研制教育政策文本，这在其他县是比较难见到的。重大教育政策的研制需要县委、县政府的重视与支持，并取得县级其他职能部门的配合和参与，以更好保障教育政策符合现实和便于执行。

3. 政策执行不“打招呼”

教育政策执行中会面临许多不确定因素，影响政策的执行效果。我国是

---

① 方华:《做有温度的教育》，中国人民大学出版社，2017，第 167 页。

一个人情社会，一些人们通过“找关系”“打招呼”进城读书，破坏政策规定，干扰政策执行。面对“找关系”的越轨行为，弋阳县教育分管领导和县教体局领导都能以身作则，做好表率，真正实施好政策，发挥政策的最大作用。

4. 城镇学校大班额缩减，农村学生大量回流

弋阳县采用疏堵结合的系列办法，实现了城区学校全面“瘦身”，农村学生大量“回流”，让“城挤乡空”成为历史。[①]2016年在全县入学人数增加的前提下，城区中学人数下降了27.51%，城区小学人数下降了14.09%。小学生增长了4094人，83.15%在农村；初中生增长了4826人，67.72%在农村，乡村中小学校学生回流2790人。

表3　弋阳县部分城乡中小学2010—2018年在读学生数量（单位：人）

区域	学校	2010年	2011年	2012年	2013年	2014年	2015年	2016年	2017年	2018年
农村小学（1—6年级）	曹溪小学	1376	1607	1801	1949	2030	2100	2131	2019	1883
	葛溪小学	1443	1400	1632	1775	1953	2040	2198	2224	2078
	漆工小学	2000	2026	2259	2434	2662	2819	2814	2851	2759
	中畈小学	3024	3269	3116	3277	3513	3676	3820	3767	3487
	三县岭小学	1303	1486	1694	1720	1786	1805	1849	1768	1595
	圭峰小学	1895	2000	2183	2462	2612	2816	2892	2719	2413
	清湖小学	1050	1078	1240	1375	1482	1510	1536	1436	1401
	朱坑小学	1220	1241	1408	1473	1621	1730	1858	1850	1775
农村初中（7—9年级）	曹溪中学	336	354	376	454	472	563	674	843	941
	葛溪中学	706	583	498	540	590	657	681	761	1019
	漆工中学	270	269	220	239	277	371	499	689	825
	中畈中学	860	944	950	986	1113	1223	1467	1590	1844
	三县岭中学	251	292	318	387	409	478	554	643	733
	圭峰中学	418	402	421	450	515	666	790	969	1086

① 邹晓平、洪松松:《疏堵结合化解县域教育“城挤乡空”的弋阳经验》,《当代教师教育》2019年第3期。

（续表）

区域	学校	2010年	2011年	2012年	2013年	2014年	2015年	2016年	2017年	2018年
农村初中（7—9年级）	清湖中学	209	183	154	134	151	191	245	307	376
	朱坑中学	435	390	335	358	356	390	436	548	669
县城学校	弋江镇一小	1921	2197	2479	2430	2451	2300	2277	2171	2073
	弋江镇二小	1929	2204	2461	2410	2328	2157	2198	2004	1982
	逸夫小学	1926	2326	2825	2918	3193	1698	2136	2198	2210
	进修附校	1455	1547	1789	1847	1912	1934	1778	1541	1160
	方志敏中学	3521	3595	3847	3533	3311	3017	3254	3385	3845

注：表中数据由弋阳县教体局基教股提供；全书将“弋阳县教师进修学校附属实验学校”简称为“进修附校”。

从表3可以看出，2010—2012年，县城5所学校在读学生人数平均增量是529.8人，平均增幅是24.64%，增量和增幅最大的是逸夫小学，达到899人和46.67%。自2012年开始，县城学校在读学生人数呈下降趋势。2012—2018年，这5所学校在读学生人数平均增量是-426.2人，平均增幅是-15.90%，其中缩减最多的是进修附校，缩减了629人；其次是逸夫小学，缩减了615人。相比之下，农村中小学学校在读学生数量逐年呈上升趋势。2012—2018年，这8所小学在读学生人数平均增量是257.2人，平均增幅是13.42%，其中增量最大的是漆工小学，增加了500人；其次是葛溪小学，增加了446人。2012—2018年，这8所初中在读学生人数平均增量是527.6人，平均增幅是144.5%，增幅很明显，其中增量最大的是中畈中学，增加了894人；增幅最大的是圭峰中学，增长了157.96%。

县城学校从2012年开始，班额人数呈大规模下降趋势，大班额得到有效控制。小学从原来班级人均70.4人，最大班额逼近80人，到现在班级人均低于60人，最大班额不到63人（见图1）；初中从原来班级人均72人，最大班额逼近80人，降到现在班级人均低于55人，最大班额不到58人（见图2）。

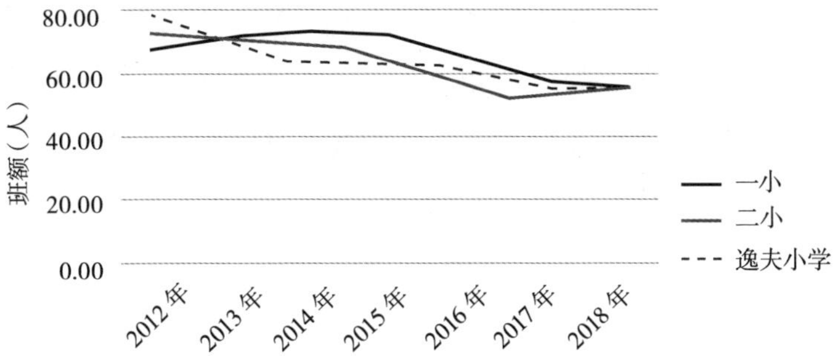

图1　弋阳县2012—2018年城区热点小学班额图

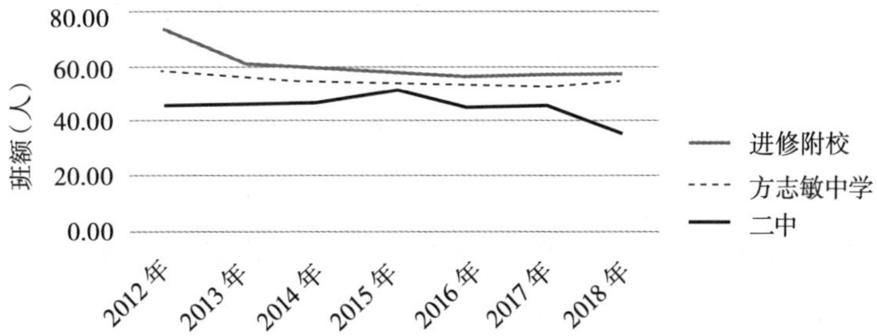

图2　弋阳县2012—2018年城区热点初中班额图

注：图1、图2数据由弋阳县教体局基教股提供。

三、提高农村校长的学校发展领导力

（一）为校长发挥才干提供机会和平台

校长作为学校的负责人和管理者，对于学校发展有许多想法，但受制于上级部门的不理解和不支持，这些想法往往无法实施。因此，如何帮助校长寻求突变，在改变学校的关键改革上提供机会和平台，是提升农村校长的学校发展领导力的重要内容。弋阳圭峰小学校长是“教育梦·龟峰读书联盟”的创始者和负责人。“教育梦·龟峰读书联盟”设立了“三、四”式阅读平台，其中“三”是指县级、片区级和校级阅读平台。县级平台从联盟机构运行、服务、活动、评选等方面予以帮扶①。这位校长之前在漆工小学当校长时提倡“学校生活家庭化”，到圭峰小学工作后提倡“家庭港湾，温馨地

① 方华:《做有温度的教育》，中国人民大学出版社，2017，第50页。

方”，所有老师到学校里来吃住的问题要全部解决，一年半的时间，蒸饭机、冰箱、洗衣机、热水器全部给教师配好，一次性配置了11台蒸饭机、89张床铺、8个热水器、4个浴室，没有条件买冰箱的“完小”都全部配好。这些做法直接改善了学校教师的工作生活条件，更为重要的是诠释了校长的教育理念，且“言行一致”，成功落地，产生了引领师生向前发展的权威和凝聚力。

弋阳湾里中心小学校长为了改善学校办学条件，主动寻找当地成功人士捐资助学，并成立了乡村教育促进会，实现捐资助学常态化。校长的领导力是推动农村学校发展的重要因素。农村校长虽然拥有自己的教育理念和想法，但是如果不能落实到日常管理行动中，不能对师生产生实际影响，那都是空想，没有实际意义和现实价值。教育行政管理人员要为校长发挥才干提供机会和平台，将校长推向“前台”，帮助校长开展工作。

（二）构建校长专业化发展评价机制

为了激励校长安于教育本职工作，实现专业化发展，弋阳县构建校级班子专业化发展水平评价机制。首先，为整治校级领导班子以不进课堂、不深入教学一线、不参加教研活动为荣的歪风，弋阳县出台了《关于加强中小学校长管理的试行办法》，要求校级领导必须坚持深入教学一线，全程参加学校各项教育教学活动，做教师的表率，对校级班子上课、听课、评课进行严格的规定。其次，出台了《弋阳县中小学校（园）长综合评价方案》，其中包含校级领导集中考核、学校教学质量评价、学生音体美语言等综合素质评价、机关各股（室）对学校（校长）完成工作的评价、县教体局机关人员对校长的民主评议五个维度。同时，出台了《弋阳县校（股）级干部考核交流选拔任用方案》，将校级领导的德能勤绩廉、工作量、任课、培训、参与民间协会活动，以及学校教育教学质量、股室日常布置工作完成情况、安全综治、群众满意度等工作全部纳入校级领导工作评价范围，具体操作是由局班子成员、机关干部，校级班子、全体教师、家长代表、企业代表和“两代表一委员”[1]为主体，对学校和校级班子进行民主评议。最后，还出台了《弋阳县中小学校级领导交流调配方案（试行）》，对优秀类校级领导进行上行交流或提拔重用，对良好类校级领导进行相应区域层次的平行交流，对基本合格类校级领导进行下行交流或降级使用，一年后若仍无进步则予以就地免职。可见，这种校长评价主体包括机关负责的干部、学校教师、中层干部、家长，能够比较全方位准确地评价校长的工作，督促校长勤勉工作，做出成绩。

从2013年开始，弋阳县规定只有安全工作、财务工作和家校合作工作可以单独评估之外,其他工作一律不能作为单独评估项目。评估这项工作时，必须由校长亲自汇报，评估结果作为学校评优评先、校长任免的重要依据之一。家校合作工作[2]是从县域教育发展全局出发设置的重点评价指标，能有效引导农村校长抓住重要工作。2014年末，36名义务教育学校校长通过四轮综合评价，6名处于末位的校长被免职，6名考核总分居前六名的副校长被提拔到校长岗位。此次综合评价活动，给弋阳县中小学校级领导班子带来了巨大震动，有力地促使了校级领导走专业化发展的道路，激发了干事创业、真心做教育的情怀。[3]

（三）开展校长寒暑假集中主题培训

为了提升校长专业化发展能力和管理能力，能够把握和跟上全县教育发展的阶段目标，弋阳县利用寒暑假时间，开展中小学（园）校级领导和管理者的集中主题培训。具体来看，为了着力践行“让弋阳教育走专业化

---

① “两代表一委员”是指（中共）党代表、人大代表、政协委员。十八大报告指出，要在全党深入开展党的群众路线教育实践活动。“两代表一委员”的实行，是为了更好地发挥基层党代表、人大代表、政协委员的作用。为了更好地坚持群众路线，强化服务意识，弋阳县通过引导基层党代表、人大代表、政协委员走进学校、了解学校，充分发挥“两代表一委员”制度在教育工作中的实际作用。

② 弋阳县之所以高度重视家校合作工作，是因为该县有一个“以良好的校风影响家风，改变民风”的教育发展愿景，意图通过推进家校合作制度化，改善家风和民风，营造全县良好的教育氛围，实现“让弋阳的教育走专业化发展道路，让弋阳孩子在家门口接受良好的教育，让弋阳的教育成为弋阳人的骄傲”的工作目标。

③ 本材料来源于弋阳县教体局2014年年鉴。

发展道路”这一核心目标，2016年暑假培训主题是“课堂·课程·课改”，2017年暑期培训主题是“依法办学　规范管理”。围绕“城乡教育一体化优质发展”的目标，确立从2018年到2020年的暑期培训主题分别为“标准化”“现代化”“优质化”。每年一度的寒假校长集中培训主题如下：2014年第二阶段培训解决怎么管的问题；2015年第三阶段着力解决怎么科学高效地管的问题；2016年开展以“底线教育”为基准做主题式培训，进一步深化课程意识，提升弋阳教育的内涵式发展；2017年的培训主题是“文化”，开展以“文化”为基准做主题式培训，进一步深化文化建设意识，提升弋阳教育的内涵式发展；2018年的培训主题是“变化”，开展以“变化”为基准的主题式培训，进一步深化变革意识，提升弋阳教育的内涵式发展。① 从这些培训主题可见，弋阳校长培训扎实有效，能够紧跟全县教育工作目标，引领校长队伍投入到弋阳教育的改革发展中，发挥他们的聪明才干。

四、多措并举，让农村教师“下得去、留得住、教得好、能发展”

（一）增加教师招聘数量和设置公开选岗，让农村教师“下得去”

首先，弋阳县充分利用国家相关政策，通过全县统一招聘、农村中小学教师定向培养、“三支一扶”支教、“特岗教师”招聘、高学历人才引进等渠道，增加教师招聘数量。自2011年以来，农村学校共新增教师近1500人，由2011年一年仅新增教师53人发展到2018年新增教师454人。通过向上级沟通请示，努力增加各种渠道的教师补充计划数，比如全省统一招聘计划2013年仅30人，2018年增加到285人；农村中小学教师定向培养计划数2013年仅50人，2018年增加到146人；2016年“特岗教师”计划数原下达指标为30人，经向省厅申请，追加到70人，2018年增加到120人。除此之外，弋阳县规定新入职教师除了县城高中和部分幼儿教师，其他全部聘用到乡村中小学校。从表4中可见，弋阳县新增教师中大部分是流向农村学校。新入职农村教师任教满5年并考核合格才可以参加县城学校教师招聘。

---

① 寒暑假校长集中主题培训材料由弋阳县教体局教研室提供。

上述做法有效化解了农村教师“下不去”的问题，很大程度上缓解了弋阳县乡村学校师资紧张的状况，有效促进了城乡学校师资均衡配置，提高了乡村教师队伍素质。

表 4　弋阳县 2011—2018 年新增教师数量（人）

类别	2011 年	2012 年	2013 年	2014 年	2015 年	2016 年	2017 年	2018 年
农村学校	53	97	110	128	136	204	301	454
县城学校	7	13	11	12	13	17	47	42

注：表中数据来源于弋阳县教体局人事股。

其次，在新教师正式入职前，弋阳县设置了公开选岗环节。以往选岗环节主要是由县教体局工作人员准备好学校名单，新教师按成绩高低依次进行选择，并没有要求校长在场，这就容易导致新教师因对学校了解不充分，增加选错学校的风险。弋阳县的选岗安排了校长在场介绍环节，一方面能够让新入职教师充分了解学校情况，对于去到哪所学校心里有数；另一方面能够表达学校对新入职教师的诚意和用心，也是一种承诺。选岗作为一种教师分配方式，首先是要保证分配的公平性，根据考试成绩由高到低依次进行选择，程序公开透明，杜绝找关系走后门的不公平现象；其次是在确保偏远乡村学校设置的岗位有岗有人，在能到位不落空的情况下，更好地尊重新教师，帮助新教师选择满意的学校，能安心下去从教。

（二）改善学校办学条件和提高工资待遇，让农村教师“留得住”

首先，要改善学校硬件条件，包括农村学校办学条件和教师生活条件，不能让新教师的工作、生活不便利，陷入“窘境”。具体来看，一是在学校办学条件方面，弋阳县 2014—2018 年通过实施农村义务教育薄弱学校改造工程、中西部农村初中校舍改造工程、农村中小学校舍维修改造工程、中小学校舍安全工程和义务教育学校标准化建设工程等项目，整合资金 9.36 亿元，新改建校舍面积 39.67 万平方米（其中新建 24.6 万平方米、改建 15.07 万平方米），新增学校用地 1092.21 亩。先后整体新建谢叠山小学，华东师范大学弋阳县实验学校，改建曹溪中学等 130 所农村中小学，彻底改变了农村贫困薄弱学校办学条件。二是在教师生活条件方面，弋阳县实行“学校生活家庭化”工程。近几年全县投资农村教师周转房建设资金4800多万元，建设教师周转宿舍1080套，每套面积35平方米，周转宿舍采用一室一厅一卫的布局，配备了电脑、家具、办公桌椅等设备，光纤宽带全覆盖。较小学校集中在中心小学建设教师周转房，学校花钱配备电动车供教师上下班使用，还免费提供中餐，想尽一切办法提高农村教师的工作、生活舒适度。

其次，提高农村教师的工资待遇。在农村学校工作的教师享有乡村教师补贴和乡镇工作补贴，与在县城学校工作的教师在工资上有1000元左右的差距。在评优评先、评职称等方面，政策都会向农村教师倾斜。同时，针对乡村教师设置了“教师楷模”“伯雄园丁奖”，每个奖项分别奖励10000元和6000元。不仅如此，乡村教育促进会还为农村教师专门提供现金奖励。弋阳县为农村教师提供了多种类的工资待遇保障渠道，只要用心教书，做出成绩，可以获得较高的物质报酬，这对农村教师有着较强的吸引力。

（三）创新县本培训和搭建专业发展平台，让农村教师“教得好”“能发展”

教师在农村学校做不好教学本职工作，没有职业发展前景，自然一有机会就会选择进城。“下得去、留得住、教得好、能发展”是农村师资队伍建设的目标，也是当前农村教师队伍存在的问题。从目前来看，农村教师“下得去”“留得住”基本实现后，关键是“教得好”“能发展”。如果农村教师教得好，能够得到校领导、同行和家长的认可与支持，工作被认可，寻找到工作的价值，同时能够拥有与城镇教师相同甚至更好的工作待遇和发展机会，如此农村师资队伍才能做大做强。弋阳县通过开展县本培训，搭建多样化的专业发展平台，如提供教师外出学习机会，发动民间协会、乡村教育促进会等民间组织来支持教师专业发展，帮助农村教师“教得好”“能发展”。

自2013年以来，弋阳县在完成国培、省培、市培任务的情况下，结合县情教况，分别以“唤醒”“点燃”“奔跑”“底线”“文化”为主题，对全体教师进行以“菜单式”为主要形式的县级“本土化”培训（简称“县本培训”）。

县本培训是弋阳县在思考国培存在的问题的基础上自主探索的，“从原有的‘要求’思维向供给侧思维转变，建立以县级主体为责任主体，整合国家、省、市、县级培训资源的培训模式”。[①] 弋阳县本培训不同于其他教师培训方式的独特之处在于其切实关注教师需求，自主创新培训理念，培训效果显著。很多乡村学校也纷纷启动了“青蓝工程”“飞雁计划”等校本的青年教师培养计划。5 年来，弋阳县共投入 1000 万余元培训资金，培训教师 25540 人次，362000 个课时，切实提高培训的针对性和实效性，促进城乡学校教师的均衡发展。教师培训产生了积极的效果，成功撬动了农村教师教育教学工作的积极性，唤醒了广大教师的专业精神，点燃了广大教师的工作热情。各级各类学校教师参加各类竞赛活动，36 人获国家级奖，272 人获省级奖，484 人获市级奖。

要不遗余力地为教师搭建专业化成长的平台，让每位教师都有机会站在舞台中央。[②] 通过唤醒、点燃、激发乡村教师内心向上和向善的追求，发掘乡村教师自我成长的潜在需要，让每一个乡村教师都有踏上跑道的冲动，把他们推向舞台中央，让他们在聚光灯下展示才干。[③] 为此，弋阳县教体局为农村教师的专业发展搭建了多样化平台。首先，通过竞争选拔等方式先后选派了 100 余批 2100 余人次管理者和教师外出学习。教师通过学习，了解了其他学校教师的教学理念和方式，改进了自身的教育教学水平，获得了专业发展。与此同时，弋阳县教师也经常被邀请去外地作报告、讲学，这极大地激发了教师对工作的荣誉感、使命感。其次，通过行政推动，民间运作，全县成立了家校合作协会、心理辅导协会、班主任专业委员会、教育梦·龟峰读书联盟、名师工作室协会、信息技术协会、语文主题学习协会、书画学习协会、摄影学习协会等 10 多个民间协会，协会主要针对教师，定期举办活动，帮助教师实现多方面的成长。以名师工作室协会为例，2012 年成立，

① 方华:《做有温度的教育》，中国人民大学出版社，2017，第 60 页。

② 方华:《做有温度的教育》，中国人民大学出版社，2017，第 63 页。

③ 方华:《做有温度的教育》，中国人民大学出版社，2017，第 158 页。

由县教体局授牌，教研室选定，到2016年弋阳名师工作室发展到18个，涵盖幼儿园、小学、初中、高中四个学段。从工作内容具体来看，一是重点培养新教师，致力于缩短新教师参加工作后的适应期和发展期，为新教师的专业成长提速。二是着力培养乡村教师，促进乡村教师成长，探讨乡村教师成长课题。三是关注名师共同成长，领衔人和其他名师携手，在相互点燃、感染、互助中促进自身专业的发展。整体来看，弋阳县民间协会为教师的发展提供了多样的平台，其不仅帮助农村教师找到展示自己的舞台，找到自身价值，消除职业倦怠感，还能改善农村教师的精神面貌，助力农村教师实现专业成长和职业发展。最后，教育促进会（详见下文）通过奖教奖学、助教助学，提升农村教师的职业荣誉感和幸福感，激励农村教师做好教育教学工作。乡村教育促进会有效引导了村民形成尊师重教的风气。2017年，南岩教育促进会在叶坝村大礼堂举行了表彰大会，表彰了14名优秀教师，颁发教师奖金38000余元，某老师拿到了最高奖金4730元。这笔奖金虽少，却表达了村民们对教师的鼓励和支持，激励了农村教师提升工作积极性。由农村社区村民主要参与组成的教育促进会通过奖励优秀教师、引导家校合作等方式，成功改善了农村社区、家庭与学校之间的关系，形成了一种支持农村教师发展的良好教育生态。

五、成功开展家校合作，邀请家长参与教育

弋阳县家校合作的成功开展在全国产生了较大影响。北京十一学校校长、全国著名教育专家李希贵曾赞誉道:“弋阳县做了一件功德圆满的事情，你们的家校合作已经升级到了3.0版，了不起！”江西省教育科学研究所（后文简称“省教科所”）所长认为“弋阳县把匿名状态下的破坏性力量，转化成了有组织的建设性政治力量”。弋阳县家校合作多次作为典型案例在全国家校合作经验交流会议上作展示，受到《中国教育报》、《江西日报》、新华网、中新网等媒体集中报道宣传，2019年全国家校合作会议在弋阳县成功召开。弋阳家校合作为何能成功开展，源于其在家校合作理念、方法、组织机构等方面全方位的改进，邀请家长参与教育。

（一）提出“教育合伙人”理念

F局长在20世纪90年代担任弋阳县中畈中学校长，就开始了家校合作的实践和探索，成立家长委员会、邀请家长代表参加学校文艺汇演、运动会、考试巡考等重大活动；引进家长来校决策、动员家长捐资助学，三年来家长为学校捐款8万多元硬化学校主要干道；分村开家长会、评选优秀家长等举措促进了学校的发展。正是依靠家长这个重要资源，他在任期内，中畈中学从低谷走上了巅峰。2003年，他被提拔担任方志敏中学党支部书记以后，负责学校德育工作，任教初中物理，同时担任两个班的班主任。尽管教育工作繁忙，但他十分重视家校工作，每学期至少主持召开一次家长会议，亲自为家长上课、做讲座，改变了方志敏中学自建校以来的家长会模式，翻开了崭新的一页。2006年，他被提拔担任弋阳二中校长期间，建立和完善了家长委员会，制定了弋阳县首个《家长委员管理章程》，邀请家长参加重大活动，把牵涉学生利益、习惯养成等非教学管理事宜的决策权交由家长，极大地拉近了家长与学校的距离。在F局长的教育管理理念中，其中一个关键理念就是“教育孩子如同开一家股份公司，家长是公司的董事长，学校是公司的CEO；家长是公司的终身持股人，学校只是公司的阶段持股人”①，即“教育合伙人”的家校合作理念，其明确了学校和家长在学生教育中的角色。

家校共育，需要以合作为基础，虽然从理论和实践的层面，得到了广泛的认同，但是并非想做就能做。很多地方开展的家校合作实践表明，因为缺乏家校合作的方法，没有合作的平台，不明白因何合作，自然就不知道怎么去开展合作。家校合作往往浮于形式，停留在表层，因活动而活动，不能赋予家校合作真正的意义，依然是“两张皮”，不能实现血肉交融。通过对区域教育现状的深刻剖析，弋阳教育人始终坚持利他思维，认识到教育的宗旨是帮助，帮助学生健康成长，帮助家长教育孩子，帮助政府为社会提供服务，帮助社会输送合格的公民，帮助教育链条中的每一个人，让孩子都能发现最

① 方华:《做有温度的教育》，中国人民大学出版社，2017，第34页。

好的自己、做更好的自己、完善更好的自我。学校充分利用专业的教育知识，教育家长、帮助家长，担当起教育主导者、服务者和资源利用者的角色，指导一线教师履行组织、引导合作者的职责。弋阳县全面推进家校合作，就是要在充满对立和对抗的不利因素的干扰下，寻找孩子教育的合伙人，与家长结成伙伴关系，形成教育合力，帮助孩子健康成长。[①] 在实际操作中，为了让更多的管理者、校长、教师、家长了解“教育合伙人”理念，弋阳县在2013年召开了3场分别由幼儿园、小学和初中家长代表参与的全县大规模家校共育研讨会，从思想上为开展家校合作做好了充分准备。

（二）学校创新合作方式增进家校互动

从2013年开始，弋阳县首先从学校自身的改变开始，走出校门，走进学生家庭，向家长释放诚意，伸出家校合作的橄榄枝，然后谋取与家长形成统一的价值观。[②] 家长通过参与学校活动，改变了以往对学校的负面印象和看法，也改变了家校之间不紧密甚至紧张的关系。家长体会到了教师工作的艰辛，了解了学校教育的工作，能理解和认同学校的教育方法和理念。如此，家长和学校产生教育共识，形成共同的价值观，为家校合作深入开展奠定了良好的基础。

不做少数人的游戏，让更多家长能够有机会参与，调动更多家长的积极性，我们的教育才会有更加广阔的天地，[③] 为此，弋阳县结合农村家长工作与生活的实际情况创新了家校合作方式，如家长培训、家访、跨省家长会、家长志愿者、留守儿童互助小组等，为家长参与教育提供了丰富多样的渠道。（见表5）通过家长培训，解答家长在日常家庭教育中的困惑，帮助家长学习教育知识，增强教育能力，增进亲子关系，实现家长和学生一同成长。学校创新家长会等家校合作方式，增进家校互动。通过频繁、形式多样的家校互动，家校之间的合作关系得到巩固。家访推动了教师与家长之间的互动，

---

① 本材料由弋阳县教体局教育综合股提供。

② 方华：《从家庭到学校的路有很多——江西省弋阳县家校合作案例》，《中国教育报》2017年7月6日第007版。

③ 本材料由弋阳县教体局教育综合股提供。

这种互动不仅让教师自发生出一种对职业理解的新触动，还从家长这样的外部刺激中激发了内在的职业获得感。这些都能够促使教师提高工作的积极性。教师的工作积极性提高了，学生的成绩自然就会有所改善，这显然会让家长更加尊重和信任教师。[①] 可见，家校合作关系一旦形成，对于学生、家长和教师就会产生积极的正向促进作用，形成一种良好的教育氛围。

表 5 弋阳县丰富多彩的家校合作方式

序号	方式	内容
1	菜单式家长培训	家校共育研讨会、逸夫小学“家校夜话”、方志敏中学“相聚星期六”主题活动、弋江镇第二小学“家校沙龙”等
2	家长会	中畈中学“农闲时请家长来学校开家长会，农忙时教师把家长会开进村去”；连胜学校每年利用正月初五、初六把家长会送进村庄；圭峰中学连续三年把家长会开到家长打工聚集地浙江义乌和浦江等地（简称“跨省家长会”）
3	家访	“万师访万家”“百名教师包百村”等海量普访；“进千家门，访千家情”等主题家访；暑期探访；特殊家访（如夜间家访）
4	家长参与学校活动	一是参与日常管理，如义务安全管理、义务卫生监督、食堂管理监督、义务监考等；二是家长进课堂，邀请不同行业的家长进入班级给学生讲授一些生活课程；三是家长志愿者，家长在学校一些大型活动中担任志愿者，促使家长参与到学校的发展建设中；四是通过家长委员会，家长可以参与学校决策
5	留守儿童互助小组	教师根据班级留守儿童情况，分成若干组，每组再选出一个关心教育的家长承担“代理家长”角色，在周末或放学时间给留守儿童提供学习环境，并监督其学习

注：表格内容来源于弋阳县教体局教育综合股提供的材料。

（三）设置县校两级家校合作组织机构

为了让弋阳县家校合作走上专业化发展道路，保障家校合作持续深入开展，弋阳县设置了县校两级组织机构。在县级层面，成立了弋阳县家校合作协会，县教体局局长担任协会顾问，设立理事长、常务理事长、副理事长和秘书长，理事长由分管领导县政府督导室主任、县教体局党委委员担任，

① 邬志辉、秦玉友：《中国农村教育发展报告 2017》，北京师范大学出版社，2017，第 501 页。

常务副理事长由项目执行人担任，副理事长由若干学校校长、副校长担任，项目执行人兼任秘书长。协会下设项目实施组，主要职责是组织全县班主任、教师、家长代表的培训；制定全县家校合作工作章程；制订协会年度工作计划；指导全县家长委员会组织机构建立；开展县域内实践和行动研究工作，检查、评估、指导各级各类学校制度化家校合作实践与研究工作等。2017年下半年，弋阳县家校合作协会进行了换届，将原来的“弋阳县家校合作协会”改为“弋阳县家校合作专业委员会”。专业委员会下设“校外互助组”“万师访万家”“家长志愿者”“家长进课堂”“教育促进会法律事务、社区协作”“秘书事务”“讲师团和培训”等七个专委会。专业委员会和下辖的七个专委会全部由学校校长、副校长、普通老师和家长代表组成。为便于开展活动，协会以下根据区域布局，设立了九个“家校合作联合体”，每个联合体由五所学校组成，由一所学校的家校合作协会理事长作为牵头人。主要职责是：负责人召集本联合体定期召开活动小组会议，交流、分享家校合作活动开展情况；负责收集、整理、发布、上报本联合体区域内各校工作开展情况的文字、图片、视频等资料；负责本区域学校经验推广；参加县家校合作团队（家校协会）的活动。（见图3）

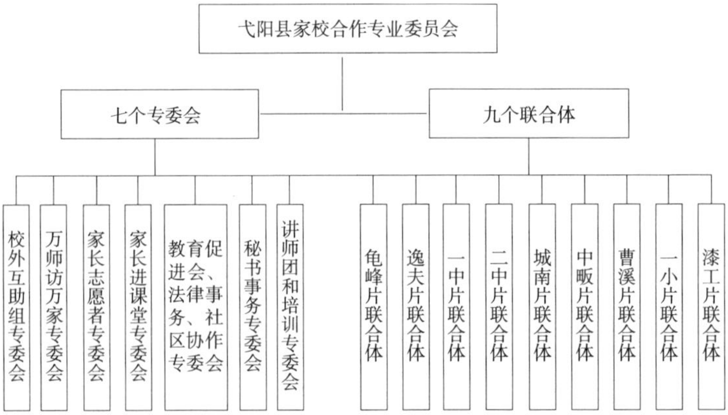

图3　弋阳县县级家校合作组织机构框架图

注：本图片资料由弋阳县教体局教育综合股提供。

在校级层面，学校成立了学校、年级、班级家长委员会。对小规模的学校只要求成立校级和班级两种家长委员会，各级家委会配备主任（委员长、理事长）、副主任和成员。同时，各学校建立了具有弋阳县本土特色的“家校合作委员会（行动委员会），由学校校务会成员代表、学校家长委员会代表、社区领导代表等组成，主要制订本区域内家校合作的工作计划，研究学校或区域内重大活动的策划、布置安排、工作落实等。“家校合作委员会”下设办公室，主要负责家校合作日常工作；组织开展各类家校合作活动；指导“在家学习、当好家长、相互交流、志愿服务、参与决策和社区协作”等六个研究小组开展行动研究工作等。[①]（见图 4）

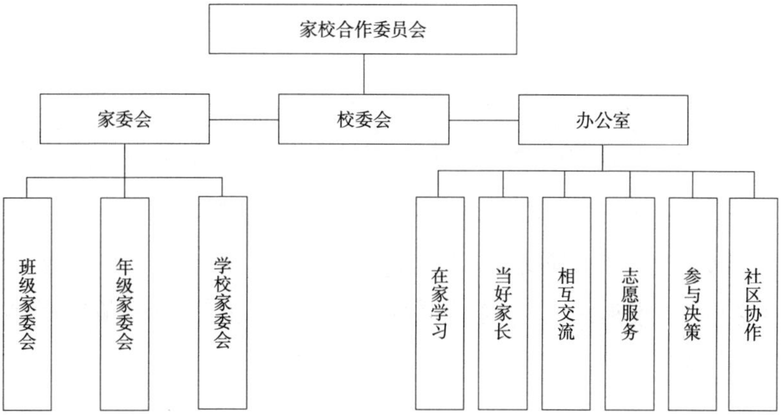

图 4　家校合作组织机构框架图

注：本图片资料由弋阳县教体局教育综合股提供。

通过设置县校两级家校合作组织，明确了县教体局领导、职能部门负责人、校长和家长代表等主体的职责和角色，为学校、家长参与家校合作提供了平台。不仅如此，弋阳县还制定了《弋阳县中小学幼儿园家校合作工作评估细则》，从“组织机构建设”“工作机制建设”“案例整理与呈现”“完成工作任务”和“本年度特色与亮点”五个方面对学校家校合作工作进行年度评估，评估结果作为学校评优评先、校长任免的重要依据之一。通过设置组织机构，建立工作评估机制，充分调动农村家长参与学校教育活动

① 上述关于家校合作组织机构的设置及其工作职责均来源于弋阳县教体局教育综合股提供的材料。

的积极性，并能够将家校合作的各项活动落到实处，有效地保障了弋阳县家校合作的深入开展，推进了家校合作的广度和深度。

（四）“两改变”“两改善”“两形成”①

弋阳县家校合作的成功开展直接改变了弋阳教育生态，奠定了弋阳教育整体持续向好发展的重要基础，是弋阳农村教育治理成功的核心环节。

（1）改变了教育生态。弋阳教育通过家校合作营造了良好的教育生态，在社会上发出了教育的声音。可以这样说，这之前，起码有两届党政班子，尤其是党政一把手没有来教育系统考察调研了，而在该县推进家校合作以来，县委书记、县长一年内分别三次到教育系统进行专门专题调研，就区域教育均衡、教育网布局、教育信息化推进、教师职称评聘、义务教育发展及困难、追加教育投入、教师编制及待遇等问题予以解决和规划。并且在县委、县政府主要领导的尊师重教的情怀和对教育强烈的责任感的感召下，弋阳县各界人士说教育、议教育、思教育、想教育、帮教育、谋教育蔚然成风，对教育充满期待的热情体现在方方面面。如每年一至二次的“两代表一委员”巡查学校和教育发展恳谈会，工商联的企业家教育联盟，各乡镇教育促进会，不同类型的奖优助学基金，等等，在弋阳县应运而生。

（2）改变了家长观念。首先，一直以来，家长认为，孩子的成绩好坏、行为习惯的好坏都是学校的事情，跟家长无关或者关系不大。家校合作工作的开展，使广大家长认识到，教育孩子不仅仅是学校的事情，更是家长的责任。其次，原来家长都“以今天论英雄”改变为“以孩子终身幸福为目的”，家长对学校充满希望，家长对教师充满感激，家长和教师对孩子充满期待。第三，改变了家长的家教方式。溺爱型、粗暴型、强制型、放任型等不科学的教养方式少了，民主型、宽容型、平等型等家庭教养方式多了。

（3）改善了家校关系。教育就是不断地承认问题的存在，且坦然和真诚地面对，不推脱、不回避、不指责。弋阳县开展家校合作，的确有效地改

① 本节内容主要来源于弋阳县教体局提供的材料。标题“两改变”“两改善”“两形成”是由弋阳县教体局管理人员总结提出的。

善了家校关系，营造了共同承担教育责任的氛围。帮助学校、教师、家长形成了商量式解决问题的能力，建立了多途径多渠道化解家校教育分歧的机制，探索了家校合作方法和措施，为弋阳教育走健康发展道路提供了有力的支撑。

（4）改善了家庭关系。有的家长不懂得孩子成长的规律，缺乏与孩子的沟通，通过学校的培训和提供的交流平台，许多家长和孩子建立了朋友关系；有些家长与孩子的关系紧张，特别是留守儿童家庭、离异家庭、单亲家庭，因为爱的缺失，导致孩子与家长的关系变得微妙和紧张。通过改变家长，改变了孩子，改善了家庭关系。

（5）形成了教育合力。一方面，普通家长愿意为学校做些力所能及的事情了。原来樟树墩学校的家长对学校工作非常不支持，学生之间有什么纠纷，经常来闹学校。通过开展家校合作，成立家委会，家长们都乐于参加学校的各项活动，他们还自发为学校捐款装电风扇、安装窗帘，主动到学校值日、参加公益活动等。

（6）形成了助学氛围。朱坑镇上童村爱心人士为上童小学捐款 41 万元，新建教学楼和设立师生奖学金。旭光乡某爱心人士捐款 100 万元，为家乡学校铺设塑胶跑道。欧迪公司总经理个人每年捐资 15 万元，在全县设立“伯雄园丁奖”，每年奖励 30 名优秀教师，形成了“我做不了的，有你；你办不到的，有我”的良好浓郁氛围。同时，社会各界爱心力量对学校的援助持续不断，使得学校办学的动力增强，促进了教学内部管理不断完善，教育质量及教育安全稳步提升，教师爱岗敬业，学生乐学爱学，形成了良好的教风学风校风，进而推动了家风民风的更好发展，使家校合作的空间得到进一步拓展。

六、广泛成立教育促进会，寻求社会人士支持教育

（一）教育促进会的基本情况及其运作

（1）教育促进会的基本情况

弋阳教育促进会是由本地村民、本村在外地的经商人士和关心教育的社

会贤达、爱心人士组成的一个民间组织。据不完全统计的数据，截至2017年，弋阳县成立了37个教育促进会，所有教育促进会累计收到的捐款金额达到1500多万元。[①]校长为了改变学校设备陈旧、硬件落后、学生和教师流失的现状，主动突破，寻找到村里几个成功人士资助资金，用于改善学校硬件设施等办学条件，带来学校的改变。与此同时，有些教育促进会是在乡村本地村民的主动争取下成立的，如弋阳县南岩镇叶坝村的几位当地知名人士对家乡特别关心，尤其对叶坝村的教育格外关注。其中一人语重心长地谈道："叶坝村经济落后，民风不良，关键是教育没有跟上，要发展，教育是根本，只有重视教育，多出人才，家乡才会发展。"他认为应该在叶坝村成立一个教育促进会，来引领当地广大民众关心支持教育，以通过各种渠道筹措奖教助学资金，帮助叶坝小学更好地发展。[②]在该村村民的多方努力下，南岩教育促进会于2015年成立。整体来看，教育促进会的成立是为了更好地改变乡村教育办学状况，以及村民不关心不支持甚至指责教育的现状，通过筹集社会资金帮助乡村学校提升教育质量，改变民风，营造尊师重教的良好教育氛围。不同于一两次的捐资助学行为，弋阳县通过成立教育促进会，定期举办活动，邀请乡贤、成功人士等关心教育的社会人士共同探讨乡村教育问题，实现捐助行为常态化、机制化。教育促进会作为民间组织，也是由县民政局注册、县教体局审批通过，有常务副会长、会计出纳、法人等成员，按照国务院民办非企业的正式章程要求来设置机构。教育促进会属于合法的民间组织，对于推动乡村教育发展发挥了智囊团、资金投入等作用。

在推动教育促进会广泛成立中，县教体局发挥了主导作用。弋阳县教体局要求全县各中小学校开门办学，在做好家长参与学校工作的同时，从县、乡两个层面建立"两代表一委员"每年两次巡查教育工作机制。通过巡查，让社会人士因了解教育而更加理解教育、支持教育。2014年1月，由"两代表一委员"、家长代表、退休教师代表、其他行业代表组成的巡查团首次

① 这笔金额并没有加上最近几年弋阳教育促进会筹集的资金，也没有加上爱心企业或个人的单独捐款金额。因此截至目前，弋阳县实际筹集到的社会资金远大于这笔金额。

② 本材料由弋阳县教体局教育综合股提供。

对全县各学校进行巡查。弋阳教育短期内发生的全新改变，令巡查人员欣慰，许多代表和委员表示要为教育的发展鼓掌与呼吁。在社会爱心人士的关心与帮助下，弋阳县教育发展促进会如雨后春笋般地建立起来，多位成功人士、爱心人士自愿捐资捐物，积极为家乡教育发展添砖加瓦。①

（2）教育促进会的运作——以南岩教育促进会为例

南岩教育促进会于2015年8月成立。成立时筹集到奖教助学金32万，全部用于奖励优秀教师、优秀学生和优秀家长。教育促进会也联系相关部门、企业，通过其他途径支持学校发展。2016—2019年，连续四年每年奖励5万元，一共奖励了21.7万。②在教育促进会成立当天，县领导、县教体局、县民政局、县教育促进会全体理事、教师、家长、村民代表参与了开幕式。开幕式上，县教育促进会会长发言说：“当今社会形势发展如此之快，城乡教学条件和教学质量差距如此之大。我们叶坝人都有责任、有义务为提高叶坝小学的教学质量做出应有的贡献！”可见，成立南岩教育促进会的根本目的是推动南岩镇农村教育事业的发展。同理，弋阳教育促进会是在县教体局、乡镇和乡村的推动支持下，响应社会人士关心支持农村学校的需要而广泛成立的民间组织，其主要目的是推动乡村教育的发展，并通过教育促进会这一平台，凝聚社会人士的智慧力量，筹集社会资金，帮助农村学校补齐短板，实现新的发展。

为了更加具体地分析教育促进会的工作内容，选取弋阳县南岩教育促进会成员，其业务范围和师生考核如下：

1. 积极宣传并认真贯彻国家和省、市关于尊师重教、捐资助学的各项政策规定；号召全社会关心教育，关注贫困家庭子女入学难的问题，引领广大民众关心支持教育，形成良好的教育生态环境。

2. 发动社会有识之士和富有爱心的企事业单位及个人捐资，筹借和管理奖教助学金，建立长效机制，开展各类有益的奖教助学活动：奖励叶坝小学优秀师生和家长，资助特困教职员工，以及曾对叶坝教育事业有过重大贡

① 本材料来源于弋阳县教体局2014年年鉴。

② 本材料来源于对南岩镇怀志希望小学校长的访谈记录。

献且需要帮助的人士，帮助贫困学生入学。

3. 加强会员之间的联络，开展奖教助学工作经验的交流、总结和推广，促进叶坝小学奖教助学工作发展。

4. 鼓励学生努力学习，倡导学生学会做人，学会感恩，用自己的行动回报社会、感恩社会，促进教育和回馈社会和谐发展。①

依据本会章程，为了更好开展奖教奖学、助教助学活动，促进教师爱岗敬业，努力提高教学质量，激发学生奋发向上、德智体美劳全面发展，特制定叶坝小学优秀学生、教师、家长奖励方案。具体考核要求如下：

1. 每学期统考。教师任教科目成绩获得全镇第一、二名者，分别给予 800 元、500 元奖励；如超过全县最好的五所学校的平均成绩，则给予 1000 元奖励；如获得全县前 3 名，分别给予 2000 元、1500 元、1200 元奖励。以上以该教师获得最高奖为主，不一一颁发。

2. 教师参加县、镇各类教学技能大赛，获得县级一、二、三等奖者，分别给予 500 元、300 元、200 元奖励；获得镇级第一、二名者，分别给予 200 元、100 元奖励；获得市级、省级大赛一、二、三等奖者除给予相应奖金外，再加 200 元。同一比赛以最高奖颁发。

3. 在质量抽测中，学生单科或语文、数学两科目总分获得县级一、二、三等奖者，分别给予师生 300 元、250 元、200 元奖励；获得全镇前 6 名者，分别给予师生 200 元、180 元、160 元、140 元、120 元、100 元奖励。

4. 在全镇统考中，学生语文、数学两科目总分获得全镇前 6 名者，给予该生 200 元、180 元、160 元、140 元、120 元、100 元奖励；单科分数获得班级前 3 名者，分别给予该生 40 元、30 元、20 元奖励。

5. 为加强班级管理，注重养成教育，弘扬道德模范，每学期评选优秀班主任 2 名，师德标兵 1 名，优秀教师 1 名，每人给予 200 元奖励；奖励优秀学生 10 名，每人给予 100 元奖励；教师工作突出，获得国家、省、市、县优秀教师、优秀班主任、先进教育工作者、师德标兵等荣誉称号的，分别

① 本材料来源于弋教体字〔2015〕78 号《关于同意成立弋阳县南岩教育促进会的批复》的政策文件。

给予1000元、800元、600元、300元奖励。

6.叶坝小学在镇中心小学组织的管理评估中，获得第一、二名时，分别给予全校教师1200元、800元（其中校长40%）奖励；在参加各类文体竞赛活动中，获得全镇团体第一、二名时，分别给予校长和辅导老师200元奖励；学生获得全镇单项前3名时，分别给予辅导老师和学生60元、50元、40元奖励；学生获得全县单项一、二、三等奖时，分别给予辅导老师和学生200元、150元、100元奖励。

7.教育促进会业务考核组与中心小学一起对叶坝小学老师进行常规工作考核，对认真、及时完成学校各项工作任务的老师每人每学期给予1000元奖励。以平时过程考核材料为准。

8.对任教语文、数学学科的成绩有明显进步的老师，给予适当奖励，总评分进步5分，奖励400元，每加1分增加奖金50分。

9.对于家庭条件特别贫困的师生给予适当的金额资助。

10.对每学期评出的10名优秀家长，分别给予价值100元的物质奖励。

对优秀家长的主要考核标准：

（1）家风，重视教育，家里没有麻将机，学生在家学习时间不打麻将、不玩牌。

（2）对子女要求严格，子女不上网吧，学习、行为习惯好。

（3）积极支持学校工作，参与学校管理。[①]

教育促进会的资金主要是用来奖励师生，激励教师勤恳工作，安心教书；学生努力学习；家长以身作则，注重家风建设，严格教育好子女，同时积极参与家校合作，支持学校教育；社区村民支持教育，尊师重教。

教育促进会的另一个重要活动是举行表彰大会，活动地点选在礼堂、祠堂等乡村举办重大集体活动的礼仪场所，其所具有的重要象征意义是不言而喻的。2017年，南岩教育促进会举行了表彰大会。上午9点整大会准时开始，偌大礼堂早已是人山人海，粗略估计有2000人。在三年级孩子热情似火的

① 本材料来源于弋阳县南岩教育促进会奖励优秀师生及家长方案。

舞蹈表演《幸福因为有你》中，大会正式拉开了序幕。首先由南岩教育促进会秘书长简要总结2016年工作，并展望2017年。接着，县教育督导室主任、南岩镇党委书记分别作了重要讲话。然后开始表彰。首先表彰的是优秀学生，一到六年级共有68人获得了不同奖励，学生奖金达到了8000元。接下来表彰的是优秀家长，6名家长带着喜庆的大红花站到了领奖台上，每人奖金600元。接着是表彰优秀教师，14名优秀教师戴着大红花走上领奖台。这一刻，老师们是幸福的，因为他们的努力得到了认可，得到了叶坝人的尊重。本次表彰大会共颁发教师奖金38000余元。最后，南岩教育促进会会长做年度报告，肯定成绩，提出希望。报告结束后，各班同学还进行了精彩的文艺表演，在一年级小朋友充满童趣的手语表演《感恩的心》后，本次大会落下帷幕。①隆重的表彰大会，县教体局领导、学校领导和村民的共同参与见证，对优秀学生、教师和家长的奖励，这些都对南岩的教育产生了激励作用，也引导了村民关注和支持教育。尤其是奖励，对改进教师工作状况、学生成绩、家校合作等，都有很大促进作用。学校教育质量逐年提高，从一所薄弱学校变成全县农村优秀学校。原来低谷时期是140个学生，这几年维持在200多人，学校发展好了，学生愿意在这里读书。教育促进会成立后，表彰会选在大礼堂举行，全村两三千人坐在那里观看，村民对促进会有了了解，促进会对学校的发展起了很好的促进作用，对村民也起到了很好的正面引导作用，村民对学校教育教学持肯定态度。②可见，教育促进会的运作能够引导村民更多关注和参与教育，在乡村社区进行尊师重教的道德宣传和舆论引领，形成一种尊重教师和关注教育的良好氛围，对最终形成一个尊师重教的农村教育生态很有裨益。与此同时，教育促进会提供了捐资平台，满足社会人士捐资助学的热情，通过聚集社会力量，补充对农村教育资金投入，不仅弥补了政府对农村教育财政投入的不足，而且灵活投入到农村学校师生身上，推动了农村教育发展。

教育的发展离不开社会人士的关心和支持，尤其是乡村教育，历史遗留

① 本材料来源于南岩教育促进会2017新春年会表彰大会的报道。

② 本材料来源于对南岩镇怀志希望小学校长的访谈记录。

的发展短板较多，问题较大，需要政府和社会人士更多的关注和支持。但是真正形成社会人士广泛支持乡村教育的并不多见，往往停留在设置奖学金、购买学习用品等方式资助农村贫困学生顺利完成学业，并捐助资金用于购置学校教学设备和翻新学校建筑等有限的几个方面，在支持农村学校发展的频率和深度方面都显得不足。弋阳县教育促进会是为乡村教育发展而设立的一个民间组织，其不仅实现捐资助学常态化，还系统推进农村学校教育质量，实现了农村学生回流、农村教师吸引力提升的良好效果，其对于我国县域内寻求社会人士支持教育提供了很好的借鉴和参考。

具体如何形成社会人士支持教育，方法有很多种。弋阳县还开展了多种社会人士支持农村学校的方法。一是镇校联动。朱坑镇党委政府召开家校合作工作会议，参会人员有镇党政班子、镇各办公室负责人、村委会书记主任、中小学校长，镇党委书记作报告，号召举全镇之力支持教育；全县开展“最美育人家庭”评选，以良好的校风影响家风，改变民风，营造家庭和社区良好的教育氛围。二是校企合作。江西鸥迪铜业有限公司帮助弋阳701学校修建跑道，重建电脑房，新建图书室，聘请音体美专职教师，与此同时,学校帮助公司解决职工上班无暇看孩子做作业难题。三是“小手牵大手”活动，孩子带领家长参加清扫街道、拾捡白色污染物等环保活动，学生和家长共同成长，养成良好的卫生生活习惯，并改变乡村卫生状况，促进乡村文明。可见，社会人士与学校有着较为频繁的联系，且彼此可以开展深入的合作，而这需要县教体局搭建平台，营造氛围，成立如教育促进会类似的组织，常态化开展社会人士参与教育的活动，增进联系与共识。

（二）教育科研团队提供理论指导

2013年11月13日、11月30日、12月28日三场全县幼儿园、小学、初中、家长代表“弋阳县家校合作研讨会”分别在逸夫小学、方志敏中学和弋阳一中举行。就在第一场小学研讨会议结束以后，为了能获得高层面的专业指导，F局长带着教育督导室主任、教育综合股股长前往省教科所，寻求理论上的支持。当时，弋阳县的所有学校都不是省级家校合作实验校。由于弋阳县前期所做的一些尝试得到了教科所所长的高度认可，省教科所单独给指标让弋阳县教育管理者和校长代表参加井冈山“家校合作”第一期培训，并让弋阳县在开班仪式上作了15分钟的案例分享。2014年10月，省教科所把“家校合作”第二期培训班放在弋阳县进行，使弋阳县218名中小学校长、班主任代表、教师代表参加了为期4天的培训。同年，江西省教育厅把弋阳县列入江西省第二批家校合作区域实验县。为进一步提高弋阳县推进家校合作制度化实践与研究，2015年11月，又为弋阳县200多名教师和家长组织了为期4天的“通识培训”，为广大教师就家校合作答疑解惑。近5年来，教科所所长、副所长多次来弋阳指导工作，省教科所家校合作中心主任为教师、家长、教委会代表作了5次培训讲座，副主任作了4次培训讲座。上述专家的培训指导、驻校调研、行为研究等，使本来就有一定基础的弋阳家校合作工作有了理论的支撑和实践的突破，把对原来处于隔膜甚至对立的家校关系进行转化，把长期作为较量和对抗的对手，变成孩子教育历程的合作伙伴。[①] 此外，弋阳县在后期开展农村教育治理工作的过程中与21世纪教育研究院团队、东北师范大学中国农村教育发展研究院团队、陕西师范大学西北基础教育与教师教育研究中心团队等教育科研团队有着密切交流和合作，得到了众多教育科研团队在理论指导等方面的帮助。

七、弋阳县农村教育治理经验的总结与反思

（一）教育局局长主动探索县域农村教育治理变革

弋阳农村教育治理的成功不是主要依靠大量投入教育经费实现的。弋阳县是革命老区县、西部政策延伸县，2018年以14.18亿元的财政收入排在江西省100个县中的第75位。[②] 尽管县财政收入不高，教育投入较大，但是从整体来看是低投入。弋阳县并不只是“靠钱”来发展农村教育的典型[③]，主要是依靠本地教育人员的自主探索和创新实现农村学生回流，农村教师

① 本段材料主要由弋阳县教体局教育综合股提供，部分内容有删减和修改。

② 中国产业信息网 . 2018年中国江西各县GDP排行、GDP增长率排名及财政总收入排名情况分析 . http://www.chyxx.com/industry/201801/602074.html, 2018-01-10.

③ 邬志辉、秦玉友:《中国农村教育发展报告2017》, 北京师范大学出版社 , 2017, 第463页。

教育教学水平得到提升，校长专业化水平得到提高，成功推进了农村教育治理现代化，产生了较好的社会影响。F局长是推动弋阳县2012年以来农村教育治理的核心人物，他有着多年的农村学校、县城学校校长的工作经历，在实践中生成了教育智慧和教育理念，担任县教体局局长期间带领班子成员、学校、家庭和社区等主体充分发挥主体性，成功推动弋阳农村教育治理。

第一，弋阳教育行政管理人员具有发展农村教育的强烈主观意愿和高度的主观能动性。首先，弋阳县教体局积极调动家长、村民参与教育的积极性，为农村学校发展营造良好的外部支持环境，提供更加多元的发展可能。自2012年教育均衡发展以来，弋阳县积极推动县域内城乡教育均衡发展，取得江西省义务教育均衡评估第一名的好成绩。家校合作并不在教育均衡验收的指标里，弋阳县却极其重视这项工作。弋阳县并不只是为了达到上级要求的教育均衡指标而去推动均衡，而是从农村学生发展的长远利益出发，做好家校合作等工作。其次，弋阳县教体局还利用民间协会、县本培训等手段，想方设法提升农村教师队伍质量，“盘活”农村教师队伍，“激活”农村教师队伍的活力、激情和理想，实现农村教师“下得来、留得住、教得好、能发展”。最后是弋阳县不仅推动城乡学校在标准化资源、教育技术装备资源等物资资源方面的均衡，也关注农村学校的内涵发展，切实办好农村孩子家门口的学校，让农村孩子在家门口就能享受良好的教育，弋阳农村教育实现了要素及其结构优化和质量提升的内涵发展。具体体现在弋阳农村学校结合当地社会资源、学校资源、家庭资源等，充分挖掘本土绿色、红色、古色文化资源，开发“红古绿”三色地方校本课程。如漆工小学的《漆工笔谈》、葛溪中学的《葛河文化》、圭峰中学的《走进龟峰》、曹溪横桥小学的《农耕文化》等，都成为本土品牌课程。通过开发“红古绿”三色地方校本课程，丰富了学生生活，传承发扬了乡村文明，把乡村学校办成民俗民风的传承地，成为当地的精神乐园和文明家园。

第二，弋阳教育行政管理人员将发展教育事业不仅作为一种职责，也秉持做教育应该淡化功劳，多些功德[①]的理念，认为做好教育是一种本分、一种情怀，教育行政管理人员应该成为有温度的教育人。弋阳县县委、县政府对教育的重视并不是一开始就有的，而是教育系统做出了成绩，让县委、县政府逐渐意识到教育也可以成为县域的一个品牌，因此才开始大力重视和支持教育发展。2018年，弋阳县陈敏县长在教育部新闻发布会上提及办好教育不仅是政府的本分、情怀，更是本职、主责。弋阳县连续3年来坚持县委常委会专题讨论教育发展的重大问题，将教育工作作为县政府常务会的"一号议题"进行专题研究，始终秉持"为了下一代，勒紧裤腰带"的理念……努力让弋阳的孩子在家门口接受良好的教育，让弋阳教育成为弋阳人民的骄傲！[②]可见，弋阳县委、县政府对弋阳教育重视程度之高，这种重视为县教体局管理实施县域教育提供了有力的领导力量。正如有研究指出，政府在义务教育均衡发展进程中既可能表现出积极的作为，也可能表现出消极的行为，从而使得政府既是加快西北地区县域义务教育均衡发展的积极力量，也是延缓义务教育均衡发展的根源。[③]可见，政府行政力量值得理性审思和对待，政府作为县域农村教育发展的责任主体和核心推动者，在农村教育发展中既可以是积极推动者，也有可能是延缓者，成为一种阻滞性力量。弋阳县教体局提出"以良好的校风影响家风，改变民风"的教育愿景，制订"让弋阳的教育走专业化发展道路，让弋阳孩子在家门口接受良好的教育，让弋阳的教育成为弋阳人的骄傲"的工作目标，使得全县教育管理人员能够形成统一的价值观，有着共同的行动。与此同时，县教体局还通过提升教育行政效率，教育行政专业化和教育决策科学化、民主化等，实现教育行政治理现代化，系统提升县教体局治理教育的能力，有效保障农村教育各项工作治理的成功推进。

---

① 方华:《做有温度的教育》，中国人民大学出版社，2017，第20页。

② 弋阳新闻．重磅消息！县长陈敏在教育部新闻发布会上发言，弋阳这项工作火遍全国．http://www.zgyy.gov.cn/a/20180301/1519866262.html.

③ 杨令平:《西北地区县域义务教育均衡发展进程中的政府行为研究》，陕西师范大学2012年博士学位论文。

（二）提高农村学校、家庭和社区等多方主体的教育参与度

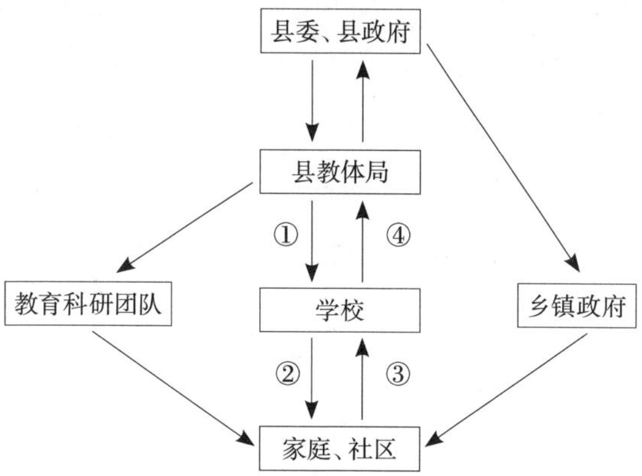

图5　弋阳县农村教育治理路径图

注：图5中①是行政推动；②是学校创新家校、家社合作方式，邀请家庭、社区力量参与学校教育；③是家庭、社区力量自觉、广泛参与学校教育活动；④是学校表达诉求和反馈工作等。

一是提高县教体局行政治理能力。教育行政是推动弋阳农村教育治理的主导力量，而教育局内部行政治理是推动行政力量发挥作用的关键。弋阳县教体局通过制定县域教育发展愿景和工作目标、提升教育行政管理专业化水平等行政治理，具有较强的教育治理能力。弋阳教育行政队伍有工作方向和凝聚力，有教育理想、激情，行政力量强大且持续。教育行政力量的推动，为校长发挥才干提供了平台和机会，校长主动寻求突变，带来学校改变。校长带领学校创新家校合作的内容和形式，如组织校外互助小组、跨省家长会等，为家长参与学校教育提供了丰富多样的渠道；主动出面邀请乡村成功人士建立教育促进会，为学校发展争取资金支持和良好教育外部支持环境。在县教体局行政力量的支持和引导下，农村学校多点开花，呈现出“自然生长”面貌。

二是广泛搭建多方主体教育参与平台。弋阳县树立“以良好的校风影响家风，改变民风”的教育愿景，首先改变学校教育生态，实现农村学校的规范化办学和专业化发展。然后学校主动伸出手，邀请家庭和社区力量加

入学校教育，成功影响了家风和民风，营造了县域良好的教育生态。具体是搭建家校合作、教育促进会、民间协会和乡土课程等学校与家庭、社区的教育参与平台（见表6），家庭、社区居民能够在制度创设的空间内参与学校教育工作，并且通过开展各项学校活动，学校和家庭、社区之间的教育共识逐渐产生，教育共同利益应运而生。

表6　弋阳县农村学校、家庭和社区联系平台

参与主体	平台名称	平台简介
校长、教师	民间协会	弋阳县成立有班主任协会、家校合作协会、心理辅导协会、教育梦·龟峰读书联盟等10多个协会。校长、教师根据自己的兴趣爱好自由加入，参与协会定期组织的活动。这些民间组织推动了农村家校合作、教师队伍质量提升、师生阅读习惯养成等，激励农村教师安心从教，做出成绩
学校、家庭	家校合作	弋阳县在县校两级成立弋阳县家校合作专业委员会、家校合作委员会，制定了《弋阳县中小学幼儿园家校合作工作评估细则》，依靠行政力量强力推动家校合作。家长参与学校教育的方式有菜单式家长培训、家长会、留守儿童互助小组等。家长参与学校教育成为常态，帮助学校完成更多的辅助性教育事务，成为推动农村学校教育发展的重要力量
学校、社区	教育促进会	教育促进会是由本地村民、“走出”本村的外地经商人士和关心教育的社会贤达、爱心人士组成的一个民间组织。截至2017年不完全统计的数据，弋阳县成立了37个教育促进会，所有教育促进会累计收到的捐款资金达到1500多万元。教育促进会的资金主要是用来奖励优秀教师、学生和家长，激励教师勤恳工作，安心教书；奖励学生努力学习；奖励家长以身作则，注重家风建设，严格教育好子女，同时积极参与家校合作，支持学校教育。教育促进会帮助改善农村学校办学条件、激发农村教师的工作积极性，还在乡村社区进行尊师重教的道德宣传和舆论引领，营造社区支持教育的良好生态
学校、社区	乡土课程	弋阳县各级各类学校结合当地社会资源、学校资源、家庭资源等，充分挖掘本土红色、古色、绿色文化资源，开发“红古绿”三色地方校本课程，如漆工小学的《漆工笔谈》、葛溪中学的《葛河文化》、圭峰中学的《走进龟峰》、曹溪横桥小学的《农耕文化》等。通过开发“红古绿”三色地方校本课程，丰富了学生生活，传承发扬了乡村文明，把乡村学校办成民俗民风的传承地，成为当地的精神乐园和文明家园

三是生成教育共同利益需要。弋阳农村教育治理能够成功，关键还在于其树立了一个“教育合伙人”的发展目标。正如F局长所说，“我是局长，我管不住班子成员，管不住局机关的工作人员，更管不住为数众多的老师和学生。我想得最多的是怎样让他们成为我的伙伴和朋友，为了同一个梦想一起努力”①。“教育合伙人”一词既表达了教育行政管理人员的工作目标，也表达了一种重要的教育管理智慧。从2013年开始，弋阳县所做的家校合作、规范城区学校招生、教育促进会等治理工作，其最终目的都是营造县域良好教育生态，形成家庭、学校和社区成员的一种“教育合伙人”的关系。这种“教育合伙人”关系的本质其实是寻求教育共同利益。家庭、社区在参与学校教育的过程中能够寻找到各自的利益诉求，满足各自的需要，从而与学校达成新的关系，共建共享教育利益。这种教育需要并不是自然而然就会产生，需要通过政府、学校等主体的主动邀请，搭建平台，营造氛围，让家长和村民在活动中首先产生对教育的认识和理解，进而产生需要，要经历“个体观望—教育共识—团体协作”的发展阶段。（见表7）

表7 家长、社区居民教育需要形成的发展阶段

发展阶段	特征
个体观望	家长、社区村民与学校联系不紧密，存在不理解、不支持学校，甚至指责学校，与学校有冲突。个体即使参与学校活动也是完成学校一时的要求，过后依然恢复到不联系的状态。个体意识到参与学校教育活动的重要性，但是由于没有参与的机会，或者学校不欢迎等，个体与学校仍然保持在一个相对隔离的空间范围
教育共识	个体定期参与学校组织的一些活动，在活动中产生了对教育的新认识和理解。个体反思自身教育理念和行为的合理性，解构过去固有的观望思维和态度，逐渐认同、接受学校教育的理念和行为
团体协作	个体频繁参与学校教育活动，参与的广度和深度在增加，逐步深入学校教育的核心环节，如学校发展决策、课堂教学等。家长、社区和学校的合作越来越频繁，产生一定的教育成果和社会影响，形成一种协作关系。个体开始思考自身与学校应该形成的一种新关系

① 雷杰能、甘甜：《让弋阳的教育成为弋阳人的骄傲——访弋阳县教体局局长方华》，《江西教育》2015年第10期。

（三）“氛围比制度更重要”的管理意蕴

伴随着行政主体换届和教师流动、农村人口向城市流失等的人员变动，多方主体是否还会继续参与教育事务并发挥作用，主体性是否会延续？弋阳县依靠行政力量推动，教育治理产生成果，但是伴随着县教体局领导换届、参与治理改革主要人物的变动等因素影响，教育行政管理部门、学校、家庭和社区等主体参与教育公共事务的积极性是否会降低，出现参与形式化等问题？F局长认为，“对于持续性的问题，我觉得是可以通过制造良好的教育氛围来解决。如果弋阳县的教育能够一直好下去，那么整个弋阳县的教育发展就会有一个积极的、正向的发展惯性。在这样的情况下，即便这个团队的成员有所变动，那么只要他的发展惯性还在，在一时之间，弋阳的教育发展是很难出现很大的问题或者倒退的”①。在《现代汉语同义词典》中，“氛围”指周围笼罩着的情调、气息，这个词在日常教育生活中也经常使用，如班主任提到同学们应该形成一种良好的学习氛围，你追我赶，共同进步。氛围表现为一个群体分享一致的精神理念，并在实践中表现出共同的行为特征。“在弋阳，教育已经形成了积极向上，你追我赶的氛围。以叠山学校为例，每年暑假进城招聘考试中，总会有两三位优秀教师进城。曹校长总会笑着对他们说，叠山学校是一潭活水，走了优秀的又会来优秀的。叠山学校已经形成了适合教师成长的氛围，只要加入这个大家庭就能变优秀。”“氛围比制度重要，一个好的氛围比一千个冰冷的制度更重要。”②“氛围比制度更重要”在弋阳县已经家喻户晓，从一个方面表达了弋阳教育取得成功和社会影响的原因。具体来看，弋阳教育整体氛围是由县教体局、学校、家庭、社区等主体相互作用、运作形成的。这种氛围一旦形成，主体逐渐能够产生教育共识，团结一致，表现出高度的一致性行为。当然这种氛围能够形成并发挥作用，前提也是制度已经建立。“氛围比制度更重要”并不是指制度不重要，没有健全的制度做保障的教育氛围是不可能长久的。而为何氛

---

① 邬志辉、秦玉友:《中国农村教育发展报告 2017》，北京师范大学出版社，2017，第513页。

② 搜狐网.《氛围比制度更重要》,http://www.sohu.com/a/197099835_508657.2017-10-10.

围比制度更重要，能够将营造良好的氛围作为提升成员凝聚力和实现发展的重要手段？

自西方国家工业革命以来，各大公司为了追求效率，不断革新生产工具和管理技巧，如工业工程中为了提高流水线上员工的操作效率，将人的手脚摆动动作按分秒计算，列出详细清单进行分析，剔除掉无效动作，从而提升人的身体动作精准程度，快速完成流水线工作，将人机器化。而这种非人性化的管理已经逐渐蔓延到现代生活当中，如美国学者乔治·瑞泽尔（George Ritzer）的《"汉堡统治世界？！——社会的麦当劳化》一书中，麦当劳提供高效率、可计算性、可预测性和可控制[①]的快速服务，这种麦当劳的成功经验模式正逐渐被其他行业借鉴，社会变得"麦当劳化"，人们不再关注个人情感、不确定性等。教育局行政管理也表现出科层化特征，办公室文员在岗位中完成规定的工作，上传下达。虽然这能够提高政府文件处理效率，但是在这种体制中长期生存的人的人文精神时常不被观照，容易成为一个机械的文件处理者，何谈教育行政管理人员具备教育理想、激情，做有温度的教育人？！

霍桑实验揭示了员工生产效率的提高源自员工受到了外界的关注。同样如此，弋阳教育中的教育行政管理者、学校校长、教师、家长、社区等主体，特别是学校校长和教师这些教育内部主体，具有参与教育的主体性，关键是他们受到了来自县委、县政府、教体局、校长等上级领导、同行和其他主体的关注和支持，在日常的教育工作中寻找了目标和工作价值，从而能够接受教育改变，并且主动参与到教育改变当中，去影响更多主体参与进来。这其中改变的细节和过程体现了中国式管理的理念。中国式管理有三大主轴：第一，以人为主，主张有人才有事，事在人为，唯有以人为主，才能把事情做好，可以说中国式管理是一种人性化的管理。第二，因道结合，认为制度化管理，不如以理念来结合志同道合的人士，大家有共识，比较容易同心协力，把一盘散沙聚集起来发挥巨大的力量。第三，因理而变，合

① 乔治·瑞泽尔：《汉堡统治世界？！——社会的麦当劳化》，姚伟等译，中国人民大学出版社，2013，第26页。

理解决，一直被视为比依法办理更合乎道理的方式，也可以说中国式管理是一种合理化管理。[①] 区别于西式的“刚性管理”，中国式管理更趋近于“柔性管理”，也就是更有“人情味”。这股“人情味”不是“矫情”，也不是“随意”，更不是“圆滑”，它代表着中国人为人处世的一种基本态度，是一种“以人为本”的情怀。[②] 中国式管理相比于西式管理，表现出了独特的优势。

中国式管理体现了“以人为本”的情怀，弥补了西方现代管理以效率为追求目标的非人化的缺陷，也弥补了政府机关科层制无法关注人的人文精神的缺陷。“氛围比制度更重要”包含了中国式管理中“以人为本”的核心精神，其往往能发挥比制度更大的凝聚人心的作用。这无疑给我国农村教育治理提供了有益的启示。一是教育行政管理人员要眼中有人，心中有人，在教育行政工作中，除了要处理教育政策文件，更重要的是要关注教育生活中活生生的人。关注县教体局机关干部的工作状态、精神面貌，关注学校校长、教师在日常教育生活中的困惑和教育需要等，思考如何激发他们的工作热情，在工作中形成价值认同感，找到归属感。二是关注家长、社区村民等主体的教育利益诉求，邀请教育外部主体参与教育，达成教育共识，营造良好的教育氛围。仅由单一行政力量推动，但是多方主体不参与的教育治理注定是失败的。成功的教育治理是教育行政管理部门激发多方主体参与教育公共事务并充分发挥主体性，共同推动教育变革的治理。

① 曾仕强:《中国式管理》，北京联合出版公司，2015，第 80—81 页。

② 本材料来自“校长派”微信公众号 2019 年 12 月 25 日转载于中关村互联网教育创新中心的一篇文章，名称为《踩过了“西式管理”的坑。这位校长找到了“中国式管理”之路，结果很惊喜……》。

报告四　全国乡村小学离异家庭子女教育调研报告

雒　强

一、前言

伴随着我国打工经济的兴起，大量的农村劳动力从乡村到城市出现大规模的迁移，在这个过程中不仅实现了空间上的转移，观念上也出现了从传统的乡土文化到城市文化的转变。这主要体现在男女的婚恋观上。这就对建立在传统“家本位”观念的农村婚姻的稳定产生了威胁，导致大量离异家庭的出现。与此同时，学校产生了越来越多的来自离异家庭的学生。离异家庭子女的教育问题也成为学校乃至整个社会面临的亟待解决的重大议题。2019 年 3 月到 10 月，我们陕西师范大学乡村振兴教育现代化重大项目调研团队在全国 18 个省的基础教育调研中发现：乡村学校的数量减少了，学生数量变少了，留守儿童的数量比例变大了，同样出现了大量的离异家庭学龄子女！这是以往教育界所忽视的一个潜在的弱势学生群体。婚姻破裂对学龄子女的生活、学业、品行、心理发展和社会适应等有诸多影响。[①] 这对乡村教师的教育教学能力，乡村教育质量的提升以及落实立德树人，建设和谐稳定的新时代社会的目标都提出了严峻挑战。

---

① 徐安琪、叶文振：《父母离婚对子女的影响及其制约因素——来自上海的调查》，《中国社会科学》2001 年第 6 期。

那是什么原因导致了离异子女的增多？其背后深层的文化原因、社会原因及个人原因分别是什么？离异子女在全国乡村的现状和特点如何？家庭、学校和社会分别怎样来教育、引导和支持离异子女的健康成长呢？这些都是牵涉家庭幸福和社会稳定的重要问题，对这一课题的探讨有着重大的现实与理论意义，值得学术界和全社会的高度关注。

二、离异家庭子女产生的原因

西方发达国家的离婚率在20世纪70年代已经出现了急剧上升的趋势，美国国家卫生部统计中心的资料表明，美国的离婚率是全世界最高的。仅1981年的240万对结婚夫妇中就有120万对离婚，而且再婚的离婚率也很高，约44%的再婚家庭再次解体。[①]即使同在亚洲的韩国，其离婚率也已经飙升至世界第三。而我国一直以来是世界上离婚率较低的国家，但是随着改革开放，经济的快速发展，国际离婚潮的波及，人们的思想观念也发生了剧烈的变化。在家庭观方面逐渐从“家庭本位论”发展到了“个人本位论”，婚姻的匹配形式也出现了“闪婚”“跨省婚姻”等多种形式。我国的离婚对数也从改革开放初期1980年的27万对，上升到1990年的80万对，2000年全国离婚对数达到121.2万对，2010年更是飙升至267.8万对。（见图1）《2018年民政事业发展统计公报》显示：全年依法办理结婚登记1 013.9万对，比上年下降4.6%，创2013年以来新低。2018年依法办理离婚手续的共有446.1万对，比上一年增长2.0%，其中，民政部门登记离婚381.2万对，法院判决、调解离婚64.9万对。2018年离婚率为3.2‰（此处为粗离婚率）。离婚率连续17年上升（见图2），2018年4季度全国离结比(离婚对数/结婚对数)高达38%。离结比38%意味着在2018年全国平均每100对结婚家庭中就有38对离婚。（虽然当年离婚的不一定就是当年结婚的，但多年离结比的逐年升高，也能反映出离婚问题的严峻性）那这样会产生多少无辜的离异家庭子女呢？

① 焦丽:《农村离异家庭子女心理健康调查研究》，山西师范大学2009年硕士学位论文。

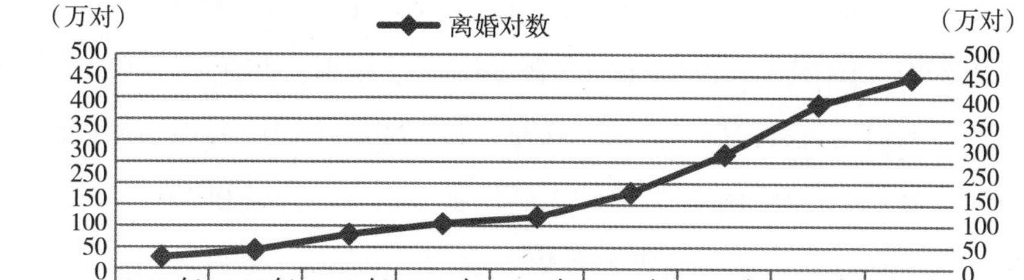

	1980 年	1986 年	1990 年	1995 年	2000 年	2005 年	2010 年	2015 年	2018 年
离婚对数	27.0	43.0	80.0	105.5	121.2	178.5	267.8	384.1	446.1

注：数据来源于中华人民共和国各年份《民政事业发展统计公报》。

图 1　1980—2018 年中国离婚数量趋势图

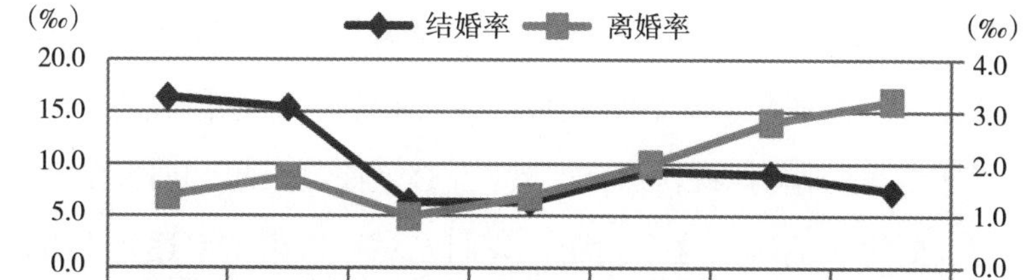

	1990 年	1995 年	2001 年	2005 年	2010 年	2015 年	2018 年
结婚率	16.4	15.4	6.3	6.3	9.3	9.0	7.3
离婚率	1.4	1.8	1.0	1.4	2.0	2.8	3.2

注：数据来源于中华人民共和国各年份《民政事业发展统计公报》。

图 2　1990—2018 年中国结婚率和离婚率趋势图

随着欧美各国离婚率的上升，离异家庭子女日益增多。目前在美国，离异家庭儿童占全国儿童人数的 20.6%；在德国，在 1200 万 15 岁以下的儿童中，有 250 万儿童生活在离异家庭中；在英国，三分之一的儿童生活在离异家庭中。[①] 据中国妇联的相关统计，67% 的离异家庭都会涉及孩子。[②] 按照我国 2018 年 446.1 万对夫妻离婚的数据计算，每年会产生 298.9 万个离异家庭子

① 焦丽：《农村离异家庭子女心理健康调查研究》，山西师范大学 2009 年硕士学位论文。

② 林洵怡、桑标：《离异家庭儿童发展性研究综述》，《心理科学》2008 年第 1 期。

女，这还不包括多子女家庭。这是一个具有深刻的社会内涵的数量。[①]具体分区域来看，依据“五普”和“六普”的统计数据，2000年城市、镇、乡村的离婚人口比重分别为1.41%、0.92%和0.69%，2010年城市居民的离婚人口比重为2%，镇和乡村的离婚人口比重分别为1.33%和1.07%，10年间城市、镇、乡村人口比重离婚上升幅度分别为0.59%、0.41%和0.38%。考虑到镇与乡村这两个行政区划同属于农村这一大的范畴，农村离婚人口占总人口比重以及上升幅度都超过了城市。[②]同时农村在放开“二孩”政策和“多子多福”的传统观念下，一个家庭不止养育一个子女，因此大量的离异家庭子女存在于我国农村地区。而在我国男女离婚最多的年龄段在30岁到50岁之间，这部分家庭的孩子正处于中小学阶段且以小学阶段为多。如何为处于社会底层的弱势孩子的健康成长保驾护航？让他们成长为祖国的栋梁之才？这是我们作为乡村教育的研究者必须深刻反思和研究的重大社会议题。为了更深入地研究这个问题，我们先对导致离婚率逐年上升的原因进行分析，笔者通过对国内外文献的梳理，总结出以下3个方面的原因。

（一）文化原因

费孝通曾对中国传统的婚姻有过精辟的论述：“婚姻的目的是确立社会性父亲，婚姻的意义是建立双系抚育。”婚姻在表象上是个人行为，本质上是社会行为。[③]所以在农村地区依然秉持着“家庭本位”的婚姻观念，“合二姓之好，上以事宗庙，下以继后世”（《礼记·昏义篇》）的传统观念依然印刻在中国人的传统婚姻观中。但随着经济社会的快速发展，现代化、工业化、城市化使得很多城市婚姻文化逐渐渗透进乡村的婚姻文化之中。婚姻价值从传统双系抚育转向个体性生活经验，婚姻遭遇伦理性危机，使得

---

① 张玉林：《“离土”时代的农村家庭——“民工潮”如何解构乡土中国》，中南民族大学南方少数民族研究中心、中南民族大学、民族学与社会学学院、人类学高级论坛秘书处．人类学与乡土中国——人类学高级论坛2005卷．中南民族大学南方少数民族研究中心、中南民族大学、民族学与社会学学院、人类学高级论坛秘书处：人类学高级论坛秘书处，2005年。

② 孙炜红、张冲：《中国人口十年婚姻状况的变化趋势基于“五普”和“六普”的数据分析》，《四川理工学院学报（社会科学版）》2013年第4期。

③ 潘允康：《社会变迁中的家庭和谐问题思考》，《北京工业大学学报（社会科学版）》2009年第9期。

婚姻关系不稳定性增加。[①] 婚姻的形式也从“明媒正娶”发展到“闪婚”为主。闪婚是在传统的婚姻文化与仪式不断变迁的背景下出现的结果。传统文化和婚姻仪式提供了农村青年认识婚姻的知识来源和价值基础，而传统婚姻仪式的式微也就意味着传统婚姻所承载的文化意涵的流离。[②] 频繁的人口流动使人们从乡村的熟人社会来到城市的陌生人社会以后，地方性规范式微，舆论压力减小，婚姻搜寻成本降低，大大增加了婚姻解体的概率。

（二）社会原因

近些年随着城镇化的突飞猛进，打工经济的兴起，大量的劳动力进入城市，新一代的农民工为了追求更好的物质生活，大部分的已婚青年、单身（一般是男性）或者是夫妻共同进入城市谋生。大量研究表明：农村人口的向城性流动导致了离婚率的提高。人口流动通过降低婚姻质量，增加婚姻替代资源的可接触性，降低婚姻搜寻成本，从而提高流动人口离婚风险。[③] 同时，年轻的未婚女性也为了追求美好的生活而大量涌入城市，使得农村原本传统封闭的通婚圈的平衡被打破。再加上男女比例的严重失衡，使得女性在婚姻市场中取得优势地位，有了很大的更多的谈判能力和选择。在城市性、解放性自由的观念的冲击下，这些综合因素都加剧了农村传统的婚恋方式、婚姻行为、家庭观念的迅速变化。“闪婚”和跨省婚姻的现象也是农村青年面临婚姻结构性困境的无奈选择。处于底层社会的青年农民则面临着失婚的危险，以及勉强结婚又离婚的男青年也面临“重返光棍”的危机。这些都是威胁婚姻稳定性的不确定因素。所以随着我国经济的快速发展，社会结构的加快转型，离婚的风险越来越高！但是，关于离婚之后子女教育、老人赡养等问题却没有得到合理的安排和保障。这就为我国建设社会主义和谐社会埋下了隐患。尤其是大部分离异夫妻的子女还处于义务教育阶段。

---

① 班涛、陈讯：《转型期农村离婚的类型、变迁及后果》，《西北农林科技大学学报（社会科学版）》2017 年第 3 期。

② 陶自祥、邢成举：《摇摆的家庭：农村“新逃婚”的呈现及其产生机制——基于对赣南 H 乡新逃婚现象的调查与分析》，《南方人口》2012 年第 4 期。

③ 马忠东、石智雷：《流动过程影响婚姻稳定性研究》，《人口研究》2017 年第 1 期。

乡村义务教育是我国义务教育现代化的短板。乡村离异子女本来就处于教育资源比较薄弱的乡村，再加上他们正处于心理快速发展期和敏感期，乡村离异子女的健康成长和教育养成更是难上加难！让他们享受公平而有质量的教育，是我党为人民服务宗旨的精确体现！教育是阻断他们贫困代际传递的唯一手段！所以我们一个都不能落下！

（三）个人原因

心理学崇尚寻觅个体因素探究事物原因，他们认为，离婚是夫妻双方的事情，仅仅涉及存在的夫妻双方，其他社会个体或群体对离婚不产生直接影响。[①] 随着我国计划生育的有效实施，“80 后”“90 后”这两代人逐步进入了婚姻家庭，他们大多属于独生子女，自我中心主义倾向较重，包容性较差。由于每个人在结合家庭之前都来自不同的生长环境，有着不同的教育背景，所以每个人的兴趣爱好、思想观念、性格脾气、生活习惯、消费倾向、教育子女的方式以及处理亲属关系等都有着自己的特点和看法。夫妻双方在这些方面的同质性越强，婚姻的凝聚力越强，离异的可能性就越小；相反，在这些方面的同质性越弱，相互也没有适当的沟通、理解和忍让，那么婚姻的凝聚力就越弱，未来离异的可能性就越大。

综上所述，当代的婚姻文化嬗变，社会结构调整，个人幸福本位主义的盛行三者的相互作用、相互联系，共同形塑了乡村离婚率逐渐升高的基本态势。马克思·韦伯提出对社会现象的理解不同于自然科学存在客观的因果关系，事实上不同因素或多或少都对离婚行为产生着影响。[②] 比如：离婚手续的简化等。但不管原因为何，离婚现象导致了大量离异学龄子女的抚养和教育问题。这就需要我们对其细致地研究，为这些孩子的健康成长提供理论支持和现实的指导。

---

① 汪国华：《从熟人社会到陌生人社会：城市离婚率趋高的社会学透视》，《北京科技大学学报（社会科学版）》2007 年第 1 期。

② 班涛、陈讯：《转型期农村离婚的类型、变迁及后果》，《西北农林科技大学学报（社会科学版）》2017 年第 3 期。

三、离婚影响儿童青少年的理论变迁

从20世纪70年代开始，美国学者对离婚影响儿童青少年的心理行为等问题进行了研究，随着时间的推移，离婚影响儿童青少年的理论也发生了变迁。由“严重影响说”慢慢过渡到“有限影响说”。我国学者邓林园等对其进行了比较系统的综述。①

（一）严重影响说

认为离婚对儿童青少年的心理、情绪、学业、社会交往等各个方面都会产生严重的负面影响。归纳总结为三种：

1. 压力理论

持压力理论的学者认为，离婚是夫妻双方的感情破裂到了无法挽回的地步，从而使人的社会关系产生了重大变故。这种变故使人从以前和谐的关系进入到一种无形的慢性压力之中。父母的负面情绪也会慢慢转移到儿童青少年身上，孩子不得不面对家庭的破裂、亲情的人为割裂、搬家、转学、失去之前的朋友等人生转变。这些压力会使孩子情绪低落，注意力不集中，沉默寡言，出现心理和行为上的偏差。

2. 结构功能论

持结构功能论的学者认为，家庭作为人类生存的基本单位，是一个微型的结构体。家庭中的每一个人承担着一个独特的功能。在大部分家庭中，父亲是经济提供者，主外，是家里的顶梁柱。母亲是家庭中的润滑剂，主内，是家庭中的贤内助。孩子在安全、温暖、轻松的家庭中茁壮成长。一旦婚姻破裂，不管孩子是跟着父亲还是跟着母亲，都缺少了母亲或父亲所具有的功能，孩子的健康成长也会受到很大的影响。美国大部分离异家庭子女监护人都是母亲，Seltzer（1991）的研究表明有20%的孩子在父母离婚后与父亲基本没有任何接触，至多一年能见几面，而只有大约1/4的孩子可以每

---

① 邓林园、赵鑫钰、方晓义：《离婚对儿童青少年心理发展的影响：父母冲突的重要作用》，《心理发展与教育》2016年第2期。

周都能与父亲见面。[①] 父亲家庭独特功能的缺失，造成父子关系的疏远和亲子关系的下降是影响儿童心理行为问题的重要因素。

3. 经济剥夺论

持经济剥夺论的学者认为，在完整的家庭中，父亲和母亲的收入都是共享和相互转移的，目的是使家庭顺利运转、孩子健康成长。离婚发生以后，原本由两个人支撑的家庭变成一个人负担，两个人挣钱一家人花销变成了一个人挣钱一家人花销。同时增加了单亲父母做家务和照顾孩子的时间，导致生活质量下降。美国学者韦茨曼（Weitzman）（1985）在她的《离婚革命》一书中揭示，离婚后妇女与孩子的生活水平平均下降了73%（在美国离婚家庭子女一般判给女方抚养）。另有一些研究也揭示离异单亲家庭在经济上的确有较多的压力，从而影响到孩子的健康成长。[②]

（二）有限影响说

持有限影响说的学者认为离婚对儿童青少年具有一定的影响，但这种影响是有时间性的、有限的。离婚后夫妻关系的建设性重塑和孩子本身的复原能力，可使孩子在各方面的发展与完整家庭的孩子并无显著差异。

1.“危机—弹性”模型

持“危机—弹性”模型的学者认为，离婚的确会对儿童青少年的健康成长构成威胁，如失去父母其中一方的亲情和关爱等，但也会有很多保护性因子帮助孩子渡过心理危机，如学校中老师的关爱、同伴的鼓励以及其他亲属的援助。这样会使孩子慢慢走出心理的阴霾，重新积极地面对生活。

2.“压力释放”理论

持“压力释放”理论的学者认为，离婚发生之前对夫妻双方来说是一个痛苦的过程，对孩子来说，这个过程是一个长期的压力源。夫妻离婚前会有争吵，甚至有暴力倾向，在这样的家庭氛围中，孩子承受了太多这个年

① 邓林园、赵鑫钰、方晓义：《离婚对儿童青少年心理发展的影响：父母冲突的重要作用》，《心理发展与教育》2016年第2期。

② 邓林园、赵鑫钰、方晓义：《离婚对儿童青少年心理发展的影响：父母冲突的重要作用》，《心理发展与教育》2016年第2期。

纪不应承受的，导致孩子情绪紧张，心理压力大。离婚是一个应激性事件。当父母分开，孩子从以前恶劣的家庭氛围中解放出来，对孩子来说如释重负，是一个压力释放的过程。也就是说如果父母离婚前已经有严重的冲突，并且持续时间较长，那么离婚对孩子来说是有益的，孩子的焦虑水平和抑郁水平都会有所下降。

3. “良性离婚”假说

持“良性离婚”假说的学者认为，离婚虽然会对孩子产生影响，但是如果父母在离婚之后能够尽快调整心态，建设性地处理好离婚后的关系。以孩子为中心，形成“合作型”的共同养育方式，监护方承认非监护方孩子的亲人地位，让孩子经常与非监护方见面，保持良好的亲子关系。为了孩子的成长，双方经常沟通，减少冲突，这样可使孩子享受与完整家庭一样的父爱和母爱。

四、我国乡村小学离异家庭子女现状

为了对我国乡村小学离异家庭子女有更加确切的了解，掌握离异家庭子女的现状很有必要。这样可以为国家和政府提供一手的现场资料和数据，更好地制定政策和措施来帮助乡村离异家庭子女的健康成长，促进教育公平，维护社会和谐稳定。陕西师范大学乡村振兴教育调研团队在全国 18 个省的农村地区对离异家庭子女的现状进行了调研。本研究采用自编问卷，辅以团体访谈和个别访谈的方法，详细调查了全国 18 个省份中广东、吉林、山东三个省份的 30 所乡村小学的离异家庭子女的基本情况。但是鉴于现在的农村，虽然离婚的家庭越来越多，但受观念影响，离异在农村还属于不太光彩的事情，属于比较敏感的话题，基本属于私人生活领域，所以本研究只初步调查到每所学校的离异家庭子女的基本数据（由于刻意隐瞒,漏报等原因，真实数据可能大于调研数据），大部分属于对教育局相关工作人员、校长、教师的深入访谈，获得了大量丰富的资料。调研组从中发现并总结了离异家庭子女产生的原因、类型、特征、存在的心理和行为问题以及对策建议。

调查获得了大量录音、录像、照片和学生作文、家校联系卡等原始文档资料。本文报告是对教育局领导、学校校长、教师和学生的部分调查结果。调查结果表明:我国乡村小学离异家庭子女的绝对数量已经有相当大的规模，并呈现出逐年递增且随着年级的升高而人数不断增加的趋势。调研组在广东、吉林、山东三个省份调研乡村小学生共计 19762 人，其中离异家庭子女 1131 人，离异家庭子女平均占比约 5.72%。在调研的省份当中，离异家庭子女比例最高的省份为吉林省，平均占比约 21.72%；最低省份为山东省，平均占比约 3.01%；在调研的年级当中，离异家庭子女比例最高的年级为六年级，平均占比约 7.15%；最低为一年级，平均占比约 4.77%。每个省份由于各自的文化传统、经济发展、人口观念等因素不同，导致每个省份呈现出不同的离异家庭子女分布状况。

（一）广东省仁化县调研现状

调研组在广东省仁化县共调研了 9 所农村学校，其中有小学部的学校共 8 所。1—6 年级共有学生 6672 人,其中离异家庭子女 262 人,占比约 3.93%。每个年级的具体情况如下:一年级共有学生 1068 人,其中离异家庭子女 40 人，占比约 3.75%；二年级共有学生 1192 人，其中离异家庭子女 47 人，占比约 3.94%；三年级共有学生 1185 人，其中离异家庭子女 37 人，占比约 3.12%；四年级共有学生 1229 人，其中离异家庭子女 51 人，占比约 4.15%；五年级共有学生 1016 人，其中离异家庭子女 38 人，占比约 3.74%；六年级共有学生 982 人，其中离异家庭子女 49 人，占比约 4.99%。（见图 3）

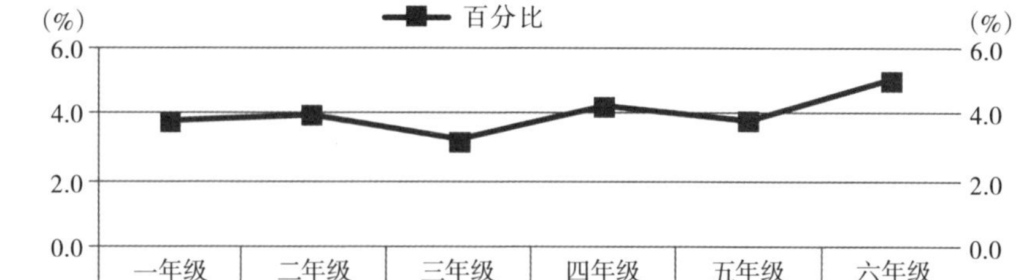

	一年级	二年级	三年级	四年级	五年级	六年级
百分比	3.75	3.94	3.12	4.15	3.74	4.99

图 3　广东省仁化县小学离异家庭子女占比图

（二）吉林省永吉县调研现状

调研组在吉林省永吉县共调研了 11 所农村学校，其中有小学部的学校共 7 所，初中 4 所。1—6 年级共有学生 2542 人，其中父母离异子女 552 人，父母离异子女占比约 21.72%。每个年级的具体情况如下：一年级共有学生 329 人，其中离异家庭子女 58 人，占比约 17.63%；二年级共有学生 383 人，其中离异家庭子女 72 人，占比约 18.80%；三年级共有学生 360 人，其中离异家庭子女 88 人，占比约 24.44%；四年级共有学生 474 人，其中离异家庭子女 108 人，占比约 22.78%；五年级共有学生 443 人，其中离异家庭子女 99 人，占比约 22.35%；六年级共有学生 553 人，其中离异家庭子女 127 人，占比约 22.97%。（见图 4）

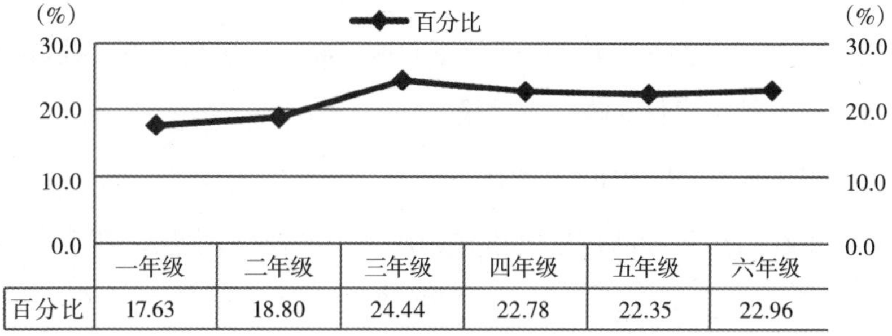

图 4　吉林省永吉县小学离异家庭子女占比图

从永吉县的数据可以看出，这里的离异子女的占比显然比广东省仁化县的占比大很多,超过 5 倍以上。1—6 年级离异家庭子女的比例都在 20% 左右。一年级到三年级的离异家庭子女占比逐级升高，到三年级达到最高峰，占比竟然达到 24.44%，这就意味着三年级的就读学生里 4 个人中就有 1 人是离异家庭子女，这个数据是惊人的。这对学校教育是一个严峻的挑战，也是一个很棘手的社会问题，必须引起国家和社会的高度重视。

为什么吉林省永吉县的离异家庭子女占比如此之高，而广东省仁化县的离异家庭子女占比却相对较低？这数据背后的深层原因是什么呢？

这其实也跟社会学中的相关研究是相吻合的。东北地区的离婚率在我国是最高的，从 2018 年统计局和民政部发布的数据来看，2018 年 4 季度全国离结比（离婚对数 / 结婚对数）高达 38%。大部分省区市符合社会经济越发达，离婚率越高的规律。而东北三省与广东省“逆势表现”成特例。东北三省的离结比排在全国前列，黑龙江省离结比达 63%，高居榜首；吉林省、天津市离结比均为 62%，并列第二；辽宁省离结比为 54%，排名第三。而广东省离结比 28%，大大低于全国平均 38% 的离结比，排名倒数第六，属于离结比较低地区。导致两个省份的“逆势表现”原因分析如下。广东省虽是全国经济最发达地区，但粤府文化重家庭聚合价值、重生育的传统意识，让婚姻家庭也较为稳定。而东北三省生育率长期在全国各省份中垫底，仅是饱受“少子化”困扰的日本的生育率一半。再加上东北地区城市化程度较高，女性受教育程度较高；独生子女比例高，婚姻包容度低；区域内的移民文化使离婚的外界阻力较小；少数民族人口比例高、人口流动性较大、经济发展落后等①。这些因素共同促使东北地区离结比居高不下，数量庞大的离异家庭子女健康成长面临巨大挑战。

（三）山东省平度市调研现状

调研组在山东省青岛市平度市共调研了 10 所农村学校，其中有小学部的学校共 7 所。1—6 年级共有学生 10548 人，其中离异家庭子女 317 人，占比约 3.01%。每个年级的具体情况如下：一年级共有学生 1666 人，其中离异家庭子女 48 人，占比约 2.88%；二年级共有学生 1672 人，其中离异家庭子女 45 人，占比约 2.69%；三年级共有学生 1680 人，其中离异家庭子女 44 人，占比约 2.62%；四年级共有学生 1665 人，其中离异家庭子女 53 人，占比约 3.18%；五年级共有学生 1849 人，其中离异家庭子女 49 人，占比约 2.65%；六年级共有学生 2016 人，其中离异家庭子女 78 人，占比约 3.87%。（见图 5）

---

① 李雨潼：《东北地区离婚率全国居首的原因分析》，《人口学刊》2018 年第 5 期。

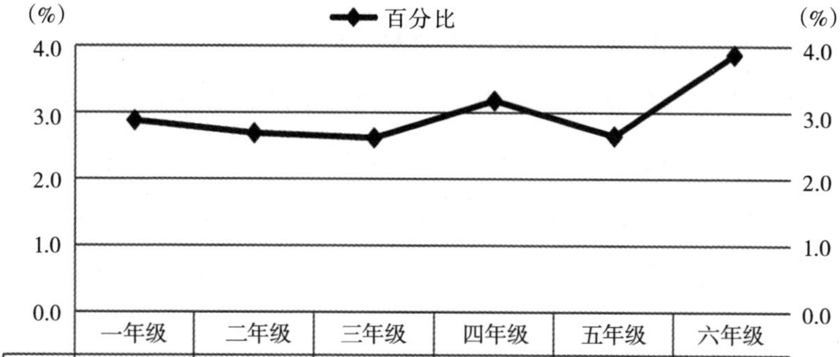

	一年级	二年级	三年级	四年级	五年级	六年级
百分比	2.88	2.69	2.62	3.18	2.65	3.87

图5　山东省平度市小学离异家庭子女占比图

（四）三省份调研结果分析

根据上面三省份的调研结果我们对相关数据进行整理分析得出：乡村小学离异家庭子女的数量随着年级的升高而比例大致呈现不断增加的趋势。从一年级的4.77%上升到六年级的7.15%，其占比上升到四年级的6.29%之后，在五年级稍有回落。（见图6）

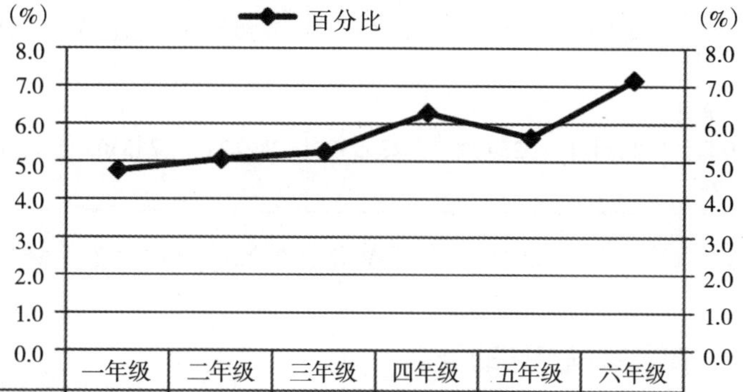

	一年级	二年级	三年级	四年级	五年级	六年级
调研学生总数	3063	3247	3225	3368	3308	3551
离异家庭子女数	146	164	169	212	186	254
百分比	4.77%	5.05%	5.24%	6.29%	5.62%	7.15%

图6　三省份乡村小学各年级离异子女占比图

此次调研涉及广东、吉林、山东乡村小学一年级至六年级学生共计19762人，其中，离异家庭子女1131人，占比约5.72%。如果按照本次调研数据推算，可尝试估计出全国乡村小学在校生中离异家庭子女的人数。我国乡村小学共有在校小学生 26664138 人，依据三省份的平均离异家庭子女占比 5.72%，可估算出我国乡村小学离异家庭子女大概有 1526017 人。这与本报告之前推算的全国 2018 年共会产生 298.9 万个离异家庭子女以及农村人口占比和乡村小学生占比相比较，这个数字还是比较合理的。本报告还估算出了乡村小学各个年级可能会产生的离异家庭子女数，具体数字如表 1 所示。从这些数字我们可以看出，离异家庭子女在我国乡村小学已经是一种普遍存在的学生类型，其数量也在不断地增加，对我国乡村地区的教育质量的提高、学校管理、教师教学等都提出了多方面的挑战，需要从国家、学校、家庭等层面高度重视这些孩子的健康成长，采取长效措施，从而有利于我国乡村教育事业的发展行稳致远。

表 1 2018 年全国乡村小学在校生中 1—6 年级离异家庭子女估计数（单位：人）

维度	一年级	二年级	三年级	四年级	五年级	六年级	总数
全国学生数	18675001	17660777	17479759	17186612	16405601	15984791	103392541
乡村学生数	4709287	4637506	4599839	4482023	4152946	4082537	26664138
三省离异家庭子女占比	4.77%	5.05%	5.24%	6.29%	5.62%	7.15%	5.72%
乡村小学离异家庭子女预估	224471	234232	289539	282123	233509	292020	1526017

注：数据来源于 2018 年全国教育事业发展统计公报及调研所得。

五、离异家庭结构的类型

费孝通先生曾在《生育制度》中写道："全盘的生活教育只能得之于包括全盘生活的社会单位。这单位的社会里是一男一女的合作团体，因之，抚育作用不能由一女一男单独负担，有了个母亲还得有个父亲。"① 但现实中离异家庭的现状常常是一位父亲或者一位母亲与子女组成的单亲家庭，总是缺少着一半的父母之爱。西方新家庭经济学理论认为，双亲家庭可以将家

① 费孝通:《生育制度》，商务印书馆，1999，第 68 页。

庭的养育功能最大化，将家庭个体福利最大化。单亲家庭中子女的福利受到损害，因为这类家庭的子女要么缺乏父亲提供的稳定的经济资源和成长指导，要么缺乏母亲提供的生活照料和情感支持。[①] 清华大学刘精明教授将家庭资源区分为内生性资源与外依性资源两种类型。所谓内生性家庭资源是指一个家庭一经组成便自然固有的人口结构方式，以及内化于家庭成员之中的知性与情感体系。典型的内生性资源包括家庭结构以及家庭文化资本。[②] 可是离异家庭子女原有的家庭结构被打破了，知性与情感体系也发生了深刻的变化。父母对孩子的影响主要通过“人力”形式来支持。当家庭中的某一个“重要他人”缺位时,在孩子的成长过程中就减少了“认同楷模”和“示范模拟对象”，会对孩子性别角色产生极大的影响。因此，单亲父亲或单亲母亲在面对不同性别的子女时也会产生不同的教养方式和亲子关系，从而影响子女未来的心理行为、情感及社会化等各个面向的发展。

（一）按父母离异后与谁长期生活分类

父母在家庭中扮演着不同性别角色的模范作用。父母一方的长期缺失，可能会对孩子的双性化人格的平衡，各种不同兴趣、能力与思维方式的发展产生不良影响。[③] 所以，不同监护人和不同性别的子女共同生活会形成不同的家庭组织结构和类型。

1. 一种是与父亲（既当爸爸又当“妈妈”的父亲）同住

（1）父子同住

离异父亲与儿子组成的单亲家庭。在中国传统的文化中，男人被赋予坚强、勇敢、永不屈服的角色定位。父子同住的家庭容易形成严酷型的教养方式。当婚姻破碎后，男人往往会把更多的精力和时间放在事业上，而对承担家务和养育孩子往往缺乏耐心。只是提供给孩子相对充裕的物质条件，在亲子关系上可能不是很亲密，无法细致地观察到孩子的心理和行为变化，

---

① 杨菊华、段成荣:《农村地区流动儿童、留守儿童和其他儿童教育机会比较研究》,《人口研究》2008 年第 1 期。

② 刘精明:《中国基础教育领域中的机会不平等及其变化》,《中国社会科学》2008 年第 5 期。

③ 刘佳佳:《弱势而非弱者：离异家庭学生心理问题之困求解》,《现代教育论丛》2010 年第 10 期。

再加上有些男性家长离婚之后性情暴躁，对孩子的教育非打即骂，这样可能导致男孩的性格胆小懦弱、缺乏爱心、生活和学习习惯较差、情感发展缺乏丰富性，可能影响到与异性的交往。相关研究表明：父亲的教养方式，如惩罚严厉、过分干涉、拒绝否认与子女的心理健康水平显著相关，容易使子女产生敌对、偏执和身体上的不适感。男孩进入青春期后，往往会产生逆反心理，导致父子关系恶化；严重者，甚至可能走上犯罪道路。

（2）父女同住

离异父亲与女儿组成的单亲家庭，可能是单亲家庭里比较困难的一种抚养模式。由于男女之间的差异问题，父亲难以对女孩的日常生活给予比较贴心的照顾。随着女孩逐渐长大，父亲对女儿心理、生理方面的变化，也确实无能为力。家里缺少女性角色的模范作用，女孩对什么是社会所期望的女性角色没有一个学习和模仿的榜样，长此以往可能会影响到女孩以后的社会交往和家庭婚姻生活。

2. 一种是与母亲（既当妈妈又当“爸爸”的母亲）同住

（1）母子同住

离异母亲与儿子组成的单亲家庭。在中国传统的文化角色里，女性经常被赋予阴柔、细腻、会照顾人的性别角色。但在小学阶段完全接受女性家长的教育并不利于孩子的全面成长。一个持续良好的父子关系是孩子成长过程中必不可少的，尤其是对个体的行为内在控制与能力的发展相当重要。① 母子同住的家庭容易形成溺爱型的教养方式。母亲怀有愧疚心理，为了补偿孩子，会无原则地满足孩子的所有要求，极易导致孩子任性、以自我为中心等偏差人格。如果儿子与母亲长期生活，会学到母亲性格上的优点，但也会出现男性女性化的性格特征，如：胆怯、敏感、优柔寡断等。由于缺少父亲的榜样角色，孩子可能缺失男性的阳刚之气，缺乏自信，可能影响以后的社会交往，导致社会角色定位发生偏差。

（2）母女同住

① 李凌江、杨德森：《离婚对当事人及子女心身健康的影响与心理干预》，《中国心理卫生杂志》1991 年第 5 期。

离异母亲与女儿组成的单亲家庭。这种离异家庭结构，在日常生活中没有什么大的问题。但是无论在哪一种社会，性别角色社会化都是不可避免的。家庭作为最初的教育场所，父母作为最初的模仿对象，对孩子的性格成长、知识学习都至关重要，性别教育尤其如此。[①]研究表明：母亲的偏爱型的教养方式可以使女孩子得到较多的呵护和关爱，身心可以得到良好的发展。女儿和母亲朝夕相处，母亲会把很多具体的文化资本潜移默化地传递给女儿，让女儿拥有较为丰富的女性社会文化。但是由于缺少父亲的关爱和教育，女孩会对男性缺乏必要的认知，性别意识、社会化思维方式等方面会有所缺失，甚至会排斥男性，对以后的异性交往和家庭生活造成不利影响。

已有研究表明，在完整家庭中，父亲的制度化形式文化资本对孩子的学业成就没有显著的预测力。这说明父亲的教育程度如何，其实对孩子的学业影响不大。这可能与在传统家庭中，孩子经常是由母亲悉心照顾和进行学业指导，因此母亲的文化程度就会对孩子的具体化形式文化资本产生重要影响，对学习成就而言，具体化形式文化资本拥有最佳预测力。据以上分析，我们推测：在离异家庭结构类型中与父亲同住子女可能在具体化形式文化资本方面（预测学业成就）弱于与母亲同住者。在社会经济地位相似的家庭中，与母亲同住的孩子比与父亲同住的孩子无论在心理发展还是在学业成就方面的发展都较优。大量的关于文化资本的研究证实，母亲的文化程度如果是大专以上，就可以在大量与孩子接触的过程中将自己的文化资本潜移默化地传递给孩子。再加上女性特有的细腻的心思，可以敏感地发现孩子的心理波动，从而及时对孩子进行疏导。相反，与父亲同住的单亲孩子，不管父亲的文化程度如何，其对孩子的影响较小，可能是由于中国传统文化对男女性的定位不同所致，“女主内，男主外”的父亲可能对孩子的客观化形式文化资本提供较为丰富，但在对学业成就最有预测力的具体化形式文化资本方面却没有太大帮助。

那么具体化形式文化资本究竟是如何影响学业成就的呢？布迪厄

① 刘萍：《小学离异家庭子女心理问题及教育对策的比较研究》，四川师范大学2003年硕士学位论文。

（Bourdieu）指出可以透过三个层面来加以理解：需要经过社会行动者（主要指学生自己）进行主动学习与有意识地学习，不是单纯靠经济资本（指金钱）就能买到的商品；家庭是传递具体化形式文化资本最重要的场所，家庭所代表社会阶层的习惯也透过该功能进行“社会魔术”；要有长期“社会化时间”的投入，包含“家庭自由时间”，也就是孩子延长教育年限并使孩子没有经济困扰，而有更多的“自由时间”学习；要有“母亲的自由时间”：诸如关心时间／陪伴读时间／才艺及补习接送时间／督促练习时间；“社会行动者自由时间”：学生自己本身投入大量的时间进行自我教化的工作。[①] 根据布迪厄的分析我们就知道与母亲同住的单亲子女其学业成就高于与父亲同住的单亲子女的原因。这对我们后期的离异家庭子女教育研究也是有所启发的。

3. 一种是与隔辈老人同住

如果说上面的两种家庭类型的子女能得到父母一半的关爱，那么与隔辈老人同住的孩子父母的关爱都缺失了。由于家庭经济状况的不允许，作为监护人的单亲父亲或者单亲母亲为了养家糊口，背井离乡去城市打工，就把自己的子女托付给了孩子的祖父母或者外祖父母。有些则是单亲父母虽然作为监护人，但没有教育子女的责任意识或者为了方便再婚的考虑，远走他乡，抛家弃子，抚养孩子的重任自然落在了老人的肩上。隔辈老人思想往往打着时代的烙印，文化程度低，有的甚至没有上过学，教育理念落后，所以无法关注到孩子的学习和心理发展需要，只能照顾好孩子最基本的日常生活。孩子在学习上和心理上遇到困难也无人帮助，只能任其发展。由于年幼的孩子还不能科学合理地调节自己的情绪和行为，所以孩子往往会感到苦闷，久而久之则会形成内向型的人格，心理各方面也会受到严重伤害。在对待孩子的态度和教养方式上，年轻的父母趋于理性化，而老人却趋于感性化。老人传统保守的观念，隔代亲的羁绊，使他们总是无条件地满足孩子的各种无理要求，特别是对离异家庭子女的教养更是感性化。其最终结果是，孤僻、自私、以自我为中心、儒弱、退缩、乱发脾气等表现是这

① 陈青达，郑胜耀：《文化资本与学业成就之相关研究：以云林县国民小学六年级学生为例》，《新竹教育大学学报》2008 年第 1 期。

些孩子共同的特点。[①]

（二）按家庭社会经济状况分类

社会经济地位是儿童发展领域颇受重视的因素。一般来说，心理学意义上的社会经济地位是经济资本(如家庭经济收入、父母职业地位)、人力资本(如父母受教育程度、工作技能)和社会资本(如单亲家庭)的结合，这三者都影响着儿童的发展。高社会经济地位的家庭为子女提供了大量的辅助性条件和社会支持，如充足的食物和营养、父母的关心和照顾、良好的学习条件；而低社会经济地位的儿童在这些资源上的不足使其处于发展的高危状况中。[②]

1. 乡村低社会经济地位离异家庭

乡村低社会经济地位离异家庭子女的父母由于经济状况差,生活压力大,经常会陷入“陪孩子就不能养孩子，养孩子就不能陪孩子”的两难境地，再加上受教育程度低，责任意识差等原因，有些在面对离婚后孩子的归属问题时出现了“踢皮球”的现象，父母都不愿意照顾孩子。他们一部分人认为孩子是一个“拖油瓶”，会对以后组建家庭产生障碍。孩子最后就被丢给了爷爷奶奶，外公外婆或者其他亲戚朋友，孩子便从小生活在缺少父母亲子之爱的隔代教养之中。由于祖辈生活的时代与当今的时代有天翻地覆的变化，他们思想僵化，教育理念严重落后，与孩子的交流会产生严重的障碍，会对孩子的各方面发展产生严重的负面影响。

2. 乡村高社会经济地位离异家庭

乡村高社会经济地位离异家庭往往经济条件较好，可以投入较多的经济资源用于支持孩子的学习和生活，有更多的时间来照顾子女。在乡村地区，一般会将子女送到县城的学校上学，单亲父母会在学校附近买房或者租房进行陪读。此类家庭如果父母可以尽早调节好自己的心态，加上科学的教育理念，孩子会慢慢适应单亲生活。相反，如果家长缺乏科学的抚养理念，

---

① 刘萍:《小学离异家庭子女心理问题及教育对策的比较研究》,四川师范大学2003年硕士学位论文。

② 周宗奎、孙晓军、刘亚、周东明:《农村留守儿童心理发展与教育问题》,《北京师范大学学报(社会科学版)》2005年第1期。

出于内疚心理对孩子进行加倍补偿、溺爱，过于满足孩子的物质愿望，那么会让孩子逐渐形成挥霍无度、大手大脚的恶习，从而陷入享乐主义的泥潭。

布迪厄的文化资本理论指出，客观化形式文化资本是家庭透过经济资本的“兑换”而拥有“文化财产及文化媒介”及教育设备等具体物质上，在低社会经济地位的离异家庭，家长往往难以提供基本的教育设备，所以孩子的学业受条件所限，也会受到影响。而在高社会经济地位的离异家庭，由于受父母教育文化程度普遍较低的影响，有些家庭即使充分满足孩子对教育设备的需求，孩子也会因为缺乏对文化涵养的解码能力而影响学业成就。客观化形式文化资本的效应需要通过具体化形式文化资本来实现，具体化形式文化资本的发挥也需要以客观化形式文化资本为条件，所以不管是低社会经济地位的家庭还是高社会经济地位的家庭，只有把具体化形式文化资本和客观化形式文化资本有效结合起来，通过学校教育有针对性、有目的性、有计划性的专业指导，才能够对子女的学业成就起到良好的促进作用。这对以后离异家庭子女的教育援助是一个很好的政策制定视角。

当然，如果按地域来区分的话，离异家庭的类型还可以分为：城市离异家庭和农村离异家庭。此种分类的离异家庭子女的发展就会受到美国学者布东（R. Boudon）提出的首属效应（primary effect）与次要效应（second effect）的影响。不同的家庭的阶层就会导致子女不同的发展路径。所谓首属效应是一种总体性的、社会阶层间的文化不平等：家庭成员（如父母）为子女直接提供各种重要的学习资源、文化资本和经济方面的支持，以助推子女达到更好的学业成就，使不同阶层的儿童之间产生文化不平等；所谓次要效应是指不同阶层的家庭在升学选择偏好和激励方式方面的差异：当一个家庭因儿童的升学、入学或教育形式而需要做出决定的时候，它总是根据自身所处的社会经济位置、条件而做出理性选择。[①] 这种类型的离异家庭同时也会产生上面两种分类的亚类（复合类型），其子女也会受到相应类型家庭的影响。

---

① 刘精明：《中国基础教育领域中的机会不平等及其变化》，《中国社会科学》2008 年第 5 期。

六、离异家庭子女表现特征及原因

儿童心理学家李·索克曾（Lee Sock）说："离婚问题是儿童面临着最严重最复杂的精神健康危机问题。"[①] 而且只有深入地了解离异家庭子女心理和行为等方面的具体特征，才能制定更加有针对性的教育对策。离异家庭子女在面对父母离婚、家庭支离破碎这个自己无法改变却要无奈面对的人生挫折时，会产生各种各样消极的心理、行为问题，从而导致学业成就发展的落后等一系列问题。根据对文献资料的归纳和调研所得深度访谈资料，我们对离异家庭子女的心理及行为表现特征及原因归纳为以下几点。

（一）情绪情感问题

情绪是对一系列主观认知经验的统称，是多种感觉、思想和行为综合产生的心理和生理状态。[②] 当客观的情境和条件满足人的主观愿望时，人就会产生愉悦的心理和行为表达，如高兴、喜悦、放松等。反之，人则会出现焦虑、低沉、愤怒、恐惧、抑郁等情绪表达。情绪是一种间歇性的感情表达，具有情景性、激动性和暂时性。而情感则是在情绪的基础上产生的，用来表达人们深刻的、具有社会意义的感情，具有稳定性、深刻性和持久性。离异家庭子女由于遭受家庭破碎的打击，失去和谐的家庭氛围和温暖的家庭环境，往往会表现出强烈的情绪波动，从而影响专注力，降低学习动机，产生严重的心理和行为障碍。

（二）性格行为偏差

性格是一种与社会相关最密切的人格特征，是个人对现实的稳定的态度和习惯化了的行为方式，主要体现在对自己、对别人、对事物的态度和所采取的言行上。[③] 处于小学阶段的儿童，其性格还处于逐渐形成的过程，具有很强的可塑性和改造性，身边的社会环境、学校教育以及家庭氛围的变化，都会引起他们性格的改变。离异家庭子女在父母离婚之前的漫长拉扯阶段，

---

① 姚本先、方双虎：《离异家庭子女心理特点研究报告》，《健康心理学杂志》2000 年第 6 期。

② 徐远玲：《农村地区家长离异对孩子的心理影响及教育对策》，《辽宁教育》2019 年第 2 期

③ 刘萍：《小学离异家庭子女心理问题及教育对策的比较研究》，四川师范大学 2003 年硕士学位论文。

每天承受着父母之间相互的言语伤害和肢体冲突，紧张而压抑的家庭氛围易使他们形成抑郁、狂躁、焦虑、冷漠、过分胆小等性格特征，归结起来表现为孤独型、傲慢型、自卑型和反抗型等四种类型。[①] 庄士顿（Johnston）等人（1987）对 56 个正在争夺 4—12 岁孩子抚养权的离异家庭进行了研究，结果表明，离婚后父母之间的言语和身体冲突可以预测当前以及 2 年之后孩子的行为问题（抑郁、退缩行为、躯体化症状和攻击性），并且发现，短期影响不存在子女性别和年龄的差异，但是离婚 2 年后，高父母冲突的女孩更容易抑郁和退缩，年龄大的孩子更容易出现躯体化症状和攻击性。詹美生（Jamison）等人（2014）通过对离异父母的深度访谈发现，离婚后能够积极合作的父母与频繁冲突和抱有敌意的父母相比，其子女的内在和外在的心理行为问题都更少。并且，对离异家庭的干预研究发现，离婚后父母之间冲突水平的降低以及沟通效果的提升，都可以促进儿童青少年的心理发展和适应。[②]

（三）人际交往障碍

由于离异家庭子女存在情绪波动大、性格和行为的偏差，就很容易导致人际关系的紧张。父母在离婚前的经常性争吵、打闹会使孩子形成自卑、孤僻、暴躁、偏激、任性等性格特征，长此以往，会导致孩子产生一些破坏行为，情绪控制能力减弱，遇到小事情就会跟身边的同学爆发言语和肢体上的冲突，久而久之同学们就会远离、孤立他。造成人际关系的紧张，会进一步加剧孩子的偏激行为，形成一个恶性循环。这样的情形要是不及时加以干预，不仅危害儿童的身心健康发展，也会危及社会的和谐稳定。在我们的访谈过程中，一位德育老师就向我们反映过一个孩子的情况：孩子现在上小学 5 年级，以前是个活泼可爱、精力旺盛的小男孩，但自从去年父母离婚以后，孩子就跟着父亲生活，父亲文化程度较低，没有科学的教育理念，面对孩子的教育问题常常简单粗暴，拳脚相加，导致孩子现在沉默寡言、脾气暴躁，稍微与同学发生矛盾就用暴力解决问题，同学们慢慢疏远他，他也很是苦恼。

---

① 刘春怡：《单亲家庭子女教育存在的问题及对策研究》，《才智》2016 年第 24 期。

② 邓林园、赵鑫钰、方晓义：《离婚对儿童青少年心理发展的影响：父母冲突的重要作用》，《心理发展与教育》2016 年第 2 期。

孩子之所以会出现性格和行为的偏差，既受到父母离异、家庭关系骤变的影响，也与学校教育没有及时干预有关。

（四）亲子关系紧张

亲子关系是指父母与其亲生子女、养子女或继子女之间的亲密程度，这种关系是儿童最早建立的人际关系，不仅直接影响儿童身心发展，而且也将影响到儿童以后形成的各层次的人际交往关系。亲子关系主要从儿童与父母的交往，对父母的信任，对家庭、父母的满意程度来反映。① 在离异家庭中，很多人往往在离婚之后不能正确面对自己失败的婚姻，将离异的原因归结在对方身上。自己整天闷闷不乐，失魂落魄，悲观厌世，沉浸在破碎的婚姻中无法自拔，这样势必波及可怜的孩子，对孩子不闻不问，顺其自然。孩子一时无法理解父母的行为而变得不知所措，这样势必会影响亲子关系的发展，使孩子幼小的心灵对离开的父母产生憎恨之情。由于监护方没有及时与孩子沟通，孩子的苦闷之情无处宣泄，导致亲子关系紧张。孩子子认为父母不要自己，不关心自己。孩子由于缺少亲情，没有安全感，会产生自卑的心理，排斥异性，从而导致与同伴关系恶化，人际关系出现障碍。

（五）学业发展落后

根据我们的问卷调查数据：在逃课旷课、迟到早退的学生中，单亲家庭的学生所占比例为 75.26%；在上课不能认真听讲、扰乱课堂纪律的学生中，单亲家庭的学生所占比例为 60.54%；在不能按时交作业的学生中，单亲家庭的学生所占比例为 70.48%。从这些数据中我们可以看出，离异家庭子女与完整家庭子女相比存在着较多的学业问题。台湾学者王文科对 1478 位高中资优生进行研究后也发现：对父母婚姻、子女数量与时间投资进行分析后显示，来自父母婚姻正常家庭的资优生比例为 94.40%，来自父母离异家庭的资优生比例仅为 2.5%。② 盖笑松等人在对离异家庭子女心理特点进行系统分析的 35 篇研究中提到，离异家庭子女在智力上与完整家庭子女无显著差

① 刘萍：《小学离异家庭子女心理问题及教育对策的比较研究》，四川师范大学 2003 年硕士学位论文。

② 王文科：《网络远距辅助学习模式对高中资优生独立研究学习成效之研究》，彰化师范大学 1999 年博士学位论文。

别，但他们的学习适应性更差，学习成绩也较低。[①] 以上研究均表明，父母离异对子女的学业发展产生了严重的影响。父母离异、家庭解体对原本生活在温暖、和谐、充满安全感家庭中的孩子造成了极大的心理冲击，导致孩子焦虑、恐惧、自卑、缺乏安全感。孩子上课无法集中注意力，情绪波动大，认知过程产生障碍。这些情绪情感的波动起伏、性格缺陷以及社会交往的障碍也成为他们学习困难的内在因素。再加上小学生的自律性较差，离异后父母一方精力有限，可能无法及时督促子女学习也是其学业成绩下降的外在原因。学习成绩的下降又进一步增加了孩子的心理负担，同时也降低了孩子的学习动机，因而陷入了“习得性无助”的恶性循环之中。

七、对离异家庭子女的教育建议

家庭是儿童成长的港湾，学校是走向未来的阶梯，而社会则是他们最终的归属。[②] 离异家庭子女作为社会的弱势群体，其健康成长必须有这三方面的共同支撑和协同保障。为此笔者对家庭、学校、社会提出如下建议。

（一）家庭方面

家庭是所有孩子接受教育的初始之地，父母是孩子的第一任呵护者和教育者。孩子的身体、心理和社会性发展都跟家庭的环境氛围息息相关。历史证明，在人类社会发展的历史长河中，凡是对人类社会有所贡献、有所发明、有所创造的人物，大多在小时候就受到过良好家庭教育的熏陶。家庭教育由于具有自然的早期性、父母的权威性、巨大的感染性、强烈的针对性、影响的随时性、要求的连续性、内容的多样性以及方式的灵活性等有利条件和特有优势，因而是其他任何教育都难以完全替代的。[③] 在父母离异的过程中，以往轻松温馨的氛围随着父母关系恶化变得紧张而充满冲突与敌意。在父母离婚之后，孩子又要面对失去完整家庭的痛苦，在只有一方监护者

---

① 盖笑松、赵晓杰、张向葵：《父母离异对子女心理发展的影响：计票式文献分析途径的研究》，《心理科学》2007 年第 6 期。

② 刘春怡：《单亲家庭子女教育存在的问题及对策研究》，《才智》2016 年第 24 期。

③ 刘萍：《小学离异家庭子女心理问题及教育对策的比较研究》，四川师范大学 2003 年硕士学位论文。

的单亲父亲或母亲的抚养中，孩子的健康成长需要监护者父母和非监护者父母的共同努力。在农村地区由于大部分父母的教育文化程度较低，对离异后的子女教育及心理健康维护没有科学的认识，所以需要对他们进行科学育儿理念的指导。

1. 加强父母离婚前的家庭教育培训

国内外关于离婚影响子女发展的研究逐渐达成共识，离婚对子女的影响包括三个阶段：离婚前——离婚——离婚后。离婚只是一个应激性事件。离婚前父母的纠结，频繁的吵闹，矛盾不断升级，直到无法调节，这是一个漫长的过程。这个过程不管对离婚男女还是他们的子女来说都是一种慢性的压力源。年幼的子女身处在这种紧张、压抑、冲突不断的家庭中，无法理解大人的这种歇斯底里，他们无能为力，也无法做好自我的心理调节。他们就会出现焦虑、抑郁、退缩行为、躯体化症状和攻击性等心理和行为问题。父母离婚后如果处理不好监护人与非监护人的关系，又会再一次伤害孩子的心理健康。为此，我们必须呼吁民政部门，在夫妻生育小孩之前和父母离婚之前，必须强制对夫妻双方进行家庭教育的相关培训，如开设家庭婚姻学、儿童心理学、变态心理学等系统课程，让夫妻学会科学育儿。如果父母由于某些不可调和的原因不得不离婚，也要为自己的子女着想，做好离婚前子女的心理过渡和离婚后的共同养育工作，形成良性离婚。

2. 鼓励监护方与非监护方对子女实施共同养育

父母离婚以后，随着抚养权的确定，子女就随着监护人（父亲或母亲）开始单亲家庭的生活。监护方和非监护方如何参与子女的教育问题，会影响到子女未来的心理和行为的发展。艾伦斯（Ahrons）（1994）根据离婚后父母之间的相处模式（包括离婚父母之间争论的频率，彼此的沟通是否总是紧张而充满压力，是否愿意配合彼此改变日程，关于孩子和家庭等方面是否有愉快的交流）将离婚夫妻分为 4 种类型：“合作的伙伴”“完美的搭档”“愤怒的合伙人”和“水火难容的敌人”。[①] 前两种类型父母在面对孩子

① 邓林园、赵鑫钰、方晓义：《离婚对儿童青少年心理发展的影响：父母冲突的重要作用》，《心理发展与教育》2016 年第 2 期。

的教育时，冲突较少，沟通较多，只是程度深浅不一，属于良性离婚的范畴。所谓良性离婚是指父母虽然离婚，但是能及时调整好双方各自的情绪，以孩子为中心发展出新的相处模式。孩子日常生活中的心理、生理、经济等方面需求都能得到较好的满足。这样的共同养育方式可以减少孩子偏差行为的出现，让孩子顺利成长。后两种类型在面对孩子的教育时，冲突水平较高，几乎没有交流，有些非监护方在离婚之后甚至很少再出现在孩子的生活中，而非监护方父母的缺失就会增加子女心理行为问题的可能性。因此，离婚后监护方与非监护方的良性相处模式是孩子健康成长的保护性因素，只有离异父母早日放下对彼此的埋怨和敌意，以建设性的伙伴关系共同养育子女，才能使孩子平稳过渡适应单亲家庭的生活，最低程度减少对孩子的各种伤害。这里有一个成功案例可以说明良性离婚形成的共同养育对孩子成长的重要作用：小雪，6岁，女，小学一年级学生，4岁时父母离异，随母亲过。小雪母亲是位通情达理的知识分子，尽管与前夫怨恨很深，但从来不在小雪面前说他坏话，每逢节假日必由小雪父亲接过去住，小雪仍然和从前一样天真活泼，全然不知父母已经离婚。①

3. 发掘孩子的自我复原能力

人本主义心理学认为每一个人都有自我实现的本能，有自我修复的能力，能使自己变成一个更加完善的完人。罗杰斯在心理治疗实践和心理学理论研究中发展出人格的“自我理论”，并倡导了“患者中心疗法”的心理治疗方法。人类有一种天生的“自我实现”的动机，即一个人发展、扩充和成熟的趋力，它是一个人最大限度地实现自身各种潜能的趋向。面对父母离异的客观现实，孩子由于年龄小，阅历尚浅，短时间内无法从容面对，心理也难以得到调节，所以父母在离婚初期，一定要摒弃前嫌，共同维护好原有的家庭功能，在孩子面前一定要减少冲突，与孩子进行良好沟通，陪伴孩子有效地过渡，让孩子有一个逐渐适应的过程。通过父母的建设性沟通与积极关注的共同养育，孩子能在情感上慢慢正确看待和接受父母离异的事实，与同伴、老

① 李平、黄洁华：《单亲与完整家庭未成年子女心理状况比较研究》，《汕头大学学报（人文科学版）》1999年第3期。

师等建立起了密切的联系之后，孩子的内在潜能被激发，在新的环境中能获取新的情感寄托和自我复原能力。赫瑟林顿（Hetherington）等人（1999）的研究表明：75% 来自离异家庭的孩子适应良好，其成年后的心理和行为发展各项指标均与来自完整家庭的孩子没有明显的区别。[①] 因此，离异家庭子女不一定就会出现大量的心理和行为问题，只要营造良好的环境，再加上孩子的自我修复能力，有的孩子在挫折教育的磨砺下，甚至爆发更多的能量，成为更优秀的人。

（二）学校方面

中国家庭结构的急剧变化，尤其是离婚率连年攀升导致离异家庭子女数量的增加，这对学校教育提出了新的要求。学校在儿童青少年发展过程中起着主导作用，也是连接家庭教育和社会教育的桥梁。离异家庭子女的健康发展需要学校发挥其有计划、有组织、有目的的系统性优势，全体教师应正视和重视离异家庭子女的教育问题，利用集体教育的德育优势、班主任工作的细致性和经常性特点，帮助离异家庭子女重拾学习和生活的信心。

1. 树立重视离异家庭子女教育的理念

学校作为对学生德智体美劳全面发展培养的主要场所，学校的教育理念关乎着每一位学生的成长成才。但在我国的大部分地区，尤其是农村地区，学校依然把片面追求升学率作为学校的办学理念，就像很多一线教师批评的那样——“素质教育喊得轰轰烈烈，应试教育搞得扎扎实实”。重智育、轻德育是农村学校普遍存在的问题。普通学生不管智育还是德育，除了接受学校教育以外，家庭环境也起到很大的作用。但作为农村离异家庭子女的小学生，家庭教育几乎是缺失的，学校应该针对离异家庭子女，采取有效措施，发挥其对孩子深远的主导作用。一个好校长就是一所好学校。要做好离异家庭子女在学校的涅槃重生、茁壮成长，校长在思想上必须重视这部分弱势孩子的学校教育，牵头成立学校关爱和研究离异家庭子女的部

---

① 邓林园、赵鑫钰、方晓义：《离婚对儿童青少年心理发展的影响：父母冲突的重要作用》，《心理发展与教育》2016 年第 2 期。

门，定期召开会议研讨有关离异家庭子女的在校状况，设立校级研究课题，鼓励教师进行这方面的研究，以研促教，更好地形成关爱和教育离异家庭子女的积极氛围，帮助孩子重拾信心，提高学习的内部动机。调动学校一切可以调动的力量，与学生家长密切联系，对离异家庭子女做到“早了解，早干预”，发挥学校专门的育人功能，进行有针对性辅导，营造良好的教育氛围，让离异家庭子女在充满温暖、关爱的学校里生活、学习，茁壮成长。同时成立“离异家长学校”，聘请家庭教育专家和心理辅导老师定期对家长进行科学教养方式的普及和指导，积极推进家校合作，共同为孩子的健康成长保驾护航。

2. 发挥班级同辈集体教育的优势

人的价值观的形成往往是在与同伴的交往中形成的，而且同一群体内的道德判断行为会产生泛化效应，所以良好的同伴关系对于孩子的健康成长是极其重要的。[①] 青少年同辈群体是指青少年由于在年龄、共同利益、爱好、经历或境遇等方面相似或一致而自发形成的一种联合体。[②] 它对小学离异家庭子女的影响也是巨大的、不容忽视的。在父母离婚以后，离异家庭子女会在亲子关系出现问题之后，慢慢在同伴关系中寻求认可和归属感。在班级中存在着多种非正式组织类型，教师要潜移默化地和相关学生一起引导离异家庭学生加入一些积极向上的非正式组织当中，这样既可以满足学生个人的需要，也可以保护他们的心理健康，让他们在与同伴关系融洽相处中对冲父母离异带给自己的苦闷，从而慢慢调整和适应离异家庭的生活。马卡连科的平行教育影响原则指出，对学生的教育既可以通过教育个人来教育集体，也可以在教育集体的同时教育个人。一个良好的班集体，可以对其成员进行强有力的感化、影响和控制。集体活动既有利于孩子建立良好的同伴关系，培养交际能力，又有利于孩子形成谦让、支持、帮助、合作、共享等社会行为。[③] 教师有意识地安排离异家庭学生多多参加集体活动，并

① 焦丽：《农村离异家庭子女心理健康调查研究》，山西师范大学 2009 年硕士学位论文。

② 黄金富：《离异家庭学生心理与行为问题的教育对策》，《新课程》2012 年第 6 期。

③ 黄金富：《离异家庭学生心理与行为问题的教育对策》，《新课程》2012 年第 6 期。

依据他们的特长分派一些力所能及、体现他们个人价值的任务，让他们在集体中体会到获得大家赞许和认可的喜悦，从而打开自己自卑的内心，变得自信乐观。

3. 加强班主任工作，设置心理咨询室

班主任作为学生日常管理工作的直接负责人，也是对学生产生重要影响的核心人物。班主任在接手班级之前，就要对班级里的离异家庭子女进行摸底调查，建立离异家庭子女学生档案。只有对班上每一个学生的情况都了如指掌，才能对学生因材施教、有的放矢。离异家庭学生一般感情比较敏感和脆弱，在班级工作中班主任一些批评大家的话语，也许他就会误认为是在针对自己，从而对班主任产生排斥与隔阂。作为班主任，更不能在公开场合讽刺或者挖苦这类学生，这会使学生原本敏感而脆弱的心理变得更加孤独且盲目、偏执且逆反、自卑且冷漠，使学生在家里得不到关爱的幼小心灵再一次受到重创。马斯洛人的需要层次理论表明，人不仅有基本的生理需要、安全的需要，还有尊重与爱的需要。离异家庭子女在父母离婚以后，原本完整的家变得支离破碎，孩子可能失去了父母一方的关爱，与父亲同住的可能缺少母爱，与母亲同住的可能缺少父爱。这就提醒班主任要有意安排一些与孩子单亲父母性别相反的异性教师多多关注孩子，用他们身上特有的人格气质来弥补孩子缺少的那部分关爱，这样有利于孩子形成和谐全面的人格特质。同样,班主任还要做好与孩子单亲家长的密切联系，共同交流，一起为孩子的快乐成长尽心尽力。离异家庭学生往往会产生各种各样的心理问题,如果得不到及时的排解与疏导,可能会产生严重的后果。班主任如果能与专业的心理辅导老师联合起来，就能对离异家庭学生的成长产生更加积极的作用。因此，学校应该设置专门的心理辅导室，聘请专业的心理咨询老师来对有需要的学生进行一对一的专门辅导。学校如果已有专业的心理辅导老师，也要加强对离异家庭学生心理问题的学习和研究，更好地帮助这些学生早日走出心理困境。

（三）社会方面

每一个人都是生活在一定的社会环境之中，自然环境我们有时无法选择，但社会环境我们可以共同改变。虽然随着社会经济的快速发展，人们对离婚的态度已经宽容了许多，但是受传统文化的影响，社会上还是有一些人对离异家庭及其子女存在一些偏见，导致离异家庭子女在异样的眼光下产生消极、自卑的情绪。巴伦拉（Barrenra）指出社会支持是个体社会性发展所依据的社会关系，是个体采用应对策略和应对外部行为的重要资源。[①]离异家庭子女在面对父母离婚而导致生活和学习面临困难时，需要来自家庭、学校和社会的共同关爱和协同支持，所以我们需要通过社会的共同关注、媒体的广泛呼吁、政府制定扶助政策、社会公益组织积极参与，全社会积极行动起来，创建一个温馨、宽容、和谐的社会环境，帮助离异家庭子女健康快乐成长。

1. 媒体积极宣传，保护离异家庭

在我国的传统文化中，"男大当婚，女大当嫁"，婚姻一直是人生中的大事，它关系到家族的繁衍兴盛。但随着社会经济的不断发展，人们受教育程度普遍提高，思想观念转变，结婚之后夫妻因为感情不和、性格不合等原因导致我国的离婚率逐年上升，与此同时，离异家庭子女的数量也越来越多。虽然人们对离婚的包容度越来越高，也表示理解，但传统文化和老旧思想还是隐隐约约地充斥着社会的角角落落，对离异家庭的个人及其子女还是抱有一些偏见和歧视。这就在无形中增加了离异家庭的个人及其子女的心理压力。有些成人尚无法完全走出婚姻破裂的沉重打击，更何况他们年幼的子女。身处离异家庭中的小学生身体和心理都处在未成熟的阶段，没有深厚的生活阅历，无法理解父母做出的选择，也无法做出良好的调节，再加上外界社会、学校、同伴等一些异样的眼光和言语行为，导致孩子们的心理行为问题越来越严重。鉴于此，我们应该通过媒体宣传，让公众更加了解离异家庭的现状，并能够用正常的眼光来看待他们，给予他们更多的理解和帮助。社会各界媒体应该发挥引导社会舆论的功能，形成尊重和保护离异家庭的氛围，提高社会宽容度，给他们一个宽松、平等的社会环境，使离异家庭感受到社会的关爱，尽早融入主流社会。

① 焦丽：《农村离异家庭子女心理健康调查研究》，山西师范大学2009年硕士学位论文。

2. 政府积极调研，制定扶助政策及提供法律保障

社会是由千千万万的小家庭组成的。要想社会和谐稳定，每一个小家就要和谐稳定。但是随着我国离婚率的逐年升高，我国家庭的稳定性出现了极大的挑战。家庭是每一个人休养生息的港湾，只有家庭温暖，才能为每个人补充能量来面对生活中的困难，才能创造出更加美好的生活；只有家庭温暖，孩子们才能无忧无虑地成长，有动机去学习进步。所以政府必须责成相关部门，做好我国离异家庭的深入调研，从原因、过程、结果等各个阶段进行全面跟踪研究，制定科学合理的扶助措施来使离异家庭重新融入主流社会。如欧美国家对离异家庭不仅有政策方面的倾斜，也有经济方面的直接补助。对离异家庭经济援助包括离异家庭父母可领取特殊补助，直到孩子成长到16岁；离异家庭子女可获得儿童津贴；离异家庭子女享有优先获得住房的权利；离异母亲可免费接受职业培训等。① 同时，国家应该完善相关法律，制定"儿童福利优先"的离婚程序，如不仅要修改完善非监护人父母及其近亲属的探望权利与义务，也要实行以离异家庭子女的权利为导向的探望权，同时健全抚养费的收取与执行的事前预防性保障措施，全力维护离异家庭子女的精神和物质合法权益。

3. 社会各方面共同参与，助力离异家庭子女健康快乐成长

结构功能论认为，社会是一个复杂的系统，每一个组织都发挥着无可替代的功能。组织与组织之间相互弥补、相互促进从而推动整个社会的进步。离异家庭作为多种家庭类型中的一种，同样需要社会各方面的共同支持。政府相关部门、社会公益组织、企业和个人等都可以为离异家庭子女的健康成长提供力所能及的帮助，让离异家庭子女在全社会的共同关心下，成长为幸福快乐、国家需要的栋梁之才。

---

① 刘萍:《小学离异家庭子女心理问题及教育对策的比较研究》，四川师范大学2003年硕士学位论文。

报告五　西部农村义务教育现代化发展分析报告

——基于 2010—2018 年教育统计数据的分析

陈　浩

一、前言

（一）研究缘起

1. 西部地区教育现代化是我国教育现代化的重要组成部分

改革开放 40 多年来，我国教育事业发展取得了伟大的进步和成就，教育现代化水平也不断提升。2010 年国务院颁布《国家中长期教育改革和发展规划纲要（2010—2020 年）》，明确提出到 2020 年要基本实现教育现代化。教育现代化作为我国教育改革与发展追求的目标，就是要求不断扩大优质教育资源总量，不断满足人民群众接受高质量教育的需求。西部地区受地理环境和社会经济等因素的影响，教育现代化发展总体水平相对较低，成为我国教育现代化发展的短板。2019 年国务院颁布《中国教育现代化 2035》，提出要“完善区域教育发展协作机制和教育对口支援机制，深入实施东西部协作，推动不同地区协同推进教育现代化建设”[①]。可以说，只有解决好西部教育现代化的问题，才能真正促进我国教育现代化朝优质、公平、均衡的方向发展。

---

① 中华人民共和国中央人民政府．中共中央、国务院印发《中国教育现代化 2035》. http://www.gov.cn/xinwen/2019-02/23/content_5367987.htm. 2019-2-23.

2. 西部地区农村义务教育现代化是西部地区教育现代化的难点和关键

不论哪个国家和民族，义务教育都是其整个教育体系中最基础、最重要的核心部分。义务教育不同于其他阶段教育，具有“强制性”“公益性”和“统一性”的性质，这也决定了义务教育关乎每一个适龄儿童和每一个家庭的利益，更关系到整个国家的人才培养。西部地区教育现代化的发展也是以义务教育作为根本来推进的。近年来，随着城镇化进程的加快，城乡教育发展不均衡的现状引起人们广泛关注，我国政府高度重视这一教育问题，并着手推进义务教育均衡发展，农村义务教育也因此得到很大发展。2012年国务院印发《关于深入推进义务教育均衡发展的意见》，指出要“积极推进义务教育学校标准化建设”，“加快缩小城乡差距”，从而“深入推进义务教育均衡发展”，“全面提高义务教育质量”。① 可以说，西部义务教育现代化发展的短板在农村，促进其教育质量整体提升的关键也在农村。

3. 西部地区义务教育现代化是实现乡村振兴的基本手段

党的十九大提出，要实施乡村振兴战略，为此要优先发展农村教育事业，“统筹规划布局农村基础教育学校，保障学生就近享有有质量的教育”②。2020年中共中央颁布《中共中央关于制定国民经济和社会发展第十四个五年规划和二〇三五年远景目标的建议》，再次指出要深入实施西部开发、加快基本公共服务均等化。可以说，乡村振兴战略的实现有赖于科技的推动和人才的支撑，而这一切的实现离不开教育的发展与进步。西部地区的经济社会发展必须要解决好农村问题，而解决好农村问题的基本方式就在于提高义务教育质量，促进城乡教育一体化，建设好高质量、高效益、高公平的教育体系，培养符合新时代需要的人才。

① 中华人民共和国中央人民政府．国务院《关于深入推进义务教育均衡发展的意见》（国发〔2012〕48号）.http://www.gov.cn/zhuanti/2015-06/13/content_2878998.htm.2012-9-7.

② 中华人民共和国农业部．中共中央、国务院印发《乡村振兴战略规划（2018—2022年）》.http://www.moa.gov.cn/ztzl/xczx/xczxzlgh/201811/t20181129_6163953.htm.2018-9-26

4. 对西部农村义务教育现代化未来的期待

西部地区地貌广阔，截至2018年底，其占有全国70.6%的面积和27.2%的人口。除四川盆地和关中平原外，大部分地区都仍属于经济欠发达、有待加强开发的地区，特别是西部农村地区的社会经济发展水平与城市仍有很大差距。提高农村义务教育质量可以为当地农村社会经济建设培养和提供人才，努力缩小城乡差距，促进社会公平。研究近10年来西部地区农村义务教育现代化动态变化的情况，可以为当前我国西部地区农村义务教育发展把脉，了解发展中的成就和问题，从而汲取经验和教训，提出切实可行的建议，寻求提升西部地区农村义务教育质量的方法，为西部地区农村义务教育现代化能在未来继续取得进步提供一定的借鉴。

（二）研究目的

本研究以我国2010—2018年教育统计数据为分析资料[①]，通过对比西部地区与全国城乡义务教育阶段在学校规模、教育经费、师资建设、基础设施4个维度上发展的情况，从横、纵2个时间轴出发描述西部地区农村义务教育现代化发展的现状。长期以来，受限于地理环境和经济影响，西部农村地区义务教育现代化发展水平相对落后，自2010年国务院颁布《国家中长期教育改革和发展规划纲要（2010—2020年）》及2012年《关于深入推进义务教育均衡发展的意见》后，西部农村地区义务教育取得了长足发展，但与城市义务教育发展相比仍有很大进步空间。目前我国西部地区农村义务教育现代化发展水平从历史纵向角度看和从现实横向角度看究竟有多大变化，未来发展的重点和努力方向是什么，正是本研究所尝试解决的问题。

研究通过对既有数据的对比分析和建构农村义务教育现代化发展水平指标，了解西部地区农村义务教育现代化发展现状，总结其发展进步的有益经验，针对客观数据显示的问题提出可能的改进建议，以期能为未来西部地区农村义务教育发展提供有益参考。

---

① 为保证数据的客观性和准确性，本研究所使用的数据均来自2010—2018年《中国教育统计年鉴》《中国教育事业统计年鉴》和《中国教育经费统计年鉴》及教育部和国家统计局数据库公开发布的数据或公报。

（三）研究设计

1. 研究内容

本研究总共分为4个部分。第一部分为前言，包括研究起缘、研究目的和研究设计等3个基础内容，重点阐明研究的由来和研究的思路，即研究价值和研究可行性的问题。第二部分为21世纪西部地区农村义务教育现代化发展情况，通过对学校规模、教育经费、师资建设、基础设施4个方面的数据进行统计分析，将全国与西部地区的农村义务教育及其整体义务教育发展情况在横向和纵向2个维度上进行对比，勾勒出西部地区农村义务教育现代化发展的动态变化情况，并具体指出西部省份的农村义务教育发展情况。第三部分为农村义务教育发展指标体系建构和分析，通过指标体系的构建，将西部地区各省区市的农村义务教育发展水平进行量化，并与全国平均水平进行对比，更直观地了解西部地区各省区市的农村义务教育发展情况，从而探寻发展中可能存在的问题和未来发展面临的挑战。第四部分为政策建议，针对上述统计分析的结果，尝试提出教育提升的政策建议。

2. 研究方法

（1）文献研究法

研究收集并整理近年来我国义务教育现代化发展尤其是西部地区农村义务教育现代化发展的相关文献，分析并总结其所选用的研究方法和研究结论，根据需要采用合适的数据分析方法进行研究，并对照其他研究所得结论，验证研究结果的可靠性。

（2）统计计量法

研究通过整理2010—2018年全国及西部地区农村义务教育发展数据，对其进行对比分析，并运用指标体系及指数测算的方法，将西部地区农村义务教育现代化程度进行量化，以期能更好地描述西部地区农村义务教育现代化发展的变化状态。

二、21世纪西部地区农村义务教育现代化发展情况①

要清楚地把握西部地区农村义务教育现代化发展情况，就必须先掌握西部地区整体教育发展的情况，将农村教育发展放置在整个教育发展的框架内进行考察，并与全国教育数据进行对比。同时，为方便对比，还须将义务教育发展的重要组成部分分别进行审视，再加以综合分析。为此，本研究将2010—2018年西部十二省区市的教育统计数据与全国教育统计数据进行交叉对比，通过对各数据同时进行共时性和历时性的分析，力图从不同纬度考察和分析西部地区农村义务教育现代化发展情况，展现西部地区农村义务教育现代化进程中的变化和趋势。

（一）学校规模与学生变化情况

1. 学校数量规模变化情况

（1）小学数量变化情况②

就全国普通小学数量整体情况而言，2018年全国共有普通小学161811所，其中西部地区有52840所，约占全国普通小学总量的32.65%，相较于2010年，2018年全国共减少普通小学95599所，西部地区共减少普通小学34757所，约占全国总减少数量的36.35%。全国和西部地区普通小学年均减幅分别约6.12%和5.64%。整体来看，无论是全国还是西部地区，普通小学数量都呈逐年下降的趋势。从2014年起，西部地区普通小学数量年减少幅度超过全国普通小学数量年减少幅度，在2016年西部地区普通小学数量减少最多，较2015年数量减少了6652所，减幅约10.05%，至2018年西部地区普通小学数量减幅低于全国平均水平。其中，年均减幅排名前三的省分别是青海、陕西和甘肃，年均减幅分别约10.60%、8.64%和8.31%。（见图1和表1）

就农村小学数量情况而言，2018年全国共有农村小学134000所，其中西部地区农村小学有46504所，约占全国农村小学总量的34.70%，相较于

① 本研究中的农村义务教育是与城市义务教育相对的概念，在这里指将城区义务教育以外即包括城乡接合区、镇区、镇乡接合区、乡村等地的义务教育归为农村义务教育。

② 本研究中所有的普通小学、普通初中指包含农村地区普通小学、普通初中在内的所有地方普通小学、普通初中。农村小学、农村初中指农村地区的普通小学、普通初中。

2010 年，2018 年全国共减少农村小学 107010 所，西部地区共减少农村小学约 37663 所，约占全国农村小学总减量的 35.20%。全国农村小学年均减幅约 7.07%，西部地区农村小学年均减幅约 7.15%。整体来看，无论是全国还是西部地区，农村小学数量都呈逐年下降的趋势。从 2015 年至 2017 年，西部地区农村小学数量年均减少幅度超过全国农村小学数量年均减少幅度，在 2016 年西部地区农村小学数量减少最多，较 2015 年数量减少了 7460 所，减幅约 14.06%。其中，年均减幅排名前三的省市分别是青海、陕西和重庆，年减幅分别约 11.65%、10.63% 和 10.33%。（见图 1 和表 1）

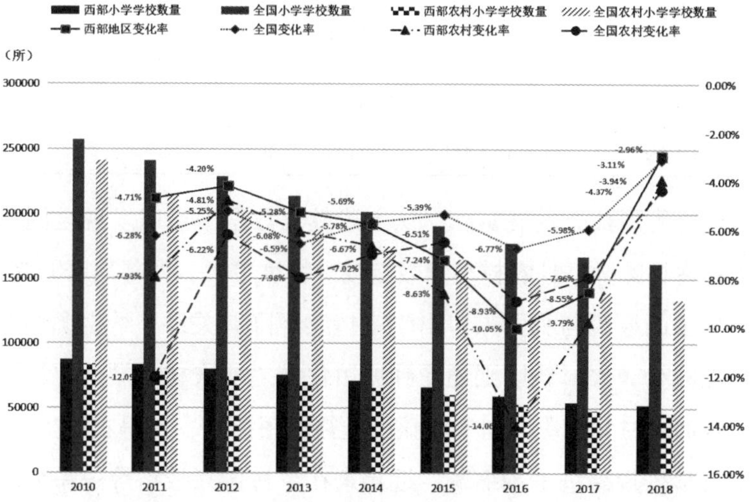

图 1　2010—2018 年全国及西部地区小学学校数量及变化曲线图

表 1　2010 年与 2018 年全国及西部地区各省区市小学学校数量变化表

省区市	2010 年（所）		2018 年（所）		差值（所）		年均减幅（%）	
	农村小学	普通小学	农村小学	普通小学	农村小学	普通小学	农村小学	普通小学
内蒙古	2370	2767	1195	1655	−1175	−1112	8.20	6.22
广西	13555	13942	7166	8054	−6389	−5888	7.66	6.63
重庆	5319	5544	2223	2893	−3096	−2651	10.33	7.81
四川	8740	9282	4837	5730	−3903	−3552	7.13	5.85
贵州	12071	12422	6205	6951	−5866	−5471	7.98	7.00
云南	13785	14059	10186	10900	−3599	−3159	3.71	3.13

（续表）

省区市	2010 年（所）		2018 年（所）		差值（所）		年均减幅（%）	
	农村小学	普通小学	农村小学	普通小学	农村小学	普通小学	农村小学	普通小学
西藏	850	872	777	809	–73	–63	1.12	0.93
陕西	9199	9710	3745	4714	–5454	–4996	10.63	8.64
甘肃	11322	11582	5401	5785	–5921	–5797	8.84	8.31
青海	1722	1792	639	731	–1083	–1061	11.65	10.60
宁夏	1900	2027	1076	1250	–824	–777	6.86	5.86
新疆	3334	3598	3054	3368	–280	–230	1.09	0.82
西部总计	84167	87597	46504	52840	–37663	–34757	7.15	6.12
全国总计	241010	257410	134000	161811	–107010	–95599	7.07	5.64

联系当前我国社会发展实际，从上述教育数据中可以发现全国普通小学数量正在逐年减少，且农村小学数量减少幅度更大，西部地区尤为突出。造成这一现象的原因与我国人口出生率持续下降有关，小学生源萎缩，小学数量自然减少。农村地区则还受到城镇化及之前农村“撤点并校”政策的影响，外加农村父母更倾向于将孩子送往城镇读书，使得农村生源减少、流失，农村学校规模进一步缩减。近年来在乡村振兴战略等一系列有利于促进农村义务教育发展的政策引导下，农村义务教育规模萎缩速度有所减缓，但总体仍呈下降趋势。此外，青海、重庆两地无论是普通小学整体总数还是农村小学数量年均降幅都排在前列。

（2）初中数量变化情况

从全国普通初中数量变化情况来看，2018 年全国共有普通初中 51971 所，其中西部地区共有普通初中 15302 所，约占全国普通初中总量的 29.44%。相较于 2010 年，2018 年全国共减少普通初中 2852 所，西部地区共减少普通初中 1670 所，约占全国普通初中总减量的 58.56%。全国普通初中年均减幅约 0.67%，西部地区普通初中年均减幅约 1.29%。从 2012 年起，西部地区普通初中数量减少幅度超过全国普通初中学校数量减少幅度；2018 年在全国普通初中数量较上年小幅增 0.18% 的情况下，西部地区普通初中数量依然呈下降趋势，较上年减少 1.11%。其中，西部地区除西藏外，其余各省区市普通初中数量均略有减少。年均减幅排名前三位的省区分别是新疆、内蒙古和青海，年均降幅分别约 2.66%、2.32% 和 2.14%。（见图 2 和表 2）

从全国农村初中数量变化情况来看，2018 年全国共有农村初中 39150 所，其中西部地区共有农村初中 12600 所，约占全国农村初中总量的 32.18%。相较于 2010 年，2018 年全国共减少农村初中 8394 所，西部地区共减少农村初中 2865 所，约占全国农村初中总减量的 34.13%。全国农村初中年均减幅约 2.40%，西部地区农村初中年均减幅约 2.53%。除 2011 年和 2016 年外，其余年份西部地区农村初中年减少幅度均高于全国农村平均水平。其中，年均减幅排名前三位的省区市分别是重庆、陕西和青海，年均减幅分别约 4.25%、3.79% 和 3.55%。西藏地区年均减幅最低，为 0.46%。（见图 2 和表 2）

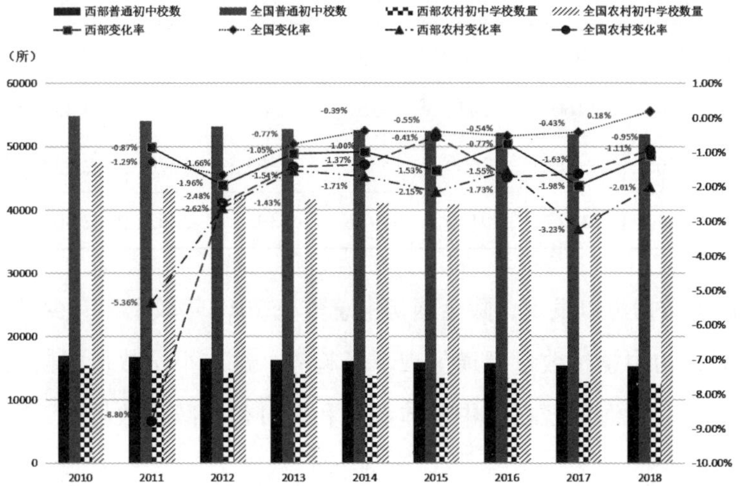

图 2　2010—2018 年全国及西部地区初中学校数量及变化曲线图

表 2　2010 年与 2018 年全国及西部各省区市初中学校数量变化情况表

省区市	2010 年（所）		2018 年（所）		差值（所）		年均减幅（%）	
	农村初中	普通初中	农村初中	普通初中	农村初中	普通初中	农村初中	普通初中
内蒙古	644	834	496	691	–148	–143	3.21	2.32

（续表）

省区市	2010 年（所）		2018 年（所）		差值（所）		年均减幅（%）	
	农村初中	普通初中	农村初中	普通初中	农村初中	普通初中	农村初中	普通初中
广西	1794	1974	1390	1743	–404	–231	3.14	1.54
重庆	931	1005	658	866	–273	–139	4.25	1.84
四川	3730	3991	3229	3713	–501	–278	1.79	0.90
云南	1632	1732	1453	1677	–179	–55	1.44	0.40
西藏	82	93	79	99	–3	6	0.46	–0.78
陕西	1704	1867	1251	1601	–453	–266	3.79	1.90
甘肃	1489	1586	1309	1467	–180	–119	1.60	0.97
青海	287	315	215	265	–72	–50	3.55	2.14
宁夏	220	267	185	244	–35	–23	2.14	1.12
新疆	986	1160	743	935	–243	–225	3.48	2.66
西部总计	15465	16972	12600	15302	–2865	–1670	2.53	1.29
全国总计	47544	54823	39150	51971	–8394	–2852	2.40	0.67

从以上数据可以发现，除全国初中总数在 2018 年较上年有少量增长外，整体来看，初中学校数量规模呈现下降趋势，这与小学数量规模变化的趋势基本相同。青海地区在初中整体数量和农村初中减少数量上，减少幅度均较为突出。

（3）教学点变化情况

从全国教学点整体变化情况来看，2018 年全国共有教学点 101398 个，其中西部地区有 38155 个，占比达 37.63%。2010 年全国共有教学点 66941 个，其中西部地区有 36560 个，占比达 54.62%。从 2010 年至 2018 年，全国和西部地区分别增加 34457 个和 1595 个教学点。全国教学点年均增幅为 5.33%，西部地区教学点年均增幅为 0.54%，远低于全国平均水平。具体来看，从 2013 年至 2017 年，西部地区教学点数量都在逐年增加，2018 年起出现下降。从 2015 年至 2017 年，西部地区教学点增长幅度超于全国教学点增长幅度，并在 2016 年达到增幅峰值，较 2015 年增长 8.74%。其中，西部地区年均增幅前三位的省区分别为青海、陕西和宁夏，其年均增幅分别约 30.51%、11.63% 和 10.17%；年均减幅排名前三位的省区分别为西藏、云南和四川，其年均减幅分别约 16.41%、9.00% 和 1.45%。（见图 3 和表 3）

从全国农村教学点变化情况来看，2018 年全国共有农村教学点 99690 个，其中西部地区有 37781 个，占比约 37.90%。2010 年全国共有农村教学点 66736 个，其中西部地区有 36536 个，占比约 54.75%。从 2010 年至 2018 年，全国和西部地区农村教学点分别增加了 32954 个和 1245 个农村教学点，全国农村教学点年均增幅为 5.14%，西部地区农村教学点年均增幅为 0.42%，远低于全国农村年均增幅。具体来看，从 2013 年至 2017 年，西部地区农村教学点数量逐年增加，且在 2015 年至 2017 年西部地区农村教学点增长幅度超过全国农村教学点增长幅度，并在 2016 年达到增幅峰值，较上一年增长 8.86%。其中，西部地区年均增幅排名前三位的省区分别为青海、陕西和宁夏，其年均增幅分别约 31.45%、11.29% 和 10.14%；年均减幅排名前三位的省区分别为西藏、云南和四川，其年均减幅分别约 16.41%、9.19% 和 1.57%。（见图 3 和表 3）

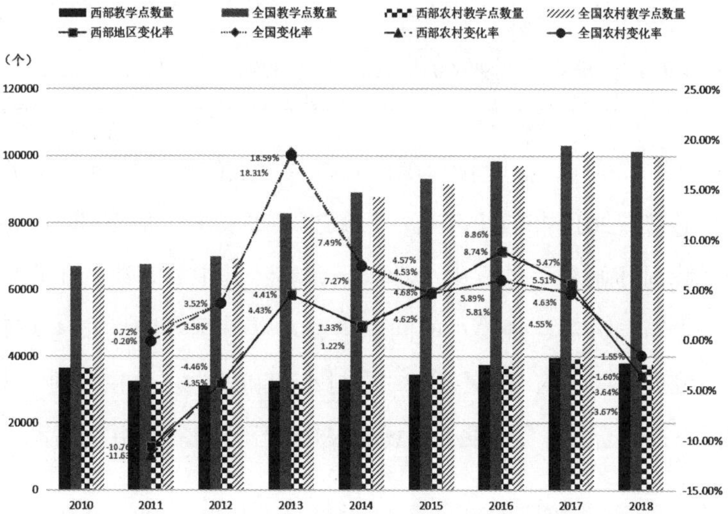

图 3　2010—2018 年全国及西部地区教学点数量及变化曲线图

表 3　2010 年与 2018 年全国及西部地区各省区市教学点数量变化情况表

省区市	2010 年（个）		2018 年（个）		差值（个）		年均增幅（%）	
	农村教学点	普通教学点	农村教学点	普通教学点	农村教学点	普通教学点	农村教学点	普通教学点
内蒙古	465	466	696	699	231	233	5.17	5.20
广西	9587	9587	11235	11334	1648	1747	2.00	2.11
重庆	865	869	1433	1445	568	576	6.51	6.56
四川	8809	8820	7764	7847	-1045	-973	-1.57	-1.45
贵州	3647	3648	3478	3521	-169	-127	-0.59	-0.44
云南	7237	7238	3347	3403	-3890	-3835	-9.19	-9.00
西藏	688	688	164	164	-524	-524	-16.41	-16.41
陕西	892	896	2099	2160	1207	1264	11.29	11.63
甘肃	3142	3142	5240	5251	2098	2109	6.60	6.63
青海	95	95	847	850	752	755	31.45	31.51
宁夏	283	283	613	614	330	331	10.14	10.17
新疆	826	828	865	867	39	39	0.58	0.58
西部总计	36536	36560	37781	38155	1245	1595	0.42	0.54
全国总计	66736	66941	99690	101398	32954	34457	5.14	5.33

基于上述数据可知，全国范围内农村教学点的数量从 2012 年起总体上呈现增长趋势，2018 年较上年有小幅减少。事实上，从 20 世纪 90 年代末期开始，我国开始着手进行中小学布局调整，其中要解决的重点问题之一就是教学点布局分散、规模小的问题。2001 年，国务院发布《关于基础教育改革与发展的决定》，首次提出“农村小学和教学点要在方便学生就近入学的前提下适当合并”①，引发了一场对农村教学点进行撤并的高潮。2005 年

① 国务院：《关于基础教育改革与发展的决定》. http://www.moe.gov.cn/jyb_xxgk/gk_gbgg/moe_0/moe_7/moe_16/tnull_132.html. 2001-05-29.

教育部发布《关于进一步推进义务教育均衡发展的若干意见》,再次提出“适当调整和撤销一批生源不足、办学条件差、教育质量低的薄弱学校”[①],更进一步促进了农村教学点的撤并。然而农村教学点的大量撤并在一定程度上有损农村发展,不利于社会公平,在实际运行中更出现了增加农村孩子上学成本的问题。因此政府也及时对其进行调整,2012年,国务院办公厅发布《关于规范农村义务教育学校布局调整的意见》,明确提出要“坚决制止盲目撤并农村义务教育学校”,一定要“办好村小学和教学点”[②],解决大规模撤点并校的遗留问题。至此,我国教学点开始逐渐恢复调整,进入新的发展时期。

2. 在校生数变化情况

(1)小学在校生数情况

从全国普通小学在校生变化情况来看,2018年全国普通小学在校生数达103392541人,其中西部地区普通小学在校生29645273人,约占全国普通小学在校生总量的28.67%。2010年,全国普通小学在校生共有99407043人,其中西部地区普通小学在校生30727519人,约占全国小学在校生总量的30.91%。从2010年至2018年,全国普通小学在校生增加3985498人,年均增幅为0.49%;西部地区普通小学在校生则减少1082246人,年均减幅为0.45%。具体而言,西部地区普通小学在校生数从2011年至2014年逐年递减,2015年至2018年逐年递增。全国普通小学在校生数从2011年至2013年逐年递减,2014年至2018年逐年递增。其中,西部地区普通小学在校生数年均减幅排名前三位的省区分别为甘肃、贵州和云南,年均减幅分别约2.75%、1.90%和1.70%;年均增幅排名前三位的自治区分别为新疆、广西和西藏,年均增幅分别约2.87%、1.30%和1.08%。(见图4和表4)

从全国农村小学在校生变化情况来看,2018年全国农村小学在校生数

① 教育部:《关于进一步推进义务教育均衡发展的若干意见》. http://www.moe.gov.cn/srcsite/A06/s3321/200505/t20050525_81809.html. 2005-05-25.

② 国务院办公厅:《关于规范农村义务教育学校布局调整的意见》. http://www.moe.gov.cn/jyb_xwfb/xw_zt/moe_357/jyzt_2016nztzl/ztzl_xyncs/ztzl_xy_zcfg/201701/t20170117_295040.html. 2012-09-06.

达 66170972 人，其中西部地区农村小学在校生 21352025 人，约占全国农村小学在校生总量的 32.27%。2010 年，全国农村小学在校生共有 81202368 人，其中西部地区农村小学在校生有 26565654 人，约占全国农村小学在校生人数的 32.72%。从 2010 年至 2018 年，全国农村小学在校生数减少 15031396 人，年均减幅约为 2.53%；西部地区农村小学在校生数减少 5213629 人，年均减幅约为 2.69%。具体来看，除 2015 年和 2016 年外，全国及西部地区农村小学在校生数较其上一年而言均呈递减趋势，2011 年至 2013 年减幅较大。其中，西部地区除西藏和新疆在 2010 年至 2018 年农村小学在校生数有所增加外，其余省区市均有所减少，且年均减幅排名前三位的省区市分别为重庆、甘肃和宁夏，年均减幅分别约 5.16%、4.45% 和 3.95%。（见图 4 和表 4）

从以上数据可以看出，西部地区小学生在校生数总体上呈现下降趋势，特别是农村小学在校生数更是如此。这可能与西部地区城镇化进程加快，城镇人口增多、乡村人口减少有关。西部地区中西藏、新疆两个少数民族自治区较为突出，小学在校生总数和农村小学在校生数均有所增长，体现了国家对少数民族地区教育支持的成果。

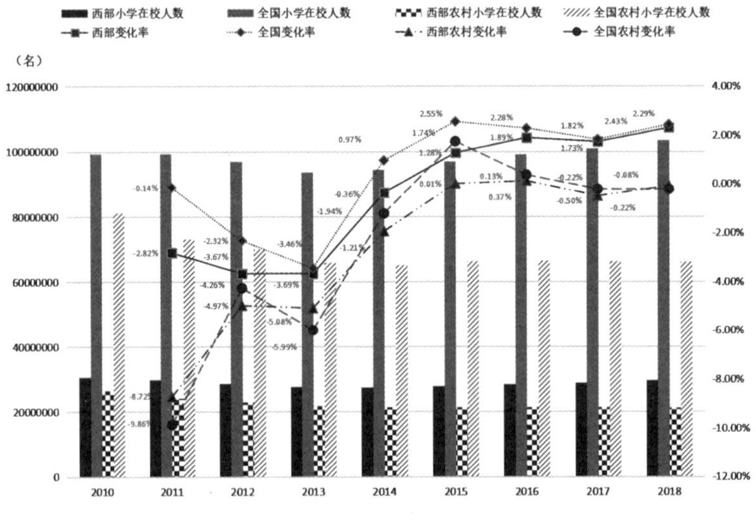

图 4　2010—2018 年全国及西部地区小学在校生数及变化曲线图

表 4 2010 年与 2018 年全国及西部地区各省区市小学在校生数变化情况表

省区市	2010 年（名）		2018 年（名）		差值（名）		年均减幅（%）	
	农村小学	普通小学	农村小学	普通小学	农村小学	普通小学	农村小学	普通小学
内蒙古	959498	1430751	784100	1341863	–175398	–88888	2.49	0.80
广西	3894503	4300598	3620507	4767771	–273996	467173	0.91	–1.30
重庆	1751526	1999407	1145958	2095361	–605568	95954	5.16	–0.59
四川	5105313	5921080	3949443	5554589	–1155870	–366491	3.16	0.80
贵州	3950782	4334971	2905908	3717297	–1044874	–617674	3.77	1.90
云南	4032654	4352084	3059115	3795120	–973539	–556964	3.39	1.70
西藏	272285	299408	275611	326334	3326	26926	–0.15	–1.08
陕西	2092187	2610355	1564264	2656120	–527923	45765	3.57	–0.22
甘肃	2064008	2370406	1434401	1896471	–629607	–473935	4.45	2.75
青海	432451	518992	362744	486026	–69707	–32966	2.17	0.82
宁夏	505171	653669	366046	581495	–139125	–72174	3.95	1.45
新疆	1505276	1935798	1883928	2426826	378652	491028	–2.84	–2.87
西部总计	26565654	30727519	21352025	29645273	–5213629	–1082246	2.69	0.45
全国总计	81202368	99407043	66170972	103392541	–15031396	3985498	2.53	–0.49

（2）初中在校生数情况

从全国普通初中在校生变化情况来看，2018 年全国共有普通初中在校生 46525854 人，其中西部地区普通初中在校生 13619313 人，约占全国普通初中在校生总量的 29.27%。2010 年，全国普通初中在校生共有 52759127 人，其中西部地区普通初中在校生 16444806 人，约占全国普通初中在校生总量的 31.17%。从 2010 至 2018 年，全国普通初中在校生减少 6233273 人，年均减幅约 1.56%，西部地区普通初中在校生减少 2825493 人，年均减幅约 2.33%。其中，西部地区除广西和青海外，其他省区市普通初中在校生人数均有所减少，且年均减幅排在前三位的省分别为甘肃、陕西和四川，年均减幅分别约 5.64%、5.05% 和 3.35%。（见图 5 和表 5）

从全国农村初中在校生变化情况来看，2018 年全国共有农村初中在校生 29607045 人，其中西部地区农村初中在校生 9765819 人，约占全国农村初中在校生总量的 33.00%。2010 年全国共有农村初中在校生 42168910 人，其中西部地区农村初中在校生 13988791 人，约占全国农村初中在校生总量的 33.17%。从 2010 年到 2018 年，全国农村初中在校生减少 12561865 人，年均减幅约 4.32%，西部地区农村初中在校生减少 4222972 人，年均减幅约 4.39%。其中，西部地区农村初中在校生年均减幅排在前三位的省市分别为陕西、重庆和甘肃，年均减幅分别约 8.69%、7.74% 和 7.26%。（见图 5 和表 5）

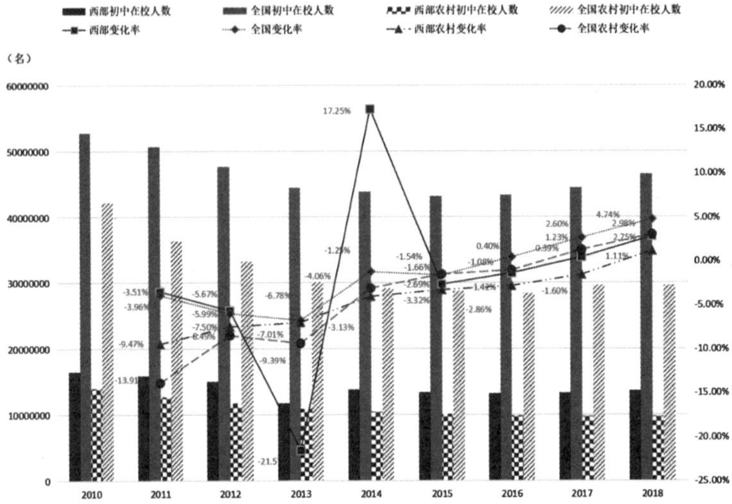

图 5　2010—2018 年全国及西部地区初中在校生数及变化曲线图

表 5　2010 年与 2018 年全国及西部各省区市初中在校生变化情况表

省区市	2010 年（名）		2018 年（名）		差值（名）		年均减幅（%）	
	农村初中	普通初中	农村初中	普通初中	农村初中	普通初中	农村初中	普通初中
内蒙古	523513	814686	368938	636615	−154575	−178071	4.28	3.04
广西	1801309	2003911	1631939	2126353	−169370	122442	1.23	−0.74
重庆	1123380	1281724	589667	1045616	−533713	−236108	7.74	2.51
四川	2911284	3438646	1849831	2618120	−1061453	−820526	5.51	3.35
云南	1913911	2073500	1505440	1861533	−408471	−211967	2.96	1.34
西藏	123460	138992	103753	129405	−19707	−9587	2.15	0.89
陕西	1335299	1643225	645126	1085454	−690173	−557771	8.69	5.05

（续表）

省区市	2010 年（名）		2018 年（名）		差值（名）		年均减幅（%）	
	农村初中	普通初中	农村初中	普通初中	农村初中	普通初中	农村初中	普通初中
甘肃	1198364	1384027	655552	870014	−542812	−514013	7.26	5.64
青海	176528	219463	160460	222833	−16068	3370	1.19	−0.19
新疆	744661	1003278	650370	924483	−94291	−78795	1.68	1.02
西部总计	13988791	16444806	9765819	13619313	−4222972	−2825493	4.39	2.33
全国总计	42168910	52759127	29607045	46525854	−12561865	−6233273	4.32	1.56

从以上数据可以看出，从 2010 年至 2018 年，全国及西部地区初中在校生人数呈现先减少再缓慢增加的趋势，而全国及西部地区农村初中在校生数则呈现为先大幅减少再小幅恢复最后缓慢减少的趋势，农村初中在校生规模的变化反映了农村初中为适应社会发展需要而不断做出调整的现状。

3. 招生数变化情况

（1）小学招生数变化情况

从全国普通小学招生变化来看，2018 年全国普通小学共招生 18672970 人，其中西部地区普通小学招生 5306150 人，约占全国普通小学招生总量的 28.42%。2010 年全国普通小学招生 16917007 人，其中西部地区普通小学招生 4899256 人，约占普通小学招生总量的 28.96%。从 2010 年至 2018 年，全国普通小学招生年均增幅约为 1.24%，西部地区普通小学招生年均增幅约为 1.00%。西部地区除甘肃、宁夏、四川和云南招生人数减少外，其余省区均有所增加，其中年均增幅排名前三位的省区分别是新疆、陕西和西藏，年均增幅分别约 5.22%、2.90% 和 2.07%，且新疆、陕西、西藏、广西、青海年均增幅高于全国和西部地区平均增幅。（见图 6 和表 6）

从全国农村小学招生变化来看，2018 年全国农村小学招生 11537911 人，其中西部地区农村小学招生 3721506 人，约占全国农村小学招生总量的 32.25%。2010 年全国农村小学招生 13777481 人，其中西部地区农村小学招生 4220397 人，约占全国农村小学招生总量的 30.63%。从 2010 年至 2018 年，全国农村小学招生总量年均减幅约为 2.19%，西部地区农村小学招生年均减幅约为 1.56%。西部地区除西藏、新疆和青海招生人数有所增加外，其余省区市均有所减少，其中年均减幅排名前三位的省区市分别是重庆、四川和宁夏，年均减幅分别约 6.72%、3.21% 和 3.03%。（见图 6 和表 6）

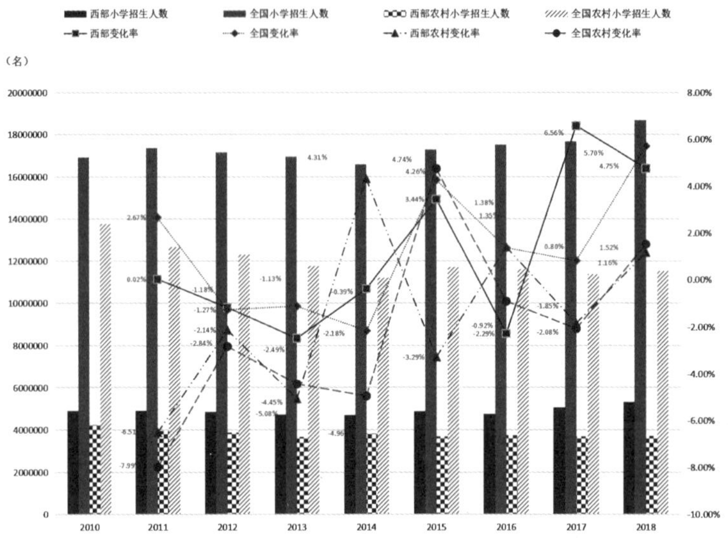

图 6　2010—2018 年全国及西部地区小学招生数及变化曲线图

表 6　2010 年与 2018 年全国及西部各省区市小学招生数变化情况表

省区市	2010 年（名）		2018 年（名）		差值（名）		年均减幅（%）	
	农村小学	普通小学	农村小学	普通小学	农村小学	普通小学	农村小学	普通小学
内蒙古	151773	221764	133815	235740	–17958	13976	1.56	–0.77
广西	667611	741123	636214	859697	–31397	118574	0.60	–1.87
重庆	289239	329739	165773	341190	–123466	11451	6.72	–0.43
四川	834348	964894	642906	952217	–191442	–12677	3.21	0.17
贵州	594395	656919	517450	675210	–76945	18291	1.72	–0.34
云南	614293	669300	522676	664394	–91617	–4906	2.00	0.09
西藏	45770	50747	50677	59777	4907	9030	–1.28	–2.07
陕西	323003	408618	290624	513552	–32379	104934	1.31	–2.90
青海	67658	81464	68899	90992	1241	9528	–0.23	–1.39

（续表）

省区市	2010 年（名）		2018 年（名）		差值（名）		年均减幅（%）	
	农村小学	普通小学	农村小学	普通小学	农村小学	普通小学	农村小学	普通小学
宁夏	77604	101496	60658	99979	−16946	−1517	3.03	0.19
新疆	242689	311861	371814	468513	129125	156652	−5.48	−5.22
西部总计	4220397	4899256	3721506	5306150	−498891	406894	1.56	−1.00
全国总计	13777481	16917007	11537911	18672970	−2239570	1755963	2.19	−1.24

从以上数据可以看出，全国及西部地区农村小学招生数基本呈下降趋势，2018 年有小幅回升，这可能与国家提出的乡村振兴战略等一系列有利于农村教育发展的政策有关。新疆、西藏和青海等少数民族聚居区招生人数增多，反映出国家对少数民族地区学生教育的重视。

（2）初中招生数变化情况

从全国普通初中招生变化情况来看，2018 年全国普通初中招生 16025931 人，其中西部地区普通初中招生 4286122 人，约占全国普通初中招生总量的 26.74%。2010 年全国普通初中招生 17154930 人，其中西部地区普通初中招生 5481334 人，约占全国普通初中招生总量的 31.95%。从 2010 年至 2018 年，全国普通初中招生人数年均减幅约 0.85%，西部地区普通初中招生人数年均减幅约 3.03%。全国普通初中招生人数从 2011 年至 2015 年逐年递减，2016 年至 2018 年逐年递增，且增幅逐年变小。其中西部地区于 2013 年普通初中招生人数减幅最大，达到 10.22%，2016 年至 2018 年稳步增长，且增幅逐年变大。西部各省区市年均减幅均高于全国平均水平，年均减幅排名前三位的省分别为甘肃、陕西和四川，年均减幅分别约为 5.72%、4.67% 和 4.35%。（见图 7 和表 7）

从全国农村初中招生变化情况来看，2018 年全国农村初中招生 10210327 人，其中西部地区农村初中招生 2945454 人，约占全国农村初中招生总量的 28.85%。2010 年全国农村初中招生 13673665 人，其中西部地区农村初中招生 4644058 人，约占全国农村初中招生总量的 33.96%。从 2010 年至 2018 年，全国农村初中招生人数年均减幅约 3.59%，西部地区农村初中招生人数年均减幅约 5.53%。全国农村初中生招生人数从 2011 年至 2015 年逐年递减，2016 年至 2018 年逐年递增，西部农村初中招生人数则呈持续递减趋势。西部地区农村初中年均减幅排名前三位的省市分别为重庆、陕西和甘肃，年均减幅分别约为 10.39%、9.12% 和 7.44%。（见图 7 和表 7）

从上数据可以看出，自 2016 年起，全国范围内农村普通初中招生人数有所增加，但西部地区农村普通初中招生人数则持续下降，在 2018 年更是较上年减少约 10.50%。这说明西部地区农村初中规模日益缩小。

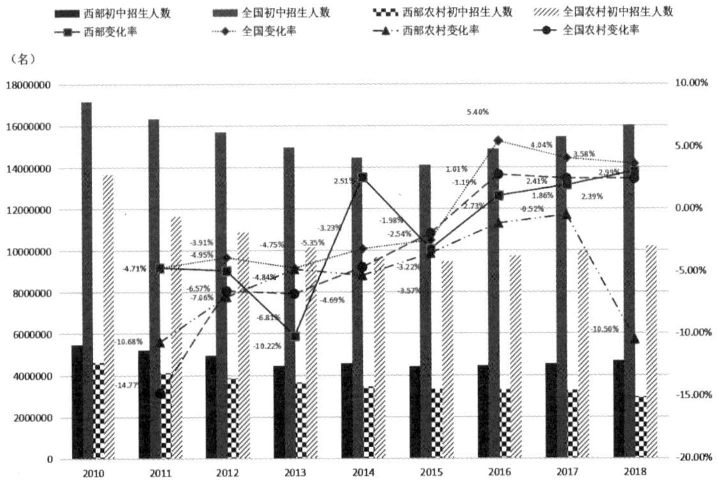

图 7　2010—2018 年全国及西部地区初中招生数及变化曲线图

表 7　2010 年与 2018 年全国及西部各省区市初中招生变化情况表

省区市	2010 年（名）		2018 年（名）		差值（名）		年均减幅（%）	
	农村初中	普通初中	农村初中	普通初中	农村初中	普通初中	农村初中	普通初中
内蒙古	173486	270361	105312	195725	–68174	–74636	6.05	3.96
广西	631675	701548	464282	639584	–167393	–61964	3.78	1.15
重庆	354411	408525	147385	311410	–207026	–97115	10.39	3.34

（续表）

省区市	2010年（名）		2018年（名）		差值（名）		年均减幅（%）	
	农村初中	普通初中	农村初中	普通初中	农村初中	普通初中	农村初中	普通初中
四川	936230	1116229	514126	782139	–422104	–334090	7.22	4.35
贵州	689380	764740	498275	628476	–191105	–136264	3.98	2.42
云南	650385	706567	493205	613940	–157180	–92627	3.40	1.74
西藏	42086	47361	32906	41795	–9180	–5566	3.03	1.55
陕西	391563	493463	182223	336482	–209340	–156981	9.12	4.67
甘肃	391715	453780	211075	283211	–180640	–170569	7.44	5.72
宁夏	72300	103767	48179	88856	–24121	–14911	4.95	1.92
新疆	247481	336118	202770	296841	–44711	–39277	2.46	1.54
西部总计	4644058	5481334	2945454	4286122	–1698604	–1195212	5.53	3.03
全国总计	13673665	17154930	10210327	16025931	–3463338	–1128999	3.59	0.85

4. 毕业生数变化情况

（1）小学毕业生数变化情况

从全国普通小学毕业生变化情况来看，2018年全国普通小学毕业生16164927人，其中西部地区普通小学毕业生4674781人，约占全国普通小学毕业生总量的28.92%。2010年全国普通小学毕业生17396364人，其中西部地区普通小学毕业生5592175人，约占全国普通小学毕业生总量的32.15%。从2010年至2018年，全国和西部地区普通小学毕业生人数年均减幅分别约为0.91%和2.21%。无论全国还是西部地区，普通小学毕业生人数从2011年至2015年都逐年递减，2016年至2018年则逐年递增。西部地区普通小学毕业生2011年至2015年的减幅高于全国水平，2016年至2018年的增幅低于全国水平，西部地区除广西外，其余省区市普通小学毕业人数均有所减少，其中年均减幅排名前三位的省为甘肃、陕西和贵州，年均减幅分别约为5.53%、3.64%和3.40%。（见图8和表8）

从全国农村小学毕业生变化情况来看，2018年全国农村小学毕业生

10770785 人，其中西部地区农村小学毕业生 3503480 人，约占全国农村小学毕业生总量的 32.53%。2010 年全国农村小学毕业生 14352057 人，其中西部地区农村小学毕业生 4887787 人，约占全国农村小学毕业生总量的 34.06%。从 2010 年至 2018 年，全国及西部地区农村小学毕业生人数年均减幅分别约 3.52% 和 4.08%。从全国农村小学毕业生人数变化来看，从 2011 年至 2015 年都逐年递减，2016 年至 2018 年则逐年递增。西部地区农村小学毕业生除 2018 年有小幅回涨外，其余年份均为递减状态。西部地区农村小学毕业生年均减幅排名前三位的省市为甘肃、陕西和重庆，年均减幅分别为 7.20%、6.84% 和 5.64%。（见图 8 和表 8）

从以上数据可以得知，2010 年至 2017 年间，西部地区农村普通小学毕业生数量逐渐减少，2018 年较上一年有所增加。从农村小学在校生数、招生数统筹来看，农村小学经历了从缩减到调整的过程。农村学校数量的减少与我国教育政策调整、城镇化进程加快及劳动力转移有关；同时近年来国家强调教育均衡、重视农村教育又在一定程度上让农村教育有所发展。西部地区作为后发展地区，其对政策和社会变化的敏感性更大。

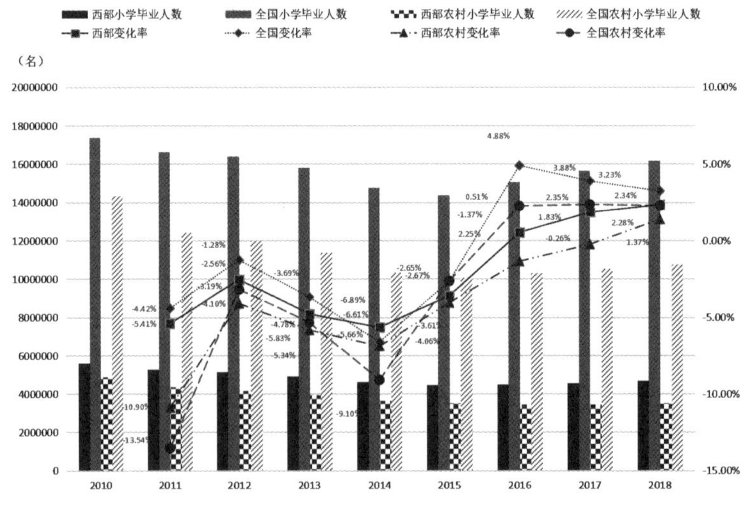

图 8　2010—2018 年全国及西部地区小学毕业生数及变化曲线图

表8　2010年与2018年全国及西部各省区市小学毕业生数变化情况表

省区市	2010年（名）		2018年（名）		差值（名）		年均减幅（%）	
	农村小学	普通小学	农村小学	普通小学	农村小学	普通小学	农村小学	普通小学
内蒙古	185118	269753	131985	217005	–53133	–52748	4.14	2.68
广西	659121	718164	575754	730996	–83367	12832	1.68	–0.22
重庆	356592	398349	224195	357142	–132397	–41207	5.64	1.36
贵州	735561	798173	487366	605043	–248195	–193130	5.02	3.40
云南	688208	736946	512918	619175	–175290	–117771	3.61	2.15
西藏	46629	50642	41639	48929	–4990	–1713	1.40	0.43
陕西	417531	505889	236782	375999	–180749	–129890	6.84	3.64
甘肃	421326	474328	231772	300842	–189554	–173486	7.20	5.53
青海	68399	82467	55526	74705	–12873	–7762	2.57	1.23
宁夏	83865	109658	67897	101825	–15968	–7833	2.61	0.92
新疆	259689	334362	245640	323739	–14049	–10623	0.69	0.40
西部总计	4887787	5592175	3503480	4674781	–1384307	–917394	4.08	2.21
全国总计	14352057	17396364	10770785	16164927	–3581272	–1231437	3.52	0.91

（2）初中毕业生数变化情况

从全国普通初中毕业生变化情况来看，2018年全国普通初中毕业生人数为13677686人，其中西部地区普通初中毕业生人数为4286122人，约占全国普通初中毕业生总量的31.34%。2010年全国普通初中毕业生人数为17485714人，其中西部地区普通初中毕业生人数为5343866人，约占全国普通初中毕业生总量的30.56%。从2010年至2018年，全国及西部地区普通初中毕业生人数年均减幅分别约为3.02%和2.72%。西部地区在2013年减幅最大，较2012年减少约13.93%。西部地区除宁夏、青海和广西外，其余省区市普通初中毕业人数均有所减少，其中年均减幅排名前三位的省是陕西、甘肃和四川，年均减幅分别为7.49%、5.74%和4.58%。（见图9和表9）

从全国农村初中毕业生变化情况来看，2018年全国农村初中毕业生人数为 8909524 人，其中西部地区农村初中毕业生人数为 3127736 人，约占全国农村初中毕业生总量的 35.11%。2010 年全国农村初中毕业生人数为 14159378 人，其中西部地区农村初中毕业生人数为 4586555 人，约占全国农村初中毕业生总量的 32.39%。从 2010 年至 2018 年，全国及西部地区农村初中毕业生人数年均减幅分别约为 5.63% 和 4.67%。全国农村初中毕业生人数持续减少，西部地区除 2014 年外农村初中毕业生人数也在逐渐减少。西部地区中农村初中毕业生人数年均减幅排名前三位的省市是陕西、重庆和甘肃，年均减幅分别约为 11.04%、8.39% 和 7.17%。（见图 9 和表 9）

从以上数据可以看出，农村普通初中毕业生人数基本呈不断下降趋势，西部地区尤为明显。综合前文的分析，可以发现在义务教育阶段，西部地区农村学生总体上呈下降趋势。这与国家的政策制定、社会的教育选择有密切关系。农村学生人数的减少并不意味着农村教育的消亡，相反，近年来随着乡村振兴战略的实施和城乡教育均衡发展的推进，农村教育又进入新的发展阶段，当然也会面临新的发展困难和挑战，如优质生源从乡村流向城镇、城乡教育出现“城挤乡空”的现象。但这些教育问题不仅仅是教育的问题，而是社会发展尤其是城镇化发展中不可避免的社会问题。可以肯定的一点是，政府已经注意到这些问题，并对此已经展开行动，未来农村教育仍有很大发展空间。

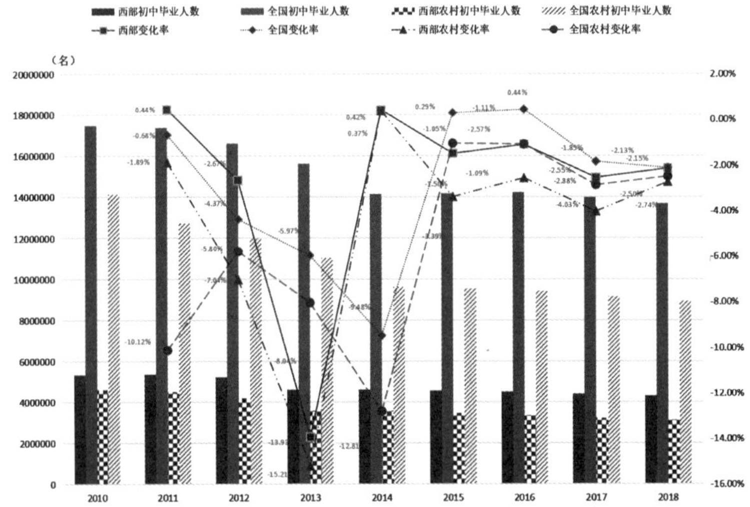

图 9　2010—2018 年全国及西部地区初中毕业生数及变化曲线图

表 9 2010 年与 2018 年全国及西部各省区市初中毕业生数变化情况表

省区市	2010 年（名）		2018 年（名）		差值（名）		年均减幅（%）	
	农村初中	普通初中	农村初中	普通初中	农村初中	普通初中	农村初中	普通初中
内蒙古	177833	268978	113484	195725	−64349	−73253	5.46	3.90
广西	562576	626644	497217	639584	−65359	12940	1.53	−0.26
重庆	369509	416604	183299	311410	−186210	−105194	8.39	3.57
四川	977365	1137612	555101	782139	−422264	−355473	6.83	4.58
贵州	574072	635811	505190	628476	−68882	−7335	1.59	0.14
云南	594431	641624	504027	613940	−90404	−27684	2.04	0.55
西藏	41130	46093	34148	41795	−6982	−4298	2.30	1.22
陕西	527643	627356	207005	336482	−320638	−290874	11.04	7.49
甘肃	393676	454586	217006	283211	−176670	−171375	7.17	5.74
青海	53956	66211	47975	67663	−5981	1452	1.46	−0.27
宁夏	57511	84837	53466	88856	−4045	4019	0.91	−0.58
新疆	256853	337510	209818	296841	−47035	−40669	2.50	1.59
西部总计	4586555	5343866	3127736	4286122	−1458819	−1057744	4.67	2.72
全国总计	14159378	17485714	8909524	13677686	−5249854	−3808028	5.63	3.02

（二）师资变化情况

1. 专任教师数变化情况

（1）小学专任教师数变化情况

从全国普通小学专任教师来看，2018 年全国共有普通小学专任教师 5372468 人，其中西部地区有 1619315 人，约占全国普通小学专任教师总数的 30.14%。2010 年全国共有普通小学专任教师 5617091 人，其中西部地区有 1719220 人，约占全国普通小学专任教师总数的 30.61%。从 2010 年至 2018 年，无论全国还是西部地区，普通小学专任教师人数在总体上都呈现先减少再增加的趋势。全国普通小学专任教师年均减幅约为 0.56%，西部地区约为 0.75%。西部地区除西藏、广西和重庆三区市外，其余各省区市的专任教师数均有所减少，其中年均减幅排名前三位的省区是内蒙古、青海和陕西，年均减幅分别约为 2.83%、2.28% 和 2.08%。（见图 10 和表 10）

从全国农村小学专任教师来看，2018 年全国共有农村小学专任教师 4089830 人，其中西部地区有 1367112 人，约占全国农村小学专任教师总数的 33.43%。2010 年全国共有农村小学专任教师 4669754 人，其中西部地区有 1517143 人，约占全国农村小学专任教师总数的 32.49%。从 2010 年至 2018 年，无论全国还是西部地区，农村小学专任教师人数在总体上都呈现先减少再增加的趋势。全国农村小学专任教师年均减幅约为 1.64%，西部地区约为 1.29%。西部地区除西藏和新疆外，其余各省区市的农村小学专任教师数均有所减少，其中年均减幅排名前三位的省区市是陕西、重庆和内蒙古，年均减幅分别约为 4.07%、3.47% 和 3.22%。（见图 10 和表 10）

从以上数据可以看出，西部地区农村小学专任教师数量经历了从持续缩减到调整恢复的过程。其中西藏、新疆两个少数民族自治区的教师数量持续增多，这与国家近年来教育援藏、援疆的对口支援有关，也反映出少数民族自治区教育发展正在稳步前进。

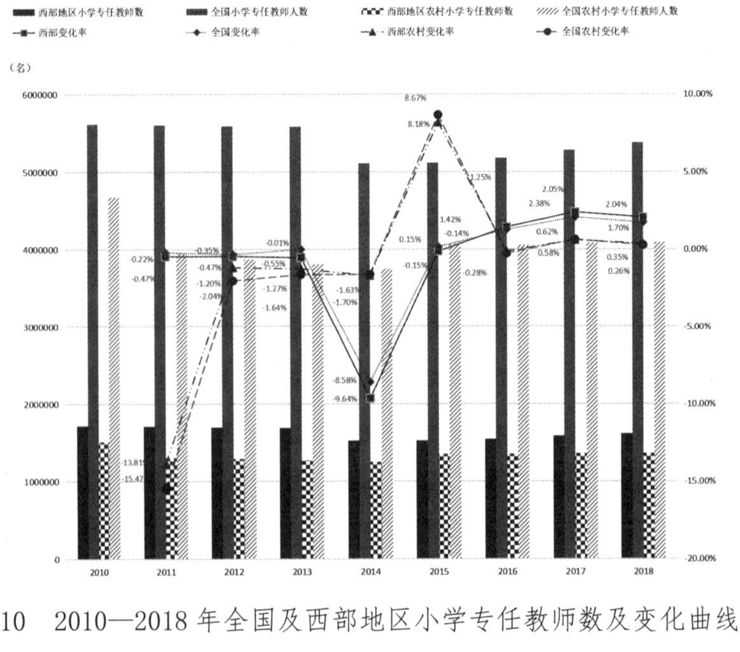

图 10　2010—2018 年全国及西部地区小学专任教师数及变化曲线图

表 10　2010 年与 2018 年全国及西部各省区市小学专任教师数变化情况表

省区市	2010 年（名）		2018 年（名）		差值（名）		年均减幅（%）	
	农村小学专任教师	普通小学专任教师	农村小学专任教师	普通小学专任教师	农村小学专任教师	普通小学专任教师	农村小学专任教师	普通小学专任教师
内蒙古	87482	113564	67326	90270	–20156	–23294	3.22	2.83
广西	201903	220183	200421	247754	–1482	27571	0.09	–1.49
重庆	102253	116057	77073	119946	–25180	3889	3.47	–0.41
四川	266441	305741	246317	262259	–20124	–43482	0.98	1.90
贵州	182306	197913	167113	194848	–15193	–3065	1.08	0.19
云南	223902	237537	190409	218682	–33493	–18855	2.01	1.03
西藏	17177	18901	19101	22177	1924	3276	–1.34	–2.02
陕西	150647	175184	108012	148073	–42635	–27111	4.07	2.08
甘肃	125573	140381	118127	128709	–7446	–11672	0.76	1.08
青海	22659	26584	21108	22110	–1551	–4474	0.88	2.28
宁夏	26177	33212	23775	32336	–2402	–876	1.20	0.33
新疆	110623	133963	128330	132151	17707	–1812	–1.87	0.17
西部总计	1517143	1719220	1367112	1619315	–150031	–99905	1.29	0.75
全国总计	4669754	5617091	4089830	5372468	–579924	–244623	1.64	0.56

（2）初中专任教师数变化情况

从全国普通初中专任教师变化情况来看，2018 年全国共有普通初中专任教师 3638999 人，其中西部地区有 1051050 人，约占全国普通初中专任教师总数的 28.88%。2010 年全国共有普通初中专任教师 3523382 人，其中西部地区有 1018974 人，约占全国普通初中专任教师总数的 28.92%。从 2010 年至 2018 年，全国和西部地区普通初中专任教师分别增加了 115617 人和 32076 人，年均增幅分别约为 0.40% 和 0.39%。全国和西部地区变化曲线基本一致，在 2016 年后处于相对快速增长期，西部地区增加率低于全国平均水平。西部地区除陕西、内蒙古和甘肃外，其他省区市普通初中专任教师人数均有所增加，其中年均增幅排名前三位的省区为西藏、贵州和广西，年均增幅分别约为 2.45%、2.00% 和 1.84%。（见图 11 和表 11）

从全国农村初中专任教师变化情况来看，2018 年全国共有农村初中专任教师 2342470 人，其中西部地区有 767546 人，约占全国农村初中专任教师总数的 32.77%。2010 年全国农村共有初中专任教师 2817426 人，其中西部地区有 869657 人，约占全国农村初中专任教师总数的 30.87%。从 2010 年至 2018 年，全国和西部地区农村初中专任教师分别减少了 474956 人和 102111 人，年均减幅分别约为 2.28% 为和 1.55%。在全国初中专任教师总数增加的情况下，农村初中教师却呈下降趋势。全国农村初中专任教师从 2017 年起有小幅增加，西部地区到 2018 年才开始调整增长。2010 年至 2018 年，西部地区中除贵州、西藏和青海外，其余省区市均有所减少，年均减幅排名前三位的省区市为陕西、重庆和内蒙古，年均减幅分别约为 5.14%、4.60% 和 2.88%。（见图 11 和表 11）

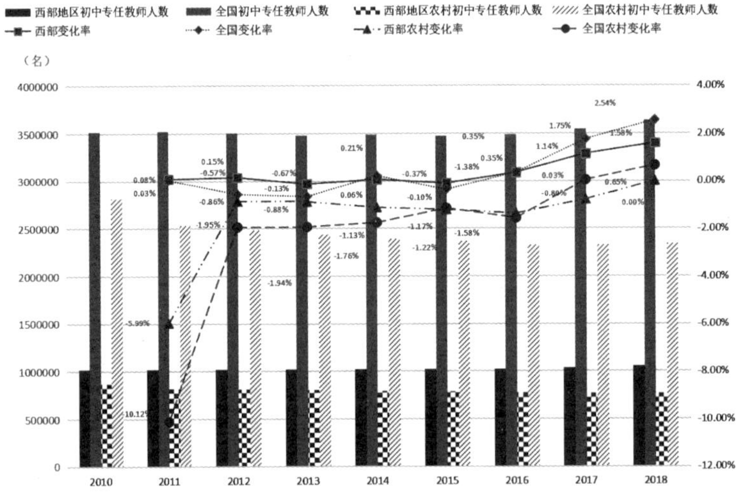

图 11　2010—2018 年全国及西部地区初中专任教师数及变化曲线图

从以上数据可以看出，全国范围内农村初中专任教师与农村小学专任教师一样，也经历了从持续减少到恢复增加的过程。随着乡村教师支持计划等一系列有利于农村教师发展的教育政策的落实，近年来农村初中专任教师数量有所增加，尤其是西部地区少数民族聚居地的农村初中专任教师增长更快，这在一定程度上体现出政府为实现各民族教育公平发展所做出的努力。

表 11　2010 年与 2018 年全国及西部各省区市初中专任教师数变化情况表

省区市	2010 年（名）		2018 年（名）		差值（名）		年均增幅（%）	
	农村初中专任教师	普通初中专任教师	农村初中专任教师	普通初中专任教师	农村初中专任教师	普通初中专任教师	农村初中专任教师	普通初中专任教师
内蒙古	44805	63983	35452	58263	−9353	−5720	−2.88%	−1.16
广西	106165	118720	104702	137395	−1463	18675	−0.17%	1.84
重庆	65983	77089	45256	77861	−20727	772	−4.60%	0.12
四川	173942	204644	148530	204939	−25412	295	−1.95%	0.02
贵州	97855	109436	101170	128242	3315	18806	0.42%	2.00
云南	110919	119818	106998	132323	−3921	12505	−0.45%	1.25
西藏	7721	8873	8350	10772	629	1899	0.98%	2.45
陕西	99289	116532	65118	98478	−34171	−18054	−5.14%	−2.08
甘肃	72237	83172	63097	79952	−9140	−3220	−1.68%	−0.49
青海	11515	14325	11812	16362	297	2037	0.32%	1.68
宁夏	13661	18623	12948	20473	−713	1850	−0.67%	1.19
新疆	65565	83759	64113	85990	−1452	2231	−0.28%	0.33
西部总计	869657	1018974	767546	1051050	−102111	32076	−1.55%	0.39
全国总计	2817426	3523382	2342470	3638999	−474956	115617	−2.28%	0.40

2. 专任教师合格率变化情况

依据《中华人民共和国教师法》中的相关规定，结合当前我国教师队伍建设情况和教育质量提升发展实际，研究将中小学教师学历合格水平设定为小学教师取得专科及以上学历，初中教师取得本科及以上学历。2010—2018 年的专任教师合格水平全部依此计算。

（1）普通小学专任教师学历合格人数及学历合格率

从全国普通小学专任教师学历合格人数及学历合格率来看，2018年全国普通小学专任教师中取得专科及以上学历的教师共有5878227人，学历合格率约为96.49%。西部地区普通小学专任教师取得专科及以上学历的教师共有1726171人，学历合格率约为95.82%。2010年全国普通小学专任教师中取得专科及以上学历的专任教师共4397375人，学历合格率约为78.29%。西部地区普通小学专任教师中取得专科及以上学历的专任教师共有1331647人，学历合格率约为77.46%。从2010年至2018年，全国普通小学专任教师学历合格人数增长1480852人，年均增长幅度约为3.69%。西部地区小学专任教师学历合格人数增长394524人，年均增长幅度约为3.30%。无论从全国范围还是西部地区来看，普通小学专任教师学历合格人数和合格率都呈逐年递增的趋势，西部地区学历合格人数年均增长幅度和合格率都略低于全国平均水平。（见图12和表12）

从全国农村小学专任教师学历合格人数及学历合格率来看，2018年全国农村小学专任教师中取得专科及以上学历的教师共有4858537人，学历合格率约为95.66%。西部地区农村小学专任教师中取得专科及以上学历的教师共有1488580人，学历合格率约为95.07%。2010年全国农村小学专任教师中取得专科及以上学历的教师共3521678人，学历合格率约为75.41%。西部地区农村小学专任教师中取得专科及以上学历的教师共有1146917人，学历合格率约为75.60%。从2010年至2018年，全国农村小学专任教师学历合格人数增长1336859人，年均增长幅度约为4.10%。西部地区农村小学专任教师学历合格人数增长341663人，年均增长幅度约为3.31%。无论从全国范围还是西部地区来看，农村小学专任教师学历合格人数和合格率基本都呈逐年递增的趋势。（见图12和表12）

从以上数据可以看出，在2010年至2018年，无论普通小学专任教师和农村小学专任教师人数都在增长，全国范围内的小学专任教师学历合格率都在稳步增长，学历达标教师的持续增加也反映出农村教育质量的提升。同时，西部地区小学专任教师学历合格率仍略低于全国平均水平，仍需进一步提升。

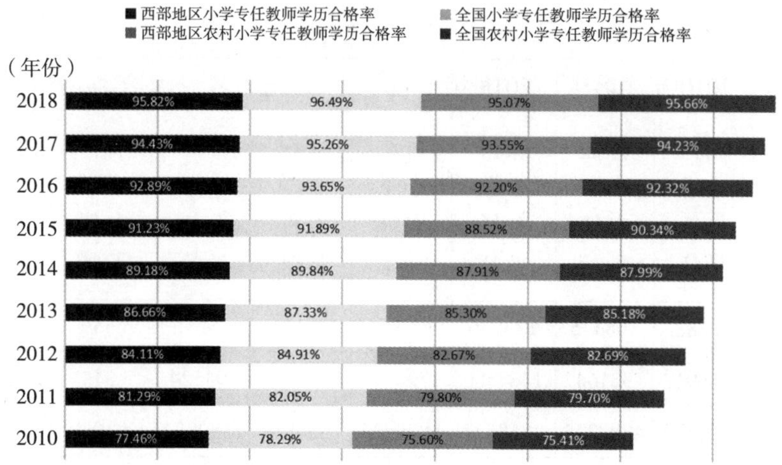

图 12　2010—2018 年全国及西部地区小学专任教师学历合格率图

表 12　2010 年与 2018 年全国及西部地区各省区市小学专任教师学历合格人数对比表

省区市	2010 年（名）		2018 年（名）		差值（名）		年均增幅（%）	
	农村小学专任教师	普通小学专任教师	农村小学专任教师	普通小学专任教师	农村小学专任教师	普通小学专任教师	农村小学专任教师	普通小学专任教师
内蒙古	72628	96975	71170	99145	-1458	2170	-0.25%	0.28%
广西	145905	162379	220604	241339	74699	78960	5.30%	5.08%
重庆	81884	94833	87580	123907	5696	29074	0.84%	3.40%
四川	200194	236260	267148	319056	66954	82796	3.67%	3.83%
贵州	132006	145459	180877	196917	48871	51458	4.02%	3.86%
云南	169231	181387	202782	214701	33551	33314	2.29%	2.13%
西藏	14203	15722	19273	22079	5070	6357	3.89%	4.34%
陕西	118797	141769	133049	162091	14252	20322	1.43%	1.69%
甘肃	86571	100020	123177	134262	36606	34242	4.51%	3.75%
青海	19592	22990	23650	26604	4058	3614	2.38%	1.84%

（续表）

省区市	2010 年（名）		2018 年（名）		差值（名）		年均增幅（%）	
	农村小学专任教师	普通小学专任教师	农村小学专任教师	普通小学专任教师	农村小学专任教师	普通小学专任教师	农村小学专任教师	普通小学专任教师
新疆	86888	108445	133836	152606	46948	44161	5.55%	4.36%
西部总计	1146917	1331647	1488580	1726171	341663	394524	3.31%	3.30%
全国总计	3521678	4397375	4858537	5878227	1336859	1480852	4.10%	3.69%

（2）初中专任教师学历合格人数及学历合格率

从全国普通初中专任教师学历合格人数及学历合格率来看，2018 年全国普通初中专任教师中取得本科及以上学历的教师共有 3137592 人，学历合格率约为 86.22%。西部地区普通初中专任教师取得本科及以上学历的教师共有 893949 人，学历合格率约为 85.05%。2010 年全国初中专任教师中取得本科及以上学历的教师共 2256773 人，学历合格率约为 64.05%。西部地区初中专任教师取得本科及以上学历的教师共有 636487 人，学历合格率约为 62.46%。从 2010 年至 2018 年，全国普通初中专任教师学历合格人数增长 880819 人，年均增长幅度约为 4.21%。西部地区普通初中专任教师学历合格人数增长 257462 人，年均增长幅度约为 4.34%。无论从西部地区还是全国范围来看，普通初中专任教师学历合格人数和合格率都呈逐年递增的趋势；西部地区学历合格人数年均增幅略高于全国平均增幅，但历年合格率仍略低于全国平均水平。（见图 13 和表 13）

从全国农村初中专任教师学历合格人数及学历合格率来看，2018 年全国农村初中专任教师中取得本科及以上学历的教师共有 2495330 人，学历合格率约为 83.51%。西部地区农村初中专任教师取得本科及以上学历的教师共有 746739 人，学历合格率约为 82.85%。2010 年全国农村初中专任教师中取得本科及以上学历的教师共 1673134 人，学历合格率约为 59.39%。西部地区农村初中专任教师取得本科及以上学历的教师共有 516467 人，学历合格率约为 59.39%。从 2010 年至 2018 年，全国农村初中专任教师学历合格人数增长 822196 人，年均增长幅度约为 5.12%。西部地区农村初中专任教师学历合格人数增长 230272 人，年均增长幅度约为 4.72%。无论从西部地区还是全国范围来看，农村初中专任教师学历合格人数和合格率都呈逐年递增的趋势，西部地区学历合格人数年均增幅及历年合格率均低于全国平均水平。（见图 13 和表 13）

从以上数据可知，尽管西部普通初中学历合格的专任教师人数持续上涨，但相对全国而言，西部地区仍属于教育发展地区而非教育发达地区，合格率低于全国平均水平，尤其是西部地区农村初中表现更为明显，初中教师学历水平有待进一步提高。当前，与农村小学相比，农村初中教师在质量上都有很大提升空间，应继续加强对农村初中高学历教师的补充，提升其教育竞争力，尤其是对西部地区更要加大支持力度。

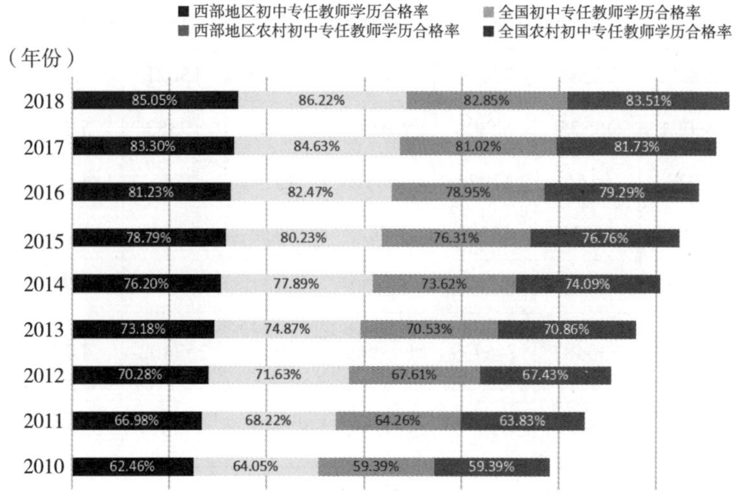

图 13　2010—2018 年全国及西部地区初中专任教师学历合格率图

表13 2010年与2018年全国及西部地区各省区市初中专任教师学历合格人数对比表

省区市	2010年（名）		2018年（名）		差值（名）		年均增幅（%）	
	农村初中专任教师	普通初中专任教师	农村初中专任教师	普通初中专任教师	农村初中专任教师	普通初中专任教师	农村初中专任教师	普通初中专任教师
内蒙古	29856	44737	33877	52414	4021	7677	1.59	2.00
广西	63691	73490	103170	112665	39479	39175	6.21	5.49
重庆	46252	56399	48997	71393	2745	14994	0.72	2.99
四川	97371	121813	130967	164668	33596	42855	3.77	3.84
贵州	49766	58218	97271	106831	47505	48613	8.74	7.88
云南	71787	79313	109431	115246	37644	35933	5.41	4.78
西藏	5823	6724	8065	9718	2242	2994	4.16	4.71
陕西	60806	75284	72111	90305	11305	15021	2.15	2.30
甘肃	40094	48575	60808	67958	20714	19383	5.34	4.29
青海	7020	9166	11934	13912	4914	4746	6.86	5.35
宁夏	10472	14735	13509	18969	3037	4234	3.23	3.21
新疆	33529	48033	56599	69870	23070	21837	6.76	4.80
西部总计	516467	636487	746739	893949	230272	257462	4.72	4.34
全国总计	1673134	2256773	2495330	3137592	822196	880819	5.12	4.21

（三）经费投入情况①

1. 生均一般公共预算教育事业费支出增长情况

教育的发展离不开教育经费的支持，教育经费支出中最重要的就是教

① 在教育经费统计中采用《中国教育经费统计年鉴》公布的数据，由于目前公开发行的最新版本为《中国教育统计年鉴2018》，即对2017年我国教育经费的来源和使用情况进行全面统计，因此该部分只采用2010—2017年的教育数据。

育事业费。教育事业费包括个人部分和公用部分，前者主要用于支付工资和发放补助等，也称人员经费。后者则用于满足学校教育教学活动正常进行而消耗的费用，包括日常管理、教师培训、设备购置及基础设施的维护、维修等。教育事业费中的个人部分增长相对较为稳定，公用部分则较为灵活，且覆盖面更广。二者共同反映出学校教育的运行状况。

（1）农村小学生均一般公共预算教育事业费支出增长情况

2017 年我国农村小学生均一般公共预算教育事业费为 9768.62 元，包含农村在内的我国普通小学生均一般公共预算教育事业费为 10190.73 元，二者差值为 422.11 元。2010 年我国农村小学生均一般公共预算教育事业费为 4011.77 元，包含农村在内的全国普通小学生均一般公共预算教育事业费为 3802.92 元，二者差值为 208.85 元。我国农村小学生均一般公共预算教育事业费总体上呈逐年上涨趋势，但城乡小学教育事业费分配不均且差异逐渐扩大。具体来看，2017 年，西部地区中小学农村一般公共预算教育事业费排名前三位的省区依次为西藏、内蒙古及青海，分别为 26263.30 元、15557.83 元和 14108.75 元。西藏在经费投入上变化最大，生均教育事业费从 2010 年至 2017 年增长了 18728.44 元。广西增长最小，7 年里生均教育事业费共增加了 4470.50 元。2017 年除广西和新疆外，西部地区其他省区市农村小学一般公共预算教育事业费都高于普通小学，2010 年则只有一半省区市的农村小学一般公共预算教育事业费高于普通小学。（见图 14 和表 14）

从以上数据可以看出，西部地区农村小学生均一般公共预算教育事业费基本保持稳定增长。随着国家对农村教育的关注和投入不断增加，西部农村小学生均一般公共预算教育事业费逐渐高于普通小学。通过稳步提高农村教育事业费，促进农村小学发展，缩小城乡教育差距是当前及未来很长一段时间所要做的工作。

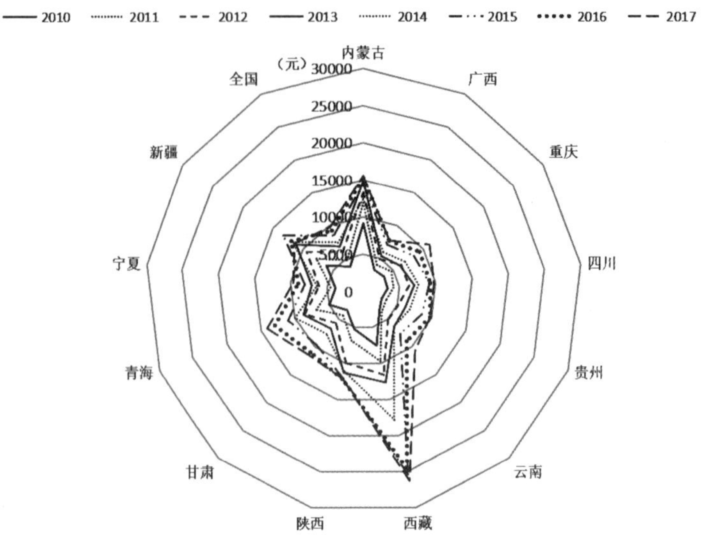

图 14　2010—2017 年全国平均及西部地区各省区市
农村小学生均一般公共预算教育事业费变化图

表 14　2010—2017 年全国平均及西部地区各省区市农村小学生均一般公共预算教育事业费对比表

年份	维度	内蒙古	广西	重庆	四川	贵州	云南	西藏	陕西	甘肃	青海	宁夏	新疆	全国
2010	普通小学	6691.86	3355.57	3633.96	3372.56	2758.61	3286.24	8164.32	4723.88	3306.41	5011.76	3819.14	5868.61	4011.77
	农村小学	9146.68	3259.29	3470.98	3358.16	2681.72	3326.39	7534.86	5251.11	3330.93	4966.41	3833.06	6117.94	3802.92
	差值	2454.82	−96.28	−162.98	−14.40	−76.89	40.15	−629.46	527.23	24.52	−45.35	13.92	249.33	−208.85
2011	普通小学	8295.77	4003.29	4773.15	4164.05	3419.25	3704.84	10382.4	5996.96	4113.89	6518.71	4226.33	7639.92	4964.13
	农村小学	11902.61	4016.22	4700.25	4172.75	3331.10	3759.35	9698.47	6854.39	4215.10	6884.38	4516.51	7774.91	4764.66
	差值	3606.84	12.93	−72.90	8.70	−88.15	54.51	−683.93	857.43	101.21	365.67	290.18	134.99	−199.47
2012	普通小学	8896.05	4863.7	6378.25	6107.61	5038.12	4979.84	11727.54	8747.4	5371.52	8037.07	5312.20	9094.62	6128.60
	农村小学	13301.75	4877.44	6322.53	6329.17	5143.56	5084.22	11573.24	9929.65	5678.99	8583.73	6097.72	9391.61	6017.79
	差值	4405.70	13.74	−55.72	221.56	105.44	104.38	−154.30	1182.25	307.47	546.66	785.52	296.99	−110.81

（续表）

年份	维度	内蒙古	广西	重庆	四川	贵州	云南	西藏	陕西	甘肃	青海	宁夏	新疆	全国
2013	普通小学	9837.99	5472.39	6308.7	6822.64	5975.72	6145.38	12820.24	9633.06	6191.50	8200.50	6011.26	10463.21	6898.23
	农村小学	14886.26	5347.08	6130.02	7036.51	6135.61	6368.60	12633.66	11265.77	6721.64	8733.48	7105.65	11106.22	6851.66
	差值	5048.27	−125.31	−178.68	213.87	159.89	223.22	−186.58	1632.71	530.14	532.98	1094.39	643.01	−46.57
2014	普通小学	10181.40	5945.96	7259.92	7530.41	6789.79	6200.67	17905.94	10196.97	7289.18	9438.49	6470.11	11292.19	7680.54
	农村小学	12443.09	5952.36	7011.74	7610.37	6813.21	6335.21	17844.58	11062.65	7657.38	9969.73	6413.01	11706.32	7404.33
	差值	2261.69	6.40	−248.18	79.96	23.42	134.54	−61.36	865.68	368.20	531.24	−57.10	414.13	−276.21
2015	普通小学	11972.33	7061.36	8431.67	8984.53	8645.83	7532.21	25750.22	10896.37	9118.26	10472.79	8034.85	12929.81	8838.31
	农村小学	14491.15	7096.05	8416.72	9156.31	8589.94	7646.25	25388.70	11961.05	9663.21	10984.47	8046.85	13250.82	8577.04
	差值	2518.82	34.69	−14.95	171.78	−55.89	114.04	−361.52	1064.68	544.95	511.68	12.00	321.01	−261.27
2016	普通小学	13109.32	7690.45	9180.10	9003.19	9659.17	8931.35	24237.46	11172.06	10321.93	11948.81	8719.91	12133.41	9557.19
	农村小学	15301.42	7684.79	9373.30	9263.72	9773.55	8973.20	24446.95	12134.78	10950.00	12955.27	8951.72	11906.08	9246.26
	差值	2192.10	−5.66	193.20	260.53	114.38	41.85	209.49	962.72	628.07	1006.46	231.81	−227.33	−310.93
2017	普通小学	13110.02	7897.88	10533.21	9620.83	9753.05	10491.47	26246.80	11016.89	10776.09	13191.54	9503.42	11738.71	10190.73
	农村小学	15557.83	7729.79	11063.45	9784.67	9804.99	10670.07	26263.30	12077.89	11383.20	14108.75	9622.89	11395.81	9768.62
	差值	2447.81	−168.09	530.24	163.84	51.94	178.60	16.50	1061.00	607.11	917.21	119.47	−342.9	−422.11

（2）农村初中生均一般公共预算教育事业费支出增长情况

2017年我国农村初中生均一般公共预算教育事业费为13447.14元，包含农村在内的我国普通初中生均一般公共预算教育事业费为14638.42元，二者差值为1191.28元。2010年我国农村初中生均一般公共预算教育事业费为4896.40元，包含农村在内的全国普通初中生均一般公共预算教育事业费为 5213.95 元，二者差值为 317.55 元。我国农村初中生均一般公共预算教育事业费总体上呈逐年上涨趋势，但城乡初中教育事业费分配不均且呈扩大趋势。具体来看，2017 年西部地区农村初中生均一般公共预算教育事业费排名前三位的省区依次为西藏、青海及内蒙古，分别为 24414.85 元、17555.55 元和 17401.30 元。青海在经费投入上变化最大，生均教育事业费从 2010 年至 2017 年增长了 11014.95 元。广西增长最小，7 年里生均教育事业费共增加了 5174.04 元。2017 年西部地区中有 7 个省区市农村初中生均一般公共预算教育事业费低于普通初中，西藏差值最大，高达 2926.79 元。（见图 15 和表 15）

可以看出，西部地区农村初中生均一般公共预算教育事业费基本保持稳定增长，但农村初中生均一般公共预算生均教育事业费较低，城乡差距较大，尤其是西藏、新疆、广西等自治区近年来城乡初中生均一般公共预算教育事业费差距进一步扩大，可能导致教育发展不均衡。

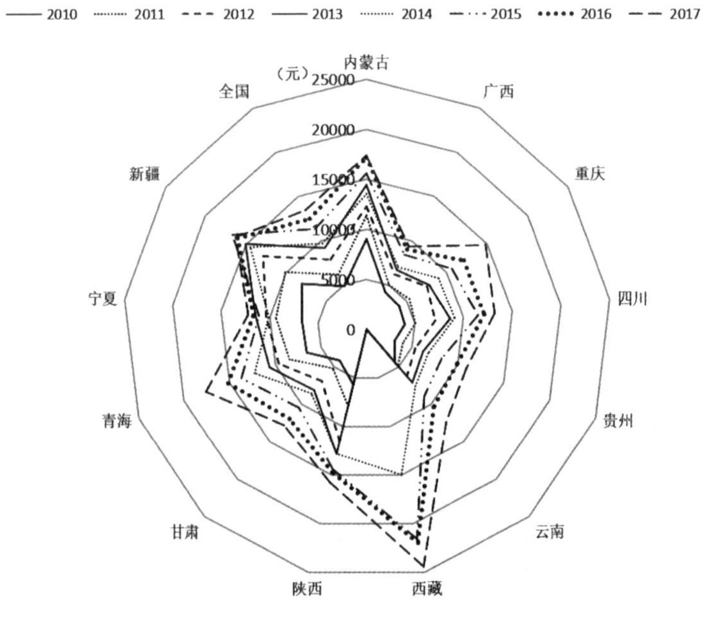

图 15　2010—2017 年全国平均及西部地区各省区市农村初中生均一般公共预算教育事业费变化图

表15 2010—2017年全国平均及西部地区各省区市农村初中生均一般公共预算教育事业费对比表

年份	维度	内蒙古	广西	重庆	四川	贵州	云南	西藏	陕西	甘肃	青海	宁夏	新疆	全国
2010	普通初中	7684.29	4419.16	4545.68	4308.86	3279.70	4649.15	7317.37	5522.27	4575.79	8528.01	6364.35	8457.75	5213.95
	农村初中	9039.20	4197.04	4090.47	3967.08	3115.04	4270.71	—	5680.10	4143.21	6540.60	6653.37	8070.43	4896.40
	差值	1354.91	-222.12	-449.21	-341.78	-164.66	-378.44	—	157.83	-432.58	-1987.41	289.02	-387.32	-317.55
2011	普通初中	9115.00	5359.96	5604.96	5210.02	4134.17	4872.34	9593.73	7422.63	5020.27	8331.43	6903.36	10182.63	6543.02
	农村初中	11386.50	5021.91	5366.44	5041.85	3985.96	4873.85	—	7881.70	5197.77	8439.81	9358.94	10113.67	6207.14
	差值	2271.50	-338.05	-238.52	-168.17	-148.21	1.51	—	459.07	177.50	108.38	2455.58	-68.96	-335.88
2012	普通初中	10207.12	6361.27	7422.55	7024.97	5403.22	6131.55	10632.87	10502.62	6411.44	10062.21	7886.81	12022.20	8139.65
	农村初中	12281.93	6225.30	7560.38	7113.71	5354.44	6249.16	—	11525.23	6905.56	9630.88	10381.39	12920.11	7906.76
	差值	2074.81	-135.97	137.83	88.74	-48.78	117.61	—	1022.61	494.12	-431.33	2494.58	897.91	-232.89
2013	普通初中	11414.81	6750.79	7606.65	8336.83	6140.45	7189.98	12783.54	11358.64	7494.27	10494.92	8479.07	14549.15	9255.99
	农村初中	14430.28	6718.54	7830.65	8650.42	6210.68	7092.72	—	12853.70	8099.24	10665.44	11503.77	15086.86	9193.88
	差值	3015.47	-32.25	224.00	313.59	70.23	-97.26	—	1495.06	604.97	170.52	3024.70	537.71	-62.11
2014	普通初中	11954.80	7360.62	9224.77	9111.07	6924.70	7586.92	16631.68	12330.50	8377.71	11949.57	9689.53	14452.18	10357.58
	农村初中	13526.35	7059.11	9002.09	9109.66	6772.77	7564.55	14975.75	12816.05	8533.09	12304.55	10133.67	14496.42	9712.10
	差值	1571.55	-301.51	-222.68	-1.41	-151.93	-22.37	-1655.93	485.55	155.38	354.98	444.14	44.24	-645.48
2015	普通初中	14362.59	8745.99	10834.51	11477.01	8704.94	9335.79	23845.23	13619.44	10187.13	13295.04	11047.18	16999.84	12106.07
	农村初中	15577.24	8427.87	10666.91	11497.75	8249.39	8937.87	21572.47	14425.41	10441.79	13743.56	11142.28	16676.65	11349.02
	差值	1214.65	-318.12	-167.60	20.74	-455.55	-397.92	-2272.76	805.97	254.66	448.52	95.10	-323.19	-757.05

（续表）

年份	维度	内蒙古	广西	重庆	四川	贵州	云南	西藏	陕西	甘肃	青海	宁夏	新疆	全国
2016	普通初中	16301.67	9507.61	11917.36	12063.03	10131.84	10822.06	24605.62	14155.05	11721.46	14915.34	11929.40	17410.13	13414.26
	农村初中	17194.15	9013.42	12126.45	12129.39	9905.84	10405.63	21998.33	14716.57	11918.51	15164.53	11707.60	16047.94	12477.47
	差值	892.48	–494.19	209.09	66.36	–226.00	–416.43	–2607.29	561.52	197.05	249.19	–221.80	–1362.19	–936.79
2017	普通初中	16380.17	10028.82	14692.02	13394.03	11273.06	12730.79	27341.64	15163.88	12551.12	16910.88	12920.35	17949.09	14638.42
	农村初中	17401.30	9371.08	14812.58	13197.14	10946.72	12342.95	24414.85	15751.13	12781.16	17555.55	12245.47	16275.69	13447.14
	差值	1021.13	–657.74	120.56	–196.89	–326.34	–387.84	–2926.79	587.25	230.04	644.67	–674.88	–1673.40	–1191.28

2. 生均一般公共预算教育公用经费支出增长情况

（1）农村小学生均一般公共预算教育公用经费支出增长情况

2017 年我国农村小学生均一般公共预算教育公用经费为 2495.87 元，包含农村在内的我国普通小学生均一般公共预算教育公用经费为 2731.84 元，二者差值为 235.97 元。2010 年我国农村小学生均一般公共预算教育公用经费为 862.08 元，包含农村在内的全国普通小学生均一般公共预算教育公用经费为 929.46 元，二者差值为 67.38 元。我国农村小学生均一般公共预算教育公用经费总体上呈逐年上涨趋势，但城乡小学教育公用经费分配不均且差距进一步扩大。具体来看，2017 年西部地区农村小学一般公共预算教育公用经费西藏最高，多达 7995.69 元，与 2010 年相比增长了 6144.39 元。2017 年新疆则只有 2021.14 元，与 2010 年相比增长了 942.05 元。此外，新疆、广西等自治区农村小学一般公共预算教育公用经费长期远低于当地普通小学。（见图 16 和表 16）

可以看出，西部地区农村小学生均一般公共预算教育公用经费虽然在逐步增长，但城乡差距很大，且各地水平差异较大。小学生均一般公共预算教育公用经费分配上的不均衡可能会使得小学教育在城乡间的差距进一步拉大，且西部地区小学省际的分配不均也可能会使得农村教育在各地发展的差异增大。

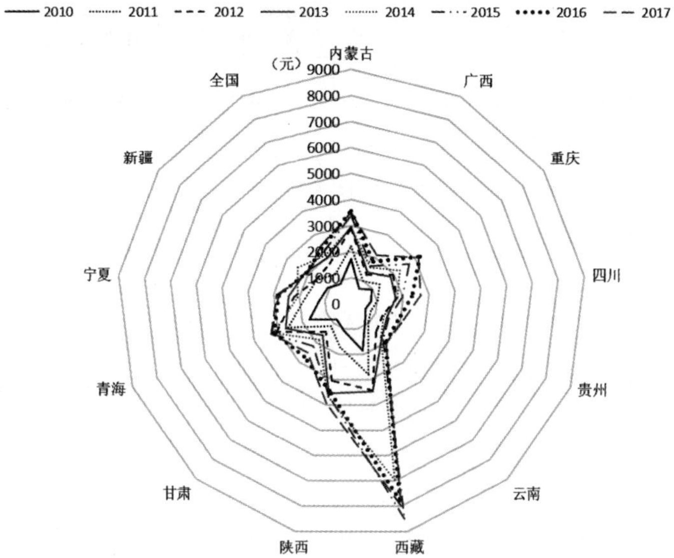

图 16　2010—2017 年全国平均及西部地区各省区市农村小学生均一般公共预算教育公用经费变化图

表 16　2010—2017 年全国平均及西部地区各省区市农村小学生均一般公共预算教育公用经费对比表

年份	维度	内蒙古	广西	重庆	四川	贵州	云南	西藏	陕西	甘肃	青海	宁夏	新疆	全国
2010	普通小学	1560.76	670.36	1166.45	770.81	579.26	802.56	2077.95	1071.28	820.64	1850.49	1304.51	1145.49	929.46
	农村小学	1718.75	659.28	966.99	770.74	582.63	812.26	1851.30	1081.18	816.09	1692.55	1200.99	1079.09	862.08
	差值	157.99	−11.08	−199.46	−0.07	3.37	9.70	−226.65	9.90	−4.55	−157.94	−103.52	−66.40	−67.38
2011	普通小学	1895.02	994.53	1501.87	1020.36	834.21	979.16	3040.3	1570.87	1167.53	2505.72	1710.68	1948.48	1365.20
	农村小学	2210.85	987.28	1329.03	1023.42	804.42	994.00	2804.05	1721.8	1152.48	2586.20	1769.12	1604.92	1282.92
	差值	315.83	−7.25	−172.84	3.06	−29.79	14.84	−236.25	150.93	−15.05	80.48	58.44	−343.56	−82.28

（续表）

年份	维度	内蒙古	广西	重庆	四川	贵州	云南	西藏	陕西	甘肃	青海	宁夏	新疆	全国
2012	普通小学	2099.11	1339.14	2219.34	1716.83	1235.95	1460.56	3257.8	2934.22	1394.72	3033.09	1960.89	2071.50	1828.71
	农村小学	2893.01	1266.56	1957.30	1762.29	1284.66	1447.12	3418.84	3042.94	1446.39	3049.38	2205.31	1622.38	1743.47
	差值	793.90	-72.58	-262.04	45.46	48.71	-13.44	161.04	108.72	51.67	16.29	244.42	-449.12	-85.24
2013	普通小学	2298.51	1439.85	2309.65	1771.71	1400.32	1670.26	3434.75	3343.90	1585.10	2741.16	2034.8	2475.17	2067.52
	农村小学	2964.49	1367.12	1839.49	1718.82	1466.69	1765.53	3465.07	3541.40	1623.96	2686.21	2416.88	2127.81	1973.22
	差值	665.98	-72.73	-470.16	-52.89	66.37	95.27	30.32	197.50	38.86	-54.95	382.08	-347.36	-94.30
2014	普通小学	2527.43	1639.99	2513.19	1824.03	1386.05	1712.94	6641.25	3589.97	1815.62	3176.07	2425.75	2587.43	2241.52
	农村小学	2930.25	1582.85	2260.40	1780.94	1330.36	1726.42	6971.95	3662.95	1840.68	3179.91	2063.64	2459.49	2102.20
	差值	402.82	-57.14	-252.79	-43.09	-55.69	13.48	330.70	72.98	25.06	3.84	-362.11	-127.94	-139.32
2015	普通小学	2885.38	1748.87	2940.79	1983.24	1785.02	1948.57	8728.22	3563.14	2116.95	3260.35	3158.89	2389.88	2434.04
	农村小学	3386.08	1642.48	2699.91	1960.28	1540.41	1850.77	8500.42	3599.14	2178.08	3267.76	2799.91	2096.65	2245.37
	差值	500.70	-106.39	-240.88	-22.96	-244.61	-97.80	-227.80	36.00	61.13	7.41	-358.98	-293.23	-188.67
2016	普通小学	3352.30	2049.22	3416.73	2337.49	2024.45	2187.85	7600.47	3554.27	2588.47	3028.22	3140.41	2528.65	2610.34
	农村小学	3565.99	1828.67	3198.48	2340.72	1895.10	1997.35	7775.02	3435.45	2715.18	3167.74	2796.68	2084.82	2402.29
	差值	213.69	-220.55	-218.25	3.23	-129.35	-190.50	174.55	-118.82	126.71	139.52	-343.73	-443.83	-208.05
2017	普通小学	3122.05	2414.22	3163.34	2727.46	2224.97	2205.87	7938.50	3913.37	2472.80	3146.54	3318.43	2493.23	2731.84
	农村小学	3502.26	2109.91	3133.49	2678.33	2056.73	2024.72	7995.69	3933.51	2509.35	3281.80	2881.23	2021.14	2495.87
	差值	380.21	-304.31	-29.85	-49.13	-168.24	-181.15	57.19	20.14	36.55	135.26	-437.2	-472.09	-235.97

（2）农村初中生均一般公共预算教育公用经费支出增长情况

2017 年我国农村初中生均一般公共预算教育公用经费为 3406.77 元，包含农村在内的我国普通初中生均一般公共预算教育公用经费为 3789.91 元，二者差值为 383.14 元。2010 年我国农村初中生均一般公共预算教育事业费为 1348.43 元，包含农村在内的全国普通初中生均一般公共预算教育公用经费为 1414.43 元，二者差值为 66.00 元。我国农村初中生均一般公共预算教育公用经费总体上呈逐年上涨趋势，但城乡间的教育公用经费差距也在拉大。具体来看，新疆、宁夏农村初中生均一般公共预算教育公用经费在 2010 年至 2012 年持续增长，在 2013 年至 2017 年逐年降低。（见图 17 和表 17）

可以看出，西部地区农村初中生均一般公共预算教育公用经费变化波动较大，各地增减情况差异较大。公用经费作为弹性较大的教育支出，关乎学校整体运作。西部地区农村初中生均一般公共预算教育公用经费的不同也反映出近年来农村初中发展调整较大，需进一步加大对西部地区农村初中的教育治理工作，以帮助农村初中更好地发展。

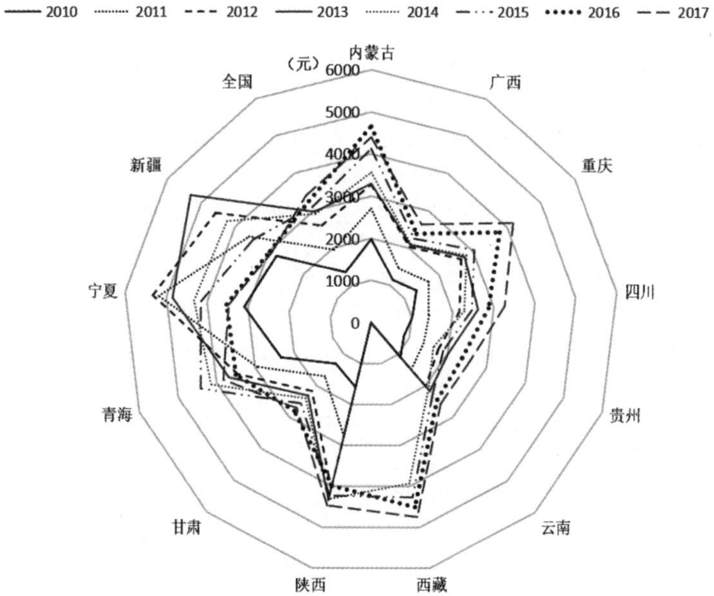

图 17　2010—2017 年全国平均及西部地区各省区市农村初中生均一般公共预算教育公用经费变化图

表 17　2010—2017 年全国平均及西部地区各省区市农村初中生均一般公共预算教育公用经费对比表

年份	维度	内蒙古	广西	重庆	四川	贵州	云南	西藏	陕西	甘肃	青海	宁夏	新疆	全国
2010	普通初中	2209.10	1127.29	1566.86	1033.77	827.24	1162.33	1431.91	1516.97	1292.78	3447.57	2777.83	2447.24	1414.43
	农村初中	1983.68	1142.81	1346.52	1015.29	862.61	1085.11	—	1573.91	1299.39	2329.96	3088.15	2787.51	1348.43
	差值	-225.42	15.52	-220.34	-18.48	35.37	-77.22	—	56.94	6.61	-1117.61	310.32	340.27	-66.00
2011	普通初中	2574.48	1676.50	1966.78	1508.40	1371.62	1454.77	2453.46	2757.54	1645.7	3271.74	3408.41	3768.21	2045.55
	农村初中	2707.48	1451.86	1702.41	1423.20	1373.15	1484.74	—	2775.35	1699.53	2953.31	5183.48	3588.71	1956.68
	差值	133.00	-224.64	-264.37	-85.20	1.53	29.97	—	17.81	53.83	-318.43	1775.07	-179.50	-88.87
2012	普通初中	3014.58	2222.64	2684.50	2125.02	1739.74	1929.46	2575.82	3989.34	1997.89	4211.74	3611.17	4069.48	2692.06
	农村初中	3276.02	2030.21	2660.19	2165.10	1753.74	2009.95	—	4062.06	2166.22	3449.38	5327.60	4575.32	2602.19
	差值	261.44	-192.43	-24.31	40.08	14.00	80.49	—	72.72	168.33	-762.36	1716.43	505.84	-89.87
2013	普通初中	3168.45	2238.77	2887.39	2508.43	1887.40	2119.78	3727.30	4081.73	2271.73	3914.69	3181.74	5293.35	2983.79
	农村初中	3295.91	2080.75	2759.07	2620.52	2017.64	2162.08	—	4331.25	2309.30	3672.64	4849.64	5317.26	2969.51
	差值	127.46	-158.02	-128.32	112.09	130.24	42.30	—	249.52	37.57	-242.05	1667.90	23.91	-14.28
2014	普通初中	3283.98	2353.21	3050.43	2322.48	1724.98	2165.66	4951.50	4388.87	2381.58	4266.70	4168.46	4238.65	3119.45
	农村初中	3563.05	2099.49	2820.09	2283.73	1623.63	2110.16	3926.73	4312.00	2400.64	4141.05	4320.63	4234.51	2915.40
	差值	279.07	-253.72	-230.34	-38.75	-101.35	-55.50	-1024.77	-76.87	19.06	-125.65	152.17	-4.14	-204.05
2015	普通初中	4011.43	2545.93	3340.42	2514.71	2233.70	2695.30	5751.01	4195.93	2499.15	4343.68	4534.91	4166.55	3360.60
	农村初中	4122.96	2255.15	3045.45	2467.98	1877.32	2264.06	4264.11	4228.10	2559.04	4411.59	4146.96	3467.70	3093.89
	差值	111.53	-290.78	-294.97	-46.73	-356.38	-431.24	-1486.90	32.17	59.89	67.91	-387.95	-698.85	-266.71

（续表）

年份	维度	内蒙古	广西	重庆	四川	贵州	云南	西藏	陕西	甘肃	青海	宁夏	新疆	全国
2016	普通初中	4545.55	2863.90	3905.74	2905.91	2498.66	2840.87	5980.63	4093.82	2828.00	3906.87	4359.20	4252.55	3560.51
	农村初中	4660.94	2384.73	3787.41	2874.18	2368.48	2433.04	4505.41	3984.84	2806.07	3493.92	3520.47	2979.08	3257.27
	差值	115.39	−479.17	−118.33	−31.73	−130.18	−407.83	−1475.22	−108.98	−21.93	−412.95	−838.73	−1273.47	−303.24
2017	普通初中	4145.20	3128.55	4321.93	3374.57	2819.89	2877.19	6279.26	4725.17	2724.90	3914.52	4750.55	4713.46	3789.91
	农村初中	4395.28	2637.36	4181.57	3265.42	2570.63	2559.33	4745.09	4465.28	2717.30	3821.52	3469.15	2929.01	3406.77
	差值	250.08	−491.19	−140.36	−109.15	−249.26	−317.86	−1534.17	−259.89	−7.60	−93.00	−1281.40	−1784.45	−383.14

（四）基础设施建设情况

1. 生均校舍建筑面积

（1）普通小学生均校舍建筑面积

就全国普通小学生均校舍建筑面积来说，2018 年全国普通小学生均校舍建筑面积为 7.60 m^2，西部地区普通小学生均校舍建筑面积为 8.16 m^2，与 2010 年相比分别增加了 1.70 m^2 和 2.41 m^2。全国范围内普通小学生均校舍建筑面积呈逐年递增状态，2018 年西部地区普通小学生均校舍建筑面积高于全国平均水平。其中，生均校舍建筑面积排在前三位的依次是西藏（14.94 m^2）、内蒙古（9.81 m^2）和重庆（9.48 m^2），除四川（6.94 m^2）外，其余各地普通小学生均校舍建筑面积均高于全国平均水平。按小学生均建筑面积年均增幅算，排在前三位的是贵州（8.36%）、西藏（8.14%）和青海（7.18%）；陕西（1.95%）、重庆（1.99%）和广西（3.22%）低于全国年均增幅水平（3.23%）。（见图 18 和表 18）

就全国农村小学生均校舍建筑面积来说，2018 年全国农村小学生均校舍建筑面积为 8.41 m^2，西部地区小学生均建筑面积为 9.02 m^2。与 2010 年相比分别增加了 2.43 m^2 和 3.11 m^2。全国范围内农村小学生均校舍建筑面积呈逐年递增状态，西部地区农村小学生均校舍建筑面积年均增幅略高于全国农村平均水平。其中，农村小学生均校舍建筑面积排在前三位的依次是西藏（16.07 m^2）、内蒙古（11.76 m^2）和青海（10.35 m^2），除贵州（8.27 m^2）和四川（7.5 m^2）低于全国农村小学生均校舍建筑面积（8.41 m^2）外，其余各省区市农村小学生均建筑面积均高于全国平均水平。按小学生均建筑面积年均增幅算，排在前三位的是贵州（9.17%）、西藏（8.81%）和宁夏（8.54%），四川（4.19%）、广西（4.18%）、陕西（3.30%）及重庆（3.28%）均低于全国年均增幅水平（4.35%）。（见图 18 和表 18）

可以看出，全国范围内小学生均校舍建筑面积都在逐年增大，同时农村小学生均校舍建筑面积高于全国平均水平，西部地区农村小学生均校舍建筑面积高于全国农村平均水平。这也能在一定程度上反映出当前教育中“城挤乡空”的问题，西部地区这一问题更加突出。

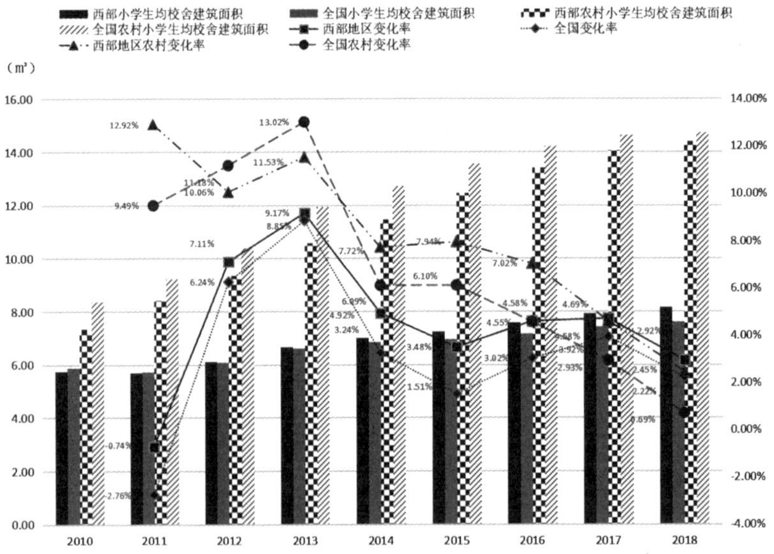

图 18　2010—2018 年全国及西部小学生均校舍建筑面积及变化曲线图

表 18　2010 年与 2018 年全国及西部各省区市小学生均校舍建筑面积对比表

省区市	2010 年（m^2）		2018 年（m^2）		差值（m^2）		年均增幅（%）	
	农村小学	普通小学	农村小学	普通小学	农村小学	普通小学	农村小学	普通小学
内蒙古	7.29	6.55	11.76	9.81	4.47	3.26	6.16	5.18
广西	6.7	6.51	9.3	8.39	2.6	1.88	4.18	3.22
重庆	7.99	8.1	10.34	9.48	2.35	1.38	3.28	1.99
四川	5.4	5.32	7.5	6.94	2.1	1.62	4.19	3.38
贵州	4.1	4.04	8.27	7.67	4.17	3.63	9.17	8.36
云南	6.05	5.88	10.27	9.36	4.22	3.48	6.84	5.98
西藏	8.18	7.99	16.07	14.94	7.89	6.95	8.81	8.14
陕西	7.15	6.62	9.27	7.73	2.12	1.11	3.30	1.95
甘肃	5.84	5.57	9.1	8.03	3.26	2.46	5.70	4.67
青海	5.49	5.27	10.35	9.18	4.86	3.91	8.25	7.18
宁夏	4.86	4.79	9.36	8.19	4.5	3.4	8.54	6.94
西部平均	5.91	5.75	9.02	8.16	3.11	2.41	5.43	4.48
全国平均	5.98	5.90	8.41	7.60	2.43	1.70	4.35	3.23

（2）初中生均校舍建筑面积

就全国普通初中生均校舍建筑面积来说，2018 年全国普通初中生均建筑面积为 13.83 m^2，西部地区普通初中生均建筑面积为 13.26 m^2，与 2010 年相比分别增加了 5.62 m^2 和 6.21 m^2。全国范围内普通初中生均校舍建筑面积呈逐年递增状态，除 2013 年外，西部地区普通初中生均建筑面积均低于全国平均水平。其中，初中生均面积排在前三位的依次是西藏（18.20 m^2）、青海（16.03 m^2）和内蒙古（15.73 m^2），包括新疆、陕西、四川在内的五省区普通初中生均校舍建筑面积均高于全国平均水平，其余六省区市低于全国平均水平。按普通初中生均建筑面积年均增幅算，排在前三位的是甘肃（12.66%）、贵州（11.86%）和青海（11.18%），西藏（4.71%）和广西（4.08%）低于全国年均增幅水平（6.74%）。（见图 19 和表 19）

就全国农村初中生均校舍建筑面积来说，2018 年全国农村初中生均建筑面积为 14.73 m^2，西部地区农村初中生均建筑面积为 14.40 m^2，与 2010 年相比分别增加了 6.37 m^2 和 7.06 m^2。全国范围内农村初中生均校舍建筑面积呈逐年递增状态，西部农村初中生均建筑面积略低于全国农村平均水平。其中，农村初中生均面积排在前三位的省区依次是内蒙古（18.71 m^2）、西藏（18.61 m^2）和陕西（17.24 m^2），包括青海（17.20 m^2）、新疆（16.77 m^2）、四川（15.41 m^2）、甘肃（15.20 m^2）在内的六省区农村初中生均校舍建筑面积均高于全国平均水平，其余五省区市低于全国平均水平。按初中生均建筑面积年均增幅算，排在前三位的省区是甘肃（13.40%）、贵州（12.06%）和新疆（11.64%），云南（7.32%）、西藏（4.57%）和广西（4.40%）低于全国年均增幅水平（7.34%）。（见图 19 和表 19）

从以上数据可以看出，同小学生均校舍建筑面积相同，农村初中生均校舍建筑面积高于全国初中平均水平，西部地区农村初中生均校舍面积略低于全国平均水平。由此来看，为解决城区办学拥挤问题，可以发展农村教育，充分利用农村资源为广大学生提供高质量的教育服务。

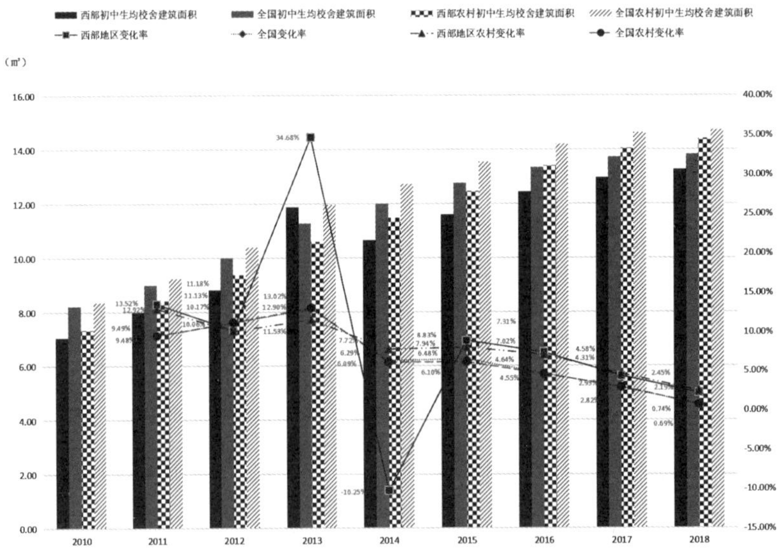

图 19　2010—2018 年全国及西部初中生均校舍建筑面积及变化曲线图

表 19 2010 年与 2018 年全国及西部各省区市初中生均校舍建筑面积对比表

省区市	2010 年（m^2）		2018 年（m^2）		差值（m^2）		年均增幅（%）	
	农村初中	普通初中	农村初中	普通初中	农村初中	普通初中	农村初中	普通初中
内蒙古	10.06	8.60	18.71	15.73	8.65	7.13	8.06	7.84
广西	8.89	8.68	12.56	11.95	3.66	3.27	4.40	4.08
重庆	7.16	7.07	13.58	12.17	6.42	5.10	8.33	7.03
四川	7.67	7.31	15.41	13.87	7.74	6.56	9.12	8.34
贵州	5.32	5.25	13.24	12.88	7.92	7.63	12.06	11.86
云南	7.01	6.78	12.33	11.69	5.32	4.90	7.32	7.03
西藏	13.01	12.59	18.61	18.20	5.60	5.61	4.57	4.71
陕西	8.14	7.49	17.24	14.01	9.10	6.53	9.83	8.15
甘肃	5.56	5.32	15.20	13.81	9.64	8.49	13.40	12.66
青海	7.30	6.86	17.20	16.03	9.85	9.17	11.22	11.18
新疆	6.95	6.77	16.77	15.56	9.82	8.79	11.64	10.96
西部平均	7.34	7.05	14.40	13.26	7.06	6.21	8.80	8.23
全国平均	8.36	8.21	14.73	13.83	6.37	5.62	7.34	6.74

2. 危房面积

（1）小学危房面积

就全国普通小学危房面积来说，2018 年全国普通小学危房面积为 3321940.33 m^2，西部地区普通小学危房面积 2393724.64 m^2，相较 2010 年分别减少了 79565013.67 m^2 和 40421807.36 m^2，全国和西部地区普通小学危房面积年均减幅分别达 33.11% 和 30.27%。西部地区普通小学危房面积年均减幅低于全国平均水平。其中，内蒙古、贵州、陕西和宁夏四地小学已无危房，小学危房面积排在前三位的省区是云南（982677.63 m^2）、甘肃（855797.75 m^2）、广西（394152.31 m^2），其年均减幅最低的也是这三省区。（见图 20 和表 20）

就全国农村小学危房面积来说，2018 年全国农村小学危房面积 2034115.02 m^2，西部地区农村小学危房面积 1497505.45 m^2，相较 2010 年分别减少了 39859042.98 m^2 和 18703578.55 m^2，全国和西部地区农村小学危房面积年均减幅分别达 31.49% 和 27.76%。西部地区农村小学危房面积年均减幅低于全国农村平均水平。其中，内蒙古、贵州、陕西和宁夏四省区农村小学已无危房，危房面积排在前三位的省区是云南（573509.43 m²）、甘肃（555636.44 m²）、广西（251896.20 m²），其年均减幅最低的也是这三省区。（见图 20 和表 20）

从以上数据可知，全国范围内危房面积基本上呈逐年递减的趋势，义务教育上坚持学校危房改造和标准化学校建设取得了十分显著的成效。

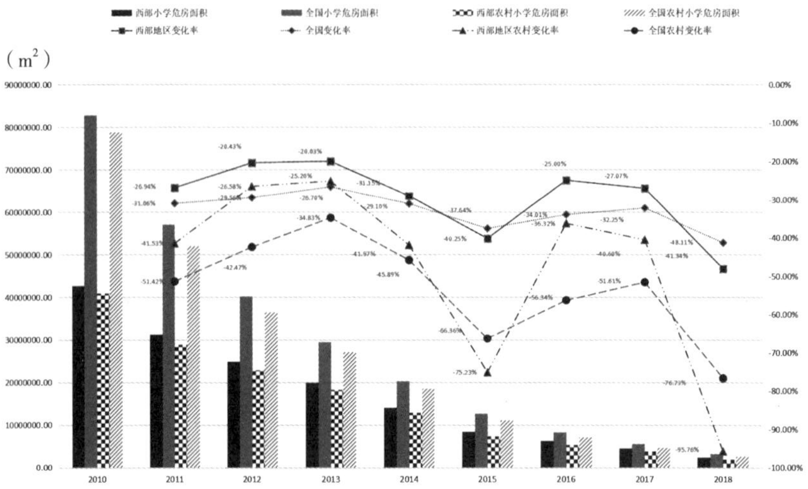

图 20　2010—2018 年全国及西部地区小学危房面积及变化曲线图

表 20　2010 年与 2018 年全国及西部各省区市小学危房面积对比表

省区市	2010 年（m²）		2018 年（m²）		差值（m²）		年均降幅（%）	
	农村小学	普通小学	农村小学	普通小学	农村小学	普通小学	农村小学	普通小学
内蒙古	1422141.00	2759157.00	0.00	0.00	-1422141.00	-2759157.00	100.00	100.00
广西	3212746.00	6519984.00	251896.20	394152.31	-2960849.80	-6125831.69	27.26	29.58
重庆	1172763.00	2229670.00	38852.76	54872.03	-1133910.24	-2174797.97	34.68	37.07
四川	3147387.00	5303428.00	68165.92	91595.85	-3079221.08	-5211832.15	38.06	39.79
贵州	35402.00	120028.00	0.00	0.00	-35402.00	-120028.00	100.00	100.00
云南	6177445.00	14054736	573509.43	982677.63	-5603935.57	-13072058.37	25.70	28.29
陕西	563607.00	985515.00	0.00	0.00	-563607.00	-985515.00	100.00	100.00
甘肃	4065196.00	9460702.00	555636.44	855797.75	-3509559.56	-8604904.25	22.02	25.94

（续表）

省区市	2010 年（m^2）		2018 年（m^2）		差值（m^2）		年均降幅（%）	
	农村小学	普通小学	农村小学	普通小学	农村小学	普通小学	农村小学	普通小学
青海	268945.00	899971.00	427.00	506.00	−268518.00	−899465.00	55.32	60.76
宁夏	30225.00	131068.00	0.00	0.00	−30225.00	−131068.00	100.00	100.00
新疆	96815.00	267528.00	190.00	13436.27	−96625.00	−254091.73	54.12	31.20
西部总计	20201084.00	42815532.00	1497505.45	2393724.64	−18703578.55	−40421807.36	27.76	30.27
全国总计	41893158.00	82886954.00	2034115.02	3321940.33	−39859042.98	−79565013.67	31.49	33.11

（2）初中危房面积

就全国普通初中危房面积来说，2018 年全国普通初中危房面积 2487790.61 m^2，西部地区普通初中危房面积 1847635.24 m^2，相较 2010 年分别减少了 42248976.39 m^2 和 19665255.76 m^2，全国和西部地区普通初中危房面积年均减幅分别达 30.31% 和 26.42%。西部地区普通初中危房面积减少幅度低于全国平均水平。其中，贵州、陕西、宁夏在 2018 年已无危房，危房面积排在前三位的省区是甘肃（761488.04 m^2）、云南（666532.99 m^2）、广西（295715.2 m^2），该三省区年均减幅也低于西部平均水平。（见图 21 和表 21）

就全国农村初中危房面积来说，2018 年全国农村初中危房面积 2034115.02 m^2，西部地区农村初中危房面积 1497505.45 m^2，相较 2010 年分别减少了 39859042.98 m^2 和 18703578.55 m^2，全国和西部地区农村初中危房面积年均减幅分别达 31.49% 和 27.76%。西部地区农村初中危房面积减幅低于全国农村平均水平。其中，内蒙古、贵州、陕西、宁夏在 2018 年农村初中已无危房，危房面积排在前三位的省区是云南（573509.43 m^2）、甘肃（555636.44 m^2）和广西（251896.20 m^2），这三省区年均减幅也低于西部平均水平。（见图 21 和表 21）

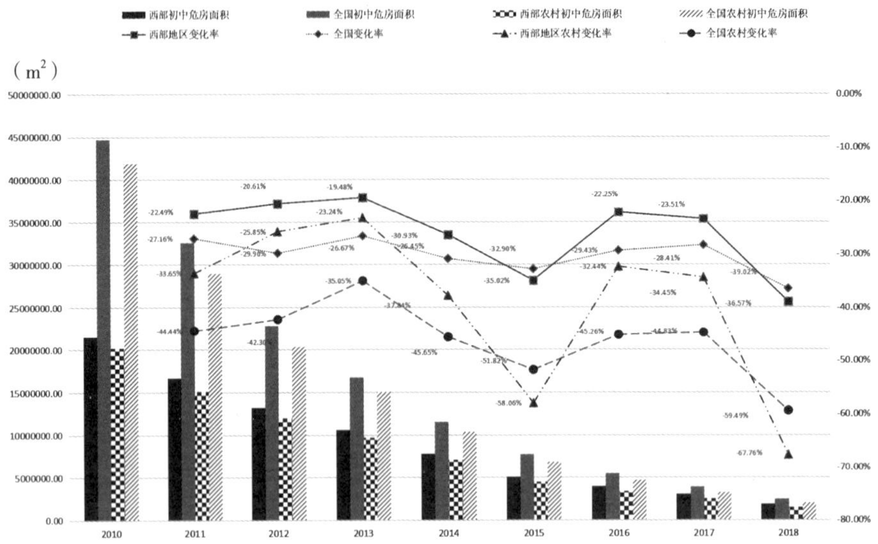

图 21　2010—2018 年全国及西部地区初中危房面积及变化曲线图

表 21　2010 年与 2018 年全国及西部各省区市初中危房面积对比表

省区市	2010 年（m²）		2018 年（m²）		差值（m²）		年均降幅（%）	
	农村初中	普通初中	农村初中	普通初中	农村初中	普通初中	农村初中	普通初中
内蒙古	1422141.00	1724855.00	0.00	385.00	−1422141.00	−1724470.00	100.00	65.04
广西	3212746.00	3328342.00	251896.20	295715.20	−2960849.80	−3032626.80	27.26	26.11
重庆	1172763.00	1179112.00	38852.76	45903.39	−1133910.24	−1133208.61	34.68	33.35
四川	3147387.00	3260091.00	68165.92	68165.92	−3079221.08	−3191925.08	38.06	38.33
贵州	35402.00	45403.00	0.00	0.00	−35402.00	−45403.00	100.00	100.00
云南	6177445.00	6463068	573509.43	666532.99	−5603935.57	−5796535.01	25.70	24.72
西藏	8412.00	8412.00	8827.70	8827.70	415.70	415.70	−0.60	−0.60
陕西	563607.00	588169.00	0.00	0.00	−563607.00	−588169.00	100.00	100.00
甘肃	4065196.00	4459917	555636.44	761488.04	−3509559.56	−3698428.96	22.02	19.82%
青海	268945.00	297459.00	427.00	427.00	−268518.00	−297032.00	55.32	55.88
宁夏	30225.00	39898.00	0.00	0.00	−30225.00	−39898.00	100.00	100.00

（续表）

省区市	2010 年（m^2）		2018 年（m^2）		差值（m^2）		年均降幅（%）	
	农村初中	普通初中	农村初中	普通初中	农村初中	普通初中	农村初中	普通初中
西部总计	20201084.00	21512891.00	1497505.45	1847635.24	-18703578.55	-19665255.76	27.76	26.42
全国	41893158.00	44736767.00	2034115.02	2487790.61	-39859042.98	-42248976.39	31.49	30.31

3. 图书藏量

(1) 小学生均图书藏量

就全国普通小学生均图书藏量而言，2018 年全国普通小学生均图书 23.24 册，其中西部地区普通小学生均图书 22.36 册。与 2010 年相比，全国和西部地区生均图书藏量分别增加了 8.08 和 9.90 册。可以看出，西部地区普通小学生均图书藏量低于全国平均水平。2018 年陕西（31.87 册）、广西（30.27 册）、云南（24.74 册）、青海（24.29 册）和贵州（23.46 册）生均图书数量高于全国水平。生均图书藏量排在后三位的省区市分别是新疆（14.33 册）、四川（15.83 册）和重庆（16.13 册）。（见图 22 和表 22）

就全国农村小学生均图书藏量而言，2018 年全国农村小学生均图书有 23.62 册，其中西部地区农村小学生均图书 22.94 册。与 2010 年相比，全国和西部地区农村小学生均图书分别增加了 8.97 册和 10.72 册。可以看出，西部农村小学生均图书藏量低于全国平均水平。2018 年，陕西（33.68 册）、广西（31.19 册）、云南（25.60 册）和贵州（24.27 册）四省区农村小学生均图书藏量高于全国农村平均水平。人均图书藏量排在后三位的省区市分别是新疆（13.59 册）、四川（15.92 册）和重庆（16.52 册）。（见图 22 和表 22）

从以上数据可以看出，小学生均图书藏量呈逐年递增的趋势，且农村地区增幅更快。近年来，全国各省区市不断推进义务教育均衡发展，西部地区更是加强了对农村义务教育的投入，持续改善了农村义务教育质量。生均图书藏量作为反映学校办学环境的条件之一，其变化也说明了当前农村义务教育环境正逐步得到改善。

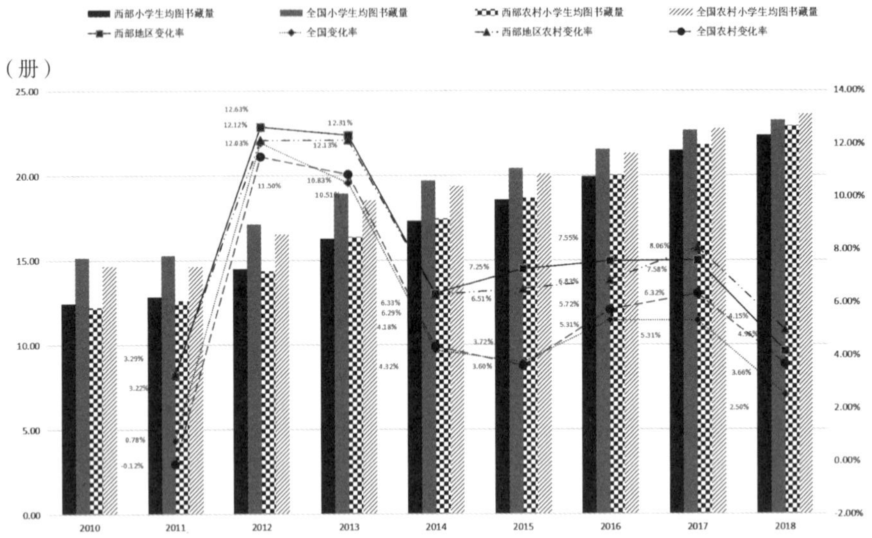

图 22　2010—2018 年全国及西部地区小学生均图书藏量及变化曲线图

表 22　2010 年与 2018 年全国及西部地区各省区市小学生均图书藏量对比表

省区市	2010 年（册）		2018 年（册）		差值（册）		年均增幅（%）	
	农村小学	普通小学	农村小学	普通小学	农村小学	普通小学	农村小学	普通小学
内蒙古	15.35	15.34	20.41	20.09	5.06	4.75	3.62	3.43
广西	11.26	11.50	31.19	30.27	19.93	18.77	13.58	12.86
重庆	12.00	12.41	16.52	16.13	4.52	3.72	4.08	3.33
四川	11.17	11.04	15.92	15.83	4.75	4.79	4.53	4.60
贵州	9.78	10.11	24.27	23.46	14.49	13.36	12.03	11.10
云南	11.06	11.30	25.60	24.74	14.54	13.44	11.06	10.29
西藏	14.26	13.95	17.29	17.35	3.03	3.40	2.44	2.77
陕西	21.59	20.93	33.68	31.87	12.09	10.95	5.71	5.40
甘肃	12.56	12.46	21.27	20.47	8.71	8.01	6.81	6.40

（续表）

省区市	2010 年（册）		2018 年（册）		差值（册）		年均增幅（%）	
	农村小学	普通小学	农村小学	普通小学	农村小学	普通小学	农村小学	普通小学
青海	11.74	12.36	23.06	24.29	11.32	11.94	8.81	8.82
宁夏	13.58	14.36	22.56	22.24	8.97	7.88	6.54	5.62
新疆	11.78	12.47	13.59	14.33	1.81	1.85	1.80	1.75
西部总计	12.22	12.46	22.94	22.36	10.72	9.90	8.19	7.58
全国	14.65	15.16	23.62	23.24	8.97	8.08	6.16	5.48

（2）初中生均图书藏量

就全国普通初中生均图书藏量而言，2018 年全国普通初中生均图书藏量 35.89 册，其中西部地区普通初中生均图书藏量 34.02 册。与 2010 年相比，全国和西部地区普通初中生均图书藏量分别增加了 17.18 和 19.45 册。可以看出，西部地区普通初中生均图书藏量低于全国平均水平。2018 年青海（46.28 册）、陕西（45.64 册）、广西（39.15 册）和贵州（37.40 册）生均图书藏量高于全国水平。人均图书藏量排在后三位的省区市分别是重庆（18.85 册）、西藏（25.66 册）和云南（30.95 册）。按年均增幅来看，西部地区中西藏排名最低，年均增幅为 5.45%，2010 年至 2018 年人均增长量为 8.88 册。甘肃排名最高，年均增幅为 15.71%，2010 年至 2018 年人均增长量为 23.98 册。（见图 23 和表 23）

就全国农村初中生均图书藏量而言，2018 年全国初中生均图书藏量 36.94 册，其中西部地区农村初中生均图书藏量 36.02 册。与 2010 年相比，全国和西部地区农村初中生均图书藏量分别增加了 17.70 册和 20.94 册。可以看出，西部地区农村初中生均图书藏量高于全国农村平均水平。2018 年陕西（53.25 册）、青海（47.71 册）、广西（39.94 册）和贵州（38.07 册）四省区农村初中生均图书藏量高于全国农村平均水平。人均图书藏量排在后三位的区市分别是重庆（21.44 册）、西藏（25.64 册）和新疆（31.64 册）。按年均增幅来看，西部地区中西藏排名最低，年均增幅为 4.80%，2010 年至 2018 年人均增长量为 8.02 册。甘肃排名最高，年均增幅为 15.53%，2010 年至 2018 年人均增长量为 24.76 册。（见图 23 和表 23）

从以上数据可以看出，西部地区初中生均图书藏量低于全国初中平均水平，应继续加强对西部农村图书建设的投资。

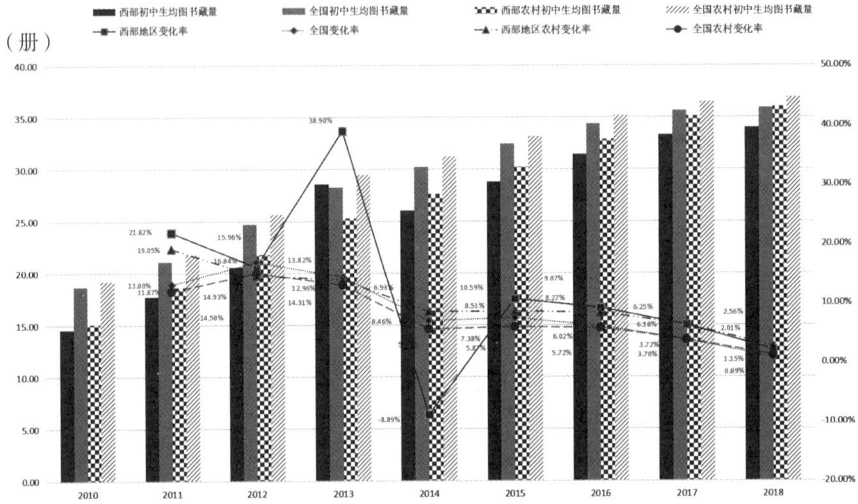

图 23　2010—2018 年全国及西部地区初中生均图书藏量及变化曲线图

表 23　2010 年与 2018 年全国及西部地区各省区市初中生均图书藏量对比表

省区市	2010 年（册）		2018 年（册）		差值（册）		年均增幅（%）	
	农村初中	普通初中	农村初中	普通初中	农村初中	普通初中	农村初中	普通初中
内蒙古	20.82	18.98	34.16	31.38	13.35	12.40	6.39	6.48
广西	15.68	15.49	39.94	39.15	24.26	23.66	12.39	12.29
重庆	9.04	8.99	21.44	18.85	12.40	9.86	11.40	9.70
四川	13.29	12.55	33.97	31.35	20.68	18.80	12.45	12.12

（续表）

省区市	2010年（册）		2018年（册）		差值（册）		年均增幅（%）	
	农村初中	普通初中	农村初中	普通初中	农村初中	普通初中	农村初中	普通初中
贵州	15.71	15.66	38.07	37.40	22.36	21.74	11.70	11.50
云南	12.61	12.37	32.50	30.95	19.89	18.57	12.57	12.14
西藏	17.62	16.78	25.64	25.66	8.02	8.88	4.80	5.45
陕西	24.91	22.43	53.25	45.64	28.34	23.21	9.96	9.28
甘肃	11.39	10.83	36.15	34.81	24.76	23.98	15.53	15.71
青海	15.78	15.79	47.71	46.28	31.92	30.49	14.83	14.38
宁夏	17.21	15.82	35.50	31.99	18.30	16.18	9.48	9.21
新疆	17.49	16.66	31.64	32.80	14.15	16.14	7.69	8.84
西部平均	15.08	14.57	36.02	34.02	20.94	19.45	11.50	11.19
全国平均	19.24	18.71	36.94	35.89	17.70	17.18	8.50	8.48

4. 教学用计算机数

（1）小学教学用计算机数

就全国普通小学教学用计算机数来说，2018年全国普通小学每百人拥有教学用计算机11.12台，西部地区普通小学每百人拥有教学用计算机10.25台，较2010年分别增加了6.98台和7.32台。西部地区普通小学每百人拥有教学用计算机台数低于全国平均水平。在西部地区普通小学中，每百人拥有教学用计算机台数排在前三位的省区是陕西（15.54台）、宁夏（14.65台）、内蒙古（11.96台），云南（10.71台）、贵州（8.86台）、四川（8.58台）、广西（8.50台）、新疆（8.48台）低于全国小学平均水平。按年均增幅来算，贵州（25.06%）、广西（23.83%）和云南（20.85%）依次排在前三位，宁夏

（14.54%）和新疆（11.40%）则低于全国小学平均水平（13.16%）。（见图 24 和表 24）

就全国农村小学教学用计算机数来说，2018 年全国农村小学每百人拥有教学用计算机 11.02 台，西部小学每百人拥有教学用计算机 10.27 台，较 2010 年分别增加了 7.57 台和 7.72 台。西部地区农村小学每百人拥有教学用计算机台数低于全国平均水平。在西部地区农村小学中，每百人拥有教学用计算机台数排在前三位的省区是陕西（16.74 台）、宁夏（15.64 台）、甘肃（12.37 台），四川（7.80 台）、新疆（8.28 台）、贵州（8.70 台）低于全国农村平均水平。按年均增幅来算，广西（29.49%）、贵州（26.96%）和云南（22.67%）依次排在前三位，宁夏（14.54%）、四川（13.98%）和新疆（11.40%）则低于全国农村平均水平。（见图 24 和表 24）

从以上数据可以看出，无论从全体小学还是农村小学来看，西部地区在教学用计算机拥有量上都低于全国平均水平，这意味着西部地区小学尤其是农村小学需要进一步加强教育信息化建设。

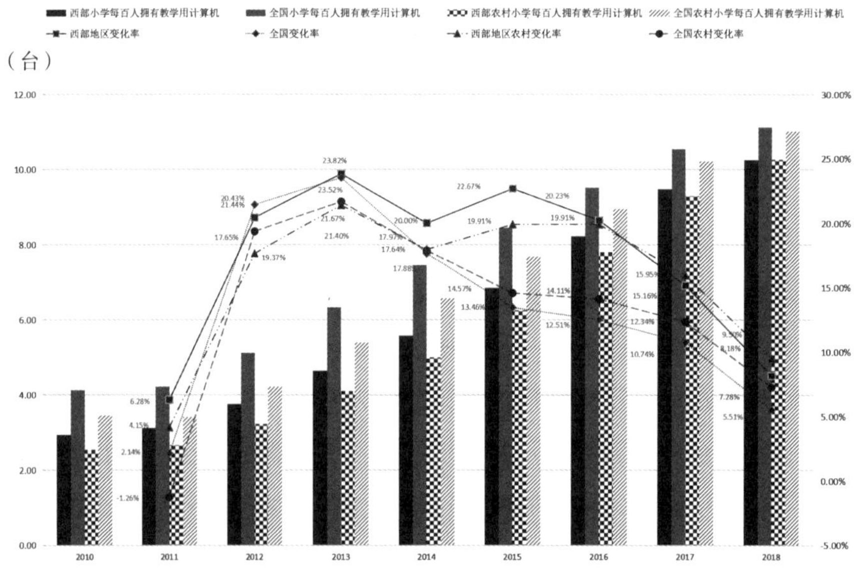

图 24　2010—2018 年全国及西部地区小学每百人拥有教学用计算机数及变化曲线图

表 24　2010 年与 2018 年全国及西部地区各省区市小学每百人拥有教学用计算机数对比表

省区市	2010 年（台）		2018 年（台）		差值（台）		年均增幅（%）	
	农村小学	普通小学	农村小学	普通小学	农村小学	普通小学	农村小学	普通小学
内蒙古	3.73	3.89	12.75	11.96	9.01	8.07	16.59%	15.08%
广西	1.15	1.54	9.13	8.50	7.97	6.96	29.49%	23.83%
重庆	3.34	4.03	11.55	11.26	8.21	7.22	16.76%	13.69%
四川	2.74	3.08	7.80	8.58	5.06	5.50	13.98%	13.65%
贵州	1.29	1.48	8.70	8.86	7.41	7.38	26.96%	25.06%
云南	2.16	2.35	11.09	10.71	8.93	8.36	22.67%	20.85%
西藏	3.66	3.83	12.28	11.79	8.62	7.96	16.32%	15.08%
陕西	4.61	4.88	16.74	15.54	12.13	10.67	17.50%	15.59%
甘肃	2.84	3.08	12.37	11.91	9.53	8.83	20.18%	18.42%
青海	3.64	4.33	11.86	11.86	8.23	7.53	15.93%	13.43%
宁夏	5.28	5.75	15.64	14.65	10.36	8.90	14.54%	12.40%
新疆	3.49	4.04	8.28	8.48	4.79	4.43	11.40%	9.70%
西部总计	2.55	2.93	10.27	10.25	7.72	7.32	19.02%	16.93%
全国总计	3.45	4.14	11.02	11.12	7.57	6.98	15.62%	13.16%

（2）初中教学用计算机数

从全国普通初中每百人拥有教学用计算机数来看，2018 年全国普通初中每百人拥有教学用计算机 15.22 台，西部地区普通初中每百人拥有教学用计算机 13.21 台，较 2010 年分别增加了 8.87 台和 8.35 台。西部地区普通初中每百人拥有教学用计算机台数低于全国普通初中平均水平。在西部地区中，每百人拥有教学用计算机台数排在前三位的是陕西（19.04 台）、青海（17.73 台）、宁夏（17.16 台），甘肃（16.80 台）、新疆（15.82 台）和内蒙古（15.39 台）等六省区高于全国平均水平，其余省区市则低于全国平均水平。从年均增幅来看，贵州（18.06%）、甘肃（15.63%）和内蒙古（14.80%）排在前三位，重庆（10.97%）、宁夏（9.36%）和广西（8.66%）则低于全国平均水平(11.55%)。（见图 25 和表 25）

从全国农村初中每百人拥有教学用计算机数来看，2018 年全国农村初中每百人拥有教学用计算机 14.60 台，西部农村初中每百人拥有教学用计算机 13.46 台，较 2010 年均增加了 8.61 台。西部地区农村初中每百人拥有教学用计算机台数低于全国农村初中平均水平。在西部地区中，每百人拥有教学用计算机台数排在前三位的是陕西（22.00 台）、宁夏（18.48 台）、青海（18.16 台），内蒙古（17.25 台）、甘肃（16.84 台）和新疆（15.62 台）等六省区高于全国农村平均水平，其余省区市则低于全国农村平均水平。从年均增幅来看，贵州（18.23%）、内蒙古（15.96%）和甘肃（15.21%）排在前三位，宁夏（10.08%）和广西（8.66%）则低于全国农村平均水平(11.55%)。（见图 25 和表 25）

从以上数据可以看出，尽管全国范围内初中教学用计算机数逐年增多，但仍无法满足各地教育信息化的均衡发展，应继续加强对西部地区特别是西部农村地区初中学校的信息化建设投入。

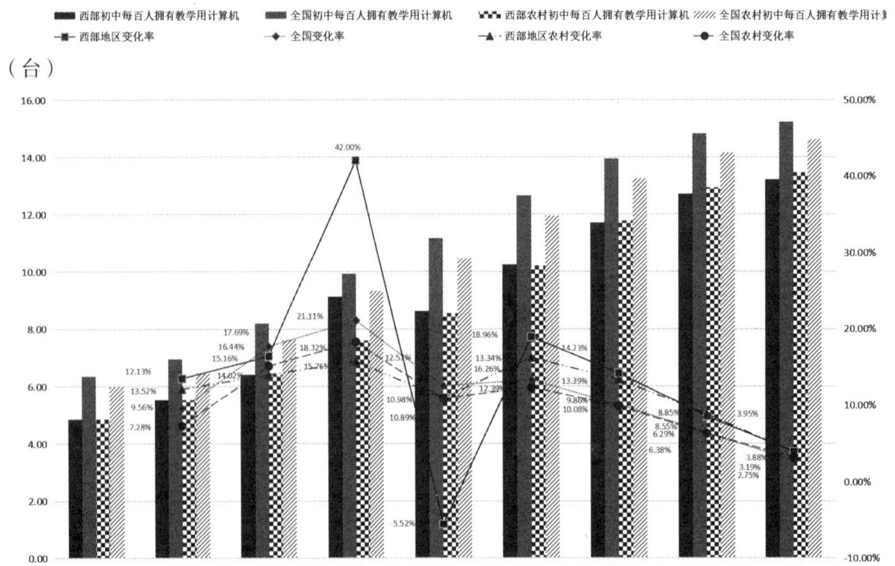

图 25　2010—2018 年全国及西部地区初中每百人拥有教学用计算机数及变化曲线图

表 25 2010 年与 2018 年全国及西部地区各省区市初中每百人拥有教学用计算机数对比表

省区市	2010 年（台）		2018 年（台）		差值（台）		年均增幅（%）	
	农村初中	普通初中	农村初中	普通初中	农村初中	普通初中	农村初中	普通初中
内蒙古	5.28	5.10	17.25	15.39	11.98	10.29	15.96	14.80
广西	4.30	4.42	8.35	8.59	4.05	4.17	8.66	8.66
重庆	3.86	4.05	10.40	9.31	6.54	5.26	13.19	10.97
四川	4.72	4.64	14.02	13.78	9.30	9.14	14.59	14.58
贵州	3.37	3.47	12.85	13.11	9.48	9.63	18.23	18.06
云南	4.26	4.24	12.24	11.93	7.98	7.69	14.09	13.80
西藏	3.93	3.74	9.81	10.04	5.87	6.30	12.10	13.12
陕西	7.42	6.88	22.00	19.04	14.58	12.15	14.56	13.56
甘肃	5.43	5.26	16.84	16.80	11.42	11.54	15.21	15.63
青海	7.08	7.15	18.16	17.73	11.09	10.58	12.51	12.02
宁夏	8.57	8.39	18.48	17.16	9.91	8.78	10.08	9.36
新疆	6.16	6.26	15.62	15.82	9.46	9.56	12.33	12.29
西部总计	4.84	4.86	13.46	13.21	8.61	8.35	13.62	13.32
全国	5.99	6.35	14.60	15.22	8.61	8.87	11.79	11.55

三、农村义务教育现代化发展指标体系与西部农村义务教育现代化发展

（一）农村义务教育现代化发展指标体系

教育现代化发展是一个综合性概念，既包括数量的增长，也包括质量的提升，既有对效率的需要，也有对公平的追求。自 2010 年我国颁布《国家中长期教育改革和发展规划纲要（2010—2020 年）》以来，我国教育进入新

的发展阶段，特别是农村义务教育发展迅速，优质均衡的义务教育成为社会的共同期待。我国由于地域广阔、各地经济社会发展水平不一，使得其农村教育现代化发展程度也不尽相同。为更好地反映西部农村义务教育现代化发展现状本研究借鉴国际社会成熟的教育发展指标体系和国内相关学者的研究成果，并考虑数据的可得性、客观性和可对比性，本研究尝试构建了包括教育投入指数、教育条件指数和教育公平指数 3 个二级指标和若干个三级指标的农村义务教育现代化发展指数（Modernization Development Index of Compulsory Education，MDICE）。对 3 个二级指标的赋值中，教育公平指数占 40%，其他两类指标各占 30%。三级指标的每一项在各二级指标中同样重要，因此采取均分的形式。

1. 教育投入指数

教育投入是教育质量的重要保障，教育投入的数量和质量影响着教育产出的数量和质量。在实际教育中，生均教育事业费和生均教育公用经费可以用来提示教育发展过程中经费使用水平，教师学历可以用来提示教育过程质量。因此，本研究选取了农村小学生均教育事业费指数、农村初中生均教育事业费指数、农村小学生均公用经费指数、农村初中生均公用经费指数、农村小学专任教师师资指数和农村初中专任教师师资指数 6 个三级指标。

2. 教育条件指数

教育条件是支持教育顺利发展的环境，教育条件影响教育的过程和结果。本研究选取了农村小学生均校舍面积指数、农村初中生均校舍面积指数、农村小学生均教学用计算机指数、农村初中生均教学用计算机指数、农村小学生均图书藏量指数、农村初中生均图书藏量指数 6 个三级指标。

3. 教育公平指数

教育公平是教育现代化发展的价值追求和社会理想。在现有统计中，并没有能直接反映教育公平的指标。在指标选取中，只能尽量选取与教育公平有密切关联的指标来反映这一维度。本研究选取了小学专任教师差异指数、初中专任教师差异指数、小学生均教育事业费差异指数、初中生均教育事业费差异指数、小学生均教育公用经费差异指数、初中生均教育公用经费差异指数 6 个三级指标。

（二）义务教育现代化发展指数的选择和测算方法

义务教育现代化发展指数是借助多组能反映教育发展的单一核心指标构成的综合指数，其指标的选择和计算直接影响了判评结果。当前对教育指数的研究没有很多，义务教育只是作为教育指数中的一个部分来计算，甚至整个教育指数也只是作为社会发展指数的组成部分。目前得到广泛认可的是由联合国开发计划署（UNDP）发布的人类发展指数（HDI）中的教育指数，包括成人识字率、中小学和大学综合毛入学率。此外，联合国教科文组织（UNESCO）也设计了教育发展指数以监测各个国家和地区对《世界全民教育纲领》和《达喀尔行动宣言》中全民教育目标的达成情况，具体包括初等教育净入学率、成人识字率、小学五年级保留率和教育性别平等指数。[①] 国内学者中较有代表性的有岳昌君（2008）仿照 HDI 指数提出的教育发展指数，包括教育存量指数、教育增量指数、教育投入指数和教育贡献指数。其监测要点包括人均受教育年限和识字率、入学率、教育经费支出和师资水平、科技人员数和科技专利。[②] 王善迈等人（2013）构建的地区教育发展指数，包括教育机会指数、教育投入指数和教育公平指数，其指数监测的核心是入学率、生均事业费和师资水平及这两类指标间的城乡差异。[③] 长江教育研究院于 2019 发布新的《中国教育指数》，通过教育指数反映各省区市的教育综合治理水平，并构建了包括规模、投入、质量、信息、公平、贡献、创新、创业、创造、健康、生态、法治在内的 12 个二级指标。[④]

教育指数用来反映教育某一方面的发展状态，出于不同的目的和需要，教育指数的监测要点也不尽相同。本研究根据当前农村义务教育的发展现实，将监测重点放在人、财、物三个要素上，分别体现为教师队伍素质、教育事业费、教育公用经费及基础设施建设，并据此设置包括教育投入指数、

---

① 王善迈、袁连生、田志磊、张雪：《我国各省份教育发展水平比较分析》，《教育研究》2013 年第 6 期。

② 岳昌君：《我国教育发展的省际差距比较》，《华中师范大学学报（人文社会科学版）》2008 年第 1 期。

③ 王善迈、袁连生、田志磊、张雪：《我国各省份教育发展水平比较分析》，《教育研究》2013 年第 6 期。

④ 张炜、周洪宇：《中国教育指数（2019 年版）》，《宁波大学学报（教育科学版）》2019 年第 3 期。

教育条件指数和教育公平指数在内的农村义务教育发展指标体系。需要注意的是，本研究未将义务教育普及率等国际常用指标纳入进来，是因为现阶段我国已全面普及了九年义务教育，进入了优质均衡发展的新阶段，该指标已不具备反映我国各省区市之间农村教育发展差距的能力。从现实的教育来看，教育质量应体现在学生的发展上，但这一指标却很难直接有效把握，因此只能选择对学生发展影响较大的指标来间接推测目的指标的实现程度。本研究认为，师资、经费及校园建设与学生发展关联密切，因此将监测要点放在这三个方面，同时，这三方面的数据也可通过《中国教育统计年鉴》《中国教育经费统计年鉴》及教育部公布的教育统计公报等收集，信息来源权威可靠，更能在一定程度上反映农村义务教育阶段教育现代化的建设情况。当然，学生家庭背景、当地教育文化也对学生发展有着极其重要的影响，但由于缺乏此类信息的客观数据，因此并不纳入指标体系中。在计算方式上，本研究选用了目前公认度较高的由联合国开发计划署设计的人类发展指数（HDI）的测算方法，即发展指数 =（实际值 – 最小值）/（最大值 – 最小值）。教育指数越大，说明教育现代化程度越高。在研究中，由于数据更新问题，因此，在指数计算中统计的为 2017 年的数据。

1. 西部农村义务教育现代化投入指数分析

教育投入与教育产出息息相关。高质量、高数量的教育投入不一定能产生高效益的教育，但低数量、低质量的教育投入一定难以产生高效益的教育。因此，本研究选用农村义务教育阶段中生均教育事业费指数、生均教育公用经费指数和专任教师指数作为衡量教育投入的指标。具体计算公式为教育投入指数 =1/6(农村小学生均教育事业费指数 + 农村初中生均教育事业费指数 + 农村小学生均公用经费指数 + 农村初中生均公用经费指数 + 农村小学专任教师师资指数 + 农村初中专任教师师资指数)。

根据当前我国义务教育现代化发展实际和人民对于高质量教育的期盼，本研究将小学、初中的教师合格率水平分别设置为专科及以上和本科及以上。同时，在经费计算上，出于能对指数进行全国对比的需要，选取被评价年份中全国农村生均教育事业费和生均教育公用经费中最高省份的经费值作为最优值。因此，各指数的标准化计算公式如下：

（1）农村小学师资指数 =（地方当年农村小学教师中获得专科及以上学历教师占全体小学教师比例 – 全国当年该项指标的最小值）/（当年全国该项指标的最大值 – 当年全国该项指标的最小值）

（2）农村初中师资指数 =（地方当年农村初中教师中获得专科及以上学历教师占全体小学教师比例 – 当年全国该项指标的最小值）/（当年全国该项指标的最大值 – 当年全国该项指标的最小值）

（3）农村小学生均教育事业费指数 =（地方农村小学当年生均教育事业费 – 当年全国该项指标的最小值）/（当年全国该项指标的最大值 – 当年全国该项指标的最小值）

（4）农村初中生均教育事业费指数 =（地方农村初中当年生均教育事业费 – 当年全国该项指标的最小值）/（当年全国该项指标的最大值 – 当年全国该项指标的最小值）

（5）农村小学生均教育公用经费指数 =（地方农村小学当年生均教育公用经费 – 当年全国该项指标的最小值）/（当年全国该项指标的最大值 – 当年全国该项指标的最小值）

（6）农村初中生均教育公用经费指数 =（地方农村初中当年生均教育公用经费 – 当年全国该项指标的最小值）/（当年全国该项指标的最大值 – 当年全国该项指标的最小值）

根据上述计算方法，研究计算了 2017 年西部地区各省区市农村教育投入和全国农村平均教育投入的指数。（见图 26）西部各省区市中有一半超过全国平均水平，其中西藏地区义务教育投入指数最高，其次依次为陕西、内蒙古、重庆、青海和宁夏。云南、四川、甘肃、贵州、新疆和广西低于全国平均水平且依次降低。西藏地区在义务教育投入指数上的成绩离不开党和政府的支持。一直以来，党和政府对西藏地区的教育一直十分关心并给予优惠政策，健全和完善以国家投入为主的教育保障体系，“十三五”以来财政教育投入年均增幅更是在 20% 以上。在教师队伍建设上，西藏地区全面推进“乡村教师支持计划”，深化教师职称制度改革，义务教育阶段试行“县管校聘”管理，不断提升教师行业对优秀人才的吸引力。① 因此，西藏地区农村义务教育得到极大改善。

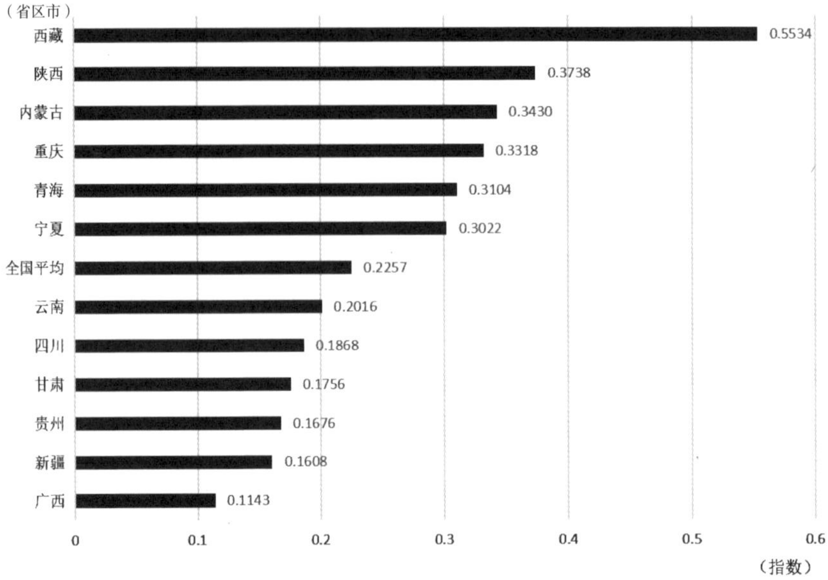

图 26　2017 年西部各省区市农村义务教育投入指数图

2. 西部农村义务教育现代化条件指数分析

义务教育现代化发展必须要有现代化条件的支持，校园基础设施建设是现代化建设条件的最直观的指标。根据当前农村义务教育阶段学校发展的实际，本研究选取了农村小学和农村初中生均校舍面积指数、生均教学用计算机指数和生均图书藏量指数作为反映校园基础设施现代化程度的指标。具体计算公式为教育条件指数 =1/6(小学生均校舍面积指数 + 初中生均校舍面积指数 + 小学生均教学用计算机指数 + 初中生均教学用计算机指数 + 小学生均图书藏量指数 + 初中生均图书藏量指数)，各项指标计算方法如下：

（1）小学生均校舍面积指数 =（ 地方农村小学当年生均校舍面积实际值 – 当年全国该项指标的最小值 ）/（ 当年全国该项指标的最大值 – 当年全国该项指标的最小值 ）

① 西藏自治区教育厅:《西藏基础教育的成就与展望》,《西藏日报（汉）》2019 年 10 月 9 日第 008 版。

（2）初中生均校舍面积指数 =（地方农村初中当年生均校舍面积实际值 - 当年全国该项指标的最小值）/（当年全国该项指标的最大值 - 当年全国该项指标的最小值）

（3）小学生均教学用计算机指数 =（地方农村小学当年生均教学用计算机实际值 - 当年全国该项指标的最小值）/（当年全国该项指标的最大值 - 当年全国该项指标的最小值）

（4）初中生均教学用计算机指数 =（地方农村初中当年生均教学用计算机实际值 - 当年全国该项指标的最小值）/（当年全国该项指标的最大值 - 当年全国该项指标的最小值）

（5）小学生均图书藏量指数 =（地方农村小学当年生均图书藏量实际值 - 当年全国该项指标的最小值）/（当年全国该项指标的最大值 - 当年全国该项指标的最小值）

（6）初中生均图书藏量指数 =（地方农村小学当年生均图书藏量实际值 - 当年全国该项指标的最小值）/（当年全国该项指标的最大值 - 当年全国该项指标的最小值）

根据上述方法，本研究计算了 2017 年西部地区各省区市教育条件和全国农村平均教育条件的指数。（见图 27）西部地区农村义务教育条件指数高于全国平均水平的有陕西、青海、西藏、宁夏、内蒙古和甘肃。2016 年国务院发布《关于加快中西部教育发展的指导意见》，提出“到 2020 年，中西部地区各级各类学校办学条件显著改善”①，西部地区教育条件逐步提升。但由于受经济、地理环境和历史等多重因素影响，西部地区教育条件基础较差且差异较大，特别是深处西北及西南腹地的省区市，其农村教育条件依旧落后于全国平均水平。

① 中华人民共和国教育部、国务院：《办公厅关于加快中西部教育发展的指导意见》，http://www.moe.gov.cn/jyb_xxgk/moe_1777/moe_1778/201606/t20160615_268538.html.2016-5-11.

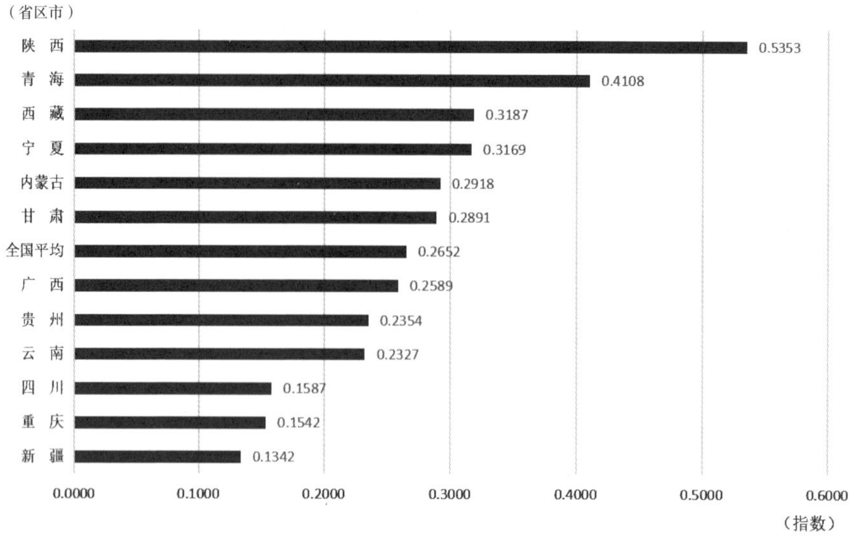

图 27　2017 年西部各省区市农村义务教育条件指数图

3. 西部义务教育现代化公平指数分析

教育公平是教育现代化的价值取向和人民群众的教育愿景。教育公平作为一种状态，体现的是每一个人都能获得适合自己发展的机会。然而在我国现有统计数据中心，并没有直接体现这一状态的指标。因此，本研究根据需要，选取了小学、初中的专任教师差异指数、生均事业费差异指数、生均公用经费差异指数等与教育公平密切相关的指标作为对教育公平的替代指标。具体计算公式为教育公平指数 =1/6（小学专任教师城乡差异指数 + 初中专任教师城乡差异指数 + 小学生均教育事业费差异指数 + 初中生均教育事业费差异指数 + 小学生均教育公用经费差异指数 + 初中生均教育公用经费差异指数），各项指标计算方法如下：

（1）小学专任教师城乡差异指数 =（地方当年农村小学专科及以上学历教师比例 / 地方当年城市小学专科及以上学历教师比例）/(城乡专任教师学历差异的最优值，1）

（2）初中专任教师城乡差异指数 =（地方当年农村初中本科及以上学历教师比例 / 地方当年城市初中本科及以上学历教师比例）/(城乡专任教师学历差异的最优值，1）

（3）小学生均教育事业费差异指数 =（地方当年农村小学生均教育事业费 / 地方当年普通小学生均事业费）/(小学生均事业费差异的最优值，1）

（4）初中生均教育事业费差异指数 =（地方当年农村初中生均教育事业费 / 地方当年普通初中生均事业费）/(初中均事业费差异的最优值，1）

（5）小学生均教育公用经费差异指数 =（地方当年农村小学生均教育公用经费 / 地方当年普通小学生均教育公用经费）/(小学生均教育公用经费差异的最优值，1）

（6）初中生均教育公用经费差异指数 =（地方当年农村初中生均教育公用经费 / 地方当年普通初中生均教育公用经费）/(初中生均教育公用经费差异的最优值，1）

根据上述计算方法，本研究计算了 2017 年西部地区各省区市教育公平和全国平均教育公平的指数。（见图 28）除宁夏、广西和新疆外，西部各省区市农村义务教育公平指数均高于全国平均水平，且相差较小。2012 年 9 月，国务院颁发《关于深入推进义务教育均衡发展的意见》，旨在推进义务教育均衡发展，全面提高义务教育质量，促进教育公平。西部地区积极响应政策要求，加大对农村等薄弱地区的教育投入，教育公平程度得到不断提升。

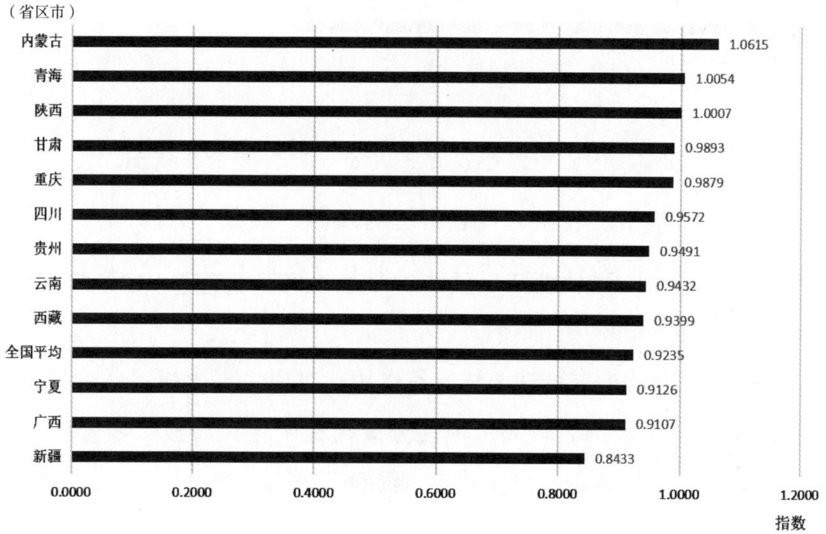

图 28　2017 年西部各省区市义务教育公平指数图

4. 西部义务教育现代化指数综合分析

结合上述各分级指数的结果，按照义务教育现代化综合指数 = 义务教育投入指数 ×30%+ 义务教育条件指数 ×30%+ 义务教育公平指数 ×40% 公式计算，研究绘制出西部各省区市义务教育现代化指数图。（见图 29）从综合指数来看，除新疆、广西、四川、贵州和云南外，其余省区市农村义务教育发展均高于全国农村平均发展水平。根据综合指数排名和各分级指数排名，本研究将西部各省区市义务教育现代化发展分为强均衡发展型、强非均衡发展型、弱均衡发展型和弱非均衡发展型 4 类。

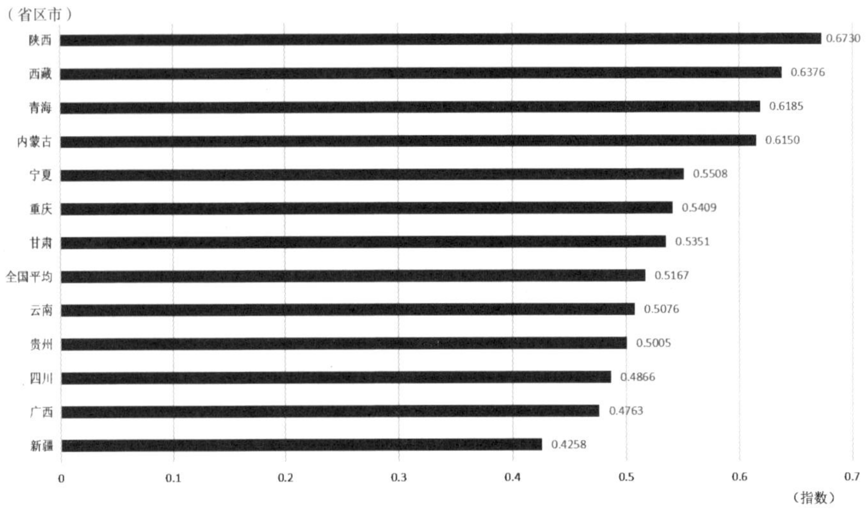

图 29　2017 年西部各省区市义务教育综合指数图

第一类为强均衡发展型，代表省区为陕西、西藏、青海和内蒙古。这类省区在教育投入、教育条件和教育公平上没有明显短板，发展较为均衡，且各项排名和综合指数均比较高。

第二类为强非均衡发展性，代表省区市为甘肃、重庆和宁夏。这类省区市虽然教育综合指数排名较高，但在分级指数中存在短板。如重庆，其教育条件指数与其他分级指数对比明显，教育条件有待提高。

第三类为弱均衡发展型，代表自治区为新疆和广西。这类省区市义务教育现代化整体发展不高，各分级指数相对较为均衡。

第四类为弱非均衡发展型，代表省份为贵州、四川、云南。这类省区市义务教育现代化程度进步空间较大，各分级指数差异相较显著。

从研究可知，第一，教育发展受经济发展影响较大，但经济发展并非决定教育发展水平的唯一因素，“穷省富教”的现象并非个例。如西藏、青海等省区在2017年全国GDP排名中位置靠后，但其农村义务教育现代化发展指数却在西部地区中相对靠前。西奥多·舒尔茨（Theodry Schuyltz）在其著作《对人进行投资》中已经指出：“教育对获取应付与经济现代化相关联的不平衡状态的能力，具有普遍的促进作用”，为教育投入的成本都可为个人提供未来收益的生产性资本，从而促进整个社会经济的发展。[①] 教育发展已然成为社会进步的重要推力，义务教育作为整个教育体系的基础，更是有着举足轻重的作用。

第二，义务教育现代化发展指数高并不一定意味着教育公平，教育公平不等于教育平庸。本研究中的农村义务教育现代化发展指数只是依据一定标准对义务教育现代化进行量化，其最终指数受指标选取、指标赋分和各分项指数的影响，因此最终指数高并不能体现教育发展一定公平，教育资源在城乡、人口、校际等分布差异并不会被消除，农村孩子所在家庭的收入水平、父母学历等因素也会持续对其教育效果产生影响。因此在某些农村教育指数高的地区，教育资源分配和使用效果上可能出现更加不均衡的状况。与此同时，教育公平是义务教育现代化的应有之义，但公平不是平庸，低质量的教育公平只是将教育简单平均化甚至平庸化，这是对教育公平的误读，更是对教育现代化的背离。义务教育现代化追求的是高质量的教育公平，是效率与平等相平衡的教育。追求农村义务教育公平发展决不应也不能是将农村教育拉低拉平，而是要促进其高水平、有特色发展。

第三，西部地区农村义务教育现代化发展速度较快，但各地发展差异较大，仍有很大发展空间。通过与2010年西部各省区市农村义务教育发展相关数据进行对比，可以清楚地看到西部各省区市对农村义务教育的投入持

---

① 西奥多·舒尔茨:《对人进行投资》，吴珠华译，商务印书馆，2017，第43页。

续加大，教育条件得到很大改善，教育公平程度和综合发展水平不断提升。但与东部发达地区相比，西部农村义务教育现代化发展水平仍然相对较低，西部近半数地区农村义务教育指数在2017年仍低于全国农村平均水平。因此，有必要继续加强对西部地区农村义务教育的投资，特别是对弱均衡发展型和弱非均衡发展型省区市的教育支持。

四、西部地区农村义务教育现代化发展建议

（一）加强对西部地区农村义务教育的财政支持

1. 明确政府间教育财政责任

分税制改革以来，中央与地方在财政关系上呈现出偏中央即中央财力得到集中的状态，然而在事权划分上却并未改变，地方政府依然承担着支出的责任。在教育上就体现为不同区域间教育财政的不平衡及由此引发的教育现代化发展的差距。尽管自21世纪初起中央就不断加大基础教育转移支付力度，然而各省级政府的教育支出责任并未明显增大。[①] 此外，各省级政府对中央转移支付的资金在分配上的透明度也较低，无法进行分配是否合理的研究。特别是西部地区本身经济发展水平较低，更应该得到更多的支持，因此，应根据西部地区农村义务教育现实发展的需要，适当加大中央政府的教育资金转移支付力度，缓解地方政府在教育支出领域因财权和事权的错配而导致的供给不足。[②] 与此同时，进一步明确省级政府与下级政府的教育责任划分，发挥好上级政府的宏观调控作用，利用好下级政府的信息优势，让教育资源能够得到最有效的配置，以促进农村义务教育公平且有质量地发展。

2. 提高对西部贫弱地区特别是农村教育的财政支持

2001年我国颁布了《国务院关于基础教育改革与发展的决定》，提出“实行在国务院领导下，由地方政府负责、分级管理、以县为主的体制”，此后，

---

① 杨东平：《中国教育发展报告（2019）》，社会科学文献出版社，2019，第30页。

② 曹可成：《财政分权视角下基础教育支出效率测度及影响因素研究》，《统计与信息论坛》2020年第3期。

我国基础教育财政支出的主体逐渐下移到县级政府。在这样的背景下，县级政府的财力状况更多地直接决定了教育的投入水平。这使得教育财政容易出现不公平的现象，不同省区市间的县、乡政府由于社会经济发展水平不平衡，使得教育经费投入差距增大，即使在同一省区市内的县、乡政府，其社会经济发展水平也不一样，使得本来发展就不均衡的教育变得更加复杂，尤其要警惕农村与城市的义务教育发展差距的拉大。在以县为主的教育财政管理体制下，应注意“以县为主”是指“县级政府及其教育局是统筹落实、有效管理中央和省级政府教育投入的组织者和责任人，但并非是指以县投入为主”[①]。因此，必须加强对贫弱县乡的财政支持，特别是提高对农村教育的经费投入，缩小地区间的差距，促进西部地区义务教育的均衡发展特别是城乡义务教育一体化发展。

（二）提高西部地区农村教师队伍建设质量

1. 增加优质教师数量特别是培养农村优秀教师

西部地区义务教育现代化的发展离不开教师队伍的建设，在某种程度上教师的质量也就等同于教育的质量。西部地区受限于自身社会经济及地理交通的影响，师资队伍建设水平和区域差距都相对较大。一方面，随着城镇化进程的加快，西部地区城镇人口不断增加，然而教师数量的增长却无法完全赶上城镇人口对优质教育的需求。教育供需关系的失衡催生了很多非正常的教育现象，如课外培训市场的火爆、优质民办学校的高昂收费，这些都使得教育生态平衡被破坏，学生接受平等教育的机会实质上遭到破坏。另一方面，县城以下的农村、乡下地区的教育发展又受到城镇教育的压迫，优秀师资往往是“从乡到城”流动，使得本来教育发展就落后的农村、乡村地区更缺乏进步的动力。城乡环境的差距不仅让学生家长“用脚投票”，选择条件更好的城镇教育，教师也同样如此。国家的“师范生免费教育政策”（2018 年改为“师范生公费教育政策”）在一定程度都能吸引优秀人才进入

① 郝文武：《农村教育现代化“以县为主”应充分发挥乡镇乡村的作用》，《教育理论与实践》2019 年第 31 期。

教育行业，但城乡教育的师资差异仍将存在。有研究对五届东北师范大学免费师范生效果进行调查，发现免费师范生基本能留在基础教育，但呈现出留任城市多农村少、留任重点或示范学校多普通学校少的特点。[①]2015 年国务院印发《乡村教师支持计划（2015—2020）》,旨在鼓励优秀师资在乡村任教，切实提高了乡村教师待遇，然而城乡社会环境和发展空间的巨大差距仍使得年轻的优秀教师在有机会的情况下更倾向于选择去城镇任教。有研究通过对五省乡村教师流动意向的调查，指出工资待遇确实可以影响教师的保留率和流失率，但其作用比不上非货币性激励因素，即个人成长、家庭环境和社会条件等因素。[②] 因此，必须通过多种手段提高西部地区义务教育优质教师数量，拓宽教师引入渠道，充分发挥教育政策的鼓励作用，特别是西部农村地区，更要大力培养本土优秀教师，并健全城乡教师的流动机制，促进城乡义务教育师资平衡。

2. 完善师资培训和评价体制

西部地区农村义务教育师资队伍的扩充除了积极引入外，更应注意入职后的培养和考评。教育行政管理部门应根据实际，建立健全各类教师培训、研修、课题和晋升计划，并认真监督执行。学校也应根据本校教师发展实际，打造教师学习共同体进行校本培训，偏远地区学校还可以积极利用互联网进行网络课程的学习，不断提高教师的素质。此外，在对教师进行考评时，也应综合考虑各种因素，对在落后地区长期工作的教师在职称评定上予以政策倾斜。在这过程中，还应注意到西部农村义务教育阶段中初中师资偏弱的现状，积极探索初中教师专业素质提升的培养办法，改善初中师资质量，促进义务教育整体发展。

---

① 商应美：《免费师范生就业政策实施 10 周年追踪研究——以东北师范大学五届免费师范生为例》,《教育研究》2017 年第 12 期。

② 赵新亮：《提高工资收入能否留住乡村教师——基于五省乡村教师流动意愿的调查》,《教育研究》2019 年第 10 期。

（三）加强对西部民族地区的教育支持

1. 继续提高对西部民族地区的教育投入

民族教育是我国教育体系的重要组成部分，历来受到党和政府的高度关注。近年来在义务教育均衡发展上，西部民族地区取得了长足的进步，教育现代化发展程度不断提升。但不可否认的是，西部民族地区的社会经济发展水平仍然相对落后。教育作为有效提升人力资本的手段，是促进当地社会经济发展水平最有效的方式。因此，应继续加强对西部民族地区的教育投入，促进教育平等。《中华人民共和国民族区域自治法》也规定“国家加大对民族自治地方的教育投入，并采取特殊措施，帮助民族自治地方加速普及九年义务教育和发展其他教育事业，提高各民族人民的科学文化水平”，并且“国家帮助民族自治地方培养和培训各民族教师。国家组织和鼓励各民族教师和符合任职条件的各民族毕业生到民族自治地方从事教育教学工作，并给予他们相应的优惠待遇”，都是为了保证民族地区的教育事业发展。近年来特别需要为民族地区农村人口、贫困人口提供高质量的义务教育，需要合理分配教育资源，促进民族地区城乡教育均衡发展。

2. 加强少数西部民族地区与发达地区的教育交流

民族团结、平等和共同繁荣关乎我国现代化建设事业的发展，教育更是实现这一目标的重要手段。2016 年国务院印发《“十三五”促进民族地区和人口较少民族发展规划的通知》，提出要“推动义务教育均衡发展，支持义务教育学校标准化建设，全面改善义务教育薄弱学校基本办学条件，逐步提高义务教育阶段学校经费保障水平”，并且要“科学稳妥推行双语教育”，“支持民族地区师范院校重点培养双语教师和紧缺学科教师”，这些都是为了推动民族地区教育现代化发展。为更好地实现这一目标，应加强西部少数民族地区与发达地区的教育交流，包括对民族地区的教育对口支援，尤其是援疆、援藏教育，将优秀的师资、教育内容和教育方法传送到民族地区，帮助提升民族地区农村义务教育质量。

报告六 为了乡村振兴的教育精准扶贫

——西北连片特困地区农村经济与教育相互促进的调研

蒙泽察 郝文武 洪松松 王中晓

一、引言

2015 年 11 月，中共中央、国务院颁布《中共中央国务院关于打赢脱贫攻坚战的决定》，提出脱贫攻坚战确保到 2020 年农村贫困人口全部实现脱贫，是全面建成小康社会最艰巨的任务。我国扶贫开发已进入啃硬骨头、攻坚拔寨的冲刺期。中西部一些省区市贫困人口规模依然较大，剩下的贫困人口贫困程度较深，减贫成本更高，脱贫难度更大。2011 年，中共中央、国务院印发《中国农村扶贫开发纲要（2011—2020 年）》，明确要求把连片特困地区作为扶贫主战场，是精准扶贫工作的重中之重。西北连片特困地区包括新疆南疆三地州 24 个县、六盘山区 61 个县、吕梁山区 7 个县、秦巴山区 38 个县和四省藏区 42 个县，共 172 个县，占全国 25%。2015 年，西北 5 个连片特困区农村贫困人口数量共计 773 万人，占全国连片特困区农村贫困人口的 26.89%，平均贫困发生率为 15.15%。[①] 西北连片特困区各有其特殊的历史和地理条件，贫困原因复杂多样，有革命老区、牧区、民族地区和边疆地区，吕梁山区是革命老区，新疆南疆三地州属于民族地区和边疆地区。

---

① 数据来源于国家统计局住户调查办公室编《中国农村贫困监测报告 2016》，中国统计出版社，第 41-48、223 页。

在人均收入和消费方面。2015 年，西北 5 个连片特困地区农村常住居民人均可支配收入 6833 元，名义增长 12.46%，全国连片特困地区农村常住居民人均可支配收入是 7525 元，名义增长 11.9%；西北扶贫重点县农村常住居民人均可支配收入是 6927.2 元，名义增长 13.02%，全国扶贫重点县农村常住居民人均可支配收入是 7543 元，名义增长 12.3%。西北 5 个连片特困地区农村常住居民人均消费支出 5875.2 元，名义增长 8.8%，全国连片特困地区农村常住居民人均消费支出 6573 元，名义增长 11.4%；西北扶贫重点县农村常住居民人均消费支出是 6410.4 元，名义增长 9.92%，全国扶贫重点县农村常住居民人均消费支出是 6616 元，名义增长 11%。2015 年全国农村居民人均收入 11422 元，人均消费支出 9223 元。[①]可见，西北连片特困地区农村常住居民人均可支配收入增长速度较快，但是收入量仍然较低，并且人均消费水平也低，与全国农村居民收入和消费水平相比存在巨大差距，提高的空间很大。

2015 年全国贫困地区常住劳动力中，小学和初中文化程度占 80.4%，不识字或识字不多所占比重为 8.3%，高中及以上文化程度占 11.3%。与全国农村平均水平相比，贫困地区常住劳动力初中及以下文化程度占比高 8.7 个百分点，初中文化程度低 4.7 个百分点，高中及以上文化程度低 4.0 个百分点。[②]有调查显示，2013 年陕西省初中毕业升学率不到 80% 的 13 个县中有 9 个县是片区贫困县，其中吕梁山区佳县的升学率仅为 33%。[③]说明贫困地区劳动力学历层次低、学历层次结构差，升学问题依然严峻。2015 年，西北 5 个连片特困区行政村有幼儿园或学前班的占 50.2%，有小学且就学便利的占 56.8%；全国连片特困区行政村有幼儿园或学前班的占 57.1%，全国有小学且就学便利的占 66.2%。西北扶贫重点县行政村有幼儿园或学前班的占

① 数据来源于国家统计局住户调查办公室编《中国农村贫困监测报告 2016》，中国统计出版社，2016，第 41-48、224 页。

② 数据来源于国家统计局住户调查办公室编《中国农村贫困监测报告 2016》，中国统计出版社，2016，第 34 页。

③《贫困县，全部摘帽——未来五年陕西扶贫观察》，《陕西日报》，2015-11-16. http://esb.sxdaily.com.cn/pc/content/201511/16/content_159748.html.

52.1%，有小学且就学便利的占64.6%；全国扶贫重点县行政村有幼儿园或学前班的占57.9%，有小学且就学便利的占65.5%。[①]统计数据显示，西北连片特困区整体以及西北重点贫困县的行政村有幼儿园或学前班的占比和有小学且就学便利的占比与全国同类农村的平均水平存在明显差距。连片特困区由于地理环境比较恶劣，贫困人口的文化、人力等社会基础资本的匮乏，人口结构性改变难度大、周期长，在经济和教育方面的贫困代际传递特征明显。经济扶贫能在短期内帮助贫困家庭改善家庭经济水平和摆脱贫困，但无法从根本上解决后续发展乏力而返贫的贫困陷阱。

发展教育是从根本上摆脱贫困和阻断贫困代际传递的重要途径。贫困家庭过于依赖政府救济和社会福利，从而使子代丧失生活自信，陷于贫困陷阱中。[②]家庭经济之贫与教育之贫都具有明显的代际传递的特征，以父代低收入遗传给子代，在婚姻状况、受教育年限、就业机会和医疗保险等其他社会因素方面的代际传递。[③]同时，受制于经济资本、文化资本、人力资本、社会资本、心理资本等的匮乏，加剧了家庭贫困的代际传递，使得贫困家庭子代容易处于发展性劣势当中。美国人类学家刘易斯最早用“贫困文化”来解释贫困传递，认为长期贫困生活容易使穷人形成独特的行为规范、价值观念和文化体系，从而加剧后代贫困。[④]贫困家庭父母的学历与对子女的教育期待存在紧密联系，贫困家庭父母接受的教育水平越高，对子女的教育期待也越高。[⑤]贫困家庭因整体的教育水平有限，教育投入的产出是一种周期长的间接性效益，教育投入又直接加重家庭的经济负担。“资源受限”

① 数据来源于国家统计局住户调查办公室编《中国农村贫困监测报告2016》，中国统计出版社，2016，第231、249页。

② Lawrence M. Mead. The New Politics of Poverty: The Non-Working Poor in America. New York: Basic Books, 1992: 97.

③ 林闽钢、张瑞利：《农村贫困家庭代际传递研究——基于CHNS数据的分析》，《农业技术经济》2012年第1期。

④ Oscar Lewis. Five Families: Mexican Case Studies in the Culture of Poverty. New York: Basic Books, 1959: 215.

⑤ 高贵忠：《社会地位与家庭教育投入关系的实证研究》，《教育文化论坛》2012年第5期。

理论认为由于贫困父母始终处于经济危机的状态，因此他们难以有足够的金钱和精力用于开发孩子的人力资本，贫困家庭教育投入的力度有限。① 农村教育发展，要依据农村产业结构变化、多元经济发展的要求，适当渗透结合本地需要的职业教育内容；在农村职业教育和成人教育方面，应根据实际情况，坚持以农业技术培训为主、文化教育为辅，技术教育与文化教育相结合的原则，提高农民的科技文化水平和生产实践能力。②

经济发展与教育发展是相互促进又相互制约的关系，家庭的收入消费结构及其关系、文化水平、人力资本、教育期待和教育投入等方面决定家庭的经济与教育发展状况。贫困家庭只有通过教育才能提高家庭的文化、人力等发展的基础资本，提升其自力更生、自主脱贫的能力，转变发展观念，方能摆脱贫困和阻断贫困代际传递，实现长期可持续良性发展。从发展的根源上，需要增加对教育的投入和参与度，提升家庭的人力资源水平和存量；同时，教育扶贫要规避不利因素，杜绝因学致贫甚至“弃学”的恶性循环。正确认识教育在扶贫过程中兼具目标与手段、任务与工具的双重属性，先扶“教育之贫”，再“依靠教育扶贫”，在追求扶贫效率的同时，认识到教育扶贫的长效性。③

二、研究设计

（一）研究问题

连片特困区是扶贫攻坚的重中之重，西北连片特困区由于特殊的自然环境和历史原因，农村社会经济和教育发展落后，农户家庭主要劳动力的受教育水平有限，家庭人力资本存量有限，贫困原因复杂多样。为实现精准扶贫的准确性和长效性，发展贫困地区的教育是脱贫的必由之路。从国家精准扶贫政策及其项目支持和教育发展两个方面的有机结合为农户家庭脱

---

① 加里·斯坦利·贝克尔：《家庭论》，王献生、王宇译，商务印书馆，2005，第318-325页。

② 万运京：《基于新农村建设视角的农村教育发展策略探讨》，《河南师范大学学报（哲学社会科学版）》2008年第4期。

③ 郝文武、李明：《教育扶贫必须杜绝因学致贫》，《教育与经济》2017年第5期。

贫致富出谋划策，也为政府相关部门提供参考建议。为更详细了解和分析西北连片特困区农户家庭的贫困原因、受教育情况和脱贫致富的教育需求，课题组此次从以下几个方面深入农户家庭进行访谈和问卷调查：

1. 家庭收入、消费结构与贫困关系

家庭收入是支撑家庭发展的物质基础，家庭的收入、消费及其结构体现了一个家庭的经济和生活水平，也是衡量或测评一个家庭贫困的标准。调研组通过分析贫困家庭和非贫困家庭的收入、消费支出项目及数据，了解家庭收入、支出结构并解析贫困家庭的贫困程度，综合比较了贫困家庭和非贫困家庭在收入和消费方面的异同。

2. 受教育情况与人力资本及家庭收入的代际关系

家庭人力资本是支撑家庭发展的基础，人力资本水平决定家庭经济的收入情况。家庭人力资本水平与家庭成员的年龄、受教育年限、身体健康情况和从事工作类型等有关。教育是提升家庭人力资本水平和改善人力资本结构的重要途径。调研组分析了农户家庭成员的受教育情况、人力资本结构与家庭经济发展状况及其代际关系，并比较了贫困家庭与非贫困家庭之间的异同。

3. 致贫因素与精准扶贫情况

贫困家庭经济基础的脆弱性表现在其家庭经济的收入、支出结构的单一性，某一些偶然因素或某项日常支出就会导致贫困的发生或返贫。处于西北连片特困地区核心区域的贫困家庭，具体有哪些致贫因素，教育投入导致贫困发生的程度如何，又是通过哪些扶贫途径能够实现短期和中长期脱贫，具体的扶贫政策落实和行动是否能实现“精准”和“真扶贫”，贫困家庭通过哪些方式获得哪些方面的扶贫资助，扶贫情况是否满意等方面问题是调研组要研究的问题。

4. 脱贫需求与教育期待关系

农户家庭主要由于家庭经济基础薄弱，劳动力文化水平低，人力资本存量有限，因而摆脱贫困的能力和途径有限。结合农户家庭人力资本情况与家庭经济发展现状，农户家庭自身脱贫致富对哪些方面的知识与技能有比较迫切的需求，如何看待教育脱贫的作用，期望子女接受哪一层类的教育，子女接受教育的目的是什么。精准扶贫、扶经济之贫与教育之贫相结合，该如何有机将二者结合使得农户家庭既能实现短期脱贫又能长期可持续发展是调研组要研究的问题。

（二）分析思路与方法

根据本次调研的问题、目的和内容，基于典型代表和便利原则，采用典型调查法与地图调查法相结合的方法，选取西北连片特困区核心区域农村作为调查点深入调研。调研组以调查点为中心，对周围10公里范围内的农户家庭作为研究样本进行随机入户展开访谈和问卷调查。以贫困户和非贫困户家庭为对象，采用质性和计量相结合的实证分析法，从研究问题的4个方面展开实证比较分析，并结合研究结果提出改善和发展农村教育，以期提出促进农户家庭实现长期可持续发展的建议。

（三）研究对象

本研究选取西北4个连片特困区中的5个国家贫困县8个调查中心点，共发放问卷1000份，回收800份，有效问卷654份，有效回收率81.75%，其中贫困户占50.76%，非贫困户占49.24%。有效样本分布见表1。

表1　有效样本分布

连片特困地区	贫困县	乡镇、村调查点	贫困户（户）	非贫困户（户）
吕梁山区	清涧县	下廿里铺乡徐家沟村 高杰村镇胡昌坪村 石咀驿镇石咀驿村	205	62
	佳县	王家砭镇程家前沟村	27	62
秦巴山区	山阳县	高坝镇双桥村 十里铺镇刘家村	44	122
六盘山区	合水县	西华池镇孙家寨沟村	21	35
新疆南疆三地州	莎车县	亚喀艾日克乡阔什吐格曼村	35	41
合计	—	—	332	322

三、研究结果与分析

（一）农户家庭收入 / 消费结构、贫困情况与教育投入关系

农户家庭收入 / 消费结构及其关系体现一个家庭的经济和生活水平，也是衡量或测评一个家庭贫困的标准。在家庭收入方面，2015 年贫困户年均总收入为 6769.91 元，人均年纯收入为 1572.86 元；非贫困户年均总收入为 19868.09 元，人均年纯收入为 4101.21 元，分别是贫困户的 2.93 倍和 2.61 倍，收入差异明显。主要消费方面，贫困户食品支出和教育支出分别占家庭年总收入的 60.19% 和 48.33%，非贫困户两项支出分别占家庭总收入的 24.91% 和 18.02%。从家庭收入和食品支出看，贫困户贫困程度较深，贫困户和非贫困户在人均食品支出、家庭平均教育支出和人均教育支出数额差异不明显，但由于贫困户家庭年总收入低，所占总收入比例差异显著，贫困户两项支出合计超出家庭年总收入 8.53%，经济负担重。（见表 2）

表 2　农户家庭 2015 年收入 / 消费情况

	家庭年均总收入（元）	人均年纯收入（元）	食品年支出（元）	占总收入比例（%）	教育年支出（元）	占总收入比例（%）	人均食品支出（元）	人均教育支出（元）
贫困户	6769.91	1572.86	4074.85	60.19	3272.14	48.33	949.85	762.74
非贫困户	19868.09	4101.21	4948.76	24.91	3580.45	18.02	1028.85	744.37
对比	1 ： 2.93	1 ： 2.61	1 ： 1.21	1 ： 0.41	1 ： 1.09	1 ： 0.37	1 ： 1.08	1 ： 0.98

注：对比是非贫困户与贫困户数值的对比（贫困户 =1）。农户家庭收入 / 消费数据偏低，主要由于农户家庭种植自己食用的农产品无法估值，因此均未算入家庭总收入和食品消费支出项目中。

农户家庭主要收入 / 消费结构及其关系。家庭经济收入来源项目有劳务性或工资性收入、转移性收入、家庭经营性收入、财产性收入和亲朋或社会借贷等，贫困户和非贫困户主要的收入项目均集中在家庭经营性收入、劳务性或工资性收入和转移性收入，三项合计分别占总收入项目数的 89.79% 和 94.10%，各项所占比例差异明显。从家庭经济收入来源项目和所占比例来看，贫困户主要靠务农的农产品经营性收入、政府救济、扶贫款项等收入较多，

非贫困户主要靠务工或工资所得。家庭支出项目有食物、服装、医疗、住房、家庭电器、农资、文化教育和婚丧嫁娶等，贫困户和非贫困户主要的支出项目均集中在食物、医疗和文化教育方面，三项合计分别占总支出项目数的60.45%和60.79%，所占比例差异不明显。从农户家庭的收入/消费项目结构及所占比例来看，主要收入项目结构及来源较单一且不稳定；主要消费项目集中在日常生活必需方面，消费结构较为单一。（见图1）

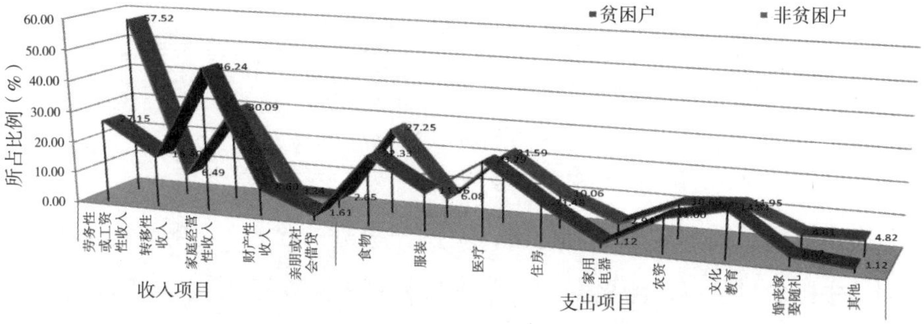

图1 农户家庭主要收入/支出项目结构图

注：劳务性或工资性收入包括外出务工或企事业单位的劳务报酬或工资；转移性收入是指国家救济、政府低保、补助或扶贫专项的收入；家庭经营性收入指家庭种植、放牧或养殖等收入；财产性收入是指土地出租、房屋租金、银行存款利息等。

关于农户家庭收入/支出与贫困关系。目前，全球广泛使用的测量贫困的标准有两类，一类是世界银行的收入/消费标准；另一类是联合国开发计划署的“多维贫穷指数”（MPI）。[①] 我国农村的贫困标准分为农村贫困标准和农村低收入标准，目前的贫困标准是将两者合二为一。2011年颁布的《中国农村扶贫开发纲要（2011—2020年）》将扶贫标准定为农民年人均纯收入2300元（2010年不变价）。[②] 据2015年农村居民食品消费价格的变动，2015年相应的贫困标准为年人均纯收入2855元。[③] 调研数据显示，2015年，尚

① 王小林:《贫困测量：理论与方法》，社会科学文献出版社，2017，第38页。

② 中共中央、国务院印发《中国农村扶贫开发纲要（2011—2020年）》，取自中华人民共和国政府网：http://www.gov.cn/gongbao/content/2011/content_2020905.htm.

③ 国家统计局住户调查办公室编《中国农村贫困监测报告2016》，中国统计出版社，2016，第5页。

有部分贫困户家庭的基本食品支出大于家庭总收入，处于深度贫困线以下，其家庭收入与食品消费关系如下。（见图 2）

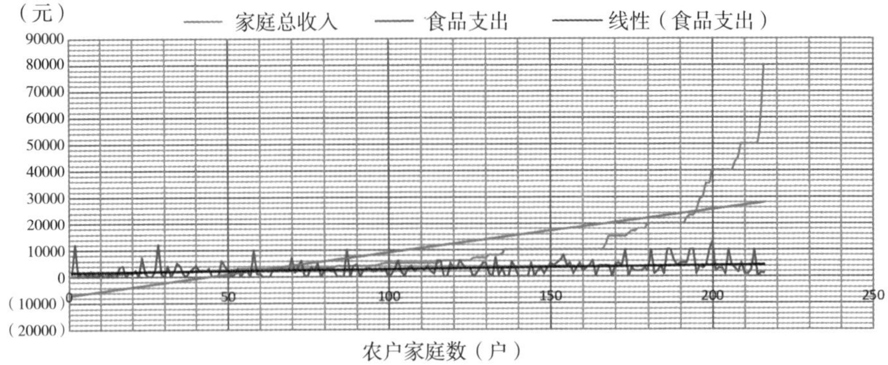

图 2　2015 年贫困户家庭收入与食品消费情况图

按照我国目前的贫困测算标准，贫困户家庭的收入 / 支出与贫困关系，参照《中国农村贫困监测报告 2016》的农村贫困测算标准①，将食品消费支出表示为家庭总收入、家庭特征和地区特征的函数，具体函数表示：

FE=f（InC，H，D）

用 FE 表示食品消费支出，InC 表示家庭总收入，H 表示家庭特征，D 表示地区特征。那么，农户家庭的家庭总收入、家庭食品消费与家庭贫困关系模型如下。（见图 3）

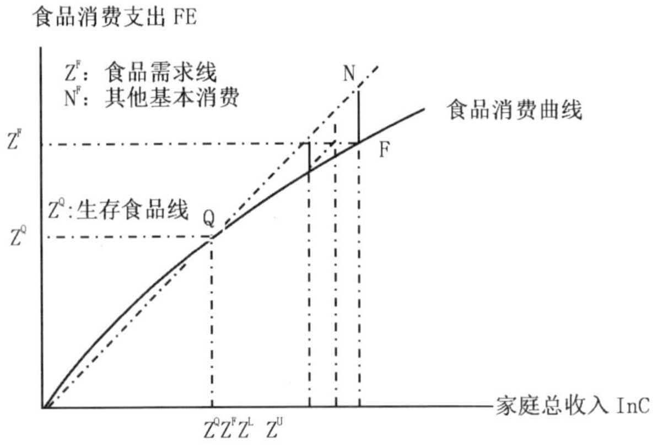

图 3　农户家庭收入 / 消费与贫困关系模型图

① 鲜祖德、王萍萍、吴 伟:《中国农村贫困标准与贫困监测》,《统计研究》2016 第 9 期。

根据 2015 年贫困户家庭收入与食品消费数据（图 2），贫困户农户家庭收入 / 消费与贫困关系函数 FE 呈现以下特征：

当 $Z^Q \geqslant InC$ 时，表示农户家庭的食品消费总额大于等于家庭总收入，属于深度贫困家庭，约 1/5 的家庭尚处于该阶段，在政府扶贫或社会救济的帮助下基本能解决日常生活所需，家庭日常生活必需消费负担重，食品、教育等支出需社会救济或政府精准扶贫全方位帮助。

当 $Z^F=Z^L+N^F \leqslant InC$ 时，表示家庭总收入基本满足食品消费，温饱基本稳定，属于一般贫困家庭，约 2/5 的家庭处于该阶段，家庭的教育等其他投入经济负担较重，需精准扶贫多方位帮助。

当 $InC \geqslant Z^F+N^F=Z^U$ 时，表示家庭总收入能满足基本食物需求和其他基本消费，处于国家贫困标准线“两不愁，三保障”以上，约 2/5 的家庭处于该阶段，在扶贫帮助下家庭经济逐渐向好发展，家庭的教育等其他支出的条件相对较宽松，家庭经济与教育需进一步统筹规划。

在教育投入方面，贫困户各个阶段的教育支出略低于非贫困户，两者各阶段教育支出所占教育总支出比例差异明显，贫困户在学前教育和义务教育支出所占教育总支出比例较高，非贫困户在高中教育和高等教育支出所占教育总支出比例较高。（见图 4）从农户家庭收入 / 支出结构及贫困程度和总体教育投入及差异情况来看，贫困户逐渐加强对子女接受教育的投入力度。

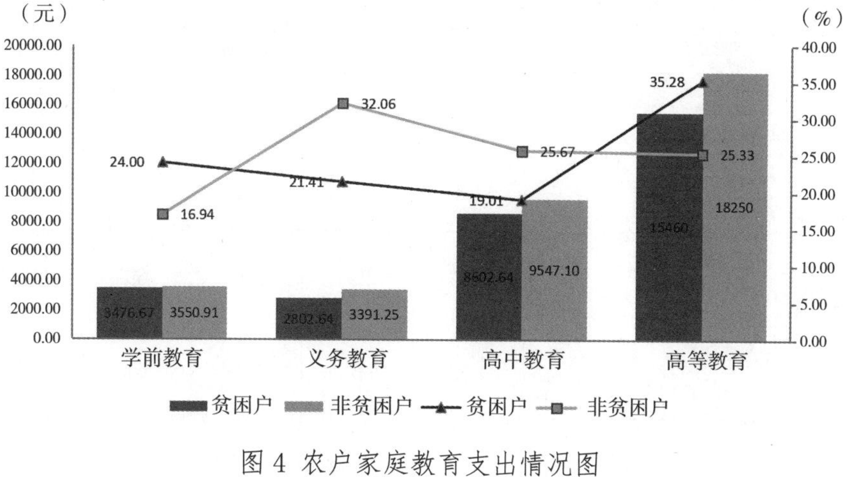

图 4 农户家庭教育支出情况图

注：该图通过筛选有实际教育支出的贫困户与非贫困户的数据进行统计。

（二）教育对农户家庭经济发展的影响与家庭人力资源结构分析

农户家庭的人力资源结构直接决定家庭的经济水平，其结构要素包含年龄、受教育年限、身体健康情况和从事工作类型等。在年龄结构上，贫困户三代的成员平均年龄大于非贫困户 7.46 岁，年龄代差（ΔYt）不均衡，ΔYt 第一、二代 =15.8 岁，ΔYt 第二、三代 = 26.83 岁；非贫困户家庭成员的年龄代差较为均衡，ΔYt 第一、二代 =18.18 岁，ΔYt 第二、三代 =23.51 岁。从年龄及代差看，贫困户家庭第三代成员比非贫困户家庭第三代成员将面临更为严峻的家庭成员老龄化问题。受教育水平方面，农户家庭成员平均受教育年限逐代递增明显，受教育年限代差（ΔEdt）差异不明显，贫困户 ΔEdt 第一、二代 =2.29 年，ΔEdt 第二、三代 =1.76 年；非贫困户 ΔEdt 第一、二代 =2.36 年，ΔEdt 第二、三代 =1.75 年。从受教育年限及代差看，贫困户家庭成员受教育年限代际增量与非贫困户基本一致，但贫困户平均受教育年限低于非贫困户 1.37 年，第一、二、三代分别低 1.32 年、1.39 年、1.38 年，受教育水平差异的代际传递明显。（见表 3）

表 3　农户家庭三代人年龄与受教育年限及其代际关系情况

类型	受教育年限（年）	第一代		第二代		第三代	
		人数（个）	比例（%）	人数（个）	比例（%）	人数（个）	比例（%）
贫困户	未上学（0）	44	57.89	229	37.66	96	16.87
	小学（1 ≤ Y ≤ 6）	19	25.00	181	29.77	157	27.59
	初中（7 ≤ Y ≤ 9）	9	11.84	153	25.16	192	33.74
	高中（10 ≤ Y ≤ 12）	3	3.95	39	6.41	63	11.07
	大学及以上（13 ≤ Y）	1	1.32	6	0.99	61	10.72
	平均年龄 / 受教育年限均值（年）	68.70/2.41		52.90/4.70		26.07/6.46	

（续表）

类型	受教育年限（年）	第一代		第二代		第三代	
		人数（个）	比例（%）	人数（个）	比例（%）	人数（个）	比例（%）
非贫困户	未上学（0）	39	43.33	119	19.83	32	6.31
	小学（1 ≤ Y ≤ 6）	30	33.33	206	34.33	128	25.25
	初中（7 ≤ Y ≤ 9）	16	17.78	224	37.33	189	37.28
	高中（10 ≤ Y ≤ 12）	5	5.56	44	7.33	105	20.71
	大学及以上（13 ≤ Y）	0		7	1.17	53	10.45
	平均年龄 / 受教育年限均值（年）	66.13/3.73		47.95/6.09		24.44/7.84	

注：受教育年限是指 6 岁及以上人口平均受教育年限。未上学的人数不包括非学龄儿童。

农户家庭主要劳动力情况，贫困户和非贫困户家庭户均主要劳动力人数相当，贫困户务农较多，非贫困户务工较多。贫困户和非贫困户家庭主要劳动力总人数相当，年龄集中分布于 25—65 岁，人力资本结构要素差异明显，贫困户主要劳动力的平均年龄比非贫困户家庭的要大 2.52 年，尤其是年龄在 26—35 岁和 36—45 岁两个阶段的主要劳动力人数均明显少于非贫困户；平均受教育年限低 1.22 年，其中，贫困户大多数是小学或初中学历水平，非贫困户多数属于初、高中学历水平；贫困户身体健康比例低 10.29%，务农的比例高 5.42%，务工比例低 5.25%，非贫困户家庭人力资源结构明显优于贫困户。（见表 4）从人力资本结构要素及其差异的代际传递来看，农户家庭主要劳动力受教育水平低，非贫困户人力资源结构明显优于贫困户，贫困户主要劳动力年龄偏大，受教育水平低，身体健康状况差，黄金年龄段的劳动力偏少[①]，同时家庭成员老龄化问题更为严峻。

① 第 13 届国际劳工统计大会 (ILO) 通过的十八项劳动力市场主要指标中，认为劳动者的黄金年龄段是 25 岁至 54 岁。

表 4 农户家庭主要劳动力人力资源结构要素总体情况

类型	人数（个）		平均年龄（年）	平均受教育年限（年）	身体健康比例（%）	从事工作比例（%）		
	总数	户均人数				务农	务工	其他
贫困户	591	1.78	43.28	6.08	76.99	41.12	37.06	21.83
非贫困户	605	1.88	40.76	7.30	87.28	35.70	42.31	21.98

注：本文劳动力数据包含所有实际参与家庭长期劳动的人口。

农户家庭的经济发展情况主要与家庭主要劳动力的收入息息相关，主要劳动力的人力资本水平决定家庭的经济收入水平。农户家庭主要劳动力人力资本水平与家庭总收入关系，通过建立关于家庭总收入和主要劳动力平均受教育年限的最小二乘线性（OLS）回归模型进行分析。最小二乘线性（OLS）回归模型：

$$Y_i=f(X_i)=aX_i+b_i=1,2......n$$

利用最小二乘法求的回归系数 a、b：

$$R^2=1-\frac{\sum_{i=1}^{n}(Y_{ti}-\hat{Y}_{ti})^2}{\sum_{i=1}^{n}(Y_{ti}-\bar{Y}_{ti})^2} \quad i=1, 2.....n$$

通过回归方程的判定系数 R2，判断回归方程的拟合优度：

$$R^2=1-\frac{\sum_{i=1}^{n}(Y_{ti}-\hat{Y}_{ti})^2}{\sum_{i=1}^{n}(Y_{ti}-\bar{Y}_{ti})^2} \quad i=1, 2.....n$$

回归分析结果显示，贫困户家庭主要劳动力受教育年限与家庭总收入之间呈显著正相关关系。回归方程的拟合优度为 0.227，表示贫困户家庭主要劳动力的人力资本解释了该区域贫困户家庭总收入差异为 22.7%。贫困户家庭主要劳动力的受教育年限每增加 1 年，其家庭总收入增加约 1671 元，关系曲线见图 5。

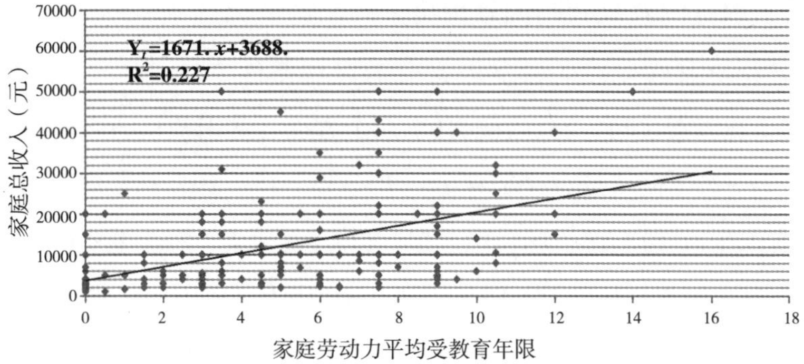

图 5 贫困家庭主要劳动力平均受教育年限与家庭总收入的回归关系图

非贫困户家庭主要劳动力受教育年限与家庭总收入之间呈正相关关系。回归方程的拟合优度为 0.117，表示非贫困户家庭主要劳动力的人力资本解释了该区域非贫困户家庭总收入差异为 11.7%。其家庭主要劳动力的受教育年限每增加 1 年，其家庭总收入增加大约 2266.3 元，关系曲线见图 6。

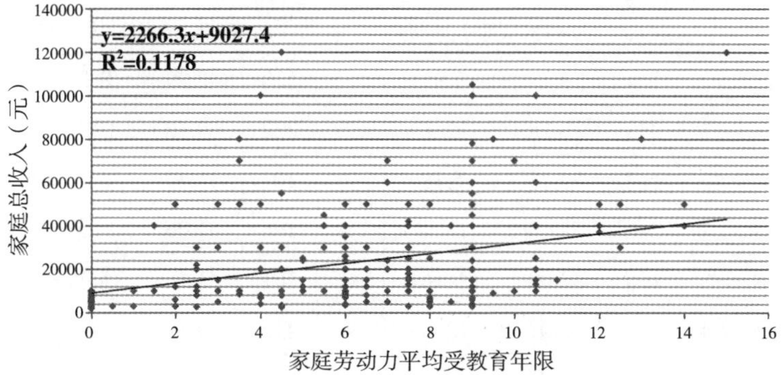

图 6 非贫困家庭主要劳动力平均受教育年限与家庭总收入的回归关系图

主要劳动力与家庭总收入关系的线性回归分析结果显示，教育促进家庭经济发展正效益显著，非贫困户主要劳动力受教育年限每增加 1 年对促进家庭经济发展的效益更好。从人力资本结构要素及其差异的代际传递关系来看，非贫困户家庭的人力资本水平高于贫困户，教育对非贫困户促进效益的显著程度更高，贫困户家庭的后续发展潜力明显较弱。因此，发展农村教育，提高农户家庭成员受教育水平，从而提升家庭人力资源水平，对促进农户家庭经济发展和阻断贫困代际传递具有重要意义。

（三）致贫因素及其归因分析与精准扶贫情况

关于农户家庭发展的致贫因素分为客观条件（T2、T4、T5、T7、T8、T10）和主观因素（T1、T3、T6、T9）两个方面。贫困户认为主要致贫因素（单个题项选择比例超过50%）有T4、T2、T8、T6、T9、T5；非贫困户认为主要致贫因素有T2、T6、T8、T9、T4、T7。（见表5）两者主要致贫因素选项基本一致，但累计比例差异明显，即贫困户更倾向归因于自然环境等客观条件，非贫困户更倾向归因于文化程度低等主观因素。在农户家庭的收入/支出结构中，主要支出项目集中在食品、医疗和教育方面，尤其是贫困户的教育支出负担重，但两者均不认为教育投入是主要致贫因素之一。大多数农户家庭认为通过接受教育提高文化水平是促进家庭经济发展的重要途径。

表5　农户家庭对致贫因素的选择统计结果

致贫因素	贫困户				非贫困户			
	频数	所占比例（%）	累积比例（%）	排序	频数	所占比例（%）	累积比例（%）	排序
T1：教育投入	144	43.37	7.95	7	138	42.99	8.14	5
T2：医疗支出	235	70.78	12.97	2	222	69.16	13.10	1
T3：礼俗支出	112	33.73	6.18	9	101	31.46	5.96	7
T4：自然条件差	246	74.10	13.58	1	196	61.06	11.56	3
T5：自然灾害	166	52.00	9.16	6	101	31.46	5.96	7
T6：文化程度低	226	68.07	12.47	4	222	69.16	13.10	1
T7：缺劳动力	92	27.71	5.08	10	169	52.65	9.97	4
T8：缺资金	233	70.18	12.86	3	213	66.36	12.57	2
T9：缺技术	218	65.66	12.03	5	213	66.36	12.57	2
T10：意外变故	140	42.17	7.73	8	120	37.38	7.08	6

注：所占比例是单个选项的选择比例，累积比例是该选项占全部选项总和的比例。

农户家庭的扶贫情况，按照国家标准认定的贫困户均不同程度获得政府及社会的扶贫款项或参与扶贫项目，精准扶贫基本覆盖。贫困户332户中有324人享受低保，平均每户有0.98人，获得扶贫款项和参与扶贫项目共占 79.82%，教育方面经济扶贫资助共占 38.86%。非贫困户获得扶贫款项和参与扶贫项目占比不足 1%，322 户中有 63 人享受低保。关于农户家庭对精准扶贫力度和扶贫方式两个方面的满意情况数据统计和显著性检验结果显示，贫困户和非贫困户对精准扶贫力度和方式总体倾向于比较满意，非贫困户的满意度略低于贫困户，差异程度不显著。（见表 6）

表 6　农户家庭对精准扶贫力度和方式的满意度情况

维度		很满意=4 频数 / 比例	比较满意=3 频数 / 比例	不满意=2 频数 / 比例	很不满意=1 频数 / 比例	均值 M	标准差 SD	显著性检验 Z
扶贫力度	贫困户	139/43.57	62/19.44	71/22.26	47/14.73	2.92	1.11	1.88845 (P > 0.05)
	非贫困户	88/28.03	104/33.12	82/26.11	40/12.74	2.76	1.00	
扶贫方式	贫困户	86/27.48	68/21.73	101/32.27	58/18.53	2.76	1.08	−1.14313 (P > 0.05)
	非贫困户	70/22.58	112/36.13	85/27.42	43/13.87	2.67	0.97	

注：Z 检验得 Z 值与 P 值关系：$|Z| \geq 2.58$，$P \leq 0.01$，表示差异程度非常显著；$|Z| \geq 1.96$，$P \leq 0.05$，表示差异程度显著；$|Z| < 1.96$，$P > 0.05$，表示差异程度不显著。

同时，在访谈中了解到，精准扶贫主要以政府款项和扶贫项目下发到贫困户家庭和奖助在校贫困生的形式为主，对短期家庭财物需求和在校生帮助较大，但缺乏深入农户家庭进行发展资源整合和制定发展规划方面的指导和帮助。教育扶贫方面，主要以集中举办一些农民种植、养殖技能培训活动为主，较少涉及农户家庭的具体发展规划以及发展思想观念的帮助与指导，即缺乏精准扶智和扶志。由于大部分农户家庭主要依赖于土地，以凭经验种植、养殖的生产经营方式自给自足为主，种植、养殖不能形成产业化生产，且农民自身文化水平有限，对集中的技能培训形式、内容与自身的需求不太一致，对提高农户家庭人力资本水平，实现家庭经济长期可持续发展的影响有限。

（四）农户家庭对教育的理解与摆脱贫困的教育期待情况

农户家庭对教育的理解与摆脱贫困的教育期待，分别从对接受教育的作用、目的和具体需求三个方面进行分析。对子女接受高等教育或参加技能培训对家庭脱贫致富作用的认识上有明显区别，贫困户和非贫困户认为有用的分别占 71.39% 和 84.57%，非贫困户高出 13.18%。对子女参加技能培训对家庭脱贫致富的作用有显著差异，仅不到 1/3 的贫困户认为子女参加技能培训对脱贫致富有用，有超过 2/3 的非贫困户认为子女参加技能培训对脱贫致富有用，非贫困户认为有用的比例高出 37.87%。（见表 7）

表 7　农户家庭认为子女接受高等教育和参加技能培训对脱贫作用的情况

	接受高等教育对脱贫致富是否有用				参加技能培训对脱贫致富是否有用			
	有用（户 /%）		没有用（户 /%）		有用（户 /%）		没有用（户 /%）	
贫困户	237	71.39	95	28.61	107	32.23	225	67.77
非贫困户	263	84.57	48	15.43	218	70.10	93	29.90

关于农户家庭希望子女接受教育的 7 个具体目的中，贫困户和非贫困户的选择较集中在 D1、D2、D3 三个方面，总体趋势基本一致。农户家庭希望子女接受的教育层次分普通本科院校和中高等职业院校，在这 2 个选项中，贫困户和非贫困户无一例外都选择普通本科院校。（见表 8）关于子女接受教育的作用与目的，农户家庭全部希望子女接受普通本科教育，绝大多数农户家庭均认为接受教育让子女发展得更好，能改变家庭经济状况；区别在于大部分非贫困户认为参加技能培训对脱贫致富有用，而大部分贫困户却认为没有用。同时，访谈了解到，多数农户家庭的孩子在无法进入普通本科院校或难以承担其教育成本时，甚至有部分在完成义务教育后就选择直接外出务工，很少有选择进入中高等职业院校继续学习，存在“资源受限”理论所解释的现象，即由于家庭经济问题接受更高层次教育及其投入的力度有限。

表 8　农户家庭希望子女接受教育的目和教育层次情况

维度	选项	贫困户		非贫困户	
		频数	比例（%）	频数	比例（%）
接受教育目的	D1：让孩子将来能走出去，获得更好的发展	214	24.71	147	19.02
	D2：改变家庭经济状况	199	22.98	143	18.50
	D3：提高孩子的素质	157	18.13	143	18.50
	D4：为当地发展做贡献，建设新农村	141	16.28	89	11.51
	D5：自己接受教育少，要让孩子多接受教育	107	12.36	127	16.43
	D6：名声好	39	4.40	63	8.15
	D7：大家都这样认为	9	1.02	61	7.89
教育层次	E1：普通本科院校	325	100.00	311	100.00
	E2：中高等职业院校	0	0.00	0	0.00

关于农户家庭脱贫致富的教育需求，分别从 8 个方面具体的知识与技能或其他教育需求程度进行分析，分别是：Q1：子女上学的财物资助的需求；Q2：学习种植和养殖知识与技能的需求；Q3：学习经商做生意的知识与技能的需求；Q4：获得更多的医疗救助并学习相关技能与知识的需求；Q5：学习日常卫生保健的知识与技能的需求；Q6：学习防灾减灾的知识与技能的需求；Q7：学习使用网络信息技术的知识与技能的需求；Q8：学习休闲娱乐养生方面的知识与技能的需求。统计和显著性分析结果显示，贫困户和非贫困户对各方面的知识与技能或其他教育需求总体需求程度较高，各具体程度有所差异，具体的需求程度排序为，贫困户：Q1 > Q3 > Q6 > Q2 > Q5=Q4=Q7 > Q8；非贫困户：Q1 > Q5 > Q2 > Q6 > Q3 > Q4=Q7 > Q8。两者对 Q5、Q7 的需求程度差异显著，前者对 Q7 需求较高，后者对 Q5 需求较高；对 Q8 的需求程度差异非常显著，前者的需求更高。（见表 9）

表9　农户家庭脱贫致富的具体教育需求情况

选项	对象	非常需要 =4 频数 / 比例（%）	比较需要 =3 频数 / 比例（%）	不太需要 =2 频数 / 比例（%）	不需要 =1 频数 / 比例（%）	均值 M	标准差 SD	显著性检验 Z
Q1	贫困户	148/46.69	107/33.75	25/7.89	37/11.67	3.15	0.99	−0.92621（P ＞ 0.05）
	非贫困户	154/49.20	94/30.03	42/13.42	23/7.35	3.23	0.92	
Q2	贫困户	108/33.86	115/36.05	55/17.24	41/12.85	2.91	1.01	−1.08799（P ＞ 0.05）
	非贫困户	106/34.30	113/36.57	71/22.98	19/6.15	2.99	0.90	
Q3	贫困户	148/46.69	107/33.75	25/7.89	37/11.67	2.93	0.94	1.61971（P ＞ 0.05）
	非贫困户	92/29.68	101/32.58	80/25.81	37/11.94	2.80	1.00	
Q4	贫困户	94/29.84	116/36.83	79/25.08	26/8.25	2.88	0.93	1.34908（P ＞ 0.05）
	非贫困户	83/26.60	97/31.09	89/28.53	43/13.79	2.71	1.01	
Q5	贫困户	91/28.71	122/38.49	79/24.92	25/7.89	2.88	0.92	−2.77492（P ＜ 0.01）
	非贫困户	111/35.13	133/42.09	54/17.09	18/5.70	3.08	0.86	
Q6	贫困户	93/28.97	126/39.25	84/26.17	18/5.61	2.92	0.88	0.03753（P ＞ 0.05）
	非贫困户	98/31.51	111/35.69	79/25.40	23/7.40	2.91	0.93	
Q7	贫困户	94/29.84	116/36.83	79/25.08	26/8.25	2.88	0.93	2.29693（P ≤ 0.05）
	非贫困户	83/26.60	97/31.09	89/28.53	43/13.78	2.71	1.01	
Q8	贫困户	57/18.10	118/37.46	106/33.65	34/10.79	2.63	0.90	4.21631（P ≤ 0.01）
	非贫困户	50/16.18	78/25.24	95/30.74	86/27.83	2.30	1.04	

注：Z 检验得 Z 值与 P 值关系：|Z| ≥ 2.58，P ≤ 0.01，表示差异程度非常显著；|Z| ≥ 1.96，P ≤ 0.05，表示差异程度显著；|Z| ＜ 1.96，P ＞ 0.05，表示差异程度不显著。

结合贫困户和非贫困户的致贫因素选择结果和具体的教育需求程度，按四象限法则将具体需求分为四类，即紧迫且重要、紧迫不重要、重要不紧迫和不重要也不紧迫的需求程度，农户家庭各项具体需求分布见图 7。

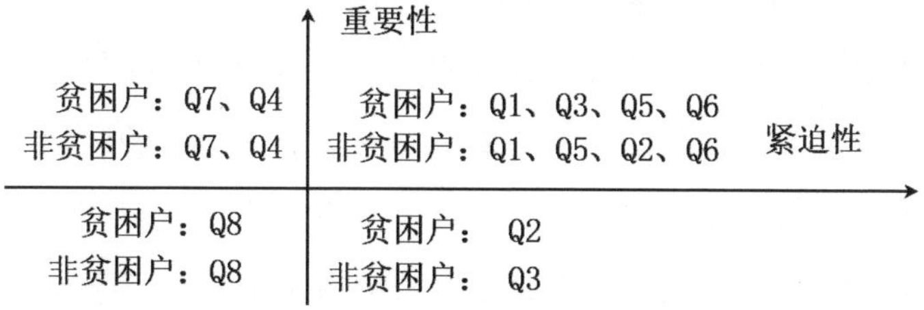

图 7　基于四象限法则分类的农户家庭教育需求坐标系图

从图 7 可以看出，贫困户认为子女上学的财物资助、经商、日常卫生保健、防灾减灾的知识与技能的需求紧迫且重要，对种植和养殖的知识与技能的需求较迫切；非贫困户认为子女上学的财物资助、日常卫生保健、种植养殖、防灾减灾的知识与技能的需求紧迫且重要，对经商的知识与技能需求较紧迫。两者均认为学习使用网络技术和获得医疗救治的知识与技能较重要，认为休闲娱乐养生方面的知识与技能不重要且也不紧迫。

四、结论与建议

家庭人力资本水平决定家庭经济发展状况，教育是提高家庭人力资本水平和存量的重要途径。通过分析农户家庭经济、教育投入、人力资本结构及水平，教育促进家庭经济发展的重要作用，以及当前发展面临的问题和发展需求可知，只有将经济扶贫与教育扶贫相结合，发展和改善农村的教育，发挥教育促进家庭经济发展的基础性和长效性作用，才能实现农户家庭经济长期可持续良性发展。

（一）研究结论

1. 农户家庭收入、消费结构单一，贫困户与非贫困户发展差异明显；贫困户贫困程度较深，教育投入的经济负担较重，但投入力度逐渐加大。对贫困户和非贫困户发展情况对比分析发现，由于贫困户家庭主要收入项目结构及其来源较为单一，收入低且不稳定。客观上，食品、教育支出的经济负担较重，贫困关系函数 FE 显示贫困程度较深；但从教育支出额度及所占比例分布来看，贫困户也逐渐加强对子女接受教育的投入力度。

2. 教育促进农户家庭经济发展正效益显著，贫困户人力资源水平低，人力资源结构要素差异及其代际传递明显，人口老龄化问题严重。从人力资本结构要素及其差异的代际传递来看，非贫困户人力资源结构明显优于贫困户。贫困户人力资源水平低，主要由于家庭成员受教育水平低、年龄结构不合理（ΔYt 均值为 26.31 年），主要劳动力年龄偏大、身体健康状况差，黄金年龄段的劳动力偏少，老龄化问题严重。农户家庭主要劳动力与家庭总收入的 OLS 回归分析显示，家庭成员受教育水平促进家庭经济发展的正效益显著，非贫困户的促进效益程度更高。

3. 农户家庭主要致贫因素基本一致，但归因倾向差异明显；对精准扶贫力度和方式较满意，但教育扶贫缺乏精准供给和精准扶智与扶志。贫困户和非贫困户均认为自然条件差、医疗支出大、缺资金、文化程度低、缺技术等是主要致贫因素，前者更倾向归因于客观条件，后者更倾向归因于主观因素。贫困户教育支出的经济负担虽较重,但并不认为它是主要致贫因素。两者对目前的精准扶贫力度和方式较满意（$M > 2.5$），但缺乏对农户家庭具体发展规划以及发展思想观念的帮助与指导，教育扶贫方式和内容缺乏精准供给，对家庭长期可持续发展影响有限。

4. 绝大多数农户家庭认为通过子女接受教育能实现脱贫致富，对摆脱贫困的具体教育需求程度较高且分布较集中。贫困户和非贫困户绝大多数家庭均认为接受教育能让子女发展得更好，改变家庭经济状况，都希望子女能接受普通本科教育。由于发展观念的不同，两者的区别在于前者大部分认为参加技能培训对脱贫致富有用，而后者大部分却认为没有用，存在“资源受限”现象。两者紧迫且重要的具体教育需求均集中在对子女上学的财物资助和日常卫生保健、防灾减灾的知识与技能，还分别有经商和种植、养殖的知识与技能的需求。

（二）研究建议

基于研究结论，对发展农村教育，以促进农户家庭经济发展提出以下建议：

1. 加快推进农村教育普惠性改革，加大优先发展农村教育的投入和反哺力度，合力建设农村教育。在推进教育普惠性改革进程中，应该着重降低农村子女接受基础教育以及高等教育的成本,减轻农户家庭教育负担。因此，需要优先加大对贫困农村的教育投入力度，合理统筹城乡基础学校布局和资源配置，实现普惠性的农村基础教育，高等教育应设立更多针对农村学生的普惠性项目。同时加强先发展的地区、城市和社会力量对发展落后的农村教育的反哺力度，建立“一一对应”互联互动的发展机制，使更多的农村子女接受更多优质的基础教育和高等教育，破解“资源受限”现象。

2. 实施“教育下移”计划，完善农村教育体系，为农村提供丰富、优质、便利的教育资源。实施“教育下移”计划，利用外部教育资源尤其是高等教育发展成果，建设完善农村教育体系，将我国丰富多样的教育科研成果和产教融合经验“下移”农村发展实际，为农村提供优质、平民化的教育形式和内容，提高贫困人口的文化水平，加强“三农”人才培养和队伍建设。同时，由政府主导、社会合力建立“贫困人口—教育培训—就业增收”的农村职业教育体系，构建快速实现知识与技能的经济效益转换模式，着力提高农户家庭人力资源水平，改变贫困人口结构，加深高层次教育与农村基层发展需要和农村教育的联系与互动，不仅能带动并解决农村的发展问题，而且还将吸引更多的社会资源投入农村经济社会发展。

3. 推进教育进村入户精准服务，将“教育下移”计划与基础教育、职业教育、技能培训有机结合，着力解决农户家庭发展迫切且重要的教育需求。教育进村入户精准服务，根据每户家庭发展的紧迫且重要的具体教育需求及思想观念，精准具体设计发展方案，结合“教育下移”计划，将农村基础教育、职业教育等知识与技能培训有机结合，指导农户家庭成员的接受相关具体的教育活动，解决农户家庭发展的日常卫生保健、防灾减灾、种植养殖等紧迫且重要的知识与技能，提供具体的就业或开展经济发展活动指导服务，提高教育与生产劳动效益，促进家庭经济发展。“教育下移”计划和推进教育进村入户精准服务，将教育发展成果的邻近影响效益惠及农村基层的各层面，带动农村发展理念和发展方式的变革，从根本上摆脱“贫困文化”的发展困局。

报告七　接受现代教育是村民脱贫致富的重要保障
——丝路沿线国家级贫困县村民脱贫致富与受教育状况关系调研报告

高文涛　潘小芳　李　明　郝文武

一、引言

“教育是帮助人们摆脱贫困的最重要途径。教育不仅让人们拥有一份工作，更让人们工作稳定，工作条件和待遇良好，这也是经济获得更大发展、更长远发展的基础。”[①]《国家中长期教育改革和发展规划纲要（2010—2020年）》中强调要实施科教兴国战略和人才强国战略，优先发展教育，到2020年基本实现教育现代化，基本形成学习化社会，进入资源强国行列。党的十八届五中全会提出全面建成小康社会的目标是，到2020年国内生产总值和城乡居民人均收入比2010年翻一番，人民生活水平和质量普遍提高，在现行标准下农村7000万贫困人口实现脱贫，592个贫困县全部摘帽，解决区域性整体贫困；国民素质和社会文明程度显著提高。中共中央、国务院《关于打赢脱贫攻坚战的决定》（2015年11月29日），将“发展教育脱贫一批”定为精准扶贫、脱贫的主要路径之一。教育扶贫要以提高贫困人口基本文化素质和贫困家庭劳动力技能为抓手，瞄准教育最薄弱领域，阻断贫困的代际传递。通过提高基础教育的质量和水平，完善职业教育体系，提升高

① 联合国教科文组织编:《教学与学习:实现高质量全民教育》，教育科学出版社，2014，第144页。

等教育服务能力，提高贫困地区教育的总体质量，使其基本公共教育服务水平接近全国平均水平，实现到2020年全面脱贫、全面建成小康社会的战略目标。

扶贫先扶智，脱贫须兴教。经济文化和教育贫困自然联系，经济文化和教育脱贫相互促进则要认识研究。教育具有长效性和根本性，其发展程度既是致贫和脱贫的重要根源，又是小康社会和生活的重要指标。精准扶贫、脱贫致富既应立足当前，又要面向未来，建立国家级贫困县经济文化脱贫与教育发展相互促进的长效机制，通过教育提升贫困人口的文化素养和职业技能，增加其人力资本存量，从而提高贫困人口的经济收入，减少贫困发生率，使贫困如期消除，不再反复，使发展、富裕和全面小康日益增进，也是本研究的出发点和终极目标、价值。

由于自然条件、地理位置、经济结构、政策扶持等差异，我国的教育发展呈现城乡二元结构与东中西部地区差异等特征。由于外部投入不足、内部发展结构不良，西北地区的教育发展水平与东部发达地区产生了较大差距，因而成为国家实施教育精准扶贫、教育脱贫的主阵地。2016年陕西师范大学西北基础教育与教师教育研究中心“丝路沿线教育发展研究课题组”在西北五省区开展了为期一个月的“国家级贫困县精准脱贫与教育发展相互促进”调查，对贫困地区农户家庭的受教育情况、致贫因素、教育需求等方面进行了全面调查。

二、文献回顾

教育与社会的经济、文化的长足发展有着密切的关系。自古希腊哲学家柏拉图、亚里士多德开始，就有关于教育促进经济增长的论述。欧洲古典政治经济学家亚当·斯密（Adam Smith）在其著作《论国民财富的性质和原因的研究》中，把人的才能和教育投入的费用看作资本。“学习的时候，固然要花一笔费用。但这笔费用，可以得到偿还，赚取利润。”[①] 他还分析了劳动力素

① 亚当·斯密:《论国民财富的性质和原因的研究》(上卷)，商务印书馆，1981，第258页。

质低下对经济发展的阻碍作用，进一步强调了接受教育的重要性和必要性。

美国著名经济学家西奥多·舒尔茨（Theodore W. Schultz）认为，人力资本投资是经济增长的主要源泉，投资的目的是为了获得收益。舒尔茨对1929—1957年美国教育投资与经济增长的关系做了量化研究，得出以下结论：各级教育投资的平均收益率为17.3%；教育投资增长的收益占劳动收入增长的比重为70%；教育投资增长的收益占国民收入增长的比重为33%。舒尔茨认为，人力资本投资与其他投资相比，是一种回报率很高的投资。

与舒尔茨同时期的经济学家爱德华·富尔顿·丹尼森（Edward Fulton Denison）在《美国经济增长因素和我们面临的选择》一书中对美国经济增长因素进行了详尽的分析和计量，由此计算出美国1922—1957年间的经济增长有1/5应归于教育。平等化效应理论指出，随着人力资本的积累，人力资本存量增加，社会成员收入差距会缩小，“特别是人力资本对低收入者、低人力资本所有者具有显著的收入增加效应”[①]。

弗朗西斯·蒂尔（Francis Teal）基于加纳的农户调查数据分析发现，教育对于女性就业者的收入提高有一定影响。贝尔曼（Behrman）、黑崎（Kurosaki）、提拉克（Tilak）从不同方面论证了教育可以提高劳动生产率，增加农户的就业机会，降低贫困发生率。

北京师范大学赖德胜教授（1998）认为教育对收入分配影响力的大小主要表现在教育收益率的高低上，中国的私人教育收益率随着市场经济体制的不断完善而逐年提高。“也就是说，教育在个人收入分配中的作用将会日益显化，甚至可以说，在市场经济条件下，教育等人力资本将是决定个人收入及其分配的主要因素。”[②]北京师范大学中国收入分配与贫困研究中心的罗楚亮（2007）利用分析回归方法研究城镇居民教育收益率与收入条件分布之间的关系，调查结论表明，教育扩展更有利于低收入人口收入的增长。

王嘉毅认为，“治贫先治愚，扶贫先扶智。‘治愚’和‘扶智’的根本手段是发展教育，就是要通过教育来提升劳动者的综合素质，促进贫困人口

---

① 焦斌龙：《人力资本对居民收入差距影响的存量效应》，《中国人口科学》2011年第5期。

② 赖德胜：《教育、劳动力市场与收入分配》，《经济研究》1998年第5期。

掌握脱贫致富本领，阻断贫困代际传递”。[①] 充分肯定了教育对于脱贫致富的基础性、先导性功能。重庆市教育科学研究院副研究员郭晓娜基于阿玛蒂亚·森（Amartya Sen）提出“可行能力”理论，研究分析了教育阻隔代际贫困传递的价值和机制，指出教育是从源头上阻断贫困代际传递的关键要素，“贫困地区的受教育不利的群体通过教育提高文化知识水平、职业技能水平，从而提高经济收入水平，相对地在社会分配中处于平等地位”。[②]

对外经济贸易大学李晓嘉基于 CFPS 农户数据的实证研究，进一步证明了教育能够有效帮助相对贫困农户群体脱贫，增加其工作收入，是一种开发式的扶贫方式。“延长受教育年限对于绝对贫困群体的工作收入仅有微小的增加作用，对相对贫困群体的工作收入却有较为显著的正效应，这可能是因为来自农业的收入差异很小，主要收入差距体现在非农工作收入。”[③] 已有研究从宏观和微观层面系统分析了教育促进脱贫的机制，在教育促进经济发展、教育精准扶贫、教育精准脱贫方面形成了很多有价值的研究与成果，这些成果对本研究具有重要的参考价值。

三、研究设计

（一）研究目标

本研究以精准扶贫为背景，通过对丝路沿线西北地区国家级贫困县农村家庭的教育现状、致贫因素、教育需求以及贫困人口对教育的认识等不同主题的调查分析，探讨农村贫困家庭贫困与教育之间的关系，分析贫困地区的贫困家庭和非贫困家庭在教育状况、教育需求以及对教育认识的差异，分析造成这些差异的原因，并以此为依据，提出贫困家庭脱贫致富的对策和建议，为有关部门推进精准扶贫的深化和帮助贫困家庭尽快脱贫致富提供参考和帮助。

---

① 王嘉毅、封清云、张金：《教育与精准扶贫精准脱贫》，《教育研究》2016 年第 7 期。

② 郭晓娜：《教育阻隔代际贫困传递的价值和机制研究——基于可行能力理论的分析框架》，《西南民族大学学报：人文社会科学版》2017 年第 3 期。

③ 李晓嘉：《教育能促进脱贫吗？——基于 CFPS 农户数据的实证研究》，《北京大学教育评论》2015 年第 4 期。

（二）研究方法

1. 研究对象

本研究的研究对象为西北地区国家级贫困县的农村家庭。本研究的农村家庭主要指的是生活在县以下的农村地区且户口为农业户口的家庭。受访家庭包含当地政府认定的贫困户，也包括当地非贫困户。在分析教育现状时，以农户全部家庭成员为研究对象进行讨论，在分析教育需求、代际教育流动时以户为单位进行讨论。

2. 数据收集

课题组在前期编制了“丝路沿线国家级贫困县与教育发展相互促进农户调查”问卷，由于受访家庭的在家成员大多是留守老人与儿童，填答问卷不便，所以调查人员以访谈形式就问卷题目向受访者提问，并由调查人员进行填答、核实。问卷包括农户基本信息、农户人力资本情况、农户贫困原因、农户接受扶贫或救助情况以及农户脱贫的教育需求5个方面共22个题项37个具体问题，其中Q7包含一个6×8调查表，Q8（1）—（8）、Q9、Q12（1）—（4）、Q15、Q16、Q20为“是否式”封闭题目，Q13、Q14、Q20（1）—（8）为四点计分的“定量评定式”题目。（见表1）

表1　调查问卷结构

主题	题项	数量
农户基本信息	Q1—Q6	9
农户人力资本情况	Q7	1
农户贫困原因	Q8—Q10	3
农户接受扶贫或救助情况	Q11—Q15	10
农户脱贫的教育需求	Q16—Q22	14

问卷统计数据利用Excel表格和SPSS 22.0 for Windows进行统计和运算。利用SPSS对问卷进行描述统计，不同类型受访家庭成员的教育年限差异用独立样本t检验进行分析；农户教育代际流动情况分别用$\chi 2$检验、配对样本t检验和独立样本t检验进行分析；农户脱贫的教育需求用秩和检验进行分析。

另外，还利用教育基尼系数对样本中受访农户家庭成员教育成就的差异进行测度。根据受教育年限的分布绘制了不同群体的教育洛伦茨曲线并计算其基尼系数。与其他资源的洛伦茨曲线不同,教育分布的洛伦茨曲线并非从原点 O 开始，而是与坐标系的横轴相交。这是因为有一部分人的教育年限为 0，相应地，这部分人的教育年限的累积百分比也为 0。[①] 图 1 为所有受访农户 15 岁及以上家庭成员教育分布的洛伦茨曲线。一般利用受教育年限计算基尼系数时，按照现行的学制系统的修业年限作为分组依据，并未考虑到辍学者和学制因素造成的教育程度与受教育年限不匹配的问题。为了更精确地反映样本人口的教育成就差异，本研究以实际受教育年限作为分组依据，将所有受访农户的家庭成员按照 0—20 年分成 21 组，并利用微分面积法计算不同群体的教育基尼系数。

如果用 G 表示教育基尼系数，用 M 表示教育成就，即个体的受教育年限的累积百分比，用 Q 表示人数的累积人口百分比，用 i 表示个体数，则教育基尼系数：

$$G=1-\sum\left(M_{i-1}+M_i\right)\left(Q_i-Q_{i-1}\right)f_i$$

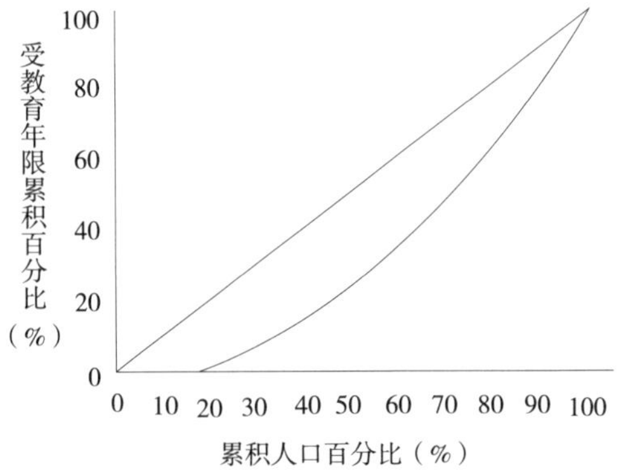

图 1　15 岁及以上人口的教育分布的洛伦茨曲线图

3. 样本描述统计

本研究在西部地区四省区 8 个国家级贫困县共发放农户问卷 1180 份，回收有效问卷 1031 份，问卷可辨有效率 87.37%。在受访家庭中，由当地政府认定的贫困户 420 户，占受访家庭总数的 40.7%，非贫困家庭 611 户，占受访家庭的 59.3%；少数民族家庭 329 户，占受访家庭总数的 31.9%，汉族

① 孙百才:《测度中国改革开放 30 年来的教育平等——基于教育基尼系数的实证分析》,《教育研究》2009 年第 1 期。

家庭 702 户，占受访家庭总数的 68.1%。各县认定贫困户均以 2300 元的国家线为准。所有受访家庭的劳动力负担比最低为 1 ： 1，最大的为 5 ： 0，平均约为 9 ： 5。[①]2015 年，非贫困家庭年收入平均值为 23172 元，人均年收入为4797元;贫困家庭年收入平均值为6907元,人均年收入为1563.28元。[②]各县农户分布如表 2 所示。

表 2　不同省区样本分布

省区	贫困县	有效样本（户）	合计（户）
陕西省	清涧县	267	522
	佳县	89	
	山阳县	166	
甘肃省	宕昌县	32	88
	合水县	56	
青海省	大通县	280	280
新疆维吾尔自治区	鄯善县	65	141
	莎车县	76	

（三）研究内容

本研究的具体研究内容包括以下三个方面：

1. 农户受教育的基本情况。该部分首先对所有农户家庭成员的受教育情况做分析，比较不同类型农户受家庭成员受教育年限的差异；其次，通过两代人之间受教育情况的纵向比较，分析农户代际教育流动情况。

2. 农户劳动力人口受教育的基本情况。该部分对农户劳动力人口的受教育情况进行描述统计，并利用劳动力人口的受教育情况和年龄数据，估算不同类型农户劳动力的人力资本存量。

---

① 平均劳动力负担比为 1.82 ： 1，约等于 9 ： 5，即每一个劳动力需要负担两个家庭成员的生存和生活，5 ： 0 表明该家庭没有劳动力，下同。部分原生家庭的老人在接受访谈时将已经成家的子女也计算在内，而这部分子女大多都是劳动力，因此受访农户实际的平均劳动力负担率要大于 2 ： 1。

② 部分贫困家庭年收入为 0，这些家庭有少量的转移收入，这里未计算在内，因此，贫困家庭的年收入和人均收入的平均值略高于实际估算的数据。

3. 农户教育脱贫的需求。该部分首先分析农户对教育与脱贫致富关系的认识，其次基于不同类型农户的视角，考察农户教育脱贫的需求。

四、调研分析

（一）农户基本情况

1. 农户家庭成员概况

所有受访家庭共有常住人口 4132 人，最小年龄 1 岁，最大 96 岁。其中，0—14 岁人口共 722 人，15—59 岁人口共 2746 人，60 岁及以上人口共 664 人，分别占受访农户总人口的 17.47%、66.46%、16.07%。表 3 所示为不同类型农户人口年龄结构，可以看出贫困户人口中 0—14 岁人口和青壮年（15—59 岁）人口比例均低于非贫困户人口。而贫困户 60 岁及以上人口的比例显著高于非贫困人口。样本农户人口的年龄结构整体呈现老龄化和少子化，而且贫困户人口的老龄化和少子化程度均高于非贫困户。[①] 从性别结构来看，农户家庭成员中的男性 2210 人，女性 1922 人，分别占受访农户总人口的 53.48% 和 46.52%。

表 3　贫困户与非贫困户人口年龄结构

年龄段	贫困户		非贫困户		总计	
	频数	百分比（%）	频数	百分比（%）	频数	百分比（%）
0—14 岁	263	15.58	459	18.78	722	17.47
15—59 岁	1090	64.57	1656	67.76	2746	66.46
60 岁及以上	335	19.85	329	13.46	664	16.07
合计	1688	100.00	2444	100.00	4132	100.00

2. 不同类型农户劳动力人口概况

从劳动力人口分布来看，非贫困户家庭劳动力人口总体上高于贫困

① 联合国规定，60 岁及以上人口占总人口 10% 以上或 65 岁及以上人口占 7% 以上，则人口年龄结构呈现老龄化（该标准的出处），而 0—14 岁人口比例低于 20%，则人口年龄结构呈现少子化。

户家庭。贫困户家庭平均每户有 2.17 个劳动力，非贫困户家庭平均每户有 2.22 个劳动力。其中，贫困户和非贫困户家庭中有 2 个劳动力的户数最多，分别占总样本的 17.36% 和 28.42%；其次有 1 个劳动力的户数分别占比 16.29% 和 12.61%；贫困户和非贫困户家庭中有 3—7 个劳动力的户数分别占 10.09% 和 17.17%。贫困户家庭的平均劳动力负担率为 1.85 ∶ 1，非贫困户家庭的平均劳动力负担率为 1.80 ∶ 1。（见图 2）

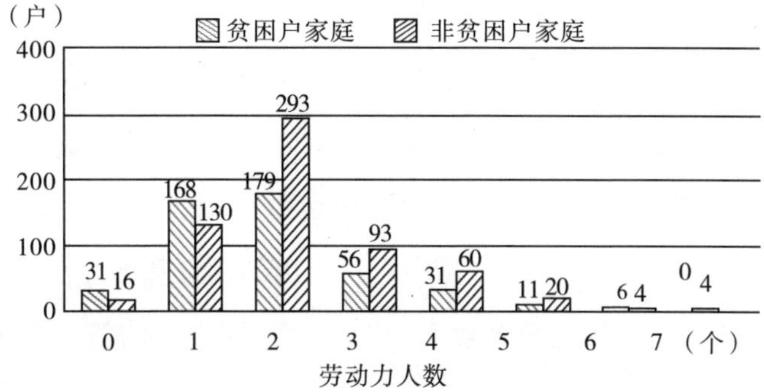

图 2　不同家庭类型劳动力分布图

表 4　不同类型农户劳动力结构

劳动力类型 频数		贫困户		非贫困户		总计	
		频数	百分比（%）	频数	百分比（%）	频数	百分比（%）
性别	男性	543	59.47	765	56.29	1308	57.57
	女性	370	40.53	594	43.71	964	42.43
	合计	913	100	1359	100	2272	100
就业部门	农业	387	42.39	557	40.99	944	41.55
	非农业	526	57.61	802	59.01	1328	58.45
	合计	913	100	1359	100	2272	100

从劳动力的性别结构来看，农户劳动力以男性为主，贫困户男性劳动力和女性劳动力分别占贫困户劳动力总人口的 59.47% 和 40.53%；非贫困户男性劳动力和女性劳动力分别占非贫困户劳动力总人口的 56.29% 和 43.71%。

从劳动力的就业结构来看，受访农户的大部分劳动力都就业于非农业部门。农户劳动力就业于农业部门和非农业部门的分别占劳动力总人口的41.55%和58.45%。其中，贫困户劳动力中就业于非农业部门的占贫困户劳动力总数的57.61%；非贫困户劳动力就业于非农业部门的占非贫困劳动力总人口的59.01%。（见表4）

3.2015年农户基础教育支出情况

从农户基础教育支出（Exp）情况来看，支出额度最高的是高中教育，其次是学前教育，义务教育阶段的支出最少。幼儿园教育支出的农户共有200户，支出在1000—10000元的家庭最多。小学教育支出的农户共有268户，大部分农户的小学教育支出大多都在1000元以下。初中教育的支出农户有219户，超过半数的农户的初中教育支出也都集中在1000元以下。高中教育支出的农户共有103户，农户高中教育支出的额度基本都在1000元以上。由于农户不同学段学龄儿童人数不一，所以不同农户的教育支出存在较大差异。（见表5）

表5　2015年农户基础教育支出情况

基础教育支出		Exp < 1000元（户/%）		1000 ≤ Exp < 3000元（户/%）		3000 ≤ Exp < 10000元（户/%）		Exp ≥ 10000元（户/%）		Md（元）
贫困户	幼儿园	22	23.16	37	38.95	30	31.58	6	6.32	2000
	小学	38	51.35	21	28.38	12	16.22	3	4.05	800
	初中	28	50.91	11	20.00	9	16.36	7	12.73	900
	高中	3	8.57	13	37.14	7	20.00	12	34.29	3000
非贫困户	幼儿园	28	26.67	40	38.10	29	27.62	8	7.62	1500
	小学	131	67.53	39	20.10	17	8.76	7	3.61	388
	初中	95	57.93	44	26.83	17	10.37	8	4.88	600
	高中	5	7.35	21	30.88	24	35.29	18	26.47	3000

就高等教育支出来看，共有78户家庭支出大学教育。大部分家庭大学支出的额度都在10000元以上，贫困户与非贫困户高等教育支出的平均数分

别为 14167.65 元和 13652.27 元，支出的中位数均为 10000 元。（见表 6）

表 6　2015 年农户高等教育支出情况

高等教育支出	Exp < 5000 元（户 /%）		5000 元 ≥ Exp<10000 元（户 /%）		Exp ≥ 10000 元（户 /%）		Md（元）	M(元)
贫困户	4	11.76	9	26.47	21	61.77	10000	14167.65
非贫困户	5	11.36	10	22.73	29	65.91	10000	13652.27

4. 致贫因素

通过了解导致贫困地区人口经济、教育发展落后的原因，课题组筛选了 11 个致贫因素作为备选项，其中，贫困户家庭认为的致贫因素中比例最高的三项是缺资金、文化程度低、自然条件差，分别占农户总户数（n=1031）的 28.71%、28.03%、27.84%。（见表 7）

调研组发现，造成贫困户家庭贫困的根源，既有自然条件的限制、政府资金支撑缺乏等客观因素，也有贫困人口自身受教育水平低等主观因素。就最主要、次主要、其次的致贫因素而言，贫困户家庭选择最多的分别是自然灾害、缺劳动力。非贫困户家庭认为的致贫因素中比例最高的三项是文化程度低、缺资金、缺技术，分别占农户总户数（n=1031）的 41.03%、37.63%、35.60%。就最主要、次主要、其次的致贫因素而言，贫困户家庭选择最多的分别是缺资金、文化程度低、自然条件差。

调查数据显示，贫困人口的贫困现状由诸多因素引起，其中既包括贫困父母将贫困及与之相关的各种不利因素传递给子女（贫困的代际传递）的原因，也包括自然灾害、自然条件差、突发变故等客观因素。从提高贫困人口的文化程度、技能水平等主观因素入手，可以有效减少贫困发生率，阻断贫困的代际传递。调研组了解到，贫困人口认识到文化程度低是其致贫因素的重要方面，他们期盼通过提高自己的受教育水平、丰富自己的科学文化知识以提高自己的劳动技能，从而增加就业优势。

表 7　贫困户家庭致贫因素及占比情况

致贫因素	贫困户		非贫困户	
	频数	百分比（%）	频数	百分比（%）
自然灾害	191	18.53	156	15.13
自然条件差	287	27.84	290	28.13
教育投入大	178	17.26	257	24.93
家人患重大疾病	258	25.02	247	23.96
家里有残疾人	53	5.14	137	13.29
缺资金	296	28.71	388	37.63
突发变故	158	15.32	191	18.53
缺劳动力	141	13.68	318	30.84
文化程度低	289	28.03	423	41.03
缺技术	269	26.09	367	35.60
婚丧嫁娶花费高	138	13.39	174	16.88

5. 农户接受扶贫的情况

从农户扶贫项目的参与情况来看，有 23.47% 的农户正在参与政府或社会组织的一些扶贫项目，其中贫困户参与的比例为 44.05%，非贫困户参与的比例为 9.3%。而就获得政府扶贫款而言，有 26.09% 的农户获得过政府的扶贫款，贫困户和非贫困户获得过政府扶贫款的比例分别为 38.10% 和 17.84%。农户子女在学校接受过资助的比例为 20.2%，不同家庭类型子女在接受学校资助的比例没有显著差异，但有大学生的农户申请过助学贷款的比例有显著差异，贫困户大学生申请过助学贷款的比例为 16.19%，非贫困户为 7.86%。在访谈中，有部分农户表示，并不知道孩子上大学可以申请助学贷款，还有部分农户表示由于不了解申请助学贷款的相关流程，所以选择向亲朋好友借钱交学费。（见表 8）

表 8　农户接受扶贫的情况

接受扶贫情况	贫困户（户/%）		非贫困户（户/%）		总计（户/%）		χ2
	是	否	是	否	是	否	
正在参与扶贫项目	185	235	57	554	242	789	167.025***
	44.05%	59.5%	9.33%	90.7%	23.47%	76.53%	
获得过政府扶贫款	160	260	109	502	269	762	52.958***
	38.10%	61.90%	17.84%	82.16%	26.09%	73.91%	
孩子在学校接受过资助	97	323	111	500	208	823	3.754
	23.10%	76.90%	18.17%	81.83%	20.17%	79.83%	
大学生申请助学贷款	68	352	48	563	116	915	17.315***
	16.19%	83.81%	7.86%	92.14%	11.25%	88.75%	

注：***$p < 0.001$

6. 适龄儿童辍学情况

在我国，义务教育阶段适龄儿童辍学已成为不可忽视的社会问题，贫困地区家庭孩子辍学问题一直是教育的一大问题，特别是 7—15 岁适龄儿童辍学现象较为突出。调查数据显示，7—15 岁贫困户适龄儿童辍学率高达 11.90%，高于非贫困户适龄儿童在该年龄段的辍学率。（见表 9）

表 9　7—15 岁适龄儿童辍学情况

维度	贫困户		非贫困户	
	频数	百分比（%）	频数	百分比（%）
有辍学儿童	50	11.90	43	7.04
无辍学儿童	370	88.10	568	92.96

适龄儿童辍学的原因包括自身因素、家庭因素、学校因素和社会因素，调查中将 7—15 岁适龄儿童辍学的原因归纳为经济困难付不起相关费用、孩子不喜欢上学、家中缺少劳动力、没考上高一级学校、家离学校太远、当地教育质量差、移民或搬迁和其他 8 个方面。家里有孩子辍学的贫困户中，因当地教育质量差而辍学的占 50.74%，非贫困户中选择该项的比

例占 50.56%；家里有孩子辍学的贫困户中，因经济困难付不起相关费用而辍学的占 23.88%，非贫困户中选择该项的比例占 23.60%；家里有孩子辍学的贫困户中，因孩子不喜欢上学而辍学的占 16.42%，非贫困户中选择该项的比例占 21.35%。（见表 10）

表 10　7—15 岁适龄儿童辍学的原因

辍学原因		经济困难付不起相关费用（户 /%）	孩子不喜欢上学（户 /%）	家中缺少劳动力（户 /%）	没考上高一级学校（户 /%）	家离学校太远（户 /%）	当地教育质量差（户 /%）	移民或搬迁（户 /%）	其他（户 /%）
贫困户		16	11	2	0	2	34	0	2
		23.88%	16.42%	2.99%	0	2.99%	50.74%	0	2.99%
非贫困户		21	19	0	1	0	45	1	2
		23.60%	21.35%	0	1.12%	0	50.56%	1.12%	2.25%

（二）农户家庭成员受教育现状

1. 农户家庭成员受教育年限总体偏低，贫困户家庭成员受教育年限显著低于非贫困户家庭

（1）农户 15 岁以上家庭成员文盲率高于全国总体水平，接受高等教育人口数量低

所有受访农户家庭成员人均受教育年限为 5.87 年。其中，未接受教育的人数占受访农户总人口的 18.03%；接受 1—9 年教育者共 2881 人，占 69.72%；接受 10—12 年教育者占 7.70%；接受 6 年教育者占 13.94%；接受 12 年教育者占 5.35%；接受 13 年以上教育者占 4.55%。总体来看，所有人口的教育年限分布呈现中间高两头低的趋势。（见图 3）

从不同年龄段人口的受教育情况来看，0—14 岁人口接受 1—6 年教育者最多，占该年龄段人口的 61.06%；其次接受 7—9 年教育的人口，占该年龄段人口的 11.48%。15—59 岁人口中，接受 7—9 年教育者最多，占该年

龄段人口的 40.17%，接受 13 年以上教育者仅占 6.81%；60 岁及以上人口中文盲最多，占该年龄段人口总数的 39.90%。（见图 3）

不论从总体来看还是从不同年龄段来看，农户家庭成员受教育年限总体偏低，文盲和低学历人群占比很大。根据我国第六次人口普查数据，15 岁以上人口文盲率为 4.08%，从本研究的统计数据来看，15 岁以上人口文盲率远高于该比例。①

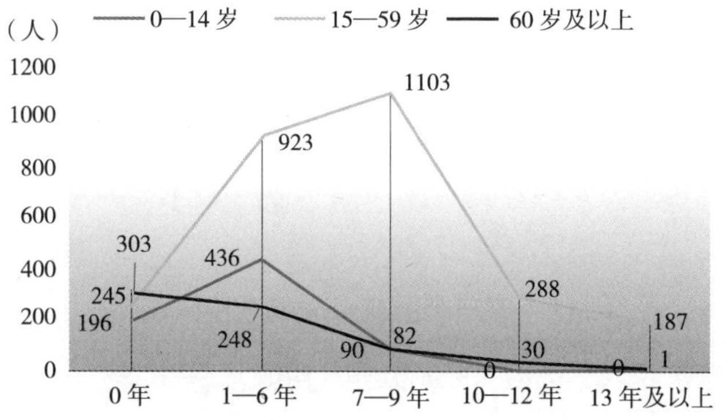

图 3　受访家庭人口不同年龄段受教育年限分布图

（2）贫困户不同年龄段家庭成员的受教育年限均低于非贫困户

就户主的受教育情况而言，不同家庭类型的户主受教育年限差异显著（T=2.271，$p < 0.001$），贫困户与非贫困户户主的平均受教育年限分别为 5.24 年、6.26 年。从学段分布来看，贫困户户主文盲的比例和接受 1—6 年教育者的比例均高于非贫困户，而接受 6 年以上各学段教育者的比例均低于非贫困户。不同类型家庭户主配偶的受教育年限也存在显著差异（T=4.741，$p < 0.001$），贫困户与非贫困户户主配偶的平均受教育年限分别为 4.41 年、5.61 年，户主配偶受教育年限的学段分布与户主类似。（见图 4 和见表 11）

① 我国 2011 年文盲率（15 岁及以上不识字的人口占总人口的比重）为 4.08%，参见国家统计局网站 http://www.stats.gov.cn/ztjc/zdtjgz/zgrkpc/dlcrkpc/dcrkpcyw/201104/t20110428 69407.htm.

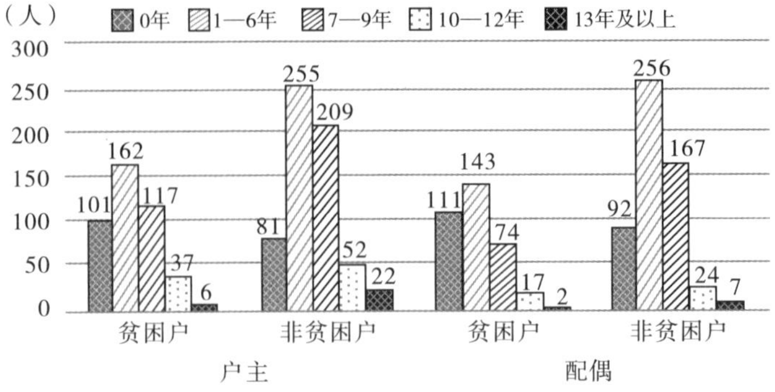

图 4　户主及其配偶受教育年限差异分布图

总体来看，不同类型农户家庭成员的受教育年限差异显著。贫困户家庭成员的平均受教育年限为 5.46 年，低于非贫困户平均受教育年限 0.69 年。（见表 11）

表 11　农户家庭成员受教育年限差异

家庭成员类型	农户类型	频数	均值	标准差	t 值
户主	贫困户	420	5.24	3.92	4.271**
	非贫困户	611	6.26	3.57	
户主配偶	贫困户	347	4.41	3.78	4.741**
	非贫困户	546	5.61	3.51	
全体家庭成员	贫困户	2444	5.46	4.32	5.251***
	非贫困户	1688	6.15	4.04	

注：$^{**}p < 0.01$，$^{***}p < 0.001$

从不同年龄段的农户家庭成员受教育情况来看，贫困户不同年龄段的家庭成员受教育年限均显著低于非贫困户。贫困户家庭各年龄段人口的文盲率均高于非贫困户家庭；而贫困户 0—14 岁人口和 60 岁及以上人口中接受 1—6 年和 7—9 年教育的比例均低于非贫困家庭，15—59 岁人口中接受 7—9 年教育的比例低于非贫困户家庭，其他各学段的比例基本一致。（见表 12）

表 12　不同类型农户各年龄段家庭成员的受教育年限差异

年龄	农户类型	频数	均值	标准差	t 值
0—14 岁	贫困户	263	2.64	2.58	2.315*
	非贫困户	459	3.11	2.70	
15—59 岁	贫困户	1090	6.89	4.19	3.980***
	非贫困户	1656	7.51	3.69	
60 岁及以上	贫困户	335	3.03	3.57	0.662*
	非贫困户	329	3.70	3.70	

注：$*p < 0.05$，$***p < 0.001$

经计算可知，所有受访农户中 15 岁以上人口受教育年限的基尼系数为 0.36，这说明所有受访农户家庭成员的受教育年限的差异总体上不是很大。但是进一步按照是否贫困将所有受访农户的家庭成员分为贫困户组和非贫困户组，计算可知非贫困户组的人口教育基尼系数为 0.31，而贫困户组的教育基尼系数为 0.41。图 5 所示为受访农户 15 岁以上家庭成员受教育年限的洛伦茨曲线。从图中可以看出，贫困户人口受教育年限的洛伦茨曲线距离绝对平等线更远。这说明贫困户家庭成员的受教育年限的差异比非贫困人口受教育年限的差异更大。

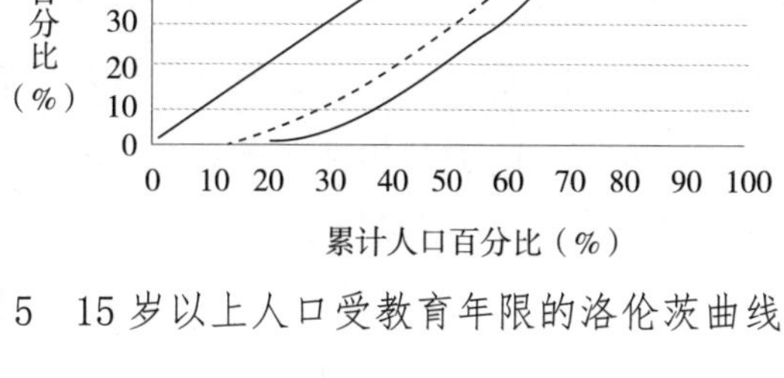

图 5　15 岁以上人口受教育年限的洛伦茨曲线图

2. 不同类型农户家庭成员的受教育年限存在差异，女性家庭成员受教育年限明显低于男性

（1）贫困户不同性别家庭成员受教育年限均低于非贫困户

从农户家庭成员受教育情况的性别差异来看，男性受教育年限显著高于女性（T=-3.670，$p < 0.001$）。男性平均受教育年限为4.16年，女性为4.175年。就不同家庭男性和女性受教育年限来看，非贫困户男性和女性的受教育年限均高于贫困户。非贫困户男性人口平均受教育年限约为4.04年，贫困户男性人口平均受教育年限为4.28年。（见表13）

表13　不同性别人口受教育年限差异

教育年限		频数	0年	1—6年	7—9年	10—12年	＞13年	均值	标准差	t值
男性	贫困户	921	181	342	279	76	43	4.28	4.28	3.021**
	非贫困户	1289	185	486	451	104	63	4.04	4.04	
女性	贫困户	767	190	313	178	53	33	4.33	4.33	4.720***
	非贫困户	1155	189	465	367	85	49	4.02	4.02	

注：**$p < 0.01$，***$p < 0.001$

（2）不同类型农户家庭男性成员的学历结构基本一致，非贫困户男性家庭成员接受初中教育的比例略高于贫困户

从农户男性人口的教育情况来看，接受1—6年教育的人口最多，而接受13年及以上教育的人口最少。（见图6）就不同年龄段男性受教育情况而言，贫困户0—14岁男性人口接受1—6年教育人数的比重高于非贫困户，接受7—9年教育人数的比重则低于非贫困户。非贫困户15—59岁男性人口接受1—6年教育、非贫困户60岁及以上男性人口接受1—6年教育与7—9年教育的人数均略高于贫困户。贫困户不同年龄段男性文盲率高于非贫困户。（见表14）

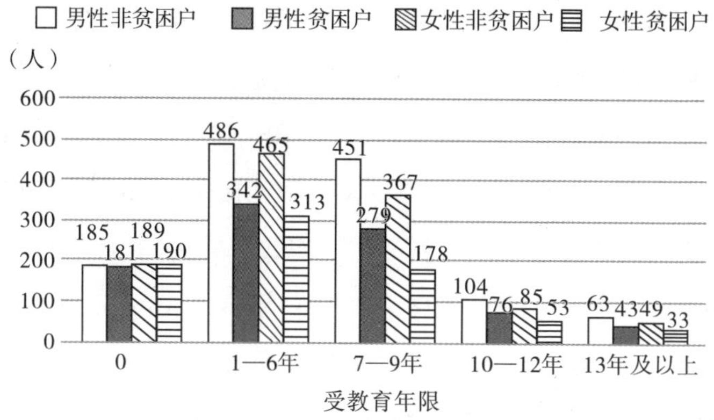

图 6　不同性别的贫困户与非贫困户受教育年限分布人数图

表 14　不同年龄段人口受教育年限分布

年龄		0—14 岁				15—59 岁				60 岁及以上			
性别		男性（人 /%）		女性（人 /%）		男性（人 /%）		女性（人 /%）		男性（人 /%）		女性（人 /%）	
贫困户	0 年	38	30.9	43	30.7	60	10.0	67	13.7	83	41.9	80	58.4
	1—6 年	75	61.0	80	57.1	191	31.83	187	38.2	76	38.4	46	33.6
	7—9 年	10	8.1	17	12.1	243	40.5	152	31.0	26	13.1	9	6.6
	10—12 年	0	0.0	0	0.0	63	10.5	51	10.4	13	6.6	2	1.5
	13 年及以上	0	0.0	0	0.0	43	7.2	33	6.7	0	0.0	0	0.0
非贫困户	0 年	69	29.1	47	21.2	49	5.6	69	8.8	67	37.4	73	53.3
	1—6 年	136	57.4	144	64.9	278	31.84	266	34.0	72	40.2	54	39.4
	7—9 年	32	13.5	31	14.0	390	44.7	318	40.6	29	16.2	18	7.3
	10—12 年	0	0.0	0	0.0	94	10.8	80	10.2	10	5.6	5	0.0
	13 年及以上	0	0.0	0	0.0	62	7.1	50	6.4	1	0.6	0	0.0

（3）女性家庭成员受教育程度普遍较低，60 岁及以上人口文盲率远高于总体水平

非贫困户女性人口与贫困户女性人口平均受教育年限分别为 6.00 年、5.07 年。从农户女性家庭成员的学历分布来看，女性家庭成员接受 1—6 年

教育者居多，非贫困户女性除了接受7—9年教育者的比例高于贫困户之外，其余各学历层次的比例与贫困户相差不大。（见表14）

从不同年龄段女性的受教育情况来看，0—14岁女性的学历结构与0—14岁男性基本一致。15—59岁女性的文盲率和接受1—6年教育者的比例均高于男性，但接受7年以上教育者的比例均低于男性。（见表14）

从不同类型农户家庭的女性的受教育情况来看，15—59岁非贫困户女性（34.0%）接受1—6年教育的比例（34.0%）低于贫困户（38.2%），但15—59岁非贫困户女性接受7—9年教育的比例（40.6%）却高于贫困户女性（31.0%）。60岁及以上女性中文盲率远高于男性，其余各层次的比例均低于男性，而且该年龄段女性有超过90%的人学历都在6年以下。（见表14）

经计算可知，所有受访农户中15岁以上人口受教育年限的基尼系数为0.36，这说明所有受访农户家庭成员的受教育年限的差异并不是很大。

2. 农户代际教育流动总体呈向上流动，不同类型农户教育流动幅度均比较小

“发展教育，对于促进贫困人口就业、提高贫困家庭收入水平、从源头上阻断贫困的代际传递具有重大意义。”① 对贫困家庭而言，教育最重要的功能是阻断贫困的代际传递。代际教育流动情况（以下简称“教育流动”）主要是指两代人之间教育程度的变动情况。② 本研究将所有农户家庭结构分为三代人、两代人和一代人，选取二代家庭结构的农户（n=639）和三代家庭结构的农户(n=106)，对其教育流动情况进行分析。三代家庭结构中的第一代和第二代进行父子间（以下简称“父—子”）教育程度比较，第二代和第三代进行父子或父女间（以下简称“子—孙”）教育程度比较；二代家庭结构中的两代人进行父子或父女间教育程度比较。考虑到二代家庭结构中的子女和三代家庭结构中的孙辈可能包含多人，因此选取其中教育程度最高的一个作为同上一代比较的对象。用下一代人的教育程度减去上一代人的教育程度，生成的教育差距则为教育流动的距离，若流动距离为正值，则

---

① 秦和：《教育扶贫阻断贫困代际传递》，《人民日报》2016年11月16日。

② 张义祯：《教育获得与教育流动实证研究——基于代际视角》，上海大学2016年博士论文。

表明教育流动为正向流动，即向上流动；若流动距离为负值，则表明教育流动为负向流动；若流动距离为 0，则表明未发生流动。[①]

（1）不同类型二代家庭农户教育流动率差异不显著，流动距离较短

从图 7 可以看出，二代家庭结构农户中教育流动的正向流动率为 80.13%，负向流动率为 7.36%，零流动率为 12.52%。贫困户教育流动的正向流动率为 78.97%，负向流动率为 10.33%，零流动率为 10.70%；而非贫困户教育流动的正向流动率为 80.98%，负向流动率为 5.16%，零流动率为 13.86%。从 $\chi 2$ 检验的结果来看，贫困户与非贫困户之间的教育流动率差异显著，这表明教育流动率与农户是否贫困有关。

用教育流动距离的平均数来分析教育流动距离的整体情况。教育流动距离可以用绝对流动距离和相对流动距离两种方式来表示，相对教育流动距离不考虑负值对整体教育流动距离的影响，直接用两代人的受教育年限的实际差值来表示，绝对教育流动考虑负值对整体教育流动距离的影响，用两代人教育流动距离的绝对值来表示。[②] 如果用均值来反映教育流动状态，相对教育流动距离的均值反映的是教育流动的方向，而绝对教育流动距离的均值则表示教育流动的幅度。

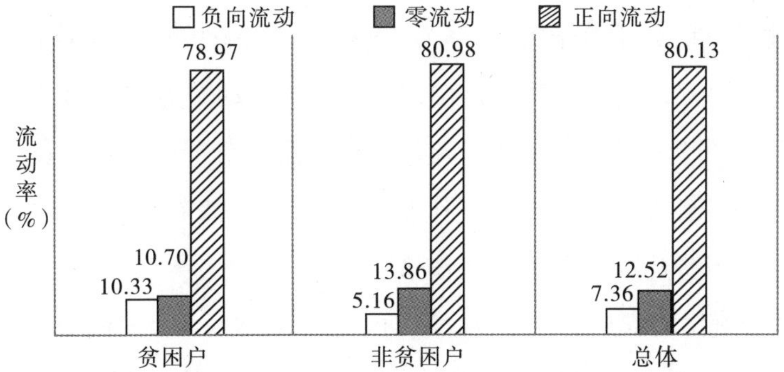

图 7　二代家庭结构农户教育流动情况图

① 此处二、三代家庭的农户不包括第二、三代为学龄前儿童的农户，将三代家庭农户中第三代的学龄前儿童的农户作为二代家庭的农户进行处理，将四代农户作为三代家庭的农户进行处理。

② 张义祯：《教育获得与教育流动实证研究——基于代际视角》，上海大学 2016 年博士论文。

从表15可以看出，在二代家庭结构农户中，教育相对流动距离的平均值为4.08年，标准差为3.87年；绝对教育流动距离平均值为4.50年，标准差为3.37年；两组家庭绝对教育流动距离的均值同样不显著。这说明不论是贫困户还是非贫困户教育流动总体是呈向上流动的趋势，而且不论是从绝对流动还从相对流动来看，教育流动的幅度均比较小。

表15　二代家庭结构农户教育流动距离的相对值与绝对值

教育流动类型			最小值	最大值	均值	标准差
相对教育流动距离	父—子	贫困户	–9.00	17.00	4.11	4.15
		非贫困户	–5.00	16.00	4.07	3.66
		总计	–9.00	17.00	4.08	3.87
绝对教育流动距离	父—子	贫困户	0.00	17.00	4.73	3.42
		非贫困户	0.00	16.00	4.34	3.33
		总计	0.00	17.00	4.50	3.37

（2）三代家庭父子间教育流动与子孙间教育流动的流动率差异不显著，总体表现为三代人连续正向流动

从三代家庭结构农户教育流动情况来看，所有农户父—子教育流动的正向流动率为60.75%，负向流动率为20.56%，零流动率为18.69%。贫困户父—子教育流动的正向流动率为61.22%，负向流动率为22.45%，零流动率为16.33%；非贫困户父—子教育流动的正向流动率为60.34%，负向流动率为18.97%，零流动率为20.69%。但从χ2检验结果来看，三代家庭结构父—子教育流动率的差异不显著。（见图8）

三代家庭结构农户子—孙教育流动的正向流动率、负向流动率和零流动率分别为79.44%、12.15%和8.41%。其中，贫困户子—孙教育流动的正向流动率为77.55%，负向流动率为16.33%，零流动率为6.12%；而非贫困户子—孙教育流动的正向流动率为81.04%，负向流动率为8.62%，零流动率为10.34%。同样，χ2检验表明，三代家庭结构子—孙教育流动率差异也不显著。（见图8）

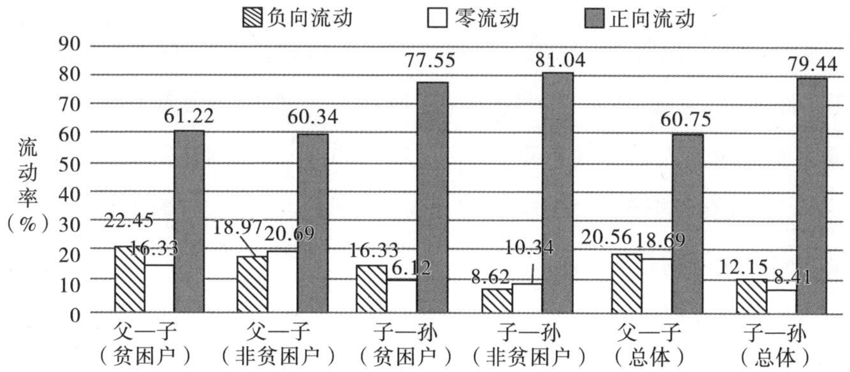

图 8　三代家庭结构农户教育流动情况图

从教育流动距离来看，三代家庭结构农户父—子相对教育流动的平均值为 2.90 年，标准差为 5.03 年；绝对教育流动距离的平均值为 4.56 年，标准差为 3.58 年。子—孙相对教育流动的平均值为 2.58 年，标准差为 3.60 年。配对样本 t 检验表明，三代家庭结构农户父—子教育流动距离与子—孙教育流动距离差异不显著。同时，贫困户与非贫困户在父—子、子—孙教育流动距离的差异均不显著。（见表 16）

表 16　三代家庭结构农户教育流动距离的相对值与绝对值

教育流动类型			最小值	最大值	均值	标准差
相对教育流动距离	父—子	贫困户	–9.00	12.00	3.31	5.35
		非贫困户	–12.00	11.00	2.55	4.77
		总计	–12.00	12.00	2.90	5.03
	子—孙	贫困户	–7.00	10.00	2.27	3.99
		非贫困户	–4.00	12.00	2.84	3.26
		总计	–7.00	12.00	2.58	3.60
绝对教育流动距离	父—子	贫困户	0.00	12.00	5.02	3.76
		非贫困户	0.00	12.00	4.17	3.41
		总计	0.00	12.00	4.56	3.58
	子—孙	贫困户	0.00	10.00	3.69	2.70
		非贫困户	0.00	12.00	3.36	2.71
		总计	0.00	12.00	3.51	2.70

从不同类型家庭相对教育流动距离来看，无论是贫困户还是非贫困户，其教育流动都是正向的；从绝对教育流动距离来看，大部分农户的教育流动都是短距离流动。另外，对不同类型家庭两代人受教育年限的配对样本 t 检验也表明，两代人的受教育年限均有显著差异，而且后代的受教育年限均值总是大于前代的受教育年限均值，这也说明大部分农户教育流动整体上都呈现向上流动的趋势。

（3）农户教育流动的范围仅限于基础教育，从基础教育向高等教育流动的比例很低

尽管从总体来看，大部分农户两代人之间的教育变化呈正向流动，但是这种正向流动仅限于基础教育阶段的正向流动，大多数家庭的教育流动没有实现从基础教育到高等教育的跨越。在二代家庭结构的农户中，子代具有高等教育学历者（包括在校生与毕业生）仅有 88 户，占二代家庭总户数的 13.77%，平均年龄为 24.5 岁，而在这 88 户具有高等教育学历者的农户中，父代和子女同时具有高等教育学历者仅有 4 户（父母同时具有高等教育学历者 2 户，父亲具有高等教育学历者 2 户）。在三代家庭结构的农户中，孙代具有高等教育学历者有 15 户，占三代家庭的 14.02%，平均年龄 23.8 岁，子代与孙代同时具有高等教育学历的农户仅有 1 户，祖孙三代人同时具有高等教育学历的农户为 0 户。由于农村人口的高等教育入学率比较低，并且绝大多数具有高等教育学历者都愿意选择在城市就业，所以农村常住人口中具有高等教育学历的人口很少。同时，这也反映了农村和农业对高学历人口缺乏吸引力的现实。

教育程度的提高，会增加农民在非农业部门就业的机会，但如果教育流动仅限于基础教育，那么即便是获得正向流动的农民，也只能从事体力劳动，这不能使他们劳动的性质发生实质性的变化。但是从基础教育到高等教育的代际流动能否真正促进农户脱贫，这依然是一个需要深入探讨的问题。

（三）劳动力人口教育现状

1. 劳动力人口学历层次普遍较低，不同类型农户劳动力受教育年限差异显著

（1）农户劳动力学历层次集中在初中及以下学历，高学历层次劳动力总量较少

就不同性别劳动力的受教育情况而言，男性劳动力和女性劳动力平均受教育年限分别为 6.97 年和 6.24 年（$p < 0.001$，$t=-4.462$）。从劳动力人口受教育年限的分布来看，绝大部分劳动力人口的受教育年限都在 9 年以下。所有劳动力中接受 1—6 年教育的人数最多，占劳动力总人口（n=2272）的 37.89%；其次为接受 7—9 年教育的人数，占 37.72%；接受 10—12 年教育的人数占 7.57%；接受 13 年及以上教育的人数则不足 5%。女性劳动力中，受教育年限为 0 年的比例高于男性，其余学历层次女性的比例则均低于男性。（见图 9）

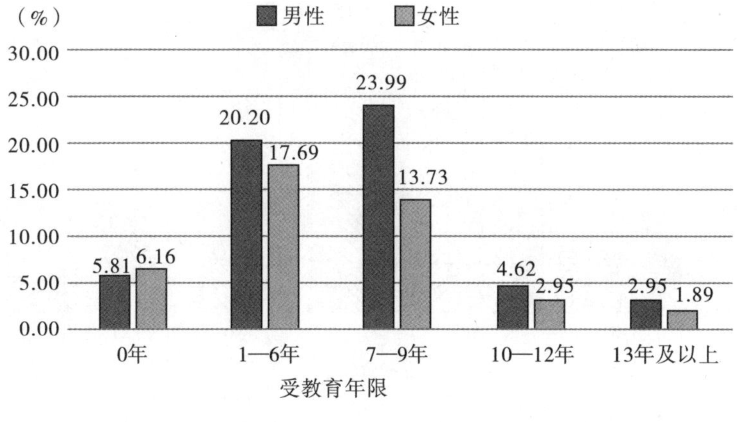

图 9　不同性别劳动力人口受教育年限分布数量图

（2）不同家庭类型农户劳动力受教育年限的性别差异显著，女性劳动力的学历层次总体低于男性劳动力

不同类型农户劳动力受教育年限的性别差异显著。（$p < 0.01$，$T= -3.075$）。贫困户中男性和女性劳动力平均受教育分别为 6.57 年、5.72 年。所有劳动力中接受 7—9 年教育的人数最多。贫困户中男性劳动力接受 1—6 年、7—9 年、10—12 年、13 年及以上教育的人数分别占贫困家庭劳动力总样本数的

20.70%、23.88%、4.71%、2.52%；贫困户中女性劳动力接受 1—6 年、7—9 年、10—12 年、13 年及以上教育的人数分别占贫困家庭劳动力总样本数的 17.74%、10.84%、2.74%、1.97%。（见图 10）

从不同性别劳动力的受教育情况来看，非贫困户中男性劳动力和女性劳动力平均受教育年限分别为 7.25 年、6.56 年（$p < 0.001$，T=-3.407）。其中，非贫困户男性劳动力接受 1—6 年、7—9 年、10—12 年、13 年及以上教育的人数分别占非贫困户劳动力的 19.87%、24.06%、4.56%、3.24%；非贫困户女性劳动力接受 1—6 年、7—9 年、10—12 年、13 年及以上教育的人数分别占非贫困户劳动力的 17.66%、15.67%、3.09%、1.84%。非贫困户女性劳动力与贫困户男性劳动力的平均受教育年限基本一致，且低于非贫困户男性劳动力的平均受教育年限。（见图 10）

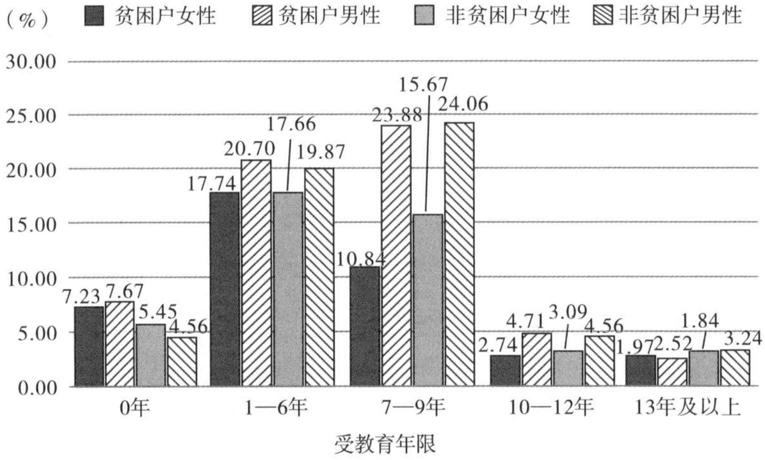

图 10　非贫困户家庭劳动力的受教育年限性别差异图

（3）农业部门劳动力的学历结构呈现扁平化，其劳动力平均受教育年限远低于非农业部门劳动力

就不同就业部门劳动力的受教育情况而言，就业于农业部门和非农业部门的劳动力平均受教育年限分别 5.77 年、7.29 年（$p < 0.001$，T=9.429）。接受 1—6 年、7—9 年、10—12 年、13 年及以上教育的劳动力在农业部门就业的分别占比 16.99%、13.64%、3.04%、0.48%。接受 1—6 年、7—

9年、10—12年、13年及以上教育的劳动力在非农业部门就业的分别占比20.91%、24.08%、4.53%、4.36%。（见图11）

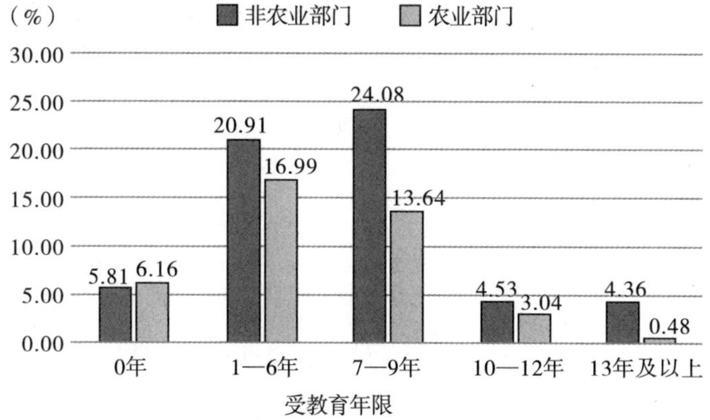

图11 劳动力受教育年限与不同就业部门分布差异图

就贫困户劳动力人口受教育情况而言，就业于农业部门和非农业部门的人口平均受教育年限分别为5.18年、7.00年（$p < 0.001$，$T=6.897$）。就业于农业部门的贫困户劳动力接受1—9年、10—12年、13年及以上教育的比例分别为28.81%、3.07%、0.33%。就业于非农业部门的贫困户劳动力中，接受1—9年、10—12年、13年及以上教育的比例分别为44.36%、4.38%、3.94%。

就业于农业部门和非农业部门的非贫困户劳动力人口平均受教育年限分别为6.19年和7.48年（$p < 0.001$，$T=6.468$）。就业于农业部门的非贫困户劳动力人口接受1—9年、10—12年、13年及以上教育者的比例分别为31.86%、3.02%、0.59%；就业于非农业部门的非贫困户人口中接受1—9年、10—12年、13年以上教育的比例分别为45.40%、4.64%、4.49%。

利用教育基尼系数计算劳动力人口的受教育年限的差异情况，劳动力人口的教育基尼系数为0.32，进一步将劳动力人口分为贫困户劳动力和非贫困户劳动力，计算可得贫困户劳动力教育基尼系数为0.36，非贫困户劳动力教育基尼系数为0.29，说明贫困劳动力受教育年限差异较大。

另外，按照劳动力的就业部门将劳动力划分为“农业部门”和“非农业部门”劳动力，计算两组劳动力的教育基尼系数，农业部门就业的劳动力的教育基尼系数为0.29，非农业部门就业的劳动力的教育基尼系数为0.36。

说明农业部门就业的劳动力受教育年限的差异较小。

根据世界银行《2006年世界发展报告：公平与发展》利用各国人口受教育年限对125个国家教育基尼系数的测算，教育基尼系数最高的为布基纳法索，为0.90（1998年和1999年），最低的为斯洛文尼亚，为0.10（1998年）。中国大陆的教育基尼系数为0.37（2000年），与本文计算的15岁及以上人口的教育基尼系数接近。

从以上的分析可以看出，不论是以样本中的全体人口还是以劳动力人口的受教育年限作为计算教育基尼系数的原始数据，贫困户劳动力的受教育年限的差异要大于非贫困户劳动力的受教育年限。而仅就劳动力人口就业部门而言，非农业部门的劳动力的受教育年限差异要大于农业部门劳动力的受教育年限。

2. 人力资本存量估算

收入水平的提升是贫困家庭脱贫的重要内容，而收入水平受诸多因素的影响，其中最重要的一个因素就是人力资本。人力资本存量是最重要的生产要素之一，它在一定程度上能反映出个人、家庭或地区的生产能力和创造价值的能力。人力资本测算方法大致可分为成本法、收入法和教育指标法三类，利用教育指标进行测算人力资本数据易于取得，而且计算简单，所需的数据量较少，因而具有明显的优势。①

人力资本具有生命周期。对个人而言，人生大部分时期，人力资本投资收益基本上是递增的，而递减只存在于人生的后期。假设一个30岁的劳动力可工作30年，并且在未来30年内人力资本不会折旧，那么他的人力资本存量的使用寿命要比一个同等条件的40岁劳动力多10年。但是随着年龄增长、工作年限的增加，个体参与培训与继续教育以及在工作中获得工作经验会增加人力资本存量，个人的健康状况、新旧知识的更替会使个人的人力资本存量折旧、贬值，直至最终减少为0。如果将个人从接受学校教育到参加工作后第15年作为人力资本的增长期，将工作后第16年到第26年

① 石庆焱、李伟：《教育年限总和法人力资本测算——基于2010年全国人口普查数据的修订结果》，《中国人口科学》2014年第3期。

作为人力资本的平稳期，将工作后第27年到人力资本存量为0或死亡作为人力资本的衰退期[①]，就可以此计算出个人人力资本目前的存量。[②]

表17为不同受教育程度的劳动力个体的人力资本在人力资本生命周期内的变化情况。可以看出，不同受教育程度的劳动力个体的人力资本情况的增长期都是15年，平稳期都是11年，而衰退期则不尽相同。受教育年限越长，学历越高，人力资本的各个阶段开始的时间就会越迟，衰退为0的时间就会相对后延。对小学及以下程度人口来说，每增加一年的教育，人力资本生命便可延长2.5年。在不考虑个体自然寿命、各种形式的培训或接受再教育以及退休年龄等因素的情况下，文盲劳动力的人力资本存量减少为0需要15年，而小学教育程度的劳动力人力资本存量减少为0则需要30年,而初中及以上教育程度的劳动力人力资本存量减少为0则需要更长时间。因此，对大多数劳动力来说，接受教育时间越长，衰退期到来的时间越晚，人力资本所能产生的效益就越大。

表17　15—65岁不同受教育年限的劳动力个体人力资本的周期变化

维度	文盲和半文盲（h_0=0）	小学（h_0=6）	初中（h_0=9）	高中或中专（h_0=12）	大专（h_0=15）	本科及以上（h_0=16）
参加工作年龄	15	15	15	18	21	22
人力资本增长期时长（Δt_1/年）	15	15	15	15	15	15
人力资本平稳期时长（Δt_2/年）	11	11	11	11	11	11
65岁前人力资本衰退时长（Δt_3/年）	24	24	24	21	18	17

① 孙旭:《基于受教育年限和年龄的人力资本存量估算》,《统计教育》2008年第6期。

② 65岁为退休年龄，因此计算人力资本时剔除年龄大于64岁的样本123个，以2149作为估算总体人力资本存量的基数。实际上，从事农业生产的劳动力没有退休年龄的限制，如果他们的人力资本在64岁之后没有衰减为0，依然有作为劳动力的可能性。

（续表）

维度	文盲和半文盲（h_0=0）	小学（h_0=6）	初中（h_0=9）	高中或中专（h_0=12）	大专（h_0=15）	本科及以上（h_0=16）
增长期内每年增加的人力资本存量（Δh_1）	0.4	0.4	0.5	0.6	0.8	0.8
衰退期每年减少的人力资本存量（Δh_3）	0.4	0.4	0.3	0.2	0.1	0.1

注：该表中受正规学校教育 1 年 = 1 个人力资本存量单位。参加工作时年龄按 6 岁上学，小学 3 年，初中 3 年，高中和中专 3 年，大专 3 年，本科及以上 4 年计算。

如果将个人人力资本生命周期增长期内每年增加的人力资本存量的绝对值记为 Δh_1，将衰退期每年减少的人力资本存量绝对值记为 Δh_3，则个体人力资本存量：

$H=h_0+\Delta h_1\Delta t_1-\Delta h_3\Delta h_3$（公式 2）

在公式（2）中，h_0 为个人人力资本存量的初始值，即个人目前的受教育年限。由于平稳期的人力资本存量增加值为 0，所以平稳期的人力资本存量等于人力资本存量的初始值加增长期内增加的人力资本存量。总体的人力资本存量即不同人力资本水平个体的人力资本存量之和。

表 18 中所示的受教育程度为假定完成某一学段教育的受教育年限，但实际调查中有部分受访者的受教育年限高于较低学段的受教育年限但又低于较高学段的受教育年限①，因此本研究将受教育年限为 1—6 年均记为小学（小学教育程度和文盲的人力资本变化情况相同，合并计算），将受教育年限 7—9 年均记为初中，将受教育年限 10—12 年记为高中，将受教育年限 13—

① 由于 20 世纪 70 年代至 80 年代我国小学教育实行的是五年制，依入学时间推算，样本中有约 50% 的受访者的实际受教育程度与受教育年限不匹配，例如，受教育年限为 8 年者可能已完成初中教育，受教育年限为 9 年者可能已接受一年高中教育。另外，在调查获得的数据中，劳动力人口教育年限在 16 年以上的仅有 8 人，均按受教育年限为 16 年计算。

15 年记为大专，16 年及以上记为本科及以上。根据表 18 以及公式（2）计算出样本中全体劳动力的人力资本存量为 25800.1 单位，其中 15—64 岁劳动力现阶段的人力资本存量为 25553.3 单位，人均人力资本存量为 11.9 单位。

表 18　不同受教育程度的人力资本存量分布

维度		15—19 岁	20—24 岁	25—29 岁	30—34 岁	35—39 岁	40—44 岁	45—49 岁	50—54 岁	55—59 岁	60—64 岁
文盲或半文盲（0 年）	总量	0.4	8.4	14.4	72.0	126.0	240.0	157.6	54.4	2	0
	人均	0.4	2.6	3.8	6.0	6.0	5.5	3.8	1.8	0.1	0
小学（1—6 年）	总量	31.4	86.4	434.6	981.0	1730.0	1845.8	1185.2	593.8	154.6	113.2
	人均	6.3	7.2	9.2	10.5	10.7	10.5	8.4	6.2	4.4	2.7
初中（7—9 年）	总量	212.5	876.0	2241.5	2212.5	2521.0	1813.2	920.5	878.2	440.4	199.3
	人均	10.1	12.3	14.7	26.1	16.2	15.6	14.4	12.9	11.6	9.5
高中或中专（10—12 年）	总量	24.6	214.4	561.2	296.6	226.0	409.0	443.2	324.2	252.6	273
	人均	12.3	14.3	17.5	19.8	20.5	20.5	20.1	19.1	18.0	17.1
大专（13—15 年）	总量	41.0	224.2	265.4	186.0	186.2	132.0	79.9	131.6	—	25.7
	人均	13.7	16.0	19.0	23.3	26.6	26.4	26.6	26.3	—	25.7
本科及以上（≥ 16 年）	总量	—	136.8	495.8	245.4	59.2	114	59.0	—	—	—
	人均	—	17.1	20.7	24.5	29.6	28.5	29.5	—	—	—
合计	总量	309.9	1546.2	4012.9	3993.5	4848.4	4554	2845.4	1982.2	849.6	611.2
	人均	9.68	12.27	14.92	14.31	13.10	12.38	10.31	8.97	8.25	5.05

注：“—”表明没有符合条件的劳动力。

（1）人力资本结构单一，高学历劳动力的人力资本存量总量小

从人力资本的学历分布来看，文盲或半文盲劳动力（以下简称文盲劳动力）的人力资本存量为 675.2 单位，占全部劳动力人力资本存量的 2.64%；

小学学历劳动力的人力资本存量为 7156 单位，占全部劳动力人力资本存量的 28.0%；初中学历劳动力的人力资本存量为 12315.1 单位，占全部劳动力人力资本存量的 48.19%；高中或中专学历劳动力的人力资本存量为 3024.8 单位，占全部劳动人力资本存量的 11.84%；大专和本科及以上学历劳动的人力资本存量分别为 1272 单位和 1094.2 单位，分别占全部劳动力人力资本存量的 4.98% 和 4.34%。从人均人力资本存量的学历分布来看，文盲劳动力人力资本存量最少，仅为 3.0 单位，而具有本科及以上学历劳动力的人均人力资本存量为 22.2 单位。尽管高学历劳动力的人均人力资本存量较大，但数量不占优势。（见表 18）

（2）不同年龄段贫困户劳动力人力资本存量均低于非贫困户

从人力资本的年龄分布来看，35—39 岁劳动力的人力资本存量对全部劳动力人力资本存量的贡献最大，占全部劳动力人力资本存量的 19.03%；15—19 岁劳动力的人力资本存量占全部劳动力人力资本存量的份额最小，仅为 1.25%。这是因为初中学历的劳动力在总体中具有绝对的数量优势，并且这部分劳动力的人力资本大多数处在平稳期内。而文盲劳动力由于没有人力资本的初始积累，所以他们的人力资本会过早地进入衰退期，绝大部分文盲劳动力的人力资本存量会在 60 岁之前衰减为 0。

从人均人力资本存量的年龄分布来看，25—29 岁的青壮年劳动力的人均人力资本存量最大，人均为 14.92 单位，而 60—64 岁人口的人均人力资本存量最小，人均为 5.05 单位。（见表 18）

综合年龄和学历来看，35—39 岁初中学历的劳动力对整体的人力资本存量的贡献最大，约占全部劳动力人力资本存量的 9.87%，人均人力资本存量为 13.10 单位。（见表 18）

从人力资本存量的家庭类型分布来看，非贫困户劳动力的人力资本存量总体上高于贫困户劳动力的人力资本存量。贫困户劳动力的人力资本存量为 15962 单位，人均人力资本存量为 11.3 单位；非贫困户劳动力的人力资本存量为 9591.3 单位，人均人力资本存量为 12.3 单位。这说明两组劳动力的人均人力资本存量差异显著（$F=3.945$，$p=0.000 < 0.001$）。

从不同类型家庭劳动力的人力资本的年龄分布来看，贫困家庭30—34岁劳动力对总体人力资本存量的贡献最大，占贫困家庭劳动力人力资本存量的21.29%，而非贫困家庭35—39岁劳动力对总体人力资本存量贡献最大，占非贫困家庭劳动力人力资本存量的21.35%；贫困家庭15—19岁劳动力对总体人力资本存量的贡献最少，占贫困家庭劳动力人力资本存量的1.46%，同样，非贫困家庭15—19岁劳动力对总体人力资本存量的贡献也最少，占非贫困家庭劳动力人力资本存量的1.06%。

从表19可以看出，贫困家庭30—34岁劳动力的人均人力资本存量最大，为14.6单位，60—64岁劳动力的人力资本存量最小，为4.8单位；而非贫困家庭25—29岁劳动力的人均人力资本存量最大，为15.4单位，60—64岁劳动力人力的资本存量最小，为5.1单位。

表19 不同年龄段贫困户与非贫困户劳动力的人力资本情况

维度		15—19岁	20—24岁	25—29岁	30—34岁	35—39岁	40—44岁	45—49岁	50—54岁	55—59岁	60—64岁
贫困户	总量	140.2	638.7	1578.3	2042.4	1440.2	1362.6	870.5	851.3	408	259.1
	人均	10.0	12.3	13.8	14.6	12.9	11.7	8.8	8.8	8.2	4.8
非贫困户	总量	169.7	907.5	2434.6	1951.1	3408.2	3191.4	1974.9	1130.9	441.6	352.1
	人均	9.4	12.8	15.4	14.5	13.8	12.9	11.3	9.5	7.4	5.1

（3）从人力资本存量的性别分布来看，男性劳动力的人力资本存量远高于女性劳动力的人力资本存量。男性劳动力的人力资本存量为15140.9单位，人均人力资本存量为12.6单位；女性劳动力的人力资本存量为10412单位，人均人力资本存量为12.3单位。这说明两组劳动力人均人力资本存量的性别差异显著（$F=3.685$，$p<0.001$）。

从不同性别的劳动力的人力资本的年龄分布来看，40—44岁男性劳动力人力资本存量为2641.4单位，占男性劳动力的人力资本存量的17.4%，35—39岁女性劳动力人力的资本存量为2273.7单位，占女性劳动力人力资本存量的21.8%。从人均人力资本存量来看，30—34岁男性劳动力人均人力资本存量最大，为14.9单位，25—29岁女性劳动力人均人力资本存量最大，为14.6单位。因为女性劳动力的学历普遍低于男性劳动力，所以她们的人力资本存量达到顶峰的时间会相应地早于男性。（见表20）

从不同家庭类型不同性别劳动力的人力资本情况来看，贫困家庭男性劳动力人力资本存量为5927.4单位，占贫困家庭劳动力人力资本总量的61.80%，贫困家庭女性劳动力的人力资本存量为3663.9单位，占贫困家庭劳动力人力资本总量的38.20%；而非贫困家庭男性劳动力人力资本存量为9213.5单位，占非贫困家庭劳动力人力资本存量的57.63%，非贫困家庭女性劳动力人力资本存量为6748.5单位，占非贫困家庭劳动力人力资本总量的42.37%。可见非贫困家庭女性劳动力比贫困家庭女性劳动力拥有更多的人力资本。（见表20）

从不同家庭类型不同性别劳动力的人均人力资本来看，贫困家庭男性的人均人力资本存量为11.7单位，非贫困家庭男性劳动力的人均人力资本存量为12.6单位；贫困家庭女性劳动力的人均人力资本存量为10.7单位，而非贫困家庭女性劳动力人均人力资本存量为11.8单位。男性劳动力中，贫困家庭30—34岁男性劳动力的人均人力资本存量最大，为14.8单位，而非贫困家庭25—29岁男性劳动力的人均人力资本存量最大，为15.3单位；女性劳动力中，贫困家庭30—34岁女性劳动力的人均人力资本存量最大，为14.2单位，女性劳动力中，非贫困家庭25—29岁女性劳动力的人均人力资本存量最大，为15.5单位。由于贫困家庭女性劳动力在学历上不占优势，她们的人力资本存量的初始值和增长量都非常有限，因此她们的人力资本存量会比非贫困家庭的同龄女性更早地进入衰退期，因而在60—64岁女性劳动力中，贫困家庭女性劳动力的人均人力资本存量低于非贫困家庭女性的劳动人均人力资本存量。（见表20）

表 20 不同性别劳动力人力资本情况

年龄（岁）	男						女					
	贫困户		非贫困户		总体		贫困户		非贫困户		总体	
	总量	平均	总量	平均	总量	平均	总量	平均	总量	平均	总量	平均
15—19	90.0	10.0	79.1	11.3	169.1	10.6	50.2	10.0	90.6	8.2	140.8	8.8
20—24	381.7	12.3	623.6	12.5	1005.3	12.4	257.0	12.2	283.9	13.5	540.9	12.9
25—29	1023.1	14.2	1441.7	15.3	2464.8	14.8	555.2	13.2	992.9	15.5	1548.1	14.6
30—34	1217.6	14.8	1100.8	14.9	2318.4	14.9	824.8	14.2	850.3	13.9	1675.1	14.1
35—39	859.0	13.0	1715.7	13.9	2574.7	13.6	581.2	12.6	1692.5	13.6	2273.7	13.4
40—44	854.8	12.4	1786.6	13.4	2641.4	13.0	507.8	10.8	1401.8	12.3	1909.6	11.9
45—49	517.0	9.1	1223.1	11.9	1740.1	10.9	353.5	8.4	751.8	10.4	1105.3	9.7
50—54	520.0	9.6	679.7	9.4	1199.7	9.5	331.3	7.7	451.2	9.4	782.5	8.6
55—59	256.8	8.9	319.2	9.4	576	9.1	151.2	7.2	122.4	4.7	273.6	5.8
60—64	207.4	5.8	241.0	6.3	448.4	8.3	51.7	2.9	111.1	3.6	162.8	3.3
总体	5927.4	11.7	9213.5	12.6	15140.9	12.3	3663.9	10.7	6748.5	11.8	10412.4	11.4

（4）农业部门劳动力人力资本存量较低

从人力资本存量的部门分布来看，农业部门劳动力的人力资本总量为9157.4单位，占全部劳动力人力资本存量的35.84%，人均人力资本存量为10.6单位；非农业部门劳动力的人力资本总量为16395.9单位，占全部劳动力人力资本存量的64.16%，人均人力资本存量为12.7单位。这说明两组劳动力的人均人力资本存量差异显著。其中，贫困家庭农业部门劳动力的人力资本存量为3403.3单位，占全部劳动力人力资本存量的13.32%，人均人力资本存量为9.9单位；非贫困家庭农业部门劳动力的人力资本存量为5754.1单位，占全部劳动力人力资本存量的22.62%，人均人力资本存量为11.1单位。而贫困家庭非农业部门劳动力的人力资本存量为6188.0单位，占全部劳动力人力资本存量的24.22%，人均人力资本存量为12.3单位；非贫困家庭非农业部门劳动力的人力资本存量为10207.9单位，占全部劳动力人力资本存量的39.95%，人均人力资本存量为13.0单位。可以看出，非农业部门劳动力的人力资本存量不论在总量上还是在人均存量上都大于农业部门。（见表21）

人力资本寿命的极限取决于人的自然寿命，但劳动力人力资本效用的发挥则取决于劳动力人力资本存量和劳动力个人的劳动意愿。由于贫困户大多缺乏青壮年劳动力，所以老年劳动力不得不被迫延长劳动时间，一直工作到不能劳动为止。

表21　不同职业劳动力人力资本情况

年龄（岁）	农业部门						非农业部门					
	贫困家庭		非贫困家庭		总体		贫困家庭		非贫困家庭		总体	
	总量	人均	总量	人均	总量	人均	总量	人均	总量	人均	总量	人均
15—19	—	—	35.2	7.0	35.2	7.0	140.2	10.0	134.5	10.3	274.7	10.2
20—24	127.1	11.6	254.5	12.7	381.6	12.3	511.6	12.5	653	12.8	1164.6	12.7
25—29	420.3	13.1	545.8	15.2	381.6	14.2	1158.0	14.1	1888.8	15.5	3046.8	14.9
30—34	485.2	14.3	494.7	14.1	966.1	14.2	1557.2	14.7	1456.4	14.6	3013.6	14.6
35—39	475.0	11.9	1355.0	13.6	979.9	13.1	965.2	13.4	2053.2	14	3018.4	13.8
40—44	634.1	11.7	1266.5	12.3	1830	12.1	728.5	11.8	1924.9	13.3	2653.4	12.8
45—49	486.4	8.5	867.6	10.8	1900.6	9.8	384.1	9.1	1107.3	11.8	1491.4	11
50—54	417.6	8.2	518.9	8.5	1354	8.4	433.7	9.4	612.4	10.4	1046.1	10
55—59	218.9	7.5	208.6	6.7	936.5	7.1	189.1	9.0	233	8	422.1	8.4
60—64	138.7	3.7	207.3	4.5	427.5	4.2	120.4	7.1	144.8	6.3	265.2	6.6
总体	3403.3	9.9	5754.1	11.1	9157.4	10.6	6188.0	12.3	10207.9	13.0	16395.9	12.7

注："—"表明没有符合条件的劳动力。

（五）贫困家庭教育脱贫需求

1. 农户对教育的认识

教育对改变农户的贫困状态具有重要作用，农户脱贫教育既有刚性需求，也有弹性需求。刚性需求的教育是所有农户必须要接受的正式教育，这类教育具有国家强制性，反映国家的教育需求。而弹性需求的教育是农户为了改变贫困状态或改善生活状况能够进行选择的教育，这类教育反映的是农户自身的教育诉求，既可以是正式教育，也可以是非正式教育。农户脱贫的教育需求，不仅应包括国家层面的刚性教育需求，也应包括农户自身的弹性教育需求。农户自身教育诉求是农户自觉利用教育改善生产生活现状的表现，应当加以推崇和提倡。只有把握农户的教育诉求，才能使教育在农户尤其是贫困户脱贫过程中更好地发挥作用。

（1）农户一致期望子女接受本科层次的高等教育

针对最想让孩子上哪类大学的问题，有 778 户农户接受了访谈，253 户农户没有回答该问题。其中，让孩子上本科类院校的贫困户人数与非贫困户人数分别占 43.96% 和 56.04%，而选择让孩子读高职类院校的农户为 0。调研组了解到，很多农户持有“高学历能带来好的经济效益”“上学能走出农村”和“读书能改变命运”的观点，并希望自己的孩子接受更好的教育，将来能走出农村。但是不少家长认为读高职类学校、职业技术院校是“不务正业”，甚至带着有色的眼镜看待当前的高职类学校。因此，在选择让孩子上哪类大学的回答中，农户一致认为让孩子上本科类院校。

（2）大部分农户认为子女接受高等教育对农户脱贫致富有用

在受访的 420 户贫困户和 611 户非贫困户中，314 户贫困户认为子女上大学对贫困家庭脱贫致富有用，占贫困户总数的 74.76%；501 户非贫困户认为子女上大学对贫困家庭脱贫致富有用，占非贫困户总数的 82.00%。从数据可以看出，贫困户与非贫困户均认为子女上大学对贫困家庭脱贫致富有用的比例较高，且非贫困户的比例高于贫困户。已经脱贫和发家致富的农户都认为子女接受高等教育对家庭脱贫致富有重要作用，对增长农户家庭的经济效益有很大帮助。（见图 12）

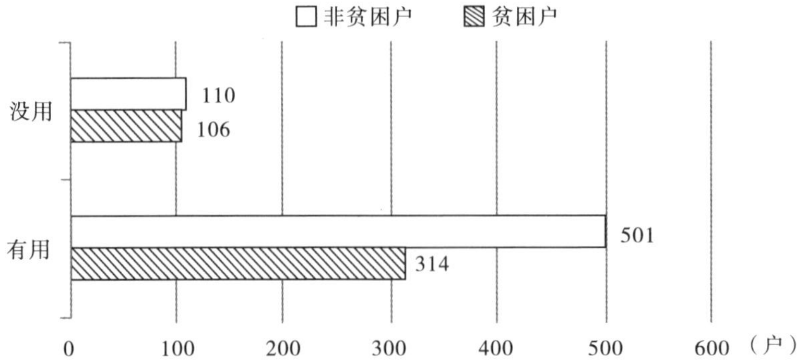

图 12　农户认为让子女接受高等教育对脱贫致富的作用

（3）大部分农户让子女接受教育的目的是改变家庭经济状况

农户就“让孩子接受教育的目的”回答最多的是“改变家庭经济状况”和“让孩子将来能走出去，获得更好的发展”，其次为“提高孩子的素质”“自己接受教育少，要让孩子多接受教育”“为当地发展做贡献”“名声好”“大家都这样做”。从目的的优先性来看，农户最先考虑的是“改变家庭经济状况”，其次为“提高孩子的素质”和“让孩子将来能走出去，获得更好的发展”。让孩子接受教育的第一目的是“改变家庭经济状况”的农户共有 402 户，其中，贫困户 151 户，非贫困户 251 户，分别占各自有效作答户数 49.51% 和 74.26%。让孩子接受教育的第一目的是“提高孩子的素质”的农户共有 215 户，其中，贫困户 99 户，非贫困户 116 户，分别占各自有效作答户数的 32.46% 和 34.32%；让孩子接受教育的第一目的是“让孩子将来能走出去，获得更好的发展”的农户共有 134 户，其中，贫困户 69 户，非贫困户 65 户，分别占各自有效作答户数的 22.62% 和 19.23%。不论从总频数还是优先性来看，大部分农户让子女接受教育的目的都是“改变家庭经济状况”。（见表 22）

表 22　农户让孩子接受教育的目的

让孩子接受教育的目的		改变家庭经济状况		为当地发展做贡献		名声好		提高孩子的素质		自己接受教育少		让孩子将来能走出去，获得更好的发展		大家都这样做	
		频数	百分比（%）	频数	百分比（%）	频数	百分比（%）	频数	百分比（%）	频数	百分比（%）	频数	百分比（%）	频数	百分比（%）
贫困户(n=305)	第一目的	151	49.51	47	15.41	9	2.95	99	32.46	34	11.15	69	22.62	2	0.66
	第二目的	39	12.79	72	23.61	2	0.66	78	25.57	68	22.30	85	27.87	4	1.31
	第三目的	65	21.31	38	12.46	12	3.93	39	12.79	45	14.75	103	33.77	3	0.98
	合计	255	83.61	157	51.48	23	7.54	216	70.82	147	48.2	257	84.26	9	2.95
非贫困户(n=338)	第一目的	251	74.26	60	17.75	37	10.95	116	34.32	62	18.34	65	19.23	2	0.59
	第二目的	21	6.21	68	20.12	35	10.36	134	39.64	106	31.36	114	33.73	23	6.80
	第三目的	23	6.80	13	3.85	16	4.73	56	16.57	79	23.37	114	33.73	37	10.95
	合计	295	87.27	141	41.72	88	26.04	306	90.53	247	73.07	293	86.69	62	18.34

（4）大部分非贫困户认为技能培训对脱贫致富有用，贫困户则认为技能培训对脱贫致富没有帮助

在受访的 420 户贫困户和 611 户非贫困户中，241 户贫困户认为家庭成员参加技能培训对家庭脱贫致富没有用，占该贫困户总数的 57.38%；440 户非贫困户认为家庭成员参加技能培训对家庭脱贫致富有用的，占该非贫困

户总数的72.01%。从图14可以看出，这与接受高等教育对农户脱贫致富的影响调查结果一致，非贫困户认为子女上大学、参加技能培训对家庭脱贫致富有用的户数远高于贫困户的人数，非贫困户在脱贫致富的过程中认识到接受教育和参加技能的重要性,他们也易于接受“教育致富”“知识就是力量”等思想。而对大部分贫困户来说,他们更容易将致贫的原因归于自然条件差、家人患病、缺资金等客观因素上,这类脱贫应该更多地依靠政府的政策扶持、资金扶助等帮扶，而少数的原因归于家庭成员的文化程度低等方面。这反映了贫困人口思想意识薄弱、观念落后的问题，因此，精准扶贫要扶经济的贫，更要扶教育的贫，扶智更要扶志，转变贫困人口的思想意识、观念，重新认识教育的力量和作用，发挥教育脱贫、技术脱贫的重要性。

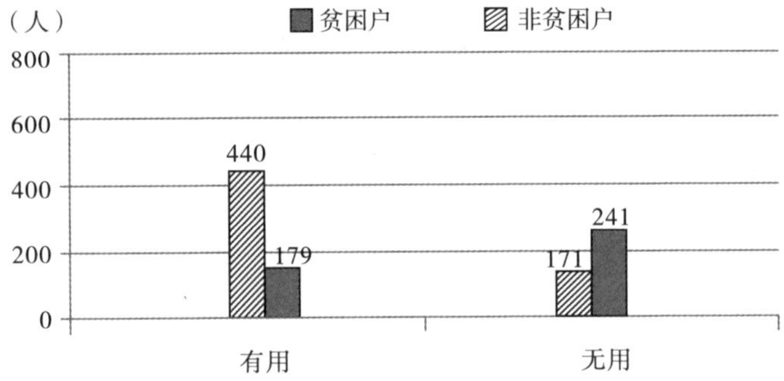

图13　贫困户与非贫困户认为家庭成员参加技能培训对脱贫致富是否有用

（5）农户对办好幼儿园及小学教育有较高期望

在受访的420户贫困户和611户非贫困户中，261户贫困户认为办好幼儿园或小学对农村发展有用，占贫困户总数的62.14%；451户非贫困户认为办好幼儿园或小学对农村有用的，占非贫困户总数的73.81%。农户认为让子女接受教育、参加技能培训、办好幼儿园或小学等对贫困家庭脱贫致富、农村发展均有用。而教育扩展首先要办好基础教育并提高基础教育质量，农户对办好基础教育的期望高，表明他们对“好教育”的需求高。教育扩展更有利于低收入人口收入的增长，有利于提高人力资本以及脱贫致富中教育的潜在力量。因此，改变贫困人口的观念，激发他们对“好教育”、高质量教育的不懈追求迫在眉睫。（见图14）

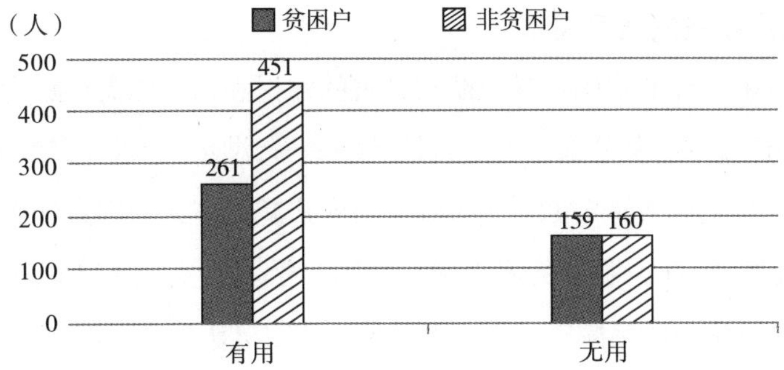

图 14　贫困户与非贫困户认为办好幼儿园或小学对农村发展是否有用

（6）办好农村幼儿园或小学最直接的作用是方便孩子就近上学

对于办好农村幼儿园或小学最直接的作用，农户选择最多的是“方便孩子就近上学”，其中贫困户和非贫困户持此观点的户数分别为182户和208户。其次是“促进经济发展”和“促进农村社会发展”，贫困户和非贫困户选择这两种作用的户数略有不同。最后是“有助于农村文化的传承和发展”和“有助于农村人口整体素质的提高”，贫困户和非贫困选择这两个选项的户数比较接近。（见图15）

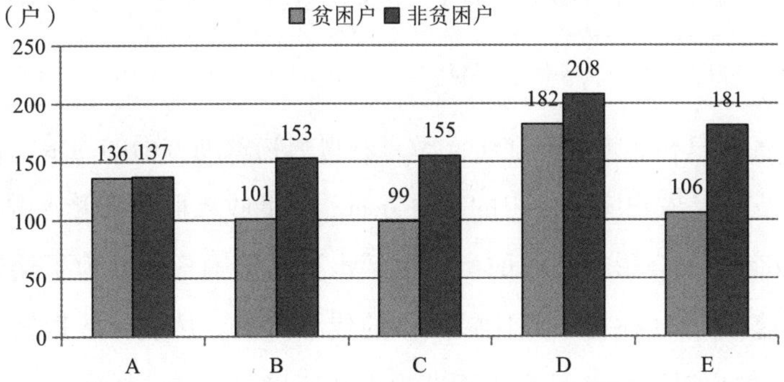

图 15　办好农村幼儿园或小学的作用

注：图中字母A表示“促进经济发展”，B表示“有助于农村文化的传承和发展”，C表示“有助于农村人口整体素质的提高”，D表示“方便孩子就近上学”，E表示“促进农村社会发展”。

2. 农户脱贫的教育需求

（1）贫困户和非贫困户学习防灾减灾的知识和技能的需求较为一致

调研组了解到，贫困地区普遍自然条件恶劣，洪水、干旱等自然灾害频发，因此学习一定的防灾减灾知识与技能，对农户减少非人为因素的经济损失具有重要价值。数据表明，贫困户和非贫困户学习防灾减灾知识和技能需求较为一致，对学习防灾减灾的知识和技能，贫困户认为“不需要、不太需要、比较需要、非常需要”分别占比 5.7%、21.9%、42.4% 和 30.0%；非贫困户认为“不需要、不太需要、比较需要、非常需要”分别占比 7.2%、20.9%、43.4% 和 28.5%。（见表 23）

表 23　不同类型家庭学习防灾减灾知识和技能的差异比较

家庭类型	非常需要		比较需要		不太需要		不需要		合计	χ^2
	频数	百分比（%）	频数	百分比（%）	频数	百分比（%）	频数	百分比（%）	频数	
贫困户	126	30.0	178	42.4	92	21.9	24	5.7	420	1.196
非贫困户	174	28.5	265	43.4	128	20.9	44	7.2	611	
合计	300	29.1	443	43.0	220	21.3	68	6.6	1031	

（2）贫困户和非贫困户在子女教育获得财物资助方面的需求均比较高

教育支出是农户家庭支出的重要方面。对低收入群体来说，占收入比重过大的教育投入会影响整体的生产生活水平。贫困户子女为了接受比上一代更好的教育，往往会形成比较严重的代际剥削。从统计数据来看，有超过 80% 的农户对子女在教育方面获得财物资助具有较高的需求。其中，贫困户中认为“不需要、不太需要、比较需要、非常需要”分别占比 9.0%、9.5%、37.1% 和 44.3%，认为“非常需要”的人数最多；非贫困户中认为“不需要、不太需要、比较需要、非常需要”分别占比 6.1%、14.7%、39.8% 和 39.4%，认为“比较需要”的人数最多。（见表 24）

表 24　不同类型家庭在子女教育方面获得财物资助的需求差异比较

家庭类型	非常需要		比较需要		不太需要		不需要		合计	χ2
	频数	百分比（%）	频数	百分比（%）	频数	百分比（%）	频数	百分比（%）	频数	
贫困户	186	44.3	156	37.1	40	9.5	37	9.0	420	10.267*
非贫困户	241	39.4	243	39.8	90	14.7	37	6.1	611	
合计	427	41.4	399	38.7	130	12.6	74	7.3	1031	

注：$^{*}p < 0.05$

（3）非贫困户对学习卫生保健方面知识的需求高于贫困户

家庭成员患病除了增加家人的精神和经济负担以外，也影响家庭成员的劳动生活，尤其对劳动力数量较少的家庭而言，一旦主要劳动力的健康出现问题，家里的生产生活就会受到很大的冲击。在调查中，有不少农户认为，加大卫生保健知识的宣传，教给农户预防疾病的常识和技能是非常有用的。总体来看，对学习保健知识这一变量，非贫困户中认为“不需要、不太需要、比较需要、非常需要”分别占比 5.1%、12.6%、44.7% 和 37.6%；贫困户中认为“不需要、不太需要、比较需要、非常需要”分别占比 6.0%、21.0%、43.8% 和 29.3%。（见表 25）进一步分析表明，非贫困户对该项的需求高于贫困户。（$Z=-3.611$，$p < 0.001$）

表 25　不同类型家庭学习卫生保健知识的需求差异比较

家庭类型	非常需要		比较需要		不太需要		不需要		合计	χ2
	频数	百分比（%）	频数	百分比（%）	频数	百分比（%）	频数	百分比（%）	频数	
贫困户	123	29.3	184	43.8	88	21.0	25	6.0	420	16.318***
非贫困户	230	37.6	273	44.7	77	12.6	31	5.1	611	
合计	353	34.2	457	44.3	165	16.0	56	5.4	1031	

注：$^{***}p < 0.001$

（4）贫困户对医疗救助方面的需求高于非贫困户

从获得更多的医疗救助的需求来看，贫困户中认为“不需要、不太需要、比较需要、非常需要”分别占比 1.9%、14.3%、39.3% 和 44.5%，认为“非常需要”的人数最多；非贫困户中认为“不需要、不太需要、比较需要、非常需要”分别占比 6.4%、12.8%、42.4% 和 38.5%。（见表 26）进一步分析表明可以看出，贫困户对医疗救助的需求高于非贫困户（$Z=-2.178, p < 0.05$）。因病致贫是主要的贫困类型之一，目前国家出台了相关大病救助的政策，对减轻农户的医疗支出负担有一定帮助，但有部分农户认为有必要进一步加大对大病医疗救助的力度和降低申请难度。

表 26　不同类型家庭对获得更多医疗救助的需求差异比较

家庭类型	非常需要		比较需要		不太需要		不需要		合计	χ^2
	频数	百分比（%）	频数	百分比（%）	频数	百分比（%）	频数	百分比（%）	频数	
贫困户	187	44.5	165	39.3	60	14.3	8	1.9	420	14.197**
非贫困户	235	38.5	259	42.4	78	12.8	39	6.4	611	
合计	422	40.9	424	41.1	138	13.4	47	4.6	1031	

注：**$p < 0.01$

（5）大部分贫困户与非贫困户有学习种植、养殖等技能的需求

贫困户和非贫困户对学习种植、养殖等技能的需求有显著差异，贫困户中认为“不需要、不太需要、比较需要、非常需要”分别占比 10.2%、17.1%、39.0% 和 33.6%；非贫困户中认为“不需要、不太需要、比较需要、非常需要”分别占比 5.9%、22.6%、40.4% 和 31.1%。（见表 27）

表 27 不同类型家庭对学习种植、养殖等技能的需求差异比较

家庭类型	非常需要		比较需要		不太需要		不需要		合计	χ2
	频数	百分比（%）	频数	百分比（%）	频数	百分比（%）	频数	百分比（%）	频数	
贫困户	141	33.6	164	39.0	72	17.1	43	10.2	420	10.350*
非贫困户	190	31.1	247	40.4	138	22.6	36	5.9	611	
合计	331	32.1	411	39.9	210	20.4	79	7.7	1031	

注：$^{*}p < 0.05$

（6）贫困户与非贫困户对学习经商、做生意技能的需求基本一致

就学习经商、做生意技能的需求而言，贫困户中认为“不需要、不太需要、比较需要、非常需要”分别占比 6.4%、23.6%、39.3% 和 30.7%；非贫困户中认为“不需要、不太需要、比较需要、非常需要”分别占比 8.2%、25.7%、36.8% 和 29.3%。（见表 28）

表 28 不同类型家庭对学习经商、做生意技能的需求差异比较

家庭类型	非常需要		比较需要		不太需要		不需要		合计	χ2
	频数	百分比（%）	频数	百分比（%）	频数	百分比（%）	频数	百分比（%）	频数	
贫困户	129	30.7	165	39.3	99	23.6	27	6.4	420	2.044
非贫困户	179	29.3	225	36.8	157	25.7	50	8.2	611	
合计	308	29.9	390	37.8	256	24.8	77	7.5	1031	

（7）贫困户与非贫困户对学习电脑技术的需求没有明显差异

不同类型家庭对学习电脑技术的需求没有显著差异，贫困户中认为“不需要、不太需要、比较需要、非常需要”分别占比 6.4%、24.8%、39.3% 和 29.5%；非贫困户中认为“不需要、不太需要、比较需要、非常需要”分别占比 8.7%、21.6%、35.0% 和 34.7%。（见表 29）

表 29　不同类型家庭对学习电脑技术的需求差异比较

家庭类型	非常需要		比较需要		不太需要		不需要		合计	χ2
	频数	百分比（%）	频数	百分比（%）	频数	百分比（%）	频数	百分比（%）	频数	
贫困户	124	29.5	165	39.3	104	24.8	27	6.4	420	5.976
非贫困户	212	34.7	214	35.0	132	21.6	53	8.7	611	
合计	336	32.6	379	36.8	236	22.9	80	7.8	1031	

（8）贫困户与非贫困户对学习休闲娱乐养生知识的需求有明显差异

不同类型家庭对学习休闲娱乐养生知识的需求差异显著。其中贫困户认为学习休闲娱乐养生知识“不需要、不太需要、比较需要和非常需要”分别占比 10%、34.0%、39.0% 和 16.9%，认为“比较需要”的人数最多；非贫困户中认为“不需要、不太需要、比较需要、非常需要”分别占比 19.1%、27.8%、33.9% 和 19.1%，认为“比较需要”的人数最多。（见表 30）

表 30　不同类型家庭对学习休闲娱乐养生知识的需求差异比较

家庭类型	非常需要		比较需要		不太需要		不需要		合计	χ2
	频数	百分比（%）	频数	百分比（%）	频数	百分比（%）	频数	百分比（%）	频数	
贫困户	71	16.9	164	39.0	143	34.0	42	10.0	420	19.221***
非贫困户	117	19.1	207	33.9	170	27.8	117	19.1	611	
合计	188	18.2	371	36.0	313	30.4	159	15.4	1031	

注：***$p < 0.001$

五、结论和建议

（一）加大对贫困地区农村学校的投入力度，从整体上提高农村人口的受教育年限

总体来看，样本中所有人口的受教育年限偏低，平均受教育年限（5.87

年）与劳动力的平均受教育年限（6.66年）均低于全国平均水平（9.5年），贫困人口的受教育年限显著低于非贫困人口，女性人口的受教育年限则普遍低于男性。因此，加大对贫困地区农村学校的投入力度，整体延长贫困地区人口的受教育年限，是解决贫困地区教育水平滞后的重要途径。

造成贫困地区经济、教育落后的原因有很多，政府的资金支持、教育投入力度不足是其中一个重要原因。就调研所到之地，当地中小学校的教学设备、硬件设施、师资力量等均比较落后，与县城、市区学校的差距较大，困难家庭学生就学的负担过重。多数农户认为进一步办好农村幼儿园或小学对农村发展有用，有利于农村的经济发展和文化传承，能够提高农村人口的整体素质。贫困户与非贫困户中认为子女上学获得更多财物资助比较需要和非常需要的户数占各自总户数的比例分别为81.4%和79.2%，这表明贫困户人口对政府加大教育投入、教育扶贫力度的期望较高。要实现好的教育，需加快教育精准扶贫的步伐，完善困难学生资助救助政策，安排乡镇公务员、驻村干部、学校教师等“对口扶贫”“包村到户”，以“责任到人”的体制机制，针对贫困人口不同的教育需求，对症下药，落实教育精准扶贫以实现教育公平。同时，各地的教育政策要向贫困人口倾斜，通过为弱势群体提供更多的教育机会和教育资助，以确保城乡间的教育起点、过程公平，进一步实现社会公平。应切实提高农村基础教育的质量，针对教育城乡、区域、校际、不同群体差距，继续加大政策、资金、项目等扶持力度，加大农村地区的精准扶贫力度，从全面普及义务教育向高质量的义务教育转变，提高人民群众的满意度，办人民满意的高质量教育。

（二）提高农户劳动力的人力资本质量，提升贫困人口的职业转换能力

贫困户与非贫困户劳动力中分别有42.39%、40.98%的人就业于农业部门。从事种植业、在外务工的农村人口对学习种植、养殖等技能，学习经商、做生意的技能，学习电脑技术这三项技能比较需要和非常需要的人数比例分别为71.97%、67.70%、69.35%，可见农户对技能、技术的需求较高，

希望通过技能培训增加自己的人力资本存量，提高劳动生产率，减少贫困的发生率，实现教育脱贫。各级政府部门应为农户、外出务工的贫困人口组织定期的技能培训，确保贫困人口掌握基本的科学、文化知识，在就业、劳动中享有一技之长。贫困人口通过增加自身人力资本存量，可以自主选择就业部门，职业转换能力会得到相应提高，打破“能力贫困”的被动地位。

（三）完善、优化职业教育体系，引导农户树立对职业教育的理性态度

调查表明，期望子女接受教育的所有贫困户和非贫困户都选择让子女接受本科及以上的高等教育，没有农户选择让子女接受职业技术教育。在校生也认为只有中、高考失利才会进入中高等职业技术学校就读。对大多数中国家长和孩子来说，职业教育是落榜生的“收容所”。与此相反，就农户自身的教育需求而言，大多数农户认为参加技能培训对贫困家庭脱贫致富有作用，也愿意参加乡镇、县政府组织的技能培训。这就形成了一个悖论：贫困人口既想要参加技能培训，以此脱贫致富，又不愿意自己的子女进入职业技术学校学习。究其原因，一个重要方面就是我国职业教育体系不完善，职业教育质量令人忧心。国家虽屡屡出台加快构建合理的现代职业体系的政策文件，但优质生源极度缺乏、课程结构不合理、评价体系不完善、毕业生“前途堪忧”等现实问题却一度导致职业教育裹足不前。加之，大多数农户固守“劳心者治人，劳力者治于人”的传统观念，认为只有进入高等院校才算是上了“真正的大学”，才能在就业市场中抢占先机。“越是贫困地区越‘看不起’职业学校，不惜一切代价让孩子考‘好大学’。”[①] 这造成了“上有政策、下有想法”的局面，尽管很多职业院校的大门向贫困人口敞开，多地中高等职业技术学校向农村户籍的学生免学费，提供生活补助和岗位实习机会，家长和孩子们还是不会轻易选择进入职业技术院校学习。

（四）鼓励农户优化生育结构，合理投资与规划子女教育

从人口结构来看，农户人口呈少子化和老龄化双重特征，0—14 岁人口

① 鲁子箫：《农村教育扶贫的“因教致贫”困境及观念转向》，《教育理论与实践》2017 年第 2 期。

（17.47%）和60岁及以上人口（16.07%）的比例十分接近。随着高中教育的普及，新生代人口参与劳动的时间会向后推迟，而青壮年劳动力则会随着时间的推移逐渐减少，劳动力的供给将出现青黄不接的现象。贫困地区经济、教育落后，与政府的经济政策、就业导向有很大的关系，但其中更重要的是贫困人口的思想观念。79.05%的农户认为子女上大学对自身脱贫致富有用，贫困人口寄希望于教育，期盼通过教育使自己的子女“成龙成凤”，实现阶层流动，离开农村获得更好的发展，其教育期望具有较强的离农性、去农性。在实际受教育过程中，“由于专业选择不当、就业不利、择业不当、学历与能力不符等导致收入过低或无收入，短时间内难以改变贫困的境况，这种投入产出的不对称在贫困群体中被放大而显现为‘因教致贫’”①。“因教致贫”“越扶越贫”等现象与国家的宏观经济、就业政策有关，也是因为农户被“高学历、高工资”“劳心者治人”等传统思想所影响，对于当前的就业形势、市场需求、政策导向等关注较少，教育投资比较盲目，造成贫困家庭子女在就业中处于劣势。对贫困地区人口而言，上大学并不应仅仅意味着离开农村，而是一个理性抉择、规划的过程。贫困人口应通过转变自身的教育观念，进行合理的教育规划，才能从被动走向自觉、自主的教育路径。

① 鲁子箫:《农村教育扶贫的“因教致贫”困境及观念转向》,《教育理论与实践》2017年第2期。

报告八 为办好“人民满意的教育”做不懈的努力
——西北农村地区基础教育满意度调查研究

洪松松　高文涛　郝文武

教育是民族振兴和社会进步的基石,办好教育需要全社会的关心和支持。人民教育为人民，人民教育人民办。人民满意既是教育发展的目标，也是教育发展的动力。为了解人民对中国丝绸之路（以下简称“丝路”）沿线地区农村基础教育发展的满意度，为党和政府进一步完善丝路沿线地区基础教育发展的相关政策提供合理建议，2015 年暑假期间，陕西师范大学“丝路沿线地区农村基础教育发展满意度调查”课题组对丝路沿线西北五省区中小学学生、教师、学校领导、学生家长、非学生家长的普通居民、教育局领导等群体对基础教育的满意度进行了全面调查。

一、调查目的、对象和研究方法

“人民满意的教育”这个命题本身就有丰富的含义。人民与国民、公民相联系，与敌人相对立。人民既是一个整体的概念，又可以依据不同地域、阶层、职业和专业、性别、年龄等划分为具体的群体和个体。本项目研究或本报告中的“人民”首先是指丝路沿线西北地区五省区的人民，然后是指丝路沿线西北地区五省区的中小学学生、教师、学校领导、学生家长和非学生家长的普通居民、教育局领导等群体和个体。“人民满意的教育”应该是学生满意、教师满意、学生家长满意、学校领导满意、社会民众满意的教育，当然也应该是各级政府和领导满意的教育。但不同的地域、阶层、职业和专业、性别、年龄等层面的“人民”对教育和不同层面的教育的关注度不同，因此对教育的满意度既可能形成一定的共识甚至是高度的共识，也可能形成一定的差异甚至是明显的差异。

教育也有丰富含义，既可以依据时代、年代、时期划分，也可以依据国别、地域、城乡等划分；既可以依据学前幼儿教育、中小学教育、高等教育或普通教育、职业教育、专业教育等划分，也可以依据目的、目标、内容、方式等划分。本项目研究或本报告中的“教育”首先是中国丝路沿线西北地区五省区的中小学基础教育，然后是指丝路沿线西北地区五省区人民对教育的满意度应该包括人民对学生发展、师资建设、课程教学、办学条件、学校管理、校园生活、学校布局、教育教学整体质量等不同维度的满意度。不同维度包含不同的具体内容，其中“学生发展”维度包括学生品德、学业成绩、综合素质、适龄儿童入学率与升学率等具体内容；“师资建设”维度包括教师品德、教师教学态度、教师教学能力、教师组织管理能力、师资质量、师资数量、教师待遇与离职意向等不同方面的具体内容；“课程教学”维度包括教学内容、教学方式、课程开设情况等具体内容；“办学条件”维度包括教学设备、基础设施、经费投入等不同方面的内容；“学校管理”维度包括教育收费、学校管理体制、校园安全、新教师聘任、教师晋升制度、退休保障、办学效益等不同方面的具体内容；“校园生活”维度包括学生食宿条件、学生文体活动、教师文体活动、师生关系、教师同事关系、家校联系等方面的具体内容。此外，调查还包含了“学校布局”和“教育教学整体质量”两个宏观维度。从以上 8 个维度出发,采用“满意度打分”和“询问现状”两种方式进行调查，既保证了调查内容的丰富性，又可根据了解到的事实现状对不同维度的满意度进行补充说明和论证。

本研究在上述 8 个维度的基础上，主要选取了 5 个维度，每个维度选取了 5 个指标，总共根据 25 个指标进行重点分析。（见表 1）

表 1 调查维度和指标

维度	指标				
学生发展	学生品德	学业成绩	综合素质	适龄儿童入学率	学生升学率
师资发展	教师品德	教学态度	教学能力	班级管理能力	组织能力
课程教学	教学内容	教学方式	教学设备	教学整体质量	教育整体质量
学校管理	安全保障措施	管理体制	规章制度	安全教育	校长管理能力
校园生活	住宿条件	伙食条件	文体活动	师生关系	基础设施

在本研究中，不同区域群体指农村、乡镇和县城区域的不同群体。在分析框架上，本研究试图通过调查不同省份的不同群体和不同区域群体对 25 个指标的满意度，了解西北地区的民众对基础教育发展的满意度现状。在技术路线上，本研究主要考察了满意率、满意度、平均满意率、平均满意度，通过获取不同省份的不同群体和不同区域的群体对 25 个指标的满意率度和平均满意率度来具体了解民众的满意度现状，找出满意度低的指标，明确需要解决的问题，在此基础上提出建议。

由于相较于其他省份，青海和新疆两个省份的问卷在回收数量、问题类型等特征上有较大的吻合度，因此把两个省份的调查数据合并，同陕西、甘肃和宁夏的数据并列分析。

二、西北地区五省区基础教育满意度调查结果

本部分呈现了西北地区五省区不同群体对基础教育不同维度的满意度，以揭示西北地区不同省份的不同群体对基础教育满意度的共同点和差异，从而更好地反映我国丝路沿线西北地区五省区民众对基础教育的满意度现状。

（一）陕西满意度现状

1. 学生发展

陕西不同群体对学生品德的平均满意率为 87.7%，其中教育局领导最高，为 96.5%；学校领导最低，为 80.1%。不同群体对学生学业成绩的平均满意

率为 84.0%，其中教育局领导的满意率最高，为 96.4%，比满意率最低的教师高出 19.8%。就学生综合素质而言，家长的满意率最高，为 91.0%；其次是非家长居民，为 89.5%；最后是教育局领导，为 89.3%；学校领导和教师分别为 86.7% 和 83.9%；不同群体的平均满意率为 88.1%。相较于学生发展的其他几个方面，不同群体对当地适龄儿童入学率的满意率比较高，平均满意率为 93.4%；其中教育局领导为 96.4%，非家长居民为 94.6%，学校领导为 93.4%，教师为 89.0%。但不同群体对当地学校升学率的满意率差异较大，教育局领导的满意率为 96.5%；非家长居民、家长和教师分别为 89.0%、88.8% 和 88.3%，比较接近；然而学校领导仅为 73.4%；不同群体的平均满意率为 87.2%。（见表 2）

表 2 陕西不同群体对学生发展的满意率和满意度

不同群体		学生品德	学业成绩	综合素质	适龄儿童入学率	学生升学率
满意率（%）	学生	90.4	86.3	—	—	—
	教师	89.7	76.6	83.9	89.0	88.3
	学校领导	80.1	80.1	86.7	93.4	73.4
	家长	—	83.0	91.0	—	88.8
	非家长居民	81.8	81.4	89.5	94.6	89.0
	教育局领导	96.5	96.4	89.3	96.4	96.5
平均		87.7	84.0	88.1	93.4	87.2
满意度（分）	学生	3.49	3.29	—	—	—
	教师	3.35	3.14	3.20	3.57	3.36
	学校领导	3.20	3.20	3.33	3.40	3.27
	家长	—	3.32	3.42	—	3.39
	非家长居民	3.25	3.26	3.37	3.66	3.45
	教育局领导	3.50	3.46	3.18	3.82	3.68
平均		3.36	3.28	3.30	3.61	3.43

从满意度来看，不同群体对学生发展各个方面的满意度均在 3.00 分以上，

即满意度在一般水平以上。其中学生品德满意度最高的是教育局领导，为3.50分；满意度最低的是学校领导，为3.20分；不同群体对学生品德的平均满意度为3.36分。不同群体对学生学业成绩的满意度最高的也是教育局领导（3.46分），最低的是教师（3.14分）；不同群体对学生学业成绩的平均满意度为3.28分。就学生综合素质而言，家长满意度最高，为3.42分；教育局领导满意度最低，为3.18分；不同群体平均为3.30分。不同群体对当地适龄儿童入学率的满意度也较高，平均为3.61分；其中满意度最高的为教育局领导（3.82分），最低的为学校领导（3.40分），教师和非家长居民对当地适龄儿童入学率的满意度分别为3.57分和3.66分。不同群体对当地学校的升学率满意度平均为3.43分，教育局领导最高，为3.68分；学校领导最低，为3.27分。（见表2）

通过分析可以看出，陕西省不同群体在学生发展方面，满意度最高的是适龄儿童入学率，其次是学生的升学率；满意度最低的是学生的学业成绩，其次是学生的综合素质。而满意率最高的同样是适龄儿童入学率，其次为学生综合素质、学生品德、学生升学率和学生的学业成绩。总体来看，在学生发展方面，陕西省不同群体最满意的是当地的适龄儿童入学率，最不满意的是学生学业成绩。

2. 师资发展

陕西省不同群体对师资建设不同方面的满意状况较好，平均满意率均超过了90%，平均满意度均在3.50分以上。就师资建设的具体方面来看，不同群体对教师不同群体教师品德的平均满意率为94.4%，其中满意率最高的是学生（96.3%），满意率最低的是家长（92.6%）。不同群体对教师教学态度的满意率平均为94.5%，满意率最高的是非家长居民（97.3%），最低的是家长（93.2%）。不同群体对教师教学能力的平均满意率为94.5%，其中，满意率最高的是学生（95.5%），满意率最低的是教师（92.0%）。不同群体对教师班级管理能力的平均满意率为93.9%，其中满意率最高的是非家长居民（96.3%），其次为家长（94.9%）和学校领导（93.4%），满意率最低的是教师（92.0%）。不同群体对教师组织能力满意率平均为93.7%，其中满意率最高的为非家长居

民（94.1%）;学校领导和家长的满意率接近，分别为93.4%和93.7%。（见表3）

就满意度来看，陕西省不同群体对教师品德的平均满意度为3.69分，学生的教师教学能力满意度最高（3.93分），教师的最低（3.57分）。不同群体教师教学态度的满意度平均为3.72分，其中学校领导最高（3.87分），家长最低（3.64分）。不同群体对教师教学能力的平均满意度为3.64分，其中学生的满意度最高（3.84分），教师的满意度最低（3.55分）。不同群体对教师班级管理能力的平均满意度为3.56分，其中非家长居民的满意度最高（3.70分），学校领导的满意度则最低（3.34分）。不同群体对教师组织能力的平均满意度为3.63分，其中非家长居民和学校领导均为3.67分，家长为3.55分。（见表3）

表3　陕西不同群体对师资发展的满意率和满意度

不同群体		教师品德	教学态度	教学能力	班级管理能力	组织能力
满意率（%）	学生	96.3	95.4	95.5	—	—
	教师	93.5	93.4	92.0	92.0	—
	学校领导	—	93.3	—	93.4	93.4
	家长	92.6	93.2	93.3	94.9	93.7
	非家长居民	94.1	97.3	93.1	96.3	94.1
	教育局领导	—	—	—	92.8	—
平均		94.4	94.5	94.5	93.9	93.7
满意度（分）	学生	3.93	3.78	3.84	—	—
	教师	3.57	3.66	3.55	3.51	—
	学校领导	—	3.87	—	3.34	3.67
	家长	3.66	3.64	3.55	3.63	3.55
	非家长居民	3.60	3.69	3.61	3.70	3.67
	教育局领导	—	3.68	—	3.60	—
平均		3.69	3.72	3.64	3.56	3.63

综合以上分析，可以看出陕西省不同群体对师资发展的满意状况整体较

好，满意率最高的是教师教学态度和教学能力，其次是教师品德、教师班级管理能力和教师组织能力；而满意度最高的是教师的教学态度，其次是教师品德、教师教学能力、教师班级管理能力和组织能力。

3. 课程教学

陕西省不同群体对学校课程教学总体倾向于满意，但不同方面满意度和满意率有所差异。具体来看，不同群体对教学内容的平均满意率为92.5%，其中学生满意率最高（95.7%），家长满意率最低（90.2%），非家长居民满意率（90.4%）与家长满意率相近。不同群体对学校教学方式的平均满意率为88.9%，其中满意率最高的教育局领导为96.3%，满意率最低的学校领导仅为73.3%。不同群体对学校教学设备的平均满意率为88.0%，其中教育局领导满意率最高，为92.8%；教师最低，为85.4%；家长、学校领导、非家长居民满意率分别为88.2%、86.7%和86.8%。不同群体对学校教学整体质量的平均满意率为91.9%，其中满意率最高的是教育局领导（96.5%），其次为教师（93.4%）、学校领导（93.3%）和非家长居民（88.6%），最低的为家长（87.8%）。不同群体对学校教育质量的平均满意率为92.0%，其中满意率最高的教育局领导为96.4%，满意率最低的家长为88.0%。（见表4）

从学校课程教学不同方面的满意度情况来看，不同群体对教学内容的平均满意度为3.56分，其中满意度最高的是学校领导（3.80分），其次是学生（3.77分），最低的是非家长居民（3.38分）。不同群体对学校教学方式的平均满意度为3.46分，其中满意度最高的是学生，为3.75分；最低的是学校领导，为3.33分。不同群体对学校教学设备平均满意度为3.44分，其中满意度最高的是学校领导，为3.73分；最低的是教育局领导，为3.25分。不同群体对学校整体教学质量的平均满意度为3.42分，其中满意度最高的是教育局领导，为3.61分；满意度最低的是家长，为3.33分；非家长居民、学校领导和教师的满意度分别为3.35分、3.40分和3.39分。不同群体对学校教育质量的平均满意度为3.43分，各群体满意度较为接近，学校领导、非家长居民对学校教育整体质量的满意度分别为3.54分、3.44分，家长和教育局领导均为3.39分。（见表4）

表 4　陕西不同群体对课程教学的满意率和满意度

不同群体		教学内容	教学方式	教学设备	教学整体质量	教育整体质量
满意率（%）	学生	95.7	93.8	—	—	—
	教师	92.7	92.7	85.4	93.4	—
	学校领导	93.3	73.3	86.7	93.3	93.4
	家长	90.2	90.5	88.2	87.8	88.0
	非家长居民	90.4	86.9	86.8	88.6	90.0
	教育局领导	92.8	96.3	92.8	96.5	96.4
平均		92.5	88.9	88.0	91.9	92.0
满意度（分）	学生	3.77	3.75	—	—	—
	教师	3.52	3.38	3.45	3.39	—
	学校领导	3.80	3.33	3.73	3.40	3.54
	家长	3.42	3.46	3.36	3.33	3.39
	非家长居民	3.38	3.40	3.42	3.35	3.44
	教育局领导	3.46	3.42	3.25	3.61	3.39
平均		3.56	3.46	3.44	3.42	3.43

综合上面的分析可以看出，陕西省不同群体满意度最高的是教学内容，其次是教学方式；最低的是教学整体质量，其次是教育整体质量。而不同群体对课程教学满意率最高的同样是教学内容，其次是教育整体质量、教学整体质量和教学方式，满意率最低的是教学设备。

4. 学校管理

陕西省不同群体对目前学校的不同方面满意情况较好，满意率和满意度都比较高。不同群体对学校安全保障措施的平均满意率为 91.5%，其中满意率最高的是学生，为 94.6%；满意率最低的是非家长居民，为 87.3%；家长和教师均为 92.1%；学校领导和教育局领导分别为 93.3% 和 89.3%。不同群体对学校管理体制的平均满意率为 92.9%，其中满意率最高的是教育局领导，为 96.4%；最低的是教师，为 90.5%。不同群体对学校规章制度的平均满意率为 93.0%，其中最高的是教育局领导（96.4%）；其次是学生和学校领导，分别为 93.4% 和 93.3%；家长和非家长居民分别为 92.2% 和 89.5%。不同群体对学校安全教育的平均满意率为 95.0%，其中教师和学生的满意率分别为 97.1% 和 96.4%，家长为 91.5%。不同群体对校长管理能力的平均满意率为 93.1%，其中满意率最高的是家长（96.5%），教育局领导和非家长居民分别为 92.8% 和 90.0%。（见表 5）

从满意度情况来看，不同群体对学校安全保障措施的平均满意度为 3.51 分，其中满意度最高的是学校领导（3.73 分），其次为学生（3.65 分），最低的是教育局领导（3.32 分）。不同群体对学校管理体制的平均满意度也为 3.51 分，其中学生为 3.67 分，学校领导和非家长居民均为 3.47 分，教师和教育局领导分别为 3.42 分和 3.50 分。不同群体对学校规章制度的平均满意度为 3.55 分，其中学校领导满意度最高，为 3.73 分；其次为学生（3.65 分）；最低的为家长（3.44 分）。不同群体对学校安全教育的平均满意度为 3.71 分，其中教师对学校安全教育的满意度最高，为 3.85 分；其次为学生（3.75 分）、家长（3.53 分）。不同群体对校长管理能力的平均满意度为 3.49 分，其中家长、非家长居民和教育局领导分别为 3.51 分、3.45 分和 3.50 分。（见表 5）

表 5　陕西不同群体对学校管理的满意率和满意度

不同群体		安全保障措施	管理体制	规章制度	安全教育	校长管理能力
满意率（%）	学生	94.6	92.6	93.4	96.4	—
	教师	92.1	90.5	—	97.1	—
	学校领导	93.3	93.4	93.3		—
	家长	92.1	—	92.2	91.5	96.5
	非家长居民	87.3	91.4	89.5	—	90.0
	教育局领导	89.3	96.4	96.4	—	92.8

（续表）

不同群体		安全保障措施	管理体制	规章制度	安全教育	校长管理能力
平均		91.5	92.9	93.0	95.0	93.1
满意度（分）	学生	3.65	3.67	3.65	3.75	—
	教师	3.47	3.42	—	3.85	—
	学校领导	3.73	3.47	3.73	—	—
	家长	3.48	—	3.44	3.53	3.51
	非家长居民	3.38	3.47	3.45	—	3.45
	教育局领导	3.32	3.50	3.46	—	3.50
平均		3.51	3.51	3.55	3.71	3.49

从以上分析中可以看出，陕西省不同群体对目前学校管理中满意率最高的是学校的安全教育，其次为学校的规章制度、校长管理能力和学校管理体制以及学校的安全保障措施；不同群体对学校管理中满意度最高的同样是学校安全教育，其次是学校的规章制度、安全保障措施和学校管理体制以及校长的管理能力。

5. 校园生活

陕西省不同群体对校园生活的满意状况总体上倾向于满意，但满意率和满意度都比较低。从校园生活的不同方面来看，不同群体对学校住宿条件的平均满意率为 87.7%，其中满意率最高的是教育局领导，为 96.3%；最低的是学生，为 80.5%。不同群体对学校伙食条件的平均满意率为 86.5%，其中家长满意率最高，为 88.6%；非家长居民和学生分别为 86.8% 和 84.1%。不同群体对学校文体活动的平均满意率为 85.6%，其中教师和学生均为 88.4%，学校领导为 80.0%。不同群体对目前师生关系的平均满意率为 91.7%，其中学生最高，为 95.4%；教育局领导最低，为 89.2%，家长、教师、非家长居民分别为 92.9%、90.5% 和 90.4%。不同群体对学校基础设施的平均满意率为 82.7%，其中学生最高，为 89.8%；教育局领导最低，为 78.6%。（见表 6）

从满意度来看，不同群体对学校住宿条件的平均满意度为3.34分，其中满意度最高的是学校领导（3.60分），其次是教师（3.48分）；满意度最低的是学生家长（3.09分），其次是学生（3.10分）。不同群体对学校伙食条件的平均满意度为3.31分，其中家长为3.30分，非家长居民为3.43分，学生为3.21分。不同群体对学校文体活动的平均满意度为3.40分，其中学生、教师和学校领导分别为3.48分、3.38分和3.33分。不同群体对目前学校师生关系的平均满意度为3.57分，其中学生满意度最高，为3.97分；教育局领导最低，为3.35分。不同群体对学校基础设施建设的平均满意度为3.33分，其中学校领导最高，为3.67分；教育局领导最低，为3.18分。（见表6）

表6　陕西不同群体对校园生活的满意率和满意度

不同群体		住宿条件	伙食条件	文体活动	师生关系	基础设施
满意率（%）	学生	80.5	84.1	88.4	95.4	89.8
	教师	91.2	—	88.4	90.5	78.9
	学校领导	86.7	—	80.0	—	80.0
	家长	84.2	88.6	—	92.9	83.8
	非家长居民	87.3	86.8	—	90.4	85.0
	教育局领导	96.3	—	—	89.2	78.6
平均		87.7	86.5	85.6	91.7	82.7
满意度（分）	学生	3.10	3.21	3.48	3.97	3.34
	教师	3.48	—	3.38	3.40	3.25
	学校领导	3.60	—	3.33	3.60	3.67
	家长	3.09	3.30	—	3.59	3.27
	非家长居民	3.36	3.43	—	3.48	3.27
	教育局领导	3.42	—	—	3.35	3.18
平均		3.34	3.31	3.40	3.57	3.33

以上分析表明，陕西省不同群体对目前学校生活中满意率最高的是师生关系，其次是住宿条件、伙食条件、文体活动和基础设施建设。从满意度来看，满意度最高的也是师生关系，满意度最低的是学校的伙食条件。

（二）甘肃满意度现状

1. 学生发展

甘肃省不同群体对目前学生发展各方面的总体评价为“满意”，但不同方面的满意率和满意度都不相同。具体来看，不同群体对学生品德的满意率平均为 88.2%，其中学校领导满意率最高，为 92.0%；教师和教育局领导均为 85.7%。不同群体对学生学业成绩的平均满意率为 87.7%，其中教育局领导的满意率最高，为 91.8%；学校领导最低，为 82.0%。不同群体对学生综合素质的满意率平均为 88.2%，其中家长满意率最高，为 95.9%；教育局领导最低，为 77.6%。不同群体对当地适龄儿童入学率的平均满意率为 91.4%，其中教师满意率最高，为 96.4%；学校领导最低，为 86.0%。不同群体对当地学校升学率的平均满意率为 90.2%，其中满意率最高的是家长，为 95.6%；最低的是学校领导，为 84.0%。（见表 7）

从不同群体对学生发展各方面的满意度情况来看，不同群体对学生品德的平均满意度为 3.49 分，其中学生的满意度为 3.54 分，教师和学校领导均为 3.48 分。不同群体对学生学业成绩的平均满意度为 3.51 分，其中家长的满意度最高（3.67 分），学生的满意度最低（3.34 分）。不同群体对学生综合素质的平均满意度为 3.47 分，其中家长的满意度最高，为 3.76 分；教育局领导的满意度最低，为 3.25 分。不同群体对当地适龄儿童入学率的平均满意度为 3.77 分，其中教师满意度最高，为 3.92 分；学校领导和教育局领导均为 3.72 分，非家长居民为 3.73 分。不同群体对当地学校的升学率平均满意度为 3.59 分，其中家长和教师分别为 3.74 分和 3.71 分；非家长居民最低，为 3.46 分。（见表 7）

表 7　甘肃不同群体对学生发展的满意率和满意度

不同群体		学生品德	学业成绩	综合素质	适龄儿童入学率	学生升学率
满意率（%）	学生	90.7	84.3	—	—	—
	教师	85.7	89.7	88.1	96.4	93.7
	学校领导	92.0	82.0	90.0	86.0	84.0
	家长	—	89.8	95.9	—	95.6
	非家长居民	86.8	88.7	89.2	91.1	87.7
	教育局领导	85.7	91.8	77.6	91.9	89.8
平均		88.2	87.7	88.2	91.4	90.2
满意度（分）	学生	3.54	3.34	—	—	—
	教师	3.48	3.54	3.39	3.92	3.71
	学校领导	3.48	3.48	3.50	3.72	3.54
	家长	—	3.67	3.76	—	3.74
	非家长居民	3.45	3.46	3.46	3.73	3.46
	教育局领导	—	3.59	3.25	3.72	3.53
平均		3.49	3.51	3.47	3.77	3.59

从以上分析中可以看出，甘肃省不同群体对学生发展不同方面满意率最高的是当地适龄儿童的入学率，其次为当地学校的升学率、学生综合素质和学生品德，满意率最低的是学生学业成绩；从满意度角度来看，不同群体满意度最高的也是当地适龄儿童的入学率，其次为当地学校的升学率、学生学业成绩、学生品德和学生综合素质。甘肃民众最满意的是当地适龄儿童的入学率。

2. 师资发展

甘肃省不同群体对目前师资发展各方面的满意度和满意率都比较高，从不同方面的满意率来看，不同群体对教师品德的满意率平均为 93.5%，其中满意率最高的为教师（96.1%），其次为家长（96.0%），最低的为非家长居民（90.3%），但不同群体的满意率总体上都高于90%。不同群体对教师教学态度的平均满意率为93.2%，其中满意率最高的为教师（97.2%），最低的为学校领导（88.0%）。不同群体对教师教学能力的平均满意率为94.4%，其中家长的满意率最高（97.1%），学校领导的满意率最低（90.0%）。不同群体对教师班级管理能力的平均满意率为92.6%，其中非家长居民最高，为95.4%；学校领导最低，为88.0%。不同群体对教师组织能力的平均满意率为93.2%，其中非家长居民最高，为96.0%。教育局领导最低，为87.8%。（见表8）

从不同群体对师资发展各方面的满意度来看，不同群体对教师品德的平均满意度为3.73分，其中家长的满意度最高，为3.91分；学生为3.86分，教育局领导的满意度最低，为3.47分。不同群体对教师教学态度的平均满意度为3.77分，其中，教师的满意度最高，为3.91分；最低的是教育局领导，为3.65分。不同群体对教师教学能力的平均满意度为3.78分，其中家长的满意度最高，为3.94分；其次为教师，为3.89分，满意度最低的为学校领导（3.52分）。不同群体对教师班级管理能力的平均满意度为3.72分，其中家长最高（3.90分）；教师和非家长居民均为3.72分；学校领导最低，为3.60分。不同群体对教师组织能力的平均满意度为3.67分；其中家长最高，为3.81分；教育局领导最低，为3.45分。（见表8）

表8　甘肃不同群体对师资发展的满意率和满意度

不同群体		教师品德	教学态度	教学能力	班级管理能力	组织能力
满意率（%）	学生	94.8	94.6	93.5	—	—
	教师	96.1	97.2	96.5	94.9	—
	学校领导	92.0	88.0	90.0	88.0	94.0
	家长	96.0	95.0	97.1	95.0	95.0
	非家长居民	90.3	94.8	95.4	95.4	96.0
	教育局领导	91.9	89.8	93.9	89.8	87.8

（续表）

不同群体		教师品德	教学态度	教学能力	班级管理能力	组织能力
平均		93.5	93.2	94.4	92.6	93.2
满意度（分）	学生	3.86	3.84	3.84	—	—
	教师	3.82	3.91	3.89	3.72	—
	学校领导	3.80	3.66	3.52	3.60	3.72
	家长	3.91	3.88	3.94	3.90	3.81
	非家长居民	3.50	3.70	3.93	3.72	3.69
	教育局领导	3.47	3.65	3.53	3.65	3.45
平均		3.73	3.77	3.78	3.72	3.67

从以上分析中可以看出，甘肃省不同群体对师资发展满意率最高的是教师的教学能力，其次是教师品德、教师的教学态度、组织能力和班级管理能力；满意度最高的也是教师的教学能力，其次为教师的教学态度、教师品德、教师班级管理能力和组织能力。甘肃民众最满意的是教师的教学能力。

3. 课程教学

甘肃省不同群体对学校课程不同方面的满意情况较好。具体来看，不同群体对学校教学内容的平均满意率为 95.7%，其中学校领导满意率最高，为 98.0%；教育局领导满意率最低，为 87.7%。不同群体对学校教学方式的平均满意率为 92.9%，其中学校领导满意率最高，为 98.0%；非家长居民满意率最低，为 90.9%。不同群体对学校教学设备的满意率平均为 87.0%，其中满意率最高的是教师，为 92.0%；满意率最低的是教育局领导，为 79.6%。不同群体对教学整体质量的满意率平均为 91.5%，其中满意率最高的是教师，为 95.2%；满意率最低的是教育局领导，为 85.8%。不同群体对教育整体质量的平均满意率为 93.8%，其中家长为 94.2%，非家长居民为 92.9%。（见表 9）

从满意度来看，不同群体对教学内容的平均满意度为 3.70 分，其中满意度最高的为学生（3.85 分），满意度最低的是教育局领导（3.34 分）。不同群体对学校教学方式的平均满意度为 3.63 分，最高的为学生（3.74 分），最低的为教育局领导（3.43 分）。不同群体对教学设备满意度平均为 3.48 分，其中满意度最高的为教师（3.64 分），满意度最低的为非家长居民（3.34 分）。不同群体对教学整体质量的满意度平均为 3.56 分，其中满意度最高的是家长，为 3.80 分；最低的是教育局领导，为 3.33 分。不同群体对学校教育整体质量的平均满意度为 3.62 分，其中，满意度最高的是家长，为 3.71 分；最低的是非家长居民，为 3.54 分。（见表 9）

表 9　甘肃不同群体对课程教学的满意率和满意度

不同群体		教学内容	教学方式	教学设备	教学整体质量	教育整体质量
满意率（%）	学生	94.0	94.2	—	—	—
	教师	95.3	94.9	92.0	95.2	—
	学校领导	98.0	98.0	88.0	90.0	94.0
	家长	95.4	94.1	91.2	95.0	94.2
	非家长居民	93.0	90.9	84.2	91.5	92.9
	教育局领导	87.7	85.2	79.6	85.8	93.9
平均		95.7	92.9	87.0	91.5	93.8
满意度（分）	学生	3.85	3.74	—	—	—
	教师	3.73	3.66	3.64	3.63	—
	学校领导	3.52	3.66	3.40	3.54	3.68
	家长	3.81	3.70	3.62	3.80	3.71
	非家长居民	3.45	3.57	3.34	3.51	3.54
	教育局领导	3.34	3.43	3.41	3.33	3.55
平均		3.70	3.63	3.48	3.56	3.62

从上述分析可以看出，甘肃省不同群体对课程教学不同方面内容满意率最高的是教学内容，其次为教育整体质量、教学方式、教学整体质量和教

学设备；满意度最高的同样是教学内容，其次是教学方式、教育整体质量、教学整体质量和教学设备。

4. 学校管理

甘肃省不同群体对学校管理不同方面的满意率和满意度都比较高，从不同方面的满意率情况来看，不同群体对目前学校的安全保障措施的平均满意率为 85.6%，其中教师的满意率最高，为 93.7%；教育局领导的满意率最低，为 73.5%。不同群体对学校管理体制的平均满意率为 90.9%，其中教师满意率最高，为 92.1%；教育局领导满意率最低，为 89.8%。不同群体对学校规章制度的平均满意率为 90.5%，其中满意率最高的是家长，为 93.2%；满意率最低的是学校领导，为 86.0%。不同群体对学校安全教育的平均满意率为 95.5%，其中，学生、教师和家长满意率分别为 96.0%、96.1% 和 94.3%。不同群体对校长管理能力的平均满意率为 88.9%，其中家长满意率为 95.3%，非家长居民满意率为 91.8%，教育局领导满意率为 79.6%。（见表 10）

从满意度情况来看，不同群体对学校安全保障措施的平均满意度为 3.50 分，其中教师的满意度最高，为 3.74 分；学校领导的满意度最低，为 3.28 分。不同群体对学校管理体制的平均满意度为 3.59 分，其中教师的满意度最高，为 3.66 分；非家长居民的满意度最低，为 3.48 分。不同群体对学校规章制度的平均满意度为 3.56 分，其中学生的满意度最高，为 3.67 分；非家长居民的满意度最低，为 3.44 分。不同群体对学校安全教育的平均满意度为 3.83 分，其中教师的满意度最高，为 3.94 分；其次为学生（3.82 分）、家长（3.72 分）。不同群体对校长管理能力的平均满意度为 3.59 分，其中家长的满意度最高，为 3.76 分；非家长居民和教育局领导分别为 3.55 分和 3.47 分。（见表 10）

表 10 甘肃不同群体对学校管理的满意率和满意度

不同群体		安全保障措施	管理体制	规章制度	安全教育	校长管理能力
满意率（%）	学生	93.1	91.0	91.7	96.0	—
	教师	93.7	92.1	—	96.1	—
	学校领导	78.0	90.0	86.0	—	—
	家长	91.6	—	93.2	94.3	95.3
	非家长居民	83.5	91.5	89.9	—	91.8
	教育局领导	73.5	89.8	91.8	—	79.6
平均		85.6	90.9	90.5	95.5	88.9
满意度（分）	学生	3.72	3.62	3.67	3.82	—
	教师	3.74	3.66	—	3.94	—
	学校领导	3.28	3.54	3.46	—	—
	家长	3.61	—	3.64	3.72	3.76
	非家长居民	3.36	3.48	3.44	—	3.55
	教育局领导	3.31	3.65	3.59	—	3.47
平均		3.50	3.59	3.56	3.83	3.59

综合以上分析可以看出，甘肃省不同群体对学校管理不同方面的满意率最高的是学校安全教育，其次为学校管理体制、规章制度、校长管理能力和学校的安全保障措施等；满意度最高的同样是学校的安全教育，其次为学校的管理体制和校长管理能力、规章制度和学校的安全保障措施。

5. 校园生活

从甘肃省不同群体对学校校园生活的满意评价来看，除师生关系以外，不同方面的满意率和满意度都比较低。不同群体对学校住宿条件的平均满意率为 84.3%，其中家长满意率最高，为 92.0%；学校领导满意率最低，为 76.0%。不同群体对学校伙食条件的平均满意率为 84.4%，其中，家长满意率为 90.2%，教育局领导满意率为 79.6%。不同群体对学校的文体活动的平均满意率为 87.0%，其中教师为 89.6%，学校领导为 86%，学生为 85.4%。不同群体对目前师生关系的平均满意率为 93.4%，其中学生为 96.7%，学校领导为 88.0%。不同群体对学校基础设施建设的满意率比较低，平均为 79.6,%；其中学生为 87.9%，家长为 87.8%，教师和学校领导分别只有 79.0% 和 66.0%。（见表 11）

从满意度情况来看，不同群体对学校住宿条件的平均满意度为 3.37 分，其中家长的满意度最高，为 3.48 分；非家长居民为 3.26 分。不同群体对学校伙食条件的平均满意度为 3.42 分，其中家长为 3.60 分，非家长居民和教育局领导均为 3.39 分。不同群体对学校文体活动的满意度平均为 3.48 分，其中学生、教师和学校领导分别为 3.45 分、3.54 分和 3.44 分。不同群体对目前师生关系的满意度比较高，平均为 3.69 分；满意度最高的是学生，为 3.91 分；满意度最低的是教育局领导，为 3.45 分。不同群体对学校基础设施建设的平均满意度为 3.38 分，其中家长的满意度最高，为 3.60 分；满意度最低的是学校领导，为 3.10 分。（见表 11）

表 11　甘肃不同群体对校园生活的满意率和满意度

不同群体		住宿条件	伙食条件	文体活动	师生关系	基础设施
满意率（%）	学生	85.6	81.4	85.4	96.7	87.9
	教师	88.4	—	89.6	95.2	79.0
	学校领导	76.0	—	86.0	88.0	66.0
	家长	92.0	90.2	—	96.0	87.8
	非家长居民	82.3	86.3	—	90.5	79.5
	教育局领导	81.6	79.6	—	93.9	77.6
平均		84.3	84.4	87.0	93.4	79.6

续表

不同群体		住宿条件	伙食条件	文体活动	师生关系	基础设施
满意度（分）	学生	3.39	3.28	3.45	3.91	3.50
	教师	3.39	—	3.54	3.68	3.31
	学校领导	3.36	—	3.44	3.58	3.10
	家长	3.48	3.60	—	3.87	3.60
	非家长居民	3.26	3.39	—	3.62	3.27
	教育局领导	3.33	3.39	—	3.45	3.47
平均		3.37	3.42	3.48	3.69	3.38

从以上分析可以看出，甘肃省不同群体对学校校园生活满意率最高的是师生关系，其次为学校文体活动、伙食条件、住宿条件和基础设施；而对学校生活不同方面的满意度最高的同样是师生关系，其次是学校文体活动、伙食条件、基础设施和住宿条件。

（三）宁夏满意度现状

1. 学生发展

从满意率来看，非家长居民对学生品德、适龄儿童入学率的满意率都最高，为 92.3%、96.2%;学生品德满意率最低的是教师。家长对学生学业成绩、学生综合素质的满意率分别是 94%、95.1%，都是最高的；学生对学业成绩的满意率为 79.8%，是最低的。（见表 12）

从满意度来看，对于学生品德，满意度最高的是非家长居民（3.44 分），最低的是教师(3.12 分)。对于学生的学业成绩,家长的满意度最高(3.70 分)，学生的满意度最低（3.16 分）。对于学生的综合素质，满意度最高的是家长（3.73 分），最低的是教师（3.10 分）。对于适龄儿童入学率、学生升学率，满意度最高的都是教师，满意度分别是 3.89 分、3.68 分；最低的都是非家长居民，满意度分别是 3.52 分、3.29 分。（见表 12）

表 12　宁夏不同群体对学生发展的满意率和满意度

不同群体		学生品德	学业成绩	综合素质	适龄儿童入学率	学生升学率
满意率（%）	学生	83.0	79.8	—	—	—
	教师	78.7	86.6	81.8	94.5	92.1
	学校领导	—	—	—	—	—
	家长	—	94.0	95.1	—	91.7
	非家长居民	92.3	90.4	88.4	96.2	92.3
	教育局领导	—	—	—	—	—
平均		84.7	87.7	88.4	95.4	92.0
满意度（分）	学生	3.23	3.16	—	—	—
	教师	3.12	3.39	3.10	3.89	3.68
	学校领导	—	—	—	—	—
	家长	—	3.70	3.73	—	3.66
	非家长居民	3.44	3.44	3.40	3.52	3.29
	教育局领导	—	—	—	—	—
平均		3.26	3.42	3.41	3.71	3.54

综合平均满意率和平均满意度数据来看，宁夏不同群体对于学生发展问题满意率和满意度都最高的是适龄儿童入学率，其次是学生升学率，满意率都在 90.0% 以上；满意率和满意度都最低的是学生品德；学生学业成绩和综合素质的满意率和满意度居中。

2. 师资发展

从满意率来看，对于教师品德，群体满意率基本都在 90.0% 以上，非家长居民对教师品德的满意率最高，是 98.0%；教师的满意率最低，为 89.8%。对于教学态度，教师的满意率最高，为 97.6%；学校领导的最低，为 85.8%。不同群体对教师的教学态度、班级管理能力和组织能力的满意率都很高，都在 90.0% 以上。（见表 13）

表 13　宁夏不同群体对师资发展的满意率和满意度

不同群体		教师品德	教学态度	教学能力	班级管理能力	组织能力
满意率（%）	学生	95.1	91.0	92.5	—	—
	教师	89.8	97.6	95.3	95.3	—
	学校领导	—	85.8	—	—	—
	家长	95.1	95.1	92.9	96.7	95.1
	非家长居民	98.0	88.4	90.3	90.3	96.1
	教育局领导	—	—	—	—	—
平均		94.5	91.6	92.8	94.1	95.6
满意度（分）	学生	3.71	3.55	3.62	—	—
	教师	3.54	3.79	3.64	3.63	—
	学校领导	—	3.29	—	—	—
	家长	3.91	3.90	3.86	3.96	3.82
	非家长居民	3.50	3.42	3.29	3.52	3.61
	教育局领导	—	—	—	—	—
平均		3.67	3.59	3.60	3.70	3.72

从满意度来看，不同群体对教师品德的满意度都在 3.50 分以上，最高的是家长，达到了 3.91 分。家长对教师教学态度的满意度也最高，达到了 3.90 分；最低的是学校领导，为 3.29 分。家长对教师教学能力的满意度也最高，为 3.86 分；最低的是非家长居民，为 3.29 分。不同群体对教师班级管理能力和组织能力满意度较高，都在 3.50 分以上。（见表 13）

综合平均满意率和满意度数据来看，宁夏不同群体对师资发展问题满意率和满意度整体都比较高，满意率都在 90.0% 以上，其中最高的是教师组织能力；相比之下，较低的是教师教学态度和教学能力；对教师品德和班级管理能力的满意度居中。

3. 课程教学

从满意率来看，对于教学内容，不同群体满意率整体较高，较低的是非家长居民，为 84.6%；最高的是教师，为 94.4%。对于教学方式，非家长居民的满意率也最低，为 84.6%；最高的是家长，为 91.7%。不同群体对教学设备的满意率较低，都在 90.0% 以下。不同群体对教学整体质量的满意率较高，基本都在 90.0% 以上；家长的满意率较低，为 89.0%。对于教育整体质量，不同群体的满意率较高，其中最高的是非家长居民，为 94.2%；最低的是学校领导，为 85.8%。（见表 14）

表 14　宁夏不同群体对课程教学的满意率和满意度

不同群体		教学内容	教学方式	教学设备	教学整体质量	教育整体质量
满意率（%）	学生	93.7	90.3	—	—	—
	教师	94.4	90.5	88.9	93.6	—
	学校领导	—	—	—	—	85.8
	家长	91.2	91.7	87.4	89.0	92.3
	非家长居民	84.6	84.6	82.6	92.3	94.2
	教育局领导	—	—	—	—	—
平均		91.0	89.3	86.3	91.6	90.8
满意度（分）	学生	3.54	3.44	—	—	—
	教师	3.63	3.48	3.67	3.43	—
	学校领导	—	—	—	—	3.43
	家长	3.59	3.64	3.64	3.57	3.57
	非家长居民	3.35	3.33	3.23	3.27	3.56
	教育局领导	—	—	—	—	—
平均		3.53	3.47	3.51	3.42	3.52

从满意度来看，对于教学内容，教师的满意度最高，为3.63分；满意度最低的是非家长居民。不同群体教学方式的满意度整体较低。对于教学设备，满意度最低的是非家长居民，为3.23分。不同群体对教学整体质量的满意度较低。对于教育整体质量，满意度最高的是家长，为3.57分。（见表14）

从平均满意率来看，宁夏不同群体对于课程教学问题满意率最低的是教学设备，最高的是教学整体质量，其中在90.0%以上的就有教学内容、教学整体质量和教育整体质量。从平均满意度来看，不同群体对不同问题满意度高低相差不是很大。

4. 学校管理

从满意率来看，教师对安全保障措施的满意率最高，为95.3%。在不同群体对不同问题的满意率中，相比其他群体，非家长居民对安全保障措施、规章制度和校长管理能力的满意率都最低，分别只有84.6%、88.4%和92.2%。教师对于管理体制的满意率是94.5%，满意率最低的是学校领导，为85.8%。对于规章制度，满意率最高的是家长，为90.7%。不同群体对安全教育的满意率整体较高，都在90.0%以上；其中满意率最低的是学生，为94.9%。对于校长管理能力，不同群体的满意率也很高，也都在90.0%以上。（见表15）

从满意度来看，不同群体对安全教育的满意度整体较高，对规章制度的满意度较低。对于安全保障措施，满意度最高的是学校领导，为3.86分；最低的是非家长居民，为3.21分。对于管理体制，教师的满意度最高，为3.61分；最低的是学生，为3.43分。（见表15）

表 15　宁夏不同群体对学校管理的满意率和满意度

不同群体		安全保障措施	管理体制	规章制度	安全教育	校长管理能力
满意率（%）	学生	90.9	87.8	89.3	94.9	—
	教师	95.3	94.5	—	97.7	—
	学校领导	85.7	85.8	—	—	—
	家长	90.1	—	90.7	95.6	96.2
	非家长居民	84.6	90.4	88.4	—	92.2
	教育局领导	—	—	—	—	—
平均		89.3	89.6	89.5	96.1	94.2
满意度（分）	学生	3.44	3.43	3.41	3.55	—
	教师	3.81	3.61	—	4.08	—
	学校领导	3.86	3.58	—	—	—
	家长	3.62	—	3.56	3.79	3.73
	非家长居民	3.21	3.50	3.29	—	3.32
	教育局领导	—	—	—	—	—
平均		3.59	3.53	3.42	3.81	3.53

综合平均满意率和平均满意度数据来看，宁夏不同群体对学校管理问题满意率和满意度都最高的是学校的安全教育；满意率和满意度都偏低的是学校的规章制度。从平均满意率来看，宁夏不同群体对安全教育和校长管理能力的满意率都在 90.0% 以上；而对学校的规章制度不太满意。

5. 校园生活

从满意率来看，对于住宿条件，学生的满意率最低，为 80.3%；最高的是教师，为 92.1%。对于伙食条件，学生的满意率也是最低的，仅有 67.7%；最高的是家长，为 89.5%。可以看出，不同群体对于伙食条件的满意率整体偏低。对于学校的文体活动，满意率最高的是教师，为 90.5%；最低的还是学生，为 85.4%。对于师生关系，不同群体的满意率整体较高，都在 90.0% 以上。对于基础设施，满意率最高的是家长，为 91.2%；最低的是

非家长居民，为 80.8%。（见表 16）

从满意度来看，不同群体对住宿条件和伙食条件的满意度偏低，而对师生关系的满意度较高。对于住宿条件，满意度最高的是家长，为 3.47 分；最低的是学生，为 3.10 分。对于伙食条件，满意度最高的也是家长；最低的也是学生，仅为 2.87 分。对于文体活动，满意度最高的是学校领导，为 3.58 分；最低的是学生，为 3.29 分。（见表 16）

表 16　宁夏不同群体对校园生活的满意率和满意度

不同群体		住宿条件	伙食条件	文体活动	师生关系	基础设施
满意率（%）	学生	80.3	67.7	85.4	91.5	82.0
	教师	92.1	—	90.5	96.0	79.5
	学校领导	—	—	85.8	—	—
	家长	85.7	89.5	—	96.1	91.2
	非家长居民	84.6	88.4	—	94.2	80.8
	教育局领导	—	—	—	—	—
平均		85.7	81.9	87.2	94.5	83.4
满意度（分）	学生	3.10	2.87	3.29	3.66	3.20
	教师	3.34	—	3.46	3.80	3.41
	学校领导	—	—	3.58	—	—
	家长	3.47	3.47	—	3.74	3.67
	非家长居民	3.19	3.36	—	3.42	3.25
	教育局领导	—	—	—	—	—
平均		3.28	3.23	3.44	3.66	3.38

综合平均满意率和平均满意度数据可以看出，宁夏不同群体对学校生活问题的满意率和满意度都最高的是师生关系，都最低的是学校的伙食条件。从平均满意率来看，只有对师生关系的满意率在 90.0% 以上，其中较低的是伙食条件和基础设施。平均满意度和平均满意率的结果基本吻合。

（四）青海、新疆满意度现状

1. 学生发展

从满意率来看，不同群体对学生品德和学业成绩的满意率偏低，其中，对于学生品德满意率，最高的是学生，为 88.0%；最低的是学校领导，为 70.6%。对于学业成绩，满意率最高的是非家长居民，为 83.9%；最低的是学校领导，为 64.8%。不同群体对适龄儿童入学率的满意率偏高，都在 90.0% 以上。对于学生的综合素质和学生升学率，家长的满意率都是最高的，分别是 96.0% 和 92.5%；最低的都是教师，为 72.1%。（见表 17）

表 17　青海、新疆不同群体对学生发展的满意率和满意度

不同群体		学生品德	学业成绩	综合素质	适龄儿童入学率	学生升学率
满意率（%）	学生	88.0	81.0	—	—	—
	教师	78.7	65.6	72.1	90.2	72.1
	学校领导	70.6	64.8	76.4	—	76.4
	家长	—	87.7	96.0	—	92.5
	非家长居民	75.7	83.9	90.3	98.4	83.9
	教育局领导	—	—	—	—	—
平均		78.3	76.6	83.7	94.3	81.2
满意度（分）	学生	3.51	3.21	—	—	—
	教师	3.15	2.79	2.90	3.59	3.00
	学校领导	3.18	2.83	3.00	—	3.47
	家长	—	3.35	3.67	—	3.62
	非家长居民	3.22	3.37	3.39	3.79	3.37
	教育局领导	—	—	—	—	—
平均		3.27	3.11	3.24	3.69	3.37

从满意度来看，不同群体对学生品德、学业成绩和学生综合素质的满意度偏低。其中，对于学生品德，满意度最高的是学生，为 3.51 分；最低的是教师，为 3.15 分。对于学业成绩，满意度最高的是非家长居民，为 3.37 分，

最低的是教师，为 2.79 分。对于学生综合素质，不同群体的满意度高低差距较大，最高的是家长，为 3.67 分；最低的是教师，为 2.90 分。对于学生升学率，满意度较高的是家长，为 3.62 分；最低的是教师，为 3.00 分。不同群体对适龄儿童入学率的满意度较高，都在 3.50 分以上。（见表 17）

综合平均满意率和平均满意度数据来看，青海、新疆不同群体对学生发展问题满意率和满意度都最高的是适龄儿童入学率，都偏低的是学生的学业成绩和学生品德。

2. 师资发展

从满意率来看，不同群体教师品德满意率较高，都在 90.0% 以上；其中最高的是家长，为 97.3%；最低的是教师，为 90.2%。对于教学态度，满意率最高的是家长，为 97.2%；满意率最低的是教师，为 80.3%。对于教学能力，满意率最高的是家长，为 96.6%；最低的是教师，为 82.0%。对于教师班级管理能力，满意率最高的是家长，为 99.3%；最低的还是教师，为 83.6%。不同群体对教师组织能力的满意率都在 90.0% 以上。（见表 18）

从满意度来看，不同群体对教师品德的满意度较高，其中学生和家长的满意度都在 4.00 分以上。对于教学态度，家长的满意度是 3.95 分；最低的是教师，为 3.38 分。学生和教师对教师教学能力的满意度都在 3.90 分以上；最低的是教师，为 3.38 分。家长对教师的班级管理能力和组织能力的满意度都在 3.90 分以上，其中对班级管理能力的满意度最低的是教师，为 3.33 分；对教师组织能力满意度最低的是非家长居民，为 3.39 分。（见表 18）

综合平均满意率和平均满意度数据来看，青海、新疆不同群体对师资发展问题满意率和满意度都最高的是教师品德。青海、新疆不同群体对师资建设问题的满意率整体较高，都在 90.0% 以上，满意度都在 3.60 分以上。

表 18　青海、新疆不同群体对师资发展的满意率和满意度

不同群体		教师品德	教学态度	教学能力	班级管理能力	组织能力
满意率（%）	学生	95.7	94.2	96.2	—	—
	教师	90.2	80.3	82.0	83.6	—
	学校领导	94.1	—	94.2	94.1	94.2
	家长	97.3	97.2	96.6	99.3	96.6
	非家长居民	95.2	90.4	90.3	91.9	91.9
	教育局领导	—	—	—	—	—
平均		94.5	90.5	91.9	92.2	94.2
满意度（分）	学生	4.11	3.87	3.96	—	—
	教师	3.43	3.38	3.38	3.33	—
	学校领导	3.71	—	3.53	3.59	3.59
	家长	4.05	3.95	3.92	3.97	3.92
	非家长居民	3.61	3.49	3.50	3.52	3.39
	教育局领导	—	—	—	—	—
平均		3.78	3.67	3.66	3.60	3.63

3. 课程教学

从满意率来看，对于教学内容，不同群体的满意率较高；满意率最高的是家长，为 97.2%；最低的是学校领导，为 82.3%。对于教学方式，满意率最高的是家长，为 94.6%；最低的是学校领导，为 70.7%；不同群体满意率高低相差较大。对于教学设备，满意率最高的是家长群体，为 96.6%；最低的还是学校领导，为 76.4%。对于教学整体质量，满意率最高的是家长，为 93.9%；满意率最低的是学校领导，为 82.4%。对于教育整体质量，满意率最高的是家长，为 91.9%；最低的是学校领导，为 88.3%。可以看出，青海、新疆的家长群体对课程教学问题的满意率高于其他群体，其中学校领导群体的满意率偏低。

从满意度来看，不同群体对教学内容的满意度都在3.50分左右；最高的是学生，为3.87分；最低的是非家长居民，为3.47分。对于教学方式，满意度最高的是学生，为3.87分；大多数群体的满意度都在3.50分以上；满意度最低的是教师，是3.30分。对于教学设备，满意度最高的是家长，为3.77分；最低的是非家长居民，为3.47分。不同群体对教学整体质量的满意度偏低；其中满意度最低的是教师，为3.18分。（见表19）

表19　青海、新疆不同群体对课程教学的满意率和满意度

不同群体		教学内容	教学方式	教学设备	教学整体质量	教育整体质量
满意率（%）	学生	92.7	94.1	—	—	—
	教师	91.7	86.9	88.5	83.6	—
	学校领导	82.3	70.7	76.4	82.4	88.3
	家长	97.2	94.6	96.6	93.9	91.9
	非家长居民	88.7	88.7	91.9	92.0	90.4
	教育局领导	—	—	—	—	—
平均		90.5	87.0	88.4	88.0	90.2
满意度（分）	学生	3.87	3.87	—	—	—
	教师	3.49	3.30	3.57	3.18	—
	学校领导	3.65	3.36	3.53	3.24	3.30
	家长	3.84	3.80	3.77	3.67	3.73
	非家长居民	3.47	3.55	3.47	3.44	3.41
	教育局领导	—	—	—	—	—
平均		3.66	3.58	3.59	3.38	3.48

综合平均满意率和平均满意度数据来看，青海、新疆不同群体对课程教学问题满意率和满意度都最高的是教学内容，都偏低的是教学整体质量和教学方式。

4. 学校管理

从满意率来看，对于安全保障措施，满意率最高的是学生，为 96.3%；最低的是非家长居民，为 87.2%。对于管理体制，满意率最高的是学校领导，为 94.2%；最低的是教师，为 85.2%。不同群体对规章制度、安全教育和校长管理能力的满意率都在 90.0% 以上。（见表 20）

从满意度来看，不同群体对规章制度、安全教育和校长管理能力的满意度都在 3.50 分以上；其中学生对安全教育的满意度最高，为 3.99 分；对规章制度满意度最低的是非家长居民，为 3.63 分；对校长管理满意度最低的也是非家长居民，为 3.59 分。相较而言，不同群体对管理体制的满意度偏低，其次是安全保障措施。其中对于管理体制，满意度最高的是学生，为 3.80 分；最低的是教师，为 3.26 分。对于安全保障措施，满意度最高的是学生，为 3.91 分；最低的是非家长居民，为 3.46 分。（见表 20）

表 20　青海、新疆不同群体对学校管理的满意率和满意度

不同群体		安全保障措施	管理体制	规章制度	安全教育	校长管理能力
满意率（%）	学生	96.3	92.9	93.5	96.7	—
	教师	93.5	85.2	—	96.7	—
	学校领导	88.2	94.2	94.1	—	—
	家长	95.3	—	92.5	98.0	96.6
	非家长居民	87.2	90.3	91.9	—	98.5
	教育局领导	—	—	—	—	—
平均		92.1	90.7	93.0	97.1	97.6
满意度（分）	学生	3.91	3.80	3.85	3.99	—
	教师	3.54	3.26	—	3.79	—
	学校领导	3.59	3.53	3.65	—	—
	家长	3.83	—	3.83	3.85	3.83
	非家长居民	3.46	3.48	3.63	—	3.59
	教育局领导	—	—	—	—	—
平均		3.67	3.52	3.74	3.88	3.71

综合平均满意率和平均满意度数据来看，青海、新疆不同群体对学校管

理问题的满意率和满意度都偏高的是安全教育和校长管理能力，都偏低的是管理体制。不同群体的平均满意率都在 90.0% 以上，满意度都在 3.50 分以上。

5. 校园生活

从满意率来看，对于住宿条件，满意率最高的是非家长居民，为 92.0%；最低的是学校领导，为 82.4%。对于伙食条件，不同群体满意率整体偏低，其中最高的是非家长居民，为 87.0%；最低的是学生，为 78.9%。不同群体对文体活动和师生关系的满意率都较高，其中对于文体活动的满意率最高的是学生，为 93.9%；最低的是学校领导，为 88.2%。对于师生关系，不同群体的满意率都在 90.0% 以上。对于基础设施，满意率最高的是家长，为 91.1%；最低的是教师，为 80.3%。（见表 21）

表 21 青海、新疆不同群体对校园生活的满意率和满意度

不同群体		住宿条件	伙食条件	文体活动	师生关系	基础设施
满意率（%）	学生	82.9	78.9	93.9	94.2	90.9
	教师	85.2	—	90.2	90.1	80.3
	学校领导	82.4	—	88.2	94.2	82.3
	家长	91.1	85.0	—	97.3	91.1
	非家长居民	92.0	87.0	—	95.1	85.4
	教育局领导	—	—	—	—	—
平均		86.7	83.6	90.7	94.1	86.0
满意度（分）	学生	3.42	3.22	3.71	3.94	3.54
	教师	3.25	—	3.43	3.59	3.41
	学校领导	3.47	—	3.65	3.77	3.71
	家长	3.41	3.35	—	3.90	3.71
	非家长居民	3.41	3.32	—	3.58	3.30
	教育局领导	—	—	—	—	—
平均		3.39	3.30	3.60	3.76	3.53

从满意度来看，不同群体对住宿条件和伙食条件的满意度偏低，满意度都低于3.50分。其中对于住宿条件，满意度最高的是学校领导，为3.47分；最低的是教师，为3.25分。对于伙食条件，不同群体的满意率更低；相较而言，满意度最高的是家长，为3.35分；最低的是学生，为3.22分。不同群体对师生关系的满意度都在3.50分以上，整体偏高。（见表21）

综合平均满意率和平均满意度数据来看，青海、新疆不同群体对学校生活问题的满意率和满意度都最高的是师生关系，其次是文体活动；都最低的是伙食条件，都偏低的是住宿条件。

三、西北地区基础教育总体满意度现状

（一）总体满意度现状

1. 西北地区不同群体对适龄儿童入学率的满意度较高，对学生学业成绩和学生综合素质的满意度较低

对于学生发展问题，陕西不同群体满意度最高的是适龄儿童入学率，最低的是学生学业成绩；甘肃不同群体满意度最高的是适龄儿童入学率，最低的是学生的综合素质；宁夏不同群体满意度最高的是适龄儿童入学率，最低的是学生品德；青海、新疆不同群体满意度最高的是适龄儿童入学率，偏低的是学生的学业成绩和综合素质。对西北地区整体而言，对学生发展维度不同指标的平均满意度中最高的是适龄儿童入学率，各省区的分值都在3.60分以上；较低的是学生的综合素质和学业成绩，各省区的分值偏低。可以看出，西北地区不同群体对适龄儿童入学率的满意度较高，对学生的学业成绩和学生综合素质的满意度偏低。（见表22）

2. 西北地区不同群体对师资发展的满意度整体较高

对于师资发展问题，不同省区不同群体的满意率整体较高，相较而言，陕西不同群体满意度较高的是教师的教学态度和教师品德，偏低的是教师的班级管理能力和组织能力；甘肃不同群体满意度最高的是教师的教学能力，偏低的是教师的班级管理能力和组织能力；宁夏不同群体满意度最高的是教师组织能力，偏低的是教学态度和教学能力；青海、新疆不同群体满意度最高的是

教师品德。对于西北地区整体而言，对师资发展维度不同指标的平均满意度整体较高，分值都在3.50分以上；较低的是教师班级管理能力。(见表22)

3. 西北地区不同群体对学校教学内容的满意度较高，对教学设备的满意度较低

对于课程教学问题，陕西不同群体满意度最高的是教学内容，偏低的是教学整体质量和教育整体质量；甘肃不同群体满意度最高的是教学内容，最低的是教学设备；宁夏不同群体满意度较高的是教学内容和教育整体质量，满意度最低的是教学整体质量；青海、新疆不同群体满意度最高的是教学内容，偏低的是教学整体质量。对西北地区整体而言，对课程教学维度不同指标的平均满意度较高的是教学方式和教学内容，各省区的分值多在3.45分以上;较低的是教学整体质量和教学设备,各省区的分值多在3.40分左右。可以看出，西北地区不同群体对教学内容的满意度较高，对教学整体质量和教学设备的满意度偏低。(见表22)

4. 西北地区不同群体对学校安全教育的满意度较高，对学校的管理体制和安全保障措施满意度较低

对于学校管理问题，陕西不同群体满意度最高的是安全教育，满意度偏低的是校长管理能力；甘肃不同群体满意度最高的是安全教育，偏低的是安全保障措施和规章制度；宁夏不同群体满意度最高的是安全教育，偏低的是规章制度；青海、新疆不同群体满意度最高的是安全教育，偏低的是管理体制。对西北地区整体而言，对学校管理维度不同问题指标平均满意度最高的是安全教育，各省区的分值都在3.70分以上；最低的是管理体制，各省区的分值均低于3.60分。可以看出，西北地区不同群体对学校的安全教育满意度最高，对学校的管理体制和安全保障措施的满意度较低。(见表22)

5. 西北地区不同群体对学校的师生关系满意度较高，对基础设施、伙食条件和住宿条件满意度较低

对于校园生活，陕西不同群体满意度最高的是师生关系，满意度最低的是伙食条件；甘肃不同群体满意度最高的是师生关系，满意度偏低的是住宿条件和基础设施；宁夏不同群体满意度最高的是师生关系，满意度偏

低的是学校的伙食条件和住宿条件；青海、新疆不同群体满意度最高的是师生关系，偏低的是伙食条件和住宿条件。对西北地区整体而言，对校园生活维度不同具体指标平均满意度整体较低。可以看出，西北地区不同群体对学校的师生关系的满意度最高，对基础设施、伙食条件和住宿条件的满意度偏低。（见表 22）

表 22　西北地区五省区不同区域的群体对农村基础教育各个维度的满意度（分）

维度	指标 \ 省区	陕西	甘肃	宁夏	青海、新疆
学生发展	学生品德	3.36	3.49	3.26	3.27
	学业成绩	3.28	3.51	3.42	3.11
	综合素质	3.30	3.47	3.41	3.24
	适龄儿童入学率	3.61	3.77	3.71	3.69
	学生升学率	3.43	3.59	3.54	3.37
师资发展	教师品德	3.69	3.73	3.67	3.78
	教学态度	3.72	3.77	3.59	3.67
	教学能力	3.64	3.78	3.60	3.66
	班级管理能力	3.56	3.72	3.70	3.60
	组织能力	3.63	3.67	3.72	3.63
课程教学	教学内容	3.56	3.70	3.53	3.66
	教学方式	3.46	3.63	3.47	3.58
	教学设备	3.44	3.48	3.51	3.59
	教学整体质量	3.42	3.56	3.42	3.38
	教育整体质量	3.43	3.62	3.52	3.48
学校管理	安全保障措施	3.51	3.5	3.59	3.67
	管理体制	3.51	3.59	3.53	3.52
	规章制度	3.55	3.56	3.42	3.74
	安全教育	3.71	3.83	3.81	3.88
	校长管理能力	3.49	3.59	3.53	3.71

（续表）

维度	指标 \ 省区	陕西	甘肃	宁夏	青海、新疆
校园生活	住宿条件	3.34	3.37	3.28	3.39
	伙食条件	3.31	3.42	3.23	3.30
	文体活动	3.40	3.48	3.44	3.60
	师生关系	3.57	3.69	3.66	3.76
	基础设施	3.33	3.38	3.38	3.53

（二）不同区域的群体满意度现状

1. 在学生发展方面，西北地区不同区域的群体对适龄儿童入学率的满意率最高，对学生升学率、学生综合素质的满意率较高，对学生学业成绩的满意率最低；西北地区农村区域的群体对学生发展的整体满意率最高，县城区域群体的满意率和乡镇区域群体的满意率相差不大。

首先，从学生发展来看，对于学生品德，满意率在 90.0% 以上的有 2 个区域，即陕西县城区域和甘肃农村区域，其中满意率最高的是甘肃农村区域，为 92.4%；其他省份的区域满意率都在 90.0% 以下，其中最低的是宁夏农村区域，满意率是 81.5%。对于学生学业成绩，大部分区域的满意率都在 80.0%—90.0%，没有超过 90.0% 的，其中满意率最低的是青海、新疆农村区域，为 79.6%。对于学生综合素质，有 5 个区域的满意率在 90.0% 以上，而且其他区域的满意率大部分都在 88.0%—90.0%，除了青海、新疆县城区域的满意率是 86.5%，满意率最高的是甘肃农村区域，为 93.3%。对于适龄儿童入学率，有 10 个区域的满意率在 90.0% 以上，其中满意率最高的是宁夏乡镇区域，高达 100.0%；其他 2 个区域满意率中最低的是陕西县城区域，为 87.8%。对于学生升学率，有 6 个区域的满意率在 91.0% 以上，其中满意率最高的是宁夏县城区域，为 93.8%；其他 6 个区域除了青海、新疆乡镇区域的满意率是 81.4% 之外，满意率都在 85.0%—90.0%。

结合平均满意率的数据，可以发现，西北地区不同区域群体对适龄儿童入学率的满意率最高，平均满意率都在 92.0% 以上；对学生升学率、学生综合素质的满意率较高，平均满意率都在 88.0%—92.0%；对学生品德的满意率较低，平均满意率在 85.0%—87.0%；对学生学业成绩的满意率最低，平均满意率在 83.0%—86.0%。

其次，从区域来看，结合平均满意率，西北地区农村区域对 5 个学生发展问题的满意率中有 2 个在 91.0% 以上，分别是对适龄儿童入学率的满意率为 92.9%、对学生的综合素质的满意率为 91.0%，其他 3 个问题的满意率在 85.0%—89.0%。西北地区乡镇区域满意率中，有 1 个问题的满意率在 90.0% 以上，是对适龄儿童入学率的满意率为 95.6%。其他 4 个问题的满意率在 84.0%—90.0%。西北地区县城区域的满意率中，有 2 个问题的满意率在 91.0% 以上，即对适龄儿童入学率的满意率是 92.9%，学生升学率的满意率是 91.4%，其他问题的满意率在 83.0%—88.0%。

可以看出，西北地区农村区域群体对学生发展问题的整体满意率最高，县城区域群体的满意率居中，乡镇区域群体的满意率最低。（见表 23）

表 23　西北地区五省区不同区域的群体对学生发展的满意率（%）

省区	区域	学生品德	学业成绩	综合素质	适龄儿童入学率	学生升学率
陕西	农村	86.8	84.9	88.4	97.3	85.5
	乡镇	88.0	85.1	88.8	94.4	88.9
	县城	90.8	81.9	89.3	87.8	91.5
甘肃	农村	92.4	88.4	93.3	91.8	91.9
	乡镇	87.2	87.6	92.0	91.3	92.0
	县城	86.9	84.2	89.5	94.7	93.1
宁夏	农村	81.5	88.3	91.0	88.1	89.5
	乡镇	82.1	80.6	88.4	100.0	91.0
	县城	83.3	87.0	89.7	95.1	93.8
青海、新疆	农村	85.0	79.6	91.3	94.4	89.5
	乡镇	84.6	82.7	90.3	96.8	81.4
	县城	85.4	81.3	86.5	94.1	87.3
平均	农村	86.4	85.3	91.0	92.9	89.1
	乡镇	85.5	84.0	89.9	95.6	88.3
	县城	86.6	83.6	88.8	92.9	91.4

2. 西北地区不同区域的群体对师资发展问题的满意率整体较高，相比较而言，对教师组织能力和教师品德的满意率较高，对教师教学态度和教师班级管理能力的满意率居中，对教师教学能力的满意率偏低；西北地区县城区域的群体对师资发展问题的满意率最高，乡镇区域群体的满意率居中，农村区域群体的满意率最低。

首先，从师资发展来看，对于教师品德，12 个区域的满意率都在 93.0% 以上，其中最高的是甘肃县城区域的满意率，为 96.2%；最低的是宁夏农村区域，满意率为 93.0%。对于教师教学态度，其中除了 1 个宁夏农村区域的满意率是 89.8% 外，其他 11 个区域的满意率都在 92.0% 以上，满意率最高的是陕西县城区域，是 96.4%。对于教师教学能力，除了 1 个宁夏农村区域的满意率是 85.1% 外，其他 11 个区域的满意率都在 91.0% 以上，其中满意率最高的是陕西县城区域，宁夏县城区域和青海、新疆农村区域都是 95.7%。对于教师班级管理能力，除了 1 个宁夏农村区域的满意率是 89.5% 外，其他 11 个区域的满意率都在 92.0% 以上，其中满意率最高的是宁夏县城区域，为 97.4%。对于教师组织能力，12 个区域的满意率都在 90.0% 以上，其中最高的是宁夏县城区域，满意率为 97.9%。

结合平均满意率的数据来看，西北地区不同区域群体对师资发展问题的满意率整体较高，大部分省份和区域的满意率都在 90.0% 以上。相较而言，对教师组织能力和教师品德的满意率较高，对教师教学态度和教师班级管理能力的满意率居中，对教学能力的满意率偏低。

其次，从区域来看，西北地区农村区域对师资发展 5 个问题的满意率在 92.0%—95.0%，其中满意率最高的是教师品德，为 94.7%；满意率最低的是教师教学能力，为 92.6%。西北地区乡镇区域满意率在 93.0%—95.0%，其中满意率最高的是教师品德，为 95.0%；满意率最低的是教师组织能力，为 93.1%。西北地区县城区域满意率在 94.0%—97.0%，其中满意率最高的是教师组织能力，为 96.8%；满意率最低的是教师教学态度，为 94.7%。

可以看出，西北地区县城区域群体对师资发展问题的满意率最高，乡镇区域群体的满意率居中，农村区域群体的满意率最低。（见表 24）

表 24　西北地区五省区不同区域的群体对师资发展的满意率（%）

省区	区域	教师品德	教学态度	教学能力	班级管理能力	组织能力
陕西	农村	94.6	93.4	94.6	96.7	96.3
	乡镇	95.1	94.8	93.5	94.4	92.0
	县城	95.1	96.4	95.7	95.1	96.4
甘肃	农村	95.2	94.7	94.8	95.6	96.5
	乡镇	95.2	93.2	95.6	92.8	91.6
	县城	96.2	96.1	95.4	95.3	96.8
宁夏	农村	93.0	89.8	85.1	89.5	90.8
	乡镇	95.1	93.8	91.7	96.4	94.1
	县城	95.0	93.5	95.7	97.4	97.9
青海、新疆	农村	96.1	93.1	95.7	92.9	94.2
	乡镇	94.5	95.1	93.8	93.8	94.6
	县城	95.6	92.6	93.0	94.3	95.9
平均	农村	94.7	92.8	92.6	93.7	94.5
	乡镇	95.0	94.2	93.7	94.4	93.1
	县城	95.5	94.7	95.0	95.5	96.8

3. 在课程教学方面，西北地区不同区域的群体对教学内容的满意率最高，对教育整体质量和教学方式的满意率居中，对教学整体质量的满意率偏低，对教学设备的满意率最低；西北地区县城区域的群体对课程教学问题的满意率最高，乡镇区域群体的满意率居中，农村区域群体的满意率最低。

首先，从课程教学来看，对于教学内容，12 个区域的满意率都在 90.0% 以上，其中满意率最低的是宁夏农村区域，为 90.6%；满意率最高的是陕西农村区域，为 95.3%。对于教学方式，10 个区域的满意率都在 90.0% 以上，其他 2 个区域中宁夏农村区域的满意率是最低的，为 89.1%；满意率最高的是甘肃农村区域，为 95.1%。对于教学设备，3 个区域的满意率都在 90.0% 以上，最高的是青海、新疆乡镇区域，为 93.9%；其他 9 个区域的满意率处在 81.0%—90.0%；满意率最低的是陕西农村区域，为 81.8%。对于教学整体质量，9 个区域的满意率都在 90.0% 以上，最高的是甘肃县城区域，为 93.6%；其他 3 个区域中，满意率最低的是青海、新疆农村区域，为 87.7%。对于教育整体质量，10 个区域的满意率都在 90.0% 以上，最高的是宁夏乡镇区域，为 95.6%；其他 2 个区域中满意率最低的是青海、新疆乡镇区域，为 86.6%。

结合平均满意率来看，西北地区不同区域群体对教学内容的满意率最高，对教育整体质量和教学方式的满意率居中，对教学整体质量的满意率偏低，对教学设备的满意率最低。

其次，从区域来看，西北地区农村区域群体对课程教学问题的满意率中，满意率最低的是对教学设备，为 84.6%；其他 4 个问题的满意率在 90.0%—93.0%，最高的是对教学内容，为 93.0%。西北地区乡镇区域满意率中，满意率最低的是对教学设备，为 89.4%；其他问题的满意率在 91.0%—94.0%，最高的是对教学内容，为 93.3%。西北地区县城区域满意率中，都在 90.0% 以上；较低的是对教学设备，为 90.0%；最高的是对教学内容，为 93.6%。

可以看出，西北地区县城区域群体对课程教学问题的满意率最高，乡镇区域群体的满意率居中，农村区域群体的满意率最低。（见表 25）

表 25　西北地区五省区不同区域的群体对课程教学的满意率（%）

省区	区域	教学内容	教学方式	教学设备	教学整体质量	教育整体质量
陕西	农村	95.3	89.9	81.8	90.6	86.8
	乡镇	91.5	91.4	89.5	90.2	90.2
	县城	93.9	93.1	88.2	88.9	91.4
甘肃	农村	95.2	95.1	89.5	93.4	93.8
	乡镇	93.7	91.8	89.3	93.5	94.5
	县城	93.7	93.5	88.3	93.6	92.6
宁夏	农村	90.6	89.1	77.5	91.1	91.1
	乡镇	94.1	90.3	84.8	91.0	95.6
	县城	92.5	91.2	90.6	92.2	92.2

（续表）

省区	区域	教学内容	教学方式	教学设备	教学整体质量	教育整体质量
青海、新疆	农村	90.9	91.9	89.5	87.7	91.3
	乡镇	93.9	90.7	93.9	92.7	86.6
	县城	94.4	93.9	92.9	89.4	95.0
平均	农村	93.0	91.5	84.6	90.7	90.8
	乡镇	93.3	91.1	89.4	91.9	91.7
	县城	93.6	92.9	90.0	91.0	92.8

4. 西北地区不同区域的群体对学校管理的满意率整体较高，其中最高的是安全教育，较高的是校长管理能力，居中的是规章制度和安全保障措施，相较而言，满意率较低的是学校的管理体制；西北地区乡镇区域的群体对学校管理问题的满意率最低。

首先，从学校管理来看，对于安全保障措施，9 个区域的满意率在 91.0% 以上，最高的是青海、新疆县城区域，为 96.5%；其他 3 个区域中宁夏乡镇区域的满意率最低，为 87.9%。对于管理体制，5 个区域的满意率在 90.0% 以上，其中最高的是甘肃农村区域，为 93.6%；其他 7 个区域中满意率的范围是 85.0%—90.0%，其中满意率最低的是青海、新疆乡镇区域，为 85.6%。对于规章制度，10 个区域的满意率在 90.0% 以上，最高的是青海、新疆县城区域，为 95.2%；满意率最低的是宁夏农村区域，为 87.5%。对于安全教育，12 个区域的满意率都在 90.0% 以上，最高的是青海、新疆县城区域，为 98.0%；最低的是宁夏农村区域，为 92.8%。对于校长管理能力，12 个区域的满意率都在 90.0% 以上，其中最高的是青海、新疆县城区域，为 99.0%；最低的是宁夏农村区域，为 90.7%。

综合平均满意率的数据来看，西北地区不同区域群体对学校管理问题满意率整体较高，其中最高的是安全教育，较高的是校长管理能力，居中的是规章制度和安全保障措施。相较而言，满意率较低的是学校的管理体制。

其次，从区域来看，西北地区农村区域群体对学校管理问题的满意率中，5 个问题的满意率都在 91.0% 以上，最高的是对安全教育的满意率，为 94.8%。相较而言，较低的是对安全保障措施和规章制度的满意率，为 91.4%。西北地区乡镇区域群体满意率中，有 4 个问题的满意率在 90.0% 以上，其中最高的是对安全教育的满意率，为 95.9%；最低的是对管理体制的满意率，为 88.5%。西北地区县城区域群体满意率中，4 个问题的满意率在 91.0% 以上，其中最高的是对安全教育的满意率，为 96.0%；最低的是对管理体制的满意率，为 89.4%。

可以看出，西北地区乡镇区域群体对学校管理问题的满意率最低。（见表 26）

表 26　西北地区五省区不同区域的群体对学校管理的满意率（%）

省区	区域	安全保障措施	管理体制	规章制度	安全教育	校长管理能力
陕西	农村	91.5	92.8	92.6	93.7	92.6
	乡镇	93.3	92.3	93.2	93.9	97.2
	县城	91.9	90.5	91.4	96.2	92.4
甘肃	农村	91.0	93.6	94.2	96.5	95.0
	乡镇	89.0	89.6	91.2	95.1	93.2
	县城	91.3	88.4	88.4	94.1	91.8
宁夏	农村	89.1	89.2	87.5	92.8	90.7
	乡镇	87.9	86.5	91.3	97.6	94.1
	县城	92.9	88.6	90.1	95.6	97.7
青海、新疆	农村	93.8	93.3	91.4	96.1	98.0
	乡镇	92.6	85.6	92.8	96.9	94.5
	县城	96.5	89.9	95.2	98.0	99.0
平均	农村	91.4	92.2	91.4	94.8	94.1
	乡镇	90.7	88.5	92.1	95.9	94.8
	县城	93.2	89.4	91.3	96.0	95.2

5. 西北地区不同区域的群体对校园生活问题的满意率中最高的是师生关系，较高的是文体活动，较低的是基础设施和住宿条件，最低的是伙食条件。西北地区县城区域的群体对校园生活问题的满意率最低。

首先，从校园生活来看，对于住宿条件，12 个区域的满意率都低于 90.0%，范围在 82.0%—90.0%，其中满意率最高的是青海、新疆乡镇区域，为 89.7%；满意率最低的是宁夏县城区域，为 82.8%。对于伙食条件，2 个区域的满意率在 90.0% 以上，其中满意率最高的是甘肃农村区域，为 91.0%；7 个区域的满意率范围是 80.0%—89.0%；3 个区域的满意率低于 80.0%，其中满意率最低的是宁夏县城区域，为 72.0%。对于文体活动，3 个区域的满意率在 91.0% 以上，其中最高的是青海、新疆县城区域，为 94.5%；9 个区域的满意率低于 90.0%，其中最低的是宁夏乡镇区域，为 80.5%。对于师生关系，9 个区域的满意率在 90.0% 以上，最高的是甘肃农村区域，为 95.1%；其他 3 个区域中满意率最低的是宁夏农村区域，为 88.1%。对于基础设施，1 个区域的满意率为 90.0%，即青海、新疆县城区域；10 个区域的满意率范围是 81.0%—90.0%；最后 1 个区域是宁夏农村区域，满意率是最低的，为 75.0%。

综合平均满意率数据可以看出，西北地区不同区域群体对校园生活问题的满意率最高的是师生关系，较高的是文体活动，较低的是基础设施和住宿条件，最低的是伙食条件。

其次，从区域来看，西北地区农村区域群体对校园生活问题的满意率中，1 个问题的满意率在 90.0% 以上，即对师生关系的满意率是 91.5%；其他 4 个问题的满意率范围是 83.0%—89.0%，其中满意率最低的是对基础设施，为 83.4%。西北地区乡镇区域群体满意率中，1 个问题即对师生关系的满意率在 90.0% 以上，为 92.4%；其他区域的满意率范围是 83.0%—87.0%，其中对伙食条件的满意率最低，为 83.7%。西北地区县城区域群体满意率中，也只有 1 个问题的满意率在 90.0% 以上，即对师生关系的满意率为 91.3%；对伙食条件的满意率最低，为 77.8%。

可以看出，西北地区县城区域的群体对校园生活问题的满意率最低。（见表 27）

表 27　西北地区五省区不同区域的群体对校园生活的满意率（%）

省区	区域	住宿条件	伙食条件	文体活动	师生关系	基础设施
陕西	农村	88.3	90.6	86.1	88.6	81.7
	乡镇	85.7	88.3	91.6	92.4	86.8
	县城	84.0	80.5	86.1	88.7	87.3
甘肃	农村	88.7	91.0	88.2	95.1	87.1
	乡镇	86.8	85.1	84.1	92.3	86.2
	县城	85.8	75.4	85.0	90.7	81.1
宁夏	农村	87.7	80.8	85.9	88.1	75.0
	乡镇	85.2	80.8	80.5	91.8	87.4
	县城	82.8	72.0	89.6	91.4	84.3
青海、新疆	农村	84.7	79.9	93.7	94.1	89.7
	乡镇	89.7	80.5	89.3	93.2	86.4
	县城	86.9	83.4	94.5	94.4	90.0
平均	农村	87.4	85.6	88.5	91.5	83.4
	乡镇	86.9	83.7	86.4	92.4	86.7
	县城	84.9	77.8	88.8	91.3	85.7

四、西北地区办好“人民满意的教育”需要解决的问题

本研究从学生发展、师资发展、课程教学、学校管理和学校生活这 5 个维度出发，对维度内有代表性的指标进行了满意度分析，发现每个维度里面具体指标之间的满意度存在较明显的高低差异，这表明某部分指标发展的满意度要低于其他指标。为了办好西北地区“人民满意的教育”，不断提高西北地区不同群体对教育发展各个层面和类型问题的满意度，需要解决以下几个方面的问题。

（一）继续提高学生的综合素质

学生的发展问题归根结底是提高学生的综合素质，《国家中长期教育改革与发展规划纲要（2010—2020年）》（以下简称《纲要》）中提到“提高学生综合素质，使学生成为社会主义的建设者和接班人”，要把提高学生的综合素质作为一项关乎国家未来发展的重大战略来看待。

根据本研究第三部分“西北地区农村基础教育总体满意度现状”（简称“本文第三部分”，下文同）中提到的“西北地区不同群体对适龄儿童入学率满意，对学生的学业成绩和学生品德不太满意”“西北地区不同区域群体对适龄儿童入学率的满意率最高，对学生升学率、学生综合素质的满意率较高，对学生学业成绩的满意率最低”，可以发现西北地区不同群体和不同区域的群体对于学生发展问题满意度最低的是学生的学业成绩，而学生的学业成绩是学生综合素质一个重要的体现，所以，要继续提高西北地区学生的综合素质。

《纲要》中提到“重视可持续发展教育、国防教育、安全教育。促进德育、智育、体育、美育有机融合”。这是对学生综合发展提出了新的要求，同时在方向上提出了指导意见，即促进对学生的德、智、体、美等几个方面教育的有机融合，从学校具体微观层面思考如何进行。同时，学界一直在关注构建学生综合素质模型和对学生综合素质的测评，这也是对继续提高学生综合素质有所帮助和可以深入了解学生综合素质的一个方面。但是最为重要的是，不同地区不同学校要结合自身的实际提高学生综合素质，不可直接搬用或全部模仿其他学校的经验。

（二）继续增强教师教学能力和班级管理能力

教师班级管理能力和教学能力是教师专业能力发展中重要的组成部分，也是加强师资队伍建设过程中对教师能力发展的需要。教师的班级管理能力和教学能力是两种不同类型的能力，具体来看，教师教学能力是教师专业能力结构的核心，直接体现在知识教学过程中，影响学生对知识学习的理解程度和速度。目前许多师范院校对师范生开展的教学能力竞赛，目的是为了提高教师的教学能力。其中教师班级管理能力是教师对以学生组织为主构成的班集体进行的计划、组织、调节和控制过程的能力，目的是创造条件促进学生学习和发展，此项能力主要是班主任的工作。但是学校管理不同于公司管理，学校管理有其特殊性，即教师管理要体现管理的教育性。

《纲要》中提到“完善培养培训体系，做好培养培训规划，优化队伍结构，提高教师专业水平和教学能力”“加强中小学校长培训，重视班主任和辅导员培训”。本文第三部分中提到“西北地区不同区域群体对师资发展问题的满意率整体较高，相较之下，对教师组织能力和教师品德的满意率较高，对教师教学态度和教师班级管理能力的满意率居中，对教学能力的满意率偏低”，这表明西北地区不同群体和不同区域群体对师资问题的满意度偏低，低的是教师教学能力和班级管理能力。这说明教师教学能力和班级管理能力目前还是各级各类教育部门要持续关注的工作，西北地区的教育管理部门和学校要继续加强教师的教学能力和班级管理能力。

教育部公布的《纲要》中期评估教师队伍建设专题评估报告中提到“虽然我国各级各类教师队伍基本具备了合格学历，但面对新时期全面提高教育质量的挑战与人民群众日益增长的优质教育需求，教师的专业素养和能力有待提高”。新时期下如何提高教师的专业素质和能力，其中如何增强教师的教学能力和班级管理能力是必须要思考的。对于教师教学能力，国内学者提出了教师教学能力结构模型、教学发展促进教师教学能力发展机制研究、学科知识学习与教学能力关系研究等不同方面的研究问题。对于班级管理，国内学者提出了班级管理共同体、班级自主管理等研究问题。西北地区学校可以根据上述的研究问题进行各种尝试，继续增强教师的教学能力和班级管理能力。

（三）继续提升学校的教育教学整体质量，改善教学设备

教学质量和教育质量是教育发展整体情况的直接体现，是国家发展教育事业最重要的衡量指标，也是“人民满意的教育”的题中之义。《纲要》中提到“把提高质量作为教育改革发展的核心任务”，其中质量的概念非常丰富，但是提高教学质量和教育质量一定是教育内涵发展的必然。教学是教

育的本质，教学质量和教育质量严格说来是两个不同的概念，教育质量的范围要大于教学质量，而教学质量是教育质量最核心的体现。

根据本文第三部分的结果“西北地区不同群体对教学内容满意，对教学设备不太满意”“西北地区不同区域群体对教学内容的满意率最高，对教育整体质量和教学方式的满意率居中，对教学整体质量的满意率偏低，对教学设备的满意率最低”可以知道，西北地区不同群体和不同区域群体对课程教学问题的满意度偏低的是教学设备和教学整体质量。所以，要继续提升学校的教育教学整体质量，改善教学设备。

如何提升教学整体质量和教育整体质量，关键是要提升教学整体质量。国内学界关于教学质量的研究多从教学质量评价、教学质量保障、教学质量监控等方面进行。西北地区学校可以尝试构建教学质量评价体系，评价对象主要是学生和教师，对学生的学习成绩、教师教学成绩进行评价。同时，教学质量的提升还有许多的影响因素，如师资水平、学校环境、校长能力、学生素质等。西北地区学校要结合自身实际情况去反思并克服影响教学质量提升的阻碍因素，摆脱“等、靠、要”的被动思维，主动创造性地思考提升教学质量的方法。

（四）继续完善学校的管理体制和规章制度

规章制度和管理体制是学校管理关键的组成部分，其中管理体制是核心。《纲要》中提到“建立以提高教育质量为导向的管理制度和工作机制，把教育资源配置和学校工作重点集中到强化教学环节、提高教育质量上来”。学校管理体制关乎学校相关利益群体的利益分配，但是在此基础上，学校的管理体制和制度最重要的目的是利用一切可以利用的人力、物力和财力来切实提高学校的教育教学质量。同时，管理体制直接影响学校各项工作的效率，从而影响学校教育工作的开展。具体来看，管理体制和规章制度是两个不同的概念，管理体制更多的是一个组织及其运行的规则，而规章制度主要是组织做出的条文规定，规章制度可以反映管理体制的情况。

根据本文第三部分的结果“西北地区不同群体对学校的安全教育满意，

对学校的规章制度和管理体制不太满意”“西北地区不同区域群体对学校管理问题满意率整体较高，其中最高的是安全教育，较高的是校长管理能力，居中的是规章制度和安全保障措施；相较而言，满意率较低的是学校的管理体制”表明西北地区不同群体和不同区域的群体对学校管理问题满意度最低的是学校的管理体制和规章制度。所以，西北地区学校要继续完善学校的管理体制和规章制度。

目前国内学者关于学校管理体制的研究主要有体制变迁、中西方学校管理体制对比、新课改背景下学校管理体制改革等方面。管理体制的影响因素还有管理决策者的能力、地区文化等。西北地区学校管理决策者要以提高教育质量为导向的管理制度和工作机制，把教育资源配置和学校工作重点集中到强化教学环节、提高教育质量上来。同时，学校管理者还要有长远眼光和战略思维，根据学校发展实际情况制定适合学校自身的管理体制。

（五）继续改善学校的伙食条件和住宿条件

伙食条件和住宿条件直接关系到学生在学校的日常生活。根据马斯洛层次需要理论，人的基本生理需求如果得不到满足就会影响其他更高层次的需要，如果学生最基本的伙食条件和住宿条件得不到基本的满足，则会影响同学之间的交往和学习。

《纲要》中提到“提倡合理膳食，改善学生营养状况，提高贫困地区农村学生营养水平”“推进义务教育学校标准化建设，建立健全义务教育均衡发展保障机制，均衡配置教师、设备、图书、校舍等各项资源”。这表明国家重视提高农村贫困地区学校学生的饮食和住宿条件。同时，近期国务院教育督导委员会办公室印发的《全面改善贫困地区义务教育薄弱学校基本办学条件工作专项督导办法》一文中也提到“实现寄宿生每人一个床位,食堂、厕所能够满足学生需要,有必要的淋浴、饮水、取暖和安全设施”[①]。这说明改善贫困地区学校学生的伙食条件和住宿条件任重而道远。

① 数据来源于教育部官网：http://www.moe.gov.cn/.

报告九　高等师范院校学生满意度调查研究
——以西北地区5所师范大学为例

高文涛　郝文武

一、引言

师范教育是教育事业的工作母机，“办好人民满意的教育”首先要办好人民满意的师范教育。20世纪末到21世纪初的30来年间，中国师范教育进行了许多重大改革，这些改革和发展既取得显著成绩，也有一些值得反思的问题。[①]针对当前教师教育发展不平衡不充分的问题，2018年3月，教育部等五部门印发的《教师教育振兴行动计划（2018—2022年）》提出：加大对师范院校的支持力度，不断优化教师教育布局结构，基本形成以国家教师教育基地为引领、师范院校为主体、高水平综合大学参与、教师发展机构为纽带、优质中小学为实践基地的开放、协同、联动的现代教师教育体系。党的十九大报告把党的十八大报告提出的“努力办好让人民满意的教育”提高到“办好人民满意的教育”的新目标，着力解决好教育发展不平衡不充分的新问题，明确了教育工作的新使命。[②]

国内有关教育满意度研究的文献有很多，但将师范教育满意度作为专门主题进行研究的却很少。对中国知网1400余篇文献的关键词词频共现分析

① 顾明远、郝文武、胡金木:《重建师范教育——访顾明远先生》,《当代教师教育》2017年第1期。

② 曾天山:《办好人民满意的教育》,《中国教育报》2018年1月23日。

表明，教育满意度研究频次最高的三个关键词是“满意度”“健康教育”和“学生满意度”，在不同学科分布最多的文献则在高等教育领域。其中有代表性的研究成果是刘武和杨雪的《中国高等教育顾客满意度指数模型的构建》、韩玉珍的《美国大学生满意度调查方法评介》、孙兴贵等的《青少年学生生活满意度的结构和量表编制》、张倩和岳昌君的《高等教育质量评价与学生满意度》。这些文献主要是对满意度测评方法和指标体系的探讨，对大多数实证研究都具有借鉴意义。从研究内容来看，大部分师范教育满意度研究关注的都是师范教育中的局部问题，例如刘姗姗调查了东北某师范大学的办学条件[①]，田英月则调查了辽宁N大学学生的专业满意度[②]。研究者关注最多的师范生群体是免费师范生，例如王乃一[③]、滕瀚[④]、蒋馨岚[⑤]分别从就业、课程开设和教学等方面研究了免费师范生的满意度。丁钢等对影响师范生学习经历满意度的诸因素进行了分析，结果表明，不同的人口统计学变量和学习投入对师范生学习经历的满意度均有显著影响。[⑥]张春雨等则通过分析师范生职业使命感与学业满意度及生活满意度的关系，认为师范生的职业使命感对其人生意义体验、学业满意度和生活满意度均存在显著的预测作用。[⑦]已有的研究主题聚焦在师范教育的某个方面，缺乏对师范教育的全面考察。研究对象也多是免费师范生和东部师范高校学生，对不同层级的师范高校和西北地区师范高校的关注较少。基于此，本研究以西北地区的

① 刘姗姗：《普通师范院校办学条件学生满意度研究》，辽宁师范大学2017年硕士论文。

② 田英月：《普通师范院校学生专业满意度调查研究——以辽宁N大学为例》，辽宁师范大学2017年硕士论文。

③ 王乃一、何颖：《免费师范生就业满意度调查及其思考——以华东师范大学为例》，《教师教育研究》2014年第2期。

④ 滕瀚、时伟、梁支宏、王少云：《免费师范生课程现状满意度调查分析》，《辽宁教育研究》2008年第9期。

⑤ 蒋馨岚：《关于免费师范生对教学质量的满意度及其影响因素的研究——以某师范大学为例》，《国家教育行政学院学报》2011年第5期。

⑥ 丁钢等：《中国高等师范院校师范生培养状况调查与政策分析报告》，华东师范大学出版社，2013。

⑦ 张春雨、韦嘉、张进辅、李喆：《师范生职业使命感与学业满意度及生活满意度的关系：人生意义感的作用》，《心理发展与教育》2013年第1期。

师范高校为关注对象，对西北地区5所师范院校的学生满意度实施全面调查。本研究期望通过调查，发现我国高等师范教育办学方面存在的问题，提出提升师范院校办学水平的建议。

二、研究方法

（一）研究工具

课题组通过多次研讨论证，编制了《高等师范院校满意度调查问卷（学生）》，问卷A部分为学生学习经历变量，B部分为高等师范教育满意度变量，C部分为人口学变量。满意度部分选项采用六点计分的形式，选项分为“非常满意”“比较满意”“基本满意”“基本不满意”“比较不满意”“很不满意”。问卷的整体的克伦巴赫 α 系数为0.953，说明问卷信度非常好。38个满意度题项（原始问卷为42个题项，剔除了B13、B25、B26、B27四个题项）的KMO检验值为0.978，Bartlett检验值为93296.519（$p < 0.001$），说明问卷的效度水平较高，适合做因子分析。课题组采用主成分分析法进行探索性因子分析，提取出特征值大于1的特征根，共得到4个因子，分别为：（1）“实习就业”（F1），包括“教育实习的成效”“教育实习的内容安排”“学校就业指导工作”等15个题项，该因子的方差贡献率为23.513%；（2）“课程教学”（F2），包括“所在院系专业课程设置的前沿性”“学校公共选修课资源的充足性”“所在院系教师的教学水平”等10个题项，该因子的方差贡献率为14.800%；（3）“管理服务”（F3），包括“辅导员解决学生实际困难的及时性”“参与社团活动的机会”“学校后勤服务”等8个题项，该因子的方差贡献率为11.620%；（4）“环境条件”（F4），包括“图书资源的充足性”“信息化资源的充足性”“校园安全与秩序”等5个题项，该因子的方差贡献率为11.165%。（见表1）

表 1　因子特征值及贡献率

主因子	特征值	方差贡献率（%）	累积方差贡献率（%）
F1	18.129	23.513	23.513
F2	2.373	14.800	38.313
F3	1.573	11.620	49.933
F4	1.143	11.165	61.098

（二）样本描述

根据 2015 年的统计数据，我国共有专科及以上师范院校 219 所，普通高校在校生 287.8 万，其中在校师范生 166.7 万。[①] 本研究以西北地区 5 所师范院校（陕西师范大学、西北师范大学、新疆师范大学、青海师范大学和宁夏师范学院）2014—2017 级在校本科生为研究对象，共发放问卷 4000 份，回收问卷 3967 份，剔除无效问卷后，得到有效问卷 3469 份，有效率为 86.7%。5 所师范高校按照办学层次分为部属院校（陕西师范大学）、省部共建院校（西北师范大学）、省属院校（青海师范大学、新疆师范大学）、地方院校（宁夏师范学院），四类学校分别记为 A、B、C、D。（见表 2）

表 2　样本描述性统计

学校	学生类型	2014 级	2015 级	2016 级	2017 级	合计
陕西师范大学（A）	师范生	12	99	94	86	291
	非师范生	0	148	63	77	288
西北师范大学（B）	师范生	19	24	101	330	473
	非师范生	27	16	47	144	235
青海师范大学（C）	师范生	35	26	43	109	219
	非师范生	88	75	118	223	498
新疆师范大学（C）	师范生	0	80	113	289	470
	非师范生	3	107	29	136	287

① 教育部发展规划司:《中国教育统计年鉴 2015》，中国统计出版社，2016 年，第 21 页。

（续表）

学校	学生类型	2014 级	2015 级	2016 级	2017 级	合计
宁夏师范学院（D）	师范生	90	88	234	244	658
	非师范生	25	36	20	96	175
总计	师范生	1058	585	317	156	2116
	非师范生	676	277	382	143	1478

（三）数据处理与算法说明

数据用 EXCEL 电子表格和 SPSS 22.0 进行计算和统计处理。用单因素方差分析进行不同变量的差异比较。

1. 满意度总分

用各因子包含的满意度题项的平均分表示四个维度的满意度得分。以因子的方差贡献率占累积方差贡献率的比重作为各维度得分的权重，计算加权平均数表示满意度总分。计算方式如下：

满意度总分 $=0.375F_1+0.243F_2+0.193F_3+0.186F4$

2. 改进机会

为了更好地提高满意度，改进工作效率，用题目的满意度得分除以题目的重要性得分，对商数进行排序，找出改进效益最大的问题。对某一问题而言，满意度越低，重视程度越高，则改进机会越大。算式如下：

$$改进机会=\frac{重要程度}{满意程度}$$

为了更直观地了解满意度评价中需要优先改进的项目，利用项目的满意度和重要性原始得分，制作重要性满意度矩阵图。以二者的中位数为坐标轴构造出四个象限，第一象限为竞争优势区，落在该区的项目为高重要性高满意度项目，对整体的满意度影响较大；集中在该区的项目越多，整体的满意度就越高。第二象限为继续维持区，落在该区的项目为低重要性高满意度项目，对整体的满意度影响不大，但有正面影响。第三象限为次要改进区，落在该区的项目为低重要性低满意度项目，集中在该区域的项目对整体的满意度影响也较小；改进该区域的项目，也能对整体的满意度产生积极影响。第四象限为亟待改进区，落在该区域的项目为高重要性低满意度项目；集中在该区域的项目对整体的满意度影响非常大，这些项目是目前最应优先改进的项目。[①]

三、调查结果分析

（一）学生对目前的师范教育总体比较满意，地方师范院校学生满意度明显偏低

总体来看，满意度总分的平均值为4.68（SD=0.72297），实习就业、课程教学、管理服务、环境条件四个维度得分的平均值分别为4.63（SD=0.81226）、4.67（SD=0.79093）、4.66（SD=0.83417）和4.88（SD=0.84036）。可见，学生对目前的师范教育整体上是满意的；其中，学生对学校环境条件的满意度最高，对学校管理服务的满意度最低。（见表3）

表3　不同类型学校学生高等师范教育满意度得分描述统计

检验变量	学校类型	样本量	平均数	标准差
实习就业	A	559	4.65	0.75384
	B	680	4.62	0.78655
	C	1416	4.69	0.82386
	D	815	4.53	0.82707
课程教学	A	559	4.69	0.72184
	B	680	4.87	0.70850
	C	1416	4.67	0.80786
	D	815	4.50	0.82218
管理服务	A	559	4.12	0.70087
	B	680	4.14	0.77283
	C	1416	4.11	0.73378
	D	815	3.90	0.75664

① 金勇进、梁燕、张宗芳:《满意度评估系统应用研究》，中国统计出版社，2007，第193—194页。

（续表）

检验变量	学校类型	样本量	平均数	标准差
环境条件	A	559	4.98	0.76789
	B	680	4.89	0.82799
	C	1416	4.92	0.84773
	D	815	4.76	0.86312
总体满意度	A	559	4.62	0.65335
	B	680	4.64	0.66364
	C	1416	4.62	0.72108
	D	815	4.45	0.74140

以满意的四个维度和总分作为观测变量，以学校类型作为因子对学生的满意度得分进行单因素方差分析，发现不同类型学校满意度得分和四个维度的得分差异显著。事后多重比较表明，地方师范院校学生实习与就业（M=4.53，SD=0.82707）、课程与教学（M=4.50，SD=0.82218）、管理与服务（M=3.90，SD=0.75664）、环境条件（M=4.76，SD=0.86312）等四个维度的得分和满意度总分（M=4.45，SD=0.74140）均显著低于其他类型的师范院校学生，而其他学校学生得分则没有显著差异。省部共建院校学生的“课程与教学”得分（M=4.87，SD=0.70850）显著高于其他类型学校学生，其他类型学校学生得分差异不显著。（见表 4）

表 4　不同类型学校学生满意度四个维度与总分的方差分析

维度		平方和（SS）	自由度	均方（MS）	F 检验	事后比较 LSD 法
实习就业	组间	13.804	3	4.601	7.07**	A > D B > D C > D
	组内	2254.405	3466	0.650		
	总数	2268.209	3469			
课程教学	组间	48.769	3	16.256	26.763***	B > A > D B > C
	组内	2105.315	3466	0.607		
	总数	2154.084	3469			

（续表）

维度		平方和（SS）	自由度	均方（MS）	F 检验	事后比较 LSD 法
管理服务	组间	29.959	3	9.986	18.145***	A＞D B＞D C＞D
	组内	1907.556	3466	0.550		
	总数	1937.515	3469			
环境条件	组间	18.174	3	6.058	8.684***	A＞D B＞D C＞D
	组内	2417.806	3466	0.698		
	总数	2435.980	3469			
总体满意度	组间	19.518	3	6.506	13.107***	A＞D B＞D C＞D
	组内	1720.409	3466	0.496		
	总数	1739.927	3469			

注：**$p < 0.01$，***$p < 0.001$

（二）师范学校学生满意度呈明显的群体特征

以不同群体特征为自变量，以满意度总分四个维度为因变量进行单因素方差分析，发现不同群体特征的学生的总体满意度和四个维度的得分存在显著差异。（见表 5）

表 5　不同特征学生群体满意度得分描述性统计

维度		实习就业		课程教学		服务管理		环境条件		总体满意度	
		M	SD	M	SD	M	SD	M	SD	M	SD
年级	2017 级	4.79	0.75442	4.89	0.6885	4.85	0.76854	0.51	0.76971	4.75	0.63772
	2016 级	4.49	0.81665	4.48	0.83777	4.48	0.85602	4.71	0.86443	4.41	0.72709
	2015 级	4.38	0.85230	4.42	0.82428	4.44	0.85397	4.67	0.88727	4.34	0.73864
	2014 级	4.73	0.81430	4.74	0.79957	4.74	0.83436	4.94	0.82438	4.66	0.69690
学科类别	文科	4.63	0.82540	4.62	0.81817	4.63	0.85105	4.86	0.87068	4.66	0.72946
	理科	4.63.	0.79864	4.72	0.75774	4.70	0.81481	4.90	0.80723	4.71	0.68689

（续表）

维度		实习就业		课程教学		服务管理		环境条件		总体满意度	
		M	SD	M	SD	M	SD	M	SD	M	SD
地区	东部	4.64	0.82214	4.63	0.83716	4.69	0.87079	4.85	0.91831	4.67	0.76326
	中部	4.49	0.84869	4.52	0.81758	4.57	0.84460	4.81	0.84406	4.58	0.74476
	西部	4.65	0.79735	4.70	0.77349	4.68	0.82268	4.91	0.82453	4.71	0.70750
生源地	省内	4.65	0.80764	4.71	0.78132	4.67	0.82940	4.91	0.83344	4.71	0.71753
	外省	4.60	0.80201	4.61	0.79128	4.66	0.83329	4.86	0.83972	4.65	0.71728
生源类型	村屯 / 乡镇	4.61	0.79214	4.68	0.78227	4.64	0.81735	4.88	0.83027	4.68	0.71072
	县城 / 地市	4.62	0.82668	4.66	0.78931	4.66	0.84753	4.89	0.85330	4.68	0.73105
	省会城市	4.78	0.82274	4.75	0.79384	4.79	0.83418	4.94	0.83981	4.79	0.72759
是否贫困生	是	4.60	0.80846	4.64	0.78629	4.62	0.83118	4.84	0.85718	4.55	0.71028
	否	4.69	0.81746	4.72	0.79695	4.72	0.83986	4.94	0.81235	4.63	0.70568
家庭经济水平	中等偏上	4.82	0.86035	4.78	0.89302	4.80	0.95068	4.90	0.95372	4.83	0.84732
	中等	4.68	0.81319	4.71	0.79239	4.72	0.83839	4.92	0.84330	4.73	0.73595
	中等偏下	4.60	0.79619	4.65	0.76902	4.64	0.80810	4.88	0.81749	4.67	0.69194
	非常贫困	4.60	0.83438	4.65	0.81765	4.59	0.86157	4.85	0.88476	4.65	0.75208
培养性质	师范生	4.68	0.78819	4.72	0.78757	4.71	0.82080	4.92	0.79724	4.62	0.69256
	非师范生	4.57	0.84175	4.61	0.78983	4.61	0.84908	4.84	0.89685	4.53	0.72695

1. 学生满意度的年级差异显著，新生和毕业生对学校的满意度评价高于其他年级

满意度得分单因素方差分析显示，不同年级组学生的满意度得分差异显著。进一步进行事后比较，结果表明 2017 级学生（M=4.75，SD=0.63772）和 2014 级学生（M=4.66，SD=0.69690）的满意度得分高于 2016 级学生（M=4.41，SD=0.72709）和 2015 级学生（M=4.34，SD=0.73864），2015 级和

2016级两个年级的学生的满意度总分差异不显著，2017级和2014级两个年级的学生的满意度总分差异也不显著。由于新生对大学生活的许多方面缺少切身体会，他们对大学的评价是基于自己的憧憬和从其他师生那里获得的信息，而毕业生在校经历丰富，他们能够根据自身的感知经验做出判断，因此新生和毕业生对学校的评价总体上高于大二、大三的学生。

2. 师范院校学生满意度表现出明显的学科差异，文科学生各维度的满意度普遍较低

按照专业的学科性质，将所有专业分为文科和理科。单因素方差分析发现，文科生和理科生的满意度总分有显著差异。文科生（M=4.66，SD=0.72946）总体满意度低于理科生（M=4.71，SD=0.68689）。从具体的学科来看，哲学、艺术学和社会学等人文社科类专业的学生的满意度总分均比其他专业的学生的满意度总分低。因为这几个人文社科类专业比较冷门，社会需求量小，所以这些专业的学生对这些专业的前景不看好，满意度也不高。此外，文科生对学校的课程教学和管理服务的满意度得分低于理科生。

3. 学生满意度呈现地域差异，省内学生和西部地区的学生满意度更高

将学生的生源地划分为东部、中部、西部三组，进行满意度得分的单因素方差分析，结果显示，西部地区的学生（M=4.60，SD=0.69167）的满意度总分高于中部地区的学生（M=4.58，SD=0.74428），东部和西部、东部和中部地区学生的满意度总分差异不显著。省内的学生的满意度总分（M=4.71，SD=0.69993）高于外省的学生（M=4.65，SD=0.70856）。进一步对学生满意度城乡进行分析，结果表明，来自省会城市的学生的总体满意度高于来自其他地区的学生，这主要是因为这些学生中有近60%来自西北五省区的省会城市，这些学生对学校各方面的满意度普遍较高。

4. 不同经济情况的学生满意度差异显著，经济弱势学生群体满意度相对较低

以是否为贫困生作为因子，对满意度总分的平均值进行单因素方差分析，发现贫困生（M=4.55，SD=0.71028）的满意度显著低于非贫困生（M=4.63，SD=0.70568）的满意度。进一步分析表明，贫困生在4个维度的满意度得分均显著低于非贫困生，而且除了学校地理位置（B2）、学校公共选修课资源的充足性（B6）等 8 个项目以外，贫困生其他项目的满意度均显著低于非贫困生。以家庭经济水平为自变量，进行满意度得分的单因素方差分析，结果表明，家庭经济水平“中等偏上”的学生（M=4.83，SD=0.84732）的满意度总分高于家庭经济水平“中等偏下”（M=4.56，SD=0.75208）和家庭经济水平“非常贫困”的学生（M=4.65,SD=0.74013),家庭经济水平“中等”的学生（M=4.73，SD=0.73595）的满意度总分高于家庭经济水平“中等偏下”的学生。这说明经济上处于弱势的学生群体对学校各方面的表现相对不满意。

5. 不同培养性质的学生满意度差异显著，师范生的满意度得分具有“主体优势”

以培养性质(师范生和非师范生)作为自变量,以满意度总分作为因变量，进行单因素方差分析，结果显示，师范生（M=4.62，SD=0.69256）的满意度总分高于非师范生（M=4.53，SD=0.72695）。对 4 个维度的单因素方差进行分析，结果也表明，师范生在各个维度的得分显著高于非师范生。这说明师范生对学校各方面表现的评价具有主体优势。师范教育是师范院校的主体部分，师范专业是师范院校办学中的优势专业，而非师范专业在师范院校中则处于“边缘”地位。相较于师范专业，新开设的非师范专业大多是以师范专业的基础专业为依托，学科建设较为薄弱，教学条件与办学经验方面还存在很多不足之处[①]，因此，非师范生对目前的师范学校的总体满意度低。（见表 6）

表 6　不同个人属性的学生总体满意度的单因素方差分析

维度		平方和（SS）	自由度	均方（MS）	F 检验
年级	组间	109.948	3	36.649	77.931***
	组内	1629.979	3466	0.470	
	总数	1739.927	3469		

① 何莉娜、马飙:《我国高师院校非师范专业发展的再思考》,《内蒙古师范大学学报（教育科学版）》2009 年第 9 期。

（续表）

维度		平方和（SS）	自由度	均方（MS）	F 检验
学科类别	组间	4.020	1	4.020	8.003***
	组内	1704.932	3394	0.502	
	总数	1708.953	3395		
地区	组间	5.458	2	2.729	5.312**
	组内	1669.631	3250	0.514	
	总数	1675.089	3252		
生源地	组间	2.358	1	2.358	4.580*
	组内	1675.413	3255	0.515	
	总数	1677.771	3256		
生源类型	组间	3.632	2	1.816	3.492*
	组内	1678.872	3229	0.520	
	总数	1682.504	3231		
是否贫困生	组间	5.881	1	5.881	
	组内	1718.163	3423	0.502	11.717***
	总数	1724.044	3424		
家庭经济水平	组间	5.401	3	1.800	3.457*
	组内	1688.161	3242	0.521	
	总数	1693.561	3245		
培养性质	组间	7.162	1	7.162	14.333***
	组内	1732.765	3468	0.500	
	总数	1739.927	3469		

注：$^{*}p < 0.05$，$^{**}p < 0.01$，$^{***}p < 0.001$

（三）食宿条件是学生最关注也是最不满意的项目

利用重要性和满意度的原始得分制作重要性满意度矩阵图，可以看出，大部分题目都落在相对竞争优势区和继续维持区，这说明学生对大部分项目的满意度都比较高。有 13 个项目落在优势区，学生对所在院（系）教师的教学态度（B10）、校园安全与秩序（B22）、所在院（系）教师的教学水平（B8）等 3 个项目的期待和满意度都比较高。落在继续维持区的项目有 6 个，学生对参与社团活动的机会（B20）、学费设定额度（B14）等 2 个项目的期待较低、满意度较高。落在次要改进区的项目有 13 个（其中 5 个项目临近坐标轴原点），其中学生认为最不重要也不满意的是学校的地理位置（B2）。落在亟待改进区的项目有 10 个，其中重要性程度较高但满意程度最低的项目是学校提供给学生的住宿条件（B28）。此外，学校运动场地的充足性（B25）也趋近于亟待改进区。（见图 1）

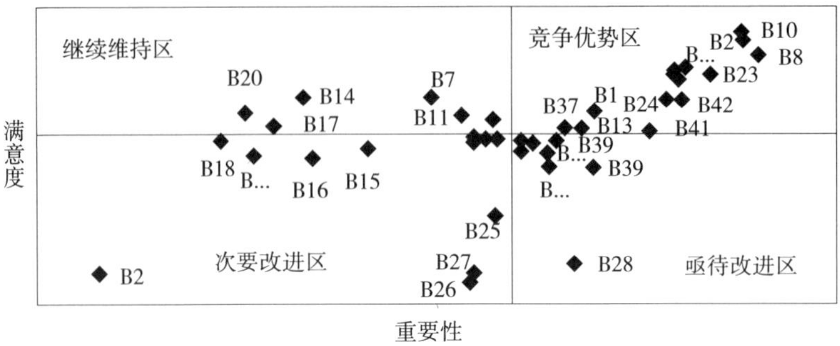

图 1　高等师范院校学生满意度重要性矩阵图

进一步分析各项目的改进机会，发现改进机会最小的 3 个项目是学费设定额度（B14）、学生参与社团活动的机会（B20）和贫困生资助的额度（B17），改进这些项目对总体满意度的贡献较小，仅维持目前水平即可。改进机会最大的 3 个项目是学校提供给学生的住宿条件（B28）、学校食堂的饭菜种类（B26）和学校食堂饭菜的价格（B27），3 个项目的满意度得分分别为 4.25 分、4.20 分和 4.21 分，后 2 个项目是所有项目中满意度最低的。这说明学校的食宿问题是西北地区师范院校办学中最薄弱的项目，改进这些项目是提升西北地区师范教育总体满意度的关键。从图 2 可以看出，省属高校不同项目的改进机会与几所学校总体的变化趋势高度吻合，地方院校的所有项目的改进机会均高于总体及其他三类学校，部属院校和省部共建院校的大部分项目的改进机会低于总体水平。就不同学校而言，部属院校改进机会最大的项目是学校运动场地的充足性（B25），省部共建院校和地方院校改进机会最大的项目是住宿条件（B28），省属院校改进机会最大的项目是食堂饭菜的价格（B26）。由于不同学校经费投入的偏好不同，学生的诉求也不尽相同，因此不同学校的优势项目和劣势项目表现出一定的个性化差异。（见图 2）

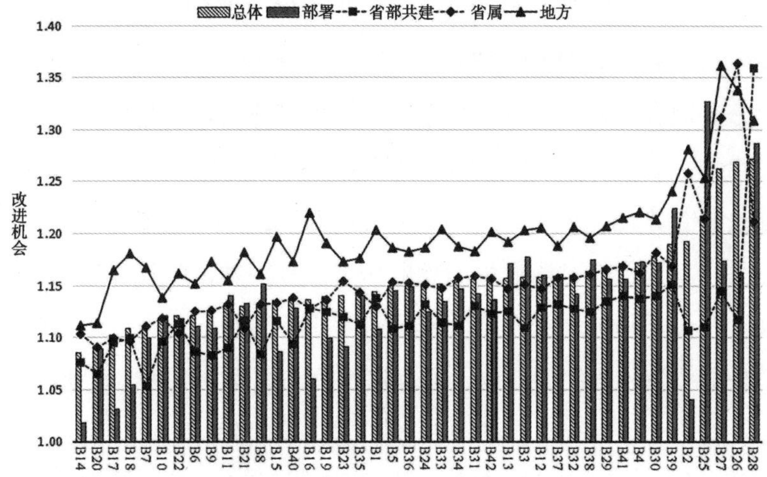

图 2 不同层级学校项目改进机会比较图

四、提升西北地区高等师范学校学生满意度的建议

（一）加大对地方师范院校的投资力度，缩小校际发展差距

在同类学校中，地方师范院校学生的满意度在几类学校中最低，项目的改进机会也较其他学校高。这说明地方师范院校办学条件相对薄弱，存在较大的改善空间。加大对地方师范院校的扶持力度，缩小师范高校的校际发展水平是目前提升西北地区师范教育质量的关键。第一，应转换投资逻辑，从地方受益地方买单到国家受益政府买单。每一个地方都是国家不可分割的组成部分，因此各级各类师范院校培养教师，最终受益者是国家而不是地方。因此，国家不应只重点投资部属师范院校，而应对所有师范院校一视同仁，对师范教育的投资应由各级财政共同负担。第二，按全国师范学校的整体投资水平核定最低标准，地方财政支付能力不足的部分由中央财政予以转移支付。2017 年，陕西师范大学的财政拨款为 11.7 亿元（6 所部属师范院校中最低），而宁夏师范学院的财政拨款仅为 1.19 亿元，其他 3 所学校的拨款数额比较接近，均在 3 亿元左右。除了招生规模之外，拨款单位支付能力悬殊是导致不同层级师范院校投资水平差距过大的重要原因。

（二）关注学生的群体差异，加强非师范专业建设

教育满意度评价的根本目的是提升教育服务能力，让每一个受教育者都能享有公平而有质量的教育。教育服务能力既体现为学校对学生刚性需求的满足能力，也体现为学校对学生个性化教育需求的满足能力。非师范生、文科专业学生以及经济弱势学生是相对低满意度群体，对这些学生群体应予以重点关注。为了应对毕业生的就业压力，许多师范学校都在向综合化转型，大量开设非师范专业和招收非师范生。但事与愿违，大多数非师范专业都不是师范院校的优势专业，师范院校的非师范生不仅得不到社会认同，还面临着就业竞争力缺乏的难题，这使得非师范教育成为师范院校的短板。因此师范院校在坚持师范教育为主体的同时，也应关注学校非师范专业建设，有针对性地加强非师范生的实习和就业指导，以就业市场为导向进行非师范生培养体系改革。

（三）规范学校的后勤管理，优先改进师范学校食宿条件

为了提高学生的满意度，西北地区师范院校应优先改进学校的食宿条件。我国的高校后勤服务由社会第三方提供，目前存在社会化管理的规章制度不健全等问题。学校的食堂管理与学生公寓管理及其运营由社会承办，虽然在招标方面高校进行相应的监督与管理，但没有相关的规章制度进行规范化指导，承包方为了追求利益最大化，往往采取降低成本的策略，致使服务质量下降。① 因此，学校应采取措施规范学校后勤服务的供给，优先改进学校的食宿条件。学生是后勤服务的重要的利益相关者，对后勤服务的质量最有发言权。学校有必要形成畅通的投诉渠道，发挥学生的主体地位，让他们参与后勤服务的监督与管理。

---

① 王永红：《高校后勤社会化管理存在的问题及对策》，《教育探索》2012 年第 2 期。

报告十　对农村学校布局调整三个“目的”的反思
——以陕西为例

范　铭　郝文武

学校布局调整是教育发展中的正常工作，但近几年我国农村学校的“撤点并校”的力度之大、范围之广，是中国历史上罕见的。从 2009 年 10 月至 2010 年 3 月，陕西师范大学国家教师教育创新平台建设子项目教师教育理论创新项目调研组，深入陕西农村学校和相应管理部门，通过查阅资料、统计分析，与教育行政部门和学校领导、教师座谈，向教师、学生发放问卷，随机听课、访谈等活动，对 13 个区县近几十年来经济社会和文化教育发展、学校布局调整、基础教育发展以及教师队伍建设等情况进行了充分调研，发现农村教育布局调整中存在许多需要解决的问题。

一、农村学校撤并从强力推行到暂缓实施的数量变化

（一）全国中小学布局调整速度加快

教育部统计资料显示，1978—1998 年，全国普通小学校数从 949323 所减少到 609626 所，共减少 339697 所，减少幅度约为 35.78%；普通初中学校数从 113130 所减少到 63940 所，共减少 49190 所，减少幅度约为 43.48%。1999—2008 年，全国普通小学校数从 582291 所减少到 300854 所，共减少 281437 所，减少幅度为 48.33%，每年平均减少 28143.7 所，每天平均减少约 77.1 所；普通初中学校数从 63086 所减少到 57701 所，共减少 5385 所，

减少幅度 8.54%，每年平均减少 538.5 所，每天平均减少约 1.48 所。（见表1、表 2）后 10 年小学校数递减速度要远远快于前 20 年，农村小学递减尤为突出。1998—2007 年，全国共减少小学 289565 所，每天平均减少 79.33 所；而农村小学减少 221568 所，平均每天减少 60.70 所，占全国小学校减少数的 76.52%。（见表 3）

表 1 1978—2008 年全国中小学校数变化情况 1①（单位：所）

年份 学校	1978	1980	1985	1996	1997	1998	1999	2000
普通小学校数	949323	917316	832309	645983	628840	609626	582291	553622
普通初中学校数	113130	87077	75903	66092	64762	63940	63086	62704

表 2 1978—2008 年全国中小学校数变化情况 2②（单位：所）

年份 学校	2001	2002	2003	2004	2005	2006	2007	2008
普通小学校数	491273	456903	425846	394183	366213	341639	320061	300854
普通初中学校数	65525	64661	63711	63060	61885	60550	59109	57701

表 3 1998—2007 年农村小学校数与全国小学校数变化情况对比（单位:所）

年份 学校	1998	2007	减少学校数合计	平均每天 减少学校数
农村小学校数	493152	271584	221568	60.70
全国小学校数	609626	320061	289565	79.33
农村小学校数 所占比例	80.89%	84.85%	76.52%	—

（二）陕西中小学布局调整稳中有降

根据陕西省教育事业发展统计数字，1997 年全省有小学 36025 所，而 2005—2008 年，全省小学分别是 20711 所、18590 所、16316 所、14185 所。（见

① 表格中所有数据均根据中华人民国共和国教育部网站“教育统计数据”整理而成。

② 同上。

表4）在短短十几年间，小学剧减了21840所，递减幅度达到60.6%。而从2005年开始，陕西省小学以每年平均约1631.5所的速度减少，平均每天减少4.5所。与全国2005—2008年的统计数字进行对比，陕西省小学学校撤并约占全国10.0%。

表4　陕西省小学校数变化情况（单位：所）

年份 / 学校	1997	2005	2006	2007	2008
小学校数	36025	20711	18590	16316	14185

陕西省有些县市学校布局调整比较慎重。如渭南地区华阴市2001年有小学172所，到2008年减到90所，8年共减少82所，平均每年减少约10所。安康市石泉县2005年有小学163所，到2009年减到59所，平均每年减少约21所。安康市汉滨区到2009年4月，有各级各类学校516所，计划3至5年内撤掉169所，平均每年撤掉30多所，在2014年达到347所，减少幅度为32.8%；且由于汉滨区地理位置特殊，多山区，学校撤并后学生上学困难，其中教学点原有77个，计划只撤掉23个，保留54个。然而，也有不少县市学校布局调整速度非常快。榆林市神木县2007年有小学98所，到了2008年剩下28所，一年减少70所，减少71.4%。延安市子长县2008年有学校221所，到了2009年只剩下61所，一年减少160所，减少72.4%。2008年9月宝鸡市太白县所有村办小学全部撤并，全县在校生8521名，其中寄宿生3967人，占全部的46.6%。延安市安塞县计划用2年时间完成学校建设布局调整任务，全县各类中小学由目前的155所调整到29所，计划撤并126所，减少81.3%。

从2001年开始的全国性农村中小学布局调整至今已近10年，不少省份基本结束，有些省份还在“努力”落实。就在此时，2010年1月10日，教育部印发《关于贯彻落实科学发展观进一步推进义务教育均衡发展的意见》，提出“对条件尚不成熟的农村地区，要暂缓实施布局调整，自然环境不利的地区小学低年级原则上暂不撤并”。十几年来轰轰烈烈开展的农村中小学撤并为何被突然“暂缓”；恐怕不仅是因为有人对此政策有不同意见，最主要的是它并未达到预期“目的”。

二、合理配置教育资源的目的并未达成

农村教育布局调整的前提是通过教育资源的重新分配，以期在集中、重组中得到优化，最大限度提高资源的使用效率。

《义务教育法》规定要“依法实行就近入学”，就近入学政策的实质和目的在于方便适龄儿童就学，保障儿童享有平等接受教育的权利；但是在农村中小学撤并浪潮中，要实现这一基本政策着实有些力不从心。要实现“就近入学”，其基本前提应是“义务教育阶段的每所学校具有相对均衡的教育条件（主要指政府投入方面的条件）。否则，就近入学就是强迫人们接受不公平的教育条件”。[①] 以前我国城乡教育存在严重的二元结构，农村实行“三级办学、两级管理”制度，教育投入主要来源于乡镇，国家投入甚少。2001年国家对农村义务教育体制进行了重大调整，实行“在国务院领导下，由地方政府负责，分级管理，以县为主”的基础教育管理体制和财政体制，但由于投入机制没有建立起来，资金投入出现“空挡”，导致农村义务教育投入普遍减少，基本办学条件不能得到保证。这样一来，县级财政在客观上不得不对教育投入更多的资金。因此，县及县以上政府希望通过农村中小学布局调整，提高资源利用效率，减轻财政压力。[②]2008年8月，汉中市西乡县把计划撤校的建设任务、布局调整前后的办学规模以及撤与不撤两种情况下资金投入的情况进行了对比。调整前共186所小学，撤掉153所小学，剩下33所学校。以30年投入资金为单位进行比较，以2007年的校舍建设、维修、教职人员经费支出为依照，如果不调整，共需投入263816万元；调整后，生源聚集，办学效益提高，教职工相应减少，经费投入随之降低，总计投入213744万元。也就是说，今后30年可以节约资金50072万元，

① 朱家存:《教育均衡发展政策研究》，中国社会科学出版社，2003，第191页。

② 范先佐:《农村中小学布局调整的原因、动力及方式选择》，《教育与经济》2006年第1期。

平均每年节约 1670 万元。①

学校布局调整后看似节约了很多资金，然而，我们不得不面对三个问题。

其一，教育资源大量闲置和浪费。大量农村学校撤并之后，学校剩余财产无人管理，校舍逐渐破损，教学设施严重流失，学校资产被私分、乱用，反而造成教育资源的巨大浪费。延安市延川县文安驿镇中心学校创办于 1974 年，占地 80 多亩，有着在乡村罕见的 400 米跑道、16200 平方米操场、建筑面积 8180 平方米的教学窑洞，还有微机室（有 25 台电脑）、语音室、物理化学实验室（铺的是防静电的地板），各种仪器设备总价值 13 万元。2003 年在校生人数过千。从 2005 年开始，学生逐渐流失，现在全校只有学生 80 多名，教师 18 名。学校有两处教学楼：一处是 1998 年由江阴援建的一栋两层楼，楼上 8 个教室现在全空着；另一处是逸夫教学楼，几排窑洞依山而建，16 间大教室现在只用了 6 间。②

其二，外延教育投资急剧膨胀，而内涵投资捉襟见肘。目前农村中小学一般采用就近合并的原则，即把几所学校的学生合并到条件相对较好的学校，为了让条件较好的学校容纳更多的学生，只能增加投入扩大原有校舍，兴建寄宿制学校。2000—2002 年，中央财政 3 次进行"中小学布局调整专项资金"拨款支持全国 34 个省、自治区、直辖市、计划单列市进行中小学的合理化布局调整，仅 2003 年一次就拨款 10 亿元。陕西省在学校布局调整方面也花费巨大，如 2009 年延安市计划新建学校 5 所、改扩建 3 所，包括幼儿园、小学和中学，投资 30816 万元，建筑面积 169248 平方米。另在宜川、延长、子长、安塞、志丹、吴起、洛川等县区新建 8 所学校，扩建 13 所学校，总建筑面积 496075 平方米，总投资 99160 万元。安康石泉县自 2006 年以来仅校舍建设投资就达 1.2 亿，新建、扩建校舍 110344 平方米。铜川耀州区计划用 3 年时间撤并学校 149 所，全区保留中小学 47 所，预算总投入 1.2 亿。

然而，对于这种把教育资源集中当作教育资源优化的做法，国外已经有很多学者在这方面做过研究，并提出疑问。20 世纪 90 年代，美国西弗吉尼

① 孙强、刘海红：《走向空壳的乡村学校——乡村教育调查报告》，《华商报》2009 年 11 月 9 日。

② 孙强、刘海红：《走向空壳的乡村学校——乡村教育调查报告》，《华商报》2009 年 11 月 9 日。

亚州在大规模地进行学校合并前，政府宣称学校合并将会为纳税人节约数百万美金，但是学校合并后民众却发现，州政府在学校合并上的花费超过10亿美元。大量资金用于交通、校舍修建和购置教学设备，只有少量用于发放学校管理人员和教师的薪酬。[①] 这种教育资源条整合和配置的结果只能导致表面的、眼前的优化和高效率以及实质的、长远的恶化和低效率甚至无效率。这也是我国学校撤并存在的突出问题。

其三，加重农民教育负担。布局调整后，农村家庭教育成本明显增加。表面看来，农村学校撤并后国家减少了教育经费开支，农村教育成本似乎下降了。实质上，对那些因学校被撤并而被迫转校的学生家庭来说，他们的教育成本却增加了。这无异于将国家、政府应承担的教育投入转移到了本就不富裕的农民身上。因为学生需要到更远的地方去上学，比起从前，农民现在需要额外再支出交通费、伙食费、住宿费以及家长陪读而产生的相关费用等。也就是说，学校布局调整无形中将国家应负担的教育成本转移到了个人身上，“大大提高了教育的隐性成本，从而抵消了任何节约，使教育经济效率大打折扣”[②]。随着学校布局调整力度的加强，可能会有更多的学生因家庭贫困无力支付教育费用而辍学。“教育是百年大计，若仅以节约资源或资源的效益最大化为出发点，毁掉的将不仅是教育，还有农村和孩子。”[③]

三、提高教育质量的目的并未达成

以前，教育的重点是“人人有学上”，如今教育诉求的是“人人上好学”。在“办让人民满意的教育”的口号中，中小学布局调整的目标指向了教育质量的提升。其中暗含的理论假设为：教育需要的资源很多，如果学校的规模小，就会导致已有的教育资源不能充分利用，或者不可能再得到追加的

① 张源源、邬志辉：《美国乡村学校布局调整的历程及其对我国的启示》，《“公平·质量·效率：农村教育的政策抉择”国际学术研讨会会议论文集》，2009年。

② 谭春芳、徐湘荷：《大就好吗？——美国小规模中小学校学区合并问题研究》，《外国中小学教育》2009年第2期。

③ 万明钢：《以促进教育公平和教育均衡发展的名义——我国农村“撤点并校”带来的隐忧》，《教育科学研究》2009年第10期。

教育资源投入，从而使教育质量下滑，形成恶性循环。以前我国农村学校的布局基本以村为单位简单建校或设点，这些学校规模小，办学条件薄弱，师资水平较低，很多课程无法开设，教育教学质量低下。因此，撤并学校之后，学校规模扩大，可以充分发挥规模效益，通过资源的有效利用从而有效提高教学质量。

但是，这个看似合理的理论前提假设受到了众多国内外学者的怀疑。凯思林・科顿（Kathleen Cotton）研究了大规模学校与小规模学校在课程质量、学业成就、学生态度、课外活动的参与度、学生出席率、学生辍学率、教师态度等方面的差异后认为，学校规模与学生的学习成绩并无明显的相关性。相反，小规模学校更容易带来较好的学业成就。小威廉・富勒（William J. Fowlwe, Jr.）和赫伯特・沃尔伯格（Herbert J. Walberg）的研究也表明，学校规模与课程质量之间并无可靠的相关性。[①] 同时，还有学者通过研究表明小规模学校拥有比大规模学校更好的受教育环境与受教育机会。比如克雷格・霍利（Craig B. Howley），他认为虽然大规模学校拥有更多的班级、更多可以选择的课程、更先进的设施，但更容易导致学生产生不良的行为习惯。[②] 我国学者对学校规模与学生学业成绩之间的关系也进行了一些实证分析研究。东梅等运用 DID 方法对陕西省农村小学布局调整对学生学习成绩的影响进行了实证分析[③]，结果显示：合并学校与未合并学校学生成绩的差异并不显著，如果成绩可以作为衡量教育质量的指标之一的话，这说明我们没有充分证据证明农村学校合并政策一定能够提高农村的教育质量。[④] 更有学者

---

① 张源源、邬志辉：《美国乡村学校布局调整的历程及其对我国的启示》，《“公平・质量・效率：农村教育的政策抉择”国际学术研讨会会议论文集》，2009 年。

② 张源源、邬志辉：《美国乡村学校布局调整的历程及其对我国的启示》，《“公平・质量・效率：农村教育的政策抉择”国际学术研讨会会议论文集》，2009 年。

③ 调查涵盖 6 个样本县、12 个样本镇，在确定样本县的基础上，按照随机原则每县抽取 2 个样本镇，在每个样本镇随机选取 3 个样本小学，调查涉及的样本小学共计 36 个，同时对这 36 个样本小学所在的六年级全部学生进行了书面调查访问，涉及调查学生 1653 个。

④ 东梅、常芳、白媛媛：《农村小学布局调整对学生成绩影响的实证分析——以陕西为例》，《南方经济》2008 年第 9 期。

提出，小规模学校可以带给学生积极的态度、情感和价值观，特别是对于社会经济情况比较差的学生而言，在小规模学校中有相对公平的受教育环境，可以获得更加多的参与机会。

学校撤并后由于学生上学路途遥远而产生的交通问题、安全问题，或者学生进入寄宿制学校而产生的心理上的偏差、行为上的失范等问题，已成为国内外学者关注的重点，对此问题的质性研究和实证分析近年来多见诸各种学术期刊。一方面，撤点并校，学校向县、乡集中，带来的直接后果是城镇出现巨型学校和巨型班级。2009 年 5 月靖边县全县共有小学生 30814 名、初中生 18680 名，其中城区学校分别有 18000 名和 12000 名，各占总数的 58.4% 和 64.2%。靖边第一小学原本限额每个年级 8 个班、一个班 50 人、全校 2400 人，实际上现在 3800 人，一个班将近 80 人。① 同时，在如此巨大的学校中，学生的个人情感变化往往被忽略，从而产生厌学情绪的学生不在少数，给学校管理、学校文化营造、校风建设以及教育资源再分配等方面都带来诸多新的问题。另一方面，为了适应集中办学，又解决上学路途遥远的问题，发展寄宿制学校是农村撤点并校后采取的普遍做法。寄宿制学校又会带来新的问题，因为大部分寄宿学校由于资金等问题无法达到“标准”，或者不能满足所有学生都寄宿的要求，因而城镇里出现了大量的陪读者。陪读者大都是学生的妈妈或者爷爷奶奶。在关注留守儿童比较好的陕西石泉县，教育局局长说，他曾经见过一个老太太带着四五个娃（孙子、孙女）在城里租一间每月 50 元的房子，屋子里就一个电灯油，在如此条件下教育质量从何谈起呢？

四、促进教育均衡发展并未达成

农村中小学布局调整过程中，我们听到最多的口号是“为了教育的均衡发展”，即通过农村中小学布局调整整合城乡教育资源，让农村学生通过城乡统筹，可以与城市的孩子一样享受到优质教育资源，这是缩小城乡教育

① 孙强、刘海红:《走向空壳的乡村学校——乡村教育调查报告》,《华商报》2009 年 11 月 9 日。

差距的有力措施。结果真如人们预期的这样美好吗？

所谓教育均衡发展，我们理解的应该是城市与农村的教育发展达到相当的水平，而不是在“城市中心论”指导下的农村教育要办得与城市一样，或者干脆把农村学生都“转移”到城市变成“城市人”从而达到均衡。被“转移”到城市的学生，他们不仅要承担远离家园而超额付出的经济代价，还要忍受远离父母而亲情缺失的精神代价，从自己的童年时期就开始过一种与农村社会割裂的、相对封闭的、充满约束的集体生活。这种“均衡”本身就是一种“被城市化”的均衡，其本质就是一种以放弃农村为代价的、虚伪的“城市中心主义”。

在这种美化了的“教育均衡”论调的掩盖下，“以效率与公平兼顾为目标的农村中小学布局调整并没有使得农村教育更加公平，相反还使得原有的脆弱的农村教育公平受到伤害”。[①] 陕西渭南地区近年来建设了一座由市委、市政府直接投资，市教育局直属管辖的高级中学，被认为是市委、市政府实施的“十大民生工程”中的重点项目。学校有着先进的办学理念——“为了每位学生和教师的终身发展与幸福”，同时有着较高的目标追求——把学校办成“有鲜明品牌特色、在陕西有较强影响力、在国内有较高知名度的实验性、示范性、现代化的一流名牌示范中学”。在此思想指导下，校园占地面积 200 亩，设置 80 多个教学班，小班授课，每班不超过 50 人，学校建有行政办公楼 1 栋、教学楼 3 栋、实验大楼 1 栋、学生公寓 4 栋、图文信息中心大楼 1 栋、生活服务大楼 1 栋，另规划建设体育馆 1 座、游泳池 1 座、标准体育场 1 个，教学及生活等服务设施总建筑面积约 77000 平方米，总投资超过了 1.5 亿元。学校不仅各类建筑物设计讲究，内部设施更是一应俱全，实验大楼投资 300 多万。以地理实验室为例，不仅配备先进的电脑投影仪、地质沙盘模型、各类生光电仪器，实验室顶部还设置天文仪器。教学楼功能俱全，配备有阶梯舞台的音乐教室，笔墨纸砚齐备的书法教室，宽敞明亮的舞蹈教室、美术教室、陶艺教室……另外，学校还有自己的广播站、

① 周芬芬:《农村中小学布局调整对教育公平的损伤及补偿策略》,《教育理论与实践》2008 年第 7 期。

电视台。最重要的是，学校在进行教师选拔过程中，更是汇集了当地所有的优质师资——特级教师、省市级教学能手、学科首席教师、县级优秀教师、已取得或正在攻读硕士学位的骨干教师，他们都因为政府的行政命令汇集于此。校长自豪地介绍："学校如果招收硕士研究生，其必须是来自名牌院校、全日制的毕业生，而且不可能直接上讲台，必须要在辅助岗位经过长时间的实习、培训；对于本科毕业生基本上不予考虑，除非是有特长的优秀学生，即在音体美等相关方面获得过某些重要奖项的毕业生，才考虑招收。"

我们在感慨农村学生可以获得如此令人羡慕的优质教育资源之时，却产生了更大的担心，我们哪里是在鼓励教育均衡，根本就是在制造最大的教育不均衡，甚至是在制造教育的"托拉斯"。在这种优质教育资源逐渐趋于垄断的状况下，必定会产生学生择校、生源竞争、学校乱收费等一系列问题。而本身比较薄弱的农村中小学在这种巨大的教育投入面前，不仅没有任何机会分得一杯羹，反而在这种教育垄断面前越发失去竞争力，进而失去发展的可能性，最终走向消亡（被撤并）。这种周而复始的恶性循环，必然导致更多的学生不得不主动或者被动地加入对优质教育资源的追逐中，城乡教育的两极分化越来越大，教育均衡发展越来越不均衡。

五、从工具理性到价值理性的回归

（一）摒弃城市化导向，以价值理性看待农村教育问题

农村城镇化、农民市民化、农业工业化是现代化的趋势，"但城镇化的农村还是农村，市民化的农民还是农民，工业化的农业还是农业"[①]"农业发展是工业发展的基础，农村稳定是城市稳定的基础，没有农村的现代化就没有整个国家的现代化，没有农村教育的现代化就没有农村的现代化"。[②]只要农村、农民、农业存在，农村与城市、农民与市民、农业与工业就应该协调发展，国家就不能仅仅将农村、农民、农业、农村教育当作实现某种

① 郝文武：《教育哲学研究》，教育科学出版社，2009，第192页。
② 郝文武：《教育哲学研究》，教育科学出版社，2009，第192页。

目的的工具，农村教育就不能以城市及其工业和市民教育的发展代价作为自己的发展。把农村孩子整体转移到城市以消除城乡二元对立的做法，本身就是城市中心论导向的思维模式。

我国不同地区的地理环境和经济发展有很大差别，农村学校布局调整不能"一刀切"，必须因地制宜，因势利导。为了使农村学生能够平等地享受城市优质的教育资源，为了满足农村孩子对城市的向往，就扩大城市教育规模，把孩子统统搬到城市接受教育，使农村教育越来越萧条，这显然不是城乡教育均衡发展，而是放弃农村教育发展。我们绝对不能在以城市化等同于现代化的想象之中实现城乡教育均衡发展，必须通过大力发展农村教育实现城乡教育的均衡发展。

（二）发展农村经济，增大农村教育投入

为新农村教育建设新学校，新农村必须有新学校，没有学校的农村不可能成为新农村。学校是文明的产物，也是文明和文化选择、传承的重要途径。"在教育现代化的百年进程中，现代教育事业借由学校这一制度形式将其触角渗透到乡村的每一个角落，文字和学校一度成为村落不可或缺的重要文化组成部分。"[①] 学校对于经济比较落后的农村地区来说，是能为村民提供教育服务的固定场所，同时也因其寄托了民间传统、族群认同、文化习俗等精神符号而成为一种文化载体。在许多偏远山区的村落，农村学校往往是村落中唯一带有文化韵味的标志性建筑，哪怕是一个小小教学点，也是现代文明的重要代表。[②] 而撤并学校对当地的影响更多地体现在对村民心理感受的冲击以及对当地本土文化结构的破坏上。国外的一些研究表明，"撤并学校是对整合该地区成为社会单位的一种破坏，并会使当地居民产生强烈

① 熊春文：《"文字上移"：20 世纪 90 年代末以来中国乡村教育的新趋向》，《社会学研究》2009 年第 5 期。

② 万明钢、白亮：《教育公平、教育资源整合的路径反思——对农村地区寄宿制学校的重新解读》，《教育理论与实践》2009 年第 9 期。

的心理感受，认为是该地区生命周期的一个阶段或一段时期的结束”。[①]另一方面，学校的撤并使很多学生不得不选择进入寄宿制学校，“儿童因为远离自己熟识的村落社区，缺乏与传统乡村文化的接触”[②]，大批乡村青壮年远离乡村外出打工而逐渐对本乡本土文化淡漠，而年长者在以经济为中心的乡村生活中逐渐被边缘化[③]。人们的民间故事，过年过节丰富“社火”和热闹的气氛，村民见面的熟识与亲切感都逐渐成为历史的记忆。乡村逐渐荒芜，人们越来越远离乡村文化，教育对农业社会的文化功能基本上无从谈起，乡村社会秩序也将瓦解。这绝非新农村建设和发展的目标。

农村教育必须培养建设新农村的新人。“乡村不是作为城市文明的简单延伸，乡村教育也不是对城市基础教育的低劣复制”。[④]城乡教育的均衡发展并不是要同一种模式的、同一个层次的、同一种类型的、没有区别的教育，而是同一水平不同类型、不同层次、不同模式的教育。农村教育的目标应该是“立足乡土，培育乡村少年对乡村社会良好的情感依恋与乡村生活的基本自信；同时，又不拘泥于乡土，有开阔的胸襟，能积极接纳外来文明的冲击”[⑤]。让我们的农村教育立足乡土，创造乡村文明，引领乡村生活方式健康发展。农村教育的目标和任务不应该是“向农化”和“非农化”的简单化。“农村教育与城市教育的区别不能从目标、任务、内容、方式和手段等的差别来比较，而应该以教育对象的一致性来比较”[⑥]，重新提出乡村教育独特性的时候，绝不意味着我们的乡村教育意在使乡村儿童局限于乡村生活，他们理当享有更广阔的生活世界，但我们对乡村教育的预设应在更基本的层

---

① Sara Heshovitz. (1991). Sicio-Spatial Aspects of Changes in Educational Service: TeAvive and Jerusalem, 1970-1988. The Service Industries. Apr:2.

② 万明钢、白亮:《教育公平、教育资源整合的路径反思——对农村地区寄宿制学校的重新解读》,《教育理论与实践》2009年第9期。

③ 安晓敏:《学校对农村意味着什么——布局调整对乡村社会文化的冲击及对策》,《“公平·质量·效率:农村教育的政策抉择”国际学术研讨会会议论文集》，2009，第308—312页。

④ 翁乃群:《村落视野下的农村教育——以西南四村为例》，社会科学文献出版社，2009，第3页。

⑤ 刘铁芳:《乡土的逃离与回归——乡村教育的人文重建》，福建教育出版社，2008，第55页。

⑥ 郝文武:《教育哲学研究》，教育科学出版社，2009，第195页。

面去关照其生活境遇之中生存方式的改善和生活幸福的实现，使他们可能享有进入更高等教育的机会，又使那些没有此机会的孩子能在他们的人生中享受一段对于他们而言良好的教育。[①]

农村问题不仅是经济问题和教育问题，但经济问题与教育问题紧密联系。实现城乡教育的均衡发展必须是城乡经济的均衡发展，国家对农村的支持不仅是对农村教育的支持，也应是对农村经济发展的支持，没有农村经济本身的持续发展，农村教育的持续发展肯定是有问题的。

（三）大幅度提高教师工资待遇，解决农村教育的根本问题

教师问题是教育的根本问题，更是农村教育的根本问题。农村教育质量比不上城市教育质量有教学设备等各种原因，但根本原因是教师质量问题。为了解决这个问题，国家出台了免费师范生政策，试图通过这项政策培养大批合格和优质的教师，但仍然存在优质教师到农村能否充分发挥作用的问题，如果工资待遇与现在一样仍然较低，难免形成出工不出力的问题。因此，解决农村教育问题，必须提高教师工资和其他待遇，使农村教师的工资待遇和经济收入明显高于城市教师。这是由现阶段我国经济社会发展和城乡差距状况决定的必然选择。

① 刘铁芳:《乡土的逃离与回归——乡村教育的人文重建》，福建教育出版社，2008，第24页。

报告十一　西部城乡中学骨干教师队伍建设调查

郝文武

一、调查研究的目的和范围

西部经济欠发达，教育落后，中小学教师队伍建设的任务更加繁重，而提高西部基础教育的水平以及教师队伍的素质，对提高西部人民的素质和促进西部大开发具有极为重要的意义。中小学教师队伍建设，特别是骨干教师队伍建设是长期而艰巨的工作，为了搞好这项工作，我们从 2000 年下半年到 2001 年初对西部陕西、新疆、宁夏、四川、云南等五省区城乡 163 所中学（其中陕西 64 所、新疆 9 所、宁夏 33 所、四川 36 所、云南 21 所）和 1239 名中学教师（其中陕西 310 人、新疆 338 人、宁夏 102 人、四川 243 人、云南 246 人）进行了问卷调查。

二、西部中学骨干教师队伍建设的现状

西部五省区被调查的 163 所中学，有教职工 16894 人，其中专业教师 13019 人，占教职工总数的 77.1%。（见表 1）

由表 1 可知，西部五省区中学教师的职称结构和年龄结构基本是合理的，但学历水平较低，具有研究生学历的人数太少，具有中专学历的人数比例较大，这既不符合国家的要求，也很难适应提高中学教学质量的实际需要。

此外，职称结构中特级教师的比例太小，这也不利于起到教学示范带动作用。这几方面的问题都应该引起重视并得到解决。

表 1 西部地区五省区中学骨干教师队伍建设基本状况

维度			陕西		新疆		宁夏		四川		云南	
			人数	（%）	人数	（%）	人数	（%）	人数	（%）	人数	（%）
教师数占教工数（%）			3680	88.3	1113	81.1	2110	67.3	4503	76.0	1613	70.3
全体教师	学历	研究生	1	0.03	11	0.9	4	0.2	177	3.9	13	0.8
		本科	1197	32.5	553	49.7	742	35.2	2585	57.4	892	55.3
		大专	1546	42.0	471	42.3	992	47.0	1262	28.0	512	31.7
		其他	936	25.4	78	7.0	372	17.6	479	10.6	196	12.2
	职称	特级	4	1.0	2	0.2	3	0.1	38	0.8	11	0.7
		高级	420	11.4	221	19.8	282	13.4	912	20.3	351	21.8
		一级	1112	30.2	514	46.2	744	35.3	1644	36.5	599	37.1
		其他	2144	58.3	376	3.8	1081	51.2	1911	42.4	652	40.4
	年龄	20—30 岁	1245	33.8	249	22.4	390	18.5	1128	25.0	536	33.2
		31—45 岁	1765	48.0	589	52.9	1294	61.3	2376	52.8	765	47.4
		46—55 岁	527	14.3	246	22.1	366	17.3	793	17.6	243	15.1
		56 岁及以上	137	3.7	29	2.6	60	2.8	206	4.6	69	4.2
特级教师	学历	研究生	0	0	0	0	0	0	3	7.9	0	0
		本科	4	100	2	100	3	100	31	81.6	11	100
		大专	0	0	0	0	0	0	3	7.9	0	0
		其他	0	0	0	0	0	0	1	2.6	0	0

（续表）

维度			陕西		新疆		宁夏		四川		云南	
			人数	（%）	人数	（%）	人数	（%）	人数	（%）	人数	（%）
特级教师	年龄	20—30岁	0	0	0	0	0	0	0	0	0	0
		31—45岁	0	0	0	0	2	66.7	8	21.1	2	18.2
		46—55岁	1	25.0	1	50.0	1	33.3	16	42.1	7	63.3
		56岁及以上	3	75.0	1	50.0	0	0	14	36.8	2	18.2
高级教师	学历	研究生	1	0.3	10	4.5	0	0	55	6.0	6	1.7
		本科	218	51.9	85	38.5	168	59.6	419	45.9	264	75.2
		大专	103	24.5	116	52.5	112	39.7	92	10.1	41	11.7
		其他	98	23.3	10	4.5	2	0.7	346	37.9	40	11.4
	年龄	20—30岁	0	0	0	0	0	0	5	0.5	0	0
		31—45岁	99	23.6	75	33.9	140	49.6	431	47.3	152	43.3
		46—55岁	218	51.9	130	58.8	115	40.8	395	43.3	174	49.6
		56岁及以上	103	24.5	16	7.2	27	9.6	81	8.9	25	7.1
一级教师	学历	研究生	0	0	5	1.0	4	0.5	73	4.4	4	0.7
		本科	538	48.4	242	47.1	331	44.5	819	49.8	300	50.1
		大专	516	46.4	229	44.5	368	49.5	352	21.4	263	43.9
		其他	58	5.2	38	7.4	41	5.5	400	24.3	32	5.3

（续表）

维度			陕西		新疆		宁夏		四川		云南	
			人数	（%）	人数	（%）	人数	（%）	人数	（%）	人数	（%）
一级教师	年龄	20—30岁	51	5.1	28	5.4	48	6.5	267	16.2	47	7.8
		31—45岁	816	73.9	398	77.4	545	73.2	1188	72.3	459	76.6
		46—55岁	202	18.2	79	15.4	132	17.7	166	10.1	78	13.0
		56岁及以上	30	2.7	9	1.8	19	2.6	23	1.4	15	2.5

三、西部中学教师对其骨干教师素质条件的认识及其分析

什么是中学骨干教师？教育理论专家们对此有不同的认识。而加强中学骨干教师队伍建设必须全面了解中学教师对此问题的各种认识。

骨干教师是在教育教学中承担主要课程和主要工作并起榜样示范作用的教师。他们必须具有良好的思想品德，宽广扎实的专业知识，丰富的教育理论知识和教学经验，较高的教学艺术和教学能力；必须具有进行教育教学改革和素质教育的科研能力和创新精神；在经济欠发达的西部地区最好还应具备教给学生促进当地经济发展的实用知识和能力。这是国家对中学骨干教师的一般的要求，也是西部中学改革和发展实际的要求，同样是西部广大中学教师的共识。在西部五省区随机抽样调查的1239名中学教师的样本中，认为“做一名骨干教师最重要的是”：选择“教学能力和教学经验”的有86人，占样本的6.9%；选择“为人师表，积极肯干的品德”的有55人，占4.4%；选择“求实创新的精神”的有103人，占8.3%；认为这几方面“都重要”的有988人，占79.7%。在知识能力方面，认为“做一名中学骨干教师最重要的知识、能力是”：选择“专业知识和教学能力”的有357人，占样本的28.8%；选择“教育理论知识和教学艺术”的有105人，占8.5%；

选择“教育科学研究能力”的有 31 人，占 2.5%；认为“都需要”的有 764 人，占 61.1%。中学教师对教育科研能力也十分重视，在“中学骨干教师是否应具备较高科研能力”一项中，认为“应该具有较高科研能力”的有 881 人，占样本的 71.1%；认为“无所谓”的只有 302 人，占 30.3%。值得重视的是，在“经济欠发达地区的中学骨干教师除了具备上述素质外，是否还应具备教给学生促进当地经济发展的知识和能力”一项中，认为“很需要”的有 832 人，占样本的 66.4%；认为“有了更好”的有 375 人，占 30.3%；认为“不需要”的仅有 18 人，占 1.5%。这是西部中学骨干教师一个显著的特点，也是应该特别加强的一个方面。还应注意的是，多数中学教师对实施素质教育的重要性有了深刻的认识，但也有相当数量的中学教师对此认识很不够。在“竭力推崇应试教育的教师是否能成为中学骨干教师”一项中，认为“能”的有 356 人，占样本的 28.7%；认为“不能”的有 628 人，占 50.7%；“不知道”的有 196 人，占 15.8%。

从国家要求、实际需要和一般认识看，骨干教师在学历和职称上也应有一定的要求。按照国家规定到 2010 年中学教师至少都应具备大学本科学历，硕士研究生学历也要达到一定比例。但中学教师对中学骨干教师学历的认识则有所不同，这很值得思考。在“中学骨干教师至少应有哪一级职称”一项中，认为“应具有中教高级教师职称”的有 62 人，占样本的 5.0%；认为“应具有中教一级教师职称”的有 282 人，占 22.8%；认为“不能以职称论”的竟有 781 人，占 63.0%。在“中学骨干教师至少应有哪一级学历”一项中，认为“应具备本科学历”的有 380 人，占样本的 30.7%；认为“应具备大专学历”的有 336 人，占 27.1%；认为“不能以学历论”的有 417 人，占 33.7%。这既反映了中学教师对骨干教师实际能力重视的一面，也反映出一些教师的教育教学能力与其学历、职称不太相符的现象，同样反映出西部中学选拔、培养骨干教师对学历、职称要求的不确定性及其制度的不完善。（见表 2）

表 2　西部地区五省区中学教师对中学骨干教师素质条件的认识

陕西			新疆			宁夏			四川			云南		
人数		（%）	人数		（%）	人数		（%）	人数		（%）	人数		（%）
1. 你认为做一名中学骨干教师最重要的是： A. 教学能力和教学经验。B. 为人师表，积极肯干的品德。C. 求实创新的精神。D. 都重要。														
A	22	7.0	A	24	7.1	A	8	7.8	A	16	6.6	A	16	6.5
B	20	6.5	B	8	2.4	B	5	4.9	B	8	3.3	B	14	5.7
C	26	8.4	C	25	7.3	C	8	7.8	C	23	9.5	C	21	8.5
D	242	78.1	D	281	83.1	D	80	78.4	D	190	78.2	D	195	79.3
2. 你认为做一名中学骨干教师最重要的知识、能力是： A. 专业知识和教学能力。B. 教育理论知识和教学艺术。C. 教育科学研究能力。D. 都重要。														
A	97	31.1	A	97	29.0	A	29	28.4	A	53	21.8	A	81	32.9
B	33	10.6	B	19	5.3	B	7	6.9	B	24	9.9	B	22	8.9
C	4	1.3	C	8	2.4	C	1	1	C	6	2.5	C	12	4.9
D	179	57.7	D	220	63.3	D	64	62.7	D	170	70.0	D	131	53.3
3. 你认为经济欠发达地区的中学骨干教师除了具备上述素质外，是否还应具备教给学生促进当地经济发展的知识和能力：A. 很需要。B. 有了更好。C. 不需要。														
A	190	61.3	A	244	72.9	A	68	66.7	A	149	61.3	A	172	69.9
B	108	34.8	B	88	26.0	B	24	23.5	B	86	35.4	B	69	28.0
C	4	1.3	C	6	1.8	C	2	2.0	C	2	0.8	C	4	1.6
4. 你认为中学骨干教师是否应具备较高科研能力：A. 是。B. 无所谓。														
A	177	57.1	A	283	84.0	A	69	67.6	A	166	68.3	A	186	75.6
B	106	34.2	B	55	16.0	B	28	27.5	B	57	23.5	B	56	22.8
5. 你认为中学骨干教师至少应有哪一级职称： A. 中教高级。B. 中教一级。C. 不能以职称论。														
A	8	2.6	A	33	9.5	A	3	2.9	A	3	1.2	A	15	6.1
B	80	25.8	B	68	20.1	B	23	22.5	B	56	23.0	B	55	22.4

（续表）

陕西			新疆			宁夏			四川			云南		
人数		（%）	人数		（%）	人数		（%）	人数		（%）	人数		（%）
C	184	59.4	C	229	67.8	C	69	67.6	C	145	59.7	C	154	62.6
6. 你认为中学骨干教师至少应有哪一级学历：A. 大学。B. 大专。C. 不能以学历论。														
A	75	24.9	A	152	45.0	A	31	30.4	A	70	28.8	A	52	21.1
B	54	17.4	B	77	23.1	B	38	37.3	B	74	30.5	B	93	37.8
C	117	37.7	C	102	30.2	C	30	29.4	C	81	33.3	C	87	35.4
7. 你认为竭力推崇应试教育的教师是否能成为中学骨干教师：A. 能。B. 不能。C. 不知道。														
A	92	29.7	A	95	28.4	A	24	23.5	A	67	27.6	A	78	31.7
B	139	44.8	B	191	56.2	B	49	48.0	B	117	48.1	B	132	53.7
C	28	9.0	C	52	15.4	C	27	26.5	C	53	21.8	C	36	14.6

四、西部中学教师对其骨干教师选拔和培训的认识分析

在教育部实施“跨世纪园丁工程”、大力提高中小学教师素质、加强中小学骨干教师队伍建设的十几年前，中小学教师培训工作就一直在教育部的几个教师培训中心和各省区的教育学院、教师进修学校进行。了解中学教师对十几年来教师培训工作的认识和近几年来各省区中学骨干教师队伍建设的状况及中学教师对骨干教师队伍建设状况的看法和期望，对于继续做好这项工作有积极意义。

骨干教师队伍建设应该有健全的制度，对教师和骨干教师培训的形式和内容，既应贯彻国家的要求，也应结合学校教师的教育教学实际，满足学校和教师的需要，但这些方面目前都存在一定的问题。在“你校有无选拔骨干教师的完善制度”一项中，选择“有”的有 305 人，占样本的 24.6%；选择“无”的有 344 人，占 27.8%；选择“不完善”的有 476 人，占 38.4%。在“你对你校骨干教师选拔制度是否满意”一项中，选择“很满意”的有 159 人，占 12.8%；选择“较满意”的有 556 人，占 44.9%；选择“不满意”

的有 404 人，占 32.6%。以下三项调查结果也反映出西部中学骨干教师选拔、培养制度的不完善。在“你参加各种教师业务进修主要是由教师评荐，领导指派，还是由个人争取，领导批准？”一项中，回答是前者的有 326 人，占样本的 26.3%；回答是后者的有 710 人，占 57.3%。在“你校骨干教师的职称一般是哪一级”一项中，选择“高级以上”的有 116 人，占 9.4%；选择“一级以上”的有 556 人，占 44.9%；选择“很难说”的有 404 人，占 32.6%。在“你校骨干教师的学历一般是哪一级”一项中，选择“本科以上”的有 265 人，占 21.4%；选择“大专以上”的有 674 人，占 54.4%；选择“很难说”的有 135 人，占 11.0%。关于教师希望的进修方式和内容，在“你最希望的业务进修方式是什么？”一项中，选择“脱产进修”的有 582 人，占 47.0%；选择“在职进修”的有 179 人，占 14.4%；选择“两者结合”的有 404 人，占 32.6%。在“你最希望的进修内容是什么？”一项中，选择“所学专业知识”的有 189 人，占 15.3%；选择“教育教学理论知识”的有 219 人，占 17.7%；选择“都需要”的有 776 人，占 62.6%。在“你最希望的进修教学组织形式是什么？”一项中，选择“课堂讲授”的有 78 人，占 6.3%；选择“组织研讨”的有 140 人，占 11.3%；选择“实地考察”的有 166 人，占 13.4%；选择“都需要”的有 791 人，占 63.8%。在“你对目前中学骨干教师培训设置的内容是否满意？”一项中，选择“很满意”的有 89 人，占 7.2%；选择“较满意”的有 582 人，占 47.0%；选择“不满意”的有 479 人，占 38.7%。在“你对目前中学骨干教师培训最满意的内容是什么？”一项中，选择“专业知识教学”的有 402 人，占 32.4%；选择“教育理论知识教学”的有 418 人，占 33.7%；选择“都满意”的有 255 人，占 20.6%。（见表 3）

表 3　西部地区五省区中学教师对中学骨干教师培训状况的认识

陕西			新疆			宁夏			四川			云南		
人数		（%）	人数		（%）	人数		（%）	人数		（%）	人数		（%）
1. 你校有无选拔骨干教师的完善制度：A. 有。B. 无。C. 不完善。														
A	60	19.4	A	76	22.5	A	23	22.5	A	68	28.0	A	78	31.7

（续表）

陕西			新疆			宁夏			四川			云南		
人数		(%)	人数		(%)	人数		(%)	人数		(%)	人数		(%)
B	113	36.5	B	83	24.6	B	22	216	B	69	28.4	B	57	23.2
C	72	23.2	C	147	43.5	C	53	52.0	C	95	39.1	C	109	44.3
2. 你对你校骨干教师选拔制度是否满意：A. 很满意。B. 较满意。C. 不满意。														
A	45	14.5	A	45	13.3	A	8	7.8	A	30	12.3	A	31	12.6
B	91	29.4	B	162	47.9	B	47	46.1	B	124	51.0	B	132	53.7
C	129	41.6	C	92	27.2	C	29	28.4	C	78	32.1	C	76	30.9
3. 你参加各种教师业务进修主要是：A. 教师评荐，领导指派。B. 个人争取，领导批准。														
A	61	19.7	A	84	24.9	A	31	30.4	A	76	31.3	A	74	30.1
B	178	57.4	B	219	64.8	B	32	31.4	B	145	59.7	B	136	55.3
4. 你校骨干教师的职称一般是：A. 高级以上。B. 一级以上。C. 很难说。														
A	19	6.1	A	43	12.7	A	12	11.8	A	20	8.2	A	22	8.9
B	130	41.9	B	196	58.0	B	56	54.9	B	110	45.3	B	91	37.0
C	79	25.5	C	44	13.0	C	17	16.7	C	58	23.9	C	51	20.7
5. 你校骨干教师的学历一般是：A. 本科以上。B. 大专以上。C. 很难说。														
A	51	16.5	A	98	29.0	A	21	20.6	A	54	22.2	A	41	16.7
B	184	59.4	B	166	49.1	B	64	62.7	B	119	49.0	B	141	57.3
C	30	9.7	C	26	7.7	C	8	7.8	C	50	20.6	C	21	8.5
6. 你最希望的进修方式是：A. 脱产进修。B. 在职进修。C. 两者结合。														
A	127	41.0	A	182	53.8	A	64	62.7	A	100	41.2	A	109	44.3
B	14	4.5	B	72	21.3	B	6	5.9	B	40	16.5	B	47	19.1
C	88	28.4	C	84	24.9	C	27	26.5	C	114	46.9	C	91	37.0
7. 你最希望的进修内容是：A. 所学专业知识。B. 教育教学理论知识。C. 都需要。														
A	49	15.8	A	65	19.2	A	14	13.7	A	35	14.4	A	26	10.6
B	50	16.1	B	37	10.9	B	10	9.8	B	44	18.1	B	78	31.7

（续表）

陕西			新疆			宁夏			四川			云南		
人数		(%)	人数		(%)	人数		(%)	人数		(%)	人数		(%)
C	202	65.2	C	236	69.8	C	70	68.6	C	154	64.0	C	114	46.3
8. 你最希望的进修教学组织形式是:A. 课堂讲授。B. 组织讨论。C. 实地考察。D. 都需要。														
A	17	5.5	A	28	8.3	A	7	6.9	A	18	7.4	A	8	3.3
B	50	16.1	B	28	8.3	B	10	9.8	B	19	7.8	B	33	13.4
C	51	16.8	C	23	6.8	C	8	7.8	C	36	14.8	C	48	19.5
D	176	56.8	D	217	70.4	D	75	73.5	D	166	68.3	D	157	63.8
9. 你对目前中学骨干教师培训设置的内容：A. 很满意。B. 较满意。C. 不满意。														
A	22	7.1	A	27	8.0	A	4	3.9	A	17	7.0	A	19	7.7
B	125	40.3	B	153	45.3	B	43	42.2	B	128	52.7	B	133	54.1
C	138	44.5	C	128	37.9	C	44	43.1	C	86	35.4	C	83	33.7
10. 你对目前中学骨干教师培训最满意的内容是： A. 专业知识教学。B. 教育理论知识教学。C. 都满意。														
A	133	36.5	A	104	30.0	A	23	22.5	A	72	29.6	A	70	28.5
B	94	30.3	B	108	32.0	B	37	36.3	B	67	27.6	B	112	45.5
C	52	16.7	C	62	18.3	C	19	18.6	C	76	28.8	C	46	18.7

报告十二　经济欠发达地区中等职业教育的发展与高等师范教育的改革

——以陕西为例对四省区职业中学的调查分析

郝文武　周海涛

一、调查分析的目的、范围和方法

改革中等教育结构，大力发展中等职业技术教育是我国十几年来教育改革和发展的重要内容。十几年来，我国的中等职业教育有了很大发展，中等教育结构发生了重大变化。但经济欠发达地区的中等职业教育发展还很不理想，存在诸如资金不足、教学设备差等困难，不能有力促进地区经济和社会的发展。其中师资力量不足是诸多原因中最为明显的原因。中等职业教育的教师有多种来源，但高等师范学校是主要的，约占50%。大力发展中等职业教育既是当务之急，也是长远大计。师范教育为基础教育和中小学教育服务，包括而且更应重视为中等职业教育培养教师。但过去我国的师范教育既未满足现实需要，又未放眼将来发展，基本没有改变原来为普通中学教育服务的目标、内容及方式，不能很好地为中等职业教育培养教师，加之高等职业技术教育和高等职业技术师范教育又没有发展起来，中等职业教育发展的师资问题就成为突出问题。目前中等职业教育教师的培养、选用和结构状况，不仅已经严重影响其发展，同时也给人一种职业教育的教师没有专业特点，不需要专门的培养，或者可被普通高等教育和普通高等师范教育培养的教师代替，或者可被传统的能工巧匠和手艺人代替的感觉。本课题的主要目的是通过对我国西北、西南和华北部分经济欠发达地区（不包括中等技术学校和中等专业学校）的职业中学的现状进行问卷调查和座谈访问，系统了解这些地区中等职业教育发展的现状和存在的问题及其原因，分析加强这些地区中等职业教育教师队伍建设和改革高等师范教育的重要性，提出高等师范教育改革的初步设想和建议。

截至 1997 年底，陕西、内蒙古、四川、青海四省区（以下简称“四省区”）共有职业中学（简称“职中”）约 1000 所，本调查共回收 270 所职业中学调查表，约占全部职中的 27.0%。资料较全和很全的学校分别为 220 所和 171 所，约占职中总数的 22.0% 和 17.1%，占回收调查表的 81.5% 和 63.3%。其中回收陕西省西安、延安、咸阳、渭南、宝鸡、铜川、汉中、榆林、安康、商洛等 10 地市 70 所职中的调查表，占该省职中总数的 22.6% 左右；内蒙古自治区呼和浩特、包头、赤峰、乌兰察布、伊克昭、锡林郭勒、兴安等 7 盟市 133 所职中的调查表，占该区职中总数的 53.2% 左右；四川省成都、自贡、攀枝花、都江堰、泸州、绵阳、广安、凉山等 8 地市及州 60 所职中的调查表，占该省职中总数的 14.6% 左右；青海省西宁、玉树、黄南、海南等 4 州市 7 所职中的调查表，占该省职中总数的 26.0% 左右。

自 1998 年以来，经济欠发达地区中学职业技术教育和职教师资培养工作都有较大进展。但是，在 1999 年底教育部确定的在全国重点建设的首批 20 个职教师资培训基地中，经济欠发达地区 10 多个省区共 3 个，不少省区根本没有。其中陕西 2 个，四川 1 个。这对一个省区来说不少，对整个西部地区来说则少。即使按计划发展到 50 个，也不能说职教教师问题就可彻底解决。教育部原副部长张天保强调，“职教师资培训是十分紧迫的任务”(《中国教育报》1999 年 12 月 2 日)，经济欠发达地区更是如此。本文所要说明的职教师资和其他相关问题目前还相当严重，以后几年也要努力解决，提出的解决问题的建议具有现实意义。

二、职业中学基本情况的调查统计和分析

四省区 30 个市县和州旗的 108 所职业高中共有学生 36495 人，所属市

县和州旗共有普通高中 291 所，学生 119787 人，职业高中在校生与普通高中在校生之比为 1∶3.28，职业高中在校生占全部高中在校生的 23.35%。171 所职业高中、职业初中共有在校生 63423 人（其中初中 63 所，在校生 26928 人）。专业教师 4119 人，专业教师与在校生之比为 1∶15.4。教工总数 6448 人，教工与在校生之比为 1∶9.84。（见表 1）

四省区的 220 所职中共有教工 8927 人，其中专业教师 5500 人，占教工总数的 61.61%；领导、管理人员 1286 人，占 14.41%；一般职工 2141 人，占 23.98%。专业教师中师范院校毕业者 3538 人，占专业教师总数的 64.33%。大学本科学历 1401 人，占 25.47%；大专 2201 人，占 40.02%；中专 1433 人，占 26.05%；中技 122 人，占 2.22%。不详 343 人，占 6.24%。大专以上共占 65.49%，中专以上共占 91.55%。从类型看，理论型 3864 人，占专业教师总数的 70.3%；技艺型 695 人，占 12.6%；全能型 941 人，占 17.1%。（见表 2、表 3）

表 1　四省区职业中学在校生数与教师数之比及与普通中学在校生数之比

类别 / 数量 / 省区	职业高中		普通高中		职普在校生比	职高生（%）	职校数	职中职初	职校在校生数	职校专业教师数	职中师生之比	职中教职工数	教工学生之比
	校数	在校生数	校数	在校生数									
陕西	23	11481	46	28691	1:2.55	28.66	25	2	11868	746	1:15.9	1277	1:9.3
青海	3	527	12	4121	1:7.88	11.33	4	1	695	43	1:16.2	74	1:9.4
四川	37	15683	186	55353	1:3.55	22.11	40	3	18903	1064	1:17.8	1675	1:11.3
内蒙古	45	8804	47	31622	1:3.66	21.88	102	57	31957	2266	1:14.1	3422	1:9.3

表 2　四省区职业中学教职工状况

省区 / 数值 / 项目	陕西		青海		四川		内蒙古	
	教职工总数 2312		教职工总数 124		教职工总数 2882		教职工总数 3609	
	数目	占总数（%）	数目	占总数（%）	数目	占总数（%）	数目	占总数（%）
教师	1298	56.1	78	62.9	1747	60.6	2377	65.9
领导、管理人员	343	14.8	18	14.5	332	11.5	593	16.4
一般职工	671	29.0	28	22.6	803	27.9	639	17.7
样本	52		6		58		104	

表 3　四省区职业中学教师学历、知识技术类型和来源状况

省区 / 数值 / 项目		陕西		青海		四川		内蒙古	
		数目	占总数（%）	数目	占总数（%）	数目	占总数（%）	数目	占总数（%）
教师学历	大学	214	16.5	8	10.3	600	34.3	579	24.4
	大专	463	35.7	30	38.5	643	36.8	1065	44.8
	中专	381	29.4	28	35.9	382	21.9	642	27.0
	中技	9	0.7	12	15.4	101	5.8	0	0
	不详	231	17.8	0	0	21	1.2	91	3.8
教师类型	理论型	723	55.7	42	53.9	966	56.4	2133	89.7
	技艺型	310	23.9	19	24.4	271	15.5	95	4.0
	全能型	265	20.4	17	21.8	510	29. 2	149	6.3
来源于师范院校		714	55.0	56	71.8	1225	70.1	1543	64.9
样本		52		6		58		104	

职中领导、管理人员中（对182所职中858人的统计，其中，内蒙古66所职中，领导、管理人员共165人），中小学领导405人，占其总数47.2%；中小学教学骨干教师340人，占39.6%；县乡领导13人，占1.5%；企业家、技术专家62人，占7.2%；不详38人，占4.4%。从学历看，大学本科246人，占28.67%；大专351人，占40.9%；中专175人，占20.4%；中技6人，占0.7%；其他及不详80人，占9.32%。（见表4）

表4　四省区职业中学领导、管理人员的学历和来源状况

项目 \ 数值 \ 省区		陕西		青海		四川		内蒙古	
		数目	占总数（%）	数目	占总数（%）	数目	占总数（%）	数目	占总数（%）
领导、管理人员学历和来源	大学	58	16.9	2	11.1	154	46.4	32	19.4
	大专	122	35.6	9	50.0	132	39.8	88	53.3
	中专	97	28.3	5	27.8	39	11.8	34	20.6
	中技	6	1.7	0	0	0	0	0	0
	不详	60	17.5	2	11.1	7	2.1	11	6.7
	中小学领导	151	44.0	14	77.8	143	43.1	97	58.8
	中小学骨干教师	141	41.1	3	16.7	130	39.2	66	40.0
	县乡领导	8	2.3	0	0	3	0.9	2	1.2
	企业家、技术专家	5	1.5	1	5.6	56	16.9	0	0
	不详	38	11.1	0	0	0	0	0	0
	样本	52		6		58		66	

由此可见：（一）十几年来，四省区中等职业教育有了较大发展，但还比较落后，没有达到全国平均水平，应积极发展。全国职业高中在校生数占全部高中在校生数比例和职业高中在校生数与普通高中在校生数之比，1995年分别为34.7%和1∶1.89，1996年分别为33.97%和1∶1.94，1997年分别为33.64%和1∶1.97，而四省区1997年平均分别为23.35%和1∶3.28，其中有些省区与全国平均水平相差很远。

（二）四省区职中专业教师总量偏少，应通过调整结构增加高质量专业教师。职业高中专业教师和在校生之比，1995 年全国平均为 1∶14.85，1996 年为 1∶14.74，1997 年为 1∶15.22，四省区 1997 年平均为 1∶15.4，有些省区接近或超过全国水平。

一般来说，一个教师平均所教学生越多则教学效率越高，但教学效率必须与专业特点和教学效果紧密联系起来，如果教师太少影响了教学效果，就谈不上教学效率。职业中学专业性强，一个教师平均所教学生应该比普通中学一个教师平均所教学生要少些，但目前则更多。全国普通高中师生之比 1995 年为 1∶13，1996 年为 1∶13.45，1997 年为 1∶14.05。如果把普通中学的比例与职业中学的比例调换过来也许更为合适，更有利于提高教学效果和效率。

（三）四省区职业中学专业教师队伍既存在严重结构性短缺，也存在严重结构性过剩，其结构必须大力调整。职业技术教育强调实用性和操作性，课程主要应该是实际操作课程，这就要求有更多实际操作技术、技艺很熟练的技艺型教师和既有理论又有技艺的全能型教师。鉴于多种限制和教学基本需要，三种类型教师各占其总量的三分之一是合理的。但四省区职中专业教师中竟有理论型 70.3%，技艺型和全能型总共不到三分之一，有的稍好一些但都未达到一半，有些省区竟有近 90.0% 的理论型教师，这个结构和比例明显不合理，整体质量明显不高，影响教学质量，必然形成有事没人干，有人没事干，专业教师严重短缺和严重过剩，人浮于事的难堪局面。有些学校不得已向社会高薪聘用技术教师近 10.0%，但由于一些教师不太负责和教学技能不过关，花了大钱，效果又不很理想。

（四）四省区职业中学专业教师和领导、管理人员的学历合格率也明显较低，有待大力提高。全国职业高中专业教师学历合格率，1995 年为 24.72%，1996 年为 31.20%，1997 年为 33.86%，这也远低于全国普通高中专任教师 1996 年 57.95% 和 1997 年 60.73% 的合格率。而四省区职中专业教师学历合格率 1997 年平均只为 25.47%，领导、管理人员学历合格率为 28.67%，这还不包括在职业初中任教的教师和任职的管理人员。

此外，四省区职业中学领导、管理人员的专业知识结构也很不合理，应该改善。领导、管理人员中很少有技术专家和企业家，这不会不影响领导、管理水平和职业教育的发展。

三、影响职业教育发展原因的调查统计和分析

四省区中等职业教育发展好的不少，但差的较多。以就业好差为标准划分，在220所职业中学中，发展好的68所，占样本总数30.9%；发展不景气的152所，占69.1%。有些学校没有回答就业问题，也作为发展差的学校来统计。样本总数中认为影响本地或本校职业教育发展的积极因素有：资金充足的40所，分别占样本总数和发展好的学校的18.2%和58.8%；教师充足水平高的74所，分别占33.6%和108.8%；教学设备优良的54所，分别占24.5%和79.4%；就业好的68所，分别占30.9%和100.0%；领导得力的106所，分别占48.2%和155.9%；群众观念先进的52所，分别占23.6%和76.5%；质量高的93所，分别占42.3%和136.8%。认为影响本地或本校职业教育发展的消极因素有：资金不足的162所，分别占样本总数和发展不景气学校的73.6%和106.6%；教师短缺且水平低的63所，分别占28.6%和41.4%；教学设备差的98所，分别占44.5%和64.5%；就业不好的125所，分别占56.8%和82.2%；领导不得力的109所，分别占49.5%和71.7%；群众观念落后的149所，分别占67.7%和98.0%；质量不高的41所，分别占18.6%和27.0%。（各省区具体数据略，下同）

关于资金充足的原因：认为国家拨款多的9所，分别占样本总数和资金充足学校的4.1%和22.5%；认为省县拨款多的16所，分别占7.3%和40.0%；认为学生收费多的13所，分别占5.9%和32.5%；认为企业及其他资助多的3所，分别占1.4%和7.5%。关于就业好的原因：认为专业对口的50所，分别占样本总数和就业好学校的22.7%和73.5%；认为地区经济发展很需要的30所，分别占13.6%和44.1%；认为质量高的55所，分别占25.0%和80.9%。关于领导得力的原因：认为领导很重视的95所，分别占样本总数和领导得力学校的43.2%和89.6%；认为领导富有专业技术知识能力

的 66 所，分别占 30.0% 和 62.3%；认为领导富有管理知识能力的 93 所，分别占 42.3% 和 87.7%。另外，职业中学的高质量教师应该既是积极进取、学历合格、有丰富专业理论和科学文化知识，又是有熟练操作技术的教师。职业中学教师的数量是否充足就是指高质量的教师是否充足，如果用普通中学对教师的要求衡量职业中学教师的质量和把数量看作质量甚至没有质量的数量，就会形成后面将谈到的认识上的差距。

关于专业教师紧缺、水平低的原因：认为工资低不愿教书者 55 所，分别占样本总数和教师不足学校的 25.0% 和 87.3%；认为无专业知识技术者 95 所，分别占 43.2% 和 150.79%；认为教育教学知识少能力低的 3 所，分别占 14.55% 和 50.79%。关于教学设备差的表现：认为无实习实验仪器者 63 所，分别占样本总数和教学设备差学校的 28.6% 和 64.3%；认为无实习实验基础 64 所，分别占 29.1% 和 65.3%；认为校舍桌椅短缺的 28 所，分别占 12.7% 和 28.57%。关于资金紧缺的原因：认为国家拨款少的 165 所，分别占样本总数和资金不足学校的 75.0% 和 102%；认为省县财政拨款少的 180 所，分别占 81.8% 和 111.1%；认为学生收费少的 166 所，分别占 75.5% 和 102.5%；认为企业资助少的 167 所，分别占 75.9% 和 103.1%。关于领导不得力的原因：认为领导不重视的 37 所，分别占样本总数和领导不得力学校的 16.8% 和 33.9%；认为没有专业知识能力的 29 所，分别占 13.2% 和 26.6%；认为没有管理能力的 15 所，分别占 6.8% 和 13.8%。关于就业差的原因：认为专业不对口者 35 所，分别占样本总数和就业差学校的 15.9% 和 28.0%；认为地区经济落后不需要者 134 所，分别占 60.9% 和 107.0%；认为质量不高的 38 所，分别占 17.3% 和 30.4%。

关于就业状况：大部分或一半以上就业者 117 所，占样本总数 53.2%，占就业好 68 所学校的 172.0%。其中全部就业者 17 所，分别占 7.7% 和 25.0%；大部分就业者 65 所，分别占 29.5% 和 95.6%；半数就业者 35 所，分别占 15.9% 和 51.5%。1/3 或很少就业者 103 所，占样本总数 46.8%，占就业不好的 125 所学校的 82.4%。其中 1/3 就业者 75 所，分别占 34.1% 和 60.0%；很少就业者 28 所，分别占 12.7% 和 22.4%；完全未就业者没有。专业大部分对口者 101 所，分别占样本总数和就业好学校的 45.9% 和 149.0%；专业半数对口者 24 所，分别占 10.9% 和 35.3%；专业没有全部对口的。专业大部分或 1/3 不对口者 12 所，分别占样本总数和就业不好学校的 5.5% 和 9.6%；很少对口者 75 所，分别占 34.1% 和 60.0%；专业完全不对口者没有。

由调查可见：(一) 影响中等职业教育发展的因素是错综复杂的，既有资金是否充足、教学设备和就业状况是否良好等客观原因，也有专业教师是否充足、领导是否得力和群众观念先进与否等主观原因；既有虽然微弱但又十分重要、有待充分发展和培育的有利条件，也有虽然严重且众多，但又可以且必须消除的消极因素。

(二)影响中等职业教育发展的因素虽然有许多,但主观原因是很突出的，其中专业教师的结构和质量是职业教育发展最主要的原因。发展好的职业学校中也有一些学校存在资金不足、就业和教学设备较差及群众观念落后等问题，四省区 68 所发展好的学校资金充足和教学设备好的最多只有 40 所和 55 所。但总体来看，专业教师结构、质量明显要比发展不景气的学校的专业教师的结构更合理、质量更高。68 所发展好的职中共有专业教师 2112 名，其中全能型 723 人，占专业教师 34.2%；技艺型 440 人，占 20.8%；技艺型和全能型教师共 1163 人，占 55.1%；理论型教师有 949 人，占 44.9%。职业教育发展不好的学校各方面困难和不足要比发展好的学校多些，但也不是所有客观条件都差。四省区 152 所发展不好的学校最多只有 98 所教学设备差的，也有资金不是明显缺乏的。但它们的专业教师结构明显不合理、质量低。152 所学校共有专业教师 3388 人，仅有全能型 218 人，占其专业教师总数的 6.4%；技艺型 255 人，只占 7.5%；而理论型竟有 2915 人，占 86.0%。(见表 5) 此外四省区 220 所职中只有 63 所认为教师短缺质量低，但竟有 95 所认为他们的教师没有专业技术知识，这更能说明高质量教师这个影响中等职业教育发展的主观原因存在问题的严重性。

表 5 四省区职业中学教师知能类型状况比较

类别 / 数量 / 省区	发展好的学校								发展差的学校							
	校数	总数	理论型	（%）	技艺型	（%）	全能型	（%）	校数	总数	理论型	（%）	技艺型	（%）	全能型	（%）
陕西	19	707	267	37.8	227	32.1	213	30.1	33	591	456	77. 2	83	14.0	52	8.8
青海	1	13	6	46.2	5	38.5	2	15.4	5	65	36	55. 4	14	21.5	15	23.1
四川	37	1213	614	50.6	194	16.0	405	33.4	21	534	352	65. 9	77	14.4	105	19.7
内蒙古	11	179	62	34.6	14	7.8	103	57.5	93	2198	2071	94. 2	81	3.7	46	2.1

（三）能否正确认识职业中学教育发展与就业好差，地区经济是否需要，群众观念先进与否及专业教师、资金充足与否的诸多关系也是职业教育发展好差的重要原因。职业教育发展的根本动力是社会的需要与支持，不能单靠主观意志，然而无论如何首先要有高质量的教师。四省区发展中等职业教育目前存在很多困难，但这一点也不能说明这些地区社会经济发展不需要职业教育和完全没有发展职业教育的客观条件和要求。（1）职业教育本来就不该把社会对人才的需要看作“一个萝卜一个坑”或消极满足现有职业部门、职位对人才的需要，而应该是主动促进地区经济和社会发展，培养既有实用知识、技能、技术、技艺和能力，又能抓住机遇，开拓就业途径，培育就业市场的积极适应性和促进经济与社会发展的高质量人才。（2）群众是最讲实际的，群众的观念源于实践。职业教育质量不高，不能在地区经济发展和群众发家致富中发挥积极作用，群众观念自然“落后”，不会送其子女接受职业教育，或向其投资，职业教育发展的资金就不会增多，办学条件就难以改善。反之亦然。（3）“读书做官”观念仍在一定程度上影响职业教育发展，但已不占主要地位。有些地地区高考升学率很低，他们对

“读书做官”不抱多大希望，面临的就是就业问题。但他们为什么也对职业教育不抱希望？关键问题还在职业教育质量不高，而不是因为接受了职业教育不能“做官”。由于就业措施得力，职业教育质量高，有些地区的年轻人宁愿早接受职业教育、早就业也不愿上大学，就从正面说明了这个道理。但不少职业学校，特别是发展不景气的学校不是从自身的教师质量、教学质量找原因，而更多的是从资金、就业和群众观念方面找原因。被统计分析的220所职业中学中，竟有162所、149所和125所，认为职业教育发展不好是由于资金不足、群众观念落后和就业不好造成的，而就业不好的原因又是地区经济落后。只有63所和41所认为是由于教师数量不足、质量低和教学质量不高造成的。一些学校虽把教师数量不足、质量低作为一个原因，但只作为次要原因，有些学校甚至不把教师问题作为原因。比如，有一个设立5所职业初高中开设农学、林学和畜牧等数十个专业的地区，224名专业教师中竟有201名理论型，占全部专业教师总数的近90.0%；大学本科学历教师只有8人，只占专业教师总数的3.6%；中专学历竟有216人，占总数的96.4%。但学校不仅不认为自己学校的教师质量低，反而特别表明数量充足、质量高。这样看来观念落后的，应转变观念的不全是群众，而首先应是职业学校的领导。此外，一些地区的职业中学毕业生大部分就业了，而且专业大部分对口，但还不认为这是就业好，这样的就业要求应该说太高了。

（四）改变职业教育专业教师结构，提高职业教育教师质量，需要职业学校自身的努力，也应改变高等教育特别是高等师范教育的培养目标、专业结构和教学内容、方法等，同时应积极发展职业师范教育。

四、中等职业教育的发展与高等师范教育的改革

教师是教育改革和发展的关键，当然也是中等职业教育改革和发展的关键。师范教育的重要任务是为中小学教育培养数量足够的高质量教师，这就决定了师范教育的改革和发展要随着中小学教育的改革和发展而进行，要适应中小学教育改革和发展的需要。当前和今后较长时期我国中小学教育改革和发展的主要目标和任务，一是大力普及九年制义务教育，二是积极发展中等职业教育，三是全面实施素质教育。这三项紧密联系的发展目标

和任务对师范教育的改革和发展提出了强烈要求，它要求师范教育特别是高等师范教育进行深刻的革命和重大改革，应当把普通师范教育改变为普通师范教育和职业师范教育紧密结合的综合的师范教育，把为职业中学培养教师作为重要任务或两个主要任务之一，以最快的速度适应和促进中等教育特别是中等职业教育的发展，尽可能弥补由于师范教育改革迟缓使中等教育特别是中等职业教育改革和发展而造成的损失。

改革师范教育不仅是中等职业教育发展的要求，同样也是高等师范教育自身发展的需要。根据国家发展中等职业教育的目标，到21世纪初我国的中等教育至少一半是职业中学教育，其在校生甚至要达到整个中等教育的60.0%—70.0%。高等师范院校要适应这一发展也至少应有一半要为中等职业教育培养合格教师。如果高等师范院校不改变培养目标，还只为中学普通教育和中等职业教育培养理论型教师，那么它们的教师和设备有一半多余或闲置，或者要转向非师范教育，它们就不能享受国家给予师范教育的全部优惠政策。近年来，师范教育有些专业毕业生就业不畅，与其没有为中等职业教育培养真正合格的全能型和技艺型教学人才有关。实际上中等职业教育需要大量技艺型和全能型教师，其就业容量和市场潜力是巨大的。高等师范院校把握中等教育发展的全局，抓住机遇，培养出这样的人才，对中等职业教育发展和高等师范院校自身发展都是十分有利的。高等师范教育应为中等职业教育服务，培养足够数量的高质量教师。

第一，必须改变师范教育观念，树立中等职业教育同样需要高质量教师，其质量要求不比普通中学教育低，甚至更高，高等师范教育为中等职业教育培养高质量合格教师同样体现其高水平的观念；切实地为基础教育服务，特别是为中等职业教育解决制约其发展的“瓶颈”——教师问题尽一份力。

第二，要改革高等师范院校的培养目标、教学内容、方法和方式，调整专业、学科设置；要明确规定某些专业的某些学科、年级、班级就是为职业中学培养师资的，或者在师范大学创办职业技术师范学院。职业技术师范学院和职业技术师范专业、年级、班级，应完全把中等职业教育对教师的要求作为自己的教学要求、教育目标和培养人才的规格要求，既要重视理论知识的教学、考核，更应重视实用知识、技能、技艺、技术和能力的教学、考核，把高等师范教育为职业教育培养师资的工作真正全面落实到具体教学中，落实到学生的就业选择和今后的实际工作中。

第三，要加强师范院校与其他进行实用知识、技能、技术、技艺和能力教学的高等院校间的联系，鼓励将要发展起来的高等职业教育和其他高校中创办职业技术师范教育院系、专业、班级，创办一批独立的职业技术师范院校，积极推进上述院校间在师资、设备等方面互通有无，共谋为中学职业技术教育培养师资的大计。

第四，高等职业教育或高等职业技术院校和高等职业师范院校，尤其是高等职业技术师范院校，除了要为中等职业教育培养新的技艺型和全能型教师外，还要特别加强对职业中学现有教师的实用技术培训，尽快把理论型教师转变为技艺型和全能型教师，尽快改变职业中学教师的技术知识结构。

第五，重视职业技术教学法的研究和推广应用。长期以来我国中学各科教学几乎都有自己的教学法研究，大学各科教学也相应有中学各科教学法的研究和教学。现在中等职业教育是中学教育的重要组成部分，加之其教学又是与一般文化科学知识和专业明显不同的发展时间不长和经验不足的教学，因此更应加强其教学法的研究和推广应用。中等职业教育教师不掌握教育学、心理学及其各类职业技术的教学法，只有专业知识、技术、技能和能力也是搞不好教学的。调查表明，有些学校教师缺乏这类知识、能力也是教师水平低，影响教学质量以及学校发展的一个原因。

此外，中学职业技术教育有不同于更注重一般科学文化知识和心智操作技能、能力教学的中学普通教育的特点，它更注重实用知识和实际操作技能、能力的教学，需要更多的实验实习仪器、工具、机器等教学设备和更多的资金投入，不能在黑板上养殖、种植、烹饪、缝纫。同样，高等职业技术教育和高等职业技术师范教育也有不同于更注重培养心智操作技能、能力的专业知识教学的普通高等教育和普通高等师范教育的特点，它更注重实用专业知识和实际操作技能、能力的形成和教学，也不能只通过在黑板上讲养殖、种植、烹饪和缝纫等培养高质量的职业教育教师。因此，通过改革普通高等教育和高等师范教育来发展高等职业技术师范教育，需要添置更多的实验实习仪器、机器、工具等教学设备和较大幅度地增加教育经费的投入。

报告十三 中国西部高等学校教育收费与特困生资助调查研究

郝文武 王 颖 钟学忠

20 世纪后半叶以来，中国实行对非义务教育收费政策。此后高等学校出现了特困生问题。党和政府、学校和社会各界普遍关注这个问题。特困生各地高校都有，但由于西部经济欠发达地区高校财力较差和来自本地区的学生较多，因此这个问题愈加突出。1986 年本人承担了教育部人文社会科学研究“九五”规划课题，历时 2 年对西部经济欠发达地区八省区 40 所高校特困生及其资助情况进行了较为系统的调查研究，提供和分析了特困生的比例、产生原因及其对教育收费的认识态度、承受能力和获各种资助等基本情况，提出了解决这个问题的认识和建议。先后在《教育研究》1998 年第 6 期,《新疆教育学院学报》1999 年第 3 期和《教育与经济》2000 年第 1 期等刊物上发表了对中国西部高校特困生资助情况调查研究报告。虽然现在高校教育收费和特困生及其资助情况与前十几年很不相同，但这个问题依然在不同程度上并以不同表现存在。在此把当时的研究成果呈现出来，主要是说明高校特困生资助对实现教育公平的重要性。其次是说明我们对教育公平问题研究的历程、方法。当然，了解当时高校特困生状况和解决此问题的情况，也能为目前和以后解决此问题提供一定的参考。

一、调查分析对象

本研究对西北、西南和华北等西部经济欠发达地区的高校进行全面调查，从1997年到1999年实际调查了四省区的40所高校及其13000多名特困生。其中，西北3省2区共28所高校：（1）陕西省共13所，陕西师范大学、西安交通大学、西北大学、西安电子科技大学、西安医科大学、西安建筑科技大学、西安矿业学院、西北政法学院、西安外国语学院、西安统计学院、西安工业学院、陕西工业学院和商洛师范专科学校，约占该省高等学校总数25%。特困生5380人，有详细资料者4694人，分学校随机抽样统计456人，占其特困生总数9.71%。（2）新疆维吾尔自治区共8所，新疆师范大学、新疆大学、新疆农业大学、新疆工学院、新疆财经学院、新疆医学院、喀什师范学院和石河子大学，约占该自治区高等学校总数40%。特困生共5608人，有详细资料者3662人，分学校随机抽样统计617人，占其特困生总数的16.85%。（3）甘肃省共3所，甘肃理工大学、甘肃政法学院和兰州工业高等专科学校，约占该省高等学校总数15%。特困生共705人，有详细资料者527人，分学校随机抽样统计133人，占其特困生总数的21.44%。（4）宁夏回族自治区共3所，宁夏大学、银川高等师范专科学校和固原师范专科学校，约占该自治区高等学校40%。特困生总数476人，分学校随机抽样统计113人，占其特困生总数的23.73%。（5）青海省1所，青海畜牧兽医学院，约占该省高等学校总数15%。特困生共47人，随机抽样统计28人，占其特困生总数的59.57%。西南四川省共4所，四川联合大学、四川交通大学、四川气象学院和四川商业高等专科学校，约占该省高等学校10%。4校各有部分详细资料，其中2校有特困生654人，分学校随机抽样统计159人，占其特困生总数的24.31%。华南广西壮族自治区共4所，桂林农业学校、桂林工业学校、桂林电子工业学院和广西师范大学，约占该自治区高等学校15%。特困生共1039人，只有部分资料。华北内蒙古自治区共4所，内蒙古师范大学、内蒙古林学院、内蒙古农学院和内蒙古财经学院，约占该自治区高等学校的20%。4校各有部分详细资料，其中1校有特困生约1260人，随机抽样126人，占其特困生总数的10%。

二、特困生的划分、比例和产生原因

特困生是指由于家庭经济困难无力支付或支付教育费用很困难的学生。但具体以什么标准划分，或者说家庭人均月收入未达到什么水平才算作特困生，各地各校有明显差异。有的学校是以远低于学校所在省城居民最低月生活保障标准家庭人均月收入不到40元的标准划分和资助的，有的学校则以家庭人均月收入不到170元作为划分和资助标准，就是同一城市的不同学校也是如此。特困生的人数、比例和资助不仅与家庭人均月收入有关，也与学校收费多少有关。按理说收费高的学校划分标准和资助对象的家庭人均月收入应该高些，相反亦然。但实际情况却不尽如此，有的学校收费较高，每年收费达3000多元，而特困生资助标准则只有家庭人均月收入50元。有些学校年收费只有1500元，而特困生资助标准则为家庭人均月收入170多元。由于各地各校学生的来源和划分特困生的依据及标准不同，因此特困生的人数比例也有明显差异。有些学校低至3%甚至1%，有些学校则高达20%甚至30%多。各地各校平均或大多数学校的特困生在10%左右。（见表1）

划分特困生的依据和标准是一个必须深入研究和亟待解决的问题，应该把有关方面规定的学校所在城市居民月生活最低保障标准、学生家庭人均月收入和学校收费数额结合起来考虑。但无论各地各校划分特困生的标准和特困生的人数比例有多大不同，却有一点是相同的，这就是地区整体经济落后是产生特困生的主要原因。从城乡分布看，特困生主要来自农村，多的达95%，少的也有70%。从家庭分布看，特困生主要来自农民家庭，多的达近96%，少的也有40%多。其次是来自工人家庭，多的有20%。从地区分布看，主要来自中西部，特别是西部。有些学校来自西部者多达100%，少的也有近40%。来自中部者多的学校也有40%。（见表2）另一调查表明，由于地区整体经济落后产生的特困生一般也在60%以上。（见表3）这说明从根本上缩小城乡差别和中西部与东部的经济差距才是解决特困生问题的最终出路。

特困生产生的主要原因是地区经济整体落后，这个问题随着我国现代化建设的发展和城乡差距、东西部差距的逐渐缩小而逐步解决。但形成特困生的原因还有家庭劳动力弱、父母无职业和疾病等意外事故。如果把目前特困生的比例估计为10%左右，由于这些原因产生的特困生估计也有5%左右。（见表3）解决这些特困生的问题是关键。由于自然原因造成的特困生是长期存在甚至是难以完全消除的，学校和国家有关部门要有解决好这个问题的长期心理准备和建立各项有效的制度。

表1 特困生划分标准和比例

省区	调查校数	学生总数	特困生数	特困生比例（%）			划分标准（元/月）			最低保障（元/月）		
				低	高	平均	低	高	平均	规定	高差	低差
陕西	13	54160	5380	1	20	10.15	50	170	110	105	65	55
新疆	8	24565	5608	14	38	22.50	40	100	70	120	0	80
甘肃	3	7125	705	5.20	21.40	12.20	100	150	125	100	50	0
宁夏	3	3988	476	4	12.70	8.35	100	150	120	100	50	0
青海	1	549	47	7.90	7.90	7.90	40	40	40	120	0	80
广西	4	13483	1039	3.40	8	6.13	80	150	115	150	0	70
四川	2	8000	654	9	5.10	7.05	120	120	120	120	0	0
内蒙古	1	6000	1260	21	21	21	50	50	50	110	0	60

表2 特困生的分布

省区	项目 / 人数（%）	城乡分布		地区分布			家庭分布			
		农村	城市	西部地区	中部地区	东部地区	农民	工人	知识界	干部其他
陕西	人数	4108	1272	3123	1503	639	3790	906	439	245
	（%）	76.35	23.64	58.20	27.90	11.90	70.46	16.84	8.16	4.55
新疆	人数	4086	416	—	—	—	3669	503	95	235
	（%）	90.76	9.24	—	—	—	81.49	11.18	11	5.22
甘肃	人数	639	66	598	73	34	633	48	17	7
	（%）	90.64	9.36	84.82	10.35	4.82	89.79	6.81	2.41	0.99
宁夏	人数	382	94	—	—	—	382	61	3	30
	（%）	80.25	19.75	—	—	—	80.25	12.82	0.63	6.30
青海	人数	45	2	47	0	0	45	2	0	0
	（%）	95.74	4.26	100	0	0	95.74	4.26	0	0
广西	人数	790	249	572	275	192	768	211	21	39
	（%）	86.03	24.97	55.05	26.47	18.48	73.92	20.31	2.02	3.75
四川	人数	466	188	251	190	213	502	115	24	13
	（%）	71.25	28.75	38.38	29.05	32.57	76.76	17.58	3.67	1.99
内蒙古	人数	1008	252	630	252	378	882	126	63	189
	（%）	80	20	50	20	30	70	10	5	15

表 3　特困生产生的原因

维度 \ 省区 百分比（%）	陕西	新疆	甘肃	宁夏	青海	四川	内蒙古
地区经济整体落后	62.02	39.42	63.54	69.07	60.71	79.61	57.28
父母无业	45.34	26.31	40.33	35.80	57.14	51.50	23.39
家庭劳动力弱	35.70	33.41	40.60	50.83	60.71	36.94	22.38
疾病等意外事故	35.58	27.94	36.18	32.14	75	45.88	17.75

三、特困生及其家庭对教育收费的态度和承受能力

教育收费包括学费、公寓费、管理费及其他杂费。其中学费是主要部分，至少占教育收费的 60%，有的多达 90%。这些费用无论哪种都应由学生及其家庭支付，因此本文所说的教育收费和特困生及其家庭对教育收费的态度和承受能力是指所有教育收费，不仅指学费。不同地区和学校的教育收费各不相同，多的学校年均有 3000 多元，少的有 1500 多元。多数学校教育收费只占教育总成本的较少部分，一般为 20%—30%，个别学校多的为 30% 以上，少的为 10% 左右。（见表 4）（前几年未并轨学校教育收费一般占教育总成本的 10% 以下）

表 4　特困生及其家庭承担教育收费能力估计（单位：千元）

省区 \ 维度	教育费高低	生均总收费	生均年学费	生均年成本	总收费占成本（%）	教育收费种类：学费	教育收费种类：公寓费	教育收费种类：管理费	年承担学费及生活费需要：目前能力		5—8 年		生活需要	
									一般生	特困生	一般生	特困生	一般生	特困生
陕西	高	4.3	3.3	15.0	29	3.3	0.5	0.5	3.0	2.0	5.0	2.0	3.0	2.0
	低	1.5	1.1	7.7	21	1.1	0.1	0.3	1.0	0.4	1.0	1.0	2.0	1.5

（续表）

维度 省区	教育费高低	生均总收费	生均年学费	生均年成本	总收费占成本（%）	教育收费种类			年承担学费及生活费需要					
						学费	公寓费	管理费	目前能力		5—8年		生活需要	
									一般生	特困生	一般生	特困生	一般生	特困生
新疆	高	2.9	2.2	9.9	29	2.2	0.4	0.3	3.0	2.5	5.0	3.0	3.5	2.0
	低	1.4	1.0	6.8	21	1.0	0.2	0.2	1.2	0.5	1.5	1.0	2.0	1.0
甘肃	高	3.0	2.2	7.8	39	2.2	0.3	0.5	4.8	2.0	8.0	4.0	2.0	1.2
	低	2.3	1.8	7.8	30	1.8	0.3	0.2	—	—	—	—	2.0	1.0
宁夏		1.3	0.9	6.0	22	0.9	0.2	0.2	2.0	0.8	2.3	1.3	1.8	1.0
广西	高	3.1	2.7	12	26	2.7	0.2	0.2	2.3	1.5	10.0	5.0	5.0	2.0
	低	2.4	2.2	5.1	47	2.2	0.1	0.1	—	—	2.5	1.5	3.0	2.0
内蒙古		0.6	0.4	3.8	16	0.4	0.1	0.1	2.0	0.5	2.0	0.5	3.0	1.5

教育，特别是高等教育不仅能给国家和社会带来较大的经济及其他利益，也能给受过教育的个人及其家庭带来较大的经济及其他利益，因此其费用就应由受益各方按比例分别承担。在市场经济条件下教育必须收费，这不仅是许多学者专家的共识，也是多数特困生的共识，各地各校至少有 60% 以上的特困生有这样的认识。虽然如此，但不同学校特困生对教育收费主要是由国家负担还是主要由家庭支付又有不同的认识。约有 50% 的特困生认为教育收费主要应由国家负担，认为首先或主要应由家庭支付的特困生少数学校最多有 20%，多数学校在 10% 左右。多数学校有约 20%、个别学校 30% 以上甚至近 40% 的特困生认为家庭支付应是第二位的。认为教育收费主要应通过家庭和学生用银行借贷解决的很少，一般低于 15%，个别学校在 15% 以上。(见表 5)

表 5　特困生对教育收费的态度及其支付主体和方式的选择（%）

地区 维度		地区	陕西	新疆	甘肃	宁夏	青海	四川	内蒙古
		调查数（人）	4694	3662	527	476	47	654	1260
		抽样数（人）	456	617	113	113	28	159	126
		抽样	9.71	16.85	21.44	23.74	59.57	24.31	10
特困生对收费态度及其支付主体和方式的选择		不收费	17.03	17.61	35.12	28.01	28.57	22.11	39.48
		收费	78.60	67.89	64.88	71.99	71.43	56.38	60.52
		国家第一	55.86	48.15	77.81	68.55	46.43	67.52	84.74
		家庭第一	11.75	9.48	12.88	19.04	10.71	20.33	9.65
		家庭第二	29.80	17.69	20.99	18.21	39.29	33.67	19.49
		借贷第一	8.54	8.24	3.92	15.13	3.57	14.63	13.98
		勤工第一	4.09	7.94	17.56	21.57	7.14	6.12	17.63
对教育收费承担和偿还能力	目前	完全	22.57	7	4.41	14.54	3.57	10.69	16.12
		基本	22.20	14.64	30.30	14.86	25	21.62	48.58
		一半	20.30	10.19	14.35	10.36	25	14.14	21.03
		1/3	12.44	5.37	18.05	13.38	25	19.81	7.47
		基本不能	3.76	8.36	15.96	17.68	0	25.26	2.39
		完全不能	6.42	3.74	0	0.56	0	7.13	1.32
	毕业后	有能力	81.74	48.39	86.50	83.15	64.29	72.23	60.99
		5—8 年	77.30	40.20	72.02	61.33	57.14	61.24	76.22
		10 年	6.72	7.12	14.48	22.02	7.14	10.98	23
		无能力	2.20	2.29	11.54	2.38	0	8.20	0
		不知道	0.45	9.94	1.47	14.47	35.71	8.28	19.89

虽然教育收费只占教育总成本的很少部分，大多数特困生认为教育应该收费，我国教育收费的政策是符合国情民意的，但真正能完全和基本承担得起目前教育收费的家庭则是有限的，而且各地各校的情况又有明显差异。

基本和完全能承担得起目前教育收费的家庭，陕西、内蒙古居多，达 45% 以上，其他省区 30% 左右，个别为 21%。能承担起一半以上教育收费的特困生及其家庭，陕西、内蒙古达 65% 甚至 85%，这可能与内蒙古教育收费较少和陕西高校生源结构不同及经济状况稍好有关。西北其他省区以及西南四川较少，与此相反，基本和完全不能承担目前教育收费的特困生及其家庭也就增多。可见，不同省区居民对教育收费的承受能力有很大不同，因此划分特困生的标准和资助特困生的措施也应有明显的区别。多数特困生完全承担目前教育收费是有困难的，但他们对未来偿还教育收费的借贷款则相当乐观。多数省区 60% 以上的特困生认为他们有能力并在 5—8 年内偿还借贷，在 10 年内完全无能力偿还的只是很少一部分。这不仅体现了当代大学生对教育收费的理解，也体现了他们对我国现代化建设及其经济发展和自身能力的信心。

四、特困生获各种资助的方式和比例

高校特困生一开始就受到国家有关部门和学校的高度重视，几年来国家已投入大量资金，各地各校都采取了助学金、奖学金、贷学金、困难补助金、减免学杂费、组织学生勤工俭学和争取社会资助等方式资助特困生，使许多特困生不同程度地得到各种形式的资助，基本保证了特困生的正常学业，绝大多数学校没有出现因经济困难缴不起学费而不能入学或辍学的学生。但各地各校特困生获学校和社会资助的人数比例和资金比例不仅十分有限而且又有明显不同。有的省区和学校特困生不同程度的获学校各种资助高达 100%，有的只有百分之十几，还有的省区约为 20%—37%。多数省区和学校特困生获学校资助占教育总收费的比例为 1%—49%，一般为 10%—25%，个别省区多达约 93%，还有个别省区在 10% 以下。占 50% 以上的少，5 个省区在 10% 以下，2 个省区较多，也只有 17% 左右。特困生获社会资助更少，最多有 2.81% 的特困生获得不同程度的社会资助。其中获社会资助占教育收费的 29% 以下的最多为 2.5%，获 30% 以上的最多占 1.2%。（见表 6）

表 6　特困生年学费、杂费获资助情况

维度	百分比（%） \ 省区	陕西	新疆	甘肃	宁夏	青海	四川	内蒙古
家庭支付	10—29	9.76	7.95	11	12.90	17.86	25.92	8.61
	30—49	22.33	10.33	37.60	13.21	17.86	19.75	8.46
	50—69	24.56	18.99	23.70	19.73	25	30.42	26.57
	70 以上	36.58	19.62	34.40	32.96	14.29	18.32	50.88
	总数	93.23	56.89	96.70	78.80	75.01	94.41	94.52
亲友资助	10—29	23.82	14.74	34.36	14.77	64.29	23.99	26.25
	30—49	22.73	11.89	28.83	14.02	21.34	26.58	17.15
	50—69	14.33	7.61	26.02	14.43	3.57	26.98	14.33
	70 以上	8.27	4.80	0.98	5.60	3.57	6.41	1.97
	总数	69.15	39.22	90.19	48.82	92.86	83.96	59.70
学校资助	1—29	15.22	7.01	7.84	3.08	53.57	2.56	6.07
	30—49	2.93	2.88	16.45	10.84	39.29	3.37	14.51
	50—69	2.30	1.09	7	1.71	7.14	3.54	5.84
	70 以上	1.30	1.48	0	9.10	0	2.53	10.46
	总数	21.75	11.20	31.29	24.73	100	12	36.88
银行借贷	1—9	0.90	2.70	21.35	4.90	3.57	7.28	7.56
	10—19	5.32	5.02	15.96	7.27	3.57	8.50	1.25
	20—29	8.12	2.85	4.41	4.34	3.57	10.89	2.27
	30 以上	10.80	1.39	11.05	3.49	0	4.31	0
	总数	25.19	11.96	52.77	20	10.71	30.98	11.08
勤工资助	1—9	4.67	4.73	16.45	2.52	3.57	9.07	4.30
	10—19	8.16	7.47	6.87	5.34	10.71	6.43	5.92
	20—29	3.49	3.72	0.49	1.41	0	4.08	1.47
	30 以上	1.82	1.13	0.49	4.34	0	3.20	0.66
	总数	18.14	17.05	24.30	13.61	14.28	22.79	12.35

（续表）

维度 \ 百分比（%） \ 省区		陕西	新疆	甘肃	宁夏	青海	四川	内蒙古
社会资助	1—9	0.40	0.96	0.49	0.56	0	0.88	0
	10—19	0.99	0.67	0.49	0.56	0	0.88	0
	20—29	1.08	0	0	0	0	0	0
	30 以上	0.34	1.05	0.49	0	0	1.21	0
	总数	2.81	1.68	1.47	0.56	0	2.09	1.47
注：调查人数、抽样人数和抽样比例同表 5								

教育收费的目的，一是在市场经济条件下根据受益投资原则在一定程度上补偿教育成本，弥补教育经费的不足，改善办学条件；二是调动学生学习积极性。这首先要保证学生上得起学，怎样使用教育收费的资金，以多大比例用于资助特困生调动学生学习积极性，多大比例用于改善办学条件很值得研究，有关方面也应有大体的规定。按照目前年生均 3000 元左右的教育收费数额，特困生人均年获学校资助金额比例为占教育总收费的 30% 左右和特困生的人数比例为占学生总数的 20% 左右估计，学校教育收费总金额用于资助特困生的比例只有约 6%。即学校有 1000 名学生，总收费为 300 万，用于资助 20% 的特困生的金额为 18 万，每个特困生每年获学校资助 900 元。如果特困生人均年获学校资助金额比例为 50%，特困生比例为 20%，学校教育总收费用于资助特困生的比例也只有 10%。有 1000 名学生的学校年教育总收费为 300 万，用于资助 20% 特困生的资金为 30 万，每个特困生年获学校资助为 1500 元。学校用于资助特困生的经费占教育收费的比例无论是 6% 还是 10% 都是不高的，目前有些学校的比例比这低得多。学校提高资助特困生投入的余地还较大，应从实际出发提高划分特困生家庭人均月收入标准，适当扩大特困生资助范围或比例，把资助特困生的资金比例提高到占学校教育总收费的 15%—20%，才与以此来调动学生学习积极性的目的相适应。

各地各校的不少特困生都得到了学校和社会不同程度的资助，但从总体看特困生的教育费用主要是由家庭负担的。家庭负担包括家庭直接支付，家庭或学生向亲友借钱及其通过银行贷款支付等。学校资助的学生毕业后一般无须偿还，但向亲友借钱和向银行贷款的学生毕业后最终都是要通过某种方式偿还的，因此本质上还是家庭及其学生自己负担。各地各校至少有 50% 以上，有的学校 90% 以上特困生的教育费用在不同程度上是由家庭负担的。其中多数学校 30% 以上特困生的 50% 以上的教育费用是由家庭负担的，有 20% 以上特困生的 50% 以上的教育费用是向亲友借钱支付的。30% 以上的教育费用由家庭支付和向亲友借钱支付的比例就更高，比例高的学校分别达 50% 和 30% 以上，有些学校高达 85% 和 60%。勤工俭学对学生增长知识和能力，形成良好的思想品德有着重要作用，对学生克服暂时的经济困难也有一定作用。但它对解决特困生经济困难的作用是很有限的，不是也不能成为主要目的和手段，否则将会影响学生的学习和学校的教学质量。与此相反，银行贷款则是缓解特困生及其家庭困难获得较多资金的一种教育费用支付的较好方式，在货币稳定和利息走低的情况下更是如此。学费及其他教育收费需要贷款，与这些教育收费数量相当甚至更多的教育生活费同样需要贷款。但目前通过贷款这种方式支付教育费用的人数比例和金额比例却很少，多数学校的多数特困生不采用这种方式。采用这种方式的特困生各地都在 40% 以下，个别地区达 50% 多，但所有地区和学校特困生贷款金额占教育费用 20% 以上者都未超过 20%，贷款金额占教育费用 30% 以上者都不超过 11%。多数学校的多数特困生获银行贷款占教育费用的比例都 1%—19% 以内。形成这种状况的原因自然有中国人的传统观念的影响，更有现代管理机构不健全、措施不得力的因素。在我国高等教育发展势头强劲和教育投资及消费成为国家、居民重要投资和消费的情况下，西部各省区应尽快解决好这个问题。